河合塾
SERIES

2022 大学入学

共通テスト 過去問レビュー

国語

河合出版

はじめに

初めての大学入学共通テスト（以下、共通テスト）は、「新型コロナウイルス感染症の影響に伴う学業の遅れに対応できる選択肢を確保する」（大学入試センターによる）ため、2021年1月16日・17日（第1日程）に加え、1月30日・31日（第2日程）と、2回の本試験が実施されました。

その出題内容は、大学入試センターから提示されていた、問題作成の基本的な考え方、各教科・科目の出題方針に概ね則したものでした。

共通テストでは、大学入試センター試験（以下、センター試験）に比べて、身につけた知識や解法を様々な場面で活用できるか―思考力や判断力を用いて解けるか―を問われる傾向が強くなっていました。また、読み取る資料の量が増加し、試験時間をより意識して取り組む必要もありました。

こうした出題方針は、これからも引き継がれていくことでしょう。

一方で、センター試験での出題形式を踏襲した問題も見られました。

近年のセンター試験自体、「思考力・判断力・表現力」を求める問題が少しずつ増えていて、それが共通テストに引き継がれたのは、とても自然なことでした。

センター試験の過去問を練習することは、共通テスト対策の道筋が見えることになるとも言えましょう。

本書に収録された問題とその解説を十分に活用してください。みなさんの共通テスト対策が充実したものになることを願っています。

本書の構成・もくじ

▼解答・解説編▲

’22年度 実施日程、教科等

9月上旬 ⇨ 受験案内を配布

10月初旬～中旬 ⇨ 出願受付・成績開示希望受付

12月上旬～12月中旬 ⇨ 受験票等を送付

’22年1月15日(土)、16(日) ⇨ 共通テスト（本試験）実施

共通テストの正解等を発表

⇦ 国公立大学出願受付

’22年度出題教科・科目等

大学入学共通テストを利用する大学は、大学入学共通テストの出題教科・科目の中から、入学志願者に解答させる教科・科目及びその利用方法を定めています。入学志願者は、各大学の学生募集要項等により、出題教科・科目を確認の上、大学入学共通テストを受験することになります。

’22年度大学入学共通テストにおいては、次表にあるように6教科30科目が出題されます。

「実施日程」は、本書発行時には未発表であるため’21年度の日程に基づいて作成してあります。また、「’22年度出題教科・科目等」の内容についても’21年3月1日現在大学入試センターが発表している内容に基づいて作成してあります。’22年度の詳しい内容は大学入試センターホームページや’22年度「受験案内」で確認して下さい。

教科	グループ・科目	時間・配点	出題方法等
国語	『国語』	80分 200点	「国語総合」の内容を出題範囲とし、近代以降の文章、古典(古文、漢文)を出題する。
地理歴史	「世界史Ａ」 「世界史Ｂ」 「日本史Ａ」 「日本史Ｂ」 「地理Ａ」 「地理Ｂ」	1科目選択 60分 100点 2科目選択 130分 (うち解答時間120分) 200点	『倫理,政治・経済』は、「倫理」と「政治・経済」を総合した出題範囲とする。 「同一名称を含む科目の組合せ」とは、「世界史Ａ」と「世界史Ｂ」、「日本史Ａ」と「日本史Ｂ」、「地理Ａ」と「地理Ｂ」、「倫理」と『倫理,政治・経済』及び「政治・経済」と『倫理,政治・経済』の組合せをいう。
公民	「現代社会」 「倫理」 「政治・経済」 『倫理,政治・経済』 10科目のうちから最大2科目を選択・解答。 同一名称を含む科目の組合せで2科目を選択することはできない。 受験する科目数は出願時に申し出ること。		
数学	数学① 「数学Ｉ」 『数学Ｉ・数学Ａ』 2科目のうちから1科目を選択・解答。	70分 100点	『数学Ｉ・数学Ａ』は、「数学Ｉ」と「数学Ａ」を総合した出題範囲とする。ただし、次に記す「数学Ａ」の3項目の内容のうち、2項目以上を学習した者に対応した出題とし、問題を選択解答させる。 (場合の数と確率、整数の性質、図形の性質)
	数学② 「数学Ⅱ」 『数学Ⅱ・数学Ｂ』 『簿記・会計』 『情報関係基礎』 4科目のうちから1科目を選択・解答。 科目選択に当たり、『簿記・会計』及び『情報関係基礎』の問題冊子の配付を希望する場合は、出願時に申し出ること。	60分 100点	『数学Ⅱ・数学Ｂ』は、「数学Ⅱ」と「数学Ｂ」を総合した出題範囲とする。ただし、次に記す「数学Ｂ」の3項目の内容のうち、2項目以上を学習した者に対応した出題とし、問題を選択解答させる。 (数列、ベクトル、確率分布と統計的な推測) 『簿記・会計』は、「簿記」及び「財務会計Ｉ」を総合した出題範囲とし、「財務会計Ｉ」については、株式会社の会計の基礎的事項を含め、財務会計の基礎を出題範囲とする。 『情報関係基礎』は、専門教育を主とする農業、工業、商業、水産、家庭、看護、情報及び福祉の8教科に設定されている情報に関する基礎的科目を出題範囲とする。
理科	理科① 「物理基礎」 「化学基礎」 「生物基礎」 「地学基礎」	2科目選択 60分 100点	理科①については、1科目のみの受験は認めない。
	理科② 「物　理」 「化　学」 「生　物」 「地　学」 8科目のうちから下記のいずれかの選択方法により科目を選択・解答。 Ａ　理科①から2科目 Ｂ　理科②から1科目 Ｃ　理科①から2科目及び理科②から1科目 Ｄ　理科②から2科目 受験する科目の選択方法は出願時に申し出ること。	1科目選択 60分 100点 2科目選択 130分(うち解答時間120分) 200点	
外国語	『英語』『ドイツ語』 『フランス語』『中国語』 『韓国語』 5科目のうちから1科目を選択・解答。 科目選択に当たり、『ドイツ語』、『フランス語』、『中国語』及び『韓国語』の問題冊子の配付を希望する場合は、出願時に申し出ること。	『英語』 【リーディング】 80分 100点 【リスニング】 60分(うち解答時間30分) 100点 『ドイツ語』 『フランス語』 『中国語』 『韓国語』 【筆記】 80分 200点	『英語』は、「コミュニケーション英語Ｉ」に加えて「コミュニケーション英語Ⅱ」及び「英語表現Ｉ」を出題範囲とし、【リーディング】と【リスニング】を出題する。 なお、【リスニング】には、聞き取る英語の音声を2回流す問題と、1回流す問題がある。 リスニングは、音声問題を用い30分間で解答を行うが、解答開始前に受験者に配付したICプレーヤーの作動確認・音量調節を受験者本人が行うために必要な時間を加えた時間を試験時間とする。

1．「　」で記載されている科目は、高等学校学習指導要領上設定されている科目を表し、『　』はそれ以外の科目を表す。
2．地理歴史及び公民並びに理科②の試験時間において2科目を選択する場合は、解答順に第1解答科目及び第2解答科目に区分し各60分間で解答を行うが、第1解答科目及び第2解答科目の間に答案回収等を行うために必要な時間を加えた時間を試験時間とする。
3．外国語において『英語』を選択する受験者は、原則として、リーディングとリスニングの双方を解答する。

2021～2017年度結果概要

本試験科目別平均点の推移

（注）2021年度は第１日程のデータを掲載

科目名（配点）	2021年度	2020年度	2019年度	2018年度	2017年度
国語（200）	117.51	119.33	121.55	104.68	106.96
世界史Ａ（100）	46.14	51.16	47.57	39.58	42.83
世界史Ｂ（100）	63.49	62.97	65.36	67.97	65.44
日本史Ａ（100）	49.57	44.59	50.60	46.19	37.47
日本史Ｂ（100）	64.26	65.45	63.54	62.19	59.29
地理Ａ（100）	59.98	54.51	57.11	50.03	57.08
地理Ｂ（100）	60.06	66.35	62.03	67.99	62.34
現代社会（100）	58.40	57.30	56.76	58.22	57.41
倫理（100）	71.96	65.37	62.25	67.78	54.66
政治・経済（100）	57.03	53.75	56.24	56.39	63.01
倫理，政治・経済（100）	69.26	66.51	64.22	73.08	66.63
数学Ⅰ（100）	39.11	35.93	36.71	33.82	34.02
数学Ⅰ・数学Ａ（100）	57.68	51.88	59.68	61.91	61.12
数学Ⅱ（100）	39.51	28.38	30.00	25.97	25.11
数学Ⅱ・数学Ｂ（100）	59.93	49.03	53.21	51.07	52.07
物理基礎（50）	37.55	33.29	30.58	31.32	29.69
化学基礎（50）	24.65	28.20	31.22	30.42	28.59
生物基礎（50）	29.17	32.10	30.99	35.62	39.47
地学基礎（50）	33.52	27.03	29.62	34.13	32.50
物理（100）	62.36	60.68	56.94	62.42	62.88
化学（100）	57.59	54.79	54.67	60.57	51.94
生物（100）	72.64	57.56	62.89	61.36	68.97
地学（100）	46.65	39.51	46.34	48.58	53.77
英語［リーディング］（100）	58.80	－	－	－	－
英語［筆記］（200）	－	116.31	123.30	123.75	123.73
英語［リスニング］（100）	56.16	－	－	－	－
英語［リスニング］（50）	－	28.78	31.42	22.67	28.11

※2021年度は得点調整後の数値

本試験科目別受験者数の推移

（注）2021年度は第１日程のデータを掲載

科目名	2021年度	2020年度	2019年度	2018年度	2017年度
国語	457,305	498,200	516,858	524,724	519,129
世界史Ａ	1,544	1,765	1,346	1,186	1,329
世界史Ｂ	85,690	91,609	93,230	92,753	87,564
日本史Ａ	2,363	2,429	2,359	2,746	2,559
日本史Ｂ	143,363	160,425	169,613	170,673	167,514
地理Ａ	1,952	2,240	2,100	2,315	1,901
地理Ｂ	138,615	143,036	146,229	147,026	150,723
現代社会	68,983	73,276	75,824	80,407	76,490
倫理	19,955	21,202	21,585	20,429	22,022
政治・経済	45,324	50,398	52,977	57,253	54,243
倫理，政治・経済	42,948	48,341	50,886	49,709	50,486
数学Ⅰ	5,750	5,584	5,362	5,877	6,156
数学Ⅰ・数学Ａ	356,493	382,151	392,486	396,479	394,557
数学Ⅱ	5,198	5,094	5,378	5,764	5,971
数学Ⅱ・数学Ｂ	319,697	339,925	349,405	353,423	353,836
物理基礎	19,094	20,437	20,179	20,941	19,406
化学基礎	103,074	110,955	113,801	114,863	109,795
生物基礎	127,924	137,469	141,242	140,620	136,170
地学基礎	44,320	48,758	49,745	48,336	47,506
物理	146,041	153,140	156,568	157,196	156,719
化学	182,359	193,476	201,332	204,543	209,400
生物	57,878	64,623	67,614	71,567	74,676
地学	1,356	1,684	1,936	2,011	1,660
英語［リーディング］	476,174	518,401	537,663	546,712	540,029
英語［リスニング］	474,484	512,007	531,245	540,388	532,627

志願者・受験者の推移

区分		2021年度	2020年度	2019年度	2018年度	2017年度
志願者数		535,245	557,699	576,830	582,671	575,967
内訳	高等学校等卒業見込者	449,795	452,235	464,950	473,570	471,842
	高等学校卒業者	81,007	100,376	106,682	103,948	99,118
	その他	4,443	5,088	5,198	5,153	5,007
受験者数		484,114	527,072	546,198	554,212	547,892
内訳	本試験のみ	(注1)482,624	526,833	545,588	553,762	547,391
	追試験のみ	(注2) 1,021	171	491	320	299
	本試験＋追試験	(注2) 407	59	102	94	80
欠席者数		51,131	30,627	30,632	28,459	28,075

（注１）2021年度の本試験は、第１日程及び第２日程の合計人数を掲載

（注２）2021年度の追試験は、第２日程の人数を掲載

出題内容一覧

現代文

出典一覧

年度	ジャンル	出典	著者
		共通テスト第1日程	
’21	評論	江戸の妖怪革命	香川 雅信
	小説	羽織と時計	加能 作次郎
		センター本試	
’20	評論	境界の現象学	河野 哲也
	小説	翳	原 民喜
’19	評論	翻訳をめぐる七つの非実践的な断章	沼野 充義
	小説	花の精	上林 暁
’18	評論	デザインド・リアリティ ―集合的達成の心理学	有元 典文・岡部 大介
	小説	キュウリいろいろ	井上 荒野
’17	評論	科学コミュニケーション	小林 傳司
	小説	秋の一日	野上 弥生子
’16	評論	キャラ化する／される子どもたち	土井 隆義
	小説	三等車	佐多 稲子
’15	評論	未知との遭遇	佐々木 敦
	小説	石を愛でる人	小池 昌代
’14	評論	漢文脈と近代日本	齋藤 希史
	小説	快走	岡本 かの子
’13	評論	鐔	小林 秀雄
	小説	地球儀	牧野 信一
’12	評論	境界としての自己	木村 敏
	小説	たま虫を見る	井伏 鱒二
’11	評論	身ぶりの消失	鷲田 清一
	小説	海辺暮らし	加藤 幸子
’10	評論	資本主義と「人間」	岩井 克人
	小説	楽隊のうさぎ	中沢 けい

年度	ジャンル	出典	著者
		センター追試	
’20	評論	柔らかなヒューマノイド	細田 耕
	小説	水の中のザクロ	稲葉 真弓
’19	評論	西欧化日本の研究	三枝 博音
	小説	一条の光	耕 治人
’18	評論	ロスト近代 ―資本主義の新たな駆動因	橋本 努
	小説	麦熟るる日に	中野 孝次
’17	評論	科学技術・地球システム・人間	竹内 啓
	小説	青ざめた行列	浅原 六朗
’16	評論	極北の声	佐佐木 幸綱
	小説	孤児の感情	川端 康成
’15	評論	運動する認識	北垣 徹
	小説	紅茶	大庭 みな子
’14	評論	正義の哲学	田島 正樹
	小説	午後	高見 順
’13	評論	理性の探求	西谷 修
	小説	鏡の中の少女	福永 武彦
’12	評論	電子メディア論	大澤 真幸
	小説	メリー・ゴー・ラウンド	三浦 哲郎
’11	評論	建築と身体	角野 幸博
	小説	てのひら	木内 昇
’10	評論	画家の領分	李 禹煥
	小説	日光室	中里 恒子

〈論理的文章〉設問内容別一覧

設問内容＼年度		'10 本試	'10 追試	'11 本試	'11 追試	'12 本試	'12 追試	'13 本試	'13 追試	'14 本試	'14 追試	'15 本試	'15 追試	'16 本試	'16 追試
基礎知識	漢字	1	1	1	1	1	1	1	1	1	1	1	1	1	1
	ことわざ·四字熟語·慣用句														
	語句の意味														
文法	文の構造														
	品詞・用法の識別														
修辞	表現の使い分け・表現意図							1	1	1	1	1	1		1
読解力	指示語														
	空欄・語句の挿入														
	理由説明(因果関係の把握)			1			1	1	1	1	1	2		1	
	内容理解・内容説明	4	4	3	3	4	3	3	3	3	3	1	4	2	3
	論理展開	1	1	1	1	1	1	1	1	1				1	1
	論旨・趣旨判定				1							1		1	1
	複数の題材の関連付け														

設問内容＼年度		'17 本試	'17 追試	'18 本試	'18 追試	'19 本試	'19 追試	'20 本試	'20 追試	'21 第1日程
基礎知識	漢字	1	1	1	1	1	1	1	1	1
	ことわざ·四字熟語·慣用句		1	1		1				
	語句の意味									
文法	文の構造									
	品詞・用法の識別									
修辞	表現の使い分け・表現意図	1	1	1		1	1	1	1	
読解力	指示語									
	空欄・語句の挿入									4
	理由説明(因果関係の把握)	1	1	2	1	1	1		2	
	内容理解・内容説明	3	2	2	2	2	2	3	1	3
	論理展開	1	1	1	1	1	1	1	1	
	論旨・趣旨判定		1		1	1	1	1	1	
	複数の題材の関連付け									1

〈文学的文章〉設問内容別一覧

	設問内容 ＼ 年度	'10		'11		'12		'13		'14		'15		'16	
		本試	追試	本試	追試	本試	追試	本試	追試	本試	追試	本試	追試	本試	追試
知識	語句の意味	1	1	1	1	1	1	1	1	1	1	1	1	1	1
文法	文の構造														
	品詞・用法の識別														
修辞	比喩・擬人法など														
読解力	指示語														
	空欄・語句の挿入														
	理由説明(因果関係の把握)	1		1		1		2	1		1	1	1		
	内容理解・内容説明	1	1			2	1		1			1	2	1	2
	心情説明	2	3	2	4	1	1	2	2	4	3	1	1	3	2
	場面の構成														
	複数の題材の関連付け														
解釈力	表現の効果・特徴(鑑賞)	1	1	2	1	1	3	1	1	1	1	1		1	1
	人物像											1			

	設問内容 ＼ 年度	'17		'18		'19		'20		'21
		本試	追試	本試	追試	本試	追試	本試	追試	第1日程
知識	語句の意味	1	1	1	1	1	1	1	1	1
文法	文の構造									
	品詞・用法の識別									
修辞	比喩・擬人法など									
読解力	指示語									
	空欄・語句の挿入									
	理由説明(因果関係の把握)		1	2		1				1
	内容理解・内容説明	1	1		3		2	2	3	2
	心情説明	3	2	2	1	3	2	2	1	1
	場面の構成									
	複数の題材の関連付け									2
解釈力	表現の効果・特徴(鑑賞)	1	1	1	1	1	1	1	1	
	人物像									

〈論理的文章〉テーマ別出題一覧

年度＼テーマ	'06 本試	'06 追試	'07 本試	'07 追試	'08 本試	'08 追試	'09 本試	'09 追試	'10 本試	'10 追試	'11 本試	'11 追試	'12 本試	'12 追試	'13 本試	'13 追試
哲学						●					●		●			●
文学																
学問																
文化					●		●	●				●			●	
言語				●												
芸術	●	●	●							●						
社会									●					●		
人生																
環境																

年度＼テーマ	'14 本試	'14 追試	'15 本試	'15 追試	'16 本試	'16 追試	'17 本試	'17 追試	'18 本試	'18 追試	'19 本試	'19 追試	'20 本試	'20 追試	'21 第1日程
哲学		●		●									●		
文学						●									
学問							●	●						●	
文化	●		●		●				●			●			●
言語											●				
芸術															
社会										●					
人生															
環境															

〈文学的文章〉テーマ別出題一覧

年度＼テーマ	'06 本試	'06 追試	'07 本試	'07 追試	'08 本試	'08 追試	'09 本試	'09 追試	'10 本試	'10 追試	'11 本試	'11 追試	'12 本試	'12 追試	'13 本試	'13 追試
恋愛																●
病気																
老い・死											●					
動物																
故郷																
事件																
少年・少女	●			●					●	●						
家族						●	●	●	●	●		●		●	●	
人生		●	●	●	●	●	●	●					●		●	

年度＼テーマ	'14 本試	'14 追試	'15 本試	'15 追試	'16 本試	'16 追試	'17 本試	'17 追試	'18 本試	'18 追試	'19 本試	'19 追試	'20 本試	'20 追試	'21 第1日程
恋愛															
病気							●				●			●	
老い・死				●									●	●	
動物															
故郷															
事件															
少年・少女										●					
家族	●	●			●	●	●		●		●	●	●	●	
人生			●					●							●

※テーマがまたがっているものは複数●を付している。

古文

出典一覧

	本試験																第1日程
年度	'05	'06	'07	'08	'09	'10	'11	'12	'13	'14	'15	'16	'17	'18	'19	'20	'21
出典	日光山縁起	うなゐ松	兵部卿物語	狗張子	一本菊	恋路ゆかしき大将	保元物語	真葛がはら	松陰中納言物語	源氏物語	夢の通ひ路物語	今昔物語集	木草物語	石上私淑言	玉水物語	小夜衣	栄花物語
時代	南北朝	江戸初期	鎌倉末期？	江戸前期	室町	鎌倉末期？	鎌倉～室町	江戸後期	南北朝？	平安中期	南北朝～室町初期	平安後期	江戸中期	江戸中期	室町	鎌倉	平安後期
	中世	近世	中世	近世	中世	中世	中世	近世	中世	中古	中世	中古	近世	近世	中世	中世	中古
ジャンル	寺社縁起	歌文集	擬古物語	仮名草子	室町時代物語(御伽草子)	擬古物語	軍記物語	随筆	擬古物語	作り物語	擬古物語	説話	擬古物語	歌論	室町時代物語(御伽草子)	擬古物語	歴史物語
作者		木下長嘯子		浅井了意				只野真葛		紫式部			宮部万	本居宣長			正編 赤染衛門？ 続編 出羽の弁？

古文

出典一覧

	追試験															
年度	'05	'06	'07	'08	'09	'10	'11	'12	'13	'14	'15	'16	'17	'18	'19	'20
出典	太平記	竺志船物語	伊勢源氏十二番女合	雲隠六帖	野守鏡	怪しの世がたり	いはでしのぶ	住吉物語	折々草	うつほ物語	しぐれ	苔の衣	海人の刈藻	鳥部山物語	恨の介	桃の園生
時代	南北朝	江戸後期	鎌倉中期？	南北朝～室町	鎌倉末期	江戸中期	鎌倉中期	鎌倉中期？	江戸後期	平安中期	室町	鎌倉中期	南北朝？	室町	江戸前期	江戸中期
	中世	近世	中世	中世	中世	近世	中世	中世	近世	中古	中世	中世	中世	中世	近世	近世
ジャンル	軍記物語	擬古物語	物語評論	擬古物語	歌論	小説	擬古物語	擬古物語	紀行	作り物語	室町時代物語（御伽草子）	擬古物語	擬古物語	室町時代物語（御伽草子）	仮名草子	擬古物語
作者	小島法師？	村田春海				荒木田麗女			建部綾足							荒木田麗女

〈古文〉設問内容別出題一覧

設問内容 ＼ 年度		'06		'07		'08		'09		'10		'11		'12		'13	
		本試	追試	本試	追試	本試	追試	本試	追試	本試	追試	本試	追試	本試	追試	本試	追試
語句・文法に重点のある設問	(1)語句・短語句訳	3	3	1③	1③	1③	1③	1③	1②	1③	1③	1③	1③	1③	1③	1③	1③
	(2)文・長語句訳	1					1		1								
文脈の読み取りに重点のある設問	(3)主語判定・人物判定																
	(4)指示内容・語句の内容			1	1						1		1	1	1	主語と内容1	3
	(5)理由説明			1	1					1	1	1					
	(6)心情説明	2	1	1	1	1		2		1	1	心情の変化の説明1	1	1	1	1	
	(7)文・語句補充					1			1								
	(8)和歌の解釈・説明	1	1		1		1	表現と効果1	俳諧の推敲1	1			1	1	1	1	
	(9)要旨	内容合致1	経緯1 内容と表現1	内容合致1②		内容合致1②	内容合致1 構成1	内容合致1	内容や主張合致1	内容合致1	構成と表現の特徴1	表現の特徴と内容1	表現の特徴と内容1	表現の特徴と内容1	表現の特徴と内容1	表現と内容1	表現と内容1
知識を問う設問	(10)文法・修辞	「ん」の識別	「して」の識別1	「に」の識別1	敬意1	「る」「に」「し」の識別1	品詞分解1 枕詞(1)	敬意1	品詞分解1	「なり」の識別1	「し」の識別1	「れ」「ね」「せ」の識別1	敬意1	「れ」「なり」「に」「る」の識別1	「ん」の識別1	「ぬ」「に」の識別1	「に」「む」「れ」「る」の識別1
	(11)文学史					1			1								

設問内容 ＼ 年度		'14		'15		'16		'17		'18		'19		'20		'21
		本試	追試	本試	追試	本試	追試	本試	追試	本試	追試	本試	追試	本試	追試	第1
語句・文法に重点のある設問	(1)語句・短語句訳	1③	1③	1③	1③	1③	1③	1③	1③	1③	1③	1③	1③	1③	1③	1③
	(2)文・長語句訳															
文脈の読み取りに重点のある設問	(3)主語判定・人物判定															
	(4)指示内容・語句の内容					1		1		語句の内容2			引き歌の説明1		「心得」の内容説明1	語句・表現の説明1
	(5)理由説明					心情の理由の説明1			1		2	1				1
	(6)心情説明	主語と心情1 心情1	2	2	2		主語と心情1 心情2	1	発言内容の説明2			2	2	3	2	
	(7)文・語句補充															
	(8)和歌の解釈・説明		1	1(※1)	1			1			1		短連歌のやり取りの説明1		六首の和歌のやりとりの説明1	三首の和歌の説明1
	(9)要旨	会話の内容1 内容1	表現と内容1	手紙の内容1 内容1	内容不合致1	2(※2)	内容合致1	人物の説明1	内容不合致1	内容の要約2	内容と表現1	主人公の姿1		内容の説明1		登場人物の説明1
知識を問う設問	(10)文法・修辞	「な」「れ」「て」「せ」の識別1	「たまふ」「なり」「れ」「に」の識別1	敬意1	「ば」「む」「せ」の識別1	「の」の識別1	「む」の識別1	「ぬ」「に」「ね」の識別1	品詞分解と敬語1	品詞分解1	敬意1	敬意1	「に」の識別1	敬意1	敬意1	
	(11)文学史															

(※1)手紙に含まれた和歌の説明で、「手紙の内容」に含まれている。　(※2)事のあり様の内容1・内容1

漢文

出典一覧

	本	試	験												第1日程	
年度	'07	'08	'09	'10	'11	'12	'13	'14	'15	'16	'17	'18	'19	'20	'21	
出典	竹葉亭雑記	衡廬精舎蔵稿	壮悔堂文集	野鴻詩的	金華黄先生文集	西畬瑣録	張耒集	陸文定公集	篁墩文集	抱経堂文集	白石先生遺文	続資治通鑑長編	杜詩詳註	文選	韓非子	欧陽文忠公集
作者	姚元之	胡直	侯方域	黄子雲	黄溍	孫宗鑑	張耒	陸樹声	程敏政	盧文弨	新井白石	李燾	仇丁鰲	蕭統	韓非	欧陽修
ジャンル	随筆	評論	評論	評論	評論	随筆	随筆	随筆	随筆	随筆	随筆	史伝	随筆	漢詩	史伝	漢詩
時代	清	明	清	清	元	宋	宋	明	明	清	日本・江戸	南宋	清	六朝・梁	戦国	宋
字数	138	181	191	171	208	215	198	184	207	192	198	187	185	100	66	110

	追	試	験											
年度	'07	'08	'09	'10	'11	'12	'13	'14	'15	'16	'17	'18	'19	'20
出典	山志	梁谿漫志	楊園先生全集	初潭集	宋史	山陽遺稿	四溟詩話	陋軒詩	琴操	芸圃傖談	鷗陂漁話	日知録	王文公文集	文史通義
作者	王弘撰	費袞	張履祥	李贄	脱脱	頼山陽	謝榛	呉嘉紀	蔡邕	郝敬	葉廷琯	顧炎武	王安石	章学誠
ジャンル	随筆	随筆	評論	評論	史伝	随筆	随筆	詩話	史伝	随筆	随筆	評論	随筆	評論
時代	明	南宋	清	明	元	日本・江戸	明	清	後漢	明	清	清	宋	清
字数	132	154	156	163	187	209	196	206	218	199	206	203	207	188

〈漢文〉設問内容別出題一覧

設問内容＼年度	'07		'08		'09		'10		'11		'12		'13		'14	
	本試	追試	本試	追試	本試	追試	本試	追試	本試	追試	本試	追試	本試	追試	本試	追試
語の読み	1	1	2	2												2
語の意味	2	2		1	2		2	2	2	2	2	2			2	2
熟　語						2							2	2		
句・文の読み	1	1	2	1	1	2	1	2	1	1	2	2	1	1	2	1
句・文の解釈	2	2		1	1	2	2	2	2	1	1	2	1	2	1	1
読み・解釈													1			
読みと主張															1	
内容説明	1		3		2	3	1			2	1	1	2			1
原因・理由説明	1	1			1			4	1		2			1		1
修辞法・表現・文法																
指示内容																
主語指摘					1											
内容特定													1			
比喩の説明				1			1									
空欄補充	1*							2	1	1	1				1	1
空欄補充と書き下し																
心情・心境説明													2			
内容合致		1														
趣旨・主題・主張							1		1			1				
構成・段落分け			1	1		1			1	1		1		1	1	
文学史														1		

設問内容＼年度	'15		'16		'17		'18		'19		'20		'21
	本試	追試	本試	追試	本試	追試	本試	追試	本試	追試	本試	追試	第1日程
語の読み	2			2	2			2	2		2		2
語の意味		2	3	2	2	2	1			2		2	
熟　語													
句・文の読み	1	1	1	1	1	1	1	1		1	1		1
句・文の解釈	1	1	2	1			3	1		1			4
読み・解釈									1				
読みと主張				1		1**							
内容説明		1	1			1	2	1	3		1		
原因・理由説明	1				2	1	1	1		2		1	
修辞法・表現・文法	3					1		1			1	1	
指示内容		1										1	
主語指摘													
内容特定													
比喩の説明				1	1								
空欄補充		2*		1		1					1		1
空欄補充と書き下し												1	
心情・心境説明		1							1	1	1		
内容合致												1	
趣旨・主題・主張	1		1					1	1	1			1
構成・段落分け													
文学史													

＊：解釈や読みと合わせて出題された。 ＊＊：解釈と合わせて出題された。

出題傾向と学習対策

現代文

出題傾向

二〇二一年の一月に、これまでの大学入試センター試験に代わって、最初の大学入学共通テストが実施された。試行調査を踏まえると、**第1問**では論理的な文章と実用的な文章や図表を組み合わせた題材からの出題も、**第2問**では詩とエッセイを組み合わせた題材からの出題も予想されたが、第一日程（一月一六日・一七日）の出典はセンター試験を踏襲し、**第1問**が評論文（妖怪観の歴史的変容について論じた香川雅信『江戸の妖怪革命』）から、**第2問**が小説（贈り物をしてくれた同僚の厚意をかえって負担に感じて彼から遠ざかる主人公の屈託した心理を描いた加能作次郎「羽織と時計」）から出題された。

設問もおおむねセンター試験を踏襲している。**第1問**では、**問1**の漢字問題の選択肢が5択から4択に変わったが、**問2**〜**問4**は、傍線部の内容について本文に基づいた理解を問う、センター試験で出題されてきたのと同様の設問である。ただ、(i)〜(iii)の小問からなる**問5**だけは新傾向の設問であり、「文章を読んだNさん」が内容をよく理解するために作成した三つの【**ノート**】の空欄を補うものであった。【**ノート3**】では、出典である『江戸の妖怪革命』の別の箇所で取り上げられている、芥川龍之介の小説「歯車」が引用され、(iii)は複数の題材を踏まえて解答する設問であった。**問5**は、「学習の過程を意識した問題の場面設定を重視する」、「問題の作成に当たっては、大問ごとに一つの題材で問題を作成するだけでなく、異なる種類や分野の文章などを組み合わせた、複数の題材による問題を含めて検討する」という「大学入学共通テスト問題作成方針」を踏まえた出題になっていた。もう一つの変更点は、センター試験では**問6**までの出題だったのが、**問5**までになったことである。ただし、**第1問**のマーク数は、二〇二〇年度のセンター試験が11であったのに対して、共通テストは12であった。

第2問では、**問1**が語句の意味を問う問題、**問2**〜**問5**が主人公の心情を問う問題であり、センター試験で出題されてきたのと同様の設問である。**問6**だけが新傾向の設問であり、出典となった小説が発表された当時（一九一八年）の批評文（その小説について批判的に論じた文章）を提示し、(i)ではその批評文に即した内容を問い、(ii)ではそれとは「異なる」内容を問うている。この**問6**も、**第1問**の**問5**・(iii)と同様、複数の題材を踏まえて解答する設問になっている。

また、難易度や文章量も、センター試験と比べて大きな違いは見られなかった。

なお、第二日程（一月三〇日・三一日）の共通テストでは、**第1問**、**第2問**ともにセンター試験をそのまま踏襲した出題になっており、複数の題材を踏まえて解答するような新傾向の設問は一つも出題されなかった。

次に、これまで確認してきた二〇二一年度の共通テストの問題と二回の試行調査（二〇一七年・二〇一八年）の問題を踏まえて、二〇二二年度の共通テストの問題の「出題傾向」を大問ごとに予想していこう。

第1問（論理的文章）

二〇二二年度の共通テストの**第1問**は、二〇二一年度の第一日程・**第1問**に近い形式の問題が出題されると予想される。つまり、**論理的な文章（評論文）がメインの題材として選択され、センター試験で出題されてきたような漢字問題、傍線部の内容や理由を問う問題、文章の主題や構成や表現について問う問題などが出題されると同時に、第一日程の問5・(iii)のような、メインの題材とは「異なる種類や分野の文章」を提示し、「複数の題材」を関連づけて解答する新傾向の問題が、少なくとも一題は出題されると考えられる。**

今年の共通テストでは、メインの論理的な文章と「異なる種類や分野の文章」として小説（芥川龍之介「歯車」）が選択されたが、第二回の試行調査のように実用的な文章（法律の条文）が選択されることも十分に考えられる。また、二回の試行調査（二〇一七年と二〇一八年）のように、メインの論理的な文章として図表が付いたものが選択され、文章と図表を関連づけて解答する問題が出題される可能性もあるだろう。

第一日程の**問5**では、「学習の過程を意識した問題の場面設定」として、文章の内容をよく理解するために生徒が作成したノートが提示され、その空欄箇所を補う問題が出題されたが、「学習の過程を意識した問題の場面設定」としては、二〇一八年度と二〇二〇年度のセンター試験・本試で出題されたような、文章を読んだ生徒たちがその主題について話し合っている会話文が提示され、その空欄箇所を補う問題が出題されることも考えられる。

第2問（文学的文章）

二〇二二年度の共通テストの**第2問**も、二〇二一年度の第一日程・**第2問**に近い形式の問題が出題されると予想される。つまり、**小説がメインの題材として選択され、センター試験で出題されてきたような語句の意味を問う問題、傍線部の内容や理由を問う問題、文章の表現について問う問題などが出題されると同時に、第一日程の問6のような、メインの題材とは「異なる種類や分野の文章」を提示し、「複数の題材」を関連づけて解答する新傾向の問題が、少なくとも一題は出題されると考えられる。**

今年の共通テストでは、メインの文学的な文章として小説が選択され、それに批評文を組み合わせる形で新傾向の問題が作成されたが、第二回の試行調査（二〇一八年）のように、メインの文学的な文章としてエッセイが選択され、それに詩などの韻文が組み合わされる可能性もあるだろう。

また、今年の**第2問**では出題されなかったが、「学習の過程を意識した問題の場面設定」として、文章を読んだ生徒たちがその主題について話し合っている会話文が提示され、そこで空欄を補充する問題などが設定されることも考えられる。

学習対策

第１問（論理的文章）

センター試験と異なる共通テストの特徴は、「異なる種類や分野の文章などを組み合わせた、複数の題材による問題」（「大学入学共通テスト問題作成方針」）にあると言える。しかし、すでに確認したように、二〇二一年度・共通テストの**第１問**では、センター試験と同様に、一つの題材（評論文）から作成された問題が中心を占め、「複数の題材による問題」は一題（**問５**・(iii)）しか出題されなかった。

したがって、単一の論理的な文章の内容を的確に読み解く力を養成することが重要となる。「複数の題材」を関連づけて理解する場合にも、それぞれの題材の内容が的確に理解できていなかったら、その理解は不十分なものにしかならないだろう。

そこで、**まず単一の論理的な文章を読み解く訓練を十分に行い、その上で複数の題材を関連づけて理解する訓練や、図表付きの論理的な文章を読み解く訓練を行えばいいだろう。**

単一の論理的な文章（評論文）を読み解く訓練は、センター試験の過去問やセンター試験用の問題集などを使って行うことができる。複数の題材を関連づけて理解する訓練や、図表付きの論理的な文章を読み解く訓練は、共通テスト対策用の問題集を使って行えばいいだろう。

また、（**出題傾向**）のところで、「学習の過程を意識した問題の場面設定」としてノートや会話文が提示され、その空欄箇所を補う問題などが出題されることが考えられると述べたが、この種の問題については、すでに二〇一八年度から二〇二〇年度までのセンター試験の本試と追試で出題されているので、それらを使って訓練しておけばいいだろう。

第２問（文学的文章）

二〇二一年度・共通テストの**第２問**でも、一つの題材（小説）から作成された問題が中心を占め、「複数の題材による問題」は二題（**問６**の(i)・(ii)）しか出題されなかった。

そこで、**第２問**の対策としては、まず単一の文学的な文章（小説）を読み、その内容と同時に登場人物の心情を捉える訓練を十分に積んでおく必要がある。小説を読み解く訓練はセンター試験の過去問やセンター試験用の問題集を使って行うことができる。メインの文学的な文章としては、第二回の試行調査のようにエッセイが選択される可能性もあるが、エッセイは小説と評論文の中間に位置するジャンルの文章なので、小説と評論文を読み解く訓練ができていれば、十分に対応することができるはずである。

このように、**単一の文学的な文章を読み解く訓練を積んだ上で、複数の文学的な文章を関連づけて理解する訓練をするといいだろう。**複数の題材を関連づけて理解する訓練は、共通テスト対策用の問題集を使って行えばいいだろう。

複数の文学的な文章の組み合わせとしては、小説と批評文、小説とエッセイ、エッセイと韻文（詩・短歌・俳句）、批評文と韻文（詩・短歌・俳句）などが考えられる。したがって、小説やエッセイ以外に、詩や短歌や俳句などにも馴染《なじ》んでおく必要がある。

また、今年の**第2問**では出題されなかったが、センター試験で出題されてきた「表現」について問う問題が共通テストでも出題される可能性がある。そのとき、詩に使われている表現技法として「倒置法」が問われた第二回の試行調査のように、文芸用語や表現技法についての知識が問われるかもしれない。そこで、これらの知識を修得しておく必要がある。

知識問題としては、センター試験と同様に、**問1**で語句の意味を問う問題が出題される。日頃から辞書をこまめに引くなどして、語句の意味の修得にも努める必要があるだろう。

最後に、共通テスト対策用の問題集として、河合出版の『マーク式基礎問題集　現代文（七訂版）』を推薦しておきたい。**第1問**や**第2問**における新傾向の問題の対策だけでなく、文芸用語や表現技法についての知識の修得にも有効なはずである。

古文

出題傾向

21年度からはじまった大学入学共通テストの第1日程の古文は、平安時代に書かれた歴史物語『栄花物語』からの出題であった。本文は、妻を亡くした藤原長家やその親族らが葬送のために亡骸を寺に移す場面と、その寺に籠もっている間の、長家と親しい人たちとの和歌の贈答、長家の亡き妻への追悼の思いなどで構成されている。センター試験と同じように和歌が出題されており、本文に四首、別に設問に一首引用され、そのうち四首が設問に関わっていた。

設問については、18年に実施された二回目の試行調査（プレテスト）と一致する点が多かった。特に設問の形式は非常によく一致していた。**問1**は短い語句の解釈問題で、試行調査でも出題されたが、センター試験の**問1**と同じ形式であった。**問2**は傍線部についての理由説明問題で、センター試験でもおなじみの設問形式である。**問3**の語句の表現に関する説明問題は、傍線部についての、文法や語句の意味、内容に関わる設問で、18年の試行調査と形式的に同じである。**問4**の登場人物についての説明問題は、これまでのセンター試験でも見られたが、18年の試行調査と形式的に同じである。**問5**は、本文に二組の贈答歌があるが、そのうちの一方の返歌が『千載和歌集』では同じ状況で詠まれた別の歌になっており、その歌を設問に引用して本文の和歌との比較を問うている。この設問は、大学入試センターの発表した「令和3年度大学入学者選抜に係る大学入学共通テスト問題作成方針」（以下「方針」）にある「異なる種類や分野の文章などを組み合わせた、複数の題材による問題を含めて検討する」という方針に沿った出題であった。ただし、18年試行調査では、「授業において生徒が学習する場面……を重視する」という方針に沿って生徒と教師の話し合いの場面が設定されていたが、今回の設問はその形式になっていなかった。

第2日程は、鎌倉時代初期に書かれたといわれている擬古物語『山路の露』からの出題で、『源氏物語』の続編として書かれたといわれている。本文は、男君との恋愛関係のもつれに悩んで姿を消した女君が、やがて出家し、山里でひっそりと暮らしていたが、そこに男君が訪ねてきて、女君と対面する場面である。第1日程と同じように和歌が出題されたが、第1日程は本文中に四首、設問に一首引用されて、そのうち四首が設問に関係したが、第2日程は本文中に二首あり、それだけが設問に関連しており、第1日程のように設問に再度和歌が引用されるといったことはなかった。

設問については、第1日程と同じように、**問1**は語句の解釈問題だったが、数が三つから二つに減っていた。第1日程では**問3**にあった語句の表現に関する説明問題（文法や語句の意味、内容に関わる設問）が**問2**にあり、この設問だけが試行調査と形式的に同じであった。ただし、選択肢は第1日程と比べて文法に重きを置いたものになっていた。それ以外の設問は、**問3**が男君の行動や心境、**問4**が女君の心境についての説明問題で、センター試験でも同じような設問設定があった。**新傾向の問題**として、**問5**を挙げることができる。これは、本文中に頻出する「月」に関する表現と登場人物との関わりや詠まれた和歌の内容などが問われており、「方針」の「言語を手掛かりとしながら、文章から得られた情報を多面的・多角的な視点から解釈……する力を求める」という方針に沿ったものとも思われる。

以上の二回にわたった共通テストをみると、これまでのセンター試験と設問設定には若干の変化が見られるが、内容的には**大きくセンター試験の流れから外れるものではなかった**。よって、共通テストの古文については、これまでのセンター試験と同じように古文の総合的な力が試されると言ってよい。つまり、重要古語の習得、文法の理解、古典常識の理解、本文内容読解である。よって、これらの力を身につけるには過去のセンター試験を利用して学習することが一番効果が上がる方法といえる。以下にこれまでのセンター試験の特徴を述べるので、それを踏まえて過去のセンター試験を解いてほしい。それに加えて、前述した共通テストの特徴を具体的に知ることも必要である。21年度第1日程（問題と解説付き）と第2日程（問題・解答）が掲載されているので、それによって共通テストの特徴を知り、さらに〈**学習対策**〉を利用して共通テスト対策を行ってほしい。

センター試験の国語の各科目の難易度は解く順番などに影響されるので一概にはいえないが、河合塾で集計したデータを見る限り、難度に相当なばらつきがある。この10年間において、古文の難度を河合塾のデータから難しい順に並べると、'14年『源氏物語』、'13年『松陰中納言物語』、'11年『保元物語』、'15年『夢の通ひ路物語』、'18年『石上私淑言』、'12年『真葛がはら』、

'20年『小夜衣』、'19年『玉水物語』、'17年『木草物語』、'16年『今昔物語集』となっている。

ちなみに、同じデータでは、共通テスト第1日程の古文は難しい方から4番目・5番目の'15年『夢の通ひ路物語』、'18年『石上私淑言』と同じレベルであったことが判明した。

そこで、学習対策を立てる場合、目標を最初から'14年『源氏物語』などの難度の高いところに置くのではなく、センター試験の中では比較的やさしいレベルの問題である'16年『今昔物語集』、'17年『木草物語』、'19年『玉水物語』などに置くのがよい。それには、まず助動詞・助詞を中心に**古典文法**を習得し、同時並行して三五〇語程度の**重要古語**を習得することである。これら古文の基本はできるだけ早い時期に一気に進める方がよい。その上で、古文の標準的な文章を読みながら**古文常識**（その時代の生活習慣）などにも少しずつ理解を深めながら、内容読解の力を高めていくことである（詳しくは後述の〈**学習対策**〉参照）。

出典の時代・ジャンルに関係なく、センター試験の古文に見られた顕著な傾向の一つに、**和歌を含む文章が多く**、問題文に和歌があれば、**必ず**設問にされるということがある。この10年間において、まったく和歌が出題されなかったのは、'11・'14・'16・'18・'20年の本試験、'13・'16・'17年の追試験だけである。本試験では、'12・'13年は三首、'15年・'17年・'19年は二首（'19年の一首は連歌）あり、それらすべてが設問にもなっていた。ということは、**和歌に慣れ**、**その読解力を養う**必要があるということである。掛詞や序詞といった和歌の修辞について一通りの勉強をしておくべきだし、何よりも和歌を解釈できるようにすることが一番の課題である。

設問は、短い語句の解釈が三つ、助動詞・助詞の識別や敬語、品詞分解などの文法問題が一つ、というのがほぼ定番であった。また、以前には長い語句や一文まるまるの解釈問題も出題されたこともある。主たる設問は、内容・理由・心情の各説明問題や本文の趣旨を問う問題であり、そのほか、主語判定問題、ある程度長い部分の要約問題、本文内容合致問題などもある（配点は部分に関わる設問より本文全体に関わる設問の方が、当然高くなる）。また、文章の表現の特徴や、文章の構造といった、問題文の内容だけでなく、その文章自体の表現や全体の構造などを問う問題も出題されている。'01・'02年の本・追試験に文学史の問題が出されたが、そのあと六年間は本・追試験ともに文学史に関する設問はなかった。ところが、'08年本試験では本文の表現にからめて、江戸時代の作者と作品名が問われた。'09年追試験では和歌集について単独の文学史の問題が出題された。暗記をするだけで解ける単純な文学史の問題は高校側の批判もあるが、共通テストでは文学史は出さないとは明言していない以上、今後も出題される可能性はある。ちなみに、'10～'20年の本・追試験では文学史に関連する問題は出題されなかった。

最後に、センター試験の古文の文章の長さを指摘しておこう。以前は一一〇〇字から一五〇〇字ほどであったが、'09年本試験は一七〇〇字以上、'10年は一六〇〇字以上、'11年は一八〇〇字弱、'12年は一一五〇字、'13年は一二〇〇字、'14年は一二七〇字、'15年は一二三〇字、'16年は一七〇〇字、'17年は一四〇〇字、'18年は一三〇〇字、'19年は一七〇〇字、'20年は一二八〇字ほどであった。'19年は本文が読みやすかったこともあって'17年同様長かったが、'20年はだいぶ短くなっていた。当然一般の入試問題よりは相当長い。これだけ**本文が長い**上に、各設問の選択肢の文もそれなりに長いが、それを二十分で解かなくてはならない。となると、どうしても速く読むことが要求される。これはすぐにできるものではない。訓練が必要である。最初はゆっくりじっくり読むことから始めるしかないが、そのような初心者の読み方から、時間を決めて取り組むなどの練習を重ねて、素早い実戦的な読みに向けて、自分の読み方を発展させていかなくてはならない。これは、大変なことだが、避けては通れない道である。

ちなみに、21年度第1日程の共通テストは本文九一七字、和歌の引用二八字、第2日程の共通テストは一一六三字であった。センター試験と比べると、短い方だといえよう。ただ、前述したように一般の入試問題よりは相当長い。

学習対策

I 共通テストに対応する古文の総合的な学力を身につけるために

① やさしい古文からはじめよう。

この『過去問レビュー』の古文問題を一題でもやってみて、その古文がほとんど読めない、問題が解けない、という受験生は、もう少し易しめの問題集からはじめるべきである(例えば、河合出版の『マーク式基礎問題集 古文』など)。それでも難しいと感じる人はもっと入門的な古文問題集からはじめることだ。いきなり本番レベルの問題集をやってみて、これは自分にはできるものではないと思ってしまうのが一番よくない。正しい段階を踏めば必ず、共通テストの古文は読めるし、解けるようになる。今の自分のレベルに合った古文問題集からはじめること、そして、それなりの力がついた人はこの『過去問レビュー』で実戦的な対応力を養ってほしい。

② 古典文法を習得しよう。

助動詞・助詞の基本的な意味用法がわかっていなくては、正確な読み方はとてもできるものではない。どんなスポーツにも基本練習というものがあるように、これが身についていてはじめて、試合という実戦の場に出ることができる。基本の鍛錬はあまり面白いものではないが、これをいいかげんにはできない。ぜひとも「文法問題集」を一冊はやってほしい(例えば、河合出版の『ステップアップノート30 古典文法基礎ドリル』・『ステップアップノート30 古典文法トレーニング』など)。

③ 重要語句や慣用句をしっかり覚えていこう。

古文の覚えるべき単語は英語のように数千ではない。数百である。古文の問題を一題やると、そこにいわゆる重要語句というのは三十〜四十は出てくる。それを確実に覚える努力をしていけば、数箇月で数百はおのずから蓄えられる。それともう一つ、便利な「古文単語集」というものもある(例えば、河合出版の『春つぐる 頻出古文単語480』など)。これでさらに補強するとよい。

④ 登場人物を押さえ、文の主語を確認しながら読み進めよう。

古文の大きな特徴は、英語のように主語がいつも明示されているわけではないということである。そこで、明示された主語を手がかりに、明示されていないところの主語を確認しながら読むことが求められる。一文の主語が誰かということを常に意識しながら読み進めること。これは古文の内容を読解するには欠かせない訓練である。

⑤ **たくさんの問題を解いて本格的な読解力をつけよう。**

古文の問題を一題一題確実にやっていくことがもちろん最も大事なことだが、問題を解いた経験が乏しくては、ちょっと新傾向の問題などが出されるともう歯が立たない。内容も文体も違う多くの問題を解いていく中で、単語力も古文常識も増し、様々な設問に対応する幅もでき、そして読むスピードも速くなってくる。そこで、本格的な読解力が培われるのだ。ためらわず常に新たな問題に挑戦し続けてもらいたい。

Ⅱ 共通テスト対策のために

共通テストに準拠した予想問題をたくさん解こう。

前記の共通テストの特徴に合わせた演習が必要であるが、過去のセンター試験問題だけでは十分とはいえない。よって、前記の特徴を踏まえた予想問題を利用した演習が必要になる。例えば、河合出版から『マーク式基礎問題集　古文』や、『大学入学共通テスト総合問題集』『大学入学共通テスト対策パック』などが順次刊行される予定なので、これらを利用して演習量を増やそう。

漢　文

出題傾向

共通テスト初年の本年は、**【問題文Ⅰ】**として欧陽脩『欧陽文忠公集』から、欧陽脩の五言古詩、**【問題文Ⅱ】**として『韓非子』から出題された。どちらも馬車を操る「御術」について記されたものであり、馬を駆って走るに当たっては、御者と馬との一体化も必要だという内容である。

【問題文Ⅰ】【問題文Ⅱ】と二つの文章が取り上げられており、「複数の題材による問題」「多面的・多角的な視点」という共通テストの出題方針に沿ったものになっている。しかしながら、日本漢文を取り上げたり、日本でもしばしば使われる故事成語をモチーフにして日本文化との関連性を踏まえようとしていた二〇一七年度、二〇一八年度の試行調査の方向や、生徒のレポートのようなものを提示したり、生徒の会話によって設問を構成するといった、教室をイメージさせるような問題作りという、やはり二〇一七年度、二〇一八年度の試行調査で用いられた手法は、今回は見られなかった。ただし、**【問題文Ⅰ】【問題文Ⅱ】**のうち、**【問題文Ⅰ】**には（注）があったものの、**【問題文Ⅱ】**は（注）の付されていない文章で、二〇一七年度、二〇一八年度の試行調査で、それぞれ一方が現代文を中心に構成されていたところとは方針を一にしていると捉えられる。今後も（注）の付いた文と（注）の無い文を組み合わせて出題される可能性が高いであろう。

本文の内容については、これまでセンター試験では、学問論、政治論、教育論などの硬質な評論文から、随筆、さらには人物のエピソード、漢詩、漢詩を含む文と、さまざまなジャンルのものが採用されてきたが、共通テストでもこの方向に変化はないであろう。出題される素材の時代は、これまで先秦から清に至るまで各時代のものが採り上げられてきたが、やはり共通テストでも特別に限られた時代のものだけ採用されるということはないであろう。現に、今年も**【文章Ⅰ】**は宋、**【文章Ⅱ】**は秦であり、採り上げられる文章が複数であればなおのこと、様々な時代の文が用いられる可能性が高い。

設問については、二つの問題文が提示されていたことから、その双方に関わる設問が出題されたが、それ以外は、語の意味の問題、解釈の問題、返り点と書き下し文の問題と、これまでのセンター試験の問題と本質的に大きな変化はなかった。また、複数の問題文相互に関わる設問も、結局はそれぞれの文章の内容を的確に判断できているかどうかが肝要であり、内容の把握が確実にできていれば確実に得点できる問題である。また、二〇一七年度、二〇一八年度の試行調査では、日本における漢詩の受容についてや故事成語の意味を問う問題など、ある程度の知識が必要となる問題があったが、共通テストでは句法や重要語、そして漢詩の知識などをもとに内容を精査していけば解答を得られる問題ばかりであり、この傾向は恐らく今後も続くものと考えられる。したがって、語句の読み、意味、熟語の問題、書き下しの問題、解釈の問題、内容説明の問題、理由説明の問題、趣旨や主張に関する問題、構成に関する問題、文法や句法についての問題、漢詩であれば押韻や対句を絡めた問題など、漢文として極めて一般的な設問が大半を占めるものと想定される。

学習対策

共通テストであっても基本的に要求される学力に変化はない。もちろん出題される形式にある程度慣れておくに越したことはないが、やはり読解力を養い思考力を養成することが何よりも大切である。そして、漢文についての読解力、思考力の養成には、句形、重要表現の錬成に努め、漢詩を含む基礎事項の習熟に励むのが最も有効な手だてである。

漢文の実力養成に必要なものとしては、句形や文法の習得、重要表現などの語彙力の獲得、さらに的確な訓読ができるよう訓練し、一つ一つ文の意味を正しく理解し、筆者が伝えようとしている内容を把握することができるようになれば、どんな問題が出題されても適切に対処することができるはずである。高得点を目指すためには、これら基礎的な要件を踏まえた上で、問題演習を行うことである。共通テスト形式の問題を解く機会は、それほど多くないかも知れないが、心配する必要はない。問題は漢文なのだから、漢文の問題、センターの過去問などに取り組むことである。問題に取り組むにあたっては、以下の点に留意してほしい。

① 漢文の基本構造を習得する。

漢文はもとより中国語であるから、日本語のセンスだけに頼って読むのは危険である。訓読の問題でつまらないミスを犯さないためにも、問題文を復習する際には、文の構造を意識して、主語、述語、目的語などの位置関係を確認しながら読むことを心がけよう。

② さまざまなジャンルの文章に多くあたる。

本番でどういう文章が出題されるかを予測するのは困難である。漢詩を含め、どんなタイプの文章が出題されても対応することのできるように、あらゆるジャンルの文章にあたり、読解力を養成しよう。

③ 本文の大意の把握につとめる。

要は設問が解ければよいのである。多少わからないところがあってもそこで立ち止まらず、論理の展開やストーリーを大づかみにとらえよう。また、選択肢で迷った場合などに、文章全体の大意に立ち戻ってみるのも効果的である。

④ 設問は必ず本文中に根拠を求めて解く。

文中に根拠を求めずに漫然と解いていたら、どんなに多くの問題を解いても確実に高得点を得られるとは限らない。傍線部や設問として問われている箇所自体の意味と、その前後の文脈、そして全体の趣旨や大意などに根拠を求めて解くように心がけよう。

⑤ 本文中の句形や重要表現、さらに日常使われる漢字を確認する。

句形の知識や、重要表現などの知識が問われることが少なくないが、さらに現代の日常生活で普通に用いられる漢字の意味などが問われることが少なくない。問題演習の際には、解答と全文解釈を確認するだけでなく、文中に使われている句形や重要表現、そして日常使われる漢字の意味などについても確認しておこう。

河合出版の『入試必須の基礎知識　漢文ポイントマスター』は句形や用法だけでなく、基本や重要単語、知識がまとめられ、漢文学習必携の本としてぜひおすすめしたい。

MEMO

2021
第2日程

国　語

(2021年1月実施)

受験者数　1,587

平 均 点　111.49

(注)
第2日程は問題・解答のみ掲載しています。

第1問　次の文章を読んで、後の問い(問1～6)に答えよ。なお、設問の都合で本文の段落に 1 ～ 8 の番号を付してある。

(配点　50)

1 椅子の「座」と「背」について生理学的にはふたつの問題があった。西欧での椅子の座法は、尻、腿《もも》、背をじかに椅子の面に接触させる。そこに自らの体重によって圧迫が生じる。接触とはほんらい相互的であるから、一方が硬ければ軟らかい方が圧迫される。板にじかに座ることを考えればよい。ひどい場合には、血行を阻害する。たぶん椅子の硬さは、人びとに「血の流れる袋」のような身体のイメージを喚起していたにちがいない。もうひとつは椅子に座ることで人間は両足で立つことからは解放されるとはいえ、上体を支えるには、それなりに筋肉を不断に働かせている。この筋肉の緊張が苦痛をもたらすことは、私たちが椅子の上で決して長時間、一定の姿勢をとりつづけられず、たえず動いている方がずっと楽だという経験的事実からも明らかである。椅子は休息のための道具とはいえ、身体に生理的苦痛をひきおこすものでもある。

2 一七世紀の椅子の背が後ろに傾きはじめたのは、上体を支える筋肉の緊張をいくらかでも緩和するためであった。そのためには身体を垂直の姿勢から次第に横臥《おうが》の状態に近づけていけばよい。イノケンティウス一〇世(注1)の肖像でみたように、公的な場で使われる椅子では決して威厳を失うほど後ろに靠《もた》れた姿勢がとられなかったが、「背」の後傾が純粋に生理的な身体への配慮から追求される場合もあった。その結果が、私たちがもっと後の時代の発明ではないかと想像しがちなリクライニング・チェアの発明になった。これにキャスターをとりつけた車椅子も同時にうまれていた。このふたつとも、もちろん、一七世紀にあっては高位の身障者、病人のために発明されたのである。リクライニング・チェアは、骨とそれをつつむ筋肉からなる一種のバロック(注2)的な「身体機械」のイメージを(ア)イダかせたにちがいない。次の世紀には『人間機械論』(注3)があらわれて、「人間はゼンマイの集合にすぎない」というようになる時代である。

3 一七世紀半ばにスペインの王フェリーペ二世のために考案された椅子のスケッチが残っている。普通の状態ではすでにあげた一七世紀の椅子のかたちと同じだが、後ろに重心がかかるから、倒れないために後脚を少し斜め後ろに張り出している。馬の毛を塡《つ》めたキルティング(注4)で蔽《おお》った背は両側の大きな留め金具で適度な傾きに調整でき、足台も同様の留め金具でそれにあわせて動かせるので、背を倒し足台を上げると、身体に横臥に近い姿勢をとらせることができる。こうして背を立てていると王者らしい威厳も保てる車椅子が考えられていた。実際にフェリーペ二世のためにつくられた車椅子はこのスケッチとは若干ことなり、天幕を張っていたようであり、足台はなかった。このような仕掛けはいろいろ工夫される。たとえばスウェーデンのチャールス一〇世の身障者椅子では、背と足台を腕木にあけた穴を通した紐《ひも》で連動させていた。病人用の椅子から、背の両側に目隠し用の袖を立てた仮眠のためのスリーピング・チェアがうまれ、それは上流社会で静かに流行した。

4　A もうひとつの生理的配慮も、背の後傾とどちらが早いともいえない時期に生じている。どちらも身体への配慮にもとづくから不思議ではない。椅子からうける圧迫をやわらげる努力は古くから行われてきた。エジプト人は座に曲面をあたえた椅子をつくっていたし、植物セン(イ)イや革紐で網をあんで座の枠に張ってもいた。ギリシャのクリスモス(注5)の座も編んだしなやかなものであった。しかし、それでも充分とはいえなかったので、古代からクッションが使われてきた。エジプトでもアッシリアでも玉座には美しいクッションが使われているし、ギリシャのクリスモスの上にもクッションを置いて使うのが常であった。中世では四角い膨らんだクッションがそれ自体可動の家具のようにさえなっていた。長持ち(注6)はその上にクッションを置けば腰掛けにもなった。窓ぎわの石の腰掛けもクッションを置きさえすれば快適だった。クッションは石や木の硬さをやわらげ、身体は軟らかい触覚で座ることができた。しかし、いまから考えれば驚くことだが、クッションはその美しい色彩とともに、それだけでステータス(注7)を表示する室内装飾のひとつの要素だったのである。クッションを使うこと、つまり身体に快適さを与えること自体が政治的特権であった。オランダ語で「クッションに座る」といえば、高い官職を保持することを意味したといわれるが、この換喩法《メトニミー》(注8)が成立すること自体、いかにクッションの使用が階層性と結びついていたかを物語っている。たしかに王や女王、貴族たちを描いた絵画や版画を調べていくと、さまざまな意匠のクッションがその豊富なヴォリュームと色彩を(ウ)コジするように使われているのである。

5　こうして別々に作られ、使うときに一緒にされていた椅子とクッションが一六世紀から一七世紀にかけてひとつになりはじめた。この結びつけの技術は一七世紀のあいだに著しく発達する。最初は木の座や背の上に塡め物を素朴にとりつけることからはじまったが、椅子張り職人（アプホルストラー（注9）――実際にはテキスタイル全般をあつかった職人）の技術の向上とともに、布や革で蔽われた座や背はほとんど今日のものに(エ)ミオトりしないほどに進んだ。こうした塡め物《アプホルスター》は、たんにクッションを椅子に合体させただけではなかった。それまで硬かった椅子そのもののイメージを軟らかくしてしまったことが、椅子についての概念を決定的に変え、近代の方向に椅子を押しやるきっかけになったのである。エリック・マーサー（注10）も指摘するように椅子の近代化は形態からではなく、装飾の消去からでもなく、身体への配慮、あらたに見出された快楽を志向する身体による椅子の再構成からはじまったのであった。

6　だが、近代人ならばすぐに機能化と呼んでしまいそうな椅子を成立させた思考も技術も、一七世紀にあっては限られた身分の人間なればこそ生じた身体への配慮のなかに形成されたのである。つまり傾いた背をもつ椅子も、塡め物で軟らかくなった椅子も、それ自体をいま見る限りでは「身体」との関係で説明し切れるように思えるが、さらに視野をひろげて階層社会をみれば、「もの」はほんらい社会的な関係――ここでは宮廷社会――にとりまかれ、身分に結びつく政治学をひそかにもっていたのである。むしろ「もの」を機能的にだけ理解することはすでに一種の抽象である。私たちが普通、この時代の家具とみなしているものは、実は支配階級の使用するものであり、一六世紀頃からは版画による意匠集の出版、「人形の家」という玩具でもあれば一種の商品見本でもあるものによって、新しい意匠の伝播《でんぱ》が生じるが、それは国境を越えて他の国の宮廷、小宮廷貴族、大ブルジョワジー（注11）には伝わっても、同じ国の下層へひろまることはなかった。私たちはあらためて「身体」という概念が、自然の肉体ではなく、普遍的な哲学の概念でもなく、文化の産物であり、ここまで「生理的配慮」とよんできたものも、宮廷社会のなかで生じた新しい感情やそれに伴う新しい振舞方《ふるまいかた》と切り離せない文化的価値だったことに気がつくのである。その時代に哲学ではスピノザ（注12）をのぞけば「身体」の不思議さに謎を感じているものはなかったのである。

7　生理的快適さに触れたとき、椅子に影響する身体を「血の流れる袋」とか「筋肉と骨からなる身体機械」とか、解剖学的肉体にもとづくイメージであるかのように語ったが、**B** 実際に椅子に掛けるのは「裸の身体」ではなく「着物をまとった身体」なのである。衣装は一面では仮面と同じく社会的な記号としてパフォーマンスの一部である。同時に、実際にかさのある身体として椅子の形態に直接の影響をあたえていた。一六世紀には婦人たちは鯨骨を用いてひろがったスカート（ファージンゲール）で座るために、「背」はあるが腕木はないバック・ストゥールや、ズガベルロ（イタリアの椅子のタイプ）がうまれたし、一八世紀のフォートゥイユ（安楽椅子）の腕木がずっと後方にさげられるのも、やはり婦人たちの膨らんだスカートのためであった。このように文化としての「身体」は、さまざまな意味において単純な自然的肉体ではないのである。もちろんこの衣装も本質的には宮廷社会という構図のなかに形成されるし、宮廷社会への帰属という、政治的な記号なのである。

8　やがてブルジョワジーが上昇し、支配の座につくとき、かれらはかつての支配階級、宮廷社会がうみだし、使用していた「もの」の文化を吸収するのである。ベンヤミン（注13）が「ルイ＝フィリップあるいは室内」で幻影として批評したブルジョワジーの家具、調度類は、この宮廷社会の「もの」の文化の(オ)ケイフに属していた。いいかえるならそっくりそのままではないが、ブルジョワジーは支配階級の所作のうちに形成された「身体」をひきついで、働く「身体」に結びつけ、充分に貴族的な色彩をもつブルジョワジー固有の「身体技法」（注14）をうみだしていたのである。**C** 「身体」の仕組みはそれ自体、すでにひとつの、しかし複雑な政治過程を含んでいるのである。

（多《た》木《き》浩《こう》二《じ》『「もの」の詩学』による）

（注）
1　イノケンティウス一〇世の肖像――スペインの画家ベラスケスが描いた肖像画。わずかに後傾した椅子にモデルが座っている。
2　バロック――芸術様式の一つ。技巧や有機的な装飾を重視し、動的で迫力ある特色を示す。
3　『人間機械論』――フランスの哲学者ラ・メトリの著書。
4　キルティング――刺繍《ししゅう》の一種。二枚の布のあいだに綿や毛糸などを入れ、模様などを刺し縫いする。
5　クリスモス――古代ギリシャからローマ時代にかけて使われた椅子の一種。

6　長持ち――衣類や調度などを収納する、蓋付きの大きな箱。
7　ステータス――社会的地位。
8　換喩法《メトニミー》――あるものを表す際に、関係の深い別のもので置き換える表現技法。
9　テキスタイル――織物。布。
10　エリック・マーサー――イギリスの建築史家（一九一八―二〇〇一）。
11　ブルジョワジー――裕福な市民層。ブルジョアジー。
12　スピノザ――オランダの哲学者（一六三二―一六七七）。
13　ベンヤミン――ドイツの批評家（一八九二―一九四〇）。
14　「身体技法」――フランスの民族学者モースによる概念。人間は社会の中で身体の扱い方を習得することで、特定の文化に組み入れられるという考え方。

問1　傍線部(ア)～(オ)に相当する漢字を含むものを、次の各群の①～④のうちから、それぞれ一つずつ選べ。解答番号は 1 ～ 5 。

(ア) イダかせ 1
① 複数の意味をホウガンする
② 卒業後のホウフ
③ 港にホウダイを築く
④ 交通量がホウワ状態になる

(イ) センイ 2
① 現状をイジする
② アンイな道を選ぶ
③ キョウイ的な回復力
④ 条約にイキョする

(ウ) コジ 3
① 偉人のカイコ録
② 液体のギョウコ
③ コチョウした表現
④ ココウの詩人

(エ) ミオトり 4
① 商品を棚にチンレツする
② モウレツに勉強する
③ 風船がハレツする
④ ヒレツな策を用いる

(オ) ケイフ 5
① フゴウしない証言
② フメン通りの演奏
③ フリョの事故
④ 家族をフヨウする

問2 傍線部**A**「もうひとつの生理的配慮も、背の後傾とどちらが早いともいえない時期に生じている。」とあるが、それはどういうことか。その説明として最も適当なものを、次の①～⑤のうちから一つ選べ。解答番号は 6 。

① 身体を横臥の状態に近づけて上体の筋肉を不断の緊張から解放する配慮が現れたのとほとんど同じ時期に、椅子にキャスターを付けて可動式とし、身体障害者や病人の移動を容易にするための配慮も現れたということ。

② 椅子の背を後傾させて上半身を支える筋肉の緊張をやわらげる配慮が現れたのとほとんど同じ時期に、椅子と一体化したクッションを用いて背や座面から受ける圧迫をやわらげる配慮も現れたということ。

③ 椅子の背を調整して一定の姿勢で座り続ける苦痛をやわらげる配慮が現れたのとほとんど同じ時期に、後傾した椅子の背にクッションを取り付けることによって体重による圧迫を軽減する配慮も現れたということ。

④ 椅子の背を後ろに傾けて上体の筋肉の緊張を低減しようという配慮が現れたのとほとんど同じ時期に、エジプトやギリシャにおいてクッションを用いることで椅子の硬さを低減させる配慮も現れたということ。

⑤ 後傾させた椅子の背によって上半身の筋肉を緊張から解放する配慮が現れたのとほとんど同じ時期に、それ自体が可動式の家具のようにさえなったクッションを用いて椅子の硬さを緩和する配慮も現れたということ。

問3　傍線部B「実際に椅子に掛けるのは『裸の身体』ではなく『着物をまとった身体』なのである」とあるが、それはどういうことか。その説明として最も適当なものを、次の①～⑤のうちから一つ選べ。解答番号は 7 。

① 宮廷社会の家具の意匠が国境と身分を越えて行き渡ったということは、身体に配慮する政治学の普遍性を示すものであり、人々が椅子に座るときの服装やふるまいといった社会的な記号の由来もここから説明できるということ。

② 貴婦人の椅子が彼女たちの衣装やふるまいに合わせてデザインされていたように、椅子の用い方には生理的な快適さの追求という説明だけでは理解できない文化的な記号としての側面もあったということ。

③ 座るのは自然的肉体であっても、服装のヴォリュームも考慮に入れた機能的な椅子が求められており、宮廷社会では貴族の服飾文化に合わせた形態の椅子がこれまでとは異なる解剖学的な記号として登場したということ。

④ 宮廷社会の椅子には、貴族たちが自分の身体に向けていた生理的な快適さへの関心を、機能性には直結しない服飾文化に振り向けることで仮面のように覆い隠そうとする政治的な記号としての役割があったということ。

⑤ 椅子と実際に接触するのは生身の身体よりも衣服であるから、貴婦人の衣装やパフォーマンスを引き立たせるために、生理的な快適さを手放してでも、社会的な記号としての華美な椅子が重視されたということ。

問4　傍線部C「『身体』の仕組みはそれ自体、すでにひとつの、しかし複雑な政治過程を含んでいるのである。」とあるが、それはどういうことか。その説明として最も適当なものを、次の①～⑤のうちから一つ選べ。解答番号は 8 。

① ブルジョワジーはかつて労働者向けの簡素な「もの」を用いていたが、支配階級に取って代わったとき、彼らの「身体」は「もの」に実用的な機能ではなく、貴族的な装飾や快楽を求めるようになった。このように、本質的には人間の「身体」は、新しい「もの」の獲得によって新たな感覚や好みを備えて次々と変容していくものだということ。

② ブルジョワジーは働く「身体」という固有の特徴を受け皿にして、かつての支配階級が所有していた家具や調度類といった「もの」を受け継ぎ、それを宮廷社会への帰属の印として掲げていった。このように、「身体」と「もの」の文化は部分的に支配階級の権威の影響を受けており、相互に影響し合って単純に固有性が見いだせるものではないということ。

③ ブルジョワジーがかつての支配階級に取って代わったという変革は単なる権力の奪取ではなく、貴族に固有の「もの」や「身体」で構成された宮廷文化を解消していくという側面も持っていた。このように、「身体」にかかわる文化は永続的なものではなく、新しい支配階級に合った形がそのつど生じるので予見できないということ。

④ ブルジョワジーがかつての支配階級の所作を受け継いだやり方はそっくりそのままではなく、貴族の社会における「もの」の用い方を、労働者の「身体」に適応させるような変化をともなっていた。このように、働く「身体」には「もの」の機能を追求し、それに応じて「もの」の形態を多様化させる潜在的な力があるということ。

⑤ ブルジョワジーは新しい支配階級となるにあたって貴族社会のすべてを拒否したわけではなく、彼らの働く「身体」に応じて、宮廷社会の「もの」に付随する所作や感覚を受け継いで再構成した。このように、人間の「身体」には、権力構造の変遷にともなうさまざまな社会的要素がからみ合い、新旧の文化が積み重なっているということ。

問５　この文章の構成と内容に関する説明として最も適当なものを、次の①～④のうちから一つ選べ。解答番号は 9 。

① 1 段落では、本文での議論が最終的に生理学的問題として解決できるという見通しを示し、 2 ～ 5 段落では、支配階級の椅子を詳しく描写しながら 1 段落で触れた問題を解決するための過去の取り組みを説明している。

② 5 段落は、椅子の座や背を軟らかくする技術が椅子についての概念を決定的に変えてしまったことを述べており、 6 段落以降でもこの変化が社会にもたらした意義についての議論を継続している。

③ 6 段落と 7 段落では、生理学的な問題への配慮という角度から論じていたそれまでの議論を踏まえて、さらに「もの」の社会的あるいは政治的な記号という側面に目を向ける必要性を説いている。

④ 8 段落は、新たな支配階級がかつての支配階級の「もの」の文化を吸収し、固有の「身体技法」を生み出したことを述べ、 5 段落までの「もの」の議論と 6 段落からの「身体」の議論の接続を行っている。

問6　次に示すのは、この文章を読んだ後に、教師の指示を受けて六人の生徒が意見を発表している場面である。本文の趣旨に**合致しないものを**、次の①～⑥のうちから**二つ**選べ。ただし、解答の順序は問わない。解答番号は　10　・　11　。

教師――この文章では「もの」と「身体」との社会的関係について論じていましたね。本文で述べられていたことを、皆さんの知っている具体的な例にあてはめて考えてみましょう。

①　生徒A――快適さを求めて改良されてきた様々な家具が紹介されていましたが、家に関しても寒い地域では断熱性が高められる一方で、暑い地域では風通しが良いように作られています。私たちの「身体」がそれぞれの環境に適応して心地よく暮らしていくための工夫がいろいろ試みられ、近代的な家屋という「もの」の文化を生み出しています。

②　生徒B――身につける「もの」に複数の側面があるということは、スポーツで用いるユニホームについても言えると思います。競技の特性や選手の「身体」に合わせた機能性を重視し、そろいのデザインによって所属チームを明らかにすることはもちろんですが、同じ「もの」をファンが着て一体感を生み出す記号としての役割も大きいはずです。

③　生徒C――「身体」という概念は文化の産物だと述べられていますが、私たちが箸を使うときのことを思い出しました。二本の棒という「もの」を用いて食事をするわけですが、単に料理を口に運べればよいのではなく、その扱い方には様々な「身体」的決まり事があって、それは文化によって規定されているのだと思います。

④　生徒D――「身体」がまとう衣装は社会的な記号であるということでしたが、明治時代の鹿鳴館《ろくめいかん》では当時の上流階級が華やかな洋装で交流していたそうです。その姿は単なる服装という「もの」の変化にとどまらず、西洋の貴族やブルジョワジーの「身体」にまつわる文化的な価値を日本が取り入れようとしたことを示しているのではないでしょうか。

⑤ 生徒E――支配階級の交代にともなって「身体」のありようが変容するとありましたが、現代ではスマートフォンの登場によって、娯楽だけでなく勉強の仕方も大きく変わってきています。このような新しい「もの」がそれを用いる世代の感覚やふるまいを変え、さらには社会の仕組みも刷新していくことになるのではないでしょうか。

⑥ 生徒F――椅子や衣装にともなう所作のもつ意味に関連して、私たちが身につける「もの」の中でも、帽子には日射しを避けるという機能とは別の「身体」のふるまいにかかわる記号としての側面もあるのではないでしょうか。「脱帽」という行為は相手への敬意を表しますし、帽子を脱いだ方がふさわしい場もあると思います。

第2問

次の文章は、津村記久子《つむらきくこ》「サキの忘れ物」(二〇一七年発表)の一節である。十八歳の千春は高校を中退し、病院に併設されている喫茶店で、店長の谷中《やなか》さんとアルバイトの先輩の菊田さんと働いている。ある日、常連客の「女の人」が喫茶店に文庫本を忘れる。その本は、「サキ」という名前の外国人男性作家が書いた短編集だった。以下はそれに続く場面である。これを読んで、後の問い(問1～6)に答えよ。なお、設問の都合で本文の上に行数を付してある。(配点 50)

本を店に忘れた女の人は、いつもと同じように夜の八時にやってきた。女の人は、席に着くなり申し訳なさそうに、私昨日忘れ物をしていったかもしれないんですけど調べてもらえますか？　文庫本なんですが、と千春に言った。千春は、ありましたよ、とうなずいてすぐに忘れ物の棚に取りに行き、女の人に本を渡した。女の人は、よかった、電車に忘れてたら買い直そうと思ってたんだけど、とうれしそうに笑って本を受け取った。

「ここに忘れててよかったです。電車だと手続きが面倒だし、たぶん戻ってこないから」

「そうなんですか」

ここに忘れてよかった、というのはなんだかへんな表現だと千春は思う。でも、女の人がとても喜んでいる様子なのはよかった。

「サキ」はおもしろいですか？　(注1)どんな話を書いているかわからない顔の男の人ですね。私は別れた彼氏と付き合ってた頃、この人と結婚して娘ができたらサキっていう名前にしようと思っていました。

千春は、頭の中でそう言いながら、女の人のオーダーを取った。珍しいことだった。千春が誰かに何かを話しかけたいと思うことは。何を話しかけたいか、ちゃんと頭の中に文言が出てくるということは。

女の人は、チーズケーキとブレンドコーヒーを注文した。チーズケーキは、昨日帰り際に谷中さんが仕込んでいたもので、たぶん最後の一きれだったはずだ。

あなたは運がいいですよ。

千春はそう思いながら、もちろんそれも口にはしなかった。

手順通りコーヒーを淹《い》れて、チーズケーキを冷蔵庫から出して、昨日店に本を忘れた女の人の席へと持って行く。谷中さんは厨房《ちゅうぼう》で、昨日と同じように明日のチーズケーキの仕込みをしていた。午前に千春がビルマのことについてたずねたことは、完全に忘れているようだった。(注2)

ソーサーに乗せたコーヒーカップと、チーズケーキのお皿をテーブルの上に置くと、女の人は、いい匂い、と言った。初めてのことだった。もしかしたら今日、忘れ物に関して注文以外の会話をしたからかもしれないし、この店に来るまでに何か良いことがあったのかもしれない、と千春は思った。

「お客さんは運がいいですよ。ケーキ、最後の一個だったんで」

そう話しながら、緊張で全身に血が巡るような感覚を千春は覚えた。今年の五月から半年ぐらいここで働いているけど、お客さんに話しかけるのは初めてだった。

「そうなんですか、それはよかったです」

女の人は、千春を見上げてかすかに笑った。千春はその表情をもう少しだけ続けさせたい、と思って、本をこの店に忘れてよかったですね、と女の人が言っていたことをそのまま言った。女の人はうなずいた。

「友達のお見舞いに来てるんですけど、眠ってる時間が長くて、本がないと間が持たないんですよね」

あと、ここから家までも一時間ぐらいあるし、と女の人は付け加えた。遠くから来ているのだな、と千春は思った。いくつか情報を与えられて、フロアには他のお客さんもいなかったし、もう少し話を続けてみよう、と千春は決めた。

「遠くからお越しなんですね」

「携帯を見ていてもいいんですけど、電車で見ると頭が痛くなるんですよね。ほんともう年だから」

おいくつなんですか？　と言いかけて、千春はやめる。女の人に年を訊《き》くのは失礼にあたるかもしれないということぐらいは、千春も知っている。

「私は電車に乗らなくなってだいぶ経《た》つから、そういう感じは忘れました」

「それは幸せですねえ」

女の人にそう言われると、千春は自分が少しびっくりするのを感じた。他の人に「幸せ」なんて言われたのは、生まれて初めてのような気がしたのだった。小さい頃にはあったかもしれないけれども、とにかく記憶の及ぶ範囲では一度もなかった。**A**何も言い返せないでいると、女の人は、もしかしたら事情があるかもしれないのに、ごめんなさいね、と頭を下げて、コーヒーカップに口を付けた。千春は、自分が黙ってしまったことで女の人が(ア)居心地の悪さを感じたのではないかと怖くなって、いえいえ事情なんて、と何度も頭を下げながらその場を離れた。高校をやめたから、と言ったら、たぶんその人はより申し訳ない気持ちになるのではないかと千春は思った。千春自身にとっては、何の意欲も持てないことをやめたに過ぎなかったけれども、高校をやめることがそう頻繁にはないことは千春も知っている。

その日も女の人は、九時の少し前まで店で本を読んで帰っていった。千春は、忘れた本人のところに戻っていったものの、(注3)一度は家に持って帰ったサキの本のことがどうしても気になって、家に帰るのとは反対方向の、病院の近くの遅くまで開いているチェーンの書店に寄って「サキ」の本を探した。文庫本のコーナーに入るのは初めてで、表紙を上にして置いてある本以外は、背表紙の文字だけが頼りなのでめまいがするようだった。本棚の分類が出版社別になっていることも、千春を混乱させた。女の人が忘れた本が、どこの出版社のものかなんてまったく見ていなかった。

三十分ほど文庫本のコーナーを見て回ったあと、千春は、棚の整理に来た小柄な女性の店員さんに、サキの本を探しているのですが、と話しかけた。正直、それだけの情報では、なんとかサキだとか、サキなんとかという人の本を出されるのではないかと千春は(イ)危惧したのだが、店員さんは、ああはい、少々お待ちください、と言い残した後、女の人が忘れていったのとまったく同じ本をすぐに持ってきて、今お店にはこの本しか置いていないんですけれども、と言った。千春は少し興奮して、これです、ありがとうございます、と受け取り、早足でレジに向かった。

文庫本なんて初めて買った。読めるかどうかもわからないのに。明日になったら、どうしてこんなものを買ったのと思うかもしれないけれども、それでもべつにいいやと思える値段でよかった。

いつもより遅くて長い帰り道を歩きながら、千春は、これがおもしろくてもつまらなくてもかまわない、とずっと思っていた。それ以上に、おもしろいかつまらないかをなんとか自分でわかるようになりたいと思った。それで自分が、何にもおもしろいと思えなくて高校をやめたことの埋め合わせが少しでもできるなんて(ウ)むしのいいことは望んでいなかったけれども、B とにかく、この軽い小さい本のことだけでも、自分でわかるようになりたいと思った。

＊

次の日、その女の人は、いらなかったらいいんですけど、もしよろしければ、とすごく大きなみかんを千春と菊田さんと谷中さんに一つずつくれた。みかんというか、グレープフルーツというか、とにかく大きな丸い果物だった。すいかほどではないが、プリンスメロンぐらいの大きさはあった。レジで応対して直接もらった菊田さんによると、ブンタン、という名前らしい。「友達の病室で、隣のベッドの患者さんの親戚の人が五つくれたんだけど、一人じゃこんなに食べれないし、明日職場で配るにしても持って帰るのがとにかく重いから、って」

菊田さんはブンタンを右手に置いて、おもしろそうに手を上下させて千春に見せた。黄色いボールみたいだった。

「隣のベッドの人のお見舞いの人が、いろんなものをくれるんだって。本当ならぜんぜん関わりがないような人同士が同じ場所にいて、その周囲の知らない人がさらに集まってくるから、入院って不思議よね」

菊田さん自身は、まだ入院はしたことがないそうだけれども、その日の暇な時間帯に谷中さんにたずねると、あるよ、とちょっと暗い声で答えた。

昨日本を買って帰った千春は、いろんな話の書き出しを読んでみて、自分に理解できそうな話をなんとか探し、牛の話を読んだ。牛専門の画家が、隣の家の庭に入り込んで、おそらく貴重な花を食べている牛を追っ払おうとするが、逆に牛は家の中に入り込んでしまい、仕方ないので画家は牛を絵に描くことにする、という話だった。牛専門の画家というのがそもそもいるのかという感じだったし、牛が人の家の庭にいて、さらに家の中に入ってくるというのもありえないと思ったが、千春は、自分の家の庭に牛がいて、それが玄関から家の中に入ってくると思うと、ちょっと愉快な気持ちになった。

その話を読んでいて、千春は、声を出して笑ったわけでも、つまらないと本を投げ出したわけでもなかった。ただ、様子を想像していたいと思い、続けて読んでいたいと思った。**C**本は、千春が予想していたようなおもしろさやつまらなさを感じさせるものではない、ということを千春は発見した。

ブンタンをもらったその日も、家に帰ってからどれか読めそうな話を読むつもりだった。ブンタンはお母さんに渡そうと思っていたが、千春は家の中のいろんなところに牛がいるところを想像していて、お母さんに渡すのは忘れて部屋に持って帰ってしまった。

また持って行くよりは、お茶を淹れて本を読みたいという気持ちが勝って、もう勉強なんてしないのに部屋に置いてある勉強机の上に、千春は大きなブンタンを置いた。**D**すっとする、良い香りがした。

（注）
1　どんな話を書いているかわからない顔の男の人——本文の前の場面で、千春は女の人が忘れた本のカバーに載っていたサキの写真を見ていた。
2　午前に千春がビルマのことについてたずねた——本文の前の場面で、サキが「ビルマ」（現在のミャンマー）の出身であることを知った千春は谷中さんに「ビルマ」について尋ねていた。
3　一度は家に持って帰ったサキの本——前日、千春は女の人が忘れた本に興味を持ち、自宅に持ち帰ってしまったが、翌日、その本を店の忘れ物の棚に戻しておいた。

問１　傍線部(ア)～(ウ)の本文中における意味として最も適当なものを、次の各群の①～⑤のうちから、それぞれ一つずつ選べ。解答番号は 12 ～ 14 。

(ア)　居心地の悪さを感じた　12
① 所在ない感じがした
② あじけない感じがした
③ やるせない感じがした
④ 落ち着かない感じがした
⑤ 心細い感じがした

(イ)　危惧した　13
① 疑いを持った
② 慎重になった
③ 気後れがした
④ 心配になった
⑤ 恐れをなした

(ウ)　むしのいい　14
① 都合がよい
② 手際がよい
③ 威勢がよい
④ 要領がよい
⑤ 気分がよい

問2　傍線部A「何も言い返せないでいる」とあるが、このときの千春の状況や心情の説明として最も適当なものを、次の①～⑤のうちから一つ選べ。解答番号は 15 。

① 周囲の誰からも自分が幸せだとは思われていないと感じていただけに、女の人から幸せだと指摘されたことで、あまり目を覚ましてくれない友達の見舞いを続ける彼女の境遇を察し、言葉を失ってしまった。

② 人から自分が幸せに見えることがあるとは思っていなかっただけに、女の人が自然な様子で千春の境遇を幸せだと言ったことに意表をつかれて、その後の会話を続ける言葉が思い浮かばなかった。

③ 女の人の笑顔をもう少し見ていたくて会話を続けているのに、幸せだったことは記憶の及ぶ限り一度もなかったために話題が思い浮かばず、何か話さなくてはならないと焦ってしまった。

④ 仕事や見舞いのために長時間電車に乗らなくてはならない女の人と比べると、高校をやめたのも電車に乗らなくてよいという点からは幸せに見えるのだと気づかされ、その皮肉に言葉が出なくなった。

⑤ これまでお客さんと会話をすることがほとんどなかったために、その場にふさわしい話し方がわからず、千春が幸せな境遇かどうかという話題をうまくやりすごす返答の仕方が見つからなかった。

問３　傍線部Ｂ「とにかく、この軽い小さい本のことだけでも、自分でわかるようになりたいと思った」とあるが、このときの千春の心情はどのようなものか。その説明として最も適当なものを、次の①～⑤のうちから一つ選べ。解答番号は 16 。

① つまらないと感じたことはやめてしまいがちな自分に最後まで本が読めるとは思えなかったが、女の人も愛読するサキの本は書店でもすぐに見つかるほど有名だとわかり、自分でも読んでみて内容を知りたいと思った。

② 高校をやめてしまった挫折感が和らぐことは期待できなくても、女の人が買い直してもよいとまで言うサキの本と同じものを入手して読むことで、その本をきっかけにして女の人とさらに親しくなりたいと思った。

③ 仕事帰りに書店に立ち寄り見つけるのに苦労しながら初めて購入した本なので、読書体験の乏しい自分でもこの軽い小さい本のことだけは、内容を知りそれなりに理解できるようになりたいと思った。

④ 娘が生まれたらつけようと思っていたサキという名を持つ作家について女の人から教えてもらいたかったのに、話がそれてしまったので、自分で読んでそのおもしろさだけでもわかりたいと思った。

⑤ 高校をやめたことの理由づけにはならなくても、何かが変わるというかすかな期待をもって、女の人と会話をするきっかけとなったこの本のおもしろさやつまらなさだけでも自分で判断できるようになりたいと思った。

問4　傍線部C「本は、千春が予想していたようなおもしろさやつまらなさを感じさせるものではない、ということを千春は発見した。」とあるが、千春は読書についてどのように思ったか。その説明として最も適当なものを、次の①～⑤のうちから一つ選べ。解答番号は 17 。

① 「牛の話」の内容そのものには嘘くささを感じたが、追い払おうとした牛を受け入れ自分の画業に生かした画家の姿勢には勇気づけられた。このことから、本を読む意義は、ただ内容を読み取るだけではなく、物語を想像し登場人物に共感することで自分の力にすることにあると思った。

② きっかけは単なる偶然でしかなかったが、初めての経験がもたらす新鮮な驚きに支えられながら「牛の話」を読み通すところまでたどり着けた。このことから、本を読む喜びは、内容のおもしろさによって与えられるのではなく、苦労して読み通すその過程によって生み出されるのだと思った。

③ 「牛の話」は日常とかけ離れていて情景を想像するのが難しかったが、世界には牛と人との生活がすぐ近くにある人たちもいるという事実を知ることができた。このことから、本を読む価値は、内容のおもしろさよりもむしろ、世の中にはまだ知らないことが多いと気づくことにあると思った。

④ 「牛の話」の内容そのものはおもしろいとは思わなかったが、未知の体験を経て想像しながら読んだ本には愛着を感じることができた。このことから、本を読んだ感動は、それを読むに至る経緯や状況によって左右されるので、内容がおもしろいかつまらないかはさほど重要ではないと思った。

⑤ 「牛の話」の内容そのものはいかにも突飛なものに思えたが、それを自分のこととして空想することには魅力が感じられた。このことから、本を読むという体験には、書かれているものをただ受けとめるだけではなく、自ら想像をふくらませてそれと関わることが含まれるのだと思った。

問5 傍線部D「すっとする、良い香りがした。」とあるが、「ブンタン」の描写と千春の気持ちや行動との関係についての説明として最も適当なものを、次の①～⑤のうちから一つ選べ。解答番号は 18 。

① 女の人が喫茶店のスタッフに一つずつくれた「ブンタン」は、人見知りで口下手だったために自分を過小評価していた千春が一人前の社会人として認められたことを示している。その香りの印象は、千春が仕事を通して前向きに生きる自信を回復する予兆となっている。

② 千春が自室に持ち込んだ「ブンタン」は、友達の見舞いの帰りに喫茶店で本を読む女の人の行動を真似、家とは反対方向の書店にわざわざ出かけて本を探した千春の憧れの強さを表している。その香りの印象は、他の人の生活に関心を持ち始めた千春の変化を示している。

③ 千春が本を読むときに自分のそばに置きたいと思った「ブンタン」は、女の人や喫茶店のスタッフに対する積極的な好意を表している。その香りの印象は、自分にしか関心のなかった千春がその場しのぎの態度を改めて周囲との関係を作っていこうとする前向きな変化を強調している。

④ 千春が手にした「ブンタン」は、長く使っていなかった勉強机に向かった千春の姿と、交流のなかった喫茶店のスタッフに「ブンタン」を分けてくれた女の人の姿とを結びつける。その香りの印象は、千春が自分の意志で新たなことに取り組もうとする積極性を表している。

⑤ 女の人がくれた「ブンタン」は、それを勉強机に置き、その香りのなかでお茶を淹れて本を読もうとしている千春の姿と、喫茶店でコーヒーを飲みながら本を読む女の人の姿とを結びつける。その香りの印象は、千春が本を読む楽しさを発見した清新な喜びにつながっている。

問6　Aさんのクラスでは国語の授業で千春の描写を中心に学んできた。続いてもうひとりの登場人物である女の人について各グループで話し合うことになった。Aさんのグループでは「⑴女の人はどのように描かれているか」「⑵千春にとって女の人はどういう存在として描かれているか」について考えることにした。次はAさんのグループの話し合いの様子である。本文の内容を踏まえて、空欄 Ⅰ ・ Ⅱ に入る最も適当なものを、後の各群の①～⑤のうちから、それぞれ一つずつ選べ。解答番号は 19 ・ 20 。

Aさん――まずは表情に注目してみよう。本文の1行目で、「申し訳なさそうに」忘れ物の本のことを尋ねてきた女の人は、4行目で本があったことを千春が告げると、うれしそうに笑っている。

Bさん――それに釣られるようにして、千春も女の人に話しかけたいと思う言葉を頭の中でめぐらせ始めている。

Cさん――千春の運んだコーヒーとチーズケーキについて、女の人が「いい匂い」と口にしたことで、二人の会話が始まったね。

Dさん――23行目で千春が緊張しながら話しかけると、女の人は笑顔で応じている。

Cさん――友達のお見舞いに来ているという自分の事情をざっくばらんに話してもいるよ。

Dさん――でも、67行目で喫茶店のスタッフに果物をあげるときに、職場で配るために持って帰るのも重いとわざわざ付け加えているのも、この人らしいね。そうそう、64行目では「もしよろしければ」という言い方もしているよ。

Aさん――そうすると、この人は Ⅰ ように描かれていることになるね。これを⑴のまとめにしよう。

Bさん――次に⑵の「千春にとって女の人はどういう存在として描かれているか」についてだけど、5行目にある「ここに忘れててよかった」、という女の人の言葉をなんだか変な表現だと思ったところから、千春の心に変化が起こっているね。

Dさん――気になる存在になった。どうしてだろう。

Aさん——文庫本もきっかけだけど、それだけじゃない。

Bさん——37行目で女の人に「それは幸せですねえ」と言われたのに千春が何も言い返せないでいたら、女の人が「もしかしたら事情があるかもしれないのに、ごめんなさいね」と言う。このやりとりは気になるね。

Cさん——女の人から「幸せ」だと言われたり、「事情があるかもしれない」と配慮されたりすることで、千春の心は揺り動かされているのかな。

Bさん——そうか、女の人は　Ⅱ　きっかけを千春に与えてくれたんだ。

Aさん——「わかるようになりたい」という58行目の言葉も印象的だね。Bさんの言ったことが(2)のまとめになる。

Ⅰ　19

① 相手を気遣うようでありながら、自分の心の内は包み隠す人である
② 相手と気さくに打ち解ける一方で、繊細な気遣いも見せる人である
③ 相手への配慮を感じさせつつ、内心がすぐ顔に出てしまう人である
④ 相手に気安く接しながら、どこかに緊張感を漂わせている人である
⑤ 相手の気持ちに寄り添いながら、自分の思いもさらけ出す人である

Ⅱ　20

① 周囲の誰に対しても打ち明けられないまま目をそらしてきた悩みに改めて向き合う
② 高校を中退してしまったことを後悔するばかりだった後ろ向きの思考から抜け出す
③ 流されるままにただこなしていた仕事に意義や楽しさを積極的に見出していく
④ 他の人や物事に自ら働きかけることのなかったこれまでの自分について考え始める
⑤ 他人に気遣われる経験を通して自分に欠けていた他人への配慮について意識する

第3問 次の文章は、『山路の露』の一節である。男君との恋愛関係のもつれに悩んで姿を消した女君は、やがて出家し、ある山里でひっそりと暮らしていた。女君の生存を伝え聞いた男君は、女君の弟（本文では「童」）を使いとして何度か手紙を送ったが、女君は取り合わなかった。本文は、あきらめきれない男君が女君の住む山里を訪ねる場面から始まる。これを読んで、後の問い（問1〜5）に答えよ。なお、設問の都合で本文の上に行数を付してある。（配点 50）

夕霧たちこめて、道いとたどたどしけれども、深き心をしるべにて、急ぎわたり給《たま》ふも、(ア)かつはあやしく、今はそのかひあるまじきを、と思《おぼ》せども、ありし世の夢語りをだに語り合はせまほしう、行く先急がるる御心地になむ。浮雲はらふ四方《よも》の嵐に、月なごりなうすみのぼりて、千里《ちさと》（注1）の外《ほか》まで思ひやらるる心地するに、いとど思し残すことあらじかし。山深くなるままに、道いとしげう、露深ければ、御随身《ずいじん》いとやつしたれどさすがにつきづきしく、御前駆《さき》の露はらふ様もをかしく見ゆ。

かしこは、山のふもとに、いとささやかなる所なりけり。まづかの童《わらは》を入れて、（注2）案内み給へば、

「こなたの門だつ方は鎖《さ》して侍《はべ》るめり。竹の垣ほしわたしたる所に、通ふ道の侍るめり。ただ入らせ給へ。人影もし侍らず」

と聞こゆれば、

「しばし音なくてを」

とのたまひて、我ひとり入り給ふ。

小柴《こしば》といふもの(イ)はかなくしなしたるも、同じことなれど、いとなつかしく、よしある様なり。妻戸も開《あ》きて、いまだ人の起きたるにや、と見ゆれば、しげりたる前栽《せんざい》のもとよりつたひよりて、軒近き常磐木《ときはぎ》の所せくひろごりたる下にたち隠れて見給へば、こなたは仏の御前なるべし。名香《みやうがう》（注3）の香《か》、いとしみ深くかをり出でて、ただこの端つ方に行ふ人あるにや、経の巻き返さるる音もしのびやかになつかしく聞こえて、しめじめとものあはれなるに、なにとなく、やがて御涙すすむ心地して、つくづくと見ゐ給へるに、とばかりありて、行ひはてぬるにや、

「いみじの月の光や」

とひとりごちて、簾《すだれ》のつま少し上げつつ、月の顔をつくづくとながめたるかたはらめ、昔ながらの面影ふと思し出でられて、いみじうあはれなるに、見給へば、月は残りなくさし入りたるに、(注4)鈍色《にびいろ》、香染《かうぞめ》などにや、袖口なつかしう見えて、額髪《ひたひがみ》のゆらゆらと削《そ》ぎかけられたるまみのわたり、いみじうなまめかしうをかしげにて、かかるしもこそらうたげさまさりて、忍びがたうまもりゐ給へるに、なほ、とばかりながめ入りて、

「里わかぬ雲居の月の影のみや見し世の秋にかはらざるらむ」

と、しのびやかにひとりごちて、涙ぐみたる様、いみじうあはれなるに、(注5)まめ人も、さのみはしづめ給はずやありけむ、

「ふるさとの月は涙にかきくれてその世ながらの影は見ざりき」

とて、ふと寄り給へるに、いとおぼえなく、化け物などいふらむものにこそと、むくつけくて、奥ざまに引き入り給ふ袖を引き寄せ給ふままに、せきとめがたき御気色《けしき》を、さすが、それと見知られ給ふは、いと恥づかしう口惜しくおぼえつつ、ひたすらむくつけきものならばいかがはせむ、世にあるものとも聞かれ奉りぬるをこそは憂きことに思ひつつ、いかであらざりけりと聞きなほされ奉らむと、とざまかうざまに(注6)あらまされつるを、のがれがたく見あらはされ奉りぬると、せむかたなくて、涙のみ流れ出でつつ、我にもあらぬ様、いとあはれなり。

(注)
1　千里の外まで——はるか遠くまで。
2　案内み給へば——様子をうかがわせてみると。
3　名香——仏前でたく香。
4　鈍色、香染——どちらも出家者が身につける衣の色。
5　まめ人——きまじめな人。ここでは、男君を指す。
6　あらまされつる——願っていた。

問1　傍線部(ア)・(イ)の解釈として最も適当なものを、次の各群の①～⑤のうちから、それぞれ一つずつ選べ。解答番号は 21 ・ 22 。

(ア) かつはあやしく 21
① 一方では不思議で
② 一方では不愉快で
③ 一方では不気味で
④ そのうえ不体裁で
⑤ そのうえ不都合で

(イ) はかなくしなしたる 22
① かわいらしく飾ってある
② 崩れそうな様子である
③ 形ばかりしつらえてある
④ こぎれいに手入れしてある
⑤ いつのまにか枯れている

問2　二重傍線部「ありし世の夢語りをだに語り合はせまほしう、行く先急がるる御心地になむ」の語句や表現に関する説明として最も適当なものを、次の①～⑤のうちから一つ選べ。解答番号は 23 。

① 「ありし世の夢語り」には、二人の仲は前世からの縁であるはずだと、男君が夢想していたことが表現されている。

② 「だに」は「まほしう」と呼応して、男君がわずかな望みにもすがりたいような心境であったことを表現している。

③ 「語り合はせ」の「せ」は使役の意味で、男君が女君自身の口から事情を説明させようとしていることを表現している。

④ 「急がるる」の「るる」は可能の意味で、女君のためなら暗い山道を行くこともいとわない男君の決意を表現している。

⑤ 「なむ」の後には「侍らめ」が省略されているが、それをあえて書かないことで余韻をもたせた表現になっている。

問3　この文章の男君の行動や心境についての説明として最も適当なものを、次の①～⑤のうちから一つ選べ。解答番号は 24 。

① 女君のもとへ行く途上、先導の者が露を払いながら進むのを見て、山道の雰囲気に合う優美な様子だと思っていた。
② 童に女君の住まいの様子を調べさせたが、その童が余計な口出しをするのを不快に思い、黙っているように命じた。
③ 女君の住まいの様子が、かつて二人で過ごした場所の雰囲気によく似ているのを見て、懐かしさを覚えた。
④ 木陰から垣間見たところ、仏道修行に励んでいる女君の姿を目にし、女君の敬虔《けいけん》さに改めて心ひかれた。
⑤ 独り歌を詠み涙ぐむ女君の、可憐《かれん》な姿を目にするうちに、隠れて見ているだけでは飽き足りなくなってしまった。

問4　この文章の女君の心境についての説明として適当なものを、次の①～⑥のうちから二つ選べ。ただし、解答の順序は問わない。解答番号は 25 ・ 26 。

① 突然現れた男君を化け物だと思い込み、着物の袖をつかまれたことで、涙がこぼれるほど恐ろしく感じた。
② 目の前の相手が男君であることを知って動揺し、化け物であってくれたほうがまだあきらめがつくと思った。
③ 男君ほどつらい思いをしている者はこの世にいないだろうと世間が噂《うわさ》しているのを聞き、不愉快に感じていた。
④ 男君に見つかってしまったのは、歌を口ずさんだのを聞かれたせいに違いないと思い、軽率な行動を後悔した。
⑤ 男君に姿を見られてしまい、もはや逃げも隠れもできない状況になってしまったことを悟って、途方に暮れた。
⑥ 男君が以前とは打って変わってひどくやつれているのを見て、その苦悩の深さを知り、同情の気持ちがわいた。

問5 この文章では、「月」がたびたび描かれ、登場人物を照らし、和歌にも詠まれている。それぞれの場面についての説明として適当なものを、次の①～⑥のうちから**二つ**選べ。ただし、解答の順序は問わない。解答番号は 27 ・ 28 。

① 3行目「月なごりなうすみのぼりて」では、遠く離れた場所に住む女君のもとへといたる道のりを月が明るく照らし出すことで、夜の山道を行くことをためらっていた男君の心の迷いが払拭されたことが象徴的に表現されている。

② 16行目「月の顔をつくづくとながめたる」では、女君は月を見て男君の面影を重ねながら長々と物思いにふけっており、男君がいつかはこの山里まで訪ねてきてしまうのではないかと、女君が不安に思っていることが明示されている。

③ 16行目「月の顔をつくづくとながめたる」女君の横顔は、男君の目には昔と変わらないように見えたが、17行目「残りなくさし入りたるに」では、月の光が女君の尼姿を照らし出し、以前とは異なる魅力を男君に発見させている。

④ 15行目「いみじの月の光や」、20行目「里わかぬ雲居の月」と、女君が月を見て二度まで独りごとを言う場面では、仏道修行に専念する生活の中で、月だけが女君のつらい過去を忘れさせてくれる存在であったことが暗示されている。

⑤ 20行目「里わかぬ雲居の月」の歌における月は、世を捨てた者の暮らす山里までもあまねく照らすものとして詠まれており、昔と変わらないその光が、以前とは身の上が大きく変わってしまったことを、否応《いやおう》なく女君に意識させている。

⑥ 22行目「ふるさとの月」の歌は、20行目「里わかぬ雲居の月」の歌に答える形で詠まれたものだが、かつての女君の姿を月にたとえて出家を惜しんでいるところに、女君の苦悩を理解しない男君の、独りよがりな心が露呈している。

第4問　次の文章は、北宋《ほくそう》の文章家曾鞏《そうきょう》が東晋《とうしん》の書家王羲之《おうぎし》に関する故事を記したものである。これを読んで、後の問い（問1〜7）に答えよ。なお、設問の都合で返り点・送り仮名を省いたところがある。（配点　50）

羲之之書ハ、(ア)晩乃善。則チ其ノ所レ能クスル、蓋シ亦タ以テ二精力ヲ一自ラ致ス者ニシテ、非ザル二天成ニ一也。然レドモ後世[X]レ有二能ク及ブ者一、A豈其学不レ如レ彼邪。則チ学ハ固ヨリ(イ)豈可二以少一哉。B況ンヤ欲スル三深ク造《いた》ラント二道徳ニ一者ヲ邪。墨池之上《ほとり》ハ、今為ル二州ノ(注1)学舎ト一。教(注2)授王君盛ハ、恐ルル二其ノ不ルヲレ章《あらは》レ也、書シ二晋ノ王右軍ノ(注3)墨池之六字ヲ於楹《えい》(注4)間《かん》ニ一以テ掲グレ之ヲ。又タ告ゲテ二於鞏ニ(注5)一曰ハク、「願ハクハ有ランコトヲトレ記。」C推スニ二王君之心ヲ一、豈愛シテ二人之善ヲ一、雖モ二一能ト一不シテ二以テ廃セ一、而因リテ以テ及ブ二乎其ノ跡ニ一邪。其レ亦タ欲スル下推シテ二其ノ事ヲ一以テ勉《はげ》マサント中其ノ学ブ者ヲ上邪。D夫人之有一能而使後人尚之如此。況ンヤ(注6)仁人荘士之遺(注7)風余思、被《かうむ》ル二於来世ニ一者如何ゾ哉。

（曾鞏「墨池《ぼくち》記」による）

（注）

1　州学舎——州に設置された学校。

2　教授王君盛——教授の王盛《おうせい》のこと。

3　王右軍——王羲之を指す。右軍は官職名。

4　楹——家屋の正面の大きな柱。

5　鞏——曾鞏の自称。

6　仁人荘士——仁愛の徳を備えた人や行いの立派な者。

7　遺風余思——後世に及ぶ感化。

問1　波線部(ア)「晩乃善」・(イ)「豈可㆓以少㆒哉」のここでの解釈として最も適当なものを、次の各群の①～⑤のうちから、それぞれ一つずつ選べ。解答番号は 29 ・ 30 。

(ア)「晩乃善」 29

① 年齢を重ねたので素晴らしい
② 年を取ってからこそが素晴らしい
③ 晩年になってさえも素晴らしい
④ 晩年のものはいずれも素晴らしい
⑤ 年齢にかかわらず素晴らしい

(イ)「豈可㆓以少㆒哉」 30

① やはり鍛錬をおろそかにするにちがいない
② きっと稽古が足りないにちがいない
③ なんと才能に恵まれないことだろうか
④ どうして努力を怠ってよいだろうか
⑤ なぜ若いときから精進しないのか

問2　空欄 X に入る語として最も適当なものを、次の①～⑤のうちから一つ選べ。解答番号は 31 。

①　宜

②　将

③　未

④　当

⑤　猶

問３　傍線部**A**「豈其学不レ如レ彼邪」に用いられている句法の説明として適当なものを、次の①～⑥のうちから**二つ**選べ。ただし、解答の順序は問わない。解答番号は 32 ・ 33 。

① この文には比較の句法が用いられており、「～には及ばない」という意味を表している。

② この文には受身の句法が用いられており、「～されることはない」という意味を表している。

③ この文には限定の句法が用いられており、「～だけではない」という意味を表している。

④ この文には疑問を含んだ推量の句法が用いられており、「～ではないだろうか」という意味を表している。

⑤ この文には仮定を含んだ感嘆の句法が用いられており、「～なら～ないなあ」という意味を表している。

⑥ この文には使役を含んだ仮定の句法が用いられており、「～させたとしても～ではない」という意味を表している。

問4　傍線部B「況 欲三深 造二道 徳一者 邪。」とあるが、その解釈として最も適当なものを、次の①～⑤のうちから一つ選べ。解答番号は 34 。

① ましてつきつめて道徳を理解しようとする者がいるのだろうか。
② まして道徳を体得できない者はなおさらであろう。
③ それでもやはり道徳を根付かせたい者がいるであろう。
④ ましてしっかりと道徳を身に付けたい者はなおさらであろう。
⑤ それでも道徳を普及させたい者はなおさらではないか。

問５　傍線部Ｃ「王君之心」の説明として最も適当なものを、次の①～⑤のうちから一つ選べ。解答番号は［35］。

①　一握りの才能ある者を優遇することなく、より多くの人材を育ててゆこうとすること。
②　王羲之の墨池の跡が忘れられてしまうことを憂い、学生たちを奮起させようとすること。
③　歴史ある学舎の跡が廃れていることを残念に思い、王羲之の例を引き合いに出して振興しようとすること。
④　王羲之の天賦の才能をうらやみ、その書跡を模範として学生たちを導こうとすること。
⑤　王羲之ゆかりの学舎が忘れられてしまったことを嘆き、その歴史を曾鞏に書いてもらおうとすること。

問6　傍線部**D**「夫人之有一能而使後人尚之如此」の返り点の付け方と書き下し文との組合せとして最も適当なものを、次の①～⑤のうちから一つ選べ。解答番号は 36 。

① 夫人之有二一能一而使二後人一尚レ之レ如レ此
夫《か》の人の一能有りて後人を使ひて此《か》くのごとく之を尚《たつと》ぶ

② 夫人之有二一能一而使二後人尚上レ之レ如レ此
夫の人を之れ一能有れば而《すなは》ち後人をして此くのごときに之《ゆ》くを尚ばしむ

③ 夫人之有二一能一而使二後人尚上レ之如レ此
夫《そ》れ人の一能有りて後人をして之を尚ばしむること此くのごとし

④ 夫人之有下一能而使二後人尚上レ之如中此
夫れ人を之れ一能にして後人をして之を尚ばしむること此くのごとき有り

⑤ 夫人之有下一能而使二後人一尚レ之如中此
夫れ人の一能にして後人を使ひて之を尚ぶこと此くのごとき有り

問7　「墨池」の故事は、王羲之が後漢の書家張芝《ちょうし》について述べた次の【**資料**】にも見える。本文および【**資料**】の内容に**合致しないもの**を、後の①～⑤のうちから一つ選べ。解答番号は **37** 。

【資料】

云《ハク》、「張芝臨《ミテ》レ池《ニ》学《ビ》レ書《ヲ》、池水尽《ク》黒《シ》。使《メバ》二人《ヲシテ》耽《ふけ》《ルコト》レ之《ニ》若《クナラ》一レ是《かクノ》、未《ダ》《ル》二必《ズシモ》後《レ》レ之《ニ》一也《ト》。」

（『晋書《しんじょ》』「王羲之伝《おうぎしでん》」による）

① 王羲之は張芝を見習って池が墨で真っ黒になるまで稽古を重ねたが、張芝には到底肩をならべることができないと考えていた。

② 王盛は王羲之が張芝に匹敵するほど書に熱中したことを墨池の故事として学生に示し、修練の大切さを伝えようとした。

③ 曾鞏は王羲之には天成の才能があったのではなく、張芝のような並外れた練習によって後に書家として大成したと考えていた。

④ 王羲之は張芝が書を練習して池が墨で真っ黒になったのを知って、自分もそれ以上の修練をして張芝に追いつきたいと思った。

⑤ 王盛は張芝を目標として励んだ王羲之をたたえる六字を柱の間に掲げ、曾鞏にその由来を文章に書いてくれるよう依頼した。

国　語

解答・採点基準

(200点満点)

問題番号(配点)	設　問	解答番号	正解	配点	自己採点
第1問 (50)	問1	1	②	2	
		2	①	2	
		3	③	2	
		4	④	2	
		5	②	2	
	問2	6	②	8	
	問3	7	②	8	
	問4	8	⑤	8	
	問5	9	③	6	
	問6	10	① }※	5	
		11	⑤	5	
第1問　自己採点小計					
第2問 (50)	問1	12	④	3	
		13	④	3	
		14	①	3	
	問2	15	②	7	
	問3	16	⑤	8	
	問4	17	⑤	8	
	問5	18	⑤	8	
	問6	19	②	5	
		20	④	5	
第2問　自己採点小計					

問題番号(配点)	設　問	解答番号	正解	配点	自己採点
第3問 (50)	問1	21	①	5	
		22	③	5	
	問2	23	②	6	
	問3	24	⑤	6	
	問4	25	② }※	7	
		26	⑤	7	
	問5	27	③ }※	7	
		28	⑤	7	
第3問　自己採点小計					
第4問 (50)	問1	29	②	5	
		30	④	5	
	問2	31	③	4	
	問3	32	① }※	4	
		33	④	4	
	問4	34	④	7	
	問5	35	②	6	
	問6	36	③	7	
	問7	37	①	8	
第4問　自己採点小計					
自己採点合計					

※の正解は順序を問わない。

2021 第1日程

国　語

（2021年1月実施）

受験者数　457,305

平 均 点　117.51

国　語

解答・採点基準

(200点満点)

問題番号(配点)	設問	解答番号	正解	配点	自己採点
第1問 (50)	問1	1	③	2	
		2	①	2	
		3	②	2	
		4	③	2	
		5	①	2	
	問2	6	①	7	
	問3	7	②	7	
	問4	8	②	7	
	問5	9	④	5	
		10	③	3	
		11	④	3	
		12	②	8	
第1問　自己採点小計					
第2問 (50)	問1	13	②	3	
		14	②	3	
		15	①	3	
	問2	16	③	6	
	問3	17	①	7	
	問4	18	①	8	
	問5	19	⑤	8	
	問6	20	④	6	
		21	④	6	
第2問　自己採点小計					

問題番号(配点)	設問	解答番号	正解	配点	自己採点
第3問 (50)	問1	22	④	5	
		23	③	5	
		24	①	5	
	問2	25	①	7	
	問3	26	①	6	
	問4	27	⑤	6	
	問5	28	③ ※	8	
		29	⑥ ※	8	
第3問　自己採点小計					
第4問 (50)	問1	30	①	4	
		31	⑤	4	
	問2	32	⑤	5	
		33	③	5	
		34	④	5	
	問3	35	②	6	
	問4	36	④	6	
	問5	37	⑤	6	
	問6	38	③	9	
第4問　自己採点小計					
自己採点合計					

※の正解は順序を問わない。

第１問　現代文（論理的文章）

【出典】

香川雅信『江戸の妖怪革命』（河出書房新社、二〇〇五年）、序章「妖怪のアルケオロジーの試み」の一節。

香川雅信（かがわ・まさのぶ）は、一九六九年香川県生まれの、民俗学研究者。共著に、『47都道府県・妖怪伝承百科』がある。

【本文解説】

本文は、主に、近世（＝ここでは江戸時代）から近代にかけて、妖怪のイメージや概念が変化したことと、その歴史的背景が述べられている文章であるが、大きく三つに分けて、それぞれの内容を確認していこう。

Ⅰ　問題設定・妖怪認識の歴史的な変容（第１段落～第５段落）

フィクションとしての妖怪、その中でも特に娯楽の対象としての妖怪が生じた、歴史的背景をみていこう。（第１段落）

古典的な妖怪を題材にした絵画や芸能は古くから存在した。だが、フィクションの世界に属するものとしての妖怪が、文芸作品や大衆芸能において創作されていくのは、近世中期以降のことである。つまり、フィクションとしての妖怪は、歴史的に登場したものなのである。（第２段落）

人間は常に、自らが経験してきた日常的な因果関係に基づいて、生起する現象を認識し、未来を予見し、さまざまな行動を決定している。しかし、時にそうした了解の仕方では説明のできない現象に出会い、不安や恐怖を感じることがある。こうした意味論的な危機をもたらすものを、なんとか意味の体系の中に位置づけ回収しようとする民俗的な心情から生じた文化的装置が、民間伝承としての妖怪であった。このように妖怪は、人間が秩序ある意味の世界を生きていくうえでの必要性から生じたものとして、人々にとって、切実なリアリティを持っていたのである。（第３段落）

こうした時代においては、妖怪はリアリティある存在であり、人々が妖怪をフィクションとして楽しもうとする感性など、生まれようもなかった。（第４段落）

では、フィクションとしての妖怪が登場するような、妖怪に対する認識の変容は、いかなる歴史的背景から生じたのであろうか。「妖怪娯楽」の具体的事例を通して探っていこう。（第５段落）

Ⅱ　方法論・アルケオロジーに関して（第６段落～第９段落）

妖怪に関する認識の変容を分析するうえで、ミシェル・フーコーの「アルケオロジー」という手法を参考にしよう。（第６段落）

通常「考古学」と訳される「アルケオロジー」とは、思考や認識を可能にしている知の枠組み（＝「エピステーメー」）の変容として歴史を描く試みのことである。人間が事物の秩序を認識し、それに基づいて思考する際に、われわれは、「客観的に」存在する事物の秩序そのものをあるがままに認識しているわけではない。事物の間にある関係性を打ち立てる一つの枠組みを通して、はじめて事物の秩序を認識するのである。こうした枠組みがエピステーメーであり、しかも、この枠組みは時代とともに変容していくのである。（第7段落）

フーコーは、十六世紀から近代にいたる西欧の「知」の変容を論じた著作において、エピステーメーの変容を、「物」「言葉」「記号」「人間」の関係性の再編成として描いている。これらは人間が世界を認識するうえで重要な役割を果たす諸要素であるが、それらの関係性がどのように形成されるのかによって、「知」のあり方は大きく変わる、と論じられている。（第8段落）

この「アルケオロジー」という手法に基づき、同時代に存在する一見無関係な文化事象を同じ世界認識に関わるものとして捉えることで、日本の妖怪観の変容を、大きな文化史的変動の中で考えていこう。（第9段落）

Ⅲ　日本の妖怪観の歴史的変遷（第10段落～第18段落）

アルケオロジー的方法に基づいて再構成した、日本の妖怪観の変遷をみていこう。（第10段落）

⑴　**中世の妖怪観**（第11段落）

中世において、自然に存在するあらゆる「物」は、なんらかの意味を帯びた「記号」であり、人間にできるのは、その「記号」を「読み取る」ことと、それにしたがって神霊への働きかけを行うことだけであった。こうした中世の世界において、妖怪の出現は、神仏など神秘的な存在からの「警告」であり、「凶兆（＝よくないことが起きる前ぶれ）」として解釈されていた。（第11段落）

⑵　**近世の妖怪観**（第12段落～第14段落）

だが、「物」が同時に「言葉」を伝える「記号」だと認識されていた、中世の捉え方は大きく変容する。近世になって、「物」に付随する「言葉」や「記号」としての性質が剝がれ落ち、はじめて「物」は「物」そのものとしてみられるようになった。ここにおいて、近世の自然認識や西洋の博物学に相当する「本草学《ほんぞうがく》」という学問が成立し、妖怪もまた博物学的な思考や、人々の嗜《し》好《こう》（＝好み、親しむこと）の対象となっていった。（第12段落）

その結果、所与の「物」に付随する存在でしかなかった「記号」の位置づけも変化した。近世において、「記号」は、かつての神霊による支配を逃れ、人間が約束事の中で作り出すことができるものとして、完全に人間のコントロール下に入った。こうした、近世以降の人工的で人間の支配下にある「記号」が、「表象」である。（第13段落）

「表象」は、意味を伝えるというよりも、その形象性、視覚的側面が重要な役割を果たす「記号」である。妖怪もまた、伝承や説話といった「言葉」の世界、意味の世界から切り離され、名前や視覚的形象によって弁別（＝識別）される「表象」になっていった。そして、現代で言うところの「キャラクター」になった妖怪は、民間伝承としての妖怪が帯びていた切実なリアリティを喪失し、フィクショナルな存在として人間の娯楽の題材へと変化していった。このような妖怪の「表象」化は、人間があらゆる「物」を支配することになった帰結であり、かつて神霊が占めていた位置を、人間が占めるようになったことを示している。（第14段落）

(3)　近代の妖怪観（第15段落～第18段落）

だが、近世の妖怪観は、近代になって、ふたたび編成しなおされることになる。その変化とは、〈近世は、リアルなものとして妖怪を恐怖していた迷信の時代であり、近代は、そうした迷信を合理的思考によって否定した啓蒙《けいもう》の時代である〉という一般的な認識とはまったく逆である。すなわち、「表象」としてリアリティを喪失した妖怪が、以前とは異なる形でリアリティを帯びるようになったのである。（第15段落）

「表象」という人工的な記号を成立させていたのは、人間の力の絶対性であった。ところが近代になると、人間は、「神経」の作用や「心霊」の感応などによって、容易に妖怪を「見てしまう」不安定な存在、「内面」というコントロール不能な部分を抱えた存在として認識されるようになった。いわば、「表象」としてフィクショナルな領域に囲い込まれていた妖怪が、「人間」の内部に棲《す》みつくようになったのである。（第16段落）

そして、こうした認識とともに、「私」という近代特有の思想が生まれた。自分にとって、謎めいた「内面」を抱え込んでいる「私」は「不気味なもの」となり、他方で、未知の可能性を秘めた神秘的な存在となった。こうして妖怪とは、近代特有の「私」を投影した（＝映し出した）存在として現れるようになったのである。（第17段落）

以上が、アルケオロジー的方法に基づいて描いた、妖怪観の変遷である。（第18段落）

【設問解説】

問１　漢字の知識を問う問題　[1] ③　[2] ①　[3] ②　[4] ③　[5] ①

(ア)は、〈人々の伝統的な生活文化。民間の習俗〉という意味で、「民俗」。①は、「所属」。②は、「海賊」。なお、「海賊版」とは、〈著作権者の許可を得ないで、複製・販売される著作物などのこと〉。③は、〈健全な風俗。良い習慣〉という意味の「良俗」で、**③が正解**。④は、「継続」。

(イ)は、〈呼び起こす。呼び覚ますこと〉という意味の、「喚起」。①は、〈裁判所などが、被告人や証人を呼び出すこと〉という意味の「召喚」で、**①が正解**。②は、「返還」。③は、「栄冠」。④は、「交換」。

(ウ)は、〈自説を補強するために、他の文献や事例を引用すること〉という意味で、「援用」。①は、「沿線」。②は、「救援」で、**②が正解**。③は、〈順繰りに期日を延ばすこと〉という意味で、「順延」。④は、〈人格・知識・技能などが十分に発達し、豊かな内容を持っていること〉という意味で、「円熟」。

(エ)は、「隔」てる。①は、〈威力をもっておどすこと〉という意味で、「威嚇」。②は、〈規模を広げて内容を充実させること〉という意味で、「拡充」。③は、〈かけ離れていること〉という意味で、という意味の「隔絶」で、**③が正解**。④は、〈地球の表層の部分〉という意味で、「地殻」。

(オ)は、〈物の姿を映すこと。ある物の存在や影響が、他の物に現れること〉という意味で、「投影」。①は、〈二つのものが互いにぴったり合うこと〉という意味の「投合」で、**①が正解**。なお、「意気投合」は、〈互いに気持ちがぴったり合うこと〉という意味。②は、「倒置」。③は、「系統」。④は、〈力を振るって戦うこと。困難などに対し、力いっぱい努力すること〉という意味で、「奮闘」。

問2 「民間伝承としての妖怪」とはどのような存在かを説明する問題 [6] ①

傍線部の「民間伝承としての妖怪」に関しては、主に第3段落で述べられている。ここでは、人間が「日常的理解を超えた不可思議な現象」に遭遇し、「意味論的な危機」に直面した場合、「意味の体系のなかに回収するために生み出された」ものが「妖怪」だとある。

以上を整理すると、

a 人間の理解を超えた不可思議な現象に遭遇する

b aのとき、日常の意味の体系の中に取り込む（＝回収する）もの

となる。こうしたa・bに合致している**①が正解**。

②は、後半の「フィクションの領域においてとらえなおす」が、bに合致しない。

③は、前半の「目の前の出来事から予測される未来への不安」が、aに合致しない。

④は、前半の「日常的な因果関係にもとづく意味の体系のリアリティ」が、aに合致しない。

⑤は、後半の「意味論的な危機を人間の心に生み出す」が、bに合致しない。

問3 「アルケオロジー的方法」を説明する問題 [7] ②

「アルケオロジー」に関しては、第7～9段落、とりわけ第7段落で述べられている。そこでは、人間は事物を「客観的」に認識しているのではなく、「一つの枠組みを通して、はじめて事物の秩序を認識することができる」と述べられている。アルケオロジーとは、そうした「思考や認識を可能にしている知の枠組み」を「時代とともに変容する」ものとして「歴史を描き出す試みのこと」だと示されている。このことは、さらに、第8・9段落で、「『物』『言葉』『記号』『人間』」の「関係性の再編成」として記述する試みだと、より具体的に示されている。

以上を簡潔にまとめると、

a 人間は、ある知の枠組みを通して、はじめて事物の間にある秩序を認識できる

b aの知の枠組みが、時代とともに（＝歴史的に）変容することを描き出す試み

となるだろう。

こうした内容に合致する**②が正解**。

①は、「考古学の方法に倣い、その時代の事物の客観的な秩序を復元して描き出す」が**a**に反している。われわれは、ある知の枠組みを通してはじめて事物の秩序を認識できるのであって、「事物の客観的な秩序」を認識しているのではない。

③は、「『物』『言葉』『記号』『人間』という要素ごとに分類して」が間違っている。**a**における知の枠組みとは、そうした要素の関係性のことであり、決して「要素ごとに分類」したものではない。

④は、「ある時代の文化的特徴」が間違い。**b**にあるように、知の枠組みの歴史的な変容を描くのが「アルケオロジー的方法」であり、特定の時代の「文化的特徴」を「分析し記述する方法」ではない。

⑤は、まず「一見関係のないさまざまな歴史的事象を……の関係性に即して接合し」が間違い。**a**における知の枠組みとは、「物」「言葉」などの要素の関係性のことであり、そうした要素とさまざまな歴史的事象を接合したものではない。また、「大きな世界史的変動として描き出す」も、本文では述べられていない内容である。

問4　「妖怪の『表象』化」を説明する問題　8　②

まず、「〜化」という表現を説明する際には、「〜から、―になった」、すなわち、変化する前の状態と変化した後の状態の、それぞれの内容を明らかにするように心がけよう。

次に、傍線部直前にある「こうした」という指示表現に着目して文脈を押さえると、妖怪が、「伝承や説話といった『言葉』の世界、意味の世界から切り離され、名前や視覚的形象によって弁別される『表象』となっていった」ことで、かつてのリアリティを失い、フィクショナルな人間の娯楽の題材になった、と述べられている。

こうした変化は、第11〜13段落で、より詳しく述べられている。自然物がなんらかの意味を帯びた記号として存在していた中世において、妖怪は、神霊からの「言葉」を伝える「記号」であり、「警告」「凶兆」とみなされていた。しかし、近世の自然認識においては、「物」はたんなる「物」であり、「記号」もまた所与のものではなく、人間が約束事の中で作り出し支配するもの、すなわち「表象」という人工的なものとなったのである。こうした知の枠組みの変容に伴い、妖怪は、神霊の警告などではなくなり、娯楽の対象へと変化していったのである。

以上を簡潔に整理すると、

（変化する前）

a　かつて妖怪は、神霊の言葉を伝える記号であった

（変化した後）

b　（自然認識の変容とともに、）記号は所与のものではなく、人間が約束事の中で作り出すものとなった

c　（bに伴い、）妖怪は架空の（＝フィクショナルな）存在として娯楽の対象になった

となるだろう。

こうした内容を含んでいる**②が正解**。

①は、「妖怪」が「人間が人間を戒めるための道具になった」が、cに反する。

③は、「人間世界に実在するかのように感じられるようになった」が、cに反する。

④は、「人間の力が世界のあらゆる局面や物に及ぶきっかけになった」が、本文とは無関係な内容。

⑤は、「人間の性質を戯画的に形象した」が、本文とは無関係な内容。

問5　本文の内容を整理した【ノート】の空欄を補う問題

(i)　**【ノート1】で、見出しになっている空欄を補う問題**

9　④

設問に直接関連するのは、本文の第1～5段落なので、それらの段落の内容を確認していこう。

第1段落では、娯楽としての妖怪は、いかなる歴史的背景のもとで生まれたのかという、問題提起がなされている。

第2・3段落では、古典的な民間伝承としての妖怪の存在と、近世の中期以降に、文芸作品や大衆芸能に登場する、フィクションとしての妖怪の存在が示されている。つまり、時代によって妖怪のありようが異なることを通じて、**妖怪に対する認識が歴史性を帯びている**ことが示されている。これが、空欄 I に対応する。

さらに、第4・5段落では、リアリティを帯びた存在である妖怪が、フィクションとしての妖怪として楽しまれるようになるには、**妖怪に対する認識の変容が、いかなる歴史的背景から生じたのか**、という問いが提示されている。これが空欄 II に対応する。

したがって、Iが「妖怪に対する認識の歴史性」、IIが「いかなる歴史的背景のもとで、どのように妖怪認識が変容したのかという問い」になっている**④が正解**。

①は、Iの「いかなる歴史的背景のもとで娯楽の対象になったのか」が、第2・3段落の内容に合致しない。この問いは第1段落で提示されているが、第2・3段落では、「娯楽の対象」としての妖怪に関する言及がない。また、IIの「意味論的な危機から生み出される妖怪」の説明は、第3段落で詳しく述べられており、第4・5段落の見出しとして適切ではない。

②は、①で述べたように、Iの内容がそぐわない。また、IIの「妖怪娯楽の具体的事例の紹介」が、間違い。たしかに、第5段落の末尾に「『妖怪娯楽』の具体的な事例を通して探っていこう」と述べられている。だがこれは、第6段落以降の展開を提示したものであり、「具体的な事例」そのものの「紹介」は、第5段落で述べられてはいない。

③は、Iの「娯楽の対象となった妖怪の説明」が間違い。①・②でも示したように、そうした妖怪に関する言及は、第2・3段落にはない。

(ii)　**【ノート2】でまとめられている内容の空欄を補う問題**

10 ③　11 ④

【ノート2】では、近世と近代における妖怪観の違いをめぐって、「表象」と「人間」との関係の変容が示されている。

こうした内容は、主に第12～17段落で述べられている。ここでは、近世において、名前や視覚的形象によって識別される「表象」としての妖怪、現代でいうところのキャラクターとなった妖怪の登場（第14段落）が示されている。そして、近代においては、コントロール不能で謎めいた（＝理解できない）「内面」を抱え込んでしまった「人間」という存在を投影したものとしての妖怪がリアリティのあるものとして存在するようになった（第15～17段落）ことが示されている。

こうした内容を簡潔にまとめると、

a　近世＝視覚的形象で識別されるキャラクターとしての妖怪が現れた

b　近代＝理解不能で制御できない内面を抱えた人間を投影したものとしての妖怪がリアリティを回復した

となるだろう。

以上から、近世の内容である空欄 Ⅲ には、aに合致する③が正解。

①は、「恐怖を感じさせる」が間違い。近世において妖怪は「人間の娯楽の題材へと化していった」（第14段落）のである。

②は、「神霊からの言葉を伝える記号として」が間違い。神霊からの「言葉」を伝えるものとしての妖怪は、中世における妖怪観に属している。

④は、「人を化かす」が間違い。そうした内容は、本文で述べられていない。

また、近代の内容である空欄 Ⅳ には、bに合致する④が正解。

①は、「合理的な思考をする」が、②は、「自立した人間」が、③は、「万物の霊長としての人間」が、それぞれbに合致しない。

(iii)　**【ノート3】の考察にある空欄を補う問題**　12 ②

まず、空欄 Ⅴ が、どのような文脈にあるのかに着目しよう。

ここでは、芥川龍之介の小説「歯車」の一節を受けて、「歯車」における「僕」の「こうした自己意識」のありようと、『私』という近代に特有の思想」（本文第17段落）との関連が指摘されている。

そこで、「歯車」の一節における「僕」の「自己意識」のありよう（Xとする）と、本文における『私』という近代に特有の思想」（Yとする）の、具体的な内容をみていこう。

【ノート3】のなかの、「考察」に述べられている「ドッペルゲンガー」に関する言い伝えを踏まえ、Xの内容を押さえると、

a　自分には覚えがないのに、もう一人の自分が、他者に複数回目撃されている

b　もう一人の自分を「僕」自身は見たことがない

c（bから、）「僕」自身がすぐに死ぬことはないと思っている

d（cから、）もう一人の自分が「僕」より先に死ぬかもしれないと思っている

と整理できるだろう。

次に、Yについて。**【ノート3】**では、第17段落について言及されている。けれども、この段落冒頭に「そして、こうした認識とともに生み出されたのが、『私』という近代に特有の思想であった」とあるので、Yの内容を正確に読み取るには、「こうした認識」に該当する、第16段落の内容も踏まえておく必要がある。以上から、第16・17段落の内容を押さえると、

e　人間は、コントロール不可能な「内面」を抱えている、不安定で不気味な存在である

と整理できる。

こうした、a〜eの内容を備えている②が正解。なお、選択肢の「ひとまずは安心しながらも」という表現は、cの内容を踏まえている。

①は、「自分が周囲から承認されている」と、『私』が他人の認識のなかで生かされている」が、本文および**【ノート3】**に根拠をもたない内容である。

③は、「会いたいと思っていた人の前に別の僕が姿を現していた」と、「別の僕が自分に代わって思いをかなえてくれた」が、いずれも小説「歯車」の引用部分に根拠をもたない内容である。

④は、「自分が分身に乗っ取られるかもしれないという不安を感じた」と、「『私』が『私』という分身にコントロールされてしまう」が、本文および**【ノート3】**に根拠をもたない内容である。

⑤は、「自分がいるはずのない時と場所で僕を見かけたと言われた」と、「他人にうわさされることに困惑していた」が、いずれも小説「歯車」の引用部分に根拠をもたない内容である。

第２問　現代文（文学的文章）

【出典】

本文は加能作次郎の小説「羽織と時計」（一九一八年発表）の一節。**【資料】**は宮島新三郎「師走文壇の一瞥《いちべつ》」の一節。

加能作次郎（かのう・さくじろう）（一八八五年―一九四一年）は、日本の小説家。石川県生まれ。著作に『世の中へ』（一九一九年）、『寂しき路《みち》』（一九二〇年）、『若き日』（一九二〇年）などがある。

宮島新三郎（みやじま・しんざぶろう）（一八九二年―一九三四年）は、日本の文芸評論家。埼玉県生まれ。著作に『短篇《たんぺん》小説新研究』（一九二四年）、『芸術改造の序曲』（一九二五年）、『文芸批評史』（一九二九年）などがある。

【本文解説】

共通テスト初年度は、本文だけではなく別のテキスト（**【資料】**）を踏まえつつ解答する設問（**問６**）が出題された。これは従来のセンター試験と大きく異なった点である。

本文は、リード文と、一つの空行で分かれた二つの場面（Ⅰ W君から羽織と時計をもらう、Ⅱ疎遠になったW君に会いに行く）からできている。

【資料】（**問６**に付属）は、本文が発表された当時、新聞紙上に掲載された批評である。

順次その内容を確認していこう。

本文

Ⅰ　W君から羽織と時計をもらう（リード文～44行目）

「私」と同じ出版社で働くW君は、妻子と従妹と暮らしていたが生活は苦しかった。そのW君が病で休職している間、「私」は何度か彼を訪れ、同僚から集めた見舞金を届けたことがある（リード文）。

こうした「私」の親切へのお礼にW君は「私」に高価な羽織をプレゼントしてくれた（14行目まで）。礼服というものを一枚も持たなかった貧乏な「私」は「羽二重の紋付の羽織というものを、その時始めて着たのであるが、今でもそれが私の持物の中で最も貴重なものの一つとなって居る」（15・16行目）。その羽織を着るたびに妻は褒めてくれるが、「私はW君から貰ったのだということ」（18行目）をつい言いはぐれてしまい（＝言いそびれてしまい）、妻は「私が結婚の折に特に拵えたものと信じて居る」（19行目）。そのためか、妻にこの羽織のことを褒められるたびに、私は「擽ぐられるような思」（23行目）いを抱いていた。「私」は「この羽織を着る毎にW君のことを思い出さずに居なかった」（27・28行目）。

その後、「私は他にいい口（＝転職口）があったので、その方へ転ずることになった」（30行目）。W君は「私」の将来を祝して、社の人々からお金を集めて、記念品を贈ってくれた。時計を持っていなかった「私」は「自分から望んで懐中時計を買って貰った」（32行目）。この時計の寄贈に関して社内では不平を抱いた者もいた。「これはW君が、自分の病気の際に私が奔走して見舞金を贈ったので、その時の私の厚意に酬いようとする個人的の感情から企てたことだといってW君を非難するもの」(36・37行目)や「『あれはW君が自分が罷める時にも、そんな風なことをして貰いたいからだよ。』と卑しい邪推をして皮肉を言ったもの」(38行目)もあった。後でそうしたことを聞いた「私」は不快を覚え、またW君を気の毒に思った。そういう非難を受けてまでも「私」のために奔走してくれたW君の厚い情誼(=友人の間のまごころ)を思うと、「涙ぐましいほど感謝の念」(41・42行目)を抱くとともに、その恩恵に対して、「常に或る重い圧迫」(42行目)も感じてしまっていた。「羽織と時計——」(43行目)。「私」の持ち物の中で最も高価なものは二つともW君から贈られたものだ。これらが、今でも「私」に「感謝の念と共に、何だかやましいような気恥しいような、訳のわからぬ一種の重苦しい感情」(44行目)を起させるのである。

Ⅱ 疎遠になったW君に会いに行く(46行目〜最終行)

会社を辞めた後、「私」はW君と一度も会わなかった。一方、W君は「その後一年あまりして、病気が再発して、遂に社を辞し、いくらかの金を融通して来て、電車通りに小さなパン菓子屋を始めたこと、自分は寝たきりで、店は主に従妹が支配して居て、それでやっと生活して居るということ」(46〜48行目)などを「私」は会社の人から聞いた。

「私」は見舞いついでに一度は彼を訪ねなくてはいけないと思っていたが、仕事に忙しく、妻子もでき、彼との境遇も次第に異なったこともあり、「一層足が遠くなった」(51行目)。W君のことを「偶々思い出しても、久しく無沙汰をして居ただけそれだけ、そしてそれに対して一種の自責を感ずれば感ずるほど、妙に改まった気持になって、つい億劫になるのであった」(51・52行目)。

今になって思えば、「羽織と時計——併し本当を言えば、この二つが、W君と私とを遠ざけたようなものであった」(53行目)。これらがなかったなら、「私」はもっと素直な自由な気持ちになって、時々W君を訪れることが出来たであろう。これらは「常にW君から恩恵的債務を負うて居る」(55行目)気持ちを「私」に抱かせたからである。

しかも不思議なことに、「私はW君よりも、彼の妻君の眼を恐れた」(56行目)。「私」が時計や羽織を身につけてW君に会いに行けば、それらは夫があげたものだという眼で見られ、二つとも身につけて行かなければ、「羽織や時計をどうしただろう」という眼で見られる、という「卑しい邪推」(60行目)が生じ、W君を訪れようと思う「私」の足を重くする。そればかりか、こうしてW君を訪れないままにしていくほど、あんなに親切にしてあげた人なのに「見舞に一度も来て下さらない」(63行目)と夫に告げるW君の妻君の姿が想像されて、更に妻君の眼に恐れを抱いてしまう。

そうしたことを考えるうちに、「こちらから出て行って、妻君のそういう考をなくする様に努めるよりも」(66行目)、「私は何か偶然の機会で妻君なり従妹なりと、途中ででも遇わんことを願った」(67行目)。

そうして三年四年と月日が流れ、今年の新緑の頃、子供を連れて郊外へ散歩に行った時に、「私は少し遠廻りして、W君の家の前を通り、原っぱで子供に食べさせるのだからと妻に命じて、態と其の店に餡パンを買わせた」（75・76行目）が、それはW君の家の様子を窺い、うまく行けば、「全く偶然の様に」（76行目）、妻君なり従妹なりに会おうという微かな期待をもっていたからである。「私」は店の様子をそれとなく見たが、出て来た人は、妻君でも従妹でもなく、全く見知らぬ女だった。屋根看板をよく見直したが、たしかにW君の店に相違なかったのだが。

【資料】（問6に付属）

評者・宮島によれば、加能の長所は、「見た儘、有りの儘を刻明に描写する」ことで「生活の種々相を様々な方面から多角的に描破して、其処から或るものを浮き上らせ」、また「作品の効果を強大にする」ことにある。「ライフ（＝登場人物の人生や生活）の一点だけ」に話題を絞って描写するような「所謂『小話』作家」の面影はなかった。（第一段落）

しかし、本作『羽織と時計』では、「泣き笑いの悲痛な人生」を描こうとしたものか、単に「羽織と時計に伴う思い出」を中心にして、ある一つの「おち（＝物語の結末）」を作り出そうとしたものか、わからないほど「小話臭味の多過ぎた嫌い」がある。もしこの作品から「小話臭味」を取り去り、「羽織と時計」に焦点を当て過ぎず、あくまで主人公の「私」の見た「W君の生活、W君の病気、それに伴う陰鬱な、悲惨な境遇」を如実に描いたなら、「一層感銘の深い作品になった」と思われる。その意味で「羽織と時計」にこだわり過ぎたことは、この作品をユーモラスなものにする助けにはなったが、作品の効果を増す力にはなっていない。（第二段落）

要するに、「羽織と時計」といった特定のものに焦点を当てず、加能が描きたい人物の生活の様々な側面をありのままに描けば、本作は一層感銘深い作品になったはずであると、評者・宮島は述べている。

【設問解説】

問1　語句の意味を問う問題　13 ②　14 ②　15 ①

(ア)の「術もなかった」の「術」は〈方法。手段。手立て。〉を意味する。よって「術もなかった」は〈手立てもなかった〉を意味する。したがって**正解は②**。

(イ)の「言いはぐれて」は、〈言うべき機会を失って。言いそびれて。〉を意味する。したがって**正解は②**。

(ウ)の「足が遠くなった」は、〈疎遠になった。行きつけだった所に行かなくなった。〉を意味する。したがって**正解は①**。②は「時間がかかる」が、③は「理由」が、④は「不便」が、⑤「思い出さなくなった」が余計な意味であり、間違いである。

問2　羽織を妻に褒められる時の「私」の思いを説明させる問題　16 ③

傍線部の「擽られる」とは〈ちょっとした満足感を与えられたり興味や欲を掻《か》き立てられたりするさま〉という意味

である。では、こうした気持ちを「私」が抱いた経緯を振り返ってみよう。

――「私」と同じ出版社で働くW君が病で休職している間、「私」は何度か彼を訪れ、同僚から集めた見舞金を届けたことがある（リード文）。こうした「私」の親切へのお礼にW君は「私」に高価な羽織をプレゼントしてくれた（14行目まで）。礼服というものを一枚も持たなかった貧乏な「私」は「羽二重の紋付の羽織というものを、その時始めて着たのであるが、今でもそれが私の持物の中で最も貴重なものの一つとなって居る」（15・16行目）。その羽織を着るたびに妻は褒めてくれるが、「私はW君から貰ったのだということ」（18行目）をつい言いはぐれてしまい（=言いそびれてしまい）、妻は「私が結婚の折に特に拵えたものと信じて居る」（19行目）。そのためか、妻にこの羽織のことを褒められるたびに、「私」は「擽ぐられるような思」（23行目）いをしていた。――

つまり、妻に高価な羽織のことを褒められることは嬉しいのだが、その嬉しさの中にW君のことを妻に内緒にしている後ろめたさも交じっているということである。こうした内容がおさえられている**③が正解**。

①は、「妻に対する、笑い出したいような気持ち」が間違い。「私」が妻を軽蔑している箇所は本文にない。

②は、「不安になっている」が〈ちょっとした満足感を抱いている〉という意味の「擽ぐられる」からは離れてしまっている。

④は、②と同じく「物足りなく思う」が「擽ぐられる」の意味から離れてしまっている。

⑤は、「打ち明けてみたい衝動」「妻への不満」が「擽ぐられる」の意味から離れてしまっている。

問3　羽織と時計をW君から送られた「私」の心情を説明させる問題　[17]　①

「羽織と時計」という、貧しい「私」の持ち物の中で「最も高価なもの」がW君から贈られたことは傍線部の直前からわかる。また、それを贈られた時の気持ちは羽織に関しては明記されていないが、時計に関してはこのような説明がある。

――「私」の転職に際し、W君は「私」の将来を祝して社員にお金を募り記念品を贈ってくれた。時計を持っていなかった「私」は「自分から望んで懐中時計を買って貰った」（32行目）。この時計の寄贈に関して社内では不平を抱いた者もいた。「これはW君が、自分の病気の際に私が奔走して見舞金を贈ったので、その時の私の厚意に酬いようとする個人的の感情から企てたことだといってW君を非難するもの」（36・37行目）や「『あれはW君が自分が罷める時にも、そんな風なことをして貰いたいからだよ。』と卑しい邪推をして皮肉を言ったもの」（38行目）もあった。そういう非難を受けてまでも「私」のために奔走してくれたW君の厚い情誼（=友人の間のまごころ）を思い、「涙ぐましいほど感謝の念」（41・42行目）とともに、その恩恵に対して「常に或る重い圧迫（=親切にした相手からの返礼が多すぎると感じてしまう変なプレッシャーのこと）」（42行目）も抱かざるを得なかった。――

ここからわかることは、ａ羽織と時計はＷ君が苦労して贈ってくれたものであり、ｂ貧しい「私」が常日頃持っているものではなく、ｃそうしたものを贈ってくれたＷ君に深い感謝の念を抱くと同時に、ｄ「或る重い圧迫」をさえ感じてしまうということである。なお、傍線部には「感謝の念」は含まれていないので、ａｂｄの三つの内容がおさえられている①が正解。

②は、「自ら希望した時計」という表現は正しいが、その「時計にも実はさしたる必要を感じていなかった」という内容が本文に書かれていない。

③は、「羽織を贈ってくれたことに味をしめ（＝一度うまくいったことから、暗に次にも同様のことを期待する）、続いて時計までも希望し」が間違い。羽織も時計もＷ君の発案によって贈られたものであり、「私」が「味をしめ」たから手に入れたものではない。また選択肢後半「Ｗ君へ向けられた批判をそのまま自分にも向けられたものと受け取っている」という内容も本文から読み取れない。

④は、「それらを自分の力では手に入れられなかったことを情けなく感じて」いることも「Ｗ君の厚意にも自分へ向けられた哀れみを感じ取っている」ことも本文から読み取れない。

⑤は、選択肢後半「その厚意には見返りを期待する底意（＝したごころ）をも察知している」という内容が本文から読み取れない。

問４　「私」がＷ君の「妻君の眼」を気にする理由を説明させる問題　18　①

傍線部には「私はＷ君よりも、彼の妻君の眼を恐れた」とあるので、まずはＷ君の眼を恐れる理由を確認しておく。それは傍線部の前に書かれていた。

――「私」が会社を辞めた後、Ｗ君は一年あまりして、病気が再発して、遂に社を辞し、いくらかの金を融通して来て、小さなパン菓子屋を始めたが、自分は寝たきりで、店は主に従妹が支配して居て、それでやっと生活して居ることを、「私」は元の会社の人から聞いた。そのため、見舞いがてら一度は彼を訪れなくてはと思いながらも、仕事や家庭で忙しく「足が遠く」（51行目）なっていた。その後、Ｗ君のことを「思い出しても、久しく無沙汰をして居ただけそれだけ、そしてそれに対して一種の自責を感ずれば感ずるほど、妙に改まった気持になって、つい億劫になるのであった」（51・52行目）。今になって思えば、「羽織と時計――併し本当を言えば、この二つが、Ｗ君と私とを遠ざけたようなものであった」（53行目）。これらは「私」に「常にＷ君から恩恵的債務を負うて居る」（55行目）ように感じさせる。これらがなければ、「私」はもっと素直な自由な気持ちでＷ君を訪れることが出来ただろう。――

つまり、ａ〈「私」は退社後のＷ君の苦境を知り見舞いがてら会いに行こうと思いながらも、様々な事情で疎遠になってしまい、そうしたことからＷ君に対して自責の念を感じていた〉という理由から、Ｗ君の眼を恐れるのである。

その上で、「私」が「彼の妻君の眼を恐れた」（56行目）のはなぜか。この点に関しては傍線部の後ろに説明されている。

――「私」が時計や羽織を身につけてＷ君に会いに行けば、それらは夫があげたものだという眼で見られ、二つとも身につけて行かなければ、「羽織や時計をどうしただろう」（58・59行目）という眼で見られる、という「卑しい邪推」（60行目）が生じ、Ｗ君を訪れようと思いつく「私」の足を重くする。そればかりか、こうしてＷ君を訪れないままにしておくほど、あんなに親切にしてあげた人なのに「見舞に一度も来て下さらない」（63行目）と夫に告げるＷ君の妻君の姿が想像されて、更に妻君の眼に恐れを抱いてしまう。――

つまり、ｂ〈親切にしてあげたはずの「私」の態度が冷たいと妻君に思われていると「私」が邪推していること〉が妻君の眼を恐れる理由である。こうしたａ・ｂの内容がまとめられている**①が正解**。

②は、「パン菓子屋を始めるほど家計が苦しくなった」「彼の恩義に酬いる番だ」「転職後にさほど家計も潤わずＷ君を経済的に助けられない」ということが本文では述べられていない。

③は、「Ｗ君のことをつい忘れてしまう」が誤り。「忘れてしまう」のではなく、むしろＷ君を「一度見舞旁々訪わねばならぬと思」（49・50行目）っていたのである。

④は、「妻君の前では卑屈にへりくだらねばならない」ということが本文では述べられていない。

⑤は、「Ｗ君が『私』を立派な人間と評価してくれた」「Ｗ君の窮状を救いたい」ということが本文では述べられていない。

問５ 19 ⑤ **Ｗ君のお店を見に行く「私」の行動を説明させる問題**

傍線部Ｄまでのいきさつを確認すると、

――Ｗ君への見舞いに行きそびれているうちにＷ君や妻君の眼を恐れるようになった「私」（問４参照）は、「こちらから出て行って、妻君のそういう考をなくする様に努めるよりも」（66行目）、「私は何か偶然の機会で妻君なり従妹なりと、途中ででも遇わんことを願った」（67行目）。そうして三年四年と月日が流れ、今年の新緑の頃、子供を連れて郊外へ散歩に行った時に、「私は少し遠廻りして、Ｗ君の家の前を通り、原っぱで子供に食べさせるのだからと妻に命じて、態と其の店に餡パンを買わせた」（傍線部Ｄ）。そうした「私」の行為には、Ｗ君の家の様子を窺い、うまく行けば、「全く偶然の様に」（76行目）、妻君なり従妹なりに会おうという微かな期待が含まれていた。むろん、Ｗ君から「羽織」をもらったことを知らない「私」の妻が「私」がＷ君を見舞うことに関してあれこれ考えてきたことを知らないことは十分に推測できる。そうした妻に「私」は本心を打ち明けずに傍線部Ｄのことを行わせたのである。――

こうした内容がほぼまとめられている**⑤が正解**。

①は、「自分たち家族の暮らし向きが好転した」「質素な生活を演出しよう」という内容が本文に書かれていない。

②は、「妻にまで虚勢を張るはめになっている」という点が誤り。餡パンを買わせることが「私」の「虚勢」とは理解できない。

③は、「家族を犠牲にしてまで自分を厚遇してくれたW君」という説明が誤り。羽織は親戚の、時計は会社の人々の手助けによるものであって、「家族を犠牲に」したわけではない。また「店で買い物をする」こともそれ自体はW君の様子をうかがうための方便であって、それによって「かつての（W君の）厚意に少しでも応えることができ」るとも言えない。

④は、「W君の家族との間柄がこじれてしまった（＝物事がもつれて、うまく進まなくなった）」が誤り。「こじれ」ようにも、そもそも顔を合わせてもいない。また「その誤解を解こうとして」も誤り。妻に餡パンを買わせることはW君の様子をうかがうためである。

問6

(i)　**【資料】の評者の本文に対する意見として適当なものを選ばせる問題**　20　④

【資料】の細かな内容は**【本文解説】**を参照してほしい。そこでの要点をまとめると、

――加能が本文では「羽織と時計」といった特定のものの に焦点を当ててしまったことを評者は批判し、加能が描きたいW君の生活の様々な側面をありのままに描くことができれば、本文は一層感銘深い作品になったはずであると断じている。――

ここから、特定の話題にこだわった結果、W君の人生や生活を描けなかったことが述べられている**④が正解**。

①は、「多くの挿話から」が「羽織と時計」に焦点を当てていることと矛盾する。「予期せぬぶれ」も**【資料】**からは読み取れない。

②は、「実際の出来事を忠実に再現し」が誤り。W君の話が実際の出来事かどうかは不明である。

③は、「W君の一面だけを取り上げ美化している」が誤り。本文ではW君はことさらに「美化」されているわけではない。

(ii)　**【資料】の評者の見解とは異なる、「羽織と時計――」という表現の本文における働きを答える問題**　21　④

評者は「羽織と時計」という特定の思い出の品に執着した加能の描き方を批判している。しかし、この設問ではそうした評者とは異なる見解を提示した選択肢を選ぶことが求められている。では評者からは否定的に理解された「羽織と時計――」という表現が持つ効果を考えよう。

――43・44行目には「羽織と時計――。私の身についたものの中で最も高価なものが、二つともW君から贈られたものだ。この意識が、今でも私の心に、感謝の念と共に、何だかやましいような気恥しいような、訳のわからぬ一種の重苦しい感情を起させるのである。」とあり、53行目に

は「羽織と時計――併し本当を言えば、この二つが、W君と私とを遠ざけたようなものであった。」とある。――ここから、この二つのものがW君の厚意を示すものであると同時に「私」から彼を遠ざけたものであることが確認でき、しかもそうした表現を「私」が繰り返すことで「私」が切ない思いを抱いていることも読み取れよう。こうした内容がほぼまとめられている**④が正解**。

①は、「私」が「W君を信頼できなくなっていく」という指摘が誤り。「私」の気持ちの中にW君への不信感はない。

②は、「複雑な人間関係に耐えられず生活の破綻を招いてしまった」が誤り。W君の生活破綻の原因があるとすれば、それは彼の病である。

③は、「『私』に必死で応えようとするW君の思いの純粋さ」が本文からは読み取れない内容である。

第3問　古文

【出典】

『栄花物語』

成立年代　平安時代

ジャンル　歴史物語

作者　正編（一〜三十巻）は赤染衛門《あかぞめえもん》、続編（三十一〜四十巻）は出羽弁《でわのべん》の作とされる。

内容

『栄花物語』は、平安時代後期になる歴史物語の嚆矢《こうし》で、宇多《うだ》天皇から堀河《ほりかわ》天皇の寛治《かんじ》六（一〇九二）年にいたる十五代およそ二百年間の宮廷貴族社会の歴史を、藤原道長《ふじわらのみちなが》の栄華を中心に編年体で記した物語である。『源氏《げんじ》物語』にならい「月の宴」、「もとのしづく」といった優美な名前が巻ごとにつけられていて、全編四十巻のうち巻三十「鶴の林」までを正編、巻三十一「殿上の花見」以下十巻を続編とし、続編は正編の作者とは別人によって書き継がれたと考えられている。

『栄花物語』は、『大鏡《おおかがみ》』と比較されて、道長の賛美に終始しているとか、史実の書き換え、年紀の誤りや、意図的にぼかした書き方がなされているなどといった批判が多いが、他の同時代の古記録と重なり合う部分もあり、単純に史実から離れているとは言えないようだ。道長の栄華だけを語るのなら、対抗勢力の人たちをことさら詳細に記す必要はなく、逆に理想的な道長像に傷をつけかねない。ところが実際は、道長によって敗れ去った人たちのことも多くの紙数を費やして叙述されている。これらを見ると『栄花物語』は、作者が実際に親しく見聞きした道長の栄華の数々を賛美して書き記してはいるが、今一方で、道長一族の繁栄の影に、失脚し、あるいは零落して、悲嘆の淵《ふち》に沈んでいった多くの貴族とその家族の人々に同情共感し、「あはれに」美しく書いているともいえるのである。

ちなみに正編の作者とされる赤染衛門は、藤原道長の妻である倫子に仕え、続編の作者とされる出羽弁は藤原道長の娘である彰子《しょうし》に仕えたと言われている。藤原道長の周辺にいたからこそ、『栄花物語』という作品を作り出すことができたのではなかろうか。

本文は、道長の息子である藤原長家が妻を亡くし、長家やその親族らが葬送のために亡骸を寺に移す場面と、その寺に籠もっている間の、長家と親しい人たちとの和歌の贈答、長家の亡き妻への追悼の思いなどを記す場面で構成されている。

『千載和歌集』

成立年代　平安時代後期（一一八八年完成）
ジャンル　勅撰和歌集
撰者《せんじゃ》　藤原俊成《としなり》
内容　後白河院《ごしらかわ》の下命により編まれた第七番目の勅撰和歌集。

【全文解釈】

大北の方（＝長家の妻の母）も、この（故人と縁故のあった）人々も、再び何度も転げ回り（悲しみ嘆き）なさる。このことをさえ悲しく大変なことだと言わないでは、ほかに何ごとを（悲しく大変なことだと言うだろう）か（いや、言うことなどないだろう）と思われた。そうして（亡骸を運ぶ）御牛車の後ろに、大納言殿（＝長家の妻の父）、中納言殿、（そのほかの）しかるべき（縁故の深い）人々は徒歩で付き従いなさる。（葬送の様子を）言葉にすれば並一通りの表現で、表現しつくすことはできない。北の方（＝大北の方）の御牛車や、女房たちの牛車などをその後に続けた。御供の人々などは数知れず大勢である。法住寺では、ふだんのお出かけとは異なる御牛車などの様子に、僧都の君（＝長家の妻の叔父）は、（涙のため）御目の前も真っ暗になって、見申し上げることもできなさらない。そうして（亡骸を運ぶ）御牛車（から牛をはずして轅《ながえ》）を降ろして（御牛車を停《と》め）、次々に人々も降りた。

そうしてこの御忌の間（＝亡くなってから四十九日の法要までの間）は、誰もがその法住寺に籠もっていらっしゃるはずであった。（長家が）山の方を物思いにふけりながら見やりなさるにつけても、（山の木々は）自然といろいろな色にすこし紅葉していた。鹿の鳴く声に御目もさめて、もうすこし心細さがまさりなさる。宮々（＝長家の姉たち）からも心をお慰めになるようなお便りが度々あるけれども、現在のところはまるで夢を見ているかのようにばかり自然と思いなさって（日々を）過ごしなさる。月がたいそう明るいのにも、物思いをしつくさないで残しなさることもない（＝物思いをしつくしなさる）。宮中あたりの女房（から）も、あれこれ（お悔やみの）お便りを差し上げるけれども、並一通りの関わり程度の人には、「近いうちに私のほうから（お会いして）」とだけ書きなさる。進内侍と申し上げる人が、（便りを）差し上げた。

千年（までも一緒にいよう）と（奥様と）約束したとかいう（その約束の）千年は、（奥様が亡くなられて）なくなったので、（悲しみで流す）涙（は川や海のようになり、そ）の水底に（沈んで）枕ばかりが浮いて見えているのでしょうか。

中納言殿（＝長家）の御返歌、

（千年までも一緒にいようと）起きても寝ても誓った約束は絶えてしまって、（その一方で妻を亡くした悲しみは）いつまでもつきないので、枕を浮かべるほどの涙であることよ。

また東宮の若宮の御乳母の小弁（が詠んでよこした歌）、

（亡くされた奥様を偲《しの》ぶ）悲しさを、一方では思い慰めてください。（なぜなら）誰もが結局は、とどまることのできるこの世なのか（いや、とどまることなどできないこの世なのだから）。

（長家の）御返歌、

（妻を亡くした悲しみを）慰める方法はまったくないので、この世の無常などということもわきまえられないことよ。

このように思いなさりおっしゃっても、いやはや、（このように和歌を詠むなどまだまだ）分別心があるようだ、いっそう（亡くなって）数か月、数か年にもなるならば、（この悲しさをも）思い忘れることもあるだろうかと、我ながら情けなく思いなさらずにはいられない。（長家の妻は）何ごとにもどうしてこのように（すぐれていらっしゃるのか）と（思われ）感じのよい人でいらっしゃったのになあ、顔や容貌をはじめとして、気立て（もよく）、字も（上手に）書き、絵なども熱中し、先頃まで熱心にしなさって、うつ伏しうつ伏しして描きなさったけれども、この夏の（頃に描きなさった）絵を、枇杷殿（＝妍《けん》子《し》）に持って参上したところ、たいそうおもしろがり賞賛しなさって、納めなさったが、（その時）よくもまあ持参したものだったなあなどと、ありったけの物思いをしつくしなさるのにまかせて、何かにつけて恋しく思い出し申し上げてばかりいらっしゃる。長年書き集めなさった絵物語など、皆（火事で）焼けてしまった後、去年、今年の間に集めなさったのもたいそう多かったの（だが、それ）を、自邸に戻ったならば、取り出しては見て（心を）慰めようと思いなさらずにはいられなかった。

〈問５に引用されている和歌〉

誰もがみな（この世に）とどまることはできないけれども、（最愛の妻に）先立たれたばかりの今は何といってもやはり悲しいものだ。

【設問解説】

問１　短語句の解釈問題　22　④　23　③　24　①

(ア)　えまねびやらず

え	まねび	やら	ず
副詞	動詞 バ行四段活用 「まねぶ」 連用形	動詞 ラ行四段活用 「やる」 未然形	助動詞 打消 「ず」 終止形

え
1 ～できる。
※ 打消表現と呼応する。

まねぶ
1 口まねする。まねをして言う。
2 見聞きしたことをそのまま人に言う。

～やる
1 遠くまで～する。
2 ～しきる。最後まで～する。
※ 打消表現と呼応する。

逐語訳すると、「口まねしきることはできない」もしくは、「見聞きしたことをそのまま人に言いきることはできない」となる。選択肢の④「表現し」が、逐語訳の「見聞きしたことをそのまま人に言い」、④「～つくす」が「～しきる」に対応し、④「～ことはできない」は、「え～ず」の訳そのままである。よって、**正解は④**である。③は、「真似」は「まねぶ」の意味に相当するが、「とても～しようがない」の部分が「え～やらず」の訳として不適当である。

文脈を確認すると、リード文にあるように長家の妻が亡くなり、親族らが亡骸をゆかりの寺に移す場面で、亡骸を運ぶ牛車の後ろにゆかりの人が続いていることを、「いへばおろかにて（＝言葉にすれば並一通りの表現で）」と記し、傍線部はそれに続いている。葬送の悲しみの場面を「表現しつくすことはできない」とするのは正しい。

(イ) **めやすくおはせしものを**

めやすく	おはせ	し	ものを
形容詞 ク活用「めやすし」連用形	動詞 サ行変格活用「おはす」未然形	助動詞 過去「き」連体形	終助詞 逆接詠嘆

めやすし
1 見苦しくない。見た目がよい
2 気が利かない。配慮が足りない。

おはす
1 いらっしゃる。おありになる。〔「あり」の尊敬語〕
2 いらっしゃる。おでかけになる。おいでになる。〔「行く・来」の尊敬語〕
3 ～（て）いらっしゃる。〔尊敬の補助動詞〕

選択肢中、「めやすし」の意味が正しいのは③「感じのよい」と④「見た目のすぐれた」である。尊敬語「おはす」を正しく訳しているのは、②「いらした」、③「いらっしゃった」の二つだけである。よって、**正解は③**である。⑤「おできになった」は、尊敬語の意味（波線部）はあるが、「おはす」にも「めやすく」にも「できる」という意味はないので、不適当である。

文脈を確認すると、長家が亡くなった妻を回顧する場面で、傍線部の直前には、妻のことについて「なにごともいかでかく(＝何ごとにもどうしてこのようにすぐれていらっしゃるのか)」とあり、さらに、傍線部の後には、「顔かたちよりはじめ、心ざま(＝顔や容貌をはじめとして、気立てもよく)」とあるので、③「感じのよい人でいらっしゃったのになあ」は、文脈に合う。

(ウ) 里に出でなば

里	に	出で	な	ば
名詞	格助詞	動詞 ダ行下二段活用「出づ」連用形	助動詞 完了「ぬ」未然形	接続助詞 順接仮定条件

里
1 実家。
2 山里。
3 田舎。地方。

選択肢中、「里」の意味が正しいのは、①「自邸」、④「実家」(ともに前記1の意味)、③「山里」(前記2の意味)であるが、②「旧都」、⑤「故郷」も前記3の意味に文脈上の補いを加えたものとして間違いとはいえない。しかし、未然形「な」の下に付く「ば」が順接仮定条件を表すので、③「なので」、④「ので」は順接確定条件の意味を表す点で選べない。また、⑤「〜とするに」の意味も「ば」から導けないことを考えると、解答は①「ときには」と②「日には」とに絞られる。これらには、順接確定条件の一般的な訳「〜ならば。〜れば。〜たら」と違っているが、「〜た〜(時間を表す表現)には」といった表現も仮定条件を表していると言える。

文脈を確認すると、亡き妻の菩提を弔うためにゆかりの寺に滞在している長家が妻を回顧している場面で、妻の直筆の絵画が数年前に一度焼けてしまったが、去年、今年集めたものが多くあると記した後、傍線部「里に出でなば」と続いて、その後に、取り出して見て心を慰めようというのだから、②「旧都に引っ越した日には」はあてはまらず、①「自邸に戻ったときには」は正しい。**正解は①となる。**

問2 傍線部の理由説明 25 ①

「今	みづから」	と	ばかり	書か	せ	たまふ
副詞	副詞	格助詞	副助詞 限定	動詞 カ行四段活用「書く」未然形	助動詞 尊敬「す」連用形	動詞 ハ行四段活用「たまふ」終止形

今
1 現在。
2 すぐに。近いうちに。そのうちに。
3 さらに。
※1は名詞、2・3は副詞として用いられる。

四段活用の「たまふ」
1 与えなさる。くださる。(「与ふ」の尊敬語)
2 〜なさる。お〜になる。(尊敬の補助動詞)

多義語「今」はそのままに傍線部を逐語訳すると、「『〈今〉私のほうから』とだけ書きなさる」となる。傍線部の前の文脈は、亡き妻の菩提を弔うために寺に籠もっている長家に、いろいろな人々から見舞いの手紙が来たが、「内裏わたりの女房」で「よろしきほど」には、その返事に「〈今〉私のほうから」とだけ書いたというのである。

よろし（シク活用形容詞）
１　好ましい。適当である。悪くない。まずまずだ。
※　平安時代以降、積極的によいとする「よし」に対して、一級劣り、悪くないという相対的・消極的な評価を表す。

ほど（名詞）
１　間。うち。ころ。折り。時間。
２　距離。あたり。広さ。大きさ。
３　程度。様子。ありさま。
４　身分。家柄。年齢。
※　時間・空間・物事・人などの程度・範囲を表す。

「よろしきほど」の女房というのは、「まずまずの程度」の女房の意と考えられるが、ここで「まずまず」というのは、長家や亡き妻にとってそれほどの存在ではない。つまり、関係がそれほど深くない女房たちということである。そういった女房たちには、「〈今〉私のほうから」とだけ書いた理由だが、本文６・７行目に、

宮々よりも思し慰むべき御消息たびたびあれど、ただ今はただ夢を見たらんやうにのみ思されて過ぐしたまふ。

とあるように、自分に近しい親族から慰めの手紙が来ているけれども、長家は、「ただ今はただ夢を見たらんやうにのみ思され」て心が慰められることはなく、日々を過ごしている。その後にも本文７行目に、

月のいみじう明きにも、思し残させたまふことなし。

とあり、月を見ても、物思いの限りをつくしている。このような状況である以上、それほど深い関係でもない女房にきちんとした返事が書けることはないであろう。つまり、傍線部の「今」は前記２の意味で、長家は、そのうちに自ら直接会ったときにでもきちんと挨拶をしようと思い、このように書いたと考えられる。よって**正解は①**である。①「並一通りの関わりしかない人」は、本文の「よろしきほど」に対応している。「おくやみの手紙」は、「さまざま御消息聞こゆれども」に対応している。「丁寧な返事をする心の余裕がなかった」は、前記のようにこの時の長家の心情からして正しい。

②は、「妻と仲のよかった女房たち」とするが、妻と内裏あたりの女房との関係については、本文に根拠のない内容である。さらに、本文は「今みづから」と言っており、近いうちに自分が直接会ってというのだから、「返事を待ってほしい」と相手に伝えるというのは不適当である。

③は、「心のこもったおくやみの手紙」が「よろしきほどは」の内容と合致しない。「表現を十分練って返事をする必要があり」も本文の内容からこのように解釈することはでき

ないので、不適当である。

④は、「見舞客の対応で忙しかった」が、前記のように長家のこの時の状況からは考えられないことである。それを前提にした、「いくらか時間ができた時には、ほんの一言ならば返事を書くことができた」というのもありえないので、不適当である。

⑤は、「大切な相手」というのが、「よろしきほど」とは反対の意味で、不適当である。さらに、「すぐに自らお礼の挨拶にうかがわなければならない」も長家のこの時の状況からは考えられない。

問3 語句や表現に関する説明の問題 26 ①

よく	ぞ	もてまゐり	に	ける	など、	思し残す
副詞	係助詞	動詞 ラ行四段活用「もてまゐる」連用形	助動詞 完了「ぬ」連用形	助動詞 詠嘆「けり」連体形	副助詞	動詞 サ行四段活用「思し残す」連体形

こと	なき	まま	に、	よろづに	つけ	て
名詞	形容詞 ク活用「なし」連体形	名詞	格助詞	副詞	動詞 カ行下二段活用「つく」連用形	接続助詞

恋しく	のみ	思ひ出で	きこえ	させ	たまふ
形容詞 シク活用「恋し」連用形	副助詞 強意	動詞 ダ行下二段活用「思ひ出づ」連用形	動詞 ヤ行下二段活用「きこゆ」連用形	助動詞 尊敬「さす」連用形	動詞 ハ行四段活用「たまふ」終止形

よく
1 十分に。念を入れて。
2 巧みに。うまく。
3 ひどく。非常に。
4 たびたび。しばしば。
5 よくもまあ。本当にまあ。よくぞ。
6 恥ずかしくもなくまあ。よくもまあ。
※ 前記5は、普通では考えられないような結果を得た時の感嘆の気持ちを表す。

もてまゐる
1 持って参上する。持参する。〔「持って行く」の謙譲語〕

思し残す
1 物思いをしつくさないで残しなさる。あらゆる物思いをあじわいつくしなさらない。
2 未練を残しなさる。
※ 1・2ともに「思ひ残す」の尊敬語。

ままに（連語）
1 〜にしたがって。〜につれて。
2 〜にまかせて。〜のとおりに。〜そのままに。
3 〜と同時に。〜やいなや。
4 〜ので。〜から。

※ 名詞「まま」に格助詞「に」がついて、接続助詞のような働きをする。

よろづに
1 すべてに。何かにつけて。

きこゆ
1 申し上げる。〔「言ふ」の謙譲語〕
2 ～し申し上げる。〔謙譲の補助動詞〕

傍線部を考える上で、その前後の内容も検討する必要がある。ここは亡き妻を回顧する場面で、傍線部の前と後に以下のような内容がある。

Ⅰ 絵などの心に入り、さいつころまで御心に入りて、うつ伏しうつ伏して描きたまひしものを、この夏の絵を、枇杷殿にもてまゐりたりしかば、いみじう興じめでさせたまひて、納めたまひし、

妻は生前絵を描くことに熱心で、病に臥せっていても描いていたが、亡くなる年の夏、妻の描いた絵を枇杷殿に献上したところ、枇杷殿がたいそうおもしろがり、賞賛してくれたというのである。

Ⅱ 年ごろ書き集めさせたまひける絵物語など、みな焼けにし後、去年、今年のほどにし集めさせたまへるもいみじう多かりし

長年の間描いた妻の絵物語が火災で焼失してしまったが、去年、今年に描いたものがまだたくさんあるということが記されている。

以上を踏まえて傍線部Bを検討すると、「よく」は、Ⅰの内容を踏まえると前記5の意味がよい。夏の時点でこの後妻が死ぬことなど考えてもいないだろうから、妻が亡くなる前に絵を枇杷殿に持参したことに対して、妻が亡くなった今からすると、よくぞ、あのとき枇杷殿に献上できたものだと気づき感嘆しているのである。よって「ける」は詠嘆の意味である。また、「思し残す」は、前記2「未練を残しなさる」を使って、「思し残すことなきままに」全体を解釈すると「未練を残しなさることがないのにまかせて」となって、「恋しくのみ思ひ出できこえさせたまふ」に続かない。長家が亡くなった妻を恋しく思って回顧している文脈から考えても、前記1の意味である。傍線部を解釈すると、「その時よくもまあ持参したものだったなあなどと、ありったけの物思いをしつくしなさるのにまかせて、何かにつけて恋しく思い出し申し上げてばかりいらっしゃる」となる。

①の説明は正しい。「妻の描いた絵を枇杷殿へ献上していたこと」に対して、「よくぞ……ける」という表現が、「振り返って、そうしておいてよかったと、長家がしみじみと感じていることを表している」とするのは、前記で検討したように、「よく」、「ける」の意味やⅠの内容から正しい。**①が正解**である。

②は、「『思し残すことなき』は、妻とともに過ごした日々に後悔はないという長家の気持ち」という説明が、前記のようにこの場面の「思し残し」の語の解釈から不適当である。

③は、「『ままに』は『それでもやはり』という意味」とあるが、「ままに」の意味の説明が間違いである。また、「長家が妻の死を受け入れたつもり」とあるが、本文第三段落1行目に、

まして月ごろ、年ごろにもならば、思ひ忘るるやうもやあらん

とあり、これから先悲しさを忘れることがあるかもしれないというだけで、長家が妻の死を今受け入れたというわけではないので、これも不適当である。

④は、「『よろづにつけて』は、妻の描いた絵物語のすべてが焼失してしまった」とするが、前記Ⅱや（注7）からも焼けたのは数年前のことで、その後妻が描いている絵が多数あるのだから、この説明は内容的におかしい。「よろづに」は、亡き妻を偲ぶきっかけになるいろいろなものを指しており、絵だけを指しているのではない。

⑤は、「『思ひ出できこえさせたまふ』の『させ』は使役の意味」とし、「ともに亡き妻のことを懐かしんでほしいと、長家が枇杷殿に強く訴えている」とするが、傍線部は長家が亡き妻を追慕している場面で、枇杷殿に話している状況でも、何かを訴えているわけでもない。さらに、「きこえ」は、動詞「思い出で」の直後にあるので、謙譲の補助動詞であり、「言ふ」の謙譲語ではないので、「訴えている」といった内容にはならない。「させ」は尊敬の意味で、長家に対する敬意を表しており、その点でも不適当である。

問4　登場人物の説明の問題　27　⑤

設問になっている人物は選択肢に明示されているので、本文全体からその人物についての記述を見つけ、選択肢との比較吟味をする問題である。

①は、「大北の方（北の方）」についての説明である。「大北の方」は、本文1・2行目、3行目に登場する。本文は、

大北の方も、この殿ばらも、またおしかへし臥しまろばせたまふ。これをだに悲しくゆゆしきことにいはでは、また何ごとをかはと見えたり。……北の方の御車や、女房たちの車などひき続けたり。御供の人々など数知らず多かり。

とあり、選択肢の「『大北の方』だけは冷静さを保って人々に指示を与えていた」が不適当である。波線部のように「大北の方」も、「この殿ばら」と同じように悲しみで転げ回っている。さらに、「人々に指示を与えていた」という内容は本文に根拠を持たない。

②は、「僧都の君」についての説明である。「僧都の君」は、本文3・4行目に登場する。本文は、

法住寺には、常の御渡りにも似ぬ御車などのさまに、僧都の君、御目もくれて、え見たてまつりたまはず。さて御車かきおろして、つぎて人々おりぬ。

とあり、選択肢の前半の「涙があふれて長家の妻の亡骸を直視できないほどであった」は、破線部と内容的に対応しており正しいが、「気丈に振る舞い亡骸を車から降ろした」が不適当である。「御車かきおろして」の「かきおろし」は、車を引いている牛をはずして、轅（牛車の前方に長く突き出ている二本の長い柄。先端に横木を渡して牛に引かせる）を下

ろす意味で、車を停めたということである。車を停めて亡骸を牛車から降ろしたことはこの場面から想定できるが、降ろした人物が「僧都の君」とは本文には明示されていない。なお、「かきおろす」には「かかえて下に降ろす」の意味もあるが、もし、そのように解釈して、主語を「僧都の君」と考えると、直前では「僧都の君」の動作には「たまは」と尊敬語があるのに、ここでは尊敬語が使われておらず、不自然である。以上から僧都の君が亡骸を車から降ろしたとすることはできない。

③は、長家についての説明である。長家は本文全体に記述があるが、選択肢に関連するのは、本文5～7行目である。

さてこの御忌のほどは、誰もそこにおはしますべきなりけり。山の方をながめやらせたまふにつけても、わざとならず色々にすこしうつろひたり。鹿の鳴く音に御目もさめて、今すこし心細さまさりたまふ。宮々よりも思し慰むべき御消息たびたびあれど、ただ今はただ夢を見たらんやうにのみ思されて過ぐしたまふ。月のいみじう明きにも、思し残させたまふことなし。

選択肢の前半「長家は秋の終わりの寂しい風景を目にするたびに」は、前記の本文の破線部と内容的に対応している。「鹿の鳴く音」から、季節は「秋の終わり」と判断できる。和歌によく詠まれるように、牡鹿《おじか》が牝鹿《めじか》を求めて哀愁を帯びた声で鳴くのは晩秋である。しかし、「山の方をながめやらせたまふにつけても、わざとならず色々にすこしうつろひたり」を「寂しい風景を目にするたびに」とするのは、山の木々が自然といろいろな色に少し紅葉しているという状況からすると不適当である。また、選択肢後半の「妻を亡くしたことが夢であってくれればよいと思っていた」も、不適当である。前記の波線部にあるように、姉たちが弔問の手紙をくれたけれども、長家は現状をまるで夢を見ているように感じている。つまり、前記波線部は、この事態が現実のこととは思えない長家の精神状態を言っているのであって、夢であってほしいと望んでいるとは表現していない。

④は、「進内侍」についての説明である。「進内侍」は、本文8行目に登場し、長家に見舞いの和歌を贈っている。

契り	けん	千代	は	涙	の	水底	に
動詞 ラ行四段活用 「契る」 連用形	助動詞 過去の伝聞婉曲 「けん」 連体形	名詞	係助詞	名詞	格助詞	名詞	格助詞
約束をし	たとかいう	千年	は	涙	の	水底	に

枕	ばかり	や	浮き	て	見ゆ	らん
名詞	副助詞	係助詞	動詞 カ行四段活用 「浮く」 連用形	接続助詞	動詞 ヤ行下二段活用 「見ゆ」 終止形	助動詞 現在推量 「らん」 連体形
枕	ばかりが		浮い	て	見える	のだろう か。

契り
1 約束
2 前世からの約束。宿縁。
3 因縁。
4 男女の交わり。縁。

前記枠内の直訳をもとに「進内侍」が妻を亡くした長家に贈ったお見舞いの和歌であることを加味して詳しくみてみよう。「契り」は長家と亡き妻とが交わした「契り」である。過去の伝聞婉曲の助動詞「けん」があることがそれを示している。その「契り」は、「千代（千年・永遠）」を約束するものであった。つまり、「契りけん千代」とは、千年までも一緒にいようという約束である。ところが、「千代」を待たず、その妻は亡くなり、約束は果たされなかった。そういった文脈を考えると、「涙」には「無《な》み」が掛けられており、妻が亡くなることで「約束は無くなったので涙を流す」などと解釈することができる。長家は悲しみの涙を流しているが、和歌ではしばしば流す涙が多いことを「涙の川」などと表現する。ここも、流れ出る涙は川や海のようになり、今は涙の川（海）に枕ばかりが浮いているというのである。それらを踏まえて解釈すると、

千年（までも一緒にいよう）と（奥様と）約束したとかいうその約束の千年は、奥様が亡くなられてなくなったので、（悲しみで流す）涙（は川や海のようになり、そ）の水底に（沈んで）枕ばかりが浮いて見えているのでしょうか。

となる。これによって選択肢「自分も枕が浮くほど涙を流している」という部分が不適当だとわかる。「らん」は、現在推量の助動詞で、同時刻の視界の外のことを推量する意味なので、「浮きて見ゆ」は、詠み手である「進内侍」のことではない。「進内侍」が、「今ごろ『浮いて見え』ているだろう」と、長家の様子を推量しているのである。よってこの選択肢は不適当である。

⑤は、「長家の亡き妻」についての説明である。「長家の亡き妻」は、本文全体に記述があるが、選択肢に関連するのは、本文18〜22行目である。

何ごとにもいかでかくとめやすくおはせしものを、顔かたちよりはじめ、心ざま、手うち書き、絵などの心に入り、さいつころまで御心に入りて、うつ伏しうつ伏して描きたまひしものを、この夏の絵を、枇杷殿にもてまゐりたりしかば、いみじう興じめでさせたまひて、納めたまひし、よくぞもてまゐりにけるなど、思し残すことなきままに、よろづにつけて恋しくのみ思ひ出できこえさせたまふ。

> **心を入る・心に入る**（連語）
> 1 熱心にする。真剣に行う。

前記の破線部は、亡き妻の容貌や人柄のよさ、筆跡のすばらしさ、絵を描くことに熱心であったことが書かれている。選択肢が「長家の亡き妻は容貌もすばらしく、字が上手なことに加え、絵にもたいそう関心が深く生前は熱心に描いていた」とするのは内容的に正しい。この**⑤が正解**である。

問5　和歌の解釈とそれを踏まえた本文説明の問題　28・29
③・⑥

まず、本文と**【文章】**に引用されたそれぞれの和歌を、詠まれた状況を考えて解釈し、さらに、**問5**に引用された**【文**

章】の内容を参考に本文17・18行目の内容を加味して、選択肢を吟味する問題である。

X

語	品詞	文法	訳
悲しさ	名詞		悲しさ
を	格助詞		を
かつは	副詞		一方では
思ひ	動詞	ハ行四段活用「思ふ」連用形	思い
も	係助詞		
慰めよ	動詞	マ行下二段活用「慰む」命令形	慰めてください。

語	品詞	文法	訳
誰	名詞		誰
も	係助詞		も
つひに	副詞		最後に
は	係助詞		は
とまる	動詞	ラ行四段活用「とまる」終止形	とどまる
べき	助動詞	可能「べし」連体形	ことのできる
世	名詞		この世か、いや、そうではない。
か	係助詞	反語	

Y

語	品詞	文法	訳
慰むる	動詞	マ行下二段活用「慰む」連体形	慰める
方	名詞		方法が
し	副助詞		まさに
なけれ	形容詞	ク活用「なし」已然形	ない
ば	接続助詞	順接確定条件	ので
世の中	名詞		世の中
の	格助詞		の

語	品詞	文法	訳
常なき	形容詞	ク活用「常なし」連体形	無常な
こと	名詞		こと
も	係助詞		も
知ら	動詞	ラ行四段活用「知る」未然形	知る
れ	助動詞	可能「る」未然形	ことができ
ざり	助動詞	打消「ず」連用形	なかっ
けり	助動詞	詠嘆「けり」終止形	たのだよ。

Z

語	品詞	文法	訳
誰	名詞		誰
も	係助詞		も
みな	名詞		皆
とまる	動詞	ラ行四段活用「とまる」終止形	とどまる
べき	助動詞	可能「べし」連体形	ことのできること
に	助動詞	断定「なり」連用形	で
は	係助詞		は

語	品詞	文法	訳
あら	動詞	ラ行変格活用「あり」未然形	ない
ね	助動詞	打消「ず」已然形	
ども	接続助詞	逆接確定条件	けれども
後るる	動詞	ラ行下二段活用「後る」連体形	先立たれる
ほど	名詞		とき
は	係助詞		は

語	品詞	文法	訳
なほ	副詞		やはり
ぞ	係助詞		
悲しき	形容詞	シク活用「悲し」連体形	悲しい。

後る

1　先立たれる。死におくれる。

2　遅れる。

Xは、小弁が長家に贈ったお見舞いの和歌である。上の句の「悲しさ」は妻を亡くした長家の悲しさで、それに対してその「悲しさ」を、「かつは（＝一方で）」「慰めよ」と言っている。下の句は、「つひにとまるべき世か」と、誰もがこの世に永遠にとどまることはできないという世の無常を述べることで、あなただけではない、私たち誰もがみな同じ「悲しさ」を経験するのだと言って慰めている。それを踏まえて解釈すると、

（亡き奥様を偲ぶ）悲しさを、一方では思い慰めてください。（なぜなら）誰もが結局、とどまることのできるこの世なのか、いや、生きとどまることなどできないこの世なのだから。

となる。これによると、選択肢①「妻を失った長家の悲しみを深くは理解していない、ありきたりなおくやみの歌であり……安易に言ってしまっている部分に、その誠意のなさが露呈してしまっている」の破線部が不適当であることがわかる。長家の悲しみを理解した上で、この世は無常で、人の死は、誰もが平等に引き受けなければならないということを引き合いにして慰めているのであって、誠意がないとはいえない。

Zは、Xに対する長家の返歌である。前記の枠内の現代語訳で十分内容は読み取れるが、状況を踏まえてもう少しわかりやすく解釈すると、

誰もがみな（この世に）とどまることはできないけれども、（最愛の妻に）先立たれたばかりの今は何といってもやはり悲しいものだ。

となる。この世の無常を引き合いに出して長家を慰めようとする小弁に対して、上の句で小弁に同意しつつ、逆接の接続助詞「ども」に続けて、妻を亡くした悲しみはどうしようもないと返している。選択肢②のXの「世の中は無常で誰しも永遠に生きることはできない」は、前記の解釈からも正しいが、Zの「妻に先立たれてしまった悲しみをなんとか慰めようとしている」が不適当である。前記の解釈の波線部にあるように、長家は、妻を亡くした悲しみを慰めることはできないと言っている。

選択肢③のXの「誰でもいつかは必ず死ぬ身なのだからと言って長家を慰めようとしている」は、前記の解釈からしても正しい。また、Zの「ひとまずそれに同意を示したうえで」が、前記の解釈の上の句の内容に対応し、さらに、「それでも妻を亡くした今は悲しくてならないと訴えている」は、前記の解釈の波線部の内容に対応している。**③が一つ目の正解**である。

Yは、Xに対する長家の返歌である。前記の枠内の現代語訳で十分内容は読み取れるが、もう少しわかりやすく解釈すると、

（妻を亡くした悲しみを）慰める方法もまったくないので、この世の無常などということもわきまえられないことよ。

となる。Yは、Zと違って、小弁の贈歌の「誰もつひにはとまるべきかは」に対して、「世の中の常なきことも知られざりけり」と全面的に否定している。

選択肢④の「和歌Zが、『誰も』、『とまるべき』、『悲し』

など和歌Xと同じ言葉を用いることで、悲しみを癒やしてくれたことへの感謝を表現している」が不適当である。贈歌の言葉を答歌で使うのは、贈答歌としては普通のことで、使うこと自体に特別な意味が付加されることはない。同様に、Yにおいても「それらを用いないこと」で、「励ましを拒む姿勢を表明している」とも言えない。Yは、前記のようにXを全面的に否定しており、贈歌の言葉を使う、使わないに関係なく、和歌の内容自体に「拒む姿勢を表明」しているのである。

選択肢⑤のYについて「長家を励まそうとした和歌Xに対して私の心を癒やすことのできる人などいないと反発した歌であり」という、破線部が不適当である。「方」は、方法であって、人ではない。さらに、「長家が他人の干渉をわずらわしく思い、亡き妻との思い出の世界に閉じこもってゆくという文脈」が不適当である。Yの後の文章は、

かやうに思しのたまはせても、いでや、もののおぼゆるにこそあめれ、まして月ごろ、年ごろにもならば、思ひ忘るるやうもやあらんと、われながら心憂く思さる。

とあって、自分の心理状況を「もののおぼゆるにこそあめれ」と分析している。悲しみはどうしようもないというものの、和歌を詠むなど、まだまだ分別心はあること、つまり、嘆きの中にも少しは冷静さもあることを認識し、そうであれば、年月が経つと結局亡き妻のことも忘れることになるだろう。だが、それは情けないことだと、人の死がこの世の無常なら、これだけ悲しむ気持ちもいずれは何も感じなくなってしまうのも世の無常だと自分の心理状況を分析しているのである。この内容と前記の選択肢の破線部とは対応しない。

選択肢⑥の、「和歌Yは、世の無常のことなど今は考えられないと詠んだ歌」というのは、前記のYの解釈の波線部から して正しい。さらに、「そう詠んだことでかえってこの世の無常を意識してしまった長家が、いつかは妻への思いも薄れてゆくのではないかと恐れ、妻を深く追慕してゆく契機となっている」というのも、選択肢⑤で検討したYの後に続く文章の内容から正しいと言える。もう一方の正解は⑥である。

第4問 漢文

【出典】

【問題文Ⅰ】

欧陽脩《おうようしゅう》『欧陽文忠公集《おうようぶんちゅうこうしゅう》』全一五三巻、付録五巻。欧陽脩の詩文集。書名の「文忠」は欧陽脩の諡《おくりな》。南宋の周必大《しゅうひつだい》(一一二六〜一二〇四)が編集。本文は巻五に収められている「有リ㆔馬ノ示ス㆓徐無党ニ㆒」と題する五言古詩。

欧陽脩(一〇〇七〜七二)は、北宋の文人、歴史家。漢代以前の簡潔な達意の文体を模範とする古文の復興を支持し、唐宋八大家(古文復興を推し進めた唐宋期の名文家)の一人に数えられる。

【問題文Ⅱ】

韓非《かんぴ》『韓非子《かんぴし》』全五五編。法家を代表する書。君主権の絶対性、信賞必罰、富国強兵などを説いている。本文は「喩老《ゆろう》」編の一節。

韓非(?〜前二三三)は、戦国時代の韓の思想家。儒家の荀《じゅん》子《し》(前三一三?〜前二三八?)に学び、祖国の韓の弱体化に発憤して法家思想を大成した。

【本文解説】

【問題文Ⅰ】は、「有リ㆔馬ノ示ス㆓徐無党ニ㆒」(徐無党に見せたい馬)という詩題が付けられていて、徐無党という人物に飼い馬を自慢しつつ、馬車を操縦する「御術」について述べたものである。徐無党は、作者欧陽脩の文学の愛弟子《まなでし》である。

第一句から第六句では、飼い馬がいかにすぐれた馬であるかが述べられている。毛なみも骨格も素晴らしく、早足《はやあし》は吹き抜ける風のよう、遅足《おそあし》は堂々として蹄《ひづめ》の音も軽やか。大変な褒めようで、作者自ら「千里の馬」と称している。

第七句から第十四句では、飼い馬が作者の意のままであることが述べられている。手綱加減ひとつで、速度は自在、広い天下のどこへでも行きたいところへ行ける。

第十五句から第二十二句では、この詩の結論が述べられている。伯楽のように名馬を見抜くことはもちろん肝要であるが、王良のように馬の性質を理解し、御者の心と馬の心がそれぞれのびのびとして互いに損なない合うことのないのが、「御術」の最高の境地である。そして「名馬にはすぐれた御者が必要だ」と訴え、「吾言ガ可シ㆑為ス㆑箴《しん》ト」(私の言葉をいましめとしてもらいたい)と、箴言として結んでいる。

【問題文Ⅱ】は、趙国の襄主に仕える王良が「御術」の師として襄主を諭した言葉である。

リード文にあるように、襄主は王良に馬車の駆け競《くら》べを挑んだが、結果は連戦連敗、くやしさのあまり「御術」のすべてを教えていないのではないかと迫った。すると、王良は「御術」の心得を授けた。「御術」の核心は、御者の心と馬の心がぴたりと一つになること、まさしく「人馬一体」であると説く。その上で、襄主が競争相手の王良に先行することばかりに気を取られて、馬にまったく心が向かわず、「人馬一体」とかけ離れてしまっている。だから何度勝負しても勝てないのだと諭したのである。

【書き下し文・問題文Ⅰ】

吾《われ》に千里《せんり》の馬《うま》有《あ》り　毛骨《もうこつ》何《なん》ぞ蕭森《せうしん》たる
疾《はや》く馳《は》すれば奔風《ほんぷう》のごとく　白日《はくじつ》に陰《かげ》を留《とど》むる無《な》し
徐《おもむ》ろに駆《か》くれば大道《だいだう》に当《あ》たり　歩驟《ほしう》は五音《ごいん》に中《あ》たる
馬《うま》に四足《しそく》有《あ》りと雖《いへど》も　遅速《ちそく》は吾《わ》が心《こころ》に在《あ》り
六轡《りくひ》は吾《わ》が手《て》に応《おう》じ　調和《てうわ》すること瑟琴《しつきん》のごとし
東西《とうざい》と南北《なんぼく》と　山《やま》と林《はやし》とを高下《かうげ》す
惟《た》だ意《い》の適《ゆ》かんと欲《ほつ》する所《ところ》にして　九州《きうしう》周《あまね》く尋《たづ》ぬべし
至《いた》れるかな人《ひと》と馬《うま》と　両楽《りやうらく》相侵《あひをか》さず
伯楽《はくらく》は其《そ》の外《そと》を識《し》るも　徒《た》だ価《あたひ》の千金《せんきん》なるを知《し》る
王良《わうりやう》は其《そ》の性《せい》を得《え》たり　此《こ》の術《じゆつ》固《もと》より已《すで》に深《ふか》し
良馬《りやうば》は善馭《ぜんぎよ》を須《ま》つ　吾《わ》が言《げん》箴《しん》と為《な》すべし

【書き下し文・問題文Ⅱ】

凡《およ》そ御《ぎよ》の貴《たつと》ぶ所《ところ》は、馬体《ばたい》車《くるま》に安《やす》んじ、人心《じんしん》馬《うま》に調《かな》ひ、而《しか》る後《のち》に以《もつ》て進《すす》むこと速《すみ》やかにして遠《とほ》きを致《いた》すべし。今君後《いまきみおく》るれば則《すなは》ち臣《しん》に逮《およ》ばんと欲《ほつ》し、先《さき》んずれば則《すなは》ち臣《しん》に逮《およ》ばれんことを恐《おそ》る。夫《そ》れ道《みち》に誘《すす》めて遠《とほ》きを争《あらそ》ふは、先《さき》んずるに非《あら》ざれば則《すなは》ち後《おく》るるなり。而《しかう》して先後《せんご》の心《こころ》は臣《しん》に在《あ》り。尚《な》ほ何《なに》を以《もつ》て馬《うま》に調《かな》はん。此《こ》れ君《きみ》の後《おく》るる所以《ゆゑん》なり。

【全文解釈・問題文Ⅰ】

私は一日に千里を走る馬（＝駿馬《しゅんめ》）を養っているが
馬の毛なみと骨格がなんとひきしまって美しいことか
速く走れば勢いよく吹く風のようで
白昼に陰も残さない（ほどだ）
ゆっくり走れば大きな道を行くようで
馬が駆ける音は五音を奏でる（ほど心地よい）
馬には四本の足があるが
（馬が駆ける）速度は私の心次第である
馬車を操る手綱は私の手（の加減）に応え
大きな琴と小さな琴が美しく響き合っているかのようだ
東にも西にも南にも北にも（行き）
山や林を上ったり下ったりする
まったく行きたいと思うところに行き
中国全土あらゆるところに尋ねていくことができる
このような境地にまで到達できるものなのか人と馬が
それぞれ楽しんで互いに邪魔をしないことは
良馬を見抜く名人の伯楽は馬の外見をよく察するが
（目の前の馬が）千金に値するのかどうかを見抜けるだけだ
王良は馬の性質をわかっている
王良の馬の御術はもちろんすぐれたものなのだ
名馬にはすぐれた御者が必要だ
私の言葉をいましめとしてもらいたい

【全文解釈・問題文Ⅱ】

そもそも御術で大切にするべきことは、馬の体が車とぴたりと合い、人（＝御者）の心が馬と一つになることで、そうしてはじめて速度を上げて遠くまで行けるのです。あなたは私に後れると追いつくことだけを考え、前に出るといつ追いつかれるかと心配ばかりしていました。そもそも道を進めて遠乗りを競うときは、前に出るのでなければ後れるのです。それなのに前に出ても後れてもあなたの心は私を気にかけてばかりです。(こんなことで)いったいどうして(心が)馬と一つになることができましょうか。これこそあなたが私に後れた理由です。

【設問解説】

問1 語の意味の問題 30 ① 31 ⑤

(ア)「徒」は、名詞として「仲間・ともがら」、形容詞として「むなしい」などの意味があるが、ここの「徒」は直後の動詞「知《ル》」を修飾する副詞の用法であると判断できる。「徒」は、副詞としては「ただ」と読み、「ただ単に〜だけだ」「〜にすぎない」などの意味である。これと同じく限定の意味があるのは、①「只」(ただ)だけである。他の選択肢の副詞の用法を確認してみよう。②「復」は「また」と読んで「再び・もう一度」の意味、④「好」は「よく」と読んで「とても・はなはだ」などの意味、⑤「猶」は「なほ」と読んで「依然として・やはり」などの意味である。③「当」は、副詞的に働くのは再読文字として扱う場合であり、「まさに〜(す)べし」と読んで「当然〜しなければならない」「きっと〜にちがいない」の意味であるが、「徒」は再読文字「当」と同じ意味を持っていないので、正解から除外してよい。したがって、**正解は①**である。

(イ)「固」は、直後の「已《ニ》深《シ》」を修飾していると捉えて、副詞の用法について確かめればよい。「固」は、副詞としては「かたく」と読んで「しっかりと・つよく」などの意味、「もとより」と読んで「もともと・もちろん」などの意味である。ただし、直後の「已」(もうすでに)とのつながりを考えれば、ここの「固」は「もとより」と読む用法だと判断できる。

選択肢の副詞の用法を確認してみよう。①「強」は「しひて」と読んで「極力」「無理に」などの意味、③「必」は「かならず」と読んで「きっと〜だろう」「必ず〜しなければならない」などの意味、④「絶」は「たえて」と読んで「決して・全然」などの意味、あるいは「はなはだ」と読んで「とても・非常に」などの意味、⑤「本」は「もとより」と読んで「もともと」などの意味である。②「難」は、確認するべき副詞の用法は見当たらない。したがって、**正解は⑤**である。

一つ付言しておくと、本問は(ア)「徒」と(イ)「固」について「ここでの意味と、最も近い意味を持つ漢字はどれか」と問うているが、実質的には「ただ」と「もとより」という読み方が問われているのと同じであることにも留意しておこう。

問2 解釈の問題 32 ⑤ 33 ③ 34 ④

(1)「何」については、選択肢を一通り確認すれば、副詞としての意味が問われていると判断できる。「何」の疑問詞や副詞としての用法は、(i)「なんぞ」と読んで「なぜ・どうして」、あるいは「なんと」などの意味、(ii)「なにをか」と読んで「なにを」などの意味、(iii)「いづくにか」と読んで「どこに・どこで」などの意味である。以上を踏まえれば、②

「いつから」、③「どのように」は除外できる。次に(1)「何」を含む「毛骨何《ゾ》蕭森《せうタル》」という一句の意味を考えて正解を決定する。「毛骨」と「蕭森」の（注）も踏まえつつ訳出すると、「馬の毛なみと骨格はどうしてひきしまって美しいのか」、あるいは「馬の毛なみと骨格はなんとひきしまって美しいことか」などとなる。「馬の毛なみと骨格はどこがひきしまって美しいのか」と解釈したのでは、「馬の毛なみと骨格」に「ひきしまって美しい」部分とそうでない部分とがあることになり、句の意味が成り立たない。よって、①「どこが」も不適切と考えてよい。最後に④「どうして」と⑤「なんと」のどちらが適当かを判断するには、【問題文Ⅰ】の続きの句、つまり第三句から第六句を確認すればよい。【本文解説】で指摘したように、第三句「疾駆《はやクはスレバ》如《ク》二奔風《ノ》一　白日《ニ》無《シ》レ留《ムル》レ陰《ヲ》」から第六句「歩驟《ほしうハ》中《あタル》二五音《ニ》一」では、飼い馬の早足と遅足の様子を詠じて称賛しているのだから、第二句は「毛骨何《ゾ》蕭森《タル》」と読んで、疑問文ではなく詠嘆文として「毛なみと骨格がなんとひきしまって美しいことか」と解さなければ文脈が成り立たない。よって、**正解は⑤**である。

(2)「周」は、選択肢を一通り確認すれば、直後の「尋《ヌ》」を修飾する副詞としての意味が問われていると判断できる。「周」は、副詞としては「あまねく」と読んで「隅々までゆきわたって」などの意味である。「周遊」「周知」などの熟語を考えるとわかりやすい。この方向の意味の選択肢は③「あらゆるところに」しかない。したがって、**正解は③**である。(3)

(3)「至《レル》哉」は、詠嘆形を捉えるのがポイントである。「至《レル》哉」を含む第十五句「至《レル》哉人《ト》与レ馬」と第十六句「両楽不二相侵《サ》一」を、二句連続の原則に留意して解釈すれば、「このような境地にまで到達できるものなのか人と馬が　それぞれ楽しんで互いに邪魔をしないことは」とするのが適切である。つまり、「□《(ナル)》哉《かな》△（也《や》）」（□であることよ△は）という詠嘆形を踏まえて考えればよい。「□」＝「至《レル》」、「△」＝「人《ト》与レ馬　両楽不二相侵《サ》一」となるから、波線部(3)「至《レル》哉」は「人と馬」の関係が極めて良好であることを表していることになる。したがって、④「このような境地にまで到達できるものなのか」が最も適当な解釈である。**正解は④**である。

問３　押韻の問題　35　②

空欄 X は第八句の末尾、つまり偶数句末に設けられているから、まず、押韻の知識を問う問題であると捉える。

ところで、【問題文Ⅰ】は古詩であるから、押韻については「一韻到底」（すべて同一の韻を用いること）の場合と「換韻」（途中で韻を換えること）の場合の両方を考えておく必要がある。

では、第二句から偶数句の末字をそれぞれ音読みして韻を確認してみよう。「森」＝「sh-in」、「陰」＝「in」、「音」＝「on」あるいは「in」、「琴」＝「k-in」、「林」＝「r-in」、「尋」＝「j-in」、「侵」＝「sh-in」、「金」＝「k-in」あるいは「k-on」、「深」＝「sh-in」、「箴」＝「sh-in」となる。したがって、【問題文Ⅰ】の詩の押韻は、「-in」という韻による一韻到底であることがわかる。

これを踏まえて、韻が「-in」であるものを選ぶと、②「(b)心」=「sh-in」、③「(c)進」=「sh-in」、⑤「(e)臣」=「sh-in」となる。

次に、傍線部A全体の意味を考慮して、②「(b)心」、③「(c)進」、⑤「(e)臣」のうちから最も適当な字を決定すればよい。傍線部Aを、空欄[X]はそのままにして直訳すると、「馬には四本の足があるが、馬の速いか遅いかは私の[X]にある」となる。空欄[X]に②「(b)心」を入れてみると、傍線部Aの後半は「馬の速いか遅いかは私の[心]にある」となり、【問題文Ⅱ】の二重傍線部(b)の「心」を含む句「人心調《かなヒ》二于馬一」(人の心が馬と一つになる)と対応する意味を成す。③「(c)進」を入れてみると、「馬の速いか遅いかは私の[進むこと]にある」となり、意味が成り立たない。最後に⑤「(e)臣」を入れてみよう。「臣」は「臣下・家来」という意味であるが、主君に対する自己の謙称として「私」という意味で用いられることもある。【問題文Ⅱ】は、すべて「王良」という人物が自分の仕えている趙《ちょう》国の君主「襄主《じょうしゅ》」に答えた発言であるから、そこに含まれる二重傍線部(e)の「臣」は「私」の意味であると解するのが適当である。すると、傍線部Aの後半は「馬の速いか遅いかは私の[私]にある」となり、意味不明となる。したがって、**正解は②**である。

問4 **返り点と書き下し文の問題** [36] ④

傍線部B「惟意所欲適」の訓読でまずポイントとなるのは限定形を捉えることであるが、冒頭の「惟」についてはいずれの選択肢も限定形を形成する語として「惟《た》だ」と読んでいるので、「意所欲適」をどのように訓読すればよいかを考える。ここで注目するべき語は「所」である。現代語と同じく「場所」や「地位」を意味することもあるが、漢文では直後に動詞や動詞句が続くときには「V」から返読して「所《ところ》レV《(スル)》」と読み、「Vすること」「Vするもの」「Vする人」「Vする場所」などの意味を表すことに注意する。ここでは「所」の直後に「欲適」という動詞句が置かれているので、右記の用法の「所」であると判断する。「欲適」には願望形「欲《ほっス》二――一《(セ)ント》」(――したいと思う)が用いられていることにも留意する。「適」については、選択肢では「適《かな》ふ」あるいは「適《ゆ》く」と読んでいるので、「所欲適」は「所レ欲レ適」と返り点をつけて「適《かな》はんと欲する所」、あるいは「適《ゆ》かんと欲する所」と訓読すればよい。ただし、「適《かな》はんと欲する所」と読んでいる選択肢はなく、④は「適《ゆ》かんと欲する所」と読んでいるので、④の書き下し文全体の正誤を確認すればよい。「惟だ意の適《ゆ》かんと欲する所にして」と読んでいるので、「ただ考えが行きたいと思うところであって」と直訳できる。つまり、「まったく行きたいと思うところに行き」と解釈でき、直後の第十四句「九州可《シ》二周《あまねク》尋《ヌ》一」(中国全土あらゆるところに尋ねていくことができる)とも意味がつながる。「所《ところ》レV《(スル)》」の用法では、「V」の主語は「所」の直前に置かれて「S所《ノところ》レV《(スル)》」(SがVすること・もの・場所)となることにも留意したい。以上より、**正解は④**である。

問5　解釈の問題　37　⑤

傍線部Cには**問4**で確認した願望形「欲《ほつス》ニ――《(セ)ント》」（――したいと思う）が用いられていることに加えて、仮定条件・確定条件の句を受ける接続語「則《すなはチ》」にも注意しなければならない。「後」については、直後が接続語「則《チ》」であるから、「のちに」と解したのでは修飾を受ける語句がないので意味が成り立たない。**【問題文Ⅱ】**の3行目に見える「後《おく》る」（後れる）の読みを手がかりにすればよい。「臣」は、**問3**で検討したように一人称の謙称として「私」と解すればよい。難しいのは「逮」の意味である。ここの「逮」は「およぶ」と読んで「及ぶ・届く」などの意味に解するのが適当である。選択肢の②、④、⑤に見える「追いつく」という訳語を手がかりにしたいところである。

以上を踏まえると、傍線部C前半の「今君後則欲レ逮レ臣」は「今君後るれば則ち臣に逮ばんと欲す」と読んで、「もしも我が君は私に後れると追いつきたいと思う」と訳出できる。ここの「今」は後の接続詞「則《チ》」との呼応を考慮して、仮定条件を提示する語として捉えておきたい。また、「君」は、**問3**で確認したように**【問題文Ⅱ】**が臣下である「王良」の主君「襄主」に対する発言であるから、「襄主」を指している。

さて、右で確認した傍線部C前半の「もしも我が君は私に後れると追いつきたいと思う」という訳出と合致する選択肢は、⑤「あなたは私に後れると追いつくことだけを考え、」しかない。そこで、後半の「先則恐レ逮ニ于臣一」も確認してみると、⑤は「前に出るといつ追いつかれるかと心配ばかりしていました」と解釈している。「先んずれば則ち臣に逮ばれんことを恐る」という訓読を踏まえた訳出であり、傍線部全体の意味も成立する。ここの「于」が前置詞のはたらきをする語「於」と同様の用法であることにも注意しておこう。

よって、**正解は⑤**である。

問6　趣旨の問題　38　③

「**【問題文Ⅰ】**と**【問題文Ⅱ】**を踏まえた「『御術』と御者の説明として最も適当なもの」を答える問題であるから、それぞれの選択肢の説明と関連のある記述を双方の問題文の中から探し出し、丁寧に対照して選択肢の説明の正誤を判定すればよい。

①は、説明の前半の「馬を手厚く養うだけでなく、よい馬車を選ぶことも大切」が、本文に見えない内容である。**【問題文Ⅰ】**の第一句「吾有《リ》ニ千里馬《ノ》一」から作者が名馬を飼育していた事実は読み取れるものの、「手厚く養う」に該当する記述や、「よい馬車を選ぶこと」の大切さを述べた記述は、どちらの問題文にも見当たらない。説明の後半の「車の手入れ」についても、どちらの問題文にも記されていない。

②は、説明の前半の「馬車を遠くまで走らせることが大切」が誤った説明である。**【問題文Ⅱ】**の「致《ス》レ遠《キヲ》」や「争《フハ》レ遠《キヲ》」（どちらも**【問題文Ⅱ】**2行目）に「馬の遠乗り」のことは触れられているが、その大切さについては述べられていない。また、説明の後半もまったく誤った説明である。王良

の発言は【問題文Ⅱ】に記されているが、襄主との「馬車の駆け競べ」についての王良の評価や見解が述べられているだけで、馬の鍛錬や飼育については言及がない。

③は、前半の説明の「すぐれた馬を選ぶ」は、【問題文Ⅰ】第十七句「伯楽《ハ》識《シルモ》二其《ノ》外《ヲ》一」と対応する内容であり、「馬と一体となって走ることも大切」は、【問題文Ⅰ】第八句「遅速《ハ》在《リ》二吾《ガ》心《ニ》一」（馬が駆ける速度は私の心次第である）や【問題文Ⅱ】冒頭の「御之所《ハ》レ貴《ブ》、馬体安《ンジ》二于車《ニ》一、人心調《かなヒ》二于馬《ニ》一」（御術で大切にするべきことは、馬の体が車とぴたりと合い、人の心が馬と一つになることで）の説明であると判断できる。説明の後半は、【問題文Ⅱ】末尾近くの「先後《ノ》心《ハ》在《リ》二于臣《ニ》一。尚《ホ》何《ヲ》以《テ》調《ハン》二於馬《ニ》一」（前に出ても後れてもあなたの心は私を気にかけてばかりです。いったいどうして〔心が〕馬と一つになることができましょうか）の言い換えである。

④は、説明の前半の「馬を厳しく育て、巧みな駆け引きを会得することが大切」は、どちらの問題文にも記述されていない内容である。説明の後半の「常に勝負の場を意識しながら馬を育てなければ」という王良についての説明も、【問題文Ⅱ】にまったく言及がない内容である。王良は馬の飼育について述べていない。

⑤は、説明の前半の「山と林を駆けまわって手綱さばきを磨くことも大切」が誤った説明である。【問題文Ⅰ】第十二句「高下《ス》山《ト》与《ヲ》レ林」に「山と林を駆けまわ」ることは記されているが、「手綱さばきを磨くこと」についてはどちらの問題文にも言及がない。説明の後半も説明として不適切である。

【問題文Ⅱ】には、襄主が「型通りの練習をおこな」ったことについては、記されていない。

以上の検討より、正解は③であると判定できる。

2020
本試験

国　語

（2020年１月実施）

受験者数　498,200

平 均 点　　119.33

国　語

解答・採点基準

（200点満点）

問題番号(配点)	設問	解答番号	正解	配点	自己採点
第1問 (50)	問1	1	⑤	2	
		2	①	2	
		3	①	2	
		4	④	2	
		5	⑤	2	
	問2	6	②	8	
	問3	7	③	8	
	問4	8	②	8	
	問5	9	②	8	
	問6	10	①	4	
		11	④	4	
第1問　自己採点小計					
第2問 (50)	問1	12	①	3	
		13	①	3	
		14	④	3	
	問2	15	④	7	
	問3	16	②	8	
	問4	17	⑤	8	
	問5	18	②	8	
	問6	19	③ ※	5	
		20	⑥ ※	5	
第2問　自己採点小計					
第3問 (50)	問1	21	③	5	
		22	②	5	
		23	④	5	
	問2	24	①	6	
	問3	25	③	7	
	問4	26	⑤	7	
	問5	27	②	7	
	問6	28	⑤	8	
第3問　自己採点小計					
第4問 (50)	問1	29	⑤	4	
		30	③	4	
	問2	31	②	8	
	問3	32	②	8	
	問4	33	①	8	
	問5	34	⑤	9	
	問6	35	④	9	
第4問　自己採点小計					
自己採点合計					

※の正解は順序を問わない。

第1問　現代文（評論）

【出典】

河野哲也『境界の現象学』（筑摩選書、二〇一四年）の一節。

河野哲也（こうの・てつや）は、一九六三年生まれの哲学者。慶應義塾大学大学院文学研究科博士課程修了。専門は、心の哲学・応用倫理学。著書に、『メルロ＝ポンティの意味論』、『善悪は実在するか　アフォーダンスの倫理学』、『意識は実在しない』、『人は語り続けるとき、考えていない　対話と思考の哲学』などがある。

【本文解説】

本文は、環境の変化に適応する能力という意味のレジリエンスという概念を紹介し、その概念がさまざまな分野、とりわけ福祉の分野で取り入れられていることを述べた文章であるが、大きく三つに分けて、それぞれの内容を確認していこう。

Ⅰ　レジリエンスという概念（第1段落〜第3段落）

近年さまざまな領域で注目されている、レジリエンスという概念がある。「撹乱を吸収し、基本的な機能と構造を保持し続けるシステムの能力」を意味する概念である。これを、環境システムの専門家であるウォーカーは、波風が激しい大洋を航海しているヨットの中でも、水が運べるようなバランスをとる能力にたとえている。（第1段落〜第3段落）

Ⅱ　レジリエンスという概念の独自性と、それが用いられる分野の広がり（第4段落〜第6段落）

レジリエンスとは、もともと物性科学において「物質が元の形状に戻る『弾性』のこと」を意味していたが、一九六〇年代になると、生態学や自然保護運動においても、「環境の変化に対して動的に応じていく適応能力」という意味で使われるようになった。（第4段落）

レジリエンスと類似した意味をもつ言葉として、回復力（復元力）およびサステナビリティがある。意味内容が類似しているとしても、レジリエンスとこうした二つの概念との微妙な意味の違いは重要である。回復とは、ある基準に戻ることを意味するが、レジリエンスとは、ある種の均衡状態に到達するための性質ではなく、発展成長する動的過程を促進するための性質である。また、サステナビリティの意味に基づき「サステナブルな自然」という場合には、生態系のなかに唯一の均衡点があるように想定されている。だが、レジリエンスには、あるべき姿などなく、適度の失敗が含意されており、なんらかのマイナス状態を自己の更新の機会として、動的に適応していく性質のことをいっている。（第5段落・第6段落）

Ⅲ　福祉の分野におけるレジリエンスの概念の重要性（第7段落〜第14段落）

さらに一九八〇年代になると、レジリエンスの概念は、心理学や精神医学およびソーシャルワークと教育の分野においても重視されることになった。そこでは、さまざまな困難に対して自分自身を維持する抵抗力や、不運から立ち直る個人の心理的な回復力としての意味をもつようになった。たとえばソーシャルワークの分野では、次のような変化が生じた。従来の医学中心的な視点では、患者の問題を専門家がどう除去するのかと考えられ、患者を治療する専門家がケアの方針を決定していた。だが、レジリエンスという概念に注目すると、患者の自発性や潜在能力に着目し、患者が中心になるように援助や支援を行うというように、ケアの方針が変更されることになる。フレイザーの考えるソーシャルワークの特徴は、人間とその社会環境の一方だけに重心を置くのではなく、両者の相互作用に働きかけることにある。依頼者への支援は、本人のレジリエンスの能力が生かせるように環境を構築することに焦点が置かれる。たとえば、支援の対象が子どもの場合、特定の方向性を示すと身につける能力が限定されてしまうので、子どもの潜在性に着目し、環境が変化しても対応できるように、能力を開発すべきだという考え方になる。（第7段落～第9段落）

こうした分野において取り入れられている、レジリエンスという概念にとって、「脆弱性」ということが重要になる。というのも、回復力の不十分さを意味する脆弱性は、レジリエンスと正反対の性質のように考えられるが、環境の不規則な変化や悪化についてのセンサーともなりうるからである。たとえば、災害に対応しうる施設を作る際に、こうしたセンサーの働きを取り入れ、障害者や高齢者や妊婦などが避難しやすいものにすることが、最善の策となるだろう。（第10段落）

さらに、近年の工学の分野においては、レジリエンスが、複雑な現実世界において、環境の変化に対して自らが変化して対応する柔軟性に近い性能として、取り入れられている。（第11段落）

このようにさまざまな分野に広がっていく、レジリエンスという概念は、複雑なシステムが、変化する環境のなかで自己を維持するために、環境との相互作用を連続的に変化させながら、環境に柔軟に適応していく過程を意味しているところに特徴がある。（第12段落）

福祉とは、人間的な生活を送る上で、その人が必要なものを満たすことである。とはいえ、人がニーズを満たす際に大切なことがある。それは、他者から一方的に与えられるだけではなく、自身で能動的にニーズを充足する力をもつことである。そうでなければ、常に他者に依存することになり、自律的な生活を継続的に送れなくなるからである。だとすれば、自己のニーズを満たせなくなった人に対する福祉の課題は、一方的な援助ではなく、変転する世界における柔軟な適応力すなわちレジリエンスをもてるようにすることである。したがって、人が何らかの原因で脆弱になっている際に、ケアする側がなすべきことは、変化する環境に対応しながら自己のニーズを充足しうる力を獲得できるように本人を支援することとなるだろう。このようにして、環境の変化に対する適応力・回復力としてのレジリエンスという概念は、福祉の最小基準になりうるのである。（第13段落・第14段落）

【設問解説】

問1　漢字の知識を問う問題　[1] ⑤　[2] ①　[3] ①

4 ④ 5 ⑤

(ア)は、〈物事がはかどるように、促し進めること〉という意味で、「促進」。①は、〈共通の目的をもつ者が団結すること〉という意味の「結束」。②は、〈目分量で大まかに測ること〉という意味の「目測」。③は、〈とらえること〉という意味で、「捕捉」。④は「自足」。「自給自足」で〈自分が必要なものを、他からは求めずに、自分で生産すること〉という意味。⑤は、「催促」で、⑤が正解。

(イ)は、「健康」。①は、〈世の中がしばらく無事であること。あるいは、病気が何とか治まっていること〉という意味の「小康」で、①が正解。②は、「候補」。③は、〈役目や職についている人がかわること。また、かえること〉という意味の「更迭」。④は、「甲乙」。「甲乙つけがたい」で、〈二つのもののどちらが優れているかを決めるのが難しい〉という意味。⑤は、「技巧」。

(ウ)は、〈法や何らかの規定に基づいて、行使できる範囲〉という意味で、「権限」。①は、「棄権」で、①が正解。②は、「堅固」。③は、〈疑わしいこと。あるいは、そう思われること〉という意味で、「嫌疑」。④は、「検証」。⑤は、「勢力圏」。

(エ)は、「偏って」。①は、「編集」。②は、〈広く各地を巡ること〉という意味で「遍歴」。③は、「返却」。④は、「偏差値」で、④が正解。⑤は、「変調」。

(オ)は、〈体が丈夫で、健康なこと〉という意味で「頑健」。①は、「対岸」。②は、〈大切なところ。主要な点〉という意味で、「主眼」。③は、「岩盤」。④は、「祈願」。⑤は、〈頑固で屈せず強いこと〉という意味の「頑強」で、⑤が正解。

問2 レジリエンスと類似する意味をもつ言葉との違いを説明する問題 6 ②

まず、傍線部の「そこにある」という指示表現と、「微妙な違い」という表現に注意し、傍線部を含む一文が述べている内容を押さえていこう。その一文には、以下のことが述べられている。

レジリエンスの概念と回復力（復元力）およびサステナビリティという言葉は、類似的な意味をもつ。しかし、レジリエンスと他の二つの言葉との間、すなわち「そこ」には、似ているとはいえ「微妙な意味の違い」があり、その違いに着目すべきである。

以上から、傍線部のいう「意味の違い」とは、レジリエンスと他の二つの言葉との間の「意味の違い」だと押さえられる。レジリエンスについては、「環境の変化に対して動的に応じていく適応能力」（第4段落）、「絶えず変化する環境に合わせて流動的に自らの姿を変更しつつ、それでも目的を達成する」（第5段落）とある。そして、回復力（復元力）については、「あるベースラインや基準に戻ることを意味する」（第5段落）、サステナビリティについては、「サステナブルな自然」という場合は「唯一の均衡点が生態系のなかにあるかのように期待されている」（第6段落）とある。以上を整理すると、

a レジリエンスとは、環境の変化に対して動的に応じて

いく適応能力を意味する

b　回復力（復元力）もサステナビリティも、戻るべき基準（ベースライン）や均衡点（均衡状態）を期待するという意味がある

となる。こうしたa・bに合致している**②が正解**。

①は、「回復力やサステナビリティには基準となるベースラインが存在しない」がbに合致しない。また、「レジリエンスは……本来の形状に戻る」がaに合致しない。

③は、「回復力やサステナビリティは環境の変動に応じて自己を更新し続ける」がbに合致しない。

④では、「回復力やサステナビリティは生態系の中で均衡を維持する自然を想定する」とある。だが「サステナビリティ」にはそうした自然を想定する意味合いはあるが、「回復力」には自然に関する限定的な意味合いはない。また同様に、「レジリエンスは……自然を捉える」も、自然に限定している点でaに合致しない。

⑤について。aにあるように、レジリエンスすなわち適応能力とは、目的を果たすために環境の変化に対して動的に応じていく能力であり、「自己を動的な状態に置いておくこと自体を目的とする」ことではない。

問3　レジリエンスにとって脆弱性が重要な意味をもつことについて説明する問題　7　③

傍線部の「ここで」とは、第9段落で述べられている、フレイザーのソーシャルワークにおける考え方のことである。ソーシャルワークでの人に対する支援に関して、人と環境との相互作用を通じて、本人のもつ適応能力が生かせる環境を構築することに焦点を置くべきだ、と述べられている。

以上のことは、

a　最近のソーシャルワークの考え方においては、被支援者（クライエント）の適応能力を生かすように環境を構築することに焦点が置かれている

とまとめられる。

ではこうした考え方において、回復力の不十分性を意味する「脆弱性」が、なぜ重要な意味をもつのだろうか。傍線部以降では、脆弱性の積極的な価値として、「変化や刺激に対する敏感さを意味しており、……環境の不規則な変化や撹乱、悪化にいち早く気づける」センサーのようなものであることが述べられている。そして、「災害に対して対応力に富む施設・建築物」を考えるときに、配慮すべき人々が利用しやすくなるように作ることが「最善の策」であると述べられている。こうした内容は、

b　脆弱性とは、環境の変化にいち早く気づけるセンサーとして働く

c　（bは）災害などのときに対応力に富む施設や設備を作る際に検討すべき重要な役割を果たす

となる。こうした内容を含んでいる**③が正解**。

①は、「脆弱性は、被支援者が支援者にどれだけ依存して

いるかを測る尺度」がbに合致しない。

②は、「環境に対する抵抗力の弱い人々を支援する」がaに合致しない。また、「脆弱性は、変化の起こりにくい環境に変化を起こす刺激として働く」がbに合致しない。

④は、「均衡状態へと戻るための重要な役割を果たす」が、cとは無関係な内容。

⑤は、「人と環境の復元力を保てるように支援を行う」がaとはズレている。また、「脆弱性は、人の回復力が不十分な状態にあることを示す尺度となる」が、bと合致しない。

問4　**レジリエンスが福祉の最小の基準になることを説明する問題**　[8]　②

傍線部の「それ」とは、レジリエンスすなわち、〈変化する環境のなかで自己を維持するために、環境との相互作用において柔軟に適応していくための回復力〉を指している。したがって、傍線部の大意は〈回復力としてのレジリエンスは、福祉におけるミニマルな（＝最小限の）基準として提案できる〉となる。そして、なぜ福祉においてそうした提案ができるのかに関しては、傍線部直後の「すなわち」以降の内容に示されている。福祉とは、人間的生活を送る上で必要なものすなわちニーズを充足させるものである。そして、人間が変転する世界のなかで生きていく上で、変化に応じるための柔軟な適応力をもてるようにすることが、そうした福祉の目的だとされている。こうした点を踏まえ、本文末尾では、「ケアする者がなすべきは、さまざまに変化する環境に対応しながら自分のニーズを満たせる力を獲得してもらうように、本人を支援することである」とまとめられている。以上の内容を整理すると、

a　レジリエンスすなわち、変化する環境に適応できる能力が福祉において重要な概念となる

b　福祉の目的は、人間的な生活に必要なものを充足させることである

c　bのためには、aを最小限の基準とすべきである

d　ケア（＝支援）する人は、cになるように支援（＝補助）することが求められる

となるだろう。こうした内容を含んでいる**②が正解**。

他の選択肢は、いずれも、「福祉における最小の基準」が本文の内容（a〜c）に合致していないだけではなく、「支援者」が求められていることがらも本文の内容（d）と合致しない。

問5　**生徒同士の会話における空欄を本文の趣旨に基づいて補う問題**　[9]　②

本文では、「環境の変化に対して動的に応じていく適応能力」（第4段落）という意味の概念、レジリエンスがさまざまな分野において導入されていることが述べられている。さらに、フレイザーの考えに即して、ソーシャルワークは、「人間と社会環境のどちらかではなく、その間の相互作用に働きかける」（第9段落）ものだということが述べられてい

る。こうした本文の趣旨を踏まえて、三人の生徒が話し合っており、生徒Cの「『発展成長する動的過程』ともあるよ。こういう表現は何だか私たちのような高校生に向けられているみたいだね」という発言を「たしかにね」と受けた生徒Aの発言が空欄になっている。

そこで、空欄に入る内容としては

a 環境の変化に対して、相互作用を介して発展成長しながら動的に応じていく適応能力、という内容が踏まえられていること

b 高校生活における出来事に対応していること

という条件を満たしている発言を選べばよい。こうした条件に合致している**②が正解**。「新チーム」において「部長を引き継いだ」ことが〈環境の変化〉であり、「話し合って現状に合うように工夫したら、目標に向けてまとまりが出てきた」が〈相互作用を介して動的に応じていく適応能力〉に対応している。

①は、「休まず練習を積み重ねたからこそ、最後には地区大会で優勝できた」が、自己自身の努力を強調しており、環境との相互作用を介しての動的な過程というaの内容に合致しない。

③は、「自由な発想を活かしていくことが大切」および「個性が伸ばされていく」がレジリエンスの概念（a）とは合致しない。

④は、「将来のニーズを今から予想していろんなことを学んでおくのが重要」が、レジリエンスの概念（a）と合致しない。

⑤は、授業中と休み時間との切り替えが、aの「発展成長」に合致しない。

問6 10 ①　**この文章の表現と構成に関する説明問題**
11 ④

(i)　**本文の表現について説明する問題**

選択肢を順番に検討していこう。

①について。第2段落の最初の文は、停泊中のヨットの中を仮定しており、第2文は荒れた海を航海するヨットの中を仮定しており、いずれも具体的な状況を思い浮かべやすいので、この説明は適切である。したがって、**①が正解**。

②について。「ここで言う」直後のレジリエンスについての説明は、もともとは物性科学における「弾性」を、「生態学や自然保護運動の文脈」に即して用いたものであり、「筆者が独自に規定した意味」ではないので、説明としては不適切である。

③について。ここでの「といったときには」の働きは、サステナビリティという言葉の意味を考える際に、「サステナブルな自然」という用いられ方をする場合を例として示しているだけで、「本来好ましくないが……筆者の態度を示す」といった働きなどない。なお、本文では直後の文に「本来」という語があるので多少迷ったかもしれない。だが、「唯一の均衡点が生態系のなかにあるかのように期待」するといっ

た自然の捉え方は、「自然のシステムの本来の姿とは合わない」という文脈で用いられており、「直前の表現は本来好ましくない」といった文脈で用いられているわけではない。したがって、説明としては不適切である。

④について。ここでの「あるとされ」は、〈～であると言われている〉あるいは〈～であると考えられている〉といった意味合いで用いられており、敬意を示しているわけではないので、説明としては不適切である。

(ii)　**本文の構成について説明する問題**

選択肢を順番に検討していこう。

①について。第2段落はウォーカーのたとえの引用であり、それを受けての第3段落では、筆者なりにレジリエンスの意味をより明確にしているので、「筆者の言葉で意味を明確にしてこの概念を導入している」というのは、説明として適切である。

②について。「3段落までに導入したレジリエンスという概念」を前提にして、第5段落・第6段落でレジリエンスと類似する他の概念との違いを説明しているので、説明として適切である。

③について。第4段落では六〇年代、第7段落では八〇年代、第11段落では以上を受けた近年のことが述べられており、レジリエンスの導入がさまざまな領域において拡大されていることが述べられている。したがって、この説明は適切である。

④について。第13段落では、ケアにおけるレジリエンスの意義が述べられている。ゆえに、この概念を「筆者の立場から反論している」というのは、本文の内容と矛盾しており、説明としては適切ではない。したがって、**④が正解**。

第2問　現代文（小説）

【出典】

原民喜の小説「翳」の一節。

原民喜（はら・たみき）（一九〇五年—一九五一年）は、日本の詩人、小説家。広島県生まれ。

広島で被爆した体験を、詩「原爆小景」や小説「夏の花」等の作品に残したことで有名である。

【本文解説】

今年は付されなかったが、リード文が付された場合は、本文や選択肢の理解のヒントになることがあるため、読み落としのないようにしよう。

小説は評論以上に主観的な読みに陥りがちだが、選択肢を正確に吟味するためには、書かれている表現にこだわる姿勢を忘れないように。

本文は、空行を挟んで大きく二つの部分に分かれている。Ⅰ魚芳（川瀬成吉）についての思い出を描いた場面、Ⅱその父の川瀬丈吉からの手紙を読んで抱いた「私」の感慨を描いた場面、である。順次その内容を確認していこう。

Ⅰ　生前の魚芳（川瀬成吉）の思い出（冒頭～82行目）

「私は一九四四年の秋に妻を喪った」（1行目）。その死を少数の知己や、「妻の死を知って、ほんとうに悲しみを頒ってくれるだろうとおもえた」（5行目）満洲にいる魚芳（川瀬成吉）にも葉書を出していたが「何の返事もなかった」（5・6行目）。妻の四十九日を終え、敗戦が近い「私」の周囲では「妻の義兄が台湾沖で沈んだ」（8行目）り、空襲警報のサイレンが「もう頻々と鳴り唸っていた」（8行目）りしていた。そうした「暗い、望みのない明け暮れにも、私は凝と蹲ったまま、妻と一緒にすごした月日を回想することが多かった」（傍線部**A**）。その年の暮れに川瀬成吉の父・丈吉からの封書が届く。そこにはあの川瀬成吉が「妻より五ヵ月前に既にこの世を去っていた」（12行目）ことが記されていた。

「私がはじめて魚芳（という魚屋の小僧である川瀬成吉）を見たのは十二年前」（13行目）のこと。そして「私がほんとうに魚芳の小僧を見たのは、それから一年後のこと」（18行目）。そしてかすかに関心を持つようになったのはさらに「もう一年は隔っていた」（26行目）。その頃には「日華事変」も始まり普段の日常も少しずつ変わっていく。「私」の家の台所の前には空き地があり、「そこへ毎日、八百屋、魚芳をはじめ、いろんな御用聞がやって来る」（36行目）。「私」の書斎からもそこでの「御用聞と妻との話すことは手にとるように聞える」（37行目）。ある日も、米屋の小僧と魚芳と妻の三人が台所で談笑していた。話題は教練（軍事上の訓練）に移り、魚芳たちは二人とも来年入営するらしく、「兵隊の姿勢を身につけようとして陽気に騒ぎ合っているのだ。その恰好がおかしいので私の妻は笑いこけていた」（41・42行目）。しかし一方で「（妻の心には）何か笑いきれないものが、目に見えないところに残されているようでもあった」（傍線部**B**）。それを示すように、台所に来ていた御用聞のうち、八百屋が兵士として召集され、次に雑貨屋の小僧が、そして豆腐屋の若衆が戦地へと向かっていった。「目に見えない憂鬱の影はだんだん濃くなっていたようだ」(45行目)。そうした中で魚芳が相変わらず元気に働き、「夕方になると台所に彼の弾んだ声がきこえるのだった」(54行目)。この頃が彼にとっては「一番愉しかった時代」(55行目)だったのかもしれない。

翌年春、魚芳は入営し満洲へと渡る。その年の秋から妻は発病し療養生活に入る。妻の病気は二年三年と長引いたが、その間にも妻は魚芳と連絡を取り合っていた。そのうち彼から除隊になった挨拶状が届いた。その翌年、「台所の裏口へ軍服姿の川瀬成吉がふらりと現れた」(66・67行目)。「久振りではあるし、私も頻りに上ってゆっくりして行けとすすめた」(67・68行目)が、「彼はかしこまったまま、台所のところの閾から一歩も内へ這入ろうとしない」(傍線部C)。それは「台所の閾から奥へは遠慮して這入ろうともしない魚芳」(89行目)の御用聞としての態度の現れだろう。それから、彼は間もなく満洲に行き、二三ヵ月後には吏員に就職したらしい。一度、妻と手紙のやり取りがあったが、その後満洲の方からは音沙汰がなかった。

Ⅱ　川瀬丈吉からの手紙を読んで抱いた「私」の感慨(84行目〜最終行)

川瀬成吉の父・丈吉の手紙からすると、魚芳は満洲で病み、五月に帰郷したが、一週間後には永眠したとのことであった。その手紙に触発されて、「あんな気性では皆から可愛がられるだろうと、よく妻は云っていた」(87行目)こと、「善良なだけに、彼は周囲から過重な仕事を押つけられ、悪い環境や機構の中を堪え忍んで」(87・88行目)だのではないか、「遂に病軀をかかえ、とぼとぼと遠国から帰って来る男。……ぎりぎりのところまで堪えて、郷里に死にに還った男」(90・91行目)などと「私」は彼のことをあれこれ思い出す。そして、その彼の姿と、終戦後、汽車の中で見かけた「郷里にただ死にに帰って行くらしい疲れはてた青年の姿」(92行目)を「私」は重ねて見てしまう。

【設問解説】

問1　語句の意味を問う問題　12 ①　13 ①　14 ④

(ア)の「興じ合っている」の「合っている」から〈互いに〉〈それぞれが〉〈相手とともに〉といった要素は必要であるが、「興じる」が〈興味を持って面白く過ごす〉を意味するため、**正解は①**。他の選択肢はそうした意味を含まないので、間違い。

(イ)の「重宝がられる」に含まれる「重宝がる」は、〈役に立つものとして喜んで使う・便利だとしてよく使う〉を意味する。したがって**正解は①**。②は「親しみを込めて」、④は「思いのままに」が余計。他の選択肢はそうした意味を含まないので、間違い。

(ウ)の「晴れがましく」は、〈堂々と晴れやかである・晴れやかで誇らしげである〉を意味する。したがって**正解は④**。他の選択肢はそうした意味を含まないので、間違い。

問2 戦争末期の中で亡き妻を思う夫の心境を説明する問題

15 ④

傍線部の指示語「そうした」に着目すれば「暗い、望みのない明け暮れ」とは〈輸送船の船長をしていた妻の義兄が台湾沖で沈んだり、空襲警報のサイレンが頻繁に鳴ったりするように戦局が悪化している状況のこと〉であるとわかる。また、傍線部の後半部は〈そうした状況下でも、「私」が亡き妻との思い出に浸ることが多かったこと〉だと理解できる。こうした内容がおさえられている④が正解。

①について。傍線部に「私は凝と蹲ったまま」とあることから「恐怖にかられ」「妻との思い出に逃避し」ているとするのは言い過ぎであろう。

②について。「やがて妻との生活も思い出せなくなる」とする根拠が本文にない。

③について。傍線部は「妻と一緒にすごした月日を回想することが多かった」とまだ「私」は過去に目を向けているのだから「生活への意欲を取り戻そう」という未来を目指す在り方はおかしい。

⑤について。傍線部は「妻と一緒にすごした月日を回想することが多かった」と妻のことで頭が一杯なのだから「かつての交友関係にこだわり続け」るのはおかしい。

問3 「私」が推測した妻の心情を説明する問題 16 ②

傍線部直前の接続語の「だが」に着目しよう。妻は御用聞たちの恰好に笑いこけていたが、そこに「笑いきれないもの」を感じていたのである。その内容を傍線部の前後の文章から考えてみよう。

「日華事変」も始まり普段の生活が変わっていく。「私」の家の台所の前には空き地があり、「そこへ毎日、八百屋、魚芳をはじめ、いろんな御用聞がやって来る」(36行目)。「私」の書斎からもそこでの「御用聞と妻との話すことは手にとるように聞える」(37行目)。ある日も、米屋の小僧と魚芳と妻の三人が台所で談笑していた。話題は教練(軍事上の訓練)に移り、魚芳たちは二人とも来年入営するらしく、「兵隊の姿勢を身につけようとして陽気に騒ぎ合っているのだ。その恰好がおかしいので私の妻は笑いこけていた」(41・42行目)。しかし一方で「(妻の心には)何か笑いきれないものが、目に見えないところに残されているようでもあった」(傍線部)。それを示すように、台所に来ていた御用聞のうち、八百屋が兵士として召集され、次に雑貨屋の小僧が、そして豆腐屋の若衆が戦地へと向かっていった。「目に見えない憂鬱の影はだんだん濃くなっていたようだ」(45行目)。こうした「私」の表現から、彼らの面白い恰好も、自分の仕事を止めて戦場に行くことにつながっていると妻が思ったと「私」は推測する。こうした内容がおさえられている②が正解。

①について。「気のはやりがあらわで、そうした態度で軍務につくならば、彼らは生きて帰れない」がおかしい。これでは御用聞たちが軽い調子なので生還できないことになるが、そうしたことは本文に一切述べられていない。

③について。徴兵されても除隊されることもあるのだから、

「商売人として一人前になれなかった」とは言い切れない。

④について。「『になえつつ』の姿勢すらうまくできていない」とは本文からは言えない。

⑤について。「そのふざけ方がやや度を越している」ことではなく、彼らが戦場に行くことに妻が不安を感じているのである。

問4　魚芳（川瀬成吉）が「私達」に対してとった態度を説明する問題　17　⑤

傍線部の前後の文脈を確認しておく。入営し満洲に渡った川瀬成吉から除隊になった旨の挨拶状が届く。その翌年、「台所の裏口へ軍服姿の川瀬成吉がふらりと現れた」（66・67行目）。「彼はきちんと立ったまま、ニコニコしていた」（67行目）。「久振りではあるし、私も頻りに上ってゆっくりして行けとすすめた」（67・68行目）のだが、「彼はかしこまったまま、台所のところの閾から一歩も内へ這入ろうとしない」（傍線部）。この彼の態度を「私」は、「台所の閾から奥へは遠慮して這入ろうともしない魚芳」（89行目）の御用聞としての態度の現れだと理解していた。こうした内容がまとめられている⑤が正解。

①について。「連絡せずに」人の家を訪問することが「兵長にふさわしくない行動」なのかが本文から読み取れない。

②について。「勤め先に向かう途中に立ち寄ったので」では〈急いでいるから〉という意味しか読み取れず「遠慮して這入ろうともしない」（89行目）という表現と適合しない。

③について。「すぐに訪れなかったことに対する後ろめたさ」が傍線部直前の「彼はきちんと立ったまま、ニコニコしていた」という表現と適合しない。

④について。川瀬成吉が「病状が悪化している『妻』の姿を目の当たりにして驚」いたのかどうかは本文からは不明である。

問5　本文中に登場する「私」や「妻」あての手紙を読むことで変化する「私」の感情を説明する問題　18　②

順次、確認していこう。

①について。「紋切型の文面からごく少数の知己とでさえ、妻の死の悲しみを共有しえないことを知った」がおかしい。「紋切型の悔み状であっても、それにはそれでまた喪にいるものの心を鎮めてくれるものがあった」（2・3行目）と矛盾する。

②について。84行目から最終行までで述べられている、〈川瀬丈吉の手紙に触発されて、「私」は今は亡き川瀬成吉のことをあれこれ思い出し、その彼の姿と、終戦後汽車の中で見かけた郷里にただ死にに帰って行くらしい疲れはてた青年の姿を重ねて見てしまう〉という内容と対応している。したがって②が正解。

③について。「きっと魚芳はみんなに可愛がられているに違いない。炊事も出来るし、あの気性では誰からも重宝がられるだろう、と妻は時折噂をした」（59・60行目）とあることと「すぐに赴任先が変わったので、周囲に溶け込めず立場

が悪くなったのではないかと心配になった」という表現が矛盾している。

④について。「千葉に戻って魚屋で働くことを楽しみにしているから帰ったらよろしくお願いするとあった」がおかしい。手紙の中に「魚屋で働くことを楽しみにしているから」という内容は書かれていない。また、「楽天的な傾向が魚芳たちの世代に浸透している」という点も本文からは読み取れない。

⑤について。「他人事のように語る返事」がおかしい。「大根一本が五十銭、内地の暮しは何のことやらわかりません。おそろしいことですね」（80行目）とはっきり内地の苦労に共感していることが書かれている。

問6　この文章の表現に関して適当でないものを選ぶ問題

[19]・[20]　③・⑥

順次、確認していこう。

①について。「満洲にいる魚芳へも端書を差出して」（1行目）とあることから1行目の「魚芳」は川瀬成吉を指しているとわかる。また「私がほんとうに魚芳の小僧を見た」（18行目）とあることから18行目の「魚芳」は魚屋の名前だとわかる。ここから川瀬成吉が魚芳の名で呼ばれていることが推測できる。したがって、これは適当である。

②について。本文では要所に時が示されている。しかも1行目は「一九四四年」、13行目は「十二年前」と時を遡り、また「終戦後」（92行目）とあって時を下っていることから、「いくつかの時点を行き来しつつ記述している」こともわかる。したがって、これも適当である。

③について。「　」の中の表現がすべて擬態語であるとは言えても、「遂に病軀をかかえ、とぼとぼと遠国から帰って来る男」（90行目）の「とぼとぼ」という表現に「ユーモラス」は読み取れない。したがって**③が一つ目の正解**。

④について。犬や鴨のエピソードはすべて魚芳の川瀬成吉に関わるものであり、しかも彼の人柄がよくわかるものである。したがって、これは適当である。

⑤について。「南風が吹き荒んでものを考えるには明るすぎる、散漫な午後」（38行目）を見れば、「午後」を修飾し、しかも考える（＝思索する）ことに適さないこともわかる。したがって、これも適当である。

⑥について。「　」の中の表現がすべて妻の病状に言及していることは確かだが、だからと言って「『私』の生活が次第に厳しくなっていった」ことまではわからない。したがって**⑥が二つ目の正解**。

第3問　古文

【出典】

『小夜衣』

成立年代　鎌倉時代

ジャンル　擬古物語

作者　未詳

内容　母を亡くし、母方の祖母にあたる尼上に養われて山里で暮らす按察使《あぜち》大納言の姫君は、兵部卿宮《ひょうぶきょうのみや》（問題文では「宮」）と恋仲になる。しかし、異母妹《いぼまい》が入《じゅ》内《だい》する際に、その後見として宮中に入り、宮とは会えなくなってしまう。さらに帝に見初められて求愛されるが、それを知って、異母妹の実母である大納言の北の方が、自らの乳母子《めのとご》に姫君を誘拐させた。宮も帝も姫君の失踪を嘆くが、やがて姫君の居場所を知った大納言が姫君を救出し、北の方を離縁する。姫君は宮の邸《やしき》に迎えられ、歳月を経て宮が帝位に即《つ》くと中宮となり、栄えた。

　本文は、物語のはじめの方で、山里の姫君に関心を抱いた宮が、その近所に住む自らの乳母を訪ねる途中、尼上の姪《めい》で、ちょうど尼上を見舞っていた宰相という女房を頼って、尼上と姫君が暮らす庵を訪ねた場面である。

【全文解釈】

（宮が）「ここはどこだ」と、お供の人々に問いなさると、（宮のお供の者が）「雲林院と申す所です」と申し上げるので、（宮はそれを）聞いて気に掛けなさって、宰相が通う（尼上の）所だろうかと、（また）この頃は（宰相は）ここに（いる）と聞いたが、（その庵は）どこだろうと、知りたくお思いになって、お車をとめて（車の）外をご覧になったところ、どこ（に咲いている卯の花）も同じ卯の花とはいうものの、（古歌に）垣根続き（と詠まれた様子でここに卯の花が咲いているのを見るの）も卯の花の名所である玉川を見るような心地がして、（ここならば）ほととぎすのこの夏初めての鳴き声も（なかなか聞こえないと）心をすり減らさずにすむあたりであろうかと、おのずと心惹《ひ》かれるようにお思いになって、夕暮れの頃であるから、静かに葦の垣根の隙間から、格子戸などが見えるのをのぞきなさると、こちら側は仏間のように見受けられて、閼伽棚《あかだな》も質素で、妻戸や格子戸なども押し広げて、樒《しきみ》の花が青々と散って、（誰かが）花をお供えするというので、（花器が）からからと音を立てる様子も、この（仏事の）方面の行いも、現世においても無益ではなく、来世はまたとても頼もしいことだよ。（宮も）この（仏事の）方面は心にとどまっていることであるから、（この庵の信心深い暮らしぶりは）うらやましくご覧になった。思うに任せない人生で、このようにしても住みたいと、お目がとまってついご覧になっていると、子どもの（召使いの）姿も大勢見える中に、あの宰相のもとにいる子ども（の召使い）もいるのは、（尼上の庵は）ここだろうか、と思いなさるので、お供である兵衛督という者をお呼びになって、「宰相の君（のいらっしゃる所は）はここでしょうか」と、（宰相と）対面したいという旨を申し上げなさった。（宰相は）驚いて、「どうしましょう。宮が、ここまでわざわざ訪ねていらっしゃったのだ。畏れ多いことです」と言って、急いで（応接に）出た。仏のそばの南側の部屋に、お席などを整えて、（宮を）お入れする。

（宮が）ほほえみなさって、「この近くを訪問し申し上げたところ、（あなたが）このあたりにいらっしゃるなどと聞いて、ここまで分け入っております（私の）思いを、お察しください」などとおっしゃるので、（宰相が）「ほんとうに、畏れ多いことにわざわざお訪ねくださっているお気持ちが、心苦しゅうございます。年寄り（＝尼上）が、瀕死のありさまで患っておりますために、最期を看取りましょうと思って、（この尼上のそばに）籠もって（おります）」などと申し上げると、（宮が）「そうでいらっしゃるのでしょう、お気の毒です。そのご容態もお聞かせいただこうと思って、ことさらに参ったが（、ご容態はいかがですか）」などとおっしゃるので、（宰相が）奥に入って、「（宮から）これこれのお言葉がございます」と（尼上に）申し上げなさると、（尼上が）「（私について）そのような者がいると（宮の）お耳に入って、年老いて（人生の）最後に、（お見舞いいただくなどという）このようなすばらしいお恵みをお受けすることこそ、長生きしております命も、今はうれしく、この生涯の面目と思われます。人を介してではなく（お礼を）申し上げるべきですのに、このように弱々しい体調で（それも叶《かな》いませんことを申し訳なく思います）」などと、途切れがちに申し上げている声も、（宮は、別室から）とても理想的だと（感じつつ）聞いていらっしゃる。

人々が、（宮の姿を）のぞいて拝見すると、華やかにのぼった夕方の月のもとで、振る舞いなさっている雰囲気は、たぐいなくすばらしい。山の端から月の光がきらきらとさしたような（宮の）ご様子は、正視できないほど美しい。光沢も色もあふれ出るほどであるお召し物に、直衣が軽く重なっている色合いも、どこに加わっている華やかさだろうか、この世の人が染め出したとも思われず、普通の色とも見えない様子は、模様もほんとうにすばらしい様子である。（尼上のもとにいる女房たちは、容貌が）いまひとつなもの（＝男性たち）さえ見慣れていないありさまであるのに、「世の中にはこのような（美しい）人もいらっしゃったのだ」と、みなひどく感動しあっていた。ほんとうに、姫君と並べてみたいと、（女房たちは）笑みを浮かべて座っていた。宮は、場所の様子などをご覧になると、ほかとは様子が違って見える。人が少なくしんみりとして、ここに悩みを抱いているような人が住んでいるならその心細さ（は大変なものだろう）などと、しみじみとお感じになって、むやみにもの悲しく、お袖も（涙で）濡《ぬ》らしなさりつつ、宰相にも、「きっと、（私が訪ねて来た）かいがあるように（尼上と姫君に）申し上げるようになさってください」などとお話しになって帰りなさるので、人々も名残惜しさでいっぱいだと思われる。

【設問解説】

問1　短語句の解釈問題　21　③　22　②　23　④

(ア)　ゆかしくおぼしめして

形容詞「ゆかし」シク活用 連用形　ゆかしく／動詞「おぼしめす」サ行四段活用 連用形　おぼしめし／接続助詞　て

ゆかし
1　心惹かれる。
2　見たい。知りたい。聞きたい。
おぼしめす
1　お思いになる。〔「思ふ」の尊敬語〕

選択肢中、「ゆかし」の意味が正しいのは①・③・④で、いずれも正しいのは③のみである。「おぼしめす」の意味が正しいのは③・⑤、

文脈を確認すると、ここは宮が、尼上と姫君が暮らす庵はどこだろうかと思っている場面で、③「知りたくお思いになって」は、その文脈に合う。

よって、**正解は③**である。

(イ)　やをら

副詞　やをら

やをら
1　そっと。静かに。

選択肢中、「やをら」の意味が正しいのは②のみである。

文脈を確認すると、ここは宮が関心を持った庵をのぞく場面で、「やをら」は宮がのぞいている様子を形容しているので、②「静かに」は、文脈に合う。

よって、**正解は②**である。

(ウ)　重なれるあはひ

動詞「重なる」ラ行四段活用 已然形（命令形）　重なれ／助動詞「り」存続 連体形　る／名詞　あはひ

あはひ
1　間。隙間。
2　仲。
3　取り合わせ。つりあい。配合。

選択肢中、「あはひ」の意味が正しいのは④のみである。④は「重なる」「り」も、それぞれ「重なっ」「ている」と訳出されている。

文脈を確認すると、ここは、尼上の庵にいる人々がのぞき見た、宮の着物の様子が記されている場面で、後に「この世の人の染め出だしたるとも見えず、常の色とも見えぬさま」などとあるので、④「重なっている色合い」は、その文脈に

合う。
よって、**正解は④**である。

問2　文法問題　24　①

敬意の対象が問われている。敬意の対象は、敬語の種類によって考える。

敬意の対象（「誰へ」敬意を表しているか。）
① 尊敬語……動作の主体へ。
※「誰が」その動作を行っているかを考える。
② 謙譲語……動作の受け手へ。
※「誰に」その動作を行っているか、あるいは「誰を」相手にその動作を行っているかを考える。
③ 丁寧語……聞き手・読み手へ。
※ 地の文では読者、会話文・手紙文ではその聞き手・読み手へ。

波線部の語の敬語としての意味は、以下の通り。

奉る（動詞・ラ行四段活用）
1 差し上げる。〔「与ふ」の謙譲語〕
2 〜申し上げる。〔謙譲の補助動詞〕
3 召し上がる。〔「食ふ」「飲む」の尊敬語〕
4 お召しになる。〔「着る」の尊敬語〕
5 お乗りになる。〔「乗る」の尊敬語〕

給ふ（動詞・ハ行四段活用／ハ行下二段活用）
1 お与えになる。〔「与ふ」の尊敬語〕
2 〜なさる。〔尊敬の補助動詞〕
3 〜おります。〔謙譲の補助動詞〕
※ 1・2は四段活用、3は下二段活用。

侍り（動詞・ラ行変格活用）
1 お仕えする。〔「仕ふ」の謙譲語〕
2 あります。〔「あり」の丁寧語〕
3 〜ます。〔丁寧の補助動詞〕

聞こゆ（動詞・ヤ行下二段活用）
1 申し上げる。〔「言ふ」の謙譲語〕
2 〜申し上げる。〔謙譲の補助動詞〕

a「奉る」は、動詞「入れ」に敬意を添えており、補助動詞の用法である。したがって、前記2の用法で謙譲語であり、動作の受け手への敬意を表す。ここは、宰相が宮を庵の南側の部屋に入れることを表す部分で、動作の受け手は「**宮**」である。

b「給ふ」は、動詞「ものし」に敬意を添えており、補助動詞の用法である。波線部**b**は、直後に引用句をうける副詞「など」があることから文末と考えられ終止形であるが、四段活用でも下二段活用でも終止形は「給ふ」と同じかたちになるので、かたちによって活用の種類を判別することはできない。波線部**b**は、宰相や尼上がいるとわかって庵を訪ねてきた宮が、宰相に向かって語る発言の中にあるので、「このわたりにものし給ふ」は、「宰相がこのあたりにいらっしゃると聞いてここまで訪ねてきた」という意味で、主体は宰相である。謙譲語の「給ふ」は基本的に、会話文や手紙の中で自らの動作に対して使うから、この「給ふ」は、謙譲語ではなく、前記2の尊敬の補助動詞だと判断され、動作の主体への敬意を表す。すでに述べた通り、動作の主体は「**宰相**」である。

c「侍る」は、動詞「わづらひ」に敬意を添えており、前記3の補助動詞の用法である。したがって、丁寧語であり、会話文中にあるので、聞き手への敬意を表す。ここは、宰相が宮に語る会話文なので、聞き手は「**宮**」である。

d「聞こえ」は前記1の謙譲語で、動作の受け手への敬意を表す。ここは、奥に入った宰相が、尼上（＝老いた人）に、訪ねて来た宮の言葉を伝えたことを表しており、動作の受け手は「**尼上**」である。

第二段落で、訪ねて来た宮と直接対面しているのは宰相であり、病中の尼上と宮の間を行き来して、それぞれのメッセージを伝える役目も果たしている。波線部**c**・**d**については、その人物関係を正確に読み取ることがポイントになる。

以上により、**正解は①**である。

問3　**心情説明の問題**　25　③

傍線部が宮の心情であることを示した上で、何に対する心情かを問うている。傍線部については、すべての選択肢が「うらやましく思っている」と解釈しており、「何を」という点に注目して正解を選ばせる問題である。

本文の傍線部の2行前に、「のぞき給へば」とあるのに注目すると、それ以後は宮が見た庵の様子が書かれていると判断する。その部分には、

本文

Ⅰこなたは仏の御前と見えて、閼伽棚ささやかにて、妻戸・格子なども押しやりて、樒の花青やかに散りて、花奉るとて、からからと鳴るほども、**Ⅱ**このかたのいとなみも、この世にてもつれづれならず、後の世はまたいと頼もしきぞかし。このかたは心にとどまることなれば、**A**うらやましく見給へり。

とあるが、この部分は、次のように解釈できる。

解釈例

Ⅰこちら側は仏間のように見受けられて、閼伽棚も質素で、妻戸や格子戸なども押し広げて、樒の花が青々と散って、（誰かが）花をお供えするというので、（花器が）からからと音を立てる様子も、**Ⅱ**この（仏事の）方面の行いも、現世においても無益ではなく、来世はまたとても頼もしいことだよ。（宮も）この（仏事の）方面は心にとどまっていることであるから、（この庵の信心深い暮らしぶりは）**A**うらやましくご覧になった。

前記の波線部**Ⅰ**は、宮がのぞき見た庵の様子で、仏に祈る暮らしぶりが具体的に書かれており、波線部**Ⅱ**は、それについて、現世でも来世においても御利益《こりやく》があるだろうという宮の感想が書かれている。これらの要点を正しく説明する選択肢は、③「**Ⅰ**仏事にいそしむことで**Ⅱ**現世でも充実感があり来世にも希望が持てる、**Ⅰ**この庵での生活を**A**うらやましく

思っている」である。

①は、「極楽浄土のように楽しく暮らすことのできるこの山里の日常」が誤り。本文にはこの庵の生活について、「極楽浄土のよう」だとは書かれていない。

②は、「姫君と来世までも添い遂げようと心に決めている」とも、「いつも姫君のそばにいる人たちをうらやましく思っている」とも本文に書かれていないので、間違い。

④は、「来世のことを考えずに暮らすことのできる」が間違い。本文には「後の世はまたいと頼もしきぞかし」とあり、この庵の暮らしぶりに対する宮の感想に反している。

⑤は、「自由に行動できない身分である自分」と「いつでも山里を訪れることのできる宰相」を比較する内容が本文にはなく、間違いである。

よって、**正解は③**である。

問4　心情説明の問題　26　⑤

傍線部は尼上の発言の中にあり、その発言の背後にある尼上の思いを問うている。尼上の思いは、尼上の発言に示されていると考えられるので、傍線部を含む尼上の発言に注目する。その部分には、

本文

Ⅰさる者ありと御耳に入りて、老いの果てに、かかるめでたき御恵みをうけたまはるこそ、Ⅱながらへ侍る命も、今はうれしく、この世の面目とおぼえ侍れ。Bつてならでこそ申すべく侍るに、かく弱々しき心地に

とある。この部分は、次のように解釈できる。

解釈例

Ⅰ（私について）そのような者がいると（宮の）お耳に入って、年を取ったおわりに、（お見舞いいただくなどという）このようなすばらしいお恵みをお受けすることこそ、Ⅱ長生きしております命も、今はうれしく、この生涯の面目と思われます。B人を介してではなく（お礼を）申し上げるべきですのに、このように弱々しい体調で（それも叶いませんことを申し訳なく思います）

前記の波線部Ⅰは、宮が尼上の存在を顧みて尼上を見舞ってくれたことを、波線部Ⅱは、それを名誉で喜ばしいことだと思っていることを、傍線部は、宮に人づてではなく挨拶したいという気持ちを書いており、これらの要点を正しく説明する選択肢は、⑤「Ⅰ宮が自分のような者を気にとめて見舞いに来られたことはⅡ実に畏れ多いことであり、B直接ご挨拶申し上げるべきだ、という思い」である。

リード文では、宮が姫君に関心を持っていることが示されているが、本文では、庵を訪ねた宮は姫君のことについては一言も述べていない。せいぜい最後の段落で立ち去り際に「かひあるさまに聞こえなし給へ」と言った言葉に思いを込めたぐらいで、第二段落では姫君のことは話題になっていない点に注意が必要である。

①は、「自分が姫君と宮との仲を取り持って、二人をお引き合わせ申し上げるべきだ」が間違いである。本文で尼上は姫君について一言も言っていない。

②も①と同様の理由で、「この折に姫君のことを直接ご相談申し上げたい」が間違い。

③は、「宮から多大な援助をいただける」が本文に書かれていない。傍線部も「直接お受け取り申し上げるべきだ」という意味ではない。

④は、「仏道について直接お教え申し上げたかった」が間違い。尼上が宮に仏道の手ほどきをするという内容は、本文にはない。

よって、**正解は⑤**である。

問5　心情説明の問題　27　②

女房たちは、最終段落に「人々」として登場する。彼女たちの目に映った宮は、「似るものなくめでたし」「山の端より月の光のかかやき出でたるやうなる御有様、目もおよばず」などと説明される美貌の持ち主である。「世にはかかる人もおはしましけり」とあるのは、そのたぐいまれな美貌に驚いているのである。そこで、女房たちは、「げに、姫君に並べまほしく」考えている。

選択肢の中で、宮を姫君と並べてみたいということを書いているのは、①「姫君の衣装と比べてみたい」と、②「姫君と宮が結婚したらどんなにすばらしいだろう」の二つだが、宮の美貌に対する賛嘆と結びつくのは、②である。「月光に照らされた宮の美しさを目の当たりにし」は美貌に賛嘆する様子を、「姫君と宮が結婚したらどんなにすばらしいだろう」は、その宮と姫君を夫婦として並べてみたいという心情である。

①は、単に衣装の話になっている点が間違い。たしかに宮の衣装への賛辞も書かれているが、衣装についてだけ賞賛しているわけではない。

③の「姫君が宮を見たらきっと驚くだろう」、④の「姫君とそろって出家するように仕向けることができた」、⑤の「宮が釣り合うはずがない」は、いずれも宮を姫君と並べてみたいという本文の内容に合わない。

よって、**正解は②**である。

問6　本文の内容説明の問題　28　⑤

本文全体についての説明問題で、選択肢ごとに本文のさまざまな箇所と対応する記述になっている。

①は、「葦垣のすきまから仏事にいそしむ美しい女性の姿を見た」が間違い。宮は庵の様子を見たが、女性は見てはいない。したがって、「この人こそ噂に聞いていた姫君に違いないと確信」することもなかったし、姫君と「対面の場を設けるよう宰相に依頼」することもなかった。

②は、「宰相は、兵衛督を呼んで」が間違い。兵衛督は宮の従者である。宮が、兵衛督を呼んで、宰相と対面したい旨を伝えさせたのであり、「どのように対応すればよいか尋ねた」わけでもない。また、南向きの部屋に「尼上と姫君がいる」ということも、本文には書かれていない。南向きの部屋で宮が会話している相手は宰相だけで、尼上は別室にいるものと思われるし、姫君は本文には登場しない。

③は、「尼上は、宰相を通じて自分の亡き後のことを宮に頼んだ」が間違い。そのような記述は本文にない。「姫君についても大切に後見するよう懇願された」ということもないし、したがって、宮が「姫君との関係が自らの望む方向に進んでいきそうな予感を覚えた」とも書かれていない。

④は、「宮はこの静かな山里で出家し、姫君とともに暮らしたいと思うようになった」というのが間違い。**【設問解説】**の**問3**で見たように宮は仏道に関心はあるが、出家したいと思うようになったとは書かれていない。

⑤は、本文の最後の所に、

Ⅰ人少なくしめじめとして、**Ⅱ**ここにもの思はしからん人の住みたらん心細さなど、あはれにおぼしめされて、そぞろにものがなしく、御袖もうちしほたれ給ひつつ、宰相にも、**Ⅲ**「かまへて、かひあるさまに聞こえなし給へ」など語らひて**Ⅳ**帰り給ふを、**Ⅴ**人々も名残多くおぼゆ。

という記述と、選択肢の、

Ⅳ宮は山里を去るにあたり、**Ⅰ**このような寂しい場所で**Ⅱ**暮らしている姫君に同情し、**Ⅲ**必ず姫君に引き合わせてほしいと宰相に言い残した。**Ⅴ**女房たちは宮のすばらしさを思い、その余韻にひたっていた。

が一致する。

よって、**正解は⑤**である。

第4問 漢文

【出典】

蕭統《しょうとう》『文選《もんぜん》』全六十巻。『文選』は梁《りょう》の蕭統（諡《おくりな》は昭明太子《しょうめいたいし》 五〇一～五三一）が周から南朝の梁に至る一千年以上の間のすぐれた詩や文章を編集したもの。我が国には推古天皇（在位五九三～六二八）の時に伝来したと言われ、『万葉集』や『日本書紀』を初めとして日本文学にも大きな影響を与えた。平安時代には宮中を中心に盛んに読まれた。本文は巻三十に収められている謝霊運《しゃれいうん》の「田南《でんなんニ》樹《たテ》レ園《ゑんヲ》激《せきとメテ》レ流《ながれヲ》植《うウ》レ援《ゑんヲ》」（田園の南に庭園のある住居を建て谷川を引き入れて垣根を植えた）と題する五言古詩である。

謝霊運（三八五～四三三）は、南朝の宋の人で、陳郡陽夏（現在の河南省太康県）の出身。宋の第三代皇帝文帝（在位四二四～四五三）に仕えて諸官を歴任したが、自負心が強く野心家であったため、待遇に満足できずに郷里に隠棲《いんせい》した。山水への遊楽に心の解放を求めて山水を題材とする数々の詩を作り、詩人としては新境地を開いた。

【本文解説】

リード文にもあるように、都で志を果たせずに帰郷した謝霊運が、田園に建てた住居の様子を詠んだ詩である。内容は、三つに分けて考えることができる。順次確認してみよう。

第一句～第六句は、導入部と捉えてよい。作者の謝霊運が故郷に帰ってきた理由、住居を建てた土地の様子や雰囲気が記されている。第四句「養フモレ痾ヲ亦タ園中」（都の生活で疲れた心身を癒やすのも庭園のある住居である）や第五句「園中屏ケ二氛雑ヲ一」（庭園のある住居で俗世のわずらわしさを振り払い）に注目してみよう。

第七句〜第十二句では、作者が建てた庭園のある住居に視点が当てられる。北側に丘を背負い、南側にしつらえた門扉《もんぴ》は大きな川に面しているという立地である。生活水は井戸を掘るのではなく谷川の水を引き入れ、槿《むくげ》の木を巡らして垣根とした。

第十三句〜第二十句では、作者の生活を記述するとともに新しい生活の望みが述べられている。曲がりくねった小道をたどって田んぼに行ってみたり、高くそびえる峰を見やったりと、ゆったりした日々。とりたてて欲しいものもやりたいこともなく、また働く気もないので、生活にはあまり手をかけない簡素な暮らし。漢の蔣 詡《しょうく》のように庭に小道を作って親友を招き、一緒に美しい山水を眺め、この上ない幸福を味わいたい、それこそが傷心した作者が故郷の山水に囲まれた暮らしに求めたことなのである。

語句や表現にやや難しさや捉えにくさはあるものの、内容はそれほど難しいものではない。リード文には内容の概略が述べられている。（注）も十分に活用して、しっかりと読解したい。

【書き下し文】

樵隠《せういん》倶《とも》に山《やま》に在《あ》るも　由来事《ゆらいこと》は同《おな》じからず
同《おな》じからざるは一事《いちじ》に非《あら》ず　痾《やまひ》を養《やしな》ふも亦《ま》た園中《ゑんちう》
園中《ゑんちう》氛雑《ふんざつ》を屏《しりぞ》け　清曠《せいくわう》遠風《ゑんふう》を招《まね》く
室《しつ》を卜《ぼく》して北《きた》の皐《をか》に倚《よ》り　扉《とびら》を啓《ひら》きて南《みなみ》の江《かは》に面《めん》す
澗《たにがは》を激《せきと》めて井《い》に汲《く》むに代《か》へ　槿《むくげ》を挿《う》ゑて墉《かき》に列《つらな》るに当《あ》つ
群木《ぐんぼく》既《すで》に戸《と》に羅《つらな》り　衆山《しうざん》亦《ま》た窓《まど》に対《たい》す
靡迤《びい》として下田《かでん》に趨《おもむ》き　迢遞《てうてい》として高峰《かうほう》を瞰《み》る
欲《よく》を寡《すくな》くして労《らう》を期《き》せず　事《こと》に即《そく》して人《ひと》の功《こう》罕《まれ》なり
唯《た》だ蔣生《しやうせい》の径《みち》を開《ひら》き　永《なが》く求羊《きうやう》の蹤《あと》を懐《おも》ふ
賞心《しやうしん》忘《わす》るべからず　妙善《めうぜん》冀《こひねが》はくは能《よ》く同《とも》にせんことを

【全文解釈】

木こりも隠者（である私）もどちらも山中に住んではいるが、（山中に住んでいる）理由は事情が同じではない。

同じでないのは一つの事情（だけ）ではなく、（隠者である私は）都の生活で疲れた心身を癒やすのも（この）庭園のある住居である。

（この）庭園のある住居で俗世のわずらわしさを振り払い、清らかで広々とした空間で遠くから吹いてくる風を招き寄せる。

土地の吉凶を占って住居を建てる場所を北側の丘のふもとに決め、南側の大きな川に向かって門扉《もんぴ》をしつらえた。

谷川をせき止め（水を引き入れ）て井戸で（水を）汲む代わりとし、槿《むくげ》の木を植えて垣根を巡らす代わりにした。

木々が戸（の辺り）に連なっている上に、山々も窓の向かいにそびえている。

うねうねと連なり続く道をたどって（山の）下の田に行ったり、はるか遠くに高い峰を眺めたりする。（様々な）欲求などほとんどなく働こうとは思わないので、諸事について人の手をかけ過ぎない（ようにしている）。ただ蔣詡《しょうく》が友人たちを招くために作った小道を通し、（蔣詡の親友の）求仲と羊仲（のような人）が訪ねてくれるのをずっと思い続けている。美しい風景をめでる心は忘れることはできないし、この上ない幸福は（親友と）一緒に味わいたいものである。

【設問解説】

問1　語の読みの問題　29　⑤　30　③

(ア)「倶」は、副詞として「ともに」（一緒に・そろって・いずれも）と読む。動詞として「ともにす」（一緒にいる・一緒に行く）などの用法もあるが、選択肢を確認すれば、ここでは副詞としての読み方を問われていることがわかる。①「たまたま」と読む語は「偶」「適」など、②「つぶさに」と読む語は「具」「備」など、③「すでに」と読む語は「已」「既」など、④「そぞろに」と読む語は「漫」などである。よって、**正解は⑤**である。

(イ)「寡」は、形容詞として「すくなし」（少ない）と読むことが多い。「寡占」などの熟語を思い浮かべるとわかりやすい。ただし、選択肢を眺めれば、ここでは動詞としての読み方を問われているとわかる。したがって、終止形では「すくなくす」（少なくする・減らす）と読む。他の選択肢も終止形の読みで確認すると、①「いつはる」と読む語は「矯」「偽」「陽」など、②「つのる」と読む語は「募」など、④「がへんず」と読む語は「肯」など、⑤「あづく」と読む語は「預」「予」などである。よって、**正解は③**である。

問2　返り点と書き下し文の問題　31　②

まず、傍線部前半の「由来事不同」から確認する。①・②の「由来事は同じからず、」も③・④・⑤の「由来事は同じうせず、」も、いずれも文法的には成立する訓読である。

そこで、傍線部後半の「不同非一事」の訓読を考える。「不」と「非」という二つの否定詞に着目すれば、「否定の連用」の句形が用いられている可能性が考えられる。つまり、「二つの句から成る文で、前半と後半のどちらの句も否定形である場合、前半の句は仮定条件を示す」句形であるかもしれない。そうすると、傍線部は「同じからずんば、一事に非ず」と読むことになる。しかし、選択肢にこの読み方をしたものはない。

次に構文の捉え方を改めて「非」に着目し、「Aハ非《あらズ》レBニ」（AはBではない）という否定形を想定してみる。すると、「A」＝「不同」、B＝「一事」と捉えることになる。さらに、前半の句とのつながりにも留意すると、後半の句の「不同」は前半の句の「不同」を受けていると考えられるから、後半の句「不同非一事」は、「同じからざるは一事に非ず」あるいは「同じうせざるは一事に非ず」と読むことになる。選択肢の中で、後半の句を「Aハ非《あらズ》レBニ」の構文と捉えて読んでいるのは②「由来 事は同じからず、同じからざるは一事に非ず」だけである。この訓読に従って訳出すると、「（山中に住んでいる）理由は事情が同じではない、同じでないのは一つの事情（だけ）ではなく」となる（**【全文解釈】**の当該箇所を参照）。よって、**正解は②**である。

問3　内容を模式的に示す問題　32　②

傍線部の記述を読み取って、その内容を模式図に表す問題であるから、まず、傍線部の四句をそれぞれ正しく直訳して、図像化できる内容を整理する。

第七句「卜《ぼくシテ》レ室《ヲ》倚《よリ》二北《ノ》皁《をかニ》一」
＝土地の吉凶を占って北の丘に近づけて住居を建てる場所を決め
⬇　Ⅰ　住居は北側の丘のふもとに建てた。

第八句「啓《ひらキテ》レ扉《ヲ》面《ス》二南《ノ》江《かはニ》一」
＝門扉を開いて南側の川に面するようにした
⬇　Ⅱ　門扉は南側の川に面している。

第九句「激《せきとメテ》レ澗《たにがはヲ》代《へ》レ汲《くムニ》レ井《ニ》」
＝谷川をせき止めて井戸で水を汲む代わりにし
⬇　Ⅲ　生活水は谷川から引き込んでいる。

第十句「挿《うエテ》レ槿《むくげヲ》当《ツ》レ列《つらなルニ》レ墉《かきニ》」
＝槿を植えて垣として連なることに当てている
⬇　Ⅳ　槿の木を植えて垣根を巡らしている。

以上、Ⅰ～Ⅳの内容を選択肢の模式図とそれぞれ対照してみよう。

Ⅰ「住居は北側の丘のふもとに建てた」という条件については、模式図の奥手を北の方角とすれば、いずれの選択肢も満たしている。

Ⅱ「門扉は南側の川に面している」という条件についても、いずれの選択肢も満たしている。

Ⅲ「生活水は谷川から引き込んでいる」という条件を満たしているのは、②と④である。

Ⅳ「槿の木を植えて垣根を巡らしている」という条件を満たしているのは、①と②である。

以上から、Ⅰ～Ⅳの内容をすべて反映して傍線部を模式的に示した選択肢は②だけである。よって、**正解は②**である。

問4　押韻の問題　33　①

まず、押韻の知識を問う問題であることを捉える。漢詩では、詩の形式に関わらず、偶数番目の句の末尾に同じ韻の字を配置するのが原則である。空欄Cは第十二句の末尾に設けられているので、他の偶数番目の句の末尾の字と同じ韻の字が入るはずである。ただし、本文は古詩なので、一韻到底（押韻箇所の字がすべて同じ韻）とは限らず、換韻（途中で韻を変える）している可能性も考えておく。

空欄C以外の押韻箇所の字の韻を確認してみよう。入試漢文では、音読みを手がかりにして韻を確認する。音読みの冒頭の子音を除いた響きを韻と考えればよい。第二句末の字から順に音をローマ字に表して列挙すると、「同」＝「d-ou」→韻は「-ou」、「中」＝「ch-û」→韻は「-û」、「風」＝「f-û」→韻は「-û」、「江」＝「k-ou」→韻は「-ou」、「墉」＝「y-ou」→韻は「-ou」、「峰」＝「h-ou」→韻は「-ou」、「功」＝「k-ou」→韻は「-ou」、「蹤」＝「sh-ou」→韻は「-ou」、「同」＝「d-ou」→韻は「-ou」となる。音読みを手がかりにした便宜的な確認なので、「-ou」と「-û」は同一の韻であり、本文の押韻は一韻到底の詩だと判断してよい。

さて、選択肢の字の韻を確認すると、①「窓」＝「s-ou」→韻は「-ou」、②「空」＝「k-û」→韻は「-û」、③「虹」＝「k-ou」→韻は「-ou」、④「門」＝「m-on」→韻は「-on」、⑤「月」＝「g-etsu」→韻は「-etsu」であるから、正解の候補は①「窓」、②「空」、③「虹」となる。

次に、正解の候補の三字をそれぞれ空欄 C に入れた上で、当該の句の意味を検討する。ここで、空欄 C を含む第十二句と直前の第十一句とが対句の関係にあることに注目する。

主語	副詞	動詞＋目的語
群木	既ニ	羅《つらなり》レ戸ニ
衆山	亦タ	対スレ C ニ

句の構造が同一であり、したがって返り点の付け方も同じである。そうすると、空欄 C には第十一句の「戸」と意味が対比する語が入ることになるので、①「窓」がふさわしい。念のために空欄 C に「窓」を入れて第十一句と第十二句を解釈してみると、「木々が戸（の辺り）に連なっている上に、山々も窓の向かいにそびえている」となり（【全文解釈】の当該箇所を参照）、意味に矛盾は生じない。よって、**正解は①である。**

問5 表現説明の問題 34 ⑤

いずれの選択肢も正誤判定がしにくい説明であるので、本文と照らしてそれぞれ丁寧に検討する。設問の指示をよく確認し、本問が「**適当でないもの**」を選ぶ問題であることにも注意する。

まず、傍線部を正しく解釈してみると、「うねうねと連なり続く道をたどって（山の）下の田に行ったり、はるか遠くに高い峰を眺めたりする」となる（【全文解釈】の当該箇所を参照）。また、返り点の付け方と送り仮名に注目し、前半の句と後半の句が対句を構成していることも捉えたい。この解釈と選択肢を対照して、それぞれ正誤を判断する。

①は、傍線部の前半「靡《び》迤《い》トシテ趨《おもむ》キ二下田一ニ」の説明として不適当な箇所は見当たらない。

②は、対句を踏まえた傍線部全体の説明として成り立っている。

③は、傍線部の後半「迢遞《てうてい》トシテ瞰《み》ル二高峰一ヲ」の説明として不適当な箇所は見当たらない。

④は、対句を踏まえた傍線部全体の説明として成り立っている。

⑤は、「田畑を耕作する世俗のいとなみが、作者にとって

高い山々をながめやるように遠いものとなった」が説明として適当でない。傍線部はふもとに広がる田畑と高い山々の風景を対比的に描写しているだけであって、「世俗のいとなみ」が「作者にとって……遠いものとなった」という内容を読み取ることはできない。よって、**正解は⑤**である。

問6　心情説明の問題　35　④

まず、傍線部を正しく訳出し、それを踏まえて選択肢を検討する。傍線部は、「美しい風景をめでる心は忘れることはできないし、この上ない幸福は（親友と）一緒に味わいたいものである」と訳すことができる。傍線部直前の二句「唯《ダ》開《キ》二蒋生径《しやうせいノみちヲ》一　永《ク》懐《おもフ》二求羊《きうやうノ》蹤《あとヲ》一」（ただ蒋詡《しようく》が友人たちを招くために作った小道を通し、〔蒋詡の親友の〕求仲と羊仲〔のような人〕が訪ねてくれるのをずっと思い続けている）を踏まえて解釈すれば、「同《ともニス》」の相手が作者の謝霊運にとっての親友であると判断できる。つまり、傍線部から読み取ることのできる作者の心情は、

美しい風景をめでて至上の幸福感を親友と一緒に味わいたい

というものである。いずれの選択肢も作者の親友については「漢の蒋生と求仲・羊仲のように、親しい仲間」としているので、作者が親友＝「親しい仲間」とどういうことを「同《ともニセンコトヲ》」望んでいるのかに注目して選択肢を検討すればよい。

①は、「さまざまな見方を教わることがあるので、……どうか遠慮なく何でも言ってください」が誤った説明である。作者は美しい風景の見方について親友に教えを請いたいわけではない。

②は、「その評価は決して一致しないので、……どうか私のことはそっとしておいてください」が不適切である。これでは、作者が親友との交流を望んでいないことになってしまう。

③は正誤判断がやや紛らわしいが、「どうか我が家のことを皆に伝えてください」が不適切な説明である。先に確認したように、傍線部直前の第十七句と第十八句から読み取れるのは、作者が親友の訪問を望む心情であって、自分の新居を建てたことを皆に伝えてほしいと思っているわけではない。

④は、「親しい仲間と一緒にながめてこそ、その楽しさがしみじみと味わえるものなので、……どうか我が家においでください」は、先に確認した作者の心情を矛盾なく適切に説明している。

⑤は、「どうか我が家を時々思い出してください」が不適切な説明である。この説明では、親友が今後は作者の家を訪ねることがないということになってしまう。

よって、**正解は④**である。

MEMO

国　語

（2020年１月実施）

追試験
2020

国　語

解答・採点基準

(200点満点)

問題番号(配点)	設問	解答番号	正解	配点	自己採点
第1問 (50)	問1	1	①	2	
		2	②	2	
		3	③	2	
		4	④	2	
		5	①	2	
	問2	6	①	8	
	問3	7	⑤	8	
	問4	8	②	8	
	問5	9	④	8	
	問6	10	③	4	
		11	④	4	
第1問　自己採点小計					
第2問 (50)	問1	12	③	3	
		13	①	3	
		14	③	3	
	問2	15	④	7	
	問3	16	③	8	
	問4	17	①	8	
	問5	18	⑤	8	
	問6	19	③ ※	5	
		20	⑥ ※	5	
第2問　自己採点小計					

問題番号(配点)	設問	解答番号	正解	配点	自己採点
第3問 (50)	問1	21	④	5	
		22	②	5	
		23	③	5	
	問2	24	②	6	
	問3	25	①	7	
	問4	26	④	7	
	問5	27	⑤	7	
	問6	28	④	8	
第3問　自己採点小計					
第4問 (50)	問1	29	③	4	
		30	⑤	4	
	問2	31	③	8	
	問3	32	④	8	
	問4	33	①	8	
	問5	34	②	9	
	問6	35	④	9	
第4問　自己採点小計					
自己採点合計					

※の正解は順序を問わない。

第1問　現代文（評論）

【出典】

細田耕『柔らかヒューマノイド――ロボットが知能の謎を解き明かす』（化学同人、二〇一六年）

細田耕（ほそだ・こう）は、一九六五年大阪府生まれのロボット研究者。京都大学大学院工学研究科博士課程修了。現在、大阪大学大学院基礎工学研究科教授。

著書には『実践ロボット制御――基礎から動力学まで』などがある。

【本文解説】

本文はヒューマノイドロボット、つまり人間の形をしたロボットの役割について述べた文章である。1〜4の**前半部**では、ロボットが人間の労働を代替する場合に、そのロボットがヒューマノイドであることの意味について論じている。5〜13の**後半部**では、ヒューマノイドロボットには、「労働の代替」という役割以外に、「人間を調べるためのツール」という非常に重要な役割があると指摘したうえで（5）、まず、砂漠アリのモデルロボット「サハボット」を例に、生物そっくりのロボットをつくり、その生物の情報処理や知能を知ろうという「構成論的研究」について紹介している（**後半部(1)**―6〜10）。次に、ヒューマノイドロボットを使った人間の構成論的研究について論じている（**後半部(2)**―11〜13）。

I　前半部――人間の労働を代替するヒューマノイドロボット（1〜4）

筆者は、ヒューマノイドロボット研究者には、ロボットはヒューマノイドである必要性があるのかという問いが投げかけられていると言う。それは、「労働の代替としての性能を突き詰めると」、ロボットは「人間としての形より、性能に特化した形のほうが有利である」からである。その意味では、ロボットがヒューマノイドである、つまり人間の形をしている必要性はないだろう。（1）

しかし、筆者は、「ヒューマノイドロボットを研究する必然性」（1）はあると言う。状況があらかじめ想定できない災害現場にロボットが入って作業をする場合、「ある特定の作業に特化して設計されたロボット」では、想定されない状況には適当に対応できないからである。それに対して、「ロボットが人間らしい形をしていれば」、つまり「ロボットとオペレーター（＝運転操作をする人）が同じ構造をしていれば」、想定されていない状況においても「あたかも自分の身体を使うように操作できる」だろう。また、人間が操作するロボットではなく、「自律的に動く」ロボットであっても、災害現場がもともと人間にとって使いやすくつくられているビルなどの場合は、「人間の形」をしていることが有利に働くことがあるだろう。（2・3）

筆者は、ロボットが代替する労働には、災害現場における作業などの「物理的な仕事」だけでなく、「接客や応対」もあると言う。「人間の代わりに、人間に対するサービスを提供する」ロボットであるなら、ヒューマノイドであることは「自然」に思われる。しかし、筆者は、このために「人間そっくりの風貌を持つアンドロイド（＝人間の形をしたロボット）をつくることは、本当に必要なのだろうか」と問う。「たとえば、モニターにアバター（仮想的なキャラクター）を映し出すほうが、コストは低いし、変更などの使い勝手もよい」からである。筆者は、「そのときにもっとも問題となるのは、ロボット、あるいはアバターの、人間としての存在感」だと述べる。そして、「人間としての存在感が、実体のどの部分にもっとも顕著に表れるかがわからないとすると、人間全体を複製してしまう、という方向で正解なのだろう」と言う。これは、「人間全体を複製」したヒューマノイドロボットのほうがアバターよりも「人間としての存在感」があり、「接客や応対」という人間の労働を代替するものとしてはより適している、ということだろう。

筆者は、最後に**前半部**のまとめとして、「ヒューマノイドとしての人間っぽさは、実は、未知の環境（ここでは、災害現場やコミュニケーション相手の人）への適応性と強い関係があるのではないだろうか」（傍線部**A**）と述べている。これは、ロボットが状況の想定できない災害現場で「物理的な仕事」をするときにも、反応が想定できない人間を相手に「接客や応対」をするときにも、そのロボットが人間の形をしていたほうが「適応性」が高い場合がある、ということだろう。（[4]）

Ⅱ　後半部——ロボットを使った構成論的研究（[5]～[13]）

筆者は、「外観が人間そっくりのアンドロイド（＝ヒューマノイドロボット）」には、「労働の代替」以外に「非常に重要な役割がある」と言う。それは「人間を調べるためのツール」としての役割である。（[5]）

⑴　生物の構成論的研究（[6]～[10]）

筆者は、人間を知るためにヒューマノイドロボットを用いる「人間の構成論的研究」（[11]）について論じる前に、「生物そっくりのロボットをつくり」、「生物の情報処理あるいは知能を知ろうという研究（＝生物の『構成論的研究』）」があることを指摘したうえで、「スイス・チューリッヒ大学の二人の教授がつくった『砂漠アリのモデルロボット『サハボット』』」を使った、砂漠アリの研究について紹介している。それは、周りに目印になるようなものが少ない砂漠という特殊な環境の中で、「自分の巣穴から出て餌を探し、まっすぐに巣穴に戻ることができる能力が、どのようにアリの内部にプログラムされているか」の研究である。二人の教授は、「砂漠アリには、太陽の偏光（＝特定の方向にのみ振動している光）を感じるセンサーがあり、これをもとに巣穴に対する自分の位置を知る」という生物学者の研究を踏まえて、「偏光を用いたアリのナビゲーションのメカニズムをくわしく知るために」、「砂漠アリの観測システムをまねたサハボット」をつくった。サハボットにはアリの持っているセンサーを模擬して、偏光センサーをはじめいくつかのセンサーが取り付けられている。また、「アリの脳内に見つかっている神経を模擬した、ニューラルネットワーク（神経回路）」が使われている。「偏光センサーの値を、このネットワークに入力し、実際にロボットが、どの方向を向いているか知ることができるかを試した」結果わかったのは、「もともとアリで見つかっていたネットワークだけでは、どうやってもロボットの方向を完全に決めることができない」が、「あるニューロン（＝神経細胞）を加えることでそれが解決できるということ」であった。そして、「後日のアリの解剖研究によって、それまでは知られていなかったこのニューロンが、存在すること」が実証されたのである。（6〜10）

(2) 人間の構成論的研究（11〜13）

筆者は、「砂漠アリの構成論的研究」と同様に、「人間の構成論的研究」も可能であり、「人間の知能的な行動を再現することができるヒューマノイド」をつくることによって、「人間の知能が、どのように実現されるかを知ることができる可能性がある」と言う。筆者によれば、「ヒューマノイド」の「行動をつくり込んだ」結果や、「ヒューマノイド」に「学習させた」結果と、「人間で観測されている事実を突き合わせて」、「人間の振る舞い（＝行動）の原理を知る」ことができ、「人間の学習についての新しい知見が得られる」のである。（11）

これまで開発されてきたのは、「人間の代わりに労働する」ロボットであり、「設計者がロボットに役に立つ行動をプログラムし、あらかじめ理論でわかっていることを物理的に実現し」たものでしかなかった。それに対して、「構成論的研究のために用いられるヒューマノイドロボットは、人間を知るための科学的なツール」であり、「ロボットの新しい方向性」なのである。（12・13）

【設問解説】

問1　漢字の知識を問う問題　[1] ①　[2] ②　[3] ③　[4] ④　[5] ①

(ア)は、〈権限などを人にゆだねて、その人の思いのままにさせる〉という意味で、「任せて」。①は、〈任地におもむくこと〉という意味で、「赴任」。これが正解。②は、「忍耐」。③は、「妊娠」。④は、〈顔面に表れた、その人の性格や運命〉という意味で、「人相」。⑤は、「認定」。

(イ)は、〈角の大きさ／角の度合い〉という意味で、「角度」。①は、「改革」。②は、〈頭の先〉という意味で、「頭角」。これが正解。「頭角を現す」は、〈学識・才能などが群を抜いて目だってくる〉という意味の慣用句。③は、「収穫」。④は、〈内閣がその職務を行うために開く非公開の会議〉という意味で、「閣議」。⑤は、〈製品の品質・形・寸法などについて定めた標準〉という意味で、「規格」。

(ウ)は、〈風采と容貌／すがたかたち〉という意味で、「風貌」。①は、〈先のこともよく考えず、乱暴に物事を行うこと〉という意味で、「無謀」。②は、「防衛」。③は、〈姿や様子がすっかり変わること〉という意味で、「変貌」。これが正解。④は、「傍聴」。⑤は、「欠乏」。

(エ)は、〈きわだって目につくこと〉という意味で、「顕著」。①は、〈左右両方の肩〉という意味で、「双肩」。②は、〈本業のほかに別の事業・仕事を兼ねて行うこと〉という意味で、「兼業」。③は、「懸垂」。④は、〈人にわかるように、はっきり示すこと〉という意味で、「**顕示**」。**これが正解**。⑤は、〈つつましく控えめなさま〉という意味で、「謙虚」。

(オ)は、〈ある場所に行きつくための目印とするもの〉という意味で、「目標」。①は、〈ある事柄を知らせるための目印〉という意味で、「**標識**」。**これが正解**。②は、〈さらして白くすること〉という意味で、「漂白」。③は、〈ある動作をした、そのはずみ〉という意味で、「拍子」。④は、「定評」。⑤は、〈職をやめるとき、そのわけを書いて差し出す文書〉という意味で、「辞表」。

問2 **傍線部の理由説明問題** [6] ①

傍線部A「ヒューマノイドとしての人間っぽさは、実は、未知の環境（ここでは、災害現場やコミュニケーション相手の人）への適応性と強い関係があるのではないだろうか」と筆者が考える理由が問われている。

この問題に答えるにあたって押さえておく必要があるのは、傍線部Aが**前半部**（[1]～[4]）のまとめとして書かれていることである。そこで、**前半部**では、「ヒューマノイドとしての人間っぽさ」と「未知の環境……への適応性」との「強い関係」についてどのようなことが述べられているかを確認しよう。

[2]・[3]には、「状況」が「あらかじめ想定できない」「災害現場」でロボットが作業する場合、まず、**a**〈「ある特定の作業に特化して設計されたロボット」が適応性に欠けるのに対して、「ロボットが人間らしい形をしていれば」、「オペレーター（＝運転操作をする人）」は「自分がどのように対処するかというノウハウを、直接ロボットに投影することができるかもしれない」〉と述べられている。また、**b**〈「ロボットとオペレーターが同じ構造をしていれば、オペレーターは、あたかも自分の身体を使うように操作できることが期待される」〉と述べられている。さらに、**c**〈「ロボットが自律的に動く場合でも」、「災害現場」の「環境」は「もともと人間にとって使いやすいものであった可能性が高いため、人間の形をすることが有利に働く場合もある」〉と述べられている。

[4]には、ロボットが人間の代わりに「接客や応対」をする場合、**d**〈「人間の代わりに、人間に対するサービスを提供するのであるから」、「ヒューマノイドロボット」であることが「自然」である〉と述べられている。また、その場合、**e**〈「もっとも問題となるのは」「人間としての存在感」であり、それは「実体のどの部分にもっとも顕著に表れるかがわからない」ので、「人間全体を複製してしまう」のが適応的である〉と述べられている。

以上の**a**～**e**と各選択肢を比較対照し、「**理由として適当でないもの**」がどれかを判定しよう。②は**a**と、③は**b**と、④は**c**と、⑤は**e**と、それぞれ同内容である。それに対して、①は、「災害現場において、……人間と同じ構造にすればロボット自身が自律的に状況に適応できるはずだから」という説明が、**a**～**e**のどの内容とも一致しない。「人間と同じ構造」にするとロボットは「自律的に状況に適応できる」とはどこにも書かれていない。c〈「ロボットが自律的に動く場合でも」、「人間の形をすることが有利に働く場合もある」〉とは書かれているが、これは、ロボットを「人間の形」にする（＝人間と同じ構造にする）と、ロボットは「自律的に」動き、「状況に適応できる」ようになる、ということではない。したがって、①が正解。

問3　傍線部の内容説明問題　7　⑤

この問題では、「砂漠アリのモデルロボット『サハボット』」を用いた「実験の成果」について問われている。「サハボット」は、「砂漠に住むアリが自分の巣穴から出て餌を探し、まっすぐに巣穴に戻ることができる能力が、どのようにアリの内部にプログラムされているかを研究していた」大学の教授が(7)、「偏光（＝特定の方向にのみ振動している光）を用いたアリのナビゲーション（＝自分自身の場所を知り、目的の場所まで移動すること）のメカニズムをくわしく知るために」、「砂漠アリの観測システムをまね」てつくったロボットである(8)。そして、この「サハボット」を用いた「実験の成果」については、(10)に、「**もともとアリで見つかっていたネットワーク（＝アリの脳内に見つかっているニューラルネットワーク）だけでは、どうやってもロボットの方向を完全に決めることができないということと、あるニューロン（＝神経細胞）を加えることでそれが解決できるということがわかった**」と書かれている。この内容に適《かな》った説明になっている⑤が正解。⑤には「ロボットの研究がアリの情報処理の理解に貢献した」とあるが、この実験によって「偏光を用いたアリのナビゲーションのメカニズム」がわかったのであるから、アリの「情報処理」のメカニズムが「理解」できたと言えるだろう。

①は「生物学者が想定していた以上にアリのナビゲーションシステムは独特だとわかり、アリにしか存在しないニューロンが関与していることが確認された」という説明が不適当である。「生物学者が想定していた以上にアリのナビゲーションシステムは独特だ」とは書かれていないし、「それまでは知られていなかったこのニューロンが、存在することがわかった」(10)とは書かれていても、このニューロンが「アリにしか存在しない」とも書かれていない。

②は「生物学者の研究が示唆する偏光センサーが必要であるとわかった」という説明も、「アリについての生物学的研究がロボットの観測システムの高度化に貢献した」という説明も不適当である。「サハボット」には、「砂漠アリには、太陽の偏光を感じるセンサーがあ」るという「生物学者の研究」(8)を踏まえて、すでに「いくつかの偏光センサーが取り付けられて」いる(9)。また、「ロボットの観測システムの高度化」が「実験の成果」だとは書かれていない。

③は「アリが脳内に持つニューロンの多様な機能を可能な限り分類することが必要だとわかった」という説明が不適当である。「実験の成果」としてこのようなことは書かれていない。

④は「従来のロボットのナビゲーションシステムには欠陥

があったが、アリの観測システムを模倣することでより精度の高いものへと改善できるとわかった」という説明が不適当である。「ロボットのナビゲーションシステム」を「より精度の高いものへと改善できるとわかった」ことが「実験の成果」だとは書かれていない。砂漠アリのナビゲーションシステムを知るためにロボットを道具として用いた実験で、ロボットの改善が成果だというのはそもそもおかしなことである。

問4　傍線部の理由説明問題　8　②

「構成論的研究に用いられるロボットは、ロボットの新しい方向性であると考えることができる」理由が問われている。傍線部の直前には「その意味で」とあるので、「その意味」が指している内容が傍線部の理由に該当する。そして、「その意味」が指している内容は、傍線部の直前から、これまでのロボットが「労働を代行する」ものでしかなかったのに対して、「構成論的研究のために用いられるヒューマノイドロボットは、人間を知るための科学的なツールとしての役割を果たす」ものだということがわかる。このことについては、11の最後に「（ロボットの）行動をつくり込んだり、（ロボットに）学習させたりした結果と、人間で観測されている事実を突き合わせて、人間の知能に関する新しい知見を得ることができる」と書かれている。

以上のことから、「構成論的研究に用いられるロボットは、ロボットの新しい方向性であると考えることができる」のは、**〈これまでのロボットが人間の労働を代行するものでしかなかったのに対して、構成論的研究のために用いられるロボットは、行動をつくり込んだり、学習させたりした結果と、人間で観測されている事実とを比べることで、人間の知能に関する新しい知見を得ることができるから〉**だとわかる。

この内容に適った説明になっている**②が正解**。②の「模倣対象（＝人間）の動きや知能を再現し分析することによって」は、上の**〈行動をつくり込んだり、学習させたりした結果と、人間で観測されている事実とを比べることで〉**を言い換えた表現である。**〈行動をつくり込んだり、学習させたり〉**することと、「模倣対象（＝人間）の動きや知能を再現」することが対応し、**〈その結果と、人間で観測されている事実とを比べること〉**と、「（人間の動きや知能を）分析すること」が対応している。

①は「対象（＝人間）の振る舞いを模倣するようにプログラムや外見をつくり込むことで」という説明が不適当である。「つくり込む」のは「行動（＝振る舞い）」であって、「プログラムや外見」ではない。

③は「構成論的研究に用いられるロボットは、ロボットが自律的に学習して動くプログラムを制作することによって、人間をサポートする新しい知性を開発するツールである」という説明が不適当である。「構成論的研究に用いられるロボット」は**〈人間の知能に関する新しい知見を得る〉**ためのツールであって、「人間をサポートする新しい知性を開発するツール」ではない。

④は「構成論的研究に用いられるロボットは……人間とロボットが協働することによって両者の新しい関係性を研究するツールである」という説明が不適当である。「構成論的研究に用いられるロボット」は〈**人間の知能に関する新しい知見を得る**〉ためのツールであって、「両者（＝人間とロボット）の新しい関係性を研究するツール」ではない。

⑤は「構成論的研究に用いられるロボットは……未知の環境にも柔軟に適応できるような新しい形状を探究するツールである」という説明が不適当である。「構成論的研究に用いられるロボット」は〈**人間の知能に関する新しい知見を得る**〉ためのツールであって、「未知の環境にも柔軟に適応できるような新しい形状を探究するツール」ではない。

問5　趣旨判定の問題　9　④

「本文の趣旨と**異なる発言**」を選ぶ問題である。①から順に「本文の趣旨」と合致するか異なるかを検討していこう。

①（「生徒A」の発言）について。1で筆者は、「ヒューマノイドロボットを研究する必然性は何だろう」と問い、3で「ロボットとオペレーター（＝運転操作をする人）が同じ構造をしていれば、オペレーターは、あたかも自分の身体を使うように操作できることが期待される」、「ロボットが自律的に動く場合でも……人間の形をすることが有利に働く場合もあるだろう」と、「ヒューマノイドロボットを研究する」ことには「必要性」があることを示している。したがって、「筆者は、人間に似たヒューマノイドロボットを研究する必要性を問題にしていたね」という発言は、「本文の趣旨」と合致している。また、5には、「外見が酷似していると、かえってちょっとした違いから、大きな違和感を覚えるという心理的な効果は『不気味の谷』と呼ばれている。この谷の深さは、アンドロイドの外見や、運動をコントロールすることによって測ることができるかもしれない」と書かれている。したがって、「ロボットの外見が人間に似てくると、ちょっとした違いから不気味に感じられることがあるというのはよくわかるし、そういう違和感は、外見だけでなく、動きにもかかわっているよ」という発言も、「本文の趣旨」と合致している。「違和感は……動きにもかかわっているよ」という部分は、「この谷の深さ（＝違和感の程度）は……運動をコントロールすることによって測ることができる」という表現を踏まえた発言だと見なすことができる。

②（「生徒B」の発言）について。4には、「実際に、人間そっくりの風貌を持つアンドロイドをつくることは、本当に必要なのだろうか。たとえば、モニターにアバター（仮想的なキャラクター）を映し出すほうが、コストは低いし、変更などの使い勝手もよい。おそらく、そのときにもっとも問題となるのは、ロボット、あるいはアバターの、人間としての存在感ではないだろうか」と書かれている。ここから、「ヒューマノイドロボットをつくるのは技術的に高度で、お金がかかるけど、モニターに映し出すアバターなら費用もかからないし、簡単につくり直すこともできるしね」という発言は、「本文の趣旨」と合致していると言える。また、筆者

は「アバターの、人間としての存在感」を否定しているわけではないので、「人間そっくりではなくても、モニター上のアバターに人間らしさを感じることがあるよ」という発言が「本文の趣旨」とは異なっているとは言えないだろう。

③（「生徒C」の発言）について。11には、「ロボットをつくることによって、人間の知能が、どのように実現されるかを知ることができる可能性がある。……そのために使われるロボットは、人間の知能的な行動を再現することができるヒューマノイドである。……それを人間と同じ環境に置いて、さまざまな振る舞いをつくり込む」と書かれている。ここから、「人間らしさということでいえば、……知能の問題にも関わるよね。人間と同じ環境で、人間のように振る舞うヒューマノイドロボットをつくるとしたら、人間の知能的な行動を再現して試すことになるわけだから」という発言は、「本文の趣旨」と合致していると言える。

④（「生徒D」の発言）について。11には、「人間の知能的な行動を再現することができるヒューマノイド」をつくるにあたって、「行動をつくり込んだり、学習させたり」するとは書かれているが、「人間を相手にコミュニケーションを繰り返す」とは書かれていない。12には、「ロボットが置かれる環境は「コミュニケーションする相手（＝人間）も含んでいる」と書かれているが、人間とコミュニケーションするロボットだからといって、「人間を相手にコミュニケーションを繰り返すことで」、「人間の知能をよりよく模倣できるようになる」とは書かれていない。したがって、これは「本文の趣旨と**異なる発言**」であり、**④が正解**。

⑤（「生徒E」の発言）について。12には、「環境の一部に人間を含んでいるようなシステムの場合、ロボットにどのような外見をつくり込めば、ロボットを人間らしく感じるのだろうか。あるいは、どのくらい内部のプログラムをつくり込めば、それを見た人間が、ロボットを人間と錯覚してしまうのだろうか。このように、構成論的な研究に用いられるロボットは、……人間を知るための道具として用いられることになる」と書かれている。また、13には、「構成論的研究に用いられるロボットは、ロボットの新しい方向性であると考えることができる」（傍線部C）と書かれている。これらの箇所から、「ロボットがどのような外見になれば不気味に見えなくなるかや、どのように振る舞えば人間に近づくかがわかるとすれば、それらもこれからのロボット研究が持つ可能性ということになりそうだね」という発言は、「本文の趣旨」と合致していると言える。傍線部Cの表現と「これからのロボット研究が持つ可能性」という表現が対応していることは明らかである。

問6　本文の表現と構成について問う問題

(i)　**本文の表現に関する説明として最も適当なものを選ぶ問題　10　③**

①から順に適否を検討していこう。

①について。1段落の冒頭は、「そもそも、ロボットはヒューマノイドであるべきかどうか、という問いは、われわ

れヒューマノイドロボット研究者に、常に投げかけられていると言っていい」となっている。「そもそも」が、この「問い」について、「果たして真剣に考える意義があるのだろうか、と疑いを示すことで読者の気持ちを代弁している」という説明は明らかに不適当である。「そもそも(＝いったい)」は、物事を説き起こすときに文の冒頭に用いる語であり、「ロボットはヒューマノイドであるべきかどうか」という問いを示しているだけであり、この問いについて「果たして真剣に考える意義があるのだろうか、と疑いを示」してはいないし、「読者の気持ちを代弁して」もいない。そのような根拠はどこにもない。

②について。4段落で、筆者は、人間の代わりに「接客や応対」をするロボットが「人間そっくりの風貌を持つアンドロイド」であることが「本当に必要なのだろうか」、「モニターにアバター(仮想的なキャラクター)を映し出す」ほうがいいのではないかと問い、「そのときにもっとも問題となるのは、ロボット、あるいはアバターの、人間としての存在感ではないだろうか」と述べている。筆者がここで言っているのは、人間の代わりに「接客や応対」をするのに適しているのは「人間としての存在感」のあるほうだ、ということである。したがって、「『人間としての存在感ではないだろうか』は、『問題となるのは人間としての存在感ではない』という筆者の主張を控えめに主張している」という説明は明らかに不適当である。

③について。8段落の第1文、第2文は「生物学者の研究によると、砂漠アリには、太陽の偏光を感じるセンサーがあり、これをもとに巣穴に対する自分の位置を知ると言われている。砂漠の中では太陽光には事欠かないので、この仮説は正しいように思われるし、実際に偏光を観測することができるセンサーがアリにあることも観察されている」となっている。第2文で筆者が証拠を示していることから、「第1文で紹介した仮説は正しいと判断している」ことは明らかであるし、「この仮説は正しい」ではなく「正しいように思われる」が「断言することは留保した表現である」ことも明らかである。したがって、**③が正解**。

④について。12段落で、筆者は、「環境の一部に人間を含んでいるようなシステムの場合、ロボットにどのような外見をつくり込めば、ロボットを人間らしく感じるのだろうか。あるいは、どのくらい内部のプログラムをつくり込めば、それを見た人間が、ロボットを人間と錯覚してしまうのだろうか。このように、構成論的な研究に用いられるロボットは、……人間を知るための道具として用いられることになる」と述べている。ここから、「あるいは」の前後で示されている二つの問いは、「人間を知るための道具として用いられる」ロボットはどのように「つくり込めば」いいのかという問いであるとわかる。そして、「あるいは」は、どちらを選択してもよいとして二つの問いを提示しているのである。したがって、「『あるいは』は、ここでは前後の『のだろうか』で終わる二つの疑問について、どちらがより重要か読者に考えさせる働きがある」という説明は明らかに不適当である。

(ii)

本文の構成に関する説明として最も適当なものを選ぶ問題 [11] ④

本文の構成については、すでに**【本文解説】**の冒頭で説明しているので、それを再掲しよう。

[1]～[4]の**前半部**では、ロボットが人間の労働を代替する場合に、そのロボットがヒューマノイドであることの意味について論じている。[5]～[13]の**後半部**では、ヒューマノイドロボットには、「労働の代替」という役割以外に、「人間を調べるためのツール」という非常に重要な役割があると指摘したうえで（[5]）、まず、砂漠アリのモデルロボット「サハボット」を例に、生物そっくりのロボットをつくり、その生物の情報処理や知能を知ろうという「構成論的研究」について紹介している（**後半部(1)**―[6]～[10]）。次に、ヒューマノイドロボットを使った人間の構成論的研究について論じている（**後半部(2)**―[11]～[13]）。

これに適った説明になっているのは④である。**【本文解説】**の冒頭の説明においては、[1]～[4]の**前半部**では、ロボットが人間の労働を代替する場合に、そのロボットがヒューマノイドであることの意味（＝意義）について論じているとしたが、[1]では「ロボットはヒューマノイドであるべきかどうか」と問題提起しているだけであり、実際にロボットがヒューマノイドであることの意味（＝意義）について具体例をあげて論じているのは[2]～[4]なので、④の「ヒューマノイドロボットの意義について、[2]、[3]、[4]段落で例が紹介され」という説明は適当である。また、**【本文解説】**の冒頭の説明では、砂漠アリのモデルロボット「サハボット」を例に、生物そっくりのロボットをつくり、その生物の情報処理や知能を知ろうという「構成論的研究」について紹介している（**後半部(1)**―[6]～[10]）としたが、[6]では「生物の『構成論的研究』」に言及しているだけであり、「サハボット」を使った実験について述べているのは[7]～[10]なので、④の「[7]段落からは実験が紹介され」という説明も適当である。さらに、**【本文解説】**の冒頭の説明では、ヒューマノイドロボットを使った人間の構成論的研究について論じている（**後半部(2)**―[11]～[13]）としたが、[11]～[13]では、人間の構成論的研究にはヒューマノイドロボットが適しているということが具体的に述べられている。これは、[1]の冒頭の「ロボットはヒューマノイドであるべきかどうか」という問題提起に回答した形になっている。したがって、④の「[11]段落以降で[1]段落の問題意識に対して例を示しながら回答している」という説明も適当である。したがって、**正解は④**。

①は、まず、「[4]段落でそれら（＝ヒューマノイドロボットの意義）とは大きく異なる観点が導入される」という説明が不適当である。[4]でも「ヒューマノイドロボットの意義」について述べられており、「大きく異なる観点」は「導入され」ていない。また、「[11]段落以降で[1]段落の問題意識に対して批判を行いながら回答している」という説明が不適当である。「[11]段落以降で[1]段落の問題意識に対して批判」はしていない。

②は、①と同様に、「[11]段落以降で[1]段落の問題意識に対

して批判を行いながら回答している」という説明が不適当である。

③は、①と同様に、「4段落でそれら（＝ヒューマノイドロボットの意義）とは大きく異なる観点が導入される」という説明が不適当である。

第2問 現代文（小説）

【出典】

稲葉真弓の小説『水の中のザクロ』（講談社、一九九九年）第4章の一節。初出は、文芸雑誌『群像』一九九九年四月号。

稲葉真弓（いなば・まゆみ）は、一九五〇年愛知県生まれ。「声の娼婦」（平林たい子賞を受賞）、「海松」（川端康成文学賞、芸術選奨文部科学大臣賞を受賞）、「半島へ」（谷崎潤一郎賞、中日文化賞、親鸞賞を受賞）などがある。二〇一四年に紫綬褒章を受章。二〇一四年没。

【本文解説】

本文は、「私」が、入浴・娯楽施設「ケンコウランド」で知り合った老女の言動から、田舎から引き取った母と過ごした日々のことを思い起こしている、という文章である。「私」が語り手として、〝大阪のおばあちゃん〟とのやりとりや、母との思い出を述べていることを、まず押さえておこう。

入浴・娯楽施設については、イメージを具体的に思い浮かべにくかったかもしれない。けれども、疲れを癒やしリラックスできる場所での、人と人とのふれあいを通じて、亡き母のことをあらためて思い起こしている、という本文全体の流れを読み取ることができれば、設問にしっかり答えられるだろう。

以下、リード文を踏まえ、本文の場面ごとの内容をそれぞれ確認していこう。

東京都内にある二十四時間営業の入浴・娯楽施設「ケンコウ

ランド」に通っている「私」は、そこに客として寝泊まりし、常連客に〝大阪のおばあちゃん〞と呼ばれている老女が、使用しているロッカーの前に座り込み、紙袋の中を探っているところを見かけた。(以上、リード文)

I　記憶が混在している〝大阪のおばあちゃん〞(冒頭~25行目)

〝大阪のおばあちゃん〞が施設内で使用しているロッカーは、開きっぱなしになっている。その中には、日常生活に必要な小物から、下着や着替えや思い出の品物に至るまで種々雑多なものが、要領よく整理されて、びっしり詰まっている。「私」には、ロッカーの内部は、「合理的で無駄のない生活」を示しているように思えた。

そのロッカーの前で、紙袋の中を探っている〝大阪のおばあちゃん〞は、自分の記憶の確かさに多少の不安を抱いている様子で、女学校の時から持ち歩いている「花のしおり」を探しているという。関東大震災で被害にあった東京の子供に、災難をまぬかれた関西の人々がお見舞いとして「花のしおり」をたくさん送った。その際に、「花のしおり」がきれいなので、自分もお守りにほしいと言い、母親に手伝ってもらい作ったものだ、と〝大阪のおばあちゃん〞が話した。大正十二年の関東大震災の時に五~六歳だとすれば、〝大阪のおばあちゃん〞は八十歳過ぎになる。五~六歳で「花のしおり」が作れるのか、そして、それを七十数年もの間持ち歩いていたのか、いずれも疑わしい気がしなくもない。

〝大阪のおばあちゃん〞の記憶については、施設の他の利用客も、「私」と似たような印象を抱いている。震災を話題にしていても、それに関東大震災の記憶と阪神大震災の記憶とが混在しており、聞いているうちに混乱し戸惑ってしまうという。

〝大阪のおばあちゃん〞の記憶の中では、今と昔とが違和感なく混在しているらしい。遠い過去を思い起こすこともあれば、その記憶が曖昧になることもある。記憶における時間の経過や物事の筋道があやふやだとしても、気にせず話をしている〝大阪のおばあちゃん〞を見るたびに、「私」は、似たようなところのあった母の姿を思い浮かべた。

II　田舎を離れ、「私」と暮らすことになった母の様子(26行目~91行目)

転倒しアキレス腱《けん》を痛めてから、身の回りのことがほとんどできなくなり、田舎で生活することが困難になった母は、上京して「私」と暮らすことになった。すでに脳の病気の症状が表れていたが、母はそのことを口にすることはなかった。上京した折の段ボール箱の荷物は、納戸めいた小部屋に入れたが、そのほとんどは積み上げたままで、当座に必要なものだけを開けただけだった。母は開けた荷物を小さな箱に仕分けていたが、たくさんの種類の薬を丹念に整理し、錠剤の名前や効用などの細かいメモを添えていた。だがそうしたメモは、名前や効用を記憶するためではなく、老いてからの病歴を「私」に知らせるためか、あるいは老いとともに衰えゆく器官の順序を確認する作業のようにも思えた。

　母は結局病院で、意識が混濁した状態で最期を迎えたが、ついに積み上げた段ボール箱を開けることはなかった。やむなく田舎を離れざるをえなかったときの、不愉快な気持ちを思い出したくないのか、荷物を整理しきる時間など残っていないと感じていたのか「私」にはわからない。

「私」と同居中は、田舎にいたときと同様に、体を動かすことをおっくうがり、キッチンでテレビを見るかベッドでうとうとするかして時間を過ごしていた。そうした日のうちにも、母の脳細胞は、緩慢に病に侵されていった。

　とはいえ、母が老いと病に抗《あらが》うかのような意外な行動を起こし、マンションの近辺で行方不明になったこともあった。一度目は、他家の庭に入り込み朝顔の花をむしっているところを発見された。二度目は、マンションに近いマーケットの化粧品売り場で、陳列されている化粧品の蓋を手当たり次第に開けているところを保護された。昔使っていたお白粉《しろい》を探していたと言うが、その化粧品の名前も定かでなく、母の記憶はたえず変容していた。

　安心を得たいのか、母は昔から、次々と生命保険に加入したり、郵便局や銀行や信用金庫の通帳を作ったり、株を買ったりすることを好んでいた。けれども晩年には、それらを話題にすることもなくなった。また、唯一の趣味である古裂《こぎれ》や骨董《こっとう》のことも忘れたふりをしていた。趣味の品物も、詰め込んだ箱を開くことで執着心が生じることを避けたかったのか、すべて「私」に譲ると言っていた。

　母は上京後、愚痴めいたことは言わなかった。そうした母が、田舎で具合が悪くなってから、同じ夢をよく見たという話をしていた。その夢は誰かが布団の傍らに座ってじっと母を見ており、着物に見覚えがあるが顔だけが見えない。そのうちに気づいて名前を口にしかけると、決まって目が覚める、というものだった。その夢は恐《こわ》いというより、むしろ懐かしさや温かみを感じ、同じ夢を見たと誰かに報告したいのに、目が覚めると妙に白々しい感じがする、とも母は言っていた。

　上京して慣れない場所に住まうことになったせいか、母の気分は毎日とりとめもなく動いた。そうしたことがいくつか思い出される。

「私」の部屋で使う、さして高価でもないティーカップを、きれいだとしつこく誉《ほ》めるので、母のために新しく買おうと好みの色を尋ねても、とたんに興味をなくしてしまう、ということがあった。

　母が自分の結婚式のときに作った丸帯のことを執拗《しつよう》に口にすることもあった。東京で仕事に明け暮れ、結婚する気もない一人娘に、まだ晴れ着を着せることを夢見ているようだ。

　出版に関わる仕事をしている「私」のそばにきた母が、資料や写真や観光案内書などを手にし、「ここはどこ？　ここに行ったのかい？　石の町だね」などと話しかけることもあった。あるとき、ひなびた山間の村の写真を見つけ、その村がダムの底に沈んだと知って、突然泣き出したことがあった。写真に写っている村の家々の屋根を撫《な》でながら、「捨てたらいかん」、梁《はり》も屋根も柱も井戸も「みんなみんな、かわいそうになあ」とつぶやいていた。東京で娘と暮らすために、人に預けた田舎の家が、母を呼んでいるように思えた。ダムの底に沈んだ家々のことで嘆く母は、家を手放したことを思い出し、身悶《みもだ》えしている。石の町にもダムのある村にも心惹《ひ》かれるところはあるものの、母の世話をする日々を送る「私」は、東京を離れることなどできなかった。母は、共に暮らした六年後、病院で亡くなった。

ロッカーの前で紙袋の中を手探りしている〝大阪のおばあちゃん〟を見ると、母が上京の折に田舎から持ってきた段ボール箱の荷物のことを思い出す。母が荷物のほとんどを開かなかったのは、その中身が開かなくともわかっていたからだ。あとは、「私」との暮らしで見聞きするものだけに、心の動きを託していたのだろう。石の町に田舎の庭の石を重ね、ダムの底に沈んだ村に田舎の家で過ごした年月を重ね、母は泣いたのだ。恨みや諦めではなく、自分が手放したものの中にまだ命があることを感じていたからではないだろうか。庭仕事をしたり、古びた家を季節に応じて手入れしたりすることが、母の一人暮らしを支えていたに違いない。

Ⅲ　母の姿に重なる〝大阪のおばあちゃん〟（92行目〜最終行）

見知らぬ他人の中で日々暮らすためには、過去にまつわるものをどれほど捨て去らなければならないのだろうか。幅二十センチのロッカーの中に、どれだけ記憶に関わるものが収まるのか、「私」には見当もつかない。けれども、七十年以上も前の「花のしおり」と二度の大きな震災が、〝大阪のおばあちゃん〟の記憶の中で今も浮き沈みしている。上京後の母が、わずかな荷物で昔を思い起こしていたように、ロッカーの中にも、他人には想像もつかないほど、〝大阪のおばあちゃん〟の記憶に関わるものが詰まっている気がする。

笑顔で花柄のガウンを羽織り、背筋を伸ばして周囲を意識しながら歩行する〝大阪のおばあちゃん〟の姿を見ていると、何かのきっかけでやみくもに（＝見通しもなく）歩き出した、晩年の母の姿を、「私」は思い起こさずにはいられなかった。

本文全体を、「私」と母との関わりに即して整理すると、以下のようになる。

東京で出版の仕事に携わっている「私」は、一人では田舎の生活が不都合になった母を呼びよせ、マンションで一緒に暮らし始めた。

↓

母は、田舎から運んだ荷物のほとんどを開けることもなく、部屋に引きこもりがちだった。だが、やみくもに外出し、近所で行方不明になることもあった。

↓

「私」の仕事の資料で、ダムの底に沈んだ村の写真を見て、人に預けた田舎の家や庭のことが重なるのか、母は「捨てたらいかん」と心を痛めることもあった。

↓

老いと病は緩慢ながら進行し、母は六年後に病院で亡くなったが、その前から記憶は混濁していた。

↓

「ケンコウランド」で知り合った〝大阪のおばあちゃん〟が、ロッカーの前で混在する記憶をたどっている姿を見ていると、老いと病の中で記憶が曖昧になっていた母の姿が思い浮かぶ。

【設問解説】

問1　語句の意味を問う問題　12　③　13　①　14　③

(ア)の「首をかしげる気分」の「首をかしげる」は、〈疑問に思う。不審に思う〉を意味する。そして、傍線部の直前では、花のしおりに関する〝大阪のおばあちゃん〟の話が、そのまま信じてよいのかどうか疑わしい、ということが述べられている。したがって、「首をかしげる」の語意に適合し、文脈にも合致する**③が正解**。①・②と④・⑤は、いずれも「首をかしげる」の語意に合致しないし、かつ文脈にも適合しない。

(イ)の「のっぴきならない」は、〈退くことも避けることもできない。どうにもならない〉を意味する。この語意に合致し、かつ、病気で日々の暮らしも不都合な母には誰かの手助けが必要、という文脈にも合致している**①が正解**。②は、文脈に合致しない。③〜⑤は、いずれも語意に合致しない。④で迷ったかもしれないが、「本人の思うとおりにならない」には、「のっぴきならない」の、どうにもならない状態に陥っているというニュアンスがない。

(ウ)の「とりとめもなく」は、〈きちんとしたまとまりもなく。はっきりした目標もなく〉という意味であり、これに最も近い**③が正解**。①・②と④・⑤は、いずれもそうした語意に合致しない。

問2　「私」が〝大阪のおばあちゃん〟をどのように見ているのかを説明する問題　15　④

語り手としての「私」が、〝大阪のおばあちゃん〟について述べている部分を押さえていこう。

まず、傍線部には、「脈絡も、つじつまの有無も頓着せずに話しているおばあちゃん」とある。ここからは、

a　〝大阪のおばあちゃん〟は、物事の筋道のつながりも一貫性もなく（＝脈絡もつじつまが合うこともなく）とも、気にすることなく（＝頓着せずに）そのまま話をする

ということがわかる。

次に、「おばあちゃんの記憶の混乱はいつものことだ」（19行目）や、「今と昔とが何の違和感もなく混じり合う瞬間もあるらしく」（22・23行目）、「差し込んだり、ふいに消えたり」（23行目）する記憶が、「その運動の帰結はわからないまま、おばあちゃんの中を行き来していた」（23行目）、などとあることに着目しよう。つまり、記憶が混在していても、筋道のつながりがなくとも、〝大阪のおばあちゃん〟は、その時々に浮かんだ思いを気ままに話すということである。こうしたことから、

b　〝大阪のおばあちゃん〟の記憶は混在しており、その

時々に（＝折々に）思い出が浮かんだり沈んだりする

とまとめることができる。

そうした〝大阪のおばあちゃん〟の話を、「ケンコウランド」の他の客も、「聞いているうちにわけがわからなくなった」（20・21行目）と受け止めていた。しかも、〝大阪のおばあちゃん〟ですら、「自分でもそれ（＝花のしおりに関する記憶）が確かなのかどうか疑っているらしい」（5行目）のである。以上の内容は、

c　a・bである〝大阪のおばあちゃん〟の話は、知り合いの（＝交流のある）「ケンコウランド」の他の客を困惑させる

d　〝大阪のおばあちゃん〟は、ときに自分の記憶を疑うこともある

と整理できる。

これらの内容が、おおむねd→c→a・bという順序で述べられている、**④が正解**。

①は、まず「その（＝ロッカーの中の荷物の）一つ一つに関して」話をするという内容が間違い。本文では、品物の「一つ一つに関して」話すことなど述べられていない。また、「にせの記憶が混ざった筋道の怪しい物語を創作し」も間違い。記憶の混乱があるとしても、〝大阪のおばあちゃん〟は「にせの記憶」を意図的に「創作」しているわけではない。

②は、「他の客たちとの対話を手がかりとして、子ども時代の記憶をよみがえらせようと懸命に試みている」が間違い。まず、〝大阪のおばあちゃん〟は阪神大震災の話もするように、「子ども時代の記憶」に限定して話をしているわけではない。また、a・bにあるように、「対話」を通じて記憶をよみがえらせることを「懸命に試みている」わけでもない。

③は、「『私』や他の客にもその（＝花のしおりの）美しさを見てほしくて」が間違い。〝大阪のおばあちゃん〟が「私」や他の客に見せようとしていることなど、本文では一切述べられていない。

⑤は、「自分自身にとってはどちらも（＝関東大震災も阪神大震災も）大切な記憶なのだと開き直って」が間違い。まず、二つの震災が「大切な記憶」なのかどうかは本文からは断定できない。さらに、dにあるように、自分自身の記憶を疑う様子は述べられているが、記憶をめぐって「開き直」る（＝ふてぶてしい態度になる）といったことは一切述べられていない。

問3　問題 16 ③　いつも見た夢が母にとってどのようなものかを説明する

まず、傍線部の「それ」＝「いつも同じ夢」とは、直前に示されているように、母が「具合が悪くなってから、田舎でよく見た」（59・60行目）という夢のことである。またここで、「具合が悪くなって」というのは、脳の病が、「ひどく緩慢に、ほとんど目に見えない速度で細胞を破壊し」（45・46行目）、「記憶の混乱」（26行目）をもたらしている状態のこ

とを指している。ここからは、

a　母がいつも見た夢は、脳の病の発病による記憶の混乱に関わっている

ということが読み取れるだろう。

次に、傍線部の「（夢は）いつも同じ終わり方をする」という、夢の終わり方に関しては、61〜65行目で述べられている。「懐かしいような、温かいような」（64行目）気持ちになることと、誰かに夢を報告したいのに目覚めると「妙にあとは白々として」（65行目）おり、夢の中に出てくる人の名前を思いだしかけたのに「さっぱり思いだせない」（65行目）ことを、母が語っていた。これらの内容は、

b　夢を見て懐かしさや親しみを感じた

c　夢について誰かに報告したいが、目覚めるとさめた（＝白々した）気持ちになった

d　思いだしそうなのに思いだせないというもどかしさを感じた

とまとめられる。

よって、以上のa〜dを含んでいる③が正解。なお、「母の記憶の部分的な欠如」という表現は本文に直接ないが、aにあるように、病を抱えており、dにあるように、思い起こせない事柄がある、という内容に該当する表現である。

①は、まず、「夢は母の記憶と想像の交錯を表し」が間違い。母が何かを想像したことなど本文で述べられていない。

また、「目覚めるとそう（＝夢について誰かに訴えたいと）思ったことが苦々しくなる」が、cと合致しない。

②は、まず、「夢は母の過去と現在の断絶を表し」が間違い。夢は、「田舎でよく見た」ものである。そのときに、東京にいる現在との関わりで夢を見ることはない。また、「目覚めるとそう（＝夢の内容を誰かに語りたいと）思ったことがばかばかしくなる」も、①と同様に、cと合致しない。

④は、「母に過去を思い出すことへの抵抗を感じさせた」が間違い。夢の中で懐かしさや親しみを感じた（b）に合致しない。

⑤は、「記憶の日常的な混濁」が間違い。母は、ときに記憶が混乱することがあるとしても、「日常的」に記憶が混濁していたとまで断定する根拠は、本文にない。また、「田舎でよく見た」夢なのに「望郷の念を覚えさせた」というのも不自然である。

問4　傍線部に関して、「私」が母の状況や心情をどのように捉えているのかを説明する問題　17　①

傍線部の「開くことがなかった」というのは、母が田舎から持ってきた荷物のことであり、日常生活に必要なもの以外の、積み上げたままの段ボール箱のことを指している。そして、「開かなくても見えていた」というのは、「私」が荷物の整理を促しても、「開かなくても分かっているから」（35行目）という母の言葉を受けたものである。こうしたことを踏まえ、娘である「私」と暮らすようになって以降の、母の状

況や心情を見ていこう。

母は「私」との暮らしの中で、趣味の品物も含め荷物に関しては「もういいよ。みんなあんたにあげる」(58行目)と言い、使用する気配もなかった。では、母にとって荷物は無用なものにすぎなかったのだろうか。母が段ボール箱の中身を開かなかったことについて、「私」はその理由をあれこれ推察しており(36・37行目)、その荷物が田舎での生活を思い起こさせるものであることを察している。だとすれば、開けられることのなかった荷物は、

a 実際に使用することはないが、田舎の思い出に関わるものとしてあった

と読み取れるだろう。

次に、母が「私の部屋で見聞きするもの」について、どのように「心の浮き沈みを託していた」のか押さえていこう。ある日、母は、「私」の部屋で使っている、さして高価でもないティーカップの花模様を見て、「ああ、きれいだ、こんなきれいなカップは見たことがない」(68・69行目)と華やいだ様子で感心していたことがあった。

またある日、母は、「私」の仕事の資料の中から、山間の村の写真を見つけ、その村がダムの底に沈んでしまったことを知ると、その村に「自分と家との年月を重ね」(88行目)、長年暮らした田舎の庭や家を思い起こし暗い気分になることもあった。そして、「まだ命が流れている」(89行目)のに田舎での一人暮らしを支えた家や庭を捨ててしまったと泣いたこともあった。

これら、「私」の部屋で見聞きしたものによる母の心の揺れ動きは、

b ときに、華やかな気分になることもあった

c 過去の田舎暮らしを思い出し暗い気分になることもあった

d 長い田舎での一人暮らしを支え、しかもまだ生きていた家や庭を捨てたことに胸を痛めていた

とまとめることができる。

よって、こうしたa～dの内容を含んでいる**①が正解**。

②は、まず、「記憶のつじつまを合わせようと苦労したりする」が、本文に根拠のない内容。また、「それら(=田舎の家や庭)が自分の記憶の中で生きていることを確認して慰められてもいた」も、dと合致しない。

③は、まず、「東京に来てからは慣れ親しんだ家や庭の存在を忘れていた」が間違い。そのように断定する根拠は本文にない。また、「田舎に帰りたくなったりする」も、本文に根拠のない内容。

④は、「新しい記憶が必要だった」も、「自分を病人扱いする何気ない娘の言動に傷ついたりする」も、本文に根拠のない内容。

⑤は、「箱を開くと記憶が混乱することがわかっていたので」も、「自分の老いや病を認めざるをえず苦しんだ」も、本文に根拠のない内容。

問5　傍線部に関して、「私」が〝大阪のおばあちゃん〟と母の姿をどのように感じているのかを説明する問題　18　⑤

傍線部では、「意識的に歩こうとしている」〝大阪のおばあちゃん〟の姿と、「やみくもに（＝思慮分別がなく、見通しもなく）歩き出した」母の姿とが、対比的・対照的に述べられている。このような立ち居振る舞いにおける違いは、二人の日々の過ごし方に関わっている。

〝大阪のおばあちゃん〟は、「ケンコウランド」という入浴・娯楽施設で寝泊まりし、知り合いとはいえ他人である常連客の中で毎日を過ごしている。いわば、「見知らぬ他人の中に身を沈め」（92行目）、他人の目を意識しながら暮らしているのである。一方、「私」の母は、二度、やみくもな行動に出て行方不明になったことを除けば、老いと病のせいもあり、マンションに引きこもり、体を動かすこともほとんどなかったのである。こうした二人の日々の過ごし方は、

a　〝大阪のおばあちゃん〟は、「ケンコウランド」で他人と交わって暮らしている

b　「私」の母は、「私」のマンションで引きこもりがちな日々を過ごしていた

c　aとbは対照的（＝対比的）である

と整理できるだろう。

とはいえ、暮らし方が対照的だということだけで、「私」は、〝大阪のおばあちゃん〟の姿から、母の姿を想起するのであろうか。これに関しては、24・25行目に、「おばあちゃんを見るたびに、私の脳裏には決まって母のことが浮かんでくる。母にもそういう瞬間が何度かあったからだ」とある。つまり「私」は、〝大阪のおばあちゃん〟と母とには、共に「そういう瞬間」があった、すなわち共通点があると見ているのである。では、「そういう瞬間」とは、どういうものか、それを押さえていこう。

〝大阪のおばあちゃん〟は、荷物がびっしり詰まったロッカーの前で、自分でも記憶に自信のない、花のしおりにまつわる思い出を、「私」に話したことがあった。周囲の知り合いにも過去を話し、その記憶の混在によって困惑させることが度々あった。

そして、母も田舎から持ち込んだ段ボール箱を開けようとしないものの、そうした荷物にまつわる記憶を、気が向いた時に話すことがあった。さらに母は、行方不明になり近くのマーケットで、化粧品の蓋を次々と開けていた時のように、記憶の混在によって「私」を戸惑わせることもあった。

しかも、〝大阪のおばあちゃん〟と母とにおける、荷物と記憶との関わりについて、「私」がどのように受け止めているかが、92〜95行目で、「幅二十センチのロッカーに収まるだけの記憶の量がいったいどれほどの重みなのか、……母がわずかな荷物に昔を託したように、幅二十センチのロッカーの中にも人には見えないものがぎっしりと詰まっているような気がする」と示されている。以上のことは、

d　〝大阪のおばあちゃん〟は、荷物の詰まったロッカー

の前でふと過去を思い起こす

e　母は、開かれることのない段ボール箱をめぐり過去を思い浮かべることがある

f　d・e（の記憶の混在）に関わる発言や行動によって、周囲を戸惑わせることがある点で、二人には重なるところがある

と整理できるだろう。

よって、以上の、a～fの内容を踏まえた**⑤が正解**。なお、「象徴されるような」という表現は、ロッカーや段ボール箱という具体的なものと、記憶という抽象的・観念的なものとが関連づけられていることを示している。

①は、「入っているはずもない遠い昔の花のしおり」が間違い。花のしおりの存否については、「私」が「入っているはずもない」と断定しているとする根拠は本文にはない。また、母が「荷物を開けない」理由について、「私」はあれこれ推察しているが、「田舎の家や骨董品を忘れないように努めていた」と断定しているわけではない。さらに、「記憶の混線をものともせず過去を現在に再生させる」も、本文に根拠がない。

②について。「記憶の混乱によって周囲を驚かせる」が間違い。「私」は、母の病や記憶の混在に日常的に接しており、母の「記憶の混乱によって」驚かされるわけではない。また、〝大阪のおばあちゃん〟が、意識して「これ以上混乱しないように気を張って生きている」と断定する根拠も本文にない。

③は、「幸福な記憶につながるささやかで美しい物によって晩年の生活を楽しむ点で、二人は重なり合う」が間違い。母の記憶に関わるものの中に「山間の村の写真」が挙げられているが、故郷とは異なるこの写真は、「ささやかで美しい物」として晩年の楽しみを与えるものではなく、むしろ母に田舎の家や庭を捨ててきたという心痛を与えるものである。

④について。「記憶が混乱しているという周囲の噂を強気に振り払いながら」とある。だが、〝大阪のおばあちゃん〟が、そのように噂されていることを知っているとは、本文で明示されていない。まして、知っているのかどうか不明な「噂を強気に振り払いながら」と断定できる根拠も本文にはない。

問6　19・20　③・⑥　本文の表現の説明として適当なものを選ぶ問題

引用部分とそれに関する説明を、本文内容と照らし合わせ、選択肢を吟味していこう。

①について。5行目の「影のようなものが」とは、自分の記憶が確かなのかどうかを疑っている〝大阪のおばあちゃん〟の表情をたとえた表現である。したがって、ここでの「もの」を「視覚でとらえられるものを指している」というのは、説明として間違っている。

②について。32行目で用いられている「あれは」は、隔たりを意識しているときに用いる指示代名詞である。ここでは、母がさまざまな薬に付していたメモのことを指している。

「これは高血圧の薬、こっちは風邪薬、これは催眠剤、この黄色いのは抗鬱剤、白いカプセルは胃腸薬」と、かなり具体的に述べられている。したがって、「あれ」という指示代名詞によって、「私」の「記憶がかなり薄れ、ぼんやりとしか思い出せないことが表されている」と断定するには無理がある。

③について。36・37行目では、母が荷物を開けようとしない理由についての、「私」の推察が述べられている。そこでは、「それ（＝田舎を出たときの気持ちがよみがえること）に耐えられなかったのか、田舎をひきずるのがいやだったのか」とあるように、母が田舎を離れる際に、思い起こしたくないほどつらい思いをしたことが推し量られている。そうしたつらい気持ちが生々しく呼び覚まされていくことへの不快さが、「ぬるぬる」という語の一般的な語義も踏まえて、表現されているのである。したがって、この説明は適切である。

③が一つ目の正解。

④について。40行目と56行目の「のだろう」という表現は、たしかに「事柄の事情や理由を推し量る表現」である。しかし、推察の対象となっている事柄に関して、40行目の場合は直前の文に示されているが、56行目の場合、そうした事柄は同一文にあり、しかも「のだろう」という表現の後ろでも示されている。したがって、56行目の場合、「直前の文で描写される母の言動の理由を推し量ったもの」とはいえず、説明として間違っている。

⑤について。82行目の「そんな」で始まる一文には、「飲ませ」や「洗ってやる」など、たしかに「私」が母の世話をしていたことが述べられている。しかし、これらの表現から「『私』が母を煩わしく思い、冷淡で高圧的な態度で世話していた」と断定できる根拠は本文のどこにもない。むしろ、「私」は老いゆく母のことに心をくだき、母のためにあれこれ思案している。したがって、⑤は間違った説明である。

⑥について。引用されている文の、直前の一文に、「田舎での一人暮らしを支えたものは、雑草だらけの庭であり、古びた家だった」とある。こうした庭を手入れし、家を掃除している、母の日常生活の様子を具体的に描写しているのが、90・91行目の、「作り」「育て」という動詞の連用形や、「拭いた」という結びである。したがって、こうした描写によって、庭と家が「田舎での一人暮らしを支えた」ことを強調している、というのは適切な説明である。**⑥が二つ目の正解。**

第3問　古文

【出典】

『桃の園生』

成立年代　江戸時代中期（一七七八年）

ジャンル　擬古物語

作者　荒木田麗女《あらきだれいじょ》（一七三二〜一八〇六年）。江戸時代中期から後期にかけての作家、文学者。幼時から学を好み、十七歳の時から連歌を学び、また、多くの古典を読んで、和歌や漢詩、漢学の教養を身につけた。二十二歳で結婚した後、学問を好む夫の理解と援助もあり、旺盛な創作活動を行ったが、その著作は、擬古物語、歴史物語、紀行文、文集、随筆など多岐にわたっている。中でも擬古物語は、古典の知識をもとにした、平安貴族の世界を舞台とした作品が多い。

内容　頭中将と弁を主人公として貴族の生活を描いた短編。

頭中将と弁とは、いずれも才学にすぐれ時流に乗って栄えており、その父同士が親しかったこともあり、心の隔てなく親しいつきあいをしていた。八月のある日、頭中将や弁をはじめとして宮中の若い公達《きんだち》が嵯峨野《さがの》遊覧に出かけたところ、突然の雷雨となった。公達らは、雷鳴時に宮中に臨時に設けられる警固《けいご》の陣に伺候できず、天皇の怒りを買って謹慎となる。その間、弁は恋人の左京に手紙を出すが、侍従や少将が手紙の使者の主殿司を仲間に引き入れて弁の手紙を横取りし、左京のふりをして返事をするいたずらをした。そのうちに、侍従たちはいたずらに飽きてしまったので、本来の相手に届けられた手紙もあった。

出題された本文は、謹慎が解けた後の場面である。

本文の後、弁は、いたずらをしたのは頭中将ではなかったことを知る。その後、天皇の行幸に関する意見の対立から、頭中将と弁が諍《いさか》いを起こすこともあったが、翌春の初めに二人ともに宰相となり、位階も上がった。

【全文解釈】

頭弁は思いやりなさる方《かた》は大勢いるけれども、まず左京のもとに行って様子を御覧になると、（左京は）以前と変わることなく、他の人に馴《な》れ親しんだ（弁に対して）打ち解けない心（がある）ということもなく、隔てをおく心もないので、心が落ち着くように思うものの、数日来の手紙（の内容）が理解できなかったのも、（逢瀬《おうせ》の）絶え間も恨めしく思っていたのであるようだと思われて、いっそういとおしく、（弁は）愛情細やかに親しく話をしなさる。女（＝左京）は、「影を踏みそうなくらいの（近い）距離でも、（『逢う』の意の）『逢坂の関』というように逢うために訪れることは難しいだろうが、（『来るな』の意の）『勿来《なこそ》』の関ではないが手紙すらくださらないのは恨めしく」と、かわいらしい様子でそれとなく言い、恨み申し上げるので、弁は、「それは私こそ恨み言を申し上げたい。あれほど心配をしないように、毎日手紙を送ったのに、（私の）愛情が浅いと（あなたは）ことさら思いなさって、いつも不思議に恨み言を言いなさり、（私を）思ってくださらなかったことが、かいがないとばかり思ったのに」と、まじめな態度を取りなさると、女は、「たいそうにくらしくも（おっしゃることよ）」と言って、

「檜《ひのき》の中垣のために、むなしく手紙も通わないが、その中
檜垣のように、私に隔てをおくあなたの心と見たことだ。

（あなたの）心変わりは本当に、様子が格別なことよ」と言うので、弁が、「理不尽にもとぼけなさったよ。それならば（あなたが）くださった手紙がたくさん場所が狭く感じられるほどあるので、今見せ申し上げよう」とおっしゃるので、女も不審に思い、「まったく（わけが）わからない。（あなたからの手紙を受け取ったのは）わずかに二度か三度くらい（です）」などと言って、弁の手紙を取り出した。（弁が）たくさん書き尽くしなさる手紙は、ほとんどなくて、三通ぐらいだけである。とても不思議で、どういうことかと胸が騒いで思いをめぐらすと、言うまでもなく（手紙の）使者が分別がなく、違うところへ持って行ってしまったのであるようだ、それにしてもどこに持って行ったのだろうかと、ますます心穏やかではなく思われるけれども、どうしようもないので、明日その（使者の）主殿司に尋ねて、真偽を明らかにしようと思って、（手紙について）言うのをやめて、「私は少しも（あなたのことを）忘れることもなかったのに」と泣いて、

「あなたを思い幾日にもなってしまった。夢でさえ（あな
たに）逢わないで、たくさん恋しく思い続けるので。

いつも忘れることはできない」などしみじみつらく思う様子でことさら申し上げなさる。女は、

「幾晩になるだろうかなあ。（あなたに逢えず涙を流し、そ
の）涙に濡《ぬ》れた床を払いかねて、（あなたの夢が見られる
かと涙に）濡れた衣を裏返して寝たことだ。

月が改まるまでに（ずっと）」と言うのも、いじらしいので、「もう思い（嘆き）なさるな。（今後は）けっして途絶えはあるはずはなく、疎遠になることなく逢い申し上げようと思う」と慰めて、男君（＝弁）は、

「幸せなことに逢うようになった妻がいとおしいなあ。疎
遠にならず通おう。

これからずっと」と申し上げなさる。

翌日、例の手紙の使者の主殿司を、人目につかない所に呼んで尋ねなさると、（主殿司は事情を）申し上げようもなくて座っていた。そうは言ってもやはり高貴な若君（のどなた）がしなさることなどとは、すっかり話すこともできず、この君（＝弁）の様子もはばかられて、真剣に困っている。弁は、（主殿司が）はっきりとも言わないけれども、しだいに高貴な若君の（誰かが）やったことだとわかりなさり、頭中将こそがこのような愚かな振る舞いはするだろう、他の人はきっと遠慮することもあるだろうと、当て推量に思いつくと、しゃくにさわることはこの上ない。すぐに頭中将の方に、手紙を書きなさる。

「秋風が毎日吹き通う、その中を毎日雁が使者となって手
紙を届けるが、その使者があなたの指示を受けた使者だと
は私は思わなかったのに。

たいそう男女の情愛に通じていない（あなたの）お心が珍しく

（思われます）」と書いてある。頭中将は不審に思って御覧になったが、すぐに（事情を）理解しなさり、侍従・少将などが、悪ふざけでしたことを（弁が）ほのかに知って、（その悪ふざけをしたのは）自分（＝頭中将）だと思いついたのであるようだと、おかしいけれども、めんどうで、

「不審だなあ。夕霧がかかっている空には、通うような雁の声も絶えてしまったように、手紙のやりとりなどはありません。たいそう奇妙で、まったくどういうことも思いあたることができません」と（返事し）申し上げなさる。

【設問解説】

問1 短語句の解釈の問題 21 ④ 22 ② 23 ③

解釈の問題では、古語の意味と文法事項に留意して、逐語訳をすることが大事である。しかし、文脈を踏まえて意味の判断をしなくてはならない場合もあるので、普段から、文脈をよく考えた上で解釈をするように心がけたい。

(ア) いとどらうたく

いとど	らうたく
副詞	形容詞「らうたし」ク活用 連用形

いとど
1 いっそう。ますます。

らうたし
1 いとしい。かわいらしい。

「いとど」の解釈として適当なものは④「いっそう」、⑤「ますます」で、「らうたく」の解釈として適当なものは④「いとおしく」のみなので、正解は④である。また、ここは、弁が左京と対面している場面での、左京に対する弁の心情描写にあたる箇所なので、④の解釈は文脈にも合う。

(イ) あやなくおぼめき給ひけりな

あやなく	おぼめき	給ひ	けり	な
形容詞「あやなし」ク活用 連用形	動詞「おぼめく」カ行四段活用 連用形	動詞「給ふ」ハ行四段活用 連用形 尊敬の補助動詞	助動詞「けり」終止形 詠嘆	終助詞 詠嘆

あやなし
1 道理に合わない。
2 理由がない。
3 無意味だ。つまらない。

おぼめく
1 よくわからない。いぶかしがる。
2 よくわからないふりをする。とぼける。

給ふ
1 お与えになる。（「与ふ」の尊敬語）

2　〜なさる。お〜になる。〔尊敬の補助動詞〕
3　〜（ており）ます。〔謙譲の補助動詞〕
※　1・2はハ行四段活用、3はハ行下二段活用。

「あやなく」の解釈として適当なものは②「理不尽にも」で、「おぼめき」の解釈として適当なものも、②「とぼけ」のみである。「給ひ」は動詞「おぼめき」に続いているので補助動詞で、四段活用の連用形であるから尊敬語、「けり」は詠嘆の助動詞、「な」は詠嘆の終助詞なので、「〜なさったよ」といった訳になる。②はこの部分の解釈も正しい。よって、**正解は②**である。

また、文脈を考えると、リード文にあるように、弁は左京に手紙を何通も送ったが、誰かのいたずらで手紙はほとんど左京には届いておらず、弁が受け取った返信の多くは偽物である。そのような中で、弁は左京から自分の愛情を疑うような返信ばかりが届いたことを責め、左京はそれを聞いて弁の心変わりをなじるというように、お互いの話はかみ合わない。そこで、弁が左京に対して「理不尽にもとぼけなさったよ」と言うのは、文脈にも合う。

(ウ)　**所置くやうもありなん**

所置く	やう	も	あり	な	ん
動詞「所置く」カ行四段活用 連体形	名詞	係助詞	動詞「あり」ラ行変格活用 連用形	助動詞「ぬ」未然形 強意	助動詞「ん」終止形 推量

所置く
1　相手と距離を置く。遠慮する。

「なん（＝なむ）」の識別
1　強意の助動詞「ぬ」の未然形＋助動詞「ん」
《連用形に接続する》
2　願望の終助詞「なん」
《未然形に接続する》
3　強意の係助詞「なん」
《体言や連体形などにつく》

「所置く」の解釈として適当なものは、②「気をつかう」、③「遠慮する」である。「なん」については、前記に示した通り、終止形につくことはないので、その直前の「あり」は、ラ行変格活用動詞「あり」の連用形とわかり、前記1と判断できる。ここは「所置くやう」が「ありなん」というのだから、「ん」は推量の意ととらえるのが適当で、「なん」は「きっと……だろう。……違いない」などといった訳になる。この解釈として適当なものは③「きっと……だろう」、⑤「……に違いない」である。④は「……ただろう」と、「ぬ」を完了で解釈している点が不適当である。以上のことから、**正解は③**である。

傍線部は、弁が、手紙のやりとりに関するいたずらを公達のしわざだと思い、さらに具体的にはそれは誰か、と考える心中部にある。傍線部は、「頭中将ならこういう愚かな振る舞いもするだろうが、他の人は」という内容に続くので、③の解釈は文脈にも合う。

問2　文法問題　24　②

まず、敬語の種類と敬意の対象について確認しよう。今回は敬意の対象のみを問う設問であったが、「誰が敬意を払っているのか」についても、あわせて見ておく。

【誰からの敬意か】

① 地の文で用いられている場合
……作者から

② 会話文・手紙文で用いられている場合
……話し手・手紙の書き手から

※ 敬語の種類には関係しない。

【誰への敬意か（＝敬意の対象は誰か）】

① 尊敬語　動作の主体へ（「動作の主語にあたる人物」は誰かを考える）

② 謙譲語　動作の客体へ（「動作の目的語・対象にあたる人物」は誰かを考える）

③ 丁寧語　地の文……読者へ
会話文・手紙文……聞き手・手紙の読み手へ

では、各選択肢を見ていこう。

a　こまやかにうち語らひ給ふ。

「給ふ」は、「語らひ」という動詞に続いているので、補助動詞（【設問解説】問1(イ)参照）。補助動詞の場合、尊敬語と謙譲語とがある。活用の種類に違いがあるが、それ以外に次のような点を押さえておくとよい。

補助動詞「給ふ」

1　尊敬語（四段活用）
・あらゆる文で、あらゆる動詞に接続して用いられる。

2　謙譲語（下二段活用）
・会話文・手紙文のみに用いられる。
・自分の動作で、「思ふ・見る・聞く・知る」などの動詞につくことが多い。
・命令形は用いられない。終止形も極めてまれである。

ここは地の文で、終止形で用いられていることから、尊敬の補助動詞である。よって、「給ふ」は「うち語らひ」という動作の主体への敬意を示している。

次に、「うち語らひ」の主体を考えるため、第一段落の冒頭から主語を確認しながら本文を読み進めよう。

i　頭弁は思しやる方あまたあれど、まづ左京が許に行きて気色見給ふに、

弁は左京のもとに行って、左京の様子を見る。

ii　ありしに変はることなく、また人になれける中の衣ともなく、うらなければ、

以前と変わらず、他の男に馴れ親しんだということもなく、自分に対して隔てをおく心もない、というのは、

前記 i 「見給ふに」に続くことから、弁が見た左京の様

子だと判断できる。

iii　心おちゐて思ふものから、日頃の文の心得がたかりしも、絶え間も恨めしう思ひけるなめりとおぼえて、いとどらうたく、こまやかにうち語らひ給ふ。

左京の様子が変わっていなかったので「心おちゐて思ふ」のは、弁である。また、それに続く「日頃の文の心得がたかりしも、絶え間も恨めしう思ひけるなめり（＝数日来の手紙の内容が理解できなかったのも、逢瀬の絶え間も恨めしく思っていたのであるようだ）」も、弁が、左京の手紙の内容が不審だったことの理由について推定していると考えられる。それを受けての「いとどらうたく」は、弁が左京を「いっそういとおしく思っている」ということであり、「こまやかにうち語らひ給ふ（＝愛情細やかに親しく話をしなさる）」のも、弁である。

以上から、**a**「給ふ」は、「うち語らひ」の主語である**弁への敬意を示している。**

b　目離れず見え奉らんとこそ思へ

奉る（ラ行四段活用動詞）
1　差し上げる。〔「与ふ」の謙譲語〕
2　〜申し上げる。お〜する。〔謙譲の補助動詞〕
3　お乗りになる。お召しになる。召し上がる。
〔「乗る」、「着る」、「飲む」、「食ふ」の尊敬語〕

見ゆ（ヤ行下二段活用動詞）
1　見える。
2　（人に）見られる。
3　会う。
4　現れる。
5　逢う。（女性が）結婚する。

「奉ら」は、「見え」という動詞に続いているので、謙譲の補助動詞である。よって、「奉ら」は「見え」という動作の客体（＝目的語・対象にあたる人物）への敬意を示している。「見ゆ」は前記のように様々な意味があるが、ここは「目離れず（＝疎遠になることなく）」に続いているので、前記5の「逢う」といった意味と考えるとよい。よって、「奉ら」は、「見え」の客体（→逢う相手）への敬意を示している。

次に、「見え」の目的語・対象を確認するために、波線部の前にあるⅢの和歌を含む部分から、本文の内容を確認していこう。

i　女、「幾夜かも……月立つまでに」と言ふも、心苦しければ、

左京が、幾晩も涙を流して、夢で弁に逢えるかと衣を裏返して寝たのだ、という歌を詠む（Ⅲの和歌については**【設問解説】問6**参照）。そのように言う左京を「心苦しければ（＝いじらしいので）」と感じるのは、弁である。

ii　「今はな思しそ。さらに途絶えあるまじう、目離れず見え奉らんとこそ思へ」と慰めて、

前記**i**を踏まえると、ここで慰めの言葉をかけているのは、弁である。「途絶え」とは、弁が左京のもとを訪れないことで、それが「あるまじう」というのだから、今後はまた左京のもとに来る、ということである。それに続く「目離れず見え奉らん」は「疎遠になることなく逢い申し上げようと思う」などと訳すことができる。弁は、左京に逢おうと言っているのである。

以上から、b「奉ら」は「見ゆ」の目的語・対象である**左京への敬意**を示している。

c　またの日、ありつる文使ひの主殿司、密かなる所に呼びて問ひ給ふに、

この「給ふ」は、「問ひ」という動詞に続いているので、補助動詞。「給ふ」の後の「に」は連体形に接続する助詞なので、「給ふ」は連体形であり、四段活用の尊敬の補助動詞である。よって、「給ふ」は、「問ひ」という動作の主体への敬意を示している。

では、cを含む部分を見てみよう。波線部の前に「ありつる文使ひの主殿司」とあるが、これを「問ひ」の主語だと考えることはできない。弁は自分が送った手紙が左京のもとに届いていないことを知って、使者が手紙を左京のもとではなく他の場所に持って行ったのだと思い、「明日その主殿司に問ひてこそ、まことそらごとあきらめめ（＝明日その使者の主殿司に尋ねて、真偽を明らかにしよう）」と思っている。よって、弁が主殿司を呼んで尋ねた、と考えるのが適当である。

以上から、c「給ふ」は、「問ひ」の主語である**弁への敬意**を示している。

d　思ひ給へ寄られ侍らずなん

> **侍り**（ラ行変格活用動詞）
> 1　お仕え申し上げる。伺候する。（「あり」、「をり」の謙譲語）
> 2　ございます。あります。（「あり」の丁寧語）
> 3　〜でございます。〜ます。（丁寧の補助動詞）

この「侍ら」は、助動詞「る」の連用形「れ」に続いているので、補助動詞で丁寧語である（助動詞「る」、「らる」、「す」、「さす」、「しむ」に続く場合は、補助動詞である）。ここは手紙文の中にあるので、手紙の読み手への敬意を示している。

では、dを含む手紙は、誰が誰にあてて書いたものか、文脈を確認しよう。

Ⅴの和歌の直前に、「頭中将の方に、文書き給ふ」とあるから、Ⅴの和歌は、頭中将にあてた手紙の内容であり、頭中将に手紙を書いたのは、手紙のいたずらが頭中将のしわざだろうと思った弁である。その弁の手紙に対する返事が、Ⅵの和歌とdを含む部分だから、この手紙の書き手は頭中将、読み手は弁である。

以上から、d「侍ら」は、手紙の読み手である**弁への敬意**を示している。

これらa〜dを正しく説明している**②が正解**である。

問3　心情説明の問題　25　①

説明問題は、どのような説明であれ、傍線部の訳をすることから始めよう。今回は、設問から「いとまがまがしうも」が左京の心情であることがわかる。「まがまがしう」は形容詞「まがまがし」の連用形で、次のような意味がある。

まがまがし（シク活用形容詞）
1　不吉だ。縁起でもない。
2　いまいましい。しゃくにさわる。にくらしい。

本文中での意味は、左京の状況を踏まえて考えよう。

リード文にあるように、ここは謹慎が解けた弁が左京と対面している場面である。謹慎中に弁が何通も送った手紙は、何者かのいたずらでほとんど左京に届かず、弁に届けられた左京の返事も、多くは偽物であった。しかし、二人はそれを知らず、弁は左京に手紙を送っているが、左京は、弁がほとんど手紙を自分によこしていないと思っている。また、弁は偽物の返事を、左京本人からの返事だと思っている。二人の認識のずれを念頭におきつつ、本文3行目からの左京と弁とのやりとりの内容を確認しよう。

i　**女は、「影踏むばかりのほども、逢坂こそかたからめ、文をさへ通はし給はぬ勿来の関の恨めしう」と、にくからぬさまにうちかすめ、怨じ聞こゆるに、**

左京は、弁が手紙もよこさないと、それとなく恨み言を言う。

ii　**弁、「そは我こそ恨みをも聞こえめ。**

弁は、恨み言を言う左京に対して、自分のほうこそ恨み言を言いたいと言う。

iii　**さしもおぼつかなからず、日ごとにものしつるを、**

「ものす」は文脈に即した解釈が求められる。ここは尊敬表現が用いられていないので、話し手の弁自身の動作だと考えられる。左京が「あなたは手紙もくれない」と言ったことへの返答だから、「ものし」は「手紙を送る」などの意と考え、「自分は毎日手紙を送った」と言っていると考えるのが適当である。

iv　**あさはかにも思しなして、いつもあやしげにかこちなし給ひ、あひ思さざりつるが、かひなくのみ思ひしものを」と、まめだち給へば、**

「……思しなして、……かこちなし給ひ、あひ思さざりつるが」の部分は、傍線の箇所に尊敬語が用いられているので、主語は話し手の弁ではなく、語りかけている相手の左京である。一方、「かひなくのみ思ひしものを」の部分は尊敬語が使われていないので、「思ひ」の主語は弁である。以上を踏まえると、弁が、自分は毎日手紙を送ったのに、左京は自分の愛情が浅いと思って、いつも不思議に恨み言を言い、自分のことを思ってくれなかったことについて、かいがなく思ったと真剣に言った、ということである。

v　**女、「いとまがまがしうも」とて、**

左京としては、手紙がほとんど来なかったから前記 **i** の発言をしたのに、弁は「毎日手紙を送った」と言う。それに対して「いとまがまがしうも」と言うのだから、「まがまがしう」は前記2の意味で、「たいそうにくらしくも」と言ったと解釈するのが適当である。

以上の内容を踏まえている**①が正解**である。「弁の方こそ心が離れている」は、前記**i**の内容にあたる。左京のもとには弁の手紙はほとんど届いていないのだから、左京としては弁の心が自分から離れたと思っているのである。「そのことを認めず」は前記**iii**に、「逆に私を責める恨み言まで言う」が前記**ii**・**iv**にあたる。「にくらしいと思っている」は傍線部の解釈にあたる。

②は、「弁が……愛情を訴えてくる」が、前記**ii**～**iv**の発言内容と異なっている。「まがまがしう」を「気味が悪い」と解釈しているのも不適当である。

③は、「弁への思いは断ち切っていた」とあるが、本文1行目に「ありしに変はることなく、また人になれける中の衣ともなく、うらなければ」とあって、左京は以前と変わらず弁のことを思っているとわかる。また「今になって言い寄ってきた」も、前記**ii**～**iv**の内容とは異なっているし、「わずらわしい」も、「まがまがしう」の解釈として不適当である。

④は、「弁が遠慮から本心を明かさない」が前記**ii**～**iv**の内容と異なっている。また、「もどかしい」も、「まがまがしう」の解釈として不適当である。

⑤は、「会えなかった間のつらさを訴えている」が、前記**i**とは異なっている。左京は逢えないつらさを感じていたかもしれないが、ここで訴えているのは、弁が手紙をよこさなかったことへの恨めしさである。

問4　心情説明の問題　26　④

弁の心中の説明問題である。傍線部に至る文脈を確認しよう。

問3でも見たように、手紙のやりとりにいたずらがあったことを知らない弁と左京とは、お互いに話がかみ合わず、左京は「いとまがまがしうも」と言い（**【設問解説】問3**参照）、弁は「あやなくおぼめき給ひけりな」と言う（**【設問解説】問1**(イ)参照）。当初は、お互いに相手が嘘《うそ》を言っていると思っていたが、左京が弁からの手紙を取り出したことをきっかけに、弁は何か使者の手違いがあったことに思い至る。本文8行目の弁の発言部分から詳しく見ていこう。

i　弁、「あやなくおぼめき給ひけりな。さらば賜ひつる文あまた所狭げにてあるを、今見せ奉らん」とのたまふに、

弁の発言中に「おぼめき給ひけりな」、「賜ひつる」と尊敬語が用いられていることから、主語は話し手の弁ではなく、左京であるとわかる。弁から手紙が来ないと左京が言ったのに対して、左京はとぼけていると弁は言う。そして、左京が返事としてよこした手紙がたくさんあるから、それを見せようとも言う。

ii　女もいぶかしう、「さらに知らず。僅かに二度三度ばかり」など言ひて、弁の文取り出でたり。

弁の言葉を聞いて左京も不審に思い、弁から手紙を受け取ったのは二、三回だと言い、弁の手紙を取り出す。

iii　ここら書き尽くし給ふは、ゆめなくて、三つばかりのみなり。

前記**ii**で左京が弁の手紙を取り出しているから、ここはその弁の手紙の説明と考えるのが適当である。弁は自分の思いを書き尽くして左京に何通も手紙を送ったのに、左京の手元にあるのは、三通ほどだけであった。

iv　いとあやしう、いかなることぞと胸うち騒ぎて思ひめぐらすに、論無う使ひの心をさなく、もてたがへつるなめり、さても何方にかものせしと、いとどやすからずおぼゆれど、すべなければ、

自分の手紙が左京にほとんど届いていないことがわかって、弁は不審に思い、使者が手紙を違うところへ持って行ったのだろうと推測する。使者は手紙をどこへ届けたのかと気になるが、今はどうしようもない。

v　明日その主殿司に問ひてこそ、まことそらごとあきらめめとて、言ひさしつつ、「我はつゆ忘るることもなかりしを」とうち泣きて、

翌日に主殿司に聞いて、真偽を明らかにしようと思い、手紙についての話は途中でやめて、「私は少しも忘れることもなかったのに」と言って、弁は泣く。泣いている時の心中は、手紙のことは気になるが、ひとまず後回しにして、自分の左京への思いを訴えようとしているのである。

以上の内容を踏まえている④が正解である。「手紙が届かなかった理由は知りたいが」は前記ivに、「それよりも左京に愛情を伝えたいという思いの方が強くなっている」は前記vに、それぞれ対応している。

①は、まず「安心している」が不適当である。前記ivに「いとどやすからずおぼゆれど」とあるように、弁は、手紙が届かなかったことを知って、ますます心穏やかではなくなっている。また、「誤解はすべて手紙の行き違いによるものであったと判明した」とあるが、前記vに「まことそらごとあきらめめ」とあるように、この段階では事情はまだはっきりとはわかっていない。

②は、全体が不適当である。「以前よりも愛情が薄れた」は本文の内容に反するし、それを前提とした「左京に見抜かれそうになり」以下の説明も、不適当である。

③は、全体が前記vの内容と異なっている。「あきらむ」という動詞は「明らかにする。心を晴れやかにする」などの意で、「断念する」などと解釈することはできない。

⑤は、「左京の心がすでに離れてしまっていた」が本文に根拠のない説明である。よって、それを前提とした、「傷つき」以下の説明も不適当である。

問5　内容説明の問題　27　⑤

「心得」は「理解する。わかる」の意である。傍線部で頭中将のわかったこととは何か、頭中将が登場する第二段落の、傍線部までの内容を整理して考えよう。

弁は手紙の使者だった主殿司を呼んで事情を聞くが、主殿司は本当のことを答えることができない。

i　弁、あらはにも言はねど、やうやう公達のしわざなりと心得給ひ、頭中将こそかかるをこの振る舞ひはせめ、……と、推し当てに思ひ寄るに、妬きこと限りなし。や

がて頭中将の方に、文書き給ふ。

弁は、頭中将のやったことだろうと当て推量に思いつき、そのいたずらがしゃくにさわる。そして頭中将に、あなたが手紙のいたずらをしたのだろう、という趣旨の手紙を書く（Ⅴの和歌については、**【設問解説】問６**参照）。

それに続くのが、傍線部を含む箇所である。

ii　頭中将いぶかしう見給ひけるが、やがて心得給ひ、侍従・少将などの、さかしらにせしことをほの知りて、我に思ひ寄りつるなめりと、をかしきものから、

頭中将は、弁の手紙を不審に思って見たが、「やがて心得給ひ」というのだから、頭中将が「心得」たことは、弁の手紙に関することである。そして、直後（前記波線部）に、「心得」の具体的な内容が述べられている。「さかしらにせしこと」は（注11）を参考にすると「悪ふざけでしたこと」の意で、Ⅴの和歌の内容を考えれば、手紙に関しての悪ふざけ、つまり、手紙を横取りして偽の返事を書いたこと、である。また、「思ひ寄る」は「思いつく」などの意、「なめり」の「な」は断定の助動詞「なり」の連体形の語尾が撥音便化して無表記となったもの、「めり」は推定の助動詞である。よって、頭中将は、侍従や少将などがやったであろう手紙の悪ふざけを、自分（＝頭中将）がしたことだと弁は思ったのであるようだと理解したのである。

以上のことを正しく説明している**⑤が正解**である。

①は、「頭中将が手紙に関するいたずらの首謀者であると、侍従や少将が弁に白状した」としている点が不適当である。

②は、「さかしらにせしこと」を「頭中将が左京と深い仲だということを、侍従や少将が弁に教えてしまった」としている点が不適当である。

③は、頭中将が侍従や少将から「いたずらが過ぎると思われている」という点は本文に根拠がなく不適当だし、それに「弁が同情している」というのも間違いである。

④は、「真相を頭中将に解明してほしいと、弁が期待している」が、弁の手紙の内容と異なっている。前記ｉで見たように、弁は頭中将がいたずらをしたと思っているのだし、前記iiの頭中将の理解とも異なっている。

問６　和歌のやりとりに関する説明の問題　28　④

和歌の解釈においては、次の点に注意する必要がある。

・和歌の詠み手や、詠まれた状況を確認する。
・句切れに注意しながら、和歌を一語一語丁寧に訳す。
・本文の内容を踏まえて、主語や目的語、指示語の内容など、必要な語句を補う。修辞にも注意する。

本文のⅠ～Ⅵの和歌のうち、Ⅰ～Ⅳは、弁と左京とのやりとりで、Ⅴ・Ⅵは弁と頭中将とのやりとりである。それぞれの和歌について、順番に見ていこう。

Ⅰ

弁が謹慎している間、左京のもとには弁からほとんど手紙が届いていないのに、弁が毎日手紙を送ったと言うので、左京が弁に対して詠んだ歌である。

語	品詞	文法	訳
徒らに	形容動詞	「徒らなり」ナリ活用 連用形	むなしく
文	名詞		手紙
も	係助詞		も
通は	動詞	「通ふ」ハ行四段活用 未然形	通わ
ぬ	助動詞	「ず」打消 連体形	ない
中檜垣	名詞		檜の中垣
隔つる	動詞	「隔つ」タ行下二段活用 連体形	隔てる
君	名詞		あなた
が	格助詞		の
心	名詞		心
と	格助詞		と
ぞ	係助詞	強意	
見	動詞	「見る」マ行上一段活用 連用形	見
し	助動詞	「き」過去 連体形	た。

「徒らなり」は、「役に立たない。無用だ」、「つまらない。むなしい」、「何もない」、「ひまだ」などの意があるが、ここは「文も通はぬ」にかかっているので、「むなしく」などと訳すとよい。「中檜垣」とは、隣の家との隔ての檜の中垣のことである。逐語訳は前記の枠内に示したが、上の句は「間を隔てる檜の中垣があって、むなしく手紙も通わない」ということで、「隔つる君が心」とは、「手紙もよこさないで、私（＝左京）に隔てをおくあなたの心」ということである。全体の解釈としては次のようになる。

　檜の中垣のために、むなしく手紙も通わないが、その中檜垣のように、私に隔てをおくあなたの心と見たことだ。

　また、この和歌の直後に「移し心はげに、色ことなりけり」とある。「移し心」は「心変わり」の意で、自分に手紙をよこさない弁に対して、「あなたの心変わりはほんとうに、様子が格別なことよ」と言っている。和歌の「隔つる君が心」が、この「移し心」に対応している。

Ⅱ　左京が、弁から来た手紙を取り出す。そこで、弁は、自分が送った手紙が左京のもとにほとんど届いていないことに気づく。使者の主殿司が手紙を違うところへ持って行ったのだろうと見当をつけるが、今はどうしようもないので、「我はつゆ忘るることもなかりしを」と言い、逢えなかった間もあなたのことを忘れることはなかったと、左京への思いを訴えようと詠んだ歌である。

語	品詞	文法	訳
君	名詞		あなた
を	格助詞		を
思ひ	動詞	「思ふ」ハ行四段活用 連用形	思い
日長く	形容詞	「日長し」ク活用 連用形	幾日にも
なり	動詞	「なる」ラ行四段活用 連用形	なっ
ぬ	助動詞	「ぬ」完了 終止形	た。
夢	名詞		夢
に	格助詞		で
だに	副助詞	類推	さえ
見	動詞	「見る」マ行上一段活用 未然形	逢わ
ず	助動詞	「ず」打消 連用形	ない
て	接続助詞		で
ここだ	副詞		たくさん
も	係助詞		

動詞「恋ふ」ハ行上二段活用 連用形	副助詞 強意	動詞「渡る」ラ行四段活用 已然形	接続助詞 順接確定条件
恋ひ	**し**	**渡れ**	**ば**
恋しく思い		続けている	ので。

第二句末の「ぬ」は、ラ行四段活用動詞「なる」の連用形に接続しているので、完了の助動詞「ぬ」の終止形で、ここで句切れとなる。また、結句末には、文末には使われない接続助詞「ば」があって、倒置となっており、内容的には結句末から初句に続いている。「日長し」は「幾日にもなる。日数が経《た》っている」の意の形容詞。「だに」は類推の副助詞で、「夢にだに見ずて」は「夢でさえ逢わないで」という訳になり、第三句以降は、弁が左京に夢でさえ逢わないで、たいそう恋しく思い続けている、ということだと考えられる。

Ⅲ　Ⅱの弁の和歌に対する、左京の返歌である。

名詞	終助詞 詠嘆	名詞	格助詞	名詞	格助詞
幾夜	**かも**	**涙**	**の**	**床**	**を**
幾晩	になるだろうかなあ。	涙	の	床	を

動詞「はらふ」ハ行四段活用 連用形	動詞「侘ぶ」ハ行上二段活用 連用形	動詞「しをる」ラ行下二段活用 連用形	助動詞「き」連体形 過去	名詞
はらひ	**侘び**	**しをれ**	**し**	**衣**
払い	かねて	涙に濡れ	た	衣を

動詞「かへす」サ行四段活用 連用形	接続助詞	係助詞 強意	動詞「寝」ナ行下二段活用 連用形	助動詞「き」連体形 過去
かへし	**て**	**ぞ**	**寝**	**し**
裏返し	て		寝	たことだ。

「かも」は、終助詞「か」に係助詞「も」がついて一語化した終助詞で、詠嘆、もしくは詠嘆を含む疑問を表す。初句末に終助詞があるので、ここで句切れとなる。「涙の床」は「涙に濡れた床」のこと。Ⅱの「夢でもあなたに逢えず、あなたを恋しく思って何日にもなった」という弁の歌に対する返歌だから、「涙の床」は、「あなたに逢えない悲しみの涙に濡れた床」と考えられる。「侘ぶ」は、動詞の連用形について補助動詞的に用いられており、「〜しかねる」の意である。「しをる」は、「(草花などが)萎《しお》れる」、「(衣が)濡れてぐったりする」、「(人が)気落ちする。元気をなくす」などの意で、ここは直前に「涙の床」とあること、過去の助動詞「き」の連体形を介して「衣」にかかっていることから、「涙に濡れる」の意味と考えるとよい。「衣かへしてぞ寝し」は、(注6)を踏まえると、「あなたの夢が見られるかと衣を裏返し

て寝たことだ」のように補って解釈することができる。これらを踏まえて解釈すると、次のようになる。

幾晩になるだろうかなあ。あなたに逢えず涙を流し、その涙に濡れた床を払いかねて、あなたの夢が見られるかと涙に濡れた衣を裏返して寝たことだ。

Ⅳ　Ⅲの歌に対する弁の返歌である。左京が逢えなかったつらさを訴えたのに対し、弁が、これからは途絶えることなく通ってくると慰めた後に詠んだものである。

さきく	あり	て	あひ見そめ	て	し
副詞	動詞「あり」ラ行変格活用 連用形	接続助詞	動詞「あひ見そむ」マ行下二段活用 連用形	助動詞「つ」連用形 完了	助動詞「き」連体形 過去
幸せなことに			逢うようになっ	た	

若草	の	妻	はしき	や	し
名詞	格助詞	名詞	形容詞「はし」シク活用 連体形	間投助詞	間投助詞
（枕詞）		妻は	いとおしいなあ。		

離れ	ず	通は	ん
動詞「離る」ラ行下二段活用 未然形	助動詞「ず」連用形 打消	動詞「通ふ」ハ行四段活用 未然形	助動詞「ん」終止形 意志
疎遠になら	ず	通お	う。

「あひ見そむ」の「あひ」は接頭語で、ここは語調を整える働きと考えてよい。「そむ」は接尾語で「〜しはじめる」の意。「若草の」は「妻」にかかる枕詞で、訳さなくてよい。「離る」は「疎遠になる」の意である。Ⅲの歌で、左京が弁に逢えなかったつらさを訴えたのに対して、弁は、あなたのことがいとおしく、これからあなたのもとに途絶えることなく通おう、と詠んでいる。

Ⅴ　手紙のいたずらは頭中将のしわざだろうと思った弁が、頭中将に送った和歌である。

秋風	の	日に日に	通ふ	雁が音	を
名詞	格助詞	副詞	動詞「通ふ」ハ行四段活用 連体形	名詞	格助詞
秋風	が	毎日	吹き通う	雁	を
			通う	手紙	を
				使者	を

君	が	使ひ	と	我	が	思は	なくに
名詞	格助詞	名詞	格助詞	名詞	格助詞	動詞「思ふ」ハ行四段活用 未然形	連語
あなた	の	使者	と	私	は	思わ	ないのに。

「秋風の日に日に」に続くことから「通ふ」は「秋風が吹き通う」の意と考えられる。しかし、「雁が音」は、（注10）に「手紙」のことだとあるので、「通ふ」はその手紙が行き

通うことをも意味していると考えられる。なお、雁は秋に日本に飛来し、春に北方へ帰る渡り鳥で、「雁が音」はもともとは「雁の鳴き声」や「雁」の意味である。また、雁に託して手紙を送ったという中国の故事から、雁を「使者」に見立てることもあった。それを踏まえて解釈すると、次のようになる。

秋風が毎日吹き通う、その中を毎日雁が使者となって手紙を届けるが、その使者があなたの指示を受けた使者だとは私は思わなかったのに。

Ⅵ

Ⅴの和歌に対する頭中将の返歌である。

おぼつかな	夕霧	わたる	みそら	に	は
形容詞「おぼつかなし」ク活用 語幹	名詞	動詞「わたる」ラ行四段活用 連体形	名詞	格助詞	係助詞
不審だなあ。	夕霧が	かかっている	空	に	は

通は	ん	雁	の	声	も	絶え	つる
動詞「通ふ」ハ行四段活用 未然形	助動詞「ん」連体形 婉曲	名詞	格助詞	名詞	係助詞	動詞「絶ゆ」ヤ行下二段活用 連用形	助動詞「つ」連体形 完了
通う	ような	雁	の	声	も	絶え	てしまった。
		手紙			も		

「おぼつかな」は、ク活用形容詞「おぼつかなし」の語幹で、「おぼつかなし」は「はっきりしない」、「気がかりだ」、「不審だ」などの意がある。Ⅵの歌の後に「いとあやしう、さらにいかなることとも思ひ給へ寄られ侍らずなん（＝たいそう奇妙で、まったくどういうこととも思いあたることができません）」とあり、ここは弁から疑いをかけられたことに対して、身に覚えがないと反論しているから、「不審だ」などの意でとらえるとよい。また、語幹で終わることで詠嘆表現となっており、ここで句切れとなる。「雁の声」は、「みそらには通はん」に続いているので雁の鳴き声を言うが、Ⅴの和歌の「雁が音」が手紙を意味していたことを踏まえると、「手紙」をも意味していると考えるのがふさわしい。

逐語訳は、前記枠内に示した通りだが、「雁の声」の二つの意味を踏まえて解釈すると、次のようになる。

不審だなあ。夕霧がかかっている空には、通うような雁の声も絶えてしまったように、手紙のやりとりなどはありません。

以上を踏まえて、それぞれの和歌のやりとりの説明を確認しよう。

①は、Ⅰの和歌の説明は適当であるが、Ⅱの和歌について「手紙が届いていないとは夢にも思っていなかったと弁明した」と説明している点が不適当である。Ⅱの和歌は、「あなたのことをずっと恋しく思っている」という思いを詠んでいる。

②は、Ⅰ～Ⅲすべての和歌の説明が不適当である。Ⅰは「左京が弁に心変わりを伝えた」のではなく、「あなたが心変わりをした」と詠んでいる。Ⅱは「これから」のことではな

く、過去から現在にかけての、弁が左京を思う気持ちを詠んでいるし、Ⅲも、今後のことについて「これ以上悲しい思いをさせられるのはつらい」というのではなく、これまでつらい思いで過ごしてきたと詠んでいる。

③はⅣの和歌の説明は適当であるが、Ⅱ・Ⅲの和歌に関する説明は不適当である。Ⅱの「左京の愛情が薄れたのではないかと疑った」は和歌の内容とまったく異なっている。また、Ⅲの「せめて夢の中だけでも会いたいと願っていたのに」は間違いとは言えないが、そもそもⅡの和歌に「反論した」内容ではない。

④が正解である。Ⅲ・Ⅳの和歌いずれの説明も適当である。

⑤は、Ⅴ・Ⅵいずれの和歌についても説明が不適当である。Ⅴの和歌は「手紙が届かなかった理由を知らないかと弁が頭中将に尋ねた」ものではないし、返歌のⅥも、「自分も気になってはいるがまったく心当たりがない」と詠んだものではない。

第4問　漢文

【出典】

章学誠《しょうがくせい》『文史通義《ぶんしつうぎ》』。章学誠（一七三八～一八〇一）は清の人で、字《あざな》は実斎《じっさい》、少巌《しょうげん》と号した。四十一歳の時はじめて官吏登用試験に合格するが、合格した後も仕官せず、史学の研究に没頭した。『文史通義』は、それまでの伝統とは異なる章学誠独自の史学に対する見解が述べられた書である。

【本文解説】

書物に込められた作者の憂いや志について論じた文章である。まず第一段落では、読書すると言う者は多いが、その書物の言葉を理解している者は少なく、さらにその言葉がどういう理由から使われているのかを理解している者は少ないと述べる。ところが世間の人々は誰もが「読書をし、その言葉を使っている理由を理解することができる」と言うのであり、そこから筆者は書物に対する理解ということが難しいものであると論じる。

次に第二段落では、『易経』と「離騒」を取り上げ、孔子が『易経』を読んで『易経』の作者が憂いをかかえていたことを理解し、司馬遷は「離騒」を読んで「離騒」の作者である屈原の志を理解したと述べる。そしてこのことから、司馬遷の志を理解し、孔子の憂いを理解していなかったなら、屈原の志や文王の憂いを理解できず、何もわからないままであったろうと推測する。

最後の第三段落では、第一段落と第二段落を踏まえた上で、古人で憂いや志を抱いていながら、後世の人がそれに気付かず、そのまま埋没して知られないままで終わった人がきっと少なくはないだろうと結論づけている。

【書き下し文】

其《そ》の書《しよ》を読《よ》む者《もの》は、天下《てんか》に比比《ひひ》たり。其《そ》の言《げん》を知《し》る者《もの》は、千《せん》に百《ひやく》を得《え》ず。其《そ》の言《げん》を知《し》る者《もの》は、天下《てんか》に寥寥《れうれう》たり。其《そ》の言《げん》を為《な》す所以《ゆゑん》を知《し》る者《もの》は、百《ひやく》に一《いつ》を得《え》ず。然《しか》れども天下《てんか》皆《みな》曰《い》はく、「我《われ》能《よ》く其《そ》の書《しよ》を読《よ》み、其《そ》の言《げん》を為《な》す所以《ゆゑん》を知《し》る」と。此《こ》れ知《し》るの難《かた》きなり。

人《ひと》『易《えき》』の卜筮《ぼくぜい》の書《しよ》たるを知《し》る。夫子之《ふうしこれ》を読《よ》みて、作者《さくしや》の憂《いう》患《くわん》有《あ》るを知《し》る、是《こ》れ聖人《せいじん》の聖人《せいじん》を知《し》るなり。人《ひと》「離騒《りさう》」の詞《し》賦《ふ》の祖《そ》たるを知《し》る。司馬遷之《しばせんこれ》を読《よ》みて、其《そ》の志《こころざし》を悲《かな》しむ、是《こ》れ賢人《けんじん》の賢人《けんじん》を知《し》るなり。夫《そ》れ司馬遷《しばせん》の志《こころざし》を具《そな》へずして、屈《くつ》原《げん》の志《こころざし》を知《し》らんと欲《ほつ》し、夫子《ふうし》の憂《うれ》ひを具《そな》へずして、文王《ぶんわう》の憂《うれ》ひを知《し》らんと欲《ほつ》すれば、則《すなは》ち罔《くら》きに幾《ちか》からん。

然《しか》らば則《すなは》ち古《いにしへ》の人《ひと》、其《そ》の憂《うれ》ひと其《そ》の志《こころざし》と有《あ》れども、不幸《ふかう》にして後《のち》の人《ひと》の能《よ》く其《そ》の憂《うれ》ひを憂《うれ》ひとし、其《そ》の志《こころざし》を志《こころざし》とする有《あ》るを得《え》ずして、因《よ》りて以《もつ》て湮没《いんぼつ》して彰《あき》らかならざる者《もの》は、蓋《けだ》し少《すく》なからざらん。

【全文解釈】

読書する者は、世の中のいたるところに存在する。（ところが）その書物の言葉を理解している者は、千人に百人もいない。その書物の言葉を理解している者は、世の中にわずかしかいない。（さらにその書物が）その言葉を使っている理由を理解している者は、百人に一人もいない。ところが世の中の人は誰もが言う、「私はその書物を読んで、その言葉を使っている理由を理解することができている」と。これが理解することの難しさなのである。

人は『易経』が占いの書物であることを理解している。孔子は『易経』を読んで、『易経』の作者が憂いをかかえていたことを理解したが、これこそは聖人が聖人を理解していたということである。人は「離騒」が韻文の一形式である詞賦の起源であることを理解している。司馬遷は「離騒」を読んで、その作者（である屈原）の志を悼んだが、これこそは賢人が賢人を理解していたということである。そもそも司馬遷の志を理解しないまま、屈原の志を理解しようとしたり、孔子の憂いを理解しないまま、文王の憂いを理解しようとしたならば、何もわかっていないのに近いであろう。

そういうことなので古人で、憂いをかかえ志を抱きながら、運悪く後世の人がその憂いを憂いとして理解し、その志を志として理解することができないで、それによって埋没して世に現れなかった人は、思うに少なくないのである。

【設問解説】

問1 語の意味の問題 [29] ③ [30] ⑤

(1) 「祖」は「もと」という意味で使われることが多い。「家系のもと」として「先祖」、「父または母の親」として「祖父、祖母」、「物事を始めた人」として「祖師」などの熟語を思い浮かべるとわかりやすいだろう。波線部を含む「詞賦之祖」は、「離騒」について記された箇所に用いられているが、「離騒」が「詞賦のもととなった」という方向で捉えれば、「祖」の意味にも文脈にも無理なく合致する。これに合う選択肢は③「起源」しかない。したがって**③が正解**である。

(2)「幾」には、「いく」と読んで「どれほど」の意味、「ちかし、ほとんど」と読んで「～に近い、すんでのところで～」の意味、「こひねがふ」と読んで「ねがう」の意味などがある。ここでは「幾二乎罔一矣」と「罔」から返っているが、「罔」は「暗い」つまり「物事がわかっていない」という意味である。また司馬遷の志を理解せずに屈原の志を理解しようとしたり、孔子の憂いを理解しないまま文王の憂いを理解しようとすることの無謀さを表そうとして、「幾二乎罔一矣」という表現が用いられていることを踏まえれば、「～に近い」という意味が最も適切である。したがって**正解は⑤**「近い」である。

問2　表現や構成に関する説明の問題　31　③

①については、傍線部Aの「比比」は(注)に「いたるところに存在するさま」と記されている。「寥寥」は「寂寥《せきりょう》」という熟語などから推察できるように「まばらなさま」なので、「比比」と「寥寥」は対応しており、また「寥寥」も「数少ない」という意味で捉えられる。よって①は正しい。

②については、「百ニ不レ得レ一ヲ焉」は「百人に一人もいない」と訳せる。また「千ニ不レ得レ百ヲ焉」は「千人に百人もいない」と訳せるので、「百ニ不レ得レ一ヲ焉」が「千ニ不レ得レ百ヲ焉」を受け、「そのような人がほとんどいない」という内容になっていると判断できる。よって②は正しい。

③については、「知ル二其ノ言ヲ一者」(その書物の言葉を理解している者)が「最も重要であると強調」と述べている。しかしながら、傍線部Aは「言葉を理解することの難しさ」を論じた上で「その言葉を使っている理由」の理解の難しさをも論じている。よって③は適当とは言いがたい。

④については、「千不得百焉」までには、「読書する者は多いが、その書物の言葉を理解している者」はわずかしかいない、と述べている。また、「千ニ不レ得レ百ヲ焉」の後では、さらに「その書物がその言葉を使っている理由を理解している者」はほとんどいない、と述べている。よって「対句的に構成」と捉えることができるので、④は正しいと判断できる。

⑤については、「読ム二其ノ書ヲ一」(読書する)は「(読書する者は)世の中のいたるところに存在する」としている。そして「知ル二其ノ言ヲ一」(その書物の言葉を理解している)は「(理解している者は)千人に百人もいない」と述べ、「知ル三其ノ所二以為スヲ一言ヲ」(その言葉を使っている理由を理解している)は「(理解している者は)百人に一人もいない」と述べており、「三つの段階を設けて分析」と判断できる。よって⑤は正しい。

以上から、適当でないのは③であり、**正解は③**である。

問3 空欄補充と書き下し文の問題 [32] ④

各選択肢を(b)の書き下し文にしたがって訳すと、①「私はどうしてその書物を読み、その言葉を使っている理由を理解していようか、理解していない」、②「私はその書物を読んだものの、その言葉を使っている理由を理解している」、③「私はちょうどその書物を読んで、その言葉を使っている理由を理解したようなものだ」、④「私はその書物を読んで、その言葉を使っている理由を理解することができている」、⑤「私はまだその書物を読んで、その言葉を使っている理由を理解していない」となる。

一方、傍線部Bの直後には「此《レ》知《ル》之難《キ》也」(これが理解することの難しさなのである)とある。また傍線部Bを含む第一段落では、書物に用いられている言葉を理解することの困難さ、さらにその言葉が用いられている理由を理解することがいかに難しいかを論じているが、「此《レ》知《ル》之難《キ》也」という結論に達するには、実際に困難であるにも関わらず、「世間の人々がその困難さを理解していない」という方向の内容が必要となる。これを踏まえれば④が最も適当である。①と⑤はともに「理解できない」という論旨とは逆の意味になっている。また、②と③ではそもそも文意が通らない。正解は④である。

問4 指示内容指摘の問題 [33] ①

二重傍線部(ア)・(イ)を含む「聖人之知《ル》二聖人《ヲ》一也」(聖人が聖人を理解していたということである)は、「夫子読《ミテ》レ之《ヲ》、而知《ル》三作者《ノ》有《ルヲ》二憂患一」(孔子は『易経』を読んで、『易経』の作者が憂いをかかえていたことを理解した)を受けている。したがって(ア)「聖人」は「夫子(=孔子)」、(イ)「聖人」は『易経』の制作に関わった文王を指していると判断できる。

二重傍線部(ウ)・(エ)を含む「賢人之知《ル》二賢人《ヲ》一也」(賢人が賢人を理解していたということである)は、「司馬遷読《ミテ》レ之《ヲ》、而悲《シム》二其《ノ》志《ヲ》一」(司馬遷は「離騒」を読んで、その作者である屈原の志を悼んだ)を受けている。したがって(ウ)「賢人」は「司馬遷」、(エ)「賢人」は「屈原」を指していると判断できる。

よって正解は①である。

問5 理由説明の問題 [34] ②

傍線部Cは「埋没して世に現れなかった人は、思うに少なくないのである」と訳せる。また傍線部の直前に「因《リテ》以《テ》」(それによって・そのことで)とあるので、傍線部Cは第三段落全体の結論となっていることがわかる。つまり、「憂いをかかえ志を抱きながら、運悪く後世の人がその憂いを憂いとして理解し、その志を志として理解することができない」ということから、後世まで知られなかった人が多くいるはずだ、と述べているのである。これを踏まえて選択肢を検討する。

①「古人の憂いや志を理解しようとする人が少なくなるのは当然である」、③「後世の人は聖人や賢人を敬わない」、④「すべて偶然に左右される」などはいずれも本文に書かれていない。⑤「尋常ではない不幸な思いを味わわない限り」は

ややまぎらわしいが、本文では「(後世の人が)不幸にも憂いを憂いとして理解しない」と述べているのであり、後世の人が自身で「不幸な思い」を味わうことを言っているのではない。

よって**正解は②**である。

問6　内容合致の問題　35　④

①「できるだけ多くの経験を積み、読解の助けとする努力を惜しむべきではない」などとは述べられていない。

②「読書は、聖人や賢人の著作を対象とすべき」などとは述べられていない。また「前提となる知識を多く身に付けることが必要」なども書かれていない。

③「埋もれた作品を発掘してその価値を見出していくことにこそ読書の意義がある」とあるが、「埋もれた作品の発掘」を論じたものではない。

④「作品が生み出された動機など表面には現れていない部分まで理解することが大切」とあるが、本文では、『易経』を理解するのは文王の憂いを理解し、「離騒」を理解するのは屈原の志を理解することが必要だと論じているのだから、「作品が生み出された動機」などの理解が必要だと述べていると判断できる。

⑤「読書は質の高いものを読んでこそ意味がある」などとは述べられていない。

よって**正解は④**である。

MEMO

2019 本試験

国　語

（2019年 1 月実施）

受験者数　516,858

平 均 点　　121.55

国　語

解答・採点基準

(200点満点)

問題番号(配点)	設問	解答番号	正解	配点	自己採点
第1問 (50)	問1	1	③	2	
		2	②	2	
		3	④	2	
		4	③	2	
		5	②	2	
	問2	6	④	8	
	問3	7	②	8	
	問4	8	②	8	
	問5	9	②	8	
	問6	10	④	4	
		11	②	4	
第1問　自己採点小計					
第2問 (50)	問1	12	③	3	
		13	①	3	
		14	②	3	
	問2	15	③	7	
	問3	16	⑤	8	
	問4	17	②	8	
	問5	18	①	8	
	問6	19	④ ※	5	
		20	⑥ ※	5	
第2問　自己採点小計					
第3問 (50)	問1	21	②	5	
		22	④	5	
		23	⑤	5	
	問2	24	④	5	
	問3	25	⑤	7	
	問4	26	③	7	
	問5	27	①	8	
	問6	28	②	8	
第3問　自己採点小計					
第4問 (50)	問1	29	③	4	
		30	④	4	
	問2	31	②	7	
	問3	32	⑤	7	
	問4	33	③	6	
	問5	34	⑤	7	
	問6	35	②	7	
	問7	36	③	8	
第4問　自己採点小計					
自己採点合計					

※の正解は順序を問わない。

第1問　現代文（評論）

【出典】

沼野充義「翻訳をめぐる七つの非実践的な断章」（『早稲田文学』一九九五年）

沼野充義（ぬまの・みつよし）は、一九五四年東京都生まれ、一九七七年東京大学教養学部教養学科卒業。その後、東京大学大学院人文科学研究科、ハーヴァード大学大学院で学ぶ。専攻は、近現代ロシアおよびポーランド文学。現代日本文学を視野に入れた世界文学論、越境・亡命文学にも詳しい。主な著書として、『屋根の上のバイリンガル』、『永遠の一駅手前――現代ロシア文学案内』、『夢に見られて――ロシア・ポーランドの幻想文学』、『スラヴの真空』、『モスクワ－ペテルブルグ縦横記』、『W文学の世紀へ――境界を越える日本語文学』、『徹夜の塊――亡命文学論』、『ユートピア文学論――徹夜の塊』、『世界文学から／世界文学へ　文芸時評の塊 1993-2011』、『チェーホフ　七分の絶望と三分の希望』などがある。

【本文解説】

本文は、翻訳家でもある筆者が翻訳について論じたものである。本文は、空白行で四つの部分に分けられているので、それにしたがって、本文の内容を確認していこう。

Ⅰ　**翻訳についての二つの考え方**（第1段落～第4段落）

筆者の心のうちには翻訳について対極的な二つの考え方が存在しているという。筆者は、楽天的な気分のときは「翻訳なんて簡単さ、たいていのものは翻訳できる」と感じる。しかし、ひとたび悲観的な気分になると、「翻訳」は「原理的に不可能なのだ」と思い、「何かを翻訳できると考える」ことじたいが、「言語とか文学の本質を弁えていない愚かな人間の迷妄ではないか」といった考えに陥ってしまう。（第1段落）

楽天的な気分のときに生じる感覚については、すぐ理解できるだろう。私たちが、街の本屋や図書館に入ると、そこには溢れるように翻訳書が並んでいる。翻訳書が溢れている現実を見れば、翻訳は決して難しいものではないという考えにも納得がいきそうである。さらに、翻訳不可能だと思えるラブレーなどの作品も見事に翻訳されていて、日本語で大筋は読み取れるという現実がある。質についてうるさいことを言いさえしなければ、確かにたいていのものは翻訳されているという現実があり、翻訳は決して難しいものではないということになる。（第2段落）

しかし、同時に筆者は、たとえばラブレーを日本語で読んだとして、それは、フランス語でラブレーを読むのと同じ体験なのかという疑問をもってしまう。そもそも「同じ」などという指標を出すことが間違いで、翻訳とはもともと近似的なものでしかなく、その前提を甘受したうえで始めて成り立つ作業ではないかなどと考えると、悲観的な翻訳観に向かわざるを得なくなる。（第3段落）

だが、筆者は楽天的な文学観を捨てることもできない。筆者は、こうも考える。「まったく違った文化的背景の中で、まったく違った言語によって書かれた文学作品を、別の言語に訳し

4

て、それがまがりなりにも理解される」ということじたいが「奇跡」ではないのか、と。翻訳家は、この奇跡を目指して「奇跡と不可能性の間で揺れ動く」ことであり、彼はそうした緊張関係に身を置きながらも、その仕事を続けられるのは、彼がその奇跡を信じる楽天家であるからこそだというのである。(第4段落)

Ⅱ 翻訳不可能なものへの対し方(第5段落～第9段落)

第4段落で見たように、翻訳家は、異言語で書かれた作品を翻訳することで、彼と同じ言語共同体に属する人びとに理解可能なものにしてきた。「まったく違った文化的背景の中で、まったく違った言語によって書かれた文学作品」を別の言語に訳して「まがりなりにも理解される」という「奇跡」を実現してきたのが翻訳である。もちろん、たとえば「ある言語文化に固有な慣用句」などのように、「翻訳不可能」なものも存在する。ここで、筆者はアメリカ留学中に目撃した事例を紹介し、日本語では当たり前の表現である「よろしくお願いします」が、英語やロシア語には翻訳不可能な言葉であることを指摘している。筆者が目撃したのは、はじめてアメリカに留学にやって来た中年過ぎの英文学者で、本はよく読めるけれども、会話は苦手、という典型的な日本の英文学者であった。彼は英文科の秘書に挨拶に来て、たどたどしい英語で自己紹介をしていたが、最後に「よろしくお願いします」と言おうとして、それが自分の和文英訳力では英訳できないことに気づき絶句してしまった。「よろしくお願いします」というのは、日本語としてはごく平凡な慣用句だが、これにぴったり対応するような表現は、少なくとも英語やロシア語には存在しない。存在しないものをもしも無理に「直訳」したら非常に奇妙に響くはずである。(第5段落・第6段落)

こうした翻訳不可能な慣用句はいくらでもあり、特に日常言語で書かれた小説は、そういう慣用句の塊のようなものである。それに対して楽天的な翻訳家の対処の仕方は二つある。一つは、律儀な学者的翻訳によくみられるような、一応「直訳」してから注をつけるといったやり方である。例えば“Good morning!”という表現が出てきたら、とりあえず「いい朝!」と訳し、その後に訳注で、英語では朝の挨拶として「いい朝」という表現を用いる……といった説明を加えるというやり方である。しかし、小説などにこの種の注が頻出するのは興ざめなので、最近はこのやり方は評判が悪い。(第7段落)

そこで注目されるのが、近似的な「言い換え」というもう一つのやり方である。このやり方では、翻訳家は、翻訳に際して、同じような状況のもとで、日本人ならどう言うのがいちばん「自然」かを考える。翻訳といっても、日本語である以上は、日本語として自然なものでなければならない。いかにも翻訳調の「生硬(=未熟で固い感じがすること)」な日本語では評価されない。そのため、たとえばイギリスの恋する男が女に向かって熱烈に浴びせる「私はあなたを愛する」という言葉は、「あのう、花子さん、月がきれいですね」に化けたりする。もちろん、現代の若者の言葉づかいを筆者はよく知らないという。現代の若者は「花子さん……」などとは決して言わないだろう。

だからといって、現代の若者が、英語のI love you.に直接対応するような表現を使うわけではない。そういうことは、あまりはっきりと言わないのがやはり日本語的なのである。つまり、翻訳家は「本当は言わないことをそれらしく言い換えなければならない」のである。だからこそ、「翻訳家はつらい」のである。（第8段落・第9段落）

Ⅲ　子供のときの読書体験と翻訳家としての苦悩（第10段落～第12段落）

筆者の子供のときの読書体験が紹介されている。物心つくかつかないかという時期に、外国文学の翻訳を読み、そのなかで娘が父親に「私はあなたを愛しているわ」などという場面に出会い、子供心にも、「ああガイジンというのはさすがに言うことが違うなあ」と感心したという。もちろん、「私はあなたを愛しているわ」という表現は、先に見たように、日本語としては不自然な、したがって翻訳としては下手くそなものである。だが、純真過ぎる子供であった筆者は、翻訳をするのは偉い先生に決まっているのだから、下手な翻訳などするわけがないなど思い込んでいたのだろう。そしてその後、成長した子供（＝筆者）が専門として選んだのが、ロシア語とかポーランド語といった「特殊言語」であった。翻訳家として筆者は、はじめはまったくの手探りで、「アイ・ラヴ・ユー」に相当するごく単純な表現が出て来るたびに二時間も三時間も考え込んだりしていたのである。（第10段落～第12段落）

Ⅳ　翻訳の難しさ（第13段落～最終段落）

筆者が現代ロシア文学を翻訳で読むというゼミをやっていたとき、一人の女子学生がこう言った。「センセイ、この翻訳って、とってもこなれてますね。『ぼくはあの娘にぞっこんなんだ』だなんて。……」。それは確か、翻訳のうまいことで定評がある、浦雅春さんの訳だったはずである。他の翻訳家であれば「私は彼女を深く愛しているのである」などと四角四面（＝まじめで堅苦しいこと）に訳してすませてしまうところだろう。（第13段落）

「ぼくはあの娘にぞっこんなんだ」と「私は彼女を深く愛しているのである」では、全然違う。「ぞっこん」という言い方は少し古くさいが、話し言葉として圧倒的に自然なのは前者である。後者は話し言葉として不自然であるという以上に、実際の会話で用いる日本人はまずいない。しかし、それでは後者が間違いかと言うと、そうだと決めつけられない。なぜなら、後者のほうが原文の構造に忠実なだけに正しいとさえ言えるのかも知れないのだから。しかし、正しいか、正しくないか、ということに徹底的にこだわるのならば、そもそも正確な翻訳とは何かという言語哲学の問題に行き着くはずである。もちろん、普通の読者は言語哲学について考えるために、翻訳小説を読むのではないので、多少不正確であっても、自然な方がいいと思っているだろう。（第14段落）

確かに不自然な訳文は損をする。例えば英語の小説を日本語に訳す場合、原文に英語として変な表現が出てくれば、当然、同じくらい変な日本語に訳すのが「正確」な翻訳だということになるだろう。しかし、最近の「こなれた訳」に慣れた読者はたいていの場合、その変な日本語を訳者のせいにするから、訳者としてはうまい訳者であればあるほど自分の腕前を疑われたくないばかりに、変な原文をいい日本語に直してしまう傾向がある。かくのごとく翻訳は難しいのである。（最終段落）

【設問解説】

問1　漢字の知識を問う問題　[1] ③　[2] ②　[3] ④　[4] ③　[5] ②

(ア)は、〈細かい点にまで注意を払うこと、心をこめてていねいにすること〉という意味で、「**丹念**」。①は、〈物事の進行や行為を一時的に中断するさま、いちど、ひとまず〉という意味で、「一旦」。②は、〈きびしい修行や練習を重ねて心身や技芸をきたえること〉という意味で、「鍛錬（練）」。**③**は、〈うそいつわりのない心、まごころ〉という意味で、「**丹誠**」。したがって、**これが正解**。なお、「丹精」は、もともと〈心こめて物事をすること〉という意味で、「丹誠」とは区別されて使われていた。だが、現在では、両者を同じ意味として使われることも多い。④は、「担架」。⑤は、〈物事や人間関係がうまくいかなくなって修復しようのない状態に陥ること〉という意味で、「破綻」。

(イ)は、〈ぼんやりとして、とらえどころのないさま〉という意味で、「**漠然**」。①は、「麦芽」。**②**は、「**砂漠**」。したがって、**これが正解**。③は、〈まじないをかけて動けなくすること〉という意味で、「呪縛」。④は、「爆笑」。⑤は、「幕末」。

(ウ)は、「**響く**」。①は、「供給」。②は、〈苦労の多い、不運な境遇〉という意味で、「逆境」。③は、「協定」。**④**は、「**影響**」。したがって、**これが正解**。⑤は、「歩道橋」。

(エ)は、〈しきりに現れ出ること〉という意味で、「**頻出**」。①は、「品質」。②は、〈はまべ、うみべ〉という意味で、「海浜」。**③**は、〈しきりに行われること〉という意味で、「**頻繁**」。したがって、**これが正解**。④は、〈式典や会合に招待されて来た客〉という意味で、「来賓」。⑤は、〈内容が乏しく見劣りすること〉という意味で、「貧弱」。

(オ)は、「**圧倒**」。①は、「逃避」。**②**は、〈全心を傾けて、また、持っているもののすべてを出しきって、その仕事に当たること。また、ある人や物事に熱中すること〉という意味で、「**傾倒**」。したがって、**これが正解**。③は、「唐突」。④は、「周到」。⑤は、「糖分」。

問2　傍線部の内容説明問題　[6] ④

まず傍線部の「その意味」の指示内容を確認しておきたい。ただ、「その意味」だけをとらえようとするのではなく、傍線部全体を意識して、翻訳家がどういう意味で楽天家だと言えるかを考えていきたい。そうすると傍線部の直前に「心の中のどこかで奇跡を信じているような楽天家」とあり、翻訳家は「奇跡を信じている」という点で楽天家なのだとわかる。では、ここで言う「奇跡」とは何か。さらにその前を見ると「まったく違った文化的背景の中で、まったく違った言語によって書かれた文学作品を、別の言語に訳して、それがまがりなりにも理解されるということじたい、よく考えてみると、何か奇跡のようなことではないのか」とある。以上の点を踏まえて、翻訳家が信じている奇跡を説明すると、次のようになる。

a　言語や文化的背景をまったく異にする文学作品も
b　翻訳によって多くの人に理解されるものになると信じている

以上のa、bを踏まえた説明になっている④が正解となる。

①は、全体として本文と直接関係ない説明になっているので、不適当。「いつかは誰でも優れた翻訳家になれる」は、本文にまったく書かれていない。

②と③はともに、上述した翻訳家が信じている奇跡や、奇跡の中味についてまったく説明がないので、不適当。

⑤は、「文学作品を原語で読んだとしても翻訳で読んだとしても、ほぼ同じ読書体験が可能だ」という説明が、不適当。第3段落にあるように、筆者は「フランス語でラブレーを読むのと、渡辺一夫訳でラブレーを読む」のとでは、「はたして、同じ体験と言えるのだろうか」と述べ、さらに、「いや、そもそもそこで『同じ』などという指標を出すことが間違い」だと指摘しているのである。

問3　傍線部の理由説明問題　7　②

傍線部にある「これ」の指示内容、またすべての選択肢が「慣用句のような翻訳しにくい表現」ではじまっていること、とりあえずこの二つを手がかりにして傍線部の意味を考えていこう。

まず、傍線部の「これ」は、直前の「これ」と同じで、その前の「言い換え」を受けており、さらにさかのぼると、第8段落の「近似的な『言い換え』」につながっていくと考えられる。そうすると、もう一つの解答の手がかりである「慣用句のような翻訳しにくい表現」との関係も見えて来るはずである。ただ、あまり先走らず、順に考えていこう。筆者は、第5段落・第6段落で「翻訳不可能」なものの例として、慣用句(たとえば「よろしくお願いします」)のことを指摘していた。翻訳不可能な慣用句(a)に対して楽天的な翻訳家の対処の仕方は二つあった。一つは、学者的翻訳によくみられる、いったん「直訳」してから注をつけるといったやり方である。しかし、小説などにこの種の注が頻出するのは興ざめなので、このやり方は評判が悪い。

そこで注目されるのが、第8段落・第9段落で説明されている近似的な「言い換え」(b)というもう一つのやり方である。このやり方では、翻訳家は、同じような状況のもとで、日本人ならどう言うのがいちばん自然かを考える。いかにも翻訳調の「生硬(=未熟で固い感じがすること)」な日本語では評価されない。そのため、たとえばイギリスの恋する男が女に向かって熱烈に浴びせる「私はあなたを愛する」という言葉のかわりに、少し前の日本人なら「あのう、花子さん、月がきれいですね」などと言ったりした。もちろん、現代の若者は「花子さん……」などとは決して言わないだろう。だからといって、現代の若者が、英語のI love youに直接対応するような表現を使うわけではない。そういうことは、あまりはっきりと言わないのがやはり日本語的なのである。翻訳家は「本当は言わないことをそれらしく言い換えなければならない」のである。そのように言い換えが上手に行われている翻訳を世間は「こなれている」として高く評価する（b）のだ。だが、筆者はここで根底的な疑問を投げかけている。そのように上手に言い換えられた翻訳は、果たして本当の翻訳なのだろうか、と。「自然」に巧みに言い換えられた言葉は、むしろ翻訳を回避する技術なのかも知れないのだ。つまり、翻訳家は、「慣用句のような翻訳しにくい表現」を、近似的な「言い換え」によって巧みに訳し、その翻訳は「こなれたもの」として高く評価されるようになった（b）。しかし、それは「本当の翻訳」とは異なるもので、日本語としての自然さを重視するあまり（c）、本当の翻訳ではなくなってしまった（d）と筆者はいうのである。以上の点を踏まえて、筆者が、翻訳が本当の翻訳ではなく、近似的な翻訳になり下がってしまった理由を整理すると次のようになる。

a　翻訳不可能な慣用句に対して

b　近似的な「言い換え」によって「こなれたもの」として高く評価されるようになった

c　日本語としての自然さが重視された

d　そのように言い換えられた翻訳は、本当の翻訳とは違うものである

以上のa〜dを踏まえた説明になっている**②が正解**となる。

ただし、この設問の場合、上述のポイントを捉えるのはかなり難しい。受験生としては消去法で解答を絞り込めれば十分だろう。

①は、「慣用句のような翻訳しにくい表現に対しては、日本語のあいまいさを利用して意味をはっきり確定せずに訳すのが望ましい」という説明が、不適当。「日本語のあいまいさを利用」しようなどといったことは、本文にまったく書かれていない。

③は、「文化の違いにかかわらず忠実に原文を再現するという翻訳の理想」という説明が、不適当。「翻訳の理想」が「文化の違いにかかわらず忠実に原文を再現する」ものなどとは本文に書かれていない。

④は、「慣用句のような翻訳しにくい表現に対して、不自然な表現だとしてもそのまま直訳的に翻訳しておくことで、それが翻訳不可能であることを伝える効果を生む」という説明が、不適当。そうしたことは本文に書かれていない。

⑤は、「文学作品の名訳や先輩翻訳者の成功例などを参考にすることで、こなれた翻訳が可能になることもある」という説明が、不適当。そうしたことは本文に書かれていない。

問4　傍線部からうかがわれる「翻訳」についての筆者の考え方を問う問題　8　②

まず傍線で問題となっている「正しさ」とは、何に関するものか。いうまでもなく、「翻訳」の正しさが問題となっている（選択肢がすべて、「翻訳の正しさ」ではじまっていることからも明らかである）。より具体的には、英語のI love you.はどう訳されるべきか。「Aぼくはあの娘にぞっこんなんだ」と「B私は彼女を深く愛しているのである」とではどちらが正しいのか。「ぞっこん」という言い方は少し古くさいが、話し言葉として自然なのはAである。Bは話し言葉として不自然であるという以上に、実際の会話でBのような言い方をする日本人は皆無に近いはずである。しかし、それではBが間違いかと言うと、そうだとは決められない。なぜなら、Bの方が原文の構造に忠実なだけに正しいとさえ言えるのかも知れないのだから。しかし、正しいか、正しくないか、ということ徹底的にこだわるのならば、「そもそも正確な翻訳とは何か」という言語哲学の問題に行き着くはずである。つまり、翻訳の正しさという問題にこだわると、翻訳とは何か、ある言語を他の言語に置き換えるとはどういうことかといった哲学的、原理的な問題にとらわれることになる（a）というのである。そしていったんそうした哲学的、原理的問題にとらわれてしまうと、話し言葉として自然な方がいいとか、原文の構造に忠実な方が正しいという問題はいっそう解決のつかないものとなってしまう（b）というのである。

以上の点を踏まえて、筆者の翻訳についての考え方を整理すると、次のようになる。

a　翻訳の正しさという問題にこだわると、翻訳とは何か、ある言語を他の言語に置き換えるとはどういうことかといった哲学的、原理的な問題にとらわれることになる

b（aの結果）話し言葉として自然な方がいいとか、原文の構造に忠実な方が正しいという問題はいっそう解決のつかないものとなってしまう

以上のa、bを踏まえた説明になっている②が正解となる。ただし、この設問の場合、上述のポイントを捉えるのはかなり難しかった。受験生としては消去法で解答を絞り込めれば十分だろう。

①は、「翻訳の正しさとは、原文の表現が他言語に置き換えられた時に、意味的にも構造的にも一対一で対応すべきという学問的な原則に関わるものである」という説明が、不適当。そうしたことは本文に書かれていない。

③は、「翻訳の正しさとは、標準的な原文も非標準的な原文もいかに自然な日本語に見せることができるかという翻訳家の技術の問題に関わるものである」という説明が、不適当。そうしたことは本文に書かれていない。

④は、「翻訳家は……時代を超えて通用する表現を目指すべきである」という説明が、不適当。本文では、「時代を超えて通用する表現」など問題にされていない。

⑤は、「翻訳の正しさとは、原文の意味を自然な日本語で効率的に伝えること」という説明が、不適当。本文では「効率的に伝える」ことなど問題になっていない。

問5　本文を読んだ五人の生徒の発言のうち本文の趣旨と異なるものを選ぶ問題　9　②

見慣れない形式の設問だと思った人もいるかも知れないが、解き方は趣旨判定や内容合致問題と一緒である。それぞれの発言とそれに関連する本文を慎重に照らし合わせ、解答を絞り込んでいけばよい。

①について。主に第9段落の内容に基づいた説明になっており、特に本文に反する説明もないので、この選択肢は本文の趣旨に合っている。

②について。第4段落に「まったく違った文化的背景の中で、まったく違った言語によって書かれた文学作品を、別の言語に訳して、それがまがりなりにも理解されるということじたい、よく考えてみると、何か奇跡のようなことではないのか……」とあるように、筆者は、翻訳を通して文化の違いが意識されることが大事だと考えている。したがって、「筆者がいうように、時代や文化の違いをなるべく意識させずに読者に理解させることが翻訳の仕事の基本なんだろうね」というこの選択肢の説明は、筆者の考えに反しているので、これが正解。

③について。主に第12段落の内容に基づいた説明になっており、特に本文に反する説明もないので、この選択肢は本文の趣旨に合っている。

④について。主に第14段落の内容に基づいた説明になっており、特に本文に反する説明もないので、この選択肢は本文の趣旨に合っている。

⑤について。主に第14段落と最終段落の内容に基づいた説明になっており、特に本文に反する説明もないので、この選択肢は本文の趣旨に合っている。

問6 本文の表現と構成について問う問題

(i) **本文の表現について問う問題** 10 ④

「**適当でないもの**」を選ぶという点を見落とさないように。順に選択肢を検討していこう。

①は、第4段落の内容に基づいた説明で、特に間違った説明ではないので、適当である。

②も、第4段落の内容に基づいた説明で、特に間違った説明ではないので、適当である。

③も、第12段落の内容に基づいた説明で、特に間違った説明ではないので、適当である。

④は、不適当である。「『あの時の少年は一体どんなことを考えただろうか』は、過去の自分が考えたことを回想し、当時を懐かしむ感情を表している」という説明が、第12段落の内容に反している。筆者は、「子供にしても純真過ぎたのだろうか、翻訳をするのは偉い先生に決まっているのだから……と思い込んでいたのか。それとも……受け止めていたのか。今となっては、もう自分でも分からないことだし……」などとあるように、当時の自分を突き放して見ており、懐かしんでいるなどとは言えない。

(ii) **本文の構成について問う問題** 11 ②

これは「**適当なもの**」を選ぶという点に注意して、順に選択肢を検討していこう。

①は、「対極的な二つの考え方を示して問題提起し、支持

する立場を一方に確定させている」という説明が、不適当。たしかに、「対極的な二つの考え方」が示されているが、「支持する立場を一方に確定させている」などと言うことはできない。

②は、「『翻訳不可能』な具体例を示して翻訳にまつわる問題点を明確にし、『言い換え』という別の手法を示して論を広げている」という説明は、第5段落～第9段落の部分の説明として、特に間違った説明ではないので、**適当**である。

③は、「筆者が現在の職業に就くことになったきっかけを紹介し……」という説明が、不適当。そうしたことは本文に書かれていない。

④は、「翻訳の正しさについて検討し、筆者の考える正しさを示しながらも」という説明が、不適当。「翻訳の正しさ」について筆者の考えが示されている箇所を本文に見出すことはできない。むしろ、傍線部Cに反する説明になっている。

第2問　現代文（小説）

【出典】

上林暁の小説「花の精」の一節。

上林暁（かんばやし・あかつき）は、一九〇二年高知県生まれの小説家。一九八〇年没。

尾崎一雄と並び戦後期を代表する私小説（＝心境小説）の作家である。代表作に、『薔薇盗人』『聖ヨハネ病院にて』『春の坂』『白い屋形船』『ブロンズの首』などがある。

【本文解説】

今年のように本文が小説の一節（＝部分）であるときには、本文を読み進めていく上で重要な事柄が、リード文で示されていることが多い。したがって、リード文は丁寧に読んでおくこと。

小説は評論以上に主観的な読みに陥りがちだが、選択肢を正確に吟味するためには、書かれている表現にこだわる姿勢を忘れないように。

本文は、二つの空行で分かれた三つの場面から成り立っている。空行の前では、**Ⅰ妹の菜園仕事**、空行の後では、**ⅡO君と月見草を手に入れるいきさつ**が描かれている。まずリード文で「私」と妹の置かれた状況について確認した上で、本文の内容をもう一度見直していこう。

◎「私」と妹の置かれた状況

「私」の妹は夫に先立たれて途方に暮れている。「私」は妻が長期入院しており、そんな「私」の心の慰めだった庭の月見草を、それを単なる雑草と判断した庭師によって抜かれてしまい、空虚な気持ちを抱えている。

Ⅰ　妹の菜園仕事（1〜21行目）

「私が朝晩庭に下りて、草花の世話をして、心を紛らわせているのを見ると」（1行目）、妹が野菜を作ると言い出した。この土地では野菜作りは大変なのだと「私」は指摘しながらも、妹の野菜作りに賛意を示す（1〜7行目）。妹は野菜の苗を買って来て、庭の空き地に畝を作り、落ち葉を肥料として埋める。その姿を見て「実に手際が好いのである」と「私」は好ましく感じ（13行目）、草花を植えるために「自分だけ好いところを占領するのは気がひけたので」（傍線部A）野菜を植える妹にその一部を割いてあげた。妹は菜園仕事をしていくうちに「急に生き生きとして来た」（16行目）。妹は「私が花の世話をするのと同じく、菜園の世話をしていれば、途方にくれた思いも、一と時忘れることが出来、心が慰まるからにちがいない」（17・18行目）と「私」は考える。「兄が花畠をつくり、妹が菜園をつくるのも、皆それぞれ、遣り場のない思いを、慰め、紛らそうがためにほかならないのだ」（19・20行目）と「私」は感じ、一方で「花畠のなかの双璧であった月見草を喪った私の失望落胆は察してもらえるにちがいない」（21行目）と「私」は概嘆する。

Ⅱ　O君と月見草を手に入れるいきさつ（23行目〜最終行）

「花畠のなかの双璧であった月見草を喪った」（21行目）「私」の前に月見草が還って来ることになった（23・24行目）。

多摩川べりの是政というところに釣りをしに行く友人のO君から、そこでは山も見ることができるし、月見草も自生していることを告げられ、「私」は是政に行くことにした（25〜30行目）。その場所で月見草を見て「私は安心した。そこいらいっぱいの月見草を見ると、もう大丈夫だという感じ」（42行目）がした。釣りをするために瀬の中に入って行くO君、その様子を見ている「私」（52〜57行目）。O君が「私」に月見草を取るよう促したので「川原で手頃な月見草を物色した（＝適当なものを得ようと捜した）。匂いのあるのを二本と、匂いのないのを二本」（60行目）手にした。振り返ると、月見草に関心を示すこともなく釣りに興じているO君の姿が瀬の中にあった（61行目）。そんな「O君が月見草の大きな株を手いっぱいに持って」（65行目）やって来たのを見て「それは、なんだかよろこばしい図であった」（傍線部B）と「私」は感じた。釣りに興じていたはずのO君は月見草に強い関心を示す「私」のことを考えて月見草を取ってきたのだろう。そうした思いを抱きながら「私」も「大きなやつ」を取ればよかったと思った（65・66行目）。

駅で帰りのガソリン・カアを待つ間に、「骸骨のように見え、人の棲まぬ家かと思われた」（83行目）サナトリウム（＝療養所）の「部屋々々に灯がつきはじめ、建物が生きて来た」（83・84行目）と「私」は感じた。それを見ていると、「突然私は病院にいる妻のことを思い出した」（傍線部C）。思わず寂しさがこみあげ、サナトリウムの方へと歩いて行く。そこでは患者たちの営みが感じられた」（88～90行目）。そして「妻が直ぐそこの病室にいるかの如き気持になって、妻よ、安らかなれ、とよそながら、胸のなかで、物言う」（91・92行目）「私」がいた。

そうした感傷的な思いを抱えた「私」は、サナトリウムを後にして歩いているうちに「月見草の群落」を見た。「涙など一遍に引っ込んでしまった」（94行目）。「月見草が、私を迎えるように頭を並べて咲き揃っている」。「右にも左にも、群れ咲いている」（95行目）。「私」は待たせているO君のもとに急ぐ。ガソリン・カアに乗った「私」は車内から「すべて一面、月見草の原」（104行目）を見る。「それがあとからあとからひっきりなしにつづく」。「私は息を呑んだ。それはまるで花の天国のようであった」（105・106行目）。

そのような「花の幻」（108行目）が消え、ガソリン・カアは武蔵境の駅に着いた。「是政を出るときには、まだ蕾を閉じていた花々が、早やぽっかりと開いていた」。「私は開いた花を大事にして、月見草の束を小脇に抱え」（109～111行目）帰路についた。

【設問解説】

問1　語句の意味を問う問題　12 ③　13 ①　14 ②

(ア)の「お手のもので」は、〈得意とするもので〉を意味する。したがって**正解は③**。他の選択肢はそうした意味を含まないので、間違い。

(イ)の「肚を決めた」は、〈決心した・覚悟した〉を意味する。したがって**正解は①**。④の「覚悟を示した」は「示した」が余計。他の選択肢は〈決心・覚悟〉の意味を含まないので、間違い。

(ウ)の「目を見張っていた」は、〈怒ったり、驚いたり、感心したりして目を大きく見開いていた〉を意味する。したがって**正解は②**。他の選択肢は〈目を見開く〉という意味を含まないので、間違い。

問2　傍線部を含む場面における妹への「私」の気持ちや向き合い方を説明する問題　15 ③

まず、リード文から〈妹は夫に先立たれて途方に暮れている〉〈「私」は心の慰めだった月見草を失い落ち込んでいる〉という二点をおさえておく。その上で、傍線部を含む場面を確認していく。

「私」が草花の世話で「心を紛らわせている」のを見ていた妹は、自分も野菜を作ると言い出した。「私」は、ここの土地が野菜作りに必ずしも適していないことを指摘しながらも、「とにかく、作るなら作って見よ」とこたえた（1～7行目）。すると、妹は野菜の苗を買って来て、庭の空き地に畝を作り落ち葉を肥料として埋めていくなど、その姿を「実に手際が好い」と「私」は感じた（13行目）。「私」は、草花を植えるために陽あたりの好いところは全部占領していたが、「自分だけ好いところを占領するのは気がひけたので」（傍線部）野菜を植える妹にその一部を割いてあげた。妹は菜園仕事をしていくうちに「急に生き生きとして来た」（16行目）。

妹は「私が花の世話をするのと同じく、菜園の世話をしていれば、途方にくれた思いも、一と時忘れることが出来、心が慰まるからにちがいない」（17・18行目）、「兄が花畠をつくり、妹が菜園をつくるのも、皆それぞれ、遣り場のない思いを、慰め、紛らそうがためにほかならないのだ」（19・20行目）と「私」は感じている。

以上のことから〈妹は菜園仕事を通じて生き生きとしてきたこと〉〈「私」と同じように妹も慰めを求めていること〉〈「私」は自分だけ園芸に好い場所を独占するのは気がひけ、妹にも使わせようと思ったこと〉などが読み取れる。こうした内容がおさえられている**③が正解**。

①は、「一緒にたくさんの野菜を育てる」がおかしい。「兄が花畠をつくり、妹が菜園をつくる」（19・20行目）とあるように、「私」はもっぱら「花」を育て、妹が「野菜」を育てるというのである。

②は、「気後れ（＝何かをしようとするとき、自信がなくて心がひるむこと）していた」がおかしい。「私」は菜園を作る妹の姿を見て「実に手際が好い」と感じており（13行目）、また、「私」が「気後れ」して、自分の草花の世話をやめたりすることもなかった。

④は、「妹に対する居心地の悪さ」がおかしい。「私」が妹に対して「居心地の悪さ」を感じたとする根拠は本文にない。むしろ「私」は菜園を作る妹の姿を見て「実に手際が好い」と感じている（13行目）。

⑤は、「妹の姿に将来の希望を見出したような思い」がおかしい。妹の菜園仕事に「私」の「将来」は関係しない。むしろ「皆それぞれ、遣り場のない思いを、慰め、紛らそう」（20行目）としていると「私」は感じている。

問3　友人O君の姿を「よろこばしい図」と「私」が感じた理由を説明する問題　16　⑤

「花畠のなかの双璧であった月見草を喪った」（21行目）「私」の前に月見草が還ってくることになった場面を踏まえた設問である。

友人のO君が訪れたとき、「私」はO君に山が見たいと訴え、さらに庭の月見草が抜き取られた話をした。それに対してO君は、多摩川べりの是政に釣りに行くとそこから、山も見え、月見草も自生していると教えてくれた。「私」はO君について是政に行くことにした（25〜30行目）。是政につくと、「私」は安心した。そこいらいっぱいの「月見草」を見ると、「もう大丈夫だ」と感じた（42行目）。O君は釣りをするために瀬の中に入って行き、「私」は川原でO君の釣りの様子などを見るなどしながら過ごしていた（52〜57行目）。夕刻が近づき、帰りの時間が迫って来ると、O君は、「私」に月見草を取って来るように促した（59行目）。「私」は、「川原で手頃な月見草を物色した。匂いのあるのを二本と、匂いのないのを二本」（60行目）手にした。「私」は帰路につくため番小屋の前に立って橋賃を払いながら橋番の老人と話をしていると、「O君が月見草の大きな株を手いっぱいに持って、あがって来た」（65行目）。そのO君の姿を「それは、なんだかよろこばしい図であった」と「私」は感じ、どうせなら「私」も「大きなやつ」を取ればよかったと思った（65・66行目）。

では、どうして「月見草の大きな株を手いっぱいに持って来た」O君の姿が「よろこばしい図」だったというのか。リード文にあるように、月見草は庭師が雑草とみなし抜き取ってしまったものである。月見草は一般に特に価値のあるものではなく、O君にとってもそれは変わらない。むしろ釣りのため多摩川の川原によく来るO君にとっては、ありふれた雑草の一つであったろう。ところが、月見草は「私」にとっては特別な価値を持つものだった。つまり、それは月見草に強い関心を示す「私」のことを考えてだろうということが推測できるだろう。このように考えれば、**⑤が正解**となる。

①は、「光景は目新しく、月見草を失った自分の憂いが解消してしまうような」がおかしい。そもそも月見草を持ったO君を見る前から、「私」はすでに月見草を取っていたのだから、この時点で「憂いが解消」するというのは変である。

また、O君の月見草への関心は「私」のことを考えてのことだという指摘がないという点がないのも不十分である。

②は「O君の姿は、落胆する自分の気持ちを慰めてくれる」という説明が不適当。「私」は是政につき月見草を見て「安心した」（42行目）のである。

③は、O君の長所を「短い時間で手際よくたくさんの月見草の株」を取ってきたことに見出している点が不適当。O君の長所は月見草の株を取ってくる手際のよさではなく、たとえば「私」の気持ちをO君が察知してくれることである。

④は、「（匂いがするかしないかという）違いを考慮せずに無造作に持ってきた」O君という指摘が不適当。そもそも月見草に匂いのするしないの違いがあるのを教えてくれたのがO君のはずである（44行目）。

問4　病院にいる妻のことを思い出した「私」の心情を説明する問題　17　②

駅で帰りのガソリン・カアを待つうちに、「私」は「骸骨のように見え、人の棲まぬ家かと思われた」（83行目）サナトリウムの「部屋々々に灯がつきはじめ、建物が生きて来た」（83・84行目）様子を目にする。それを見ていると、「突然私は病院にいる妻のことを思い出した」（傍線部）。思わず寂しさがこみあげ、「私」はサナトリウムの方へと歩いていく。そこでは患者たちの営みが感じられた（88〜90行目）。そして「妻が直ぐそこの病室にいるかの如き気持になって、妻よ、安らかなれ、とよそながら、胸のなかで、物言う」（91・92行目）「私」がいた。こうした内容がまとめられている**②が正解**。

①は、「忘れようと努めていた妻の不在」が本文から読み取れない。

③は、「妻もまた健やかに生活しているような錯覚にとらわれ出した」が本文から読み取れない。

④は、「妻の病を忘れていたことに罪悪感を覚え、妻への申し訳なさで頭がいっぱいになっている」がおかしい。「私」

は「妻よ、安らかなれ、とよそながら、胸のなかで、物言う」のであって、「罪悪感」「申し訳なさ」で頭がいっぱいなのではない。

⑤は、「サナトリウムの建物が骸骨のように見えたことで、療養中の妻のことをにわかに意識するようになった」という因果関係がおかしい。妻のことを意識したのはむしろ「部屋々に灯がつきはじめ、建物が生きて来た」のを見たからである。また「退院できないのではないかという不安」も本文に一切述べられていない。

問5　傍線部に至るまでの月見草に関わる「私」の心の動きを説明する問題　18　①

「私」の妻は長期入院しており、妻が不在の「私」の家で「私」の心の慰めであった月見草がそれを雑草だと思った庭師によって抜かれてしまい、「私」は空虚な気持ちを抱えていた（リード文）。そんな「私」に、友人のO君が、是政に月見草が自生していることを伝えたため、二人でそこに赴く。「私」は是政からの帰路、近くのサナトリウムを見て病気の妻の平穏を願う。そんな感傷的な「私」がサナトリウムを後にして歩いているうちに「月見草の群落」を見た。「涙など一遍に引っ込んでしまった」（94行目）。「月見草が、私を迎えるように頭を並べて咲き揃っている」。「右にも左にも、群れ咲いている」（95行目）。ガソリン・カアに乗った「私」はそこで「すべて一面、月見草の原」（104行目）を見る。「それがあとからあとからひっきりなしにつづく」。「私は息を呑んだ。それはまるで花の天国のようであった」（105・106行目）。こうした物語の流れの中での「私」の心の動きをうまくまとめた**①が正解**。

②は、「持ち帰っても根付かないかもしれないと心配になった」ということは本文に一切書かれていない。

③は、「妻の病も回復に向かうだろうという希望」という具体的な内容は本文から読み取れない。

④は、「月見草に死後の世界のイメージを感じ取り」「運転手は死に魅入られてしまう」がおかしい。むしろ「私」は月見草の群落を見て感動している。

⑤は、③と同じく、「自分と妻の将来に明るい幸福を予感させてくれた」という具体的な内容は本文から読み取れない。

問6　この文章の表現に関して適当なものを選ぶ問題　19・20　④・⑥

順次、確認していこう。

①について、「！」を使用し、「述語を省略する」ことが「会話部分をテンポよく描」くことになるとは言えるが、だからと言って「妹の快活な性格を表現している」とまでは言えない。また、そもそも本文から「妹」が「快活な性格」を持つかどうか判断できない。

②について、「体言止めの繰り返し」は合っているが、だからと言ってそれが「印象深い記憶であったことを強調している」とまでは言えない。

③について、「―」の中の表現が「擬音語・擬態語」であ

るとは言えても、それによって「場面の緊迫感を高めている」とまでは言えない。

④について、44・45行目や60行目に月見草の匂いに関する叙述があるからこそ、110行目の嗅覚体験が引き立つと言える。したがって**④が一つ目の正解**。

⑤について、75行目の部分が短文の積み重ねだとは言えても、「私」の状況が「次第に悪化していく過程を強調」とまでは言えない。

⑥について、「骸骨のように（直喩）」「（月見草が、）私を迎える（擬人法）」は比喩であり、そこに「私」の心情が「間接的に」示されると言える。したがって**⑥が二つ目の正解**。

第3問　古文

【出典】

『玉水《たまみず》物語』

成立年代　室町時代

ジャンル　室町時代物語（御伽草子《おとぎぞうし》）

作者　未詳

内容　花園で姫君を見初めた狐が、人間の女に化けて侍女「玉水の前」として姫君に仕える。ある時催した紅葉《もみじ》合《あわ》せで玉水の助けによって姫君が勝利するが、それが帝の耳に達したことをきっかけとして、姫君は入内《じゅだい》し、玉水も宮中に上がることになる。しかし、姫君への思いが遂げられないことに苦しんだ玉水は、ついに自らの正体や姫君への思いを書き残して姿を消した。

【全文解釈】

ちょうどその時この花園に狐が一匹いましたのが、姫君を拝見し、「ああ美しいお姿だなあ。せめて時々でもこのようなご様子を、遠目にでも拝見したい」と思って、木陰に立ち隠れて、気持ちが静まらずお慕いしたのは驚きあきれたことだ。姫君が帰りなさったので、狐も、こうしていられることではないと思って、自分の巣へ帰った。しみじみと座禅して（＝きちんとすわって）自分のありさまについて深く考えると、「私は、前世（に犯した）どのような罪の報いで、このようなけだものに生まれたのだろう。美しい人を一目見て恋心を抱き申し上げて、届かない恋の道に身をすり減らし、むなしく消え失《う》せてしまうようなことこそが恨めしい」と思案し、さめざめと泣いて横になり思った時に、すばらしい男に化けてこの姫君と逢瀬《おうせ》を持ち申し上げたいと思ったけれど、また思い直して考えるには、「私が、姫君と逢瀬を持ち申し上げたら、必ず（姫君の）御身の上は台無しになってしまいなさるに違いない。（姫君の）父母のお嘆きといい、この世に類ないご様子であるのに、台無しにし申し上げるようなことはおいたわしく（そんなことはできない）」（などと）、あれやこれやと思い乱れて日を過ごしていたうちに、餌をも食べないので、体も疲れて横になって過ごしていた。もしかすると（姫君のお姿を）拝見するかとあの花園によろめきながら出ていくと、人に見られ、時には石ころを投げられ、時には神頭《じんどう》の鏃《やじり》のついた矢を射かけられ、ますます（自分の）心を苦しめたのが切ないことよ。

（狐は）かえって露や霜のようにも消え去ってしまわない（自分の）命を、つらく思ったが、なんとかして（姫君の）おそば近く参って朝夕（お姿を）拝見し心を慰めたいと思い巡らして、ある民家で、男（の子）ばかり大勢いて女の子を持たないで、たくさんいる子どもの中にひとり（でも）女の子だったら（いいのに）と朝夕嘆く（所があった）のを（よい）機会として、十四、五歳の容姿が目立って美しい女に化けて、その家に行き、「私は京都の西の方にいた者である。身よりのない境遇になり、頼るところがないために、足の向くままにここまでさまよって来たけれど、行くべき先も思いつかないので頼り申し上げたい」と言う。（民家の）主の妻が見て、「いたわしいことよ。普通の人ではない（＝高貴な家柄を思わせる）お姿で、どうやってここまでさまよって来たのだろう。どうせ（頼れる人がいないの）なら私を親だと思ってください。男（の子）は大勢いますけれども女の子を持たないので、朝夕欲しい（と思っていた）から」と言う。「そのようなことこそうれしい。どこを目当てに行くとよい（かという）場所もありません（ので）」と（狐の化けた女が）言うと、（主の妻は）並々でなく喜んでかわいがって（狐の化けた女を家に）置き申し上げる。どうにかしてふさわしいような人と結婚させ申し上げたいと準備した。しかし、この娘は、すこしも打ち解ける様子もなく、時々は泣いたりなどしなさるから、（主の妻が）「もし恋仲でいらっしゃる方などいるのでしたら、私に隠さず語ってください」と慰めたところ、（娘は）「けっしてそのようなことはありません。つらい身の上が心外なものと感じられてこのように気分がふさいで憂鬱なさまなので、人と結ばれる（ような）ことなどは思いも寄らない。ただ美しいような姫君などのおそばにお仕えして、御宮仕えをし申し上げたいのです」と言うので、（主の妻は）「よい家へ嫁がせ申し上げたいといつも申し上げるけれども、そのようにも思いなさるならば、どのようにでもお気持ちには背きますまい。高柳殿の姫君が上品で優美でいらっしゃるので、私の妹が、この（高柳殿の姫君の）御所に召使いとしてお仕えしているから、（あなたの出仕について）問い合わせて（その報告を）申し上げよう。どんなことも気安く、思っていらっしゃるようなことはお話しください。（あなたのお気持ちに）背き申し上げないつもりだ」と言うと、（娘は）

とてもうれしいと思っている。

このように話し合うところに、その者（＝主の妻の妹）が来たので、この（娘を高柳殿の姫君に仕えさせたいという）ことを話すと、（主の妻の妹は）「その事情を（高柳殿に）申し上げよう」と言って、戻って（姫君の）御乳母にお聞きすると、「それでは（その娘を姫君のもとへ）ともかくただちに参上させよ」とおっしゃる。（娘は）喜んで支度を調えて（姫君のもとへ）参上した。（娘は）見た感じや、顔立ちが、美しかったので、姫君もお喜びになって、名を「玉水の前」とつけなさる。（玉水の前は）何かにつけても上品で優美な風情で、姫君のお楽しみごとや、おそばに朝晩親しくお仕えし、洗面の御水を差し上げお食事を差し上げ、（乳母子の）月冴《つきさえ》と同じように（姫君の）御床《とこ》の足元で寝て、（姫君のおそばを）離れることなくお仕えした。お庭に犬などが参ったところ、この人（＝玉水の前）は、顔色が変わり、身の毛がいっせいに逆立つようになる感じで、ものも食べられず、とんでもない様子であるから、（姫君は）お気の毒に思いなさって、お邸《やしき》の中で犬を飼わせなさらない。「あまりにもとんでもない恐がりようだね」「この人の（受ける）ご寵愛《ちょうあい》の深さのおうらやましさよ」などと、傍らには妬《ねた》む人もいるだろう。

こうして（月日が）過ぎていくうちに、五月半ばの頃、とりわけ月も陰りのない夜、姫君が、御簾《みす》の際近くまですわったままお出ましなさって、（空を）眺めなさった時に、ほととぎすが声を上げて（飛んで）過ぎたので、（姫君が）

ほととぎすが雲の向こうで声をあげて鳴く。

とおっしゃったところ、玉水がすぐに、

深い思いを抱く仲間であるのだろう。

続けて「私の心の中」と口ごもるように申し上げたので、「何事だろうか、（あなたの）心の中が知りたい。恋ということだろうか、また（恋しく思う）人（の冷淡な態度）に対して恨む気持ちなどか。不思議に（思われるわ）」とおっしゃって、

五月雨の頃には空のほととぎすは、

誰の思い悩んで泣く声の様子を知っているのだろうか。

（とお詠みになった。）

【設問解説】

問1　短語句の解釈問題　21 ②　22 ④　23 ⑤

(ア)　しづ心なく思ひ奉りけるこそあさましけれ

「奉り」は動詞「奉る」の連用形、「あさましけれ」は形容詞「あさまし」の已然形である。

しづ心（名詞）
1　静かな心。落ち着いた心。

奉る（動詞・ラ行四段活用）
1　差し上げる。（「与ふ」の謙譲語）
2　〜申し上げる。（謙譲の補助動詞）
3　召し上がる。（「食ふ」「飲む」の尊敬語）
4　お召しになる。（「着る」の尊敬語）
5　お乗りになる。（「乗る」の尊敬語）

あさまし（形容詞・シク活用）
1　意外で驚きあきれる。

2 情けない。嘆かわしい。

「しづ心なく」の意味に合う選択肢は、②「気持ちが静まらず」、④「冷静な心を欠いたまま」である。「奉り」は、ここでは動詞「思ひ」に続いているので、前記2の謙譲の補助動詞であり、その語義に合う選択肢は、②「お……し」、⑤「お……申し上げる」である。「あさましけれ」の語義に合う選択肢は、①「嘆かわしいことだ」、②「驚きあきれたことだ」、④「情けないことだ」である。以上、これらのいずれもを満たす選択肢は②である。②については、「思ひ」を「慕い」、「けるこそ」を「～たのは」と訳すことも妥当で、狐が花園で木陰に隠れて姫君の姿を最初に見た時の様子を描写したものとして文脈にも適《かな》う。よって、**正解は②**である。

(イ) いかにして

いかにして（連語）
1 どうして。どのようにして。
2 どうにかして。
※ 副詞「いかに」＋サ変動詞「す」の連用形「し」＋接続助詞「て」。

この語義に合う選択肢は、②「どのようにして」、③「どういうわけで」（以上は前記1）、④「なんとかして」（前記2）である。ここでは、傍線部の後に「御そば近く参りて朝夕見奉り心を慰めばや」と続くが、「ばや」は願望の終助詞で、この部分は「姫君のおそば近く参って朝夕お姿を拝見し心を慰めたい」という、狐の願望を表す意味になる。後にこの願望表現が続くことから、文脈にふさわしい解釈をしている**④が正解**である。

(ウ) この人の御おぼえのほど

おぼえ（名詞）
1 世間の評判。
2 目上の人からの寵愛。

この語義に合う選択肢は、③「ご評判」（前記1）、⑤「ご寵愛」（前記2）である。傍線部の前では、玉水の前がひどく犬におびえるため、姫君が邸の中に犬を置かないようにしたことが書かれており、傍線部は、それに対する傍らの人の発言中にある。この文脈に適う**⑤が正解**である。

問2 文法問題 24 ④

敬意の対象が問われている。敬意の対象は、敬語の種類によって考える。

敬意の対象（「誰へ」敬意を表しているか）
① 尊敬語……動作の主体へ。
※「誰が」その動作を行っているかを考える。
② 謙譲語……動作の受け手へ。
※「誰に」その動作を行っているか、あるいは「誰を」相手にその動作を行っているかを考える。
③ 丁寧語……聞き手・読み手へ。
※ 地の文では読者、会話文・手紙文ではその聞き手・読み手。

波線部のうち、「奉る」については問1(ア)【設問解説】参照。それ以外は以下の通り。

候ふ（動詞・ハ行四段活用）・**侍り**（動詞・ラ行変格活用）
1　お仕えする。〔「仕ふ」の謙譲語〕
2　あります。〔「あり」の丁寧語〕
3　～ます。〔丁寧の補助動詞〕
参らす（動詞・サ行下二段活用）
1　差し上げる。〔「与ふ」の謙譲語〕
2　～申し上げる。〔謙譲の補助動詞〕

a「奉る」は、動詞「見」に敬意を添えており、補助動詞の用法である。問1(ア)【設問解説】に示した2の意味で、謙譲語であり、動作の受け手への敬意を表す。ここは、狐が姫君を見ることもあるかと考える場面で、動作の受け手は**姫君**である。

b「候は」は、直前に「見給ふ君など」とあることに注意しよう。ある民家の主の妻が、狐が化けた娘を結婚させようとすると、娘が泣くなどするという状況から、「見給ふ君」とは恋仲の相手を言うと考えられる。よって、それに続く「候は」は、前記2の「あり」の丁寧語で、聞き手への敬意を表す。ここは、主の妻が娘に話しかけている会話文の中にあり、聞き手は**娘（＝狐）**である。

c「侍る」は、助動詞「たし」の連用形に続いており、「御宮仕へ申したく」という願望に敬意を添えているので、前記3の補助動詞の用法である。丁寧語で、聞き手への敬意を表す。ここは、娘が主の妻に答える会話文の中にあり、聞き手は**主の妻（＝主の女房）**である。

d「参らせ」は謙譲語で、動作の受け手への敬意を表す。ここは、姫君に仕えることになった狐（＝玉水の前）が、姫君に食事を差し上げることを表しており（前記1の用法）、動作の受け手は**姫君**である。

以上により、**正解は④**である。

問3　心情説明の問題　25　⑤

傍線部中の「いたづらに」は、「役に立たない。むなしい」などの意で、傍線部で狐は、「むなしく消え失せてしまうようなことこそが恨めしい」と思っている。選択肢のうち、①「死んでしまうことを無念に思う」、④「のたれ死にしてしまうことを情けなく思う」、⑤「むなしく死んでしまうことを残念に思う」が、この意味に合う。

さらに、傍線部の直前には、「美しき人を見そめ奉りて、およばぬ恋路に身をやつし」とあるが、「身をやつす」は、「体を弱らせる。体を弱らせるほど思い悩む」の意味を表す。これを踏まえた説明をしているのは⑤「かなわぬ恋に身も心も疲れきって」である。

①は、「身をやつし」に相当する説明がなく、逆に「罪の報いを受けて」が本文に根拠を持たない。

②は、「はやく……たい」が傍線部の意味に合わないうえに、「姫君に何度も近づいたことで疎まれ」も本文の内容と異なる。

③は、「なんとなく」が傍線部の意味に合わないうえに、「姫君に思いを伝えないまま」も本文に根拠を持たない。

④は「悪行を犯して、のたれ死にしてしまう」が本文の内容と異なる。

以上により、**正解は⑤**である。

問4 心情説明の問題 26 ③

傍線部を含む第二段落の内容を確認する（【全文解釈】も参照）。

Ⅰ なかなかに露霜とも消えやらぬ命、……思ひめぐらして、（第二段落1・2行目）

狐は、なんとかして姫君のそば近くにいたいと考える。

Ⅱ ある在家のもとに、……いとほしみ置き奉る。（第二段落2～7行目）

狐は、十四、五歳の娘に化けて、ある民家の養女になる。

Ⅲ いかにしてさもあらむ人に見せ奉らばやといとなみける。（第二段落7行目）

主の妻は、娘を誰かよい男と結婚させようとした。

Ⅳ されど、この娘、つやつやうちとくる気色もなく、折々はうち泣きなどし給ふゆゑ、（第二段落7・8行目）

娘は、主の妻（＝養母）に打ち解けず泣いていた。

Ⅴ 「もし見給ふ君など候はば、我に隠さず語り給へ」と慰めければ、（第二段落8行目）

養母が、恋の悩みでもあるかと娘を気づかう。

Ⅵ 「ゆめゆめさやうのことは……」と言へば、（第二段落8～10行目）

娘が、結婚を希望しないこと、どこかの美しい姫君に仕えたいことを告げる。

Ⅶ 「よき所へ……」と言へば、（第二段落10～12行目）

養母が、高柳殿の姫君のもとへの出仕を提案する。

Ⅷ いと嬉しと思ひたり。（第二段落12・13行目）

娘が喜ぶ。

この段落の展開から、そもそも狐が人間の女に化けたのも、ある民家で養女になったのも、すべては高柳殿の姫君に仕えるための策略だったことが明らかである（前記Ⅰ・Ⅱ）。そして、傍線部に示された娘（＝狐）の悲嘆も、その後、養母に高柳殿の姫君のもとへの出仕の世話をしてもらう展開を導く契機となっていることから、傍線部のふるまいも高柳殿の姫君に仕えるための策略の一貫だったと考えることができる（前記Ⅲ～Ⅷ）。

このような娘の思いを正しく説明している選択肢は③である。「縁談を喜ばず沈んだ様子を見せ」るというのは、傍線部のふるまいの説明として適当で、「自分の願いを養母に伝えるきっかけが得られるだろうという期待」は、その意図の説明として適当である。実際、このふるまいをきっかけとして、娘は養母に出仕の希望を伝えている（前記Ⅵ）。

①は、「意中の人との縁談を提案してくれるように養母を誘導したい」が、ここでの娘の意図（前記Ⅰ・Ⅵ）と異なる。

②は、「自分の娘の可愛らしい姿を人前で見せびらかしたいと思っている養母」が、傍線部の前の養母の心情の説明（前記Ⅲ）と異なる。

④は、「養女としての立場ゆえの疎外感や他に頼る者のいない心細さ」が、本文に根拠を持たない。

⑤は、「養母をだましていることからくる罪悪感」も「養母の善意を素直に受け入れられないという苦悩」も、本文に根拠を持たない。

以上により、**正解は③**である。

問5　理由説明の問題　27　①

狐が娘に化けたことを示す記述は、第二段落3行目「年十四、五の容貌あざやかなる女に化けて」である。そこに至るまでの本文の中から、狐の心情を表す箇所を確認する（**【全文解釈】**も参照）。

Ⅰ　**「あな美しの御姿や。せめて時々もかかる御有様を、よそにても見奉らばや」と思ひて、（第一段落1・2行目）**

姫君の美貌に感動し、遠目にでも見ていたいと願う。

Ⅱ　**「我、前の世いかなる罪の報いにて……」とうち案じ、さめざめとうち泣きて（第一段落3～5行目）**

自分が姫君との恋愛などできないけだものであることを嘆く。

Ⅲ　**よきに化けてこの姫君に逢ひ奉らばやと思ひける（第一段落5行目）**

よい男に化けて姫君と逢瀬を持ちたいと願う。

Ⅳ　**またうち返し思ふやう、「我、姫君に逢ひ奉らば、必ず御身いたづらになり給ひぬべし。父母の御嘆きといひ、……」、とやかくやと思ひ乱れて（第一段落5～7行目）**

自分と恋仲になることは姫君を不幸にし、姫君の父母をも嘆かせると思い直す。

Ⅴ　**いかにして御そば近く参りて朝夕見奉り心を慰めばやと思ひめぐらして、（第二段落1・2行目）（この部分は問4の【設問解説】のⅠに含まれる）**

なんとかして姫君のそば近くにいたいと考える。

これらをまとめると、狐は、姫君と恋仲になるわけにはいかないと思い知りつつ（前記Ⅱ・Ⅳ）、姫君のそばにいたくて（前記Ⅰ・Ⅴ）、娘に化けたということになる。

このような事情を正しく説明している選択肢は①である。「男に化けて姫君と結ばれれば姫君の身を不幸にし、両親を悲しませることにもなると思い」は、狐が姫君と恋仲になれない自分を思い知っていることの説明として、特に前記Ⅳと合致し、「せめて宮仕えのできそうな美しい女に姿を変えてそばにいられるようにしようと考えた」は、姫君のそばにいたいと考えたことの説明として、前記Ⅴと合致する。

②は、「養い親から大事に育てられるし、そのうえ縁談でも持ち上がれば、高柳家との縁もできるのではないかと考えた」が、本文の内容と異なる。

③は、「姫君に気に入ってもらえるようにするには、男の

姿よりも天性の優美さをいかした女の姿の方がよく」も、「そばに仕えられるようになってから思いの丈を打ち明けようと考えた」も、本文に根拠がない。

④は、姫君が「望まない縁談を迫られている」とは本文に書かれていないし、「姫君を守るため」というのも、本文に書かれている理由とは異なる。

⑤は、「高柳家の姫君が自分と年近い侍女を探しているという噂」が流れていたとは本文に書かれていない。

以上により、正解は①である。

問6　人物説明の問題　28　②

娘に化けた狐が「玉水の前」と呼ばれて姫君のそばに仕えるようになるのは、本文の第三段落である。それ以降の玉水と姫君の関わりについての記述を確認する（【全文解釈】も参照）。

Ⅰ　**見様、容貌、美しかりければ、……立ち去ることなく候ひける。（第三段落2〜4行目）**

娘は姫君に気に入られ、「玉水の前」として常にそば近くに仕えるようになる。

Ⅱ　**御庭に犬など参りければ、……御所中に犬を置かせ給はず。（第三段落4・5行目）**

玉水が犬をひどく怖がるので、姫君は邸に犬を置かせないようにする。

Ⅲ　**「あまりけしからぬ物怖ぢかな」……ねたむ人もあるべし。（第三段落6行目）**

姫君の玉水への寵愛ぶりは、周囲の人も嫉妬するほどである。

Ⅳ　**五月半ばの頃、……と仰せければ、（第四段落1〜4行目）**

五月半ばの月の明るい夜にほととぎすが鳴くのを聞き、姫君が歌の上の句を口にする。

Ⅴ　**玉水とりあへず、……やがて「わが心の内」とぐちぐち申しければ、（第四段落4〜6行目）**

玉水は、姫君の詠んだ上の句に下の句を付け、自分に深い悩みがあることをほのめかす。

Ⅵ　**「何事にかあらむ、……」とて、五月雨のほどは雲居のほととぎす誰がおもひねの色をしるらむ（第四段落6〜9行目）**

姫君が不審がり、玉水の悩みを聞き出そうとして歌を詠む。

選択肢を順番に確認する。

①は、「月冴が嫉妬を覚えるほど」が、前記Ⅲの内容と異なる。玉水が姫君に厚遇されていることについて嫉妬した者がいたと書かれているだけで月冴とは書かれていない。また、「姫君と歌を詠み合うことに熱中するあまりに、周囲の不満に気づけない玉水の姿」が、本文に根拠を持たない。玉水が周囲の不満に気づいていたかどうかも書かれていない。

②は、「玉水の秘めた思いを察した姫君は、……胸中を知りたいと戯れる」「思いを姫君本人から問われてしまう」が、

前記Ⅴ・Ⅵの内容に合っており、「それが自身への恋心であるとは思いもよらず」「打ち明けられない思い」も適当である。玉水の正体が姫君に恋した狐であり、姫君がそれを知らないことは、玉水が姫君に仕えることになるまでの本文の内容から明らかである。さらに、そのような玉水の状況を「せつない」と評価することは不自然ではないので、この選択肢の記述は適当である。

③は、「『ほととぎす雲居のよそに音をぞ鳴く』の句から、玉水は姫君が密かに心を寄せる殿上人の存在を感じ取ってしまう」が、本文に根拠を持たない。姫君の、雲の向こうに鳴くほととぎすを詠んだ句に、恋の思いが込められていることを示す記述が本文にはないし、玉水がそのように感じ取ったことを示す記述もない。したがって、「姫君の恋を応援しようとする」にも根拠がない。

④は、「姫君に対し、……冷たい応対をせざるを得ない」が、本文に根拠を持たない。本文は、姫君が玉水の心の内を知ろうとする場面（前記Ⅵ）で終わっており、それに対する玉水の応対は書かれていない。

⑤は、「周囲から嫉妬され、涙にくれるような状況にある」が、本文に根拠を持たない。たしかに玉水は周囲から嫉妬される状況にある（前記Ⅲ）が、それを玉水がどう感じているかは書かれていない。したがって、「苦しい立場を理解してくれない姫君に対して、胸の内を歌で訴えている」も、本文に書かれていない内容である。

以上により、**正解は②**である。

第4問 漢文

【出典】

仇《きゅう》兆《ちょう》鰲《ごう》『杜《と》詩《し》詳註《しょうちゅう》』全二十五巻。付編二巻。杜甫《とほ》の詩と文章の注釈書。本文は、第二十五巻に収められている「唐《とう》故《こ》万《ばん》年《ねん》県《けん》君《くん》京《けい》兆《ちょう》杜《と》氏《し》墓《ぼ》誌《し》」と題する杜甫の文章の末尾の一節で、仇兆鰲の注釈は省略されている。

仇兆鰲（一六三八～一七一七）は、清の学者。字《あざな》は滄柱《そうちゅう》。寧波《ニンポー》（現在の浙江省寧波市）の出身。明末の高名な儒学者である黄宗羲《こうそうぎ》に師事した。康熙《こうき》二十四年（一六八五）に科挙（官吏登用試験）に合格し、吏部右侍郎（官僚の人事を司った中央官庁の次官）を務めた。

【本文解説】

リード文に記されているように、唐代の詩人杜甫が、幼少期に育ててもらっていた叔母の死を悼んだ文章である。実の子以上に杜甫を大切にしてくれた叔母への「孝」と「情」が綴《つづ》られている。本文は三つに段落分けされているので、段落ごとに内容を確認してみよう。

第一段落では、ある人の「どうして実の母でもない叔母に孝行を尽くしているのか」との問いかけに対して、杜甫は病気の自分を看病してくれた時のことを語りつつ、叔母に感謝し、その善意に応《こた》えたいだけだとの旨を伝えた。そして、実の子以上に自分を思ってくれた叔母の戒名を「義」としたことも告げた。

第二段落では、実の子を捨て置いてまで兄の子を救った魯の義姑という女性の故事を引いて、「割《たツ》二私愛《ヲ》一」（私情を断ち切っ）てまで杜甫に恩愛を注いでくれた叔母の「義」を称賛している。

第三段落では、徳の高かった叔母のために、あえて韻を踏まない銘を記した理由を簡潔に述べている。それは、「うわべを飾るのではなく、真心のこもったことばを捧げようとした」からである。

【書き下し文】

嗚呼《ああ》哀《かな》しいかな。兄《あに》の子《こ》有《あ》り甫《ほ》と曰《い》ふ、服《ふく》を斯《ここ》に制《せい》し、徳《とく》を斯《ここ》に紀《しる》し、石《いし》に斯《ここ》に刻《きざ》む。或《あるひと》曰《い》はく、「豈《あ》に孝童《かうどう》の猶子《いうし》なるか、奚《なん》ぞ孝義《かうぎ》の勤《つと》むること此《か》くのごとき」と。甫《ほ》泣《な》きて対《こた》へて曰《い》はく、「敢《あ》へて是《こ》れに当《あ》たるに非《あら》ざるなり、亦《ま》た報《むく》ゆるを為《な》すなり。甫《ほ》昔《むかし》病《やまひ》に我《わ》が諸姑《しよこ》に臥《ふ》し、姑《こ》の子《こ》又《また》病《や》む。女巫《ぢよふ》に問《と》へば、姑《こ》遂《つひ》に子《こ》の地《ち》を易《か》へ以《もつ》て我《われ》を安《やす》んず。巫《ふ》曰《い》はく、『楹《はしら》の東南隅《とうなんぐう》に処《を》る者《もの》は吉《きち》なり』と。姑《こ》遂《つひ》に子《こ》の地《ち》を易《か》へ以《もつ》て我《われ》を安《やす》んず。我《われ》是《こ》れを用《もつ》て存《そん》し、而《しか》うして姑《こ》の子《こ》卒《しゆつ》す。後《のち》に乃《すなは》ち之《これ》を走使《そうし》より知《し》る。甫《ほ》嘗《かつ》て人《ひと》に説《と》くこと有《あ》り、客《かく》将《まさ》に涕《なみだ》を出《い》ださんとし、感《かん》ずる者之《ことこれ》を久《ひさ》しくし、相《あ》ひ与《とも》に諡《おくりな》を定《さだ》め義《ぎ》と曰《い》ふ」と。

君子《くんし》以為《おも》へらく魯《ろ》の義姑《ぎこ》なる者《もの》は、暴客《ぼうかく》に郊《かう》に遇《あ》ひ、其《そ》の携《たづさ》へる所《ところ》を抱《いだ》き、其《そ》の抱《いだ》く所《ところ》を棄《す》て、以《もつ》て私愛《しあい》を割《た》つと。県君《けんくん》焉《これ》有《あ》り。

是《ここ》を以《もつ》て茲《こ》の一隅《いちぐう》を挙《あ》げ、彼《か》の百行《ひやくかう》を昭《あきら》かにす。銘《めい》して韻《ゐん》せず、蓋《けだ》し情《じやう》至《いた》れば文《ぶん》無《な》し。其《そ》の詞《ことば》に曰《い》はく「嗚呼《ああ》、有唐《いうたう》の義姑《ぎこ》、京兆杜氏《けいてうとし》の墓《はか》」。

【全文解釈】

ああ悲しいことよ。（他界した杜氏の）兄の子で名を甫という者（＝わたし）が、喪に服し、（叔母の杜氏の）徳を記し、墓誌を石に刻むものである。ある人が（尋ねて）言った、「あの孝童さんの甥《おい》ですよね。どうして（実の母上でもない叔母さんに）このように孝行と節義を尽くしているのですか」と。わたしは涙を流して答えて言った、「とんでもないことです、ただ叔母の善意に応えているだけです。わたしはずっと前に叔母のところで病の床に臥せっていたことがあり、叔母の子も病気でした。女巫《じよふ》に尋ねると、その女巫は言いました、『柱の東南側にいると、運気が良くなります』と。叔母はかくて（自分の）子の（横になっている柱の東南側の）場所を変えて、それでわたしを（その場所に）寝かせてくれました。わたしは叔母のその計らいで生きているのですが、叔母の子は亡くなってしまいました。その後、（わたしは）使用人（の話）からその事情をやっと知ったのです。わたしは以前にその時の事情をある人にお話ししたことがあるのですが、その人は（話を聞くと）涙をこぼしそうになり、長いこと悲しんでいましたが、（わたしはその人と）一緒に（叔母の）戒名を考えて義とすることにしました」と。

君子が考えるには、（春秋時代の）魯の国の義姑という人は、郊外で暴徒（＝斉の国の軍隊）に出くわし、手を引いていた兄の子を抱きあげ、抱いていた自分の子を捨て置いて、それで私情を断ち切っ（て兄の子を救っ）たということだ。叔母にはこのような節義があった。

　こういうわけで、この一件を取りあげて、叔母のあらゆる行いをはっきり伝えるのである。銘文を作るが韻は踏まないのは、つまり（叔母への）思いがあふれて形式にのっとったうわべを飾るだけの文など書けないということである。叔母の銘文にはこのように刻んだ、「ああ、唐の義姑、京兆の杜氏の墓」と。

【設問解説】

問1　語の意味の問題　29 ③　30 ④

　(ア)「対」については、選択肢から動詞としての用法が問われているとわかる。「対」は、動詞としては「たいす」と読んで「向かう・向き合う」、「こたふ」と読んで「答える」などの意味があるが、①「こらえて」、②「そむいて」、④「そろって」、⑤「さけんで」などの意味はない。二重傍線部直後の「曰《ハク》」との組合せを考えても、「対《こたヘテ》」と読むのが適切である。よって、**正解は③**である。

　(イ)「乃」については、選択肢から副詞としての用法が問われているとわかる。「乃」は副詞としては「すなはち」と読んで「そこで・それで」、「やっと・ようやく・はじめて」、「それなのに」、「なんと」などの意味はあるが、②「いつも」、③「ことごとく」、⑤「くわしく」などの意味はない。①「すぐに」が紛らわしいが、「すなはち」と読んで「すぐに」の意味を持っているのは、「即」や「便」である。よって、**正解は④**である。

問2　内容説明の問題　31 ②

　傍線部Aから読み取れる杜甫の状況が問われているのだから、まず、傍線部Aを正しく解釈してみよう。直訳すると、「どうして孝義について勤勉であることがこのようであるのか」くらいになろう。疑問詞「奚《なんゾ》」および「若《ごとキ》レ此《かクノ》」という連体形で結んだ読み方に注目し、疑問文として訳出すればよい。さらに、「孝義」が「勤《つとム》」の意味上の目的語であることに留意しつつ、「孝義」についても訳語を工夫して直訳を調整すると、「どうしてこのように孝行と節義を尽くしているのか」などと解釈できよう。いずれの選択肢も傍線部の行為の主体を「杜甫」、「孝義を尽くす」対象を「叔母」としているのだから、要するに「杜甫はどうして叔母にこれほど孝行と節義を尽くしているのか」と言っているのである。だから、③「孝行を尽くせていない」と④「孝行を尽くしていない」という方向の説明は不適切である。①、②、⑤の「叔母に孝行を尽くしている」という説明は正しいが、①「杜甫は若い」、⑤「杜甫は正義感が強い」および「困窮した叔母」という内容は、本文には明確に記されていない。したがって、**正解は②**である。

問3　理由説明の問題　32 ⑤

　傍線部B「非《ザル》ニ敢《ヘテ》当《タルニ》レ是《レニ》也」が「とんでもないことです」という恐れ多い気持ちを示す表現であることは設問の指示に明示されているので、杜甫のこの謙虚な発言の意図を示す箇所を探せばよい。まず、文脈を確認すると、直前に「どうして（実の母上でもない叔母さんに）このように孝行と節義を尽くしているのですか」（「奚《なんゾ》孝義之勤《ムルコト》若《キ》レ此《クノ》」）という ある人の問いかけがあり（【設問解説】の問2の項を参照）、「とんでもないことです」と続いているのだから、「実の母ではないものの、叔母に孝行を尽くすのは当然です」という杜甫の気持ちが読み取れよう。杜甫はさらに「亦《タ》為《ス》レ報《ユルヲ》也」（ただ叔母の善意に応えているだけです）と述べている。つまり、「叔母に孝行を尽くすのは、恩返しである」ということであり、これが傍線部Bの発言の理由であることは明らかである。

したがって、「恩返しである」という杜甫の意図に合致する選択肢を探せばよい。各選択肢の後半を検討すると、①「より謙虚でありたいと願ったから」、②「まだその段階にまで達していないと意識しているから」、④「孝行する機会を永遠に失ってしまったから」は、いずれも方向違いの説明である。これで、③「今は喪に服することでしか彼女に恩返しできないから」か⑤「その善意に応えているだけだと思っているから」に絞られるが、③の前半「杜甫は生前の叔母の世話をしていた」は、本文には記されていない内容である。よって、**正解は⑤**である。

問4　書き下し文と解釈の問題　33　③

訓読や解釈の問題では、問われている文や句に基本句形や重要表現が含まれていることが多いが、傍線部Cにはいずれも用いられていない。したがって、選択肢も手掛かりにしつつ、傍線部Cの構造を正しく捉え、文脈を踏まえて文意を推測する必要がある。

選択肢を確認すると、「書き下し文」の末尾の「～者は吉なり」、「解釈」の末尾の「～と、運気が良くなります」はいずれも共通している。したがって、傍線部Cの「処楹之東南隅」の箇所について、「書き下し文」と「解釈」を検討すればよい。

すでに確認した「～と、運気が良くなります」という解釈から、「処楹之東南隅」は「吉なり」、つまり「運気が良くなります」の条件であると判断できる。「処」と「之」の読みがポイントであるが、いずれの選択肢も「処楹之東南隅」の読み方、解釈としてとりあえず成り立ってしまう。そこで、傍線部Cが「女巫《ぢよふ》」の発したお告げであることを踏まえて文脈を確認してみると、「姑遂易《かへ》ニ二子之地《ヲ》一以《テ》安《ンズ》レ我《ヲ》」（叔母はかくて自分の子の場所を変えて、それでわたしをその場所に寝かせてくれました）と続いている。つまり、叔母が女巫のことばに従って自分の子を他所へ移し、そこに杜甫を寝かせたことが記されている。女巫のことばが、病気の二人の子の寝場所の移動へとつながる内容として捉えられるのは、③の「楹の東南隅に処る～」と書き下し、「柱の東南側にいると、～」と解釈している③しかない。よって、**正解は③**である。

問5　内容説明の問題　34　⑤

傍線部Dの内容を問われているので、まず、傍線部自体を解釈してみよう。指示語「是《レ》」と動詞「卒《しゆつス》」をそのままにして直訳すると、「わたしは『是れ』によって存在していて、叔母の子は『卒した』」となる。ここで、「卒《しゅっス》」の意味を、「しゅっす」という読みと、「存《シ》」との意味の対比に注目して考える。「卒」を動詞として「しゅっす」と読む時は、「終わる・終える」、あるいは「死ぬ」という意味である。「存《シ》」との対比、および主体が「姑之子」(叔母の子)であることに留意すると、ここの「卒《しゅっス》」は「死ぬ」と解するのが適当である。つまり、傍線部Dの内容を要約すれば、「わたし(＝杜甫)は生きたが、叔母の子は死んだ」となる。選択肢を検討すると、「卒《しゅっス》」を正しく解釈しているのは、①「命を落とした」と⑤「犠牲になった」である。

　残すは、「用《もつテ》レ是《レヲ》」の「是《レ》」の内容である。ここで傍線部Dの直前を見てみると、「姑遂易《かへ》二子之地《ヲ》一以《テ》安《ンズ》レ我《ヲ》」(叔母はかくて自分の子の場所を変えて、それでわたしをその場所に寝かせてくれました)とある。つまり、女巫のお告げに従って、叔母が自分の子と杜甫の寝場所を移動したことが述べられており(**【設問解説】**の**問4**の項を参照)、「是《レ》」がこの内容を受けているのは明らかである。したがって、⑤「杜甫は叔母が寝場所を移してくれたので生きているが、叔母の子は犠牲になった」が説明として適切である。①「女巫のお祓《はら》いを受けた」は、本文に記されていない内容である。よって、**正解は⑤**である。

問6　内容説明の問題　35　②

　傍線部**E**を、指示語「焉《これ》」をそのままにして訳出すると、「叔母には『焉』があった」となるから、問われているのは「焉」の指す内容であると判断できる。さらに、選択肢を確認すると、説明の冒頭の「叔母は魯の義姑のように」と末尾の「義と呼べるということ」は、いずれの選択肢も共通しているから、杜甫の叔母のとった行動のどのような点が「魯の義姑のよう」であるのかを考えればよいのであり、それが「焉」の指示内容ということになる。

　そこで、第二段落に記されている「魯の義姑」の行動を確認すると、「抱《キ》二其《ノ》所《ヲ》レ携《ヘル》、棄《テ》二其《ノ》所《ヲ》レ抱《ク》、以《テ》割《たツ》二私愛《ヲ》一」(手を引いていた兄の子を抱きあげ、抱いていた自分の子を捨て置いて、それで私情を断ち切った)とある。つまり、「魯の義姑」は「私愛を断ち切り、自分の子を捨て置いて兄の子を救った」のである。このような義の説明としてふさわしいのは、②「私情を断ち切って甥の杜甫を救った」しかない。よって、**正解は②**である。

問7　内容説明の問題　36　③

　まず、傍線部**F**を訳出してみよう。前半の「銘《シテ》而不レ韻《セ》」は、注13に「銘文を作るが韻は踏まない」と訳出してあるので、「蓋《シ》」以下の「情至《レバ》無《シ》レ文」の意味を考える。直訳すると「情がやって来ると文がない」となるが、これだけではどういうことを伝える文なのか判然としない。そこで、本文が「叔母の死を悼んだ文章」であることを踏まえると、ここの

「情」とは、他界した叔母に対する筆者の杜甫の「情」であると判断できる。そして、「無《シ》レ文」の「文」とは、「銘《シテ》而不《レ》韻《セ》」とのつながりを考えると、「形式に従った文」あるいは「美しく飾った文」と解するのが適切である。「文様」や「文飾」などの熟語を思い浮かべるとわかりやすい。また、注13の「銘」についての「通常は修辞として韻を踏む」という説明も手掛かりになる。つまり、杜甫は「叔母への情が次々とわき起こってくるので、形式張った装飾文など書かない」と述べているのである。以上を踏まえて選択肢を検討してみよう。

①は、やや紛らわしいが、「慎み深かった叔母」も「人知れず善行を積んでいた」も、いずれも本文に明示されていない内容なので、不適切な説明と判断する。

②は、「毅然《きぜん》としていた叔母」が本文には記されていない内容であるうえ、「取り乱しがちな自分の感情を覆い隠し」が、傍線部Fの「情至《レバ》」の意味と合致しない説明である。

③は、本文の記述と矛盾する箇所、本文に記述されていない内容が見当たらず、「うわべを飾るのではなく、真心のこもったことばを捧げようとした」が、傍線部Fの「情至《レバ》無《シ》レ文」の意味と合致している。

④は、「恩返しできなかった後悔の念」が第一段落の「亦《タ》為《ス》レ報《ユルヲ》也」（ただ叔母の善意に応えているだけです）という記述と一致しないし（**【設問解説】**の**問3**の項を参照）、「ことばが見つからず」も「無《シ》レ文」の説明として不適切である。

⑤は、「あらゆる美点を書きつらねては長文になるので、韻は割愛してできるだけ短くした」が傍線部Fの「情至《レバ》無《シ》レ文」の意味に合致した説明ではない。

したがって、**正解は③**である。

国　語

（2019年１月実施）

追試験
2019

国　語

解答・採点基準

(200点満点)

問題番号(配点)	設問	解答番号	正解	配点	自己採点
第1問 (50)	問1	1	④	2	
		2	②	2	
		3	③	2	
		4	③	2	
		5	⑤	2	
	問2	6	①	8	
	問3	7	③	8	
	問4	8	②	8	
	問5	9	⑤	8	
	問6	10	③	4	
		11	③	4	
第1問　自己採点小計					
第2問 (50)	問1	12	④	3	
		13	①	3	
		14	①	3	
	問2	15	⑤	7	
	問3	16	④	8	
	問4	17	③	8	
	問5	18	⑤	8	
	問6	19	①※	5	
		20	②※	5	
第2問　自己採点小計					

問題番号(配点)	設問	解答番号	正解	配点	自己採点
第3問 (50)	問1	21	⑤	5	
		22	①	5	
		23	④	5	
	問2	24	③	5	
	問3	25	④	8	
	問4	26	⑤	7	
	問5	27	④	7	
	問6	28	⑤	8	
第3問　自己採点小計					
第4問 (50)	問1	29	③	4	
		30	④	4	
	問2	31	②	7	
	問3	32	⑤	7	
	問4	33	②	8	
	問5	34	④	6	
		35	③	6	
	問6	36	②	8	
第4問　自己採点小計					
自己採点合計					

※の正解は順序を問わない。

第1問 現代文（評論）

【出典】

三枝博音『西欧化日本の研究』（中央公論社 一九五八年刊）

三枝博音（さいぐさ・ひろと）は、一八九二年広島県生まれの哲学者。東京帝国大学文学部哲学科卒業。ヘーゲルの弁証法に基礎を置く唯物論哲学研究のほか、科学・技術思想を中心とする日本思想史研究を先駆けた。一九六三年没。その著作は『三枝博音著作集』（中央公論社）に収められている。

【本文解説】

本文では、まず、日本の家屋を例に、日本人が「虚」というものをうまく使っていることが説明される（Ⅰ）。次に、日本では神社の鳥居の基礎にも「虚」が生じるように仕組まれているのに対して、ヨーロッパでは基礎を固めた上に一切の建造物はつくられると述べられ、基礎＝下地についての日本人の考え方とヨーロッパ人の考え方が対比される（Ⅱ）。さらに、「空」や「無」や「虚」を重視してきた東洋的思想と抽象的固定性を特長とするギリシア的・ローマ的な知性が対比される（Ⅲ）。最後に、「虚」という考え方が西欧化された今日の日本文化においても失われていないことが、哲学者の西田幾多郎や物理学者の湯川秀樹の発言を例に説明される（Ⅳ）。

本文を以上のⅠ～Ⅳの部分に分けたうえで、その部分ごとに解説していくこととする。

Ⅰ 「虚」をうまく使っている日本人（[1]～[4]）

日本の家屋では、「畳と障子で囲まれている」居間が、「茶ぶだいをおけば食堂になり、蒲団《ふとん》をしけば寝室になる」。筆者は、これを「空《あ》いている処《ところ》をふさぐ、ふさいでいたものをとりはらう」と言い換え、「空きのあること、透《す》きのあること、いつでもそこへ物がもち込める可能性」が「虚」であり、「ふさぐもの」が「実」である（[4]）と説明する。つまり、日本人は「虚」である部屋に随時「実」である物を持ち込んでは取り払い、その部屋を多様に使いこなしているのである。このことを、筆者は、日本人は「虚」を「うまくつかう」と表現している。

そして、最初に引用されている、「日本人はどんなに狭い空間をも住みよく設《しつら》えることがとても上手だ」、「日本では労働者の住宅にさえ何一つとして転がっていない」といったブルノー・タウトの言葉は、日本人がその家屋において「虚」をうまく使っていることを指摘したものだと理解することができる。建築家であったタウトに限らず、ヨーロッパ人は一つの部屋を食堂としても寝室としても書斎としても使う日本人の「自由自在さ」にまず驚く。それは、ヨーロッパの家屋では、各部屋が食堂、寝室、書斎というように固定的につくられているからだろう。（[1]～[3]）

筆者は、昔ある日本人が吐いた「実なるものは小さく、虚なるものは大きい」という言葉を紹介する。ここで言われている大小は、「測って知れるヴォリュームの大小」ではなく、「そこへ物が容《い》れられることの豊かさの工合《ぐあい》」を意味している。つまり、この言葉は、「空き」をなるべく物でふさがないようにして、いつでもそこへ必要な物が持ち込めるように豊かにしておくべきだ、と言っているのである。この言葉に表現されているのは「虚」を生かす考え方である。筆者に言わせると、このような考え方の持ち主はみんな「虚と実とを心得ている」ということになる。[4]

Ⅱ　基礎＝下地についての日本人とヨーロッパ人の考え方の違い（[5]〜[8]）

筆者はまず、神社の鳥居の礎石には「丸みのある大きな石が下につかってあ」り、「ゆっくりと、或《あ》る程度は揺らぐことははじめから予定されてあるらしい」ということを話題にする。この話題を通して筆者が言いたいのは、鳥居に礎石という「実」が使われていても、その「実」は「虚のためのものとなっている」ということ、「日本人にとっては」「実は虚の成立の機会となっている」ということである。鳥居の礎石には「丸みのある大きな石」が使われるために「空き」や「透き」という「虚」が生まれ、そのために鳥居は「揺らぐ」のである。筆者は「五重の塔の基礎のありさま」について言及しているが、「五重の塔」は優れた耐震性で知られている。それは、「基礎」に「虚」が設けられ、地震の衝撃を緩和するように仕組まれているからであろう。鳥居の「基礎」に「虚」が設けられているのも、同じ理由からだと考えられる。それに対して、ヨーロッパ人は基礎をがっちりと固め、その上に一切の建造物をつくる。ヨーロッパ人がそのようにしてつくるものは建築だけではない。学問も含めて人間のつくるものはなんでも、「実質的なもの（＝サブスタンシャルなもの）」を基礎にしてつくるのである。（[5]〜[7]）

次に、筆者は、「能の或る古典に、下地（＝基礎）ということがいわれてい」て、「『下地荒くこわい（強い）』ものだときびしくいましめられている」ということを話題にする。「『下地は静か』」でなくてはならない」のである。この話題を通して筆者が言いたいのは、鳥居の基礎の場合と同様のことであろう。つまり、鳥居の基礎には「空き」や「透き」という「虚」があるように、能という芸能の下地にも「空き」や「透き」という「虚」がなければならない、ということである。下地に「空き」や「透き」という余裕がある状態が「下地は静か」と表現され、そのような余裕がない状態が「下地荒くこわい」と表現されている、と理解することができる。[8]

Ⅲ　東洋的思想とギリシア的・ローマ的な知性（[9]〜[12]）

筆者は、「立てる」ということは、「西洋文明の本質を示す大切なもの」だと言う。「不動に立てる」と言い換えていることから、「立てる」とは強固な基礎の上に築くことを意味していると理解することができる。それに対して、「昔の日本人では」、「『置く』ことが大切であった」。「不動に立て」たものと違って、「置」いたものはすぐに取り去ることができる。昔の日本人は「置いた物が止まりつづけるのはよくない」と考えた。「水上に胡盧子《ころし》を打つ（＝水のうえで瓢箪《ひょうたん》を押す）」という沢庵《たくあん》の言葉に示されているように、「少しも止まらない、その意味で虚であること、空《くう》であることを貴重がった」のである。ここから、日本人が重視した「虚」には、「空きのあること」③という意味に加えて、「少しも止まらない」という意味があることがわかる。日本人は「心だって『置いて』はいけない」と考えた。心を「置く」ということの意味については、引用されている沢庵の言葉に示されている。「仏法にては、この止まりて物に心の残ることを嫌ひ申し候。故に止まるを煩悩と申し候」。つまり、心を「置く」とは心が物に執着することであり、日本人はこのことを望ましくないと考えたのである。筆者によれば、茶でも禅の修行でも剣でもこの考えが説かれ、「虚であること」が目指されたのである。⑨・⑩

筆者は、このような「虚」を重視する考え方は、「古代インド人の仏教的な世界観や中国の老荘の世界観」を起源とする「東洋的特色」だと言う。そして、この「東洋的特色」を「ギリシア的・ローマ的な知性のはたらき方」と対比する。「ギリシア的・ローマ的な知性」は「考える力でもって抽象をつくるはたらき」である。「抽象してできたもの」は「消えていかないで固定してくれている」ため、「抽象的固定性」がこの知性の「第一の特長」となる。これに対して、古代のインド人のやり方は「人間の心のうちに止まるもの何ものもないようにする」ことである。これが仏教の「離《り》」や「空」であり、この「仏教の空思想」を「老荘の無為の思想」が助長したのである。⑪

筆者によれば、日本人は、仏教や老荘の「空」や「無」や「虚」を哲学として受け容れたのではない。「生活の仕方から」それらを「体得した」のである。日本人はインドや中国から「寺院の建て方、仏像の造り方、器具のつかい方などの東洋的特長」を学んだ。そこでは「軽くしておく、空けておく、透かしておく」という「虚」が重視されている。このような「技術」を通して、「空」や「無」や「虚」は「庶民のいっさいの生活様式に染み」こむことになったのである。ただし、「空」や「無」や「虚」を体得したのは庶民だけではない。日本にも、これらを哲学に仕上げた思想家も、これらを生かした芸術家もいたのである。⑫

Ⅳ　「虚」という考え方は今日の西欧化された日本文化でも失われていない（⑬〜⑱）

筆者は「虚という生活《せいかつ》仕方《しかた》とその思想は、今日の日本の文化ではもう消えているのだろうか」と問う。筆者がこのように問うのは、この文章の表題が「西欧化日本の研究」であることからもわかるように、「今日の日本の文化」は「西欧化」しているからである。この問いに対する筆者の答えは明確である。「今日の日本の文化」にも「実例（＝虚の思想の実例）にはこと欠かない」のである。その中でも顕著なのは西田幾多郎の「西田哲学」である。西田幾多郎は、東洋の形而上学的原理である絶対的「無」を論理化することによって、「有」を原理とするヨーロッパの哲学を超克しようとした哲学者である。筆者が引用している「形なきものの形を見、声なきものの声を聞く」といった西田の言葉には、東洋的な「虚」の思想を見出《みいだ》すことができるだろう。⑬・⑭

筆者が次に取り上げるのは、理論物理学者である湯川秀樹である。湯川は自然科学者でありながら、老荘思想を好み、「混沌」が目鼻をつけられているうちに死んでしまうという荘子の話を面白がる。自然科学者は「混沌」に秩序をつけて（＝目鼻をつけて）、それを理解しようとするが、それだと「混沌」は死んでしまう。そこで、湯川は「法則の成立《なりた》たない、何かもう少し広い背景を考え、その中で法則の成立つ場合を取出《とりだ》すということをしなければならない」と考える。ここで言われている、「法則の成立たない」「背景」の中での「法則の成立つ場合」とは、「秩序と混沌のさかい目」のことであろう。湯川が「物としては無いもの」である「さかい目（＝境界）」を問題にしているところに、「虚」の思想を見出すことができるのである。

⑮〜⑰

最後に、筆者は「虚」の思想に近いものはヨーロッパにも見出すことができると言い、その例として「ディアレクティーク（弁証法）」を挙げる。弁証法とは、意見（定立）と反対意見（反定立）との対立・矛盾を通じて、より高い段階の認識（総合）に至る哲学的方法である。おそらく、筆者は、より高い段階の認識がそこから生まれる意見と反対意見の対立＝「さかい目」を弁証法が問題にしているところに、「虚」の思想を見ているのであろう。筆者は「日本においていいものは、何かのかたちでまた他民族のなかにもひそんでいるもののようである」と述べて、本文を結んでいる。⑱

【設問解説】

問1　漢字の知識を問う問題　[1] ④　[2] ②　[3] ③

[4] ③　[5] ⑤

(ア)は、〈汚れがないこと。きれいで、衛生的であること〉という意味で、「**清潔**」。①は、〈精神と肉体のすべて〉という意味で、「心血」。②は、「傑作」。③は、「連結」。④は、〈心や行いが正しく、やましいところがないこと〉という意味で、「**潔白**」。**これが正解**。⑤は、「欠航」。

(イ)は、〈物事のほぼすべて。大部分〉という意味で、「**大抵**」。①は、〈裁判所が審理・裁判を行う場所〉という意味で、「法廷」。②は、「**抵抗**」。**これが正解**。③は、「訂正」。④は、〈食堂・料理店などで、あらかじめ料理の組み合わせが決まっている食事〉という意味で、「定食」。⑤は、「贈呈」。

(ウ)は、〈一つのことに心を打ち込んで励むこと〉という意味で、「**精進**」。①は、〈静かに観察すること〉という意味で、「静観」。②は、「調整」。③は、〈細部まで巧妙につくられていること〉という意味で、「**精密**」。**これが正解**。④は、「宣誓」。⑤は、「声援」。

(エ)は、〈領有している土地〉という意味で、「**領地**」。①は、〈病気や傷を治しながら休養すること〉という意味で、「療養」。②は、「同僚」。③は、〈物事の要点を得た、じょうずな処理の仕方〉という意味で、「**要領**」。**これが正解**。④は、「量産」。⑤は、「給料」。

(オ)は、〈物事の背後にあってそれを成立させる事情や存在〉という意味で、「**背景**」。①は、〈助け合いながら共同で物事を行うこと〉という意味で、「提携」。②は、「継承」。③は、〈神社や寺におまいりすること〉という意味で、「参詣」。④

は、「稽古」。⑤は、〈売買・商取引などの状況。社会全体の経済活動の状況〉という意味で、「景気」。**これが正解。**

問2　傍線部の内容説明問題　6　①

傍線部**A**「この取り換えの敏捷《びんしょう》さ」は、「具体的に部屋のどのような使い方を指しているか」ということが問われている。

傍線部の「この取り換え」とは、直前に「空いている処《ところ》をふさぐ、ふさいでいたものをとりはらう」とあり、2には「畳と障子で囲まれている日本人の居間は、茶ぶだいをおけば食堂になり、蒲団《ふとん》をしけば寝室になる」とあるので、空いている居間に茶ぶだいをおいて食事をし、食事が終われば茶ぶだいをかたづけ、寝る時間になればそこに蒲団をしいて眠り、朝が来れば起きて蒲団をかたづけるといった行為を指していると理解することができる。つまり、〈居間にその都度物を持ち込むことで、そこを食堂として使ったり寝室として使ったりすること〉を、「取り換え」と表現しているのである。そして、それが「敏捷（＝すばしこいこと）」だと言っているのである。

ここで注意しなければならないのは、このような使い方が可能なのは、「日本人の居間」がいろいろな物でふさがれておらず、「空き」があるからである。傍線部**A**の直後には「空きのあること、透《す》きのあること、いつでもそこへ物がもち込める可能性！　その意味での虚《きょ》、日本人はこれをうまくつかう」とある。つまり、日本人は「虚」をうまく使うことの一環として、空きのある部屋にその都度物を持ち込むことでその部屋を様々に使い分けているのである。

以上より、「この取り換えの敏捷さ」は、「具体的に」言うと、**〈いろいろな物でふさがれていない部屋にその都度茶ぶだいや蒲団などを持ち込むことで、その部屋を食堂として使ったり寝室として使ったりするなど、すばやく様々に使い分ける〉**という「部屋の使い方」を指している、と判断することができる。この内容に適《かな》った説明になっている**①が正解。**

②は「より多くの家財を手早く持ち込めるような使い方」という説明が不適当。たとえば部屋を寝室として使うには寝具だけを持ち込めばいいのであり、「より多くの家財」を「持ち込」む必要などないのである。

③は「使える空間の広さを瞬時に変えられるような使い方」という説明が不適当。傍線部の「取り換え」という言葉が指しているのは、持ち込む物を換えることで部屋の活用の仕方を換えることであり、「使える空間の広さ」を「変え」ることではない。

④は「並行して複数の目的に利用できるような使い方」という説明が不適当。部屋を「複数の目的に利用できるような使い方」であれば適当であるが、「並行して」とあるので不適当となる。たとえば部屋を食堂として使っているときに、「並行して」寝室として使うことは不可能である。

⑤は「より多くの家財をすみやかに収納できるような使い方」という説明が不適当。傍線部の「取り換え」という言葉が指しているのは、「家財」の「収納」のことではない。

問3　傍線部の内容説明問題　7　③

傍線部B「心だって『置いて』はいけない」とはどういうことかが問われている。

まず、「『置いて』」がここではどのような意味で使われているのかを明らかにすることから始めよう。「『置いて』はいけない」と言われているのだから、「置く」ことは否定すべきこととして捉えられていることがわかる。9には、「昔の日本人では、不動に立てるのでなく、『置く』ことが大切であった。いや、置くにしても一個所《いっかしょ》に置きつづけられることも、すでにいいことではなかった。一般に止《と》まるということは避けられねばならなかった」とある。ここから、「昔の日本人」は、「『置く』」こと自体は「大切」だと考えていたものの、「一個所に置きつづけられること」、「止まること」は否定的に捉えていたということがわかる。10にも、「置いた物が止まりつづけるのはよくない」と書かれている。そこで、傍線部の「『置いて』」は〈一個所に止まりつづけること〉という意味で使われていると判断することができる。

次に、「物」を「置く」のではなく、「心」を「置く」とはどういうことなのかを明らかにしなければならない。10に引用されている、「仏法にては、この止まりて物に心の残ることを嫌ひ申し候。故に止まるを煩悩と申し候」という沢庵の言葉が参考になる。ここから、「心」を「置く」とは〈心が一個所に止まりつづけること〉、〈心が一つの物に執着しつづけること〉だと判断することができる。

では、なぜ沢庵をはじめとする昔の日本人は、このように心が一つの物に止まりつづける（＝執着する）のをよくないことだと否定的に捉えたのだろうか。10の傍線部Bの直前には、沢庵が「少しも止まらない」という意味で「虚であること、空であることを貴重がった」と書かれている。ここから、〈昔の日本人が、心が一つの物に止まりつづける（＝執着する）のをよくないことだと捉えたのは、「少しも止まらない」という意味の「虚」や「空」を重視したからだ〉、ということがわかる。

以上より、「心だって『置いて』はいけない」とは、**〈昔の日本人は、「少しも止まらない」という意味の「虚」や「空」を重視したので、心が一つの物に止まりつづける（＝執着する）のをよくないことだと捉えたということ〉**、と説明することができる。この内容に適った説明になっている③が正解。

①は「西洋的な思想を遠ざけた」という説明が不適当。「心だって『置いて』はいけない」と考えたのは「昔の日本人」、すなわち日本が近代化する前の日本人である。彼らが「西洋的な思想を遠ざけた」というようなことは本文のどこにも書かれていない。

②は「飄々としている状態に反するような様を心がすさみ硬直したものとして遠ざけた」という説明が不適当。傍線部の少し前に「今日でも日本人は固定的なところのない人物や言行を飄々《ひょうひょう》としているとよくいう」とあるので、「飄々としている状態に反するような様」を「硬直した（＝固定化した）ものとして遠ざけた」とまでは言えるかもしれない。し

かし、「飄々としている状態に反するような様」を「心がすさ」んだ状態だと言える根拠を本文中に見出すことはできない。

④は「日本の文化では、実に束縛されることを嫌って虚や空を価値づけてきた」という説明が不適当。「日本の文化」は、「少しも止まらない」という意味の「虚や空」に価値を置いたので、「実に束縛され」て心が止まることを嫌ったのである。

⑤はまず「物作りでも芸でも自在で柔軟なわざを称揚し貴んできた」という説明が不適当。「日本の文化」では、「物作りでも芸でも」、「空きのあること」や「少しも止まらない」という意味の「虚」を「称揚し貴んできた」のであるが、「自在で柔軟な」ことは「虚」と一致しない。また、後半の「心のあり方についても、一個所に止まっている段階を未熟で生なわざであると遠ざけた」という説明も不適当。[8]に「芸のうえで力は充《み》ちていても、まだ生《なま》であるものは『下地荒くこわい』ものだときびしくいましめられている」と書かれている。「生である（＝未熟である）」という言葉は、本文では「芸」のわざを表現するのに使われており、「心のあり方」の表現としては使われていない。

問4　傍線部の理由説明問題　[8]　②

「『空』や『無』や『虚』がその思想のうちにひそんでいる」という「東洋的特色」が「ギリシア的・ローマ的な知性のはたらき方」とは「対蹠《たいせき》的である（＝正反対である）」と言える理由が問われている。この理由を説明するためには、〈東洋的思想の特色〉の内容と「ギリシア的・ローマ的な知性のはたらき方」の内容をそれぞれ明らかにする必要がある。

まず、「ギリシア的・ローマ的な知性のはたらき方」（Xとする）の内容から明らかにしていこう。傍線部Cの直後に、「ヨーロッパ人において標本的（＝典型的）である知性なるものは、考える力でもって抽象をつくるはたらきに外ならない。抽象してできたもの……は、できた以上……消えていかないで固定してくれている。この抽象的固定性は知性の第一の特長である」と書かれている。ここから、Xについて、〈考える力で抽象をつくるはたらきであり、抽象的固定性を特長とするもの〉という内容を引き出すことができる。しかし、これだけではXの内容の説明としては不十分である。[5]には、「ヨーロッパ人にとっては下地《したじ》が、つまりサブスタンシャルな（＝実質的な）ものががっちりでき、そのうえにいっさいの建造物はつくられねばならない。……ヨーロッパでは都市がつくられる、建物がつくられる、学問ができあがる、そうしたとき、必ず基礎に実質的なものが前提されている」と書かれているからである。この箇所も踏まえると、Xは、**〈基礎を実質的なもので固めた上に、考える力で抽象をつくるはたらきであり、抽象的固定性を特長とするもの〉**だ、ということになる。

次に、〈東洋的思想の特色〉（Yとする）の内容を明らかにしていこう。傍線部Cの少し後には、「固定はまさに東洋人の嫌った止まりの最もなるものである」、「人間の心のうちに止まるもの何ものもないようにする。仏教の離《り》とか空とかは、このことに外ならないであろう」と書かれている。ここから、Yは、**〈人間の心のうちに止まるものがないようにすることを求め、止まりの最もなるものである固定を嫌った〉**という内容を引き出すことができる。

Xが基礎を固め、抽象的固定性を特長とするものであり、Yが止まらないことを求め、固定することを嫌うものであるなら、YはXとは「対蹠的」と言えるだろう。

以上をまとめると、**〈東洋的思想の特色が、人間の心のうちに止まるものがないようにすることを求め、止まりの最もなるものである固定を嫌ったのに対して、ギリシア的・ローマ的な知性のはたらき方は、基礎を実質的なもので固めた上に、考える力で抽象をつくるはたらきであり、抽象的固定性を特長としたから〉**、〈東洋的思想の特色〉は「ギリシア的・ローマ的な知性のはたらき方」とは「対蹠的」と言えるのである。

この内容に適った説明になっている**②が正解**。

①は「実を重視し、それを人の作ったあらゆるものの上位に位置づけたギリシア的・ローマ的な知性のはたらき方」という説明が不適当。「ギリシア的・ローマ的な知性のはたらき方」が「実（＝実質的なもの）」を基礎としたということは書かれているが、「実」を「人の作ったあらゆるものの上位に位置づけた」というようなことは、本文のどこにも書かれていない。

③はまず「抽象的な法則から具体的な問題を捉えようとした東洋的思想の特色」という説明が不適当。「東洋的思想の特色」としてこのようなことは本文のどこにも書かれていない。また、「気分や感じなどという具体的な事例から『花』という一つの抽象をつくろうとしたギリシア的・ローマ的な知性のはたらき方」という説明も不適当。傍線部**C**の後に、「ギリシア的・ローマ的な知性のはたらき方」について、「抽象してできたもの（たとえば『花』というひとつの抽象）は、できた以上、気分や感じなどとはちがって、消えていかないで固定してくれている」と書かれている。「気分や感じなどという具体的な事例から『花』という一つの抽象をつくろうとした」などとは書かれていない。

④は「消えることなく固定化されている具体的な物事を知性の標本と考えたギリシア的・ローマ的な知性のはたらき方」という説明が不適当。傍線部**C**の直後に「ヨーロッパ人において標本的（＝典型的）である知性なるものは、考える力でもって抽象をつくるはたらきに外ならない」と書かれている。ここから、「ギリシア的・ローマ的な知性のはたらき方」が「知性の標本（＝典型）と考えた」のは、「考える力でもって抽象をつくるはたらき」であり、「消えることなく固定化されている具体的な物事」ではないことがわかる。

⑤は「虚に代表される世界観を確立することを優先しようとした東洋的思想の特色」という説明も、「都市や建物といった実体を伴ったものをつくることを第一としたギリシア的・ローマ的な知性のはたらき方」という説明も不適当。「東洋的思想の特色」が、「都市や建物といった実体を伴った

ものをつくること」よりも「世界観を確立することを優先しようとした」とも、「ギリシア的・ローマ的な知性のはたらき方」が、「世界観を確立すること」よりも「都市や建物といった実体を伴ったものつくることを第一とした」とも、本文には書かれていない。

問5　本文の趣旨を問う問題　9　⑤

第13段落〜第18段落の内容について話し合っている五人の生徒の発言（①〜⑤）の中から、「本文の趣旨と**異なるもの**」を選ぶ問題である。①から順に適否を検討していこう。

①について。すでに、**【本文解説】**のⅣで確認したように、筆者は「虚という生活仕方《せいかつしかた》とその思想は、今日の日本の文化ではもう消えているのだろうか」と問い（⑬）、この問いに対する答えとして、「日本人のつくった文化の全体をよくたずねてみると、実例（＝虚の思想の実例）にはこと欠かないであろう」と述べている。そして、その中で「特に目だっているもの」として「西田哲学」を挙げたのだと言っている（⑭）。また、15〜17では、もう一つの例として、虚の思想が示されている湯川秀樹の言葉を紹介している。したがって、「西田哲学の中にも……東洋的な虚の思想が生きている」、「湯川秀樹にも、筆者は共通の考え方を見ている」と言えるので、①は本文の趣旨に合致している。

②について。筆者は、15で、「湯川さんはこの話（＝混沌が目鼻をつけられているうちに死んでしまう話）を大変に面白がっている」と述べている。そして、16で、「目鼻をつけるというのは、いってみれば自然科学者が、とてつもない大自然の法則をみつけだし、このわからぬものをなんとかわからせようとしているようなものである」と言い、17で、「法則の成立《なりた》たない、何かもう少し広い背景を考え、その中で法則の成立つ場合を取出《とりだ》すということをしなければならない」という湯川の言葉を引用している。ここから、「筆者は自然科学者を、混沌とした大自然の中に法則を見つけだそうとする人と捉えている」と言えるし、「筆者は自然科学においても秩序づける（＝法則を見出す）だけでは十分でないと考えている」と言える。筆者はそう考えているから、同様の考えを示している湯川の言葉を引用しているのである。したがって、②は本文の趣旨に合致している。

③について。まず、16に、「（混沌に）目鼻をつけるというのは、いってみれば自然科学者が、とてつもない大自然の法則をみつけだし（＝混沌とした大自然に秩序を与える）、このわからぬものをなんとかわからせようとしているようなものである」とあるが、自然科学は西洋起源のものなので、「わからないものに秩序を与えることでわかるようにするのが西洋的な思考ということ」だと言っていいだろう。また、17で、筆者は「最後に行きつくところは秩序と混沌のさかい目である」という湯川の言葉を紹介した後で、「考えてみるに、さかい目というものは、厳として作用しているものではあっても、物としては無いものであろう」と述べているので、「筆者は湯川の考え方に伝統的な虚の思想を見ている」と言えるだろう。したがって、③は本文の趣旨に合致している。

④について。【本文解説】のⅡで説明したように、「五重の塔」は、神社の鳥居と同様に「基礎」に「虚」が設けられ、地震の衝撃を緩和するように仕組まれているので、耐震性に優れている。その点で「現代の高層建築の耐震構造と共通」（④の直前の先生の発言）しているのである。とすれば、「現代日本の私たちの身の回りにも虚の思想が生きていると言える」だろう。また、17で、「さかい目というものは、厳として作用しているものではあっても、物としては無いものであろう」と述べられていたが、「さかい目」は「虚」のことだと理解できるので、「虚の思想」は「実体として現れているのではなく、見えないところで作用している」と言っていいだろう。したがって、④は本文の趣旨に合致している。

⑤について。18で、筆者は、ヨーロッパにも虚の考え方が示されているものとして「ディアレクティーク（弁証法）」があることを指摘し、「とにかく日本においていいものは、何かのかたちでまた他民族のなかにもひそんでいるもののようである」と述べている。このことと「西洋においても東洋的な虚の考え方が次第に広まってきているということ」とは明らかに異なっているので、⑤は本文の趣旨と合致しない。したがって、⑤が正解。

問6　本文の表現と構成について問う問題

(i)　**本文の表現に関する説明として「適当でないもの」を選ぶ問題　10　③**

③は「建築の『基礎』という用語がもともとは能の用語であった」という説明が不適当であり、これが正解。8に「能の或る古典に、下地ということがいわれている」とあるので、「下地」という言葉が「能」において使われていたとは言えるが、「基礎」という語に「したじ」というふりがなが付してあり、「『下地《したじ》』と同じ読み方を示し」ているからといって、「建築の『基礎』という用語がもともとは能の用語であった」と言うことはできない。本文にこのように言える根拠は一切示されていない。

(ii)　**本文の構成に関する説明として適当なものを選ぶ問題　11　③**

①・②・④は、それぞれが取り上げている表現の文脈を確認すると、その表現に関する説明が適当であることがわかる。①から順に適否を検討していこう。

①について。「第3段落は、第1、2段落で挙げた具体例から推論した結果を示し」という説明が不適当。第3段落で示された「日本人はこれ（＝虚）をうまくつかう」ということとは、第1段落で挙げられている「日本人はどんなに狭い空間をも住みよく設《しつら》えることがとても上手だ」というブルノー・タウトの言葉の意味を説明したものである。また、それは、第2段落に書かれている「日本人の居間は、茶ぶだいをおけば食堂になり、蒲団《ふとん》をしけば寝室になる」という具体例の意味を説明したものである。けっして「具体例から推論した結果を示し」たものではない。

②について。「第7段落では新しい観点に切り替えている」

という説明が不適当。「第4～6段落では、空間的な『実』と『虚』の捉え方について日本と西欧とを比較し」ているという説明は適当であるが、第7段落には「日本人にとってはむしろ実は虚の成立の機会となっている」とあり、第6段落にある「一般に日本人にとっては実は虚のためのものとなっている」と同じ内容が繰り返されているだけである。「新しい観点に切り替えて」はいない。

③について。第8段落では「能の或る古典」の言葉が、第10段落では沢庵の言葉が引用されている。そして、「虚」は、それまでは「空きのあること」という空間的な意味で使われてきたのに対して、第10段落では沢庵の言葉を根拠に「少しも止まらない」という意味を持つことが示されている。以上より、「第8～10段落は、『虚』について空間的な例からさらに話題を拡張し、古典の言葉などを引用しながら論を展開している」と言える。したがって、**③が正解**。

④について。「日本的な特徴と、東洋の哲学の思想とを対立させることで論点を深めている」という説明が不適当。第11段落の冒頭には「『空』や『無』や『虚』がその思想のうちにひそんでいるのは、日本人においてだけでなく、その根源は古代インド人の仏教的な世界観や中国の老荘の世界観からきていて、もちろん東洋的特色である」と書かれている。

ここに示されているように、本文では、「虚」を重視した「日本的な特徴」は、「東洋の哲学の思想」と「対立」するものではなく、それを「根源」とするものだと捉えているのである。

第2問 現代文（小説）

【出典】

耕治人の小説「一条の光」の一節。

耕治人（こう・はると）は、一九〇六年熊本県生まれの詩人、小説家。明治学院英文科卒業。千家元麿に師事して詩作を始める。戦争中から、身辺を題材にした短篇小説を書き始める。一九七〇年に、「一条の光」で読売文学賞を受賞。詩集としては、『耕治人詩集』『水中の桑』、小説としては、「この世に招かれてきた客」「天井から降る哀しい音」などの作品がある。一九八八年没。

【本文解説】

本文は、「私」が養女を迎えしばらく平穏で幸福な日々を送っていたものの、戦局の深刻化により養女を疎開させるという生活上の変化を経るうちに、自らの創作意欲を強く感じていくという内容の文章である。全体は、空白行で大きく二つに分かれているが、「私」の暮らしの変化に即して、前半と後半それぞれを二つに分けて、内容を確認していこう。

I　フジ子が同居するまでの経緯（リード文と本文1行目～28行目）

「私」は、ひろ子と結婚してしばらく住んでいた「シャレた家」から、八畳一間のアパートに引っ越した。しかし四年後に、そのアパートが「軍需工場の寮」になるために、また引っ越しすることを余儀なくされた。そんなときに、ひろ子から姪のフジ子を養女として引き取りたいという話が持ち出された。（以上、リード文から。なお、リード文には本文を正確に読み取るための前提となるような事柄が示されている場合が多い。そこに示されている内容を、しっかり押さえておこう。）

　フジ子を養女として迎えるというひろ子の話に、「私」は気が進まなかった。自分の執筆活動に支障をきたすことを懸念していたのだが、もの書きを仕事とすることに自信がないので、それを理由として持ち出せなかった。そのため、八畳一間での三人暮らしでは、フジ子がかわいそうだから、もっと広いところに引っ越したら考えようと言い、フジ子と同居する問題を先延ばしにした。ひろ子は「私」の発言に従った。

　「私」の経済事情に合うような貸し間は少なかった。だが、引っ越し期限を一ヵ月過ぎて、繁華街の裏通りにあり、あまり明るくもない、四畳半と三畳のアパートに何とか引っ越すことができた。そのときには、フジ子のことをすっかり忘れていた「私」は、「あなたは四畳半で書きもの」をするので、「三畳にフジ子を置きましょう」とひろ子に言われ、どきっとした。以前、フジ子の住む東北の小さな町に滞在したとき、ひろ子とフジ子の気持ちが通い合っていることは「私」にも十分理解できた。また、二人の絆《きずな》は「私」から見ても美しく思えた。ひろ子の気持ちがわかるだけに、むげに断ることもできず、三畳での暮らしは気の毒だから一軒家に移ったとき、その気があればフジ子に来てもらおうと、また、問題の先送りをしようとした。だが、ひろ子は、いつ一軒家に移れるかわからないし、フジ子は来年春から女学校に上がり、ここから通うことになるので、入学の準備のためにも今引き取るしかない、こうしたこともフジ子には話してある、と言った。「私」は、相談もなくフジ子を呼び寄せる手はずを進めていたひろ子に騙《だま》されたような気がして腹を立て、フジ子が来ても今の生活を変えないと応じた。

　ひろ子は、「私」の反応を予期していたのか、「私」には迷惑をかけないから今まで通り好きなことをすればよいと受け流した。そこまで言われ、偏窟《へんくつ》な（＝がんこな）「私」もひろ子に従うしかなかった。こうしたやり取りを経て引き取られたフジ子は、三畳の部屋を使うことになった。フジ子の学費や小遣いを捻出するために、「私」は酒を飲むことをやめ、靴や衣服についても倹約を心掛けた。

Ⅱ　フジ子との平穏な日々（29行目～54行目）

　フジ子との同居生活が始まった。フジ子が女学校に、ひろ子が勤めに出た後の午前中は、「私」は好きなこと、書きたいことを書いた。それだけが生き甲斐だった。過去に贅沢をしたこともあるが、今ではとても慎ましく暮らしている。

　発表の場である雑誌は少ないうえに、時局に合わなければ掲載されない。かりに時局向きの文章だとしても、掲載されるとは限らないので、はじめから発表することなど考えなかった。時局に合うか合わないかは問題ではなく、とにかく自分の本心を書きたかった。そうするには、時局がら、もう時間がないと焦ったり、当分は大丈夫とのんびり構えたりすることもあった。一人で昼食を済ませてからは、嘱託をしている出版社に行って仕事をしたり、部屋で校正などをしたりすることもあった。

フジ子は勉強家であり、ひろ子に似てきれい好きで、日曜などひろ子と一緒に掃除をした。週日はひろ子一人で、日曜は二人で掃除するが、その間廊下に立っている「私」はなんとなく幸福な気持ちになった。ある日フジ子は、毎日掃除している広くもない住まいからいつもゴミが出ることに、ひろ子ともども驚いていた。「私」も「ほんとにどこから出るのか」とゴミの山に驚いた。

Ⅲ　フジ子の疎開（56行目～82行目）

フジ子を引き取ることに気が進まなかった「私」であったが、親子三人の生活に、同居前には予期しなかった幸福を感じた。とはいえ、今が戦争中であることを忘れたわけではない。

フジ子を引き取った年に太平洋戦争が始まった。さらに一年ほどたって防火演習が始まった。「私」は、ときに防火演習に参加したが、戦局が重大化していることを知ってはいても、米軍機が空襲に来ることなど遠い先のことだと思っていた。そんなふうに感じるのは、フジ子がいることで親子三人の生活にのどかな雰囲気が漂っていたからかもしれない。

しかし、空襲警報が鳴り渡るような事態になり、フジ子の女学校が勧めることもあり、真剣に疎開のことを考えざるをえなかった。フジ子の故郷である東北の町は、食料も豊富で軍事施設もなく、米軍機の攻撃目標になることもないだろうと、結局、フジ子を故郷に疎開させることにした。自分の娘のような気持ちになるフジ子と離れるのは淋しく惜しくもあったが、フジ子の安全を優先するという冷静な思いでフジ子を実家に送ることにした。見送る際に、フジ子はひろ子に「お母さんもなるべく早くおいでよ」と気遣ってくれるが、実家に戻れる喜びは隠しきれなかった。

上野駅から一人旅立とうとしているフジ子を見ていると、二十年前一人で上京した自分を思い浮かべた。「私」の郷里は九州の小さな町で、すでに父母は亡くなり帰る実家もない。フジ子を迎え、自分が親の立場になってから、亡き父母のことをよく思い出すようになった。もし父なら、親としてどんなふうにフジ子に接するのだろうか、と思ってみることもあった。

Ⅳ　戦時中の厳しい状況下に創作意欲が高まる（83行目～120行目）

フジ子が実家に疎開した後は、夫婦二人の生活に戻った。戦局がより厳しくなったのか、アパートからも出征する人や徴用される人がいた。出征する人の見送りを呼びかける紙が掲示板に貼られることが何度もあった。

フジ子が去った淋《さび》しさを忘れようと、「私」はせっせと創作活動に励んだ。空想したものもあれば経験に基づくものもあったが、とにかく思いつくまま手あたり次第に書いていった。

召集の連絡が来ることを気にしながらも、午前中に創作活動をするのは、フジ子が去っても変わらなかった。そのうち、亡き父母のことを書きながら、父母の思い出をたどっていくうちに、ともに亡くなっていた兄や妹のことも書き始めた。

その数日後、いつものように机に向かい、時間の流れを意識できないほど夢中で執筆を続けていたが、ふと筆をおき何気なく畳に視線を向けたとき、四畳半の真ん中あたりにある、ゴミが「私」の目に飛びこんできた。

二時間ほど前にひろ子が掃除したのにゴミがあるので、本当にゴミがあるのか確かめようと、しきりにまばたきした。しかし、部屋の真ん中に、そのゴミは確かにあった。「私」には、まるで生きているかのように感じられる。しかも不思議なことに、そのゴミから一条の光が闇のなかを走った。一条の光は、「私」の過去と現在すなわち生涯を一筋に貫くものとして「私」を震撼《しんかん》させた。そのとき「私」は、これまで自信もなく自分のことを書くことがあったが、自分の人生を表現することは、自らの創作活動において必然性があることを実感した。この不思議な感じは他者に言うことなどできない。また、口にすれば啓示を受けたかのような感動が褪せるようにも思えた。こんなとらえどころのないことを、生活を支えるため勤めに出ているひろ子に説明しても、とても理解してもらえないだろう。「私」は、この感動のきっかけとなったゴミを見つめ、思わず微笑みを浮かべた。それはどう見ても普通のゴミでしかない。しかし、「私」のそのときの感動は、日がたつにつれ、重みを増していった。

その数日後、徴用され飛行機工場で働くことになり、原稿は書けなくなったが、創作活動への意欲は次第に強固になっていくのだった。

以上全体の流れを整理すると、以下のようになる。

Ⅰ　創作に集中したいので気が進まなかったのに、フジ子との同居が決まった

↓

Ⅱ　フジ子との同居は予期せぬ幸福をもたらし、戦局の深刻化を忘れることもあった

↓

Ⅲ　フジ子の疎開を淋しく思い、両親と離れた頃の自分の過去を思い浮かべた

↓

Ⅳ　フジ子の不在を忘れようと創作に向かっているとき、ふと目にしたゴミから発せられた、自分の生涯を貫く一条の光に触発され、自身のこと表現しようとする意欲がみなぎった

【設問解説】

問1　語句の意味を問う問題　12　④　13　①　14　①

(ア)の「呑《の》みこめた」には、a〈口から体内に取り入れることができた〉あるいは、b〈納得できた。理解できた〉という意味がある。aでは、「気持の交流は、充分呑《の》みこめた」という文脈に合致しないので、文脈に合致するbの意味で読み取ればよい。したがって、「理解できた」の**④が正解**。①〜③および⑤はいずれも語義に合致しない。

(イ)の「醒《さ》めた」には、a〈眠りや酔いなどから覚醒した〉あるいは、b〈冷静になった〉という意味がある。文脈において、aの眠りや酔いには関わりがなく、戦争中の状況下「フジ子」が生家へ疎開することが述べられているので、bの語義および文脈に即している**①が正解**。②は「正確に」、③は「正常に」がbの語義に合致しない。④の「冷淡に」は〈熱心でない。同情心がない〉という意味で、bの語義に合致しないし、「観察できる」の部分が文脈に合わない。⑤では、「平静に」が〈落ち着いて静かに〉という意味なので多少迷うかもしれないが、やはりbの語義にぴったりとは合致しないし、「傍観できる」の部分が、「フジ子」に対する「私」の心情からして文脈にも合わない。

(ウ)の「雲を摑《つか》むような」は、〈はっきりしなくて、とらえどころがないさま〉という語意であり、これに最も近い意味をもつ**①が正解**。②では、「不安定」および「頼りにならない」が、③では、「非常識」および「気恥ずかしい」が、⑤では、「非合理的」および「ばかばかしい」が、語意に合致しない。④では、「雲を摑《つか》む」というたとえから、「非現実的」「ありそうにない」が語意として合致するのではと気になった諸君もいたかもしれない。けれども、〈とらえどころがない〉というニュアンスが欠落しており、語意に合致しない。

問2 傍線部の理由を説明する問題 15 ⑤

傍線部に「私はダマされた気がし、腹が立った」とある。まず、「私」が何をどういうふうに「ダマされた」と思い「腹が立った」のかに着目しよう。

傍線部直後に、「なぜ、オレに相談しなかったんだ。フジ子が来ても、オレはいまの生活状態を変えないぞ」とある。ここからは、「私」はフジ子が来ることはないはずだと思っていたのに、ひろ子が「私」の思い込みとは裏腹に、フジ子を迎える準備を整えていたことに「ダマされた気がし、腹が立った」ということがわかるだろう。

さらに、ひろ子が「私」の了承もなしにフジ子を引き取ることを決めた経緯を、本文冒頭から丁寧に読み取っていこう。「私」は、ひろ子が姪のフジ子を養子として引き取るという話に対して「渋った」。というのも、創作活動がやりにくくなるのではないかと危惧したからである。「しかし、ものを書くという仕事に私は自信がないから」、本当の理由を持ち出すのではなく、今暮らしている部屋では狭いので、「もっと広いところへ移ったら考えよう」と言って、フジ子を養子として引き取ることを「引き延ばし」、繁華街の裏通りのアパートに移った頃には、「フジ子のことは私の頭から消えていた」のである。ところが、ひろ子はフジ子を迎え入れることを勝手に決めていたのである。以上を整理すると、

a 「私」は創作活動がやりにくくなるのではないかという理由で、フジ子との同居に積極的ではなかった

b しかし、もの書きの仕事に自信がないので、部屋の狭さを理由にして、フジ子との同居を先延ばしにしていた

c 自分なりに取り繕っていたのに、ひろ子は相談もなしに、フジ子との同居を決めていた

となる。だからこそ、「私はダマされた気がし、腹が立った」のである。

これらの内容を、おおむね**a→b→c**という順序で述べている、**⑤が正解**。なお、「あれこれ言い訳して先送りにしてきた」というのは、**b**に該当する。

①は、まず、「物書きとしてのわずかばかりの自負」が**b**に合致せず不適当。また、「『私』の執筆活動を抑制せざるをえないと察していながら」も不適当。これでは、ひろ子が「私」の本心である**a・b**を見抜いていたことになるが、そうした根拠は本文で述べられていない。

②は、「三畳にフジ子を置くのは気の毒なため」が不適当。傍線部の発言は、フジ子を引き取ることを決めていたことに対する発言であり、フジ子が三畳に住むというのは、まだ明らかになっていないことがらである。また、部屋の狭さについての「『私』の気遣い」が「私」の本心であるかのように読めるが、それでは**a・b**の内容に合わない。

③は、「ひろ子の言い分には無理があった」とあるが、「私」が「無理」と断定しているという根拠は本文中にない。また、「私」はひろ子に対して「オレはいまの生活状態(=午前中に好きなことを書いていること)を変えないぞ」と言っている。したがって、「それに言及せず」というのは、本文の内容に反する。

④は、「フジ子の女学校選びは慎重に行いたいという思いがあった」が不適当。そもそも「私」がフジ子との同居に積極的ではなかったのだから、フジ子を呼び寄せる前に女学校選びを真剣に考えることはない。

問3 傍線部に関わる心情を説明する問題 16 ④

傍線部には、フジ子が同居してから一年ばかり後に、防火演習がはじまったことが示されており、設問では、この頃の「私」の心境が問われている。そこで、「私」の生活状態の推移と、その変化に応じて「私」の心情がどのように変化していったのかに着目し、傍線部に関わる内容を読み取っていこう。

まず、傍線部直前の内容を押さえておこう。ここでは、戦争を忘れることはないものの、米機の空襲がはじまるまで「私」が、フジ子と夫婦の三人で平穏な生活を楽しみ、予期せぬ幸福すら感じていたことが述べられている。

次に傍線部以降、とりわけ防火演習でのバケツリレーなどの訓練を述べた後の内容を押さえておこう。ここでは、フジ子がいるおかげで、「春風みたいなものが漂うようになった」生活を送っており、戦局の重大化は知っているものの、痛切に感じることなどなく、米機の空襲など遠い先だと「私」が思っていたことが述べられている。以上の内容を整理すると、

a　戦争のはじまりもその重大化も意識はしていた

b　(aではあるが、)フジ子が加わった家族三人の平穏な生活を楽しんでいた

c　(bのせいか)周囲の人々と防火演習をしても、空襲の恐れなど痛切に感じなかった

となるだろう。

以上のa～cに合致する**④が正解**。なお、「世間で起きている事態を深刻なものとして受け止めきれないでいる」の部分は、cの内容に該当する。

①について。「私」は、戦局が重大化していくのは知っていたが、フジ子との生活に平穏さを感じており、「なんとなく痛切でなかった」(65行目)とあるように、「戦局の展開は常に気になってはい」たとまではいえないだろう。また、状況が悪化しても「しばらくは我慢して乗り切ろうという思いが生じ始めている」というのは、本文に根拠のない内容である。

②について。「私」は、ときに防火演習に参加することはあるが、「米機が来るにしても遠い先だ」と思い、空襲の恐れを切実に感じていたわけではない。したがって、「防火演習がはじまると空襲という日々の現実に脅かされるようになった」という部分が、cに合致しない。

③について。すでに②で述べたが、防火演習がはじまっても「私」は、「米機が来るにしても遠い先だ」と思い、戦局の深刻さを切実に感じていたわけではない。したがって、「戦局が日に見えて悪化していく」という実感もないので、フジ子の安全を最優先して「行動しなければならないと覚悟を決めている」わけではない。

⑤について。②と③でもふれたように、「私」は防火演習がはじまった頃は戦局の重大化を切実に感じていたわけではない。したがって、「戦局を切実に考えざるをえなくなった」が本文の内容に反する。またフジ子が同居していることで感じるのは、戦局を痛切に感じさせない「春風みたいなものが漂うよう」な雰囲気であり、「執筆活動に励みを与えてくれる存在であることに安らぎを感じ」たわけではない。

問4　傍線部の理由を説明する問題　17　③

フジ子が実家に疎開するために、養父である「私」と離れ離れになるに際し、「私」が二十年前に上京した際の自分を思い浮かべた理由が求められている。まず傍線部の前後の内容を押さえておこう。

傍線部前では、「私」がフジ子と同居しているうちに、フジ子が自分の娘のような気持ちになることが述べられている。そして、空襲の恐れから実家へ疎開するためフジ子と離れ離れになることに対して、淋しく思いつつも、フジ子の安全のためには辛抱しなければならないという複雑な気持ちになっている。

そして傍線部直後では、フジ子と暮らしているうちに自分が父親のような気持ちになっているせいか、亡き父母のことをよく思い出し、父ならばフジ子にどのように接するのだろうかと思うようになったことが述べられている。以上を整理すると、

a　フジ子と同居しているうちに父親のような気持ちになっていた

b　（aのせいか、）亡き父母のことをよく思い出すようになった

c　父親の立場で、疎開するため一人旅立つフジ子の様子を見る

d　（bのように過去を振り返るうちに）上京する自分の姿を思い浮かべてしまう

となるだろう。

こうした、a〜dの内容を含んでいる**③が正解**。

①について。フジ子との同居がはじまり、「私」は父のような気持ちになるときもあるせいか、「死んだ父母のことをよく思うようになった」と、父母とのつながりを意識することは述べられている。しかし、故郷とのつながりについては一切述べられていないので、「故郷と自分とのつながりの強さをあらためて自覚した」とはいえない。

②について。二十年前に一人で上京した「私」がどのような雰囲気でどんな気持ちでいたかについて、本文では一切述べられていない。したがって、「うきうきと明るく東京を離れるフジ子の様子」と「ひとりぼっちで故郷を離れた二十年ほど前の自分の姿」が「対比的」だと断定する根拠はない。

④について。まず、フジ子が養父母との生活において「気苦労もないわけではなかった」が、本文では示されていない内容である。次に、②でふれたが、二十年前に上京したときの「私」の心情は、本文では一切述べられていない。したがって、「これから始まる東京暮らしに胸躍らせる若き日の自分の姿」というのは本文に根拠のないものである。

⑤について。傍線部の後で、父ならフジ子に対しどんな態度をとるだろうかと、「私」が考えていることが述べられている。だが、選択肢では、父が「私」の上京をどんなふうに見送っただろうかと考えている内容になっているので、この部分が本文の内容に合致しない。

問5　傍線部に関わる「私」の心情を説明する問題　18　⑤

傍線部にある「ゴミ」に関しては、本文において、広い範囲で触れられていることを見落とさないようにしよう。

まず、前半の41〜54行目で、ひろ子とフジ子がいくら掃除してもゴミが出ることに、二人だけでなく「私」も驚いている様子が述べられている。ここでは、そうした様子に「私」が「なんとなく幸福な気持になる」ことと、**ゴミが日々の営みにおいて必然的に生じるものとして示されている**ことを押さえておこう。

また、そうした幸福な日々を過ごした後、**疎開するフジ子の姿を見ているうちに「私」が、一人上京した、過去の自分の姿を思い起こしていた**（80行目）こともしっかり押さえておこう。

次に、後半の87行目に「ゴミを見て、コレダ！　と思った」ことを、いよいよ説明する運びになった」とあり、もの書きとしての「私」にとって**ゴミが極めて重要な表現対象として捉えられている**ことも踏まえ、傍線部前後の内容を読み取っていこう。

「私」は、フジ子が田舎に疎開した空しさから逃れるためにも、創作活動に励んだ。空想であれ経験であれ手あたり次第に書いた。そのうち、亡き父母や、同じくすでに亡くなった兄や妹のことを書くようになった。その数日後、執筆を中断しているときに「何気なく畳に視線を移したとき、ゴミが飛びこんできた」。もちろん実際にゴミが飛びこんで来たのではなく、「飛びこんできたような気がした」のである。見間違いかもしれないので、「眼をパチパチ」したが、「私」には、部屋の真ん中に、そのゴミは確かにあった。それが「不思議なことが起きた」。そのゴミから一条の光が闇のなかを走ったように感じられた。しかも、まるで生きているかのように感じられた。**一条の光は、「私」の過去と現在すなわち生涯を一筋に貫く**ものとして「私」を震撼させた。そのとき、「私」が自分のことを書いていく「必然性が生まれた」。この不思議な感じを説明することなどできない。また、口にすればあたかも啓示を受けたかのような感動が失われるようにも思えた。ゴミから発せられた一条の光は、工場に徴用され執筆ができない状態に陥っても、**自分を描くことの必然性を、根源的に支えるもの**としてあった。

以上の内容を、傍線部と直接関連する後半に即して整理すると、

a　田舎に疎開するときに、「私」に過去の姿を思い起こさせた、フジ子の不在を忘れようと創作に励んだ

b　（手を休めているときに）部屋の真ん中にあるゴミが目に飛びこんだ（気がした）

c　そのゴミが闇の中で光を発した（と感じた）

d　その一条の光は「私」の過去と現在を一筋に貫いた（と感じた）

e　その光は「私」が今は自分のことを書くことの必然性を確信させるものであった

となるだろう。

以上の、a～eの内容を踏まえた**⑤が正解**。

①は、「現在の人生そのものを書くように命じられたと直感した」が、間違い。「私」がこれから書こうとする内容に関して、「現在の人生そのもの」と限定する根拠は本文中にない。

②について。「私に書くことを促し励ますひろ子とフジ子」とあるが、少なくともフジ子が「私に書くことを促し励ます」という内容は本文では述べられていない。また、フジ子と同居するうちに自分の父母のことをよく思うようになったとしても、「故郷の一族の存在の重みを深く認識」したという内容は、本文で述べられていない。

③は、どれほどきれいに掃除したつもりでも、生活の中からどうしようもなくゴミが出てくるという内容は本文に示されているが、そうしたゴミが「フジ子と共にした幸福な生活の結晶のようなものだった」といった内容は本文で示されていない。また、選択肢後半の、「闇の中の輝き」以降の内容も、本文では示されていない。

④は、ゴミが「フジ子が来てからの節約を強いられた貧しい暮らしを思い出させる」という内容、およびゴミから発す

る光によって「自分の人生を完結したものとして書ける」という内容は、本文で示されていない。

問6　19・20　①・②　本文の表現に関する説明として不適切なものを選ぶ問題

こうした設問では、引用部分とそれについての説明とを照らし合わせ、本文内容に合致しているかどうかを吟味して、選択肢の適否を判断すればよい。なお、「適当なもの」を選ぶ場合もあるが、この設問では「**適当でないもの**」を選ぶことを見落とさないように。以下、順番に選択肢を吟味していこう。

①について。9行目の「四畳半と三畳」は、修辞法としては換喩（＝あるものを表すのに、これと密接に関係しているもので置き換えること）というべきであり、この表現を「隠喩」というのは間違いである。したがって、**①が一つ目の正解**。

②について。ひろ子とフジ子が遠慮のない関係であることは、11・12行目で、二人に心の交流があることが明示されている。しかし、「私」に関しては、フジ子との同居を「渋った」（1行目）のであり、「フジ子を引き取ることに対して気がすすまなかった」（56・57行目）のである。こうしたことから、13行目の「私」の「来てもらおう」というのは本心ではなく、ましてや「フジ子に対して何の遠慮もしていないこと」を表しているとはいえない。したがって、**②が二つ目の正解**。

③について。26行目の「そういうわけで」は、「私」たち夫婦が四畳半と三畳のアパートに移った後、フジ子との同居をめぐる「私」とひろ子との会話を受けたものである。したがって、「三畳はフジ子の勉強部屋になった」は、一見そこに至る経過を省いたような表現になっているが、「そういうわけで」を受けているので、「フジ子を引き取ることになったことを、そうとは明示せずに伝える」という説明は適切である。

④について。75行目冒頭に、「私はそうフジ子に言った」とあるので、74行目の「戦争が終わるまでの辛抱だ」は、「　」を使わずに「私」の発話内容を示している。また、78行目でも、フジ子が見送りに行ったひろ子と「私」に向けた発言の内容が、「　」を用いることなく簡潔にまとめて示されることで、物語を進行させ、かつ「私」の心情がうかがえるように述べられている。したがって、「　」を使わずに発話の内容を示し、実際の会話を省略して「物語の展開と『私』の心情を端的に述べている」という説明は適切である。

⑤について。85行目のダッシュの前の「アパートの前にお集まりください」は、ダッシュの後の「掲示板に貼られた」「そんな紙」の指示内容に該当する。また、95行目のダッシュの前の「突然足音が耳に入る」は、ダッシュの後の「そんなとき」の指示内容に該当する。したがって、「この二つのダッシュは同じ機能を持っている」という説明は適切である。

⑥について。103行目の「覚えている」という表現は、「私

は眼をパチパチやった」という過去を回想していることを明示している。また100~102行目の、「私」の視野にゴミが飛びこんできたという事態が、「私」の見間違いや思い込みではなく、「眼をパチパチ」して確かめたことを「覚えている」というニュアンスにもつながるので、「直前で語っている出来事が確かな体験に基づくものであることを示している」という説明は適切である。

第3問　古文

【出典】

『恨《うらみ》の介《すけ》』

成立年代　江戸時代（慶長末年〈一六一五年〉頃までには成立したものと思われる。）

ジャンル　仮名草子

作者　未詳

内容　関東の武士である「葛《くず》の恨の介」と、都の姫君「雪の前」との、悲恋の物語。

恨の介は、清水寺参詣の折、美しい姫君を見かけて思いを寄せ、清水寺の観音に恋の成就を願う。夢でお告げを受けた恨の介は、それに従い服部《はっとり》庄司の後家のもとを訪ね、そこで、姫君は、豊臣秀次の家老の忘れ形見で、現在は近衛《このえ》殿の養女となっており、雪の前という名であること、庄司夫妻は雪の前の育ての親であることなどを知る。恨の介は、恋文を雪の前に送り、返事をもらって、雪の前のもとへ行き、対面する（今回の本文はここにあたる）。二人を仲介したのは、庄司の後家と、雪の前と姉妹の契りを交わした菖蒲《あやめ》殿であった。翌朝の別れの時、恨の介が次はいつ会えるかと問うのを、雪の前は通り一遍の挨拶だと思い、「後世で」と答えたところ、それを真に受けた恨の介は思い嘆いて病の床に臥し、最後に雪の前への思いを手紙にしたためて亡くなる。その手紙を受け取った雪の前も、あまりの悲しさに息絶え、庄司の後家と菖蒲殿も、雪の前を追って自害した。

なおこれは、慶長十一（一六〇六）年に起きた、江戸幕府の旗本と宮中に仕える女房との密通事件を題材にした作品である。

【全文解釈】

それにしてもお手紙の中で、どの言葉も理解できたけれども、「上の五つの文字」「真葛」「月の最中」（といった言葉）には（どういう意味なのか）見当がつかない。それで、ここに細川玄旨に使われていた宗庵と申し上げた人が、恨の介とたいそうよく交わり親しんでいる人であるので、この（宗庵の）家へ行って、歌や（それにまつわる）話を他人事のように語り出し、言葉に託された真意を尋ねたところ、この宗庵は、和歌の道（において）、達人であったので、すぐに（言葉の真意を）理解し、「『なき世なりせばの、上の五つの文字なくは』とは、あなたの心に偽りがなくという意味だろう。古い歌に、『偽りのなき世なりせばいかばかり人の言葉のうれしからまし（＝偽りというものがない世の中であったとしたら、どれくらい人がかけてくれる言葉がうれしかっただろうに。——実際は世の中には偽りがあるので、人の言葉もうれしく思われない）』とある。さだめしこの意味であろう。『真葛』『月の最中』という言葉は、三条右大臣の歌に、『名にし負ふ逢坂山の真葛人に知られでくるよしもがな（＝逢って共寝をするという名前を持つ逢坂山の真葛、その真葛を手繰《たぐ》るように、人に知られないで来る方法があればなあ）』とある。そして『月の最中』という言葉は、『水の面に照る月なみを数ふれば今宵ぞ秋の最中なりける（＝水面に照る月の光は波にゆらいでいるが、月の順序を数えてみると、今夜がまさに秋の真ん中の八月十五夜であったなあ）』という『和漢朗詠集』の歌に見えたのは、八月十五夜のことだと思われた」。

このことを恨の介が聞いて、「これくらいのことを知らないで、高貴な人へ手紙を差し上げたことは、もってのほかの奴め」（と）、自分の（愚かな）身の程を不都合だと自分の心の中で恥じた。「いやいや思い忘れていた。昔、鳥羽院の御所の内にいた佐藤兵衛憲清は阿漕《あこぎ》（という、有名な古歌に用いられている語）の由来を知らないで、頭陀《ずだ》の縁笈《ふちおい》を、肩にかけ、北国修行（をした）と耳にした。その広く知られた西行法師と申し上げた人（だけでなく）、今の世までも評判になっている歌人までも、阿漕（という語）を知らない例がある。ましてや私めのような者が、知らないのは当然だ」と思った。

その後、八月十五夜を肥後の阿闍梨が（釈迦入滅後五億六千万年後に現れるという）弥勒菩薩のこの世への出現を待つように（非常に待ち遠しく思って）、万年を送るほどに（長い時間に感じられて）待ったところ、流れ去る月日が重なって、ようやく今夜は（八月）十五夜にもなったので、恨の介は、庄司（の後家）のもとに行って、「お手紙で拝見しました通り（八月十五夜に雪の前のもとへ行こうと思って）、ここまで参上していますよ。この上はどのようにでも、わたくし恨の介のことを、あなた様に任せ申し上げる」と言ったので、（庄司の）後家が、聞いて、「ほんとうに今夜は月見の管絃でいらっしゃる。人に紛れて私と、さあ、おいでください」と言って、すぐに支度をして、あの恨の介を女房に扮装《ふんそう》させ、薄衣《うすぎぬ》を頭にかぶらせ（たが）、ちょうどその時に限って月にかげりもなく、照る月をも（姿が人に見られるので）恨めしいことだと嫌がり（ながら）、恨の介を連れて近衛殿へ参上し、恨の介を紅葉の門（のあたり）に隠し置き、深く人目を避けなさり、「そこでお待ちください」と言って、庄司の後家は（近衛殿の邸の）中に入り、まったく、この後家の厚意は、生まれ変わり死に変わりする世のいつまでも忘れがたく思われた。

こうして後家は、菖蒲殿をとある木陰に連れて行き、「あの恨の介を連れて来て、紅葉の門はおのずと、人が知ることもあるだろうと思い、（恨の介を）花の局（と名付けられた部屋）に隠し置き申し上げている。あの姫の御ひまをうかがって、よいように（取り計らってください）」と申し上げて、姫にも会い申し上げず、自分の家に帰った。

その後、恨の介は耳をそばだてて、御邸の中の様子を聞くと、管絃の音が途切れなく続いて、琴の音は蹴鞠《けまり》を行う庭に植えてある四種の木（＝桜・柳・楓・松）の（うちの）松を吹き渡る風に似た音を立てていた。これ（＝琴の音色）（を聞くにつけて）も（恋しく）思う人（＝雪の前）がいるのだろうと、はやくも心も落ち着かず、門の内で足音がすると思うと、少し声がほのかに聞こえる。やはり思った通りだと思い、急いで立ち寄ると、門の中で歌のようにしておっしゃったのは、「誰なのか、この花の局に音がするのは」とおっしゃると、恨の介は、あっと思い、「人を待つ間のうたた寝の床」と申し上げたところ、内から観音開きの戸の片方をきりきりと細めに開け、たいそう美しい御手で、恨の介の衣の袖を取り、門の内へ引き入れなさる。

高貴な女性のお姿を見ると、いつだったか清水寺で拝見した姫君ではない。そうはいうものの、どちらが劣っているだろうか（、美しさはいずれも劣らない）。背丈に余っている髪を、ぱっと乱しなさると、ちょうどその時、月に雲がかかり、ぼんやりと見える御様子を、不審に思ったところに、（その）高貴な女性がおっしゃったことは、「私を誰だとお思いになるか。庄司の後家に頼まれた菖蒲の前とは自分のことだ。遠慮しないでください」とこちらへお入りくださいと言って、隅々の灯火を、紅（色の地）に月を描いた扇で、素早くあおいで消し、九重の幕や、八重の几帳を通り過ぎ、雪の前のお部屋に入れなさる。

このようであったところで、あの姫君は、さも恥ずかしい様子でおっしゃったことは、

葛の葉の「裏見」ではないが、葛の恨の介というのは誰だろうか。

と言ったので、恨の介もすぐにお返事（をしよう）と思われて、

（私が）あなたの愛情が受けられない我が身であったならば（私は名前の通り「恨み」の気持ちを抱くでしょう）。

と申し上げたので、あの姫君は、恨の介の側へ寄りなさり、恨の介の手をかわいらしい御手で取りなさり、菖蒲の前と一緒に居間に入りなさる。

【設問解説】

問1　短語句の解釈の問題　21 ⑤　22 ①　23 ④

(ア)　この心を聞きければ

「こ／の／心／を／聞き／けれ／ば」と単語に分けられる。
解釈のポイントになる語は「心」である。

> **心**（名詞）
> 1 気持ち。思いやり。
> 2 意向。考え。
> 3 情愛。
> 4 風流心。
> 5 意味。真意。
> 6 風情。情趣。

多義語なので、文脈を踏まえてふさわしい意味を考える必要がある。本文冒頭に、「御文の中、いづれも聞こえぬれども、『上の五つの文字』『真葛』『月の最中』に当たらず」とあり、恨の介は手紙の中に意味がわからない語句があった（問3【設問解説】参照）。そこで宗庵のところへ行き、「この心を聞」いたのであるから、「この」は前述の「上の五つの文字」「真葛」「月の最中」を指し、「心」は前記5の「真意」の意味だと考えるのがふさわしい。それを正しく解釈している**⑤が正解**である。

(イ)　やがてこしらへて

「やがて／こしらへ／て」と単語に分けられる。重要古語は「やがて」「こしらへ」で、「こしらへ」はハ行下二段活用動詞「こしらふ」の連用形である。

> **やがて**（副詞）
> 1 すぐに。
> 2 そのまま。

> **こしらふ**（ハ行下二段活用動詞）
> 1 なだめすかす。
> 2 取り繕う。説得する。
> 3 用意する。工夫して作り上げる。

選択肢のうち、「やがて」の意味に該当するのは、①「すぐに」、④「そのまま」、⑤「さっそく」である。また、「こしらへ」の意味に該当するのは、①「支度をし」、③「準備し」である。以上のことから、**正解は①**とわかる。

傍線部は、恨の介が姫君の手紙に記された八月十五夜を待って（これについては問3【設問解説】を参照）、姫君に逢いたいと庄司の後家の家を訪れたところ、庄司の後家が、今夜は近衛殿の邸は月見の管絃だから、その人混みに紛れて行こう、と誘う発言に続く。また、傍線部の後には、「恨の介を女房に出で立たせ（＝恨の介を女房に扮装させ）」とあるから、庄司の後家は恨の介を人目につかないように女装させるなど準備をしていることがわかる。よって①の解釈は文脈にも合う。

(ウ)　心に節な置かれそ

「心／に／節／な／置か／れ／そ」と単語に分けられる。

重要語句は「心」（問1(ア)【設問解説】参照）「節」「な〜そ」である。

節（名）
1　竹などの茎の膨らんだ部分。
2　関節。
3　糸などの、所々こぶになったところ。
4　物を隔てるもの。
5　箇所。点。事柄。
6　機会。
7　歌の節回し。

な（副詞）
1　〜しないでくれ。〜するな。
※　終助詞「そ」と呼応し禁止の意味を表す。

「心」「節」は多義語なので、「な置かれそ」の解釈を先に確認しよう。「な〜そ」は前記の通り禁止を表す表現、「れ」は助動詞「る」の連用形で、ここは尊敬の意味と考えるのが適当である。「心」「節」をそのままにして全体を解釈すると、「『心』に『節』を置きなさるな」となる。

次に、「心に節を置く」とはどういうことかを考えよう。傍線部は、菖蒲殿が恨の介に対して語りかける発言の中にあるが、注意すべきは、この時、恨の介は目の前に現れた女性が誰なのかわからず不審に思っていたということである。その恨の介に対して、菖蒲殿は、自分の素性を明かし、「心に節な置かれそ」と言った上で、雪の前の部屋まで恨の介を連れて行った。このような文脈を踏まえると、「節」は、前記4の意味で、「心に節を置く」とは「心に隔てを置く」の意だと考えるのがふさわしい。「心に隔てを置きなさるな」は、選択肢④「遠慮しないでください」と同趣旨であり、**④が正解**である。

問2　文法問題　24　③

今回は、「に」の識別が出題された。「に」の識別について、まず確認をしよう。

「に」の識別

1　完了の助動詞「ぬ」の連用形
《連用形に接続する》
直後に助動詞「き」「けり」「けむ」「たり」のいずれかが続く。

2　断定の助動詞「なり」の連用形
《非活用語・連体形に接続する》
後に補助動詞「あり」「おはす」「おはします」「はべり」「候ふ」などを伴うことが多い。
「〜に…あり」で「〜である」と訳せる。

3　格助詞「に」
《体言・連体形に接続する》
「〜に」と訳せることが多い。

4　接続助詞「に」
《連体形に接続する》

「〜ので・〜けれど・〜と」などと訳せる。
5　ナ変動詞の連用形語尾
「死に」「往《い》に（去《い》に）」のみ。
6　ナリ活用形容動詞の連用形語尾
「あはれに」「をかしげに」など。
7　副詞の一部
「げに」「かたみに」など。

a　名にし負ふ

aの「に」は、「名」という体言に接続しているので、前記2または3のいずれかである。後に補助動詞「あり」などがなく、「〜で（ある）」といった訳は文脈に合わないことから、前記3の格助詞であると判断できる。なお、「名に負ふ」とは「名前として持っている。有名である」という意の慣用句で、「し」は強意の副助詞である。重要表現として意味も覚えておこう。

b　恥ぢにけり。

bの「に」は、ダ行上二段活用動詞「恥づ」の連用形「恥ぢ」に接続している。また直後に過去の助動詞「けり」があることから、前記1の完了の助動詞である。

c　十五夜にもなりければ、

cの「に」は、「十五夜」という体言に接続しているので、a同様に、前記2または3のいずれかである。また、後に補助動詞「あり」がなく、「〜で」ではなく「〜に」と訳すのがふさわしいことから、前記3の格助詞である。

d　声ほのかに聞こゆる。

dの「に」の直前の「ほのか」とは、わずかであったり、かすかであったりする状態を表す。そのような、「物事の状態を表す語＋に」という形の場合、「に」は前記6のナリ活用形容動詞の連用形語尾と考えるのが適当である。なお、重要形容動詞は覚えておく必要があるが、それ以外に、「〜かに」「〜げに」といった形になっていて、物事の状態を表している場合は、「〜かに」「〜げに」全体で形容動詞と考えてよいので、あわせて覚えておこう。

e　上臈の御姿を見るに、いつぞや清水にて見申せし姫にてはなし。

eの「に」は、マ行上一段活用動詞「見る」の連体形に接続しているので、前記2・3・4の可能性がある。ここは、後に補助動詞「あり」などはなく、「〜で」とは訳せないので、前記2の断定の助動詞ではないと判断できる。格助詞なのか接続助詞なのかは、訳してどちらが文脈に合うかで判断する。前後を訳すと「高貴な女性のお姿を見る『に』、いつだったか清水寺で拝見した姫ではない」となることから、この「に」は「〜と」と訳す接続助詞と考えるのが適当である。

以上、a〜eを正しく説明している③が正解である。

問3　内容説明の問題　25　④

説明問題は、まず傍線部を訳すことから始めよう。ただ、今回は設問が読解の手がかりとなっている。「上の五つの文字」「真葛」「月の最中」とは、雪の前の返事に記されていた謎の言葉である旨の説明が設問にあり、恨の介が、それらの謎の言葉を、宗庵の力を借りてどう読み解いたかが問われているのだから、本文中の、恨の介の質問に対する宗庵の答えを確認するとよい。宗庵の答えは、第一段落の3行目〜7行目に記されている。

Ⅰ『なき世なりせばの、上の五つの文字なくは』とは……さぞやはこの心なるべし。

宗庵は、雪の前の手紙の中の「なき世なりせばの、上の五つの文字なくは」を、これは「そなたの心に偽りなく」という意味だと説明する。「なき世なりせば」は、この後に示される、

偽りのなき世なりせばいかばかり人の言葉のうれしからまし

（＝偽りというものがない世の中であったとしたら、どれくらい人がかけてくれる言葉がうれしかっただろうに）

という古歌の一節で、その「上の五つの文字」は歌の初句の「偽りの」を指す。「上の五つの文字なくは」は、「なくは」が「ないならば」という仮定を表す表現なので、ここでは「偽りがないならば」ということになる。その宗庵の説明を聞いた恨の介は、「あなた（＝恨の介）の心に偽りがないならば」という意味だと解したはずである。

Ⅱ『真葛《さねかづら》』……といふ事は、……『……くるよしもがな』とあり。

「真葛」も古歌の一部を引用したもので、宗庵は次の和歌を引いている。

名にし負ふ逢坂山の真葛人に知られでくるよしもがな

問2aで解説したように、「名にし負ふ」は「名前として持つ」の意。「逢坂」の「逢」は地名の「逢（坂）」と動詞「逢ふ」との掛詞で、しばしば用いられるので、覚えておくとよい。「真葛《さねかづら》」の「ね」には「寝」が掛けられており、「くる」は「繰る」と「来る」との掛詞である（「真葛」と「くる（繰る）」は縁語）。「よし」は「方法」の意。「もがな」は願望の終助詞で「〜があればなあ」などと訳す。これらを踏まえて和歌を解釈すると、「逢って共寝をするという名前を持つ逢坂山の真葛、その真葛を手繰るように、人に知られないで来る方法があればなあ」となり、この歌の趣旨は「人に知られでくるよしもがな」の部分に示されている。

ここでは「恨の介が人に知られないで雪の前のもとに来る方法があればなあ」ということを表していると考えられる。

Ⅲ　さて『月の最中』といふ事は、……八月十五夜の事とおぼえたり。

三つめの「月の最中」については、宗庵は次の古歌を引用している。

水の面に照る月なみを数ふれば今宵ぞ秋の最中なり

ける

「月なみ」は「月波」と「月次（＝月の順序）」の掛詞である。「最中」は「真ん中」の意だから、訳すと「水面に照る月の光は波にゆらいでいるが、月の順序を数えてみると、今夜がまさに秋の真ん中であったなあ」となる。その「秋の最中」は、宗庵も説明している通り、「八月十五夜」である（古典では旧暦七月から九月が秋なので、その真ん中は八月十五日となる）。「月の最中」も、この八月十五日の月、すなわち中秋の名月を指していることになる。

以上の内容をすべて正しく説明している**④が正解**である。「あなたの私への心に偽りがないのならば」は前記Ⅰに、「八月十五夜に」は前記Ⅲに、「人に見つからないように私のもとを訪れてください」が前記Ⅱに該当している。

①は、前記Ⅰ・Ⅱに合わない。「手紙はうれしい」というメッセージは読み取れないし、「噂が立ってしまう」ことを恐れているとも考えられない。Ⅲについても、単に十五夜というのでは、中秋の夜の説明として不十分である。

②は、「上の五つの文字」を「私のあなたに対する気持ちにうそがない証拠に」と、「偽り」がないのを「私（＝雪の前）」としている点が文脈に合わない。雪の前が、自分の気持ちについて、「偽りがないならば」と仮定するのは不自然である。また「真葛」に関しても、雪の前自身が忍んで行くとしている点が前記Ⅱに反する。

③は、前記Ⅲ「水の面に」の歌の中の「秋」を「飽き」との掛詞としているが、この歌で「秋」を掛詞と考える必然性はない。また、前記Ⅲの「八月十五夜」に言及されていない点も不適当であるし、逢坂山の歌を、困難を乗り越える比喩とみることもできない。

⑤は、「上の五つの文字」を「死んでもよいほど強いものならば」としている点が前記Ⅰの内容と違っている。思いに偽りがないということと、思いが強いということとは別のことである。また、前記Ⅱの「名にし負ふ」の歌の中の「人に知られで」を踏まえた説明がない点も、不適当である。

問4　登場人物の心の動きについての説明問題　26　⑤

傍線部は、「ましてや私のような者が、知らないのは当然だ」と訳せる。「我ら」の「ら」は、複数を表すのではなく、謙遜の意を表す接尾語である。では、恨の介は、自分が何を知らないことについて当然だと考えたのか。本文第一段落では、恨の介は、雪の前の返事の中の意味がわからない言葉について、宗庵に尋ね（**問3【設問解説】**参照）、典拠となっている古歌の説明を受けて読み解く。それを受けて、次の第二段落に、恨の介の発言や心情の説明が述べられているので、設問を考えるにあたっては、第二段落を丁寧に読むことが肝要である。

Ⅰ　この由を恨の介聞きて、「かほどの事を知らずして、雲の上人へ一筆を参らせし事、勿体なき奴め」、身の程を不憫と我が心にて恥ぢにけり。

「かほどの事を知らず」とは、第一段落の内容から、古歌を踏まえた言葉を知らない、つまり和歌の素養が十分でないことを言っているとわかる。「雲の上人」は「高貴な人」の意で、ここでは雪の前を指す。その雪の前へ手紙を送ったのは恨の介だから、「勿体なき（＝もってのほかの）奴」とは恨の介自身である。そのような身の程知らずな行動をした自分を恥じているのである。

Ⅱ　「いやいや思ひ忘れたり。昔、鳥羽の院の……阿漕を知らぬ例あり。

しかし、恨の介は、名高い歌人である西行や、今の世の評判の高い歌人も、有名な古歌に用いられる「阿漕」という語を知らなかったことを思い出す。

Ⅲ　いはむや我ら如きの者、知らぬこそ道理なれ

前記Ⅱの、名高い歌人にも知らない和歌の言葉があるという内容に続くから、ここは、まして自分のような者が、古歌や、それを踏まえた言葉を知らないのは当然だ、ということである。

以上のⅠ～Ⅲの内容を踏まえて説明している**⑤が正解**である。「和歌の素養も十分にないまま手紙を送ったのは畏れ多いことだと一度は恥じたが」が前記Ⅰに、「高名な歌人の西行でさえ知らないこともあるのだから」が前記Ⅱに、「自分が古歌について知らなくても仕方のないことだと自らを納得させている」が前記Ⅲに、それぞれ該当する。

①は、「謎めいた手紙を送ってきた雪の前」は間違いとは言えないが、それ以外の部分はすべて不適当である。「一度は憤りを覚えた」は前記Ⅰと違っている。また、「知らぬ」の内容を「和歌に通じた高貴な女性が、自分のように古歌を知らない男がいるなど想像すること」としている点は、前記Ⅱ・Ⅲと相違するし、恨の介が「雪の前の気持ちを思いやっている」は、本文に根拠のない説明である。

②は、「途方に暮れていた」「同情から好意的な返事をくれた」という内容は、本文からは読み取れない。また、「知らぬ」の内容を「その心遣いに気づかなかった」としている点も前記Ⅱ・Ⅲと相違する。恨の介は、そう思って「恥じ入っ」たわけではない。

③は、「自分たちのような者はかえって和歌を知らない方がよいのだと思い直して自らを慰めている」が、本文に根拠がない説明である。

④は、前記Ⅰの「知らず」、前記Ⅲの「知らぬ」の対象を、それぞれ「相手の素性」「雪の前が高貴な女性であること」と説明している点が間違っている。

問5　登場人物の心の動きについての説明問題　27　④

問4同様、恨の介の心情を問う設問である。傍線部Ⅰ～Ⅲのある第五段落を丁寧に読もう。第五段落は、恨の介を雪の前に逢わせようと、庄司の後家が恨の介を近衛殿の邸に連れて行き、目立たないところに恨の介を隠し、菖蒲殿に後を頼んで帰った、その後の場面である。

Ⅰ　その後、恨の介耳をそばめ、御内の体を聞くに、管絃の音しきりにて、……。これも思ふ人のあるらむと、はや心もそぞろにて、

恨の介が、近衛殿の邸の中の様子を窺《うかが》うと、管絃の音が聞こえてくる。「思ふ人のあるらむ」を訳すと「思う人がいるのだろう」となるが、恨の介の考える「思う人」とは、もちろん、愛しく思う雪の前である。ここに雪の前がいるのだろうと思うと、「はや心もそぞろに」という状態になる。「そぞろに」はナリ活用形容動詞「そぞろなり」の連用形で、「心もそぞろに」とは「気持ちが落ち着かない様子で。そわそわする様子で」の意。恋しい人がいると思うと、恨の介は期待から心が落ち着かないのである。

Ⅱ 門の内にて足音すると思へば、少し声ほのかに聞こゆる。さればこそと思ひ、急ぎ立ち寄れば、

門の中で足音がして、かすかに声が聞こえる。そこで恨の介は「さればこそ」と思う。「さればこそ」は予想が的中した時に用いる慣用句で、「やはり思った通りだ」などと訳す。前記Ⅰで「雪の前がいるのだろう」と思っていて、足音や声が聞こえるので、「やはり思った通り、雪の前がいるのだ」と確信するのである。

Ⅲ 門の内にて歌によそへて仰せけるは、「……」とのたまへば、恨の介、あつと思ひ、「……」と申しければ、

前記Ⅱで、雪の前がいると思い、その後に「誰そやこの花の局に音するは」という声がして、「あつと思」ったのだから、ついに雪の前に声をかけられたと思ったと解釈するのが適当である。

以上のⅠ～Ⅲの内容を踏まえた説明をしている**④が正解**である。

①は、Ⅰ～Ⅲすべてが、本文から読み取れない内容で不適当である。Ⅰの「恋敵がいるのではと」とあるが、恨の介は、恋敵の存在などは考えていない。ここは雪の前がいるという期待が的中したので、Ⅱの「不安が的中した」も不適当。さらにⅢの「なんとか妙案を思いついた」も、本文に根拠がない説明である。

②も、Ⅰ～Ⅲすべてが、本文から読み取れない内容で不適当である。Ⅰは「琴の音に哀れをもよおし」たのではないし、Ⅱは「人がいると気づ」いたのではなし、Ⅲは「歌声に驚」いたのでもない。

③も、Ⅰ～Ⅲすべてが、本文から読み取れない内容で不適当である。Ⅰは「人の気配を感じて緊張し」たのではないし、Ⅱは「弱気にな」ったのではないし、Ⅲは「困惑した」のでもない。

⑤も、Ⅰ～Ⅲすべてが、本文から読み取れない内容で不適当である。Ⅰの「気が緩み」は「心もそぞろにて」の意味と異なる。Ⅱの「声に満足した」も「さればこそ」の意味と異なる。Ⅲの「声色が変わったことに」は本文から読み取れない内容である。

問6 登場人物のやりとり（連歌）についての説明問題 28 ⑤

雪の前と恨の介のやりとりを考える設問であるが、雪の前が詠みかけた上の句と、恨の介がそれに付けた下の句の内容が問われている。このように、ある人物の詠んだ句に、別の人物が句を付けて、五七五七七の和歌に形にするものを連歌というが、解釈のしかたは、和歌の場合と同様である。和歌は、登場人物の心情を摑《つか》むという点で読解のポイントになるものである。苦手にしている受験生もあるかもしれないが、怠ることなく和歌の学習をすすめておきたい。

和歌の解釈においては、次の点に注意することが必要である。

・和歌の詠み手や、詠まれた状況を確認する。
・句切れに注意しながら、和歌を一語一語丁寧に訳す。
・本文の内容を踏まえて、主語や目的語、指示語の内容など、必要な語句を補う。修辞にも注意する。

本文の連歌は、設問にある通り、雪の前が恨の介に詠みかけて、恨の介がそれにどう句を付けるかを試すものである。まず、雪の前の句を見てみよう。

葛の葉の／うらみといふは／誰やらむ

「うらみ」は「裏見」と「恨み」の掛詞であることが（注12）に示されているので、「葛の葉のうらみ」には、「葛の葉の裏を見る」という意味があり、さらに後に「誰やらむ」と続いており、人のことを指していると考えられるので主人公の名「葛の恨の介」が示されているとわかる。「やらむ」は「にやあらむ」がつづまった形である。以上の点に注意して訳すと、

葛の葉の「裏見」ではないが、「葛」の恨の介というのは誰だろうか

となる。雪の前はもともと八月十五日の夜に来るように恨の介への手紙に書いていたし、恨の介の手紙を取り次いでいる菖蒲殿が連れてきた人物なのだから、目の前にいるのが恨の介だろうと見当は付いていたはずである。よってここは、「恨の介とは誰か、あなたのことか」と確かめる意味をも含むと考えることができる。

次に、恨の介が付けた句を見てみよう。

君の情けの／なき身なりせば

「情け」はここでは「愛情」の意、「身」は「我が身」のこと、「なり」は断定の助動詞、「せ」は過去の助動詞「き」の未然形である。未然形に接続しているので、「ば」は仮定条件を表し、「せば」は「〜たならば」の意となる。訳すと、

あなたの愛情が受けられない我が身であったならば

となる。愛情を受けられなかったらどうなのかは詠まれていないが、雪の前の句に「恨み」の語があること（雪の前の句では、単に恨の介の名を示していただけだったのだが）をあわせて考えると、「恨めしい」などと補うことができる。つまり、雪の前が「『恨』の介とは誰か、あなたのことか」と問うているのに対して、恨の介が「私が『恨』の介です。そしてあなたの愛情を受けられなかったならば、その名前のように『恨み』の気持ちを抱くでしょう」と答えた、と考えるのがふさわしい。恨の介は、雪の前の詠んだ句に対して、見事に句を付け、それを評価した雪の前は恨の介の手を取って、部屋に入ったのである。

選択肢の中で、以上の句の内容を踏まえた説明をしている⑤が正解である。

①は、まず、「からかいながら尋ねた」が不適当である。雪の前が恨の介をからかっているということは本文からは読み取れない。また、恨の介の句の説明で「あなたの情けを得られるはずのない身分ゆえ」も不適当である。恨の介の句の中の「ば」は前述のように仮定条件の用法で、「〜ゆえ」と確定条件で訳すことはできない。恨の介は「あなたの情けを得られるはずのない」とは、詠んでいない。さらに、恨の介の句は「名前の由来」を説明したものでもない。

②は、雪の前の句の説明を「私を恨んでいるというのは誰ですか」としている部分が不適当である。前述のように、雪の前が「うらみ」と言ったのは「恨の介」の名を指しているだけであって、「恨んでいる」という意味ではない。また、恨の介の句については説明全体が不適当である。恨の介は、この段階で雪の前から「ひどい扱い」をされていたわけではないし、「あなたからこのままひどい扱いをされ続けては」は本文に根拠がない。また、「私は身を滅ぼすことでしょう」というのも、文脈には合わない。

③は、雪の前の句の説明で、「世の中が恨めしいと言い続けている」と、「うらみ」を恨の介の名として説明していない点が不適当である。また、恨の介の句の説明で、「あなたが私を愛してくれなかったせいです」と、接続助詞「ば」を、①同様に確定条件で訳している点が不適当であるし、「人間不信に陥った責任を押しつけている」も本文に根拠がない。

④は、雪の前の句の説明で「葛の葉は恨みを表すものだと言い出した」人物について尋ねていると説明している点が不適当である。また、恨の介の句の説明も、恨の介が付けた句の内容と一致せず不適当である。

第4問 漢文

【出典】

王安石『王文公文集』。王安石（一〇二一～一〇八六）は字《あざな》は介甫《かいほ》、宋の政治家であり文人としても高名である。政治家としては、新法と呼ばれる改革を断行しようとしたが、司馬光を中心とした保守派の反対によって果たせなかった。文人としては古文復興運動を行った唐宋八大家の一人であり、多くの作品を残している。

【本文解説】

北宋の王安石が、賢人として慕う友人、子固（曾鞏《そうきょう》）と正之（孫侔《そんぼう》）について述べた文章である。

子固と正之は、互いに会ったこともなければ言葉を交わしたこともない。ところが、聖人の言行を学ぶ者であるからなのか、互いによく似通っている。それは聖人の言行そのものが一つの道にのっとったものだからである。そして筆者が子固の人物像を語れば正之はそれをそのまま受け入れ、正之の人物像を語れば子固はそれをそのまま受け入れるのである。

ある時、子固が筆者に一編の文を贈ってくれたのだが、そこには、ともに助け合って中庸の徳を身につけたいと願っていると書かれていた。正之も同じようなことを言っていた。筆者は自分だけでは中庸の徳を身につけるのは難しいが、子固と正之を見て、彼らとともに学んで行けば中庸の徳を身につけることができるだろうと期待しているのである。

【書き下し文】

二賢人《にけんじん》は、足《あし》は未《いま》だ嘗《かつ》て相《あ》ひ過《よぎ》らざるなり。口《くち》は未《いま》だ嘗《かつ》て相《あ》ひ語《かた》らざるなり。辞幣《じへい》は未《いま》だ嘗《かつ》て相《あ》ひ接《せっ》せざるなり。予《われ》其《そ》の言行《げんかう》を考《かんが》ふるに、其《そ》の師《し》若《も》しくは友《とも》は、豈《あ》に尽《ことごと》く同《おな》じからんや。其《そ》の相《あ》ひ似《に》ざる者何《なん》ぞ其《そ》れ少《すく》なきや。曰《い》はく、「聖人《せいじん》に学《まな》ぶのみ」と。聖人《せいじん》に学《まな》べば、則《すなは》ち其《そ》の師《し》若《も》しくは友《とも》は、必《かなら》ず聖人《せいじん》に学《まな》ぶ者《もの》なり。聖人《せいじん》の言行《げんかう》は、豈《あ》に二《に》有《あ》らんや。其《そ》の相《あ》ひ似《に》るや適然《てきぜん》たり。予淮南《われわいなん》に在《あ》りて、正之《せいし》の為《ため》に子固《しこ》を道《い》へば、正之《せいし》は予《われ》を疑《うたが》はざるなり。江南《かうなん》に還《かへ》りて、子固《しこ》の為《ため》に正之《せいし》を道《い》へば、子固《しこ》も亦《ま》た以《もっ》て然《しか》りと為《な》す。予又所謂賢人《われまたいはゆるけんじん》なる者《もの》は、既《すで》に相《あ》ひ似《に》て、又《また》相《あ》ひ信《しん》じて疑《うたが》はざるを知《し》るなり。

子固《しこ》「友《とも》を懐《おも》ふ」一首《いっしゅ》を作《つく》りて予《われ》に遺《おく》る。其《そ》の大略《たいりやく》は相《あ》ひ扳《ひ》きて以《もっ》て中庸《ちゆうよう》に至《いた》りて後《のち》に已《や》まんと欲《ほっ》す。正之《せいし》も蓋《けだ》し亦《ま》た常《つね》に爾云《しかい》ふ。夫《そ》れ安駆徐行《あんくじよかう》し、中庸《ちゆうよう》の庭《には》を轥《へ》て、其《そ》の堂《だう》に造《いた》るは、二賢人《にけんじん》なる者《もの》を舎《お》いて誰《たれ》ぞや。予昔《われむかし》より敢《あ》へて自《みづか》ら必《かなら》ず其《そ》の至《いた》ること有《あ》らんとするに非《あら》ず、亦《ま》た左右《さいう》に従事《じゆうじ》せんことを願《ねが》ふのみ。輔《たす》けて之《これ》に進《すす》まば、其《そ》れ可《か》なり。

【全文解釈】

（子固と正之という）二人の賢人は、これまでに互いのもとに立ち寄ったことはない。これまでに互いのことを語ったこともない。あいさつの手紙や贈り物をやりとりしたこともない。彼らの師ないし友人が、すべて共通していたというわけでもない。私が彼らの言行を考えてみると、似通っていないところのなんと少ないことか。（二人は）言うのである、「聖人から学んだにすぎない」と。聖人から学べば、その師ないし友人は、間違いなく聖人から学んだ者である。聖人の言行は、二つとないものである。（だから）彼らが似通っているのは当然なのである。私が淮南にいて、正之のために子固のことを語っても、正之は私の意見に疑義を抱かない。（私が）江南に戻ってきて、子固のために正之のことを語っても、子固もやはりなるほどと思うのだ。私はそこでまた世に言う賢人という者が、似通っていて、さらに互いを信じ疑義を抱かないということがわかったのである。

　子固は「友を思う」という文章一編を書いて私に贈ってくれた。その内容のあらましは、ともに助け合って、中庸の徳を身につけるまで止まることのないようにしようと願うというものであった。正之も思うにやはり常々このように言っていた。そもそも馬車をゆっくりと走らせるように目標へ向かって着実に進み、中庸の庭を馬車に乗って通過し、中庸の奥座敷へと進めるのは、この二人の賢人以外に誰がいるであろう。私は昔から自分がどうしても（中庸の徳へと）到達したいという気持ちを抱いていたのではなく、（中庸の徳へと到達できる賢人の）身近なところでつき従いたいとひたすら思っていた。（中庸の徳へと到達できる賢人の）助けとなって（自分も）中庸の徳へ向かうことができれば、十分なのである。

【設問解説】

問1　語の意味の問題　29　③　30　④

(ア)「過」には「すぐ」（通る・度を越す）、「あやまつ」（まちがえる）、「よぎる」（立ち寄る・訪れる）などの用法がある。波線部(ア)を含む一文「足未嘗相過也」に「足」とあること、また筆者が「二賢人」としている「子固」と「正之」の二人が交流がなかったことが記されていることなどから、「二人が互いのもとを訪れたことがなかった」という意味であり、「過」は、「よぎる」と読んで「立ち寄る・訪れる」の意味で用いられているのだと判断する。したがって**正解は③**である。

(イ)「遺」には「のこす」（残す）、「のこる」（残る）、「わする」（忘れる）、「おくる」（贈る）などの用法がある。選択肢の中でこれらの用法に合致するのは「贈る」しかない。したがって**正解は④**である。

問2　心情説明の問題　31　②

傍線部Aに「何《なんゾ》其《そレ》――也《や》」（なんと――ではないか）という詠嘆形が用いられていることと、本文が子固と正之について論じていることを踏まえると、傍線部Aは、「子固と正之が互いに似通っていないところのなんと少ないことか」と訳せる。つまり「子固と正之はなんとよく似ていることか」と筆者は言おうとしているのである。この方向の選択肢は②、③、④である。①「似ている点がもう少しあってもよいのにと疑念を抱いている」、⑤「多くの点において似ているのはなぜだろうかと疑問を持っている」は、ともに疑問の方向なので適当ではない。さらに③「共通の先生や友人を持つ二人」、④「以前から会いたいと思っていた二人」などは本文に書かれていない内容であり、適当でない。したがって正解は②である。

問3　理由説明の問題　32　⑤

傍線部Bは「彼らが似通っているのは当然なのである」と訳すことができる。ここは聖人の教えについて学んできた子固と正之について論じており、子固と正之が似通っているのは当然だと言っているのである。その理由については、傍線部Bの直前で「聖人之言行《ハ》、豈《ニ》有レ二《ラン》哉」（聖人の言行は、二つとないものである）と述べているのだから、「聖人の言行はたった一つのもの」であり、それを学ぶ者は当然「似通ったものとなる」（傍線部B）という流れになっていることがわかる。つまり⑤「聖人の教えを学ぶ人々は、一つの道にのっとった聖人の言行を模範とするから」という方向である。したがって正解は⑤である。

問4　理由説明の問題　33　②

傍線部Cは「私はそこでまた世に言う賢人という者が、似通っていて、また互いを信じ疑義を抱かないということがわかったのである」と訳すことができる。そして傍線部Cの前に、「予在《リテ》二淮南《ニ》一、為《ニ》二正之《ノ》一道《ヘバ》二子固《ヲ》一、正之《ハ》不《ル》二予《ヲ》疑《ハ》一也。還《リテ》二江南《ニ》一、為《ニ》二子固《ノ》一道《ヘバ》二正之《ヲ》一、子固《モ》亦《タ》以《テ》為《ス》レ然《リト》」（私が淮南にいて、正之のために子固のことを語っても、正之は私の意見に疑義を抱かない。私が江南に戻ってきて、子固のために正之のことを語っても、子固もやはりなるほどと思うのだ）とある。つまり正之のために子固のことを語っても、子固のために正之のことを語っても、違和感なく受け入れられるというのである。したがって正解は②である。

①は「同一の聖人を理想とする点で似通うだけでなく、その聖人を信じ切っている点でも類似していた」とあるが、誰か特定の「同一の聖人」などとは文中に書かれておらず、また「その聖人を信じ切っている」という表現も見当たらない。③は「実は同じ先生や友人と交流していた」「三人でともに学びあうべきだ」とあるが、このような内容は本文には見当たらない。④は「聖人の言行の学び方で似通うだけでなく、ともにその正しさに強固な確信を持っていることを筆者に告げた」とあるが、「聖人の言行の学び方」が不適切であり、また「強固な確信を持っていることを筆者に告げた」などとは書かれていない。⑤は「親しい友人である筆者と言行が似通うだけでなく、聖人観についても筆者と一致していた」がやはり本文にはない内容である。

問5　書き下し文とその解釈の問題　34　④　35　③

(i)　傍線部Dに「欲」「而後」という重要表現が含まれていることに注意する。「欲」は「欲《ほつス》二――《(セ)ント》一」と下から返り、「――したいと思う・――しようとする」などと訳す。また「而後」は「而後《しかうシテのちニ》」などと読み、「そうしてはじめて・そこでやっと」などの意味を持つ。また「而後」が文中に置かれると、「――《(シ)テ》　而後《のちニ》 ～」と「而」が置き字として用いられることが多い。この二点の条件を満たしているのは、②、③、④であるが、訳してみると、②「互いに引っ張り上げて助けたいと思い中庸の徳を身につけてはじめて止まる」、③「互いに引っ張り上げて助けて中庸の徳を身につけたいと思うけれども遅れるばかりだ」、④「互いに引っ張り上げて助け中庸の徳を身につけてはじめて止めたいと思う」となり、②、③では文脈に合わないことがわかる。したがって**正解は④**である。

(ii) 書き下し文「相ひ抜きて以て中庸に至りて後に已まんと欲す」をもとに、傍線部**D**を訳すと、「互いに引っ張り上げて助け中庸の徳を身につけてはじめて止めたいと思う」となる。つまり、「互いに助け合い、中庸の徳が身につくまで止めない」と言ってるのだとわかる。これを踏まえると、①「中庸の徳を身につけようと思い、それが達成できたことで満足した」は「達成できたことで満足した」が不適切。⑤「中庸の徳を身につけようと願いながら、追いつけないでいる」は「追いつけないでいる」がやはり不適切である。また②、④は「人の欲望は」としていることから、「欲」が「欲《ほつス》」ではなく「欲《よく》」の意味で用いられていることは明らかであり、用法としてまったく考えられないというわけではないが、②「欲望は……中庸の徳を身につけさえすれば減らせる」、④「中庸の徳を身につけてこそ抑えられるものである」などの訳は、本文の文脈に合致しない。したがって**正解は③**である。

問6 筆者の考え方についての問題 36 ②

傍線部**E**は「私は昔から自分がどうしても中庸の徳へと到達したいという気持ちを抱いていたのではなく、中庸の徳へと到達できる賢人の身近なところでつき従いたいとひたすら思っていた。中庸の徳へと到達できる賢人の助けとなって自分も中庸の徳へ向かうことができれば、十分なのである。」と訳すことができる。つまり、「中庸の徳へと到達できる賢人とともに学ぶことができれば、自分も中庸の徳を身につけることができるのではないか、と期待している」のである。そして「中庸の徳へと到達できる賢人」が子固と正之であることは、本文が子固と正之について述べたものであることを踏まえれば明らかである。したがって、**正解は②**「筆者は、自分だけでは中庸の徳を身につけるのは難しいと考えてきたが、聖人の教えを深く学ぶ子固と正之の姿を見て、彼らとともに学んでゆくことで中庸の徳を身につけられるだろうと期待している」である。

①「筆者は、中庸の徳を身につけて欲望を抑えることは難しいと考えてきたが、聖人の教えをそのままに実践する子固と正之との交流を通して、彼らを見習って中庸の徳を身につけることが重要であると実感している」は、「聖人の教えをそのままに実践する子固と正之」とあるが、子固と正之は聖人の言行を学んでいるのであり、「教えをそのままに実践する」とは書かれていない。また、「彼らを見習って中庸の徳を身につける」とあるが、傍線部からは「見習う」という方向はややずれていることがわかる。

③「筆者は、自分だけが中庸の徳を身につけられないのではないかと不安に思ってきたが、子固と正之も自分以上に不

安を感じていたことを知って、彼らの助けを借りて学んでゆけばきっと身につけられると確信している」は、「子固と正之も自分以上に不安を感じていた」が、本文には書かれていない内容である。

④「筆者は、子固と正之のやり方で中庸の徳を身につけられるのか疑念を抱いていたが、確信を持って聖人の教えを学ぶ二人に接して、彼らを信じて学び続けることが正しいのかも知れないと思い始めている」は、「子固と正之のやり方で中庸の徳を身につけられるのか疑念を抱いていた」が、本文には書かれていない内容である。

⑤「筆者は、中庸の徳を身につけられないはずはないと自負してきたが、それぞれの先生や友人と学び合う子固と正之に出会って、彼らに従って学んでこそ身につけられるのではないかと考え直している」は、「それぞれの先生や友人と学び合う子固と正之に出会って、彼らに従って学んでこそ身につけられるのではないか」が、本文には書かれていない内容である。

MEMO

2018
本試験

国　語

(2018年１月実施)

受験者数　524,724

平 均 点　104.68

国　語

解答・採点基準

(200点満点)

問題番号(配点)	設　問	解答番号	正解	配点	自己採点
第1問 (50)	問1	1	②	2	
		2	③	2	
		3	⑤	2	
		4	⑤	2	
		5	②	2	
	問2	6	②	8	
	問3	7	⑤	8	
	問4	8	③	8	
	問5	9	①	8	
	問6	10	④	4	
		11	④	4	
第1問　自己採点小計					
第2問 (50)	問1	12	②	3	
		13	⑤	3	
		14	⑤	3	
	問2	15	③	7	
	問3	16	①	8	
	問4	17	④	8	
	問5	18	③	8	
	問6	19	③ ※	5	
		20	⑥ ※	5	
第2問　自己採点小計					

問題番号(配点)	設　問	解答番号	正解	配点	自己採点
第3問 (50)	問1	21	①	5	
		22	③	5	
		23	⑤	5	
	問2	24	③	5	
	問3	25	②	6	
	問4	26	③	8	
	問5	27	④	8	
	問6	28	④	8	
第3問　自己採点小計					
第4問 (50)	問1	29	③	5	
	問2	30	①	6	
		31	③	6	
	問3	32	④	5	
		33	③	5	
	問4	34	③	7	
	問5	35	②	8	
	問6	36	④	8	
第4問　自己採点小計					
自己採点合計					

※の正解は順序を問わない。

第1問　現代文（評論）

【出典】
有元典文・岡部大介『デザインド・リアリティ――集合的達成の心理学』（北樹出版、二〇〇八年）

有元典文（ありもと・のりふみ）は、一九六四年生まれ、専門は教育心理学・文化心理学。岡部大介（おかべ・だいすけ）は、一九七三年生まれ、専門は学習心理学。

【本文解説】
本文は、19の形式段落から成っている。原書では、これを三つの部分に分け、それぞれには中見出しがつけられている。ここではそれにしたがってその内容を確認していこう。

Ⅰ　現実をデザインする（第1段落〜第6段落）

ここでは、学習や教育の場をデザインする試みの一例が紹介されている（なお、ここでの「デザイン」ということばの使い方に違和を感じた人も少なくなかったろう。ただそれについては、第5段落以降で説明されるので、そこまで我慢しよう）。

「これから話す内容をどの程度理解できたか、後でテストをする」と、講義の冒頭で教師がいきなり宣言したとする。そうしたら、受講者のほとんどは講義内容の暗記をこころがけるだろう。後でテストされるのだから、憶えやすくノートを整理し、用語を頭の中で繰り返し唱えるなど、暗記しやすいように講義の聴き方を変える。（第1段落・第2段落）

学生にとって、講義とは何か。それは、考えごとをしている学生には空気のふるえに過ぎず、別の学生には教師のモノローグであったり、また目前の問題解決のヒントであったりする。このように講義ひとつをとってみても、多様な捉え方が可能であり、世界は多義的でその意味と価値はたくさんの解釈に開かれている。ところが、冒頭に紹介した「後でテストをする」という教師の一言、教授上の意図的な工夫（＝デザイン）が、学生のふるまいを変える。それまで学生によってさまざまな意味を持っていた講義が、少なくともその講義の単位を取りたいと思っている学生には、一律に暗記の対象となるだろう。（第3段落・第4段落）

次に、「デザイン」ということばについて説明が加えられている。筆者は、まずこれまでデザインということばをどのように用いてきたかを説明する。一般にデザインということばは、〈ある目的を持って意匠・考案・立案すること、つまり意図的に形づくること〉を意味する。ただ、筆者は自分たちがそれをより拡張して、「ものの形ではなく、ひとのふるまいと世界のあらわれ」について用いてきたという。こうした意味でのデザインをどう定義するか、先行研究にその定義を求めても答えは得られない。そこでその定義を試みることで、自分たちが「デザインという概念をどう捉えようとしているのか」を示していくというのである。（第5段落・第6段落）

Ⅱ　オーダーメイドな現実（第7段落〜第15段落）

「デザイン」のラテン語の語源は「印を刻むこと」である。人間は与えられた環境を自分たちが生きやすいように「印を刻み込み」、自然を少しずつ文明に近づけた。それは今ある現実に「人間が手を加えること」だと考えられる。このように環境を改変することが、人間の何よりの特徴であると筆者は考え、こうした環境の加工を、デザインということばで表そうというのである。言いかえれば、デザインすることはまわりの世界を「人工物化」することだ。自然を人工物化したり、そうした人工物を再人工物化することで、人類は文明を築いてきたのである。（第7段落・第8段落）

デザインすることは、秩序のないところに秩序を与え、既存の秩序を別の秩序に変え、異なる意味や価値を与えることである。例えば、本にページ番号をふることで、本には新しい秩序が生まれる。それによって任意の箇所に容易にアクセスすることができる。この小さな工夫によって本の性質が大きく変わる。他にも、一日の時の流れを二四分割するなど……。こうした工夫、新しいデザインによって、現実は人工物化／再人工物化され、新しい秩序が生まれてくるのである。冒頭に紹介した「後でテストをする」という教師の一言、教授上の意図的な工夫（＝デザイン）が、講義の意味を再編成し、「記憶すべき知識群」という新しい秩序に変えたのである。（第9段落）

新しいデザインは、既成の現実とは別の現実を生む。既成のモノ・コトに手を加え、新たにデザインし直すことで、世界の意味は違って見える。例えば、図1のように、湯飲み茶碗に持ち手をつけると珈琲カップになり、指に引っ掛けて持つことができ、モノとしての扱い方が変わる。目の前にあるのが鉛筆なら「つまむ」という情報が、バットなら「にぎる」という情報がモノ自身から提供されるように、湯飲み茶碗と珈琲カップとでは、モノから見て取れるモノの扱い方の可能性（＝アフォーダンスの情報）が変化する。モノの物理的な形状の変化はひとのふるまいを変化させる。持ち手がついた珈琲カップは、両手の指に一個ずつ引っ掛けることで、一度に十個のカップを運ぶことを可能にする。そして、このようなふるまいの変化はこころの変化につながる。持ち手がついた珈琲カップを二個ずつ片付けているウェイターは、それを見た雇い主をいらいらさせるに違いない。持ち手がついたことで、珈琲カップの可搬性が変化したが、変化はそれだけではなく、これらの「容器に関してひとびとが知覚可能な現実」そのものが変化したのである。（第10段落～第13段落）

以上のような点を踏まえつつ、筆者はデザインの定義をする。それによれば、デザインとは「対象に異なる秩序を与えること」だという。デザインには、「物理的な変化が、アフォーダンスの変化が、ふるまいの変化が、こころの変化が、現実の変化が伴う」ともいう。例えば、私たちははき物をデザインしてきた。裸足では、熱い砂、ガラスの破片がちらばった床などには踏み込めない。私たちの足の裏は、炎天下の浜辺の乾いた砂の温度に耐えられない。これは人間にとっていわばどうしようもない運命である。しかし、はき物はその知覚可能な現実を変える。自然の摂理が創り上げた運命をこんな簡単な工夫が乗り越えてしまう。はき物が、自転車が、電話が、電子メールが、私たちの知覚可能な現実を変化させ続けている。そのことは、その便利さを失ってみれば身にしみて理解されることである。

（第14段落）

私たちは、文化から生み出され歴史的に洗練されてきた人工物に媒介された、文化的意味と価値に満ちた世界を生きている。それは意味や価値が一意に定まったレディメイドな世界ではなく、自分たちの身の丈に合わせてあつらえられたオーダーメイドな現実である。人間の文化と歴史を眺めてみれば、人間はいわば人間が「デザインした現実」を知覚し、生きてきたといえる。このことは人間を記述し理解していく上で、大変重要なことだと思われると筆者はいう。（第15段落）

Ⅲ　心理′ダッシュ（第16段落〜第19段落）

筆者は、ここであるモノ・コトのデザインによって変化した行為を「行為′（こういダッシュ）」と呼ぶこととするという。これまでとは異なる現実が知覚されているからである。例えば、本の中から読みかけの箇所を探す時の「記憶」・「想起」と、ページ番号を憶えていて探し出す時の「記憶」とでは、その行いの結果は同じでも、プロセスはまったく異なり、掛かる時間や手間はページ番号の有無でまったく異なる。読みさしの場所の素朴な探し出しが昔ながらの「記憶」活動ならば、ページ番号に助けられた活動は「記憶′（きおくダッシュ）」活動だというのである。（第16段落）

買い物の際の暗算、小学生の百マス計算での足し算、そろばんを使った足し算、表計算ソフトでの集計、これらは同じ計算でありながらも行為者から見た課題のありさまが違う。それは「足し算′」だったり「足し算″」だったり「足し算‴」……だったりする。ただし、これはどこかに無印（むじるし）の、もともとの原行為と呼べる行為があると考えることはできない。原行為も、文化歴史的に設《しつら》えられた環境デザインに対応した、「行為′」だったと考えられるからだ。そもそも人間にはなまの現実はなく、すべて自分たちでつくったと考えれば、すべての人間の行為は人工物とセットになった「行為′」だといえるだろう。（第17段落）

人間は自らの住む環境を徹底的にデザインし続けていくだろう。人間は、動物にとっての環境とは決定的に異なる「環境′（かんきょうダッシュ）」を生きている。それが人間の基本的条件だといえる。心理学が批判されてきたのは主としてこのことに無自覚だったことが原因だと思われる。心理学実験室での「記憶′（きおくダッシュ）」を人間の本来の「記憶（むじるしきおく）」と定めた無自覚さが批判されているのである。ここで筆者は、「心理′学（しんりダッシュがく）」の必要性を指摘する。人間は、現実をデザインするという特質を持っており、それは人間にとって基本的な条件である。人間性は、社会文化と不可分であり、私たちの精神は道具に媒介されている。したがって、「原心理」なるものは想定できず、これまで心理学が対象としてきた私たちのこころの現象は、文化歴史的条件と不可分の一体である「心理′学」として記述し直されるであろう。この「心理′学」は、つまり「文化心理学」のことで、そこでは、人間を文化と深く入り交じった集合体の一部であると捉える。この人間の基本的条件が理解された後、やがて「′」は記載の必要がなくなるものだと筆者は考えるというのである。

（第18段落・第19段落）

【設問解説】

問1 漢字の知識を問う問題 [1] ② [2] ③ [3] ⑤ [4] ⑤ [5] ②

(ア)は、〈作品を作るときの創意や工夫、また、それによって得られる造形美や装飾性〉という意味で、「意匠」。①は、〈知性の程度が高く、気品があること〉という意味で、「高尚」。②は、〈芸術などの分野で、際だってすぐれた実績を持つ人、大家〉という意味で、「巨匠」。したがって、**これが正解**。③は、「交渉」。④は、「昇格」。⑤は、〈原本となる書類から一部を抜き書きした文書〉という意味で、「抄本」。

(イ)は、「踏み」。①は、〈物価・相場が急激に上がること〉という意味で、「急騰」。②は、〈私法上の権利に関する一定の事項を広く社会に公示するために登記所に備えてある帳簿（＝登記簿）に記載すること〉という意味で、「登記」。③は、〈それまでのやり方を受け継いでその通りにやること〉という意味で、「踏襲」。したがって、**これが正解**。④は、「陶器」。⑤は、「搭乗」。

(ウ)は、「乾いた」。①は、〈激しさや厳しさの程度がやわらぐこと、また、やわらげること〉という意味で、「緩和」。②は、「歓迎」。③は、〈強い決断力をもって、思いきって物事を行うさま〉という意味で、「果敢」。④は、「干拓」。⑤は、「乾電池」で、**これが正解**。

(エ)は、〈万物を治め支配している法則〉という意味で、「摂理」。①は、「切断」。②は、〈利害の一致しない相手とかけひきをして問題の解決をはかること〉という意味で、「折衝」。③は、〈すきをねらって他人の財物を盗み取ること〉という意味で、「窃盗」。④は、〈恥をそそぐこと、特に、競技などで負けたことのある相手に勝って、敗れたときの恥をそそぐこと〉という意味で、「雪辱」。⑤は、〈取り入れて自分のものとすること〉という意味で、「摂取」。したがって、**これが正解**。

(オ)は、「洗練」。①は、「旋律」。②は、「洗浄」で、**これが正解**。③は、「独占」。④は、「変遷」。⑤は、「潜水艦」。

問2 傍線部の理由説明問題 [6] ②

まず、傍線部の意味を確認しておこう。その際、傍線部には「さえ」という助詞が使われていることに注意したい。この「さえ」は、例えば「初心者でさえすぐにできる」といったように、〈程度のはなはだしいものをあげて他を類推させる意を表わす〉という働きをするものであることに注意したい。そのことも踏まえて、傍線部の意味を考えると、〈学生にとってありふれた日常的な講義でさえ不変な実在とは言えない。ましてや私たちにとって世界は多義的……〉といった意味だとわかる。

では、そのようにいえるのはどうしてか。ところが、困ったことに、本文ではその理由について必ずしも明快な説明がなされていない。こうしたときは選択肢の内容を手がかりにして考えていくしかないだろう。まず、すべての選択肢が

「ありふれた講義形式の授業でも」で始まっていること、また「授業者の冒頭の宣言」に触れていることに気づく。このうち前者は傍線部の「講義というような、学生には日常的なもの」を言い換えたものだとすぐにわかるだろう。また後者は本文冒頭の「これから話す……後でテストをする」という発言のことだとわかる。では、「後でテストをする」という授業者の宣言は、その講義に出ていた学生たちにどのような影響を与えたのか。それは第3段落と第4段落に書かれていた。まず第3段落では、宣言がなされる以前にあって、講義は、考えごとをしている学生には空気のふるえにすぎず、別の学生には教師（＝授業者）のモノローグであったり、また目前の問題解決のヒントであったりした。このように講義ひとつをとってみても、多義的なのである。ところが、第4段落にあるように、「後でテストをする」という教師の一言が、それまで学生によってさまざまな意味を持っていた講義を一律に暗記の対象としてしまうのである。つまり、「ありふれた講義形式の授業でも」、「授業者の冒頭の宣言」があれば講義は一律に暗記の対象になるが、そうした宣言がなされなければ講義は学生にとって多義的なものであり、当然世界の意味も一意に定まるものではないというのである。

以上の点を踏まえた説明になっているのは②であり、**これが正解**。

ほかの選択肢については、以下のとおり。

①は、「学習の場における受講者の目的意識と態度は、授業者の働きかけによって容易に変化していくものである」という説明が、不適当。授業者の働きかけによって受講者の学習効率が決定されるといった趣旨の選択肢だが、「学習効率」といったことは傍線部ではそもそも問題になっていない。

③は、「授業者の教授上の意図的な工夫は、学生の学習効果に大きな影響を与えていくものである」という説明が、不適当。①で説明したように、「学習効率」や「学習効果」といったことは傍線部ではそもそも問題になっていない。

④は、「授業者の冒頭の宣言」を「授業の目的」を意識化するためのものとしている点が、まず不適当。そうしたことは本文にいっさい書かれていない。また、「私たちを取り巻く環境は、多義性を絞り込まれることによって初めて有益な存在となるものである」という説明も、本文に根拠のないものである。

⑤は、「特定の場におけるひとやモノや課題の間の関係は、常に変化していき、再現できるものではない」という説明が、不適当。傍線部ではそうした関係などは問題になってない。

問3　空欄補充問題　7　⑤

本文を読んだ後に、図について話し合う四人の生徒の会話に関連して、空欄補充問題が出題されている。問題となっている図は、図1は湯飲み茶碗と、それに持ち手のついた珈琲カップの写真、図2は持ち手のついた珈琲カップを片手で五つ持っている写真である。生徒Cや生徒Dの最初の発言からわかるように、生徒たちは、二つの図を通して、まず持ち手があると湯飲み茶碗を両手ではなく、片手で運ぶことができ、しかも片手で複数を運ぶことができることを確認する。しかし、生徒たちは同時に、一度にたくさん運ぶ必要がなければ珈琲カップを両手で支え持つこともできることに気づいている。それは、「では、デザインを変えたら、変える前と違った扱いをしなきゃいけないわけではないってことか」（生徒Aの二度目の発言）や「それじゃ、デザインを変えたら扱い方を必ず変えなければならないということではなくて」（生徒Cの二度目の発言）といった発言に現れており、空欄には、こうした発言を踏まえたものが入る。しかも、空欄には、それを受けての生徒Dの発言「そうか、それが、『今とは異なるデザインを共有する』ことによって、『今ある現実の別のバージョンを知覚することになる』ってことなんだ」にもつながるものが入らなくてはならない。したがって、空欄には、⑤の「形を変える以前とは異なる扱い方ができることに気づく」が入る。

①は、「どう扱うかは各自の判断に任されている」という説明が、不適当。これでは、空欄の後の生徒Dの発言とうまくつながらない。

②は、「無数の扱い方が生まれる」という説明が、不適当。そうしたことは本文に書かれていない。

③の、「ものの見方やとらえ方を変えることの必要性を実感する」ことは、デザインを変えた場合には必要なことだが、それだけでは不十分であり、特に空欄の後とうまくつながらないので、不適当。

④も、「立場によって異なる世界が存在することを意識していく」ことは、異なったデザインの世界で生きるには必要なことだろうが、③と同じくそれだけでは不十分であり、特に空欄の後とうまくつながらないので、不適当。

問4　傍線部の理由説明問題　8　③

まず、「このこと」の指示内容を確認しておこう。それは、直前の「人間の文化と歴史を眺めてみれば、人間はいわば人間が『デザインした現実』を知覚し、「生きてきた」ことを指している。つまり、人間の歴史を振り返るとき、人間は自分たちの身の丈に合わせて作り上げたオーダーメイドな現実を知覚し、その中を生きてきたことを認識することが重要だ（b）というのである。それは、傍線部を含む段落にあるように、人間が生きてきた現実が決して価値中立的な環境ではなく、文化から生み出され歴史的に洗練されてきた人工物に媒介された、人間に好都合な世界だったからである（a）。以上のa、bを踏まえた説明になっている**③が正解**となる。

①は、まず「現実は、人間にとって常に工夫される前の状態、もしくはこれから加工すべき状態とみなされる」という説明が、本文にまったく根拠のないものである。後半の「人間を記述し理解する際には、デザインされる以前の自然状態を加工し改変し続けるという人間の性質をふまえることが重要になってくる」も、本文にまったく根拠のないものである。

②は、「自然のもたらす形状の変化に適合し、新たな習慣を創出してきた人間の歴史」という説明が、不適当。そうしたことは本文に書かれていない。

④は、「現実は、特定の集団が困難や支障を取り除いていく中で形づくられた場である」という説明が、不適当。そうしたことは本文に書かれていない。

⑤は、「デザインによって人工物を次から次へと生み続ける、人間の創造する力をふまえることが重要になってくる」という説明が、不適当。そうしたことは本文に書かれていない。

問5　傍線部の内容説明問題　9　①

「『心理 学（しんりダッシュがく）』の必要性」について問われている。心理学について説明されているのは第18段落と第19段落だけである。したがって、この最終二段落の内容を十分ふまえた説明になっているものが正解となるはずである。

まず第18段落で、人間が環境を徹底的にデザインし続ける存在であることが確認される。そのため人間が生きるのは、動物の環境とは決定的に異なる「環境 （かんきょうダッシュ）」であり、それが人間の基本的条件であるにもかかわらず、しばしばそのことに無自覚であった点を、これまでの心理学は批判されてきたという。

そして、第19段落では、人間の現実（＝環境）をデザインするという特質が人間の基本的条件であることが再度確認され、人間性は社会文化と不可分のセットで成り立っており、その社会文化は人間が環境をデザインすることで作られたものであるということが述べられる。これまで心理学が対象としてきた私たちのこころの現象は、文化歴史的条件と不可分の一体である「心理 学」として人々の求めに応じていくべきだというのである。つまり、人間の基本的条件、人間が環境をデザインする存在であり、社会文化的存在であることを自覚しない心理学は、心理学として不十分である（a）。私たちのこころの現象を、文化歴史的条件と不可分の一体である「心理 学」として探求していく必要があるというのである（b）。以上のa、bを踏まえた説明になっている①が正解となる。

②は、「人工物に媒介されない行為を無印の行為とみなし、それをもともとの原行為と想定して」という説明が、不適当。第17段落に「これはどこかに無印（むじるし）の行為、つまりもともとの原行為とでも呼べる行為があることを意味しない」とあるように、筆者は「無印の行為」の存在に否定的である。

③は、「心理学実験室での人間の『記憶』を動物実験で得られた動物の『記憶』とは異なるものとして認知し研究する『心理 学』が必要である」という説明が、不適当。そうした心理学が必要だとは本文にいっさい書かれていない。

④は、「文化歴史的に整備されたデフォルトの環境デザインに対応させて記述する『心理 学』の方が必要である」という説明が、不適当。第17段落で説明されている「デフォルトの環境デザイン」は、「無印の行為」「もともとの原行為」であっても文化歴史的に設えられたものがないわけではないという文脈の中にある。つまり、「デフォルト（初期設定）の環境デザイン」は文化歴史的に設えられたものがゼロでは

ないものの、「無印の行為」「もともとの原行為」に近いものなのである（そのことは「デフォルト」の㊟からもわかる）。それに対して、ここで必要とされている「心理学」は第19段落にあるように「文化歴史的条件と不可分の一体」であり、「人間文化と深く入り交じった集合体の一部」なのである。したがって、「デフォルトの環境デザイン」と「心理学」とを結びつけて説明しているこの選択肢は不適当。

⑤は、「環境をデザインし続ける人間の心性と人間の文化的実践によって変化する現実とを集合体として考えていく『心理学』が必要である」という説明が、不適当。本文では、「心理学」を「環境をデザインし続ける人間の心性と人間の文化的実践によって変化する現実とを集合体として考えていく」ものとして説明していない。

問6　本文の表現と構成について問う問題

(i)　**本文の第1〜8段落の表現について問う問題　10　④**

「**適当でないもの**」を選ぶという点を見落とさないように順に選択肢を検討していこう。

①は、第1段落の内容に基づいた説明なので、適当である。

②も、第3段落の内容に基づいた説明なので、適当である。

③も、第6段落の内容に基づいた説明なので、適当である。

④は、不適当である。例えば、第8段落の「自然を人工物化したり、そうした人工物を再人工物化したりということを、私たちは繰り返してきたのだ」という一文において、「人工物化」や「再人工物化」を繰り返してきたとされる「私たち」とは、「筆者と読者」を念頭に置いたものというよりも、私たち人類、あるいは人間一般のことを意識した表現だと考えるべきであろう。第8段落の冒頭の一文にも同じことがいえるはずである。したがって、**これが正解**。

(ii)　**本文の構成について問う問題　11　④**

これは「**適当なもの**」を選ぶという点に注意して、順に選択肢を検討していこう。

①は、「冒頭で具体例による問題提起を行い、次に抽象化によって主題を展開し……」という説明が、不適当。本文の特徴は、冒頭に具体例が挙げられているだけではなく、本のページの例、一日の時の流れを分割する例、また湯飲み茶碗、はき物、足し算の例など多くの具体例が繰り返し取り上げられている点にある。

②は、「個別の具体例を複数列挙して共通点を見出し、そこから一般化して抽出した結論をまとめ……」という説明が、不適当。本文の特徴は〈具体例→抽象化→具体例→抽象化……〉が繰り返されている点にあり、それを踏まえた説明になっていない。

③は、「導入部で具体例の報告を行い……」という説明が、不適当。①で確認したように、本文の特徴は、冒頭部以外でも具体例が繰り返し取り上げられている点にある。

④は、本文の特徴は〈具体例→抽象化→具体例→抽象化……〉が繰り返されている点にあり、そうした本文の特徴を的確に指摘しているので、**これが正解**となる。

第2問　現代文（小説）

【出典】

井上荒野の小説「キュウリいろいろ」の一節。

井上荒野（いのうえ・あれの）は、一九六一年東京都生まれの小説家。

代表作に『潤一』（二〇〇三年）、『切羽へ』（二〇〇八年）、『そこへ行くな』（二〇一一年）、『赤へ』（二〇一六年）などがある。

【本文解説】

今年のようにリード文が付された場合は、本文や選択肢の理解のヒントになることがあるため、リード文も読み落としのないようにしっかりと読もう。また、小説は評論以上に主観的な読みに陥りがちだが、選択肢を正確に吟味するためには、書かれている表現にこだわる姿勢を忘れないように。

本文は、二つの空行で三つの場面に分かれている。Ⅰ三十五年前に息子を、そして昨年夫を亡くし、ひとりでお盆を過ごす場面、Ⅱ夫の高校の同級生の用件を果たすために夫の実家のあった場所に向かう電車の中の場面やそこで夫や自分のスナップ写真を見返している場面、Ⅲ夫の高校を訪ねる場面、である。順次その内容を確認していこう。

Ⅰ　ひとりでお盆を過ごす場面（リード文～33行目）

夫を亡くした翌年のお盆に、郁子はキュウリで二頭の馬を作った。「キュウリで作るのは馬、茄子で作るのは牛の見立て」（3行目）である。「足の速い馬は仏様がこちらへ来るときに、足の遅い牛は仏様が向こうへ戻るときに乗っていただく」（4・5行目）。息子の草が亡くなってから三十五年間ずっと、その馬を作ってきた。その時の思いは「馬に乗って帰ってきてほしかったし、一緒に連れていってほしかった」（7行目）というものだった。そうした思いを夫に告げることもあった。すると一度だけ腹に据えかねたのか、「別れようか」と言われたことがあった。郁子は即座に「いやよ」と答えた。「息子の死、息子の記憶」（18行目）にひとりでは耐えられなかったからだ。その夫も亡くなり、「帰りの牛がないけれど……馬に乗ってきて、そのままずっとわたしのそばにいればいい」（22・23行目）と以前とは違うことを考えている自分のことを写真の中の俊介が苦笑した（＝他人や自分の行為の愚かしさに戸惑いを覚えながらも仕方なく笑った）ように見えた。

数日前の夫の高校の時の同級生からの用件は、俊介の写真を借りたいというものだった。そのため夫と約四十年の間に撮りためた写真を見直す必要があった。

Ⅱ　夫の実家のあった場所に向かう電車の中の場面（35～69行目）

郁子はその同級生からの用件をきっかけに夫の実家のあった場所に電車を乗り継いで出掛けて行った。その車内で「若い女性がぱっと立ち上がり、わざわざ郁子を呼びに来て、席を譲ってくれた」（傍線部**B**）。「三十数年前、ちょうど今の女性くらいの年の頃、同じこの電車に乗って同じ場所を目指していたことがあった。時間もちょうど同じくらい――午前九時頃」(42・43行目)。あの時「譲ってくれたのは年配の男性だった」(43行目)。「何ヶ月くらいですか？……四ヶ月ですと郁子は答えた」(45行目)。「よくおわかりになりましたね、と俊介が単純に不思議がっている口調で言った。郁子のお腹はまだほとんど目立たない頃だったから」(45〜47行目)。「奥さんじゃなくてご主人の様子を見ていればわかりますこと(年配の)男性が笑った」(47行目)。

郁子のトートバッグには俊介の写真が十数枚入っていた。」その写真には「結婚したばかりの若い頃のから、亡くなった年のものまでに渡っている」(56行目)。「食事をしている俊介、海の俊介、山の俊介、草を抱く俊介、寺院の前の俊介、草原の俊介、温泉旅館の浴衣を着た俊介」(57・58行目)。「どの俊介もカメラに向かって照れくさそうに微笑み、そうでないときは……いかにも愉しげに笑ったり」(58・59行目)している。それらの写真は郁子にとって「驚き」だった。「幸福そうな俊介の写真」は、「草がいた頃だけでなく、そのあとも撮られているのだった」(62・63行目)。「たしかに草が亡くなってしばらくは二人とも家にじっと閉じこも」(64行目)っていたが、いつしか外に出ていくようになり、そうして笑うようにもなっていたのだ。「そのことをあらためて写真の中にたしかめると」、それはやはり「強い驚き」になった。郁子自身までも「笑って」いる写真もあった。自分の思いとは裏腹に笑顔を見せる自分たちの様子に「強い驚き」を感じていたのだった(傍線部**C**)。

Ⅲ 夫の高校を訪ねる場面(71行目〜最終行)

駅の出口で俊介の同級生の石井さんに声を掛けられた。感じのいい人だった。郁子は写真を彼に渡したらひとりで「俊介が若い日を過ごしたあちこちを訪ねて歩」(80行目)こうと思っていたが、石井さんは「案内する気満々でやってきた」(81・82行目)ようだった。石井さんは自転車で俊介たちの母校に行くことを勧め、十分も走らないうちに学校に着いた。しばらく外から眺めた後で、正門から正面の校舎まで続くケヤキ並木を通り、裏門へ出た。校内の見学を石井さんから勧められたが、「その必要はありません」(傍線部**D**)と郁子は答えた。「何かを探しに来たわけではなかったし、もしそうだとしても、もうそれを見つけたような感覚があった」(102・103行目)からだ。「ケヤキの並木のことは、かつて俊介から聞いていた」(104行目)。ラグビー部だったこと、交換日記をつけていたことも。そして頭の中に思い描いていた男子校の風景が「今、自分の心の中から取り出されて、眼前にあらわれたのだという気がした」(106・107行目)。しかも、その記憶の風景が、「ずっと長い間――夫を憎んだり責めたりしている間も――自分の中に保存されていたということに郁子は呆然とした」(107・108行目)。いかに夫のことが自分の心に刻まれていたかを郁子は知ったのであった。

【設問解説】

問1 語句の意味を問う問題 12 ② 13 ⑤ 14 ⑤

(ア)の「腹に据えかねた」は、〈怒りを心中に収めておくことができなかった・我慢できなかった〉を意味する。したがって**正解は②**。他の選択肢はそうした意味を含まないので、間違いである。

(イ)の「戦きながら」は、〈恐ろしくて体がぶるぶる震えながら〉を意味する。したがって**正解は⑤**。他の選択肢はそうした意味を含まないので、間違いである。

(ウ)の「枷が外れる」は、〈制約が外れる〉を意味する。したがって**正解は⑤**。他の選択肢はそうした意味を含まないので、間違いである。

問2　夫の笑顔が郁子に「苦笑」と見えた理由を説明する問題

15　③

傍線部の「苦笑」とは〈他人や自分の行為の愚かしさに戸惑いを覚えながらも仕方なく笑うこと〉であり、傍線部の直前には「帰りの牛がないけれど、べつに帰らなくたっていいわよねえ、と思う。馬に乗ってきて、そのままずっとわたしのそばにいればいい」（22・23行目）とある。しかし息子の草が亡くなってから夫が亡くなるまでの三十五年間はキュウリの馬を作り続けてきた。そして、その時の思いは「馬に乗って帰ってきてほしかったし、一緒に連れていってほしかった」（7行目）というものだった。そうした思いを夫に告げることがあった。とすれば、夫の死の前と後では言っていることが違っている身勝手な郁子に対して「苦笑した」と考えるのが妥当である。こうした内容がおさえられている**③が正解**。

①は、苦笑の対象が、「夫を今も憎らしく思っている」「自分のこと」になっている。

②は、苦笑の対象が、「自分が憎まれ口を利いても、たいていはただ黙り込むだけだったこと」になっている。

④は、苦笑の対象が、「夫の分までキュウリで馬を作っている自分のこと」になっている。

⑤は、苦笑の対象が、「夫に甘え続けていたことに今さら気づいた自分の頼りなさ」になっている。また、「夫に甘え続けていたことに今さら気づいた」という内容は本文から読み取れない。

問3　傍線部の出来事をきっかけにした郁子の心の動きを説明する問題

16　①

夫の同級生から夫の写真を借りたいという申し出があり、郁子はそれを受けて夫の実家のあった場所に電車を乗り継いで出掛けて行った。その車内で「若い女性がぱっと立ち上がり、わざわざ郁子を呼びに来て、席を譲ってくれた」（傍線部B）。「三十数年前、ちょうど今の女性くらいの年の頃、同じこの電車に乗って同じ場所を目指していたことがあった。時間もちょうど同じくらい——午前九時頃。」（42・43行目）。あの時「譲ってくれたのは年配の男性だった」（43行目）。「何ヶ月くらいですか？……四ヶ月ですと郁子は答えた」（45行目）。「よくおわかりになりましたね、と俊介が単純に不思議がっている口調で言った。」（45～47行目）。郁子のお腹はまだほとんど目立たない頃だったから」「奥さんじゃなくてご主人の様子を見ていればわかります」（47行目）。このように、傍線部の出来事を通じて三十数年前の夫が身重の自分を気遣っていた様子が思い出されたのだった。こうした内容がおさえられている①が正解。

②は、選択肢後半「物足りなく思っている」という内容が本文に書かれていない。

③は、選択肢後半「若くて頼りなかった夫」という内容が本文と矛盾する。むしろ身重の自分を気遣っていた様子を思い出したのである。

④は、選択肢後半「不思議な巡り合わせを新鮮に感じている」が本文に書かれていない。

⑤は、選択肢後半「時の流れを実感している」がおかしい。三十数年間の月日が流れたのでなく、むしろ三十数年前の場面が今の光景と重なっているのである。

問4　夫や自分のスナップ写真を見たときの郁子の心情を説明する問題　17　④

郁子のトートバッグには俊介の写真が十数枚入っていた。その写真には「結婚したばかりの若い頃のから、亡くなった年のものまでに渡っている」（56行目）。「食事をしている俊介、海の俊介、山の俊介、草を抱く俊介、寺院の前の俊介、草原の俊介、温泉旅館の浴衣を着た俊介」（57・58行目）。「どの俊介もカメラに向かって照れくさそうに微笑み、そうでないときは……いかにも愉しげに笑ったり」（58・59行目）している。それらの写真は郁子にとって「驚き」だった。「幸福そうな俊介の写真」は、「草がいた頃だけでなく、そのあとも撮られているのだった」（62・63行目）。「たしかに草が亡くなってしばらくは二人とも家にじっと閉じこも」（64行目）っていたが、いつしか外に出ていくようになり、そうして笑うようにもなっていたのだ。「そのことをあらためて写真の中にたしかめると」、それはやはり「強い驚き」になった。郁子自身も「笑って」いる写真もあった。息子の死を耐えがたいと思っていたはずなのに、その自分の思いとは裏腹に笑顔を見せる自分たちの様子に、郁子は強い驚きを感じている（傍線部C）。こうした内容がまとめられている④が正解。

①は、「強い驚き」を踏まえた説明になっていないので、不適当。傍線部Cで郁子が、「それが紛れもない自分と夫であることを何度でもたしかめた」のは、息子を亡くして夫も自分も悲しみのうちにつらい生活をしてきたはずなのに、「幸福そうな俊介」と自分の写真がたくさん出てきたため、それに驚き、そこに写っているのが本当に自分たちであるのかをたしかめようとしたためである。つまり、傍線部Cにおける郁子の心情には、そうした「強い驚き」が含まれているはずなのに、①はそれをいっさい無視している点で、不適当。

また②と③も、①と同様に、「強い驚き」を踏まえた説明になっていないので、不適当。さらに、②は「悲しみに耐えて明るく振る舞っていた夫」が、③は「息子の死後も明るさを失わない夫」が、それぞれ「草が亡くなってしばらくは二人とも家にじっと閉じこも」（64行目）っていたことと矛盾する。

⑤は、「互いに傷つけ合った記憶があざやかであるだけに」という条件文がおかしい。むしろ息子の死のつらさがあるからこそ「幸福そうな姿が自分たちのものとは信じることができなかった」はずである。

問5　郁子が夫の高校の校内を見なくてよいと答えた理由を説明する問題　18　③

俊介の同級生の石井さんが自転車で俊介たちの母校に郁子を連れていった。しばらく外から眺めた後で、正門から正面の校舎まで続くケヤキ並木を通り、裏門へ出た。さらに校内の見学を石井さんから勧められたが、「その必要はありません」（傍線部D）と郁子は答える。「何かを探しに来たわけではなかったし、もしそうだとしても、もうそれを見つけたような感覚があった」（102・103行目）。

「ケヤキの並木のことは、かつて俊介から聞いていた」（104行目）。ラグビー部だったこと、交換日記をつけていたことも。そして頭の中に思い描いていた男子校の風景が「今、自分の心の中から取り出されて、眼前にあらわれたのだという気がした」（106・107行目）。しかもその記憶の風景が、「ずっと長い間——夫を憎んだり責めたりしている間も——自分の中に保存されていたということに郁子は呆然とした」（107・108行目）。こうした内容がほぼまとめられている③が正解。

①は、「夫をいとおしむ心の強さをあらためて確認することができた」がおかしい。むしろ郁子は、記憶の風景が「ずっと長い間——夫を憎んだり責めたりしている間も——自分の中に保存されていたということ」（107・108行目）に呆然としていたのである。

②は、「亡くなるまでの夫の姿」がおかしい。この場面では夫の高校生時代の様子しか思い浮かんでいない。

④は、「町並みを確認してゆくうちに」と「町並み」に限定して説明している点が、不適当。郁子は「俊介が若い日を過ごしたあちこちを訪ねて歩きたい」（80行目）と思い、石井さんに案内を頼んだのである。そして、傍線部Dまでで、駅から俊介の通った高校まで案内され、外部から高校の様子を見学し、俊介の高校時代の姿を思い浮かべることができたのである。つまり、郁子は、町並みを見、夫の母校の様子を確認したので、校内までは見学する必要はないというのである。

⑤は、「今は彼のことをいたわってあげたいという穏やかな心境になった」「重苦しい夫婦生活からようやく解放されたのだ」という内容が本文から読み取れない。

問6　この文章の表現の説明として適当でないものを選ぶ問題　19・20　③・⑥

順次、確認していこう。

①について、「　」の付されている箇所の指摘は合っている。しかも「　」のない部分は郁子の思考の流れに沿って文章が構成されているので、この選択肢の説明は本文に合って

いる。

②について、三人称の「郁子」よりも一人称の「わたし」の方が郁子の率直な思いを印象づけることができる。

③について、（ ）の中の内容は「郁子の本音」ではあっても、97行目の（それでも自分の足で歩いたら三十分はかかっただろうから、郁子は石井さんの好意にあらためて感謝した）は石井さんという「他人に隠したい」内容ではない。したがって**これが一つ目の正解**。

④について、「食事をしている俊介、海の俊介、山の俊介、草を抱く俊介、寺院の前の俊介、草原の俊介、温泉旅館の浴衣を着た俊介」（57・58行目）には俊介のさまざまな姿が描かれ、そうした写真を広げて見ているのは郁子なのだから、「気づいた」ということも言える。

⑤について、「名所旧跡」に傍点がついていることに注意したい。傍点は、「注意、強調」などのために用いられるものである。本文では、郁子の「俊介が若い日を過ごしたあちこちを訪ねて歩きたい」（80行目）という願いに対して、石井さんが「僕らの母校に行ってから、名所旧跡を通って駅のほうへ帰ってきましょう」（86行目）と答えている。つまり、傍点は、石井さんがこれから案内する「名所旧跡」がいわゆる「名所旧跡（＝景色や建造物、歴史的事件が起こったことなどで有名な場所）」ではなく、若き日の俊介たちにとってゆかりのある場所であることを示すために使われているのである。

⑥について、「前者（＝一度も来訪することはなかったのだった）には郁子の悔やんでいる気持ちがあらわれており」という説明が、不適当。92行目以降にあるように、郁子は俊介と一緒になったばかりの頃、一度だけ俊介の実家を訪ねている。しかし、その当時ひとり暮らしだった義母は、その後俊介の兄夫婦と同居することになり、実家の家と土地は売却されてしまった。つまり、「一度も来訪することはなかった」のは、そもそも来訪すべき場所がなくなってしまったからであり、後悔するしないの問題ではないのである。したがって**これが二つ目の正解**。

第3問　古文

【出典】

『石上《いそのかみの》私淑《ささめ》言《ごと》』

成立年代　江戸時代中期（一七六三年執筆）

ジャンル　歌論

作者　本居宣長

内容　近世の国学者である本居宣長の歌論。和歌とはどのようなものかについて問答体の形式で述べたもので、和歌の起源についての論から筆を起こし、和歌の本質、和歌と漢詩との比較、和歌と道徳との関係などを詳しく論じている。その中心にある考えは、和歌の本質を、人の道徳的な善悪の判断を超えた、物に感ずる心の働きにあるとするもので、宣長の「物のあはれ」論として有名である。

出題された本文は、和歌には恋を詠んだものが多いことについて、「情」と「欲」という言葉を使いながら、和歌は「情」から生まれたものだから、恋の歌が多いのだと結論づけている。

【全文解釈】

質問して言うことには、恋の歌が世の中に多いのはどういうことであろうか。

答えて言うことには、まず『古事記』『日本書紀』に見えているたいそう古い時代の多くの歌などをはじめとして、歴代の数々の勅撰和歌集にも、恋の歌ばかりが格別多い中でも、『万葉集』には相聞とあるのが恋（の歌）であって、（『万葉集』では）すべての歌を雑歌、相聞、挽歌と三つに分け、巻八、巻十などでは四季の雑歌、四季の相聞と分けている。このように（恋の歌の）他をすべて雑（歌）と言っているのであって、歌は恋を第一のものとすることを知らなければならない。そもそもどういうわけでこのようであるのかというと、恋（というもの）はいろいろな情趣にまさって深く人の心に染みて、たいそうこらえがたい事柄であるからなのである。そうであるので、特別にしみじみとした情趣の方面のことは常に恋の歌に多いことなのである。

質問して言うことには、だいたい世間の人がそれぞれいつも深く心の中で願っていることは、恋愛のことを思う（心）よりも、自分の繁栄を願い財宝を求める心など（の方）は、ひたむきで抑えがたく見えるようなのに、どうしてそのような様子のこと（＝自分の繁栄を願い財宝を求める心など）は歌に詠まないのか。

答えて言うことには、情と欲との区別がある。まずすべての人の心にいろいろと思う思い（というもの）は、みな情である。その思いの中でも、ああありたいこうありたいと求める思いは欲というものである。だから、この二つはともに切り離せないもので、一般には欲も情の中の一種であるけれども、また特に区別して、人を愛しいと思い、かわいいと思い、あるいはつらいとも切ないとも思うような種類のものを（特に）情と言ったのである。そうは言うもののその情から出てきて欲にも変化し、また欲から出て情にも変化して、一通りでなくいろいろであるが、どのようであっても、歌は情の方面から生まれてくるものである。これは、情の方面の思いは物にも感じやすく、しみじみとしたことがたいそう深いためである。欲の方面の思いは一途に願い求める気持ちだけで、たいして身に染みるほど思いが細やかではないからであろうか、ちょっとした花の色や鳥の鳴き声にも涙が自然にこぼれてくる（時の気持ち）ほどは深くない。その財宝を強く求めるような思いは、この欲というもので、物事のしみじみとした方面には関係がないために歌はできないのであろう。恋愛を思うのももともとは欲から出てくるが、特に情の方面に深く関わる思いであって、すべての生きているものが逃れることのできないことである。まして人は格別に物事のしみじみとしたことを知るものであるから、特に深く心に染みて、切実な思いをこらえられないのはこの（恋の）思いである。その（恋の）他にもあれこれにつけて物事のしみじみとしたことに関して、歌はできるものだと知らなければならない。

そうではあるが、情の方面は前にも言ったように、意気地がないのを恥ずかしがる後世の習いで（情を）隠してがまんすることが多いために、かえって欲より浅くも見えるのであるようだ。しかし、この歌だけは古い時代の心を失っていない。人の心の真実の姿をそのまま詠んで、女々しく意気地がないことも全く恥じることがないので、後世になって上品で優美に（歌を）詠もうとする時には、ますます物事のしみじみとした方面だけを大切にして、その欲の方面のことはもっぱら嫌ってしまって、（歌に）詠むようなものとは思っていない。

（欲を）ごくたまに（詠んだとして）もあの『万葉集』の巻三に（ある）「酒を讃めたる歌」のたぐい（である）よ、漢詩では（欲の方面を詠むのは）いつものことで、このような種類のものばかり多いけれど、歌にはとてもいとわしく憎くまでも思われて、全く心ひかれない。何の見どころもないよ。これは、欲は汚い（という）思いで、しみじみとした思いではないためである。それなのに中国では、しみじみとした情を恥と考えて隠して、汚い欲を立派なものに皆が言っているのはどういうことであろうか。

【設問解説】

問1 **短語句の解釈の問題** 21 ① 22 ③ 23 ⑤

センター試験古文の**問1**は、例年、短語句の解釈を問う問題が三問出題される。古語の意味と文法事項に留意して訳をすることは当然だが、時には、逐語訳ではなく意訳した選択肢が正解となる設問もあるので、普段から、文脈も考え合わせて状況に応じた解釈をするように心がけたい。

(ア) あながちにわりなく

ポイントは「あながちに」「わりなく」で、次のような意味がある。

あながちなり（ナリ活用形容動詞）
1 無理矢理だ。強引だ。
2 ひたむきだ。一途だ。
3 むやみだ。度を越している。
わりなし（ク活用形容詞）

1　道理に合わない。むちゃくちゃだ。わけがわからない。
2　並々でない。
＊　物事の程度を表し、連用形の形で使われることが多い。
3　苦しい。ひどい。つらい。
4　どうしようもない。

「あながちに」の意味からは、①「ひたむきで」が前記2にあたり、⑤「どうしようもなく」が前記3の意訳として認められる。これらの選択肢のうち、⑤は、「わりなく」の部分を「無粋に」としているが、「無粋に」は、人の裏表や男女間の情の微妙さがわからないことを意味し、「わりなし」の語義と合わない。一方、①は、「わりなく」の部分を「抑えがたく」としており、一見「わりなく」の語義に合わないように見えるが、「抑えがたく」という、感情を抑制することができない状態は、「わりなし」の意味する、道理や理性で判断できない状態と同じことである。文脈的にも、傍線部の直前には「身の栄えを願ひ財宝を求むる心などこそは」とあり、身の栄えを願ったり、財宝を求めたりする心は、「ひたむきで抑えがたく」となって意味が通じるので、**①が正解**である。

(イ)　いかにもあれ
「いかにもあれ」は、次のような意味がある。

いかにもあれ（連語）
1　（結果が）どのようであっても。いずれにせよ。
＊　品詞分解をすると、次のようになる。
いかに（副詞）｜も（係助詞）｜あれ（ラ行変格活用動詞の命令形の放任法）

この語義に合う選択肢は③だけなので、**正解は③**である。

(ウ)　さらになつかしからず
ポイントは「さらに」「なつかしから」で、次のような意味がある。

さらに（副詞）
1　全く。決して。全然。
＊　打消表現と呼応する。
2　いっそう。その上。かさねて。
3　あらためて。新たに。
なつかし（形容詞・シク活用）
1　心ひかれる。慕わしい。
2　慕わしく思い出される。

「さらに」は打消の助動詞「ず」の終止形と呼応しており、前記1の意味で、この語義に合うのは、⑤「全く」だけである。また、「なつかし」の語義に合う選択肢は③「親しみがわか」と⑤「心ひかれ」だけなので、**正解は⑤**である。

問2　文法問題　24　③
センター試験の古文の**問2**は、例年、語の識別の問題や敬語の問題が出題されているが、18年度本試験では、17年度追試験と同様に、品詞分解を前提にして多角的に文法の知識を問う問題が出題された。波線部を品詞分解すると、次の通りである。

身（名詞）　に（格助詞）　しむ（マ行四段活用動詞・連体形）　ばかり（副助詞）　細やかに（ナリ活用形容動詞・連用形）

は（係助詞）　あら（ラ行変格活用動詞・未然形）　ね（打消の助動詞「ず」・已然形）　ば（接続助詞（順接確定条件））

に（断定の助動詞「なり」・連用形）　や（係助詞（疑問））

選択肢の中で「適当でないもの」は、「仮定条件を表す接続助詞」とある③である。接続助詞「ば」は、未然形に接続する場合は順接の仮定条件の用法になり、已然形に接続する場合は、順接の確定条件の用法である。「ね」は打消の助動詞「ず」の已然形なので、この「ば」は、順接の確定条件である。その他の選択肢には、前記の品詞分解の内容と相違するところはない。

問3　内容説明の問題　25　②

傍線部Aの問いに対して、本文2行目の「答へて云はく」以下にその答えが述べられている。その内容を三つにわけて把握する。

Ⅰ　**まづ『古事記』『日本紀』に見えたる……歌は恋をむねとすることを知るべし。**

古い時代の歌をはじめとして歴代の勅撰和歌集などにも恋の歌が多いが、特に『万葉集』は、歌を雑歌、相聞、挽歌と三つに分け、その相聞とあるのが恋の歌である。その中でも巻八、巻十は相聞以外はすべて雑歌としているように、恋の歌を第一のものとしている。

Ⅱ　**そもいかなればかくあるぞといふに……いみじく堪へがたきわざなるゆゑなり。**

その理由は、恋というものがいろいろな情趣にまさって深く人の心に染みて、たいそうこらえがたいものだからである。

Ⅲ　**されば、すぐれてあはれなるすぢは常に恋の歌に多かることなり。**

よって、歌が人の心情を詠む以上、常に恋の歌が多くなるのだ。

以上の内容を踏まえると、**正解は②**である。この選択肢と前記の内容を照合すると、「人の抱くいろいろな感慨の中でも特に恋は切実なものなので」は前記Ⅱに、「恋の歌が上代から中心的な題材として詠まれている」は前記Ⅰ・Ⅲの内容に適合する。

それ以外の選択肢については、次のようなところがまちがいの根拠である。

①は、「『万葉集』の影響力が強かったため」とするところが、本文に示されていない内容であるし、論の核心であるⅡの内容が全くない。

③は、「相手への思いをそのまま言葉にしても、気持ちは伝わりにくいので」とするところが、本文に示されていない内容であるし、答えの核心であるⅡの内容が全くない。

④・⑤は、選択肢全体が本文に示されていない内容である

し、答えの核心であるⅡの内容が全くない。

問4　**内容説明の問題**　26　③

「情」と「欲」については、本文9行目の「答へて云はく」以下に述べられている。本文の「情」と「欲」について論じている部分の内容を八つにわけて確認する。

Ⅰ　**まづすべて人の心にさまざま思ふ思ひは、みな情なり。**

人の思いは、すべて「情」である。

Ⅱ　**その思ひの中にも……求むる思ひは欲といふものなり。**

「情」の中でも、こうありたいと求める気持ちが「欲」である。

Ⅲ　**されば、この二つはあひ離れぬものにて……情とはいひける。**

「情」と「欲」は切り離せないもので、「欲」も「情」の一種だが、「欲」とちがって「情」は、特に人を愛しい、かわいい、つらい、切ないと思う種類のものを言う。

Ⅳ　**さるは……歌は情の方より出で来るものなり。**

「情」から「欲」が生じたり、「欲」から「情」が生じたりすることもあるが、歌は「情」から生まれてくるものである。

Ⅴ　**これ、情の方の思ひは物にも感じやすく、あはれなることこよなう深きゆゑなり。**

その理由は、「情」は物に感じやすく、しみじみとした思いが深いからである。

Ⅵ　**欲の方の思ひは……物のあはれなるすぢにはうときゆゑに歌は出で来ぬなるべし。**

「欲」は一途に願い求める気持ちだけで、花や鳥の美しさが身に染みるほど思いが深くはなく、しみじみとした物事の情趣とは無関係なので、歌は生まれない。

Ⅶ　**色を思ふも本は欲より出づれども……あはれに堪へぬはこの思ひなり。**

恋はもとは「欲」から生まれるが、特に「情」と深く関わる思いで、人は、格別「物のあはれ」を知るものだから、特に心に染みて切実な思いをこらえられないのが恋の思いである。

Ⅷ　**その他もとにかくにつけて物のあはれなることには、歌は出で来るものと知るべし。**

恋愛以外でも「物のあはれ」から歌は生まれる。

以上の内容を踏まえると、**正解は③**である。この選択肢前記の内容を照合すると、「人の心に生まれるすべての思いは『情』であるが」は前記Ⅰに、「特には、誰かをいとしく思ったり鳥の鳴き声に涙したりするなど、身にしみる細やかな思いを指す」は前記Ⅲ・Ⅵ・Ⅶの内容に、「一方、我が身の繁栄や財宝を望むなど、何かを願い求める思いは『欲』にあたる」は前記Ⅱ・Ⅵに、「恋は『欲』と『情』の双方に関わる感情だが、『欲』よりも『情』に密接に関わっている」は前記Ⅳ・Ⅶの内容に適合する。

それ以外の選択肢については、次のようなところがまちがいの根拠である。

①は、「『情』と『欲』はいずれも恋に関わる感情であり、

人に深い感慨を生じさせる」が、Ⅵの内容と相反する。また、「哀れだ、いとしいといった、恋の相手についての思いを生じさせるものが『欲』である」が、Ⅲ・Ⅵ・Ⅶの内容と相反する。さらに、「恋において『情』と『欲』は対照的な関係にある」とするところが、本文に示されていない内容である。

②は、「『情』は何かから感受する受動的なものである。これに対して『欲』は何かに向かう能動的な感情であり」とするところが、本文に示されていない内容である。さらに、「恋は『情』からはじまり、やがて『欲』へと変化する」が、Ⅳ・Ⅶの内容と相反する。

④は、「恋を成就させるには『欲』だけではなく様々な感情が必要なので、『情』にも通じるべきである」とするところが、本文に示されていない内容である。

⑤は、「『欲』は自然よりも人間の作った価値観に重きを置く」とするところが、本文に示されていない内容である。また、「恋は……『欲』を源にすることはない」がⅦの内容と相反する。

問5 **内容説明の問題** 27 ④

「情」と「欲」の時代による違いと歌との関係は、本文19行目から22行目までに記されている。その部分の内容で設問に関わるところを四つにわけて確認する。

Ⅰ さはあれども、情の方は……心弱きを恥づる後の世のならはしにつつみ忍ぶこと多きゆゑに、

後世の人は、意気地がないのを恥ずかしがる習いから「情」を隠してがまんすることが多い。

Ⅱ かへりて欲より浅くも見ゆるなめり。

それによって「情」は「欲」よりも浅くも見える。

Ⅲ されど、この歌のみは上つ代の心ばへを失はず。人の心のまことのさまをありのままに詠みて、めめしう心弱き方をもさらに恥づることなければ、

しかし、歌は古い時代の心を失わず、人の心の真実の姿をそのまま詠んで、女々しく意気地がないことも全く恥じることがなかった。

Ⅳ 後の世に至りて優になまめかしく詠まむとするには……かの欲のすぢはひたすらにうとみはてて、詠まむものとも思ひたらず。

後世において歌を優美に詠もうとする場合には、しみじみとした情趣（＝「情」）を中心とし、「欲」はすっかり嫌ってしまって詠むものと思っていない。

以上の内容を踏まえると、**正解は④**である。この選択肢と前記の内容を照合すると、「『情』は『欲』より浅いものと見られがちであるが」は前記Ⅱに、「これは後世において『情』を心弱いものと恥じて、表に出さないようになったからである」は前記Ⅰに、「しかし、歌の世界においては上代から一貫して『情』を恥じることがなかった」は前記Ⅲ・Ⅳの内容に適合する。

それ以外の選択肢については、次のようなところがまちがいの根拠である。

①は、「『欲』のあり方は変わった」とするところが、本文

に示されていない内容である。また、「恋の歌は『情』と『欲』の両者に支えられているため、後世の恋の歌は、上代の恋の歌とは性質を異にしている」が、前記Ⅳの内容と相反する。さらに、論の核心であるⅢの内容が全くない。

②は、「『情』は『欲』に比べると弱々しい感情なので、時代が経つにつれて人々の心から消えていった」が、Ⅰ～Ⅲの内容と相反する。前記Ⅰにあるように、後世で、「情」は心の中に隠し持っているというのだから、「今でも歌の中にだけは『情』が息づいている」も、本文の内容と相反する。

③は、選択肢全体の内容が、本文に示されていない内容である。さらに、論の核心であるⅢ・Ⅳの内容が全くない。

⑤は、「歌はもともとは『欲』にもとづいて詠まれていた。しかし、しだいに『情』を中心に据えて優美な世界を詠まねばならないことになり、『万葉集』の歌が振り返られることはなくなった」とするところが、本文に示されていない内容であるとともに、Ⅲ・Ⅳの内容とも相反する。

問6 **内容説明の問題** 28 ④

歌や詩と「物のあはれ」との関係を述べているのは、主に最終段落の部分であるが、「物のあはれ」自体については、15行目「物のあはれなるすぢには」から18行目にも述べられているので、その部分も含めて、設問に関わるところを四つに分けて内容を確認する。

Ⅰ かの財宝をむさぼるやうの思ひは、この欲といふものにて、物のあはれなるすぢにはうときゆゑに……生きとし生けるもののまぬかれぬところなり。

「欲」は「物のあはれ」に関係がないために、「欲」から歌は生まれない。恋は、もとは「欲」から生まれるものだが、特に「情」に深く関わる思いで、すべての生きものが逃れることのできないことである。

Ⅱ まして人はすぐれて物のあはれを知るものにしあれば……この思ひなり。

人は、格別に「物のあはれ」を知るものだから、特に心に染みてこらえられないのは、恋の思いである。

Ⅲ その他もとにかくにつけて物のあはれなることには、歌は出で来るものと知るべし。

恋以外でも「物のあはれ」に関して歌はできるものである。

Ⅳ まれまれにも……欲はきたなき思ひにて、あはれならざるゆゑなり。

まれに『万葉集』にも「欲」を詠んだ歌がある。漢詩では「欲」を詠むのは普通だが、「欲」は汚く、「物のあはれ」でないので、歌は「欲」を嫌うのである。

以上の内容を踏まえると、正解は④である。この選択肢と前記の内容を照合すると、「『情』は生きている物すべてが有するものだが」は前記Ⅰに、「とりわけ人は『物のあはれ』を知る存在である」は前記Ⅱに、「歌は『物のあはれ』から生まれるものであって」は前記Ⅲに、「『欲』を重視する詩とは大きな隔たりがある」は前記Ⅳの内容に適合する。

それ以外の選択肢については、次のようなところがまちがいの根拠である。

①は、「何を『あはれ』の対象とし、何を『欲』の対象とするかは国によって異なるので、歌と詩が同じ対象を詠むこともあり得る」とするところが、本文に示されていない内容である。

②は、「詩の影響を受けるあまり、『欲』を断ち切れずに歌を詠むこともあった」とするところが、本文に示されていない内容であり、この論の核心であるⅢの内容とも相反する。

③は、「歌は『物のあはれ』に関わる気持ちしか表すことができない」が、Ⅳの内容と相反する。また、「一途に願い求める気持ちを表すときは、歌に代わって詩が詠まれるようになった」とするところが、本文に示されていない内容である。

⑤は、「詩も『物のあはれ』を知ることから詠まれるが、詩では、『物のあはれ』が直接表現されることを恥じて避ける傾向がある」とするところが、本文に示されていない内容である。

第4問 漢文

【出典】

李燾《りとう》『続資治通鑑長編《ぞくしじつがんちょうへん》』全五二〇巻。『続資治通鑑長編』は李燾（一一一五〜一一八四）の著した歴史書。司馬光（一〇一九〜一〇八六）の『資治通鑑』を模範として、太祖趙匡胤《ちょうきょういん》（在位九六〇〜九七六）に始まる北宋王朝（九六〇〜一一二七）の事績を編年体で記している。本文は、巻五五の真宗咸平《しんそうかんぺい》六年（一〇〇三）に収められている記事である。

李燾は南宋の歴史家。眉州丹稜《たんりょう》（現在の四川省丹稜県）の人。字《あざな》は仁甫《じんふ》、諡《おくりな》は文簡。紹興八年（一一三八）に科挙（官吏登用試験）に合格して地方と中央の官職を歴任した後、文物や図書、歴史記録をつかさどる中央の役職に相次いで就任し、歴史家として健筆を振るった。

【本文解説】

北宋の著名な文人王禹偁《おううしょう》の子の嘉祐《かゆう》が、開封府の知事であった寇準《こうじゅん》の宰相就任について、高い見識を示した逸話である。

ある日、寇準が自分自身の評価について王嘉祐に尋ねた。王嘉祐は、まず、「間もなく宰相になるだろう」という世間の論評を答えた。次に、「宰相とならないほうがよい。宰相となれば、寇準の名声が損なわれる」という王嘉祐の見解を述べた。つまり、寇準に対する評価は、世間と王嘉祐自身とでは正反対であったのである。そこで、寇準は「宰相とならないほうがよい」と考える理由を王嘉祐に問いただした。王嘉祐の返答は、『水魚の交わり』と言われるように、君臣関係が良好でなければ、賢明な宰相も能力を発揮することはできない。ところが、皇帝と寇準との関係は良好とは言えない。だから、宰相となっても名声に傷がつくだけだ」というものであった。寇準は、王嘉祐の「深識遠慮（高い見識と遠く将来を見通す力）」にすっかり感服してしまったのである。

やや抽象度が高い内容で読み取りにくかったかもしれないが、今回のような君臣論に限らず、政治に関わる議論は漢文の定番の主題であるから、敬遠せずに読み慣れておきたい。

【書き下し文】

嘉祐《かいう》は、禹偁《うしよう》の子《こ》なり。嘉祐《かいう》は平時《へいじ》は愚騃《ぐがい》のごときも、独《ひと》り寇準《こうじゆん》のみ之《これ》を知《し》る。準《じゆん》開封府《かいほうふ》に知《ち》たりしとき、一日《いちじつ》、嘉祐《かいう》に問《と》ひて曰《い》はく、「外間《ぐわいかん》準《じゆん》を議《ぎ》すること云何《いかん》」と。嘉祐《かいう》曰《い》はく、「外人《ぐわいじん》皆《みな》丈人《ぢやうじん》旦夕《たんせき》入《い》りて相《しやう》たらんと云《い》ふ」と。準《じゆん》曰《い》はく、「吾子《ごし》に於《お》いては意《おも》ふこと何如《いかん》」と。嘉祐《かいう》曰《い》はく、「愚《ぐ》を以《もつ》て之《これ》を観《み》るに、丈人《ぢやうじん》未《いま》だ相《しやう》と為《な》らざるに若《し》かず。相《しやう》と為《な》れば則《すなは》ち誉《よ》望《ばう》損《そこ》なはれん」と。準《じゆん》曰《い》はく、「何《なん》の故《ゆゑ》ぞ」と。嘉祐《かいう》曰《い》はく、「古《いにしへ》より賢相《けんしやう》の能《よ》く功業《こうげふ》を建《た》て生民《せいみん》を沢《うるほ》す所以《ゆゑん》は、其《そ》の君臣《くんしん》相《あ》ひ得《う》ること皆魚《みなうを》の水有《みづあ》るがごとければなり。故《ゆゑ》に言《げん》聴《き》かれ計《けい》従《したが》はれ、而《しか》して功名《こうみやう》倶《とも》に美《び》なり。今丈人天下《いまぢやうじんてんか》の重望《ぢゆうばう》を負《お》ひ、相《しやう》たれば則《すなは》ち中外《ちゆうぐわい》太平《たいへい》を以《もつ》て責《もと》めん。丈人《ぢやうじん》の明主《めいしゆ》に于《お》けるや、能《よ》く魚《うを》の水有《みづあ》るがごときか。嘉祐《かいう》の誉望《よばう》の損《そこ》なはれんことを恐《おそ》るる所以《ゆゑん》なり」と。準喜《じゆんよろこ》び、起《た》ちて其《そ》の手《て》を執《と》りて曰《い》はく、「元之《げんし》は文章《ぶんしやう》は天下《てんか》に冠《くわん》たりと雖《いへど》も、深識遠慮《しんしきゑんりよ》に至《いた》りては、殆《ほとん》ど吾子《ごし》に勝《まさ》る能《あた》はざるなり」と。

【全文解釈】

（王）嘉祐は（王）禹偁の子である。（王）嘉祐は普段は愚かなようであったが、寇準だけは王嘉祐が決して愚かな人物ではないことを知っていた。（寇）準は開封府の知事を務めていた時、ある日、（王）嘉祐に尋ねて言った、「世間は（この私寇準のことを）どのように論評していますか」と。（王）嘉祐が言った、「世間の人々は誰しもあなたが間もなく朝廷に入って宰相の役職に就くだろうと言っています」と。（寇）準が言った、「あなたに関しては（私のことを）どのように考えていますか」と。（王）嘉祐が言った、「私からあなたのことを考えてみますと、あなたはまだ宰相とならないほうがよろしいでしょう。もし、あなたが宰相となれば、あなたの名声は損なわれるでしょう」と。（寇）準が言った、「どうしてですか」と。（王）嘉祐が言った、「昔から賢明な宰相が功績をあげ人々に恩恵を施すことができた理由は、当該の君臣が互いに魚に水が必要であるようなものだ（＝君臣の関係が極めて良好であ）ったからです。だから（賢明な宰相の）進言が（君主によって）聴き入れられ（賢明な宰相の）考えが（君主によって）受け入れられ、そうして（宰相の）功績も名誉もどちらもすばらしかったのです。さて、あなたは世間の人々の厚い期待を担っており（ますから）、宰相となれば朝廷の人々も民間の人々も（世の中を）太平（にすること）を望むでしょう。（しかしながら、）あなたの皇帝に対する関係は魚に水が必要であるようなものであり得ますか（＝あなたと皇帝との関係は極めて良好であるとは言えません）。（これこそが、この私、王）嘉祐があなたの名声が損なわれるだろうと心配する理由なのです」と。（寇）準は嬉《うれ》しく思い、立ち上がって（王）嘉祐の手を握って言った、「（あなたのお父上の）元之殿は、文章（の才能）では世の中で最も優れているが、高い見識と遠く将来を見通す力の点では、きっとあなたにかなわないはずです」と。

【設問解説】

問1 **語の意味の問題** 29 ③

二重傍線部**X**「議」の選択肢は、いずれも「議」の動詞としての意味であるから、直後の「準」は「レ準《ヲ》」という返り点・送り仮名も手掛かりにすれば、「議」の目的語と解釈できる。さて、「議」の動詞としての用法には、「はかる」（相談する・討論する）、「ぎす」（論評する・評価する）、「そしる」（非難する・あげつらう）などがあるが、④「**X** 礼賛する」という用法はない。さらに、「議レ準《ヲ》」の直後に「云何《いかん》」（どのようであるか）とあること、および、「外人皆云《フ》二丈人旦夕入《リテ》相《タラント》一」（世間の人々は誰しもあなたが間もなく朝廷に入って宰相の役職に就くだろうと言っています）との王嘉祐の発言が続いていることを踏まえると、「議レ準《ヲ》」は「（寇）準を論評する」と解釈しなければ、文脈が成立しない。よって、二重傍線部**X**「議」の意味としては③「**X** 論評する」が最も適切である。

この設問は、二重傍線部**X**「議」と**Y**「沢」の意味の組合せの正しいものを選ぶのであるから、**Y**「沢」の意味として③「**Y** 恩恵を施す」がふさわしいかどうかを確認すればよい。**Y**「沢」についても、選択肢から動詞としての意味が問われていることがわかるし、直後の「生民」（人々）が目的語であることも明らかである。ここで、**Y**「沢」を含む句「自《リ》レ古賢相《ノ》所下以能《ク》建《テ》二功業《ヲ》一沢中生民《ヲ》上者」を、「沢」に③「**Y** 恩恵を施す」の意味を当てはめて訳出すると、「昔から賢明な宰相が功績をあげ人々に恩恵を施すことができた理由は」となり、古来の賢明な宰相を述べた句として意味に矛盾はない。以上より、**正解は③**である。

問2 **解釈の問題** 30 ① 31 ③

波線部**I**「知レ之」の選択肢は、末尾がいずれも「〜ことを知っていた」となっている。つまり「知」についてはどの選択肢も同じに解釈しているので、波線部**I**は「知《ル》レ之《ヲ》」と読み、指示語「之」の内容を確定すればよい。

そこで、波線部**I**を含む句「独《リ》寇準《ノミ》知《ル》レ之《ヲ》」を、指示語「之」をそのままにして訳出すると、「寇準だけは『このこと』を知っていた」となる。つまり、寇準だけが「之」を知っていたのである。ここで、直前の句を見てみると、「嘉祐《ハ》平時《ハ》若《キモ》二愚騃《ノ》一」（王嘉祐は普段は愚かなようであったが）とあるから、寇準だけが知っていたこととは、「王嘉祐が本当は愚かではない」ということであると判断できる。したがって、**正解は①**である。②と⑤も「愚かではない」という方向は正しいが、それぞれ「乱世には」および「文才」という限定が設けられているので不正解。

波線部Ⅱ「知二開封府一」も、Ⅰ「知レ之」と同じく「知」を含んでいるが、Ⅱの「知」についての解釈は、各選択肢で異なっているので、ここでは、目的語と考えられる「開封府」との意味のつながりを考慮しつつ、「知」の意味についても考えなければならない。そこで、目的語「開封府」が地名であることに注目する。「知」が目的語として郡名・県名・都市名など地名をとるときは、「知《ちタリ》二――《ニ》一」と読んで、「――の長官である・――の知事である」という意味であることを習得しておこう。したがって、**正解は③**である。

問3　**書き下し文と解釈の問題**　[32] ④　[33] ③

長い句や文の書き下し文や解釈の問題では、当該の文や句の構造を正しく捉えることがポイントであり、基本句形や重要表現が用いられていれば、それが解答の大きな手掛かりとなる。

(i)書き下し文から考えてみよう。まず、二つの文から成る傍線部の前半の文に、

A不《ハず》レ若《しカ》レB《ニ》　　AはBにおよばない

AよりBのほうがよい（＝A不《ハず》レ如《カ》レB《ニ》）

という比較形が用いられていることを捉える。比較形では、右の「A」の要素が省略されることが多い。傍線部もそうである。「丈人」は、比較形の「A」要素ではなく、話題提示の語であることに注意しよう。したがって、正解の候補は、「丈人～に若かず」と書き下している②か④に絞られる。

さて、②と④の読み方の相違は、前半の文にも後半の文にも含まれる「為相」の箇所のみである。②は

為《ためニス》レ相《しやうノ》　宰相のためにはたらく　→　宰相を補佐する

という読み方であり、④は

為《なル》レ相《しやうト》　宰相となる

という読み方である。どちらも訓読としては成立するが、本文2～3行目の「外間議《スルコト》レ準《ヲ》云何」（世間はこの私寇準のことをどのように論評していますか）、「外人皆云《フ》二丈人旦夕入《リテ》相《タラント》一」（世間の人々は誰しもあなたが間もなく朝廷に入って宰相の役職に就くだろうと言っています）という寇準と王嘉祐の問答に注目すれば、ここでは、「宰相を補佐する」ということではなく「宰相となる」ということが話題となっているとわかる。したがって、**正解は④**である。参考までに、正解の書き下し文に従って傍線部に返り点と送り仮名を施しておこう。

丈人不レ若《カ》レ未《ダ》《ルニ》レ為《ラ》レ相《ト》。為《レバ》レ相《ト》則《チ》誉望損《ナハレント》矣。

(ii)解釈については、(i)書き下し文の問題で得られた正解④の書き下し文を現代語に直訳してみれば、解答できるはずである。直訳は、「あなたはまだ宰相とならないほうがよい。宰相となれば名誉と人望は損なわれるだろう」となる。これに合致する解釈は③だけである。よって、**正解は③**である。

問4 **内容説明の問題** [34] ③

傍線部は「言葉が聴き入れられ計画が従われる」と直訳できる。ただし、傍線部は王嘉祐の長い発言の一部であり、ここでは、昔の「賢相」(賢明な宰相)の場合の君臣関係が話題となっていることを踏まえて考える。つまり、

臣下が「進言」や「計画」を提示する

↓

君主が「進言」や「計画」の提示を受けて諾否の判断をする

という「言」や「計」についての流れを押さえよう。したがって、

(i)「賢相」の「言」「計」が

↓

(ii)「君」によって「聴かれ」「従はれ」る

と考えればよいから、**正解は③**である。

問5 **理由説明の問題** [35] ②

まず、傍線部を訳出すると「この私、王嘉祐があなたの名声が損なわれるだろうと心配する理由なのです」となる。傍線部は王嘉祐の長い発言の結びであるから、この発言の中に傍線部の理由・根拠が示されているはずである。そこで、発言の半ばに「今」(さて・ところで)という話題転換を示す語が用いられていることに注目する。つまり、「昔の賢明な宰相が高い能力を発揮できたのは、『魚之有《ル》レ水』がごとく、君臣の関係が極めて良好だったからだ」との一般論・理想論を述べた後、話題を現実に転じて、寇準と時の皇帝との関係に言及している。まず、「丈人負《ヒ》二天下《ノ》重望《ヲ》一、相《タレバ》則《チ》中外以《テ》二太平《ヲ》一責《もとメン》焉」(あなたは世間の人々の厚い期待を担っておりますから、宰相となれば朝廷の人々も民間の人々も世の中を太平にすることを望むでしょう)と述べ、「丈人之于《おケルヤ》二明主《ニ》一、能若《クキ》二魚之有《ルガ》レ水乎《か》」(あなたの皇帝に対する関係は魚に水が必要であるようなものであり得ますか)と続けている。要するに、「寇準への期待が厚いからこそ、宰相となった場合、朝廷、民間ともに人々の要求も大きいはずだが、前提条件としての君臣関係が良好だと言えるのか」、つまり「皇帝と寇準の関係が良好でなければ寇準は宰相となっても上手くいかないだろう」と主張しているのであり、以上が傍線部の発言の理由である。

以上を踏まえて選択肢を検討する。まず、「寇準に対して天下を太平にしてほしいと期待する」のは「中外」＝「朝廷や民間の人々」であるから、「期待する」主体を「宰相は」とする①と⑤、「皇帝は」とする③は、どれも不適切である。残った②と④の後半を確かめると、④は「もし寇準が皇帝の意向に従ってしまえば太平は実現されず」という説明が誤りである。「寇準が皇帝の意向に従ってしまえば」、とりあえず皇帝と寇準との君臣関係は「良好」の方向に向かうはずであり、先に確認した内容と矛盾するからである。一方、②の「もし寇準が皇帝と親密な状態になれなければ太平は実現されず」は、「君臣関係が良好ではない」という方向の説明であり、傍線部の前の記述と矛盾しない。よって、**正解は②**である。

ある。

問6 内容説明の問題 36 ④

傍線部を訳出すると、「きっとあなたにかなわないはずです」となる。この文の意味を明確にするには、「誰が」「どういう点で」という内容を補う必要がある。この問題で問われているのは、この内容補足である。そこで、傍線部を含む寇準の発言全体を現代語に訳すと、「（あなたのお父上の）元之殿は、文章（の才能）では世の中で最も優れているが、高い見識と遠く将来を見通す力の点では、きっとあなたにかなわないはずです」となる。これで、補うべき二つの要素である「誰が」＝「元之が」と「どういう点で」＝「高い見識と遠く将来を見通す力の点で」がきちんと補足できたわけである。「至《リテハ》二於深識遠慮《ニ》一」（高い見識と遠く将来を見通す力の点では）については、「遠慮」の意味に注意しておこう。現代語では「人に対して言葉や行動を慎み控えめにする」や「辞退する」という意味で用いられることが多いが、本来は「遠謀」と同じく「遠い将来を見通して考えをめぐらす」という意味である。

以上から、傍線部を含む一文の趣旨は「元之＝父の王禹偁は、高い見識と遠く将来を見通す力の点では、子の王嘉祐にかなわない」ということである。したがって、傍線部の説明として最も適当な選択肢は、「見識の高さという点では、父の王禹偁もおそらく王嘉祐にはかなわない」と述べている④である。①「政治家としての思考の適切さという点では」、②「意志の強さという点では」、③「歴史についての知識の深さという点では」、⑤「言動の慎重さという点では」は、いずれも「深識遠慮」の言い換えとして不適切である。**正解は④である。**

MEMO

国　語

（2018年１月実施）

追試験 2018

国　語

解答・採点基準

(200点満点)

問題番号(配点)	設問	解答番号	正解	配点	自己採点
第1問 (50)	問1	1	③	2	
		2	④	2	
		3	②	2	
		4	①	2	
		5	③	2	
	問2	6	④	8	
	問3	7	②	8	
	問4	8	⑤	8	
	問5	9	③	8	
	問6	10	② ※	4	
		11	⑥ ※	4	
第1問　自己採点小計					
第2問 (50)	問1	12	①	3	
		13	④	3	
		14	④	3	
	問2	15	①	7	
	問3	16	④	8	
	問4	17	③	8	
	問5	18	③	8	
	問6	19	④ ※	5	
		20	⑤ ※	5	
第2問　自己採点小計					

問題番号(配点)	設問	解答番号	正解	配点	自己採点
第3問 (50)	問1	21	②	5	
		22	④	5	
		23	①	5	
	問2	24	⑤	5	
	問3	25	⑤	6	
	問4	26	②	8	
	問5	27	②	8	
	問6	28	④	8	
第3問　自己採点小計					
第4問 (50)	問1	29	②	5	
		30	⑤	5	
	問2	31	③	7	
	問3	32	⑤	6	
		33	③	6	
	問4	34	④	7	
	問5	35	③	6	
	問6	36	①	8	
第4問　自己採点小計					
自己採点合計					

※の正解は順序を問わない。

第1問　現代文（評論）

【出典】

橋本努『ロスト近代――資本主義の新たな駆動因』（弘文堂、二〇一二年）

橋本努（はしもと・つとむ）は、一九六七年、東京都生まれ、横浜国立大学経済学部卒業。東京大学大学院総合文化研究科課程博士号取得。主な著書として、『自由の論法――ポパー・ミーゼス・ハイエク』、『社会科学の人間学――自由主義のプロジェクト』、『帝国の条件――自由を育む秩序の原理』、『自由に生きるとはどういうことか――戦後日本社会論』、『経済倫理＝あなたは、なに主義？』、『自由の社会学』などがある。

【本文解説】

まず、本文に付されたリード文に注意したい。リード文には、出題者が本文の読解に不可欠だと考えたことがまとめられているので、丁寧に読んでおく必要がある。この問題の場合、リード文から筆者が現代の日本社会を分析していくに当たって、日本社会をその社会を動かした要因によって、三つの段階に分けて考えていることがわかる。その三つの段階とは、次のようなものである。なお、原文では、本文の前の部分で、次のA～Cがそれぞれ何年頃を想定したものかが記されている。本文を理解する一助になるとも思われるので、参考のために記しておく。

A「近代」社会（＝終戦直後～六〇年代まで）
B「ポスト近代」社会（＝七〇年代～九〇年代中頃）
C「ロスト近代」社会（＝九〇年代中頃～現在）

筆者はこの三つの段階を前提に、本文を展開している。では、そのことを念頭に置きながら、本文を便宜上三つの部分に分けてその内容を確認していこう。

Ⅰ「ロスト近代」としての現代社会（第1段落～第3段落）

筆者は、九〇年代の中頃から出現した、バブル経済崩壊後の「失われた一〇年」とか「失われた二〇年」などと言われる現代の日本社会を「ロスト近代」社会と命名する。現代の日本社会は、高度経済成長を望むことができず、経済のミニ・バブルの波に翻弄されながら、日本経済の再生のための議論がさまざまに行われるなかで、経済の低迷はつづいている。（第1段落）

少し前、バブル経済で繁栄していた日本では、人々がブランド商品や高級車を争って買い求めた。人々の欲望消費の増大は、大きな経済成長をもたらした。さらにその前、「近代」のはじまりから高度経済成長期を経て、バブル経済の繁栄に至る前の日本社会では、物象化が社会を動かした要因だった。「物象化」という言葉はわかりにくいが、（注3）などを参考にすれば、それは人々が勤勉に働き、社会に富を蓄積する現象のことだと理解できただろう。そして、それは「近代」社会に大きな経済成長をもたらしたのである。つまり、先の三段階の分類でいうならば、A「近代」社会では物象化を駆動因として経済成長を実現し、B「ポスト近代」社会では欲望消費を駆動因として経済成長を実現した。ところが、C「ロスト近代」社会と呼ばれる現代社会では、欲望消費によっても、人々の勤勉な労働によっても、大きな経済成長を望むことはできない。つまり、現代の資本主義社会は、「近代」の駆動因によっても、「ポスト近代」の駆動因によっても発展しそうにない。私たちの社会が発展するためには、新たに別の駆動因をもつしかないのである。(第2段落)

「ロスト近代」社会とは、「近代」社会と「ポスト近代」社会を動かしていた要因がその役目を果たし終えた時代のことをいう。もちろん、正確に言えば、「ロスト近代」社会には、「近代」の駆動因である物象化も、「ポスト近代」の駆動因である欲望消費も、どちらも存在している。しかし、いずれの要因とも、時代を動かす可能性をほとんど持たないのである。(第3段落)

なお、先に「近代」以降の日本社会を三段階に分類したものは、Ⅰの内容を踏まえると、次のようになる。

A「近代」社会＝物象化(＝人々が勤勉に働き、社会に富を蓄積する現象)が社会を動かした

B「ポスト近代」社会＝欲望消費が社会を動かした

C「ロスト近代」社会＝物象化や欲望消費が社会を動かす要因となりえない

Ⅱ 近代的な勤勉とポスト近代的な欲望を失った「ロスト近代」(第4段落〜第8段落)

ここで、筆者は「ロスト近代」と呼んだ現代の日本社会について具体的な分析をしていく。

まず、一九九〇年代半ば以降の日本の現実として、社会が複雑化したため官主導の経済政策が期待した成果をあげることができなくなったという指摘がされる。そのため政府は、規制緩和政策をとることで、いわゆる「勝ち組」と呼ばれる新たな富裕層に経済成長の牽引力としての役割を期待した。グローバリゼーションという言葉が話題になり、「勝ち組／負け組」という格差が問題化したときである。(第4段落)

ところが、「勝ち組」に経済成長の牽引力を期待した政府は、思わぬところで裏切られることになった。政府が期待したのは、「負け組」の人々が、豊かな生活を送る「勝ち組」の人に対してあこがれをもち、「ワンランク上」の生活を目指して勤勉に働くことであった。ところが、実際には、「負け組」の人々はたとえ一所懸命働いたとしても、努力は報われないと感じている。自分よりもワンランク上の「勝ち組」の欲望を模倣するには、一定の所得が必要であるが、自分たちの低所得では「勝ち組」の生活を模倣することすらできないと考えたのである。人びとが、「勤勉」に働いても報われない、また「欲望」消費の快楽にも期待が持てないような社会になってしまうと、富裕層による消費の拡大は、経済全体を牽引することができなくなる。そうした中で、人々は、自らの欲望のエネルギーを「勝ち組の欲望を真似する」ものではなく、「自分がしたいことをする」ものへと、欲求水準そのものを下げていく。けれども「自分がしたいこと」とは何か。セレブな生活を羨望することなく、「自分がしたいこと」で満足するためには、まず自分を好きになる必要がある。だが自分とは何か。それが分からなければ、

「自分探し」の旅に出る必要がある。だが、旅に出るだけの余裕がなければ、人はさしあたってネット上に「自己の快楽」を求めることになる。（第5段落）

実際、多くの人びとが一か月の定額基本通信料を支払えば、あとは無料でさまざまなコンテンツを楽しむことができるインターネットやスマートホンなどで、動画、音楽、ラジオ、ゲームなど無料の情報を享受して人生を楽しむようになってきている。（第6段落）

その一方で、近代的な勤勉精神の喪失、ポスト近代的な欲望の喪失は、それぞれの時代における「対抗運動」の意義も失わせてしまった。「近代」においては、物象化や疎外に対抗するコミューン運動が抵抗のライフ・スタイルを導いてきた（例えば、資本主義経済のもとで、機械のように働き、非人間的な暮らしを余儀なくされた人びとが、原始共同体的な暮らしを志向したりしたことを考えればよいだろう）。また「ポスト近代」においては、逸脱的な欲望の表現が抵抗の政治表現を提供してきた（例えば、オタクたちの抱く欲望は、多様なサブカルチャーを生み出し、日本の文化産業がグローバルに発展していくのに貢献したことなどを考えればよいだろう）。ところが「ロスト近代」になると、こうした抵抗の戦略は時代に対抗するための意義を失ってしまう。それは、こうした抵抗の活動が時代の本質的な駆動因を的確に捉えていないためであろう。「ロスト近代」社会の本質的な駆動因に迫るためにも、私たちはこの時代の駆動因を分析していく必要がある。（第7段落～第8段落）

Ⅲ　「ロスト近代」の本質的な駆動因は何か（第9段落～最終段落）

「ロスト近代」の社会における本質的な駆動因は何か。その問題を考えるためにも、「ロスト近代」の背景をなす諸条件について検討してみる必要がある。「ロスト近代」は、人びとが欲望消費のバカバカしさに気づいたことからはじまっている。宣伝に踊らされ、欲しいと思ったブランド商品を買っても買っても満たされない。そんな生活のむなしさから逃れたいと感じ始めた人びとが次第に欲望消費に巻き込まれず、自然で本来的な経験を求めるようになってきた。例えば、中高年層の登山ブーム、若者たちの古着志向、ロハスと呼ばれる自然なライフ・スタイルの探究、ユニクロや無印良品で楽しむシンプル・ライフなどなど。こうした新しい生活の現象には、共通する一つの志向、つまり「自然の本来的価値」への志向があるのではないか。（第9段落）

筆者は、かつて「創造階級」と呼ばれる新しい支配階級の台頭について論じたことがあるという。創造階級は、情報産業の新たな担い手であり、自分の欲望を満たすよりも、自分の潜在能力をできるだけ引き出すことに関心を持っている。創造階級は、クリエイティブな作品を生み出すために、発想の源泉として豊かな体験をすることを重視している。創造階級の人々が求めているのは、創造の源泉であり、それを手に入れるために、自然の本来的な価値に触れたり、自然の多産性を身につけたりすることを大切にしている。（第10段落）

創造階級は、ただ経済的成功者だけを指すのではない。経済的に成功しなくてもクリエイティブに生きることは十分に可能である。例えば私たちは、できる限り環境にやさしい生活をしたい、自然と融和したいと思う。そのようなエコロジーへの関心は、高い給料を稼ぐ生活よりも、むしろ想像力を豊かにし、自然と調和する生活を求めるだろう。エコロジーへの関心は、真に創造的な生活と、さまざまな点で一致する。（第11段落）

では、真にエコロジカルな生活とは何か。それは、たんにリサイクルをしたり、有機野菜を食べるといったものではない。もっと自然の神秘を捉えるために、日常生活では隠されている「自然の多産な真理」に触れる必要がある。そして、多産な自然の神秘をつかみとったときに、私たちはエコロジーの担い手として、精神的にも豊かに生きられるはずである。自然の多産性を、自分の生き方の原理とするような生き方は、創造階級だけでなく、「真の豊かさ」に関心をもつすべての人々に、魅力的な理想を提供している。私たちの社会は、エコロジカルな融和のために、クリエイティブな仕方で環境と向き合うことを理想としている。そのような営みへの関心は、資本主義の原理を、新たに動かす駆動因となりうるのではないだろうか。（第12段落・最終段落）

【設問解説】

問1 漢字の知識を問う問題 [1] ③ [2] ④ [3] ② [4] ① [5] ③

(ア)は、〈ふきでること、強くふきだすこと〉という意味で、「**噴出**」。①は、〈道義・正義に外れたことに対するいきどおり〉という意味で、「義憤」。②は、〈もつれて争うこと、もめごと〉という意味で、「紛争」。③は、〈液体を霧状にしてふきださせること〉という意味で、「**噴霧**」。したがって、**これが正解**。④は、「興奮」。⑤は、〈よく見せようとしてうわべを飾ること〉という意味で、「粉飾」。

(イ)は、〈受け取って自分のものとすること〉という意味で、「**享受**」。①は、「矯正」。②は、〈つつしんで命令などに従うこと〉という意味で、「恭順」。③は、〈思いもよらないような驚くべきことがら〉という意味で、「驚異」。同音異義語の「脅威」とはしっかりと区別したい。④は、〈思うままに快楽を味わうこと〉という意味で、「**享楽**」。したがって、**これが正解**。⑤は、〈威力や勢いにおびやかされて感じる恐ろしさ〉という意味で、「脅威」。

(ウ)は、〈形のない抽象的な思想・観念などを、具体的な事物や形象に託して表現すること、また、その表現に用いられたもの〉という意味で、「**象徴**」。①は、「跳躍」。②は、「**徴収**」。したがって、**これが正解**。③は、〈普通の程度をはるかにこえていること、とびぬけてすぐれていること〉という意味で、「超越」。④は、〈不正・不当な行為に対して戒めの制裁を加えること〉という意味で、「懲戒」。⑤は、「彫刻」。

(エ)は、〈買い入れること〉という意味で、「**購入**」。①は、〈新聞・雑誌などを買って読むこと〉という意味で、「**購読**」。したがって、**これが正解**。②は、〈ある物事や社会のために役立つように力を尽くすこと〉という意味で、「貢献」。③は、〈国家を治めるおおもとの規律〉という意味で、「綱紀」。④

は、「原稿」。⑤は、〈金属でできた貨幣〉という意味で、「硬貨」。

(オ)は、〈働いて金を得る、精を出して働く〉という意味で、「稼ぐ」。①は、〈罪・責任などを他人になすりつけること〉という意味で、「転嫁」。②は、「架空」。③は、〈人がかせぎ働くこと、機械を動かすこと〉という意味で、「稼働」。したがって、**これが正解**。④は、〈もめごとなどのただ中〉という意味で、「渦中」。⑤は、〈きびしく激しいこと〉という意味で、「苛烈」。

問2　「ポスト近代」の説明を問う問題　6　④

【本文解説】で確認したように、筆者は現代の日本社会を分析していくに当たって、「近代」以降の日本社会を動かした要因によって三つの段階に分けて考えている。その三つの段階とは、次のようなものである。

A 「近代」社会
B 「ポスト近代」社会
C 「ロスト近代」社会

この設問は、Bの「ポスト近代」の説明を問うているが、本文には「ポスト近代」についてのまとまった記述はほとんどないので、本文全体から必要な情報を拾いあげていくしかない。まず第3段落から、「ポスト近代」では「欲望消費」が駆動因であった(b)ことがわかる。その「欲望消費」については(注2)で説明されている。それによれば、「欲望消費」とは必要の有無にかかわらず、ブランド商品や自動車などを次々に求め、欲望を満たそうとする消費行動(b)のことである。そして、第9段落にあるように、「ロスト近代」に入ると人びとは「宣伝に踊らされ、欲望をかきたてられ」て行う「欲望消費」のバカバカしさに気づいたという。裏返せば、「ポスト近代」にあっては、人びとは「宣伝に踊らされ、欲望をかきたてられ」て、商品を消費していた(b)のである。また第5段落には、「ロスト近代」社会について、『欲望』消費の快楽を期待でき」なくなると、「富裕層による消費の拡大は、経済全体を牽引することができなくなる」とある。これも裏返せば、「ポスト近代」社会では、「富裕層による消費の拡大」が「経済全体を牽引」していた(c)ということになる。さらに「近代」社会から「ポスト近代」社会への変動には、社会を動かす要因が「物象化」から「欲望消費」への変化があったと考えられる。当然、そこには産業構造の変化があった(a)はずである。以上の点を整理すると、次のようになる。

a　産業構造が変化するなかで
b　人びとは、宣伝に踊らされ、欲望をかきたてられ、必要の有無にかかわらず、商品を消費し
c　消費の拡大が経済全体を牽引していた

したがって、以上のa～cを踏まえた説明になっている**④が正解**。

①の「停滞した経済システムの中」、「突発的に訪れた小規

模な好景気」というのはともに、第1段落にあるように、「ロスト近代」社会に関係する説明なので、不適当。
②の「勤勉に働くこと」は、第3段落や（注3）などから明らかなように、「近代」にかかわる説明なので、不適当。
③は、まず「複雑化した社会に対する国家主導の経済政策が十全に機能しなくな」るという説明が、第4段落にあるように、「ロスト近代」社会に関係する説明なので、不適当。
また「規制緩和政策」も、第4段落で説明されているが、これも「ロスト近代」社会に関係するものであるので、不適当。
⑤の「『勝ち組』と呼ばれる一部の富裕層」が問題になるのは、第4段落にあるように、「一九九〇年代中盤以降」、つまり「ロスト近代」社会においてなので、この選択肢も不適当。

問3　「各私化された欲望を抱くようになる」とはどういうことかを説明する問題　7　②

傍線部の前で、「各私化された欲望を抱くようになる」背景が説明されている。まずそれを確認しておこう。第4段落にあるように、一九九〇年代中盤以降、官主導の経済政策は思ったほどの成果をあげることができず、日本経済は停滞した（a）。そこで政府は、規制緩和政策を打ち出して、「勝ち組」に経済成長の牽引力を期待した。ところが、第5段落にあるように、「負け組」の人びとは一生懸命に働いても「努力が報われない」と感じ、勤勉に働くことで収入が十分増えるとは考えず、「勝ち組」の欲望消費を目指すよりも、自分の欲求水準を下げるようになっていった（b）。人びとは、「勝ち組」の欲望を模倣するための所得が見込めないところでは、さしあたって「各私化された欲望を抱くようになる」というのである。

では、「各私化された欲望」とは何か。傍線部の後にあるように、「勝ち組」の欲望を模倣できない人びとは、欲望のエネルギーを「自分がしたいことをする」という水準にまで収縮させる（c）。しかし、「自分がしたいこと」とは何か。そして「自分がしたいこと」をして満足するためには、まず自分を好きになる必要がある。だが自分とは何か。それが分からなければ、「自分探し」の旅に出ることになる（d）というのである。

以上の点を整理すると、次のようになる。

a　日本経済が停滞するなかで
b　「負け組」の人びとは、勤勉に働いても報われないと思い、「勝ち組」の欲望消費を目指すよりも、自分の欲求水準を下げるようになっていた
c　「勝ち組」の欲望を模倣できない人びとは、欲望のエネルギーを「自分がしたいことをする」という水準にまで収縮させる
d　自分とは何かが分からなければ、「自分探し」の旅に出ることになる

したがって、以上のa～dを踏まえた説明になっている②が正解。

①は、「個人が目前の社会や他者との関わりを放棄して」という説明が、不適当。そうしたことは本文に書かれていない。

③は、まず「自分のできることは何かという先行きへの不安が広がり」という説明が、不適当。そうしたことは本文に書かれていない。また「自分探しに力を入れ」る理由を「競争原理に巻き込まれまい」とすることだとしている点も、不適当。本文では、傍線部の後にあるように、自分とは何かが分からないため、自分探しを行うのである。

④は、「自分の創造的な力を引き出し、日常において隠されていた自然につながる生活を追い求め……」という説明が、筆者が第10段落以降で肯定的に論じている、「創造階級」にかかわるものになってしまっているので、不適当。傍線部で問題になっているのは、「ロスト近代」社会で「負け組」となった人びとのあり方で、筆者はそうした人びとのことを必ずしも肯定的に捉えていない。

⑤は、おもに第6段落に記された「各私化された欲望」を抱こうとしても「自分探し」の旅ができず、かわりにネット上で「自己の快楽」を求める人間のあり方を具体的に説明した部分をまとめただけの選択肢になっている。このようにdに至るまでの経緯の説明が不十分であるという点で、正解の②とくらべて劣る。

問4　「二つの『ロスト』」の内容を理解しているかどうかを問う問題　8　⑤

本文を読んだ五人の生徒が「ロスト」の内容について話し合っている場面が設定され、設問は本文の趣旨に最も近い発言をしている生徒を選ぶことを要求している。設問は、煩雑なものにも見えるが、要するに「二つの『ロスト』」の内容を中心にした趣旨判定の問題だと考えればよいだろう。

そこで、まず「二つの『ロスト』」の内容を確認しておこう。傍線部の直前から、「二つの『ロスト』」とは、「近代的な勤勉精神の喪失（ロスト）」と「ポスト近代的な欲望の喪失（ロスト）」のことだとわかる。では、この二つの「ロスト」は何を意味するか。第3段落や第5段落の内容から明らかなように、近代にあっては「勤勉」が、ポスト近代にあっては「欲望」が経済成長をもたらしたのである。つまり、近代およびポスト近代において経済成長をもたらした要因だった「勤勉」と「欲望」の「二つ」が失われたのが、「ロスト」近代という時代なのである。

以上の点を踏まえた説明になっているのは⑤であり、**これが正解**。なお、⑤の「欲望のままに消費するのはバカバカしいし、それに、勤勉に働いても報われない。そんなふうに考える人が多くなっている」というのは、第5段落や第9段落の内容を踏まえたものである。

①が、やや紛らわしい。①は「二つの『ロスト』」が「勤勉」と「欲望」の喪失であることを指摘できており、その点では誤りとは言えない。ただし、正解の⑤と比べた場合、「勤勉」と「欲望」がもともとは「経済成長」をもたらすものだったことが明確ではなく、不十分な説明である。

②は、「欲望」を「物象化に抵抗して人間性を保ちつづけたいという欲望のこと」としている点が、不適当。そのように「欲望」を限定する根拠が本文にないし、そう限定すると「欲望」と「経済成長」が結びつかなくなってしまう。

③は、「二つの『ロスト』」が「勤勉」と「欲望」の喪失であることが踏まえられていないので、不適当。

④は、「規制緩和政策の中で勤勉な富裕層に経済を牽引することを期待した」という説明が、第4段落の「政府は、さまざまな規制緩和政策を打ち出して、いわゆる『勝ち組』と呼ばれる新たな富裕層に、経済成長の牽引力を期待するようになった」という記述に合致しないので、不適当。

問5　傍線部のように筆者が考える理由を問う問題　[9]　③

まず傍線部の「そのような営み」とは何かを確認しておこう。それは、傍線部の直前にあるように、「エコロジカルな融和のために、クリエイティブな仕方で環境と向き合うこと」である。そしてそれは、創造階級だけでなく、「真の豊かさ」に関心をもつすべての人々に、魅力的な理想を提供している生き方であり、「自然の多産性を、自分の生き方の原理とする」ようなあり方だと説明されている。しかし、そうしたあり方が、なぜ経済の「駆動因となりうる」のかは不明である。そこで、「ロスト近代」社会において、なぜ人びとが「環境と向き合う」ようになるのか、もう少し遡って、その経緯を確認しよう。

「ロスト近代」社会では、人びとは欲望消費のバカバカしさに気づきはじめていた（a）。宣伝に踊らされ、ブランド商品を買っても満たされない。そんなむなしい生活から逃れるために、人びとは、「自然で本来的な経験」を求めるようになった（b）。（第9段落）

新しい支配階級として台頭してきた「創造階級」も、「自分の欲望を満たすより（a）も、自分の潜在能力をできるかぎり引き出す」ことに関心を持っていた。クリエイティブな作品や商品を生むために発想の源泉として豊かな体験をすること、あるいは創造的な環境に身を置くことを重視している。創造階級の人びとが求めているのは、創造の源泉であり、それを手に入れるために、自然の本来的な価値に触れたり、自然の多産性を身につけたりする（b）ことである。（第10段落）

そうしたエコロジーへの関心は、高い給料を稼ぐ生活よりも、むしろ想像力（イマジネーション）を豊かにし、自然と調和する生活を求めるだろう（c）。エコロジーへの関心は、真に創造的な生活と、さまざまな点で一致する。いずれも、イマジネーションを活用してはじめて実現できるような生活なのである。（第11段落）

そして真にエコロジカルな生活を求めるならば「自然の多産なる真理」に触れなければならない。（第12段落）

だからこそ、「ロスト近代」社会にあって、人びとが「自然の多産性を、自分の生き方の原理とする」ような生き方（生活）に強い関心を持てば、それが人びとから支持される価値観として社会を動かすもの、すなわち「駆動因となりう

る」のである（d）。（第13段落）

以上の点を整理すると次のようになる。

a　「ロスト近代」社会の人びとは、欲望に振り回されたり、宣伝に踊らされたりせず

b　「自然で本来的な経験」を求めるようになり

c　自然と調和する生活（真に創造的な生活）は想像力を活用してはじめて実現できるものである

d　人びとがこうした生き方（生活）に強い関心を持てば、それが人びとから支持される価値観として社会を動かすものとなるだろう

したがって、以上のa～dを踏まえた説明になっている**③が正解**。

①は、「創造階級」を「大衆」と説明している点が、不適当。第10段落にあるように、創造階級は「支配階級」とされているので、「大衆」というのは、本文の内容に反する。

②は、「『ロスト近代』の人びとは……経済的に成功して高所得をかせぐことを拒否し」という説明が、不適当。「ロスト近代」の人びとが、経済的に成功することや高所得をかせぐことを拒否するなどとは、本文にいっさい書かれていない。

④は、「ロスト近代」の人びとは、「真にエコロジカルな生活とはリサイクルをしたり有機野菜を食べたりすることだと考えており」という説明が、第12段落の内容に反するので不適当。

⑤は、「『ロスト近代』の人びとは……創造階級にあこがれ」たという説明が、本文から確定できないことなので、不適当。

問6　本文の構成・展開の説明として適当でないものを選ぶ問題　10・11　②・⑥

特に設問が適当でないものを選ぶように指示しているので、本文の構成・展開として明らかに異なっている選択肢を見つけるようにすること。

①について。第1～3段落で、日本社会をその社会を動かした要因によって、「近代」社会、「ポスト近代」社会、「ロスト近代」社会という三段階に分けた上で、それまでとは違う「ロスト近代」社会を分析していこうとする筆者の考えが示されているので、「この文章の論点について、概要を説明しつつ提示している」という説明は、適当である。

②について。第1～3段落で、「文章全体の主張を提示している」というのは、明らかな誤り。筆者は、本文全体を通して、「創造階級」と呼ばれる新たに台頭してきた階級の営みに着目しているが、第1～3段落ではそうしたことに全く言及していない。したがって、**これが一つめの正解**。

③について。第5・6段落は「具体例の提示」といっても誤りではなく、また「他方では……」ではじまる第7段落を「別の角度からの考察」といってもよいので、この選択肢は適当である。

④について。第5～7段落は「この文章の論点について説明を加えた」といえる。また第8段落で「この文章全体の問

題提起を行っている」ともいえるので、この選択肢も適当である。

⑤について。「具体例を考察してこの文章の主張を抽出し……」という説明は、第9段落以降の説明として間違っているわけではない。

⑥について。「前著での主張を引用し、この文章の主張と対比して論じている」という説明が、明らかな誤り。この文章の筆者の主張は、前著の主張を受け継いだものである。したがって、これが二つめの正解。

第2問 現代文（小説）

【出典】

中野孝次の小説集『麦熟るる日に』（河出文庫、一九八二年）所収、「鳥屋《とや》の日々」による。なお初出は、雑誌『文藝』一九七七（昭和五十二）年九月号。

中野孝次（なかの・こうじ）は、一九二五（大正十四）年千葉県生まれ。東京大学文学部独文学科卒業。著作活動は、カフカ、ノサック、グラスなどの翻訳からはじまり、文芸評論『実朝考』やエッセイ『ブリューゲルへの旅』で高い評価を得た後、小説の創作に向かうこととなった。『麦熟るる日に』は、大工の息子として生まれ育った、幼年期から青年期にかけての自伝的小説集で、他にも『苦い夏』『季節の終り』『生のなかば』などがある。また、エッセイ『ハラスのいた日々』では愛犬ハラスとの日々を描き、エッセイ『清貧の思想』では物質的な豊かさのみを追い求める経済観念を批判するなど、幅広い文筆活動を行った。二〇〇四（平成十六）年没。

【本文解説】

本文は、職人気質《かたぎ》の父の価値観のせいで、望んでいる中学進学を断念せざるを得ず、鬱屈した日々を過ごす主人公「ぼく」の心情が描かれている小説の一節である。

本文は、学校制度や進学率など、現在とはかなり教育事情が違う時代を背景に描かれており、戸惑った人もいたかもしれない。しかし、こうした時代背景による違いは、古い小説を読む際の予備知識ともなるので、今回の小説で読み取れることや（注）などに記されたことなどを、できるだけ覚えておこう。

全体は、空白行で前半と後半に分かれているが、後半をさらに三つに分けて内容を確認していこう。

《前半》

Ⅰ　中学進学の希望が断たれて悲嘆にくれる場面（冒頭～35行目）

昭和初期の千葉県市川市でのことである。義務教育終了間際の小学校六年生のクラスでは、進学をめぐり険悪な雰囲気が生じていた。成績優秀で進学を希望していながらも、そのことを父親に話せずにいた「ぼく」の家に、担任の林田先生が訪れた。（以上、リード文）

外で時間をすごした後、帰宅したときには林田先生の姿はなかった。気落ちした様子の母は「ぼく」を見ても何も言わなかった。そして、職人の子に教育は不要だと考えている父が「中学なんか、やるわけにいかねえぞ」（4行目）と「ぼく」に言い渡した。

「ぼく」の家では親子で話し合うという習慣はなく、一番大事な決定は父から一方的に宣告されるだけだった。こうした宣告は絶対的で変更されることはなかった。けれどもこのとき「ぼく」は必死の思いで、涙声ながら「なぜだよ、なぜだめなんだよ」（10行目）と叫んだ。しかし、父は「だめだったらだめだ」（12行目）と言い放ち、仕事場に行ってしまった。そして母に、成績優秀だった兄ちゃんが進学してないのに、「ぼく」だけを進学させるわけにはいかないとも言われ、反発すると「じゃ勝手におし。……自分で好きにやるがいい」（23・24行目）と、見離されてしまった。悲嘆にくれた「ぼく」は、江戸川の土手で腰をおろし、進学を認めてくれない両親を呪った。目に映る江戸川の風景は、「うちひしがれた」（29行目）「ぼく」とは関わりなく、いつもと少しも変わりがない。生まれてからずっと見続け、あきあきするほどなれ親しんだ風景を眺めているうちに、「ぼく」は、「その親しい眺め」（33行目）からも学校の級友たちからも隔たれてしまったような気がした。（**問2**関連）

《後半》

Ⅱ　「ぼく」の父に対する複雑な思い（37行目～47行目）

進学をめぐって父の考え方に反発したものの、「ぼく」は幼い頃から父が好きだった。そうでなければ、五歳の子供が、三キロも離れた父の仕事場まで一人で歩いていくことなどしないはずだ。「父は傲慢で無教養で暴力的だった」（38行目）が、そんな父と田舎へ行くのは、十歳の「ぼく」には楽しみだった。自分の仕事に自信と誇りを持つ父がいることは、「ぼく」には自慢だった。

しかしどれほど父が好きだとしても、明治時代の古い教育観や家族観を変えようともしない父が家長であるということは、「ぼく」にとって望ましいことではなかった。新興住宅地で新たに生じるさまざまな問題に直面しても、古い仕来りを守ろうとする父の考え方は無謀と言ってもよかった。気が弱く従順な兄とは違い、「ぼく」は中学進学をめぐって父の考え方に納得がいかず反発した。それ以降、幼い頃から本当に好きだった父と「ぼく」の関係は不幸で歪《ゆが》んだものになってしまった。

（問3関連）

Ⅲ　進学する友人に突然暴力をふるう場面（48行目〜72行目）

進学を断念させられたことで、「ぼく」は楽天的な少年から陰鬱な生徒に変わってしまった。いつも呑気《のんき》な級友の須藤にも、進学を望んでも許してもらえないといった、家庭の事情があることがわかったようだ。しかし、須藤が「ぼく」の絶望の深刻さを知るのは、その後「ぼく」が須藤に対していきなり殴りかかったときのことだ。「ぼく」にとって、その暴力事件は時間を経た今もなお、「記憶の底にあいた暗い穴として、思いだすたびにいても立ってもいられないような気持《きもち》」（52・53行目）にさせる出来事だった。

冬に近いある日、掃除当番を済ませた「ぼく」は、進学組の須藤が校庭で鉄棒の練習している姿を見た。須藤は練習に熱中し、きりっとした気配で実にいい顔をしていた。その彼を見ているうちに「ぼく」は突然わけのわからない狂暴さにつき動かされ、須藤に殴りかかった。自分でも卑怯《ひきょう》であさましいことをしていると自覚し、泣きながら須藤を殴り続けた。須藤は一瞬驚いたものの、相手が「ぼく」だとわかり、裏切られたような怒りで反撃し、「ぼく」を殴り続けた後、急に何ともいえぬ表情をしながら立ち去って行った。「ぼく」は自分の行為の理不尽さがよくわかっているだけに、みじめでやりきれなかった。「ぼく」と須藤は、「絵でも作文でも小説好きの点でも、いつも同じことをしてきた、分身といってもいい仲間だった」（70行目）。そうした「須藤を殴るのはまるで自分を殴るのと同じことだ」（70・71行目）と、さらに暗い気持ちに沈んでいった。

（問4関連）

Ⅳ　進学以外の道になじんでいく場面（73行目〜最終行）

昭和十一年の秋、父は初めて自分の持ち家を建てた。前に住んでいた西日のすぐかげる暗い長屋にくらべ、新しい家の周囲の景色は明るかった。また、近所はほとんどがサラリーマンの家庭で、それまで「おかみさん」と呼ばれていた母は、身なりに気をつけだし、近所の細君たちと同様に「奥さん」と呼ばれるようになった。

四十代半ばになった父は、職人として一番いい時期にさしかかっていた。仕事を次々と頼まれ、数人の職人が父の下で働いていた。戦争の進行に伴う軍需景気を背景に、サラリーマン層への貸家が盛んに新築され、その仕事により父は貧困から脱することとなったのである。

「ぼく」は、他の男女四十人ほどの生徒とともに、元の小学校の高等科に通いだしていた。みな、中学への進学ができず、仕方なしにこの教室に通っているという諦めと、仲間意識が醸し出されるのか、一種の人懐っこさを共有していた。教室で、一番熱心に教えられるのはソロバンで、毎日「ゴハサンデネガイマシテハ」（88行目）の声だけが真剣に繰り返された。一年後には「ぼく」を含めクラスの大半が珠算二級に合格したのだから、程度の高い実業教育だったことは間違いない。とはいえ、ソロバンの練習をしている間も、これは自分が本当にしたいことではないという思いが消え去ることはなかった。高等科の先生は、中学にいけなかった生徒に、ソロバンという社会に有用な技術を身につけさせようと必死だった。先生の熱意は、進学できない諦めから無気力になっていた生徒全員にもしみわたった。ソロバンという実用技術の習得に、それなりに真剣になりながらも、クラスには身を寄せ合う敗残兵のような雰囲気があった。「ぼく」はそうした「生ぬるい湯につかるように、その空気になじんでいった」（最終行）のである。（**問5関連**）

以上全体の流れを整理すると、次のようになる。

Ⅰ　「ぼく」は、職人の息子に教育など不要だと考える父に、中学進学の希望を断念させられ悲嘆にくれた。（**問2関連**）

↓

Ⅱ　「ぼく」は、幼い頃から職人気質の父が好きで誇りに思っていたが、進学をめぐる対立から、親子関係は歪んだものになってしまった。（**問3関連**）

↓

Ⅲ　「ぼく」は、進学できないがゆえの絶望から、自分の分身のような級友である須藤に理不尽な暴力をふるい、みじめな気持ちになった。（**問4関連**）

↓

Ⅳ　父は、初めて自分の家を持つことができ、軍需景気を背景に仕事も順調だった。一方「ぼく」は、進学できない他の生徒とともに、実用技術を身につけるための教育に次第になじんでいった。（**問5関連**）

【設問解説】

問1　語句の意味を問う問題　12　①　13　④　14　④

こうした設問では、まず語句の辞書的な意味を考慮しよう。その上で、文脈にも合っているかどうかを検討し選択肢を吟味するように。

(ア)の「すげなく」は、〈愛想がない、薄情であるさま〉を意味する。これに最も近い表現となっている①「冷淡に」が**正解**。他の選択肢はいずれも、語意に含まれている、〈相手に冷ややかに対している〉といったニュアンスが含まれていない。

(イ)の「うちひしがれた」は、〈勢いや気力を挫《くじ》かれたさま〉を意味する。④「気力を失ってうつろな」が語意や、両親に進学を否定され落ち込んでいる「ぼく」の表情（＝「目」）の描写として文脈にも合致するので、**これが正解**。他の選択肢はいずれも、〈勢いや気力を挫かれたさま〉という語意に合致しない。

(ウ)の「やみくもに」は、〈前後を考えずめちゃくちゃに〉という語意であり、これにぴったり合致する④「前後の見境なく」**が正解**。なお、ここで「見境」とは〈物事の見きわめ、判別〉という意味である。他の選択肢には、何らかの意図や思考・判断が含まれており〈前後を考えずめちゃくちゃに〉

という語意に反する。

問２　進学の希望を断たれた「ぼく」の心情を説明する問題

15　①

傍線部の「その親しい眺め」とは、一文前の「ぼくが生れて以来見つづけてきたあきあきするほどなれ親しんだ景色」（32行目）のことである。そうした「親しい眺めと自分との関係さえ断ち切れてしまったような気がする」（33・34行目）とあるので、傍線部の大意は、〈「ぼく」が周囲に対してある種の断絶や疎外感を抱くようになった〉ということになるだろう。ただここで注意すべきは、傍線部直後に「須藤や級長の大木やの顔も思い出され、かれらと自分のあいだにいまはっきりとどうしようもない線が引かれてしまったのをぼくは感じていた」（34・35行目）とあることだ。つまり、見慣れた景色だけではなく周囲の人々に対しても断絶感や違和感を抱くようになったのである。では、なぜ「ぼく」は周囲の世界にそうした感情を抱くに至ったのか？　それは、林田先生が家を訪れた後に、父からそして母にまで進学を諦めるように言われたからだ。「ぼく」は涙を浮かべながら、「こんなつらい目にあうくらいならいっそ生《うま》れてこなければよかった、なんでこんな家に生れて来たんだろう」（28・29行目）と両親を呪うほど落胆し、自分の家庭環境を嘆いた。そうした悲しみにうちひしがれて、見慣れた景色や同級生、いわば周囲の世界から断ち切られたように思えたのである。

以上の内容を整理すると、

a　中学進学の希望を父のみならず母にまで否定され、悲嘆にくれる

b　aにより、（景色や級友たちなど）なれ親しんだ周囲の世界との隔たりを感じる

となる。こうした内容を踏まえた説明になっている**①が正解**。

②について。「ぼく」が眺めているのは「なれ親しんだ景色」ではあるが、「自分に寄り添ってくれると思っていた風景」とまでいうのは、本文中に根拠のない説明である。また、「うらめしさを感じている」が、傍線部の「関係さえ断ち切れてしまったような気がする」という表現に合致しない。

③は、「いつも元気づけてくれていた景色」が、本文中からは読み取れない内容。

④について。「ぼく」が周囲の世界に隔たりを感じる理由は、親が進学を認めてくれないからである。「親にも理解されない自分の生い立ちのみじめさを悲観している」からではない。

⑤では、「自分を取り巻いてきた環境」に「甘えの気持ち」を持っていたことになるが、そうした内容は本文からは読み取れない。また、「親近感や甘えの気持ちまで捨て去ろうと感じている」とあるが、それでは自分から関係を断とうとしていることになり、傍線部の「断ち切れてしまったような気がする」という表現とはズレてしまう。

問3 父に対する「ぼく」の複雑な心情を説明する問題

16 ④

まず、傍線部の「本当は父が好きだったんだ」という言い回しに着目しよう。「好きだったんだ」は、「ぼく」がかつての心情の思い起こしていること、そして、「本当は父が好き」は、それ以外の気持ちがあることを含意した言い回しである。そうした言い回しに配慮しながら傍線部直後に注目しよう。

まず、「ぼく」が「父への愛着」（38行目）を抱いていたとある。また、「傲慢で無教養で暴力的だったが」（38行目）仕事に自信を持っている父が「自慢だった」（41行目）ともある。小さい頃「ぼく」は、職人気質の父が好きであり自慢に思っていたのである。しかしながら、父の考え方では「ぼく」の進学の希望が理解できず、「初めて本格的な父と子の闘争にならずにすまなかった」（46行目）のであり、それ以降「双方の関係を不幸な歪《ゆが》んだものにしてしまった」（46・47行目）のである。以上の内容を、職人気質の父に対しては「好き」以外の気持ち（＝中学進学を否定された不満）もある、しかし今から振り返ってみれば「本当は父が好きだった」という方向で整理すると、

a 「ぼく」の進学希望を認めてくれない父とは対立することになってしまった

b しかし、小さい頃は職人気質の父が好きで誇りに思っていた

c aではあるが、（幼い頃から）bであったことを認めざるを得ない

となるだろう。以上のa～cを含んでいる**④が正解**。

①は、「暴力的で融通が利かない父に対し不満な気持ちを抱いてきた」が間違い。父に不満を抱く理由は、「ぼく」の進学を否定したからである。また、「その感情（＝好意）に素直になることができている」も、進学をめぐって「一生涯双方の関係を不幸な歪《ゆが》んだものにしてしまった」（46・47行目）という本文の内容にそぐわない。

②は、「父と本当は理解し合いたいと思ってきた」が、本文に根拠のない説明である。また、選択肢全体の流れが、〈父は好きだが、……愛情を素直に認められない〉となっており、これでは〈（好きでないことがあるとしても）本当は父が好きだった〉という傍線部のニュアンスに適合しない。

③は、末尾の「今もなお捨てきれない親愛の情をもてあましている」が間違い。①と同様に、進学をめぐって「一生涯双方の関係を不幸な歪《ゆが》んだものにしてしまった」という本文の内容にそぐわない。

⑤は、末尾の「もう和解すべきだと自分に言い聞かせている」が、本文に何ら根拠のない説明である。

問4 突発的に暴力をふるった「ぼく」について説明する問題

17 ③

傍線部直前に「二人（＝「ぼく」と須藤）は絵でも作文でも小説好きの点でも、いつも同じことをしてきた、分身（＝自分と同一の存在）といってもいい仲間だった」とある。そ

れなのに「ぼく」は、須藤に対して「理不尽なひどい行為」(68・69行目)をしてしまったのである。こうした経緯を、もう少し詳しく見ていこう。

冬に近いある日の午後、「ぼく」は進学組に属している須藤が一人で鉄棒の練習に励んでいる姿を見た。須藤は練習に熱中し、「実にいい顔をして」(59行目)おり、いかにも充実した一時を過ごしているように見えた。進学の希望を断念させられ深く絶望していた「ぼく」は、いきなり須藤に殴りかかった。では、進学できない「ぼく」は、進学できる須藤を殴ることで気が晴れたのだろうか。むしろ逆である。いつも自分と同じことをしてきた須藤は、自分の分身ともいうべき存在である。その須藤を殴ることは自分自身を殴るに等しいふるまいである。だからこそ、「そんなこと(=理不尽な暴力をふるうこと)をせずにいられなかった自分がみじめで、やりきれなかった」(69・70行目)のであり、「ああこれで何も彼《か》も終りだ」(71行目)と、より暗く沈み込んだ気持ちになっていったのである。以上の内容を、「ぼく」の心情の流れに即して整理すると、

a 「ぼく」は、中学進学という希望が断たれ、深く絶望していた

b 希望通り進学組にいる須藤が、一人で鉄棒の練習をしていた

c 練習に熱中していた須藤は、いい顔をしていた(=充実していた)

d いきなり須藤を殴りつけたものの、自分の分身(=自分自身)を殴り、自分自身を否定するような気がした

となる。こうした内容を含んでいる**③が正解**。選択肢の前半がb・cに対応し、後半がa・dに対応している。

①について。「のびのびと鉄棒の練習をしていた須藤の姿」を見たがゆえに、深く絶望していた「ぼく」はやみくもな暴力をふるったのであって、「須藤の姿」が「快活だった過去の自分を思い出させ」たわけではない。また、「自分が今後沈んだ気持ちのまま生きていくことを決定的にしてしまう」も、本文中に根拠のないものである。

②について。後半の「大切な二人の関係を修復できなくすることで、自分を孤独に追い込む行為だった」が、傍線部の「自分を殴るのと同じこと」すなわちdの内容に合致せず間違い。

④は、まず、「目立つ場所で鉄棒の練習をしていた」が間違い。鉄棒の練習場所が「目立つ場所」であると断定する根拠は本文中にない。また、鉄棒を練習する「須藤の姿」が「呑気さのあらわれに思える」も間違い。ここではむしろ、「須藤は呑気坊主だが、あることに熱中すると……顔にきりっとした気配が流れ」(58・59行目)ているのである。

⑤について。須藤が掃除当番であるとは本文で示されていないので、「掃除もせずに鉄棒の練習」という表現はおかしい。また、須藤が「ぼく」の心情を考慮するといった約束を「ぼく」と交わしたという記述も本文中にはないのだ

から、須藤が自分の「心情を考慮しない、自分への裏切り」をしているという説明も間違い。むしろ、「ぼく」がいきなり須藤に殴りかかったことで、須藤は「裏切られた少年」（65行目）として「ぼく」に怒ったのである。

問5　進学できない現状になれていく「ぼく」の様子を説明する問題　18　③

まず、傍線部の「その空気」とはどのような雰囲気のことを指しているのか。また、「生ぬるい湯につかるように」というたとえには、どのようなニュアンスが含まれているのか。これらに注意しながら、傍線部と直接関わっている段落の内容を確認していこう。

中学への進学ができない「ぼく」や他の生徒たちは、元の小学校の高等科に通い、毎日教室でソロバンの練習をしていた。そこでの教育は、「クラスの大半が珠算の二級試験に合格」（89行目）することになるほど、「かなり程度の高い実業教育」（89行目）であった。また、先生の「中学にいけなかった生徒たちに社会有用の技術を身につけさせようとしている熱意は、無気力な生徒全員の心にしみ」（97・98行目）ていた。このようにクラスのみなが「肌をよせあう敗残兵のような空気」（98・99行目）のことを、傍線部では「その空気」と受けているのである。

では、「生ぬるい湯につかるように」というのは、どのような様子をたとえているのであろうか。「生ぬるい」というのは、熱くも冷たくもない、いわば中途半端な状態のことである。クラスのみなには、エリート養成機関である中学進学ができず「仕方なしにここへ来ているという諦め」（87行目）がある。したがって、クラスでの実用授業に情熱的に参加しているわけではない。とはいえ、社会に出るための実用技術を身につけさせようと頑張っている先生の「熱意」は、「心にしみ」ている。つまり、ソロバンの授業を冷ややかに受けているわけではない。こうした情熱的でもなければ冷ややかでもない、「ぼく」たちの様子を「生ぬるい湯につかるように」とたとえているのである。そして大切なことは、「ぼく」はそうした「生ぬる」さから逃れようとしているのではなく、「なじんでいった」ということ、つまり、「生ぬるい」現状を受け入れつつあるということである。

以上を整理すると、

a　中学に進学できない生徒たちは日々ソロバンの授業を受けている

b　生徒たちは一方で仕方ないという諦めの気持ちとなぐさめ合うような一体感を抱いている

c　他方で生徒たちは、社会での実用技術を身につけさせたいという先生の熱意を感じている

d　生徒たちは進学できないという不満を抱きながらも現状になじんでいった

e　強く希望していた進学を断念せざるを得なかった「ぼく」も次第に現状になじんでいった

となる。これらa～eの内容を踏まえた**③が正解**。

①は、「そこに（＝実用的な技術を身につけることに）将来の可能性を漠然とながら感じ始めていった」が間違い。「ぼく」がソロバンの習熟に将来の可能性を感じているということは、本文中に全く根拠のない説明である。

②について。たしかに中学に進学できなかった生徒たちは諦めの気持ちを抱いていた。しかし、c・dにあるように、先生の熱意もあり、しだいに現状になじんできているので、「抜け殻のようになれ合いの生活を送っていた」とまでは言い切れない。

④は、「志望を変更して高等科に通っているという羞恥心から、人目を避けるような生活が日常になっていった」が間違い。たしかに、「学校への行き帰りにもぼくは表通りを避け、裏通りを選んで通っていた」（92・93行目）と、人目を避けているようなことが述べられているが、その理由が「志望を変更して高等科に通っているという羞恥心から」であることを確定する根拠は本文中にはない。

⑤は、「実業教育を中心にした毎日の生活に居心地の良さを覚え始めていった」が間違い。「ぼく」は実業教育に対してあくまで「これは自分が本当にしたいことじゃない」（95行目）と感じている。また、「生ぬるい湯につかるように」（99行目）という傍線部のニュアンスにも合致しない。

問6 **本文の表現の説明として不適切なものを選ぶ問題**

19・**20** ④・⑤

こうした設問では、文学の専門家のような知識や読解力が要求されているわけではない。引用されている箇所とそれについての説明が、本文の内容に合致しているかどうかを照らし合わせて、選択肢を吟味すればよい。なお、年度によっては「適当なもの」を選ぶ場合もあるが、この設問では「**適当でないもの**」を選ぶように指示されていることを見落とさないように。以下、順番に選択肢を吟味していこう。

①について。2行目は、たしかに短文の連続になっており、しかも「ぼく」は、妹弟→母→父へと視線を移している。「ぼく」のそうした様子は、林田先生と父の間でどのような話がなされたのかを知ろうとしていることの現れとして読める。したがって、2行目が「その場の状況をうかがう『ぼく』の様子を伝えている」というのは、説明として適切である。

②について。37〜47行目では、父に対する「ぼく」の複雑な心情が述べられている。次に、48〜54行目では、中学に進学できない深い絶望感から須藤に暴力を振るったことが、暗い記憶として残っている「ぼく」の内面が示されている。そして、55行目からは、季節の風景や、校庭で鉄棒の練習をする須藤に「やみくもに」殴りかかった「ぼく」の行動や心情が具体的に描かれている。さらに、この暴力事件は「ぼくの絶望の深刻さ」（51行目）を示すものであり、「長いあいだ、記憶の底にあいた暗い穴として、思いだすたびにいても立ってもいられないような気持《きもち》にさせた」（52・53行目）とある。したがって、「このような記述は、事件が『ぼく』にとって特別な出来事であったことを示している」というのは

適切な説明である。

③について。46行目は、「文を途中で中止」している。また、46行目を含む段落は、「ぼく」が父との思い出を回想している場面であり、46行目はあえて省略した言い方をすることで、「ぼく」の父に対する心情に含みを持たせる表現になっている。したがって、「省略することによって、父との関係を振り返る『ぼく』の思いを、余韻を残しながら印象づけている」というのは適切な説明である。

④について。48〜54行目までの部分は、「ぼく」が小学生であった過去の自分を振り返っている場面なので、48行目で自分のことを「少年」や「生徒」と呼ぶのは、「自分を対象化」していると読み取ることは可能である。しかし、父によって中学への進学希望を断念させられ悲嘆にくれたことは48行目以前に述べられている。すなわち、「ぼく」が「陰鬱な生徒に変った」(48行目)理由は、すでに明示されているのである。そして48行目以降は、「ぼく」の絶望がどれほど深いものであるかが、級友須藤への暴力事件を通じて述べられているのである。したがって、48行目の描写が、「ぼく」が「陰鬱となった理由を分析しようとしている」というのは、不適切な説明であり、これが一つ目の正解。

⑤について。「ぼく」の近所の開発による変化については73行目以降に述べられている。ここでは、開発による地域の変化が「ぼく」の周囲、とりわけ父や家族にとっても好ましい影響を与えていることが述べられている。また、「ぼく」が開発による自然の改変に関して特に心配していることなど述べられてはいない。したがって、84行目の表現が、「住宅建設で近所の自然が徐々に破壊されていくことへの『ぼく』の危機感」のたとえだという説明は不適切である。したがって、これが二つ目の正解。

⑥について。88行目の「ゴハサンデネガイマシテハ」の直前には「来る日も来る日も」とあり、直後にその「声だけ(=音だけ)が真剣にくりかえされた」とある。つまり、「ぼく」は授業において発せられる声を、その意味よりも「くりかえされ」る「声(=音)」として聞いていたことが本文で述べられている。したがって、「ゴハサンデネガイマシテハ」という声が、「日々くりかえされる授業の単調さを印象づける効果を持っている」というのは、適切な説明である。

第3問　古文

【出典】

『鳥部山《とりべやま》物語』

成立年代　室町時代

ジャンル　室町時代物語（御伽草子《おとぎぞうし》）

作者　未詳

内容　主人公の民部《みんぶ》と弁君《べんのきみ》との悲恋の物語。民部は、自分の仕える和尚が都へ行くのに付き従って、武蔵国から上京し、そこで弁君と想い合う仲になるが、後に民部は和尚に従い帰郷した。民部と離ればなれとなった弁君は、恋しさのあまり重病になる。事情を知った弁君の両親は、弁君のめのとに、民部を連れて来るように指示する。めのとの訪問を受けて、民部は都に向かうが、明日は都に着くという日に、弁君の死の知らせをうける。民部は都で弁君の葬送に参列し、弁君の墓前で自害しようとしたが周囲に止められ、武蔵国にも帰らず仏道修行に励んだ。この物語の題名は、弁君が葬られた、「鳥部山」という地名によっている。

【全文解釈】

（めのとが）民部に対面して、「こうこうのことがございますのを、（あなたは）どうしていたわしいとは思われなさらないだろうか、いや、たいそういたわしく思われなさるだろう」と言うやいなや、まず涙にむせんだので、（それを）聞く（民部の）気持ちでは何も考えられない。しばらくして申し上げることには、「当然だよ。そういうこと（＝自分と弁君とが深い仲にあったこと）がございましたが、あれこれ世間がはばかられてはっきり言い出すことができないで過ごし、あなたにさえも知らせませんでしたが、今このように訪れていらっしゃることの恥ずかしさよ。私も都を出たときから少しの間（も弁君を）忘れ申しあげることはございませんが、誰もが自分の思い通りにならない生活で、むなしく今日までは過ごしてしまった。ひたすらな思いの次第を、聞くのもたいそう耐えがたくございます。どのようにでもして会いたいものです」と言って、すぐに立って（部屋を）出て、昔病気になったころ、たいそう懇切にいたわっ（てくれ）た仲間のもとに行ってだまして言うことには、「長年物思いの限りをつくして気にかけていた知人が、最近都に近いところまで上っておりますが、思いもよらず病になってこの世で（生きていられるという）期待も少なくなってゆくので、すこし話し合い申し上げたいことがあるので（自分の）命があるような間にもう一度（会いたい）と、急に告げてよこしております。ああ、あなたの取り計らいで三十日あまりの暇をいただいて、ただ一目（その知人を）見もし、（私の姿を）見せたい」と嘆くので、どうして難しいことがあろうかと言って、すぐに和尚へ申しあげたところ、もっともだからということでお暇をいただいた。

二人の者はとてもうれしいことだと思って、ちょうど時節は秋風の、涙を促す訪れ（のころ）で、虫も数多く鳴き声を添えて、草（を分けて行く）袂も露が深く（濡れて）、月が押し分けけ（てのぼ）る武蔵野を、まだ夜明け方に思い立っ（て出発し）た。次第に（進んで）行くと、富士の高嶺に降る雪も（積もり）、（その雪が、）積もる（弁君への）思いによそえられて、

なかなか消えない富士の深い雪になぞらえても、やはり長くあれと思う（弁君の）命であるよ。

など、（民部は）胸からあふれる言葉の数々を口ずさみながら進んで行くうちに、清見関の海辺で旅寝をし、涙がかかる独り寝の袖の上は、（衣の紐《ひも》が）ゆるんでもやはり安心して寝られないが、「海士の磯屋に旅寝して波のよるひる（＝漁師の磯辺にある家に旅寝をして、波が寄せて返す、夜も昼も人が恋しい）」と（昔の人が）詠んだのも、自分の身の上のことだと自然と思い知られて、並一通りではない悲しさは、また何に似ているだろうか、いや、その悲しみと同じようなものは何もない。

かえって物思いの限りを尽くす（あまり）に、先んじて私までも、波の泡が消えるように、（弁君に）会わないできっと消えてしまいそうだ。

どうしようもないつらさのあまり（の和歌）であろう。

日数も次第に重なるうちに土山という宿場に着いた。翌日は都へ（向かおう）と思い、喜び合っている中にも（弁君の状態はどうかと）いっそう気をもんでいるところに、都からといって手紙を持ってきた。ああどのように（したのか）と胸が騒いで、すぐに開けて見ると、

わずらっていた人は、日が経《た》つにつれて弱っていって、昨日の日が暮れようとするころに亡くなりました。

と（書いて）あるのを、見ると目の前が暗くなり心が乱れて、これはどう（したこと）かと夢のあたりの浮き橋を茫然と歩いている気持ちがした。民部は、涙の絶え間がないことにつけても、「もう一度（会えることへ）の期待ではるばる遠くまで気もそぞろになりながらやって来たのに、（私が都に着くまでの）一日二日を待たないで消えてしまった露（のような弁君の命）のはかないことよ。このようであろうと思っての予期（によるの）であろうか、（弁君は別れの際に）同じ限りの（命ならずは）と（「命」に言及して）嘆きなさったのだろう。そうであるから、私のために亡くなった人を、臨終の時にも一目も御覧にならない、あなたの心の中を推し量るのも嘆かわしく思われる。幼いころからお世話なさる人なので、どんなにかあっけないとお思いでしょう。私もここまでやって来たからには、急いで都へ上って、頼みとするものもなく嘆きなさるような父母のお心をもなぐさめ、また亡き人の葬儀をもとり行いたいと思います」と申しあげたところ、（めのとは）「めったにないほどありがたい御心で（ございます）。こうまでおっしゃるからには（私には）何の恨みがあるでしょうか、いや、ありません。ただ亡き人の命のはかなさが、いずれにしてもどうしようもない（ほど悲しい）」と言って、再び泣き沈んだ様子は、たいそうこの上なくはなはだしい。民部もとぎれとぎれに鼻をかんで、「人に先立たれ自分が先立つはかなさはこの世一般の宿命であるが、このような例は聞き慣れない」と嘆きながら、翌日の日が暮れようとするころに都に着いた。

【設問解説】

問1 **短語句の解釈の問題** 21 ② 22 ④ 23 ①

センター試験の古文の**問1**は、例年、短語句の解釈を問う問題が三問出題される。まずは、古語の意味と文法事項に留意して、逐語訳をすることが大事である。しかし、文脈を踏まえて意味判断をしなくてはならない場合もあるので、普段から、文脈をよく考えた上で解釈をするように心がけたい。

(ア) しるく言ひ出づることのかなはで

「しるく／言ひ出づる／こと／の／かなは／で」と単語に分けられる。「しるく」は、形容詞「しるし」の連用形、「かなは」は動詞「かなふ」の未然形である。これらを含め、解釈のポイントになる語は、次の通りである。

しるし（ク活用形容詞）
1 はっきりしている。明白だ。
2 （多く「～もしるく」の形で）～の通りだ。

かなふ（ハ行四段活用動詞）
1 （「～にかなふ」の形で）適合する。
2 望み通りになる。
3 できる。
4 匹敵する。
※3・4は多く打消表現をともなう。

で（接続助詞）
1 ～ないで。
＊打消接続の用法

選択肢のうち、「しるく」を正しく訳出しているのは②「はっきり」（前記1）のみで、さらに、②は「かなはで」を「できないで」としており、この部分の解釈も正しい（前記「かなふ」3）。以上のことから、**正解は②**とわかる。

傍線部は、弁君の危篤を知らされた民部の、めのとに対する発言部分にある。自分と弁君との仲について説明した上で、世間をはばかって口にすることができなかった、と述べる場面であり、②の解釈は文脈にも合う。

(イ) いとど心やましきに

「いとど／心やましき／に」と単語に分けられる。「心やましき」は形容詞「心やまし」の連体形である。

いとど（副詞）
1 ますます。いっそう。

心やまし（シク活用形容詞）
1 不愉快だ。
2 気がもめる。いらいらする。
3 後ろめたい。

選択肢のうち、「いとど」の意味に該当するのは、②「ますます」、④「いっそう」である。次に「心やましき」の意味に該当するのは、④「気をもんでいる」（前記2）、⑤「後ろめたい」（前記3）で、以上のことから、**正解は④**とわかる。

傍線部は、翌日には弁君のいる都へ到着できるという所まで来たときの、民部の心情を描写している部分である。都が近くなってめのとと喜びあう中にも、早く弁君のもとへ行きたいという思いが募る場面であり、④の解釈は文脈にも合う。

(ウ)　**いかばかりかあへなしと思ひ給はむ**

「いかばかり／か／あへなし／と／思ひ／給は／む」と単語に分けられる。重要語は「いかばかり」「あへなし」「給は」である。

> **いかばかり**（副詞）
> 1　どんなに。どれくらい。どれほど。
> **あへなし**（ク活用形容詞）
> 1　どうしようもない。
> 2　張り合いがない。
> 3　あっけない。はかない。
> **給ふ**（ハ行四段・下二段活用動詞）
> 1　お与えになる。《尊敬の本動詞》
> 2　～なさる。お～になる。《尊敬の補助動詞》
> 3　～（ており）ます。《謙譲の補助動詞》
> ※1・2は四段活用、3は下二段活用。

選択肢のうち、④「本当に」以外は「いかばかり」を正しく解釈している。次に「あへなし」の意味に該当するのは、①「あっけない」、④「どうしようもない」である。「給は」は、四段活用で、「思ひ」に敬意を添えるので、前記2の尊敬の補助動詞であり、「思ひ給は」の部分は、「拝察いたし」と、「推察する」の謙譲表現の②以外は正しく解釈している。

以上のことから、**①が正解**である。

傍線部は、弁君の死を知った民部が、めのとに話しかける部分にあり、①の解釈は文脈にも合う。

問2　**文法問題**　24　⑤

センター試験の古文の**問2**は、例年、助詞・助動詞などの意味や識別、敬語の種類と敬意の方向などが問われるが、'18年度追試験では、敬意の対象を問う問題が出題された。助詞・助動詞や敬語について、しっかり学習をすすめることが必要である。

まず、敬語の種類と敬意の対象の関係について確認しよう。

> **敬意の対象**（「誰へ」敬意を表しているか。）
> ①　尊敬語……動作の主体へ。
> ※「誰が」その動作を行っているかを考える。
> ②　謙譲語……動作の受け手へ。
> ※「誰に」その動作を行っているか、あるいは「誰を」相手にその動作を行っているかを考える。
> ③　丁寧語……聞き手・読み手へ。
> ※　地の文では読者、会話文・手紙文ではその聞き手・読み手。

では、各波線部を見ていこう。

a　今かうたづね来たり給ふこと

aの「給ふ」は、直後に体言の「こと」があるので連体形で、四段活用であることから、尊敬語である。また、ラ行四段活用動詞「来たる」の連用形「来たり」に続いているので、補助動詞である（問1(ウ)の【設問解説】も参照）。尊敬語の場合は、動作の主体を敬うのだから、「たづね来たり」の主体が誰かを考えるとよい。**a**は、めのとに対する、民部の発言部分にある。この場面で「たづね来」たのは、リード文からも、めのとであることは明らかであり、「給ふ」はめのとに対する敬意を表している。

b　我も都を出でしより片時忘れ参らすることは侍らねど

bの「参らする」は、サ行下二段活用動詞「参らす」の連体形である。ここはラ行下二段活用動詞「忘る」の連用形「忘れ」に続いているので、謙譲の補助動詞である。謙譲語は動作の客体を敬うから、「誰を」忘れることはない、と言っているのかを考えるとよい。**b**は**a**と同様に、民部の発言中にあり、「忘れ」の主語は、文の冒頭に「我」と示されている。民部が弁君と深い仲にあったことを考えれば、ここは民部が、都を出たときから少しの間も「弁君を」忘れないと言っていると考えるのがふさわしい。よって、「参らする」は**弁君に対する敬意**を表している。

c　今一度と、とみに告げこし侍り。

cの「侍り」は、サ行四段活用動詞「告げこす」の連用形「告げこし」に続いているので補助動詞で、補助動詞として用いられる「侍り」は丁寧語である。**c**は、民部が同朋に話しかける会話文中にあり、会話文中で用いられる丁寧語は聞き手への敬意を表すから、「侍り」は、**聞き手である同朋に対する敬意**を表している。

d　今はの際にさへ一目見給はぬ、そこの心の内推しはかるもうたておぼゆ。

dの「給は」は、四段活用で、マ行上一段活用動詞「見る」の連用形「見」に続いているので、**a**同様、尊敬の補助動詞である。尊敬語であるから、「見」の主体に対する敬意を表している。ここは、弁君の死の知らせを受けた民部の、めのとに対する発言部分にある。「今はの際」とは「臨終の時」の意で、ここは弁君の臨終の時を言う。「見」の主語を判断する手がかりは、「そこ」である。「そこ」は場所や事柄を指す場合もあるが、「あなた」の意で人を指すこともある。「そこの心の内」とあるから、「そこ」は「あなた」の意だと考えるのがふさわしい。よって、ここは「御覧にならない、あなたの心の中」と解釈でき、「見給はぬ」の主体は「あなた」、すなわち、めのとであるから、「給は」は**めのとに対する敬意**を表している。

以上、**a**〜**d**を正しく示している**⑤が正解**である。

問3　内容説明の問題　25　⑤

傍線部の「いとま」は、「時間的な余裕。休暇。離別」などの意の名詞である。「賜り」はハ行四段活用動詞「賜る」の連用形で、ここは「いただく」の意。民部は、（注2）に示されているように和尚に仕える身であり、「いとま」をもらって、その後、弁君のいる都へ向かったのである。そのことを踏まえると、「いとま」は「休暇」といった意だと考えるのが適当である。では、民部はどのようにして休暇を得たのか、第一段落で、民部がめのとから話を聞いた後の展開を確認しよう。

Ⅰ　聞く心地ものもおぼえず。……「さればよ。……いかにもしてあひ見侍らむ」とて、

民部はめのとの話を聞き、「なんとかして弁君に会いたい」と言う。

Ⅱ　やがて立ち出でて、……同朋のもとに行きてたばかるやう、

「たばかる」は「だます」の意。民部は、自分と同じく和尚に仕える仲間のもとへ行き、仲間をだましたのである。その時の言葉が、「年ごろ」以下に示されている。

Ⅲ1　「年ごろ心づくしに思ひ置きつるゆかりの者、このほど都近きところまで上り侍るが、はからざるに病にをかされて世の中も頼み少なになりゆくままに、

『ゆかりの者（＝知人）』が、都近くまで上っているが、病気になり、治る見込みも少なくなっている」と言う。弁君については、知人という説明をしている。

Ⅲ2　そと聞こえあはすべきことのあれば命のあらむほど今一度と、とみに告げこし侍り。

「そと聞こえあはすべきことの……今一度」の部分は、「告げこし」た内容にあたる。「言いたいことがあるから、生きているうちにもう一度会いたい」と、知人が自分に言ってよこした、と説明する。

Ⅲ3　あはれ、そこのはからひにて三十日あまりのいとま賜りて、ただ一目見もし、見えばや」と嘆くを、

「同朋の計らいで、三十日ほどの休暇をいただいて、危篤の知人に一日会い、自分の姿も見せたい」と言って民部は嘆く。

Ⅳ　いかで難かるべきとて、やがて和尚へ聞こえ奉りければ、

「いかで難かるべき」は、前記Ⅲ3の民部の言葉に対する、同朋の返答である。「いかで」は反語で、同朋は、難しいことではないと、民部の意向を和尚に伝えた。「聞こえ」の主体は、民部ではなく同朋であることに注意したい。

Ⅴ　ことわりなればとて

「ことわりなれば」は、同朋の話を聞いた和尚の返答である。和尚は、それも道理だと了承する。

以上の内容を踏まえて正しく説明している**⑤が正解**である。「病気で命も危うい知人が」は前記Ⅲ1に、「死ぬ前にもう一度自分に会いたがっていると」は前記Ⅲ2に、「民部は同朋を通して和尚に伝えた」は前記Ⅲ3・Ⅳに、それぞれ合致する。

①は、「相談に乗った、その見返りとして、同朋に……休みを譲ってくれと民部は交渉した」が不適当である。同朋については、前記Ⅱの箇所に「昔なやめるころ、いとまめやかになぐさめける」とあるが、マ行下二段活用動詞「なぐさ

む」は「気持ちを晴らす。なだめる」の意であって、「相談に乗る」の意はない。また、前記Ⅲ3で見たように、民部は同朋に「休みを譲ってくれ」とは交渉していない。

②は、まず「同朋と和尚に……懇願した」が、前記Ⅲ3・Ⅳの内容と異なっている。民部は和尚には直接頼んではいない。また、「都に残してきた愛する人」は、事実としてはその通りだが、前記Ⅲ1のように、民部は、弁君のことを「このほど都近きところまで上り侍る」「ゆかりの者（＝知人）」だと説明している。

③は、「和尚をあざむくために協力してもらえないか」が不適当である。前記Ⅱにあるように、民部はそもそも同朋をあざむいている。

④は、「都を一目見るための手助けをしたい」が前記Ⅲ2・3の内容と異なっている。民部が、「いとま賜りて、ただ一目見もし、見えばや」と言うのは、「知人に一目会う」ということである。「見え」は、ヤ行下二段活用動詞「見ゆ」の未然形で、「見える。見られる。見せる。会う」などの意があるが、後に続く「ばや」が、「〜たい」と訳す自己の願望を表す終助詞であることから、「見えばや」は、「（自分の姿を）見せたい」などと解釈するのがふさわしい。

問4　和歌についての説明の問題　26　②

センター試験の古文では、和歌に関する説明問題は頻出なので、怠ることなく和歌の学習を進めておきたい。

和歌の解釈においては、次の点に注意する必要がある。

・和歌の詠み手や、詠まれた状況を確認する。
・句切れに注意しながら、一語一語丁寧に訳をする。
・本文の内容を踏まえて、主語や目的語、指示語の内容など、必要な語句を補う。修辞にも注意する。

Ⅹの和歌は、民部とめのとが都に向かう途中、富士山に積もる雪を見て詠んだものである。詠み手は明示されておらず、設問でも問われてはいないが、歌の前後に「積もる思ひ」「胸よりあまることども口ずさみつつ」などとあることから、民部の詠んだ歌かと考えられる。和歌は次のように句に分けられ、句切れはない。

消えがたき／富士のみ雪に／たぐへても／なほ長かれと／思ふ命ぞ

「たぐへ」は、ハ行下二段活用動詞「たぐふ」の連用形で、「一緒にいさせる。伴わせる。なぞらえる」などの意。「長かれ」は、ク活用形容詞「長し」の命令形。「たぐへ」は多義語なので、文脈に合わせて訳すことにして全体を逐語訳すると、「消えがたい富士の深い雪に『たぐへ』ても、やはり長くあれと思う命だ」となる。「消えがたい」、すなわち「長くある」深い雪に「たぐへ」ても、命が長くあれと願う、ということだから、「たぐへ」は「なぞらえる」の意味と考えるのがふさわしい。そして、ここで「長くあれ」と思う「命」とは、危篤に陥っている弁君の命であるから、それを踏まえて解釈すると、次のようになる。

なかなか消えない富士の深い雪になぞらえても、やはり長くあれと思う弁君の命であるよ。

では、選択肢のうち、Xの説明を見ていこう。

①・②・③は、歌の内容説明として適当である。

④は「たぐへ」を「伴わせる」の意でとって「連れてきて」と説明している点、「なほ長かれ」を「ゆっくり養生させたい」と説明している点が、不適当である。

⑤は、「弁君の長命を願う思いの深さ」が「富士に積もった雪になぞらえて表現されている」とする点が不適当である。前述のように「なかなか消えない富士の深い雪」に「弁君の命」をなぞらえているのである。

次にYの和歌は、民部とめのとが清見関に来た時のもので、X同様に民部が詠んだものと思われる。次のように句に分けられ、これも句切れはない。

なかなかに／心づくしに／先立ちて／我さへ波の／あはで消えなむ

「なかなかに」は「かえって」の意の副詞、「心づくし」は「物思いの限りを尽くすこと」の意の名詞。「先立ち」は、「先に行く。先に行動を起こす。先に死ぬ」といった意のタ行四段活用動詞「先立つ」の連用形。「あは」は、直前に「波の」とあるので「泡」と考えることができるが、直後に、未然形に接続する接続助詞「で」があることから、動詞の意味が掛けられていると考えられる。ここは民部が弁君に一目会いたいと都に向かう場面であるから、「あは」は「会は」だと解釈するのがふさわしい。末尾の「なむ」は、直前の「消え」がヤ行下二段活用動詞の未然形、または連用形なので、接続から判断することができない。その場合は意味が文脈に合うものを選ぶ。「消え」が未然形だと考えるなら、「なむ」は他への願望を表す終助詞で、「〜てほしい」と訳すことになるが、「消え」の主体は自分自身なのだから、「我さへ……あはで消えなむ」を「私までも……会わないで消えてほしい」と解釈することは適当でない。よって、「消え」は連用形で、「な」は強意の助動詞「ぬ」の未然形、「む」は助動詞「む」の終止形である。また、この「む」を意志ととると、「あはで消えなむ」は「会わないで消えてしまおう」ということになって、弁君に会いたいと思う民部の気持ちとは反する。この「む」は推量の意ととるのが適当である。

以上を踏まえて解釈すると、次のようになる。

かえって物思いの限りを尽くす（あまり）に、先んじて私までも、波の泡が消えるように、弁君に会わないできっと消えてしまいそうだ。

では、選択肢のうち、Yの説明を見ていこう。

①は、「中途半端に」「自分が身代わりに死んでしまいたい」が不適当である。民部は「中途半端に」心配をしているわけではないし、「身代わりに死」にたいとも思っていない。

②のYの説明は適当である。

③は、「再会をはたす前にいっそ死んだ方がましだ」が不適当である。弁君に会うために都へ向かう民部が死を望んでいるとは考えられない。

④は、「気苦労を消し去ってほしい」が不適当である。「消え」の主語は「我」であって気苦労ではないし、前述のように、「なむ」は「〜てほしい」と訳す願望の終助詞ではない。

⑤は、「それ（＝弁君の長命）がかなわぬ願いならば」という条件が歌から読み取れず、さらに、「再会のあかつきにはいっそ二人で」が「先立ちて我さへ」に反し、「死んでしまいたい」が死を望んでいることになる点も不適当である。

以上のことから、②が正解である。

問5　理由説明の問題　27　②

傍線部の「侍ら」は丁寧の本動詞「侍り」の未然形、「む」は推量の助動詞。「か」は疑問・反語の係助詞で、「か」が疑問であれば「何の恨みがあるでしょうか」、反語であれば「何の恨みがあるでしょうか、いや、ありません」となる。いずれがふさわしいか、また、めのとがそう考えた理由は何かを考えるには、直前の民部の発言と、それを受けての、傍線部を含むめのとの発言を丁寧に見ていく必要がある。

民部の発言は、弁君の死の知らせを受けてのものである。

Ⅰ　**「今一度の頼みにこそはるばるたどり来しに、……同じ限りのとは嘆き給ひにけむ。**

「頼み」は「会えることへの期待」、「一日二日を待たで消えにし」とは、翌日には都に着きそうなのに、それを待たずして弁君が亡くなったことを言う。「あらまし」は「予期」の意で、弁君が、こうなることを予期して、別れの際に「命」に言及したのだろうか、と民部は考える。

Ⅱ　**されば、我ゆゑむなしくなりし人を、……そこの心の内推しはかるもうたておぼゆ。**

民部を恋しく思うあまりに亡くなった弁君を、臨終の時に一目見ることもできなかっためのとの心中を推し量るのも、つらく思われる（この箇所の解釈については、**問2d**の**【設問解説】**も参照）、と民部は続ける。

Ⅲ　**むつきの中より見そなはし給ふ人なれば、いかばかりかあへなしと思ひ給はむ。**

「見そなはし」は、「御覧になる」の意のサ行四段活用動詞「見そなはす」の連用形。「むつきの中より見そなはし給ふ人」は、「幼いころから御覧になる人」と逐語訳できる。弁君が亡くなり、前記Ⅱでは、弁君の育て役であっためのとの心中を推察していることから、「むつきの中より」とは、「弁君が幼いころから」の意、「御覧になる人」とは「お世話なさる人」の意で、この「人」はめのとを指すと考えるのが適当である。弁君を、その幼いころから世話をしてきためのとは、弁君の死を、どんなにかあっけないと思っているだろう（この解釈は、**問1(ウ)**の**【設問解説】**も参照）と、めのとのつらい心中を思いやっている。

Ⅳ　**我もこれまで立ち越えし上は、……亡き人の後のわざをもいとなみ侍らばや」**

「後のわざ」は、直前に「亡き人の」とあるから、「葬儀」のことだとわかる。民部は、自分もここまで来たからには、急いで上京して、弁君の両親の心を慰め、亡き弁君の葬儀もとり行いたい、と述べる。

これを受けての、傍線部**B**を含むめのとの発言を確認しよう。

Ⅴ　**ありがたき御心にこそ。かくまでものし給ふ上は何の恨**

みか侍らむ。

「かく」は「このよう」の意で、直前の民部の発言内容を指すと考えてよい。前記Ⅰ〜Ⅳで見たように、民部は、めのとの心中を思いやり、弁君の両親を慰め、葬儀も行うと言っている。よって、「ありがたき御心」とは、そのような民部の心がめったにないほどありがたい、ということだとわかる。「ものし」は、サ行変格活用動詞「ものす」の連用形で、文脈に応じた訳が必要であるが、ここは「言ふ」の意味で捉え、「かくまでものし給ふ上は」を「こうまでおっしゃるからには」と解釈すると文脈に合う。よって、それに続く「何の恨みか侍らむ」の「か」は反語で、弁君が民部恋しさで病となり命を落としたのであっても、「何の恨みもございません」と言っているのだとわかる。

選択肢のうち、以上を踏まえた説明をしている②が正解である。「めのとを気遣い」は前記Ⅱ・Ⅲに、「急ぎ上京して、弁君の葬儀のとりしきりや傷心の両親を慰めることを申し出る」は前記Ⅳに、「そのことに誠意を感じた」は前記Ⅴに、それぞれ対応する。

①は、まず「嘆く両親のために養子となって弁君の後を継ぐことを承諾する」が不適当である。前記Ⅳで述べたように、この「後のわざ」は葬儀のことで、「養子となって弁君の後を継ぐこと」ではない。よって、めのとが「そのことに育て役として気の晴れる思いがした」というのも不適当である。

③は、まず「めのとより、自分の方が弁君への愛情が深かったとほのめかす」が不適当である。民部は、自分の弁君への思いは前面に出さず、前記Ⅱで述べたように、めのとの心中を思いやっている。よって、めのとが「そのことを哀れに感じた」というのも不適当である。

④は、「東国での民部は弁君への想いを断ち切ったはずだった」ということは本文から読み取ることができない。東国にいてめのとの訪問を受けた時に、「弁君への想いやその身を案ずる気持ち」があったことは、第一段落の内容から明らかである。したがって、それが「都への道中では……次第に強まっていく」というのも本文から読み取ることができない。

⑤は、全体が本文の内容に即しておらず、不適当である。民部は、自分のせいで弁君が亡くなったと思って本心から悲しんでいるし、和尚をだましたのは「和歌の名所をめぐるため」でも「同朋とともに」でもない。さらに、「罪の意識が希薄である」や、めのとが民部の「態度に不快感を覚えた」も不適当である。

問6　**本文の内容・表現の説明の問題**　28　④

センター試験の古文では、問6に、本文全体の内容に関する問題が出題されることが多い。また、内容だけではなく表現について問われることもあるが、選択肢を検討するにあたっては、まず内容の説明として間違っている箇所がないかを確認していくほうが確実である。限られた時間の中で正解するには、選択肢が本文のどの部分を踏まえたものかをつかみ、本文の該当箇所に戻って、選択肢と本文の内容を照らし合わせていこう。今回の設問は、「**適当でないもの**」を選ぶことにも注意が必要である。

①は、第一段落の内容を踏まえた説明で、適当である。本文冒頭で、めのとは「かうかうのこと侍る」と言う。「かうかうのこと」とは、リード文の内容も考え合わせると、「弁君の病状やその切実な思い」であろうと思われる。それに対して、民部は、自分と弁君とが深い関係にあったことを認め、「そこ（＝あなた）にさへ知らせ侍らざりしを、今かうたづね来たり給ふことの面伏せさ（＝恥ずかしさ）よ」と言う。そして、都へ行くために、同朋をだまして、和尚に休暇をもらえるように伝えてもらった。これが「弁君との再会をはたすべく、すぐに上京できるように画策する」にあたる。

②は、第二段落の内容を踏まえた説明で、適当である。「五音・七音を基調としたリズムある文章でつづられている」は、第二段落の「秋風の／涙もよほす／おとづれに、虫も数々／鳴きそへて、草の袂も／露深く、月押し分くる／武蔵野を、／まだ東雲に／思ひ立ちぬ」の部分の説明として正しい。ここだけが五七調になっていることで、他の部分とは「文章の調子に変化が与えられ」ているし、それによって五七調の部分に描写された「秋の風情と民部たちの哀感」が、「より印象的に描き出されている」とも言えるであろう。

③は、第二段落の内容を踏まえた説明で、適当である。第二段落2行目「富士の高嶺に降る雪も、積もる思ひに」の「積もる」は、直前に「雪も」とあることから、「（雪が）積もる」の意と捉えられるが、さらに後に「思ひ」と続くことから、弁君への「積もる（思ひ）」をも表している。すなわち、「積もる」が二重に働くことで、選択肢にあるように「『富士の高嶺に降る雪』から『積もる思ひ』が導かれ」ているのである。

第二段落5行目「波のよるひる」については、（注6）に示されている、典拠となる和歌を参考に考えよう。和歌は次のように句に分けられ、句切れはない。

藻塩焼く／あまの苫屋に／旅寝して／波のよるひる／人ぞ恋しき

「よるひる」は、直前に「波の」とあるから、「寄る干る（＝寄せて引く）」と解釈できるが、後に「人ぞ恋しき」と続くので、「夜昼」の意が掛けられており、夜も昼も人が恋しいという心情を詠んだ歌だとわかる。本文では、その和歌が「我が身の上に思ひ知られ」た、というのだから、「夜も昼も弁君の身を案ずる気持ち」が表されている、と考えられる。このように、富士山の雪や清見関の波といった自然の景物が二人の心境に重なる表現で描かれているのだから、「民部とめのとの道中は、その景物が二人の心境に重なる表現で描かれている」というのも適当である。

④は、「自らも後を追うことで、夢の浮き橋を渡って弁君のもとにたどり着きたいと思い始める」が、本文第三段落の内容と異なっており、**適当でない**。民部は、別れ際の弁君の、死んでも離れたくない思いを訴える「同じ限りの命」という言葉を思い出してはいるが、だからといって弁君の後を追って死のうと思ったということは、本文から読み取ることはで

きない。第三段落4行目「これやいかにと夢のわたりの浮き橋をたどる心地なむしける（＝これはどうしたことかと夢のあたりの浮き橋を茫然と歩いている気持ちがした）」とは、弁君の死が現実と思えず、夢の中にいるような気がしたことを言ったものである。

⑤は、本文第三段落の内容を踏まえた説明で、適当である。第三段落1行目に「明くる空は都へと心ざし、よろこびあへる」とあり、明日都に到着できると思って、民部とめのとは喜び合っているが、弁君が亡くなったと知り、めのとは「『……ただ亡き人の命のもろさこそ、とにもかくにもせむ方なけれ』とて、また泣き沈」んだ。「弁君がはかなく逝ってしまい、明日にも対面できると思っていためのとは涙に沈み」はここに該当する。民部は「後れ先立つはかなさは大方の世のさがなれど、かかるためしこそ聞きもならはね」と嘆いており、ここが「人との別れは運命だと頭ではわかっていてもなかなか受け入れがたいと民部も嘆く」に該当する。そして本文末尾に「都になむ着きぬる」と、二人が都に着いたことが書かれて終わる。

以上から、**④が正解**である。

第4問　漢文

【出典】

顧炎武《こえんぶ》『日知録《にっちろく》』。顧炎武（一六一三〜一六八二）は明末清初の人で、元の名は絳《こう》、字《あざな》は忠清であったが、清代にはいって名を炎武、字を寧人と改めた。亭林と号した。清朝に対して抵抗し、反清運動に身を投じた。物事の根拠を明示した上で議論を進めようとする清朝考証学の祖とされている。『日知録』は、世事、芸文、地理などさまざまな事象について、顧炎武が考察を加えたものである。

【本文解説】

本文は誕生日のお祝いの意義と変遷について述べたものである。

第一段落では、まず『顔氏家訓』の記事を紹介している。『顔氏家訓』には、江南では子供が生まれて一年経《た》つと親が子供の素質や志向を調べる「試児」という行事を行い、その後、親が生きていれば誕生日に宴席を設けるのだが、教養のない連中は、親が亡くなっても悲しみ悼むことなく誕生日に宴席を設けるのだと書かれている。また、梁の孝元帝が誕生日に行っていた「斎講」という行事が、母親が亡くなるととりやめたとあることも引き、誕生日のお祝いが斉・梁の時代に起こったのだと筆者は述べている。

第二段落では、唐、宋の時代以降、誕生日のお祝いは天子から庶人まで、広く盛大に行われるようになったと記されている。

しかし、自分を生んでくれた親を思い、生きていることに感謝するという昔の誕生日のあり方からは遠く離れてしまっている、と結んでいる。

【書き下し文】

生日《せいじつ》の礼《れい》は、古人《こじん》に無《な》き所《ところ》なり。『顔氏家訓《がんしかくん》』に曰《い》はく、「江《かう》南《なん》の風俗《ふうぞく》、児《こ》生まれて一期《いつき》、為《ため》に新衣《しんい》を制《つく》り、盥浴装飾《くわんよくさうしよく》す。男《をとこ》は則《すなは》ち弓矢紙筆《きゆうししひつ》を用《もち》ひ、女《をんな》は則《すなは》ち刀尺鍼縷《たうしやくしんる》あり、並《なら》びに飲《いん》食《しよく》の物《もの》、及《およ》び珍宝服玩《ちんはうふくぐわん》を加《くは》へ、之《これ》を児《こ》の前《まへ》に置《お》く。其《そ》の意《い》を発《はつ》して取《と》る所《ところ》を観《み》、以《もつ》て貪廉智愚《たんれんちぐ》を験《ため》す。之《これ》を名《な》づけて試児《しじ》と為《な》す。親表聚集《しんへうしゆうしふ》すれば、因《よ》りて宴会《えんくわい》を成《な》す。茲《こ》れより以後《いご》、二親《じしん》若《も》し在《あ》れば、此《こ》の日《ひ》に至《いた》る毎《ごと》に、常《つね》に飲食《いんしよく》の事《こと》有《あ》り。無《む》教《けう》の徒《と》は、已《すで》に孤露《ころ》たりと雖《いへど》も、其《そ》の日《ひ》は皆《みな》供頓《きようとん》を為《な》し、酣《かん》暢《ちやう》声楽《せいがく》し、感《かん》じて傷《いた》む所《ところ》有《あ》るを知《し》らず。梁《りやう》の孝元《かうげん》年少《ねんせう》の時《とき》、八月六日《はちぐわつろくじつ》、載誕《さいたん》の辰《しん》毎《ごと》に、嘗《つね》に斎講《さいかう》を設《まう》く。阮脩容《げんしうよう》の薨《みまか》りて後《のち》より、此《こ》の事《こと》亦《ま》た絶《た》ゆ」と。是《こ》れ此《こ》の礼《れい》は斉梁《せいりやう》の間《かん》より起《お》こる。

唐宋《たうそう》以後《いご》に逮《およ》び、天子《てんし》より庶人《しよじん》に至《いた》るまで、此《こ》の日《ひ》を崇飾《すうしよく》せざる無《な》く、筵《えん》を開《ひら》き客《かく》を召《め》し、詩《し》を賦《ふ》し寿《じゆ》を称《しよう》す。而《しか》るに昔《せき》人《じん》の本《もと》に反《かへ》り生《せい》を楽《たの》しむの意《い》に於《お》いて、之《これ》を去《さ》ること遠《とほ》し。

【全文解釈】

誕生日のお祝いの儀式については、昔の人（の例に）はなかった。『顔氏家訓』に書いてある、「江南の風俗では、子供が生まれて一年経つと、その子のために新しい衣服を作り、体を洗ってやり着飾らせる。男（の子）は弓、矢、紙、筆を用意し、女（の子）はハサミ、物差し、針、糸を用意し、さらに飲食物、そして珍品に宝石、装飾品やおもちゃをそなえて、それらを子供の目の前に置く。その子が自発的に手にするものを見て、そうやって貪欲か無欲か知恵があるか愚かかを見極めるのである。これを『試児』と言う。親戚が集まって、そこで宴を催すのである。その後、両親が健在であるならば、誕生日になるたびに、きまって飲み食いするのである。教養のない連中は、親を亡くしてしまっていても、誕生日になると必ず酒を出して客をもてなし、酒を飲んでくつろぎ、歌や楽器の演奏に興じて、亡き親への思いからくる悲しみに浸ることなど、考えもしない。梁の孝元帝は若いころ、八月六日の、誕生日がくると、きまって斎講を催していた。生母の阮脩容が亡くなってからは、斎講を催す習慣をやめたのである」と。つまり（誕生日についての）このお祝いの儀式は斉、梁の時代に起こったのである。

唐、宋以後になると、天子から庶人まで、みな誕生日を立派に飾り立てるようになり、宴席を設け客人を招き、詩をよみ長生きをお祝いする。しかし昔の人がもともとの姿に立ち返り生きていることを喜びと考えていた（＝自分を生んでくれた両親に思いをはせ、そのおかげで生きていられることに感謝する）という点で、誕生日の意義からはかけ離れてしまっている。

【設問解説】

問1 語句の意味の問題　29 ②　30 ⑤

(ア)「礼」の前にある「生日」は、リード文から「誕生日」

だとわかるので、波線部を含む箇所は「誕生日の『礼』」という意味になる。本文では『顔氏家訓』に書かれている、子供が生まれて一年後の儀式や、梁の孝元帝が誕生日に「斎講」を催していたことを引き、さらに唐や宋では誕生日を立派に飾り立てていたことなどが記されている。これらを踏まえるなら、②「お祝いの儀式」が最も適当であることは明らかであろう。よって**正解は②**。

(イ)「称」は、「よぶ・たたえる・はかる・つりあう」などの意味を持つ。また「寿」は、「寿命・長生きする・祝う」などの意味を持つ。波線部(イ)は誕生日のあり方について書かれている箇所なので、②「結婚の喜び」、④「久しい交友関係」などは的外れである。また、①「寿の字を使い詩を作る」や③「年齢を言い当てる」では、誕生日に行う行為としては、何のためのものなのか意味不明である。よって**正解は⑤**。

問2 **理由説明の問題** 31 ③

傍線部Aの前で、男の子の前には「弓矢紙筆」、女の子の前には「刀尺鍼縷」を置き、さらに「飲食之物」「珍宝服玩」を並べて子供が何を手にするかによってその子の「貪廉智愚」を見極める、と記されている。この方向の選択肢は③しかない。①「親が彼らの成長の度合いを測る」、②「親が自分の子供を理解しているか確かめる」、④「親が自分の教育方針を決める」、⑤「親が彼らに合った誕生日の贈り物を選ぶ」は、いずれも直前の「験《ス》二貪廉智愚《ヲ》一」の「験《ス》」と傍線部の「試」の意味に即していない。よって**③が正解**。

問3 **書き下し文と解釈の問題** 32 ⑤ 33 ③

(i) 傍線部の「所」は「所レ○《(スル)》」の形で「○するもの・○すること」の意味を表す。したがって、下から返ってきていない③「所有る」は誤りである。③以外は、語法としては誤っているものはないので、内容が適切かどうかがポイントとなる。傍線部の直前には、「無教之徒《ハ》、雖《モ》二已《ニ》孤露《タリト》一、其《ノ》日《ハ》皆為《シ》二供頓《ヲ》一、酣暢声楽《シ》」(教養のない連中は、親を亡くしてしまっていても、誕生日になると必ず酒を出して客をもてなし、酒を飲んでくつろぎ、歌や楽器の演奏に興じて)とあることから、ここでは親が亡くなっていてもまったく悲しむことなく誕生日を楽しむ、という内容を記しているのだと推測できる。選択肢はそれぞれ①「感じ入るものがあることをわかっていないのは傷である」、②「わかっていないのに感じ入って悲しむものがある」、④「わかっていないで感じ入ってしまう傷がある」、⑤「感じ入って悲しむものがあるのをわかっていない」と訳せるが、①、④のように文中の「傷」を「傷」のまま捉えたのでは意味が通らない。また、②も文章そのものとして意味が通らない。親が亡くなっているのに誕生日を楽しむ、という方向になるのは⑤だけである。よって**正解は⑤**。

(ii) 傍線部は(i)で確認したように、「感じて傷む所有るを知らず」と読み、「感じ入って悲しむものがあるのをわかっていない」と訳せる。ここで、親が亡くなっていてもまったく悲しむことなく誕生日を楽しむことに対して批判的な文脈になっているということを押さえると、「感じ入って悲しむものがある」というのは、親を亡くした悲しみであることは明らかである。そしてそれが「わかっていない」ということは、「親を亡くした子が考えなしに誕生日を楽しんでいる」ということだと判断できる。この方向の内容になっているのは③しかない。

①「亡き親は」は、主語が誤っている。②「亡き親への思いに伴う心の傷が生じてしまう」は、傍線部や傍線部の直前までの内容とは逆の方向になっている。④「子供の本心が理解してもらえないことに、悲しみの感情が湧いてきてしまう」も、文脈に合致しない。⑤「亡き親への思いというものを理解できない」は内容として正しいが、「嘆かわしいことだ」とは直接述べていない。よって**正解は③**。

問4　内容説明の問題　34　④

傍線部の直前に「自《リ》㆓阮脩容《ノ》薨《リテ》㆒」（阮脩容が亡くなってからは）とあるので、傍線部「此《ノ》事」とは、阮脩容の生前には行われていたことだとわかる。また、注に阮脩容が孝元帝の生母だと書かれているので、「此《ノ》事」は孝元帝の行っていた行為であり、その行為を阮脩容が亡くなってからは「亦絶《タユ》」（やめた）ということになったのだと理解できよう。孝元帝の行っていた行為とは、「自《リ》㆓阮脩容《ノ》薨《リテ》㆒」の前に述べられている「斎講」なのだから、「孝元帝は母親が亡くなってからは誕生日に斎講を行わなくなった」ということである。この内容に合致する**④が正解**。

①「誕生日に斎講を行わないことだけは拒んだ」は、方向が逆であり誤りである。②「誕生日以外にも斎講を催さなくなった」は、本文からは判断できない内容である。③「誕生日の斎講で宴会を開かなくなった」は、「斎講」そのものを行わなくなったのだから、やはり誤りである。⑤「誕生日の斎講では悲しまなかった」は、誕生日に「斎講」を行っていたことが前提となるので、やはり誤りである。

問5　表現に関する説明の問題　35　③

傍線部は「天子から庶人まで」と訳すことができる。「天子」はもちろん最上位であり、「庶人」の身分は高くない。つまり、「身分の高い人から身分の高くない者まで」ということであり、身分の上位者と下位者を提示して、その間に含まれる人々を指そうとしているのだとわかる。この内容になっている**③が正解**。

②と④の「天子と庶人を並列させる」は、「天子から庶人まで」という訳にそぐわないので誤りである。①「両者の間にある身分差をはっきりさせている」も、「身分差をはっきりさせている」ためのものではないので誤りである。また、⑤「梁の天子による斎講の習慣が、唐宋の時代になると庶人にまで及んだ」は、梁の天子の斎講は第一段落の『顔氏家訓』に触れられている話題であり、第二段落では唐宋時代に誕生日が盛んに行われていた、ということを話題にしているので、傍線部の箇所とは関係がない。

問6 筆者の主張を問う問題 36 ①

傍線部は、「しかし昔の人がもともとの姿に立ち返り生きていることを喜びと考えていたという点で誕生日の意義からはかけ離れてしまっている」と訳すことができる。そして、「もともとの姿に立ち返り」とは、文脈を踏まえれば、自分を生んでくれた両親に思いをはせることに他ならず、その上で「生きていることを喜びと考え」るとは、両親のおかげでいま生きているのだということを感謝する、ということにつながる。この内容にふさわしい選択肢は、①「唐や宋より後の時代になると、人々は誕生日を盛んに祝い、宴会を開き楽しむばかりとなった。これでは、自分を生んだ両親に思いをはせ、そのおかげで生きていられることに感謝するという、昔の人が考えた誕生日の意義からはかけ離れてしまっている」である。よって正解は①。

②「唐や宋より後の時代になると、庶民は子供の好みを最優先に、誕生日の贈り物を選ぶようになった。昔の親は、子供が将来楽をできるよう、誕生日には子供の成長に見合った物を贈ったが、今の親は甘やかすばかりで、子供は親の期待から大きく外れて成長してしまっている」は、「庶民は子供の好みを最優先に、誕生日の贈り物を選ぶようになった」や「今の親は甘やかすばかりで、子供は親の期待から大きく外れて成長してしまっている」が本文からは外れた内容になっている。

③「唐や宋より後の時代になると、誕生日は友人ばかりで集まることが習慣となった。昔の人は、誕生日には決まって両親の家に帰って二人が健在であることを喜び、彼らの健康を願ったというが、今の人は両親の家からすっかり足が遠のいてしまっている」は、「誕生日は友人ばかりで集まることが習慣となった」や「昔の人は、誕生日には決まって両親の家に帰って」が本文からは外れた内容になっている。

④「唐や宋より後の時代になると、庶民までもが誕生日に両親のための大規模な斎講を催し始めた。斎講とは、元来は皇帝が母親を供養すると同時に自らの誕生日を祝うという、特別な階級だけに許された行事であったのに、彼らの特権がどんどん失われてしまっている」は、「庶民までもが誕生日に両親のための大規模な斎講を催し始めた」が誤っている。また、「斎講とは、元来は皇帝が母親を供養すると同時に自らの誕生日を祝うという、特別な階級だけに許された行事であった」なども本文には書かれていない。

⑤「唐や宋より後の時代になると、詩人たちは誕生日に詩を作って遊ぶことに夢中で、勉強を怠るようになった。昔の親は、学問に励んでほしいと願って誕生日には男児に紙や筆を贈ったが、後の世の詩人たちはその意図をまったく理解できなくなってしまっている」は、「詩人たちは誕生日に詩を作って遊ぶことに夢中で、勉強を怠るようになった」が本文に書かれていない内容であり、「昔の親は、学問に励んでほしいと願って誕生日には男児に紙や筆を贈った」が誤った内容である。

MEMO

2017
本試験

国　語

（2017年１月実施）

受験者数　519,129

平 均 点　　106.96

国　語

解答・採点基準

(200点満点)

問題番号(配点)	設　問	解答番号	正解	配点	自己採点
第1問 (50)	問1	1	⑤	2	
		2	⑤	2	
		3	③	2	
		4	①	2	
		5	④	2	
	問2	6	⑤	8	
	問3	7	④	8	
	問4	8	③	8	
	問5	9	④	8	
	問6	10	③	4	
		11	①	4	
第1問　自己採点小計					
第2問 (50)	問1	12	①	3	
		13	②	3	
		14	①	3	
	問2	15	④	7	
	問3	16	⑤	8	
	問4	17	②	8	
	問5	18	④	8	
	問6	19	④ ※	5	
		20	⑤ ※	5	
第2問　自己採点小計					

問題番号(配点)	設　問	解答番号	正解	配点	自己採点
第3問 (50)	問1	21	③	5	
		22	③	5	
		23	④	5	
	問2	24	⑤	5	
	問3	25	②	7	
	問4	26	②	7	
	問5	27	④	8	
	問6	28	①	8	
第3問　自己採点小計					
第4問 (50)	問1	29	⑤	4	
		30	②	4	
	問2	31	②	5	
		32	③	5	
	問3	33	②	8	
	問4	34	④	8	
	問5	35	②	8	
	問6	36	①	8	
第4問　自己採点小計					
自己採点合計					

※の正解は順序を問わない。

第1問　現代文（評論）

【出典】

小林傳司「科学コミュニケーション」（金森修、中島秀人編著『科学論の現在』勁草書房、二〇〇二年所収）。

小林傳司（こばやし・ただし）は、一九五四年生まれ、一九七八年京都大学理学部生物学科卒、一九八三年東京大学大学院理学系研究科博士課程単位取得退学。専門は、科学哲学・科学技術社会論。著書として、『誰が科学技術について考えるのかコンセンサス会議という実験』、『トランス・サイエンスの時代科学技術と社会をつなぐ』などがある。

【本文解説】

本文は十三の形式段落からなっているが、便宜上それを三つの部分に分けて、その内容を確認していこう。

Ⅰ　近代科学の成立とその後の変容（第1～4段落）

ここで筆者は近代科学の成立以降を次に示すような三つの段階に分けて、科学や科学技術の変容を説明している。

X　十六、十七世紀
Y　十九世紀から二十世紀前半
Z　二十世紀後半以降

それぞれの時期の科学を筆者がどう説明しているのかを確認しておこう。

X　十六、十七世紀＝近代科学の成立期

一般に近代科学は、十六、十七世紀に成立したものとされる。もちろん、近代科学が成立したからといって、ただちに今日の私たちが「科学」と考えているものと同じようなものが社会に浸透したというわけではない。この時代には、科学は「伝統的な自然哲学」の一環として、「一部の好事家（＝変わったことに興味を持つ人）による楽しみの側面が強かった」。

Y　十九世紀から二十世紀前半＝「もっと科学を」

十九世紀になると「科学者」という職業的専門家が誕生し、彼らは「各種高等教育機関」で知識生産に従事するようになった。私たち現代人が抱く科学イメージにかなり近づいたものになっている。さらに二十世紀になり、国民国家の競争の時代になると、科学は技術と結びつき、科学‐技術となって国家間の競争において重大な力を発揮するようになった。とりわけ二度の世界大戦は、科学‐技術の社会における位置づけを決定的にした。もちろん、十九世紀から二十世紀前半までの科学の力は、現代に比べて小さかった。しかし、技術と結びつきはじめた科学は、社会の諸問題を解決する力を持っており、人々は「もっと科学を」という言葉を自然に受け入れ、科学‐技術を肯定的に捉えていたのである。

Z　二十世紀後半以降＝「科学が問題ではないか」

しかし、二十世紀後半になると、科学‐技術は両面価値的存在（＝プラス面とマイナス面を持つ存在）となり始めた。科学‐技術はもともとは自然の仕組みを解明するという役割を担うものであったが、現代の科学－技術はそうした役割よりも、さまざまな人工物を作り出すなどといったように、あるがままの自然に介入し、自然を操作するものへと変わってきている。その結果、科学－技術は、人類を苦しめてきた病や災害といった自然の脅威を制御できるようになる（＝科学－技術のプラス面）と同時に、環境破壊に代表されるように、人類にさまざまな災厄をもたらしてもいるのである（＝科学－技術のマイナス面）。Ｙの時代には「もっと科学を」と科学を肯定的に捉えていた人々が、「科学が問題ではないか」という新たな意識を持ち始めたのである。

しかし、科学者の多くは、そうした人々の意識の変化を正しく受けとめることができず、相変わらず「もっと科学を」という発想にとどまっていた。科学者の多くが、「科学が問題ではないか」という人々の問いかけを、科学に対する無知や誤解から生まれたものと見なしたのである。

Ⅱ　コリンズとピンチの『ゴレム』（第５～９段落）

科学者の多くは、人々の間に広がった科学に対する懐疑を正当に受けとめることができないばかりか、それを人々の科学に対する無知から生まれたものと考えていた。そうした状況に一石を投じたのがコリンズとピンチの『ゴレム』である。ゴレムはユダヤの神話に登場する怪物で、人間の命令に従って仕事をしてくれるが、適切に制御しなければ主人を破壊する威力を持っている。つまり、ゴレムはプラス面とマイナス面をあわせ持つ存在だというのである。ところが、現代では、科学が、全面的に善なる存在か全面的に悪なる存在かのどちらかのイメージに引き裂かれているという。それは、科学者が「全面的に善なる存在というイメージ」を振りまいたためであり、その一方ではチェルノブイリ事故などによって「科学への幻滅」が生じ、「全面的に悪なる存在というイメージ」に変わったためだという。こうした状況に対して、コリンズとピンチは、科学者が振りまいた「実在と直結した無謬の知識という神のイメージ」を、科学の実態すなわち「不確実で失敗しがちな向こう見ずでへまをする巨人のイメージ」に取りかえるべきだと主張した。つまり、科学を「全面的に善なる存在」とする見方をプラス面とマイナス面をあわせ持つゴレムのイメージに取りかえるべきだというのである。そして、科学史から七つの具体的な実験をめぐる論争を取り上げ、科学上の論争の終結が、必ずしも論理的、方法論的決着ではないことを明らかにしている。（第５・６段落）

コリンズとピンチが「実験家の悪循環」（この言葉自体が最初に出て来るのは第８段落）と呼んだ例が紹介されている。一九六九年、ウェーバーは、自らが開発した実験装置で重力波の測定に成功したと発表した。その後、追試実験をする研究者があらわれ、重力波の存在をめぐって論争が起きた。追試実験から、ウェーバーの実験結果を否定するようなデータを手に入れた研究者は、厄介な問題を抱え込む。否定的な実験結果を発表することは、ウェーバーの実験が誤りであり、重力波の存在を否定することになる。しかし、実は追試実験の方に不備があり、ウェーバーの実験結果の方が正しいのであれば、追試実験の結

果の公表は自らの実験能力の低さを公表することになってしまう。（第7段落）

実験以前に、実験結果がおおよそわかっている学生実験の場合、実験の成否は比較的簡単にわかる。しかし、そうした例外的な場合を除くと、科学の実験結果が成功であるか否かの判断は容易ではない。重力波の場合でも、重力波が検出されれば実験は成功なのか、それとも検出されなければ実験は成功なのか……。問題は、重力波が存在するかどうかであり、実験はそのために行われる。何が実験の成功なのかは事前にはわからない。しかし、実験を成功させるためには、優れた検出装置を作る必要がある。ところが、実験で適切な結果を入手してはじめて、その装置が優れたものかどうかは判断できる。しかし、優れた装置がなければ、何が適切な結果かということはわからない……。こうした循環を、コリンズとピンチは「実験家の悪循環」と名づけた。重力波の論争に関しては、このような悪循環が存在し、実験的研究ではその存在が完全に否定されたわけでもないにもかかわらず、ある有力科学者の否定的発言をきっかけに、科学者共同体の判断は重力波の存在を否定する方向で一致してしまった。（第8・9段落）

Ⅲ　コリンズとピンチの主張と筆者の見解（第10～最終段落）

重力波の実験などの具体例を検討することで、コリンズとピンチは、科学者の多くがとった「もっと科学を」という立場、すなわち科学を全面的に善なる存在とし、科学に無知な一般市民を啓蒙しようとする立場を批判した。たしかに、民主主義国家の一般市民は、原子力発電や遺伝子組み換え食品などの是非について意思表明や決定を求められる。そのためには、一般市民も科学に「ついての」知識ではなく、科学知識そのものを身につけるべきだとされる。しかし、コリンズとピンチは、このような論争が起きた場合、どちらの側にも科学者や技術者といった専門家がつくのが普通であり、またこの種の論争では、重力波の例で見たように、専門家の間でさえ論理的に結論が導き出されるとはかぎらないという。彼らは、科学を一般市民にもっと伝える必要があることを認めながらも、伝えるべきことは科学の内容ではなく、専門家と政治家やメディア、そして一般市民との関係についてであると考えている。科学を全面的に善なる存在とする見方から「ゴレムのイメージ」（＝「ほんとうの」姿）でとらえなおそうというコリンズとピンチの主張は、科学を一枚岩（＝しっかりとまとまっているもの）とみなす発想を掘り崩すものであった。（第10・11段落）

しかしながら、筆者はコリンズとピンチの議論の仕方には問題があるという。彼らは、「実在と直結した無謬の知識という神のイメージ」（＝科学を全面的に善なる存在とする）を「ゴレム」（＝プラス面とマイナス面をあわせ持つ）に取り替えれば、科学の「ほんとうの」姿（＝プラス面とマイナス面をあわせ持つ）を認識できるという。そしてそれができれば、科学を全面的に善なる存在とする科学至上主義も、またその裏返しの反科学主義も克服できるという。しかし、筆者は、科学を怪物にたとえるのは、「ゴレム」が最初ではないという。科学を怪物にたとえ、その暴走を危惧するような小説はこれまでに多数

書かれてきたのである。（第12段落）

こうしたことから、筆者は「コリンズとピンチは科学者の一枚岩という『神話』を掘り崩すのに成功はした」と彼らのことを評価する一方で、その作業のために「『一枚岩の』一般市民という描像を前提に」してしまったという。さらに、「一般市民は一枚岩的に『科学は一枚岩』だと信じている……言い換えれば……一般市民も科学の『ほんとうの』姿を知らない」ということを前提にしているという。つまり、コリンズとピンチは、一般市民がみんな科学を全面的に善なるものと信じていると認定してしまい、科学者も、一般市民も科学の「ほんとうの」姿を知らないという前提に立ってしまったのである。では誰が「ほんとうの」姿を知り、科学を正当に語る資格があるのか。コリンズとピンチは、その問いに対して、「科学社会学者である」と答える構造の議論をしてしまった。筆者は、コリンズとピンチが、科学を論じる資格があるのは自分たち科学社会学者だけだという前提に立って議論を進めていると、彼らのことを批判しているのである。（最終段落）

【設問解説】

問１　漢字の知識を問う問題　[1] ⑤　[2] ⑤　[3] ③　[4] ①　[5] ④

㋐は、〈二倍に増加すること〉という意味で、「倍増」。①は、〈草木をつちかい養うこと。転じて、実力などを養い育てること。また、微生物・動植物組織などを、栄養・温度などの外部条件を制御しながら、人工的に発育・増殖させること〉という意味で、「培養」。②は、〈伝達の媒介となる手段、メディア〉という意味で、「媒体」。③は、〈一般市民の中から選ばれた人々が裁判の審理に参加し、与えられた事実問題に対し証拠に基づいて評決を下す制度〉という意味で、「陪審」。④は、〈他人・他国に与えた損害をつぐなうこと〉という意味で、「賠償」。⑤は、〈二倍になる、二倍にする。また大いに増える、大いに増やす〉という意味で、「倍した」。したがって、**これが正解**。

㋑は、〈ある物事を生じさせた主な原因、ある物事を成立させる主な要素〉という意味で、「要因」。①は、〈ある目的のために人や物を組織的にかり集めること〉という意味で、「動員」。②は、「強引」。③は、「婚姻」。④は、〈密かに企む悪い計画〉という意味で、「陰（隠）謀」。⑤は、〈それが直接の原因となって物事が起こること〉という意味で、「起（基）因」。したがって、**これが正解**。

㋒は、〈手間がかかって面倒なこと〉という意味で、「厄介」。①は、〈神仏から受ける恩恵〉という意味で、「ご利益」。②は、「通訳」。③は、「厄年」で、**これが正解**。④は、〈あせってむきになること〉という意味で、「躍起」。⑤は、「薬効」。

㋓は、〈告げ知らせること〉という意味で、「宣告」。①は、〈上訴の一つ、控訴審の判決に不服があるとき、さらに上級の裁判所に対して再度の審査を求めること〉という意味で、「上告」。したがって、**これが正解**。②は、「克明」。③は、〈善と悪、正と邪、是と非〉という意味で、「黒白」。④は、

「穀倉」。「穀倉地帯」で、〈穀物を多く産出する地域〉という意味。⑤は、〈非常によく似ていること〉という意味で、「酷似」。

(オ)は、〈病気や傷がなおる〉という意味で、「**癒やされる**」。①は、「空輸」。②は、「比喩」。③は、〈心から満足して喜ぶこと〉という意味で、「愉悦」。④は、〈本来離れているべき臓器や組織が炎症などのためにくっついてしまうこと、本来離れているべき者どうしが利害のために強く結びつくこと〉という意味で、「**癒着**」。したがって、**これが正解**。⑤は、「教諭」。

問2　傍線部の内容説明問題　6　⑤

まず、傍線部の主語が「現代の科学技術」であることを確認しておこう。**【本文解説】**のIで確認したように、筆者は本文の最初で近代科学を**X**、**Y**、**Z**の三段階に分けて考えていた。したがって、傍線部は「現代の科学(技術)」の特徴、すなわち**Z**の段階の科学の特徴を説明しているのだが、そのとき筆者が**X**や**Y**の段階の科学との違いを念頭に置いていたのは確かなことであろう。実際、傍線部の直前に「かつてのような思弁的、宇宙論的伝統に基づく自然哲学的性格を失い」などとあり、それは第3段落では「自然の仕組みを解明し、宇宙を説明するという営みの比重が下がり」などと言い換えられている。**X**の段階では色濃く残っていた「自然哲学的性格」は、**Y**の段階を経て、現代の科学では希薄になったのである。では、現代の科学はどういうものになっているのか。第3段落にあるように、現代の科学は、「自然に介入し、操作する能力の開発に重点が移動して」おり、科学－技術が生み出す「新知識が、われわれの日々の生活に商品や製品として放出されてくる」のである。つまり、現代の科学は、「自然哲学的性格」、すなわち「自然の仕組みを解明し、宇宙を説明する」という知的活動に重きを置いた科学の本来のあり方を失った(**a**)。そのかわり、現代の科学は、技術と結びついて「自然に介入し、操作する能力の開発」に注力し、人々の生活に「商品や製品」を供給し利益を追求するものになった(**b**)。なお、本文には、〈知的活動〉という言葉も〈利益の追求〉という言葉も直接は出てこない。しかし、「商品や製品」を供給するのはなぜか？　〈利益の追求〉のため。またそうした〈利益の追求〉に対して、「自然哲学的性格」とは何か？　と考えれば、〈知的活動〉というように解答が導き出せたはずである。

以上ここまでの内容をもう一度整理すると、次のようになる。

a　現代の科学は、自然の仕組みを解明し、宇宙を説明するという知的活動に重きを置くあり方を失った

b　現代の科学は、技術と結びついて自然に介入し操作し、人々の生活に商品や製品を供給し利益を追求するものになった

以上の点で解答を確定できるといいのだが、設問にもどろう。設問の要求は、「先進国の社会体制を維持する……」という傍線部の内容説明である。ところが、先にまとめたａ、ｂには「国家」に関する説明が全くなかった。そこで、国家と科学とを関連させた記述がないかと本文を探すと、第１段落に、「国民国家の競争の時代になると、科学は技術的な威力と結びつくことによって、この競争の重要な戦力としての力を発揮し始める」とある。つまり、より進んだ科学技術を獲得した国家が、国家間の競争において、より優位な立場を確保できるというのである（ｃ）。

この点を整理すると、次のようになる。

ｃ　より進んだ科学技術を獲得した国家が、国家間の競争でもより優位な立場を確保できる

したがって、以上のａ〜ｃを踏まえた説明になっている⑤が正解。しかし、①が紛らわしい。そこで先に②〜④を切っておこう。

②は、現代の科学が「国家に奉仕し続ける任務を担うものへと変化している」という説明が、不適当。そうしたことは本文にいっさい書かれていない。

③は、「現代の科学は、『科学者』という職業的専門家による小規模な知識生産ではなくなり」という説明が、不適当。そうしたことは本文にいっさい書かれていない。

④は、矛盾した説明になっているので、不適当。第３段落の説明から、「『もっと科学を』というスローガンが説得力を持っていた頃」とは、十九世紀から二十世紀の前半（【本文解説】Ｉ でＹとした段階）である。また「世界大戦の勝敗を決する戦力を生み出す技術となった」のも十九世紀から二十世紀の前半（Ｙの段階）である。つまり、この選択肢は、「『もっと科学を』というスローガンが説得力を持っていた頃（Ｙの段階）の地位を離れ」（Ｙの段階から離れ＝Ｚの段階に入り）、「世界大戦の勝敗を決する戦力を生み出す技術となった」（Ｙの段階となった）というおかしな説明になっている。

最後に、紛らわしい①を検討しよう。①が紛らわしいのは、①が本文に反した説明を含んでいないからである。では、どうやって①を切るのか。それは⑤と比較して、どちらが設問の要求に合った説明になっているかで判断するしかない。設問の要求は、「先進国の社会体制を維持……」という傍線部の内容説明である。求められているのは「国の社会体制を維持」することの説明である。⑤は、「国家間の競争の中で先進国の体系的な仕組みを持続的に支える不可欠な要素へと変化している」というように、「国の社会体制の維持」の説明になっている。それに対して、①では、「先進国としての威信を保ち対外的に国力を顕示する手段となることで」というように、「国の社会体制を維持」することの説明になりかけておきながら、その後「経済的投資」の話になってしまい、「国の社会体制を維持」をきちんと説明していない。したがって、①は不正解である。

問３　傍線部の内容説明問題　[7]　④

まず傍線部を二つに分けて考えることができることに気づきたい。傍線部の前半では、「『もっと科学を』というスローガン」が説得力を持った時代があったこと、後半では、そうしたスローガンが説得力を失って『科学が問題ではないか』という新たな意識」が社会に生まれ始めているということが述べられている。【本文解説】のIで確認したように、筆者は本文の最初で近代科学をX、Y、Zの三段階に分けて考えていた。第3段落の内容から明らかなように、「もっと科学を」というスローガンが説得力を持った時代がYの段階であり、「科学が問題ではないか」という新たな意識が社会に生まれ始めているというのは、Zの段階のことである。それぞれを本文にもどって確認しておこう。

第3段落のはじめにあるように、十九世紀から二十世紀前半（Yの段階）においては、いまだ「科学という営みの規模は小さ」いものだった。しかし、技術と結びつきはじめた科学－技術は、「社会の諸問題を解決する能力を持っていた」。そのため、「もっと科学を」というスローガンは説得力を持ったのである（a）。

しかし二十世紀後半（Zの段階）に入ると、地球環境問題、先端医療、情報技術などに見られるように、「科学－技術の作り出した人工物が人類にさまざまな災いをもたらし始めたのである（第3段落）。そのため人々の間に、「科学が問題ではないか」という疑念が広がった（b）のである。あるいは、第5段落にあるように、「チェルノブイリ事故や狂牛病に象徴されるような事件によって科学への幻滅が生じ」、科学を「全面的に悪なる存在」として捉え、「科学が問題ではないか」という意識を持つようになった（b）というのである。

以上の点をもう一度整理すると、次のようになる。

a　十九世紀から二十世紀前半において、科学－技術はさまざまな社会問題を解決する力を持っていたため、「もっと科学を」というスローガンは説得力を持っていた

b　二十世紀後半に入ると、科学－技術の作り出した人工物が人類にさまざまな災いをもたらし始めたため、人々の科学に対する信頼感が揺らぎ、「科学が問題ではないか」という疑念が広がった

したがって、以上の点を踏まえた説明になっている④が正解。

①は、二十世紀前半まで人々の科学に対する信頼が厚かった理由が明確に説明されていないばかりか、その信頼が現在は失われてしまった理由も明確に説明されていないので、不適当。

②は、現代人の科学に対する失望感が、現代の科学の営利的傾向からもたらされたと説明している点が、不適当。そうしたことは本文にいっさい書かれていない。現代人の科学に対する失望感は、上述のbに示したものである。

③も、現代人の科学に対する違和感が、「天然では生じない条件の下に人工物を作り出すようにな」ったことから生じているという説明が、不適当。そうしたことは本文にいっさい書かれていない。現代人が科学に違和感を感じているとし

たら、それも上述のbに関連したものと考えるべきだろう。
⑤も、現代人の科学に対する不安感が、科学の新知識が「市民の日常的な生活感覚から次第に乖離するようにな」ったためと説明している点が、不適当。そうしたことは本文にいっさい書かれていない。現代人が科学に不安を感じているとしたら、それも上述のbに関連したものと考えるべきだろう。

問4 傍線部の内容説明問題 [8] ③

傍線部を含むセンテンスは、「コリンズとピンチの処方箋」を説明したものである。何に対する処方箋か。傍線部の前の第5段落には、コリンズとピンチが『ゴレム』の中で描いた現代科学をめぐる状況、すなわち、現代では科学が「全面的に善なる存在か全面的に悪なる存在かのどちらかのイメージに引き裂かれている」という状況が記されていた。「コリンズとピンチの処方箋」とは、そうした状況に対するものである。そしてそれは、傍線部を含むセンテンスにあるように、「実在と直結した無謬の知識という神のイメージ」（＝科学を全面的に善とするもの）を「不確実で失敗しがちな向こう見ずでへまをする巨人のイメージ」（＝ゴレムのイメージ）に取りかえることを主張したものである。言うまでもなく、ゴレムはプラスとマイナスの両面を持ったものとしてイメージされる。つまり、科学者が振りまいたような科学を全面的に善とする見方（a）に対して、コリンズとピンチは、科学をプラスとマイナスの両面を持つゴレムのイメージで捉えなおす（b）ことで、現実の科学もプラスとマイナスの両面を持ったものであると主張しようとした（c）というのである。なお、ここでのプラス面とマイナス面とは、あくまでも人間にとってのものであることは言うまでもない。

以上の点をもう一度整理すると、次のようになる。

a　科学者は科学を全面的に善とする見方を振りまいてきた

b　コリンズとピンチは、科学をプラスとマイナスの両面を持つゴレムのイメージで捉えなおすことを主張しようとした

c　コリンズとピンチは、（bによって）現実の科学もプラスとマイナスの両面を持ったものであると主張しようとした

したがって、以上の点を踏まえた説明になっている③が正解。特に選択肢を検討していく際には、ゴレムのプラス面とマイナス面が十分説明されているかどうか、現実の科学に関してもそのプラス面とマイナス面が十分説明されているかどうかを吟味していきたい。③では、「人間の役に立つ（＝プラス面）が欠陥が多く危険な面も備える（＝マイナス面）」というようにゴレムの両面が的確に説明されており、現実の科学についても、「新知識の探求を通じて人類に寄与する（＝プラス面）一方で制御困難な問題も引き起こす（＝マイナス面）存在である」と、その両面が的確に説明されている。

①は、ゴレムについての説明がマイナス面だけになってお

り、また現実の科学の説明もプラス面が明確になっておらずマイナス面だけの説明になっているので、不適当。

②は、ゴレムのマイナス面の説明が単に「不器用」とあるだけでマイナス面が明確になっていない。また現実の科学についての説明に関しても、プラス面とマイナス面が明確に書かれていないので、不適当。

④は、ゴレムについての説明のプラス面が明確ではない。また、現実の科学についての説明も、プラス面とマイナス面が明確に書かれていないので、不適当。

⑤は、ゴレムの説明には問題がないものの、現実の科学についてプラス面の説明がないので、不適当。

問5　傍線部の理由説明問題　[9]　④

筆者は、第5段落以降で、コリンズとピンチの見解を紹介してきた。傍線部Dの前まで、彼らの見解を肯定的に紹介してきたのだが、傍線部Dでは、「この（＝コリンズとピンチの）議論の仕方には問題がある」と、彼らの見解に否定的でもあることが明らかにされている。

コリンズとピンチは、たとえば第6段落で紹介されているように、科学者が振りまいた「実在と直結した無謬の知識という神のイメージ」（＝科学を全面的に善なる存在とする）を「ゴレム」（＝プラス面とマイナス面をあわせ持つ）に取りかえよ、それができれば、科学の「ほんとうの」姿（＝プラス面とマイナス面をあわせ持つ）を認識できるという。彼らは、科学をゴレムという怪物にたとえることで、科学を全面的に善なる存在とする見方を批判する（a）。また、第10段落では、コリンズとピンチが、一般市民に対して、科学そのものを伝えるよりも、「専門家（＝科学者）と政治家やメディア、そしてわれわれ（＝一般市民）との関係」について伝えるべきだ（b）と考えていることが紹介されている。このように、筆者は、コリンズとピンチの見解を肯定的に紹介してきたのだが、傍線部D以降では、彼らの見解に対して批判を加えている。

彼らへの批判は、特に最終段落にまとめられている。筆者は彼らが「科学者の一枚岩という『神話』を掘り崩すのに成功はした」と評価しながらも、その作業のために「『一枚岩の』一般市民という描像を前提に」してしまったという。彼らは、「一般市民は一枚岩的に『科学は一枚岩』だと信じている……言いかえれば……一般市民も科学の『ほんとうの』姿を知らない」ということを前提にしているという。これはどういうことか。第4段落に、科学者が一般市民を科学に無知だと決めつけていた（c）といったことが記されていたが、コリンズとピンチも一般市民を科学に無知だと決めつけている（d）点を、筆者は批判しているのである。

以上の点をもう一度整理すると、次のようになる。

a　コリンズとピンチは、科学をゴレムという怪物にたとえることで、科学を全面的に善なる存在とする見方を批判した

b　彼ら（＝コリンズとピンチ）は、一般市民に対して、

科学そのものを伝えるよりも、「専門家（＝科学者）と政治家やメディア、そしてわれわれ（＝一般市民）との関係」について伝えるべきだと考えている

c　科学者は一般市民を科学に無知だと決めつけていた

d　bのような考え方をするコリンズとピンチも、一般市民を科学に無知だと決めつけている

したがって、以上の点を踏まえた説明になっている**④が正解**。

①は、「それ以前の多くの小説家も同様のイメージを描き出すことで、一枚の岩のように堅固な一般市民の科学観をたびたび問題にしてきた」という説明が、不適当。コリンズとピンチ以前にも、科学を怪物にたとえた小説は多数書かれているが、それが「一枚の岩のように堅固な一般市民の科学観」を問題にしたものだなどとは本文にいっさい書かれていない。

②は、「コリンズとピンチは……一般市民自らが決定を下せるように、市民に科学をもっと伝えるべきだと主張してきた」という説明が、第10段落の最後にある「一般市民に……伝えるべきことは、科学の内容ではなく、専門家と政治家やメディア、そしてわれわれとの関係についてなのだ」という説明に反するので、不適当。

③は、「多くの市民の生活感覚からすれば科学はあくまでも科学であって、実際には専門家の示す科学的知見に疑問を差しはさむ余地などない」という説明が、本文にいっさい根拠がないものなので、不適当。

⑤は、「彼らのような科学社会学者（＝コリンズとピンチ）は、……科学知識そのものを十分に身につけていないため……」という説明が、不適当。コリンズとピンチなどの科学社会学者が科学知識そのものをどれだけ身につけていたのかは本文に直接書かれていないので判断できない。したがって、科学知識そのものを「十分身につけていない」と決めつけることもできない。

問6　本文の表現と構成・展開について問う問題

(i)　**本文の第1〜8段落の表現について問う問題　10　③**

「適当でないもの」を選ぶという点を見落とさないように。順に選択肢を検討していこう。

①は、第1段落の内容に基づいた説明で、特に間違った説明ではないので、適当である。

②も、第5段落の内容に基づいた説明で、特に間違った説明ではないので、適当である。

③は、不適当である。まず「対症療法」という言葉の意味を確認しておこう。「対症療法」は、〈疾病の原因に対してではなく、主要な症状を軽減するために治療を行うもの〉という意味。本文には「コリンズとピンチの処方箋」が「対症療法」だなどとはいっさい書かれていない。むしろ、彼らは、人々が科学の「ほんとうの」姿を見失った原因を探ろうとしており、そうして書かれたのが『ゴレム』である。よって、**これが正解**。

④は、第8段落にある「実験家の悪循環」に関する説明とし

て、特に間違った説明ではないので、適当である。

(ii)　**本文の構成・展開について問う問題** 11 ①

これも「**適当でないもの**」を選ぶという点を見落とさないように。順に選択肢を検討していこう。

①は、不適当。まず「時系列」という言葉の意味を確認しておこう。「時系列」は、〈ある事象の観測値を時間の経過に沿って並べたもの〉という意味。とすると、第1・2段落で十六世紀から二十世紀後半にかけての科学について述べ、第3段落でいったん「十九世紀から二十世紀前半」にもどっている本文について、「第1～3段落では十六世紀から二十世紀にかけての科学に関する諸状況を時系列的に述べ」と説明するのは、厳密にいうと正しくはない。また、「第4段落ではその諸状況が科学者の高慢な認識を招いた」と結論づけるという説明も、不適当。特に第4段落冒頭の文に「科学者は依然として……なじんでおり」とあることから、「その諸状況が科学者の高慢な認識を招いた」わけではないと判断できたはずである。

②は、適当。第5・6段落で『ゴレム』の趣旨と主張をこの文章の論点として提示し」という説明も、また第7～9段落で「彼らの取り上げたケーススタディーの一例を紹介している」という説明も正しい。

③は、適当。第10段落では「コリンズとピンチの説明を追いながら彼らの主張を確認し」ているという説明は間違っていない。また、「高エネルギー物理学、ヒトゲノム計画……」などの具体例をあげて彼らの主張を説明している第11段落を「現代の科学における多様な領域の存在を踏まえつつ、彼らの主張の意義を確認している」という説明も正しい。

④は、適当。傍線部Dで「コリンズとピンチの議論の仕方に問題のあること」を指摘した後、問題点を具体的に指摘しており、第13段落で「コリンズとピンチの主張の実質を確認して、筆者の見解を述べている」という説明も正しい。

第2問 現代文(小説)

【出典】

野上弥生子の小説「秋の一日」(一九一二年発表)の一節。

野上弥生子(のがみ・やえこ)は、一八八五年大分県生れ、一九〇六年明治女学校高等科卒業。同年、同郷の英文学者野上豊一郎と結婚、その縁で夏目漱石門下となり、漱石門下の文学的雰囲気のなかで小説を書きはじめた。一九八五年没。

代表作に『真知子』、『迷路』、『秀吉と利休』、『森』などがある。

【本文解説】

本文は、秋晴れの一日、主人公の直子が子供と一緒に公園を散策したり、展覧会に出かけたりしたことを、我が子のことを思う母親の視点から描いた小説の一節である。

小説の問題では、今年のようにリード文が付されることがあるが、そうした場合、本文や選択肢の理解のヒントになることがあるため、読み落としのないようにしよう。

本文は、Ⅰ展覧会に行く日の前日まで、Ⅱ当日、展覧会に出向くまで、Ⅲ展覧会場にて、の三つの場面に分けることができる。順にその内容を確認していこう。

Ⅰ 展覧会に行く日の前日まで(リード文～15行目)

一昨年の秋、病床にあった直子は、夫がくれた土産の手提籠の中に好きな物を入れてピクニックに出掛けることを楽しみにしていた(リード文)。そして「今年の秋は如何《どう》したせいか大変 健《すこや》か」(4・5行目)なのだが、「特別に行き度《た》いと思う処《ところ》もなかった」(7行目)。そんな直子に絵が好きな夫が展覧会の話をしてくれ、しかも「明日の晴れやかな秋日和を想像」(12行目)したことをきっかけに、「展覧会……に出掛けて、すんだら……静かな田舎に」(13行目)、「籠に好きな食べものを入れてぶらぶら遊びながら」(11行目)行こうと思いついたことで、「楽しい事が急に湧いたような」(傍線部A)心持ちになった。

Ⅱ 当日、展覧会に出向くまで(16～41行目)

当日の朝、直子はいつもより早く起きて外出の準備に余念がなく、その用意が終わった時には「ただ訳もなく嬉《うれ》しく満足であった」(17行目)。

直子は「子供の手を引いて、人気の稀《ま》れな朝の(上野の)公園の並木道」(21・22行目)を歩いて行った。小路に入ると落葉が多く、そこを歩くと「さくさくと鳴る」(23行目)のが秋の公園らしかった。そこに大きな鴉《からす》が来てかァかァかァと鳴くと「子供も/『かァかァかァ。』/と云って口真似《まね》をした」(26～28行目)。両大師前の路を左に廻るとどこかの「小学校の運動会」(29行目)に出会った。そこでは「小さい一群れの子供が遊戯を始めているところであった」(31行目)。「くたびれて女中に負《おぶ》さった子供は、初めて見る此珍らしい踊りの群れを、呆《あ》っけに取られた顔をして熱心に眺めた」(32・33行目)。直子も「子供に劣らぬもの珍らしい心を以《もっ》て立ち留まって眺めていた」(33・34行目)が、「ふと訳もない涙が上瞼の内から熱くにじみ出して来た。訳もない涙。直子はこの涙が久しく癖になった。……可愛いと云うのか、悲しいと云うのか、美しいからか、清らかな故にか、なんにも知らぬ。……ただその有様《ありさま》が胸に沁《し》む」（34～39行目）。「（運動会を）眺め入ってる自分の子供を顧みると、我知らず微笑《ほほえ》まれたが、この微笑の底にはいつでも涙に変《かわ》る或物《あるもの》が沢山隠れているような気がした」（40・41行目）。

Ⅲ　展覧会場にて（42行目～最終行）

展覧会場では、直子は子供が「どんな顔をして眺めるだろうか、と云う事に注目する事は怠らなかった」（49行目）。子供は「自分の知った動物とか鳥とか花とかの形を見出した時には、非常に満足な笑い方をし」（50・51行目）、「女の裸体像を見つけては、／『おっぱい、おっぱい。』／とさも懐《なつか》しそうに指《ゆびさ》しをする」（51～53行目）。「まだ朝なのでこうした戯れも誰の邪魔にもならぬ位《くら》い入場者のかげは乏しかった」（53・54行目）。

そして直子は「幸ある朝」という絵画を見た時「其画家と其義妹《いもうと》にあたる直子の古い学校友達（＝淑子）との間につながる無邪気な昔話」（63行目）、すなわち淑子の性格、暑中休暇での淑子たちとの会話などを、いろいろと「昨日の出来事」（93行目）のように思い出す。その淑子も今は亡くなり、その回想の中で直子は「其（＝遊び友達の群れの）中に交じる自分は、ひとり画の前に立つ此自分ではなくって全く違った別の人のような気」（94・95行目）がしている。こうした「追懐」にこの時の直子は「封じられてる（＝引き留められている）」（97行目）。

その時、「突然けたたましい子供の泣き声が耳に入った。驚いて夢から覚めたように声の方に行くと」（97・98行目）、子供が絵の中の虎に驚いて泣いているのだった。子供をなだめながら直子は女中と共に大急ぎで出口に廻った。

【設問解説】

問1　語句の意味を問う問題　12　①　13　②　14　①

(ア)の「呆っけに取られた」は、〈ことの意外さに驚きあきれてぼんやりした〉ことを意味する。したがって**正解は①**。残りの選択肢はそうした意味を含まないので、間違いである。ただ、②を少しまぎらわしいと感じた人もいたかもしれない。しかし、「呆っけに取られた」には、「とまどった」などという意味はない。

(イ)の「生一本」は、〈純真で、まじめ一すじに物事に打ち込んでいく〉ことを意味する。したがって**正解は②**。他の選択肢はそうした意味を含まないので、間違いである。

(ウ)の「あてつけがましい」は、〈いかにもあてつけるような態度である〉ことを意味し、「あてつけ」は、〈あてこすり・皮肉〉を意味する。したがって**正解は①**。他の選択肢はそうした意味を含まないので、間違いである。

問2　傍線部に示された直子の心情を説明する問題　15　④

リード文にあるように、直子は手提げ籠の中に好きな物を入れてピクニックに出掛けることを楽しみにしていた。「今年の秋は如何《どう》したせいか大変 健《すこや》か」（4・5行目）なのだが、「特別に行き度《た》いと思う処《ところ》もなかった」（7行目）。そんな直子が、「明日の晴れやかな秋日和を想像」（12行目）したことをきっかけに、「展覧会……に出掛けて、すんだら……静かな田舎に」（13行目）「籠に好きな食べものを入れてぶらぶら遊びながら」（11行目）行こうと思いつき、傍線部Aのような心持ちになった。こうした内容が過不足なくおさえられている**④が正解**。

①は、選択肢後半の「子供と一緒に絵を見ることが待ち遠しくなった」という説明が本文に書かれていない。

②は、選択肢冒頭の「長い間患っていた病気」が「直子は秋になると屹度《きっと》何かしら病気をする」（2・3行目）と矛盾する。選択肢後半の「全快を実感できる」も本文に書かれていない。

③は、「明日の晴れやかな秋日和を想像」（12行目）したことがきっかけになったことに触れていない。しかも「静かな田舎に」（13行目）、「籠に好きな食べものを入れてぶらぶら遊びながら」（11行目）行こうと思ったことについても触れられていない。

⑤は、選択肢前半の「子供は退屈するのではないかとためらっていた」ということが本文に書かれていない。

問3　傍線部に示された直子の心情を説明する問題　[16]　⑤

まず傍線部の「この微笑」が何を受けているのかを確認しておこう。傍線部直前に「（運動会を）眺め入ってる自分の子供を顧みると、我知らず微笑《ほほえ》まれたが」とあることから、「この微笑」は〈運動会を見ている子供の様子に反応したもの〉だとわかる。この点を忠実にふまえた説明になっているのは、①・⑤である。それ以外は、②の「踊る姿に驚く子供」、③の「子供の振る舞いのかわいらしさ」、④の「幸せそうな子供」が「この微笑」をもたらしたものとズレている。

次に傍線部の「いつでも涙に変《かわ》る或物《あるもの》」について触れている箇所を見ていくと、34行目以降「ふと訳もない涙が上瞼《うわまぶた》の内から熱くにじみ出して来た。訳もない涙。直子はこの涙が久しく癖になった。何に出る涙か知らぬ。……ただ流れ出る涙であった。……可愛いと云うのか、悲しいと云うのか、美しいからか、清らかな故にか、なんにも知らぬ。……ただその有様《ありさま》が胸に沁《し》むのである」とあるから、訳もなく出る涙は、純粋な思いが胸に沁みてにじみ出るものであることが読み取れる。①・⑤の中でそれを表している**⑤が正解**。①は「病弱な自分がいつも心弱さから流す涙」という説明が、上述した〈訳もなく出る涙〉に反している。また、それ以外の選択肢は、先に指摘した以外にも、②の「子供の将来を思う不安から流す涙」、③の「純真さをいつまでも保ってほしいと願うあまりに流れる涙」、④の「さまざまな苦労をして流した涙の記憶」という説明が、上述した〈訳もなく出る涙〉に反するものである。

問4　傍線部に示された直子の心情を説明する問題　[17]　②

61行目以降「幸ある朝」という絵画を見た直子は「其画家と其義妹《いもうと》にあたる直子の古い学校友達（＝淑子）との間につながる無邪気な昔話」、すなわち淑子の性格、暑中休暇での淑子たちとの会話などを、いろいろと「昨日の出来事」（93行目）のように思い出す。その淑子も今は亡くなっており、そうした回想の中で直子は「其（＝遊び友達の群れの）中に交じる自分は、ひとり画の前に立つ此自分ではなくって全く違った別の人のような気」（94・95行目）がしている。こうした「追懐」にこの時の直子は「封じられてる（＝引き留められている）」（97行目）。こうした内容がまとめられている**②が正解**。

①は、68行目以降で語られる暑中休暇の出来事は「ささいなこと」ではない。また選択肢後半の「長い間の病気」が「直子は秋になると屹度《きっと》何かしら病気をする」（2・3行目）と矛盾する。

③は、本文の「親しい影の他人を……見て、笑い度いような冷やかしたいような且《かつ》憫《あわれ》み度いような気がした。……過去の姿の、如何《いか》にも価なく見すぼらしいのを悲しんだ」（95～97行目）から、選択肢後半の「当時の未熟さが情けなく」とは言えても、「後悔の念に胸がふさがれている」とまでは言えない。

④は、本文の「十年近くの長い日が挟まっているのだけれども、ちっともそんな気はしない。ほんの昨日の出来事で」（93行目）と選択肢後半の「この世にいない淑子さんの姿がかすんでしまっている」とが矛盾している。

⑤は、本文に「親しい影の他人を……見て、笑い度いような冷やかしたいような且憫み度いような気がした。……過去の姿の、如何にも価なく見すぼらしいのを悲しんだ」（95～97行目）とあることから、選択肢後半の「（女学生の頃を取り戻したい」とは言えない。

問5　子供の様子を見守る直子の心情が描かれている場面の説明として適切なものを選ぶ問題　18　④

順に場面を確認しつつ、各選択肢の内容を吟味していこう。

①は、1～7行目の場面のことである。選択肢後半の「秋のピクニックを計画する余裕もないほどに」が「毎年よそに見はずした秋の遊び場のそこ此処《ここ》を思いやったが」（6・7行目）に対応していない。

②は、24～28行目の場面のことである。選択肢前半の「子供とは異なる思いでそれらを眺める直子の心の動きが描かれている」が26～28行目の記述からは読み取れない。また選択肢後半の「長い間病床についていた」が「直子は秋になると屹度《きっと》何かしら病気をする」（2・3行目）と矛盾する。

③は、29～41行目の場面のことである。選択肢後半の「直子には見慣れたものである秋の風物」が「子供に劣らぬもの珍らしい心を以《もっ》て立ち留まって眺めていた」（33・34行目）と矛盾する。

④は、47～54行目の場面のことである。「どんな顔をして眺めるだろうか、と云う事に注目する事は怠らなかった」（49行目）に選択肢前半が対応し、「たまたま自分の知った動物とか鳥とか花とかの形を見出した時には、非常に満足な笑い方をした」（50・51行目）、「女の裸体像を見つけては、／『おっぱい、おっぱい。』／とさも懐《なつか》しそうに指《ゆびさ》しをする」

（51〜53行目）に選択肢中盤が対応し、「まだ朝なのでこうした戯れも誰の邪魔にもならぬ位《くら》い入場者のかげは乏しかった」（53・54行目）に選択肢後半が対応している。したがって、**④が正解**。

⑤は、97〜107行目の場面のことである。この場面では娘時代を回想する直子が子供の突然の泣き声で現実に引き戻されるが、だからといって、選択肢前半の「自分の思いよりも子供のことを優先する直子の心の動き」という内容までは読み取れない。

問6　この文章の表現に関する説明として適当でないものを選ぶ問題 [19]・[20]　④・⑤

順に、選択肢を検討していこう。

①について。傍点は傍点の付された語を強調する役割をもっている。だが、そればかりではなく例えば「少しはあんよして行けるだろ」と表記された場合、「あんよ」は他のひらがなの中に埋没してしまう。ところが「少しはあんよして行けるだろ」と傍点を付すことで、連続するひらがな表記からその語を識別しやすくなる。したがって、①は適当。

②について。落葉や日本画の場面では確かに色彩語が用いられており、しかも23行目に「歩みの下にさくさくと鳴る」と擬音語も用いられている。したがって、②も適当。

③について。「秋晴《あきばれ》の空のま下に、透明な黄色い光線の中を」（38行目）、「高い磨《す》りガラスの天井……真珠色の柔らかい燻《いぶ》したような光線の中に」（54・55行目）から読み取れる内容である。したがって、これも適当。

④について。確かに43・44行目の記述が直子の絵画に対する「無知」の指摘とは言えるが、直子を「突き放そうとする」ということまでは言えない。したがって**④が一つ目の正解**。

⑤について。「絵画も彫刻も……悦《よろこ》びを歌いながら、安らかに休息しているかのように見えた」（55・56行目）の文章の主語を確認すれば、「絵画や彫刻にかたどられた人たち」ではなく、「絵画や彫刻」自体であることがわかる。したがって**⑤が二つ目の正解**。

⑥について。回想の場面の中に会話まで再現することで、過去のことがリアルに思い出されたさまを表現していると言える。したがって、これは適当。

第3問　古文

【出典】

『木草物語』
成立年代　江戸時代中期
ジャンル　擬古物語
作者　宮部万《みやべまん》
内容　『源氏物語』の影響を強く受けた擬古物語で、特定の主人公を持たず、多くの貴公子たちの恋愛模様を描く。本文に登場する菊君の父には東の対の方と西の対の方という二人の妻がいたが、東の対の方の弟にあたる青柳中納言や、西の対の方の弟にあたる月草中将、そして、西の対の方が生んだ子の菊君などが中心的な登場人物となる。書名は、主要な登場人物がすべて植物の呼び名を持つことによる。

【全文解釈】

急のことなので、(屋敷の)主人(＝蔵人)は「(十分な)おもてなしもできず、たいそう恐れ多い(おもてなしの)お席ですよ」と、急いで、酒肴《しゅこう》を捜して、(菊君の)お供の人々をもてなすために奔走《ほんそう》するが、菊君は「涼しい方に」とおっしゃって(建物の)端近くで物に寄りかかって横になり、くつろいでいらっしゃるご様子は、(趣きある蔵人の屋敷の)場所柄まして類なく(すばらしく)見えなさる。

隣というのも(それで想像されるより)とても近く、ちょっとした透垣《すいがい》などをめぐらせているところに、夕顔の花があふれんばかりにまとわりついて咲いているのは、(夕顔は賤《いや》しい者の庭に咲くので、菊君は)見慣れていらっしゃらないけれど、風情があるとご覧になる。次第に暮れ始める(夕日を反射する、夕顔の花に置く)露の輝きも紛れるもののない(際だった)美しさであるので、(菊君が庭に)降り立ってこの花を一房摘みなさったときに、透垣の少し隙間ができている所からのぞきなさると、尼の住まいと思われて、閼伽棚《あかだな》にちょっとした草の花などを摘んで散らしてあるところへ、五十歳ほどの尼が出て来て、水で洗いなどする。花を入れる器に数珠《じゅず》が引っぱられて、さらさらと鳴っている様子もとても風情が感じられるところへ、また奥の方からかすかに居ざり出て来る人がいる。年齢は、二十歳ぐらいと見えて、とても色白で小柄だが、髪の毛の先が、座ると床につくほどの長さで豊かに広がっているのは、この女も尼であるだろうか、たそがれ時の見間違い(のよう)で、はっきりと見て取ることもおできにならない。片手に経を持っているが、何ごとだろうか、この老尼にささやいてほほえんでいる様子も、このような葎《むぐら》の(生い茂る質素な住まいの)中には不釣り合いなほど、気品があってかわいらしい。とても若いのに、どれほどの気持ちを起こしてこのように(俗世に)背いてしまっているのだろうかと、些細《ささい》なことにお心がとまる性格なので、(菊君は、この若い女を)とてもしみじみと見捨てがたくお思いになる。

主人は、御果物などを(菊君にお出しするのに)ふさわしい様子で持って出て、「せめてこれをだけでも(お召し上がりください」と、世話をして奔走するが、（菊君は、室内に）お入りになっても（出された果物に）興味も示しなさらない。とても心にしみる人を見てしまったなあ、尼でないならば、恋仲にならずにはいられそうにないお気持ちがして、人のいない隙に御前にお仕えしている童に尋ねなさる。「この隣にいる人はどのような者だ。知っているか」とおっしゃると、（童は）「主人の姉妹の尼と申しました人が、ここ数ヶ月山里に住んでいますが、最近一時的にここに出て来ていて、あなたさまがこのように急にお越しになったのは、時機が悪いと言って、主人は（尼の間の悪い滞在を）とてもわずらわしがっております」と申し上げる。「その尼は、年はいくつぐらいであるのか」と、（菊君が）さらにお尋ねになると、（童は）「五十歳過ぎにもなるでしょうか。娘でたいそう若い者も、（母と）同じ様子で俗世に背いて（出家している）」と承ったのは、ほんとうでしょうか。身分のわりには下賤《げせん》な様子もなくて、格別に気位を高く持っている人であるために、すっかり俗世に嫌気《いやけ》がさしてしまっておりますとか。ほんとうに仏に仕える心の尊さは立派でございます」と言って笑う。（菊君は）「心にしみることよ。それほど（仏道に）決意を固めた方のそばで、はかないこの世についての話も申し上げたい気がするが、突然の軽率なふるまいも罪深いにちがいないものの、どう言おうか、試しに手紙を伝えてくれるだろうか」とおっしゃって、御畳紙《たとうがみ》に、

　露がかかる心もはかない（＝夕顔の花にかかるはかない露のように、私があなたを思う心もはかない）ことだ。

　夕暮れ時にほのかに見た家の（夕顔の）花の（ように美しいあなたの）夕（方の）顔よ。

童は（菊君の考えに）気づきもせず、何かわけがあるのだろうと思って、（その手紙を）懐に入れて（隣へ）行った。

（菊君が、美しい尼を見た）名残も（あって）もの思いにふけっていらっしゃると、人々が、御前に参り、主人も「退屈でいらっしゃるだろう」ということで、さまざまにお話など申し上げるうちに、夜もたいそう更けて行くので、菊君はあのお返事がとても知りたいのに、間が悪い人の多さをつらくお思いになるので、眠そうにふるまいなさって物に寄りかかって横になりなさると、人々は、御前で「さあ、はやくお休みになってしまってください」と申し上げて、主人もそっと奥へ入った。ようやく童が帰り参ったので、（菊君が）「どうだ」とお尋ねになると、「『まったくこのようなお手紙を人づてにでもいただくのにふさわしい人も（ここには）おりません。場所をお間違えでしょうか』と、あの老尼が、思いがけないことのように申し上げた」と申し上げて、

　「『俗世を遁れる葎の（生い茂る質素な）家で見苦しいところに、（あなたは）見たのか。どのような夕顔の花（のように美しい夕方の顔）を。（ここには、そのように関心を持たれる者はおりません。）

このように申し上げてください』と、不審がりましたので、帰り参った」と申し上げるので、（菊君は、手紙を送った）かいがないものの、（老尼がそのように不審がるのも）当然のことと思い返しなさるが、お休みになれない。不思議なことに、かわいらしかった面影が、夢でない御枕元にぴったりと寄り添っ

ているお気持ちがして、「間近けれども（＝人に知られない恋心が何のためになるかと思いつつ、そばにいるけれども逢う方法はないのだ）」と独り言をおっしゃる。

【設問解説】

問1　短語句の解釈の問題　21 ③　22 ③　23 ④

(ア)　にげなきまで

「にげなき」は、形容詞「にげなし」の連体形である。

> **にげなし（似げ無し）**（形容詞・ク活用）
> 1　似合わない。ふさわしくない。

この語義に合う選択肢は③だけなので、**正解は③**である。

(イ)　聞こえまほしき

「聞こえ」は動詞「聞こゆ」の未然形、「まほしき」は願望の助動詞「まほし」の連体形である。

> **聞こゆ**（動詞・ヤ行下二段活用）
> 1　聞こえる。
> 2　噂される。評判である。
> 3　理解できる。わかる。
> 4　申し上げる。（「言ふ」の謙譲語）
> 5　〜申し上げる。（謙譲の補助動詞）

この語義に合う選択肢は③だけなので、**正解は③**である。

①の「うかがう」は、「聞く」の謙譲表現で、「言ふ」の謙譲表現ではない。②は「聞いて」とあるが、「聞く」と「聞こえる」とは意味が違うので、「聞こゆ」の解釈としては正しくない。④・⑤の「話し」は、前記4の「言ふ」と同じ意味だと言えるが、これらの選択肢はいずれも敬語でないため間違いである。

また、「まほし」は「〜たい」「〜てほしい」などと訳せるので、すべての選択肢が「まほし」の意味に合うが、文脈を考えると、菊君が隣家の尼と話したいという、自己の願望を述べている部分なので、「〜てほしい」は不適切である。②・④は、その点でも排除できる。

(ウ)　あやしう

「あやしう」は、形容詞「あやし」の連用形「あやしく」のウ音便形である。

> **あやし**（形容詞・シク活用）
> 1　不思議だ。
> 2　普通と違う。
> 3　不審だ。
> 4　不都合だ。
> 5　見苦しい。
> 6　身分が低い。

この語義に合う選択肢は①・③・④である。傍線部の直後を見ると、「らうたかりし面影の、夢ならぬ御枕上のつと添ひたる御心地して（＝かわいらしかった面影が、夢でない御枕元にぴったりと寄り添っているお気持ちがして）」とある。つまり、老尼の娘の面影が、夢ではなく現実に、枕元に寄り添う気がすることを「あやしう」というのであるから、①

「いやしいことに」や、③「疑わしいことに」では文脈に合わない。**正解は④**である。

問2　文法問題　24　⑤

「ぬ」「に」「ね」に波線が引かれ、意味が同じものの組合せが問われている。波線部それぞれが、文法的にどのように説明されるかを確認しなければならないが、以下に、「ぬ」「ね」と「に」に分けて、それぞれについて、どのような文法的説明の可能性があるか、また、どのように識別すればよいかをまとめる。

「ぬ」〔「ね」〕の識別

※ 以下、〔 〕の前に示すのは「ぬ」の形になる場合の活用形で、〔 〕の中は「ね」の形になる場合の活用形。

1 完了の助動詞「ぬ」の終止形〔命令形〕
* 連用形に接続する。

2 打消の助動詞「ず」の連体形〔已然形〕
* 未然形に接続する。

3 動詞（の活用語尾）
* ナ行下二段活用動詞「寝《ぬ》」の終止形〔未然形・連用形〕や、ナ行変格活用動詞「死ぬ」「往《い》（去《い》）ぬ」の終止形〔命令形〕の活用語尾。

「に」の識別

1 完了の助動詞「ぬ」の連用形
* 連用形に接続する。直下に助動詞「けり」「たり」「き」「けむ」のいずれかが付く。

2 断定の助動詞「なり」の連用形
* 非活用語（体言など）や連体形に接続し、「で（ある）」「で（いらっしゃる）」「で（ございます）」などと訳せる。
* 下に「あり」や「あり」の敬語（「おはす」「おはします」「はべり」「さぶらふ」など）を伴うことが多い。

3 格助詞
* 体言や連体形などに接続し、多くは「〜に」と訳せる。

4 接続助詞
* 連体形に接続し、「〜ので」「〜と」「〜けれども」などと訳せる。

5 ナ行変格活用動詞の連用形の活用語尾
* 「死に」「往（去）に」の形のみ。

6 ナリ活用形容動詞の連用形の活用語尾
* 「あはれに」「まめに」など、物事の状態・性質を表す単語の一部である。

7 副詞の一部
* 「いかに」「げに」「さすがに」など。

a「ぬ」は、未然形「給は」に接続しているので、**打消の助動詞「ず」**である。

b「に」は、体言に接続して、下に「あり」を伴い、「尼であるだろうか」と解釈することができるので、**断定の助動詞「なり」**である。

c「ぬ」は、連用形「そむき」に接続しているので、**完了の助動詞「ぬ」**である。

d「ね」は、連用形「給ひ」に接続しているので、**完了の助動詞「ぬ」**である。

e「ぬ」は、未然形「なら」に接続しているので、**打消の助動詞「ず」**である。

以上により、〔**a e**〕、〔**c d**〕が同じで、〔**b**〕は他に同じものがないので、**正解は⑤**である。

問3 **心情説明の問題** 25 ②

傍線部「御心地」の内容は、その直前に「いとあはれなる人を見つるかな、尼ならずは、見ではえやむまじき」と示されている。

まず、「いとあはれなる人を見つるかな」について、誰がどのような人を見たのかを確かめるために、ここまでの本文を見てみよう。本文2行目で「端近う寄り臥し」た「君（＝菊君）」が、さらに夕顔の咲く庭に「おりたちてこの花一房とり給へる」（4行目）際に、透垣の隙間から「五十ばかりの尼」と「また奥の方よりほのかにゐざり出づる人」とを垣間見ている。その際、後から現れた人物について、菊君は、「いと若きに、何ばかりの心をおこしてかくはそむきぬらむ」（9行目）と感じ、「いとあはれと見捨てがたう思す」（10行目）と書かれている。よって、「いとあはれなる人を見つるかな」とは、菊君が透垣の隙間から若い娘を見て「いとあはれなる」と感じた心情を述べたものだとわかる。これによって、選択肢の③～⑤は、蔵人や老尼の心情とする点でも、その内容においても、間違っていることが明らかである。

次に、「尼ならずは、見ではえやむまじき」を理解するために、この部分の解釈を考える。以下の語句に注意すること。

1 「は」は、形容詞の「～く」の形や打消の助動詞の「ず」の形について、「～くは」「～ずは」の形となる場合、順接仮定条件を表し、「～ならば」と訳す。

2 「見る」には、現代語「見る」の意味以外に、「恋愛関係になる」という意味を表す場合がある。

3 「で」は、打消接続を表し、「～ないで」と訳す。

4 「え」は、打消表現とともに用いられて不可能を表し、「～できない」と訳す。ここでは、下にある「まじき」と呼応している。

5 「まじき」は、打消推量の助動詞「まじ」の連体形で、「まじ」は「～ないだろう」「～はずがない」などの意味を持つ。

以上の語句に注意して、当該部分を直訳すると、「尼でないならば、見ないではやむことができないだろう」となる。それは要するに、「尼でないならば見るだろう」ということである。前記2に示したように、「見る」に「恋愛関係になる」という意味を表す場合があること、また、菊君が隣家の娘を見て、「いとあはれと見捨てがたう」思っていることを考慮すると、これは、尼でないならば恋愛関係になりたい、ということであり、②の「尼であらしいとは思いながらも湧き上がってくる菊君の恋心」という内容と合致する。一方、①の「どういう事情で出家したのか確かめずにはいられない菊君の好奇心」という内容とは合致しない。したがって、正解は②である。

問４　行動の意図の説明の問題　26　②

傍線部の「もてない」は、サ行四段活用動詞「もてなす」の連用形「もてなし」のイ音便形で、「ふるまう」の意である。傍線部全体では、「眠そうにふるまいなさって」という解釈になる。この解釈は、各選択肢に、①「眠そうなふりをして」、②「眠そうなそぶりを見せた」、③「眠そうなふりをして」、④「眠くなったふりをした」、⑤「早く眠りにつきたいということを伝えようとした」と書かれており、いずれも間違っていない。さらに、そのような態度を取ったのが菊君であるということも、各選択肢すべてが揃って指摘するところだから、この問いは、要するに、菊君がどのような意図で眠そうにふるまったかを問う設問である。

その意図は、傍線部の直前に、「かの御返しのいとゆかしきに、あやにくなる人しげさをわびしう思せば」と書かれているので、この趣旨を記した選択肢を選べばよい。当該箇所を解釈する上で注意すべき点は、次の通りである。

1　「かの御返し」は、その前の場面で、菊君が童に託して隣家にＸの歌を贈っているので、それに対する返事を指すと考えてよい。

2　「ゆかしき」は、形容詞「ゆかし」の連体形である。「ゆかし」は、好奇心をかき立てられる様を示し、「見たい」「知りたい」などと訳す。

3　「あやにくなる」は、形容動詞「あやにくなり」の連体形である。「あやにくなり」は、予期に反して起こる不本意な状況を表し、「間が悪い」「不都合だ」などと訳す。

4　「しげさ」は、形容詞「しげし」から派生した名詞で、「しげし」は「多い」という意味だから、「しげさ」は「多さ」という意味である。

5　「わびしう」は、形容詞「わびし」の連用形「わびしく」のウ音便形である。「わびし」は、苦痛を表し、「つらい」「苦しい」などと訳す。

6　「思せ」は、動詞「思す」の已然形である。「思す」は、「思ふ」の尊敬語で、「思いなさる」「お思いになる」などと訳す。

7　「ば」は接続助詞で、已然形に接続する時には、順接の確定条件を表し、「〜ので」「〜すると」などと訳す。

以上を踏まえて、この部分を直訳すると、「君はあのお返事がとても知りたいのに、間が悪い人の多さをつらくお思いになるので」となる。

選択肢の中で、この趣旨に合致するものは、①「老尼の娘と恋文を交わそうとしていたが」、②「童を隣家へ遣わして、その帰りをひそかに待っていた」、③「老尼の娘からの返事が待ちきれず」で、娘からの返事を心待ちにしているという内容が一切ない④と⑤は間違いだとわかる。④の、蔵人に対して菊君が「早く解放してあげようと気を利かせ」たという内容や、⑤の、菊君が「慣れない他人の家にいることで気疲れをしていた」という内容は、本文にないものでもある。

そこで、残った①〜③の選択肢をさらに詳しく見ると、①の「蔵人たちがそうした（＝老尼の娘と恋文を交わそうとしていた）菊君の行動を警戒して」という内容は、本文から読み取れない。蔵人たちについては、傍線部の前の行で、「主も『つれづれにおはしまさむ』とて、さまざま御物語など聞こゆるほど」とあるように、菊君が退屈しないようにそばで話し相手をしようとしていたとしか書かれていない。また、③の「こっそり蔵人の屋敷を抜け出して娘のもとに忍び込もうと考えた」という内容も、本文から読み取れない。傍線部の後で、「主もすべり入りぬ」と、蔵人たちが姿を消した後、菊君は、帰参した童から老尼のYの歌を伝えられて、寝ることができず、独り言を言うところで本文は終わっている。娘のいる隣家に忍び込もうという考えは、菊君の気持ちとしても記されてはいない。それに対して、②の「蔵人たちがなかなか自分のそばから離れようとしない」は、傍線部の前に、「人々、御前に参り、主も……さまざま御物語など聞こゆるほど、夜もいたく更け行けば」とあることから、蔵人たちが夜更けまで菊君のそばにいたことがわかり、その内容と合致する。また、「人々を遠ざける」は、菊君の意図として示した箇所の「あやにくなる人しげさをわびしう思せ（＝間が悪い人の多さをつらくお思いになる）」結果としての行動と考えられ、内容的に合致するので、すべてが本文に即した内容になっている。したがって、**正解は②**である。

問5　和歌の説明の問題　[27]　④

先に結論を述べると、Xの歌の説明はどの選択肢も正しく、解答はYの歌についての記述で決まる。この解説では、まず、Xの歌についての各選択肢の記述の正しさを確認し、その後に、Yの歌について検討する。

Xの歌を解釈する上で注意すべき語句を列挙すると、次の通りである。

1　「はかな」は、形容詞「はかなし」の語幹の用法で、ここで詠嘆的に文が切れている。

2　「ほの見」は、動詞「ほの見る」の連用形で、「ほの見る」は、「ほのかに見る」という意味である。

3　「し」は、過去の助動詞「き」の連体形で、「〜た」と訳す。

これらに注意して、Xの歌を直訳すると、「露がかかる心もはかないことだ。夕暮れ時にほのかに見た家の花の夕顔よ」となる。

詠まれた状況を考えると、この歌は、菊君が、隣家の若い娘を見かけ、関心を抱いて贈ったものである。よって、「ほの見し」は、菊君が隣家の若い娘を見た行為を指すと考えられる。「ほの見し宿」の「宿」は菊君が見た隣家を指すと考えられ、④のXの歌についての説明は正しいとわかる。また、「花の夕顔」は、隣家に咲く花を指すと同時に、隣家の老尼の娘の様子を花にたとえたものと見ることができるので、⑤のXの歌についての記述も正しい。さらに、菊君が隣家の娘を見たことは第二段落に記されているが、本文4行目に「やや暮れかかる露の光も」とあることから、それが夕暮れ時であったとわかる。よって、「たそかれ」とは菊君が隣家の娘を見た時間だと判断でき、③のXの歌についての説明は正しいとわかる。次に、上の句で「心もはかな」と詠まれている「心」は、隣家の老尼の娘の姿を見た折の菊君の心を指しているものと考えられるので、②のXの歌についての記述も正しい。さらに、「心も」と並列の係助詞「も」が用いられているところから、他に「はかない」ものがあり、それと老尼の娘を想う菊君の「心」が、並べて表現されているとわかるが、その「はかない」ものとは初句に詠み込まれている「露」の他には考えられない。古典文学の世界で、「露」がしばしばはかないものの象徴として用いられることを知っていれば、考える手がかりになるだろう。したがって、「露」は菊君の恋心のはかなさを印象づける景物でもあるのである。よって、①のXの歌についての記述も正しい。以上の検討から、各選択肢のXの歌についての記述はすべて正しいということになる。Xの歌は、全体としては「夕顔の花にかかるはかない露のように、私があなたを思う心もはかないことだ。夕暮れ時にほのかに見た家の夕顔の花よ（その夕顔の花のように美しい、あなたの夕方の顔よ）」といった意味になる。

次に、Yの歌を解釈する上で注意すべき語句を列挙すると、次の通りである。

1　「世をそむく」は、「俗世を遁れる」「隠遁する」「出家する」という意味の慣用句で、ここでは老尼が出家していることを指す。

2　「葎」は、（注6）の記述からもわかる通り、家屋が質素な様子であることを表す。

3　「あやしき」は、形容詞「あやし」の連体形。「あやし」については問1(ウ)の解説で種々の意味を挙げたが、ここは「葎の宿」の性質を述べているので、そこで挙げた5「見苦しい」の意味がふさわしい。

4　「し」は、過去の助動詞「き」の連体形で、「〜た」と訳す。

5　「や」は、疑問・反語・詠嘆を表す終助詞（係助詞）であるが、ここは疑問の用法で、「〜か」と訳す。

これらに注意して、Yの歌を直訳すると、「俗世を遁れる葎の生い茂る質素な家で見苦しいところに、見たのか、どのような花の夕顔を」となる。菊君が「ほの見し宿の花の夕顔」と詠んだのに対して「宿のあやしきに見しやいかなる花の夕顔」と返しているのだから、「見しや」の主語は菊君で、Yは、「いったいあなたは、尼の住む質素な我が家で、どのような女性を見たというのか」といった意味の歌である。これを、Yの歌の前の「すべてかかる御消息伝へうけたまはるべき人も侍らず」という老尼の言い分と併せて考えると、さらに「尼の住む質素な我が家には、あなたが恋文を送るような美女はいない」という意図が込められていることがわかる。

このような趣旨に合致する選択肢は、④の「ここは尼の住む粗末な家であり、あなたの恋の相手となるような女性はいない」である。Yの歌は、①の「そんな頼りない気持ちであるならば、一時の感傷に過ぎないのだろう」のように、菊君の気持ちに言及した歌ではない。②のように「恋は仏道修行の妨げになるので」とも言っていない。③の「夕暮れ時は怪しいことが起こるので、何かに惑わされたのだろう」も、歌の内容と異なる。⑤の「この家に若い女性は何人かいる」という内容も、歌を含めて本文のどこにも示されていない。したがって、**正解は④**である。

問6　登場人物の説明の問題　28　①

例年、センター試験の**問6**は、「文章の内容に関する説明」「文章の内容に合致するもの」などを選ばせるかたちで、選択肢と対応する箇所を本文全体から探して検討しなければならないものが出される。今年の「この文章の登場人物に関する説明」を問うものも、設問の表現はやや目新しいが、おおむね例年の傾向に沿ったものである。

①は、童についての選択肢である。

1　「菊君から隣家にいる女性たちの素性を問われ」は、本文12・13行目の「御前にさぶらふ童に問ひ給ふ。『この隣なる人はいかなるものぞ。知りたりや』とのたまへば」と一致する。

2　「蔵人のきょうだいの老尼とその娘であることを伝えつつ」は、本文13行目の「主のはらからの尼となむ申し侍りし」、および15・16行目の「娘のいと若きも、同じさまに世をそむきて、とうけたまはりし」と一致する。

3　「娘は気位が高いので出家したのだろうとも言った」は、本文16・17行目の「こよなう思ひ上がりたる人ゆゑ、おほくは世をも倦んじ果て侍るとかや」と一致する。

4　「菊君から使いに行くように頼まれた」は、本文18・19行目で、菊君が童に「いかがいふぞ、こころみに消息伝へてむや」と言っていることと一致する。

5　その「時も、その真意をはかりかねたが、何かわけがあるのだろうと察して、引き受けた」は、本文21行目の「童は心も得ず、あるやうあらむと思ひて、懐に入れて行きぬ」と一致する。

このように、①の記述は、すべて本文の記述と一致する。

②は、菊君についての選択肢である。この選択肢では、まず「出家した女性を恋い慕うことに対して罪の意識を強く感じた」が本文の記述と異なる。たしかに、本文12行目で「尼ならずは、見ではえやむまじき御心地（＝尼でないならば、恋仲にならずにはいられそうにないお気持ち）」と言っているから、菊君は、尼であることについて恋愛を阻む条件だと考えているようだが、自分が隣家の老尼の娘に関心を持ったことについて「罪の意識」を感じたとは書かれていない。また、本文18行目には「うちつけなるそぞろごとも罪深かるべけれど」とあるが、ここで罪深いとされているのは、「うち

つけなるそぞろごと」、つまり、突然手紙を贈る行為についてであって、「出家した女性を恋い慕うこと」についてではない。さらに、その罪の意識を前提に「本心からの恋であるならそれも許されるだろうと考え」たとは、本文のどこにも書かれていないので、間違いである。

③は、蔵人についての選択肢である。この選択肢では、蔵人が菊君に対して「不満を感じていた」「ますます不快に思った」ということが、本文に根拠がなく、間違いである。たしかに、蔵人が「来訪した菊君に対して精一杯のもてなしをしようとつとめ」ていたことや、蔵人が提供した食事が「わざわざ用意した」ものであることは、本文1・2行目「こゆるぎのいそぎ、さかな求めて、御供の人々もてなし騒ぐ」などからわかるし、菊君が「連絡もなくやって来た」ことも、本文1行目「にはかのこと」と一致する内容である。また、菊君が食事に手もつけなかったことは、本文11行目に「見入れ給はず」とあることが示している。しかし、それらの場面で、蔵人がそうした菊君の態度に不満や不快感を抱いていることは書かれていない。本文14行目の童の発言の中で、「折悪しとて、主はいみじうむつかり侍る（＝時機が悪いと言って、主人はとてもわずらわしがっております）」とあるのが、唯一、蔵人が不快感を抱いたことを表す場面だが、これは、菊君が訪れた際に、隣に姉妹の尼とその娘が来あわせている時機の悪さについてであって、菊君の態度に向けられたものではない。まして、蔵人が「他人の気持ちを汲み取ることができない菊君をあわれだと思った」とは、本文のどこにも書かれていない。

④は、老尼についての選択肢である。この選択肢では、「菊君に娘の姿を見られてしまったので、蔵人に間の悪さを責められた」が間違いである。③の解説でも述べた通り、蔵人は、老尼が隣家に滞在する間の悪さについてわずらわしがっているのだが、そのことを童が菊君に語るより前に、蔵人は、菊君が老尼の娘の姿を垣間見てしまったことを、知っているはずはない。よって、その不快感は、「娘の姿を見られてしまった」ことに対するものではないし、蔵人が老尼を責めたはずもない。その他、尼が隣家に滞在しているいきさつについて、童が、本文13・14行目で「月頃山里に住み侍るを、この頃あからさまにここに出でものして（＝ここ数ヶ月山里に住んでいますが、最近一時的にここに出て来ていて）」と説明しているが、ここからは、選択肢に書かれている、老尼は、「ふだんは」山里に住んでいること、蔵人をたずねたのが「久しぶり」であること、その来訪が「ちょっとした用事」によるものであることはわからないので、この選択肢はこれらの点でも、本文に根拠がないと言える。

⑤は、老尼の娘についての選択肢である。この選択肢では、娘が「高貴な身分から落ちぶれた」というのが、本文に根拠のない記述である。この娘については、童が、本文16行目で「身のほどよりはいやしげなくて、こよなう思ひ上がりたる人（＝身分のわりには下賤な様子もなくて、格別に気位を高く持っている人）」と説明しているが、この説明は、娘の身分がさほど高くないことを示唆してはいても、「高貴な身分

から落ちぶれた」というような身分の変化の説明にはなっていない。また、「菊君から歌を贈られたことで心を乱し、眠れなくなった」も間違った記述である。本文中で眠れないことについて記しているのは、28・29行目に「寝られ給はず」とある箇所だけだが、ここは、菊君が、自分が贈った歌に対する老尼からのそっけない返信に接して、眠れなくなっているというのであって、老尼の娘の様子を語るものではない。

以上のことから、**正解は①**である。

第4問　漢文

【出典】

新井白石《あらいはくせき》『白石先生遺文《はくせきせんせいいぶん》』全二巻。『白石先生遺文』は、新井白石（一六五七〜一七二五）の漢詩文集。史論を中心にした三十八編の論文・随筆、七首の詩、二編の聯句《れんく》から構成されている。本文は、下巻に収める「江関遺聞序」の一部である。

新井白石は江戸時代中期の儒学者、政治家。名は君美《きんみ》、白石は号。木下順庵（一六二一〜九八）に朱子学を学び、甲府侯徳《とく》川綱豊《がわつなとよ》（後の家宣《いえのぶ》）の儒臣となった。一七〇九年に家宣が第六代の将軍職につくと、幕政に参加していわゆる「正徳《しょうとく》の治《ち》」（正徳年間を中心に行われた、儒学を理念とする文治政治）を行った。吉宗が第八代将軍になるとともに政界を退き、以後は学問と著述に専念した。儒学のみならず、歴史学、地理学、国語学、兵学など多方面で活躍した。『折たく柴の記』『西洋紀聞』『読史余論』などの著作がよく知られている。

【本文解説】

新井白石が、『江関遺聞』という著書を著した動機を述べた文章である。

第一段落では、「時代が遠く隔たれば、物事も大きく変化する」ということの理解を訴えている。「轟《とどろ》く雷鳴もはるか遠くで聞けば小さく聞こえ、広大な長江や黄河もはるか遠くで見れば小さく見える」という比喩や、船上から水中に剣を落とした人が、船べりに傷をつけ、その傷を目印にして停泊後に剣を拾

30

おうとした故事を用いて読者の理解を助けている。

第二段落では、名実ともに大都市である江戸も、古くは地名さえ定かではなかったことを踏まえて、時代の推移とともに江戸の世相も事物もすっかり変わっていくはずだと予見している。

第三段落では、江戸の姿が時代の推移とともに大きく変わっていくに違いないことに筆者は感慨を抱いており、その感慨こそが『江関遺聞』執筆の理由、動機であることを明記して、本文を結んでいる。

【書き下し文】

雷霆《らいてい》を百里《ひやくり》の外《そと》に聴《き》けば、盆《ぼん》を鼓《こ》するがごとく、江河《かうが》を千《せん》里《り》の間《かん》に望《のぞ》めば、帯《おび》を縈《まと》ふがごときは、其《そ》の相《あ》ひ去《さ》るの遠《とほ》きを以《もつ》てなり。故《ゆゑ》に千載《せんざい》の下《しも》に居《を》りて之《これ》を千載《せんざい》の上《かみ》に求《もと》むるに、相《あ》ひ去《さ》るの遠《とほ》きを以《もつ》て其《そ》の変《へん》有《あ》るを知《し》らざれば、則《すなは》ち猶《な》ほ舟《ふね》に刻《きざ》みて剣《けん》を求《もと》むるがごとし。今《いま》の求《もと》むる所《ところ》は、往者《わうしや》の失《うしな》ふ所《ところ》に非《あら》ざるも、其《そ》の刻《きざ》みしは此《ここ》に在《あ》り、是《こ》れ従《よ》りて墜《お》つる所《ところ》なりと謂《おも》へり。豈《あ》に惑《まど》ひならずや。

今夫《いまそ》れ江戸《えど》は、世《よ》の称《しよう》する所《ところ》の名都大邑《めいとだいいふ》、冠蓋《くわんがい》の集《あつ》まる所《ところ》、舟車《しうしや》の湊《あつ》まる所《ところ》にして、実《まこと》に天下《てんか》の大都会《だいとくわい》たるなり。而《しか》れども其《そ》の地《ち》の名《な》たる、之《これ》を古《いにしへ》に訪《たつ》ぬるも、未《いま》だ之《これ》を聞《き》かず。豈《あ》に古今《ここん》相《あ》ひ去《さ》ること日《ひ》に遠《とほ》く、事物《じぶつ》の変《へん》も亦《ま》た其《そ》の間《かん》に在《あ》るに非《あら》ずや。蓋《けだ》し知《し》る、後《のち》の今《いま》に於《お》けるも、世《よ》の相《あ》ひ去《さ》ること愈遠《いよいよとほ》く、事《こと》の相《あ》ひ変《へん》ずること愈多《いよいよおほ》く、其《そ》の聞《き》かんと欲《ほつ》する所《ところ》を求《もと》むるも得《う》べからざること、亦《ま》た猶《な》ほ今《いま》の古《いにしへ》に於《お》けるがごときを。吾《われ》窃《ひそか》に焉《これ》に感《かん》ずる有《あ》り。『遺聞《いぶん》』の書《しよ》、由《よ》りて作《つく》る所《ところ》なり。

【全文解釈】

雷鳴を百里離れた所で聞けば、杯を太鼓のように叩く（大きさの音）くらいであり、長江や黄河を千里離れた所で眺めれば、（腰に）帯を巻いている（その帯の大きさ）くらいであるのは、観察者の雷鳴や長江と黄河からの距離が遠く隔たっているからである。だから遠い未来（の今の世）に居てある対象を遠い過去に探すときに、その対象からの時間が遠く隔たっているためにその対象が変化していることに気づかなければ、まるで（船中から水中に剣を落とした人が、）船べりに傷をつけて（船が停泊してから船べりにつけた傷を目印に）剣を探すようなものだ。今（剣を）探している場所は、以前（剣を）失くした場所ではないのに、（剣を落とした場所として）自分が傷をつけたのはここである、だからここが落ちた場所であると思っている。なんと甚だしい誤解ではないか。

今そもそも江戸は、世（の人々）が言う名高い首都である大きな都市、身分の高い人が集まる城府、水陸の交通の要衝であって、まことに天下の大都会である。しかしながら江戸の地の名称は、それを昔に求めても、その名を耳にしない。ひょっとして昔と今とは日ごとに遠く隔たっていき、事物の変化もやはり昔と今が遠く隔たっていく間に起こるのではないか。考えてみると、後の世は今の世に対して、世相がどんどん遠く隔たっていき、事物がどんどん大きく変わっていき、自分が聞きたいと思うことを探しても手に入れられないのは、ちょうど今の世の昔の世に対する関係と同じだということがわかるのである。

私は胸中でこうした隔たりや変化に感慨を抱いている。『（江関）遺聞』という著書は、だから（＝この感慨を抱いたから）著したのである。

【設問解説】

問1　語の読み方の問題　[29] ⑤　[30] ②

(ア)「蓋」には、「おおふ（覆い隠す）」「ふた」などの読み・用法もあるが、副詞としては「けだし」と読み、「思うに・考えてみると・そもそも」という意味である。筆者が自身の考えや意見を述べるときに用いる。「なんぞ（どうして・なぜ）」と読む語には「何」「奚」「胡」、「はたして（思ったとおり・案の定）」と読む語には「果」、「まさに（ちょうど・まさしく）」と読む語には「方」「正」、「すなはち」と読む語には「即（すぐに・そのまま）」「便（すぐに・たやすく）」「乃（そこで・やっと）」「則（そうだとすれば・だから）」「輒（そのたびに）」、などがそれぞれある。**正解は⑤である。**

(イ)「愈」には、「いゆ（治る）」「まさる（すぐれる）」などの読み・用法もあるが、副詞としては「いよいよ」と読み、「ますます」という意味である。程度が増すことを表す。「しばしば（たびたび）」と読む語には「数」「屢」、「かへって（逆に・反対に）」と読む語には「反」「却」「翻」、「はなはだ（たいそう・非常に）」と読む語には「甚」「太」、「すこぶる（かなり・少し）」と読む語には「頗」、などがそれぞれある。**正解は②である。**

副詞の読みと意味には注意が必要である。「すなはち」のように、読み方が同じでも字によって意味が異なる場合も少なくないからである。重要語は、読み方・意味ともにしっかり習得しておきたい。

問2　語の意味の問題　[31] ②　[32] ③

(1)「千載之上」については、ポイントが二つある。一つは、「千載」の意味を正しく捉えること、いま一つは、傍線部とその前にある「千載之下」との対比に留意することである。

まず、「千載」が「千歳」と同意語であり、文字通り「千年」、転じて「長い年月」という意味であることを押さえる。「千載一遇」という四字熟語を想起するとわかりやすい。「長い年月」という時間的な意味を含んだ選択肢は②と⑤である。

次に傍線部「千載之上」と「千載之下」との意味の対比を考える。「千載」の意味を踏まえれば、ここの「上」「下」は、時間的な意味合いで用いられていることは明らかである。つまり、「千載之上」は「ずっと前の過去」、「千載之下」は「ずっと先の未来」の意味である。「時間をさか**のぼる**」＝「上」、「時間を**くだる**」＝「下」と考えればよい。よって、**正解は②である。**

(2)「舟車之所レ湊マル」は、「所《ところ》ニ［動詞］（スル）」（――すること・もの）の表現に注意して直訳すると、「船や馬車が集まるもの」となる。「湊」は、名詞として「みなと（港）」の意味でも用いられるが、ここの「湊」は、与えられている「あつマル」

という読み、および傍線部直前の「冠蓋之所レ集《マル》」との対比に留意すれば、「集まる・集合する」の意味だと判断できる。ただし、ここでは「夫《レ》江戸者」とあるとおり、話題は「江戸」なので、ここの「所」は文字通り「場所」の意に解して「あつまる場所」と訳す方が文脈に合致する。また、「舟車」が「湊《マル》」の主体であることも正しく捉えよう。「船や馬車が集まる場所」と同内容の選択肢は③「水陸の交通の要衝」だけである。よって、**正解は③**である。

問3　比喩説明の問題　[33]　②

長い一文であるが、文の構造は決して複雑ではない。図解すれば、

[I]《(スレ)バ》者、如《ク》二[II]《(スル)ガ》一、[III]《(スレ)バ》者、如《キハ》二[IV]《(スル)ガ》一、以《もつテ》二――《ヲ》一也《なり》。
（[I]すれば、[II]するかのようであり、[III]すれば、[IV]するかのようであるのは、――だからである。）

となる。仮定条件の句を提示する「――者《バ》」（ここの「者」は、訓読では置き字として扱って読まない）という表現、「如《シ》二……《(スル)ガ》一」（……するかのようである）という比喩表現、そして理由説明の「以《テ》二――《ヲ》一也」（――だからである）に留意しよう。

さて、文の構造を踏まえて、傍線部冒頭から「如《キハ》レ縈《まとフガ》レ帯《ヲ》」までの比喩の部分を直訳すると、「雷鳴を百里離れた所で聞けば、杯を太鼓のように叩くかのようであり、長江や黄河を千里離れた所で眺めれば、帯を巻いているかのようであるのは」となるが、比喩部分を訳出しただけでは、どういうことを言っているのか捉えにくい。しかし、続く「以《テ》二其《ノ》相《ヒ》去《ル》之遠《キヲ》一也」に比喩の意味が示されている。「相《ヒ》」と「去《ル》」の用法、および「其」の示す内容を明らかにして直訳すると、「雷鳴や長江と黄河の観察者が雷鳴や長江と黄河から立ち去っていることが遠いからである」となる。「相《ヒ》」が直後に置かれる他動詞の目的や対象を示すこと、ここの「去《ル》」が「去《ルコト》レ門《ヲ》十里」（門から十里の距離）のように距離を表す用法であることを正しく捉えて解釈したい。要するに、「観察者の対象からの距離が遠い」と言っているのである。したがって、傍線部は「雷鳴や長江と黄河までの距離が遠いから、大きな雷鳴も杯を叩くほどの小さな音に聞こえ、大きな長江と黄河も腰に巻く帯ほどの大きさに見える」と言っているのである。

これを最も適切に説明しているのは、②「『百里』や『千里』ほども遠くから見聞きしているために、『雷霆』や『江河』のように本来は大きなものも、小さく感じられる」だけである。①「聴覚と視覚とは別の感覚なので」と⑤「空の高さと陸の広さとは違うので」は、どちらも「以《テ》二其《ノ》相《ヒ》去《ル》之遠《キヲ》一也」の説明として誤りである。また、③「『雷霆』や『江河』をどのくらい小さく感じるかの程度が違ってくる」という説明も、傍線部の「距離が遠いと音も物も小さく感じられる」という趣旨と一致しない。さらに、④のように「危険なものも、小さく感じられて怖くなくなる」と心理面まで説明したのでは、やはり傍線部の説明として不適切である。よって、**正解は②**である。

問4　理由説明の問題　34　④

傍線部は「なんと甚だしい誤解ではないか」と訳出できる。「豈《あニ》不《ず》レ□《(ナラ)》乎《や》」（なんとまことに□ではないか）という詠嘆形を正しく捉えて解釈しよう。つまり、「大変な誤りだ」と言っているのである。

問われているのは、筆者が「大変な誤り」と判断した理由である。ただし、「刻《ミテ》レ舟《ニ》求《ム》レ剣《ヲ》」（船べりに傷をつけて剣を探した）の故事に即するという条件がついているから、故事の趣旨を捉えれば、それが正解のはずである。

この故事については、まず（注3）の説明が大きな手掛かりとなる。船から水中に剣を落とした人が、落とした位置の船べりに傷をつけ、船の停泊後に傷を目印に剣を探そうということであるから、「時間の経過や場所の移動をまったく考慮していない」誤った行動を述べている故事と判断できる。

このことは、傍線部直前の一文「今之所レ求《ムルハ》、非《ザルモ》二往者《ノ》所《ニ》一レ失《フ》、而謂《おもヘリ》下其《ノ》刻《ミシハ》在《リ》レ此《ニ》、是所《レ》二従《よリテ》墜《おツル》一也《ト》上」（今剣を探している場所は、以前剣を失くした場所ではないのに、剣を落とした場所として自分が傷をつけたのはここである、だからここが落ちた場所であると思っている）にも述べられている。

以上を踏まえて選択肢を検討すると、まず、①「剣は水中でどんどん錆《さ》びていくのに」や③「目印のつけ方が正しいかどうかばかりを議論している」は、観点がまったく違った説明として排除できる。②と⑤が紛らわしいが、②「船がどれくらいの距離を移動したかを調べもせずに」、⑤「船が動いて場所が変われば、それに応じて新しい目印をつけるべきなのに、怠けてそれをしなかった」という説明は、「時間の経過や場所の移動を考慮した」ものであるから、故事の趣旨と矛盾する。「時間の経過や場所の移動をまったく考慮していない」という故事の趣旨に合致した説明は、④「船が今停泊している場所と、剣を落とした場所との違いに気づいていない」だけである。よって、**正解は④**である。

問5　返り点と書き下し文の問題　35　②

返り点と送り仮名の両方が省略されている「白文」の訓読が問われているときには、選択肢の返り点や書き下し文だけに頼り切って判断するのは禁物である。「白文」の訓読の問題は、結局「文の構造の把握」を問われているのであるから、句形や重要表現が含まれている場合には、それらの事項にも留意して正しく構造を捉えることが肝要である。

さて、傍線部は三つの句から構成されているので、判断しやすい句の訓読から考えるのがコツである。まず、最初の句では多義語「為」がポイントであるが、訓読としてはどの選択肢の読み方も成り立つので、第二句「訪之於古」から考えてみよう。この句「訪之於古」が本文二～三行目の「求《ム》二之《ヲ》于千載之上《ニ》一」（ある対象を遠い過去に探す）と構造・意味ともに同一であることに気づいてほしい。つまり「訪《ヌ》二之《ヲ》於古《いにしへニ》一」と訓読するのが正しい。第二句を正しく読んでいるのは②と⑤である。

次に、正解候補に絞られた②と⑤を、第三句「未之聞」について検討する。「未」については、どちらも再読文字「未だ——（せ）ず」と解し、「聞」については、どちらも動詞「聞く」と解しているので、「之」の解釈について判断すればよい。②は「之《これ》を」と指示代名詞として、⑤は「之《ゆ》く」と動詞として訓読しているが、⑤「其の地の名為《た》る、之を古に訪ぬるも、未だ之かざるを聞く」と読んだのでは、「江戸の地の名称というものは、それを昔に求めても、まだ行っていないことを聞いている」という解釈となり、文意が成り立たない。ここで、「否定文では、動詞の目的語が代名詞の場合、目的語が動詞の直前に倒置される」という原則を考慮しよう。この原則を踏まえた読み方が、②「未だ之を聞かず」である。②の書き下し文全体を、「其」の内容を明らかにして直訳すれば、「江戸の地の名称というものは、それを昔に求めても、その名を聞いたことがない」となり、文意も成立する。よって、**正解は②**である。

問6　理由説明の問題　36　①

傍線部を含む二つの文から構成されている第三段落を、「焉《これニ》」をそのままにして訳出すると、

私は胸中でこれに感慨を抱いている。『（江関）遺聞』という著書は、だから著したのである。

となる。つまり、問われている『江関遺聞』執筆の理由は、「有《リ》レ感《ズル》レ焉《これニ》」＝「これに感慨を抱いている」ことである。したがって、「焉」の内容を確かめればよい。

そこで、直前の第二段落の内容を確認してみよう。注目するのは「蓋《けだシ》」（思うに・そもそも）である。問1(ア)で確かめたように、筆者が自身の考えや意見を述べるときに用いる語である。当該の段落の冒頭から「蓋《シ》」の直前までは、大都市「江戸」の今昔を中心に、事実関係が記されている。これに対して、「蓋《シ》」以降では「江戸」の未来についての筆者の予測や考えが述べられている。つまり、「焉」の内容は「蓋《シ》」以降の記述に求められ、その内容を基にして選択肢を検討すればよい。

第二段落の全体の内容を踏まえつつ、「蓋《シ》」以降の記述を要約すると、

政治・経済の中心として大都市に発展している江戸も、昔は地名すらはっきりわからない。まさに今昔の感に堪えない。この変遷を踏まえれば、未来の江戸は今とはすっかり変わっているに違いない。

となる。この要約を基にして選択肢を検討してみよう。

②は「今後も発展を続ける保証はないし、逆にさびれてしまうおそれさえある」が誤った説明と判断する。筆者は「江戸の未来は大きく変わる」と述べているだけで、「発展する」とも「さびれる」とも、変化の方向は明示していない。

③は「江戸の今と昔とを対比することで、江戸が大都市へと発展してきた過程をよりはっきり示したい」と説明しているが、過去から現在までの江戸の姿の変化しか考慮されておらず、江戸の未来の変化についてはまったく触れられていないので、不適切な説明である。

④の「変化に対応した最新の江戸の情報を提供し」ということは本文中に述べられていないうえ、③と同様に江戸の未

来について言及されていない。

⑤は「昔の江戸の風情が失われてきており、しかもこの傾向は今後いっそう強まりそう」と説明しているが、〈昔の風情の喪失〉については、本文では触れられていない。

①の説明は、本文に照らして矛盾した箇所がない。「江戸は大都市だが、～未来の江戸も今とは全く違った姿になっているはずなので」は、第二段落の要約として適切である。説明後半の「後世の人がそうした違いを越えて、事実を理解するための手助けをしたい」が、〈江戸の姿の変化〉への感慨であり、『江関遺聞』執筆の動機であると判断できる。したがって、**正解は①**である。

MEMO

国　語

(2017年１月実施)

追試験
2017

国　語

解答・採点基準　(200点満点)

問題番号(配点)	設問	解答番号	正解	配点	自己採点
第1問 (50)	問1	1	①	2	
		2	①	2	
		3	④	2	
		4	⑤	2	
		5	④	2	
	問2	6	④	8	
	問3	7	③	8	
	問4	8	④	8	
	問5	9	③	8	
	問6	10	④	4	
		11	③	4	
第1問　自己採点小計					
第2問 (50)	問1	12	③	3	
		13	①	3	
		14	④	3	
	問2	15	②	7	
	問3	16	④	8	
	問4	17	②	8	
	問5	18	⑤	8	
	問6	19	④ ※	5	
		20	⑤ ※	5	
第2問　自己採点小計					

問題番号(配点)	設問	解答番号	正解	配点	自己採点
第3問 (50)	問1	21	⑤	5	
		22	⑤	5	
		23	④	5	
	問2	24	④	5	
	問3	25	②	7	
	問4	26	①	7	
	問5	27	④	8	
	問6	28	⑤	8	
第3問　自己採点小計					
第4問 (50)	問1	29	②	4	
		30	④	4	
	問2	31	④	6	
	問3	32	②	6	
	問4	33	③	8	
	問5	34	③	6	
	問6	35	①	8	
	問7	36	⑤	8	
第4問　自己採点小計					
自己採点合計					

※の正解は順序を問わない。

第1問　現代文（評論）

【出典】

竹内啓『科学技術・地球システム・人間』（岩波書店、二〇〇一年）。

竹内啓（たけうち・けい）は、一九三三年生まれ、東京大学経済学部卒業。東京大学名誉教授、明治学院大学名誉教授。専攻は、統計学、経済学、科学技術論。著書として『数理統計学』、『近代合理主義の光と影』、『情報革命時代の経済学』、『現代史への視座』、『偶然とは何か』などがある。

【本文解説】

本文は、16の形式段落からなっている。これを便宜上三つの部分に分けて、その内容を確認していこう。

Ⅰ　社会科学的認識とは（第1段落〜第4段落）

複数の人間が社会の中で生きていくために、社会には昔からさまざまな規範が存在してきた。〈……すべし〉あるいは〈……するべからず〉といった規範は、慣習、道徳、宗教的戒律や法的強制などとして存在し、それについての学問的な議論も存在したが、それらは必ずしも客観的な認識とはいえない。社会的現象を客観的にそれ自体として観察し、そこにある論理や法則性を発見しようとして生まれてきたのが社会科学である。（第1段落）

社会科学は人々の行動によって、個人の意図や目的と離れた結果が生み出されることを認識し、それを客観的に表現することによって生まれた。たとえば、アダム・スミスは「人々が市場においてそれぞれ自分の利益を追求することから社会的利益が生まれる」ことを証明した。それを彼は、「見えざる手」と呼んだが、それは「社会の客観的法則性」といってもよい。またマルクスは労働者を搾取する資本家を批判した。だが同時に、それは資本家個人の資質の問題ではなく、資本家が資本の論理に従って行動せざるを得ないためだと論じた。つまり、個人の意図や目的と離れて存在している、さまざまな社会現象の中にある論理や法則性を客観的に捉えようとするのが、社会科学だというのである。（第2段落）

こうした社会科学的認識は、個人の行動を重視する原子論的アプローチと、社会における統合を重視する全体論的アプローチという、対立する二つの立場を前提としている。この社会を「単なる個人の集合にすぎないもの」と見るか、それとも「個人を越えた何らかの実体」と考えるべきかということは、近代社会科学にとっての大問題であった。（第3段落・第4段落）

Ⅱ　個人を重視する還元論的立場と社会を重視する全体論的立場（第5段落〜第10段落）

ここでは、Ⅰの最後で紹介された問題と、それと混同されがちなもう一つの問題が取り上げられている。まず、筆者がここで取り上げている二つの問題について整理しておこう。

X　社会は単なる個人の集合にすぎないと見るか、それとも個人を越えた何らかの実体と考えるべきかという問題

Y　社会現象を考察する際のすべてを、それを構成する個

人個人の行動にまで還元して考察すべきか、あるいは社会全体を一つの対象として考察すべきかという問題

ここでXとYとしたのは、X＝実体の問題、Y＝方法の問題であることからも明らかなように、両者は本来的に別の問題である。ところが、実際には両者は混同され、還元論（原子論）と全体論（有機体説）という対立する主張を生むことになった。

P　還元論＝社会は個人の集合以上の何ものでもないと考え、社会現象はそれを構成する人々に還元して説明する必要がある

Q　全体論＝個人の行動はその人の置かれた社会状態に影響されるのでまず社会を全体として捉え、社会全体は個人の集合以上の何ものかである

こうした考えの違いは価値判断や倫理的命題と直接的に結びつくものではないはずだが、実際にはPの還元論は「個人の立場を強調する個人主義」に結びつき、Qの全体論は「国家や社会の観点を優先する全体主義」に結びつくという傾向を持ったのである。（第5段落）

そして社会科学におけるこうした考え方の対立は、自然科学にも見られるという。社会が個人の集合からなるように、生物の体もすべて原子の結合した分子から構成されている。したがって、生物についても先のPとQの考え方の対立と同じような考え方の対立が存在したという。

P′　生物の体はすべて原子の結合した分子から構成されている以上、生物の性質はそれを構成している原子・分子の性質に、つまり物理・化学の法則に還元できると考える

Q′　生物には物理・化学の法則に還元できない何か別のものがあって、それが生物を特徴づけていると考える

二〇世紀の前半までは、生物には無生物にはない特別な「生命力」（anima）があるという生気論（Q′）も有力だった。しかし、生物体をどう分析しても「生命力」の実体のようなものを見出すことは不可能であった。それに対し、遺伝情報がDNAで伝えられることが明らかにされ、生物には物理・化学の法則を超えた何か特別なものがあるという考え（Q′）は科学者の間では受け入れがたいものとなった。（第6段落）

社会についても、同じことがいえる。二〇世紀前半までは、国家や民族をそれを構成する一人一人の国民などの集合という以上の意味を持つ実体と考え、それを特に価値あるものと考える国家主義や民族主義（Q）が大きな力を持っていた。第二次世界大戦におけるドイツ、日本などの全体主義国の敗退の後、国家主義は勢力を失った。しかし民族主義は今でも過去のものとなっていない。（第7段落・第8段落）

たしかに、第二次世界大戦でのドイツや日本などのあり方は、「理念としての国家主義や民族主義に問題がある」ことを明らかにしたが、だからといって「方法としての還元主義が正しいこと」を意味するわけではない（簡単にいえば、全体論（Q）がダメなら還元論（P）が正しいとはならないということである)。それはたとえ生気論（Q′）が否定されても、生物が単なる分子の集合以上のものであることを否定する生物学者はいないのと同じである。生物はその身体を構成する分子を絶えず入れ替えているにもかかわらず、統一性を持った個体として存在している。しかも生物体は細胞の集合であり、細胞は分子の集合であるのだから、生物の機能は細胞を構成する分子の物理・化学的作用以外の何ものでもないはずである。したがって、そこに分子の物理・化学的性質以上の何か神秘的なものを想定する必要はないはずである。にもかかわらず生物が単なる分子の集合と区別されるのは、そこに一定の構造（ないしは一つのシステム）が存在し、そしてその構造が、それを構成している要素が替わっても維持されているといえるからなのである。（第9段落）

同じことが国家や社会についてもいえる。国家や社会はすべて個人の集合であり、それを越えた何ものかがそこに存在するわけではない。しかしその中で人と人との関係が一定の構造を持ち、それが維持されている限りは、人々の行動は逆にその構造に制約されている。そうした意味では国家や社会が個人に先立って存在しているともいえる。（第10段落）

Ⅲ　一定のシステムによって維持される社会（第11段落〜第16段落）

国家や社会は一定の構造を持つ。ここで注意しなければならないのは、そうした構造がなぜ成立したかということと、それがどのようにして維持、複製されるかということとは別問題だということである。二〇世紀半ば以降「情報」という概念が科学の中で人間の意識から独立したものとして認識されるようになったが、情報とは「構造を維持し、あるいは再生するものである」と定義することができる。おそらく最初に構造が作り出されたのは、極めて偶然的であったに違いない。しかしその構造がいったん成立すると、それは何らかの情報システムを通して自己を保全、再生、複製するようになっている。DNAの発見の意義は、生物体を再生させる情報システムと呼んでよいようなものが、自然界に存在していることを実証した点にあった。社会もそのような意味で一つのシステムであることは自明であろう。つまり、社会には特定の性質や性向を持った個人が存在すると同様、個人と個人の間に安定した構造が存在しているのである。その意味では原子（還元）論も全体論（有機体説）もそれだけでは正しくない。原子論的アプローチにおいても、個人のばらばらな行動を追うだけでは社会を認識できない。逆に社会を、それを構成する個人から離れてそれ以上の一つの「実体」と考えたのでは、客観的に認識することは不可能になる。（第11段落〜第13段落）

社会科学の中でも特に「科学的」であることを強く標榜しているのは経済学である。そうした経済学に対する批判は、それが前提としている個人行動の原理に向けられることが多い。合理的利己主義者としての「経済人」の想定に対する批判は、アダム・スミスがその論理を提出して以来絶えることがない。しかし、自然科学が自然の均一性という仮定を必要とするのと同じように、社会科学が科学として成立するためには人間行動についての何らかの整合性の仮定が不可欠であり、経済学が人間を合理的利己主義者と規定することは、それが一つの仮説であるならば特に不都合はないはずである。問題は人間を合理的利己主義者と規定することを、仮説としてではなく、実質的な内容を持つ命題として扱い、しかもその内容を無限定に拡張してしまうことである。（第14段落・第15段落）

もう一つの問題点は、社会の論理、その組織は個人から離れて存在するということである。個人間の契約によって社会が成立したと説く社会契約説の立場にしても、それは一つの抽象的な観念として考えるだけであって、具体的に一人一人の個人が自覚的に契約を結んで社会に参加すると考えるわけではない。人々が社会を作るのではなく、人々は社会の中に生まれるのであり、そして社会によって作られるのである。（第16段落）

【設問解説】

問1　漢字の知識を問う問題　[1] ①　[2] ①　[3] ④　[4] ⑤　[5] ④

(ア)は、〈資本家・地主などが労働者・農民などに労働に見合った賃金を払わず、その利益のほとんどを独占すること〉という意味で、「**搾取**」。①は、〈牛などの乳をしぼること〉という意味で、「**搾乳**」。したがって、**これが正解**。②は、「酢（醋）酸」。③は、〈いくつかのものが入り交じること〉という意味で、「交錯」。④は、〈地盤や岩盤を掘って穴をあけること。また、土砂や岩石を掘って取り除くこと〉という意味で、「掘削」。⑤は、「検索」。

(イ)は、「**陥る**」。①は、「**欠陥**」で、**これが正解**。②は、〈肝《きも》と胆、心〉という意味で、「肝胆」。「肝胆相照らす」で、〈互いに心の底まで打ち明けて親しく交わる〉という意味。③は、〈相手の気にいるように巧みにいう言葉〉という意味で、「甘言」。④は、〈はずしてはならない最も重要な所〉という意味で、「勘所」。⑤は、〈見逃すこと〉という意味で、「看過」。

(ウ)は、〈二つの間に矛盾がなく整っていること〉という意味で、「**整合性**」。①は、〈晴れた日は外に出て畑を耕し、雨の日は家にいて書を読むこと、田園に閑居する自適の生活をいう〉という意味で、「晴耕雨読」。②は、〈人家が多く集まっている所、まち、ちまた〉という意味で、「市井」。③は、〈同時にそろって物事をすること〉という意味で、「一斉」。④は、「**整列**」で、**これが正解**。⑤は、「清涼剤」。

(エ)は、〈すべてが一様なこと、等しいこと〉という意味で、「**均一性**」。①は、〈琴の糸、比喩的に、人の心の奥に秘められている真情〉という意味で、「琴線」。②は、〈わずかな差〉という意味で、「僅差」。③は、〈一日も休まず出席すること〉という意味で、「皆勤」。④は、〈胸のうち、心の中〉という意味で、「胸襟」。「胸襟をひらく」で、〈心の中を打ち明ける〉という意味。⑤は、〈つり合いが取れていること〉という意味で、「**均衡**」。したがって、**これが正解**。

(オ)は、「**要請**」。①は、「勢い」。②は、「盛り」。③は、「誓い合う」。④は、「**請けおう**」で、**これが正解**。⑤は、「省（顧）みる」。

問2　傍線部の内容説明問題　6　④

まず傍線部の「このような社会科学的認識」とは、どういうものか考えよう。第2段落にあるように、「社会科学は人々の社会の中での行動によって、個人個人の意図や目的とは直接結びつかない、あるいはそれとは離れた結果が生み出されることを認識し、それを客観的な形式によって表現することによって生まれた」のである。たとえば、アダム・スミスが「人々が市場においてそれぞれ自分の利益を追求することから社会的利益が生まれる」ことを証明したように、社会科学はさまざまな社会現象の中にある論理や法則性を客観的に捉えようとする（a）ものである。

では、そうした社会科学的認識が前提として必要としている二つの要素とは何か。それは、傍線部の直後にあるように、「一つはその社会を構成する人々の行動様式についての仮定であり、もう一つは個人の行動が統合される社会的な場についての仮定である」という。この説明はややわかりにくいが、それはその後で、「個人の行動を重視する立場と、社会における統合を重視する立場」の違いだと説明されている。つまり、社会現象の中にある論理や法則性を客観的に捉えようとする社会科学的認識の基礎として、個人の行動を重視する（b）ことと、社会における統合を重視する（c）ことが必要だというのである。以上の点をもう一度整理すると次のようになる。

a　社会科学的認識＝社会現象の中にある論理や法則性を客観的に捉えようとするもの

b（aの前提として）個人の行動を重視することが必要である

c（aの前提として）社会における統合を重視することが必要である

したがって、以上のa～cを踏まえている④が正解。

①は、「社会的な場における人間関係を理解する観点とが必要とされる」という説明が、不適当。社会科学的認識の前提としてそうした人間関係の理解が必要だといったことは、本文に書かれていない。

②は、まず社会科学の分析の対象を「個人の責任や倫理」に限定して説明している点が、不適当。また社会科学的認識の前提として必要とされることも「個人的な判断を重視して記述することと、客観的な形式によって記述すること」だなどとは、本文に書かれていない。

③は、社会科学的認識の前提として、「国家や社会の観点を尊重する立場が必要とされる」とは、本文に書かれていない。

⑤は、社会科学的認識の前提として、「個人の利益を重視する観点と、個人が統合される社会の利益を重視する観点とが必要」とは、本文に書かれていない。

問3　傍線部の理由説明問題　7　③

まず傍線部の意味を確認することからはじめたいのだが、この設問の場合、すべての選択肢が共通のはじまり方をしていることに気づきたい。すなわち、各選択肢は「国家や社会の観点を優先する……」ではじまり、「……生物の場合に、生気論……」と続いている。ここからまず出題者が傍線部の「理念としての国家主義や民族主義に問題がある」を「国家や社会の観点を優先する全体主義の理念が問題を含む」と言い換えて説明していることがわかる。また各選択肢とも、「生物」の話や「生気論」に言及している。特に、傍線部直後に、「生気論が否定されたとしても、生物の個体が単なる分子の集合以上のものであることを否定する生物学者はいない」とあることに注意したい。これを傍線部と関連させて考えるのなら、〈生気論は否定されても、生物は一個の統一性を持った個体として存在を維持している〉といった意味になる。そして、傍線部の後半にある「方法としての還元（個人）主義が正しいことを意味するものではない」の意味を考えながら〈「還元（個人）主義が正しいことを意味するものではない」→全体主義が意味を失ってしまったわけではない〉という、傍線部の理由をまとめると次のようになる。

a　国家や社会の観点を優先する全体主義の理念が問題を含むとしても

b　生物の場合、生気論が否定されても、生物は一個の統一性を持った個体として存在を維持しているように

c　全体主義が意味を失ってしまったわけではない

したがって、以上のa～cを踏まえている**③が、正解**。

①は、「生気論の登場で生物の性質を物理・化学の法則に単純に還元する立場の限界が示された」という説明が、不適当。「生気論の登場」→「生物の性質を物理・化学の法則に単純に還元する立場の限界が示された」という因果関係を本文から読み取ることはできない。

②は、「社会を……より高等な形態と捉える全体論の方法自体は有効性が確認される」という説明が、不適当。そうしたことは、本文で問題になっていない。

④は、「個人の集合以上の構造を分析できない還元主義の方法自体が妥当性を欠いている」という説明が、不適当。還元主義の妥当性などといったことは本文で問題になっていない。

⑤は、「国家や社会を個人に先立つ神聖な存在として説明する全体論」という説明が、不適当。「国家や社会」を「神聖な存在」とするなどといったことは、本文に書かれていない。

問4　傍線部の内容説明問題　8　④

まず、「そのような意味」における「一つのシステム」とは、どのようなことか見ていこう。それについては、傍線部の前の段落で説明されている。ここでは、国家や社会、さらには生物体が持つ一定の構造について説明されている。そして、この段落冒頭で、そうした構造がなぜ成立したかということと、それがどのようにして維持、複製されるかということとは別問題だということに注意すべきだとされている。その上で、二〇世紀半ば以降「情報」という概念が科学の中で人間の意識から独立したものとして認識されるようになったが、情報とは「構造を維持し、あるいは再生するものであると定義することができる」という。おそらく最初に構造が作り出されたのは、極めて偶然的であったに違いないだろう。しかしその構造がいったん成立すると、それは何らかの情報システムを通して自己を保全、再生、複製するようになっている。DNAの発見の意義は、生物体を再生させる情報システムと呼んでよいようなものが、自然界に存在していることを実証した点にあったというのである。そして、傍線部の直後にあるように、社会にも特定の性質や性向を持った個人が存在するのと同様に、個人と個人の間に安定した構造が存在しているというのである。

以上の点を踏まえて傍線部の内容を整理すると次のようになる。

a　生物体は遺伝情報を伝えるDNAによって、自己を保全、再生、複製するようになっている

b　社会にも特定の性質や性向を持った個人が存在するのと同様に、個人と個人の間に安定した構造が存在している

したがって、以上のa・bを踏まえている④が、正解。aのポイントの中でもとりわけ重要な、DNAや遺伝情報といった説明が入っている選択肢が④しかないので、正解を選びやすかったかもしれない。それ以外の点で、他の選択肢が消去できる理由は次のとおり。

①は、「社会においても、個人の集合体が必要な機能や規範を作り上げ、同時にこれらのことが個人の行動などを制約し、全体性を形成する構造が構築されている」という説明が、不適当。第11段落にあるように、最初に構造が作り出されたのは「極めて偶然的な条件の下で行われたことに違いない」のである。

②は、「社会においても、……特定の機能が分化することで、国家の機能を維持し発達させる構造が構築されている」という説明が、不適当。そうしたことは本文に書かれていない。

③は、「社会においても、構成要素としての個人が集団や民族、国民や国家という段階を経て、……発展的に統合する構造が存在する」という説明が、不適当。そうしたことは本文に書かれていない。

⑤は、「社会においても、……個人個人の行動が積み重ねられることでおのずと形成される機能によって、安定的な構造が存在する」という説明が、不適当。そうしたことは本文に書かれていない。

問5　本文を読んだ五人の生徒の発言のうち、本文の趣旨に最も近いものを選ぶ問題　9　③

見慣れない形式の設問だと思った人もいるかもしれないが、解き方は趣旨判定や内容合致問題と同じである。それぞれの発言とそれに関連する本文を慎重に照らし合わせ、正解を絞り込んでいけばよい。

①について。「社会的な現象を客観的に認識するためには、社会を……何らかの実体のあるものとした上で、社会全体を一つの対象として考えていく必要がある」という発言が、本文に反している。第13段落にあるように、「社会なるものを、それを構成する個人から離れてそれ以上の一つの『実体』と考えたのでは、客観的に認識することは不可能になる」というのが筆者の考えである。

②について。「社会現象を考察するときにはそれを構成している個人個人の行動にまで還元して考察することが社会科学では重要だ」という発言が、本文に反している。たしかに、第5段落に「社会現象はすべてそれを構成する人々の行動にまで還元して説明しなければならない」などとあるが、それは「社会は個人の集合以上の何ものでもないと考える人々」の主張であって、筆者の考えではない。

③について。「社会については、……考える必要があるんじゃないかと思うよ」という発言は、第10段落の内容に基づくもの。また「たとえば、経済学の場合には、……」以降の発言は、第14・15段落に基づくものであり、生徒Cの発言は本文の趣旨に合っているので、**これが正解**。

④について。「経済学はそういう人間のモデルを使って社会的な規範まで導き出したんだよ。……こういう経済学は、アダム・スミスが提出した論理に基づいて大きく進歩したんだ」という発言が、本文に反している。第15段落にあるように、「そうなると(=人間は合理的利己主義者であるという命題を無限定に拡張すると)社会を構成する合理的利己主義者は一定の社会的ルール、あるいは倫理的規範に従って行動するものと考えるのではなく、社会的規範そのものが効用最大の命題から導かれなければならないということになる。それは最近一部の社会科学者の間では流行しているが、明らかにアダム・スミスの考えではない」というのが筆者の考えである。

⑤について。「合理的利己主義者としての個人は意識的に行動することで、社会との間に新たな関係を作り出していくんだよね」という発言が、本文に反している。第16段落にあるように、「具体的に一人一人の個人が、主体的な自由意志を持って、自覚的に契約を結んで社会に参加すると考えるわけではない」というのが筆者の考えである。

問6　本文の表現と構成・展開について問う問題

(i)　**本文の第1〜8段落の表現について問う問題**　[10]　④

「適当でないもの」を選ぶという点を見落とさないように順に選択肢を検討していこう。

①は、第1段落の内容に基づいた説明であり、適当である。

②も、第6段落の内容に基づいた説明であり、適当である。

③も、第6段落の内容に基づいた説明であり、適当である。

④は、不適当な説明である。たしかに第8段落では、「国家主義は……、しかし民族主義は……」となっており、両者の状況の違いが表現されているように見える。だが、両者はいずれも国家や社会の観点を優先する全体主義であり、本質的な差はない。だからこそ第7段落でも、また第9段落でも、

両者は「国家主義や民族主義」と並列に扱われているのである。したがって、**これが正解**。

(ii) **本文の構成・展開について問う問題** 11 ③

これも「**適当でないもの**」を選ぶという点を見落とさないように。順に選択肢を検討していこう。

①は、第1段落から第4段落までの論の展開をまとめたもので、適当である。

②は、第9段落から第11段落までの論の展開をまとめたもので、適当である。

③は、「第12段落では、それまでの議論を集約して結論を端的に述べる」という説明が、不適当。第12段落で述べられていることは直前の内容を受けたものであって、「それまでの議論を集約し」たものとはいえず、「結論を端的に述べ」たものともいえない。したがって、**これが正解**。

④は、第14段落から第16段落までの論の展開をまとめたものので、適当である。

第2問 現代文（小説）

【出典】

浅原六朗の小説「青ざめた行列」の全文。『浅原六朗選集第一巻』（河出書房新社、平成五年）による。なお初出は、文芸雑誌『新潮』一九二七（昭和二）年二月号。

浅原六朗（あさはら・ろくろう）は、一八九五（明治二十八）年長野県生まれ。早稲田大学文学部英文科卒業。文学グループである新興芸術派倶楽部《くらぶ》の結成に参加。モダニズム文学（＝既成の手法を否定した前衛的な文学のこと）の作家として活躍。また、浅原鏡村の名で「てるてる坊主」などの童謡を作詞している。『或《あ》る自殺階級者』『女群行進』『混血児ジヨオヂ』などの作品が知られている。一九七七（昭和五十二）年没。

なお、問題文において、現在一般的に使用されていない用字は、以下の解説の中では一般的な用字に置き換えて記載している場合がある。

【本文解説】

本文は、ある郊外で佇《たたず》んでいた「私」が、歩みを進めるうちに出会った光景や、見知らぬ老人との会話を通じて、さまざまな思いを抱くという文章である。一見脈絡のない、いくつかの心象風景をつなぎ合わせたような展開で、しかも現実感覚が希薄な、幻想的とも言える小説であり、多少戸惑った諸君もいたかもしれない。けれども、会話の場面を含め、場面ごとの出来事や「私」の心情を正確に読み進めていけば、前半で「私」が見かけた「青ざめた葬列」が、末尾の場面の伏線になっているように、全体としてのまとまりをもった作品であることに気づくであろう。

以下、場面ごとの内容をそれぞれ確認していこう。

Ⅰ　ある郊外に佇み、古い記憶を思い起こしている場面（冒頭～13行目）

とある郊外で佇んでいた「私」は、電車の線路の向こうにある「黒い森や、草原《くさはら》」（2行目）を眺めながら、未知とは思われぬ景色についての記憶を呼び覚まそうとしていた。風もなく、人通りもなく、音もしないこの景色に、かつて見たはずなのにはっきりとは思い出せぬという「もどかしい」（8行目）気持ちになっていたのである。

Ⅱ　「青ざめた葬列」から囚人の絵を連想する場面（14行目～42行目）

あたりを突き裂く電車の音で、見覚えがあるのに思い出せないという「夢魔」（15行目）のような状態からさめて、「私」は歩き出した。

歩みを進めるうちに、愛する者を失った悲しみに沈みながら歩んでいる人々を見かけた。「私」は特に心を動かすこともなく、その「青ざめた葬列」（22行目）を見送ったが、この葬列から囚人を描いたゴッホ（＝ゴーグ）の絵を連想した。絵では、囚人たちが牢獄《ろうごく》の狭い中庭を果てしなく環《わ》を描いて歩んでいる。その姿には、単調と反復と倦怠《けんたい》のみが現れており、人生の悲哀を象徴しているように思えた。空想児たる「私」は、生存競争の厳しい現実の中で破綻《はたん》するしかなかった。そして、自分もまた現実に拘束されているという思いで囚人たちの姿を見ることは、「私」にある慰めをもたらすのであった。悲しみを抱いている人々の葬列から、「悲哀の象徴」（34行目）が描かれている囚人のことを連想したのは、「私」にとって、自然なことであった。

Ⅲ　友人Kとその家を思い出している場面（43行目～68行目）

葬列の進む方向とは別の道を歩んでいるうちに、「私」は古い家の前に出た。そしてその家が、かつて親しい友人の住居であったことを瞬時に思い出した。友人が、「私」の心を安らかにしてくれていたことを記憶の中でたどりながら、ドアをノックした。だが、返事はなかった。入口から庭に廻ってみたが、屋内に人影は見えなかった。庭の芝生が多数に踏みにじられた様子を見ながらタバコを吸った。そして口笛を吹いていると、誰かが「私」を呼んだが、その人の姿は見当たらない。「私」はドキドキしながら庭を後にしようとした。というのも、この家が「ある生物の抜殻《ぬけがら》のように寂しく想われ」（65行目）、友人も、「もうこの家にいない」（66行目）と思えたからだ。

Ⅳ　老人と会話を交わす場面（69行目～最終行）

庭から出ようとしてふと二階を見ると、見知らぬ老人が「親しみ深い顔」（72行目）で「私」を手招きした。「私」は躊躇《ちゅうちょ》することもなく、家に入り、二階の老人のいる部屋に上がって行った。

「私」と老人は以前からの知り合いのように親しさを持って

向かい合った。

言葉を交わした途端、老人にますます深い親しみを感じ、その姿からは高い知性や精神的な卓越性とともに威厳も感じられ、尊敬の念を抱いた。

謙虚な態度で、これまでの人生体験を何か話すように頼んだ。老人はすぐには話を始めることはなかった。「私」は、一段上の人間である老人の前で謙虚になり、青年期の煩悶《はんもん》を振り返っていた。そして、人生において理想を実現できないことを老人に嘆き、その悲しみを慰めてもらいたかった。また、訊《き》きたいこともいくつかあったが、控えめな態度で老人が口を開くのを待っていた。突然ほがらかに笑いだした老人は、自分のことをすべて理解してくれる妻と、理想の実現のために一生を捧《ささ》げたことを語った。「私」は、老人の敬愛するその夫人が、「地上の殉教者」（117行目）に思え、夫人におめにかかりたいと申し出た。老人は、「私」がこの家に辿《たど》り着く途中に長い葬列と出会わなかったかと「私」に問うた。老人の言う葬列とは、「悲哀の象徴」（34行目）である囚人の絵を「私」に連想させた、「青ざめた葬列」（22行目）のことであろう。老人は、「私」の返事を待つことなく、自分の妻には会えないことを示すかのように首を振るのであった。

以上全体の流れを整理すると、以下のようになる。

ある郊外で、「私」は見覚えのある景色をはっきり思い出せず、もどかしくなりぼんやりしていた。

↓

電車の騒音で我に返り、歩み始めると青ざめた葬列に出会った。

↓

その葬列によりゴッホの囚人の絵を連想した。その絵は、悲哀の象徴と感じられ、空想児ゆえに現実で破綻するしかない「私」の慰めとなっていた。

↓

歩み続けているうちに、かつて友人が住んでいた家に辿り着いた。

↓

その家に住んでいる老人との会話で、「私」は老人の妻に会いたくなったが、その妻は先ほど見かけた青ざめた葬列で送られたようであり、「私」の望みは満たされなかった。

【設問解説】

問1　語句の意味を問う問題　12 ③　13 ①　14 ④

(ア)の「凝然と」は、〈じっとして動かない様子〉を意味する。これに最も近い表現となっている**③が正解**。①は、動きがない状態を示しているが、「ぐったり」も「横たわって」も「凝然と」の語義には一致しない。②の「ひっそり」は、〈静かで、寂しい様子〉であり、「凝然と」の語義とは一切関わりがない。④と⑤は、「凝然と」の語義とは一致しない。

(イ)の「霊性」は、〈精神のありようが、特別に優れている性質〉を意味する。①の「崇高」は、〈気高く、尊いさま〉という意味なので、これが「霊性」の語義に最も適合する表現となっており、**正解**。②は、性質に関わる内容だが、「激しさ」が語義に合わない。③・④は、語義からは外れている。⑤で迷ったかもしれないが、精神の優れた性質を「心の清らかさ」と断定できないし、「霊性を示している鼻の形が、……威厳を印象さした」という文脈にも適合しない。

(ウ)の「つつましく」は、〈遠慮深く、控えめに〉という語意であり、これに最も近い意味をもつ**④が正解**。「敬意をもって」の部分が気になった諸君もいたかもしれないが、84行目に「私に彼を尊敬させた」とあるので、老人に対する遠慮は、尊敬の気持ちから生じていると読み取ればよい。①・②・③・⑤のいずれも、〈遠慮深く、控えめに〉といった意味は全くない。

問2　傍線部の内容を説明する問題　15　②

傍線部の「夢魔」に類似した表現である「夢《め》幻的現実」(12行目)に注目しよう。これは、「ある風景を眼の前にした時……ああ前にこんなことがあった、これとそっくりな……と云《い》った風」(10・11行目)に感じたこと、すなわち、いわゆる既視感(＝デジャブ)を抱いたことを言っている。では、「私」が既視感を抱いたのは、どのような風景であろうか。これについては、1〜7行目に述べられている。「私」は、未知とも思えない郊外にいて、高速度電車には記憶はなかったが、その線路のかなたの「黒い森や、草原《くさはら》」(2行目)に古い記憶が呼びさまされるような気がした。その景色は、風もなく人も通らず音もない、といった動きの感じられないものであった。そして、「私」はその記憶を明瞭に思い浮《う》かべることが出来ず、「はっきりと浮びあがらない記憶」(8・9行目)におそわれながら、「もどかしい」(8行目)気持ちになっているのである。こうしたぼんやりとした状態のことを「夢幻的現実」すなわち「夢魔」と述べている。以上の内容は、

a　「私」はある郊外にいて、線路のかなた(＝向こう)にある黒い森や草原を見ている

b　(見ている景色に、)古い記憶が呼びさまされている

c　(見ている景色には、)風もなく人通りもなく音もない

d　景色についてはっきり思い出せずに、もどかしい気持ちになっている

と整理できる。これらの内容を、おおむねa→c→b→dという順序で述べている、**②が正解**。

①は、まず、「大きな黒い森が不吉なもののように空を覆い隠している」が、本文で述べられている風景と違っている。また、「ぼんやりとした不安を感じている」が、dと合致しない。

③は、「あせりを感じている」が、dと合致しない。また、a・cが欠落しており、「私」が眺めている風景の説明としては不十分である。

④は、まず、「これが夢なのか現実なのか判断することができず」が間違い。「私」は現実における風景として眺めている。ただ、その景色に関する記憶が思い浮かばないという

状態になっているのである。また、「心細さを感じている」が、dと合致しない。

⑤は、まず、「草原の中をまっすぐ通り過ぎる高速度電車」が間違い。電車は丘を一直線に走っており、電車の線路のかなたに黒い森や草原がある。また、「居心地の悪さを感じている」が、dと合致しない。

問3　傍線部の理由を説明する問題　16　④

まず、傍線部の「その絵」の内容を確認していこう。24～35行目に、どのような絵であるのかが述べられている。その絵には、両手を縛られながら、牢獄の狭い中庭で「運動のため環《わ》を描いて歩ませられている囚人」たちが描かれている。囚人たちが繰り返し歩み、その歩みが描く環は、「悲哀の象徴」（34行目）であり、「単調と反覆と、倦怠《けんたい》」（34行目）を象徴していると「私」には感じられた。以上から、「その絵」とは、

a　絵の中の、囚人たちは牢獄の中庭を環を描いて歩いている

b　aは、悲哀、単調と反覆、倦怠を象徴しているように感じられた

と整理できるだろう。

次に、「私に希望のめぐまれない日」とはどういうことを言っているのかを読み取っていこう。

36・37行目には、「空想児」である「私」は、「すさまじい生存競争のリアリティのなかに於《お》て」「破産」（36～37行目）するしかないとある。また、97行目では「私」が「理想の達せられないこの人生」のことを嘆いていることが示されている。つまり、「私に希望のめぐまれない日」とは、

c　「私」は、理想を抱いているが、現実に押しつぶされるしかない（と感じている）

ことを言っていると整理できるだろう。

だからこそ、実現できない理想を追いかける「空想児としての私の人生もゴーグの囚人以上であろうか」（39行目）と思え、この絵によって慰められるのである。なお、束縛されている囚人と自分とのつながりを見出すことで心が安らぐというのは、一見不自然に思えるかもしれない。けれども自分の生き難さに思い悩んでいるときに、絵の中であれ、自分のような苦しみを抱いている人々を見るのは、自己了解や共感をもたらすという点において、ある種の慰めになると、読み取れるのではないだろうか。以上から、「その絵を見ることによって慰められた」とは、

d　絵の中の囚人の姿に、現実に押しつぶされる「私」の姿を重ねることで、なにがしかの安らぎを感じている

とまとめられるだろう。

以上のa～dを含んでいる**④が正解**。

①は、a・bが欠落しているなど、「その絵」に関する説明が不十分である。しかも、「優れた絵画の表現となってい

るから」が間違い。「慰められた」のは、dにあるように、囚人の姿に自分の姿を重ねているからであり、絵画が作品として素晴らしいからではない。

②は、bが欠落しているなど、「その絵」に関する説明が不十分である。また、「私」についてもcの説明が不十分である。しかも、「鎖の音や靴の音」までがリアルに表現されていることで「自分の姿を私に気づかせ」たというつながりが、dとは合致しない。

③は、「現実から逃避する私」が間違い。「私は理想の達せられないこの人生を、老人の前で歎《なげ》きたかった」(97行目)とあるように、理想の実現を求めて生きていたのであり、決して現実から逃避しようとしていたわけではない。また、絵画が現実逃避する「私を受け入れてくれる」も、本文中に根拠のない内容である。

⑤は、cが欠落しており、「私」に関する説明が不十分である。それにもまして、「自分がどう生きるべきかについての認識を深めてくれる」が、本文中に根拠のない内容である。

問4 **傍線部に関する内容を説明する問題** 17 ②

「Kの家にたどり着いて」から「私の脈搏《みゃくはく》」が「速くなって」いくまで、すなわち43行目から傍線部直後までの経緯は、次のように整理できる。

a たまたまある家の門の前に着いた。十年ほど忘れていたが、そこは親しい友人であるKの家であったことを思い出した

b 永年使われていない玄関のベルを押しながら、彼が「私」の気持ちを穏やかにしてくれる友人であることを思い浮かべていた

c 応答がないので、庭に廻ると、庭の芝生は乱れ、多数が踏みにじった痕《あと》がある

d 庭で口笛を吹いていると誰かが「私」を呼んだ

e 呼んだ人の姿は見えず、その家には生気の感じられない寂しさが漂っていた

こうしたa〜eの内容を含んでいる②が正解。

なお、Kの家に「不気味さ」を感じたという部分が気になったかもしれない。こうした表現は本文にはないけれど、庭の芝生が乱れ多数に踏みにじられている様子や、自分を呼ぶ声は聞こえるがその姿が一向に見えず、しかも家が生物の抜殻《ぬけがら》のように思える、ということから「不気味さ」を感じても不自然ではないだろう。

①は、「かすかな期待感をもつ」が間違い。「私」はこの建物をeのように感じ、「歩をかえそう」(65行目)、つまりこの家から離れようとしているのだから、何かを「期待」しているとは言えない。

③は、「記憶をたぐり寄せて旧友のKの家にやって来た」が間違い。aにあるように、いつのまにか、ある家の門の前に辿り着き、そのあとで、Kの家であることを思い出したのである。初めからKの家に行こうとしたわけではない。また、「Kは家を留守にしていた」も間違い。これでは今もなお、

この家はKの住居だということになってしまう。

④は、まず、「Kは……留守であった」が間違い。③と同様に、今もこの家はKの住居だということになってしまう。また、「あたかもKが自分のことを呼んでいるのではないかと感じる」も間違い。自分に呼びかける人をKかもしれないと感じたことは、本文で示されていない。

⑤は、「家の周りを当てもなく歩いていた」が間違い。「やはり人かげは見えなかった」（54行目）とあるように、誰か人がいないかうかがうために庭に廻ったのである。また、「Kを呼ぶように口笛をふいてみると」もおかしい。Kを呼ぶために口笛を吹いたと断定する根拠は、本文中にない。さらに、「その声が……見知らぬ老人のものであると分かり」が間違い。「脈搏《みやくはく》は速くなっていた」ときには、呼び声が誰のものかは、まだ分かっていない。庭口を出ようとしたときに「老人が窓を叩いた」（71行目）ので、老人が呼んだことがようやく分かったのである。

問5　老人との会話における「私」の心情や様子を説明する問題　18　⑤

二人の会話が始まるのは79行目以降であり、その会話は末尾まで続いている。会話の内容を踏まえながら、「私」の心情と様子について整理すると、以下のようになるだろう。

a　互いに見知らぬ者同士ではあるが、「私」は老人に深い親しみや威厳を感じ敬意を抱いた（79～85行目）

b　「私」は謙虚な気持ちで、老人に話をするように頼んだ（86～96行目）

c　「私」は、理想の達せられない人生の悲しみを慰めてもらおうと思ったり、人生における自由について訊きたくなったりした（97～105行目）

d　老人が唯一の理解者たる妻と、理想のために一生努力したことを聞いて、老人に敬愛され、共に人生を過ごしてきた、その妻に会いたくなった（106～118行目）

e　しかし老人は、この家に辿り着く前に出会った青ざめた葬列が、その妻のものであるような口ぶりで応じた（119～122行目）

以上の、a～eの内容を踏まえた**⑤が正解**。選択肢末尾の「人生の厳しさに向き合わされている」という部分は、本文で直接示されてはいない。しかし、会話における「私」の心の動きを、確認してみよう。

「私」は、〈互いに理解し合う夫婦が、理想の実現のために一生を捧げた〉という、老人の話に聞き入った。そして、命懸けで理想を追い求めた「地上の殉教者」（117行目）とも思える老人の妻に会いたくなった。だが老人は、道すがら葬列を見なかったかと言い、その葬列が妻のものであることをほのめかした。だとすれば、〈敬意を抱かざるを得ない素晴らしい夫婦のうち夫人が先に亡くなり、老人は唯一の理解者を失い残されてしまった〉ことになるのである。しかも、葬列を見かけた時に「私」が連想した「囚人たちの輪環」（40行目）は、「悲哀の象徴」（34行目）にほかならないのである。

だとすれば、老人の妻に会い、その人柄に触れたかったのにそれができずに落胆し、「悲哀」の気持ちすら抱かざるを得なかったのかもしれない。老人が口にした葬列に関する、こうした印象を押さえるなら、「私」が〈やはり人生は厳しい〉と感じたとしても不自然ではないだろう。

①は、老人から「ゴーグの絵の囚人たちのような苦悩を感じていた」が、本文中に全く根拠のない説明なので不適当。

②について。老人が当初は話してくれなかったというのは事実だが、そのことで「私」が「人生の絶望を突きつけられている」わけではない。dにあるように、しばらくしてから老人が自分の人生や妻のことを語り、その話から「私」は老人の妻に会いたくなる、というふうに会話は進行している。

③は、「自分の人生にも可能性があることを示唆されている」が、d→eという会話の流れとは合致せず、間違っている。

④は、「青年期の煩悶《はんもん》について老人を問い詰めた」が間違い。「私」に「訊《き》きたかった」（100・102行目）気持ちはあったものの、実際には質問してはいない。まして、「問い詰めた」ということなどあり得ない。

問6 [19]・[20] ④・⑤ **本文の表現や構成の説明として不適切なものを選ぶ問題**

こうした設問では、文学の専門的知識や評論家のような読解力が要求されているわけではない。引用されている部分とそれについての説明とを照らし合わせ、本文内容に合致しているかどうかを吟味して、選択肢の適否を判断すればよい。

なお、「適当なもの」を選ぶ場合もあるが、この設問では「**適当でないもの**」を選ぶことを求めていることを見落とさないように。以下、順番に選択肢を吟味していこう。

①について。6行目に「人が通らない。音がない」とあるように、「私」は眼前の風景に静寂さを感じている。そこに電車がその静寂さを「掻《か》き乱」すように「走りすぎた」のだから、電車の「裂声」が、「私」にとって「夢魔からさめ」るきっかけとなったことを印象づけるという説明は適切である。

②について。「青ざめた葬列を見送っていた」時に、「私」は特に心を動かされることもなかった。しかし最後の場面において、「私」は老人の妻が生きていると思っていたのに、「青ざめた葬列」が老人の妻の葬列であるらしいことを知らされたのだから、「意外性をもたらしている」というのは適切な説明である。

③について。引用部分では、手を縛られている様子や顔の表情の描写など、具体的に表現されており、しかもこうした絵を見た瞬間に「烈《はげ》しい魅力を、感ぜずには居られなかった」（26行目）とあるので、「この絵に私が引き込まれている様子が表現されている」というのは適切な説明である。

④について。36行目は「反語表現」と言える。しかし、39行目は、「……であろうかと考えたから。」と締めくくられており、「反語表現」とは断定できない。かりに39行目が「反語表現」だとしても、「私の生きることへの情熱が表され

いる」が、不適切な説明である。「私」は、「理想の達せられないこの人生を、老人の前で歎《なげ》きたかった。火のような熱情もやがて褪《あ》せてゆく悲しみを慰めてもらいたかった」（97・98行目）と感じているのである。したがって、**これが一つ目の正解**。

⑤について。「改行が多用されている」のはたしかだが、「私が老人とのやりとりを通じて苦しみから解放されていく様子が、効果的に描かれている」とは言えない。会話の途中で「私」は「青年期の煩悶《はんもん》に還《かえ》らされていた」（103行目）ことを感じている。しかも、本文末尾において、道すがら見かけ、四人を連想してしまった葬列が、老人の妻のものらしいことを聞いたのである。「苦しみから解放されていく」というのは明らかに不適切な説明である。したがって、**これが二つ目の正解**。

⑥について。最初の場面で「私」は「どこなのか分からない場所に」立っている。次に、歩いているうちにかつて友人Kが住んでいた家に行き着く。そして、そこで見知らぬ老人に招かれ人生をめぐる会話をする。こうした展開は、たしかに現実生活の延長とは思えないので、「現実感の希薄さを感じさせる展開となっている」というのは、適切な説明である。

第3問　古文

【出典】

『海人の刈藻』

成立年代　南北朝か。最初のものは、平安時代末期から鎌倉時代初期に書かれたと思われるが、現存するのは南北朝に成立したと思われる改作本である。

ジャンル　擬古物語

作者　未詳

内容　全四巻。主人公の大納言の悲恋と出家を中心に展開する物語。大納言は、宮中で密かに女御の姿を見て、恋慕し、女御が母の病気のために宮中から退出した際に、女御と無理に関係を持った。女御は大納言の子を懐妊し、密かに若君を出産するが、大納言はその若君を連れ出して、自らを育ててくれた大宮に預けた。その後、大納言には様々な縁談が持ち上がり、それを拒否するも、のちに女御は中宮となり、大納言の嘆きは深まった。女御は帝の子を出産し、大納言はついに密かに出家をする（今回の本文はここにあたる）。そうして、大納言は亡骸も残さず即身成仏する。その後話は大納言の子の世代に移り、若君の出世と、中宮の一族の繁栄が描かれて終わる。

【全文解釈】

不思議に思って見ると、御笛に添えてある手紙には「斎宮へ」と（書いて）ある。（他の二通には）「大宮」「大将殿」と（書いて）ある。妙で、胸が騒いで、斎宮にこのことを申し上げて、手紙を差し上げると、（斎宮は）驚きなさって（手紙を）引き開けて御覧になるけれど、目も（涙があふれて）見えなくなるので、女別当や宣旨などが拝見すると、

　昨夜申し上げたかったが、大宮などが諫めなさるであろう、（その）畏れ多さに、申し上げることができませんでした。もうしばらくもこのままで（出家せずに）いたいが、（近いうちに）命が絶えるであろうことを仏がはっきりと知らせなさることがございますので、（それまで）しばらくの間も勤行しましょうと思いまして。大宮をはじめとし申し上げ、思い嘆きなさるようなこと（を思うと）、（私の）罪は逃れる余地はなく、そうかといって、（あなたの）御目の前で（私を）亡き身と御覧に入れるようなことよりは（出家をしてしまう方がよいだろう）と思います。若君は、成長したならすぐに、比叡山延暦寺の座主に（弟子として）差し上げなさってください。法師にしたいという意向が強くございます。この笛は、故院が、（兄の）大将が（私より）少し年長で、欲しがり申し上げなさった時に、「これは思うことがある」と言って、私にお与えになった。（故院の）気持ちがありがたくて、五歳（の時）からわが身から離さない（で持っている）のです。たとえ（若君が）法師であっても、（私の）形見として（笛を若君に）お与えください。

など、ことこまかに書いて、

　私が（形見として）伝え（残し）た笛の、（私が）つらい（思いで吹いていた）音色を思い出して慕ってください。わが子とのこの別れは、世の中でくらべるものがないほどつらい。

御覧になる（人々の）御心は、夢（か現実か）とも判断できない（有様だ）。大宮は手紙を御顔に押し当てて、うつぶせになって倒れ伏しなさる。「御厩の馬も、随身もおりません」などと申し上げるので、（その時の気持ちは）驚きあきれるなどという言葉では言い尽くせない。

大宮へのお手紙には、

　深くは思い嘆きなさるべきことではない。死に後れ先立つという習いは、（この世では）普通のことだ。（あなたの）御目の前の（私の臨終という）悲しみを御覧になるようなことは（出家と聞くより）ひどくつらいのだとお思いになって、心を慰めなさってください。

などと書いて、

　（この世は）かりそめの（夢のような）つらい世ですが、その夢が覚めない間を、来世を照らす光を嘆かないで見てください。

大将殿へも「このように」と申し上げなさるので、驚いて手紙を御覧になると、

　昨夜（私の縁談の）御計画を最後まで聞かないで終わりましたのも、このような意向で（ございます）。けっして私の心から起こるのではありません。仏がたびたび諫めなさったので（決意したのです）。（私の死による）（あなた

の）目の前での別れよりは、どうして（つらいだろうか、いや、つらくない）とあえてお思いになってください。大宮が嘆きなさったら、その大宮を慰めて差し上げてくださ い。

と書いて、

来世においても（兄上と私との間に）隔てはないだろう。極楽の蓮の葉に置く露、その「つゆ」ではないが、少しも変わらないわが身だと思うので。

関白も聞き驚きなさって、大将と一緒に一条院へ参上なさる。昼頃、大納言の御馬が（随身に連れられて）戻って参上した。「どうか」と尋ねなさると、（随身が）「（大納言が）長年親しくしている聖の僧坊にいらっしゃって、前もって約束なさっていたのだろうか、ためらうことなく御髪を剃って、御僧衣・袈裟などをかけさせ申し上げています。（大納言は）『なりつぎも（都に）帰参せよ』とおっしゃったけれど、自分で剃髪して、なりつぎも（大納言に）伺候している。しみじみとつらく畏れ多かったので、（私も）『御供に（出家します）』と申し上げましたが、（大納言は）『都で騒ぎなさるようなことも畏れ多い。帰参して、事情を申し上げよ』とのことでございました」と言って泣く様子は、あの（王子であった釈迦の出家を報告するために）車匿舎人が帰ったとかいう他国の朝廷（がどんな様子だったか）まで自然と推し量られて、しみじみと悲しい。

「そのままにしておいてよいわけがない」ということで、関白も大将も比叡山へ登りなさる。権大夫も参上なさる。天皇からの御使者として源中納言、春宮の御使者として三位の中将が登りなさる。

（関白たちが）聖の僧坊に入りなさると、大納言はいらっしゃらない。「さて、どういうことか」と尋ねなさると、（聖は）「都から人が多くとぎれずに続いて登りなさるということを、下法師が申し上げましたところ、『今になってお目にかかっても（仕方がない）』と言って、どこへいらっしゃってしまっているのだろうか、わからない」と言うので、あまりの情けなさに、「どうして、大宮・大殿などにも、このようには伺いなさらないで、（大納言を）このように（＝僧に）はし申し上げなさったのだろうか。（大納言は）世の中の特に優れた識者でいらっしゃったのに」とおっしゃると、（聖は）「さあどうでしょうか。出家を止めることを、全世界の仏たちが憎みなさることなので、こちらからでさえ（出家を）勧め申し上げるべきことなのに、（大納言は）すばらしくご自分で決心なさったことは、めったになくすばらしいことと思われまして。それが間違いであるならば、どのようにでも（私を）処置なさってください。昔から出家した者は、国王・大臣ということを気にしないのだよ」と言って、数珠をたぐって座っている。（聖の様子は）憎いというどころではない。世の中の道理も忘れて、罪を得ることがないはずならば、「懲りたか、懲りたか」とも（家来に）言わせ（て折檻させ）たい（ほどの聖の腹立たしい）様子である。みな手紙を書き置いて、泣く泣く帰りなさる。

【設問解説】

問１　短語句の解釈の問題　21 ⑤　22 ⑤　23 ④

センター試験の古文の**問1**は、例年、短語句の解釈を問う問題が三問出される。まずは、古語の意味と文法事項に留意して、逐語訳をすることが大事である。しかし、文脈を踏まえて意味判断をしなくてはならない場合もあるので、普段から、文脈をよく考えた上で解釈をするように心がけたい。

(ア) あらまほしけれど

「あらまほしけれ」については、「あら／まほしけれ」と「動詞＋助動詞」の二語に分けられる場合と、「あらまほしけれ」で形容詞一語の場合との、二つの可能性がある。文脈に合う意味はどちらかを考えて、いずれか判断しよう。

> **あらまほし**（ラ変動詞「あり」の未然形＋希望の助動詞「まほし」）
> 1 そうありたい。あってほしい。
> **あらまほし**（シク活用形容詞）
> 1 理想的だ。

選択肢を見ると、「あらまほしけれ／ど」と分けて「理想的だが」と解釈しているものはなく、いずれも「あら／まほしけれ／ど」の解釈になっている。①は「理想の」とあり、一見「あらまほしけれ」の解釈のように見えるが、選択肢にはすぐ下に「（人で）いたい」とあって、「まほしけれ」の解釈が入っている。「あらまほしけれ／ど」で解釈するならば、「理想的であるが」といった訳になるはずで、「理想の人でいたいが」と、願望の意味が訳に含まれることはない。次に、「まほしけれ」の意味に着目すると、④「てもよい」は不適当だが、①・⑤の「でいたい」、②・③の「てほしい」は、「まほしけれ」の意味に合致する。よって、答えを決めるポイントは「あら」をどう解釈するかということになり、文脈からその具体的な内容を考えなくてはならない。

傍線部は、大納言が斎宮にあてて書いた手紙の中の、「今しばらくもあらまほしけれど、……しばしがほどもつとめ侍らむとてなむ（＝しばらくの間も勤行しようと思いまして）」という、自らの出家の意向を告げる部分にあるので、「まほしけれ」は、自らの希望を表す「〜たい」の意と考えるのがふさわしい。また、「あらまほしけれ」から逆接の接続助詞「ど」を介して、「つとめ侍らむ」に続いていくことから、「あら」は「このまま出家をしないで俗世にいる」の意と考えるのが適当である。よって、**⑤が正解**である。

(イ) さてあるべきかは

「さて／ある／べき／か／は」と単語に分けることができる。解釈のポイントになる重要語は、「さて」である。

> **さて**（副詞）
> 1 そのままで。そういう状態で。
> **さて**（接続詞）
> 1 そこで。
> 2 ところで。

選択肢のうち、「さて」の意味に該当するのは、⑤「そのままにして」のみで、これが正解ではないかと見当が付くが、他の語句も確認する必要がある。係助詞「か」は、助詞

「は」とともに用いられた場合は反語になることが多いが、文脈の確認は必要である。ここは、随身が大納言の馬を連れ帰り、大納言が出家したことを話し、それを受けて、関白や大将が「さてあるべきかは」と言って比叡山に登るという場面であるから、「かは」は反語と考えて、「そのままでいてよいか、いや、よくない」などと訳をすることができる。よって、文脈にも合う**⑤が正解**だと決まる。

(ウ)　見え奉りても

「見え／奉り／て／も」と単語に分けられる。解釈のポイントになる重要語は「見え」「奉り」である。

見ゆ（ヤ行下二段活用動詞）
1　見える。感じられる。
2　現れる。
3　見られる。
4　会う。対面する。
5　見せる。
6　（女性が）結婚する。

奉る（ラ行四段活用動詞）
1　差し上げる。献上する。《「与ふ」の謙譲語》
2　召し上がる。《「食ふ」「飲む」の尊敬語》
3　お召しになる。《「着る」の尊敬語》
4　お乗りになる。《「乗る」の尊敬語》
5　～申し上げる。《謙譲の補助動詞》

「見ゆ」は多義語で文脈判断が必要なので、まず敬語の「奉り」について検討してみよう。ここは「見え」という動詞に接続しているので、謙譲の補助動詞である。選択肢のうち謙譲表現になっているのは、①「拝見し」、③「来ていただいて」、④「お目にかかって」である。①は「見る」の、③は「来る」の、④は「会う」の謙譲表現である。これらのうち、「見え」の意味に着目すると、「来る」は前記2、「会う」は前記4の意味に該当するので、正解は③か④に絞られる。「見ゆ」に「見える」の意味はあっても「見る」の意味はないことに注意しよう。

次に、選択肢は「見え奉りても」の後に省略されている内容を補って解釈しているので、その点も含めて文脈を確認しよう。ここは、大納言が比叡山の聖の僧坊で出家したという話を聞いて、関白や大将をはじめとして、帝や春宮の使者などが大納言に会いに行く場面である。大納言がそこにはいなかったため、聖に事情を尋ねると、聖は、都から多くの人がやって来ると大納言が聞いて、「今さら見え奉りても」と言ってどこかへ行ったのだ、と説明する。傍線部直前の「今さら」とは、「今になって」ということだが、出家とは俗世における名利や栄達、家族など、一切のものとの縁を切ることにほかならない。よって、出家した今となっては、家族などと会ってもどうしようもない、という気持ちが込められていると判断するのが適当であり、「お目にかかっても仕方がない」とする**④が正解**である。

問2 **文法問題** 24 ④

センター試験の古文の**問2**は、例年、助詞・助動詞などの意味や他の語との識別、敬語の種類と敬意の方向などが問われるが、17年度追試験では、品詞分解を前提にしてそれらを多角的に問う問題が出題された。また、18年度本試験でもこの形式が踏襲された。いずれにせよ、助詞・助動詞や敬語についてのしっかりした学習が必要である。また、今回は「適当でないもの」を選ぶ設問であることにも注意をしよう。

波線部は、品詞分解をすると「かく／は／なし／聞こえ／給へ／る／なら／む」と、**八語に分かれる**（選択肢①）。「かくはなし」の部分は、「かく／はなし」と二語に分けた人がいるかもしれないが、波線部の直前に「などか、一条院・大殿などにも、かくは伺ひ給はで（＝どうして、大宮・大殿などにも、このようには伺いなさらないで）」とあるので、それとの対応から、ここも「かく／は／なし」と考えるのが適当である。

・かく…副詞。
・は…助詞。
・なし…サ行四段活用動詞「なす」の連用形。
・聞こえ…動詞の直下にあるので補助動詞で、謙譲語。
・給へ…謙譲の補助動詞「聞こえ」の直下にあることから、尊敬の補助動詞。尊敬の補助動詞「給ふ」は四段活用なので、「給へ」はその已然形（または命令形）。
・る…四段活用「給ふ」の已然形（または命令形）に接続しているので、完了・存続の助動詞「り」の連体形。
・なら…助動詞「り」の連体形に接続しているので、断定の助動詞「なり」の未然形。
・む…推量などの助動詞「む」。文末にあるが、波線部の前に、「などか」と係助詞の「か」があるので、その結びで連体形。

以上のことから、**助詞は、「は」の一語だけ用いられている**（選択肢②）ことがわかる。

次に、敬意の方向が問われているので、動詞「なし」の主体や、その動作の受け手を確認しよう。ここは、関白や大将が、大納言を出家させた聖に対して話している場面である。「なす」は「する・行う」といった意味の動詞なので、「かくはなし聞こえ給へる」は「このようにはし申し上げなさった」と訳せる。「このようにする」とは、文脈から、聖が大納言を出家させることだと判断できるから、その動作の主体は聖で、動作の受け手は大納言である。**謙譲語は動作の受け手への敬意を示すので、「聞こえ」は大納言への敬意を示す謙譲語である**（選択肢③）。尊敬語は動作の主体への敬意を示すので、「給へ」は聖への敬意を示している。**選択肢④の「一条院・大殿への敬意を示す」**が説明として適当ではなく、**これが正解**である。

最後に、助動詞「む」の文法的意味は、文脈によって判断する必要がある。ここは関白や大将が聖に対して、「どうして大納言を僧にはし申し上げなさったのだろうか」と言ったと解釈するのが適当なので、**「む」は推量の助動詞の連体形である**（選択肢⑤）。

問3　理由説明の問題　25　②

傍線部は「御笛に添えてある手紙には『斎宮へ』と書いてある」の意なので、大納言が斎宮に笛を残して行った理由を考えるにあたっては、その笛に添えられた手紙が手がかりとなる。

その、斎宮あての手紙は、本文3～8行目に記されており、特に笛について言及しているのは本文6行目「この笛は」以降の部分である。

Ⅰ　この笛は、故院、大将の今ひとつも大人しくて、欲しがり申されしに、「これは思ふことあり」とて、我に賜はせたり。

大納言がこの笛をもらったいきさつが書かれている。かつて、兄の大将がこの笛を欲しがったが、故院が、「思うことがある」と言って大納言に与えたものであった。

Ⅱ　こころざしかたじけなくて、五つの年より身を放ち侍らぬなり。

Ⅰのいきさつに対する大納言の心情が書かれている。大将ではなく自分に笛を与えてくれた故院の気持ちがありがたくて、大納言は五歳の時から肌身離さず笛を持っていた。

Ⅲ　法師なりとも、形見に賜はせよ。

その笛についての斎宮への願いが書かれている。この部分を訳すと、「たとえ法師であっても、形見としてお与えください」となる。

これは、Ⅰの直前に「幼き者は、生ひ立たむままに、山の座主に奉り給へ。法師のこころざし深く侍り（＝若君は、成長したならすぐに、比叡山延暦寺の座主に弟子として差し上げなさってください。法師にしたいという意向が強くございます）」とあることと考え合わせると、大納言が、笛を自分の形見として若君に渡してほしいと、斎宮に託したのだとわかる。以上のことを説明している**②が正解**である。

①は、「大将に譲ってほしい」が不適当である。前述のように、笛は若君に渡してほしいと依頼している。

③は、「出家する私には必要ないので、……斎宮に持っていてほしい」が不適当である。Ⅲの「法師なりとも」とは「法師であっても」の意で、ここには「法師には笛など風流なものは不要である」という前提がうかがえるが、前述のように、この「法師」は、出家する大納言自身を指しているわけではなく、成長して出家する若君である。また「賜はせよ」は、斎宮に「お与えください」と頼んでいるのだから、「持っていてほしい」と思っているのではない。

④は、「大宮は私を養育してくれた恩人なので……お礼として届けてほしい」が不適当。大宮に育ててもらったお礼をしようと思っているのではないし、大宮に笛を届けてほしいと思っているのでもない。

⑤は、「布施として……山の座主に献上してほしい」が不適当。本文には「形見に」とあるから、山の座主にお布施をしようと思っているのではないとわかる。

問4　内容説明の問題　26　①

傍線部は「私の心から起こるのではありません」の意であ

る。この設問では、大納言が言いたかったことが問われているので、文脈から、「何が」「どのようなことから起きたのか」をつかむことが求められる。

傍線部は、大納言が大将へあてた手紙の中にあるので、手紙のうち、傍線部を含む前後の内容を検討しよう。

Ⅰ **よべ御あらましを聞きさし侍りしも、かかるこころざしになむ。**

前日の夜に、大将が持ってきた縁談を最後まで聞かなかったのは、「かかるこころざし(＝このような意向)」によるものだと言う。この「こころざし」とは、出家の意向であることは明らかである。

Ⅱ **ゆめゆめ我が心より起こり侍らず。仏のたびたび諫めさせ給ひしかばなむ。**

逐語訳をすると、「けっして私の心から起こるのではありません。仏がたびたび諫めなさったので」となる。これとⅠとを併せて考えると、大将が持って来た縁談を最後まで聞かず、出家することを考えたのは、大納言の意志から発したものではなく、仏の諫めにより出家することを考えたからだと言っているのがわかる。

また、仏については、第一段落の斎宮への手紙の中にも言及があるので、そこも検討する必要がある。

Ⅲ **命絶ゆべきことを仏の定かに知らせ給ふこと侍れば、しばしがほどもつとめ侍らむとてなむ。**

近いうちに命が絶えそうだと仏が知らせて、それを受けてしばらくの間も勤行しようと思った、というのだから、仏は、結婚ではなく、仏道修行をしていないことを諫めたと考えられる。

以上より、「何が」にあたる内容を、大納言が縁談を断ったことと説明しているだけの④・⑤は不適当で、出家をすることと説明している①・②・③がふさわしい。②は、大納言の行動について「無断で家を出たのは」とあるだけで出家するとは記していないが、後に「出家の決意が揺らぐ」などとあり、出家を前提にした選択肢であることは間違いない。

次に、その大納言の出家の意向は、「どのようなことから起きたのか」を考えよう。前述の通り、大納言の出家は、直接的には、寿命についての仏の知らせがあったから、ということになる。①・②・③のうち、仏の諫めに関連させて説明しているのは①だけである。ただ、本文中では、「残り少ない人生を仏道修行に費やすよう」にという仏の諭しは具体的にはっきりとは述べられていないので、迷った受験生もいたと思われる。仏教には、死ぬと再び生まれ変わるという、輪廻という考え方がある。現世での行いの報いとして、後世のありようが決まるというのだが、人々が求めたものは、死後に、そのような輪廻から抜け出して極楽往生することであった。そして、その極楽往生のために、仏道の修行を行っていたのである。大納言は近いうちに命が絶えると告げられたわけで、死後の極楽往生を願って出家をしようとしたと考えられる。そういったことを踏まえると、仏のお告げは、「もうすぐおまえの寿命は尽きるぞ。(それなのに仏道修行もせず、極楽往生も願わないのか)」といった意味合いが含まれてい

るとも考えられ、①「残り少ない人生を仏道修行に費やすように仏に諭された」という内容とつながる。以上のことから、

①が正解である。

②は、斎宮あての手紙の最初にある「よべ聞こえまほしかりつるを、大宮など諫めさせ給はむ、かたじけなさに、え啓し侍らずなむ（＝昨夜申し上げたかったが、大宮などが諫めなさるであろう、その畏れ多さに、申し上げることができませんでした）」の趣旨と一致するが、傍線部を含む大将あての手紙の内容とは一致しない。

③は、「どのようなことから起きたのか」についての説明が不適当である。「他に例のない別れ方をすることで私を忘れずにいてもらうためである」という内容は、本文から読み取れない。

④は、「何が」を「大将の持ってきた縁談に耳を傾けなかった」ことだけにしている点が不適当であるし、その理由を「結婚をすると大宮が寂しがるに違いない」とするのも前記Ⅱ・Ⅲの内容と一致しない。

⑤は、④同様に、「何が」を「大将の世話してくれた縁談を断った」ことだけにしている点が不適当であるし、仏の諫めた内容も本文に述べられた内容とは違っている。

問5 内容説明の問題 27 ④

傍線部の「など」は「どうして」の意の副詞、「か」は疑問・反語の係助詞だが、直後に引用を表す助詞「と」があることから、「か」は文末にあたり、結びの語が省略されている。「思しなせ」は、サ行四段活用動詞「思しなす」の命令形。「思しなす」は、「あえて（そのように）思う」の意の「思ひなす」の尊敬語だから、「思しなせ」は、「あえて（そのように）思いなさってください」などと訳す。よって、カギ括弧を補って傍線部を逐語訳すると、「『目の前の別れよりは、どうして……か』とあえてお思いになってください」となる。

問4と同じく、傍線部は大納言が大将へあてた手紙の中にある。大納言が伝えたかったことを考えるにあたり、まず、「目の前の別れ」とは何かを検討しよう。ここだけを見るとわかりにくいが、大納言は、斎宮や大宮にあてた手紙にも、「御目の前」について言及しており、それが参考となる。

まず、斎宮への手紙の該当箇所を検討しよう。

Ⅰ 命絶ゆべきことを仏の定かに知らせ給ふこと侍れば、しばしがほどもつとめ侍らむとてなむ。

問4の解説でも述べたが、大納言は、自分の死期が近いことを仏が知らせたので、それまでの間、仏道修行をしようと思い、出家を決意したと言うのである。

Ⅱ 大宮をはじめ奉り、思し嘆かむこと、罪避り所なく、さりとて、御目の前にて亡き身と御覧ぜられむよりはと思ひ侍り。

前記Ⅰで出家の意志を述べているから、「思し嘆かむこと」とは、大宮をはじめとして人々が大納言の出家を嘆くであろうことを言う。その罪は、「避り所（＝逃れる余地）」がないとも言う。それに続く「御目の前にて

亡き身と御覧ぜられむ」に注意をしよう。「御目の前」は、「あなた（＝斎宮）の御目の前」の意、「亡き身」の「身」は大納言自身の「身」である。「御目の前にて亡き身と」を逐語訳すると、「あなたの御目の前で私を亡き身と」となる。よって、「御覧ぜられむ」の「られ」は受身と考えるのがふさわしいが、直訳すると「御覧に入れられるような」となって日本語としておかしいので、「御覧に入れるような」などとなる。さらに「よりは」と続くので、自分が出家して大宮をはじめとして人々が嘆くのはわが身の罪だが、そうかといって、目の前で自分の亡骸を見せるよりは、と言うのである。

次に、大宮への手紙の該当箇所を検討しよう。

Ⅲ おくれ先立つ習ひ、つねのことにこそ。御目の前の悲しびを御覧ぜられむなむいみじきと思し召して、慰ませ給ふべく。

「おくれ先立つ習ひ」とは、「人に死に後れたり、自分が人より先に死ぬという習い」ということ。それは「つねのこと（＝普通のこと）」だと言う。ここでも斎宮への手紙（前記Ⅰ）と同様に人の死について述べているから、その後の「御目の前の悲しびを御覧ぜられむ」も、斎宮への手紙（前記Ⅱ）にあった「御目の前にて亡き身と御覧ぜられむ」こととほぼ同じ内容であるとわかる。

以上のことを踏まえると、大将にあてた手紙の中の「目の前の別れ」は「目の前での死別」のことであり、その「目の前の別れ」と比較されているのは「出家」であることと考えるのがふさわしい。よって、「目の前の別れよりは、などかと思しなせ」の部分は、「『目の前での死別よりは、出家による別れは、どうしてつらいだろうか、いや、つらくない』とあえてお思いになってください」と解釈できる。以上の内容を正しく説明している**④が正解**である。

①・②は、「目の前の別れ」を「死別」と解釈していないこと、当然、その「目の前の別れ」と比較される内容も間違っていることから、説明として不適当である。

③は、「私が出家をしないまま死ぬより」は間違いとは言えないが、「成仏する方が、あなたのためにもよいことなのだ」という説明は、大将あての手紙の趣旨とは異なるので、不適当である。

⑤は、大納言との別れと両親との別れを比較している点が、やはり、大将あての手紙の趣旨と異なり、不適当である。

問6　本文の内容説明の問題　28　⑤

センター試験の古文では、**問6**に、本文全体の内容に関する問題が出題されるのが定番である。限られた時間の中で正解するには、選択肢が本文のどの部分を踏まえたものかをつかみ、本文の該当箇所に戻って、選択肢と本文の内容を照らし合わせていくことが大切である。また、今回は「合致しないもの」を選ぶ設問であることに注意しよう。

①は、大宮にあてた和歌と、大将にあてた和歌の内容説明である。

まず、大宮にあてた和歌は、次のように句に分けられる。

かりそめの／うき世の夢の／さめぬ間を／嘆かでも見よ／後の光を

第四句末の「見よ」が命令形なので、四句切れである。「うき世」とは「つらい世」、「後の光」は、「かりそめのうき世」との対比で考えると、「来世を照らす光」などの意と考えられる。解釈すると、「かりそめの夢のような、つらい世の夢が覚めない間を、嘆かないで見てください。来世を照らす光を」などとなる。よって、「深く嘆くことはない」という趣旨の歌であるという選択肢の説明は正しい。

次に、大将にあてた和歌は、次のように句に分けられる。

後の世も／隔てはあらじ／蓮葉の／つゆも変はらぬ／身ぞと思へば

第二句末の「じ」が終止形で、二句切れである。「後の世」は「来世」。「蓮」は極楽浄土に咲く花と言われている。「つゆ」は、その蓮葉に置く「露」を意味する一方で、「つゆも変はらぬ」というつながりから、「まったく・少しも」の意が掛けられているとわかる。解釈をすると、「来世においても（兄上と私との間に）隔てはないだろう。極楽の蓮の葉に置く露、その『つゆ』ではないが、少しも変わらないわが身だと思うので」などとなる。よって、「来世でも私たちは少しも変わらず親しい間柄のままだろう」という選択肢の説明は正しい。

②は、関白についての説明である。関白は、大将への手紙の描写が終わった直後に登場するので、そこを丁寧に読もう。「殿も聞きおどろかせ給ひて、大将もろともに一条院へ参り給ふ」とあり、これが選択肢の「関白は、大納言が突然いなくなったことを聞いて驚き、大将と共に一条院へ行った」に合致する。本文のその次の行に「御馬の引き返して参りけり。『いかにや』と尋ね給へば、『年頃の聖の坊におはしまして、……さうなく御髪下ろして、御衣・袈裟などかけさせ奉り侍り。……』」とあり、（注8）も踏まえると、ここが選択肢の「大納言の随身から大納言が聖のもとで出家したことを知らされた」に合致する。

③は、なりつぎについての説明である。なりつぎは、随身が大納言の出家を報告する部分にのみ登場するので、その随身の報告の部分を見よう。②で確認した箇所の直後に、「『なりつぎも帰り参れ』とのたまはせけれど、みづから頭下ろして、かれも候ふ」とある。「なりつぎも帰り参れ」は誰の発言かは明示されていないが、「のたまはせ」という尊敬語が使われていることから、大納言の発言だと判断できる。そして、なりつぎは大納言から帰るように言われたが、「みづから頭下ろして、かれも候ふ（＝自分で剃髪して、なりつぎも大納言に伺候している）」というのだから、③は本文の内容に合致している。

④は、大将たちと聖との、大納言の出家をめぐるやりとりについての説明である。そのやりとりは最終段落に記されている。大将たちは、「などか、一条院・大殿などにも、かくは伺ひ給はで、かくはなし聞こえ給へるならむ。世の有職にておはしましを」と言う。「など」は「どうして」の意の副詞、「か」は疑問・反語の係助詞。「かくは伺ひ給はで、か

くはなし聞こえ給へるならむ」の「かく」とは、大納言を出家させることを指す（**問2解説**を参照）。大納言を出家させる前に、どうして一条院や大殿に許可をもらわなかったのか、と言うのである。これは単なる疑問というよりは、「言ってくれればよかったのに、そうすれば出家を止められたのに」といった気持ちが込められており、出家させた聖をとがめていると考えてよい。また、「有職」とは「優れた人」の意で、大納言は世間でも優れた人であったのに、出家させるとは、と思っているのである。それに対して聖は、大納言が出家を決意したことに対して、「めでたく御みづから思し寄りたる、ありがたく覚え侍りてなむ（＝すばらしくご自分で決心なさったことは、めったになくすばらしいことと思われまして）」と反論したのである。④は、以上の内容に合致している。

⑤は、大将たちに対する聖のふるまいについての説明である。まず、④の解説で述べた箇所に続く聖の発言部分を見てみよう。「それひがことならば、ともかくも計らひ給へ」とは、自分の言うことが間違いなら、自分をどのようにでも処分してください、ということである。また、「昔より出家の身は、国王・大臣といふことをば知らずかし」とは、出家した者にとって、国王や大臣といった権力者も関係がないということで、これらの発言から、大将らに対して真っ向から反論し、少しも臆することのない聖の様子が読み取れる。よって、聖の発言の直後の「憎しとも世のつねなり（＝憎いというどころではない）」とは、大将らが聖の様子をこの上なく「憎し」と思っているのだとわかる。それに続く「世のことわりも忘れて、罪得まじくは、『懲りぬや、懲りぬや』とも言はせまほしきさまなり（＝世の中の道理も忘れて、罪を得ることがないはずならば、『懲りたか、懲りたか』とも言わせたい様子である）」の「さま」とは、聖の様子であって、「『懲りぬや、懲りぬや』とも言はせまほしき」とは、憎らしい聖を家来に命じて責めあげたい、ということだと判断できる。もちろん、聖を懲らしめることは、「世のことわり」にはずれることであり、「罪」を得ることになるので、実際はできないわけだが、罪にならないならそうしたいと、大将たちは思っているのである。⑤は、「聖は……大将たちの無理解に腹を立て、……懲らしめたいと思った」となっており、「懲らしめたいと思った」の主体が本文と合致しない。よって、**⑤が正解**である。

第4問　漢文

【出典】

葉廷琯《しょうていかん》『鷗陂漁話《おうひぎょわ》』。葉廷琯は清の人で、呉県（現在の蘇州市）の出身。字《あざな》は紫陰《しいん》、調整《ちょうせい》とも龍威隣隠《りょういりんいん》とも号した。著書には『鷗陂漁話』以外に、『吹網録』『同人詩略』などがある。

【本文解説】

本文は前書きにもあるように、明の書家で当時すでに著名であった董其昌にまつわる逸話である。二つの段落で構成されており、二段落目の最後には筆者、葉廷琯の論評が記されている。それぞれの段落の内容と筆者の主張をまとめると次のようになる。

第一段落では、新安のとある賈人（＝商人）が、董其昌の書を手に入れたいきさつが語られる。その賈人は、偽物をつかまされないようにと、董其昌の客人という人物の紹介で、手厚い贈り物をして董其昌と称する人物のもとで文字を書いてもらった。その賈人のもとに立ち寄った客人たちは、その文字を見て誰もが感嘆したのであった。

第二段落では、賈人が手に入れた文字が偽物であったことが判明する。賈人は董其昌と称する人物に文字を書いてもらった翌年、再び松江を訪れるのだが、そこで人々に董其昌だと言われている人物を見かける。ところがその人物は、前年に賈人が文字を書いてもらった人物とはまったく異なっており、賈人は自分がだまされたことに気付く。悲嘆する賈人の熱意にほだされた董其昌は賈人のために文字を書いてやるのであった。

そして第二段落の最後に筆者の見解が記されている。賈人をだました人物が書いた文字はいささかながらも出来の良いものであった。そのことから、筆者はこう述べている、「名人が求められるがまま気軽に書いた文字は概して反対に偽物に劣るものである。本物か偽物かは上手か下手かという点からただちに決めることは難しいものだ」と。

【書き下し文】

新安《しんあん》の一賈人《いちこじん》文敏《ぶんびん》の書《しょ》を得《え》んと欲《ほっ》して、其《そ》の贋《にせ》なるを懼《おそ》るるや、諸《これ》を文敏《ぶんびん》の客《かく》に謀《はか》る。客厚幣《かくこうへい》を具《そな》へて、介《かい》もて入謁《にふえつ》せしむ。賓主《ひんしゅ》の礼《れい》を備《そな》へ、童《どう》に命《めい》じて墨《すみ》を磨《す》らしめ、墨濃《すみこ》くなれば、文敏乃《ぶんびんすなは》ち起《た》ちて毫《ふで》を揮《ふる》ひて賈《こ》に授《さづ》く。賈大《こおほ》いに喜《よろこ》びて拝謝《はいしゃ》し、持《も》ち帰《かへ》りて堂中《だうちゅう》に懸《か》く。過客之《くわかくこれ》を見《み》て、嘆絶《たんぜつ》せざるは無《な》し。

明年《めいねん》、賈《こ》復《ま》た松江《しょうかう》に至《いた》る。偶《たまたま》府署《ふしょ》の前《まへ》を過《す》ぎて、肩輿《けんよ》せられて入《い》る者《もの》を見《み》る。人曰《ひとい》はく、「董宗伯《とうそうはく》なり」と。賈《こ》其《そ》の容《よう》を望《のぞ》めば、絶《た》えて去年《きよねん》己《おのれ》の為《ため》に書《しょ》する者《もの》に類《るい》せず。其《そ》の出《い》づるを俟《ま》ちて、審《つまび》らかに之《これ》を視《み》るに、相《あ》ひ異《こと》なること真《まこと》に遠《とほ》く甚《はなは》だしければ、大声《たいせい》もて屈《くつ》を呼《さけ》ぶを禁《きん》ぜず。文敏輿《ぶんびんよ》を停《とど》めて故《ゆゑ》を問《と》へば、賈涕泣《こていきふ》して始末《しまつ》を述《の》ぶ。文敏笑《ぶんびんわら》ひて曰《い》はく、「君人《きみひと》の紿《あざむ》く所《ところ》と為《な》る。君《きみ》の誠《まこと》を憐《あは》れみ、今同《いまとも》に往《ゆ》きて汝《なんぢ》の為《ため》に書《しょ》すべし」と。賈大《こおほ》いに喜《よろこ》びて再拝《さいはい》し、始《はじ》めて真筆《しんぴつ》を得《う》れば、帰《かへ》りて以《もっ》て人《ひと》に誇《ほこ》る。而《しか》れども識者往往《しきしゃわうわう》にして謂《おも》へらく、前書較工《ぜんしょややたく》みなりと。此《こ》れ又《ま》た見《み》るべし、名家随意《めいかずいい》酬応《しうおう》の筆常《ふでつね》に反《かへ》つて贋本《がんぽん》の下《した》に出《い》づる者有《ものあ》るを。遽《には》かに真偽《しんぎ》を工拙《こうせつ》の間《かん》に定《さだ》むべけんや。

【現代語訳】

新安のとある賈人（＝商人）は董其昌の文字を手に入れたいと思っていたが、偽物（を手に入れてしまうこと）が心配だったので、この件について董其昌の客人に相談し（て手に入れようとし）た。客人は手厚い贈り物を用意させ使用人の案内で董其昌に面会させた。（そして）訪問者（の賈人）と主人（の董其昌）とが面会の儀礼を済ませると、男の子の召使いに墨をするよう命じ、墨が濃くなると、董其昌はそこで立ち上がり筆を振るって（文字を書き）賈人に与えた。賈人はたいそう喜んで丁寧に挨拶し、（文字を）持ち帰って表座敷に掛けた。（賈人のもとに）立ち寄った者はその文字を見て、みな感嘆した。

翌年、その賈人は再び松江に出かけて行った。偶然役所の前を通りかかると、肩輿に乗って（役所に）入って行く人物が目に入った。人々が言った、「董其昌だ」と。賈人が彼の容貌を見てみると、まったく前年に自分のために文字を書いてくれた者とは似ていなかった。その人物が（役所から）出てくるのを待って、じっくりとその人物を見てみたのだが、（前年に文字を書いてくれた者とは）まったく遠くかけ離れていたので、思わず大声で不当な扱いを受けたと叫んでしまった。董其昌は肩輿を止めて（賈人に）理由を尋ねたところ、賈人は涙を流して泣きながら事のいきさつを述べた。董其昌は笑って言った、「あなたは人にだまされたのだ。あなたの熱意には感心するばかりだから、今回は一緒に行っておまえのために文字を書いてやろう」と。賈人はたいそう喜んで何度も挨拶し、そこでやっと（董其昌の）本物の文字を手にすることが出来たので、戻ってから人に自慢したのだった。しかしながら見識のある者たちはしばしば思うのであった、前に書かれた（偽物の）文字は比較的良いものだったと。これはまた名人が気軽に求められるがままに書いた文字は概して反対に偽物に劣るものだということを、示していると言えよう。本物か偽物かは上手か下手かという点からただちに決められるだろうか。

【設問解説】

問1 語の意味の問題 29 ② 30 ④

(ア)「具」には、「そなふ（用意する）」「そなはる（揃《そろ》っている）」「つぶさに（くわしく）」などの用法がある。波線部(ア)を含む箇所は、「具二厚幣《ヲ》一」となっており、「手厚い贈り物を『具』し」と訳せるが、「具二厚幣一」した上で「身分の高い人（＝董其昌）と面会する」と続いているので、「そなふ」と読み、「用意する」と解釈するのがもっとも適当である。したがって正解は②である。

(イ)「故」には「ゆゑ（原因・理由）」「ゆゑに（こういうわけで）」「もと（もと・以前）」「もとより（もともと・以前から）」「ふるし（古い）」「ことさらに（わざわざ）」などの用法がある。波線部(イ)を含む箇所は、「文敏停《メテ》レ輿《ヲ》問《ヘバ》レ故《ヲ》」となっており、「董其昌は肩輿を止めて『故』を尋ねたところ」と訳せるが、この董其昌の行為に対して賈人が泣きながら事のいきさつを述べているのだから、「理由を尋ねる」という方向でなければ文脈に合わない。したがって正解は④である。

問2　空欄補充の問題　31　④

各選択肢を空欄に当てはめて訳してみる。①「可《ベシ》㆓以《もつテ》〜㆒」は「〜できる」の意味なので、空欄に当てはめると「可《ベシ》㆓以《もつテ》嘆絶《ス》㆒」となり、「感嘆できる」と訳せる。②「何如《いかんゾ》〜」は「どうして〜なのか」（疑問）、または「どうして〜しようか」（反語）となり、疑問、反語を表す。よって「何如《ソ》嘆絶《スル》」と読み、「どうして感嘆するのか」、あるいは「何如《ソ》嘆絶《セン》」と読んで、「どうして感嘆しようか」と訳せる。③「不《ず》㆑若《しカ》㆓〜《ニ》㆒」は「〜に及ばない・〜の方がよい」の意味となり、比較を表す。よって「不《ず》㆑若《カ》㆓嘆絶《スルニ》㆒」と読み、「感嘆するには及ばない・感嘆する方が良い」と訳せる。④「無《なシ》㆑不《ざルハ》㆓〜《(セ)》㆒」は二重否定を表し、「〜しないものはない・みな〜する」の意味になる。よって「無《シ》㆑不《ルハ》㆓嘆絶《セ》㆒」と読み、「感嘆しないものはない・みな感嘆する」と訳せる。⑤「未《ず》㆓必《いまダかならズシモ》〜《(セ)》㆒」は部分否定を表し、「必ず〜するというわけではない」、または「〜する必要はない」の意味となる。よって「未《ず》《ダ》㆓必《ズシモ》嘆絶《セ》㆒」は「必ず感嘆するというわけではない」、あるいは「感嘆する必要はない」と訳せる。「みな感嘆した」という訳語になるのは④なので、**正解は④**である。

問3　返り点の付け方と書き下し文の問題　32　②

返り点の付け方として明らかに誤っているものはないので、各選択肢の書き下し文を参考にして、訳を作ってみる。訳文はそれぞれ次のようになる。①「まったく前年自分の文字を書いた者に似ていなかった」、②「まったく前年に自分のために文字を書いてくれた者とは似ていなかった」、③「前年自分の文字を書いた者に似ていないことを断ち切った」、④「前年に自分のために文字を書いてくれた者に似ていないのを断ち切った」、⑤「まったく前年に似ることなく自分の文字を書いた者である」となり、②以外は意味が通じない。したがって**正解は②**である。

問4　理由説明の問題　33　③

傍線部は「思わず大声で不当な扱いを受けたと叫んでしまった」と訳せるが、その直前に「俟《チテ》㆓其《ノ》出《ヅルヲ》㆒、審《ラカニ》視《ルニ》㆑之《ヲ》、相《ヒ》異《ナルコト》真《ニ》遠《ク》甚《ダシケレバ》」（その人物が出てくるのを待って、じっくりとその人物を見てみたのだが、まったく遠くかけ離れていたので）とある。ここで「その人物」とは、文脈から人々が「董其昌だ」と言った人物であり、また、「遠くかけ離れていた」というのは、以前、賈人に文字を書いてくれた者とはまったくの別人であった、と述べているのだと理解できよう。つまり、「賈人は、人々に董其昌だと言われた人物が役所から出てくるのを待ち、その董其昌と呼ばれた人物をじっくり見てみたのだが、以前彼に文字を書いてくれた者とはまったく遠くかけ離れていた」ことによって、傍線部の「思わず大声で不当な扱いを受けたと叫んでしまった」という結果に至ったのである。これを踏まえると、③以外の選択肢は不適当だとわかる。

①「董其昌と再会したにもかかわらず、彼に無視されてしまった」、②「董其昌の尊大な態度を無礼に思った」、④「董

其昌に紹介してくれた人とまた会った」、⑤「紹介者がいなくても董其昌に会うのは簡単だと知った」など、いずれも本文に述べられていない内容である。したがって**正解は③**である。

問5　句形判定の問題　34　③

傍線部に「為」と「所」が用いられていることに着目する。「為」と「所」は「為《なル》二A所《ノところト》一レ□《(スル)》」の形で、「Aに□される」という意味の受身を表す。傍線部も「為《なル》二人所《ノところトあざむク》一レ紿」と読んでおり、「人にだまされた」と訳すことができる。したがって**正解は③**である。

問6　内容説明の問題　35　①

傍線部は、「君の誠を憐れみ、今同《とも》に往きて汝の為に書すべし」などと読むことが出来るだろう。これを訳せば「あなたの誠実さに心を動かされたので、今回は一緒に行っておまえのために文字を書いてやろう」となる。つまり董其昌は賈人のために文字を書いてやろうと言っているのである。この方向に合う選択肢は①しかない。

②「文字を贈り物と一緒にして賈人に送ってやろう」は、「同往」の箇所の解釈が誤っている。③「今回もやはり賈人のために文字を書いてやろう」では、「今回もやはり」とあるが、「今回もやはり」では前年に賈人のために文字を書いたのも董其昌だということになり、賈人がだまされたという本文の内容に合わなくなる。④と⑤の「董其昌の熱意には感心したが」では傍線部を含む発言箇所が董其昌自身のものではなくなってしまい、文脈に合わない。したがって**正解は①**である。

問7　解釈と筆者の見解を問う問題　36　⑤

傍線部は疑問・反語の助詞「乎」を伴っており、また文末の読み方が「べけんや」となっていることから、反語文だとわかる。これを踏まえて傍線部を訳すと、「本物か偽物かは上手か下手かという点からただちに決められるだろうか」となる。

また、筆者の見解については、傍線部の直前に、「此《レ》又《タ》可《シ》レ見《ル》、名家随意酬応之筆常《ニ》有《ルヲ》下反《ツテ》出《ヅル》二贋本《ノ》下《ニ》一者上」（これはまた名人が気軽に求められるがままに書いた文字は概して反対に偽物に劣るものだということを示していると言えよう）とあることに注意する。

①「この文は『本物か偽物かは上手か下手かという点からただちに決められるだろうか』という意味で、その前提には名人が求められるまま気軽に書いた文字でも努めて入手するべきだという筆者の見解がある」では、傍線部自体の訳は誤っていないが、「名人が求められるまま気軽に書いた文字でも努めて入手するべきだ」という「筆者の見解」は本文のどこにも示されていない。

②「この文は『本物か偽物かは上手か下手かという点からただちに決められるはずだ』という意味で、その前提には名人が求められるまま気軽に書いた文字は概して偽物に劣るものだという筆者の見解がある」では、傍線部自体の訳が誤っ

ている。ただし、「名人が求められるまま気軽に書いた文字は概して偽物に劣るものだ」という「筆者の見解」については誤っていない。

③「この文は『本物か偽物かは上手か下手かという点からただちに決められるだろうか』という意味で、その前提には名人が求められるまま気軽に書いた文字を入手しても意味がないという筆者の見解がある」では、傍線部自体の訳は誤っていないが、「名人が求められるまま気軽に書いた文字を入手しても意味がない」という「筆者の見解」の箇所が誤っている。

④「この文は『本物か偽物かは上手か下手かという点からただちに決められるはずだ』という意味で、その前提には名人が求められるまま気軽に書いた文字でもやはり偽物に勝るものだという筆者の見解がある」では、傍線部自体の訳が誤っている上に、「名人が求められるまま気軽に書いた文字でもやはり偽物に勝るものだ」という「筆者の見解」も本文のどこにも示されていない。

⑤「この文は『本物か偽物かは上手か下手かという点からただちに決められるだろうか』という意味で、その前提には名人が求められるまま気軽に書いた文字は概して偽物に劣るものだという筆者の見解がある」では、傍線部の訳も、「名人が求められるまま気軽に書いた文字は概して偽物に劣るものだ」という「筆者の見解」も正しく捉えられている。したがって**正解は⑤**である。

MEMO

2016 本試験

国　語

（2016年１月実施）

受験者数　507,791

平 均 点　 129.39

国　語

解答・採点基準

（200点満点）

問題番号(配点)	設　問	解答番号	正解	配点	自己採点
第1問 (50)	問1	1	③	2	
		2	⑤	2	
		3	⑤	2	
		4	③	2	
		5	⑤	2	
	問2	6	①	8	
	問3	7	②	8	
	問4	8	④	8	
	問5	9	②	8	
	問6	10	①	4	
		11	③	4	
第1問　自己採点小計					
第2問 (50)	問1	12	⑤	3	
		13	③	3	
		14	②	3	
	問2	15	①	7	
	問3	16	④	8	
	問4	17	③	8	
	問5	18	②	8	
	問6	19	① ※	5	
		20	④ ※	5	
第2問　自己採点小計					

問題番号(配点)	設　問	解答番号	正解	配点	自己採点
第3問 (50)	問1	21	③	5	
		22	⑤	5	
		23	①	5	
	問2	24	①	5	
	問3	25	④	7	
	問4	26	④	8	
	問5	27	④	7	
	問6	28	③	8	
第3問　自己採点小計					
第4問 (50)	問1	29	⑤	4	
		30	④	4	
	問2	31	①	6	
	問3	32	①	6	
	問4	33	④	6	
	問5	34	④	8	
	問6	35	③	8	
	問7	36	⑤	8	
第4問　自己採点小計					
自己採点合計					

※の正解は順序を問わない。

第1問　現代文（評論）

【出典】

土井隆義『キャラ化する／される子どもたち』（岩波書店〈岩波ブックレット759〉、二〇〇九年）

土井隆義（どい・たかよし）は、一九六〇年山口県生まれ、大阪大学大学院人間科学研究科博士後期課程中退。専門は犯罪社会学、法社会学、逸脱行動論、社会問題論。著書として、『非行少年の消滅』、『「個性」を煽られる子どもたち』、『友だち地獄』、『若者の気分』、『つながりを煽られる子どもたち』などがある。

【本文解説】

本文は、価値観が多元化し、人が「一貫したアイデンティティ」というものを持ちにくくなった現代において、特に若い世代の間で、わかりやすい「キャラ」を設定することで人間関係を安定させようとする傾向が強くなっている、ということを論じたものである。本文を読解する際には、人びとが「一貫したアイデンティティ」の確立を目指していた時代と、人びとが「キャラ」を設定することで人間関係を安定させようとする時代の違いをしっかりと捉えるようにしたい。では、本文を便宜上二つの部分に分けて、その内容を確認していこう。

◎ **前半部**（第1段落～第6段落）

ここでは、リカちゃん人形が取り上げられ、時代の推移のなかでリカちゃんの捉えられ方が変わってきたこと、そしてその変化は現代人、特に若者のあり方の変化を反映したものだということが説明されている。

リカちゃん人形は、一九六七年に発売されて以来、その累計出荷数が五千万体を超えており、まさに国民的アイドルと呼ぶべき存在である。ただ、そんなリカちゃんにも、時代の推移のなかで変化が見られる。かつてのリカちゃんは、「子どもたちにとって憧れの生活スタイルを演じてくれるイメージ・キャラクター」だった。リカちゃんの家庭環境などの情報が発売元から提供され、子どもたちは設定された物語の枠組のなかで「ごっこ遊び」を楽しんでいた。ところが、平成に入ってからのリカちゃんは、設定された物語の枠組から徐々に解放され、現在ではミニーマウスなどの別キャラクターを演じるようにもなっている。つまり、リカちゃんは、「特定の物語を背後に背負ったキャラクター」から、「どんな物語にも転用可能なプロトタイプを示す言葉となったキャラ」へと変容したのである。（第1段落・第2段落）

「物語から独立して存在するキャラ」は、一次作品からキャラクターだけを取り出して当初の作品とはかけ離れた物語が展開される二次創作などにも見受けられる。だが、こうした現象は、「物語の主人公がその枠組に縛られていたキャラクターの時代」には想像できなかったものである。それは、何よりも物語を破壊する行為だからである。では、どうしてキャラクターは、「物語から独立して」キャラ化したのか。現代では、人びとに共通の枠組を提供していた「大きな物語」が失われ、価値観の多元化によって人間関係は流動化している。そうしたなかで現代人は、それぞれの対人場面に適合した外キャラを意図的に演じ、複雑になった関係を乗り切っていこうとしている。キャラクターのキャラ化は、そうした現代人の心性を反映していると考えられるのである。（第3段落・第4段落）

多くの人々に共有された「大きな物語」が存在していた時代には、人は揺らぎをはらみながらも一貫したアイデンティティの確立を目指していた。付きあう相手や場の空気に応じて表面的な態度を取り繕うことは、自己欺瞞だと感じられたからである。それに対して、今日の若い世代は、キャラという言葉で示されるような断片的な要素を寄せ集めたものとして、自らの人格をイメージするようになっており、「対人関係に応じて意図的に演じられる外キャラ」も、「生まれもった人格特性を示す内キャラ」も、あらかじめ出来上がっている固定的なものである。（第5段落・第6段落）

◎**後半部**（第7段落〜最終段落）

次にここでは、現在の日本人、特に若い世代はキャラを演じることを当然のこととして行っているが、そうしたことが行われるようになった社会的背景が説明され、キャラを演じることが決して否定的に捉えられるべきものではないことが明らかにされている。

現在の日本は価値観の多元化が進んでおり、どれほど正しく見える意見であろうと、別の観点から見るとその正当性が疑問視されるといった状況にある。現代社会では、自己評価だけではなく、対人関係においても、一貫した評価基準を失っているのである。そのため、たとえ同じ人間関係のなかにいても、その時々の状況ごとに評価が大きく変動するようになっている。私たちの日常生活を振り返って、ある場面にいる自分と別の場面にいる自分とが、異なった自分のように感じられたりすることも多くなっている。現代は、一貫したアイデンティティを持って生きることが難しい社会になってしまっているのである。（第7段落〜第9段落）

ハローキティやミッフィーなどのキャラのことを思い起こしてみよう。それらのキャラは最小限の線で描かれており、その単純な造形は私たちに強い印象を与える。このことは、生身の人間のキャラの場合にも当てはまるだろう。あえて人格の多面性を削ぎ落とし、最小限の要素で描き出された人物像（＝キャラ）は、錯綜した人間関係を単純化し、透明化してくれる。また、たとえば日本のハローキティが特定の文化を離れて万国で受け入れられているように、単純化された人物像（＝キャラ）はどんな場面にも臨機応変に対応することができる。それゆえ、「生身のキャラにも、単純明快でくっきりとした輪郭が求められる」のである。（第10段落・第11段落）

二〇〇八年には、コンビニの売上高が百貨店のそれを超えた。外食産業でもファーストフード化が進む。百貨店やレストランの店員には丁寧な接客態度が期待されるが、コンビニやファーストフードの店員には丁寧な接客態度は必ずしも期待されない。

感情を前面に押し出して個別的に接してくれる百貨店やレストランよりも、感情を背後に押し殺して定形的に接してくれるコンビニやファーストフードのほうが、気をつかわなくて楽だと客の側も感じはじめているのではないか。コンビニやファーストフードが増加する背景には、人びとのそうした気持ちもあるとも考えられる。（第12段落）

このように見てくると、人間関係において外キャラを演じるのは、異なる価値観を持った人間どうしが、複雑化した人間関係を決して決裂させることなく、コミュニケーションを成立させていくための技法の一つだといえるのではないか。したがって、外キャラを演じるのは、自己欺瞞でもなければ、相手を騙すことでもない。たとえば、ケータイの着メロの選択でその人のキャラが決まってしまうこともあるように、キャラとはきわめて単純化されたものである。しかし、ある側面だけを切り取って強調した自分らしさの表現であり、その意味では個性の一部なのである。キャラは、人間関係を構成するジグソーパズルのピースのようなものであり、他のピースとは取り替えることはできないばかりか、ピースの一つでも欠けると予定調和の関係は成立しない。その意味では、自分をキャラ化して呈示することは、他者への誠実な態度ともいえる。価値観の多元化した相対性の時代には、誠実さの基準も変わらざるをえないのである。（第13段落～最終段落）

【設問解説】

問1　漢字の知識を問う問題　1　③　2　⑤　3　⑤　4　③　5　⑤

(ア)は「**繕う**」。「取り繕う」で、〈外見だけを飾って、よく見えるようにする〉という意味。①は〈次第に増えること、また増やすこと〉という意味で、「漸増」。②は「全容」。③は〈建築物を造ったり修理したりすること〉という意味で、「**営繕**」。したがって**これが正解**。④は「然」。⑤は「禅問答」。

(イ)は〈おさまりがつくこと、また、おさまりをつけること〉という意味で、「**収束**」。①は「反則」。②は「促進」。③は「閉塞」。④は「一触即発」。⑤は「**束縛**」で、**これが正解**。

(ウ)は「**顧みても**」。①は「故意」。②は「古式」。③は「鼓舞」。④は「孤独」。⑤は〈よく考慮して、気をくばること〉という意味で、「**顧慮**」。したがって**これが正解**。

(エ)は「**回避**」。①は「大会」。②は「大海」。③は「**転回**」で、**これが正解**。④は「下界」。⑤は「開陳」。

(オ)は「**縮減**」。①は「祝して」。②は〈静かでおごそかなさま〉という意味で、「粛粛」。③は「宿敵」。④は「淑女」。⑤は「**緊縮**」で、**これが正解**。

問2　傍線部の内容を説明する問題　6　①

設問の要求から、「リカちゃんの捉えられ方」がa→bへと変容したことを説明すればよいことがわかる。しかも、傍線部の直前の記述からa、bが次のように整理できる。

a「特定の物語を背後に背負ったキャラクター」（から）

↓

b「どんな物語にも転用可能なプロトタイプを示す言葉となったキャラ」（へと変容した）

さらに、aについては、第1段落に「かつてのリカちゃんは、子どもたちにとって憧れの生活スタイルを演じてくれるイメージ・キャラクター」だったとあり、また発売元からリカちゃんの家庭環境などの情報が提供され、「設定されたその物語の枠組のなかで、子どもたちは『ごっこ遊び』を楽しんだ」などとある。

bについては、第2段落に「平成に入ってからのリカちゃんは、その物語の枠組から徐々に解放され、現在はミニーマウスやポストペットなどの別キャラクターを演じる」ようにもなっているとある。

以上のような点も踏まえて、a、bを整理し直すと次のようになる。

a　特定の物語を背後に背負い、憧れの生活スタイルを演じてくれるキャラクター（から）

↓

b　設定された物語の枠組から解放され、どんな物語にも転用可能なキャラ（へと変容した）

以上のa、bを踏まえた説明になっている①が正解。

②は、「世代ごとに異なる物語空間を作るものへと変わっている」という説明が、不適当。そうしたことは、本文にいっさい書かれていない。

③は、まず「平成になってからは人気のある遊び道具としての意味を逸脱して」という説明が、本文にいっさい書かれていない内容なので、不適当。また「平成になってからは……国民的アイドルといえるものへと変わっている」という説明も、不適当。第1段落に、リカちゃんは「一九六七年の初代から現在の四代目に至るまで、世代を超えて人気のある国民的キャラクターです。……まさに世代を越えた国民的アイドルといえる」とあり「平成になってから……」は、この説明と矛盾する。

④は、「より身近な生活スタイルを感じさせるものへと変わっている」という説明が、不適当。そうしたことは、本文にいっさい書かれていない。

⑤は、「自由な想像力を育むイメージ・キャラクターとして評価されるものへと変わっている」という説明が、不適当。第1段落にあるように、本文はかつて（＝「変容」前）のリカちゃんを「イメージ・キャラクター」だったと説明しているのに、この選択肢は「変容」後のリカちゃんを「イメージ・キャラクター」だとしている点が誤りである。

問3　傍線部の内容を説明する問題　7　②

「人びと」と「大きな物語」の関係を説明する問題。まず傍線部自体から、「大きな物語」が「人びとに共通の枠組を提供していた」ことがわかる。これは、どういうことか。少しわかりにくいが、この設問の場合、選択肢がヒントになる。すべての選択肢が「『人びと』は、社会のなかの価値基準を支える『大きな物語』を共有する」で始まっており、これが「大きな物語」が「人びとに共通の枠組を提供していた」を言い換えた説明になっていることは比較的容易に理解できただろう。

さらに、傍線部を含むセンテンスから「大きな物語」が、「キャラクターのキャラ化」した現代では失われたものだとわかる。そこで、「大きな物語」が存在した少し前の時代について説明した箇所を探すと、第5段落に「『大きな物語』という揺籃のなかでアイデンティティの確立が目指されていた時代」などとある。またアイデンティティに関して、同じ第5段落に「アイデンティティとは、外面的な要素も内面的な要素もそのまま併存させておくのではなく、揺らぎをはらみながらも一貫した文脈へとそれらを収束させていこうとする」とあり、第6段落に「アイデンティティは、いくども揺らぎを繰り返しながら、社会生活のなかで徐々に構築されていくもの」だとある。つまり、「人びと」は、「大きな物語」を共有することで自己の外面的な要素と内面的な要素とが揺らぎながらも、一貫したアイデンティティの確立を目指していたというのである。以上の点を踏まえた説明になっているのは②なので、**これが正解**。

なお、②の「自己の外面的な要素と内面的な要素との隔たりに悩みながらも」は、第5段落の「外面的な要素も内面的な要素もそのまま併存させておくのではなく、揺らぎをはらみながらも」に基づいた説明である。また「矛盾のない人格のイメージを追求していた」も、第5段落の「揺らぎをはらみながらも一貫した文脈へと……収束させていこうとする」に基づいた説明である。

①は、「臨機応変に複数の人格のイメージを使い分けようとしていた」という説明が、不適当。第5段落や第6段落からわかるように、「大きな物語」のなかで「アイデンティティの確立が目指されていた時代」には、アイデンティティという言葉で表されるような「一貫した」人格であることが求められたのである。

③は、「社会的に自立した人格のイメージを手に入れようとしていた」という説明が、不適当。本文には、そうしたことはいっさい書かれていない。

④は、「生まれもった人格のイメージを守ろうとしていた」という説明が、不適当。第5段落や第6段落にあるように、「大きな物語」が存在した時代においては、アイデンティティは「社会生活のなかで徐々に構築されていくもの」と考えられており、それと「生まれもった人格」は結びつかない。「生まれもった人格」は、「キャラクターのキャラ化」した時代に問題となるものである。

⑤は、紛らわしい。正解の②と比較して考えていこう。「自己の外面的な要素と内面的な要素とを合致させながら」という説明は、「自己の外面的な要素と内面的な要素との隔たりに悩み」、両者をなんとか合致させようとしたと考えれば、誤りとはいえないだろう。また「人格のイメージを形成しようとしていた」という説明も、誤りではない。問題となるのは、どのような「人格のイメージを形成しようとしてい

た」のかである。第5段落にあるように、「大きな物語」のなかで目指されたのは「アイデンティティの確立」であり、その人格は「一貫した」ものであることが期待されていた。つまり、「大きな物語」のなかで求められていたのは一貫したアイデンティティだったのである。この一貫したというニュアンスを、②の「矛盾のない」は含んでいるのに対して、⑤の「個別的で偽りのない」は含んでいないので、⑤は正解とならない。

問4 傍線部の理由を説明する問題 8 ④

傍線部では生身のキャラが問題にされているが、その前ではハローキティやミッフィーについて論じられており、ハローキティやミッフィーなどにいえることが、生身のキャラ(＝人間)についてもいえるというのが、傍線部の前後の内容だと理解するのは決して難しくないだろう。しかも、そのことはすべての選択肢が「ハローキティやミッフィーなどは……、人間の場合も……」となっていることから確認できる。

では、まずハローキティやミッフィーなどについて何がいわれているかを確認していこう。ハローキティやミッフィーが最初に取り上げられる第10段落では、両者が「最小限の線で描かれた単純な造形」であること、しかもそれが「私たちに強い印象を与え」ており、両者は、第11段落にあるように「いまや特定の文化を離れて万国で受け入れられている」というのである。

次に、生身のキャラ(＝人間)について考えてみよう。生身のキャラも同様であって、第10段落にあるように、「あえて人格の多面性を削ぎ落とし、限定的な最小限の要素で描き出された人物像は、錯綜した不透明な人間関係を単純化し、透明化してくれる」のである。そして第11段落にあるように、「きわめて単純化された人物像は、どんなに場面が変化しようと臨機応変に対応することができ」るというのである。それゆえ、生身のキャラにも、単純明快でくっきりとした輪郭が求められるのである。以上の点を整理すると次のようになる。

◎ハローキティやミッフィーなど

a 最小限の線で描かれた単純な造形によって

b 特定の文化を離れて万国で受け入れられている
(＝幅広い人びとに受け入れられている)

◎生身のキャラ(＝人間)

c 限定的な最小限の要素で描き出された人物像は、錯綜した人間関係を透明化してくれる

d どんなに場面が変化しようと臨機応変に対応することができる

以上の点を踏まえた説明になっているのは④であり、**これが正解**となる。

①は、「人間の場合も、人物像が単純で一貫性をもっている」という説明が、不適当。ここで問題になっている「人間」は、傍線部に「生身のキャラ」とあることから明らかなようにキャラ化した人間である。それに対して、「一貫性」

を問題にするのは、アイデンティティの確立を目指した、キャラ化する以前の人間である。

②は、「人物像の個性がはっきりして際だっている」という説明が、不適当。本文では、「個性」が「際だっている」ことなど問題になっていない。

③も、「個性を堅固にしたほうが……」という説明が、不適当。本文では、「個性」を「堅固」にすることなど問題になっていない。

⑤は、「人間の場合も……素朴である」ほうが「若者たちに親しまれるようになる」という説明が、不適当。本文は、「素朴」であることなど問題にしていない。

問5　本文を読んだ五人の生徒の発言のうち本文の趣旨に最も近いものを選ぶ問題　9　②

新しい形式の設問だと思い戸惑った人もいるかもしれない。ただ、こうした形式の設問は、九〇年代には何度か出題されたものであり、しかも実際に設問を解いてみると、趣旨判定や内容合致問題とほとんど変わらないことがわかるはず。つまり、趣旨判定などを解くときと同じように、それぞれの発言とそれに関連する本文の記述とを慎重に照らし合わせて、解答を絞り込んでいけばよい。

①について。まず「自分の中に確固とした信念をもたなくてはいけないはず」という発言が、本文に全く根拠を持たないものである。また、「他者に対して誠実であろうとするときには、自分が信じる正しさを貫き通さないと、って思う」という発言も、傍線部Dの直前にある「自分をキャラ化して呈示することは、他者に対して誠実な態度といえなくもない」という筆者の考えに反する。

②について。「今の時代、自分の信念を貫き通せる人なんて、そんなにいないんじゃないかな」という発言は、第9段落の「ある場面にいる自分と別の場面にいる自分とが、それぞれ異なった自分のように感じられることが多くなり、そこに一貫性を見出すことは難しくなっています」などに基づくものと考えられる。また、「何が正しいか、よく分からない時代だし。状況に応じて態度やふるまいが変わるのも仕方がないよ」という発言は、第8段落の「人びとのあいだで価値の物差しが共有されなくなり、その個人差が大きくなっているために、たとえ同じ人間関係のなかにいても、その時々の状況ごとに……評価が大きく変動するようになっている」などに基づくものと考えられる。さらに、「そういう意味で、キャラを演じ分けることも一つの誠実さだと思うんだけど」という発言は、傍線部Dの直前の「自分をキャラ化して呈示することは、他者に対して誠実な態度といえなくもない」に基づいている。したがって、これが筆者の考えに沿った発言であり、傍線部D「価値観が多元化した相対性の時代には、誠実さの基準も変わっていかざるをえないのです。」という本文の趣旨に最も近いものなので、**これが正解**。

③について。「どんなときでも自分らしさを忘れないように意識すべきだと思う」や「他者よりも、まずは自分に対して誠実でなくっちゃ」といった発言は、本文に全く根拠を持

たないものである。

④について。「自分らしさを抑えて、キャラになりきることのほうが重要なのでは？」という発言に見られるように、「自分らしさ」と「キャラ」を対立するものとしている点が、筆者の考えに反している。第14段落に「キャラとはきわめて単純化されたものに違いはありません。しかし、ある側面だけを切り取って強調した自分らしさの表現であり」とあるように、筆者は、「自分らしさ」と「キャラ」を対立するものとは考えていない。

⑤について。「他者に対する誠実さそのものが成り立たない」という発言が、筆者の考えに反している。傍線部Dの直前に「自分をキャラ化して呈示することは、他者に対して誠実な態度といえなくもない」とあるように、筆者は、価値観の多元化した時代にはそれにふさわしい「誠実さ」があると考えているのである。

問6　本文の表現と構成・展開について問う問題

(i)　**本文の第1～5段落の表現について問う問題**　**10**　①

設問が**適当でないもの**を選べとなっていることを見落とさないようにしたい。こうした設問では、消去法が有効である。その際、判断に迷う選択肢があったら、それについての判断は保留して、適否がはっきりしている選択肢から片づけていくようにしたい。

①について。「演じる側から行為をうける側に向かう敬意を示している」という説明が、不適当。ここでの文脈でいうならば、リカちゃん(＝演じる側)が子どもたち(＝行為をうける側)のために彼ら彼女らの憧れの生活スタイルを示してくれているのだから、子どもたち(＝行為を受ける側)からリカちゃん(＝演じる側)に敬意が示されると考えるのが普通であろう。したがって、それとは逆方向に敬意が示されると説明しているこの選択肢は、不適当。したがって**これが正解**。

②について。「評論家の～整理にしたがうなら」という表現が、「他人の考えと自分の考えを区別するというルールを筆者が踏まえていることを示している」ともいえるので、この選択肢の説明は適当。

③について。「しているようにも思われます」という表現と、「しています」という表現を比較すれば、前者の方がより「断定を控えた論述」だといえるので、この選択肢の説明も適当。

④について。「揺らぎをはらみながらも」という表現は、「揺らぎ」は存在するが、「はらみ(＝その中に含み持ち)」とあるため、外側から見えにくいことを示しているといえるので、この選択肢の説明も適当。

(ii)　**本文の第7段落以降の構成・展開について問う問題**　**11**　③

(i)と同様に、**適当でないもの**を選べとなっていることに注意したい。また、消去法が有効なのも(i)と同じである。

①について。第6段落で現代の若者が外キャラを演じてい

ることを指摘した上で、第7段落の冒頭で「では、自分の本心を隠したまま……外キャラを演じ続けることは……いい加減な態度なのでしょうか」と疑問が投げかけられている。したがって、「まず前段落までの内容を踏まえながら新たな問いを提示して論述の展開を図」っているといえる。そして、第7段落の「……価値観の多元化が進んでいます。自己評価においてだけでなく、対人関係においても……」という説明は、第13段落で「外キャラの呈示は、それぞれの価値観を根底から異にしてしまった人間どうしが、……コミュニケーションを成立させていくための技法の一つといえる」という答えへとつながっていく。したがって「その問いを考えるための論点を提出している」といえるので、この選択肢の説明は適当だと言える。

②について。第10段落では、ハローキティやミッフィーを具体例として取り上げ、一貫したアイデンティティをもって生きるのが難しいとした第9段落の内容をとらえ直している。そして第11段落では、ハローキティなどのキャラは単純化されているがゆえに特定の文化を離れて万国で受け入れられているというように、第10段落と同一のキャラクターについて別の観点を提示しているので、この選択肢の説明は適当。

③について。たしかに、第12段落では「百貨店やコンビニエンス・ストアなどの店員による接客といった具体例」を取り上げている。しかし、それは百貨店などとは異なり、コンビニの店員に求められていることは「その店のキャラを一面的に演じてくれる」ことだとあるように、第11段落までの話題を受け継いだものである。したがって、「それまでとはやや異質な問題を提示し、論述方針の変更を図っている」という説明が不適当なので、**これが正解**となる。

④について。第13段落では、「～ないでしょうか」という断定を避けた表現が重ねて用いられている。そして第14段落では、互いにキャラを演じあっているという第13段落の内容をふまえ、「ケータイの着メロの選択」や「カラオケの選曲」といった日常での具体例を取り上げそうした演じられたキャラも個性の一部であるという第14段落の結論を導き出している。したがって、この選択肢の説明は適当。

第2問　現代文（小説）

【出典】

佐多稲子の短編小説「三等車」の全文。

佐多稲子（さた・いねこ）は、一九〇四年（明治三十七年）長崎県に生れる。一九九八年（平成十年）に没。本名は佐田イネ。

著書に『女の宿』、『樹影』、『時に佇つ』、『夏の栞』、『月の宴』などがある。


【本文解説】

本文は、戦後期の、混雑した長距離列車内を舞台に主人公の「私」が体験し感得したことを描いた短編小説の全文である。

小説の全文が出題される場合、本文を補足説明するリード文は付されないことも多いが、今年は時代背景を説明したリード文が付されている。リード文が付された場合は、本文や選択肢の理解のヒントになることがあるため、読み落としのないようにしよう。

小説は評論以上に主観的な読みに陥りがちだが、小説でも試験としてその読みが問題にされる以上、問われるのは客観レベルでの読みである。勝手な深読みなどはもってのほかである。また、小説を読解するためには、書かれている表現にもこだわる姿勢を忘れないように。

本文は、Ⅰ「私」が座席を闇で買うエピソードと、Ⅱ「私」と子連れの夫婦との関わりのエピソードとの、二つに分けることができる。順次その内容を確認していこう。

Ⅰ　「私」が座席を闇で買う（冒頭〜30行目）
満員の三等車（＝料金の最も安い車両）に乗ることになった「私」は、立っていくよりはと、座る席を確保するために「闇（＝正規の手続きを踏まないこと）」で席を買う。「坐席を闇で買うのは初めてだった。」が話は聞いていたので、私はその男の応対も心得たふうに言って、内心ほっとしていた」。「二百円（＝現在の二千円から三千円にあたる金額）」を渡して「坐席にいた男の立ってくるのと入れかわった。私は周囲に対して少し照れながら再びほっとした」。その後、乗り合わせた婦人と「二百円でした」「ああ、じゃおんなじですよ」という会話をし、闇で座席を買った値段が他の客と変わらなかったことに安堵する。なお、この場面からは闇で座席を買うこと自体に対して「私」がどう感じているのかが明確ではないが、128行目に「私は闇の坐席を買った罪ほろぼし」とあり、そこから闇で座席を買うことに「私」が後ろめたさを感じていたとわかる。

Ⅱ　「私」と子連れの夫婦との関わり（31行目〜最終行）
「丁度私たちの坐席のそばにきて、そこで足をとめたのも、まあ乗り込んだだけで仕方がない」というように、偶然、子連れの若い夫婦が現れる。その夫婦は子供がむずかるのをきっかけに言い合いを始め、見送りの父親はさっさと車を降りる。その後、母親は用事があるらしく男の子を一人おいて車から出ていこうとする。「私」は同情して男の子を預かる。発車のベルが鳴ったころ、帰ったはずの父親がわざわざ男の子を見送る。

母親はまだ戻ってこない。そのため後から戻ってきた母親は「言い合いのまま車を出ていった夫が、やっぱり発車までホームに残っていたということを知らずにいる」。その様子を知っている「私の方が残念な気がして」「汽車が出るとき、子どもさんはお父さんと握手しましたよ」と父親の様子を母親に告げる。

しかし、彼女は「そうですか」と感動するわけでもなく、夫への愚痴を「ぼそぼそ」と語り、それを周囲の乗客が聞く。そして「彼女は二人の子どもを連れ、明日まで〈乗り続けることになるはず〉の汽車の中にようやく腰をおろしたふうだ（＝落ち着いたようだ）」。

「私」はホームで別れた夫について想像する。きっと今頃は見送った妻子に対していろいろな思いを巡らしているだろう。一方、男の子は静かになってきた汽車の中で「父ちゃん来い、父ちゃん来い」と歌うように言う。彼は別れてきた父親への思いが口をついたのだろう。その声を「私」は「可憐に弱々しく、無心なつぶやき」と感じている。

【設問解説】

問1　語句の意味を問う問題　12 ⑤　13 ③　14 ②

この問題は、基本的には語句の辞書的な意味を問う知識問題である。傍線部前後の文脈から勝手に判断するのではなく、傍線部の語句がそもそもどういう意味かといったことを考えたうえで、解答を選ぶことが大切である。

(ア)の「目くばせした」は、〈目つきで知らせた、または指図したこと〉を意味する。したがって**正解は⑤**。他の選択肢はそうした意味を含まないので、間違いである。

(イ)の「無造作に」は、〈大事なこととして慎重にするのでなく、手軽にやってのける様子〉を意味する。したがって**正解は③**。他の選択肢はそうした意味を含まないので、間違いである。

(ウ)の「見栄もなく」の「見栄」とは、〈見た目の姿を意識して、実際以上によく見せようとする態度〉を意味するため、「見栄もなく」は〈外見を飾って見せようともせず〉の意味になる。したがって**正解は②**。他の選択肢はそうした意味を含まないので、間違いである。

問2　闇で座席を買い、その席に着くまでの「私」の心情を説明する問題　15 ①

設問にあるように闇で座席を買ったときの「私」の様子は、本文1行目から30行目に描かれている。したがって、そこを中心に「私」の心情を考えていけばよいはずだが、後に（128行目）「闇の坐席を買った」ことをふり返った記述があることにも気づいて欲しかった。

12・13行目に「坐席を闇で買うのは初めてだった」が、「私はその男との応対も心得たふうに言って、内心ほっとしていた」、18・19行目に「坐席にいた男の立ってくるのと入れかわった。私は周囲に対して少し照れながら再びほっとした」、26〜28行目に「二百円でした」／「ああ、じゃおんなじですよ」／「先方も、私も、安心したようになって」とある。ここから〈席に座れたこと〉〈闇の値段が他の客と変わらなかったこと〉に安堵していることがわかる。また、128行目に「私は闇の坐席を買った罪ほろぼし」とあることから〈闇で座席を買ったことを後ろめたく思っていること〉もわかる。こうした内容が過不足なくおさえられている**①が正解**。

②は、後半部の「年配の女性であることに安心している」がおかしい。23〜28行目にあるように、彼女に関しては闇で買った座席の値段が同じであったことで安心したのである。

③は、前半部の「闇で座席を買わされたことを耐えがたく思いながら」がおかしい。前の座席にいた、五十年配の婦人が「つい、遠くへ行くんじゃアね。二百円でも出してしまいますよ」といったのに対して、「私」は「そうですね」と答えている。つまり、「私」は、座席を闇で買うことにうしろめたさを感じつつも、それを仕方のないことだとも思っているのである。したがって、「買わされた」わけでもなく、「耐えがたく思いながら」でもない。

④は、後半部の「女性と親しくなって、長い道中を共に過ごせることに満足している」がおかしい。彼女に関しては闇で買った座席の値段が同じであったことで安心したのである。

⑤は、後半部の「次の仕事の準備ができることにほっとしている」がおかしい。「仕事」に関しては13行目に「今朝まで仕事をして、今夕先方へ着けばすぐ用事があった」とあるだけで、「仕事の準備」という点にまでは言及していない。

問3 **乗り合わせた若い夫婦のすれ違いを目にした「私」の心情を説明する問題** 16 ④

若い夫婦についての記述がはじまるのは34・35行目である。したがって34行目以降の記述から若い夫婦に対する「私」の心情を読みとっていけばよいことになる。まず、34・35行目に若い夫婦が「丁度私たちの坐席のそばにきて、そこで足をとめたのも、まあ乗り込んだだけで仕方がない、というように」と描かれていることから、〈「私」と夫婦は偶然出会ったこと〉がわかる。また41〜54行目に〈夫婦の言い合い〉が、60〜63行目に〈「私」が同情して男の子を預かる場面〉が描かれ、69〜78行目に帰ったはずの〈父親がわざわざ男の子を見送る場面〉が描かれていた。そうして傍線部手前の84行目に「彼女は、言い合いのまま車を出ていった夫が、やっぱり発車までホームに残っていたということを知らずにいるのだ」とあり、86行目に「汽車が出るとき、子どもさんはお父さんと握手しましたよ」と父親らしいところを「私」が母親に告げた場面が描かれている。こうした点をふまえた**④が正解**。

①は、後半部の「(夫婦)二人を和解させたいと思った」がおかしい。この場面では、目の前に夫がいない以上、「汽車が出るとき、子どもさんはお父さんと握手しましたよ」(86行目)と父親らしいところを母親に告げることは、母親のもつ父親の印象の改善にはつながるかもしれない。しかしそれによって二人が和解できるとは考えられない。そもそも、「私」がそうしたねらいをもっていたとする根拠もない。

②は、後半部の「夫の無理解を嘆く」がおかしい。母親が夫の悪口を言うのは傍線部より後の94行目以降である。また「東京に残る夫のことを思いやってほしいと訴えたくなった」もおかしい。ここで「私」は父親らしく子どもを見送ったことを伝えたに過ぎない。

③は、後半部の「男の子が……けなげな姿を母親に伝えたい」がおかしい。「私」が母親に伝えたいのは父親のホームでの姿である。

⑤も、後半部の「男の子の心情を理解してほしくなった」がおかしい。③と同様に「私」が伝えたいのは父親の姿である。また前半部の「父親と別れて落ち着かない男の子」もおかしい。こうした情報は本文にない。

問4　母子が列車内で落ちつくことができた時の、「私」が推察した母親の心情を説明する問題　17　③

「私」が「推察している」と問うところからもわかるように、それほど明確に本文から母親の心情が読み取れるわけではない。そこでまず、傍線**A**の前後から傍線**B**にいたる場面をしっかりと押さえること。そこでは、言い合った夫が男の子を見送ってくれたことを「私」から聞いても、彼女は夫への不満や愚痴を、次第に興奮するのではなく「見栄もなくぼそぼそと」話し、そうした彼女の言葉を周囲の乗客が聞いてくれ、「彼女は二人の子どもを連れ、明日まで（乗り続けることになるはず）の汽車の中にようやく腰をおろしたふうだ（＝落ち着いたようだ）」。こうした情報から大きく外れていない（＝推察される）③が正解。

①は、中ほどの「周囲の乗客に励まされたことで冷静になることができた」がおかしい。116行目に「三等車の中では、聞えるほどのものは同感して聞いているし」とあるだけで、乗客は「励ま」していない。また「日ごろからいさかいを繰り返している夫」という情報も本文にはない。

②は、中ほどの「日ごろから子育てを一人で担っている」がおかしい。そのように判断する根拠は本文にはない。また「周囲の人たちの優しさと気遣いに感激している」という説明も、本文に全く根拠のないものである。むしろ95～97行目にあるように、「私のとなりの坐席にいた会社員らしい若い男も、席を詰めて、彼女の乳作りの道具をおく場所をあけてやった」にもかかわらず「彼女はうっとうしい表情のまま粉乳をお茶でといた」と、夫への不満の表情を崩してはいない。

④は、中ほどの「お茶を買いに列車の外へ出たが、発車の直前に何とか車内へ戻ることができた」がおかしい。こうした情報は本文にない。また傍線部の前に描かれている、夫への愚痴やそれを周囲の乗客が聞いてくれたことに全く言及していない点もおかしい。

⑤は、後半部の「夫婦間の不満をまくし立てるほど、周囲に気を許している」がおかしい。彼女は「見栄もなくぼそぼそと」不満を述べているし、また「周囲に気を許している」かどうかも本文からは読み取れない。

問5　父親と別れた男の子の様子や声をめぐって「私」が考えたことを説明する問題　18　②

「父ちゃん来い、父ちゃん来い」と言うのだから、男の子の別れてきた父親への思いの強さはおさえておきたい。しかもその男の子の声を「私」は「可憐に弱々しく、無心なつぶやき」だと思っている。また65〜68行目の「私」との会話や78・79行目の父親との別れの場面などで、うまく会話できていない男の子の様子などをふまえて、「私」の考えをまとめると、それらが示されている**②が正解**。

①は、前半部の「男の子」が「車内の騒がしさに圧倒されておとなしくしていた」という説明が、本文では全く述べられていないので、不適当。

③は、前半部の「父親は怒りっぽい性格のため」がおかしい。120行目に「今日の気分の故か癇性な男に見えた」とあるように、「癇性な男に見えた」のは一時的なものと推測されており、また父親らしくホームで男の子を見送る場面から考えると「怒りっぽい性格」とは断定できない。

④は、「男の子は両親の不和に対してやるせない思いを抱えている」という説明が本文から確定できないものである。男の子が「両親の不和」を認識していたかどうか、また、それに「やるせない思い」を感じていたかどうかはいずれも本文からは確定できない。また、後半部の「家族に対する父親の態度が改まることを願っている」が、84行目の父親らしい姿の描写と矛盾した内容である。

⑤は、前半部の「父親のことだけは信頼している」がおかしい。そうしたことは本文に書かれていない。また、後半部の「無邪気にはしゃぐ男の子の姿」も本文では述べられていない。

問6　この文章の表現に関して適当でないものを選ぶ問題

19・20　①・④

順次、確認していこう。

①について、20行目は「小さな所帯」が詰め込まれていると述べているだけであって「車内全体が……一体感に包まれている」とは言えず、したがって135行目の表現も車内の客が疲れてきたことを意味するだけで「一体感が徐々に壊れ始めている」とも言えない。その点で不適当である。したがって**①が一つ目の正解**。

②について、乗り込んできた家族は「普段着」「はき古した」「古びた籠」と貧しいことが読み取れる一方、「私」は闇で二百円もする座席を買えるという点で「異なること」が読み取れる。

③について、赤ん坊の泣く様子を背景に夫が癇癪を示す様子が本文で描かれている。

④について、後半部の「母親が話をするにつれて次第に気持ちを高ぶらせていく」がおかしい。母親のセリフは確かに夫への愚痴であるが、114〜116行目からわかるとおり、彼女の怒りは終息に向かい、また話し方も「ぼそぼそと」したものである。したがって**④が二つ目の正解**。

⑤について、「〜かもしれない」などの言い方から、家族

を思う父親の心情が推測でしかないことがわかる。

⑥について、「男の子とそっくりの、痩せて、顔も頭もほっそりした男」は36・37行目に、「口紅がずれてついていた」妻は52行目に、「汽車の窓に片足をかけた小さい息子のズック」は72・73行目にそれぞれ事前に記述されている。

第3問　古文

【出典】

『今昔物語集』

成立年代　平安時代後期

ジャンル　説話

作者　未詳

内容　全三十一巻（巻八・十八・二十一は欠巻）。千話あまりを収め、現存する説話集の中では最大規模のものである。書名は、各話の冒頭が「今は昔」で始まることによる。全体は天竺《てんじく》（インド）・震旦《しんたん》（中国）・本朝（日本）の三部に分けられ、巻十一以降が本朝部である。本朝部のうち、巻十一〜二十には仏教説話、巻二十二以降には世俗説話が収められている。

今回出題されたのは、巻十六「隠形《おんぎょう》の男、六角堂の観音の助けに依《よ》りて身を顕《あらわ》せる語《こと》」の一部である。なお、原典では、この本文の後に「其の後、姫君も男も、身に病なかりけり。火界の呪の霊験のいたすところなり。観音の御利益には、かかる希有の事なむありけるとなむ語り伝へたるとや」という文が続いて終わっており、この説話の主題が「観音の御利益」であることが明確に示されている。

【全文解釈】

男は、「もうこれで最後であることだよ」と思っているうちに、一人の鬼が、走ってきて、男をつかんで引っ張って（橋の上に）上げた。鬼どもが言うことには、「この男は、重い罪があるはずの者でもない。許してしまえ」と言って、鬼が、四、五人ばかりで男に唾を吐きかけながら皆通り過ぎた。

その後、男は、殺されずにすんだことを喜んで、気分が悪く頭が痛いけれども、我慢して、「早く家に行って、さきほどの様子をも妻に語ろう」と思って、急いで行って家に入ったところ、妻も子も皆、男を見るけれども言葉もかけない。また、男が、言葉をかけるけれども、妻子は、答えもしない。だから、男は、「あきれたことだ」と思って近寄ったけれども、（妻子は）そばに人（＝男）がいるのにいるとも思わない。その時に、男が、理解することには、「なんと、鬼どもが私に唾を吐きかけたことによって、我が身が見えなくなってしまったのであることよ」と思うと、悲しいことはこの上ない。自分自身は人を見ることは元のようだ（＝元のように人が見える）。また、人が言うことをも差し障りなく聞く。人は自分の姿をも見ず、声をも聞かない。だから、人が置いている物を取って食べるけれども、人はそのことを知らない。こうして夜も明けたので、妻子は、自分を、「昨夜、人に殺されてしまったのであるようだ」と言って、嘆き合っていることはこの上ない。

そうして、数日経つが、（状況が変わらず）どうしようもない。だから、男は、六角堂に参籠して、「観音、私を助けてください。長年頼みにし申し上げて参詣しました霊験としては、元のように私の身を見えるようにしてください」と祈願して、籠っている人の食べ物や寺に寄付された米などを取って食べているけれども、そばにいる人は、（男の振る舞いを）知ることはない。こうして十四日間ほどにもなったが、（男が）夜寝ている時に、夜明け前頃の夢に、観音像の周りに垂らしてある布のあたりに、尊い様子の僧が出て（＝現れて）、男のそばに立って、告げておっしゃることには、「おまえは、すぐさま、翌朝ここから退出したなら、（その時に、）最初に会ったような者の言うようなことに従え」と（いうことだ）。このように見る時に夢が覚めた。

夜が明けたので、（六角堂を）退出すると、門のあたりに牛飼の童子でたいそう恐ろしそうな様子の牛飼の童子が、大きな牛を引いて来合わせた。（牛飼の童子が）男を見て言うことには、「さあ、そこにいるあなた、私の供として（一緒に来い）」と。男は、これを聞くと、「私の身は見えたのだなあ」と思うと、うれしくて、喜びながら（六角堂で見た）夢（のお告げ）を信じて（牛飼の）童子の供として行くと、西の方に十町ほど行って、大きな棟門がある。門は閉じて開かないので、牛飼（の童子）が、牛を門につないで、扉の隙間で人が通ることもできそうにない隙間から入ると言って、男を引いて、「おまえも一緒に入れ」と言うので、男は、「どうしてこの隙間からは入れるだろうか、いや、入れないだろう」と言うが、（牛飼の）童子は、「ともかく入れ」と言って男の手を取って引き入れると、男も一緒に入ってしまった。見ると、家の中は大きくて、人が、たいそう多くいる。
（牛飼の）童子は、男を連れて（建物の外側にある）板張りの場所に上って、（部屋の）内へひたすら入るが、どうして（入ってきているのか）と（見とがめて）言う人はまったく（誰も）いない。はるかに奥のほうに入って見ると、姫君が、病気に苦しんで（床に）臥している。（姫君の）足元と枕元に女房たちが並んで座ってこの姫君を看病している。（牛飼の）童子は、そこに男を連れて行って、小さい槌を持たせて、この苦しむ姫君のそばに座らせて、（槌で姫君の）頭を打たせ腰を打たせる。その時に、姫君は、頭を起こしてひどく苦しむことはこの上ない。だから、（姫君の）父母は、「この病気で、（姫君は）今は最期であるようだ」と言って泣き合っている。（男が）見ると、読経を行い、また、尊い験者を招くために（使いを）行かせるようだ。しばらくたって、験者が来た。病人のそば近くに座って、般若心経を読んで祈ると、この男は、尊く感じることはこの上ない。（尊さに）身の毛がよだって、なんとなく寒気を感じるように思われる。

そうしているうちに、この牛飼の童子は、この験者をちょっと見るやいなや、ひたすら逃げに逃げて外へ去ってしまった。験者は不動明王の力によって災厄をはらう呪文を読んで、病人のために祈禱をする時に、男が着ている物に火がついた。ひたすら焼けに焼けるので、男は、声を上げて叫ぶ。だから、男は、姿がすっかり見えるようになった。その時に、家の人、（すなわち）姫君の父母をはじめとして女房たちが見ると、たいそう身分が低そうな男が、病人のそばに座っている。驚きあきれて、ともかく男を捕らえて（姫君の部屋から）引っ張り出した。「これはどういうことだ」と問いただすと、男は、事の様子をありのままに初めから語る。人は皆これを聞いて、「不思議なことだ」と思う。そうしているうちに、男が、姿が見えるようになったところ、病人は、ぬぐいさったように病が治った。だから、家中の者は、喜び合ったことはこの上ない。

その時に、験者が言うことには、「この男は、罪があるはずの者でもない。六角堂の観音の御利益を受けた者である。だから、すぐに許しなさるのがよい」と言ったので、（姫君の家の者たちは、男を）追い出し逃がした。だから、男は、家に帰って、事の様子を語ったところ、妻は、「驚いたことだ」と思いながら喜んだ。

あの牛飼（の童子）は神の従者であった。誰かの頼みによってこの姫君に取り憑いて苦しめたのであった。

【設問解説】

問1　**短語句の解釈の問題**　21 ③　22 ⑤　23 ①

センター試験の古文の問1は、例年、短語句の解釈を問う問題が三問出される。古語の意味と文法事項に留意して訳すことは当然だが、文脈も考え合わせて選択肢を吟味しなければならないことも多い。また、今年度のように、逐語訳したものがそのまま正解になるのではなく、意訳した選択肢が正解となることもある。普段から、状況に応じて正解を選ぶように心がけたい。

(ア)　念じて

「念ず」は「神仏に祈る。我慢する」の意の動詞で、この意味に該当するのは②「祈願し」、③「我慢し」である。ここは、男が、気分が悪く頭が痛いけれども「念じて」急いで家に帰った、という文脈なので、「（具合が悪いのを）我慢して」の意だと考えるのがふさわしい。よって、**正解は③**。

(イ) いかでかこの迫よりは入らむ

「迫」は「隙間」の意の名詞、「より」は「〜から」の意の格助詞。重要語「いかで」には、次のような意味がある。

いかで（副詞）
1 なんとかして。《願望》
※ 後に、意志・願望の意の語を伴う。
2 どうして。どうやって。《疑問》
3 どうして〜か、いや、〜ない。《反語》

また、傍線部の末尾の助動詞「む」には、次のような用法がある。

む（助動詞）
1 意志（〜よう。〜たい）
2 推量（〜だろう）
3 適当・勧誘（〜のがよい。〜しませんか）
4 仮定・婉曲（〜としたら。〜ような）
※ 文中にあり、連体形になる場合は、仮定・婉曲の用法と考えてよい。

「いかで」は、この「む」の用法が意志であれば、前記1の意味になるが、「む」が意志でなければ、前記2・3の意味と判断できる。

傍線部の前で、牛飼の童子は男に対して「人通るべくもなき（＝人が通ることもできそうにない）」隙間から屋敷に入れと言い、それに対する傍線部の男の発言を受けて、牛飼の童子は「ただ入れ（＝ともかく入れ）」と言って男の手を取って引き入れているから、男は自分の意志でこの隙間を通ろうとしているのではないと判断できる。よって「む」は意志ではなく、「いかで」も前記2・3の意味だと考えられる。ここで、牛飼の童子が男に指示した隙間が、人の通ることもできそうにもないものだったことを踏まえると、「いかで」を前記3の反語、「む」を推量と考えて、傍線部は、「どうしてこの隙間からは入れるだろうか、いや、入れないだろう」と解釈するのがふさわしい。ところが、選択肢にはこの解釈と同じ表現はないので、内容的に同じことを言っている**⑤が正解**である。

(ウ) いかにと言ふ人あへてなし

重要語は「いかに」「あへて」である。

いかに（副詞）
1 どのように。
2 どんなに。
3 どうして。
4 なんとまあ。

あへて（副詞）
1　積極的に。
2　（下に打消の語を伴って）決して。まったく。

傍線部の「あへて」は、直下に「なし」があるので前記2の意味であり、「あへてなし」は「まったくいない」と訳せる。それに該当するのは、①・②の「誰もいない」である。
また、傍線部の直前で、牛飼が男を連れて、本来は入れないはずの屋敷の中に、許可を受けることもせずに入り込んでいる。それを考えると、「いかに」は、牛飼と男が屋敷の中に入り込んでいることに対して、屋敷の人が「どうして（入ってきているのか）」と見とがめて声をかける発言だと考えるのがふさわしい。したがって、傍線部を解釈すると「どうして（入ってきているのか）と言う人はまったくいない」となるが、選択肢にそのままの表現はない。これも(イ)と同じで、内容的に同じことを言っている**①が正解**である。

問2　**文法問題**　[24]　①
センター試験の古文の**問2**は、例年、語の識別の問題や敬語の問題が出題されているが、今年は助詞「の」の意味・用法を見分ける問題が出題された。文法については、助動詞や敬語だけではなく、助詞の意味・用法についても、しっかり確認をしておきたい。
「の」の意味・用法には、次の五つがある。いずれの意味・用法であるかは、「の」を含む部分の訳を踏まえて考える必要がある。

1　主格（〜が）
※「の」の直上の語が主語になる。
2　同格（〜で）
※　基本的に、次のような形になり、「の」の直上の体言を、後にくる連体形の下に補って訳せる。
〜[体言]＋の、〜連体形＋（助詞）〜

（例）いと清げなる[僧]の、黄なる地の袈裟着たるが来て、…
とても美しい様子の[僧]で、黄色い生地の袈裟を着ている[僧]が来て、…

3　連体修飾格（〜の）
※　後の体言を修飾する。
4　連用修飾格（〜のように）
※　後の用言を修飾する。
※「例の（＝いつものように）」の形で用いられることが多い。
5　準体格（〜のもの）
※「の」が体言の代用をする。

a　鬼どもの我に唾を吐きかけつるによりて
「唾を吐きかけ」たのは、本文2行目に「鬼、……男に唾を吐きかけつつ」とあるように、「の」の直上の「鬼ども」である。よって、**a**は、「〜が」と訳す主格の用法である。

b　男の傍らに立ちて

「男の」は、直下の「傍ら」という体言を修飾しているので、bは、「〜の」と訳す連体修飾格の用法である。

c　牛飼の童のいと恐ろしげなる、大きなる牛を引きて会ひたり

「の」の後に、形容動詞「恐ろしげなり」の連体形「恐ろしげなる」があり、その直下に「牛飼の童」を補って、「牛飼の童でたいそう恐ろしい様子の牛飼の童が、大きな牛を引いて来合わせた」と訳すことができる。よって、cは、「〜で」と訳す同格の用法である。

d　扉の迫の人通るべくもなきより入るとて

「の」の後に、形容詞「なし」の連体形「なき」があり、その直下に「迫（＝隙間）」を補って、「扉の隙間で人が通ることもできそうにない隙間から入ると言って」と訳すことができる。よって、dは、「〜で」と訳す同格の用法である。

e　男の手を取りて

「男の」は、直下の「手」という体言を修飾しているので、eは、「〜の」と訳す連体修飾格の用法である。

以上からaは主格、bとeは連体修飾格、cとdは同格なので、そのように分けている①が正解である。

問3　理由説明の問題　25　④

傍線部は「悲しいことはこの上ない」の意。傍線部を含む一文を見てみると、「その時に、男、心得るやう、『……』と思ふに、悲しきこと限りなし」とあるから、男が悲しく思った理由は、男が気づいた内容、すなわち「と思ふ」が受けている『……』の部分に示されている。そして、そこで示されている内容は、鬼が自分に唾を吐きかけたために、「我が身の隠れにけるにこそありけれ」ということである。「隠る」は「隠れる。亡くなる」の意だが、第二段落の2・3行目に、妻子は男を見ても何も言わず、男が話しかけても答えず、男が妻子に近寄ってもそばに人がいるとも思わない、ということが述べられているから、「我が身の隠れにける」とは「自分の身が人から見えなくなった」の意だと判断できる。それらのことを踏まえた説明をしているのは④で、これが正解である。

①は、傍線部の前で示されている、男の気づいた内容とは違っているし、男が鬼に唾をかけられて「屈辱を味わった」ということも、本文から読み取れない。

②は、①同様に、傍線部の前にある男の気づいた内容とは違っているし、「このままでは死んでしまうと思った」ということも、本文から読み取れない。

③は、「誰が近くに寄っても返事をしなくなっている」が誤り。妻子は、「誰が近くに寄っても」返事をしないのではない。声をかけても返事をせず、近づいても気がつかないのは男に対してだけである。

⑤は、第二段落6・7行目の内容に該当するが、男が殺されてしまったと妻子が思い込んだのは、夜が明けてからのこ

とであり、それは男が自分の姿が見えなくなったことに気づいて悲しんだ時点より後のことだから、傍線部で男が悲しく思う理由にはあたらない。

問4　内容説明の問題　26　④

説明問題も、まずは傍線部を正しく訳すことが大切である。「頼み」は、マ行四段活用動詞「頼む」の連用形で、「頼みにする。あてにする。信じる」といった意味なので、傍線部の訳は「喜びながら夢を信じて（牛飼の）童子の供として行く」となる。この「夢を頼みて」の意味に注目すると、選択肢①「夢のお告げの内容を話して……頼んでみた」は、夢を信じた内容ではないので誤りである。また、③には「頼み」の意味に該当する説明がない上に、「怪しげな牛飼だったために不安を抱いた」「半信半疑ながらも牛飼の言葉に従ってついて行った」とあって、逆に夢を疑っているので誤りである。

次に、傍線部の男の行為を考える上でのポイントは、男の「喜び」はどのようなことに対してのものか、「夢」はどのような内容であったか、の二点である。

男の夢は、第三段落3〜5行目の、「御帳の辺……僧出でて、……告げてのたまはく、『汝、……従ふべし』と」の部分に書かれている。その中で、僧の「汝、すみやかに、朝こより罷り出でむに、初めて会へらむ者の言はむことに従ふべし」という発言内容に着目すると、この部分は、「罷り出で」が「退出する」の意の動詞「罷り出づ」の未然形、「会へらむ者」の「ら」は完了の助動詞「り」の未然形、「罷り出でむに」「会へらむ者」「言はむこと」の「む」は、いずれも仮定・婉曲の助動詞「む」の連体形であることを踏まえると、「おまえは、すぐさま、翌朝ここから退出したなら、その時に、最初に会ったような者の言うようなことに従え」と解釈できる。僧は、男に対して、六角堂から出て最初に会った者の言うことに従うように言ったのである。この夢の内容を正しく説明しているのは、③・④である。①「六角堂から出てきた人について行くように」、②「元の姿に戻る方法を尋ねるように」、⑤「牛飼に出会ったらついて行くように」は、それぞれ夢のお告げの内容と相違している。以上のことから**正解は④**である。

念のために「喜び」の対象についても確認すると、第四段落で、男は六角堂を出たところで牛飼に自分の供になれと声をかけられる。ところが、男は鬼に唾を吐きかけられた後に姿が見えなくなっていたわけだから、ここで牛飼に声をかけられるということは姿が見えていることになり、「我が身は顕れにけり（＝私の身は見えたのだなあ）」とうれしく思ったのである。よって、傍線部の「喜びながら」は、姿が見えるようになったと思って喜んだのであり、③・④はこの点の説明も正しい。ただ、前述したように③は「夢を頼みて」の部分についての説明が誤っているので正解にはならない。①「牛飼が快く引き受けてくれたので」、②「すぐれた験者のもとに連れて行ってやろう」、⑤「夢のお告げが信用できることを確信して、この牛飼について行けば、きっと妻子と再会することができるだろう」は、それぞれ喜びの対象として間違っている。

なお、男の姿が本当に周囲の人に見えるようになるのは、第六段落で男が「不動の火界の呪」を聞いた後である。それまで男の姿が人から見えていないことは、第五段落で牛飼と共に屋敷に入り込んだのに、誰も見とがめなかったということからもわかる。牛飼は神の従者であるため、男の姿が見えたのである。

問5　内容説明の不合致の問題　[27]　④

傍線部は、男が家に帰って、それまでの経緯を妻に語る部分である。その語った内容として**適当でないもの**を選ぶ設問であることに留意したい。正解を選ぶにあたっては、本文の内容と選択肢とを丁寧に照らし合わせていくことが大切である。

①は、第一・二段落の内容を踏まえている。第一段落で、男は鬼に唾を吐きかけられた。その後、第二段落の2行目に「妻も子も皆、男を見れども物も言ひかけず」とあることから、「男の姿が周囲の者には見えなくな」ったとわかり、「男、物言ひかくれども、妻子、答へもせず」とあることから、「男が言葉をかけても相手には聞こえなくなった」とわかる。よって、①は、内容として適当である。

②は、第三段落の内容を踏まえている。「日ごろを経るに、せむ方なし（＝数日経つが、どうしようもない）」とあるから、男が「元の姿に戻れなくなった」ことがわかる。そこで、男は六角堂の観音に対して「年ごろ頼みをかけ奉りて参り候ひつる験には、元のごとく我が身を顕し給へ」と祈る。「年ごろ」は「長年」の意、「頼みをかけ」は「頼みにする」の意で、ここから男が「長年参詣して帰依していることを訴えて」、元の姿に戻れるように「助けを求め」ていることがわかる。よって、②は、内容として適当である。

③は、第五段落の内容を踏まえている。「童、男を具して板敷きに上りて、内へただ入りに入る」が、「男が牛飼に連れられて屋敷に入る」に該当する。また、「姫君、病に悩み煩ひて臥したり。跡・枕に女房たち居並みてこれをあつかふ」とあり、「あつかふ」は「看病する」の意なので、この箇所が「病気で苦しむ姫君が寝ていて、女房たちが並んで座って看病をしていた」に該当する。よって、③は内容として適当である。

④は、第五・六段落の内容を踏まえている。第五段落5行目「心経を読みて祈る」が「すぐれた験者が読経をした」に該当する。しかし、その読経によって男が「尊い存在となり」というのは不適当である。「心経を読みて祈るに」の直後の「この男、尊きこと限りなし」とは、男が尊い存在になったのでなく、本文に「尊きこと限りなし。身の毛いよだちて、そぞろ寒きやうにおぼゆ」とあるように、男が験者の読経を聞いて、この上なく尊く感じ、尊さに身の毛がよだってなんとなく寒気を感じたということである。また、第六段落で男の姿が見えるようになった場面で、「いといやしげなる男、病者の傍らに居たり」とあることからも、男が「尊い

存在」になったとは言えない。よって、④は、内容として適当でなく、これが正解である。

⑤は、第六・七段落の内容を踏まえている。第六段落3・4行目「まづ男を捕へて引き出だしつ」が「姫君の家の者は男を捕らえた」に該当する。姫君のそばに突然男が現れたので、家の者はその男を捕まえたわけだが、第七段落で験者が「この男、……六角堂の観音の利益を蒙れる者なり。しかれば、すみやかに許さるべし」と言う。「利益」とは、ここでは観音から与えられた「恵み」の意、「蒙る」は「受ける」の意であるから、この験者の発言が、「男が六角堂の観音の加護を受けた者だと見抜いて、許すように言った」に該当する。よって、⑤は内容として適当である。

問6　本文の内容説明の問題　28　③

内容説明の問題では、選択肢で示されている内容が、本文のどこを根拠としたものかをつかみ、速やかに本文の該当箇所に戻って精読することが必要である。また、今年度の場合この設問は、単に本文の訳を追うだけではなく、本文の趣旨を読み取ることが求められるものであった。

①は、「姫君に取り憑いていた牛飼の正体を暴いて退散させ、さらに男を牛飼から解き放してやった」が不適当である。牛飼の正体は最終段落で筆者によって明かされているが、牛飼は験者を見るやいなや逃げ出しているので、験者が牛飼の正体を暴いて退散させたり、男を牛飼から解き放したりしたという内容は本文から読み取れない。

②は、選択肢全体が不適当である。第五段落末の「身の毛いよたちて、そぞろ寒きやうにおぼゆ」は、「身の毛がよだってなんとなく寒気を感じる」といった意味である。また、第六段落1行目の「僧は不動の火界の呪を読みて、病者を加持する」も、験者は姫君の病気の治癒を祈って呪文を唱えているのである。よって、男を助けようとすることを前提とした、「加減ができずに男の着物を燃やしてしまった」まで含めて、全体が不適当である。

③が正解である。人から姿が見えなくなった男は、六角堂に参籠し、長年帰依していた観音に助けを求めた。男は観音のお告げを受け、それに従って牛飼に出会う。姫君に取り憑いていた牛飼の供となった男は、姫君を苦しめる行為をさせられ、姫君の病状が悪化する。そこで姫君の父母が験者を呼んで加持をさせたため、姫君のそばにいた男も験者の呪文を聞くことになり、その呪文によって元の姿に戻ることができたのである。すなわち、観音のお告げは、単に男を牛飼に巡り合わせるのみならず、験者の呪文を聞いて元の姿に戻れるよう導くものであった。③はこのことを正しく説明している。

④は、選択肢全体が不適当である。六角堂の観音は、「牛飼が男を救」うと思って、「牛飼を信頼して男を預けた」のではない。③でも述べたように、観音は、最終的に験者の呪文が聞けるように、男を牛飼に巡り合わせたのである。また、観音が「験者の姿となって現れ」たということは本文に根拠がなく、不適当である。

⑤は、「元の姿に戻すことと引き替えに」が不適当である。

牛飼は、何も説明せずに男に小槌を持たせ、姫君の頭や腰を打たせて、姫君の病気を悪化させる手伝いをさせているだけで、男を元の姿に戻す約束はしていない。男を元の姿に戻したのは験者である。

⑥は、選択肢全体が不適当である。牛飼の心情については本文にはまったく言及がなく、心情を推測させるような記述もないので、「やむなく姫君を苦しめていた」「内心では姫君を助けたく思っていた」とは言えない。また牛飼は、験者を見るやいなや「ただ逃げに逃げて外ざまに去りぬ」とあるから、牛飼は験者の呪文を嫌って逃げ出したと考えられ、「験者が来てくれたのを機に屋敷から立ち去った」のではない。

第4問 漢文

【出典】

盧文弨《ろぶんしょう》『抱経堂文集《ほうけいどうぶんしゅう》』全三十四巻。『抱経堂文集』は、清の盧文弨（一七一七～一七九五）の著作集。

盧文弨は仁和（現在の浙江省杭州市）の人で、字《あざな》を召弓と言い、抱経、あるいは磯漁《きぎょ》と号した。乾隆十七年（一七五二）に科挙（官吏登用試験）に合格し、侍読学士（中央の書庫に収蔵されている図書の校勘や刊行などを司る役職）に登用され、湖南学政（湖南の教育行政の長官）の任にも当たった。戴震《たいしん》（一七二三～一七七七）や段玉裁《だんぎょくさい》（一七三五～一八一五）などの大学者と親しく交流し、古典籍の校勘（複数の写本や刊本を比較検討して、文字の異同・正誤を調べること）に尽力した。

【本文解説】

生後わずか十か月で母を亡くした張荷宇が、夢で母に再会し、その場面を描いた絵を見た筆者の盧文弨が、子の母を慕う気持ちの強さについて述べた文章である。

第一段落では、荷宇の不幸な身の上が語られる。幼時に母が他界したため、母の顔さえ知らないまま育った荷宇は、ものごころがついてからは、母を思う気持ちを募らせていったのである。

第二段落では、荷宇が筆者のもとを訪れた時のことが記されている。夢で亡き母に再会した荷宇は、母への気持ちを切々と訴える。そして夢での母との再会を二枚の絵に描いたが、筆者はその中の一枚を目にする。

最後の第三段落は、筆者が荷宇に語った言葉によって構成されている。「まことの心は生死も越えて通じるものであり、まして母と子はいっそう固く結ばれているのだ」と語り、「母上に対するあなたのいつわりのない思いが届いたからこそ、夢で再会できたのだ」と、荷宇を励まして文章を結んでいる。

【書き下し文】

荷宇《かう》は生《う》まれて十月《じふげつ》にして其《そ》の母《はは》を喪《うしな》ふ。知《ち》有《あ》るに及《およ》び、即《すなは》ち時時《じじ》母《はは》を念《おも》ひて置《お》かず、弥《いよいよ》久《ひさ》しくして弥《いよいよ》篤《あつ》し。其《そ》の身《み》の一《いち》日《じつ》として母《はは》に事《つか》ふる能《あた》はざるを哀《かな》しむなり。母《はは》の言語《げんご》動作《どうさ》も亦《ま》た未《いま》だ識《し》る能《あた》はざるを哀《かな》しむなり。

荷宇《かう》は香河《かうが》の人《ひと》なり。嘗《かつ》て南《みなみ》に遊《あそ》びて反《かへ》るに、銭唐《せんたう》に至《いた》る。母《はは》の来前《らいぜん》するを夢《ゆめ》み、夢中《むちゆう》に即《すなは》ち其《そ》の母《はは》たるを知《し》るなり。既《すで》に覚《さ》め、乃《すなは》ち噭然《けうぜん》として以《もつ》て哭《こく》して曰《い》はく、「此《こ》れ真《まこと》に吾《わ》が母《はは》なり。母《はは》よ、胡為《なんす》れぞ我《われ》をして今日《こんにち》に至《いた》りて乃《すなは》ち見《み》るを得《え》しむるや。母《はは》よ、又《ま》た何《なん》ぞ我《われ》を去《さ》ることの速《すみ》やかなるや。母《はは》よ、其《そ》れ我《われ》をして此《これ》を継《つ》ぎて見《み》るを得《え》しむべけんや」と。是《ここ》に於《お》いて夢《ゆめ》に見《み》る所《ところ》に即《そく》して之《これ》が図《づ》を為《つく》る。此《こ》の図《づ》は吾《われ》之《これ》を見《み》ざるなり。今《いま》の図《づ》は吾《われ》之《これ》を見《み》るに、則《すなは》ち其《そ》の母《はは》を夢《ゆめ》みるの境《きやう》なるのみ。

余《よ》因《よ》りて之《これ》に語《かた》りて曰《い》はく、「夫《そ》れ人《ひと》の精誠《せいせい》の感《かん》ずる所《ところ》に、幽冥《いうめい》死生《しせい》の隔《へだ》て無《な》きは、此《こ》れ理《り》の信《しん》ずべく誣《し》ひざる者《もの》なり。況《いは》んや子《こ》の親《おや》に於《お》ける、其《そ》の喘息《ぜんそく》呼吸《こきふ》も相《あ》ひ通《つう》じ、本《もと》より之《これ》を間《へだ》つる者《もの》有《あ》る無《な》きをや」と。

【全文解釈】

荷宇は生後十か月で実母を亡くした。ものごころがつくと、いつも母のことを思い続けてやむことがなく、時が経てば経つほどますます（母への思いが）強くなっていった。自分自身がほんの一日も母に孝行することができなかったのを悲しく思っているのである。母の物言いや仕草もやはり知ることができないのを悲しく思っているのである。

荷宇は香河の人である。以前に故郷を離れ遠方の南部の地を訪ねて（故郷に）戻る時に、銭唐にきたことがあった。（荷宇は）母が目の前にやってくる夢を見て、夢の中ですぐにその人が母であるとわかったのである。（夢から）覚め、そこで大声をあげて泣きながら言った、「この方こそが本当に私のお母様です。お母様、なぜ今日になって私に会ってくださったのですか。お母様、いったいなぜ早くに私から去っていかれたのですか。お母様、きっと今後は私に会ってはくださらないのでしょうね」と。そこで（荷宇は）夢で見たとおりに絵を描いた。この絵は、私は見ていないのである。（私のもとに荷宇が持ってきた）今の絵は、私が見るところでは、荷宇が母の夢を見る場面である。

私はそこで荷宇に話して言った、「そもそも人のまことの心が感じることには、あの世とこの世、生と死の隔たりなどないということは、信じてよい、いつわりではない道理です。まして子は親については、親の息づかいでも（自分の親だと）わかるものですし、子と親の間をさえぎるものなどないことは言うまでもありません」と。

【設問解説】

問1　語の意味の問題　29　⑤　30　④

(1)「有《ルニ》レ知」は、「知」の意味に注意する。波線部を含む句「及《ビ》レ有《ルニ》レ知」を、「知」はそのままにして直訳すると、「『知』があるようになると」「『知』を持つようになると」などとなろう。ここで直前の文「荷宇生《マレテ》十月《ニシテ》而喪《フ》二其母《ヲ》一」（荷宇は生後十か月で実母を亡くした）とのつながりを確かめてみると、「生《マレテ》十月《ニシテ》」と「及《ビ》レ有《ルニ》レ知」とが対比の関係にあることがわかる。つまり、「生後十か月」に対して「知恵がつくと」という方向の意味に捉えればよいと判断できる。波線部「有《リ》レ知」について、この意味と合致するのは、⑤「ものごころがつく」だけである。したがって、**正解は⑤**である。

(2)「遊《ビテ》」は、現代日本語での用法だけを手がかりに考えるのは禁物である。現代日本語では、「好きなことをして楽しい時間を過ごす」「とりたてて何もせずにぶらぶらと過ごす」「酒や賭け事にふける」などの意味で用いられることが多い。そこで、このいずれかの意味で波線部を含む一文の解釈が成り立つかを確かめてみよう。「遊《ビテ》」の意味をそのままにして訳出すると、「(荷宇は) 以前に南部で『遊んで』戻る時に、銭唐にきたことがあった」となる。直前に「荷宇香河《ハ》人《ナリ》」（荷宇は香河の人である）とあり、「荷宇」の故郷が今の北京東部の「香河」であることが示されているから、「反《ル》」（戻る・帰る）の目的語が故郷の「香河」であることは明らかである。そこで、「反《ル》」の目的語「香河」を補ったうえで、「遊」を先に挙げた現代日本語で用いられる意味に解して波線部を含む一文を訳すと、「(荷宇は) 以前に南部で『好きなことをして楽しい時間を過ごし』・『酒や賭け事にふけっ』て (故郷の) 香河に戻る時に、銭唐にきたことがあった」などとなり、文意はとりあえず成り立つものの、荷宇が南部で趣味に興じたり、ぶらぶらと無為に過ごしたり、あるいは放蕩《ほうとう》したりということは、本文にはまったく記されていない。ここで、「遊」には「故郷や住居を離れて他所に出る」という意味があることに気づいてほしい。「遊学」「遊子」などの熟語を考えるとわかりやすい。「遊」をこの意味に解すると、「(荷宇は) 以前に故郷を離れ遠方の南部の地を訪ねて (故郷の香河に) 戻る時に、銭唐にきたことがあった」と訳出でき、「遊《ビテ》」と「反《ル》」との意味の対比・つながりが明確となって、文脈も無理なく成り立つ。

したがって、**正解は④「故郷を離れ遠方の地を訪ねて」**である（**【本文解説】**および**【全文解釈】**を参照）。

問2　語の意味の問題　31　①

二重傍線部(ア)「即《チ》」と(イ)「乃《チ》」は、どちらも「すなはち」と読む語であるが、読み方が同じでも字が異なる場合には、意味も相違するのが原則である。

(ア)「即《チ》」は、「すぐに・即座に」という意味で用いられることが多いが、主語を強調して提示する用法もあり、「とりもなおさず」などと訳される。これを踏まえて選択肢を検討すると、「即《チ》」には②・⑤「意外にも」や③「そこで」という意味はないので、正解は①・④「すぐに」に絞られる。

(イ)「乃《チ》」は、「そこで・それで」という意味で用いられることが多いが、この他にも「ようやく・やっと」、「かえって・それなのに」、「なんと・意外にも」など、様々な意味がある。以上を踏まえて絞り込んだ選択肢①と④の(イ)「乃《チ》」の意味を確認すると、④「まさしく」が不適切であり、①「そこで」が適当であると判断できる。

したがって、**正解は①**。

問3 解釈の問題 32 ①

傍線部には基本句形や重要表現も用いられていない。「時時」と「不レ置《カ》」の意味を正しく捉えることがポイントである。

まず、「時時」の意味を確認してみよう。「時折・ときどき」の意味で用いられることの多い語であるが、「いつも・常に」、「その時その時・季節季節」、「折りにふれて」などの意味もあることに注意したい。以上を踏まえ、「時時」の解釈について選択肢を検討してみると、①「いつも」、②「繰り返し」、③「時折」、⑤「ずっと」はいずれも当てはまり、④「ある日」だけがやや不適切と言えるが、「折りにふれて」と同方向の意味であるとも解せるから、まったくの間違いであるとは判断しにくい。

そこで、「時時」に続く「念《ヒテ》レ母《ヲ》不レ置《カ》」について考える。「念《ヒテ》レ母《ヲ》不レ置《カ》」を直訳すると、「母のことを思って置いておかず」などとなろう。ここで考えなければならないのが、「不レ置《カ》」の目的語、つまり「何を」置いておかなかったのかである。文脈を確かめてみると、「荷宇は幼時に母を亡くし、ものごころがつくと」とあり、傍線部を挟んで「時が経てば経つほどますます強くなっていった(弥久《シクシテ》弥篤《シ》)」と続いている。もちろん、「ますます強くなっていった」のは「亡き母への思い」である。したがって、「不レ置《カ》」の目的語も「亡き母への思い」と考え、「母のことを思って『その思いを』置いておかず」と解釈するのが適当である。つまり、傍線部は荷宇が「母のことを思い続けた」ことを述べているのである。この方向の解釈になっているのは、①「いつも母のことを思い続けてやむことがなく」だけである。「不レ置《カ》」が「不レ止《ヤマ》」と同じ意味の表現であることに気づけばわかりやすい。

よって、**正解は①**である。

問4 返り点と書き下し文の問題 33 ④

返り点も送り仮名も省かれた文の訓読が問われているので、文の構造を正しく捉えることが肝要である。文の構造を把握するうえで注目すべき事項は、基本句形や重要表現であることは言うまでもないが、傍線部の構造を捉えるには、ここでは直後の一文が大きな手がかりとなっていることに気づいてほしい。傍線部と直後の一文とは対句の関係にあり、どちらの文も「哀《シム》ニ――ヲ一也」という構造になっている。これを踏まえると、傍線部では、「其身不能一日事乎母」が「哀《シム》一」の目的語「――」に該当することになり、傍線部を書き下し文に改めると、末尾は「――を哀しむなり」となるはずである。書き下し文の末尾が「――を哀しむなり」となっているのは③と④である。したがって、正解は③と④に絞られる。⑤がやや紛らわしいが、「――を母に哀しむなり」と書き下しており、構造を取り違えた訓読になっていることに注意したい。

次に、③と④の「其身不能一日事乎母」の読み方について確認すればよい。③は「其の身の一日の事を母に能くせざる」と書き下しているが、この書き下し文を現代語に訳すと、「自分自身の一日のことを母に対してできない」となり、「生後十か月で母を亡くし、ものごころがついてからは母のことを思い続けている」という文脈にも合致しないし（**【本文解説】**および**【全文解釈】**を参照）、文意自体も意味不明である。一方、④は傍線部全体を「其の身の一日として母に事ふる能はざるを哀しむなり」と書き下している。これを現代語に訳せば、「自分自身がほんの一日も母に孝行することができなかったのを悲しく思っているのである」（**【全文解釈】**を参照）となり、文脈にも合致する。したがって、**正解は④**である。

問5　解釈の問題　[34]　④

まず、「母《ヨ》」（お母様）という母への呼びかけの後の、「胡《なん》為《すレゾ》乎――《(スル)》也《や》」（なぜ――するのか）という疑問形を捉えることが重要であるが、この句形についてはいずれの選択肢も「なぜ――（し）たのですか」と正しく解釈しているので、「使《ムル》我《ヲシテ》至《リテ》今日《ニ》乃《チ》得見《ルヲ》」の箇所の解釈を検討すればよい。

ここで留意すべきは、使役形「使《しム》A《ヲシテ》B《(セ)》」（AにBさせる）と重要表現「得《う》――《(スル)ヲ》」（――することができる）とである。この二つの文法事項を踏まえて傍線部を直訳すると、「お母様、なぜ私に今日になってなんと会うことができるようにさせたのですか」となる。傍線部が、幼時に他界した母と夢の中で再会し、驚きつつ母に語った荷宇の言葉であることを考慮し、「乃《チ》」は驚きの気持ちを表す語として、「見《ル》」は「母に会う」の意味を表す語として、それぞれ解釈するのが適当である。

次に、「お母様、なぜ私に今日になってなんと会うことができるようにさせたのですか」という傍線部の直訳と同じ内容の解釈となっている選択肢を確認すると、④「お母様、なぜ今日になって私に会ってくださったのですか」だけであるとわかる。②「お母様、なぜ今日になって私をここに来させたのですか」は、「――させた」という使役形の解釈は正しいが、「得見《ルヲ》」を「ここに来る」と解しているのは明らかな誤りである。したがって、**正解は④**である。

問6　内容説明の問題　[35]　③

傍線部D「此図」と傍線部E「今之図」の内容説明の問題であるから、それぞれの「図」（絵）について具体的に説明している箇所を本文中から探せばよい。

傍線部D「此図」については、直前の「即《シテ》夢《ニ》所《ニ》見《ル》為《ル》之《ガ》図《ヲ》ニ」（荷宇は夢で見たとおりに絵を描いた）という記述に注目する。つまり、荷宇は夢で見た母を描いたのである。一方、傍線部**E**「今之図」については、傍線部の後の「其《ノ》夢《ミル》レ母《ヲ》之境」（荷宇が母の夢を見る場面）という記述に注目する。「境」には、「区切り目」「場所・地域」「状況・場面」など様々な意味があるが、ここでは「其《ノ》夢《ミル》レ母《ヲ》」を受けているので、「状況・場面」という方向の意味に解するのが適当である。

以上を踏まえて選択肢を検討する。傍線部**D**「此図」について「荷宇の夢に現れた母の姿が描かれた絵である」と正しく説明しているのは、③と④である。そして、③と④のうち、傍線部**E**「今之図」について「荷宇が母の夢を見る場面の描かれた絵である」と正しく説明しているのは③である。よって、**正解は③**である。

問7　**趣旨の問題**　36　⑤

傍線部「余因《リテ》語《リテ》レ之《ニ》曰《ハク》」（私はそこで荷宇に話して言った）以下の内容について、要約的に問われているのだから、傍線部以下の「余」（＝筆者「盧文弨」）の「荷宇」に対する発言を、まず丁寧に訳出してみると、

そもそも人のまことの心が感じることには、あの世とこの世、生と死の隔たりなどないということは、信じてよい、いつわりではない道理です。

まして子は親については、親の息づかいでも（自分の親だと）わかるものですし、子と親の間をさえぎるものなどないことは言うまでもありません。

となろう（**【全文解釈】**を参照）。一文目には「A之《の》B者《（スル）もの》」（AであってBするもの・BするA）という同格の表現が、二文目には「況《いはンヤ》　――《ヲ》乎《や》」（まして――はなおさらである・まして――は言うまでもない）という抑揚形が用いられていることに注意したい。

さて、以上の解釈を踏まえて選択肢を検討してみよう。まず、筆者の発言の要約を確認すると、「まことの心は生死をも超えて相手に通じる」という説明は、すべての選択肢に共通であり、発言の一文目の「あの世とこの世、生と死の隔たりなどない」という内容と合致している。次に、発言の二文目では「子と親の間をさえぎるものなどない」と述べていることを踏まえて、選択肢を確認すると、①「まして親が我が子を見捨てるはずはない」、②「やはり子が親と離れるのはつらいことだ」、④「やはり子は親と固く結ばれるべきだ」は、いずれも誤った説明であると判断できる。④がやや紛らわしいが、本文の発言では抑揚形を用いて子と親の結びつきについての「当然」を述べているのであり、「固く結ばれるべきだ」という「義務」を訴えているのではない。

これで正解は③と⑤に絞られるので、③と⑤の後半の説明を検討する。③は「母の愛情を評価したたえている」と結んでいるが、本文で取り上げられているのは「荷宇が亡き母を思う心」であって（**【本文解説】**を参照）、「母が我が子を思う愛情」ではないので、説明として誤りであると判断する。⑤の「母に対するあなたの思いは届いたのだと、荷宇の心情

に寄り添いつつ力づけている」という説明は、「荷宇が亡き母を思う心」という主題とも本文内容とも合致する説明である。よって、**正解は⑤**である。

2015
本試験

国　語

（2015年１月実施）

受験者数　501,415

平 均 点　119.22

国　語

解答・採点基準　(200点満点)

問題番号(配点)	設　問	解答番号	正解	配点	自己採点
第1問 (50)	問1	1	⑤	2	
		2	⑤	2	
		3	②	2	
		4	④	2	
		5	④	2	
	問2	6	③	8	
	問3	7	②	8	
	問4	8	④	8	
	問5	9	②	8	
	問6	10	③ ※	4	
		11	④ ※	4	
第1問　自己採点小計					
第2問 (50)	問1	12	③	3	
		13	⑤	3	
		14	③	3	
	問2	15	②	7	
	問3	16	③	8	
	問4	17	①	8	
	問5	18	②	8	
	問6	19	① ※	5	
		20	⑤ ※	5	
第2問　自己採点小計					

問題番号(配点)	設　問	解答番号	正解	配点	自己採点
第3問 (50)	問1	21	④	5	
		22	②	5	
		23	①	5	
	問2	24	⑤	5	
	問3	25	③	7	
	問4	26	③	9	
	問5	27	④	7	
	問6	28	⑤	7	
第3問　自己採点小計					
第4問 (50)	問1	29	⑤	4	
		30	③	4	
	問2	31	④	4	
		32	④	4	
	問3	33	④	5	
	問4	34	③	7	
	問5	35	④	7	
	問6	36	⑤	7	
	問7	37	②	8	
第4問　自己採点小計					
自己採点合計					

※の正解は順序を問わない。

第1問　現代文（評論）

【出典】

佐々木敦『未知との遭遇――無限のセカイと有限のワタシ――』（筑摩書房、二〇一一年）。

佐々木敦（ささき・あつし）は、一九六四年名古屋市生まれ。映画、音楽、小説やサブカルチャーの評論を手がける。著書として、『ニッポンの音楽』、『ニッポンの思想』、『あなたは今、この文章を読んでいる』、『「4分33秒」論』、『批評時空間』など多数。

【本文解説】

本文は、十一の形式段落からなっているが、それを便宜上四つの部分に分けて、その内容を確認していこう。

Ⅰ　ネット上の啓蒙の問題点（第1段落）

まず、ここではネット上の啓蒙についての筆者の考えが示されている。筆者は、ネット上の啓蒙の問題点として、「啓蒙のベクトルが、どんどん落ちていく」ことを指摘する。たとえば、掲示板やブログに「○○について教えてください」などという書き込みをする「教えて君」に対して、必ず「教えてあげる君」が現れる。自分で調べてもすぐにわかりそうなことを他人に質問し、誰かが答えるのだが、その結果、両者がともに「よりものを知らない人へ知らない人へと向かってしまうという現象」が起きている。そして筆者は、特に「教えてあげる君」の方に問題があるという。「自分が知らないことを新たに知ることができる方向に向かっていった方がいいに決まっている」にもかかわらず、「教えてあげる君」は、自分の知識を増やそうとはしない。そうした知的好奇心に欠ける「教えてあげる君」に教わる「教えて君」も、新たに知的好奇心を喚起されることはないだろう。未知の世界を求めず既知の世界にとどまろうとする「教えてあげる君」は、最終段落で「未知なるものへの好奇心／関心／興味を刺激することの方をやはりしたい」と述べる筆者とは対極の位置にあると言ってもよいだろう。（第1段落）

Ⅱ　類似した考えや作品が生まれる理由（第2段落～第6段落）

ここでは、オリジナルとして生み出されたものが過去の考えや作品と類似したものである理由が明らかにされるとともに、意識的な盗作についての筆者の考えが説明されている。

まず「どうして自分が考えたことをすでに考えた誰かが必ずといっていいほど存在するのか」という問いに対する筆者の解答が示されている。それは、人類が長い歴史を持ち、いろいろな分野で過去のストックが溜まっており、しかもわれわれは過去のすべてを知っているわけではないからだという。したがって自分ではオリジナルな考えだと思ったものが、実際には過去にあったもののリヴァイバルにすぎないことがある。では、そうした事態にどう対処すればいいのか。「自力で考えてみることと、過去を参照することを、ワンセットでやる」べきだということ。つまり、「自分が考えつつあることと、他人が考えたこと」

を突き合わせることで、現在よりも先に進むことができるのである。（第2段落・第3段落）

それに関連して、盗作、パクリの問題がある。たとえば音楽でも、ある時期からメロディラインが非常に似た曲が頻出するという現象が起きてきた。これは、意図的な盗作というより、オリジナルを知らないのになぜかよく似てしまうということだろう。人類は長い歴史を持ち、これまでに沢山の曲を作ってきた。だから「誰かがふと思いついたメロディが過去に前例がある」ということは起き易くなっている。もちろん、こうしたことは、新しいメロディを生み出そうとする音楽家にとっては、なかなか厳しい問題だろう。しかし、自分の口ずさんだメロディが、過去に前例があるものだとしてもめげる必要はない。ただ、それを認めることは必要である。（第4段落・第5段落）

その一方で、意識的な盗作がなされ、しかもそれが盗作だとばれない場合もある。受け取る側のリテラシーの低さゆえに、明白なパクリがオリジナルとして流通し、それが盗作側の利益になっているとすれば、一定のリテラシーが担保されなければならない。つまり、意識的な盗作を見抜くためのリテラシーを形成するための啓蒙が必要だというのである。（第6段落）

Ⅲ　ネット以前とネット以後の「歴史」（第7段落〜第10段落）

ここでは、インターネットが普及する以前と以後では、人々の「歴史」の捉え方が大きく変わってしまったことが説明されている。

自分が独自に考え出したものが実は過去にあったものに似てしまうという問題は、人類が長い歴史を持ち、過去にさまざまなことが行われてきた以上、仕方がないことだろう。ただ、何かをしようとしたとき、累積された過去があまりにも多過ぎて、どうにも「げんなり」してしまう。しかし、それらは今、突然、一気に現れたのではなく、人類の長い歴史のなかで、多くのものが積み重なったということに過ぎない。しかしながら、人々が積み重ねられた「多様性」を否定的に受け取ってしまうのは、それが「ひと塊のマッス（量）」としていきなり自分の前に現れたように思えてしまうからだろう。（第7段落）

人々が積み重ねられた過去（＝「歴史」）を「塊＝マッス」と捉えるようになった背景にはインターネットの普及がある。ネット以前にあっては、「歴史」には「時間」が介在しており、過去から現在を経て未来へと流れてゆく「時間」というものが、出来事と出来事を因果関係で結びつける「物語」を必要としていた。ところが、ネット以後、そうした「歴史」を圧縮したり編集したりすることが容易になったばかりか、そういう圧縮や編集が勝手に起きてしまうようになった。ネットの普及は、人々が時間軸を抜きにして「歴史」を一個の「塊＝マッス」として丸ごと捉えることを可能にしたのである。本来「歴史」は、時間の流れとともに語られる「物語」であり、「一種の系譜学的な知」であった。ところが、ネット以後、「『歴史』全体を『塊』のように捉える」包括的な考え方が中心となってきた。つまり、まず「現在」という「扉」があって、そこを開けると「『塊』としての『歴史』」があり、その「歴史」を大摑みに摑むことが、「歴史」の把握の仕方として一般的になって来たと

いうのである。（第8段落～第10段落）

Ⅳ 啓蒙についての筆者の考え（第11段落）

最後に、ここでは啓蒙についての筆者の考え方が説明されるとともに、評論家としての筆者の基本的な姿勢が明らかにされている。

相手に何かをわかってもらうためには、相手が最低限のリテラシーを持っていることが条件になる。とりわけゼロ年代になって、そうした最低限のリテラシーを形成するための啓蒙の必要性が主張されるようになった。九〇年代以後、時間軸に拘束されない、崩壊した「歴史」の捉え方が少しずつ中心となり、ゼロ年代に入るとその弊害も起こってきた。そのひとつの例が「意図的なパクリ」である。したがって、「意図的なパクリ」を見抜くためのリテラシーを形成するための啓蒙も必要だという考えを、筆者も持つようになったという。しかし、筆者は、啓蒙は他人に任せておきたいと述べ、筆者自身は「未知なるものへの好奇心／関心／興味を刺激することの方をやはりしたい」という。ここには、「教えてあげる君」のように既知の世界に安住するのではなく、知的好奇心を持って「未知との遭遇」を求める筆者の基本的な姿勢が示されていると考えることができるだろう。（第11段落）

【設問解説】

問1　漢字の知識を問う問題　[1] ⑤　[2] ⑤　[3] ②　[4] ④　[5] ④

(ア)は〈上の者が下の者に示したり与えたりする〉という意味で、「**垂れる**」。①は〈ある物事に心を奪われて夢中になること。また、ある人に感服して心から尊敬すること。〉という意味で、「心酔」。②は「睡魔」。③は〈粋《いき》でないこと。人情の機微、特に男女間の微妙な情愛を解さないこと。また、風情がわからないこと。〉という意味で、「無（不）粋」。④は「自炊」。⑤は「**懸垂**」で、**これが正解**。

(イ)は「**大概**」。①は〈物事に広く通じていること〉という意味で、「該博」。②は〈犯罪や不正を明らかにして、責任を追及すること〉という意味で、「弾劾」。③は〈形だけ残して、実質的な意味や価値を持たないもの〉という意味で、「形骸」。④は「感慨」。⑤は「**概要**」で、**これが正解**。

(ウ)は〈ものが豊富にあること〉という意味で、「**潤沢**」。①は「循環」。②は「**湿潤**」で、**これが正解**。③は「殉教者」。④は「巡回」。⑤は「純度」。

(エ)は〈はっきりしているさま〉という意味で、「**端的**」。①は〈心をこめて物事をすること〉という意味で、「丹精」。②は〈世俗の名利から離れて、淡々としていること。また、俗っぽさがなく、淡々とした中に深い味わいがあること。〉という意味で、「枯淡」。③は「大胆」。④は「**発端**」で、**これが正解**。⑤は「探究（求）」。

(オ)は〈楽器を演奏する〉という意味で、「**奏で**」。①は「捜査」。②は「双眼鏡」。③は「一掃」。④は〈天子、国王などに申し上げること〉という意味で、「**奏上**」。したがって**これが正解**。⑤は「操業」。

問2　「教えてあげる君」に問題があると思う理由を説明する

問題 6 ③

「教えてあげる君」には、どういう問題があるのか。まず傍線部の直後から、「自分が知らないことを新たに知ることができる方向に向かっていった方がいいに決まっている」にもかかわらず、「教えてあげる君」は、「自分より知識や情報を持っていない方に向か」っている点が問題だとわかる。つまり、「教えてあげる君」は、自分の知識を増やそうとはしない（a）という問題があるのである。

では、なぜ筆者はそのことを問題だというのか。「教えてあげる君」のそうしたあり方が、筆者の基本的な姿勢に反するからである。最終段落で、筆者は、「未知なるものへの好奇心／関心／興味を刺激することの方をやはりしたい」と述べていた。自分の知識を増やそうとはしない「教えてあげる君」は、筆者とは異なり、知的好奇心に欠けるばかりか、「教えて君」の知的好奇心を刺激することはない（b）のである。

さらに筆者は、第1段落の最初で、ネット上の啓蒙の問題点として「啓蒙のベクトルが、どんどん落ちていく」ことを指摘していた。「教えて君」と「教えてあげる君」の「両者が一緒になって、川が下流に流れ落ちるように、よりものを知らない人へ知らない人へと向かってしまう」のである。つまり、自分の知識を増やそうとはしない（a）「教えてあげる君」は、「教えて君」の知的好奇心を刺激することはない（b）ため、「教えて君」を自分と同じように知識を増やそうとはしない状況に導く（c）というのである。

以上の点をもう一度整理すると、次のようになる。

a　「教えてあげる君」は、自分の知識を増やそうとはしない

b　「教えてあげる君」は、「教えて君」の知的好奇心を刺激することはない

c　（bのため）、「教えてあげる君」は、「教えて君」を自分と同じように知識を増やそうとはしない状況に導く

したがって、以上の点を踏まえた**③が正解**となる。なお、③の「社会全体の知的レベルが向上していかないことにもなる」という説明は、本文に明示されてはいないが、「啓蒙のベクトルが、どんどん落ちていく」という表現から導き出せることなので、この点でこの選択肢を誤りとすることはできない。

①は、「無責任な回答をする」が本文に全く根拠がない説明なので、不適当。

②は、「その時点での相手の知的レベルに応じた回答をしているわけではないため、『教えて君』をいたずらに困惑させてしまい」という説明が、本文に全く根拠がないので、不適当。

④は、「教えて君の向学心に直接働きかけようとして教えているわけではない」という説明が、おかしい。「教えてあげる君」は少なくとも「教えて君」の質問に直接答えようとしている。

⑤は、「自己満足を目的として教えているに過ぎず」という説明が、「他者に対して啓蒙的な態度を取るということに、一種の義務感を持ってやってらっしゃる」という本文の冒頭の表現と矛盾する。

問3　音楽家にとって厳しい問題である理由を説明する問題　7　②

まず、傍線部の「これ」の指示内容を確認しよう。「これ」は、直前の「過去に素晴らしいメロディが数多く紡ぎ出された」ため「新しいメロディが、なかなか出てこない」ということを受けている。では、そのことがどうして音楽家にとって「厳しい問題」となるのか。当然のことながら、音楽家は新しい曲を生み出すことを期待されている（a）。しかし、人類は長い歴史を持ち、「これまでに沢山の曲を作ってきた」（b）。だから「誰かがふと思いついたメロディが過去に前例がある」（c）ということが起き易くなっている。つまり、これまでに沢山の曲が作られてきた（b）ので、自分が新しい曲だと思って考え出したものに前例がある可能性が高くなる（c）ため、本当にオリジナルな新しい曲を作ることが難しくなっている（d）というのである。

以上の点をもう一度整理すると、次のようになる。

a　音楽家は新しい曲を生み出すことを期待されている
b　これまでに沢山の曲が作られてきた
c　自分が新しい曲だと思って考え出したものに前例がある可能性が高くなる
d　（cのため、）本当にオリジナルな新しい曲を作ることが難しくなっている

したがって、以上の点を踏まえた**②が正解**となる。

①は、「音楽家は……豊富な音楽の知識を活用するが、逆にその知識が自由な発想を妨げてしまう」という説明が、本文に全く根拠がないものなので、不適当。

③は、「音楽家は……過去のメロディを自作の一部として取り込むことが避けられなくなってきている」という説明が、本文に全く根拠がないものなので、不適当。

④は、「社会に多くの曲が出回っているために、曲のオリジナリティを正当に評価されることが難しく」、「才能がある音楽家ほど不満を抱くことが多くなってきている」という説明がそれぞれ、本文に全く根拠がないものなので、不適当。

⑤は、「音楽家は……過去の膨大な曲を確認する時間と労力が大きな負担になってきている」という説明が、本文に全く根拠がないものなので、不適当。

問4　「『歴史』の崩壊」について説明する問題　8　④

各選択肢が「インターネットによる情報収集の普及にともない」ではじまっていることからもわかるように、「『歴史』の崩壊」をもたらしたのはインターネットの普及である。したがって、インターネットの普及する以前と以後で、「歴史」の捉え方がどう変わったのかを考えていけばよいだろう。

「歴史」については、本文の第8段落以降で論じられている。まず第8段落に、「そういった『歴史』を圧縮したり編集したりすることが、昔よりもずっとやり易く」なったとあり、また「時間軸を抜きにして、それ（＝歴史）を一個の『塊＝マッス』として、丸ごと捉えることが可能になった」とある。つまり、ネットの普及によって、時間軸にとらわれることなく、「歴史」を圧縮、編集されるようになった（b）のである。

　では、ネット以前はどうであったのか。それについては、第9段落に記されている。「歴史」には「時間」が介在しており、「過去から現在を経て未来へと流れてゆく『時間』というものが、そのあり方からして『物語』を要求してくる。『物語』とは因果性の別名」だとある。つまり、ネット以前においては、過去から現在を経て未来へと流れてゆく「時間」によって、出来事と出来事を因果関係で結びつけていくのが「歴史」だと見なされていた（a）のである。

　以上の点をもう一度整理すると、次のようになる。

a　ネット以前の「歴史」＝時間の流れによって、出来事と出来事を因果関係で結びつけていくものだった

b　ネット以後＝時間軸にとらわれることなく、「歴史」を圧縮、編集できるようになった

　したがって、インターネットの普及によって、bのようになったため、aという見方が失われたという説明になっている**④が正解**。

　①は、「過去の出来事と現在の出来事との類似性を探し出す」という説明が、本文に全く根拠がないものなので、不適当。

　②は、「インターネットによる情報収集の普及にともない、累積された過去に内在する多様性を尊重することが要求されるようになった」という説明が、不適当。第8段落にあるように、ネットの普及によって、「歴史」は一個の「塊＝マッス」と捉えられるようになったのだから、むしろ「多様性」は見失われたと考えるべきだろう。

　③は、「過去の出来事を重要度の違いによって分類することができるようになった」、「等価なものとして拾い出された過去の出来事の集合体を歴史と捉える理解の仕方」という説明がそれぞれ、本文に全く根拠がないものなので、不適当。

　⑤は、「インターネットによる情報収集の普及にともない、累積された膨大な情報を時間の流れに即して圧縮したり編集したりすることが容易になった」という説明が、不適当。第8段落にあるように、ネットの普及によって、「歴史」は「時間軸を抜きにして」捉えられようになったのである。

問5　「啓蒙」に対する筆者の考えを説明する問題　9　②

　「啓蒙」について述べられているのは、第1段落と第11段落である。まず第1段落では、ネット上で「啓蒙」する「教えてあげる君」を否定的に論じていた。ところが、第11段落で、筆者は「啓蒙」の必要性を認める。それは、どうしてか。「意図的なパクリ」の問題などがあるためである。第6段落にあるように、意識的な盗作がなされても、それが盗作だとばれない場合がある。受け取る側のリテラシーの低さゆえに、明白なパクリがオリジナルとして流通する。しかも、それが盗作側の利益になっているとすれば、一定のリテラシーが担保されなければならない。つまり、意識的な盗作を見抜き、作品の価値を正当に判断するリテラシーを形成するための啓蒙が必要だ（a）と筆者は考えるようになっているのである。しかしながら、筆者は、「啓蒙は他の人に任せておきたい」（b）ともいう。そして筆者自身は「未知なるものへの好奇心／関心／興味を刺激することの方をやはりしたい」（c）という。

以上の点をもう一度整理すると、次のようになる。

a　作品の価値を正当に判断するリテラシーを形成するために啓蒙も必要だ

b　しかし、啓蒙は他の人に任せたい

c　自分は未知なるものへの好奇心を刺激する立場にいたい

したがって、以上の点を踏まえた**②が正解**となる。

①は、「単に他者を啓蒙するだけにとどまらず、有効な啓蒙の方法を模索することも必要だと考えている」という説明が、上述のbに反するので、不適当。

③は、「あえて他者を啓蒙する場にとどまり続けたい」という説明が、上述のb、cに反するので、不適当。

④は、「啓蒙という行為に積極的に関わることで人々の倫理意識を高めたい」という説明が、上述のbに反するので、不適当。

⑤は、「あえて啓蒙の意義を否定し」という説明が、上述のaに反するので、不適当。

問6　本文の表現に関する説明問題　10・11　③・④

こうした設問では、各選択肢の内容を本文の該当箇所と照らし合わせて、適否を判断していく必要がある。「適当でないもの」を選ぶのだから、迷ったら判断を留保し、明確に誤りと判断できる選択肢を選ぶこと。いずれにせよ、解くのに手間と時間のかかる設問である。

①について。「教えて君」や「教えてあげる君」に対して、筆者は否定的な評価しかしていない。したがって、「君」付けの呼称も「親しみ」ではなく、「軽いからかいの気持ち」を含んだものである。以上のことを踏まえた、この選択肢は適当である。

②について。「第3段落の前半にある丁寧の助動詞『ます』がその段落の後半に出てこなくなる」というのは、事実その通りである。丁寧な言葉が使われなくなっているのは、読み手への「気配り」とは言えず、「内容そのものの説明に重点が移っているから」だと説明も間違っているとは言えない。したがって、この選択肢は適当である。

③について。

A「なぜかよく似てしまう、そのことの方がむしろ問題だと思います」

B「なぜかよく似てしまうことの方がむしろ問題だと思います」

10

この選択肢は、Ａの「そのこと」という指示表現が、Ｂに比べて「次の段落への接続をより滑らかにする働きをしている」というものである。しかし、二つを比べてみても、指示表現の有無によって、「次の段落への接続」の「滑らか」さに違いがあるとは言えない。したがって、この選択肢は不適当。よって、**これが一つ目の正解**。

④について。第5段落での筆者の主張は明確である。人類は長い歴史を持ち、これまでに沢山の曲を作ってきた。だから「誰かがふと思いついたメロディが過去に前例がある」ということは起き易くなっている。しかし、過去に前例があるものだとしてもめげる必要はない。ただ、それを認めることは必要である。こうした筆者の主張は一貫したものであるから、「肯定の立場から否定の立場に転じて論じている」というこの選択肢の説明は、明らかに不適当。よって、**これが二つ目の正解**。

⑤について。第7段落では、人類の長い歴史のなかでさまざまなことが行われてきたことを前提に、まず第2文で「目の前に立ちはだかってくるもの……が、あまりにも多過ぎ」ることが指摘される。それに対して、第3文で「しかしそれを無視することはできないし……」と記し、さらに第4文では、「目の前に立ちはだかってくるもの」に対して「しかしだからといって、それらは今、突然、一気に現れたわけではありません」と記されている。したがって、以上の内容を踏まえた、この選択肢は適当である。

⑥について。筆者は、第8段落～第10段落で、ネット以前とネット以後の「歴史」の捉え方の違いを説明している。カギカッコ付きの「歴史」は、ネットの普及によって「崩壊」したとされる（傍線部Ｃ）「従来の捉え方による歴史」である。したがって、この選択肢は適当である。

⑦について。第10段落の第2文の「ある意味では」という表現が、「何か特定の内容を示す」ためのものではないことは明らかであり、それが「一文全体を婉曲な言い回しにするという働きをしている」という説明も、特に誤りではない。したがって、この選択肢は適当である。

⑧について。第11段落では、筆者は「啓蒙」の必要性を認めながら、「啓蒙は他の人に任せておきたい」という。筆者自身は「それ（＝啓蒙）とは異なる次元にある、未知なるものへの好奇心／関心／興味を刺激することの方をやはりしたい」というのである。つまり、筆者は、「啓蒙」とは距離を置きたいのであり、それが「なさって」という尊敬表現になったのである。以上の内容を踏まえた、この選択肢は適当である。

第2問　現代文（小説）

【出典】

小池昌代の短編小説「石を愛でる人」の全文。『感光生活』（二〇〇四年　筑摩書房刊）に収録されている。

小池昌代（こいけ・まさよ）は、一九五九年東京都生まれ、詩人、小説家。

詩集には『永遠に来ないバス』（一九九七年　思潮社）、『もっとも官能的な部屋』（一九九九年　書肆山田）、『夜明け前十分』（二〇〇一年　思潮社）、『地上を渡る声』（二〇〇六年　書肆山田）、『ババ、バサラ、サラバ』（二〇〇八年　本阿弥書店）、『コルカタ』（二〇一〇年　思潮社）などがある。

小説には、本書『感光生活』（二〇〇四年　筑摩書房）、『タタド』（二〇〇七年　新潮社）、『たまもの』（二〇一四年　講談社）などがある。

【本文解説】

本文は、人間関係に疲れ孤独に癒しを求めていた「わたし」が、愛石家の山形さんという人物に偶然出会い、山形さんの人柄に惹かれるうちに、人とのつながりを意識し始めるというストーリーのエッセイ風の短編小説である。

今年も、全文での出題のため、本文を補足説明するリード文が付されていないが、年によってはそれが付けられることがある。リード文は本文や選択肢の理解のヒントになることがあるため、読み落としのないようにしよう。

小説は評論以上に主観的な読みに陥りがちだが、選択肢を正確に吟味するためには、書かれている表現にこだわる姿勢が大切であることを忘れないように。

本文は、内容から、Ⅰ「わたし」の石への関心と孤独好きな性格、Ⅱ山形さんとの出会いと彼の性格、Ⅲ石の鑑賞と山形さんに惹かれていく「わたし」と、三つに分けることができる。順次その内容を確認していこう。

Ⅰ　「わたし」の石への関心と孤独好きな性格（冒頭～28行目）

趣味にはいろいろなものがあり、山形さんの趣味は石を愛でることだった。その彼から「アイセキカ」友の会に入会しましたと聞かされたとき、「わたし」は一瞬の「愛惜」と聞き返すくらい、その言葉の意味が「愛石家」だとはすぐにはわからなかった。

そういう「わたし」も「石が好きである」。子供の頃は海や川といった水辺の石を拾って帰ってきた。乾くとただの石だが、水に濡れているときは妙に魅力があった。今の「わたし」はイタリアで拾った微妙な色の差を見せる大理石のかけらが好きだ。夜一人、言葉を交わす人間関係に疲れてイライラしているときなど、石と自分との混ざり合わない、「無機質で冷たい関係（＝関わりのなさ・孤独の世界）」に「わたし」は不思議な安らぎを覚えている。初めて投稿した詩のタイトルは「石ころ」だった。そんなことを思い合わせてみると、「わたし」もまた「充分、アイセキカの一人」と言える。

Ⅱ　山形さんとの出会いと彼の性格（29行目～57行目）

その「アイセキカ（＝愛石家であり愛惜家）」の山形さんとは、彼の担当するテレビ番組に「わたし」が出演したことがきっかけとなり知り合うことになった。テレビ番組に初めて出演した「わたし」は、番組の中だけの人間関係や自分の発言などに関してあれこれと思い悩み、落ち込んでしまった。そんな「わたし」を山形さんは「石のように表情のない顔」で慰めてくれた。逆に「こいけさんもそのうちね……ぜったいテレビにどんどん出たくなりますよ」と自信を持って他人の気持ちを決めつけてくる。その彼は石を出品したので見に来ないかと案内状を送ってよこし、さらに追い討ちをかけるように電話でしつこく招待して「わたし」の行動を勝手に決めてしまう人でもあった。

Ⅲ 石の鑑賞と山形さんに惹かれていく「わたし」（58行目〜最終行）

出かけた日は雨だった。雨降りは石を見に行くのにいい日のように「わたし」には思われた。雨の日は傘を差す。もともと石との冷たい関係がもたらす孤独に癒しを感じている「わたし」は「ひとりひとりの頭のうえに開き、ひとりひとりを囲んでいる傘」が作り出す独りきりの傘の世界に心地よさを感じている。しかも雨の水は、湿った水辺の石の魅力を連想させる。独りきりの傘のなかを華やかな世界と表現した自殺した女性の詩人のことも思い出す。

そんなことを思い出しながら、石を展示しているアトリエに到着する。そこには小さな石どもがずらっと並んでいた。アトリエは薄暗く、他の客もまばら。そこへ山形さんが入ってきた。（山形さん、わたし、来ましたよ）（ああ、よく来てくれました、むし暑いのに、……）と「わたし」は心の中で彼と声にならない会話をする。「よく来てくれましたね、暑いのに」と今度は山形さんの本当の声がした。心の中での会話の繰り返しのようでもあるが、その声は不思議な浸透力を持って「わたし」の身体に入ってくる。どこかほっとするあたたかい声。彼の目は出品された石とよく似た漆黒の瞳。疲れはてて気弱な目。そんな彼の目を見ているうちに彼のことが少しわかったような気がする。孤独好きの「わたし」は彼に心惹かれていたのかもしれない。「何かが何かを少しずつひっぱっている」。その日は、そんな感じの日であった。

アトリエを出た「わたし」を山形さんが居酒屋で一杯どうかと誘う。何も答えない。しかし「わたし」はそのとき「言葉を使わないと、わたしたちもまた、石のようなものだ。何を考えているか、わからない。互いにころがっていくほかはない。石もひとも。ころがり、ぶつかりあって、わかりあうしかない」と、孤独の世界を離れて人と関わる世界へと心を向け始めていた。そして「わたし」は彼とお店の中へと向かう。

【設問解説】

問1 語句の意味を問う問題 12 ③ 13 ⑤ 14 ③

(ア)の「透明な」は、〈透き通って向こうが見える・透き通って濁りがない〉を意味する。したがって**正解は③**。①の「ぬくもり（＝あたたかさ）」、②の「悪意のない」、④の「形のない」には〈向こうが見える・濁りがない〉という意味がない。また透明だからといって⑤の「暗さのない（＝明るい）」ということにはならない。

(イ)の「とくとく」は、〈得意そうなさま〉を意味する。したがって**正解は⑤**。他の選択肢はそうした意味を含まないので、間違いである。

(ウ)「追い討ちをかけて」は、〈すでに負けて逃げているものを**さらに攻撃し、勝利を決定的なものにすること**〉を意味する。つまり〈一つのことに向けて何度も働きかける〉というニュアンスがあるため、「しつこく働きかけて」の**③が正解**。①の「無理に」、②の「強く」、④の「時間の見境なく」、⑤の「わざわざ」にはそうしたニュアンスがない。

問2　言葉を持たない石のような存在に「わたし」が惹かれていることを説明する問題　15　②

「言葉を持たない石のような冷やかさ」が「わたし」には「あたたかさ」と感じられ「身にしみる」点について本文を読み取っていこう。「わたし」は20行目にある通りａ〈言葉を交わす人間関係には疲れている〉。またそうした「わたし」は17〜19行目にあるようにｂ〈石との冷たい孤独な関係に安らぎを覚えている〉。こうした内容が過不足なくおさえられている**②が正解**。

①は、「物言わぬ石がもたらす緊張感」がおかしい。「わたし」は石との距離感（＝冷たい関係）に「安らぎ」を感じているのである。また「自分が確かな存在であることを実感させ」「人としての自信を取り戻させてくれる」がおかしい。「わたし」は人間関係に疲れ、慰めを求めているだけである。

③は、後半部の「周囲の人との心の通い合いの大切さがかえって切実に思えてくる」がおかしい。「わたし」は人間関係に疲れ、孤独の世界に慰めを求めている。

④は、前半部の「時に嘘をつき自分を偽ることがある」がおかしい。「わたし」は自分の性格に問題を感じているのではなく、人間関係に疲れているのである。そのため最後の「虚飾のない本当の自分を強く実感できる」も本文とは無関係である。

⑤は、「距離を置いて見つめ直してみることによって」がおかしい。「わたし」と石との関わりは意図的に距離を置かなくても、17〜19行目にあるように〈混じりあうことのない、無機質で冷たい関係〉である。

問3　「わたし」から見た「山形さん」の人物像を説明する問題　16　③

29〜57行目の中で示されている山形さんに関する記述を拾っていこう。29行目〈アイセキカ（＝愛石家・愛惜家）で、石のように無口なひと〉、46〜47行目〈テレビ出演で落ち込む「わたし」を、石のように表情のない顔でなぐさめるひと〉、47〜49行目〈「わたし」がテレビ出演に魅せられると自信を持って決めつけるひと〉、50〜54行目〈自分の趣味の石の鑑賞に「わたし」を強引に誘うひと〉という人物像が読み取れたはずだ。したがって、こうした人物像を説明している

③が正解。

①は、前半部の「テレビ業界の魅力を説くことで」がおかしい。47〜48行目には「テレビに出ることには、けっこう魅力がある」としか山形さんは述べていない。

②は、後半部の「自分の要求はすべて通さずにはいられない」がおかしい。本文全体からわかることだが、山形さんは愛石家なので石の鑑賞にはこだわっているが、その他のことに関しては全く説明されていない以上、「要求はすべて」とは言えない。

④は、「わたしの心を気遣うふりをして」がおかしい。46〜47行目にあるように山形さんは「わたし」を本当になぐさめている。

⑤は、「話題（＝テレビ出演でわたしが落ち込んでいること）をそらしてごまかし」がおかしい。④と同様に山形さんは「わたし」をなぐさめている。また、ちゃんとなぐさめているのだから「無責任な人物」ではない。

問4　雨の日が石の鑑賞に都合がよいことの理由を説明する問題　17　①

この設問では、「わたし」にとって雨の日が石の鑑賞に都合がよいのはなぜなのかを考える。まず傍線部直後の「傘というものがわたしは好きだ。ひとりひとりの頭のうえに開き、ひとりひとりを囲んでいる傘が。……彼女もまた（＝わたし同様に）、雨の日と、傘が、好きだったのだろう。」という表現と、17〜21行目に示されていた〈人間関係に疲れ、深い関わりを持たなくて済む石との孤独な関係に心惹かれていた「わたし」〉のことを踏まえると、a〈雨の日の傘が石と同じように満ち足りた孤独な世界を作ってくれること〉が読み取れる。また〈雨と言えば水を連想させること〉から、9〜13行目の表現からb〈わたしは水辺の石を持ち帰ることがあり、しかもその石の魅力は水の力ではないかと思っていること〉も雨の日が石の魅力を引き出すようで、石の鑑賞には都合がよいと言える。こうしたことを指摘している①が正解。

②は、前半部の「傘は見方によって様々に姿を変える」という点が本文には書かれていない内容である。また後半部の「水石の世界があることを知ってからは」という表現が傍線部よりも後に記されている出来事であり、傍線部の時点での理由になるのはおかしい。

③は、前半部の「女性詩人の顔の皺には……石に似た魅力があった」がおかしい。本文では女性詩人の皺と石とは比較されていない。女性詩人は傘から想起されたのである。

④は、前半部の「乾いた石に愛着を覚えていた」がおかしい。11行目に「乾いてしまうと、ただの石だ」とあるように「わたし」は乾いた石を否定的にとらえている。

⑤は、後半部の「外出の億劫さ」という点がおかしい。「わたし」は人間関係に疲れ孤独は求めているが、だからと言って〈外出することが面倒だ〉とは説明されていない。

問5　アトリエでの「わたし」の変化する思いを説明する問題　18　②

傍線部の「何かが何かを少しずつひっぱっている」は、直前の「わたしもそのとき、山形さんに、心を惹かれていたのかもしれない」という表現を踏まえれば、a〈「わたし」が山形さんに惹かれつつある〉という意味であろう。そして、そのきっかけを本文に求めると、94～96行目からb〈山形さんの声が不思議な浸透力を持ってわたしの身体に入ってきて、ほっと安堵したこと〉や、97～100行目からc〈山形さんの気弱な目に山形という人が理解できたこと〉が読み取れる。これらの要素が説明されている**②が正解**。なお選択肢の前半部の「冷たい石と向き合う沈黙のひとときに安らぎを感じていたわたし」という点に関しては17～19行目や、傍線部Aで示されていた。

①は、「わたし」に関しても「自分にもそうした両面（＝強さと弱さ）があることを発見し」という説明が、本文には全く書かれていない内容である。

③は、後半部の「彼の見識（＝石に関する知識）の高さに感動したわたし」が「石を出品してみたいと感じはじめている」という説明が、本文には全く書かれていない内容である。

④は、「山形さんが石を愛するようになったことで孤独から脱するきっかけを得た」がおかしい。人間関係の疲労から人は石との関わりを持つのだから、むしろ石を愛することで人は孤独になるのである。また傍線部の「何かが何かを少しずつひっぱっている」という比喩的表現を踏まえると、結論部の「今までの自分とは違う人間に変える」という表現は不適切である。

⑤は、「石との関係が……壊れてきていることにわたしは気づいている」という説明が、本文に全く書かれていない内容である。

問6 この文章の表現について説明する問題 [19]・[20] ①・⑤

順に確認していこう。

①について。4～6行目から「わたし」が「意味を取れずに音だけ理解し」、「アイセキ」という音に対して「愛石」ではなく「愛惜」という字を思い浮かべたことがわかる。そのため、たとえば29行目の「そのアイセキカ、山形さん」の箇所は、「愛石家」でもあり、また奥さんなくした（5行目）「愛惜家」でもある山形さんと読める。つまり、「アイセキカ」は「愛石家」の意味に限定されていないのである。したがって**①が一つ目の正解**。

②について。はじめてのテレビ番組収録に関して落ち込む「わたし」に山形さんが、「テレビに初めて出た人間はそんなもんですよ……となぐさめてくれた」（46～47行目）という表現から、この場面の山形さんはテレビ局の人間として「わたし」をなぐさめこそすれ、その語りかけが「他人事として突き放すような、投げやりなものである」とは言えない。

③について。アトリエに出かけた「わたし」は、そこに展示されている愛石家たちの石に対して否定的な感情を示していない以上、「他人が拾った『小石』を軽んじる気持ちが生じた」とは言えない。

④について。前半部の山形さんの「目」に「わたし」が着目している点を踏まえれば「わたしが山形さんに徐々に惹かれていく」ことは読み取れるとしても、そこから「石からは次第に心が離れつつある」とは断定できない。

⑤について。80、82、86〜87行目のカッコの中の「ように思った」という表現から、106行目は107行目のカッコの直後の表現から、カッコを使うものはすべて「わたし」の思念や、「わたし」が山形さんの思念を推測したものだとわかる。またカギカッコの方はすべて実際に「わたし」が聞いた山形さんの声である。したがって、**⑤が二つ目の正解**。

⑥について。本文中では「詩人であるわたし」の「以前」の表現についての説明がなされていない以上、「表現技巧が以前と比べて洗練された」とは言えない。

第3問 古文

【出典】

『夢の通ひ路物語』

成立年代　南北朝時代〜室町時代初期
ジャンル　擬古物語
作者　未詳
内容

『夢の通ひ路物語』は、現存する擬古物語の中でも最も長編の作品で、全六巻。二代の帝にわたる五四年間（一説に二七年間）のことを描き、登場人物は百三十人にも及ぶといわれる大作である。ある聖が、夢の中で、すでに亡くなっている一条中将（問題文の男君）から託された巻物を、夢から覚めた後に、読み進めるという趣向で始まる。その巻物には、一条中将と姫君（問題文の女君）との悲恋の物語が書かれていた。

物語の前半では、一条中将と京極大納言の姫君との思い通りにならない恋が語られ、二人がやっと結ばれたかと思うと、今度は、姫君が一条中将の子どもを身ごもったまま梅壺女御として入内し、帝の寵愛を受けるという悲運が二人を襲う。姫君は、三の宮（問題文の皇子）を産むが、参内した一条中将は、自分に生き写しの三の宮を見て、苦悩のうちにこの世を去ってしまう。姫君は悲しみのあまり物の怪に取り憑かれ、最後には、聖のもとで出家してしまった。

問題文は、物語の後半で、思うにまかせない二人の苦しみが手紙のやりとりを中心に描かれているところである。

【全文解釈】

（男君と女君は）お互いに恋しく物思いをつのらせなさることが様々であるけれど、夢（の中）でなければ通っていくことのできる身ではないので、現実にあてにさせた逢瀬が絶えてしまったつらさばかりを思い続けなさり、大空ばかりを物思いに沈みながら眺めては、心細く思い続けていらっしゃった。男君のお気持ちには、なおさら（女君が）恨めしく、（女君への）どうにもならない（恋の）苦悩に加えて、皇子のご様子もとても気が引け、鏡（に映った男君自身）の顔も（皇子の顔に）そっくりだと思われるので、ますます「（皇子がわが子であるか、どうかという真実を）はっきりさせたい」と思い続けなさるけれど、以前のように相談相手（の右近）までも（ご連絡）申し上げないので、「みっともなく、今さら関係し、愚かなものだと当惑されるだろうか」と自然と遠慮されて、清さだにさえも御心をゆるしておっしゃらないで、ますますひどい物思いをしなさった。

こちらの女君の方でも絶えず思い嘆きなさるけれど、どうして（その苦しみを）漏らしなさるだろうか、いや、漏らしなさることはない。女君が帝の寝所にたびたび召され、自然と帝のお側にいらっしゃることも多く、（帝の）ご愛情がこの上なく深くなっていくのも、本当につらく、恐ろしく、人知れず苦しく思いなさって、少し御自室に戻りなさっていた。人も少なく、しんみりと物思いに沈んでいらっしゃった夕暮れに、右近が、（女君の）お側に参上して、（女君の）御髪を整え申し上げるついでに、あの（男君の）御事をそれとなく申し上げる。

「最近（男君を）拝見したところ、（男君の）ご両親が思い悩んでいらっしゃるのももっともなことでございます。本当にげっそりお痩せになり、この上もなくお（顔の）色も真っ青だと拝見しました。清さだも、（男君には）長い間無沙汰しておりましたので、（男君は）どのようにあきらめなさったのだろうかと、ここ数日は気がかりで、恐ろしく思わずにはいられませんでしたが、やはり（男君は）我慢しきれないでいらっしゃるのでしょうか、昨日（清さだが私に）手紙をよこした中に、このようなものがございました。（清さだの手紙には）『本当に、（男君が）患っていらっしゃることは、日数が経ち言葉にする甲斐もないほどひどく、拝見するのも気の毒で。（参内すると）皇太子がとてもかわいらしくまとわりつきなさるので、くつろいでも（ご自宅に）お籠りになることもないが、この頃は、連続して参内なさることもできないで、ひたすら苦しみが増していらっしゃる』とございました」

と言って、（男君の）お手紙を取り出したけれど、（女君は）かえってつらく、何となく恐ろしいので、

「どうして、このように言うのだろうか」

と言って、泣きなさった。（右近も）

「今回は、最後でございましょう。（あなた様が）ご覧にならなかったら、（後で）罪深いことだときっとお思いになるでしょう。」と言って、泣いて、

「（お二人が）昔のままのご様子でしたら、このように思いもよらないことになり、どちらにも苦しいお気持ちが加わるでしょうか、いや、加わることもなかったでしょう」

と、こっそり申し上げるので、（女君は）ますます恥ずかしく、本当に悲しくて、振り捨ててしまうことができないで（男君のお手紙を）ご覧になる。

A「そうはいっても（また逢えるだろう）と期待をさせた甲斐もない、（私の）亡き後に、せめて世間並み以上の深い物思いだけでもしてくれ。

（あなたが入内して私の手の届かないところに行ってしまい）宮中で拝見し、（帝とあなたの前で御簾を隔てて）あの笛を演奏した夕べから、心地も乱れ、苦しく思っておりましたが、まもなく（私の）魂がつらい（この）身を捨てて、あなたのあたりにさまよい出てしまったら、（私の魂をこの世に）引き留めてくださいね。（もう）惜しくもない（この）命も、まだ絶えはててはいないので」

などと、しみじみと、いつもよりいっそう見所があるように（美しい文字で）書き流していらっしゃるのをご覧になると、これまでのことやこれから先のことがすべてひどくつらいものと思われて、（女君は流す涙で）御袖をひどく濡らしなさる。（女君が）伏せっていらっしゃるのを、（右近は）拝見するのも気の毒で、「（お二人は）どのようであった前世の御宿縁なのだろうか」と思い嘆くようである。

「人目がないうちに、さあ、お返事を」

と（右近が）申し上げると、（女君は）御心もせわしくて、

B「心ならずも（二人が）離れてしまったことを嘆いて、きっと（私の命はあなたの命と）一緒に消えはててしまうだろう。

（私はあなたに死に）遅れるつもりは（ない）」

とだけ、お書きになっても、（手紙を）結びなさることもおできにならないで、深く当惑しなさって泣き沈みなさる。（右近は）「このように言葉が少なく、まとまった長さもないけれど、（男君は）いっそうしみじみと愛おしくも気の毒にも、（この手紙を）ご覧になるだろう」と、（男君と女君の）それぞれを思いやるにつけても、悲しく拝見した。

【設問解説】

問1　短語句の解釈の問題　21 ④　22 ②　23 ①

センター試験の古文の問1は、例年、短語句の解釈を問う問題が三問出題される。古語の意味と文法事項に注意して解釈をするのは言うまでもないが、古語の意味を文脈から判断しなくてはならない場合もある。問題を解くにあたっては古語の辞書的な意味と文脈との両面をよく考えることを心がけることが重要である。

(ア)　あぢきなき嘆き

ポイントは形容詞「あぢきなき」である。これは、道理をわきまえずどうにもならない状態や、それに対するあきらめの気持ちを表す形容詞「あぢきなし」の連体形で、「思うようにならない。どうしようもない。するかいがない。つまらない」などと訳す。よって、「あぢきなき」の解釈としては、

④「どうにもならない」が正しい。**正解は④**。⑤「ふがいない」は、「意気地がない。だらしない」という意味で、「あぢきなし」の語意からは外れる。

(イ)　あきらめてしがな

ポイントは「あきらめ」と「てしがな」である。先に「〜したい」と訳す希望の終助詞「てしがな」の部分の解釈を見ると、①〜③は、「〜たい」となっているが、④・⑤は、「〜ほしい」となって、自分の行為についての希望を表す「てしがな」の解釈としては不適当である。これによって選択肢は①〜③に絞られる。「あきらめ」は、漢字表記すると、「諦め」と「明らめ」になるが、ここでは（注1）で示された、皇子の顔が男君にそっくりだという文脈からは「諦める」という意味には解釈できない。この「あきらめ」は、物事を「明らかにする。はっきりさせる」という意味の動詞「明らむ」の連用形であると考えるのがふさわしい。この語を正しく解釈しているのは、②「真実をはっきりさせ」だけである。**正解は②**。

(ウ)　御こころざしのになきさまになりまさる

ポイントは「こころざし」「になき」である。先に「になき」の解釈を検討すると、これは、「比類ない。二つとないくらいすばらしい」という意味の形容詞「になし」の連体形である。よって、「になき」の解釈が正しいのは、①「この上なく」だけで、**正解は①**と決まる。「こころざし」は、「意向。目的。愛情。誠意」といった意味の名詞で、その点でも①「ご愛情」は正しい。

問2　文法問題　[24]　⑤

センター試験の問2は、例年、助動詞・助詞の識別といった文法問題が出題されるが、敬語が問われることもある。敬語は、まずそれぞれの敬語の種類が尊敬・謙譲・丁寧のどれにあたるものかを正しく判別することが大切で、とりわけ語によっては尊敬・謙譲・丁寧のうち、二種類にわたるものもあるから、そういった場合の正しい判別も含めて十分に注意しなければならない。

a「侍り」は、謙譲語と丁寧語の二種類の意味があるが、**a**は、形容動詞「むべなり」の連用形「むべに」に接続しているので、補助動詞である。補助動詞には丁寧語しかないので、**a**は丁寧語と決まる。

b「給は」、**c**「給へ」の「給ふ」は尊敬語と謙譲語の二種類の用法がある。

「給ふ」の識別

1　四段活用
本動詞　→「与ふ」の尊敬語（＝お与えになる・くださる）
補助動詞→尊敬の補助動詞（〜なさる・お〜になる・〜ていらっしゃる）

2　下二段活用
本動詞　→なし
補助動詞→謙譲の補助動詞（〜ます・〜させていただく・〜ております）

※ 謙譲の補助動詞の場合には次のような特徴がある。
① 終止形はまれで、命令形はない。
② 会話や手紙文の中でのみ使われる。
③ 「思ふ・見る・聞く」などの動詞につく。
④ 動作の主体は話し手・書き手である。
⑤ 会話であれば話し手からその聞き手、手紙などであれば書き手からその読み手に対する敬意を示している。

b 「給は」は、四段活用動詞の未然形なので、尊敬語である。

c 「給へ」は、過去の助動詞「き」の連体形「し」に接続しているので、連用形である。連用形が「給へ」になるのは、下二段活用だけなので、**c** は謙譲語である。

以上から敬語の種類が正しいものは、❶と❺だけである。次に誰から誰への敬意かという、敬意の対象についてであるが、❶と❺は、**b** の「誰から」だけが違っているので、その部分だけを検討すればよいことがわかる。

敬意の方向

1 「誰から」敬意を表しているか。
① 地の文……作者から。
② 会話文・手紙文……話し手・書き手から。
※ 尊敬語・謙譲語・丁寧語の区別は関係ない。

2 「誰へ」敬意を表しているか。
① 尊敬語……動作の主体。
※ 「誰が」その動作主であるかを考える。
② 謙譲語……動作の受け手。
※ 「誰に」その動作が及んでいるか、その動作が「誰を」相手にしたものであるか、その動作は「誰から」受けたものかを考える。その「誰」が答えとなる。
③ 丁寧語……聞き手・読み手。
※ 地の文では読者が敬意の対象となる。会話であればその聞き手、手紙などであればその読み手が誰であるかを考える。

b は、「右近、御側に参りて、御かしらなど参るついで、かの御事をほのかに聞こえ奉る」の直後にあるので、右近の、姫君に対する発言の中にある。さらに、『　』で括られた手紙の直前に、「昨日おこせし中に、かかるものなむ侍りける」とあるが、ここで「おこせし」と、尊敬語が使われていないことに注意しよう。もし、この手紙をよこしたのが男君の両親であるならば、男君の両親は右近にとって敬うべき人物であるから、「御方々思しわづらふ」とあるように、右近の発言の中で尊敬語を用いるはずである。また、この発言の後、右近が男君の手紙を女君に渡しているが、事情を知らない男君の両親が男君の手紙を右近に届けたとは考えられない。よって、右近に、男君の手紙を添えて手紙をよこしたのは、男君の従者である清さだと考えるのが適当である。

そこで、敬意の方向を考えると、**b**は手紙の中にあり、尊敬語なので前記の1②と2①から、「書き手」から「動作の主体」への敬意とわかる。「書き手」は清さだで、「とけても籠らせ給はぬ」の主体は男君なので、「清さだから男君へ」となっている**⑤が正解**である。

b以外の敬意の方向を確認すると、**a**は丁寧語で会話文の中にあるので、「話し手」から「聞き手」に対する敬意である。**b**でも検討したが、この発言は、右近が姫君へしたものなので、これも⑤は正しい。**c**は、選択肢がすべて「男君から女君へ」となっている。よって検討の余地はないが、前記「『給ふ』の識別」の表の2の⑤から、手紙の書き手である男君から、読み手の女君に対する敬意であると確認できる。

問3　心情説明の問題　25　③

女君の心情を問う問題であるが、選択肢はすべて「右近に～されて恥ずかしくなり、また～れて、悲しく感じている」となっており、実際は右近の発言内容を検討すればよい問題である。右近の発言は問題文2ページ目の4行目と6行目にある。

こたびは《今回は、》、とぢめにも侍らむ《最後でございましょう。》。Ⅰ御覧ぜざらむは《ご覧にならなかったら、》、
罪深きことにこそ思ほさめ《罪深いことだとお思いになるだろう》
Ⅱ昔ながらの《昔のままの》御ありさまならましかば《ご様子でしたら、》、
かくひき違ひ《このように思いもよらないことになり、》、
Ⅱいづこにも《どちらにも》苦しき御心の添ふべきや《苦しいお気持ちが加わるでしょうか、いや、加わることもなかったでしょう》

選択肢を検討すると、Ⅰ部分が選択肢③「男君からの手紙を見ないのは罪作りなことだ」に対応し、Ⅱ部分が③「昔の間柄のままであったら二人とも苦しまなかっただろう」に対応しているので、**正解は③**である。

①は、「男君の病状が悪くなったのは自分のせいだと責められて」にあたる内容が本文に書かれていないので間違いである。

②は、右近に「二人の仲を詳しく知られて恥ずかしくなり」や、「二人の仲が公にできないと思い知らされて」が本文に書かれていない内容なので間違いである。

④は、「男君が送ってきた罪深い内容の手紙」が間違いである。女君はこの時点では男君の手紙をまだ読んでいないので、その内容が罪深いかどうかはわからない。右近が「罪深き」と言ったのは女君が手紙を見ないことについてである。

⑤は、右近は女君の子どもについては何も言っていないので間違いである。

問4　和歌を含む手紙の内容の説明問題　26　③

手紙**A**・**B**ともに和歌があるので、和歌の内容を検討する必要がある。

男君の歌の「頼め」は、下に連用形に接続する過去の助動詞「き」の連体形「し」があるので、下二段に活用する「頼

む」の連用形で、「期待させる」という意味である。「なき」は、「甲斐も無き」と「亡き後」の掛詞になっている。「だに」は、サ行変格活用動詞「す」の命令形「せよ」と呼応しているので限定の用法で、「せめて〜だけでも」と訳す。「ながめ」は、「物思いに沈む」という意味の動詞「ながむ」の連用形「ながめ」が名詞に転成したものである。全体を逐語訳すると、

さりともと《そうはいってもと》／Ⅰ頼めし甲斐も《期待をさせた甲斐も》／なきあとに《ない、亡き後に》／
世のつねならぬ《せめて世間の並みでない》／ながめだにせよ《物思いだけでもしてくれ。》

となる。歌の前半は、女御となってしまい手の届かない存在になってしまった女君に対して、男君が、「以前に期待させた」というのだから、それは逢瀬への期待と考えてよい。しかし、今となっては、その期待をさせた甲斐もないということである。歌の後半は、男君が、「自分の亡き後には、私を思って物思いに沈むことだけでもしてほしい」と訴えているのである。

また、和歌以外の男君の手紙で、以前宮中で帝と女君の前で笛を演奏したことを述べ、「それ以来心も乱れ苦しんでいる」とあった後に、

Ⅱほどなく《まもなく》 魂の憂き身を捨てて、《魂がつらい身を捨てて、》君があたり迷ひ出でなば、《あなたのあたりにさまよい出てしまったら、》
結びとめ給へかし。《引き留めてくださいね。》
惜しけくあらぬ命も、《惜しくもない命も、》まだ絶えはてねば《まだ絶えはてていないので》

とある。

選択肢を検討すると、Ⅰの部分が選択肢③「私は逢瀬の期待もむなしく死ぬだろう」に、Ⅱの部分が③「それまでに魂がこの身から離れてあなたのもとにさまよい出たときは引き留めてほしい」に対応している。

次に、手紙Bの女君の歌の「なめ」は、強意（完了）の助動詞「ぬ」の未然形に推量の助動詞「む」の已然形が接続したもので、「きっと〜だろう」と訳す。全体を逐語訳すると、

Ⅲ思はずも《心ならずも》／隔てしほどを《離れてしまったことを》／嘆きては《嘆いては》／
Ⅳもろともにこそ《一緒に》／消えもはてなめ《きっと消えはててしまうだろう。》

となり、和歌の後に「Ⅳ遅るべうは《遅れるつもりは》」とある。女君は、男君が死んでしまうだろうと言ってきたので、「私も一緒に死ぬだろう」と返歌し、「死に遅れるつもりはない」と付け加えたのである。

選択肢を検討すると、Ⅲが選択肢③「心ならずも離ればなれになってしまったことが悲しく」に対応し、Ⅳが③「あなたが死んだら私も死に遅れはしない」に対応している。**正解は③**である。

①は、「迷い出そうな魂もあなたのことを考えるとこの身にとどまって死にきれない」が、前記Ⅱの内容とずれている。

②は、「死にきれないので私を受け入れてはくれないもの

か」が、前記Ⅰ・Ⅱの内容とずれている。「もはやあなたを愛することはできないが、前世からの因縁と思えばつらく」は本文にない内容である。

④は、「あなたを恨みながら死ぬだろう」、「誰のせいでこうなったのか」などは、本文にない内容である。

⑤は、「空を眺めてほしい」は、男君の歌にある「ながめ」が、本文では空を眺める意味ではないので間違いである。「今逢えないことでさえももどかしく」は本文にない内容で、「魂の訪れなど待たずに」は、前記Ⅳの内容とずれている。

問5　心情説明の問題　27　④

傍線部Yの前の「　」で括られた部分が傍線部Yのように思う右近の具体的な心情を記している。

Ⅰ　かやうにこと少なく、《このように言葉が少なく、》節なきものから、《まとまった長さもないけれど、》

Ⅱ　いとどあはれにもいとほしうも《いっそうしみじみと愛おしくも気の毒にも》御覧ぜむ《ご覧なさるだろう》

選択肢を検討すると、Ⅰの部分が選択肢④「短く書くことしかできない女君の手紙」に対応し、Ⅱの部分が④「男君はさらに女君への思いを募らせるだろう」に対応している。よって**正解は④**である。

①は、「気持ちは男君にきっと伝わるだろう」が本文にない内容で間違いである。

②は、「病のせいで言葉少ない男君の手紙を見て、女君はいっそう気の毒に思っているだろう」が本文にない内容で間違いである。

③は、「落胆するだろう」がⅡの内容とずれている。また、「二人の別れを予感し」は、本文にない内容で間違いである。

⑤は、「控えめな人柄がうかがえる女君の手紙」、「二人の将来を危ぶんで」が本文にない内容で間違いである。

問6　問題文の内容についての説明問題　28　⑤

この問題では、選択肢が問題文のどこに対応しているかを確認し、正誤を判断すること。

①は、「女君が不快に思うのではと恐れて」が間違いである。問題文1ページ目の4行目に、

人わろく《みっともなく、》、いまさらかかづらひ《今さら関係し、》、をこなるもの《愚かなものだと》に思ひまど《当惑さ》はれむか《れるだろうか》

とあるのに対応しているが、これは清さだにも心を許して話せず、右近に連絡を取らない理由で、女君に対してではない。また、男君は相手が「不快に思う」ことを恐れているのではなく、「自分が愚かな者だと当惑される」ことを気にしている。

②は、「ついには人目を忍んで男君への手紙を右近に取り次がせようとした」が本文にない内容で間違いである。女君は、問題文2ページ目の1行目にあるように、男君の手紙を受け取ることでさえ「そら恐ろし」と考えている。

③は、「右近から手紙が来ないことを不審に思い、帝が真相に気づいたのではないかと心配になり、事情を知らせるように」が本文にない内容で間違いである。**問2**で検討したよ

うに、清さだの手紙は男君の苦しみようを心配するもので、右近からの連絡についても帝についても一切触れられていない。

④は、「東宮のもとに無理に出仕をしたため病気が重くなり」が間違い。問題文1ページ目の12行目には、

東宮のいとかなしうまつはさせ給へば、とけても籠らせ給はぬを、この頃こそ、えうちつづきても参り給はで、ひとへに悩みまさらせ給へ

（皇太子がとてもかわいらしくまとわりつきなさるので、くつろいでお籠りになることもないが、この頃は、連続して参内なさることもできないで、ひたすら苦しみが増していらっしゃる）

とあり、東宮のもとに出仕したために病気が重くなったのではなく、出仕さえもできなくなるほど苦しみが増したというのである。

⑤は、問題文2ページ目の1行目、2行目、7行目、11行目に

Ⅰ　御消息取う出たれど、なかなか心憂く、そら恐ろしきに、
（お手紙を取り出したけれど、かえってつらく、何となく恐ろしいので、）

Ⅱ　「いかで、かくは言ふにかあらむ」とて、泣き給ひぬ。
（どうして、このように言うのだろうか　と言って、泣きなさった。）

Ⅲ　振り捨てやらで御覧ず。
（振り捨ててしまうことができないでご覧になる。）

Ⅳ　来し方行く先みなかきくれて、
（これまでのことやこれから先のことがすべてひどくつらいものと思われて、）

とあるのにそれぞれ対応している。選択肢の「男君の手紙を見せられて恐ろしく感じ」がⅠに、「手紙を取り次いだ右近を前に当惑して泣いた」がⅡに、「無視もできずに手紙を読んだところ」がⅢに、「絶望的な気持ちになった」がⅣの内容をふまえたもので、矛盾はない。**正解は⑤**である。

第4問　漢文

【出典】

程敏政《ていびんせい》『篁墩文集《こうとんぶんしゅう》』全九十三巻。『篁墩文集』は、明の程敏政（一四四五？～一四九九）の著作集。

程敏政は休寧（現在の安徽省休寧県）の人で、字《あざな》は克勤、篁墩と号した。成化二年（一四六六）に科挙（官吏登用試験）に合格し、少詹事《しょうせんじ》（太子を補佐する役所の次官）、侍講学士（太子の教官）、礼部右侍郎（儀礼や官吏の登用を司った中央官庁「礼部」の次官）などを歴任した。知識は該博で文才にも優れていたため、妬みを買うこともしばしばであった。明代の正史である『明史』にも伝記が収められている。

【本文解説】

老いた飼い猫と他家からやって来た二匹の子猫が、実の母猫と子猫のような関係になったという話を踏まえて、たとえ血のつながりがなくても、親子の関係は慈愛と孝によって結ばれていなければならないことを訴えた文章である。

筆者は、まず自分の老いた飼い猫の話を紹介する。間もなく子猫を産もうとしていた老猫が、思わぬ不祥事で流産してしまった。そんな折り、他家から二匹の子猫がもらわれて来た。当初、二匹の子猫は老猫に寄りつこうともしなかった。しかし、老猫が撫《な》でてやったり、うぶ毛を舐《な》めてやったり、餌を分けてやったりと懸命に働きかけた結果、ようやく気持ちが通じたのか、二匹の子猫は老猫を母親として受け入れ、実の母猫と子猫のように仲睦《むつ》まじい関係になった。

次に、同類の話として、漢の明徳馬后の逸話を挙げる。第二代皇帝の顕宗は、皇后の明徳馬后に子がなかったので、他の妃《きさき》の子（後の章帝）を引き取り、「母子の間に必ずしも血のつながりは必要ない。大切なのは情愛を注ぐことである」と述べて、その子の養育を明徳馬后に託した。明徳馬后はその子をたいそう慈しんで育て、その子も何ら構えることなく皇后を母親として慕った。

筆者は、文章をこのように結んでいる。「親子の関係にある者が、慈愛や孝の情を持っていないようでは、古人に顔向けができないだけではない。この猫の親子にも劣っている」と。

【書き下し文】

家《いへ》に一老貍奴《いちらうりど》を蓄《やしな》ふ。将《まさ》に子《こ》を誕《う》まんとす。一女童《いちぢよどう》誤《あやま》りて之《これ》に触《ふ》れ、而《しかう》して堕《だ》す。日夕《につせき》嗚嗚《をを》然《ぜん》たり。会《たまたま》両小貍奴《りやうせうりど》を餽《おく》る者《もの》有《あ》り。其《そ》の始《はじ》め、蓋《けだ》し漠然《ばくぜん》として相《あ》ひ能《よ》くせざるなり。老貍《らうり》奴《ど》なる者《もの》、従《したが》ひて之《これ》を撫《ぶ》し、徬徨《はうくわう》焉《えん》たり、躑躅《てきちよく》焉《えん》たり。臥《ぐわ》すれば則《すなは》ち之《これ》を擁《よう》し、行《ゆ》けば則《すなは》ち之《これ》を翊《たす》く。其《そ》の氄《じよう》を舐《な》めて之《これ》に食《しよく》を譲《ゆづ》る。両小貍奴《りやうせうりど》なる者《もの》も、亦《ま》た久《ひさ》しくして相《あ》ひ忘《わす》るるなり。稍《やうや》く之《これ》に即《つ》き、遂《つひ》に其《そ》の乳《ちち》を承《う》く。是《こ》れより欣然《きんぜん》として以《もつ》て良《まこと》に己《おのれ》の母《はは》なりと為《な》す。老貍奴《らうりど》なる者《もの》も、亦《ま》た居然《きよぜん》として以《もつ》て良《まこと》に己《おの》が出《い》だすと為《な》すなり。吁《ああ》、亦《ま》た異《い》なるかな。

昔《むかし》、漢《かん》の明徳馬后《めいとくばこう》に子《こ》無《な》し。顕宗《けんそう》他《た》の人子《じんし》を取《と》り、命《めい》じて之《これ》を養《やしな》はしめて曰《い》はく、「人子《じんし》何《なん》ぞ必《かなら》ずしも親《みづか》ら生《う》まんや。但《た》だ愛《あい》の至《いた》らざるを恨《うら》むのみ」と。后遂《こうつひ》に心《こころ》を尽《つ》くして撫育《ぶいく》し、而《しかう》して章帝《しやうてい》も亦《ま》た恩性天至《おんせいてんし》たり。母子《ぼし》の慈孝《じかう》、始終繊芥《しじゆうせんかい》の間無《かんな》し。狸奴《りど》の事《こと》、適《まさ》に契《かな》ふ有《あ》り。然《しか》らば則《すなは》ち世《よ》の人親《じんしん》と子《こ》と為《な》りて、不慈不孝《ふじふかう》なる者有《ものあ》るは、豈《あ》に独《ひと》り古人《こじん》に愧《は》づるのみならんや。亦《ま》た此《こ》の異類《いるい》に愧《は》づるのみ。

【全文解釈】

家に一匹の老猫を飼っていた。（その猫が）間もなく子を産もうとしていた（時のことである）。ある（使用人の）若い娘が誤ってその老猫にぶつかり、それで（床に）落とし（て流産させ）てしまった。（その老猫は、）昼も夜も一日中（子を失ったことを）嘆き悲しんで鳴いていた。（そんな折り、）偶然にも二匹の子猫をくれた人がいた。（二匹の子猫は）もらわれて来たばかりの頃、（私が）思うに（老猫に）無関心で、老猫を母親として受け入れようとしなかったようである。老猫の方は、二匹の子猫に寄り添って撫《な》でてやり、（子猫の側で）うろうろしたり足踏みをしたりして、落ち着かない様子であった。（二匹の子猫が）横になると（老猫は）子猫を抱いてやり、（二匹の子猫が）立ち歩くと（老猫は）子猫を手助けしてやった。（老猫は）子猫のうぶ毛を舐《な》めてやったり、子猫に餌を分けてやったりした。二匹の子猫の方も、やはりしばらくすると（老猫が実の母親ではないことを）忘れてしまった。（二匹の子猫は）だんだんと老猫に寄り添うようになり、こうして老猫の授乳を受け入れたのである。この時から（二匹の子猫は）よろこんだ様子で、（老猫を）本当に自分たちの母親であると思うようになった。老猫の方も、やはりやすらかな様子で（二匹の子猫を）本当に自分が産んだ（子である）と思うようになったのである。ああ、なんとすばらしいことであろう。

昔（の話だが）、漢の明徳馬后には子がなかった。（そこで、）顕宗が他の妃《きさき》（＝側室）の子を引き取って、（明徳馬后に）命令してその子を養育させ（ることにし）て言った、「子というものは、どうして自分で産む必要があろうか（、自分で産んだかどうかが大事なのではない）。（子への）情愛が十分でないことが残念でならないのだ」と。明徳馬后はこうしてせいいっぱい努力して（その子を）慈しみ育て、そして（後の）章帝（＝その子）にも親に対する愛情が、自然にそなわっていた。母子の（間の母の子に対する）慈愛と（子の母に対する）孝（の情）には、最初から最後までわずかな隔たりさえなかったのである。猫の事例は、ちょうど（母子の慈愛と孝の情にわずかな隔たりさえなかったということに）合致している。そうだとすると、世の中に、人の親であり（人の）子でありながら、慈愛や孝（の情）に欠ける者がいるというのは、昔の人に対して恥ずかしいだけではない。この動物（＝猫）に対しても恥ずかしいことなのだ。

【設問解説】

問1　語の意味の問題　29　⑤　30　③

(1)「承」は、「うく」「うけたまはる」と読み、「受ける・引き継ぐ」「うけたまわる」という意味であること、および目的語が直後の「其ノ乳ヲ」（老猫の乳・授乳）であることに注意すれば、⑤「受け入れた」が正しいと判断できる。①「授けた」・④「差し出した」は、「承」とはまったく逆の意味である。また、②「認識した」や③「納得した」では、目的語の「其《ノ》乳《ヲ》」と意味がつながらない。**正解は⑤**である。

(2)「適」が、ここでは直後の「有《リ》」を修飾する副詞として働いていることに留意する。「適」が副詞として用いられている時には、「たまたま」と読んで「偶然・ちょうど」の意味、もしくは「まさに」と読んで「ちょうど」の意味のいずれかであると考えてよい。「偶然」の意味に該当する選択肢はない。したがって、**正解は③「ちょうど」**である。

問2　語の読み方の問題　31 ④　32 ④

(ア)「将」は、「レ点」に従って直後の「誕」から返って読むこと、および「誕」の「うマント」という読み方に注目すれば、ここの「将」は再読文字として「将《まさ》に――(せ)んとす」(いまにも――しようとする・――しそうだ)と読むべきことが分かる。再読文字として「将」と同じ読み方・意味であるのは「且」である。よって、**正解は④「且」**。

(イ)「自」は、「レ点」が施されているので、直後の「是《レ》」から返読することになる。「自」を下から返って読む時は前置詞の働きをし、「より」と読んで「~から」の意味である。これと同じ読み方・意味を持っているのは「従」である。よって、**正解は④「従」**。

問3　語の読み方と意味の説明の問題　33 ④

句末・文末に置いて断定や詠嘆などの意味を添える、いわゆる助字の読み方と用法を問う問題である。そこで、(a)「矣」から(e)「已」までの読み方と用法を整理してみよう。

(a)「矣」……断定の意味を添えるが、訓読する時には置き字として扱って読まない。

(b)「也」……断定の意味を添え、「なり」と読む。疑問や反語の副詞と併用されて疑問形や反語形を形成することもあり、その時には「か」あるいは「や」と読む。

(c)「耳」……限定の意味を添え、「のみ」と読む。

(d)「焉」……断定の意味を添えるが、訓読する時には置き字として扱って読まない。

(e)「已」……限定の意味を添え、「のみ」と読む。副詞として用いられる時は、「すでに」と読み、「もう――してしまった」という完了の意味を表す。

以上に矛盾しない説明は、④「**(c)『耳』は『のみ』と読み、限定の意味を添え、(d)『焉』は文末の置き字で、断定の意味を添える**」である。①は「(a)『矣』は『かな』と読み、詠嘆の意味を添え」が、②は「(a)『矣』は『かな』と読み、感動の意味を添え」が、③は「也」についての「伝聞の意味を添え」が、そして⑤は「焉」についての「意志の意味を添え」が、それぞれ誤った説明である。特に注意したいのが、③「(b)『也』は『なり』と読み、伝聞の意味を添え」の箇所である。助動詞「なり」は、漢文の訓読では「断定」の意味でのみ用いられ、「伝聞」の意味は考えなくてよい。したがって、**正解は④**である。

問4　理由説明の問題　34　③

まず、傍線部A「吁《ああ》、亦《タ》異《ナルかな》哉」の意味を考える。留意したいのは「異」の読み方と意味である。そこで、「異」の読み方や意味は最後に判断することにして、まず、詠嘆形「亦《まタ》□哉《（ナル）かな》」に注意して直訳すると、「なんと□であろう」となる。

次に、「異」の読み方と意味について考えてみると、「ナル」という送り仮名を手がかりにして「ことなる」と読みたくなるが、それでは全体の文意は「なんと異なっていることだろう」となり、どういうことと異なっているのか、意味が判然としなくなってしまう。ここで、「異」には「いなり」と読んで、「不思議である」、あるいは「すばらしい・すぐれている」などの意味があることに留意したい。つまり、傍線部Aは「なんと不思議なことであろう」、あるいは「なんとすばらしいことであろう」などと解釈できるわけである。

ところで、傍線部Aは第一段落の末尾の文であるから、同段落の内容全体を受けているはずである。内容の骨子は、

Ⅰ　他家からもらわれて来た二匹の子猫は、老猫にまったく懐こうとしなかった。

↓

Ⅱ　老猫は、うぶ毛を舐《な》めてやったり餌を分けてやったりと、二匹の子猫をとてもかわいがった。

↓

Ⅲ　二匹の子猫は心を開いて老猫を母親として受け入れ、老猫と二匹の子猫は実の母猫と子猫のようになった。

ということである。つまり、この話の勘所は、「二匹の子猫が、血のつながらない老猫を母親として受け入れた」ことである（**【本文解説】**および**【全文解釈】**を参照）。

以上を踏まえると、傍線部Aの理由説明として適当なものは、**③「老猫と出会った初めは『漠然』としていた子猫たちが、ついには『欣然』と老猫のことを慕うようになったため」**しかない。①は「子猫たちと戯れる姿を見せるようになった」が誤り。老猫は二匹の子猫と戯れていたのではなく、面倒を見ようとしていたのである。②は「互いに『漠然』として親子であることを忘れていた猫たちが、……本来の関係をとりもどした」が誤り。これでは、老猫と二匹の子猫が血のつながった実の親子の関係にあることになってしまう。④は「子猫たちが『居然』として」および「老猫も『嗚嗚然』たる深い悲しみを乗り越えることができた」が誤り。「居然」は本文では老猫の様子を表した語であるうえ、老猫が悲しみを乗り越えたことに理由説明の力点を置くのは不適切である。⑤は前半の説明も後半の説明も、ともに不適切である。子猫たちは「欣然」として老猫を母親として受け入れたのであり、また、老猫が「深い悲しみを隠しきれずにいる」ことも、本文から読み取れない。よって、**正解は③**である。

問5　解釈の問題　35　④

傍線部Bには送り仮名が施されていないので、まず、構造

と文法事項に留意しつつ直訳してみる。ただし、「人子」については、いずれの選択肢も「子というものは」と解釈しているので、「何必親生」の箇所について考えればよい。そこで注目したいのが「何必――」という句形である。これは「何《なんゾ》必《かならズシモ》――《(セ)ン(ヤ)》」と読む、反語表現を用いた部分否定の句形であり、通常は「どうして必ず――しようか(、いや――するとは限らない)・どうして――する必要があろうか(、いや――する必要はない)」などと訳す。この部分否定の句形を踏まえて選択肢を検討すると、①「いつまでも……ゆけば良いのか」、③「どのようにして……べきではない」、⑤「いつまでも……たいものだ」は、どれも誤った解釈であると判断できる。よって、残った②と④について、「親生」の解釈を確認すればよい。

「親」は、副詞として「みづから」と読んで「自分で・直接に」の意味に用いられることがあることに注意したい。これを踏まえて傍線部Bを直訳すると「子というものは、どうして自分で産む必要があろうか(、自分で産む必要はない)」となり、「人子《じんし》何《なん》ぞ必《かなら》ずしも親《みづか》ら生《う》まんや」と書き下すことができる。この直訳を、④「子というものは、自分で産んだかどうかが大事なのではない」と表現を改めることも可能である。一方、②「親の思い通りに(なる)」は、傍線部Bの「生」と「思い通りに(なる)」との対応が判然とせず、書き下し文も確定できない。したがって、**正解は④**である。

問6 書き下し文の問題 36 ⑤

長い一文の書き下し文が問われているが、傍線部Cの中ほどの「而有二不慈不孝者一」については、いずれの選択肢も「不慈不孝なる者有るは」と書き下しているので、「世之為二人親与一レ子」および「豈独愧二于古人一」の箇所について考えればよい。

「世之為二人親与一レ子」については、いずれの選択肢も返り点の指示通りの順序に読んでいるので、全体の文意を考慮しなければ、書き下し文としては一応成り立ってしまう。そこで、まず「豈独愧二于古人一」の箇所から検討する。

注目しなければならないのは、「豈《あニ》独《ひとリ》――《ノミナランヤ》」(どうして――だけであろうか、いや――だけではない)という反語表現を用いた累加形である。この累加形を「豈に独り古人に愧づるのみならんや」(どうして昔の人に対して恥ずかしいだけであろうか、いや昔の人に対して恥ずかしいだけではない)と正しく書き下しているのは、②と⑤である。

次に、②と⑤の「世之為二人親与一レ子」の読み方を確認する。②「世の人親の子に与ふと為すも」を直訳すると「世の中に、人の親が子に与えるとみなしても」などとなり、親が子に何を与えるのか判然としないうえ、後の二句とも意味がつながらず、文意が成立しない。これに対して、⑤「世の人親と子と為りて」は「世の中に、人の親や子となって」と直訳でき、後の二句とのつながりに不都合はなく、文意も成立する。表現を整えて傍線部Cを訳出すると「世の中に、人の親であり(人の)子でありながら、慈愛や孝(の情)がない者がいるというのは、昔の人に対して恥ずかしいだけではない」くらいになろう。したがって、**正解は⑤**である。

問7　趣旨説明の問題　37　②

「この文章全体から読み取れる筆者の考え」を問う問題であるから、つまり、趣旨説明の問題である。そこで、既に**【本文解説】**で確認した本文の趣旨について再度確かめてみると、

老いた飼い猫と他家からやって来た二匹の子猫が、実の母猫と子猫のような関係になったという話を踏まえて、たとえ血のつながりがなくても、親子の関係は慈愛と孝によって結ばれていなければならないことを訴えた。

ということであった。つまり、筆者の考えが、本文の傍線部C「世之為《リテ》二人親与《ト》レ子、而有《ルハ》二不慈不孝者《ナル》一、豈独《ニリ》愧《ヅルノミナランヤ》二于古人一」（世の中に、人の親であり子でありながら、慈愛や孝がない者がいるというのは、昔の人に対して恥ずかしいだけではない）、およびその直後の一文「亦愧《タはヅル》二此《ノ》異類一《ニ》已」（この動物〔＝猫〕に対しても恥ずかしいことなのだ）に集約的に述べられていることに留意したい。

以上を踏まえて、選択肢を検討してみよう。

①は、「猫の親子でも家族の危機を乗り越え、たくましく生きている」が本文に見えない内容であるうえ、「悲嘆のあまり人間本来の姿を見失った親子も、古人が言うように互いの愛情によって立ち直ると信じたい」は筆者の考えとは異なった内容である。

③は、「子猫たちとの心あたたまる交流によっても、ついに老猫の悲しみは癒やされることはなかった」が本文に述べられていない内容である。

④は、「素直になれず、愛情がすれ違う昨今の親子を見ると、誠にいたたまれなくなる」が、「親子の間では慈愛と孝の情が大切だ」という筆者の主張とずれている。

⑤は紛らわしいが、「成長しても肉親の愛情に恩義を感じない子がいることは」が不適切な説明である。筆者は、「親から子への慈愛」と「子から親への孝」という、親子の双方からの情愛の働きかけを訴えているのである。⑤は、子から親への情愛である「孝」についてまったく触れていない。

②の「血のつながらない猫同士でさえ実の親子ほどに強く結ばれることがある」は、第一段落の要約として正しいし、「人でありながら互いに愛情を抱きあえない親子がいることは、古人はおろか猫の例にも及ばないほど嘆かわしい」は、先に指摘したように、筆者の考えが集約的に述べられている傍線部Cとその直後の一文「亦愧《タはヅル》二此《ノ》異類一《ニ》已」の内容と合致する。したがって、**正解は②**である。

2014
本試験

国　語

（2014年１月実施）

受験者数　503,587

平 均 点　　98.67

国　語

解答・採点基準

（200点満点）

問題番号(配点)	設問	解答番号	正解	配点	自己採点
第1問 (50)	問1	1	②	2	
		2	③	2	
		3	④	2	
		4	②	2	
		5	③	2	
	問2	6	④	8	
	問3	7	②	8	
	問4	8	④	8	
	問5	9	③	8	
	問6	10	②	4	
		11	①	4	
第1問　自己採点小計					
第2問 (50)	問1	12	⑤	3	
		13	④	3	
		14	①	3	
	問2	15	③	7	
	問3	16	④	8	
	問4	17	③	8	
	問5	18	①	8	
	問6	19	④ ※	5	
		20	⑥ ※	5	
第2問　自己採点小計					

問題番号(配点)	設問	解答番号	正解	配点	自己採点
第3問 (50)	問1	21	⑤	5	
		22	①	5	
		23	④	5	
	問2	24	⑤	5	
	問3	25	③	7	
	問4	26	②	7	
	問5	27	①	8	
	問6	28	④	8	
第3問　自己採点小計					
第4問 (50)	問1	29	④	5	
		30	③	5	
	問2	31	⑤	6	
	問3	32	①	7	
	問4	33	⑤	7	
	問5	34	③	6	
	問6	35	①	6	
	問7	36	⑤	8	
第4問　自己採点小計					
自己採点合計					

※の正解は順序を問わない。

第1問　現代文（評論）

【出典】

齋藤希史『漢文脈と近代日本』（ＮＨＫブックス、二〇〇七年）

齋藤希史（さいとう・まれし）は、一九六三年生まれ。京都大学大学院文学研究科博士課程中途退学。専攻は、中国文学、東アジア人文学。主な著書に『漢文脈の近代』、『漢文スタイル』などがある。

【本文解説】

本文は、日本の近世社会で漢文学習が果たした役割を、中国における古典文のあり方を引き合いに出しつつ論じたものである。二十の形式段落からなる本文は、その内容から三つの部分に分けることができる。では、順にその内容を確認していこう。

Ⅰ　漢文学習を通して形成された思考や感覚の型（第1段落～第4段落）

まずリード文から、十八世紀末から十九世紀にかけて、漢文を読み書きする行為が士族階級を中心に日本全国に広まっていたこと、そしてそのことを前提にして本文が書かれていることを確認しておこう。

漢文学習は、漢籍を訓点に従ってただ棒読みする素読に始まるが、素読すなわち訓読は、漢籍を解釈することでもあり、解釈の標準が定まっていないと訓読もまちまちになり、素読を統一することはできない。中国に範をとって設けられた「素読吟味」という試験制度は、素読の正確さを問うものだったから、訓読の統一、さらにその前提として解釈の統一が必要だったのである。つまり、「寛政異学の禁」によって朱子学が正統の学問とされ、それに基づいた解釈の統一があったからこそ、近世後期の日本に漢文の素読が広く普及したのである。（第1段落）

このように漢文学習が普及していくなかで、漢文は公的に認知された素養となったが、士族階級の多くの人々は漢文の専門家になるためではなく、いわば基礎学問としての漢学を修めた。漢学は知的世界への入り口として機能し、大量の漢籍に親しむことで、彼らは自身の知的世界を形成していった。つまり、士族階級のなかに漢文学習を通して「ある特定の思考や感覚の型」が形成されていったのである。（第2段落～第4段落）

Ⅱ　中国の士大夫にとっての古典文（第5段落～第10段落）

ここでは、中国に目を転じて時代をさかのぼり、古典文と士大夫との関係が説明されている。

そもそも中国の古典文は、特定の地域の特定の階層の人々によって担われた書きことばとして始まった。たとえば『論語』は、「学んで時に習う…」と始められるように、「学ぶ」階層（＝知識人）の生き方を語ったものである。前漢から魏晋《ぎしん》にかけて、そうした書きことばの世界は古典世界としてのシステムを整え、高度な読み書き能力によって社会の支配的階層を占める、士人、士大夫と呼ばれる人々を生んだ。（第5段落～第7段落）

『詩経』には民歌に類するものが含まれているが、その注釈や編纂《へんさん》が士人の手によるものである以上、それは統治のために民情を知るためのものであった。魏晋以降、士人が自らの志や情を託しうるものとして詩を捉え、詩作が彼らの生にとってほとんど不可欠の要素だったことを考えれば、古典詩はすでに士人のものだったと言える。こういう観点からすれば、古典詩文の能力を問う科挙は、士大夫を制度的に再生産するシステムであっただけではなく、士大夫の「思考や感覚の型（＝エトス）」の継承をも保証するシステムだったのである。（第8段落～第9段落）

日本の近世社会における漢文の普及も、士人的エトス、士人意識への志向を用意した。日本でも、中国の古典文を読み、その詩文をまねて書いているうちに、人々のうちに自然と士人としての心の構えが芽ばえたというのである。（第10段落）

Ⅲ　武士にとっての漢文学習の意義（第11段落～第20段落）

最後に、再び日本の近世社会に戻り、武士にとっての漢文学習の意義が説明されている。

古典文の世界に自らを馴染《なじ》ませていくこと自体には、中国でも日本でも大差はなかったが、その主体が誰であるのかには注意が必要である。中国の古典文の世界が士大夫階級によって支えられていたのに対して、日本の漢文学習の担い手は士族階級であった。もちろん、戦乱の治まった近世幕藩体制下における士族は統治を維持するための吏僚であって、中国の士大夫と類似した立場にあった。ただ、中国の士大夫が文によって自らのアイデンティティを確保していたのに対し、武士は武から離れてアイデンティティを確保することはできない。そこには、文と武の越えがたい対立があるかのように見える。（第11段落～第13段落）

だが、近世後期の武士は、武を文に対立するものではなく、忠の現れと見なすことで、平和な時代にあっても武士としてのアイデンティティを確保したのである。それは、武への価値づけの転換であり、そうした武に支えられてこその文であるという意識を生むことにもなった。つまり、近世後期の武士にとっては、行政能力が文、忠義の心が武であり、武芸も技術ではなく精神修養に重点が置かれるようになったのである。（第14段落～第16段落）

特に寛政以降の教化政策によって、朱子学が正統の学問となり、「学問吟味」と「素読吟味」という試験制度が設けられるようになると、学問は士族が身を立てるために必須の要件となった。武士は、武芸ではなく学問を通して政治と関わるようになったのである。その学問は、「修身（＝自分の行いを律し、我が身を正しく保つこと）」に始まるが、それは「治国（＝国を正しく治めること）」、「平天下（＝世の中を平穏に保つこと）」という統治意識に連なるものだった。ここには、士大夫の自己認識の重要な側面があり、日本の武士たちもその意識、「経世（＝世の中を治めること）の志」を分かちもつことで、士となったのである。昌平黌や藩校の学生たちにとって、漢文で読み書きする世界は、日常の言語とは異なるものであり、それは道理と天下を語ることばであった。つまり、武士は、漢文を読み書きすることで、道理（＝思考や感覚の型）を身につけ、

天下を背負う（＝統治者意識をもつ）ようになったというのである。（第17段落〜第20段落）

【設問解説】

問1　漢字の知識を問う問題　[1] ②　[2] ③　[3] ④　[4] ②　[5] ③

(ア)は「棒読み」。①は「窮乏」。②は、〈座禅のときに師が心の定まらない者を打ち懲らす棒〉という意味で「痛棒」。「痛棒を食らわす」で、〈手厳しく叱責する〉という意味。したがってこれが正解。③は「膨張（脹）」。④は「無謀」。⑤は「存亡」。

(イ)は「占める」。①は「浅薄」。②は「旋風」。③は「占拠」で、これが正解。④は「宣告」。⑤は「潜在」。

(ウ)は〈戦争における功績〉という意味で、「軍功」。①は〈こだわること〉という意味で、「拘泥」。②は〈うなずくこと、納得して賛成すること〉という意味で、「首肯」。③は「巧拙」。④は「功罪」で、これが正解。⑤は〈未熟でかたい感じがすること〉という意味で、「生硬」。

(エ)は「容易」。①は〈物事の筋道、いきさつ〉という意味で、「経緯」。②は「簡易」で、これが正解。③は「遺産」。④は「偉大」。⑤は〈くわしい事柄や事情〉という意味で、「委細」。

(オ)は「契機」。①は「鶏口」。「鶏口となるも牛後となるなかれ」で、〈大きな団体や組織のなかで使われるよりも、小さな団体や組織の長となる方がよい〉という意味。②は「啓発」。③は「契約」で、これが正解。④は「恩恵」。⑤は「警鐘」。

問2　傍線部の理由説明問題　[6] ④

「もう少し広く考えてみましょう」というのは、傍線部以降の内容から、またすべての選択肢が「中国に目を転じて時代をさかのぼり」で始まっていることからも、中国の事例を取り上げて考えることだとわかる。では、筆者はどうして中国の事例を取り上げたのか。

傍線部の前の第1段落〜第3段落では、近世後期の日本社会で漢文学習が広く普及し、漢文が「公的に認知された素養」であったこと、士族階級の多くの人々が基礎学問としての漢学を修め、漢籍に親しむことで彼らは自身の知的世界を形成していったことなどが述べられている。そして、第4段落では、そうした過程で「ある特定の思考や感覚の型が形成されていった」ことにも注意を向ける必要があると書かれている。つまり、傍線部の前では、士族階級のなかに漢文学習を通して「ある特定の思考や感覚の型」が形成されていったことが指摘されているのである。

次に、傍線部の後を見てみよう。傍線部の後では、中国古典文と士大夫との関係が説明されており、特に第9段落では、「古典詩文の能力を問う科挙は、士大夫を制度的に再生産するシステムであったのみならず、士大夫の思考や感覚の型――とりあえずこれをエトスと呼ぶことにします――の継承をも保証するシステムだった」などと説明されている。つまり、近世後期の日本社会に先立って、中国でも古典文の学習を通して「思考や感覚の型」が形成されていたのである。

以上の点を踏まえると、筆者が「もう少し広く考えてみましょう」と言ったのは、中国古典文と士大夫との関係を考えることによって、近世後期の日本社会で漢文学習を通して「思考や感覚の型」が形成されていったさまを、より理解しやすくするためだとわかる。したがって、**④が正解**となる。

①は、「中国古典文に見られる思想と文学の共通点を考慮に入れる」ことと「近世後期の日本において漢籍が知的世界の基礎になった根拠」の把握は、直接結びつかないので、不適当。

②は、中国の「学問の制度化の歴史的起源に関する議論」と「近世後期の日本において漢学が素養として公的に認知された理由」の把握は、直接結びつかないので、不適当。

③は、「近世後期の日本において漢文学習により知的世界が多様化した」という説明が、不適当。第1段落や（注2）から明らかなように、近世後期の日本社会では、朱子学が正統の学問とされ、それによって「解釈の統一」が行われたのである。

⑤は、「中国古典文に示された民情への視線を分析する」ことと「近世後期の日本において漢学の専門家以外にも漢文学習が広まった背景」の把握は、直接結びつかないので、不適当。

問3　傍線部の内容を具体的に説明する問題　[7]　②

中国では、傍線部の内容が具体的にどのように展開したかを説明する問題。中国については、傍線部を含む第6段落から第9段落で説明されているので、その記述を手がかりに考えていこう。

まず、傍線部の前後から、ここで問題となっている「ことば」が、後に中国古典文と呼ばれるようになる書きことばのことだとわかる。そして、その高度なリテラシー（読み書き能力）によって社会の支配階層となったのが士大夫と呼ばれる人々で、彼らが中国古典文の世界を支えたという。つまり、中国古典文の高度なリテラシーをもつことが士大夫の条件だ（a）というのである。

第7段落からは、中国古典文が「学ぶ」階層のために書かれたものである（b）こと、また第8段落からは、士人、士大夫が統治者の立場に立っていた（c）ことがわかる。さらに、第9段落には、古典詩文の能力を問う科挙が、士大夫の思考や感覚の型の継承を保証するものだった（d）とある。

以上のa～dを踏まえて、傍線部を具体的に説明すればよいのだが、これが難しい。こうしたときは消去法を活用すべきだろう。

まずbの中国古典文が「学ぶ」階層のためのものであるという点に着目して選択肢を検討してみよう。すると、①は「中国古典文が社会規範として広く支持される」という説明が、③は「その世界（＝中国古典文の世界）で重視された儒家の教えが社会規範として流布（＝世間に広まること）し」

という説明が、⑤は「士大夫が堅持してきた書きことば（＝中国古典文）の規範が大衆化し」という説明が、それぞれｂに反するので、不適当。

また、本文には「身分秩序」の「流動化」といったことはいっさい書かれていないので、④の「科挙制度のもとで確立した身分秩序が流動化していった」という説明は、不適当。

したがって、残った**②が正解**となる。

②の「中国古典文の素養が士大夫にとって不可欠になる」は上述のａに対応し、「中国古典文が書きことばの規範となり、やがてその規範に基づく科挙制度を通して統治システムが行き渡っていった」は上述のｃ、ｄを踏まえた説明だと考えることができる。しかし「リテラシーの獲得に対する人々の意欲が高まる」という説明は本文には直接書かれていないので、この部分でこの選択肢は不適当だと考えた人もいるかもしれない。ただ、士大夫という支配階層に入るためにリテラシーの獲得に意欲をもった人は多く存在しただろうことは容易に想像でき、実際多くの人が科挙の試験に挑んだという事実がある以上、この部分でこの選択肢を誤りと判断することはできないだろう。

問４　傍線部の内容説明問題　8　④

傍線部で述べられていることによって近世後期の武士は、どういうことが可能になったのかが問われている。傍線部は、もともと武勇の象徴だった刀を忠義の象徴と見なすこと（ａ）を示している。そして、傍線部の直後にあるように、それは「武への価値づけの転換」であるとともに、「そうした武に支えられてこその文であるという意識」を生むことにもなった。

まず、「そうした武に支えられてこその文であるという意識」とは何かを考えてみよう。「行政能力が文、忠義の心が武」（第15段落）だというのだから、それは、忠義の心（＝武）が基礎となって行政能力（＝文）を支えているという意識（ｂ）のことだとわかる。

次に、「武への価値づけの転換」とは何かを考えてみよう。それは、傍線部の前にあるように、近世後期の武士が、武を文に対立するものではなく、忠の現れと見なしたことを示し、それは「平時における自己確認」を容易にするものだった。「学問は士族が身を立てるために必須の要件」（第17段落）となるような平和な時代にあって、武士は学問に励むことで自己のアイデンティティを確保したのである（ｃ）。

以上の点をもう一度整理すると、次のようになる。

ａ　もともと武勇の象徴だった刀を忠義の象徴と見なすことで
ｂ　忠義の心が基礎となって行政能力を支えているという意識が生まれ
ｃ　武士は学問に励むことで自己のアイデンティティを確保した

したがって、以上の点を踏まえた**④が正解**となる。

①は、まず「理想とする中国の士大夫階級」という説明が、

不適当。武士が士大夫階級を理想としたとする根拠は、本文にはない。また「日本独自の文と武に関する理念を打ち出すことができるようになった」という説明も、本文には書かれていない。

②は、「刀を、漢文学習によって得られた吏僚としての資格」を「象徴するものと見なす」という説明が、不適当。そうしたことは本文にいっさい書かれていない。

③は、「刀を持つことが本来意味していた忠義の精神」という説明が、不適当。傍線部にあるように、もともと武勇の象徴であった刀が、近世後期になって忠義の象徴となったのである。

⑤は、「出世のための学問を重んじる風潮に流されず」という説明が、上述のcに反するので、不適当。

問5　傍線部の内容説明問題　[9]　③

まず「漢文で読み書きする」ことの意味を考えておこう。本文が問題にしている近世後期の日本社会にあっては、第17段落にあるように、「学問は士族が身を立てるために必須の要件」だった（a）。

では、漢文を読み書きすることが「道理」を「背負ってしまう」とはどういうことであろうか。それを考える際に、設問に「本文全体の内容に照らして」とあることを見落とさないようにしたい。特に、**【本文解説】**でIとした部分の最後にあたる第4段落に、漢文学習を通して「ある特定の思考や感覚の型が形成されていった」とあることに注意したい。つまり、道理を背負うとは、漢文学習を通して、武士が「ある特定の思考や感覚の型」を身につけた（b）ことをいうのである。

次に、「天下」を「背負ってしまう」とはどういうことであるかを考えよう。第18段落にあるように、「儒学はまず修身に始まるわけですが、それが治国・平天下に連なっている」というのである。つまり、漢文学習を通して、武士は、「治国（＝国を正しく治めること）」、「平天下（＝世の中を平穏に保つこと）」という「統治への意識」をもつようになった（c）というのである。

以上の点をもう一度整理すると、次のようになる。

a　漢文学習は士族が身を立てるために必須の要件だった
b　武士は、漢文学習を通して「ある特定の思考や感覚の型」を身につけた
c　武士は、漢文学習を通して「統治への意識」を持つようになった

したがって、以上の点を踏まえた**③が正解**となる。

①は、「エリートとしての内面性を備えるようになった」という説明が、不適当。そうしたことは本文にいっさい書かれていない。また、この選択肢には、「天下を背負ってしまう（＝統治への意識）」に該当する説明が全くないことからも誤りと判断できる。

②は、「行政能力としての文と忠義の心としての武とを個々の内面において調和させる」という説明が、第14段落の

「武（＝忠義の心）に支えられてこその文（＝行政能力）であるという意識」に反するので、不適当。

④は、「士人としての生き方を超えた」という説明が、不適当。そうしたことは本文にいっさい書かれていない。むしろ「近世幕藩体制下における士族」は「士人意識には同化しやすい」（第13段落）のであり、「武将とその家来たちもまた、その意識（＝統治への意識）を分かちもつことで、士となった」（第18段落）のである。

⑤は、「国家を統治するという役割を天命として引き受ける気になった」という説明が、不適当。そうしたことは本文にいっさい書かれていない。

問6

(i) **表現上の特徴を説明する問題** 10 ②

こうした設問では、一つ一つの選択肢の説明を本文の記述と慎重に照らし合わせ、消去法を使って解答を確定していくこと。順に選択肢を検討していこう。

①について。第9段落は「読み手に問いかけるような」ものになっていないので、この選択肢は不適当。

②について。「やや極端な言い方ですが」、「逆に言えば」、「正直に言えば」などの表現により、その前後の関係がわかりやすくなっているという、この選択肢の説明には特に誤りはないので、**これが正解**。

③について。「『〜のです』という文末表現」は、「次の話題に移る」ことを示すものではないので、この選択肢は不適当。

④について。「漢籍を待たずとも」、「文武両道なるものは」という表現は、古めかしいものとは言えても、「学術的な言い回し」とは言えないので、この選択肢は不適当。

(ii) **文章全体の構成を説明する問題** 11 ①

【本文解説】で示したように、本文は三つの部分からなっている。まずⅠでは、近世後期の日本社会では、漢文学習を通して、ある特定の思考や感覚の型が形成されたことが説明されている。Ⅱでは、中国の士大夫と古典文との関係が説明されており、古典詩文の能力を問う科挙が士大夫の思考や感覚の型の継承を保証するものだったことが説明されている。最後のⅢでは、再び日本の近世社会の話題に戻り、武士が漢文学習を通して道理（＝思考や感覚の型）を身につけ、天下を背負う（＝統治者意識をもつ）ようになったことが説明されている。つまり、Ⅰでいったん全体的な見通しを示した後、ⅡとⅢでより具体的な説明がなされているのである。したがって、以上の点を踏まえた**①が正解**となる。

②は、「第3段落〜第16段落が中心部分となり、それに対して、第17段落〜第20段落が補足部分という構成になっている」という説明が、不適当。特に最後の第20段落は、筆者の見解の中心をなすものである。

③は、「大きく二つの部分に分けられ」という説明が、不適当。すでに説明したように、本文は三つの部分から

なっているのである。第5段落で話は大きく転換しており、第1段落〜第10段落を一つのまとまりと見なすのは無理がある。

④は、本文を四つの部分からなるとしている点が、不適当。すでに説明したように、本文は三つの部分からなっているのである。また、「起承転結」の「転」に該当する部分が本文にないことからも、この選択肢は誤りだと判断できたはずである。

第2問 現代文(小説)

【出典】

岡本かの子の短編小説「快走」の全文。一九三八(昭和十三)年に雑誌『令女界』の十二月号で発表され、一九三九年刊行の短編集『老妓抄』に収録されている。

岡本かの子(おかもと・かのこ)は、一八八九年東京生まれ。文学活動の始まりは短歌であり、『かろきねたみ』や『愛のなやみ』などの歌集を出版する。小説家としては、芥川龍之介を描いた『鶴は病みき』によって文壇に登場し、世評の高い『老妓抄』で確固たる地位を得る。一九三九年没。

なお、一九八八年に実施されたセンター試験試行テストでは、岡本かの子「鮨」が出題されている。

【本文解説】

女学校卒業後は、鬱屈した日々を過ごすことの多い道子が、気晴らしとして、月光を浴びながら堤防の上を疾走するというエピソードを軸に、ある家族のほほえましいありようを描いた文章。

小説の全文ということもあり、リード文では特に情報は示されていないので、状況設定や登場人物の特徴や人間関係などを整理しながら、本文を読み進めていこう。

なお、本文が小説の一節(=部分)であるときには、本文を読み進めていくうえで重要な事柄が、リード文で示されていることが多い。そうした場合にはリード文を丁寧に読んでおくように。

本文は三か所の空白行で、四つの部分に分けられている。全体の内容を順次確認していこう。

Ⅰ　走ることに生きる充実感を得る道子（冒頭～47行目）

昭和の、国民生活に国家の統制が加えられていた時代のことである。そうした国策のことも配慮し、道子は弟の準二や兄の陸郎のために正月用の着物を縫っている。道子は忙しく縫い物をしながら、兄の陸郎に、会社以外は和服で過ごすことを勧める。だが、陸郎は笑って「一人で忙《いそ》がしがってら」と道子を冷やかし、「俺《おれ》は和服なんか着ないよ（8行目）」と言い放ち、その場を去って行った。陸郎の後姿を見ていた道子は「ほーっと吐息をついて（9行目）」縫い物を中断した。すると急に屈托（＝屈託）して来て（＝疲れて飽きてしまい）散歩に出かけた。

散歩しながら道子は、女学校卒業以来ずっと窮屈な日々を送り、こんな風に景色をゆっくり眺めるのは、久しぶりであることに気づき、「ほーっと大きな吐息をまたつい（18行目）」た。歩き続けて堤防の上に立つと、人目がないことを確認し思い切り手足を動かしているうちに、女学校在学中ランニングの選手だった時の気持ちがよみがえり、着物の裾を端折《はしょ》って堤防の上を駆け出した。走り終わると「ほんとうに溌剌《はつらつ》と活《い》きている感じがする（29行目）」のであった。こうした充実感を味わいたくて、道子は堤防の上を毎晩走りたくなった。

だが、道子はこの計画を家族には内緒にした。というのも、両親には反対されるだろうし、兄弟にはからかわれるだろうと思えたし、それ以上に「月明の中に疾駆する興奮した気持ち（33行目）」を自分だけで味わいたかったからである。

家族に内緒でランニングをするため、道子は銭湯に行くと言って外出し、堤防にやって来た。月光の下で準備してきた服装になり、堤防の上を疾走し、充実感を得るとともに、自分だけが別の世界に生きているような気になった。

Ⅱ　道子の様子に不審を抱く母親（49行目～55行目）

道子は堤防で疾走した後、家人に言った通り銭湯に行き、汗を流した。他の人々が近くにいる、もとの世界に戻った気になりながらも、一人で疾走するという行動が「自分独特の生き方を発見した」ように思え、その「興奮（50行目）」にあらためてわくわくした気分になった。帰宅すると、銭湯に行くだけにしては長過ぎたのか、不審を抱いた母親に「お湯から何処《どこ》へまわったの（52行目）」と尋ねられた。道子は、肩凝りをほぐすため「お湯にゆっくり入ってた（53行目）」と言い訳するのであった。

Ⅲ　道子の走る姿を見たくなる両親（57行目～119行目）

お湯屋で過ごす時間を短縮しても、その前にランニングをしているのだから、道子の銭湯通いにはどうしても時間がかかる。母親は道子の長湯を気にし、陸郎に道子の後をつけてくれと頼んだ。だが、陸郎にとって妹の後をつけるのは「親し過ぎるだけに妙に照れくさ（60行目）」く、母親の依頼を真剣に実行する気にはなれなかった。

心配する母親は道子と一緒に銭湯に行くことにする。道子は隠し事がばれないようにわざと長湯をするが、たかだか四十分しかかからなかった。道子一人で銭湯に行くと一時間半もかかるので、両親は、道子がお湯屋のほかにどこに寄っているのか心配であった。母親が陸郎に道子の監視を頼んだものの、全く当てにならなかったので、父親も首をひねり考え込むしかなかった。

そうこうしているうちに、道子宛《あて》の手紙が友達から届いた。両親は道子に無断でその手紙を読んだ。手紙によれば、道子は「毎晩パンツ姿も凛々《りり》しく月光を浴びて多摩川の堤防の上を疾駆（101行目）」しているのだと言う。両親はともに驚き、母親は道子を呼び寄せて叱《しか》ろうと提案した。しかし、父親は冬の晩にランニングをするのは、よほど屈託した日々を過ごしているからだろうと推測し、同情するのであった。そればかりか、父親は「娘が月光の中で走るところを見たくなったよ（110行目）」と好奇心を示した。それにつられたのか母親までも一緒に、娘の走る姿を見に行くこととなった。つい先ほどまでは道子のことが心配だったのに、両親は好奇心を刺激され、娘の疾走する姿を見るのが待ち遠しい気持ちにまでなった。こうしたなりゆきに、両親は思わず笑い出したのであった。

Ⅳ 久しぶりに懸命に走り充実感を味わっている夫婦（121行目～最終行）

銭湯に行きたいと言う道子の申し出を両親はすんなり認め、外出させた。急いで堤防の上にやって来た道子は、身支度をしていきなり弾丸のように走り出した。後から追って来た父親が、堤防から離れている草原で娘の走る姿を見つけ「あれだ、あれだ（135行目）」と妻に指さした。ずっと遅れて駆けて来た妻に、「あなたったら、まるで青年のように走るんですもの（137行目）」と言われ、夫は得意になる。さらに「家からここまで一度も休まずに駆けて来た（141行目）」と言う妻に、夫は「俺達は案外まだ若いんだね（142行目）」と応じた。こんなふうに「月光の下を寒風を切って走ったこと（145行目）」は、二人にとってしばらくなかった喜びをもたらした。今や二人は、娘の走る姿を見たいという気持ちより、むしろ一生懸命走ったことによる充実感に喜び、声を立てて笑うのであった。

【設問解説】

問1 語句の意味を問う問題 12 ⑤ 13 ④ 14 ①

(ア)の「刻々に」は、〈時間がだんだんと進んだり、迫ってきたりするさま〉を意味する。この意味に該当する**⑤が正解**。①のように、急な変化を示す語意ではないし、②のように、瞬間的なさまを示す語意ではない。また、③のように、ものごとの順序を示す語意でもなければ、④のように、頻度を示す語意でもない。

(イ)の「腰を折られて」は、〈何かしようとしているのに、相手によって途中で気がそがれて〉という語意であり、これに該当する**④が正解**。①は、〈へりくだった態度に出られて〉という語意で間違い。②は、〈意外さに驚いて〉という限定された意味になってしまう。③で少し迷ったかもしれないが、この表現では〈相手によって途中で気がそがれて〉という内容が欠落しており、間違い。また、⑤のように「屈辱」感を示す語意ではない。

(ウ)の「われ知らず」は、〈自分（＝われ）でも気づかずに。無意識のうちに〉という語意であり、これに該当する**①が正解**。②・③・⑤はどれも、明らかに自覚的・意識的な内容を含んでおり、間違い。また、④で少し迷ったかもしれないが、「逆に」と判断できるということは、自分の「本当の思い」がわかっていることが含意されるので、〈無意識のうちに〉という語意に合致しない。

なおこうした設問では、いきなり文脈から意味を類推するのではなく、まずは語句の辞書的な意味をしっかり確認し、その後に文脈との適合性を吟味するのが無難である。

問2　「道子」が「吐息をついて」縫い物の手を休めたときの心情を説明する問題　15　③

傍線部には「ほーっと吐息をついて」とある。一般的に「吐息」とは〈がっかりしたり、ほっとしたりして吐く大きな息。ため息〉のことである。道子がどうして「吐息」をついたのだろうか？　中断した「縫い物」との関わりを含め、その経緯を確認していこう。

国策のこともあり、仕事以外では和服で過ごしたらいいと思っている道子は、正月用の着物を縫うのに忙しい。そうした道子に対して、兄の陸郎は、「一人で忙がしがってら」と道子をからかい、「俺は和服なんか着ないよ（8行目）」と言い放ち、その場を離れて行った。その後ろ姿をじっと見上げていた道子が「ほーっと吐息」をついたのである。せっかく頑張って家族のために縫い物仕事をしているのに、陸郎に軽くあしらわれてしまったのだから、「吐息をついて」という表現には、〈がっかりした＝気落ちした〉というニュアンスが含まれていることを、とりあえずは読み取っておこう。こうした経緯から、

a　家族のために縫い物に忙しかった

b　しかし、兄の陸郎は道子の仕事を評価せず、からかいの言葉さえ発した

c　そうした兄の後ろ姿を見てがっかりし（＝気落ちし）、仕事を中断する

というポイントが得られる。これで選択肢を選ぶこともできるだろうが、念のためもう少し傍線部以降、すなわち縫い物仕事を中断した後の道子の様子を確認していこう。

肩凝りを感じた道子は戸外へ出て、身体を動かしながら散歩する。冬の夕景色を眺めながら、最近「縮こまった生活ばかりして（17行目）」ゆっくり景色を眺めることなど女学校の卒業以来であるような気がした。この時、縫い物を中断した時のように、「ほーっと大きな吐息をまた、ついて（18行目）」しまうのであった。このように、道子はある種の緊張状態からゆったりした状態になった時に「ほーっと（大きな）吐息」をつくようである。こうしたことを踏まえれば、「ほーっと吐息をついて」という表現には、〈がっかりした＝

気落ちした〉というニュアンスだけではなく、

d　緊張状態から気が緩んだ状態にもなっている

というニュアンスも読み取るべきであろう。こうした**a〜d**ポイントを含んでいる**③が正解**。③の中には、〈がっかりした＝気落ちした〉という語句はないが、「その苦心が兄には真剣に受け止められていないことに気づき、張りつめた気持ちが緩んでいる」という表現から、〈がっかりしている＝気落ちしている〉というニュアンスも読み取れるだろう。

他の選択肢は、①「孤独を感じている」、②「恥ずかしさにいたたまれなくなっている」、④「憤りを抑えがたくなっている」、⑤「投げやりな気分になっている」が、傍線部の「吐息をついて」という表現に合致しない。

なお、それ以外の部分も確認しておこう。

①は、「家族のための仕事をひたすらこなすよう強いられている」が間違い。傍線部の後にあるように、道子は、特に許可を得ることもなく、自分の判断で仕事を中断し、散歩にさえ出かけているのだから、「強いられている」とは断定できないはずだ。なお、「始終追いつめられて（16行目）」という部分が気になったかもしれないが、これは縫い物を強いられ「追いつめられ」ていたと限定して読むのではなく、女学校卒業後、日々の仕事に追われていたことを示している、と読み取る方がよいだろう。

②は、「その仕事（＝縫い物）の使命感に酔っていると兄に指摘され」とあるが、道子が国策を意識して和服を縫っているとしても、「使命感に酔っている」とまで断定できる根拠は本文中にない。また、兄の「指摘」で「恥ずかしさにいたたまれなくなっている」とあるが、これでは道子は「使命感」を抱いていることを自覚していることになる。そう断定する根拠も本文中にはない。

④は、「仕事は正しいものであると信じてきた」とあるが、道子が縫い物の仕事に対してそうした思い込みや信念を抱いていたと断定できる根拠は本文中にはない。

⑤は、「その仕事を続けなければならないので」とあるが、傍線部の「縫い物を畳の上に置いた」＝仕事を中断した、という内容に反する。

問3　「わくわく」している「道子」の心の動きを説明する問題　16　④

傍線部の「わくわく」する気持ちは、直前の「自分独特の生き方を発見した興奮」から生じたものであることをまず押さえておこう。次に、「自分独特の生き方」とはどのようなものかを読み取ろう。そして、設問に「道子の内面の動きはどのようなものか」とあることに注意し、「自分独特の生き方を発見」するまでの経緯もしっかり確認しよう。

家族のためにと思って忙しく縫い物をしていた道子は、兄の態度に気落ちし散歩する。そして堤防の上まで来て、屈託した気持ちを払いのけようと、堤防の上を走り出す。走った後で「ほんとうに溌剌と活きている感じ（29行目）」がして「いっそ毎日やったら（＝走ったら）（30〜31行目）」という気になる。家人には「銭湯に行って来ます（39行目）」とごまかし、「青白い月光に照らし出された堤防の上（44行目）」を全力で駆け抜ける。そして、「自分はいま溌剌と生きてはいるが、違った世界に生きているという感じ」や「淋しいがしかも厳粛な世界に生きているという感じ（45～46行目）」を抱くのであった。その後の入浴中に、「またもとの人間界に立ち戻った気（49行目）」持ちになりつつも、走るという「自分独特の生き方を発見した興奮にわくわく」するのであった。こうした経緯、すなわち道子の「内面の動き」は次のように整理できる。

a　仕事が家族から評価されないという屈託した気持ちを振り払うように
b　月光の下、堤防の上を駆け抜ける
c　bにより、溌剌と生きていることを実感する
d　bにより、家族など他の人々とは違う世界に生きている気になる
e　（入浴中、もとの世界に戻った気がしつつも）自分独特の生き方を発見したことにあらためて興奮する

以上のa～eポイントを含んでいる④が正解。なお④では、道子がなぜ堤防の上を走るようになったのかというaポイントが省かれているように見える。だが、「社会や家族の一員としての役割意識から逃れた別の世界を見つけられた」という部分に注目しよう。ここには、国策も配慮し家族のために忙しく仕事をするといった鬱屈《うっくつ》した状態から逃れ、のびのびしたいという気持ちが含意されており、間接的であれaポイントの内容が踏まえられている。

①は、「自分の行為の正しさを再認識し、その自信を得た」とあるが、道子は「走る」という行為を正しいか否かという基準で捉えているわけではないので不適切。

②は、「走る」という行為を「非常時では世間から非難されるかもしれないことに密《ひそ》かな喜びを感じ始め」という部分が不適切。これでは、世間のものの見方や価値観との対立に喜びを感じていることになってしまう。道子がそうした気持ちを抱いているという根拠は本文中に示されていない。

③は、「窮屈に感じていた生活が変わるかもしれないという明るい予感」が不適切。現実生活そのものが変化する可能性については、本文中に何ら述べられていない。

⑤は、「社会や家庭の中で役割を持つ自分の存在を感覚的に確かめようとしている」が、本文中の内容に反している。道子は、家族を含め他者とは違った世界にいるという実感を通じて生き生きとした自分を感じているのであって、社会や家庭での役割を持つ自分の存在の確認を求めているのではない。

問4　道子と陸郎はどのように意識し合う関係かを説明する問題　17　③

道子と陸郎は、互いをどのように意識し合っているのであろうか。場面の進行に従って確認していこう。

〔第一場面の1～10行目における両者の関わり〕

道子は、それが家族のためになると思って、正月の着物を縫っている。しかし、陸郎はそうしたきまじめな道子に対し、笑いながら「一人で忙がしがってら」と冷やかに軽口をたたき、「俺は和服なんか着ないよ（8行目）」とまで言っている。そうした兄に対して、道子は「吐息（9行目）」をつくものの、特に露骨な反発を示すこともなく、後姿をじっと見るだけであった。こうしたことからは、

a　陸郎はきまじめな道子をからかうような冷やかしの発言をする

b　道子はそうした陸郎に対し、露骨な反応を示すことはない

というポイントが得られる。

〔第一場面の32～34行目における両者の関わり〕

月光の下、堤防の上を駆け抜けることに充実感をおぼえた道子であるが、毎日堤防の上で疾走しようという計画を両親のみならず兄弟にも話しはしない。というのも、「兄弟は親し過ぎて揶揄《からか》うぐらいのものであろうから。いやそれよりも彼女は月明の中に疾駆する興奮した気持ちを自分独りで内密に味わいたかったから（33～34行目）」である。こうしたことから、

c　道子は陸郎と親し過ぎるがゆえに、毎日走りたいという気持ちを伝えず、走る喜びは自分だけで味わいたいと思っている

というポイントが得られる。

〔第三場面の57～62行目と87～88行目における両者の関わり〕

道子の長湯が気になる母親は、陸郎に道子の後をつけるように依頼する。だが、「陸郎は妹の後をつけるということが親し過ぎるだけに妙に照れくさかった（60行目）」。そうした気持ちから、すぐに道子の後をつけようとはしない。しかも、道子は銭湯に行ったとだけ母親に報告している。こうしたことから、

d　陸郎は妹道子と親しいだけに、（仮に秘密があったとしても）あまり立ち入りたくない

というポイントが得られる。こうしたa～dの内容を含んでいる**③が正解**。

①は、「陸郎は誠実な道子の性格をいとおしく感じており」がaポイントに合致しない。また、「心の底では信頼し合っている」という部分も本文から確定できない説明である。

②は、まず「妹の面倒を見てほしいと母親に頼まれても」が、本文の内容とは合致しない。母親は銭湯に行く道子の後をつけることを頼んだのであり、「妹の面倒を見てほしい」などと頼んだわけではない。また、「道子も奔放な陸郎への憧れを」とあるが、こうした内容は本文中のどこにも示されていない。

④は、まず陸郎が「道子が融通の利かない性格」と思っているという根拠は、本文中にない。また、「二人はそれぞれの性格を熟知している」とあるが、二人が互いの性格をどれ

だけ理解しているかについては、本文中で全く言及されていない。

⑤は、まず「陸郎は道子の大人びた振る舞いを兄として信頼しており」という部分が**a**ポイントと合致しない。また、「自分（＝道子）の発見を伝えなくても兄には理解してもらえる」という部分が、**c**ポイントに反する。

問5　18　①　二つの場面における両親の笑いをそれぞれ説明する問題

二つの場面において、両親はどんなことで笑っているのかを順に確認していこう。

〔傍線部Cの笑いについて〕

道子の両親は、銭湯の行き帰りにあまりにも長い時間をかける道子に不審を抱き、陸郎に監視させようとするほど道子を心配していた。けれども、道子の友人からの手紙を読んで、道子が「月光を浴びて多摩川の堤防の上を疾駆（101行目）」していることを知り驚いた。道子を叱りつけようとした母親を制して、父親は「娘が月光の中で走るところを見たくなった（110行目）」と言い出す。初めはあきれていた母親までもが「そいじゃ私も一緒に行きますわ（116行目）」と応じるので、両親とも思わず笑い出してしまったのである。こうした内容を整理すると、

a　両親は監視したいくらいに道子の最近の様子を心配していた

b　だが、道子の行動を知り、走る姿を見たくなる

c　そうした自分たちのことがおかしくて笑う

というポイントが得られる。

〔傍線部Dの笑いについて〕

道子の走る姿を見ようと、両親は堤防が見えるところまで走って行く。「あなたったら、まるで青年のように走るんですもの、追いつけやしませんわ（137行目）」という妻の言葉に夫は得意になる。妻が、「これでも一生懸命……家からここまで一度も休まずに駆けて来たんですから（141行目）」と言うと、夫は「俺達は案外まだ若いんだね（142行目）」と応じる。夫婦は「月光の下を寒風を切って走ったこと（145行目）」に最近では珍しいほど喜び、笑い出すのであった。以上の内容をまとめると、

d　娘の姿を見ることより自分達が月光の下を全力で走ったことに快感を抱く

e　その喜びに笑い出す

というポイントも得られる。こうした**a**～**e**ポイントを含む**①が正解**。

②は、「たかだかランニング程度にあまりに深刻になっていたと気がつきおかしさをこらえられない」が、**a**～**c**ポイントと合致しない。また、「自分たちの勇気のなさを互いに笑い飛ばそうとしている」も**d**・**e**ポイントに合致しない。

③は、「余計な取り越し苦労をしたことに気がつき苦笑し合っている」が**a**～**c**ポイントと合致しない。また、「疾走

する娘を心配のあまり」も間違い。両親は心配しているというより、娘の走る姿が見たいのである。

④は、「娘や息子を子ども扱いしている自分たちに気がつき……思い入れの強さに苦笑し合っている」が、a〜cポイントと合致しない。また「娘の気持ちが理解できたことを喜び」も、d・eポイントに合致しない。

⑤は、まず「娘を諭す親としての建て前を互いに言い募っていた」という部分が間違い。母親は叱ろうかと言ったが、父親はそれを制止しており、決して「娘を諭す親としての建て前」を「言い募っていた」わけではない。また、「暗い世相の中に明るい未来を予感し」も、本文中に全く根拠のない内容である。

問6　四つの場面の表現に関する説明問題　19・20　④・⑥

こうした設問では、特別な知識や理解力が要求されているわけではない。あくまで場面ごとに明示されている内容を根拠にして、選択肢の適否を判断しなければならない。以下、順番に選択肢を吟味していこう。

①は、「道子の心情」が「心内のつぶやきのみで説明されている」が間違い。「道子は……一度もなかったような気がした。……という感じが道子を不満にした（15〜17行目）」や、「道子は……違った世界に生きているという感じがした。……生きているという感じだった（45〜47行目）」というふうに、道子の心情は外部の視点からも説明されている。

②は、「道子」の「不自然な返答」と「兄の誇張した言い回しが母親の不審を呼び」が間違い。道子が母親の質問に返答する（53行目）前に、すでに「母親が不審そうな顔をして（51行目）」いるのである。

③は、「まあ」という発言について、「(その直後に)読点のないものはあきれた気持ちを表している」が間違い。108行目で父親が母親に対して、「まあ待ちなさい」と言っているが、これはすぐに娘を叱ろうとする母親を制止しているのであり、決して母親の発言にあきれたがゆえの言葉ではない。

④について。第一場面の終わりでは、「道子は弾条仕掛のように飛び出した。……青白い月光に照らし出され……多摩川が銀色に光って……（43〜44行目）」とある。また、第四場面では、「青白い月の光が彼女の白いアンダー・シャツを銀色に光らせ、腰から下は黒のパンツに……（130〜131行目）」とある。たしかに「直喩を用いたり」「情景を描くのに色彩表現を用いたり」しており、また、こうした描写が「イメージ豊かに表現されている」と言っても間違いではない。したがって、**これが一つ目の正解**。

⑤について。「道子の台詞は、四つの場面を通じて、家族からの問いへの応答から始まっている」が間違い。「ちょっと銭湯に行って来ます（39行目）」や「お湯へやって下さい。頭が痛いんですから（125行目）」とあるように、道子は自分からも家族に対して発言している。

⑥について。第一場面と第二場面では、明らかに道子が中心となっている内容であった。ところが第三場面からは道子のことを心配する夫婦の会話が中心となり、しかも第四場面

の終わりでは、道子の父親と母親という立場より、むしろ夫婦という立場で会話している。こうした変化は、父親・母親という呼称が、136～140行目では夫・妻という呼称に変わっていることでも確かめられるだろう。したがって、**これが二つ目の正解**。

第3問　古文

【出典】

『源氏物語』（夕霧の巻）
成立年代　平安時代中期
ジャンル　作り物語
作者　紫式部
内容　『源氏物語』は、七十年余りにわたる出来事を、全五十四帖の長編で記す、壮大な物語である。その中では、主人公の光源氏のみならず、光源氏の養女玉鬘《たまかずら》や、光源氏の子として育てられた薫《かおる》など、多くの人物を中心にしたさまざまな物語が展開する。夕霧の巻は、第三十九帖にあたり、光源氏の子息、夕霧を中心にした物語である。

【本文解説】

大将殿（＝夕霧）は、幼馴染で、いとこの三条殿（＝雲居雁）と結婚し、長い年月を夫婦円満に過ごして、多くの子を儲けていた。しかし、親友の柏木の死後、その妻であった落葉宮に恋をし、強引に関係を結ぶ。その様子に憤った妻、三条殿は子どものうちの数人を連れて父の邸へ帰ってしまう。なかなか大将殿を許そうとしない三条殿であったが、最終的には和解し、大将殿は、月の半分を三条殿のもとで、残りの半分を落葉宮のもとで過ごすようになる。本文は、三条殿が父の邸へ帰り、大将殿が彼女を連れ戻そうと迎えに出向く場面である。

全体は、六つの形式段落からなっている。〔第三段落〕中にある、大将殿と三条殿との手紙のやりとりA～Cは、設問にする都合から変則的に改行されており、そのため、段落構成が捉えにくくなっているので注意が必要である。この〔第三段落〕以降は、三条殿の父の邸が舞台になる。大将殿も三条殿も同じ邸内にいるが、三条殿は姉妹にあたる女御の部屋に留まっているため、本文全体を通じて、二人が直接対面することはない。

各段落の内容は、次の通りである。

〔第一段落〕

三条殿が大将殿と暮らす邸を離れて父おとどのもとへ移る。

〔第二段落〕

それを聞いた大将殿が慌てて自邸に戻り、残されていた子どもたちの様子を見る。

〔第三段落〕

大将殿が三条殿の父の邸へ迎えに行く。三条殿は、里下がりして実家に滞在中の女御のもとへ行っており、三条殿がいるはずの部屋には子どもたちだけが乳母とともにいたので、同じ邸の中ではあるが、大将殿は三条殿に会えない。A～Cの会話文は直接対面して話しているのではなく、三条殿の部屋にいる大将殿と、女御の部屋に留まっている三条殿との間で手紙（もしくは、使者による伝言）によって交わされたものである。大将殿は、結局三条殿と会えないまま、三条殿のいないその部屋に、子どもたちと泊まる。

〔第四段落〕

大将殿は、物思いに沈みつつ独りで夜を過ごす。

〔第五段落〕

夜が明けてから、三条殿の部屋にいる大将殿が、女御の部屋にいる三条殿のもとに手紙を送り、その手紙を読んだ三条殿は不安を感じている。

〔第六段落〕

大将殿がそばにいる娘に話しかけている。

【全文解釈】

三条殿は、「（大将殿との仲は）おしまいであるようだ」と、「『そのようには（あるはずがあろう）か（、いや、そこまでにはなるまい）』と、一方では信じていたのに、『きまじめな人が心変わりするのはうってかわったように（なる）』と聞いていたのは、ほんとうであったのだ」と、夫婦仲（がどのようなものか）を試し終えた気分がして、「何としてもこの（夫の）無礼なしうちを目にするまい」と思いなさったので、大殿（＝三条殿の父の邸）へ「方違えをしよう（＝不吉な方角を避けるために居場所を移そう）」とおっしゃってお移りになってしまったが、（ちょうど、姉妹にあたる）女御が実家（である大殿）にいらっしゃる時などで対面しなさって、少しは悩みも晴らせるところだとお思いになって、いつものようにも急いでお戻りにはならない。

大将殿もお聞きになって、「思った通りだ、ひどく気短でいらっしゃるお人柄だ。この（三条殿の父の）おとども、また、大人びて落ち着いているところがやはりなくて、ひどくせっかちで、派手に振る舞って事を荒立てなさる人たちで、『気に入らない、見たくない、聞きたくない』などと（考えて）、ひねくれた行為のあれこれをきっとやり出しなさるにちがいない」と、自然と心が騒ぎなさって、三条殿（＝大将殿と三条殿の邸）にお戻りになったところ、子どもたちも一部は留まっていらっしゃるので、（三条殿は）姫君たちと、さらにとても幼い子とを連れていらっしゃった、（その残された子どもたちが、父の大将殿を）見つけて喜んでまとわりつき、ある子どもは奥方（＝三条殿）を恋しがり申し上げて悲しんで泣きなさるのを、「かわいそうだ」とお思いになる。

（大将殿は、三条殿に）手紙を何度も差し上げて、迎えに（人を）遣わし申し上げなさるけれど、（三条殿からは）お返事さえない。「（私たちは）このように愚かしく軽々しい仲なのだな」と、不愉快に思われなさるけれども、おとどが見聞きなさることもあるので、日暮れを待って自ら（迎えに）参上なさった。（三条殿の父の邸では）「（三条殿は、女御のいる）寝殿にいらっしゃる」というので、いつも（三条殿が）いらっしゃる部屋は、女房たちのみがお仕えしている。若君たちは乳母に寄り添っていらっしゃった。

（大将殿が）「今さらに子どもじみたご対応だね。このような人（＝子どもたち）を、あちらこちらに放り出しておきなさって、どうして寝殿の（女御との）おつきあいは（なさるのか）。（私とは）合わないご気性とは長年見知っていたけれど、そうなるはずの縁だろうか、昔から心に離れがたく思い申し上げて、今はこのように手のかかる大勢の人々がかわいらしいのを、『（私もあなたも）互いに見棄てることができようか（、いや、できないだろう）』と信じ申し上げていた。取るに足りないちょっとしたことで、このようには振る舞いなさってよいものか（、いや、このようなお振る舞いはあるべきではない）」と、激しく非難し恨み申し上げなさるので、（三条殿は）「何ごとにつけても、（あなたが）『今はもう（おしまいだ）』と見飽きなさってしまった私なので、今は、もはや、元通りになるはずでもないのに、『どうして（あなたと一緒にいよう）か（、いや、離れてしまおう）』と思って（父の邸に帰ってきた）。みっともない人々（＝私が生んだ子どもたち）は、お見捨てにならなければ嬉しいだろう」と申し上げなさった。

（大将殿は）「おだやかなお返事だね。結局のところ、誰の評判が惜しいのか（、他の誰でもない、あなたの評判の下がることが惜しまれるだけなのに）」と言って、強いて「お越し下さい」と言うこともなくて、その夜は独りでお休みになった。

「おかしなことに身の置き所のない時だなあ」と思いつつ、子どもたちを前に寝かせなさって、あちら（＝落葉宮のもと）でも、また、どんなにか思い乱れなさっているだろうと思われる様子を想像し申し上げ、安らかでない心労のさまなので、「どのような人にとって、このような（恋のやりとりをする）ことが、楽しいと思われるのだろうか」などと、こりごりしてしまいそうに思われなさる。

夜が明けてしまったので、「人が見聞きするというのに対しても子どもじみているのに、（ついに）『おしまいだ』とおっしゃってしまうならば、そのように（離れることに）して試してみよう。あちら（＝大将殿と三条殿の邸）にいる人々（＝年長の息子たち）も、いじらしい様子でお慕い申し上げているようだったが、選んで残しなさっていることは、『わけがあるのだろう』とは思いながらも、見捨て難いので、とにかく（私が）世話をしよう」と、威し申し上げなさると、（三条殿は）「思い切りのよいご性格で、この（父の邸へ連れてきた）子どもたちまでも、（私の）知らない場所（＝落葉宮のもと）に連れて移しなさるだろうか」と、心配である。

（大将殿は）姫君に、「さあ、こちらへおいでなさいな。（あなたに）お目にかかるためにこのように（こちらの邸に）参り来ることもきまりが悪いから、いつも参り来ることは（でき）ないだろう。あちら（の邸）でも人々（＝他の子どもたち）がかわいらしいので、せめて同じ所でだけでもお世話をしよう」と申し上げなさる。（姫君は）まだとても幼くかわいらしい様子でいらっしゃる（のを）、（大将殿は）「とてもかわいい」と拝見なさって、「母君のお教えに従いなさるな。とても情けなく、分別のできない性格があるのは、とても悪いことだ」と、言い知らせ申し上げなさる。

【設問解説】

問1　短語句の解釈の問題　21 ⑤　22 ①　23 ④

センター試験古文の定番の設問である。語句や文法の知識と文脈理解が問われる。

(ア)　いかさまにしてこのなめげさを見じ

「いかさまに」は、「どのようだ・どんなふうだ」という意味の形容動詞「いかさまなり」の連用形なので、「いかさまにして」の解釈として考えられるのは、①「いかなる手段を用いても」・⑤「何としても」である。

「なめげさ」は、「無礼だ」という意味の形容動詞「なめげなり」の語幹「なめげ」に、接尾語「さ」が付いて名詞となったものである。よって、「なめげさ」の解釈として考えられるのは、②「失礼な態度」・⑤「無礼なしうち」である。

「じ」は、打消推量・打消意志の助動詞なので、その解釈として考えられるのは、①「会うまい」・②「見ずにすむだろう」・⑤「目にするまい」である。③は打消の意味がなく、④は「見せ」と使役の意味があるので選べない。

したがって、**正解は⑤**である。⑤の解釈は文脈にも合う（**【全文解釈】**参照）。

(イ)　らうたげに恋ひ聞こゆめりしを

「らうたげに」は、「かわいらしい様子だ」という意味の形容動詞「らうたげなり」の連用形なので、「らうたげに」の解釈として考えられるのは、①「いじらしい様子で」・②「いじらしげに」・③「かわいらしげに」・④「かわいらしいことに」である。

「聞こゆ」は、動詞「恋ひ」の直下にあるので、謙譲の補助動詞である。謙譲の補助動詞「聞こゆ」の意味が出ているのは、①・⑤「申し上げ」である。④は「申し上げ」が「言う」行為自体を表している点が不適切である。

「めり」は、推定の助動詞で、その意味が出ているのは、

①・③・④・⑤「ようだ」である。②「らしいと聞いていた」は推定の訳ではあるが、「めり」は一般に、見たものを根拠として、そのように見える意味を表すので、「聞いていた」が不適切である。

「し」は、過去の助動詞「き」の連体形で、その意味が出ているのは、①・②・⑤「た」である。

したがって、**正解は①**である。①の解釈は文脈にも合う（**【全文解釈】**参照）。

(ウ)　いざ、給へかし

「いざ給へ」は「さあいらっしゃい」と誘いかける意味を表す慣用表現で、その解釈として考えられる選択肢は④「さあ、こちらへおいでなさいな」しかない。したがって、**正解は④**である。④には念押しの終助詞「かし」の訳として「な」もあり、この解釈は文脈にも合う（**【全文解釈】**参照）。

問2　文法問題　24　⑤

センター試験の古文の**問2**は文法問題であることが定番になっている。近年では、文法的に紛らわしい語の識別を、組合せで問うことが多く、今回もその形式である。

a「な」は、選択肢を見ると「限りなる」について、名詞「限り」に断定の助動詞「なり」が付いたものか、一語の形容動詞かの判断を求めているわけだが、「限りなり」という形容動詞はないので、**「なり」は断定の助動詞**である。もし、ここで判断できなかった場合は**a**を保留にして、**b**・**c**・**d**で判定しても解答は決まるようになっている。**a**の「な」は、断定の助動詞「なり」の連体形「なる」が、下に助動詞「めり」が付くことによって撥音便化して「なん」となり、その「ん」が表記されていないものである。

b「れ」は、受身・尊敬・可能・自発を表す助動詞「る」で、選択肢は、受身の用法か、自発の用法かの判断を求めているが、これは文脈で判断するしかない。今回、波線部の2行前からの文を見ると、「大将殿も聞き給ひて、『……』と、驚かれ給うて」となっている。三条殿が自分の父の邸に行ってしまったことを聞いた大将殿が、聞いた話に心が騒いだというのは意味が通じるが、聞いたことで、誰かに心が騒がれたというのは意味が通じない。よって、波線部は受身の用法ではないと言える。さらに「つい心が騒いだ」と自発で解釈することに問題はないから、**自発の助動詞**である。

c「て」の直前、「のたまひは」の直後で単語を切り、「のたまひは」を活用語の連用形と考えることはできない。よって、「て」を、連用形接続の完了の助動詞「つ」が活用したものとすることはできない。下二段活用動詞「果《は》つ」は、動詞の連用形の下に付くと「最後まで～する」という意味になる。「のたまひはて」を「最後までおっしゃる」という意味の動詞の未然形と考えることは、理に適っている。「て」は**動詞の活用語尾**とする説明が正しい。

d「せ」は、使役・尊敬を表す助動詞「す」の連用形である。この助動詞が尊敬の用法である際には、必ず直後に「給ふ」「おはします」などの尊敬語を伴う。しかし、波線部の直後の「奉り」は謙譲の補助動詞であって、尊敬語ではないから、波線部の「せ」は尊敬の用法ではない。さらに、大将殿が娘に自分の思いを言って、知らせるという文脈からも、波線部が**使役の助動詞**であることが確かめられる。
以上の**a**～**d**がすべて正しい**正解は⑤**である。

問3　心情説明の問題　25　③

心情の主体と内容を同時に問うている。

傍線部にある「心苦し」は、「胸が痛む。つらい。気の毒だ」などの意味を表す形容詞で、選択肢①「愚かなことをした」・②「すまないことをした」のような、自責の念を表すようになるのは、江戸時代以降である。また、選択肢④「ひどいと思っている」のような非難の気持ちを表すことはない。したがって、「心苦し」の語義に適う選択肢は、③・⑤のみである。

文脈を考えると、傍線部のある〔**第二段落**〕は、三条殿が父の邸へ移ったという話を大将殿が聞いて、夫婦で暮らす邸（傍線部の前行の「三条殿」）へやってきた場面である。「君たちも片へはとまり給へれば」とあるように、そこには子どもたちのうち一部は留まっていた。傍線部の直前には、その子どもたちが、帰ってきた父を「見つけて喜び睦れ、あるは上（＝三条殿）を恋ひ奉りて愁へ泣き給ふ」様子が描かれており、それに対して「心苦し」と思うのは、大将殿である。選択肢①と②は、三条殿の心情としており、⑤は三条殿に連れて行かれた姫君の心情としているので、いずれも不適切である。③と④は、我が家へ帰ってきた大将殿の心情を述べているが、大将殿が直面した子どもたちの様子として、③の「父の姿を見つけて喜んだり母を求めて泣いたりする様子」は、前述した傍線部直前の記述に合っており、**正解は③**とわかる。④は、「心苦し」の語義からも間違いとわかるが、「母に連れて行かれた姉妹や弟をうらやんで」という記述も本文に根拠を持たず、間違いである。

問4　心情説明の問題　26　②

心情の主体が大将殿であることを示した上で、心情の内容だけを問うている。

傍線部「もの懲りしぬべうおぼえ給ふ」は、「こりごりしてしまいそうに思われなさる」の意味である。このようにこりごりしている理由は、傍線部を含む一文の冒頭の「中空なる」に付けられた注に「落葉宮には疎まれ、妻には家出されるという、身の置き所のない様」とあり、落葉宮と無理に深い関係になってしまったことで、双方から疎まれているからだとわかる。この内容が示唆されている選択肢は、②の「三条殿には出て行かれ、落葉宮は落葉宮で傷ついているだろうと想像されて」のみである。この②は、「かしこに、また、いかに思し乱るらんさま思ひやり聞こえ」を「落葉宮は落葉宮で傷ついているだろうと想像されて」と説明し、「やすからぬ心づくしなれば」を「心労ばかりがまさるため」と説明し、「いかなる人、かうやうなること、をかしうおぼゆらん」を「恋のやりとりを楽しいと思っている人間の気が知れない」と説明し、傍線部の「もの懲りしぬべうおぼえ給ふ」を「嫌気がさしかけている」とするなど、それぞれ本文の記述と対応しており、的確であることからも、**正解は②**であるとわかる。

他の各選択肢について検討すると、①は、落葉宮と三条殿双方から疎まれる孤独感に言及せず、「いかに思し乱るらんさま思ひやり」と他者の心情を思いやる気持ちにも触れていない。「どうしてこんな女を良いと思ったのか」は、傍線部直前の記述に基づくと思われ、そうだとすると「かうやうなること」が三条殿を指すものと理解するしかないが、人物を「こと」と指すのは不自然だから、ここの解釈も成り立たない。

③も、落葉宮と三条殿双方から疎まれる孤独感に言及せず、「かしこ」の「思し乱るらんさま」を、子どもを残して家を出て行った三条殿の苦悩と考えることは文脈に合わない。そもそも、大将殿が今いる場所は、三条殿の父の邸で、その目の前には三条殿が連れて出た子どもたちが「臥せ」ているのである。

④の「不思議と落葉宮と三条殿との間で心が揺れ」が、本文に書かれていないので間違いである。本文の「あやしう中空なる」は、双方から疎まれた状態を指すもので、双方に好意を抱く心情を指すものではない。

⑤の「三条殿との生活が嫌になり、別れたいと望んでいる」という趣旨は、「中空なる」の注が示す、「妻には家出されるという、身の置き所のない様」という内容と一致しない。大将殿は、自分と落葉宮との関係に腹を立てて家を出た妻を迎えに、その父の邸へ出向いているわけだから、本文全体の内容からも三条殿と別れようとしているわけではないことがわかる。

問5　会話文の内容説明の問題　27　①

大将殿と三条殿の会話文の内容を説明する問題で、①・②・④・⑤は、**B**を三条殿の発言とし、その前後の**A**ないし**C**を大将殿の発言とするが、③だけは、**A**を三条殿の、**B**を大将殿の発言とする。状況から言えば、**A**の直前は、三条殿を迎えに来た大将殿が、三条殿に連れ出された子どもたちに対面する場面であるから、それに続く**A**は大将殿の発言と考えるのが自然である。また、**C**の直後には、「とて、強ひて『渡り給へ』ともなくて」とある。大将殿が三条殿を迎えに来たことを考えると、「渡り給へ」も大将殿が三条殿に戻るように言っているものと考えられるから、そこへ続いていく**C**の発言も、大将殿のものと考えられる。そのほか、会話文の内容のさまざまな点からも、③は誤りだとわかる。根拠の一つを挙げると、**A**の1行目に「寝殿の御まじらひ」とあるが、「寝殿」はその2行前の注から女御の部屋のある建物だとわかり、本文3行目で三条殿について「女御の里におはするほどなどに対面し給うて」とあることなどから、寝殿で女御と一緒にいるのは三条殿だと察せられる。その状況について「御」を用いて敬意を込めて表現する**A**の話し手は、三条殿自身ではない。したがって、③については内容を吟味するまでもなく、間違いだとわかる。

残る選択肢のうち、**A**については、①・②の選択肢が言及する。①の「三条殿の年がいのなさを責め」は本文の「若々しの御まじらひや」、「多くの子をなすほど深い仲なのに」は「かくくだくだしき人の数々あはれなるを、『かたみに見棄つべきにやは』と頼み聞こえける」、「少しの出来心ぐらいで実家に帰るなんて」は「はかなき一ふしに、かうはもてなし給ふべくや」と対応しており、正しい。②は「子育ての苦労ぐらいで」が誤り。Aの会話文中にそれに該当する記述はないし、事実としても、リード文にあるように、三条殿は夫が他の女と深い仲になったことで父の邸に帰ったのである。

　Bについては、①・②・④・⑤の選択肢が言及する。①の「大将殿のお心が離れた自分は」は本文の『今は』と見飽き給ひにける身なれば」と、「変わりようもなく」は「直るべきにもあらぬ」と、「何をしようと勝手だ」は「何ごとも、……『何かは』とて」と、「子どもたちのことは後はよろしく」は「あやしき人々は、思し棄てずは嬉しうこそはあらめ」と対応しており、正しい。②は「浮気者との間の子を育てるのに今は飽き飽きしており」が本文にない内容で誤り。本文の「見飽き」は直後に尊敬語「給ひ」が付くことからも、Bの手紙を書いている三条殿自身の行為とは考えられない。④は「私のことはともかく」は本文に根拠のない記述だが、それ以外の主要な部分についてはBについては正しい。⑤は、まず、「あなたのお気持ちがもはやもとに戻るはずもなく」が間違い。「(見飽き給ひにける）身」は三条殿自身を指しており、「直るべきにもあらぬ」は、自分が変わらないと言っているのである。この部分に尊敬語が使われていないことからも、この部分が大将殿の気持ちについて言っているのではないことがわかる。また、「お好きになさればよいが」も本文に根拠を持たない。この場の状況から言っても、Aの会話文の内容から言っても、ここでは三条殿の身の処し方が話題になっている。

　Cについては、④・⑤の選択肢が言及する。④は「私の名誉も考えてほしい」が間違いである。本文の「誰が名か惜しき（＝誰の評判が惜しいのか）」は、「他の誰でもない、あなたの評判の下がることが惜しまれるだけなのに」という意味で、一連の騒動が誰よりも三条殿の不名誉になるのだとおどしているのである。⑤はCについては正しい記述である。

　以上のように、①はA・Bいずれについても正しく、②はA・Bいずれについても間違っている。④はBについては大きくは間違っていないがCについては間違い。⑤は逆にCについては正しいがBについて間違っている。よって**正解は①**である。

　この場面は、二人が実際には対面せず、これが手紙のやりとりであるという事情がつかみにくいし、子どもたちを「くだくだしき人」「あやしき人々」と呼んだり、相手の不穏な対応を「なだらかの御答へ」と皮肉まじりに言うなど、随所に屈折した表現があって、本文の該当箇所の読解もきわめて難しかったし、選択肢⑤の誤りも見つけにくく、大変な難問である。

問6　文章の内容説明の問題　28　④

　本文中の特定の箇所に基づく問いではないので、選択肢ごとに内容を確かめるしかない。

　①は、「おとどと語ることで、やっと『少しもの思ひ晴るけどころ』を見つけ」が間違い。〔第一段落〕3行目によると、姉妹にあたる女御と対面することで「少しもの思ひ晴るけどころ」を見つけたのである。また、「このまま別れる決心をした」というところまでは、本文に書かれていない。

　②は、「おとどは、三条殿のことを心配して、大将殿に『消息たびたび聞こえ』たが、大将殿は全く返事をしない」が間違

い。〔第三段落〕1行目で「消息たびたび聞こえ」たのは大将殿で、その手紙は家を出た三条殿に宛てたものである。また、「かたくなしう軽々しの世や」は、手紙に返事もよこさない三条殿に対する大将殿の不満だから、これを大将殿に対するおとどの不満のように書いている点も間違い。

③は、「すぐさま」が間違い。引用箇所に「暮らして」とあるように、大将殿は日暮れまで待っているし、三条殿が家を出たと知って「消息たびたび聞こえて、迎へに奉れ給へど」とあるように、まず、手紙を出したり使者を派遣したりして、他の手段を試している。

④は、「強気に帰宅を拒みながらも」が、〔第三段落〕の大将殿からの手紙や使者を無視する三条殿の様子と合致し、Bの発言内容からもうかがわれる。また、「思い切りのよい『すがすがしき御心』の大将殿ならば」以下の記述は、〔第五段落〕3行目の「すがすがしき御心にて」以下に示される三条殿の心情表現の内容と合致する。したがってこれが正解である。

⑤は、「三条殿の手もとで育つことになる姫君」が間違い。〔第六段落〕において、大将殿は「同じ所にてだに見奉らん」と姫君を自邸に連れ帰る気持ちを語っており、この時点で、姫君が三条殿のもとで育つことになるとは言えない。また、「せめて教訓を言い聞かせることで、父の役割を果たそうとした」も、大将殿が教訓を意図して娘に語りかけていたかどうかは、少なくとも本文ではわからない。

以上より、**正解は④**である。

第4問　漢文

【出典】

陸樹声《りくじゅせい》『陸文定公集《りくぶんていこうしゅう》』全二十六巻。『陸文定公集』は、明の陸樹声（一五〇九～一六〇五）の著作集。

陸樹声は華亭（現在の上海市松江区）の人で、字《あざな》は与吉、平泉と号した。嘉靖《かせい》二十年（一五四一）に科挙（官吏登用試験）に合格し、南京の国子祭酒（教育政策を司る国子監の長官）や礼部尚書（文教政策を司る中央官庁の長官）などを歴任した。長寿をまっとうし、「文定」という諡《おくりな》を賜わった。

本文は、『陸文定公集』巻一に収められている「苦竹記」と題する随筆であり、冒頭よりほぼ四分の三の分量に相当する箇所である。

【本文解説】

江南（長江下流の地域）は、竹を多く産出するため、古来タケノコを食する習慣がある。本文は、江南のタケノコ食を事例として取り上げ、『荘子』に見える「無用之用」という考え方について論じた文章である。

『荘子』「人間世」に、「無用之用」について端的に記述した箇所がある。

山木自《ラ》寇《あだスル》也。膏火《かうくわハ》自《ラ》煎《やク》也。桂《ハ》可《キガ》レ食《フ》故《ニ》伐《きル》レ之《ヲ》。漆《ハ》可《キガ》レ用《フ》故《ニ》割《さク》レ之《ヲ》。人皆知《ルモ》二有用之用《ヲ》一、而莫《キ》レ知《ル》二無用之用《ヲ》一也。（山の木は自分で自分を損なう。灯火は自分で自分を焼く。肉桂は〔人が〕食べるために切ってしまう。漆は〔人が〕使うために剥《は》がしてしまう。人は誰しも有用なものが役に立つことは分かっていても、無用なものが役に立つことを分かっていないのである。)

つまり、「無用之用」とは、「一見役に立たないように見えるものが、かえって役に立つ」という逆説的な道理である。筆者は、「おいしいタケノコは、おいしいからこそ人に取られて食べられてしまうが、苦いタケノコは、苦いからこそ人に取られずに、かえって竹として天寿をまっとうできる」(本文四～五行目「独《リ》其《ノ》味苦《クシテ》而不《ル》レ入《ラ》二食品《ニ》一者《ノミ》、筍常《ニ》全《まつたシ》」、および本文六行目「而《ルニ》甘《キ》者《ハ》至《ル》三取《リテ》レ之《ヲ》或《イハ》尽《クスニ》二其《ノ》類《ヲ》一」などを参照)というところに、「無用之用」の道理を見出し、「世間で一般に無用とされるものこそ幸運なのだ」(本文八行目「然《レドモ》亦《まタ》知《ル》三取《ラルル》者之不《シテ》レ幸《ヒナラ》、而偶《たまたま》幸《ヒナルヲ》二於棄《テラルル》者《ニ》一」を参照)と訴えているのである。

【書き下し文】

江南《こうなん》に竹多《たけおほ》し。其《そ》の人筍《ひとたけのこ》を食《く》らふを習《なら》ふ。春《はる》の時《とき》に方《あ》たる毎《ごと》に、苞甲土《はうかふつち》より出《い》で、頭角繭栗《とうかくけんりつ》、率《おほむ》ね以《もつ》て採食《さいしよく》に供《きよう》す。或《ある》いは蒸瀹《じようやく》して以《もつ》て湯《たう》と為《な》し、茹介茶荈《じよかいちやせんもつ》以て饋《き》に充《あ》つ。事《こと》を好《この》む者目《ものもく》するに清嗜《せいし》を以《もつ》てし方《まさ》に長《ちやう》ずるを斬《と》らず。故《ゆゑ》に園林豊美《ゑんりんほうび》、複垣重扃《ふくゑんちようけい》にして、主人居嘗愛護《しゆじんきよしやうあいご》すと雖《いへど》も、其《そ》の之《これ》を食《く》らふに甘《あま》しとするに及《およ》ぶや、剪伐《せんばつ》して顧《かへり》みず。独《ひと》り其《そ》の味苦《あぢにが》くして食品《しよく》に入《い》らざる者《もの》のみ、筍《たけのこつね》常に全《まつた》し。毎《つね》に渓谷巌陸《けいこくがんりく》の間《かん》に当《あ》たりて、地《ち》に散漫《さんまん》して収《をさ》められざる者《もの》は、必《かなら》ず苦《にが》きに棄《す》てらるる者《もの》なり。而《しか》るに甘《あま》き者《もの》は之《これ》を取《と》りて或《ある》いは其《そ》の類《るい》を尽《つ》くすに至《いた》る。然《しか》らば甘《あま》き者《もの》は自《みづか》ら戕《そこな》ふに近《ちか》し。而《しか》るに苦《にが》き者《もの》は棄《す》てらると雖《いへど》も、猶《な》ほ剪伐《せんばつ》せらるるを免《まぬか》るるがごとし。夫《そ》れ物類《ぶつるい》は甘《あま》きを尚《たつと》びて、苦《にが》き者《もの》は全《まつた》きを得《え》たり。世《よ》に貴《き》は取《と》られ賤《せん》は棄《す》てられざるは莫《な》し。然《しか》れども亦《ま》た取《と》らるる者《もの》の幸《さいは》ひならずして、偶《たまたま》棄《す》てらるる者《もの》に幸《さいは》ひなるを知《し》る。豈《あ》に荘子《さうし》の所謂《いはゆる》無用《むよう》を以《もつ》て用《よう》と為《な》す者《もの》の比《たぐ》ひなるか。

【全文解釈】

江南には竹が多い。(だから、)江南の人はタケノコを食べるのを習慣としている。毎年春になると、タケノコの身を包む一番外側の皮が地面からつき出て、子牛の生えたばかりの角のような形をしたタケノコの若芽は繭や栗のように小さく、大抵はそれを取って食用にする。場合によっては蒸したり煮たりしてスープにし、タケノコの穂先の柔らかい皮や茶を食卓にならべることもある。好事家は(タケノコを食べることを)清雅なものへの嗜好(の一つ)と見なし、ちょうど成長してしまった(おいしくない)タケノコを取らない。だから幾重もの垣根や門扉をしつらえた美しい庭園で、(庭園の)主人が平常(竹林を)大切に守って(育てて)いても、タケノコが食べたらおいしい頃になると、ためらわずに(タケノコを)切り取って(食べて)しまう。味が苦くて食用にならないタケノコだけが、タケノコとしていつも完全なままな(=切られずに残っている)のである。いつも渓谷や山の中に、散在して切られないままのものは、きまって苦くて(食用にならずに)見捨てられたものである。しかし、おいしいタケノコは(人が)取ってしまい、場合によってはおいしい種類のタケノコを取り尽くしてしまうこともある。そうだとすれば、おいしいタケノコは、（それ自身がおいしいゆえに人に取られてしまうのだから、）自分で自分を損なうようなことである。しかし、苦いタケノコは、（それ自身が苦いゆえに人に取られないのだから、）見捨てられはするが、切り取られずにすんだのと同じようなことだ。そもそも食物はおいしいものを尊重して、苦いものは完全なままでいられる（＝食べられずにすむ）。世間ではきまって価値の高いものは取られ価値の低いものは見捨てられるのである。しかしながら、（タケノコの場合のように、価値が高いゆえに）取られるものが不幸であり、（価値が低いゆえに）見捨てられるものに偶然にも幸運があるということもまた分かるのである。これこそ『荘子』のいわゆる「無用ヲ以テ用ト為ス（＝役に立たないことがかえって役に立つ）」もののたぐいではなかろうか。

【設問解説】

問1　語の意味の問題　29　④　30　③

(1)「習」は、「ならひ」と読んで「ならわし・慣習」という意味の名詞としても用いられるが、いずれの選択肢も動詞としての意味を掲げているので、ここでは動詞の用法に絞って考えればよい。動詞として働くときは「ならふ」と読み、ⅰ「繰り返し練習する」、ⅱ「学ぶ」、ⅲ「慣れる・慣れ親しむ」などの意味であるが、傍線部の直後に「於食《ラフヲ》ㇾ筍《たけのこヲ》」（タケノコを食べることを）とあり、この語句から「習《フ》」に返読していることに注意する。つまり、前置詞の働きをする「於」を用いて「習《フ》」の対象を示しているので、「慣れる・慣れ親しむ」という方向の意味に解釈するのが適切である。すると、解答は②「弊習としている」と④「習慣としている」に絞られるが、タケノコを食べることを「弊習（悪い習慣）としている」という内容は、本文からは読み取れないので、**正解は④**「習慣としている」である。

(2)「尚」は、「なほ」と読んで、ⅰ「やはり」、ⅱ「さらに・そのうえ」、ⅲ「〜でさえ」などの意味の副詞として用いられることが多いが、ここでは「甘《キヲ》」から返読していること、および選択肢に掲げられている意味から、動詞としての用法を考えればよい。「尚」が動詞として働くときは「たつとぶ」あるいは「たふとぶ」と読み、「尊敬する」「重視する」「あがめる」などの意味である。したがって、①「誇示する」、②「思慕する」、④「保全する」は除外できる。③「尊重する」と⑤「崇拝する」が残るが、「甘《キヲ》」（甘いものを・おいしいものを）とのつながりを考えると、⑤「崇拝する」と解釈したのでは文意が正しく成り立たない。よって、**正解は③**「尊重する」である。

問2　返り点と読み方の問題　31　⑤

傍線部冒頭の「好事者」については、いずれの選択肢も「好《ム》ㇾ事《ヲ》者」（好事家《こうずか》・物好きな人）と読んでいるので、「目以清嗜不斬方長」の読み方を考える。まず「目」に注目する。「目」は文字通り「目」の意味の名詞として用いられることが多い。しかし、「目」を名詞として解し、④「事を好む者目は清嗜を以てし長きに方ぶを斬らず」と読んだのでは、

「事を好む者」を話題主語、「目」を意味上の主語と解釈し、「好事家については、目が清雅なものへの嗜好によって行い、長いものと並んでいるものを取らない」などと訳出するほかなく、意味不明の文となってしまう。そもそも、「目が……を取らない」という表現は、通常はあり得ない。したがって、ここでは、「目」を動詞として解釈して「目す」（見なす）と読むのが適切である。この点については、残りの選択肢①、②、③、⑤のいずれも同一で、「目す」と読んでいる。

「目」を「目す」と動詞として読む前提で考えると、次に注目するのは「目以清嗜」の箇所である。つまり、前置詞の働きをする「以」の構文は、

i 以《テ》二［　］《ヲ》一――（ス）

ii ――（スル）ニ以《テス》二［　］《ヲ》一

である。ここでは、述語の「目す」が「以」の句の前に置かれるii「――（スル）ニ以《テス》二［　］《ヲ》一」の形であるから、「目以清嗜」は「目するに清嗜を以てす」（「目以二清嗜一」）と読めばよい。選択肢①、②、③、⑤のうち、「目以清嗜」を「目するに清嗜を以てす」と読んでいるのは⑤だけである。そこで、⑤の読み方が全体として正しいかどうかを、文脈も考慮して確認すればよい。

⑤は傍線部全体を「事を好む者目するに清嗜を以てし方に長ずるを斬らず」（「好レ事者目以二清嗜一不レ斬二方長一」）と読んでいる。これを直訳すると、「好事家は清雅なものへの嗜好と見なし、ちょうど成長してしまったものを取らない」となろう。ここで、タケノコの食習慣が話題となっていることに留意したい。つまり、「目す」の対象は「タケノコを食べること」だと判断してよい。さらに、傍線部の前の「毎《ニ》レ方《タル》二春時《ノニ》一、苞甲出《デ》レ土《ヨリ》、頭角繭栗、率《ネ》以《テ》供《ス》二採食《ニ》一」（毎年春になると、タケノコの身を包む一番外側の皮が地面からつき出て、子牛の生えたばかりの角のような形をしたタケノコの若芽は繭や栗のように小さく、それを取って食用にする）、および傍線部直後の一文「故雖《ニモ》二園林豊美、複垣重扃《ニシテ》、主人居嘗愛護《スト》一、及《ブ》三其《ノ》甘《シトスルニ》二 於食《ラフニ》レ之《ヲ》也、剪伐《シテ》不レ顧《ミ》」（だから幾重もの垣根や門扉をしつらえた美しい庭園で、〔庭園の〕主人が平常〔竹林を〕大切に守って〔育てて〕いても、タケノコが食べたらおいしい頃になると、ためらわずに〔タケノコを〕切り取って〔食べて〕しまう）を踏まえれば、「方《まさ》に長ずるを斬《と》らず」は「ちょうど成長してしまった（おいしくない）タケノコを取らない」と解釈するのが適切である。

以上から、先の直訳を言葉を補って調整すると「好事家は（タケノコを食べることを）清雅なものへの嗜好（の一つ）と見なし、ちょうど成長してしまった（おいしくない）タケノコを取らない」となり、傍線部の前後の記述とも矛盾なくつながる。したがって、**正解は⑤**である。

問3 **空欄補充の問題** 32 ①

選択肢を確認すれば、I ～ IV のいずれの空欄も、入る語は「苦《シ》」か「甘《シ》」のどちらかであることが分かる。さらに、

本文四行目の「及《ブ》三其《ノ》甘《シトスルニ》二於食《ラフニ》レ之《ヲ》也、剪伐《シテ》不レ顧《ミ》」（タケノコが食べたらおいしい頃になると、ためらわずに〔タケノコを〕切り取って〔食べて〕しまう）、および本文四～五行目の「独《リ》其《ノ》味苦《クシテ》而不《ル》レ入《ラ》二食品《ニ》一者、筍常《ニ》全《シ》」（味が苦くて食用にならないタケノコだけが、タケノコとしていつも完全なままな〔＝切られずに残っている〕のである）という記述から、「苦《シ》」とはタケノコの味が「苦い・まずい」こと、「甘《シ》」はタケノコの味が「甘い・おいしい」ことをそれぞれ表していると分かる。したがって、各空欄を含む箇所が「おいしいタケノコ」についての記述なのか、それとも「まずいタケノコ」についての記述なのかを判断すればよい。

[Ⅰ]を含む箇所は「必《ズ》棄《テラルル》二於[Ⅰ]一者也」、即ち「きまって人に見捨てられる」まずいタケノコについての記述であるから、[Ⅰ]＝「苦《キニ》」である。[Ⅱ]を含む箇所は「而《ルニ》[Ⅱ]者至《ル》三取《リテ》レ之《ヲ》或《イハ》尽《クスニ》二其《ノ》類《ヲ》一」、即ち「人が取って、場合によってはその種類を取り尽くしてしまうこともある」おいしいタケノコについての記述であるから、[Ⅱ]＝「甘《キ》」である。[Ⅲ]を含む箇所は「然《ラバ》[Ⅲ]者近《シ》二自《ラ》戕《フニ》一」、即ち「自分で自分を損なうようなことである」＝「人に取られてしまう」おいしいタケノコについての記述であるから、[Ⅲ]＝「甘《キ》」である。[Ⅳ]を含む箇所は「而《ルニ》[Ⅳ]者雖《モ》レ棄《テラルト》」、即ち「人に見捨てられる」まずいタケノコについての記述であるから、[Ⅳ]＝「苦《キ》」である。

問4　解釈の問題　[33]　⑤

よって、**正解は①**である。

まず留意すべき語は「猶」である。「猶」は、「なほ」と読んで「やはり」「そのうえ」という意味で用いられたり、「猶《なホ》二《ごとシ》——《(スル)ガ》一」（なほ——（する）がごとし）と再読して「ちょうど——（するか）のようだ・まるで——（する）みたいだ」という意味で用いられたりする語である。

ただし、傍線部の「猶」には「レ点」が付けられているから、ここの「猶」は再読文字として読み、解釈すべきであると判断できる。そこで、再読文字「猶」の意味に注意して選択肢を検討すると、「猶」を正しく解釈しているのは、⑤「……のと同じようなことだ」だけである。「免二於剪伐一」の部分は「切り取られずにすんだ」と解釈しており、原文と照らして誤りや矛盾のない解釈と判断できる。つまり、⑤は、「猶」の再読文字としての用法を正しく捉えて傍線部を「猶《ホ》レ《シ》免《ルルガ》二於剪伐《セラルルヲ》一」（猶ほ剪伐せらるるを免るるがごとし）と読み、「切り取られずにすんだのと同じようなことだ」と解釈しているのである。したがって、**正解は⑤**である。

問5　書き下し文の問題　[34]　③

最初に注目すべきは、「莫《なシ》レ不《ざルハ》二——《(セ)》一」（——しないものはない・——しないことはない）という二重否定の句形が用いられていることである。二重否定の句形を正しく書き下している選択肢は、①と③だけである。

次に確認しなければならないのは、「貴取賤棄」の部分の読み方である。それぞれ①「取るを貴び棄つるを賤しむ」、③「貴は取られ賤は棄てらる」と書き下している。この読み方に従って双方を直訳してみると、①「取るを貴び棄つるを賤しむ」→「取ることを尊重し見棄てることを軽視する」、③「貴は取られ賤は棄てらる」→「価値の高いものは取られ価値の低いものは見捨てられる」となる。それぞれ独立した文の読み方・解釈としては成り立つが、傍線部の直前の「夫《レ》物類《ハ》尚《ビテ》レ甘《キヲ》、而苦《キ》者《ハ》得《タリ》レ全《キヲ》」（そもそも食物はおいしいものを尊重して、苦いものは完全なままでいられる〔＝食べられずにすむ〕）とのつながりを考慮しなければならない。つまり、「甘」（おいしいもの）と「貴」（価値の高いもの）、および「苦」（まずいもの）と「賤」（価値の低いもの）という意味の対応を考えると、傍線部全体を①「世に取るを貴び棄つるを賤しまざるは莫し」（世間では取ることを尊重し見棄てることを軽視しないことはない）と書き下したのでは、直前の文とのつながりが成立しなくなってしまう。

これに対して、③は「世に貴は取られ賤は棄てられざるは莫し」（「世莫《ニシ》レ不《ルハ》二貴《ハ》取《ラレ》 賤《ハ》棄《テラレ》一也」）と書き下している。つまり、「世間ではきまって価値の高いものは取られ価値の低いものは見捨てられるのである」と解釈している。このように書き下し、解釈すれば、傍線部の直前の内容とも無理なくつながる。よって、正解は③である。

問6 段落分けの問題 35 ①

本文を論旨の展開に従って三つの部分に分ける候補のうち、㋓の直後に「夫《レ》」の語があることに注目したい。本文の「夫」には「レ」という送り仮名が付けられているので、「それ」と読んでいることが分かる。「夫」を「それ」と読むときは、「そもそも」という意味であり、重要な内容や本質論へと話題を転換するのに用いられる。本文の「夫《レ》」以降の内容を確認してみても、タケノコの話題から一般的な抽象論、さらに「無用之用」論へと、論旨が展開していることが確認できるであろう。**問5**で触れたように、食べ物の価値判断を示す「甘」「苦」と、一般的なことの価値判断を示す「貴」「賤」との対応にも留意すると考えやすい。したがって、本文はまず㋓の箇所で分けられると判断できる。本文を三つの部分に分ける候補の一つに㋓を挙げている選択肢は①と③だけなので、②、④、⑤は除外してよい。

そうすると、①と③は本文の㋓の箇所以降に部分分けの候補を設けていないので、本文冒頭から㋓までを二つに分ける箇所を考えればよい。㋓までの本文の内容を確認してみると、冒頭からすべてタケノコの話となっているが、㋐が設けられている「茹介茶荈《じよかいちやせん》以《テ》充《あつ》レ饋《きニ》」までは、江南におけるタケノコの食習慣、調理法や食べ方などの紹介であるが、㋐の直後の「好《ム》レ事《ヲ》者目《スルニ》以《テシ》二清嗜《ヲ》一不《ラ》レ斬《ニ》二方長《ズルヲ》一」以降は、好事家がタケノコ食を清雅なものへの嗜好と見なし、丹精込めて育てても、食べ頃になるとためらわずに切って食べてしまい、その一方でまずいタケノコには見向きもせず、その結果まずいタケノコの方がかえって竹としての天寿をまっとうするということが記述されている。したがって、選択肢①のように㋐で本文を分けることは可能である。

一方、選択肢③のようにタケノコを話題とした㋓までの内容を㋑の箇所で分けるのは無理である。なぜならば、㋑の直前には食べ頃のおいしいタケノコについて「剪伐《シテ》不《レ》顧《ミ》」（ためらわずに（タケノコを）切り取って（食べて）しまう）とあるのに対し、㋑の後にはまずいタケノコについて「筍常《ニ》全《シ》」（タケノコとしていつも完全なままな（＝切られずに残っている）のである）と述べられているからである。つまり、「おいしいタケノコが切られてしまう」ことと「まずいタケノコが切られずに残る」こととが対比されており、㋒から㋓までの内容も「おいしいものが取られ、まずいものが捨てられる」と、同様の対比で論が進められている。これを踏まえると、㋑の前後の記述は同一の話題の中に置き、内容上連続していると考えなければならない。したがって、**正解は①**「㋐と㋓」である。

問7　読み方と筆者の主張の説明の問題　36　⑤

傍線部の読み方と筆者の主張が問われているが、いずれの選択肢にも「読み方＝書き下し文」と「解釈」とが、筆者の主張の説明と併記されているので、まず傍線部の読み方と解釈を決定し、その後で筆者の主張について確認する、という手順で考えるとよい。

傍線部は返り点と送り仮名の両方が省かれている白文であるから、文の構造を正しく捉えることが大切である。そこで最初に気づいてほしいのは、傍線部全体が「豈――耶」という句形の文であることである。「豈――耶」は、「豈に――（せ）んや」（どうして――しようか（、いや――しない））と読む反語の句形である場合が多いが、「豈に――（する）か」（――ではなかろうか）と読む推測の句形の場合もあるので、十分に注意したい。

次に注目したいのが、「豈――耶」の「――」の部分に当たる「荘子所謂以無用為用者比」に、「以《もつテ》レA《ヲ》為《なス》レB《ト》」（AをBとする・AをBと見なす）という表現が用いられていることである。

以上を踏まえて選択肢を検討してみよう。「豈――耶」については、①「豈に……比《たと》へんや」・④「豈に……比《くら》べんや」が反語として、②「豈に……比《たと》ふるか」・③「豈に……比《たぐ》ひなるか」・⑤「豈に……比《たぐ》ひなるか」が推測としてそれぞれ読んでおり、反語であるか推測であるかの判断はともかくとして、「豈――耶」の句形を無視した誤った読み方をしている選択肢はない。

では、「荘子所謂以無用為用者比」の箇所はどうであろうか。「荘子所謂」については、いずれの選択肢も「荘子の所《いは》謂《ゆる》」と読んでいるから、検討する必要はない。ところが、「以《テ》レA《ヲ》為《ス》レB《ト》」の表現については、「無用を以て用と為す」と正しく読んでいる選択肢は⑤だけである。④の「無用を以て用を為す」という読み方が紛らわしいので、注意したい。

したがって、「豈――耶」の句形についても、「以《テ》レA《ヲ》為《ス》レB《ト》」の表現についても、正しく読んでいる選択肢は⑤「豈に荘子の所謂無用を以て用と為す者の比《たぐ》ひなるか」しかない。

併記されている解釈は「これこそ『荘子』のいわゆる『無用ヲ以テ用ト為ス』もののたぐいではなかろうか」となってい

る。つまり、「豈――耶」を推測の句形と解しているわけである。この読み方と解釈が正しいかどうかを判断するには、傍線部の前の内容とのつながりを確かめてみればよい。傍線部の前の二文は、「世《ニ》莫《シ》レ不《ル》二貴《ハ》取《ラレ》 賤《ハ》棄《テラレ》一也。然《レドモ》 亦《また》知《ル》三取《ラルル》者之不《シテ》レ幸《ヒナラ》、而 偶《たまたま》 幸《ヒナルヲ》二 於棄《テラルル》 者《ニ》一」（世間ではきまって価値の高いものは取られ価値の低いものは見捨てられるのである。しかしながら、〔タケノコの場合のように、価値が高いゆえに〕取られるものが不幸であり、〔価値が低いゆえに〕見捨てられるものに偶然にも幸運があるということもまた分かるのである）となっている。つまり、「価値の高いもの（＝取られるもの）が不幸であるのに対して、価値の低いもの（＝見捨てられるもの）はかえって幸運である」と言っているのであるから、この二文はまさしく「荘子」の「無用之用」という考え方そのものである（**【本文解説】**を参照）。したがって、「豈――耶」は推測の句形だと解するのが正しいことが分かる。反語の句形だと理解すると、傍線部の要旨は「『無用之用』という考え方ではない」という内容になってしまい、文脈が成り立たなくなるからである。

⑤の筆者の説明についても確認しておくと、「この苦いタケノコのなかに、世間で無用とされるものこそ天寿をまっとうするのだという『荘子』の考え方を見いだしている」としており、本文全体の内容を踏まえた矛盾のない説明となっている。よって、**正解は⑤**である。

2013
本試験

国　語

（2013年１月実施）

受験者数　516,153

平 均 点　101.04

国　語

解答・採点基準

(200点満点)

問題番号(配点)	設問	解答番号	正解	配点	自己採点
第1問 (50)	問1	1	①	2	
		2	③	2	
		3	①	2	
		4	①	2	
		5	⑤	2	
	問2	6	①	8	
	問3	7	⑤	8	
	問4	8	②	8	
	問5	9	⑤	8	
	問6	10	③	4	
		11	①	4	
第1問　自己採点小計					
第2問 (50)	問1	12	①	3	
		13	⑤	3	
		14	④	3	
	問2	15	②	7	
	問3	16	④	8	
	問4	17	②	8	
	問5	18	①	8	
	問6	19	② ※	5	
		20	④ ※	5	
第2問　自己採点小計					
第3問 (50)	問1	21	②	5	
		22	④	5	
		23	③	5	
	問2	24	①	5	
	問3	25	⑤	7	
	問4	26	④	7	
	問5	27	②	8	
	問6	28	⑤	8	
第3問　自己採点小計					
第4問 (50)	問1	29	③	4	
		30	②	4	
	問2	31	①	6	
	問3	32	③	6	
	問4	33	③	6	
	問5	34	②	6	
	問6	35	④	6	
	問7	36	③	6	
	問8	37	⑤	6	
第4問　自己採点小計					
自己採点合計					

※の正解は順序を問わない。

第1問　現代文(評論)

【出典】

小林秀雄「鐔《つば》」(『小林秀雄全集　第十二巻』二〇〇一年、新潮社、所収)。なお、本文の初出は、『芸術新潮』(一九六二年六月号)。

小林秀雄(こばやし・ひでお)は、一九〇二年東京生まれ、東大仏文科卒業。文芸評論家。主な著書に『様々なる意匠』、『無常といふ事』、『本居宣長』などがある。一九八三年、没。

【本文解説】

本文は、日本刀の鐔がもつ魅力について語りながら、そこから浮かび上がる人間や文化のありようを論じたものである。十二の形式段落からなる本文は、空白行で四つの部分に分けられているので、それにしたがってその内容を確認していこう。

Ⅰ　応仁の大乱以降の鐔のもつ魅力(第1段落〜第3段落)

日本刀の鐔に関しては不明な点も多いのだが、鐔の歴史にとって「応仁の大乱」は大事件であり、これを境として日本人の鐔に対する見方や考え方は大きく変わってしまった。この大乱以降、上下貴賤の区別がなく、ただ強い者が勝つという戦乱の時代を迎えるようになった。それ以前は、特権階級の権力の象徴としての太刀では、「拵《こしらえ》(=柄《つか》、鐔、鞘《さや》など刀身を納める装飾的な部分)」が重要であった。ところが、戦乱の時代になると、太刀の「拵」などはもはや問題とならず、太刀は実戦用の打刀に変わった。「拵」無用の打刀となっても、実用上、鐔という「拵」だけは省けない。太刀の「拵」のほんの一部だった鐔が、戦乱の時代となり、実用本位の堅牢な鉄鐔へと変わったのである。(第1段落、第2段落)

ただ、人間は進んで戦乱の時代を求めはしない。また人間は、戦乱の時代だからといって乱心した状態で生きようとはしない。むしろ人間は、戦乱の時代であるからこそ、平常心、秩序、文化を求めて生きようとするのである。そうした止むに止まれぬ人間の心が鐔を名品に仕立て上げていく。鐔の姿を追っていくと、戦乱の時代にあっても、秩序や文化を求める人間の変わらぬ心(=精神)を見ることができる。つまり、戦乱の時代にあって、鐔には実用性が求められたが、その背後には平常心で生きようとする人間の精神を見て取ることができるのであり、そこに鐔の魅力があるというのである。(第3段落)

Ⅱ　戦国の武士と仏教(第4段落〜第9段落)

信家作と言われているある鐔には、「あら楽や人をも人と思はねば……」といった文句が彫られている。これを言葉だけたどって思わせぶりな文句だなどと批判しても意味がない。それは文句ではなく、鉄鐔の表情である。鐔を具体的な事物として眺めていれば、鐔を鍛えた人の顔、鐔を使った人の顔が見えて来る。鐔の魅力は観念で捉えられるものではないのである。(第4段落)

鐔好きの間では、古いところでは信家、金家が名品とされている。筆者は、最初「鐔は信家、金家」と決まっているところが気に入らなかったが、だんだん見ていくうちに、どうも致しいうしかないというのである。やはり、良いものは良いというしかないというのである。そして信家の作品に対して、どうしてこれほど何でもないものがこんなに人を惹《ひ》きつけるか、という思いを抱くようになった。信家は、武田信玄の鐔師で、信という字は信玄から貰ったと言われている。それは、多分伝説であろう。しかし、それが事実ではないと言ったところで面白くもない。いつのまにか伝説を生み出していた鐔の魅力にこそ注目すべきであり、それと伝説は事実ではないとする実証とは何の関係もないからである。(第5段落、第6段落)

金家の鐔の図柄は「野晒《のざら》し(＝されこうべ)」であるが、この時代の鐔の模様には、されこうべの他にも五輪塔や経文などが多く見られる。これを仏教思想の影響というような言い方ですますのは、知識の遊戯に過ぎないだろう。戦国の武士たちにとって、仏教は高度な宗教思想でも、難しい形而上学でもなかった。彼らにとって、仏教は日常生活に糧を与えてくれるものだった。こうした仏教のあり方は、仏教を葬式のためのものと思っている今日の私たちには理解し難いものである。また、頭の中で考えているかぎり、そうした生活と結びついた仏教のあり方はとうてい理解できないものである。だが、鐔のように戦国の武士の日用品にほどこされた、仏教的主題をもった装飾の姿を見ていると、仏教を生活と結びついたものと感じていた戦国の武士たちの感受性を、私たちも感じとることができる。つまり、戦国の武士たちにとって仏教が持っていた意味は、観念的に理解できるものではなく、鐔など彼らの日用品にほどこされた、仏教的主題をもった装飾の姿を通して実感されるものだというのである。(第7段落、第8段落)

戦国の武士たちと仏教の関係を実感として教えてくれるものとしては、説教琵琶がある。説教琵琶を聞いた筆者は、大きな感動とともに、これならわかると感じたという。仏教を宗教や思想としてだけ捉えていたのでは、学問などには縁のない戦国の一般武士たちの間に仏教が広く浸透したことが説明できない。仏教は、こうした説教琵琶のような民衆の生活と結びついた芸能を通して、そうした武士たちの間にも広まったのである。(第9段落)

Ⅲ　鉄鐔の文様透(第10段落、第11段落)

Ⅰで見たように、戦乱の時代は、実用本位の堅牢な鉄鐔を生んだ。鐔を作る刀匠や甲冑師は、ただ鉄の地金を丸く薄く固く鍛えればよいはずだが、いつのまにか文様透という装飾が生まれた。それは、「もし鉄に生があるなら、水をやれば、文様透は芽を出したであろう」といえるほど、自然なことだった。実用本位の鉄鐔は堅牢なものでなければならない。だが、いくら堅牢でも、重く扱いにくいものでは実用性に反する。堅牢で、しかも軽快に扱いやすいものという実用性の追求が、自然と文様透という装飾美を生んだのである。しかし、やがて平和な時代が訪れ、刀が腰の飾りとなり、鐔も実用性を失った単なる装飾となった。そうなってしまうと、鐔の魅力も失われてしまうのである。(第10段落、第11段落)

Ⅳ　鶴丸透(最終段落)

知人から高遠城址の桜を見に来ないかと誘われ、出かけていった筆者は、途中、諏訪神社で満開の桜を見た。そして、高遠の桜のことや、そこで信玄の子が討ち死にしたことから信玄のことなどを考えていたが、ふと神殿の後の森を見上げると、白い鳥の群れが舞っており、枝にはいくつもの大きな鳥の巣があった。それを桜よりも見事だと見上げていたが、筆者には何の鳥かわからない。社務所の巫女姿の娘さんに鳥の名を教わり、飽かずに眺めていると、一羽がかなり低く下りてきて筆者の頭上を舞った。両翼は強く張られて風を捕らえ、二本の脚は整然と折れている。その姿に、筆者は「鶴丸透の発生に立会う想いがした」というのである。（最終段落）

【設問解説】

問1　漢字の知識を問う問題　[1] ①　[2] ③　[3] ①　[4] ①　[5] ⑤

(ア)は、「同僚」。①は、「官僚」で、これが正解。②は、「治療」。③は、「受領」。④は、「丘陵」。⑤は、〈涼しくてさわやかなこと〉という意味で「清涼」。

(イ)は、〈漠然としてとらえどころがないこと〉という意味で、「空漠」。①は、「束縛」。②は、「爆笑」。③は、「砂(沙)漠」で、これが正解。④は、「幕府」。⑤は、「麦芽糖」。

(ウ)は、「伴奏」。①は、「同伴」で、これが正解。②は、「繁華街」。③は、「搬入」。④は、〈広くゆきわたるように配ること〉という意味で、「頒布」。⑤は、〈一度出版した図書を再び印刷出版すること〉という意味で、「重版」。

(エ)は、〈見せかけばかりで、実質に乏しいこと〉という意味で、「空疎」。①は、〈交際・音信などが絶えて親しみが薄れること〉という意味で、「疎遠」。したがって、これが正解。②は、「租税」。③は、「措置」。④は、「阻止」。⑤は、〈粘土や石膏《せっこう》を材料として作った像〉という意味で、「塑像」。

(オ)は、〈物音一つせず、ひっそりと静まりかえっているさま〉という意味で、「森(深)閑」。①は、「喚問」。②は、「緩和」。③は、「勇敢」。④は、「歓喜」。⑤は、〈ひっそりとしてもの静かなさま〉という意味で、「閑散」。したがって、これが正解。

問2　傍線部の内容説明問題　[6] ①

応仁の大乱を境として、「日本人の鐔というものの見方も考え方も」変わってしまったことを説明する問題。〈変化〉の説明が求められているのだから、〈変化〉の前と後の違いをしっかりと捉えるようにしたい。

まず傍線部の後に「乱世が、太刀を打刀に変えた」とあることに注意したい。応仁の大乱以前は、太刀は「特権階級の標格（＝象徴）」としてあり（a）、「鐔は太刀の拵全体のうちの、ほんの一部に過ぎなかった」（b）のである。ところが、応仁の大乱の後、太刀は実戦用の打刀に変わり、鐔も「実用本位の堅牢な鉄鐔」となった（c）のである。

以上が、第2段落に記されている〈変化〉の内容だが、これだけでは解答を確定できない。なぜなら、応仁の大乱後の乱世での鐔については、第3段落でも説明されているからである。そこには、乱世であっても、人間が「平常心を、秩序を、文化を捜さなければ生きて行けぬ」こと、「そういう止むに止まれぬ人心の動き」が兇器の部品を鐔に仕立てていくと説明されている。そして第3段落の最後では「鐔の姿を追って行くと、私の耳は……不断に静かに鳴っているもう一つの音を聞くようである」と述べられている。ここでの「もう一つの音」とは何か。それは、乱世にあっても、「平常心」で生き抜こうとする「止むに止まれぬ人心の動き」のことである。つまり、応仁の大乱の後、鐔には乱世を生きのびるための実用性（c）と、乱世にあっても「平常心」で生き抜こうとする人間の心（＝精神）が求められた（d）というのである。

以上のように、鐔に対する見方は、応仁の大乱を境にして、a、bからc、dへと〈変化〉したのである。したがって、こうした点を踏まえた説明になっている①が、正解。

②は、応仁の大乱以後に求められたものを「平俗な装飾品としての手ごろさ」としている点が、不適当。応仁の大乱以後は、まず「実用本位の堅牢」さが要求されたのであって、そうした「装飾品としての手ごろさ」が求められたなどとは本文には書かれていない。

③も、応仁の大乱以後に求められたものを「手軽で生産性の高い簡素な形」としている点が、不適当。そうしたことは本文にいっさい書かれていない。

④も、応仁の大乱以後に求められたものを「乱世において生命の安全を保証してくれるかのような安心感」としている点が、不適当。そうしたことは本文に書かれていない。また、上述したcが明確になっていない点からも、誤りと判断できたはずである。

⑤は、応仁の大乱以後の「乱世においては武器全体の評価を決定づけるものとして注目され」という説明や、また「戦いの場で士気を鼓舞するような」という説明が、本文にいっさい書かれていない内容なので、不適当。

問3　傍線部にこめられた筆者の考えを説明する問題　7　⑤

まず傍線部を含む一文の意味を確認しておこう。この一文は、信家や金家が活躍した時代の鐔の模様には、されこうべや経文などの仏教を思わせる図柄が多く見られるが、これを仏教思想の影響というような言い方で簡単にすますのは知識の遊戯に過ぎないだろう、といった意味だと理解できる。

では、戦国時代の鐔の模様に仏教思想の影響を見て取ることが、どうしていけないのか。傍線部の直後にあるように、戦国の武士たちにとって、仏教は高い宗教思想でも、難しい形而上学でもなかった。彼らにとって、仏教は日常生活に糧を与えてくれるものだった。ところが、仏教を葬式のためのものと思っている現代の私たちにはそうした仏教のあり方は理解できない。また、「考えている限り、空漠たる問題だろう」という。これは、どういうことか。現代の私たちが、頭の中で考えているかぎり、戦国時代の日常生活に糧を与えてくれる仏教のあり方はとうてい理解できないということである。だが、「彼等（＝戦国の武士）の日用品にほどこされた、仏教的主題を持った装飾の姿を見ていると、私達は、何時の間にか、そういう彼等の感受性のなかに居る」というのである。つまり、現代の私たちが、頭の中で観念的に考えていても、戦国武士にとって仏教が持っていた意味は理解できない(a)。むしろ、それは、鐔のような戦国武士の日用品にほどこされた仏教的主題をもった装飾の姿を見ることで実感されるものなのである(b)。

このことは、第9段落の説教琵琶の話からも言える。ラジオの放送で説教琵琶を聞いた筆者は、「これなら解る」と感じたという。仏教を宗教や思想としてだけ捉えていたのでは、戦国の武士たちと仏教の関係は解らない。仏教は、こうした説教琵琶のような民衆の生活と結びついた芸能を通して、学問などに縁のない戦国の一般武士たちの間に浸透したのであり、説教琵琶は戦国の武士たちと仏教の関係を実感として教えてくれるものなのである(b)。

以上の点をもう一度整理すると、次のようになる。

a　現代の私たちが観念的に考えても、戦国の武士たちと仏教の関係(あるいは戦国武士の日用品と仏教の関係)は理解できない。

b　そうした関係を理解するためには、その時代の生活と結びついた説教琵琶や日用品に触れることで、実感するしかない。

したがって、こうした点を踏まえた説明になっている⑤が、正解。

①は、「彼等と仏教との関係を現代人が正しく理解するには、……当時滲透していた芸能に携わるのが最も良い手段である」という説明が、不適当。本文には、説教琵琶なら「解る」とはあるが、「芸能に携わる(＝従事する)」ことなど全く問題にされていない。

②は、「戦国武士達にとっての仏教が……知的な遊びに富むものである」という説明が、不適当。「知的な遊びに富む」などといった説明は、本文には書かれていない。むしろ、戦国武士にとって仏教は、「日常生活に糧を与えて」くれるものだったのである。

③は、まず「文献から仏教思想を学ぶ」ことなどは本文で全く問題にされていないことなので、不適当。また、「説教琵琶を分析して当時の人々の感性を明らかにする」という説明も、不適当。本文では、「分析」などということは問題になっていない。そればかりか、「これなら解る、と私は感じた」とあるように、むしろ筆者は説教琵琶を自らの感覚で実感することを重視しているのである。

④は、「鐔工や戦国武士達が仏教思想を理解していたとする」ことを問題にしていることが、不適当。傍線部で問題になっているのは、戦国時代の鐔の模様に仏教を思わせる図柄が多く見られるが、これを仏教思想の影響というような言い方で簡単に片づけることである。また、そもそも本文では「鐔工」が「仏教思想を理解していた」かどうかなどは問題になっていないことからも、この選択肢は誤りと判断できたはずである。

8

問4　傍線部の内容説明問題　8　②

傍線部を含む第11段落では、鉄鐔の透について説明されている。それに先立つ第10段落では、鉄鐔が「下剋上」の産物であること、その新工芸の成長の速度が速かったこと、平和な時代が訪れると鐔の魅力は失われていったことなどが記されている。つまり、鉄鐔が作られ、その装飾が魅力的だったのは「ごく僅かの期間」だったというのである。ここで特に注意しておきたいのは、そうした魅力的な装飾の鐔が作られるようになった「その間の経過は、いかにも自然だ」とあることである。それが、傍線部の表現と関連しているのだが、あわてずに順に確認していこう。

戦乱の時代は、実用本位の堅牢な鉄鐔を生んだ。傍線部の前にあるように、鐔を作る刀匠や甲冑師は、ただ鉄の地金を丸く薄く固く鍛えればよいはずなのに、いつのまにか鏨《のみ》で文様を抜いた透鐔が生まれた。そして透という装飾の誕生を、傍線部では「もし鉄に生があるなら、水をやれば、文様透は芽を出したであろう」と表現している。すでに確認したように、魅力的な装飾の鐔が作られるようになった経過は「自然」だった。生あるものに水をやれば芽を出すというのも「自然」なことである。つまり、傍線部は、文様透の誕生が「自然」なことをたとえているのである。

では、それはどうして「自然」なのか。傍線部の直後に、「装飾は、実用と手を握っている。透の美しさは、鐔の堅牢と軽快とを語り……」などとあることに注意したい。すなわち、実用本位の鉄鐔は堅牢なものでなければならない。だが、いくら堅牢でも、重くて扱いにくいものでは実用性に反する。つまり、堅牢で、しかも軽快に扱いやすいものという実用性の追求が、「自然」に文様透という装飾美を生んだのである。

したがって、以上の点を踏まえた②が、正解。なお、②の選択肢の「おのずと」＝「自然に」であることは言うまでもないことだろう。

①は、「常に鉄のみがその地金であり続けたことをたとえている」という説明が、不適当。本文には、「常に鉄のみがその地金であり続けた」などと書かれていないし、そもそも傍線部は文様透の誕生が「自然」なことをたとえたものである。

③は、「自然の美を表現するようになり」という説明が、不適当。そもそも本文では、「自然の美」の表現など問題にされていない。あくまでも傍線部は文様透の誕生が「自然」なことをたとえたものである。

④は、傍線部が文様透の誕生が「自然」なことをたとえたものであるを踏まえた説明になっていないので、不適当。また本文で説明されていない「地金を鍛える技術」の「進歩」を問題にしたり、文様を「生命力をより力強く表現した」と説明している点からも、誤りと判断できる。

⑤も、傍線部が文様透の誕生が「自然」なことをたとえたものであるを踏まえた説明になっていないので、不適当。また本文で説明されていない「刀匠や甲冑師といった人々の技量」の上昇を問題にしたり、文様を「写真的」と表現してい

る点からも、誤りと判断できる。

問5　傍線部の理由説明問題　9　⑤

筆者が「鶴丸透の発生に立会う想いがした」という理由が問われている。筆者がそうした想いを持つようになった諏訪神社での出来事が直接記されているのは、最終段落だけである。したがって、とりあえず最終段落の内容を確認しよう。

諏訪神社で満開の桜を見ていた筆者が、ふと神殿の後の森を見上げると、白い鳥の群れが舞っており、枝にはいくつもの大きな鳥の巣があるのに気づいた。それを桜よりも見事だと見上げていたが、筆者には何の鳥かわからない。社務所の巫女姿の娘さんに鳥の名を教わり、飽かずに眺めていると、一羽がかなり低く下りてきて筆者の頭上を舞った。両翼は強く張られて風を捕らえ、二本の脚は整然と折れている。そうした鳥の姿に、筆者は「鶴丸透の発生に立会う想いがした」というのである。

ここで困るのは、鳥が舞っている姿を見たからという理由以外には、傍線部のような「想いがした」理由が明確に記されていないことである。したがって、消去法を使って解答を絞りこむ他ないだろう。その際、最終段落だけではなく本文全体を踏まえて選択肢を吟味するようにしたい。

①について。「この世の無常を感じ」という説明が本文にいっさい書かれていない内容なので、不適当。

②について。「武士達も……鐔に鶴の文様を抜いた鶴丸透を彫るなどの工夫をこらし、優雅な文化を作ろうとしていた」という説明が、不適当。本文には「優雅な文化を作ろう」としたなどという説明は全くない。また、そもそも「鶴丸透」を彫ったのは武士ではないはずである。

③について。「生命を守ろうとしている生き物の本能に触発された金工家達」という説明が本文にいっさい書かれていない内容なので、不適当。

④について。「鶴をかたどる鶴丸透に込められた親の強い願い」という説明が本文にいっさい書かれていない内容なので、不適当。

⑤について。「満開の桜を見る者もいない神社でひたむきに巣を守って舞う鳥に出会い」という説明は、最終段落の前半の内容を踏まえたものである。「生きるために常に緊張し続けるその姿態が力感ある美を体現していることに感銘を受け」という説明も、傍線部の直前の記述、また筆者が鳥の姿を「飽かず眺め」ていることを踏まえれば、間違いとは言えない。さらに第3段落で、「身に降りかかる乱世に……平常心、秩序を、文化を捜さなければ生きて行けぬ。そういう止むに止まれぬ人心の動きが……鐔に仕立てて行く」とあることを踏まえれば、巣を守る鳥の姿と「鶴の文様を抜いた鶴丸透の出現を重ね見る思いがした」という説明も傍線部および本文の主旨を踏まえたものである。したがって、**これが正解**。

問6

(i)　**表現上の特徴を説明する問題　10　③**

波線部Xは、その前に紹介された信家の鐔に彫られた文句に対する一般的な批判を否定することで、その後の筆者の見解へとつながっている。また、波線部Yも、その前で紹介された信家にまつわる逸話に対する一般的な受け止め方を否定することで、その後の筆者の見解へとつながっている。したがって、以上の点を踏まえた説明になっている**③が、正解**。

①は、「限定や強調の助詞により、問題点が何かを明確にして論じようとする」という説明が、不適当。ここでは、助詞の使用によって問題点が明確になっているわけではない。

②は、「議論しても仕方がないと、はぐらかした」という説明が、不適当。「はぐらかす」とは〈問題をそらしてごまかす〉という意味だが、筆者の論調にそのようなごまかしは見られない。

④は、「消極的な評価表現によって、読み手に不安を抱かせようとする」という説明が、不適当。そのように判断する根拠は本文にはない。

(ii) **文章全体の構成を説明する問題** [11] ①

四つの部分からなる本文全体の構成が問われている。詳しくは**【本文解説】**を参照して欲しいが、本文は鐔の魅力について語りながらも、そこから浮かび上がる人間や文化のありようを論じたものである。そうした本文の主旨は、**【本文解説】**でⅠとした部分で既に述べられており、Ⅱ以降は鐔を通して明らかになる人間や文化のありようについての具体的な説明となっていた。したがって、以上の点を踏まえた説明になっている**①が、正解**。

②は、「四つの部分が順に起承転結という関係で結び付き」という説明が、不適当。四つの部分が起承転結の関係になっていないことは明らか。

③は、「それぞれの部分の最後に、その部分の要点が示されていて」という説明が、不適当。四つの部分のいずれも、その最後にその部分の要点が示されるという形にはなっていない。

④は、「人間と文化に関する一般的な命題を……それぞれ異なる個別例によって論証する」という説明が、不適当。本文は、鐔という特殊なものの魅力を一貫して論じたものである。

第2問　現代文（小説）

【出典】

牧野信一の短篇小説「地球儀」の全文。一九二三（大正十二）年に雑誌『文藝春秋』第七号で発表されている。

牧野信一（まきの・しんいち）は、一八九六年神奈川県生まれ。父は、信一が一歳の誕生日を迎える前にアメリカに留学。九歳の時、祖父が急死した後に父が帰国するまで、母と祖父母とで暮らしていた。母は、小学校で長く教職に就き、家でも信一に論語や英語の手ほどきをしていた。一九一九年に早稲田大学英文科を卒業。同年、同人誌『十三人』に発表した短篇小説「爪」で島崎藤村に評価され、文壇に登場する。当初は、「地球儀」「父を売る子」などの私小説を創作していたが、後に「村のストア派」「ゼーロン」など独特の幻想小説を発表している。坂口安吾や小林秀雄など後進の文学者多数を世に紹介している。一九三六年に自死。

【本文解説】

「私」が祖父の法要のため帰宅した際に、かつて書きかけた小説を思い出しながら、家族や親類との関わりを含め、家族を顧みることのない父についてあれこれ思い浮かべた心情の機微を描いた文章。

小説の全文であり、リード文では何も情報は示されていない。どのような状況の下で、どのような特徴を備えた人物が登場しているのかを、正確に整理しながら本文を読み進めていこう。

なお、本文が小説の一節（＝部分）であるときには、本文を読み進めていくうえで重要な内容が、リード文で示されていることが多い。そうした場合にはリード文を丁寧に読んでおくように。

本文は二か所の空白行で、三つの部分に分けられている。祖父の法要前日の場面（これをⅠとする）、法要当日の場面（これをⅡとする）、法要翌日の「私」の感慨が示されている場面（これをⅢとする）の三つである。この中でも最初の場面では、途中で、地球儀から思いついた書きかけの小説が紹介されており、やや複雑な構成になっている。挿入されている小説における家族の様子と、法要を翌日に控えている「私」と母の様子との関連をしっかり理解しなければならない。そうしたことにも注意しながら、全体の内容を順次確認していこう。

Ⅰ　祖父の法要前日の場面（冒頭〜85行目）

祖父の十七年の法要のため、「私」は二か月ぶりぐらいで小田原の家に帰った。母は、「私」にお金を与えて父にしかられたと言う一方で、父の「放蕩（＝遊びにふけって身を持ち崩すこと）」が「だんだん悪くなるばかり」で、父はあてにならないと言う。「私」は、無能でカラ元気しか示せない自分の情けなさを感じつつ、父については「勝手にするがいいさ」と言うしかなかった。必ずしも本気でそう思っているわけではなく、たいした効果もない対応である。だが、最近発見した「母に対する一種のコケトリイ（＝気に入られようとすること）」としてこう言うしかなかったのである。

「もう家もお仕舞いだ。私は覚悟している。」と母が発言しても、「私」は母が感情的になっているだけだとことさらに思い、自分を慰めるかのように「だけど、まアどうにかなるでしょうね。」と言うだけであった。こうした「私」の楽天的な態度に、母はうんざりしていた。「私」は父の話題をさけようとしていた。だが、翌日の法要の準備をしている母が、「これ邪魔で仕様がない。まさか棄てるわけにもゆかず。」と押入の片隅でかさばっている大きな地球儀の箱を指差した。「私」はかろうじて苦笑いをこらえ、動揺を隠し、「邪魔らしいですね」と母に応じるしかなかった。というのも「私」は、その地球儀にまつわる思い出に関して、感傷的に始まる一つの短篇を書きかけたことがあるからだった。

以下、38行目「――」以降から75行目まで『　』ではさまれている部分で、「私」が書きかけた短篇の内容が紹介されている。Ⅱの場面に読み進むことでやっと判明することではあるが、三人称で表現されている短篇中の主人公の名前は「純一」、すなわち短篇の作者である「私」と同一名である。そして、「私」の父同様に、短篇中の「純一」の父も外国に滞在しており、だからこそ大きな地球儀が家にあることが描かれている。こうした点を考え合わせると、創作だとしても短篇の内容は、作者である「私」の子供時代とその家族を念頭にして書かれたものとして受けとめるのが適切であろう。

〈「私」の書きかけた短篇の内容〉

母から英語を教わっていた純一は、晩酌を済ませた祖父から、勉強が終わったら地球儀を持ってくるように言われる。純一の父が行っている場所を具体的に確認したいがために祖父が買って来た地球儀である。この地球儀を挟んで、家族はあれこれ他愛のない話をする。こうした家族団欒（＝親しい者たちが和やかに時間を過ごすこと）が毎晩のように続いていた。純一はよく地球儀を回して遊んだ。彼には実際の父に関する記憶はなく、写真の顔しか思い浮かべることはできない。だが、地球儀を回しているうちに、父に会いたくなり、「早く帰れ早く帰れ」という心持になるのであった。

そこまで書いて「私」は退屈になり、気持ちの上で余裕ができた時に、書き直そうと思って中断し、短篇のことを忘れていた。だが、母が地球儀を話題にしたことから、地球儀で玉乗りのように遊び祖父に叱られたことと共に、書きかけの短篇のことを思い起こしたのだ。地球儀が、そもそも父の外国滞在に端を発したものである以上、どうしても話題は父に関連してしまう。「お父さんのことはあきらめたよ。家は私ひとりでやって行くよ。」という母の決意を聞くと、「私」は切ない思いになった。「その方がいいとも、……帰るな、帰るなだ。」と母の決心に応じたものの、短篇の中で子どもの頃の自分を投影した「純一」が、父の帰りを待ち望んでいると描いたこともあり、「テレ臭くなって」くるのであった。

Ⅱ　法要当日の場面（87行目〜114行目）

法要当日には、遠くの親類の人々もみな集まっていた。だが、父は自分の都合で関西に出かけ、家にはいない。集まった親戚同士での会話があちこちで始まる。叔父と母の間では「私」のことが話題になっている。二人によれば、「私」には、家を顧みない父に代わって家を大切にしようという強い意志がなく、酒を飲んで無茶なことを言ったり外国へ行きたいと言い出したりと、父と似ているところがある。ただし、臆病で気の小さいところが父とは違うそうである。

法要の席で、本家の長男である「私」は、父の代理として挨拶をするのだが、しどろもどろになり、喋り足りないところを父方の叔父に補ってもらうこととなった。その後の酒席で「私」は叔父に、いまさら聞いても仕方がないと思いながらも、父が外国に長く滞在していた理由を尋ねた。父と祖父との衝突があったことを言われ、さらに詳しい事情を叔父に尋ねようとした。だが、叔父はそれには答えず、先ほど母と話題にしていた「私」の外国行きのことにふれ、「私」が外国に行けば父と同じだと笑い飛ばすだけだった。「私」は叔父の笑いに調子を合わせて否定したものの、そうした対応をするしかない自分のことを考えると陰鬱な気分になるのであった。

Ⅲ　法要の翌日の場面（116行目～最終行）

法要で使った道具を片づけている時に、母はまた押入の地球儀の箱を邪魔にし始め、いっそ始末したいとまで小言を言った。だが「私」は、大して邪魔ではないと母の気持ちをいさめようとし、そればかりか、去年生まれた「私」の長男が、いつか地球儀をおもちゃとして使うかもしれないとまで言いそうになった。書きかけの短篇では、「純一」が地球儀をもてあそびながら、父の帰国を待ち望んでいるという場面があった。それを思い出すと、主人公「純一」とその父とのつながりが、息子の英一と「私」自身とのつながりに、重ね合わせられるようにも思えた。「私」は、母や叔父からは頼りないと思われている。だがそうした「私」であっても、息子が父である「私」を慕ってくれるかもしれない。そうしたことを考えると嬉しくもあり照れくさくもあり、くすぐったい気持ちになり、「私」が遊んだように息子も地球儀で遊ぶかもしれないなどと、口に出すことができなかった。

【設問解説】

問1　語句の意味を問う問題　12 ①　13 ⑤　14 ④

(ア)の「愛想を尽か」すとは、〈相手に好意や愛情がもてなくなり、そうした言葉や態度を示す〉という語意であり、これに該当している①が正解。②～⑤のいずれもこうした語意とは合致しない。ひょっとすると④がやや気になったかもしれないが、「いらだちを抑えられない」＝〈我慢しようとしてもどうしてもいらだつ〉は、〈かつては多少の好意や愛情があったとしても、それがなくなってしまった〉という「愛想を尽か」すの語意とは合致しない。

(イ)の「間が悪かった」とは、〈気まずい。気恥ずかしい〉という語意であり、この内容を含んでいる⑤が正解。①～④のいずれもこうした語意とは合致しない。なお、正解の選択肢には、単なる語意以外に「正直に言うのが」と、何が〈気まずい〉のかも示されている。これは、傍線部の前における「純一」と「祖父」の会話の内容を踏まえたものである。すなわち、いったんアメリカに行きたいと言いきった手前、「お父さん」が帰国したら「そんな気はしな」くなると、気持ちが変わることを正直に言うのは〈気まずい〉という文脈に即した表現である。

(ウ)の「気概」とは、〈困難にくじけない強い意志〉という語意であり、これに該当している**④が正解**。①〜③のいずれにもこうした語意はない。⑤は「揺るぎない確かな」という部分が〈困難にくじけない強い〉という内容と合致しそうだが、「知性」という部分が「気概」という語意から逸脱している。

なおこうした設問では、いきなり文脈から意味を類推するのではなく、まずは語句の意味内容そのものをしっかり確認し、その後に文脈との適合性を吟味するのが無難である。

問2 「私」が「自信があるような顔をした」理由を説明する問題 [15] ②

〈本当は自信がないのに、いかにも自信のあるような表情をした〉というのが傍線部の大意であり、なぜこうした表情になったのかという理由が問われている。これについては、傍線部直後に、「こんなものの云い方やこんな態度は、……母に対する一種のコケトリイ(=相手への媚を含んだ振る舞い)だった」と明示されている。つまり、〈母に気に入られるため〉というのが正解の中心的内容だということはすぐに読み取れるだろう。

では、「私」が母に対して、何をどう媚びているのかについて傍線部の文脈をより丁寧に見ておこう。

「私」との会話において、母は「もうお父さんの事はあてにならないよ」と父の「放蕩」(具体的にはどういったことかは何ら示されていない)のことを嘆いている。その父について、「私」は「おこったような口調で」「勝手にするがいいさ」と母の発言に合わせて応じているのである。ここで注意しなければならないのは、こうした私の態度は本心からのものではないということである。だからこそ自分の発言や態度について「如何にも……自信があるような顔を」し、そのことを「母に対する一種のコケトリイ(=媚《こび》)」と言うのである。以上を整理すると次のようになる。

a 母は父があてにならないと非難している

b 「私」は父をあてにしないと自信ありげに母に応じた

c そうした発言や態度は(本心でなく)母に気に入られるためである

以上のa〜cの内容を含んでいる**②が正解**。

①は、「父の高圧的な言動」について述べられている。これは「私」にお金を渡した母が、父に「大変おこられた」ことに該当する。だが「如何にも……自信があるような顔をした」という傍線部の表現は、「放蕩」な父をあてにしないという母への発言に応じたものである。したがって、金銭に関わる話題の内容は、父をあてにしないという「私」の発言や

態度の理由説明とはなりえない。

③は、「父を懲らしめる手段があるかのようなふりをして」という部分が、「私」の「勝手にするがいいさ」という発言内容に合致しない。そもそも母は父を「あてにならない」と言っているのであり、「懲らしめる」ことを考えているわけではない。

④は、「父が家に戻ってくるという確信があるかのように」という部分が、傍線部の「確然とした或る自信があるような顔」をして言った内容とは正反対。③でも述べたように、父はあてにならないという母の発言を受けて、「私」は「（父は）勝手にするがいいさ」と言っているのである。父の帰宅を確信しているわけではない。

⑤は、「父を家に戻す良案を持っているかのようなそぶりを見せて」の部分が、③・④と同様に、「勝手にするがいいさ」という「私」の発言内容とは矛盾する。

問3　「私」が「突然テレ臭くなっ」た理由を説明する問題

16　④

まず、傍線部の文脈を確認していこう。地球儀のことをきっかけに、また父のことが話題になった。母は「お父さんのことはあきらめたよ。家は私ひとりでやって行くよ」と自らの決心を語る。「私」は母の決意に胸がいっぱいになり、「その方がいいとも、（父は）帰らなくったっていいや、……帰るな、帰るなだ」といつになく興奮して母の発言に同調した。だが、自分が書き出していた短篇の内容を思い出したところなので、突然照れくさくなり母のそばを離れたのである。では、なぜ短篇の内容を思い出すと照れくさくなるのであろうか。この点を明らかにするために、短篇の内容を確認しておこう。

短篇の中では、祖父と母と「純一」たちが、毎晩のように外国に滞在している父のことを話題にしている家族団欒の様子が描かれている。また「純一」が、地球儀を回しているうちに、「早く帰れ早く帰れ」と父を慕っている気持ちも描かれていた。つまり、短篇の中では、家族みんなの父への愛情が描かれていたのである。これが、少なくとも短篇を書いている時の父に対する心情だとすれば、父を慕っている心情を思い出した直後に、この心情とは正反対の、父に対する非難めいた発言をしたことになる。つまり母に迎合するために、心に抱いていた気持ちと矛盾する発言をしてしまった自分のことが恥ずかしくなったのである。こうした経緯は次のように整理できる。

a　ひとりで家を支えるという母の発言に胸がいっぱいになる

b　父など帰らなくてもよいと母に同調する

c　「私」が書いた短篇では家族が父を慕っていることになっている

d　父を慕う気持ちもありながら会話の成り行きで父を非難するという、はっきりしない自分が恥ずかしい

以上のa〜dの内容を含んでいる④が正解。

16

①は、「今後も父親からの金銭的援助をあてにしている自分を思い出し」が本文の内容と合致しない。8行目から14行目までの部分で金銭的援助のことが話題になっている。しかしここでは、「これからもうお金なんて一文もやるんじゃない」という父の考えを伝えた母の発言を受けて、「屹度そうくるだろうとは思っていた」とあり、金銭的援助を今後もあてにしていると断定する根拠はない。

②は、まず「父との決別による困窮を覚悟する母」という部分が本文からは確定できない。現在の家が以前住んでいた家より狭いという事実は示されている。だが、今後「困窮を覚悟する」しかないほどの状況なのかどうかは不明である。

また、「短篇の執筆にかまける」という部分も本文に合わない。「私」は、短篇を「退屈になって止めた」(76行目)のであり、しかも「今まで(＝地球儀のことをきっかけに思い出すまで)忘れていた」(77行目)のだから、「短篇の執筆にかまけていた(＝それだけに取組み他のことをしない)」とは決して言えないはずだ。

③は、「子ども時代の思い出に浸り続けていた」という部分が、本文の内容と合致しない。②でも確認したように、「私」は子ども時代の思い出につながる短篇のことを忘れていたのである。

⑤は、「大人に褒められたいとばかり考えていた幼い自分を短篇の中に描いた」という部分が本文の内容に反する。短篇の中で描かれていたのはcポイントにあるように、家族が父を慕っているという内容である。「純一」が大人に褒められようとしていることなど描かれてはいない。

問4 「私」が叔父に調子を合わせた時の心情を説明する問題

17 ②

傍線部の「私も叔父に合せて笑ったが、笑いが消えないうちに(＝笑いながらも)陰鬱な気に閉された」という表現から、「私」は本心ではないのに、叔父に迎合するため笑ったが、すぐに暗い気分になった、ということをしっかり読み取っておきたい。では、叔父はどんなことを笑い、「私」にとってそのことがなぜ陰鬱な気分をもたらしたかを、文脈に沿って確認していこう。

酒席で「私」はいまさら聞いても仕方がないと思いつつも、どうしても気になり、父が家を長期間不在にした理由を、叔父に尋ねた。叔父は父と祖父との衝突が理由であったことを言うが、それ以上「私」の質問には答えようとしない。それどころか、「今これでお前が外国へ行けば丁度親父の二代目になるわけさ。ハッハッハッ……」と笑い出した。

この発言は、酒癖の悪さや外国行きの気持ちがある点では父に似ているが、それを実行する気がない点では父とは違うと「私」のことを嘆いていた、さきほどの叔父と母との会話をふまえてのものである。二人の会話が「私」に聞こえていたことを叔父が知っていたかどうかは不明である。とはいえ、叔父の発言は、二人の会話をすでに聞いていた「私」にとって、〈無茶なことを言っていた父同様に外国行きの希望があるそうだが、実際にはできるわけないよな〉という、父とそれより気の小さい「私」への嘲笑を含んだものとして聞こえる発言である。だが、「私」は反発するどころか「まさか(＝外国に行きはしません)」と、叔父に迎合し一緒になって笑うのであった。嘲笑されているのに笑って迎合するしかない「私」。だからこそ、笑いながらも自分の情けなさがしみじみ感じられ陰鬱な気持ちに閉されるのである。以上を整理すると次のようなポイントが得られる。

a　いまさら仕方ないと思いつつも、どうしても気になる父の不在の理由をあえて叔父に尋ねた

b　叔父は詳しく答えないどころか「私」と父とを嘲笑するような発言をした

c　「私」は叔父に迎合し一緒に笑った

d　叔父に反発もできずその場を取り繕うような対応しかできないので暗い気分になった

こうしたa～dの内容を含んでいる**②が正解**。その他の選択肢は、傍線部の「まさか(＝「私」は外国にはいきません)」という内容とは無関係な説明になっている点で、どれも間違いである。それ以外にも本文の内容と合致しない点があるので、それぞれ確認していこう。

①は、「叔父以上に父のことを見下している母にも落胆して」という部分が間違い。叔父と母の会話では、二人とも父に対して批判的な発言をしているが、どちらが父をより見下しているのかといった比較は全くなされていない。

③は、まず「父と同じような失敗をして」という部分が間違い。「私」は法要の席で挨拶がうまくできなかったが、父が同じような失敗をしたことなど本文で全くふれられていない。また「叔父が母の共感を得ている」の部分も間違っている。叔父が「私」の不足を補ったのは事実だが、このことを母がどう感じているのかは本文で全くふれられていない。

④は、「祖父の悲しみを思えば」とあるが、法要当日の場面とりわけ傍線部に関わる叔父とのやり取りの中で、そうした内容は全く言及されていない。

⑤は、まず「父のことを叔父と共に責めようと思って」という部分が間違い。「私」は叔父に対して、より踏み込んだ質問をしているように、父が外国に長くいた理由を本当に知りたいから尋ねたのであって、父を責めようとしているわけではない。また、「叔父に頼りきっている母」という部分も間違い。母は「家は私ひとりでやって行くよ」(82行目)という決意を示している。叔父に頼っているという内容は本文に全くない。

問5　地球儀をめぐって「私」が思い浮かべた心情を説明する問題　18　①

傍線部の大意は、〈自分で口に出すとくすぐったい(＝こそばゆい)ので、言わずにいた〉である。では、あえて口に出さなかったのはどんな内容であり、何が原因でくすぐったくなるのであろうか。こうした点に注目し、傍線部前後の文脈を確認していこう。

法要の翌日、片づけをしている母が、地球儀は邪魔になるだけだからいっそ処分しようかと言った。それに対して「私」は「今に英一が玩具にするかも知れない」と、もう少しで言いそうになる。そして突然、地球儀にまつわるあの「お伽噺（＝短篇）」をまた思い出し、くすぐったい思いがして、そのことを口に出さなかった。では、「私」の息子が地球儀で遊ぶということと、あの短篇とがどのように関連し、しかも「私」にどのような心情をもたらすのであろうか。

地球儀は、そもそも父の外国滞在を契機に購入されたものである。母にすれば、単に場所をとるものというだけではなく、父の不在すなわち父の「放蕩」を思い起こさせる忌まわしいものである。だからこそ、邪魔で処分したくもなるのである。そうした母の気持ちや決意に「私」も同調し胸を打たれる時もある。だが一方で、短篇中の「純一」が地球儀で遊びながら父の帰りを待ち望んでいる様子を描いたように、「私」にとって地球儀とは、それを通じて父を思い浮かべるという点で大切なものでもある。この複雑な気持ちが込められた地球儀を、いつか息子の英一が玩具として使うかもしれない。その時、かつての自分が父を慕ったように、息子が父である「私」を慕ってくれるかもしれない。叔父や母からは臆病で気が小さいとけなされ、それに反発もできず認めざるを得ないところのある情けない「私」。そうした「私」でも、息子は慕ってくれるのではないか。そんな想像をするところこそばゆくなり、とても息子のことを口に出せなかったのである。

以上の内容をまとめると、

a　地球儀は母にとって父の放蕩に関わる不快なものである

b　母の気持ちに同調する一方で、「私」は父を慕う気持ちもある

c　地球儀には「私」の複雑な思いが込められている

d　息子が地球儀で遊ぶ時、かつての「私」と同じような思いを浮かべるかもしれない

e　息子が情けない「私」を慕ってくれると想像するとこそばゆい（＝照れくさい）

というポイントが得られる。

このa〜eのポイントを含む**①が正解**。aポイントはどの選択肢も共通なので、それ以外のポイントに注意しながら吟味していこう。

②は、「息子の成長を見守り父親としてその人生を支えていこう」という部分が間違い。傍線部の文脈は、「私」と父とのつながりが「英一」と「私」のつながりに重なるかもしれないという想像が前提になっている。だが、父は不在がちであり、「私」の「成長を見守り父親としてその人生を支えて」いたわけではない。

③は、「地球儀を彼に引き継ぎたいと主張した」が決定的な間違い。傍線部に「そのまま言葉を呑み込んでしまった」とあるように、「私」はそうした主張を発言していない。

④は、照れくさくなった理由を、「少年時代を過剰な感傷とともに振り返ろうとしがちな自分」としている点が間違

い。「操るような思い」を抱くのは、息子が「私」のことを思い浮かべるかもしれないという、将来のことを想像しているからである。また、地球儀が「私」にとってどのような意味を持っているのかに全くふれられていない点においても、地球儀に端を発する、傍線部における「私」の心情の説明にはなりえない。

⑤は、まず「自分の目指すべき世界を指し示し続けるもの」という部分が間違い。「私」が「目指すべき世界」については本文では一切ふれられていない。また、「自負に満ちた期待」という部分も、母や叔父の低い評価に反発もできず迎合してしまう「私」が抱く心情としては、不適切である。

問6　この文章の表現に関する説明問題　19・20　②・④

こうした設問では、専門的な知識や文学的な読解力が要求されているわけではない。あくまで本文に明示されている内容を根拠にして選択肢の適否を判断しなければならない。以下、順番に選択肢を慎重に吟味していこう。

①は、まず「法要の前後三日間と……短篇に描かれる家族の団欒との二つの場面に大きく分けられる」という部分が適切でない。短篇の内容は、翌日の法要の準備をしている母が地球儀を話題にしたことから「私」が思い出したものであり、その直後の「私」の心情とも直接つながっている。このように、法要前日の場面に組み込まれており、あえて分離するのは不自然である。また、後半の「祖父や父母に対する私の思いや感情が詳細に描き出されている」という部分も不適切。「父母」への感情はある程度描かれているが、「祖父」への感情は決して「詳細」に描かれていない。

②は、どの場面においても登場人物同士の会話を通じて家族の状況や心情が読み取れるので、「会話が軸の一つとなって展開」とあるのは適切である。また、「私」の発言は、時と場合により「です・ます」調であったりなかったり、また内面のつぶやきが（　）で挿入されてもいる。しかも20行目では、母への対応が「その場限りで」と表現されているように、相手に適当に合わせた発言もたびたびしており、「その場しのぎの態度で応じがち」という部分も適切である。したがって、**②が一つ目の正解**。

③について。地の文では「――」を、会話の中では「……」を使い分けしているとあるが、12行目・42行目・90行目・114行目では会話の中にも「――」が用いられている。したがって、「使い分けがなされている」とは言えない。

④について。「私の過去を題材にした短篇」とある。過去の体験がそのまま反映されているわけではないにしろ、主人公の名前が「純一」であり、父が外国に滞在しているという点においても、この短篇が「私の過去を題材にした」ものであるというのは適切である。そして、「私」は母との会話で、父のことを「勝手にするがいいさ。」（17行目）とか「帰るな、帰るなだ」（84行目）と言っている。だが、これはあくまで母に迎合しようとしての発言である。父に対する本心は、むしろ短篇の中での「早く帰れ早く帰れ」（74行目）という気持ちに近い。このように、母の気持ちを配慮すれば父

を非難するような発言になり、短篇の中では父を慕う気持ちが表現されているように、複雑な心情を抱いていることが読み取れる。したがって、短篇で描かれている内容が、「私という人物を重層的に描き出す効果を生んでいる」と言うのは適切である。**④が二つ目の正解。**

⑤について。41行目・42行目では、母の英語読本の朗読がカタカナで表記されているが、その朗読が流暢なものかそうでないのかは全く示されてはいない。したがって「母の英語のぎごちなさを表現する」という断定はできないはずである。また、「彼（＝純一）は母からナショナル読本を習っていた」（39行目〜40行目）や「母は静かに朗読した」（41行目）といった表現から「初歩的な英語すら満足に話せない母」という内容を読み取るのは不適切である。さらに、父の行っている処の名前を「母は立所に云った」（51行目）という表現を見ると、短篇の中において「両者（＝父と母）に生じている隔たり」を読み取ることは困難である。以上の点から、この説明は適切ではない。

⑥について。まず、92行目は「私のことを話しているので――。」とあり、109行目も「なかったのに――。」とあるように、最終行以外にも、文末に「た」が用いられていない地の文もある。それ以上に適切でないのは、「祖父の法要での前後三日間と挿入された短篇中の時間との区別を曖昧にしている」という説明である。三日間は空白行で明確に分けられている。そして、法要前日の場面に挿入されている短篇の中の時間の流れは、『』によって区切られており、他の場面の時間の流れとの区別が曖昧になることはない。

第3問　古文

【出典】

『松陰《まつかげ》中納言物語』

成立年代　鎌倉時代後期から南北朝頃までに成立したと思われる。

ジャンル　擬古物語

作者　未詳

内容　この作品は全五巻で、それぞれの巻に「山の井」「藤の宴」などの名前がついた複数の章段があり、全体で一八章となっている。主人公は、作品名にもなっている「松陰中納言」であるが、その恋敵《こいがたき》である山の井中納言や、松陰の弟の右衛門督《うえもんのかみ》、また松陰の二人の息子など、さまざまな人間の物語がからみ合う内容になっている。

源中納言は、五条の賀茂川のほとりに邸《やしき》をかまえていたが、邸内に川の水をせき止めて取り入れた大きな池を作り、その池の汀《みぎわ》に松の木を並べ植えていたことにより、「松陰の中納言」と呼ばれていた。ある時、帝が、その松にかかる藤を観賞しようと松陰邸を訪問する。藤のあまりの美しさに感動した帝は、松陰を権大納言へと昇進させ、松陰がかねてから思いを寄せていた藤内侍《とうのないし》を妻として与える。

ところが、その松陰の幸運を喜ばない人間が、宮中にはいた。松陰同様、藤内侍に恋をしていた山の井中納言は、藤内侍を妻とした松陰を憎み、幾人かを仲間に引き入れ、松陰を陥れようと陰謀を企てる。彼らは、松陰の筆跡を真似て、松陰が帝の妃である麗景殿《れいけいでん》の女御に宛てて書いたかのような恋文を偽造して、麗景殿の女御に送る。それを目にした帝の怒りを買い、松陰は隠岐《おき》の島へと流されてしまう。しかしある時、東宮が、藤内侍の兄弟である頭中将とのやりとりによって事の真相を知り、帝に松陰の無実を告げ、都へ呼び戻すよう進言する。陰謀はすべて露見し、冤罪《えんざい》も晴れて松陰は都へと戻った。そして陰謀に関わった人間は、首謀者である山の井をはじめ、みな左遷されてしまった。その後、松陰の息子である中将の恋物語を織り交ぜつつ、太政大臣に昇進するという松陰の栄達が描かれ、松陰から許された山の井が、内大臣に昇進した後、出家するところで物語は終わる。

なお、『松陰中納言物語』は、『鎌倉時代物語集成』（笠間書院）、『中世王朝物語全集16　松陰中納言』（笠間書院）、『現代語で読む「松陰中納言物語」付本文』（和泉書院）などに収録されているが、今回の本文はそのどれとも一部表記が異なっている。特に傍線部Y「蓬の露は払はずとも、御胸の露は今宵晴れなんものを」の部分の「御胸の露」は、公刊された諸本ではすべて「御胸の霧」となっていることを、参考までに付け加えておく。

【本文解説】

『源氏物語』や『狭衣物語《さごろも》』などの平安時代の王朝物語の影響を強く受けた鎌倉時代以降の物語を「擬古物語」というが、今回の『松陰中納言物語』もその一つである。新教育課程になってからの過去七年間を見ると、擬古物語は、本試験では09年と10年、追試験では08年、11・12年と出題されており、センター試験の古文においては頻出のジャンルであるといえよう。今回の本文は、約一二〇〇字と、12年本試験と大差はなかったが、右衛門督と下総守《しもうさのかみ》の娘（本文での「女君」）とのやりとりに、父である下総守や弟君、母君がからみ、さらに侍女の右近も登場して人間の動きがかなり複雑になっているうえ、登場人物が多いにもかかわらず主語を明示していない箇所も多くある（地の文において、主人公である右衛門督の動作には一箇所も主語が書かれていない）ため、正確に読解するのはかなり困難であっただろうと思われる。

【出典】でも述べたが、『松陰中納言物語』は、主人公の松陰の話のみならず、その周囲の人間の物語がそれぞれ独立したような形で語られる。今回の本文は巻二の「あづまの月」によるもので、松陰の弟である右衛門督が主人公である。

右衛門督は、東国の蝦夷《えびす》に不穏な動きがあるということで、その鎮定のため、東国に遣わされていた。あちこちで蝦夷を平定し、下野《しもつけ》国に滞在していたが、下総守は、右衛門督を大切な主人として仕え、ある時自邸へと招く。守の妻（本文での「母君」）は、松陰の亡き妻の乳母の妹であったため、右衛門督とは幼い頃から親しんだ旧知の間柄であった。守は、兄である前右馬頭《さきのうまのかみ》の娘を引き取り、妻とともに我が子同様に大切に育てていた。娘に求婚する者も多くいたが、守と妻は東国の男と結婚させるつもりはなかった。娘は訪れた右衛門督にひそかに恋心を抱く。

九月一三日の夜、守は船上から月を眺めるという趣向で月見の宴を催す。右衛門督は、その船上で、「太平楽」という曲を弾く琴の音色を耳にし、曲に合わせて笛を吹いた。さらに右衛門督が「想夫恋」という曲を吹くと、琴の弾き手がそれに合わせてきた。右衛門督は琴の弾き手に心ひかれ、人を寝静まらせた後、その弾き手を探しだし、一夜をともに過ごす。琴の弾き手は守の娘であった。今回出題されたのは、その後の場面である。本文は三つの段落に分かれている。

〈第一段落〉

逢瀬の翌朝、右衛門督は、後朝《きぬぎぬ》の文（＝一夜をともにして、帰宅した男が翌朝女のもとへ贈る手紙）を贈ろうにも、その方法がないので気をもんでいたが、その時、邸の主の守がやってきて、昨日の浦風は気にいらなかったかと問う。「浦風」とは「浦風に乗って聞こえてきた琴の音」、すなわち琴を弾く娘（＝女君）のことをほのめかしているのだろうと思った右衛門督は、弾いていた唐琴を見たいと告げる。守は意外に思ったが、琴を取り寄せた。そして、右衛門督は琴を弾き、箱に戻す際に女君への手紙を琴の弦に結びつけ、女君に戻すように告げる（本文4行目の「御文を緒に結びつけさせて」の「させ」は、内容的に尊敬の用法であると解すべきであろう）。女君が琴の箱を開けてみると、弦に結びつけられた手紙があり、そこには和歌と、今夜再び会いたいとの旨が書きつけられていた。しかし女君はどうしてよいともわからない。そこに幼い弟君が来て、右衛門督のところに行くのに、扇を海に落としてなくしたので新しいのがほしいと言う。それを好機ととらえた女君は、扇の端に小さく返歌を書き、弟君に、この扇の絵を右衛門督に見せよ、そうすれば右衛門督が子犬をくれるだろうと言う。弟君は喜んで、まず母君のもとへ行き、扇を見せるが、母君は娘が端に書きつけた歌を見つけて妙だと思い、様子を見ようと弟君の後について行き、屏風の陰から右衛門督の様子をのぞく。弟君は、右衛門督に扇の絵を見てくれと言い、さらに「姉君の、かくこそ（＝姉君が、このように）」と付け加える。「かく」の指示内容は、その前の場面で女君が弟君に言った「ことさら絵を美しく書いてあるので、これを見せたら右衛門督が子犬をくれるだろう」といった内容であると推測される。こうして、女君の返歌は右衛門督のもとに届いた。

〈第二段落〉

右衛門督は、絵と返歌を見た後、弟君に、その扇は自分にくれるようにと頼み、女君の言葉通り「犬をこそ、まゐらすべかめれ。京にあまたありつれば、取り寄せてこそ（＝犬を、さしあげるのがよいようだ。都にたくさんいたので、取り寄せて）」と言うのである。そしてその際に、黄金でつくった犬の香箱を渡し、女君に見せよと言う。弟君がそれを持って女君の部屋に入ろうとすると、母君はますますあやしく思い、それを取って見て、やはり思った通りだと二人の仲を確認するが、そのことに気づいたそぶりは見せなかった。弟君が女君に香箱を見せると、女君はそれを取り上げる。弟君は、この犬こそがほしいと言うが、女君は、右衛門督が犬をくれると言ったのは間違いないはずだからと、弟君の願いを聞き入れず、香箱を開けてみると、そこには、今夜の逢瀬を忘れないでほしいという旨の和歌が書きつけられていた。が、人に見られることを恐れた女君は、その和歌を消してしまった。

〈第三段落〉

二人の仲を悟った母君は、侍女である右近を呼んで、今夜娘のもとに右衛門督が来ると告げ、将来が楽しみだと言う。前述した通り、守と妻は娘を東国の者とは結婚させたくないと思っていたのだから、都人である右衛門督との結婚は望むところであった。右近もその話を聞いて、昨夜からの女君の様子や行動に得心し、右衛門督を迎えるべく、部屋をきれいにする。女君は、誰も訪れてこないのにそんなことをする必要はないと言うが、右近が、女君の心の内はわかっているとほのめかして笑うので、女君は恥ずかしく思うのだった。

問題文はここまでだが、この後、右衛門督と女君はめでたく結ばれ、右衛門督は都へ戻ろうとするが、この時、都では、兄の松陰を陥れる陰謀がはりめぐらされていた。山の井は、下総守の兄の前右馬頭（娘の実父にあたる）を仲間に引き入れており、その前右馬頭に、「右衛門督が蝦夷を率いて都に攻め入ろうとしていると下総守が報告してきた」と帝に対し嘘をつかせた。そのために右衛門督は上京を許されず、謹慎生活を余儀なくされたが、【出典】にも記した通り、やがて陰謀は露見し、右衛門督も都へ召し帰され、守の娘とともに京に上った後は、中納言に昇進したのだった。

【全文解釈】

翌朝、(右衛門督は、女君(=下総守の娘)に)お手紙をお贈りになるようなことも、方法がおありにならないので、たいそう気をもんで時を過ごしていらっしゃったところに、主人(=下総守)が参上なさって、「昨日の浦風は、あなた様には深くお心にとどまりなさらなかったでしょうか。たいそう気がかりで(ございます)」と申し上げなさると、(浦風とは)琴の音色のことであるだろうかとお思いになって、「すばらしい色香でございました。(弾いていたのは)唐琴でしょうか、見たい(ものです)」とおっしゃるので、(守は)意外であるけれど、(琴を)取り寄せた。(右衛門督は、その琴を)お弾きになって、「(この音色が)波の音に勝っていたのも、もっともであるようだ」と言って、箱にお戻しになるということで、お手紙を(琴の)弦に結びつけなさって、「これを、元あった所へ(返しなさい)」と言って、お置きになるので、(使いは琴を)持って(女君の部屋に)入った。女君は、(右衛門督が)琴をお取り寄せになったことを、不思議だと思いなさって、(箱を)開けてご覧になると、(そこには右衛門督の手紙があり)満ち足りないままに別れた思いをお書きになって、

「(あなたと)契りを交わした後の方が、何かとせつなく悲しいことです。人目をはばかる癖のために(なかなか会えないので)。

今夜は、たいそう早く人を寝静まらせて」

と(書いて)あったけれども、(女君は)どのようにしようとも判断がつきなさらない。幼い弟君が、「お客様のところに参上しようと思うのだけれど、扇を昨日、海へ落としたのです。(別の扇を)くださいませんか」とおっしゃるためにいらっしゃる。(女君は)なんとも、好都合なことだとお思いになって、(扇の)端に小さくお書きになって、殿(=右衛門督)にお見せなさい。ことさらに趣深く書いてあるので、殿(=右衛門督)にお見せなさい。そうしたら、小さい犬を、きっと(殿が、あなたに)くださるだろう」と笑いなさるので、(弟君は)しきりに喜んで、母君の方へ参上なさって、「扇を、(姉君(=女君)から)いただいた」と言って、見せなさると、(母君は、扇に書きつけられた)歌を見つけなさって、奇妙なことにお思いになる。(母君は)やはり、様子を見たいと、(弟君の)後ろについて行って、屏風の陰からのぞきなさった。(弟君が、右衛門督に)「この扇の絵をご覧になってください。姉君が、このように(おっしゃった)のです」とおっしゃったので、(右衛門督は)、本当にことさらに美しく書き上げてあると思って、ご覧になったところ、

(あなたの歌にある)せつない悲しさも、人目を気にすることも考えられません。(あなたと)別れた時のままの(今でも続いている)心の乱れによって。

(という歌が書かれている。)

今朝の琴の(弦につけた歌への)返歌だろうとお思いになって、「この扇は、私にください。(姉君のお言葉通り)犬を、さしあげるのがよいようだ。都にたくさんいたので、取り寄せて、その折に(さしあげよう)」と言って、黄金で造った犬の

香箱を（弟君に）お与えになって、「姉君にお見せなされよ」とおっしゃったので、（弟君が）持って（女君の部屋に）お入りになったのを、母君は、ますます奇妙だとお思いになって、「私にも見せろよ」と言って、取ってご覧になったところ、やはりそうだ、（右衛門督は）昨日の琴の音色を（女君のもとへの）道案内になさっているのだろうとお思いになるが、（気づいたという）気配を悟られまいと、（その気配を）隠しなさった。（弟君は）姉君のところへいらっしゃって（犬の香箱を）見せなさったところ、（女君は）「私のものにしよう」と言って取りなさって、（弟君が）「この犬を（いただきたいのです）」とおっしゃると、「（右衛門督が、犬をくださるだろうと言った）私の言葉は間違いないはずだから（この犬の香箱は私にください）」と言って、蓋を取ってご覧になったところ、内側に、

　別れてしまった今朝は（あなたの）心が乱れているとしても、今夜（会おう）と言った（私の）言葉を忘れないでください。

（と書かれていた）。（女君は）惜しいとはお思いになるが、人が見たら大変だと思って、（右衛門督の歌を）掻き消しなさった。

　母君は、人目を気にしていらっしゃるようなのもつらいだろうと思って、右近をお呼びになって、「今夜、殿がいらっしゃるだろうよ。（部屋を）十分に整えなさい。将来が、楽しみなことであるようだから」とおっしゃると、（右近は）やはりそうだ、今朝からの（女君の）ご様子も、昨日の曲を弾き合わせなさったことも、気にかかっていたのでと思って、このようだ（＝殿の訪問があるようだ）とも言わないで、几帳を一面にかけて、隅々まで塵を払うので、（女君が）「蓬の露を払って来るような人もいないのに、そのようにしなくてもよいだろう」とおっしゃるので、（右近が）「蓬の露は払わなくても、お心にかかる露は今夜きっと晴れるだろうにねえ」と笑うと、（女君は）とても恥ずかしいとお思いになる。

【設問解説】

問1　短語句の解釈の問題　21 ②　22 ④　23 ③

　センター試験の古文の問1では、短語句の解釈が三つ出題される形式がほぼ定着している。古語の意味や文法だけで正解が決まる場合、文脈による判断を必要とする場合とさまざまであるが、まずは古語や文法などの、基礎知識の習得が第一だと心得ておこう。

(ア)「いと心もとなくて過ぐし給ひける」

「いと／心もとなく／て／過ぐし／給ひ／ける」と品詞分解される。「給ひける」の部分はすべて「いらっしゃった」で統一されているので、正解を考える手がかりとはならない。解釈のポイントは「心もとなく」「過ぐし」である。

心もとなし（ク活用形容詞）
1　気がかりだ。不安だ。
2　待ち遠しい。じれったい。
3　はっきりしない。ぼんやりしている。
4　不十分だ。不満だ。

過ぐす（サ行四段活用動詞）
1　やり過ごす。
2　時を過ごす。暮らす。生活する。
3　そのままにしておく。放っておく。
4　年を取る。
5　度をこす。やり過ぎる。

「心もとなし」の意味に該当するのは、❷「気をもんで」、❸「不安に思って」、❺「ぼんやりと」である。この三つは、「過ぐす」の意も、前記の2と3が該当し、また副詞「いと」の意もすべて正しいので、正解を決めるには文脈判断が必要となる。そこで傍線部の直前を見ると、「つとめて、御文やらせ給はんも、せん方のおはしまさねば」とある。「おはしまさねば」の「ね」は打消の助動詞「ず」の已然形、「ば」は接続助詞で、「已然形＋ば」の順接確定条件となっているため、「いと心もとなくて過ぐし給ひける」は、その直前の内容によってもたらされた結果だということになる。その内容を確認していくと、まず「つとめて」には「早朝・翌朝」の意があるが、前書きに「一夜を過ごした」とあるのだから、ここでは「その翌朝」ととらえるとよい。「御文やらせ給はん」とは「お手紙をお贈りになるようなこと」の意だが、ここは右衛門督が女君と一夜を過ごした後だから、「手紙」とは、一夜をともにした翌朝、男から女のもとへ贈る「後朝の文」のことであり、この「御文やる」の主体は右衛門督だとわかる。右衛門督は、逢瀬の翌朝、女君に手紙を贈りたいのだが、「せん方のおはしまさねば（＝方法がおありにならないので）」という状況が書かれている。**A**の歌の内容からもわかるように、右衛門督は、「人目をつつむ（＝人目をはばかる）」ので、人に知られず手紙を贈る方法を探しあぐねていたのである。その内容を受けて「いと心もとなくて過ぐし給ひける」というのだから、❷の「たいそう気をもんで時を過ごしていらっしゃった」が文脈にもっとも即している。**これが正解**である。さらに、傍線部の後では、やってきた守と右衛門督とのやりとりがあり、女君の弾いていた琴を取り寄せ、右衛門督が女君に手紙を贈ろうとしている場面が描かれている。このことからも、❸「そのままにしていらっしゃった」、❺「たいへんぼんやりと日を送っていらっしゃった」のように、傍線部を右衛門督が何もしなかったという内容に解釈することはできない。

(ｲ)　**「飽かざりし名残をあそばして」**

「飽か／ざり／し／名残／を／あそばし／て」と品詞分解され、解釈のポイントは「飽かざり」「あそばし」である。

飽かず（連語）［カ行四段活用動詞「飽く」＋打消の助動詞「ず」］
1　満ち足りない。不満足だ。
2　心残りだ。名残惜しい。
3　いやになることがない。飽きない。

あそばす（サ行四段活用動詞）

1　なさる…尊敬の本動詞

「飽かず」の意味を考えると、①～⑤のいずれも間違いとは言えない。①の「語りつくせなかった」はいくぶん語義からは遠いようだが、「語りつくすのに十分な時間を得ることができず満ち足りなかった」と考えるなら、除外できない。そこで、次に「あそばす」について見ていくと、この語は「す」の尊敬語であるが、何を「なさる」のかというのは、その時の状況によってさまざまにかわる。選択肢はいずれも尊敬表現になっているので、その内容を具体的に考えていかなくてはならない。文脈を確認してみると、傍線部の直前は「女君は、琴を召しけるを、あやしと思して、開けて見させ給へば」となっている。(ア)同様、ここも「給へ（ハ行四段活用動詞の已然形）＋ば」の順接確定条件があるので、傍線部の直前の内容を確認してみる。「琴を召しける（＝琴をお取り寄せになった）」というのは、本文の三行目の「唐琴にや、ゆかしくこそ」と言って右衛門督が琴を所望し、それをうけて守が琴を取り寄せたことをいうのであるから、「女君は、琴を召しけるを、あやしと思して」は、女君が、父である守が琴を取り寄せた行為を不思議に思ったということである。それに続いて「開けて見させ給へば」とあるのだから、ここで女君が「開け」たのは、戻ってきた琴の箱の蓋だと考えるのが自然である。その「女君が、戻ってきた琴の箱の蓋を開ける」という行為から導かれる結果として、そこに「右衛門督が弦に結びつけた手紙がある」と考えられる。よって「飽かざりし名残をあそばして」というのは、右衛門督の手紙に関する表現であると推測され、「あそばす」の内容は、④の「お書きになって」がもっともふさわしい。④は「飽かざりし」の訳も正しい。「名残」は「あることが終わった後まで残るもの」が原義で、「余韻・面影・残り・別れ・最後」など訳語は幅広いが、④の「思い」は、「右衛門督が女君と別れた後に感じた思い」を述べていると考えられ、**正解は④**で間違いない。

なお、「飽かざりし」の「し」は過去の助動詞「き」の連体形で、「～た」と訳す。よって、この「し」の訳出のない③と⑤を、正解だとはいささか考えにくい。古文に過去や完了の助動詞がなくても、現代語訳において、内容的に「～た」と訳す場合はあるが、古文で過去の助動詞があるところに、「～た」という過去の訳をとらないのは、やはり不自然であるからだ。しかし、それだけで決めてしまうのではなく、他の箇所も丁寧に確認していく必要がある。

(ウ)「**いみじくこそ書きなしつれ**」

「いみじく／こそ／書きなし／つれ」と品詞分解され、解釈のポイントは「いみじく」と、「書きなし」の「なし」である。

いみじ（シク活用形容詞）
1　はなはだしく。並々でなく。非常に。
2　よい。すぐれている。すばらしい。
3　ひどい。恐ろしい。悲しい。

なす（サ行四段活用動詞）
1 行う。する。
2 ならせる。変える。
3 用いる。
4 任命する。
5 できあがらせる。
6 （他の動詞の連用形について）ことさら〜する。意識して〜する。

「いみじ」は程度のはなはだしさを示す語であるが、前記2や3のように、はなはだしく「どのようで」あるのか、という評価の部分まで意味する場合もある。ここは、「いみじく」と連用形で、「書きなし」にかかっていくのだから、「どのように」書いたのかという、その評価の部分を文脈から判断していく必要がある。この部分は、「この絵は、おもしろう書きなしたれば、殿に見せさせ給へ（＝この絵は、ことさらに趣深く書いてあるので、殿にお見せなさい）」という女君の言葉を弟君から伝え聞いた右衛門督が、「まことにいみじくこそ書きなしつれ」と納得する箇所である。よって、「いみじく」の内容は、女君の言う「おもしろう」とほぼ同内容であると考えられる。そうなると③の「美しく」がもっとも正解に近い。そこで「なす」を確認すると、ここは「書き」と動詞の連用形に接続しているので、前記の6の補助動詞的な用法であり、③はこの部分を「ことさらに〜書き上げて」と語義通りに訳している。この「〜なす」の用法を訳出しているものが他にないことからも、やはり**正解は③**であると確認できる。

問2 文法問題 24 ①

センター試験の古文の問2では、文法問題が出題されることがほとんどである。近年は語の識別を問うものが多いが、敬語に関する問題が出題されることもある。基本的な問題ばかりであるので、確実に得点できるよう文法の基本事項の学習を怠らないようにしよう。今回は「ぬ」と「に」が問われていた。それぞれの識別を確認していこう。

a 「染ませ給はぬにや」
d 「賜ひぬべけれ」

「ぬ」の識別
1 完了（強意）の助動詞「ぬ」の終止形
→連用形に接続する。
2 打消の助動詞「ず」の連体形
→未然形に接続する。
3 ナ行変格活用動詞の終止形活用語尾
→「死ぬ」「往《い》（去）ぬ」の二語のみ。
4 ナ行下二段活用動詞の終止形（の活用語尾）
→「寝《ぬ》」など。

aの「ぬ」はハ行四段活用動詞「給ふ」の未然形「給は」に接続しているので、前記2の打消の助動詞である（補助動詞「給ふ」には下二段活用する謙譲の用法もあるが、下二段活用には「給は」という形は存在しないので、四段活用だと判断できる）。**d**の「ぬ」は、ハ行四段活用動詞「賜ふ」の連用形「賜ひ」に接続しているので、前記1の完了（強意）の助動詞である。この「ぬ」がわかれば正解は①か⑤に絞られる。

b「琴の音にやあるらん」
c「むべにこそあなれ」

「に」の識別

1　格助詞
→体言・連体形に接続し、「～に」「～のために」「～で」などと訳す。

2　接続助詞
→連体形に接続し、「～ので」「～けれども」「～が」などと訳す。

3　完了の助動詞「ぬ」の連用形
→連用形に接続し、直下に助動詞「き」「けり」「たり」「けむ」が続く。

4　断定の助動詞「なり」の連用形
→連体形・非活用語に接続し、下に補助動詞の「あり」「おはす」「侍り」「候ふ」などを伴うことが多い。「～である」と訳出する。

5　ナ行変格活用動詞の連用形活用語尾
→「死に」「往（去）に」の二語のみ。

6　ナリ活用形容動詞の連用形活用語尾
→「に」の上の部分が、物事の状態・性質を示す。

7　副詞の一部
→「いかに」「げに」「よに」「さらに」「すでに」など。

bの「に」は、「音」という体言に接続しているので、右記1の格助詞、4の断定の助動詞が考えられるが、ここは、守の発言にあった「昨日の浦風」に対して、右衛門督が「琴の音にやあるらん」と思っているところだから、「琴の音であるだろうか」と訳すことができ、断定の助動詞だと決まる。**c**は、「もっともだ・なるほど」の意を持つ形容動詞「むべなり」（「うべなり」と同じ）の連用形の活用語尾である。しかし、「ぬ」の識別をきちんとできれば、選択肢は①か⑤で、**c**は形容動詞の活用語尾と格助詞との二択になる。「むべ」という連体形や非活用語は考えにくいことから、「むべに」で一語の形容動詞ではないだろうかと見当をつけてみるとよいだろう。

以上の検討から、**正解は①**である。

問3　人物とその思考の内容の説明問題　25　⑤

まず、傍線部の「さればよ」の意味を確認しよう。

さればよ（連語）［ラ行変格活用動詞「さり」＋接続助詞「ば」＋終助詞「よ」］
やはりそうだ。思った通りだよ。

この語は物事が、予想通りの結果になった時に用いるもので、同義の表現に「さればこそ」がある。

次に、誰が「やはりそうだ」と思ったのか、またその内容は何かという、設問の答えを考えていこう。この傍線部の前後の文脈を見てみると、直前には「母君、いとどあやしと思して、『我にも見せよかし』とて、取りて見給へるに」とある。「母君、いとどあやしと思して（＝母君は、ますます奇妙だとお思いになって）」というのは、母君がその前の段階ですでに何かを「あやし」と感じていたからこその表現である。そこで、それより前の内容を確認してみると、一二行目に「歌を見つけ給うて、あやしきことに思す」とある。この「歌」とは、弟君が、姉からもらったと言って所持していた扇に書かれたもので、母はこれを見て、「あやし」と感じる。そして、弟君がそれを持って右衛門督のところへ行き、今度は右衛門督からもらった香箱を持って女君の部屋に入ろうとしたのを、母君は「いとどあやし」と思う。弟君は、女君と右衛門督の間を「女君の歌の書かれた扇」や「右衛門督が与えた香箱」を持って行き来していたのだから、母君がこの時抱いた不審な気持ちとは、「娘（＝女君）と右衛門督が弟を使いとして何を行っているのか」ということであろう。

そして母君は、弟君が持っていた香箱を「我にも見せよかし」と取り上げてその中を見る。するとそこには右衛門督の歌があった。本文では、まだこの段階では香箱の中に歌があったとは書かれていないのだが、母君は、その後、右近を呼び出し、今夜娘のところに右衛門督が行くと告げるのだから、この時、香箱の中にあった「今宵と言ひしことを忘るな（＝今夜会おうと言った言葉を忘れないでください）」という右衛門督の歌を目にしたとしか考えられない。「さればよ」は、その直後の表現であるから、それは、母君の、女君と右衛門督の間に何かあると感じた予感が当たったがゆえの、「やはりそうだ」という感想だといえよう。

さらに、傍線部の直下を見てみると「昨日の琴の音をしるべにこそし給ふらめ」とある。ここは、その下に「と思せど」とあることから、「さればよ」に続く心中表現部分であるとわかる。「昨日の琴の音色を道案内にしなさっているのだろう」と訳すが、琴の音色を道案内として女君のところへ忍び入ったのは右衛門督で、その行動を「し給ふらめ」と「推量」するのは、その当事者以外の人間であり、このことからも「さればよ、昨日の琴の音をしるべにこそし給ふらめ」と思った主体は母君であると確認される。その流れを押さえていけば、主体と「さればよ」の内容の二点を言い当てている**正解は⑤**しかないとわかる。⑤の最後にある「喜ばしいことだと思った」というのは、傍線部の五行後で、母君が右近に、「行く末、頼もしきことにてあるなれば（＝将来が、楽しみなことであるようだから）」と言っている部分から導くことができる。

①と②は、「さればよ」と思った主体が女君になっているのが明らかな誤りである。③は、「右衛門督と女君の間でやりとりが交わされているのに気づき」という部分はよいが、「さればよ」の意味がきちんと説明されていない。また、「ぎ

こちない様子を歯がゆく感じながらも、口をはさんで二人の仲が表ざたになってしまうと困る」という内容は本文からは読み取れない。④は、「さればよ」の語義に該当する部分を「〜通り、案の定」としている点はよいが、「沈み込んでいた娘の様子を見て」「女君が右衛門督の洗練された様子に心を奪われて、何も手につかなくなっているのだとわか」ったという部分は、本文の内容とは合わず、不適切である。

問4　心情説明問題　26　④

「蓬の露は払はずとも、御胸の露は今宵晴れなんものを」という言葉にこめられた、右近の気持ちを説明させるものである。「なん」は「な」が完了（強意）の助動詞「ぬ」の未然形、「ん」は推量（婉曲）の助動詞「む（ん）」の連体形で、直訳すると「蓬の露は払わなくても、お心にかかる露は今夜きっと晴れるだろうにねえ」となる。しかし、傍線部だけでは何を言おうとしているのかよくわからないので、右近がこのように言うに至る経緯を確認していこう。

右近は第三段落になってはじめて文章に現れる。問3ですでに検討したが、女君と右衛門督の仲に気づいた母君が、右近を呼んで、「今宵、殿の渡り給はんぞ。よくしつらひ給へ。行く末、頼もしきことにてあるなれば（＝今夜、殿がいらっしゃるだろうよ。部屋を十分に整えなさい。将来が、楽しみなことであるようだから）」と言う。その後に「さればよ、〜心もとなかりつれば」と続くが、「心もとなかりつれば」の後に「〜と思って」と訳すことのできる格助詞「と」があるので、「さればよ〜心もとなかりつれば」の部分は、母君の話を聞いた右近の心中表現だと考えられる。また、「さればよ」は、これも問3で検討したように、「やはりそうだ」と、物事が予想通りの結果になった時に用いる表現である。右近は、今夜右衛門督が女君のところにやってくるという母君の話を聞き、「今朝よりの御ありさまも、昨日の楽を弾き替へ給ひしも、心もとなかりつれば（＝今朝からの女君のご様子も、昨日の曲を弾き合わせなさったことも、気にかかっていたので）」とあるように、昨日から気にかかっていた女君の様子について、「やはり右衛門督とのことが原因だった」と納得したのである。そして右近は、黙って母君の言いつけ通り、部屋を整えるのだが、女君は、母君と右近が自分と右衛門督のことに気づいたとは知らないので、「蓬生の露を分くらむ人もなきを、さもせずともありなん」と言う。「蓬生」には「蓬などの雑草が生い茂った荒れた地」の意があり、ここは女君の、「こんな田舎の邸に、わざわざ露のおりた雑草を押し分けてまで訪れる人はいない」という気持ちである。だから「さもせずともありなん」と続けるのである。「さ」は「そのように」の意の副詞、「な」は完了（強意）の助動詞「ぬ」の未然形、「ん」はここでは適当の意の助動詞「ん（む）」で、直訳すると、「そのようにしなくてもよいだろう」となる。つまり女君は、「こんな所に誰もやっては来ないのだから、そんなに部屋を清めなくてもよい」と言っているのである。傍線部の「蓬の露は払はずとも、御胸の露は今宵晴れなんものを」は、その女君の言葉に対応するものである。「御胸」とは女君の心のことで、「お心にかかる露は今夜きっと晴れるだろう」とは、「心の露も今夜は消え、晴れ晴れとするでしょう」といった内容であるが、女君と右衛門督との「今夜の逢瀬」を念頭においての言葉であることは間違いない。右近は、女君と右衛門督の仲について、それとははっきり言わず、「自分はあなたの気持ちがわかっているのだ」とほのめかしてからかい、女君もそれがわかったからこそ、その言葉に「いと恥づかし」と感じたのである。女君の言葉と右近の気持ちが正しくとらえられている**正解は、④**である。

①は、「訪ねてくるかわからない人を思って」というのが、女君の発言とは違っているし、右近の気持ちの説明部分で「心配事」とはあるものの、右衛門督のことについてふれていないので、適切だとは言えない。②は、「庭」と「部屋」についての言及しかなく、全体が誤りである。③は、「訪ねてくる人もいないのになぜ掃除するのかと不思議がっている女君」というのは、誤りとは言いにくいが、「今夜はお客さまの右衛門督が訪れるから必要なのだと安心させる」という点が不適切である。右近の言葉は「御胸の露は今宵晴れなん」と、女君の心理状態を推測したものであるが、③はそれについての言及がない。⑤は、「露に濡れた蓬を分けて訪れる人もない」はよいが、女君が「すね」ているとはこの文脈では考えにくく、また右近の言葉の直後に「うち笑へば」とあるのだから、「すね」る女君に右近が「反発する」というのも不適切である。

問5　和歌の説明問題　27　②

センター試験の古文において、和歌の設問は頻出である。和歌の趣旨や内容、解釈などに加えて、修辞法などの表現技法が問われることもある。今回は、三首の和歌について、詠み手と和歌の内容が問われていたが、選択肢を見ると、詠み手については、**A**は右衛門督、**B**は女君、**C**は右衛門督と、すべて同じであったため、内容について吟味すればよいというものであった。

Aは、「あひみての／後こそ物は／かなしけれ／人目をつつむ／心ならひに」と句に分けられ、三句の「かなしけれ」は、シク活用形容詞「かなし」の已然形で、二句の係助詞「こそ」の結びとなって文が終止しているため、三句切れとなる。「あひみ」は、「顔を合わせる・男女が関係を結ぶ」の意のマ行上一段活用動詞「逢ひ見る」の連用形。「つつむ」は「くるむ・隠す・はばかる・遠慮する・気がねする」などの意のマ行四段活用動詞「つつむ」の連体形、「心ならひ」は「心の習慣・癖《くせ》・習慣」の意の名詞である。形容詞「かなし」には「悲しくせつない」の意の「悲し」と、「いとおしい」の意の「愛し」がある。「かなし」を保留にして、まず下の句を考えると、「人目をはばかる（自分の）癖のために」と訳すことができるが、その後に省略されているのは、人目を気にする自分の性分によって、「なかなか女君に会えない」という内容であろう。本文の冒頭で、女君に手紙を贈ろうにもその手段がなく、気をもんでいた右衛門督の様子とも合っている。そのように考えると、「かなし」は「悲し」でとる方がよいと思われる。が、会えなくて悲しいのは、会ったがゆえにいとおしさが募ったためであり、「愛しい」の意がそこにこめられているという解釈も否定はできないだろう。一首は、「あなたと契りを交わした後の方が、何かとせつなく悲しいことです。人目をはばかる癖のために（なかなか会えないので）」といった内容になる。この歌は、『拾遺和歌集』に収められた藤原敦忠の、「逢ひみての後の心にくらぶれば昔はものをおもはざりけり」を踏まえていると思われ、契りを交わした後にこそ生じる、せつない恋の思いを述べたものである。

Bは、「かなしさも／忍ばんことも／思ほえず／別れしままの／心まどひに」と句に分けられるが、三句末の「ず」は形のうえからは連用形か終止形かの判断はできないので、このような場合には、和歌の内容から句切れになっているか、どうかを判断する必要がある。「忍ば」は「じっとこらえる。包み隠す。秘密にする」の意のバ行四段活用動詞「忍ぶ」の未然形、「思ほえ」は「（自然と）思われる」の意のヤ行下二段活用動詞「思ほゆ」の未然形、「心まどひ」は「心が迷い乱れ、途方に暮れること」の意の名詞である。「思ほえず」の部分を保留にして直訳すると、「悲しさも包み隠すことも［思ほえず］別れた時のままの心の乱れで」となる。この歌は、右衛門督への返歌であるので、「かなしさ」「忍ばんこと」というのは、右衛門督の歌にある「かなしけれ」「人目をつつむ」を受けての表現になっていると考えられる。また、右衛門督は、「あひみての後」、つまり逢瀬の後に感じたせつなさや人目をはばかる気持ちを詠んだが、それに対して女君は「別れしままの心まどひに」、つまり、今朝、右衛門督と別れた時のまま、今も続く心の乱れによって、「かなしさ」も「人目を気にして包み隠す気持ち」も「思ほえず（＝思われない）」と詠んだと解釈するのがふさわしい。すなわち、女君は心が乱れて、かなしさなども感じることができないと詠んでいるのである。よって、三句末の「ず」は、連用形として下の「別れし」にかかっていくのではなく、終止形と考えるべきで、この歌は三句切れである。

Cは、「別れつる／今朝は心の／まどふとも／今宵と言ひし／ことを忘るな」と句に分けられ、句切れはない。一首全体としては、「別れてしまった今朝は心が乱れるとしても、今夜と言ったことを忘れるな」と解釈することができるが、「心が思い乱れる」というのは、**B**の歌で女君が「別れしままの心まどひに」と詠んだのを受けての表現なので、その主体は女君である。また、「今夜と言ったこと」とは、最初に右衛門督が歌を贈った際に、「今宵は、いととく人をしづめて（＝今夜は、たいそう早く人を寝静まらせて）」と歌に書き添えた言葉のことで、今夜の再びの逢瀬を示している。右衛門督は、「別れてしまった今朝は、あなたの心は乱れているとしても、今夜会おうと言った私の言葉を忘れないでください」と女君に伝えているのである。

①は、**A**の右衛門督の歌については誤りとは言えないが、**B**の女君の歌が不適切である。「右衛門督のもとに忍んで行く手段も思いつかない」とあるが、女君が「思ほえず」と詠

んだのは、「右衛門督のもとに忍んで行く手段」などではない。

②が、正解である。Aの歌の、「恋が成就した今になって、さらに募る恋情」というのは、女君と契りを交わしたものの、そのためにかえって、なかなか会えない悲しみを感じ、さらにそのことによって、いっそう「会いたい」という恋の思いが募るということである。Bの女君の歌においても「別れしままの心まどひ」を「別れた後の心の乱れ」と表現し、さらに「かなしさも忍ばんことも思ほえず」を「悲しみに浸ったり人目を気にしたりする心の余裕がない」としている点は前述した女君の歌の解釈と同じである。よって、Aが「人目をつつむ心ならひ」と言っていることからすれば、Bの歌を「右衛門督とは違って」とするのも正しい。

③は、Aの歌がまずおかしい。「ともに演奏を楽しんだ」というのは、（注5）に示されている、二人の合奏のことを指していると思われるが、その後に二人は一夜を過ごしたのだから、「一向に進展しない二人の仲」というのは事実と合わない。また、「人目を気にしがちな女君への不満」とあるが、人目を気にしているのは、詠み手の右衛門督自身のことである。Cの歌は、「再会の約束」について言及しているものの、それは、右衛門督が「冷静さを失って思わず書いた」ものではない。歌の中で「心のまどふ」と詠まれた主体は女君である。

④は、Bの女君の歌を「右衛門督を恋い慕う感情と、恋心を抑えねばならないという理性が入り乱れた状態だ」とするのが不適切である。そのような内容はBの歌からは読み取れない。Cの右衛門督の歌については、ほとんど正しいが、再会の約束については、右衛門督が一方的に口にする形になっているので、「二人で交わした」は不適切であると言えよう。

⑤は、Bの女君の「会えない悲しみに堪え続けることの苦しさ」が不適切である。④同様、こういった内容は、Bの歌からは読み取れない。Cの右衛門督の歌については、正しい内容となっている。

問6　文章の表現と内容に関する説明　[28]　⑤

センター試験の古文では、11年以来、本試験・追試験ともに表現と内容に関する問題が出題されている。このような設問は、正解を選ぶのが難しい場合もある。まずは本文の内容で明らかに間違いと言えるものを見極めて誤答を消去し、残ったものを正解とするといった解き方も有効になるので、選択肢と本文を照らし合わせ、慎重に選択肢の内容を確認するようにしよう。

①は、本文が、「下総」という都から遠く離れた場所が舞台であることは確かだが、「波の音」「蓬」というのは、他の土地に対しても用いられる表現であるので、それらの表現のみで「東国のひなびた情趣」が表されているとは言えない。また、この話は、右衛門督と女君がすでに一夜をともにした後のもので、さまざまな人の動きをからめつつ、いかに再びの逢瀬を持つかということについて述べられているのだから、「右衛門督が女君に心ひかれるいきさつが明らかになっ

ている」というのも不適切である。

②は、「敬語を重ねて高い敬意を表す」例として、「染ませ給はぬにや」「調べさせ給ひて」などの二重尊敬が挙げられ、そうした二重尊敬が「東国暮らしの女君には用いられていない」としているが、五行目の、女君が本文に登場した段階で、「女君は、琴を召しけるを、あやしと思して、開けて見させ給へば」と二重尊敬が用いられているのだから、そこに気づけばすぐに②は不適切であるとわかる。また、敬語というのはあくまで話し手や書き手の、話題の中の人物に対する尊敬の気持ちを言い表す表現に過ぎず、それによって、「身分違いの恋に試練が待ち受けていることを予感させている」といったことまでを表すものではない。

③は、「他人を意識する右衛門督と女君の様子が繰り返し描かれる」「そのやりとりの合間に母君や右近の察しの良い反応が差し挟まれる」というのは間違いではないが、右衛門督たちが「周囲の『人』に認めてもらうことを恋の成就の重要な条件と考える」というのは、本文のどこからも読み取ることができず、この部分が誤りである。

④は、『唐琴』『小犬』『香箱』に添えて贈り合う歌の言葉」とあるが、この選択肢の表現では、実際に「小犬」が出てきていることになる。しかし、「小犬」は、女君と右衛門督の言葉で語られるだけで、実際には登場していない。また、女君が歌を添えたのは扇である。さらに、歌の言葉がそれぞれ受け継がれていることは確かであるが、①の説明でも述べたように、この話は、右衛門督と女君がすでに一夜をともにし、次の逢瀬を考えている段階なのだから「少しずつ心を通わせていく二人の心情の変化」というのは本文の内容とは合わない。

⑤が正解である。女君と右衛門督のやりとりを中心に、二人の仲に気づく母君と右近と、何も知らない父親と弟君が、それぞれ対照的に、巧みに描かれている。

第4問　漢文

【出典】

張耒《ちょうらい》『張耒集《ちょうらいしゅう》』。『張耒集』は、北宋の張耒（一〇五四〜一一一四）の詩文集。

張耒は楚州淮陰《わいいん》（現在の江蘇省淮安《わいあん》市）の人で、字《あざな》は文潜、柯山《かざん》と号した。哲宗《てっそう》（位一〇八五〜一一〇〇）の初期には起居舎人（皇帝の言行を記録する官）などを務めたが、その後、新法党と旧法党の争いに巻き込まれ、紹聖四年（一〇九七）に黄州（現在の湖北省黄岡市）へと左遷された。しかし、徽宗《きそう》（位一一〇〇〜一一二五）の時に中央官界に復帰し、太常少卿《たいじょうしょうけい》（宗教儀礼や文教政策を司る官）を経て、潁州《えいしゅう》（現在の安徽省阜陽《ふよう》市）や汝州《じょしゅう》（現在の河南省汝州市）の長官を務めた。張耒は文名も高く、若くして蘇轍《そてつ》（一〇三九〜一一一二）の知遇を得ると、その兄の蘇軾《そしょく》（一〇三六〜一一〇一）に師事して有力な門人となった。

本文は、『張耒集』巻一に収められている「問《とフノ》二双棠《さうだうニ》一賦《ふ》」（「賦」とは韻文の文体の一つ）という作品に付せられた序のほぼ全文である。

【本文解説】

紹聖四年二月六日、筆者の張耒は政変に巻き込まれて左遷の憂き目に遇った。左遷先の黄州に居を移して間もなく一年が過ぎようとする頃《ころ》、前年の秋から寓居《ぐうきょ》していた霊通寺《りょうつうじ》の僧から便りが届いた。西堂の傍らに筆者自らが植えた海棠《かいどう》が前年と変わりなく花を咲かせたことを告げるものであった。手紙を読んだ筆者は、自らの境遇と心境を述懐する。その心境は乾いた無常観とでも表現すべき、一種の諦観《ていかん》であった。「この世の物事とは、本当に推し測ることのできないものだ。ほんの目と鼻の先にある海棠の樹の下で知人や親類と花見を楽しもうと思っていたのに、そんな容易《たやす》いことでさえも機会を逸してしまった。ただ、翻って考えてみれば、すぐにでもあの海棠の美しい花を眼前に見ることができるかも知れない。確かに今は左遷の身で、海棠の樹から遥《はる》か遠く離れたところにいるが、これから先のことなど予測できないのだから。」

以上が本文のあらましであるが、内容から二つの段落に分けられる。前半（冒頭から「言《フ》二花《ノ》自如《タルヲ》一也」まで）では、筆者の左遷を挟んで、前後一年半ほどにわたる筆者の身辺の状況の推移を記している。「丙子《へいしノ》秋」「是《ノ》歳《ノ》季冬」「丁丑《ていちう》之春」など季節や日時を表す語句に留意して、事の推移を正確に把握したい。後半（「余因《リテ》思《フニ》」から末尾まで）では、自らが身を置く騒がしい官界や左遷という自らの身の上とは関わりなく、「今年も海棠は美しい花を咲かせました」という手紙を受け取って、自分の不遇を思いつつ、「これから先に起こる事は予測できない」という感慨を述べている。注意したいのは、筆者の思いが「一寸先は闇《やみ》」というような悲観的なものではないことである。本文末尾の「安《クンゾ》知《ラン》四此《ノ》花《ノ》不《ルヲ》三忽然《トシテ》在《ラ》二吾《ガ》目前《ニ》一乎」（どうしてこの花が思いがけず私の目の前に存在することがないと分かるだろうか）という一文に注目してほしい。筆者は、「先の事はまったく分からない」と悲しみに沈みこんでいるのではなく、むしろ運命を積極的に受け入れ、大局的に捉え、乗り越えようとしているのである。

【書き下し文】

始《はじ》め余《よ》丙子《へいし》の秋《あき》を以《もつ》て、宛丘南門《ゑんきうなんもん》の霊通禅刹《りやうつうぜんさつ》の西堂《さいだう》に寓居《ぐうきよ》す。是《こ》の歳《とし》の季冬《きとう》、手《て》づから両《りやう》海棠《かいだう》を堂下《だうか》に植《う》う。丁丑《ていちう》の春《はる》に至《いた》り、時沢《じたく》屢《しばしば》至《いた》り、棠《だう》茂悦《もえつ》するなり。仲春《ちうしゆん》、且《まさ》に華《はな》さかんとす。余《よ》常《つね》に与《とも》に飲《の》む所《ところ》の者《もの》と約《やく》し、且《か》つ美酒《びしゆ》を致《いた》し、将《まさ》に樹間《じゆかん》に一酔《いつすい》せんとす。是《こ》の月《つき》の六日《むいか》、予《よ》謫書《たくしよ》を被《かうむ》り、治行《ちかう》して黄州《くわうしう》に之《ゆ》く。俗事《ぞくじ》紛然《ふんぜん》とし、余《よ》も亦《ま》た居《きよ》を遷《うつ》し、因《よ》りて復《ま》た花《はな》を省《み》ず。黄《くわう》に到《いた》りて且《まさ》に周歳《しうさい》ならんとす。寺僧《じそう》の書《しよ》来《き》たりて、花《はな》の自如《じじよ》たるを言《い》ふなり。余《よ》因《よ》りて思《おも》ふに、茲《こ》の棠《だう》の植《う》ゑし所《ところ》は、余《よ》の寝《しん》を去《さ》ること十歩《じつぽ》と無《な》く、隣里《りんり》親戚《しんせき》と一飲《いちいん》して之《これ》を楽《たの》しまんと欲《ほつ》せば、宜《よろ》しく必《かなら》ず難《かた》きこと無《な》きを得《う》べきなり。然《しか》れども至《いた》るに垂《なんなん》として之《これ》を失《うしな》ふ。事《こと》の知《し》るべからざること此《か》くのごとし。今《いま》棠《だう》を去《さ》ること且《まさ》に千里《せんり》ならんとし、又《ま》た身《み》は罪籍《ざいせき》に在《あ》りて、其《そ》の行止《かうし》は未《いま》だ自《みづか》ら期《き》すること能《あた》はざれば、其《そ》の棠《だう》に于《お》いては未《いま》だ遽《には》かには見《み》るを得《え》ざるなり。然《しか》れども均《ひと》しく知《し》るべからざるに于《お》いては、則《すなは》ち亦《ま》た安《いづ》くんぞ此《こ》の花《はな》の忽然《こつぜん》として吾《わ》が目前《もくぜん》に在《あ》らざるを知《し》らんや。

【全文解釈】

かつて、私は丙子《ひのえね》の年の秋に、宛丘《えんきゅう》（＝現在の河南省淮陽《わいよう》県）の町の南門のところにある禅寺の霊通寺の西堂に仮住まいし始めた。その年の晩冬（＝旧暦十二月）に、（私は）自分の手で西堂の傍らに二株の海棠を植えた。（翌）丁丑《ひのとうし》の年の春になると、時宜を得て降る雨（＝春雨）が幾度も降って、海棠は盛んにしげり成長していった。春の盛り（＝旧暦二月）には、花開こうとしていた。私はいつもいっしょに酒を飲む人たちと（宴の）約束をし、さらに（その時には）旨酒《うまざけ》を出し、（海棠の）木の間《こま》で少しばかり酔いたいと思った。（ところが、）その月の六日、左遷を命じる文書を受け、旅支度をして黄州に（下って）行った。世の中は騒がしく、私も（黄州に）居を移したので、もう二度と（西堂の傍らに植えた海棠の）花を（目の当たりに）見ることなどなかった。黄州にやって来てまる一年になろうとしていた（時だった）。（前年の春の盛りまで仮住まいしていた霊通）寺の僧からの便りが届き、（私の植えた海棠の）花は前年と同じように咲いたとのことであった。私はそれで（このように）考えた、あの海棠を植えたところは、私の寝所から十歩と離れておらず、里の人々や親類と一杯酒を酌み交わして海棠の花を楽しみたいと思えば、きっと何の苦もなくできるだろう（と思っていた）。ところがいよいよ（花見だ）というところで機会を逸してしまった。（これから先に起こる）事を予測できないのは、このようである。今（私はあの）海棠から千里近くも（遠く）離れており、さらに罪に問われている身の上で、自分の出処進退は自分自身で決めることができないのだから、（ましてあの）海棠はとてもすぐに目にすることなどできはしないのだ。しかしながら（自分の行く末と）同じように予測できないという点では、いったいどうしてこの花が思いがけず私の目の前に存在することがないと分かるだろうか。

【設問解説】

問1　熟語の問題　[29]　③　[30]　②

(1)「手」は、現代語ではｉ「手・手のひら」、ⅱ「助け・手助けをする人」、ⅲ「手段・手立て」などの意味の名詞として用いられることが多い。しかし、本文では「手」の直後に「植《ウ》(植える)」が置かれていることに注意したい。海棠を西堂の傍ら(「堂下」)に植えたのは、言うまでもなく筆者の張耒であるから、ここの「手」を「植《ウ》」の主語と解するのは不適切である。「手」は「自分自身で・自分の手で」という意味で副詞としてはたらくことがあり、その場合には「手《て》づから」と読む。「手書(自分の手で書く)」などがこの例である。つまり、ここの「手」は副詞として直後の動詞「植《ウ》」を修飾しているのであり、傍線部を含む一句は「手《ツカラ》植《ウ》二両海棠《ヲ》于堂下《ニ》一」と読み、「自分の手で西堂の傍らに二株の海棠を植えた」という意味である。したがって、「手」が「自分自身で・自分の手で」の意味で副詞としてはたらいている熟語を選べばよい。①「名手(技芸に秀でた人)」は「人」の意味、②「挙手(手をあげる)」は「手・うで」の意味、④「手腕(うで)」は「うで」あるいは「技量」の意味、⑤「手法(方法)」は「方法・技巧」の意味で、いずれも「手」が名詞としてはたらいている。よって、正解は③「手記(自分で記す)」である。

(2)「致」は、動詞としてｉ「送り届ける・持って行く」、ⅱ「招き寄せる・もたらす」、ⅲ「成し遂げる」、名詞として「おもむき・有り様」など、様々な意味を持つ多義語である。ここの「致」は、直後に「美酒《ヲ》」とあるから、「美酒」を目的語とする動詞として機能していることがわかる。したがって、「致《ス》二美酒《ヲ》一」と読み、「美味しい酒を持ってくる・旨酒《うまざけ》を出す」という意味に解釈するのが適切であり、さらに後の「将《ニ》三一二酔《セント》于樹間《ニ》一」(海棠の木《こ》の間《ま》で少しばかり酔いたいと思った)にも矛盾なくつながる。これを踏まえて選択肢を検討してみよう。①「筆致」は「文字や文章の書きぶり」の意味、④「風致」は「おもむき・有り様」の意味であり、「致」がどちらも名詞としてはたらいている。③「極致」は「このうえなくすぐれる」の意味、⑤「一致」は「二つ以上のものの内容・形・数などが同じになる」の意味であり、いずれの「致」も「招き寄せる・もたらす」の意味ではない。よって、正解は②「招致(招いて持ってくる)」である。

問2　心情説明の問題　[31]　①

傍線部から読み取れる筆者の心情を問う問題であるから、まず傍線部「時沢屢至《リ》、棠茂悦《スル》也」の意味を正しく捉えると、「時宜を得て降る雨が幾度も降って、海棠は盛んにしげり成長していった」と解釈できる。「時沢」＝「時宜を得て降る雨」とは、傍線部の直前に「至《リ》二丁丑之春《ニ》一」(丁丑《ひのとうし》の年の春になると)とあるから、もちろん「春雨」を指している。つまり、「春雨をふんだんに受けて、海棠は大きくなった」と言っているのである。したがって、この客観描写から直接筆者の心情を読み取ることは難しい。そこで、傍線部を含む一文の直前に「是《ノ》歳《ノ》季冬、手《ツカラ》植《ウ》二両海棠《ヲ》于堂下《ニ》一」(その年の晩冬に、私は自分の手で西堂の傍らに二株の海棠を植えた）とあることに注目する。春雨を受けて大きく成長した海棠は、筆者自らが植えたものであるから、その成長を筆者は喜ばしく思っているはずである。

さて、「筆者は海棠の成長を喜ばしく思っている」ということを踏まえて選択肢を検討してみると、③「恵みの雨を得て茂る海棠の成長を喜びつつも、宛丘での変化のない生活に退屈を覚え始めている」と、⑤「恵みの雨を得て茂る海棠を喜びながらも、雨天の続く毎日に筆者は前途への不安を募らせている」は、前半の説明は適切であるが、後半はいずれも③「宛丘での変化のない生活に退屈を覚え始めている」、⑤「雨天の続く毎日に筆者は前途への不安を募らせている」と、筆者の心情をマイナスの方向で説明しているので、不適切であると判断する。②「春の雨が海棠を茂らせることに今年の豊作を予感し、人々が幸福に暮らせることを期待している」は、「期待している」と筆者の心情をプラスの方向に捉えているものの、「今年の豊作を予感し、人々が幸福に暮らせること」は、本文には記されていない内容である。④「春の雨に筆者は閉口しているが、海棠には恵みの雨であると思い直して花見を楽しみにしている」は、「春の雨に筆者は閉口している」と、「時沢」に対する筆者の心情をマイナスの方向で説明しているうえ、「花見を楽しみにしている」は、傍線部の時点から時を移した「仲春、且《ニ》レ華《サカント》矣」（春の盛りには、花開こうとしていた）以降の内容の説明であるから、傍線部から読み取れる心情の説明として不適切である。

したがって、本文の冒頭から「是《ノ》歳季《ノ》冬、手《ヅカラ》植《ウ》二両海棠《ヲ》于堂下《ニ》一」までの内容も踏まえて説明している①「恵みの雨を得て海棠が喜んでいるように、筆者自身も寺院での心静かな生活に満足を感じている」が正解である。

問3　状況説明の問題　32　③

傍線部は送り仮名が省かれているので、正しく解釈し、書き下し文に改めてみよう。その際、「不《ず》二復《まタ》——（セ）一」（もう二度と——しない）という部分否定の句形が用いられていることに注意する。この句形を踏まえると、「復た花を省《かへり》みず」、あるいは「復た花を省《み》ず」と書き下すことができ、「もう二度と花を省みることはなかった」、あるいは「もう二度と花を見ることはなかった」と直訳できる。

この直訳を踏まえて選択肢を確認してみよう。いずれの選択肢も前半は、「筆者は政変に際して黄州に左遷され」となっており、傍線部の前の「是《ノ》月《ノ》六日、予被《リ》二謫書《ヲ》一、治行《シテ》之《ク》二黄州《ニ》一。俗事紛然《トシ》、余《モ》亦《タ》遷《シ》レ居《ヲ》」（その月の六日、左遷を命じる文書を受け、旅支度をして黄州に下って行った。世の中は騒がしく、私も黄州に居を移し）という記述の内容を説明したものだとわかる。そこで、選択肢の後半を検討してみると、①「ふたたび海棠を人に委《ゆだ》ねることになった」、②「もう一度海棠を移し替えることができなかった」、④「またも海棠の花見の宴を開く約束を果たせなかった」は、いずれも部分否定の句形「不《ず》二復《まタ》——（セ）一」を踏まえた説明になっていない。したがって、①・②・④は不適切であると判断する。

これに対して、③「それきり海棠の花を見ることがなかった」と⑤「二度と海棠の花を咲かせることはできなかった」は、どちらも部分否定の句形を踏まえた説明になっている。そこで、傍線部の「省《かへりミル》レ花《ヲ》」、あるいは「省《みル》レ花《ヲ》」の意味を考える。「省」は、「よく見る・調べる」などの意味のときには「みる」と読み、「自分をふりかえる・安否を尋ねる」などの意味のときには「かへりみる」と読むが、⑤の「花を咲かせる」という方向の意味はない。また、⑤は「二度と……できなかった」と説明しているが、部分否定の句形「不《ず》ニ復《まタ》——(セ)一」にも、「省《みル》」あるいは「省《かへりミル》」にも、可能・不可能の意味は含まれていない。したがって、傍線部は「復た花を省《み》ず」と書き下し、「もう二度と海棠の花を見ることはなかった」と解釈するのが適切である。これに合致した説明となっている③が正解である。

問4　日時の指摘の問題　33　③

傍線部は「霊通寺の僧からの便りが届いた」という意味であるから、手紙が届いた日時を問う問題である。したがって、日時や時間の推移を表す語に留意する。

そこで、傍線部の直前に「到《リテ》レ黄《ニ》且《ニ》ニ周歳《ナラント》一矣」（黄州にやって来てまる一年になろうとしていた）とあることに注目する。「周」には「広くゆきわたる（あまねし）」「めぐる・めぐらす」「まわり」などの意味があるから、「周歳」は「まる一年」と解するべきである。「一周」「一周年」などの熟語を思い起こすとわかり易い。よって、「且《ニ》ニ周歳《ナラント》一」は、「もうすぐまる一年になろうとしている」という意味である。一方、「到《リテ》レ黄《ニ》」は「筆者が黄州にやって来てから」の意味である。筆者が黄州にやって来たのは、「是《ノ》月《ノ》六日、予被《リ》ニ謫書《ヲ》一、治行《シテ》之《ク》ニ黄州《ニ》一。俗事紛然《トシ》、余《モ》亦《タ》遷《シ》レ居《ヲ》」（その月の六日、左遷を命じる文書を受け、旅支度をして黄州に下って行った。世の中は騒がしく、私も黄州に居を移し）という記述から明らかなように、黄州への左遷の命を受けたからであり、いずれの選択肢も「筆者が左遷された」としているとおりである。すると、「霊通寺の僧からの便りが届いた」のは、筆者が「謫書」を受けた「是《ノ》月《ノ》六日」、すなわち「丁丑《ひのとうし》の年の仲春の六日」（旧暦二月六日）からもうすぐまる一年になろうとしていたときである。したがって、**正解は③**「筆者が左遷された翌年の春」である。

問5　返り点と書き下し文の問題　34　②

返り点のつけ方と書き下し文の組合せの問題は、選択肢に頼り切っていては解答が難しくなるばかりである。問われている文の構造を正しく把握し、現代語に訳出したうえで選択肢を検討することが大切である。また、訓読の問題の場合、設問箇所に句形や重要語が含まれていることが多いので、その点にも十分に注意する。

傍線部でポイントとなる語は、「欲」「与」「而」の三つである。まず、「欲」については、「欲求・欲望」という意味の名詞としてはたらいているのか、願望形「欲《ほっス》ニ——《（セ）ント》一」（——したいと思う・——しそうだ）を形成する動詞としてはたらいているのかを判断する必要があるが、「欲」については、いずれの選択肢も願望形として書き下しているので、「欲《ほっス》」の意味がどこまでかかるのかを見極めればよい。それには多義語「与」と接続語「而」をどう処理するかが問題となるが、文脈・文意を考慮しなければ正しい判断はできない。

そこで、傍線部の前の内容を確認する。**問4**で確認したように、筆者は左遷先の黄州に居を移してからちょうど一年になろうとするころ、左遷の前まで仮住まいしていた霊通寺の僧から手紙を受け取った。それは、筆者自身が西堂の傍らに植えた海棠が、以前と変わりなく花を咲かせたことを告げる便り（「言《フ》二花《ノ》自如《タルヲ》一也」）であった。手紙を受け取った筆者は、「余因《リテ》思《フニ》」（私はそれでこのように考えた）以降で、自分の思いを吐露している。「茲棠《ノ》之所《ハ》レ植《ヱシ》、去《ルコト》二余《ノ》寝《ヲ》一無《ク》三十歩《ト》二」（あの海棠を植えたところは、私の寝所から十歩と離れておらず）と回想を始め、傍線部を挟んで「宜《シク》可《キ》二必《ズ》得レ無《キヲ》レ難《キコト》也。然《レドモ》垂《トシテ》レ至《ルニ》而失《フ》レ之《ヲ》」（きっと何の苦もなくできるだろうと思っていた。ところがいよいよというところで機会を逸してしまった）と続けている。つまり、前年、目と鼻の先の距離にあった海棠が花を咲かせたとき、筆者はあることを行おうと考えていたが、突然の左遷のために機を逸してしまい、霊通寺の僧からの花の便りでそのことを思い出したのである。では、海棠の花の美しいときに筆者が行おうと考えていた「あること」とは何か。傍線部の「一飲」あるいは「楽」という語に注目すれば、それは「花見」であると判断できよう。「仲春、且《ニ》レ華《サカント》矣。余約《シ》下常《ニ》所《ノ》二与《ニ》飲《ム》一者《ト》上、且《ツ》致《シ》二美酒《ヲ》一、将《ニ》三一二酔《セント》于樹《ニ》間一。是《ノ》月《ノ》六日、予被《リ》二謫書《ヲ》一、治行《シテ》之《ク》二黄州《ニ》一」（春の盛りには、海棠は花開こうとしていた。私はいつもいっしょに酒を飲む人たちと宴の約束をし、さらにその時には旨酒《うまざけ》を出し、海棠の木《こ》の間《ま》で少しばかり酔いたいと思った。ところが、その月の六日、左遷を命じる文書を受け、旅支度をして黄州に下って行った）という記述との対応に気づいてほしい。

以上を踏まえると、接続語としてはたらく「而」は動詞「一飲」（少しばかり酒を飲む）と動詞「楽」（楽しむ）を連結しており、願望の「欲《ほっス》」は傍線部末尾にある「楽」の目的語「之」までかかっていると解するのが適切である。したがって、「欲《ほっス》」を末尾の「之」までかけて読んでいない①・③・④は、いずれも誤りであると判断できる。

では、残った②と⑤を検討してみよう。⑤は「隣里親戚に与へて一飲して之を楽しませんと欲せば」と読んでいるが、先に確認したとおり、「余約《シ》下常《ニ》所《ノ》二与《ニ》飲《ム》一者《ト》上、且《ツ》致《シ》二美酒《ヲ》一、将《ニ》三一二酔《セント》于樹《ニ》間一」（私はいつもいっしょに酒を飲む人たちと宴の約束をし、さらにその時には旨酒《うまざけ》を出し、海棠の木《こ》の間《ま》で少し酔いたいと思った）との対応を考えれば、筆者自身も里の人や親戚といっしょに花見を楽しむのだとわかるから、「之を楽しません」（里の人々や親類を楽しませたい）という、筆者が完全に宴の主催者となった読み方は不適切である。よって、**正解は②**「隣里親戚と一飲して之を楽しまんと欲せば」である。「里の人々や親類と一杯酒を酌み交わして海棠の花を楽しみたいと思えば」という意味になり、傍線部の後の記述とも意味がうまくつながる。

問6 解釈の問題 35 ④

まず、傍線部が「A《(スル)コト》如《ごとシ》レB《ノ》」（AすることはBのようである）という構文であることを捉える。「如《ごとシ》レB《ノ》」に当たる傍線部の「如《シ》レ此《クノ》」については、いずれの選択肢も「このようである」と解釈しているので、問われているのは「A《(スル)コト》」に該当する「事之不《ルコト》レ可《カラ》レ知《ル》」の解釈である。まず、直訳してみると「物事が知ることができないのは」となる。考えなければならないのは、ここの「事」とはどういうことを指しているかである。そこで、傍線部の前の内容を踏まえて考える。問5で確認したように、傍線部の前には「筆者は里の人や親戚と海棠の花見を楽しもうとしていたが、何の困難もないと思っていたのに、突然の左遷のために、もうすぐというところで機を逸してしまった」ということが記されている。傍線部はこれを受けているのだから、「事之不《ルコト》レ可《カラ》レ知《ル》」の最も適切な解釈は④「これから先に起こる事を予測できないのは」である。したがって、正解は④である。

問7 書き下し文と解釈の問題 36 ③

問5と同じく訓読の問題であるから、句形や重要語に注意し、返り点を手がかりに文の構造を正しく捉えて読み方と意味を考える。

まず、冒頭の「安」と末尾の「乎」に注目して、傍線部が疑問文もしくは反語文であろうと推測する。

次に、傍線部が本文末尾の一文であること、さらに「余因《リテ》思《フニ》」（私はそれでこのように考えた）以降の、筆者が自分自身の思い・心境を述べた締め括りの一文であることから、読者に強く訴えるために、筆者が反語文を用いた可能性が高いと考えてみる。

さて、「安」を「いづくにか」と「いづくんぞ」のいずれに読むべきかはさて置き、反語文であるとすれば、文末の読み方は、③・④・⑤のように「未然形＋んや」となる。これに対して、①と②の文末の読み方は、いずれも「未然形＋んか」となっている。文末を「未然形＋んか」と結ぶのは疑問推量の場合であり、それぞれの解釈も「分かる人がいるのか」、「ぼんやりとでも分かるのか」となっている。しかし、自分の思い・心境を述べているのに、疑問の形で結んだのでは説得力に欠け、文脈がうまく成り立たない。

そこで、傍線部の前の内容を確認し、文脈を踏まえて考えてみよう。「今去《ルコト》レ棠《ヲ》且《ニ》二千里《ナラント》一」（今私は自分が植えた海棠から千里近くも遠く離れており）以下、「然《レドモ》均《シク》于《イテハ》レ不《ルニ》レ可《カラ》レ知《ル》」（しかしながら自分の行く末と同じように予測できないという点では）までは、さらに前の内容の「霊通寺での海棠の花見など容易に実現できると思っていたのに、突然の左遷のために実現できなかった」という内容と対を成しており、要するに「自分にとって残念な結果に終わることが予測できないのと同様に、自分にとって幸運な結果になることも予測できない」ということを述べようとしていることを読み取ってほしい。「其《ノ》行止《ハ》未《ダ》《レバ》レ能《ハ》二自《ラ》期《スルコト》一、其《ノ》于《イテハ》レ棠《ニ》未《ダ》《ル》二遽《カニハ》得《ル》レ見《ルヲ》也」

（自分の出処進退は自分自身で決めることができないのだから、ましてあの海棠はとてもすぐに目にすることなどできはしないのだ）と傍線部との対応、さらに傍線部直前の「亦《マタ》」（同様に・やはり）という語に注目すれば、傍線部の意味する方向が理解し易いはずである。つまり、傍線部は、「自分にとって幸運な結果になること＝海棠の花が思いがけず私の目の前に存在すること」も予測できないと述べているのである。傍線部を反語文として読んでいる③・④・⑤のうち、この意味の方向に合致する解釈は③だけである。④は「安」を「安《いづ》くにか」と場所を問う副詞として読んでいる点も不適切であるし、「知」を「知るあり」と無理な訓読をしている。

③と⑤の書き下し文はほとんど同じであるが、異なるのは「此花」の読み方である。③が「此《こ》の花の」と読んでいるのに対し、⑤は「此《ここ》に花の」としている。「此花」という語順であるから、「此」が「花」を修飾しているのは明らかであり、「ここに」という意味の副詞として解するのは誤りである。よって、**正解は③**である。

問8　心境説明の問題　37　⑤

本文全体から読み取れる筆者の心境を問う問題であるので、それぞれの記述を本文の内容と照らして、説明に矛盾がないかどうかの正誤判断をする必要がある。選択肢を慎重に検討してみよう。

①「不遇な状況にある自分だが、しばらく過ごしただけの寺の僧からの手紙を受け取って、宗教的修行を積んだ人間への敬意を深め、ひいては人間という存在を信頼しようと思い直している」は、「宗教的修行を積んだ人間への敬意を深め」が本文に記述されていない内容であるうえ、「人間という存在を信頼しようと思い直している」という心境も本文から読み取れない。筆者の論点は「先の事は予測できない」ということにあり、人間存在への信不信の問題には触れられていない。

②「我が身の不遇はともかく、主のいなくなった海棠の行く末を心配しながらも、無心の存在である海棠と対照的に花への執着を捨てられない自分を嫌悪し、将来に対して悲観的になっている」は、「無心の存在である海棠と対照的に花への執着を捨てられない自分を嫌悪し」が、本文では述べられていない内容である。また、「将来に対して悲観的になっている」も、傍線部Fの記述内容と矛盾する。

③「不遇な状況に陥るやいなや人々から交際を絶たれるという体験を通して人を信じられなくなったが、これまでと変わることなく咲いた海棠の花によって心がいやされ、安らぎを感じている」は、「人々から交際を絶たれるという体験を通して人を信じられなくなった」が本文に記されていない内容である。また、「海棠の花によって心がいやされ、安らぎを感じている」も、①と同様に「先の事は予測できない」という論点から外れた説明である。

④「自分の不遇な状況には変化がないのに、海棠の花は以前と同じく華やかに咲いたという手紙を受け取って、現状から早く脱出したいと思いながらも何もできないと、焦燥感に

駆られている」は、「現状から早く脱出したいと思いながらも何もできないと、焦燥感に駆られている」が、②と同じく傍線部Fの記述内容と一致しない説明である。

⑤「今は不遇な状況にある自分だが、いつの日か罪を許されて再び海棠の花を愛《め》でるときが来るかもしれないと、悲しみに没入することなく運命を大局的にとらえ、乗り越えようとしている」は、本文の記述と矛盾する点はない。特に「運命を大局的にとらえ、乗り越えようとしている」と「余因《リテ》思《フニ》」以降の内容との整合性に留意してほしい。

したがって、**正解は⑤**である。

2012 本試験

国　語

（2012年１月実施）

受験者数　502,525

平 均 点　117.95

国　語

解答・採点基準

(200点満点)

問題番号(配点)	設問	解答番号	正解	配点	自己採点
第1問 (50)	問1	1	③	2	
		2	②	2	
		3	⑤	2	
		4	③	2	
		5	⑤	2	
	問2	6	④	8	
	問3	7	⑤	8	
	問4	8	①	8	
	問5	9	③	8	
	問6	10	④	8	
第1問　自己採点小計					
第2問 (50)	問1	11	①	3	
		12	④	3	
		13	③	3	
	問2	14	①	7	
	問3	15	⑤	8	
	問4	16	①	8	
	問5	17	③	8	
	問6	18	② ※	5	
		19	③ ※	5	
第2問　自己採点小計					
第3問 (50)	問1	20	⑤	5	
		21	④	5	
		22	②	5	
	問2	23	⑤	5	
	問3	24	②	7	
	問4	25	①	7	
	問5	26	④	8	
	問6	27	③	8	
第3問　自己採点小計					
第4問 (50)	問1	28	⑤	4	
		29	②	4	
	問2	30	①	6	
	問3	31	②	6	
	問4	32	①	5	
		33	④	5	
	問5	34	⑤	7	
	問6	35	③	5	
	問7	36	④	8	
第4問　自己採点小計					
自己採点合計					

※の正解は順序を問わない。

第1問　現代文（評論）

【出典】

木村敏「境界としての自己」（『現代詩手帖』一九九七年五月号、思潮社、所収）

木村敏（きむら・びん）は、一九三一年朝鮮の慶尚南道に生まれる。一九五五年京都大学医学部卒業。専門は精神病理学。京都大学名誉教授。著書に『異常の構造』、『時間と自己』、『人と人との間』、『あいだ』、『心の病理を考える』など多数。河合ブックレットからは『人と人とのあいだの病理』、『からだ・こころ・生命』がある。

【本文解説】

本文は、十の形式段落からなっているが、便宜上三つの部分に分けて、その内容を確認していこう。

Ⅰ　環境との境界面における生命の維持活動（第1段落〜第4段落）

すべての生きものは、その環境との境界面で、環境との最適な接触を維持することによって生命を保持している。子孫を残すための生殖や子育て、風雨を避けるための住居の確保、敵からの逃避などの行動は、生命を維持するためのものである。しかし、そういったさまざまな生命維持のための営みのなかでも、生きものが環境から栄養を摂取する食行動はもっとも基本的なものである。（第1段落）

生きものがそうした生命維持のために行動するのは個々の個体としてである。たとえば、摂食行動は個々の個体でなされるのが普通である。しかし、たとえば食糧の確保は、ときには同種他個体と協力して行われたり、またときには同種他個体や異種個体との競合関係のなかで行われたりもする。その場合、ある個体にとって、食糧確保などのために協力する別の個体や、競合関係にある別の個体も環境の一部となる。さらには、空腹である、疲れているなどといった個体自身のおかれた条件も、「内部環境」という意味で環境の一部となる。そう考えると、個体と環境の境界とは何かを一義的には決定できないことになる。また、個体を構成している条件も環境とみなすなら、そもそも「個体」とは何かということが問題となるだろう。境界の「向こう側」にあるのが環境だとして、同じ境界の「こちら側」には何があるのかは、簡単に答えられないだろう。（第2段落）

次に複数の個体の場合を考えてみよう。たとえば、夫婦のように互いに協力関係にある二人の人間の場合でも、それぞれが独立した個人として生きており、私は私の子ども時代以来の経験と記憶の集積した現在を生きているし、私の妻も同じである。私と妻のそれぞれの現在は、単純に同化したり、交換したりはできない。しかしどんな夫婦でも、結婚以来の二人だけの共同の歴史をもっており、それによって、何かの事態に無意識のうちにひとつのまとまった行動をとる習慣がついている。その点では、夫婦を一個の「個体」とみなすこともできる。それと同じことが家族や長年の友だちなどについてもいえる。人間以外の動物の場合、たとえば魚や鳥の群などは、群全体がひとつの個体のように行動する傾向がいっそう明確である。（第3段落）

このようにひとつの集団が個体のようにまとまった行動をとるのは、やはり集団全体の存続のためであるから、個体の生存維持の場合と同じように、そうした集団も環境との境界面で最適の接触を求めている。そしてここでもやはり、この境界の「こちら側」を単純に集団全体とすることはできない。それは、集団には環境との物理的な境界線などが存在せず、集団を構成する複数の個体が集団全体にとっての重要な内部環境になっていることからもわかる。集団を構成する各個体の行動は、集団全体の行動に完全に同化されてしまうのではなく、それぞれの個別的な欲求にも対応するものである。つまり、それぞれの個体がその環境との境界面で独自の生命維持行動を営みながら、しかも全体としては集団の統一的な行動が保たれているというのである。（第4段落）

Ⅱ 自己意識を持った人間の悲劇（第5段落〜第6段落）

Ⅰで見たように、生物の個体や個体に準じて考えられる集団がその環境との境界面で行う生命維持の営みは、思いもかけぬ複雑な構造をもっていた。しかし、それぞれに確固とした自己意識を持っている人間集団になると、その複雑さは飛躍的に増大する。たとえば外部環境に対してはひとつにまとまった行動を示す家族の場合でも、家族の内部では個人の自己意識や自己主張が強く表面に出る。個人の個別的な行動が家族のまとまりを破壊することも少なくない。ここには、人間以外の生物には見られない「私」と私以外の「他者たち」との対決があり、それは家族以外の人間集団にもしばしば見られるものである。（第5段落）

人間に自己意識が備わった経緯はさまざまに考えられるだろうが、それが「進化」の産物であることは間違いない。進化の産物である以上、それは人間の生存の目的にかなっているはずである。自己意識を持つことで、人間は環境との折衝の中で新たな戦略を手に入れた。ところが、その生存に有利に働くはずの自己意識が、同じく生存を目的としたはずの集団行動と真っ向から対立するという事態さえ招くことになった。ここに生物としての人間の最大の悲劇がある。（第6段落）

Ⅲ 人間の自己意識（第7段落〜最終段落）

人間の自己意識は、単なる個体の個別性の意識ではない。個体の個別性の意識なら人間以外の動物の多くにも備わっており、明確な個体識別能力を持つ動物も少なくない。しかし、そうした動物とは違い、人間は自分自身をほかならぬ「私」として意識し、この一人称代名詞で表現される存在に、他のすべての個体から絶対的に区別されるものとして特別な意味を与えている。こうした「私」としての自己と他者とのあいだに、精神分析のいう「自我境界」という境界線を想定することができる。一般にいわれる「自他関係」とは、この境界線上でかわされる心理的な関係のことだろうが、そこでは境界をはさんで、他者を外部世界に自己を内部世界におくことになる。しかしそのようなイメージでは、絶対的な異質性を持つ「私」という自己をとらえることはできない。「私」は円の中心にたとえられるもので、中心には内部というものがない。あるいは中心を

「内部」と見るなら、中心は「内」と「外」の境界それ自身だということになる。したがって、「私」は「内」でありながら「内」と「外」の境界それ自身でもあるということになる。つまり、「私」とは「自我境界」そのもののことになるのである。（第8段落）

一般の境界線と違って、生命空間における個体と環境の境界は、その「こちら側」にあるはずの「内部」をもたない。生きものは、それ自身とそれ自身でないものとの境界を生きている。人間の自己意識は、この自己と他者の「境界」をはっきり意識するところに生まれる。このことは個体だけでなく、集団についても言える。（第9段落）

生命の営みは、これを物理空間に投影してみると、すべて境界という形をとるのではないか。逆に言えば、すべての境界には定かならぬ生命の気配が感じられる。境界はまだ形をとらない生命の住みかと言える。（最終段落）

【設問解説】

問1　漢字の知識を問う問題　1 ③　2 ②　3 ⑤　4 ③　5 ⑤

(ア)は、〈追い払うこと〉という意味で、「駆逐」。①は、「蓄積」。②は、「牧畜」。③は、〈順を追って次々に、順次〉という意味で、「逐次」。したがって、これが正解。④は、「竹馬」。⑤は、「構築」。

(イ)は、「摂取」。①は、〈下手で劣っていること〉という意味で、「拙劣」。②は、〈自然界を支配する理法〉という意味の「摂理」。したがって、これが正解。③は、〈(相手にうち勝って) 前に受けた恥をそそぐこと〉という意味で、「雪辱」。④は、「応接」。⑤は、「屈折」。

(ウ) は、「習慣」。①は、「歓喜」。②は、「監視」。③は、「看護」。④は、「循環」。⑤は、〈しきたり、ならわし〉という意味で、「慣例」。したがって、これが正解。

(エ)は、〈外交その他における相手との談判・かけひき〉という意味で、「折衝」。①は、「承諾」。②は、「詳細」。③は、「衝突」で、これが正解。④は、「交渉」。⑤は、〈機械化などによって人手をはぶくこと〉という意味で、「省力」。

(オ)は、「尽くせない」。①は、「迅速」。②は、「敵陣」。③は、「甚大」。④は、「尋常」。⑤は、〈力をつくすこと〉という意味で、「尽力」。したがって、これが正解。

問2　個体にとっての環境を説明する問題　6 ④

傍線部の直前に「その場合」とあるので、まずその指示内容を確認しよう。すると、「その場合」が直前の「各個体は……行動する」という一文を受けていることがわかる。「生きものがその生命維持の行動を遂行するのは……個々の個体として」であったが、「ときには同種他個体との協力によって、またときには同種他個体や異種個体との競合関係のなかで、自己自身の生存を求めて行動する」というのである。これは、どういうことか。たとえば、生命維持の最も基本的な営みである摂食行動を例に考えてみよう。摂食行動は、通常、個々の個体でなされるものだろう。しかし、たとえば食糧の確保は、ときには同種他個体と協力して行われたり、またときには同種他個体や異種個体との競合関係のなかで行われたりもする。したがって、傍線部は、ある個体にとって、食糧確保などのために協力する「同種他個体」や、競合関係のなかにある「同種他個体や異種個体」も「環境を構成する要件」となるといった意味になる。つまり、ある個体にとって、食糧確保などのために協力したり、競合したりする他の個体も環境の一部となる（b）というのである。ここで、傍線部に「他の個体たちも」とあることに注意したい。われわれが環境という言葉からまずイメージするのは、暑い寒いをはじめとする自然環境であろう。しかし、ある個体にとって、そうした自然環境だけが環境であるばかりはなく（a）、食糧確保などのために協力したり、競合したりする他の個体も環境の一部となる（b）というのである。以上の点を整理すると、次のようになる。

a　ある個体にとって、暑い寒いなどといった自然環境が環境であるばかりではなく

b　ある個体にとって、食糧確保などのために協力したり、競合したりする他の個体も環境の一部となる

したがって、以上のa、bを踏まえた説明になっている④が、正解。

①は、傍線部の「他の個体たち」を「配偶者をめぐって競い合う他の個体」と限定して説明している点が、不適当。そのような限定はできないし、そもそも本文には「配偶者をめぐって競い合う他の個体」などは問題にされていない。

②を正解として選んでしまった人がかなりいるだろう。たしかに、②は紛らわしい選択肢である。しかし、注意して欲しい。すでに確認したように、傍線部の「ある個体と関係をもつ他の個体たち」は、直前の「ときには同種他個体との協力によって、またときには同種他個体や異種個体との競合関係のなか……」を踏まえたものである。つまり、傍線部の「他の個体たち」とは、協力する「同種他個体」や競合関係のなかにある「同種他個体や異種個体」のことである。ところが、②は、「協調して生活をしていく異種の個体」となっており、本文の記述に反する。したがって、不適当。また、上述のaを踏まえていない点でも、④に比べると「最も適当なもの」とはならない。

③は、傍線部の「他の個体たち」に相当する説明が全くないので、不適当。

⑤は、「他の個体と暮らすための空間」という説明が、不適当。本文では、「他の個体と暮らすための空間」などはいっさい問題にされていない。

問3　個体のようにまとまった集団のもつ複雑な構造を説明する問題　7　⑤

傍線部の直前から、ここで問われている「複雑な構造」をもつのが「個体に準じて考えられる集団」の「生命維持の営み」であることがわかる。そして、傍線部とその直後に「複雑な構造をもっていることは右に見たとおり」とあることから、「複雑な構造」は、傍線部の前で説明されていることがわかる。まず「個体に準じて考えられる集団」とはどういうものか。第3段落の後半の説明から、それがひとつの個体のようにまとまった行動をとる集団である（a）ことがわかる。では、そうした集団の「生命維持の営み」がもつ「複雑な構造」とは何か。すでに確認したように、それは傍線部の直前の段落で説明されている（特に「ことはけっして簡単でない」とあることに注意したい）。「個体に準じて考えられる集団」は、ひとつの個体のようにまとまった行動をとる（a）といっても、「各個体の行動は、けっして集団全体の行動に同化しつくされることなく、個体それぞれの個別的な欲求に対応してもいる」（b）。それぞれの個体がその環境との境界面で独自の生命維持行動を営みながら、しかも「全体としては集団の統一的な行動が保たれている」（c）のである。以上の点を整理すると、次のようになる。

a　**集団はひとつの個体のようにまとまった行動をとる**

b　**（aであっても）各個体の行動はそれぞれの個別的な欲求に対応してもいる**

c　**（bにもかかわらず）全体としては集団の統一的な行動が保たれている**

したがって、以上のa〜cを踏まえた説明になっている⑤が、正解。

①は、「内部環境は緊張関係を常にはらんでいる」という説明が、不適当。そうしたことは本文にいっさい書かれていない。

②は、「集団行動の統一性の内実が常に変容している」という説明が、不適当。そうしたことは本文にいっさい書かれていない。

③は、「集団として常に最適な結果を生み出す調整がはかられる」という説明が、不適当。本文には、aであってもbであり、しかも「全体としては集団の統一的な行動が保たれている」とあるだけで、「最適な結果を生み出す調整がはかられる」といった説明はなされていない。

④は、「統制の破壊行動を起こす個体が内部に生じることもありうる」という説明が、不適当。「個体に準じて考えられる」生物一般の集団に、「破壊行動を起こす個体」が生じるなどとは、本文には書かれていない。たしかに、傍線部の後には、人間に関して「個人の個別的な行動が家族全体のまとまりを破壊するような場合もけっして稀ではない」とある。しかし、傍線部は生物一般の説明であり、その後に書かれた人間に限定した説明の箇所を根拠にすることはできない。

問4　自己意識を持った人間の悲劇を説明する問題　[8]　①

傍線部を含むセンテンスは「ここに生物としての人間の、最大の悲劇が潜んでいるのだろう」とあるので、ここで問われている「生物としての人間の、最大の悲劇」は、「ここに」記されていることがわかる。そこで直前を見ると、「元来は生存に有利であるはずの自己意識が、同じく生存を目的としているはずの集団行動と、ときには真っ向から対立する」とあり、人間の「最大の悲劇」が「自己意識」と「集団行動」の対立にあることがわかる。では、両者はどう対立するというのか。傍線部の前にあるように、自己意識は「進化」の産物として生存の目的にかなうものであり、人間に「環境との折衝の中で新たな戦略」を与えるものだった。人間は、自己意識を手に入れることで環境により適した形で向き合えることになったのである（a）。ところが、その自己意識は集団行動とは真っ向から対立するものだった。第5段落で家族を例に説明されているように、自己意識をもったことによって、「個人の個別的な行動が家族全体のまとまりを破壊する」ような場合さえ生まれたのである。つまり、自己意識が集団行動と対立し、集団のまとまりを破壊するような事態も生まれた（b）というのである。

以上の点を整理すると、次のようになる。

a　人間は、自己意識を獲得したことで環境により適した形で向き合うことができた

b　しかし、自己意識が集団行動と対立し、集団のまとまりを破壊するような事態も生まれた

したがって、以上のa、bを踏まえた説明になっている選択肢が正解となるはずだが、ここで少し困ったことに気づく。上記のa、bを踏まえた説明になっているのは①だが、①には「個体の存続を脅かす現実さえ招くようになる」という説明も加わっている。そしてそうした説明は、本文には必ずしも明確に記されていない。ただ、自己意識と集団行動とが、「ときには真っ向から対立する」と述べられている。この点を踏まえて考えると、自己意識が集団を破壊することがあり得るなら、逆に集団が個人の自己意識を抑圧し、個体の存続が脅かされる場合もあり得ると推測できる（さらに言えば、集団と個体の両方に危機をもたらすからこそ、人間の「最大の危機」になるとも言える）。しかし、明確に記されていないことなので、ここでは判断を留保し、他の選択肢を検討していこう。

②は、「人間は自己意識を備えることで、他の生物には見られない強固な集団維持という目的を共有する社会を形成した」という説明が、不適当。自己意識が「他の生物には見られない強固な集団維持」をもたらしたなどとは本文に書かれていない。むしろ、上述のbのように、自己意識は集団の破壊をもたらすこともあるのである。

③は、「他の生物との対決能力が弱まり、種の存続が危ぶまれる可能性をも抱えるようになる」という説明が、不適当。そうしたことは本文にいっさい書かれていない。

④は、「集団間の利害をめぐって他の生物には見られない形の闘争が起こる」という説明が、不適当。「集団間の利害」をめぐる対立などは本文では問題にされていない。また、そもそもこの選択肢は、「自己意識」と「集団行動」の対立の説明になっていない。

⑤は、「自己意識を備えることで……環境に大きな変化を

もたらし」という説明が、不適当。そうした因果関係の説明は、本文にいっさい書かれていない。また、この選択肢の説明は、〈自己意識→環境の変化→集団維持行動を脅かす〉となっており、「自己意識」と「集団行動」の対立の説明になっていないという点でも、不適当だと判断できる。

以上のように、②以降の選択肢は排除できるので、先に検討した①が正解となる。

問5 「私」についての筆者の考えを説明する問題 [9] ③

まず傍線部の「そのようなイメージ」の指示内容から確認していこう。傍線部の前にあるように、ふつういわれる「自他関係」は、自己と他者とのあいだに「自我境界」という境界線を想定し、その境界線をはさんで他者を外部世界に自己を内部世界におくものである。つまり、「そのようなイメージ」とは、他者を外部世界に属すものと見なすのに対して、「私」を境界線によって隔てられた内部世界に属すものと見なすものである（a）。

次に、そうしたイメージを筆者が「適切でない」と判断する理由を考えていこう。第7段落にあるように、筆者は、自己意識を持った人間の「私」を「絶対的に異質の特異な差異でもって他者から区別される」唯一無二の存在と位置づけ、「私」は、等質空間内の任意の一点ではなく、円の中心にたとえられるような、それ以外の一切の点と質的に異なった特異点だという。「私」が円の中心だとするならば、傍線部の後にあるように、「中心には内部というものがない」ことになる。あるいは中心を「内部」と見なすなら、「中心は『内』と『外』の境界それ自身だ」ということになり、「私」は「内」でありながら「内」と「外」の境界それ自身でもあるという。つまり、「私」は、他者から区別される絶対的異質性をもち（b）、内部をもたない円の中心のような存在であり（c）、境界そのものである（d）と、筆者は考えているのである。そうした筆者の考えからすれば、aのように「私」を外部世界と境界によって隔てられた内部世界に属するものとするイメージは、「適切でない」と判断されるのである。

以上の点を整理すると、次のようになる。

○「そのようなイメージ」の説明

a　他者を外部世界に属すものと見なすのに対して、「私」を境界線によって隔てられた内部世界に属すものと見なす

○「そのようなイメージ」を適切でないと判断する根拠となる筆者の考えの説明

b　「私」は、他者から区別される絶対的異質性をもつ

c　「私」は、内部をもたない円の中心のような存在である

d　「私」は、境界そのものである

したがって、以上のa〜dを踏まえた説明になっている③が正解となる。

①は、「人間の認知機能を他個体と自己とを識別するもの

ととらえる見方」という説明が、「そのようなイメージ」の指示内容（＝「他者は外部世界に、自己は内部世界におかれる」）を踏まえた説明になっていないので、不適当。

②も、「世界の中での特異な自己の位置を定める精神分析的な『私』のとらえ方」という説明が、「そのようなイメージ」の指示内容を踏まえた説明になっていないので、不適当。

④も、「個体の外部に境界を設定して自己の絶対的な異質性を確立する『私』の世界のとらえ方」という説明が、「そのようなイメージ」の指示内容を踏まえた説明になっていないので、不適当。

⑤は、まず「自己意識は自らが空間的中心にあることを合理的に証明できない」という説明が、不適当。そうしたことは本文にいっさい書かれていない。合理非合理に関しては、本文には、傍線の後に「『私』は『内』でありながら『内』と『外』の境界それ自身でもあるという非合理な位置を占めている」と記されているだけである。また「当の内部世界にある自己意識」という説明も、不適当。「私」という自己意識は、上述のcで見たように、内部をもたない円の中心のようなものなのである。

問6　本文の論の展開について説明する問題　10　④

こうした問題では、一つ一つの選択肢の説明を本文の記述と慎重に照らし合わせ、消去法を使って解答を確定していくこと。順に選択肢を検討していこう。

①について。まず「個々の個体の場合と複数の個体の場合との異なりを明らかにしている」という説明が、不適当。本文では、第1段落と第2段落で、個体について説明し、第3段落から複数の個体の説明になっているが、そこには、「夫婦をひとまとめにして一個の『個体』とみなしても差し支えない」、「人間以外の動物の場合……群全体がひとつの個体のように行動するというこの傾向がいっそうはっきりしている」などとあるように、むしろ個体と複数の個体の共通性が説明されているのである。また、「最後に、人間の自己意識……」という説明も、おかしい。本文では、第5段落以降（**【本文解説】**Ⅱ、Ⅲの部分、したがって本文の中盤以降）で人間の自己意識について論じているのである。

②について。「まず……群全体や家族全体という集団の場合を対象として考察している」という説明が、不適当。本文の第1段落、第2段落では、まず「個体」についての説明がなされている。また本文では、第5段落以降（**【本文解説】**Ⅱ、Ⅲの部分）で、他の生物とは異なる「人間の自己意識」について論じているが、この選択肢の説明はそれを踏まえたものになっていないので、不適当。

③について。まず最初で結論が示され、「最後に……冒頭の結論へと再び立ち戻っている」という説明が、不適当。本文は、そのような論の展開にはなっていない。また、本文では、第5段落以降（**【本文解説】**Ⅱ、Ⅲの部分）で、他の生物とは異なる「人間の自己意識」について論じているが、この選択肢の説明はそれを踏まえたものになっていないので、

不適当。

④について。「環境との境界面における生命維持の営みについて、個体と集団それぞれの場合を対象として考察している」という説明は、【本文解説】でⅠとした部分に基づいている。「他の生物に比して人間の場合は、自己意識の存在が集団と個体との関係を難しくしている、と指摘する」という説明は、【本文解説】でⅡとした部分に基づいている。「人間の自己意識は境界を意識するところに生まれ、そこに生命の営みがある、という結論に導いている」という説明は、【本文解説】でⅢとした部分に基づいている。したがって、これが正解となる。

⑤について。「まず……その境界には何があるのかという問題を提示している」という説明が、不適当。本文では、そのような問題の提示はなされていない。また、本文では、第5段落以降（【本文解説】Ⅱ以降）で、他の生物とは異なる「人間の自己意識」について論じているが、この選択肢の説明はそれを十分踏まえたものになっていないので、不適当。

第2問　現代文（小説）

【出典】

井伏鱒二の短編小説「たま虫を見る」の全文。一九二八年に、文芸誌『三田文学』で発表されている。

井伏鱒二（いぶせ・ますじ）は、一八九八年広島県生まれ。早稲田大学文学部仏文科に進学するが、途中退学。以後、いくつかの同人誌で『山椒魚』『屋根の上のサワン』などを発表し、作家的地位を築く。一九三八年に『ジョン万次郎漂流記』で直木賞を受賞する。戦後は、戦争批判を含んだ歴史小説や戦後風俗を描いた作品を次々に発表。一九六六年には、原爆を取材した『黒い雨』で野間文芸賞を受賞。同年文化勲章を受けている。その他、『さざなみ軍記』『遥拝隊長』『駅前旅館』などの作品がある。一九九三年没。

【本文解説】

「私」が、美しく幸福を象徴すると言われている「たま虫」を見つける時は、いつも悲しいときであることが、いくつかの体験に即して描かれている文章。

小説の全文であり、リード文では何も示されていないので、登場人物の特徴や、どのような状況設定の下でストーリーが進行していくのかを、正確に整理しながら本文を読み進めていこう。

なお、本文が小説の一節のときには、リード文で重要な内容が示されていることもある。そうした場合にはリード文を丁寧に読んでおくように。

本文全体は空白行によって、主人公である「私」の年齢・生活の変化に即し、七つの部分に分割されている。ただし、「学生でも勤め人」でもない時の二つの部分は内容的に連続しているので、ここを一つにまとめて扱うこととし、六つの部分に分けてそれぞれの内容を確認していこう。各部分は、本文の行数で示すこととする。

Ⅰ　全体の主題を示す場面（冒頭～9行目）

冒頭の一文で、「おそらく私ほど幾度も悲しいときにだけ、たま虫を見たことのある人はあるまい」と、本文全体の主題とも言えることが明示されている。わざわざ「悲しいときにだけ」とはっきり限定していることに注目しておこう。

たま虫は美しい虫である。死骸《しがい》として標本になっていても羽根の色は変わらずに生きているように感じられ、しかもその色は「幸福のシンボル」とも書物に書かれている。しかし、「私」が見るのは「標本室のではなくて、生きているやつ」であり、しかも「悲しいときにだけ」出くわすことになるのである。

この場面ではまっさきに、「私」とたま虫との出会いに関わる感慨が示されている。こうした感慨を前提に、小学生の頃から勤め人の頃までの様々な時期において、たま虫とどのような出会いがあったのか、またどんな悲しみを体験したのかを読み解いていこう。

Ⅱ　小学生時代に温泉場に行った時の体験（11行目～26行目）

「私」が十歳の時、兄と「私」は叔母につれられて温泉場に行った。その便所の壁に、兄が、級長をしている同級生を羨《うらや》んで、「村杉正一郎のバカ」とらくがきをした。「叔母さんに言いつけてやろう」とした「私」は、兄に頰《ほお》をなぐられ大声で泣いた。「この悲しい時」に美しいたま虫を見つけた。美しい虫を兄にも見せようと、いったんは気持ちが変わったものの、兄が意地悪なことや、叔母に算術の復習を怠けたと叱《しか》られることを考え、「もとの悲しさに返って、泣くことをつづけた」。美しいたま虫には「私が面白い時に飛んで」きてほしかったのに、そうなるどころか、「悲しい時」に出会ったのである。

Ⅲ　大学生時代に恋人と気持ちがすれ違ってしまった時の体験
（28行目～51行目）

それから十数年後、大学生となった「私」には、恋人がいた。二人で次の待ち合わせの約束をしている時に、「私」のレインコートの胸にたま虫がとまった。彼女がその虫をすばやく指先ではじき落とし、さらにはふみにじってしまった。彼女の動作におどろきいぶかしんだ「私」は、つい非難がましい言葉を発してしまう。「私」のために虫を取り除いてあげたと思っている「彼女」の方は、そうした「私」の発言に不満な様子である。そんな気まずい雰囲気で、「私達はお互《たが》いに深い吐息」をついて「相手をとがめるような瞳《ひとみ》をむけあったり」することとなってしまった。

恋人同士の楽しいはずの語らいが、たま虫の登場をきっかけに台無しになってしまったのである。こんなふうに、「私」がたま虫に出会うのは、やはり「悲しいとき」だったのである。

Ⅳ　警察から注意人物と見られていた時の体験（53行目～68行

目）

「私」には、学生でも勤め人でもなく、しかも極めて貧しい時期があった。その頃は、警察から危険思想をもつ注意人物と見なされていた。警察から呼び出された「私」に代わって、友人が出頭してくれた。友人の話によれば、警察は「私」がエハガキ屋の飾り看板を眺めている写真を写していた。そのエハガキ屋に出掛けて飾り看板の硝子《がらす》の中をのぞいていたら、たま虫を発見した。たま虫を摑《つか》まえたかったが、警察が以前写真を撮った時のように「私」を監視しているかもしれない。だとすると、「私」はたま虫を捕らえたいだけなのに、その動作を硝子の中のものを盗もうとしていると勘違いされるかもしれない。そう思うと、顔をしかめながらたま虫を見続けるしかなかった。

こうして、「私」がたま虫に出会うのは、やはり「不機嫌なとき」だったのである。

V　校正係に就職した時の不愉快な体験（70行目〜92行目）

「私」は校正係として就職することになった。叔母からは、「貧しくとも正しく働け」という励ましや慰めの手紙を受け取った。

とはいえ、「私の勤めぶり」は決して恵まれたものではなかった。勤めてまもなく、編輯員《へんしゅういん》の松本から「私が生意気で校正が下手だ」という理由でなぐられた。しかし、自分は弱いと信じている「私」は、反抗することもなく不愉快さに耐えるしかなかった。こうした情けない状態とは「反対の考えを持とうと努力した」ものの、結局はできなかった。こんな気分の時、電信柱の根元でたま虫の死骸を見つけた。いったんは、たま虫を綴針《とじばり》で電信柱にとめつけたものの、死んでも生きたように羽根の色の変わらない虫を袖の中にしまって、電車に乗ろうとした。停留場の安全地帯で電車を待っている間に、人々は「私」を押しのけて電車に乗り込んだ。職場でなぐられても反抗しない「私」は、自分のために人を押しのけることなどしないと思いつつも、もう一方で、生きていくには人を押しのけたり自分の考えを押し出したりする必要があることも自覚するようになった。

このように、勤め人となった「私」がたま虫を見つけたのは、やはり「不愉快」なときだったのである。

VI　夜更けに寝床であれこれ考える場面（94行目〜最終行）

「私」は寝床で、数日前に袖の中に入れて忘れたままになっていた、たま虫を見た。たま虫はすでに粉末状になっており、「私」はそれを窓の外に吹き飛ばした。これまでたま虫をみつけるのは、いつも悲しいときだけだった。今度はどんな悲しみのときに見つけるのだろうか。人生の節々で出会ってしまうたま虫は、「私」のその時々の不幸がどの程度のものかを計ってくれる。そんな気さえするのであった。こんなふうにあれこれ考えたり、もし失職したら、今は修道院に入っている叔母に頼んで牧師にしてもらおう、と夢の中で思ったりもする「私」であった。

【設問解説】

問1　語句の意味を問う問題　11　①　12　④　13　③

(ア)「浅慮を全く嘲笑した」の、「浅慮」の意味は〈浅はかな考え〉であり、「嘲笑した」の意味は〈馬鹿にして笑った〉であり、全体としては〈浅はかな考えをすっかり馬鹿にした〉という意味になる。前半の「短絡的な考え（＝じっくり考えないこと）」が「浅慮」に対応し、後半の「心の底から見下した」が「全く嘲笑した」に対応している①が正解。②は前半の「卑怯なもくろみ」が「浅慮」に対応していない。③も、前半の「粗暴な行動」が「浅慮」に対応していない。④は、前半の「計略（＝計画・策略）」が「浅慮（＝浅はかな考え）」という意味とずれているし、また後半の「容赦なく非難した」が「嘲笑」とは対応しない。⑤は、前半では判断しにくいが、後半の「ひたすら無視」が「嘲笑」とは全く対応しない。

(イ)「通俗的」は、〈ありふれている〉という語意であり、これにそのまま該当する④が正解。②と③と⑤は、こうした語意と全く対応していない。①については、後半の「品位を欠いている」という部分については判断しにくいが、前半の「野卑で」の部分が、「通俗的」の語意とは対応しない。

(ウ)「さしでがましさ」とは、〈関係がないのに余計な口出しや手出しをしてでしゃばっている様子〉という語意であり、これに該当している③が正解。一見、語意から離れているようだが、「人の事情に踏み込んで」という部分が〈関係がないのに余計な〉というニュアンスを示しており、後半の「無遠慮に意見したがる」が〈でしゃばって口出しする〉に対応している。①は、前半の「人の気持ちを酌んで」の部分が〈関係ないのに余計な〉という語意に合致しない。また、後半の「自分の主張を変える」も〈口出しする〉とは全く対応しない。②は、前半の「人のことを思い通りに」も後半の「操ろうとする」も「さしでがましさ」の語意とは合致しない。④は、「人の意向よりも自分の都合を優先」という部分が、語意に全く対応しない。「さしでがましさ」には相手の意向と自分の都合を比較するといった意味はない。⑤は、前半の「人の境遇」も、後半の「自分のことのように思いやる」も、「さしでがましさ」の語意とは無関係。

なおこうした設問では、いきなり文脈から意味を類推するのではなく、まずは語句の意味内容そのものをしっかり確認し、その後に文脈との適合性を吟味するようにしたい。

問2　美しい虫を見つけたがやはり悲しいという心情を説明する問題　14　①

まず傍線部の内容とその前後の文脈を確認していこう。傍線部の「もとの悲しさ」とは、兄がらくがきしたことを叔母に言いつけようとしたら兄になぐられ、木立に駆け込んで悔し泣きをした時の「悲しさ」である。また、「もとの悲しさに返って」という表現は、「この悲しい時」に美しいたま虫を見て、いったんは「兄にも見せてやろう」と気持ちが変わったのに、また悲しくなったことを示している。再び悲しくなったのは、兄が意地悪であることを思い出し、また叔母に虫のことを伝えても、算術の勉強を怠ったと叱られそうで、結局「誰にこの美しい虫を見せてよいかわから」ず、一人で泣き続けるしかなかったからである。こうした内容を整理すると、

a（叔母への告げ口をめぐり）兄になぐられ木立に駆け込み悔し泣きをした

b（美しい虫を見つけたが）兄が意地悪であることを思い出した

c（虫のことを）誰にも伝えることもできず一人で泣き続けた

というポイントが得られる。前半にa・bを、後半にcを含んでいる①が正解。

②は、まず前半の「臆病さを思い返し」がa・bに合致せず間違い。また後半の「隠れていても兄や叔母にいつ見つかるかわからないという恐怖」もcに合致しない。

③は、前半では判断しにくいが、後半の「自分の切実な望みが兄や叔母によって妨げられることへの憤り」が、明らかにcに合致しない。「私」が「切実な望み」を持っていてそれが「兄や叔母によって妨げられ」たわけではない。また、悲しくて「泣くことを続けた」のであり、「憤りを感じている」のではない。

④は、前半の「怒りに再びつき動かされ」がa・bに合致せず間違い。「私」は悲しんでいるのであって「怒」っているのではない。また、後半の「仕返しをしようとしても」という部分も本文に根拠のない内容。

⑤は、まず前半の「兄の過ちを正面から諭さなかったことを後悔し」が間違い。「このことは何うしても叔母に言いつけなくてはならないと考えながら」という本文の内容に矛盾する。また後半の「自分の行動の意図が兄はもちろん叔母にも理解されない」という部分も間違い。bにあるように、「私」は兄の意地悪に気がついて「もとの悲しさに返った」のであり、「理解されない」がゆえに「私」が「失望感に襲われている」わけではない。

問3　「私」と「彼女」との気持ちがすれ違うまでの経緯を説明する問題　15　⑤

まず、設問が要求しているのは、傍線部における「私」と「彼女」との気持ちのすれ違いだけではなく、こうした状態に陥る経緯を含めた説明であることに注意しよう。

次に、傍線部直前の会話から、二人の気持ちのズレが、「たま虫」をめぐるやり取りから生じたことがわかるので、「たま虫」がどのように登場し、二人の間でどのように扱われていたのかを順次確認していこう。

「私」が恋人と、明日の待ち合わせを約束していた時に、「私」のレインコートの上に「たま虫」がとまっていた。それを「彼女」がすばやく指先ではじき落としてしまった。「私」は彼女の行動にあわておどろき疑問を発する。だが、たま虫をふみにじった彼女は、「私」の胸の部分についていたのが気になっていたという。こうしたやり取りの後で、二

人は互いに咎めるような目を相手に向ける。「私」にすれば、偶然胸にとまった美しい虫をなぜ殺すのか納得できない。「彼女」にすれば、恋しい人の胸についた邪魔な虫をはじいてなぜ悪いのか納得できない、というように。

こうした経緯を順にまとめていくと、

a　彼女が私の胸にとまった、たま虫をはじき落としふみつける

b　私はたま虫をふみにじった彼女の行動に驚き彼女に疑問を投げかける

c　二人の会話に集中したかった彼女は、私が疑問を抱くことに納得がいかない

d　二人の間でしらけた空気が流れ、互いに相手の言動がその原因だと思う

というポイントが得られる。

以上のa〜dの内容を含んでいる⑤が正解。

①は、まず前半の「幼い時から好んでいるたま虫」という部分が、また、中間の「自分（＝彼女）よりもたま虫を大切に扱うかのような私の態度」という部分が、間違っている。これらは、いずれも本文に根拠をもたない内容である。

②は、まず前半の「悲しい体験を思い出させるたま虫」という部分が、「急にはその名前を思い出せないほどの美しい一ぴきの昆虫」（39行目）としてたま虫を見ている、その時の「私」の心情にそぐわない。また、たま虫が「現れたことにとまどい、過去の経験にとらわれている」という部分も、本文の内容とズレている。私がとまどいや驚きを示すのは、彼女がたま虫をはじき落としたことに対してである。

③は、前半の「肩に置いた手をたま虫を口実にして恋人に振り払われた」という部分が本文の内容に反する。彼女はあくまでたま虫そのものをはじき落としたのであって、私の手を振り払おうとしたわけではない。

④は、前半の「幸福のシンボルとしてのたま虫」という部分が、たま虫は「悲しいときにだけ」出くわすという本文冒頭の内容とあきらかに矛盾している。したがって現れたたま虫に「気持ちを高ぶらせ」るという部分も間違い。

問4　「私」の顔が泣き顔に見えた理由を説明する問題　16　①

まず傍線部の内容と、そこにいたる経緯を確認していこう。傍線部に「硝子にうつる私の顔」とある。これは、60・61行目にあるように「エハガキ屋の店先」の「飾り看板の硝子の中」にある「数枚の裸体画と活動女優の絵葉書」をのぞき込んでいる時に、硝子にうつった「私の顔」のことである。このように硝子の中をのぞきこんでいる時、偶然たま虫を見かけ、虫を摑まえるために手をのばそうとも思った。だが、どうしてもそれができなかった。なぜなら、警察にあらぬ疑いをかけられていたからである。その当時「学生でもなく勤め人でもなく、そして誰よりも貧困であった」せいか、警察が「私」を「注意人物」とみなしていた。しかも、あろうことか「エハガキ屋の飾り看板を顔をしかめながら眺め入っている」写真まで撮っていたのである。そのこともあり、警察が虫を掴まえようとする「私」の行動を、絵葉書の窃盗としてカメラで写すかもしれないと恐れ、ながいあいだ虫を眺めるしかなかったのである。窃盗と疑われたくなくて、たかが虫を掴まえることもできず顔をしかめている「私」。これが傍線部の「泣き顔にみえた」「私の顔」である。

こうした内容を整理すると、

a　「私」は、注意人物として飾り看板を眺めている写真を警察に撮られていた

b　エハガキ屋の飾り看板の硝子の破れ目でたま虫を見つけ掴まえようと思う

c　しかし、警察から窃盗と見られるのがこわくて掴まえることができない

d　ただじっとながめ続けるしかない自分が情けない

というポイントが得られる。

以上のa～dの内容を含んでいる①が正解。

②は、まず中間の「警察に疑いをかけられてしまう可能性がある」という部分が間違い。「可能性がある」どころか、「私」はすでに「注意人物」として見られ、写真まで撮られている。また、後半の「たま虫を掴まえたいという長年の希望」という部分も間違い。「私」がそうした「長年の希望」をもっていることなど、本文のどこにも示されていない。

③は、前半の「たま虫を掴まえようとしていたために警察に誤解された」という部分が間違い。警察が写したのは、この時より以前に、「私」がエハガキ屋の看板の硝子の中を覗き込んでいた時の様子であり、その時にたま虫を見つけ、掴まえようとしたわけではない。

④は、前半の「自分が写真に撮られた理由を確認するという目的」という部分が間違い。かりに、写真の場面を自分で確認するためだとしても、「撮られた理由を確認」をしているわけではない。また、中間の「警察に疑われている立場を忘れて……虫の美しさに心を奪われ」という部分も間違い。むしろ、警察のことをずっと気にかけているから、たま虫を掴まえることもできずにじっと眺めていたのである。

⑤は、まず前半の「出頭を命じられるという困難な状況に追い込まれている」という部分が、そのように断定できるか疑問。54行目では、友人が「私の代りに警察署へ出頭してくれた」とあるので、その後まだ「私」に出頭命令が義務付けられているのかどうかは不明である。さらに、後半の「その美しさを感じる余裕を持てない自分に寂しさを感じている」という部分が間違い。この場面ではたま虫は「美しい」とは表現されていないが、「私」は虫を掴まえたくなったり、ながいあいだ眺めていたりしている。こうしたことから、警察が気になり「美しさを感じる余裕を持てない」というより、むしろ警察を気にしながらもたま虫の魅力に惹かれている、と読み取るべきであろう。

問5　「私」が停留場の安全地帯で考えていたことを説明する問題　17　③

傍線部には難解な表現はないので、その内容を理解するのは困難ではない。しかし設問が求めているのは、「この時の私の考え」の説明であることを見落としてはならない。「この時」という指示は、センター試験の小説では頻出のものである。だが、「この時」が指示する範囲は、ごく短い時間の場合もあれば、ある程度長い時間の場合もあり、傍線部の文脈や本文の構成に応じ、臨機応変に対応しなければならない。この設問では、「この時の私」が「生きているように見えるたま虫を袖のなかにしまって」いることに注目しなければならない。本文の冒頭部分で明示されているように、「私」がたま虫を見るのは「悲しいときにだけ」である。したがって、たま虫を見つけ「袖のなかにしまって」いる「この時」とは、「悲しいとき」なのである。したがって、「私」がどんな悲しみを抱いている時なのかを読み取るのが、正解への道筋となる。そこで、たま虫を見つけるまで、「私」がどんな悲しみに直面したかを、校正係として就職した場面全体から読み取っていこう。

「私」は「勤めてから幾らもたたない時、編輯員の松本」に「生意気で校正が下手だ」という理由で頭をなぐられる。今とはずいぶん異なる時代状況の設定ではあるが、これはもちろんたまらなく不愉快なことである。しかし、「私は自分が喧嘩に弱いと信じていたので」反抗もせず、この不愉快な気持ちをひきずることとなったのである。こうした「悲しいとき」にたま虫を見つけ、それを袖にしまって停留場の安全地帯に入り、人々におしのけられている状態のときに抱いた考えが傍線部で示された表現なのである。つまり、傍線部の「押しのけはしない」というのは、単に並んで電車を待つ場合のことだけではなく、職場でなぐられても反抗できない自分の弱さを自覚しての思いであり、そうした情けない体験をしたからこそ「少しばかり人を押しのけながら割り込む必要を覚えた」のである。

以上の内容をまとめると、

a（職場でなぐられたのに）弱いと自覚する「私」は反抗もできなかった

b（あれこれ考えても）自分の味わった不愉快から逃れることができなかった

c（a・bのように）人を押しのけるような自己主張はできないと思う

d（だが一方で）生きるために自己主張も必要ではないかと思っている

というポイントが得られる。

こうしたa～dの内容を含んでいる③が正解。

①は、前半の「自分と他人の幸福を比較……」という部分、および中間の「他人以上に幸せになろうとしたり……」という部分が、a～cとまったく無関係な説明になっているので、不適当。

②は、前半の「自分の出世のために他人を踏み台にして」という部分が職場でなぐられたことと無関係であるし、後半の「周囲とのより良い関係を保てる」という部分が、「人を押しのけながら割り込む必要を覚えた」の説明になっていな

い。

④は、前半の「素直に従う性格」に関わる部分や、中間の「他人の言葉の裏」に関わる部分が、a～cとまったく無関係な説明になっているので、不適当。

⑤は、中間の「自分の限界を決めて新しいことには踏みきるまい」に関わる部分が、本文にまったく根拠がない説明になっている。また、「人を押しのけながら割り込む必要を覚えた」という傍線部後半の内容が十分説明されていない点も、不適当。

問6　文章における表現の特徴を説明する問題　18・19

②・③

こうした設問では、専門的な知識や文学的な読解力が要求されているのではない。本文に明示されている内容に基づいて、選択肢の適否を慎重に判断していくことが求められているのである。以下、順に選択肢を吟味していこう。

①について。本文は、語り手としての「私」が、たま虫に関わるいくつかの思い出を述べたという構成になっている作品である。したがって、「語り手」が「登場人物の私に寄り添って」という言い方では、「語り手」と「私」が別々の存在になってしまうので、本文の表現の特徴の説明にはなりえない。

②は、「たま虫との関わり」をめぐり、「小学生時代、大学生時代」などいくつかの時期の、「悲しいとき」の思い出に即して述べられている本文の構成に合致している。一つ目の正解は②。

③について。88行目の「彼(＝たま虫)を標本みたいに電信柱にとめつけた」という比喩表現は、「ゲラ刷りの綴針をぬきとって」とあるように、「私」が校正係であることを踏まえたものである。したがって、とめつけられた「たま虫」に、職場で不愉快さに耐え続けねばならない「私」の立場や心情を重ね合わせた描写と読み取ることができる。③が二つ目の正解。

④について。89行目・90行目で、たしかに「生きているように」と繰り返されている。だが、死骸になっても「生きている」ように思えるのは、冒頭部分で示されているように、「たま虫」のいつもの外見的な特徴であり、「私」が校正係をしている時期やその頃の心境にだけ感じられる特徴ではない。しかも、88行目に「枯渇した彼(＝たま虫)の前脚を折ってしまった」とあるように、「私」は死骸となっていることを前提に「たま虫」を扱っていることが明示されている。したがって、「私」と「たま虫」を比較し、「たま虫」の方が「生き生きとして見える」と断定できる根拠は、本文にはまったく示されていない。

⑤について。最後の場面で、「私」が夢でなく実際に「水をのむ」のは、「焼酎」を飲んだことで咽がかわいたからであり、とりたてて「私」の「みずみずしさ」を示すという根拠はない。むしろ、この時「私」は不幸を感じており、また「若し失職したならば……」と職を失うことをも想定しており、決して「みずみずしさを保っている私の生を強調してい

る」わけではない。

⑥について。まず本文では、「私」にとって積極的に「幸福」と呼べる状態が述べられていない。むしろ、本文は「不幸」に感じる時と「たま虫」との関わりを述べている。とりわけ最後の場面では、「今度たま虫を見ることがあるとすれば、それはどんな時だろう――私の不幸の濃度を一ぴきずつの昆虫が計ってみせてくれる」とあるように、これからも「たま虫」に出会うのは不幸な時だという前提で述べられている。つまり「私」は、一貫して「不幸」＝「悲しいとき」と「たま虫」とは強く結びついているという考えを持っているのである。したがって、前半の「幸福についての私の考え方の変化」という部分は、本文全体の内容と明らかに矛盾する。

なお、傍線部**D**の「……人を押しのけながら割り込む必要を覚えた」という部分に注目し、「私」の考え方が変化したと思い込んだ人もいたかもしれない。だが、ここで述べられているのは、やむを得ず身につけるしかない生きるための知恵であり、「幸福についての私の考え方」にはならない。

第3問　古文

【出典】

『真葛《まくず》がはら』

成立年代　江戸時代後期

ジャンル　随筆

作者　只野《ただの》真葛。宝暦《ほうれき》十三（一七六三）年に、仙台藩医で江戸勤めをしていた工藤平助の長女として生まれた。父平助は医者であるにとどまらず、政治的見識なども持った知識人であり、平助のもとには、大名のほか、蘭学者、国学者、通訳など、多様な人が集った。母や母方の祖母も古典の教養がある人物で、真葛は経済的にも文化的にも豊かな環境で育った。十六歳で仙台藩の奥御殿（＝奥方が住む御殿）に上がって、十年ほど奥勤めをしたあと、寛政九（一七九七）年に、仙台藩家臣の只野行義《つらよし》と結婚し、住み慣れた江戸を離れて仙台へ下ることとなる。行義は江戸と仙台をほぼ一年ごとに往復するような暮らしであったため、作者は継子たちとともに、仙台で留守を守る日々が多かった。継子たちを養育するかたわら、行義の留守の間には、名所見物の小旅行に行くこともあった。和歌もよく詠み、賀茂真淵の弟子筋にあたる清水浜臣《はまおみ》に、書簡をやりとりしつつ和歌の指導を受けるなどしており、当時、歌人としても名を知られていた。文化十四（一八一七）年には、政治・経済について論じた『独考《ひとりかんがえ》』

を書き上げているが、これは、当時の価値観にとらわれない独創的なものであった。このように、文学作品だけでなく社会問題を深く思索する一面を持っており、江戸の女流作家としては異色の存在であったと思われる。文政八（一八二五）年、六十三歳で没した。

内容　作者は仙台に下ったあと、小旅行に行ったときの紀行や、各地の伝承などを書き留めていたが、文化十三（一八一六）年に、それらをまとめたのが『真葛がはら』である。天・地の二巻からなっており、天巻には伝説や説話など十二話、地巻には紀行文や日記、和歌など十六話が収められている。本文は、「一絃琴のことば」と題されて、天巻に収められている作品の全文である。

【本文解説】

本文は、陸奥に住んでいた鷹飼いと、鷹飼いがもらった一絃の琴にまつわる話を記したものである。

第一段落では、陸奥の鷹飼いが、書道を学びたいと決心してはるばる都まで行ったが、高貴な人に教えを受けられるようなつてや手段もなく、気落ちして名所見物などをして過ごしたことが述べられる。書道を学びたいという思いを持つばかりで、どうやったら学べるかといったことをあらかじめ考えることなく上京したこと、都では低い身分のために書道を学ぶことができず落胆したことなど、鷹飼いの志や心情に着目しよう。

第二段落では、鷹飼いが書道の教えを受けられるようになったいきさつや、鷹飼いが書道を学んで陸奥に帰ろうとするときのことが述べられる。持明院の宮に仕える宮人が、鷹飼いが泊まっていた宿の主である石井了陸と話をする中で、鷹飼いが書道を学ぶことができず失意の中にあることを知る。そこで宮人は、志の深さには身分の上下は関係ないのだと、鷹飼いは書道を学べるようにとりはからう。そのおかげで、鷹飼いは書道を学び、成果をあげることができた。そして鷹飼いが陸奥に帰ろうとしたとき、宮人が鷹飼いに一絃の琴を贈った。その一絃琴に添えて詠まれたのが、Aの和歌である。ここでは、鷹飼いが書道を学べるようになった経緯を、宮人の発言から読み取ることが重要である。宮人の「いと不便なりつることかな。〜けぢめもなきものぞ」という発言はわかりにくいが、**第一段落**で、鷹飼いが身分の低さのために書道の教えを受けることができずにいたこととあわせて、内容を考えよう。

第三段落では、書道の話から一転して、鷹飼いが防守として蝦夷の千島に行かされたことが述べられる。防守の任務を終えて帰ってくるまで、妻子だけを家に置いていては、家を守りがたいということで、鷹飼いは家を売り、妻子は人に預けた。B・Cの和歌の直前に「その心にかはりて」とあることから、作者が鷹飼いになりかわってB・Cの和歌を詠んだことをつかみ、和歌の解釈をしよう。

第四段落は、鷹飼いがもらった一絃の琴はどのようにしてできたものか、平安時代の在原行平の伝承を引き合いに出し、その由来について述べている。

今年の古文の問題は、本文自体は比較的読みやすいものだったが、選択肢は紛らわしいものもあり、平均点は、それほど高くはなかったようである。選択肢の慎重な吟味が求められる問題だったと言えるだろう。

【全文解釈】

この陸奥国の中心となっているあたりのそばにある、中田という所に住む人がいた。代々鷹を飼うことを生業としつつ、身分は低いものの、志があって、遠い昔の風俗に心ひかれ、あれこれと学びたいと望むなかで、書道をたしなむことを、特に好んでいた。しかし、印刷本に伝わっている書のほかに、師とする人もいない山奥で、むなしく（書道のことを）考えて月日を過ごすよりは、都に上って、高雅な筆づかいをもはっきりと見きわめたいと、突然決心して、大地に根を下ろした大きな岩や黒土を踏み分けて、文化四年という年の三月頃、都に上ったが、世の中のことをわきまえない身分の低い田舎者（＝鷹飼い）の想像とは違って、高貴な宮家の中には、こう思っている（＝書道を学びたい）と頼みこむつてもなく、このうえなくいやしい身分の者には、（書道の）お伝えも与えられないと聞いて、勢いづいていた心もしおれわびしく思って、都（に行ってから）のことを十分に考えないで身の程をわきまえず決意したことを思うと、井戸に住む鮒が大海に出たのに似ている。このように（教えを受けられず、成果を上げられない）だけの状態で甲斐もなく帰るようなことを思うと、雷獣が（落雷とともに地上に落ちた後）雲に乗りおくれたのに似ている。実にきまり悪いと気落ちしながら、名所などを見物して回って（宿に）籠っていた。

実は、（鷹飼いは）石井了陸という人のもとに宿をとっていた。この家に、たいそう思いがけず持明院の宮に仕える宮人が来合わせて、酒を飲み、世間話などをする時に、「この田舎人（＝鷹飼い）は、このような志がございまして、はるばると（都に）上りましたが、その志を果たすことができないで帰るようなことを、ひどく思い嘆いているのです」と、宿のあるじ（＝石井了陸）が話し始めたのを、例の宮人が詳細に聞いて、「とても気の毒であったことだなあ。総じて（身分の低い鷹飼いが書道を学びたいという願いは）かなうのが難しいことではあるけれど、（学びたいという）志の深さには、高貴だとか身分が低いとかの区別もないものだぞ。私がうまく事をとりはからいましょう」と、引き受けなさったので、嬉しい気持ちはたとえるようなものもない。この宮人のはからいによって、おそれ多い貴人の御前のあたり（に行くこと）もお許しがあって、入木という持明院流の書法をご自身でお教えになったりなどして、（鷹飼いは）かねて願っていた以上に成果を上げることができたので、分に過ぎて嬉しいと思って、陸奥に下るとき、以前の（世話をしてくれた）宮人が、この人（＝鷹飼い）の比べるものがないほどの（書道に対する）志をほめなさって、琴を贈りなさったが、（それは）絃が一本ある琴であった。これに歌を添えようということなので、

　一筋に思う心は、この美しい琴の一筋の絃になぞらえて、（この琴をずっと）弾き伝えるだろう。

（鷹飼いは）家なども、もともとことさらに広く清らかで美

しいさまに作って、周囲に松を一面に植え、過ぎ行く月日ごとに賞美したが、このたび幕府から蝦夷の千島に防守を置きなさることがあって、この陸奥国からもまっさきに（防守を）出しなさるため、その（防守の）一人に指名されて、出発しようとする。「（千島へ）行って帰るまで、このような広い家に妻子だけ置いては（家や家族を）守るのが難しい」ということで、家を売り、妻子は人のもとに預けて行く。その（鷹飼いの）心になりかわって（私が詠んだ歌）、

（千島の防守の仕事は）家を出て行くかいがあると思ったけれど、（家を売って、帰る）家がなくなって行くので、何のかいもない。

（千島へ行くことになった悲しみのために）二筋に流れ落ちる涙も、美しい一筋の絃の琴にかけてしまったなあ。

その琴は、昔行平中納言が、流罪となって須磨にいらっしゃった時、小屋根の杉（の板）を風が吹き落としたが、その（杉板の）形が興趣深かったので、髪を結う道具などを入れる箱にある、髪を束ねて結う細い糸を一本かけて、（琴に仕立てて）演奏なさったことから始まって、今も伝わっているのだということだ。

【設問解説】

問1　短語句の解釈の問題　20 ⑤　21 ④　22 ②

センター試験の古文の問1は、例年、短語句の解釈を問う問題が三問出題される。古語の意味と文法事項に注意して解釈をするのは言うまでもないが、古語の意味を文脈から判断しなくてはならない問題も出題される。問題を解くにあたっては、古語の辞書的な意味と文脈との両面をよく考える必要があり、普段の学習においても、このことに注意して解釈するよう心がけることが重要である。

(ア)　高き手ぶりをも見あきらめばや

「高き／手ぶり／を／も／見／あきらめ／ばや」と単語に分けられる。重要語は「あきらむ」である。

> **あきらむ**（マ行下二段活用動詞）
> 1　明らかにする。はっきり見定める。
> 2　心を明るくする。

現代語の「あきらめる」にひきずられて意味を間違えやすい古語なので、正確に覚えておこう。「見あきらめ」の訳として適切なのは、③「見分け」、⑤「見きわめ」である。また、文脈を考えても、直後に「思ひおこして」とあり、鷹飼いが都で書道を学ぼうと決心をする場面であるから、現代語の「あきらめる」の意味の④「見切りをつけ」と訳しては後にうまく意味が続かない。

次に、文法で注意したいのが「ばや」である。この「ばや」は文末にあり、未然形に接続している（「あきらめ」は、下二段活用動詞「あきらむ」が活用したものなので、未然形と連用形の可能性があるが、連用形に接続する「ばや」はない）ことから、願望の終助詞と判断できる。前述のように、ここは鷹飼いの決心の内容を述べる部分であるから、内容的にも願望の終助詞「ばや」と考えるのが適当である。「ばや」

を願望で訳しているのは、①「〜たいものだ」、⑤「〜たい」なので、**正解は⑤**と決まる。

このほか、「手ぶり」は、選択肢を見てわかるように「書体・書風」の意味だが、そのほかに「風俗・ならわし」の意味がある。本文2行目の「あがれる世の手ぶり」は、「遠い昔の風俗」の意味である。

(イ) いとはしたなりと思ひ屈しつつ

「いと／はしたなり／と／思ひ屈し／つつ」と単語に分けられる。重要語は「はしたなり」「思ひ屈す」である。

はしたなり（ナリ活用形容動詞）
1 どっちつかずで中途半端だ。きまりが悪い。
2 数がそろわない。半端だ。

思ひ屈す（サ行変格活用動詞）
1 あれこれ考えて気が滅入る。悩んで元気がなくなる。

「はしたなり」は、選択肢のうち、辞書的な意味に合うのは、②「体裁が悪い」、④「きまりが悪い」、⑤「中途半端だ」である。「思ひ屈し」は「思ひ屈《くん》ず」という形で使われることもある。「屈す」だけでも、現代語の「屈する」とほぼ同じような意味で、「服従する」「気が滅入る・心がふさぐ」などの意味である。「思ひ屈す」を正しく訳しているのは、④「気落ちし」だけであるから、実はこの語の解釈によって**正解は④**と決まる。「思ひ屈す」の意味を知らなかった受験生もいると思うが、漢字から意味を想像できれば、正解に近づけたであろう。

文脈をみると、鷹飼いが陸奥から都に上ったものの、高貴な人に書道を学ぼうとしてもつてがなく、また身分が低い自分のような者には書道の伝授はされないと聞いて、「いとはしたなりと思ひ屈し」た、という場面である。意気込んではるばる都まで来たのに、書道を学べず、きまりが悪いと気落ちしたということで、④は文脈にも合う。

(ウ) 本意にもこえて事なりぬれば

「本意／に／も／こえ／て／事なり／ぬれ／ば」と単語に分けられる。「にもこえて」「ぬれば」の訳はいずれの選択肢も同じなので、解答にあたっては「本意」「事なり」の意味が手がかりとなる。重要語は「本意」である。

本意（名詞）
1 本来の意志。かねてからの望み。

選択肢のうち、「本意」を正しく訳しているものは、②「かねて願っていた」のみで、これで正解は決まる。しかし、念のために「事なり」も確認しておこう。「事なり」はラ行四段活用動詞「事成る」の連用形で、「事が成就する」「その時期に至る・準備が整う・事が始まる」などの意がある。文脈を見ると、傍線部(ウ)の直前に、鷹飼いが念願かなって入木の書法の伝授をうけたことが書かれているから、この「事なり」は書道を学ぶことができたということで、「事が成就する」意である。②の「成果を上げる」は「事なり」の訳として問題ないので、やはり**②が正解**である。

問2　文法問題　23　⑤

センター試験の古文の問2は、例年、文法問題が出題されている。本年も、昨年と同様に語の識別の問題が出題された。今年は「れ」「なり」「に」「る」の識別であったが、これらの語は、「る」（'04年本試験・'08年本試験）、「に」（'05年追試験、'07年本試験・'08年本試験）、「なり」（'10年本試験）など、センター試験でしばしば出題されている。文法については、語の識別はもちろん、助動詞や助詞を中心に、敬語も含めて、基本的事項をしっかりおさえておこう。

aは、「れ」が問われた。

「れ」の識別

1　自発・可能・受身・尊敬の助動詞「る」の未然形・連用形
※四段活用動詞・ナ行変格活用動詞・ラ行変格活用動詞の未然形（いずれも語尾がア段音）に接続する。

2　完了・存続の助動詞「り」の已然形・命令形
※サ行変格活用動詞の未然形・四段活用動詞の已然形（いずれも語尾がエ段音）に接続する。

3　活用語の一部
※「覚ゆれ」「高けれ」「あはれなれ」「けれ」など。

aの「れ」は、四段活用動詞「うけがふ」の未然形「うけがは」に接続しているので、右記1の助動詞「る」である。選択肢には「受身」「尊敬」しかないので、ここでは選択肢からも助動詞「る」であることは明らかだが、「れ」の識別方法は必ず覚えておこう。助動詞「る」の意味を考える上では、次に示すような点に注意するとよいが、文脈に合うかどうかの確認は必ずしよう。

「る」の意味の区別

1　自発「自然と～れる」
心情語や知覚語につくことが多い。

2　可能「～できる」
平安時代までは、多く打消・反語を伴う。

3　受身「（～に）～される」
受身の対象が「～に」として示されるか、文脈から想定できる。

4　尊敬「～なさる」
「仰せらる」の「らる」は、通常、尊敬になる。尊敬の補助動詞「給ふ」を伴って「れ給ふ」となる場合、「れ」は尊敬にはならない。

波線部直前の「うけがは」は「引き受ける」の意で、ここは、宮人が石井了陸から鷹飼いのことを聞いて、鷹飼いが書道を学べるようにとりはからうことを引き受けた場面であるから、主語は宮人である。「れ」を受身ととって、「うけがはれたる」を、「（宮人が誰かに）引き受けられた」と訳すと、文脈に合わない。宮人の動作には本文15行目に「めで給ひ」

と尊敬語が使われているから、この「れ」も尊敬と考えて問題ない。

bは、「なり」が問われた。

「なり」の識別

1 断定の助動詞「なり」の連用形・終止形
※体言・連体形・助詞・副詞に接続する。

2 伝聞・推定の助動詞「なり」の連用形・終止形
※終止形に接続する。ただし、ラ変型の活用をする語には、連体形に接続する。

3 ラ行四段活用動詞「成る」の連用形

4 ナリ活用形容動詞の連用形・終止形活用語尾

bの「なり」は、「琴」という体言に接続しており、「〜である」の意味になるところなので、右記1の断定の助動詞「なり」である。

cは、「に」が問われた。

「に」の識別

1 完了の助動詞「ぬ」の連用形
※連用形に接続し、直下に助動詞「き」「けり」「けむ」「たり」などが続く。

2 断定の助動詞「なり」の連用形
※体言・連体形・助詞・副詞に接続する。
※多く、下に補助動詞の「あり」「おはす」「侍り」「候ふ」などを伴う。

3 格助詞

4 接続助詞
※体言・連体形に接続する。

5 ナ行変格活用動詞の連用形活用語尾
※「死に」「往（去）に」の二語。

6 ナリ活用形容動詞の連用形活用語尾
※「あはれに」「いたづらに」など。

7 副詞の一部
※「いかに」「げに」「よに」など。

cの「に」は、カ行下二段活用動詞「かく（掛く）」に接続している。「かく」は、未然形も連用形も「かけ」という形になるが、未然形に接続する「に」はないので、「かけ」は連用形である。連用形に接続し、直下には助動詞「けり」が続くので、cの「に」は、右記1の完了の助動詞「ぬ」である。

dは、「る」が問われた。「る」の識別は、aで示した「れ」の識別方法と基本的に同様である。

「る」の識別

1 自発・可能・受身・尊敬の助動詞「る」の終止形
※四段活用動詞・ナ行変格活用動詞・ラ行変格活用動詞の未然形（いずれも語尾がア段音）に接続する。

2 完了・存続の助動詞「り」の連体形

※サ行変格活用動詞の未然形・四段活用動詞の已然形（いずれも語尾がエ段音）に接続する。

3　活用語の一部

※「覚ゆる」「高かる」「あはれなる」「ける」など。

dの「る」の上には「給へ」がある。dの選択肢には「動詞の活用語尾」があるので、まず、「る」が動詞の活用語尾かどうかを考えよう。「給ふ」は、四段活用の場合と下二段活用の場合とがあるが、四段活用の場合、語尾は「は／ひ／ふ／ふ／へ／へ」と活用する。下二段活用の場合、語尾は「へ／へ／(ふ)／ふる／ふれ／○」(下二段活用の「給ふ」は終止形の用例はあまりなく、命令形の用例はない)と活用する。すなわち、四段活用にも下二段活用にも「給へる」という活用形はない。よって、「る」は動詞の語尾ではなく、助動詞である。選択肢では「完了の助動詞」しかないので、問題を解くにあたって助動詞の識別は必要ないが、接続を確認しておこう。「給ふ」は、前述のように四段活用と下二段活用とがあるが、右記1・2の助動詞は下二段活用動詞に接続することはないので、「給へ」は四段活用であり、活用形は已然形である。よって、完了・存続の助動詞「り」である。

以上、a～dを正しく説明している⑤が正解である。

問3　登場人物の性格を問う問題　24　②

説明問題であっても、まず傍線部を正確に訳すことが大切である。傍線部Xは、意味のまとまりを考えて、すぐ後の「おほけなく思ひたちぬる」までを含めて考えるほうがわかりやすいので、先にその後の部分を見よう。「おほけなく」は形容詞「おほけなし」の連用形で、「身分不相応だ・恐れ多い」の意を持つ。「思ひたち」は「思ひたつ」の連用形で、「決心する・決意する」の意を持つ。「ぬる」は、完了の助動詞の連体形である。解釈すると、「身の程をわきまえないで決心した」となる。ここは鷹飼いについて述べている部分であるから、「決心」とは、鷹飼いが書道を学ぶために上京しようと決心したことをいう。それを踏まえて傍線部Xを検討すると、「行く先」は「進んでいく先の方向」の意だから「都」のこと、「よう」は副詞「よく」のウ音便で、「十分に」の意、「で」は「～ないで」と訳す打消接続の助詞である。「たどら」は動詞「たどる」の未然形で、次のような意味がある。

たどる（ラ行四段活用動詞）
1　思い迷う。判断に苦しむ。
2　不案内な道を迷いながら行く。
3　探り求める。
4　あれこれと考え合わせる。

「都のことを十分に『たどら』ないで、身の程をわきまえないで決心した」という文脈であるが、本文4～5行目に「ゆくりなく思ひおこして、……まゐのぼれりし」とあることから、鷹飼いは突然決心して上京しており、上京後どのように書道を学ぶかということはあまり考えなかったことがわかる。よって、「たどる」は、右記4の「あれこれ考え合わせる」の意がふさわしい。鷹飼いは、上京後のことをあれこれ考えないで、書道を学びたいという気持ちだけで決心したのである。そこから、慎重さや計画性に欠けるといった一面が読み取れる。

よって、このような一面を説明している**②が正解**である。「自分の夢」とは、都で高雅な筆遣いを見極め、学びたいと思うことだが、鷹飼いはそれをかなえるための現実的な手段を検討することなく「突然」上京しているのだから、それは、まさに「無鉄砲」な一面と言えるだろう。

①は、「いきなり高貴な宮家に押しかけてしまう」が不適切である。本文5行目に「高き宮のうちには、かくと言ひよらんたづきもなく」とあるように、書道を学びたいと宮家に依頼するつてはなかったが、だからといって鷹飼いがいきなり宮家に押しかけたという記述も本文にはない。「おほけなし」が「身の程知らず」の意であるため、①を選んでしまった受験生がいたかもしれないが、鷹飼いが都に着いたあとにどう行動したかを丁寧に読み取れば、これが不適切な選択肢だとわかるはずである。

③は、「一度挫折した程度で長年持ち続けた夢をあきらめ」が不適切である。傍線部**X**は、直後に「思ひ立ちぬること」とあって、鷹飼いが上京の決心をしたときのことについて述べているのだから、そこから読み取れる鷹飼いの一面を、都で挫折した後の鷹飼いの行動を踏まえて説明するのはおかしい。また、本文8行目に「名所など見めぐりて籠りをりき」とあるが、そこから「都見物に興じて自分をごまかす」とまでは言えない。

④は、「高貴な宮家の門をたたくことに怖じ気づいてしまう」が不適切。鷹飼いが宮家を訪問するのに怖じ気づいたという記述は、本文にはない。したがって、「怖じ気づい」たとは言えないのだから、それを根拠にして「弱気なところがある」と説明するのも不適切である。

⑤は、③同様に、「京都で挫折を味わった後も」が不適切である。また、挫折した後の鷹飼いが、「自分の夢に見切りをつけられ」ないでいるのかどうかは本文からも読み取れず、それをもとに「あきらめの悪いところがある」とも説明できない。

問4 心情説明の問題 [25] ①

傍線部**Y**を解釈するうえでの重要語は、「不便なり」である。

不便なり（ナリ活用形容動詞）
1 不都合だ。都合が悪い。
2 かわいそうだ。気の毒だ。
3 かわいいと思う。

本文での「不便なり」がどの意味かは、宮人が傍線部Yの発言をするに至った経緯を踏まえて考えるとよい。宮人が登場するのは第二段落であるから、第二段落の冒頭から内容を見ていこう。鷹飼いは、都で石井了陸という人物のもとに宿を取っていた。その了陸の家に宮人がやってきたとき、了陸は、鷹飼いが都で書道を学びたいという志をもって上京したこと、それがかなわないまま帰らねばならず、嘆いていることを、宮人に話した。それを聞いて、宮人は「いと不便なりつることかな」と言っている。宮人にとって、身分の低い鷹飼いが書道を学べないことは、特に「不都合なこと」ではないであろうし、また、宮人が、鷹飼いを「かわいいと思う」というのも文脈に合わない。ここは、深い志にもかかわらず鷹飼いが書道を学べなかったことを「かわいそうだ」と思った、と考えるのが適当である。

さらに、傍線部Yに続く宮人の発言から、宮人の具体的な心情を考えよう。「おしなべては叶ひがたき」は、鷹飼いが書道を学べなかったという話を聞いての発言だから、「総じて鷹飼いの願いがかなうのは難しい」ということである。そこから逆接の接続助詞「ど」で続けて、「志の深さには、高きいやしきけぢめもなきものぞ」と言う。つまり、鷹飼いのような低い身分の者が書道を学ぶのは難しいが、書道を学びたいという志の深さには、身分の上下は関係ないのだ、ということで、宮人は鷹飼いをかわいそうに思い、「我よくこととり申さん」と、鷹飼いが書道を学べるようにうまくとりはからったのである。

以上の趣旨に沿った説明をしている①が正解である。鷹飼いが書道を学ぶために、はるばる陸奥から都までやってきた深い志は、学びたいという「向上心」と言いかえることができ、宮人が聞いた話の説明は本文の内容に沿ったものである。また、「同情する」は「不便なり」という心情の説明として正しい。

②は、「身分の違いを理由に入門を断られた」が不適切である。鷹飼いは、本文5行目に「かくと言ひよらんたづきもなく」とあるように、書道を学びたいと願い出るつてを持っておらず、入門を頼めなかったのだから、「断られ」るはずもない。また、「不便なり」という心情の説明を「もどかしく思う」としている点も不適切である。

③は、「身分の差を乗り越えて高貴な宮から教えを受けるために陸奥から上京した」が不適切である。鷹飼いは、本文5行目に「世のわき知らぬ山がつ」とあるように、世の中の身分による区別などをよく知らない田舎者で、自分でも書道を学べると思って上京している。身分の差を思い知ったのは、都で「至れるいやしき身には、御伝へも下らず」(本文5〜6行目)と聞いたときである。また、「不便なり」という心情の説明を「当惑する」としているのも不適切である。

④は、「鷹飼いから」「打ち明けられた」が不適切である。宮人は石井了陸から鷹飼いの話を聞いたのであって、鷹飼いから直接話を打ち明けられたのではない。また、「身分の違いがある以上どうすることもできないものだ」も不適切。宮人は、かなうことは難しいと言いつつも、鷹飼いが貴人に書道を学べるようにとりはからっている。

⑤は、「芸道のあり方の古めかしさに気づかされ」が不適切である。宮人は、芸道のあり方という一般的なことを話しているのではなく、鷹飼い個人のことについて話をしている。それは、了陸から話を聞いて、宮人が鷹飼いのために行

動を起こしたことからもわかる。また、「身分の差によって入門を許される者と許されない者がいるという芸道のあり方の古めかしさに気づかされ」という記述に対応する本文はない。また、「不便なり」という心情を「煩わしく思う」としているのも不適切である。

問5 **和歌の説明問題** [26] ④

'11年のセンター本試験では和歌が出題されなかったが、今年は本文に和歌が三首含まれており、三首すべてが設問にとりあげられた。'01年以降、和歌が出題されなかったのは、'03年追試験と'08年・'11年の本試験のみであるから、和歌の読解力を養うことは必須である。

和歌の読解においては、まず、和歌が詠まれるに至ったいきさつを、和歌の前の本文を丁寧に読んで押さえる必要がある。今回の**A**〜**C**の和歌は、詠み手が明示されていないので、誰が詠んだものかも考えなくてはならない。それらを確認したうえで、和歌の解釈に入ろう。解釈では、まず五七五七七の各句に分けて句切れを確認し、文法や古語の意味に注意をして直訳をする。そして、誰がどのような経緯で詠んだものかということも考え合わせて、必要に応じて語（主語や目的語など）を補って解釈をしよう。また、和歌には修辞（掛詞・縁語・序詞・枕詞など）が用いられることも多いので、修辞についても、文脈を考慮に入れながら慎重に考察することが必要である。

まず、**A**の和歌は、鷹飼いが陸奥に帰るときに宮人が鷹飼いに一絃の琴を贈ったが、「これに歌そへよ」という依頼があって、詠まれたものである。鷹飼いは本文中で「山がつ」と呼ばれるように身分が低いのに対し、宮人は持明院の宮に仕えており、その動作には本文15行目に「めで給ひて、琴を送られし」と尊敬語が用いられているので、両者に身分の違いがあるのは明らかである。また、宮人は、鷹飼いが書道を学べるようとりはからった人物だから、鷹飼いにとっては恩人である。これらの点から、鷹飼いが宮人に命令するとは考えがたく、「歌そへよ」は、宮人が鷹飼いに命じた発言で、**A**の和歌の詠み手は鷹飼いと考えられる。

ただ、この詠み手が作者である可能性も否定はできない。最後の段落で一絃の琴の由来について述べて本文をまとめており、本文の主題は鷹飼いではなく一絃の琴であると思われる（実際に、『真葛がはら』の中で本文につけられた題名は、【出典】でも述べたように「一絃琴のことば」である）。また、随筆では、主語が示されない場合、筆者が主語になる場合が多いことを考えあわせると、鷹飼いの話を聞いた作者が、「歌そへよ」と言われて、主題である一絃の琴にことよせて、鷹飼いのことを思いやりつつ歌を詠んだ、と考えることも可能であろう。よって、詠み手は鷹飼いなのか作者なのか、はっきりと決めがたい面があり、選択肢①を排除することはできるが、②の是非を判断する手がかりとはならない。

では、**A**の和歌の内容を見てみよう。「一筋に／思ふ心は／玉琴の／緒によそへつつ／ひきや伝へむ」と句に分けられ、句切れはない。「玉琴」の「玉」は美称で、宮人からもらった琴をほめ称える表現である。「緒」は「絃」、「よそふ」は「なぞらえる」の意である。「や」は疑問・反語の係助詞で、ここでは「伝へむ」の「む」に掛かっている。この「や」を反語と考えると「弾き伝えるだろうか、いや、弾き伝えない」という内容になり、文脈にふさわしくないので、疑問と考えるのがよい。しかし、「ひきや伝へむ」を「弾き伝えるだろうか」と訳すと、詠み手が鷹飼いの場合、自分の行為に疑問を表すことになり不自然であるし、詠み手が作者の場合も、作者は鷹飼いが恩人ともいえる宮人から琴を貰った経緯を聞いた上で詠んでいるのだから、「鷹飼いは琴を弾き伝えるだろうか」と疑問を表すというのも、不自然である。疑問の係助詞「や」は、「む」とともに用いられ、「〜だろうか」という疑問の意味を表すほかに、疑問のかたちをとりながら実際は「〜だろう」という推量を強めた意味を表す場合がある。ここも、文脈からその例と考えるのが適当である。よって、鷹飼いが自分の思いを述べていると考えて一首を解釈すると、「一筋に思う心は、玉のように美しい琴の絃になぞらえて（私はこの琴をずっと）弾き伝えるだろう」となる。また、詠み手を作者にすると、「一筋に思う心は、玉のように美しい琴の絃になぞらえて（鷹飼いはこの琴をずっと）弾き伝えるだろう」となる。詠み手が誰であるにせよ、「一筋に思う心」とは、鷹飼いが書道を学びたいと一筋に思う心のことで、その心を、宮人からもらった琴の「一筋（＝一本）」の絃になぞらえるというのである。和歌に「琴」が詠み込まれていることから、「ひき」には「弾き」の意が掛けられていると考えられる。

以上のことをふまえて、**A**の和歌に関する選択肢を検討しよう。

①は、詠み手を「持明院の宮の宮人」としている点が不適切である。また、「一筋に思ふ心」を、「自分が陸奥の鷹飼いに寄せてきた一途な思いやり」と、宮人の心としている点が不適切であるし、「ひき伝ふ」を「忘れる」と解釈しているのもおかしい。

②は、「ひき」を宮人が「引き立てて優遇する」意ととらえ、「宮人からの引き立てに感謝する気持ちをこめている」とする点が不適切である。確かに「ひく」という動詞には「引き立てる」意があるし、宮人は、鷹飼いが高貴な人に書道を伝授してもらえるようにとりはからっている。しかし、接続助詞「つつ」の前後に示される動作の主語は原則として同一人物であることに注意しよう。「よそへ」の主語は鷹飼いであるから、「ひき」の主語も鷹飼いであって、宮人だと考えることはできない。また、「一筋に思う心は琴の絃になぞらえて弾き伝えるだろう」と詠んでいるのだから、伝えるものは宮人からもらった一弦の琴であり、宮人が鷹飼いを引き立てて優遇したことではない。文法にそって丁寧に訳をすることで、間違いだということがわかる。

B・**C**の和歌は、鷹飼いが防守に指名されたため、家を売って妻子を人に預けて行ったのだが、「その心にかはりて」詠んだものだと述べられている。直前に「家をば売り、……預けて行く」と鷹飼いの行動が述べられていることから、

「その心」とは鷹飼いの心を指している。つまり、別の人物が鷹飼いになりかわって和歌を詠んだのである。ここは鷹飼いが妻子と別れて千島へ行く場面であるから、和歌を詠んだ可能性として妻子があげられる。しかし、別れの当事者の妻子ならば、あえて鷹飼いになりかわるのではなく、自らの心情をそのまま詠むのが自然であるから、妻子が詠んだとは考えがたい。Aの和歌の解説でも述べたように、日記や随筆で作者が主語になる場合、主語が示されないことも多いことから、詠み手は作者だと考えるのが適当である。つまり、作者が、鷹飼いになりかわって詠んだのが、B・Cの和歌である。

では和歌の内容を見てみよう。Bの和歌は「家出でて／行くかひありと／思ひしに／家なくなりて／行けばかひなし」と句に分けられ、句切れはない。直訳すると「家を出て行くかいがあると思ったが、家がなくなって行くのでかいがない」となる。鷹飼いが防守に指名されて家を出るという場面であるから、「家出でて」とは、防守という任務で家を出ることを言う。そして、広い家に妻子だけを置いては家を守りがたいと思い、家を売り、帰る家がなくなってしまったことを、「家なくなりて」と言っている。そのような状態で防守として行くため、行くかいがないというのである。

Cの和歌は、「二筋に／落つる涙も／一筋の／玉の小琴に／かけにけるかも」と句にわけられ、句切れはない。「一筋の玉の小琴」とは、鷹飼いが宮人にもらった一絃の琴を指す。「かも」は詠嘆の終助詞だから、直訳すると「二筋に落ちる涙も一絃の美しい琴にかけてしまったなあ」となる。この二筋の涙とは、両目から流れる涙のことで、妻子と離れ、家を売って、防守として千島へ行く悲しみのために流す涙をいう。その二筋の涙を一筋（＝一本）の絃の琴にかけてしまった、という内容である。

以上のことを踏まえて、B・Cの和歌に関する選択肢を検討しよう。

③は、詠み手については正しい。しかし、「売りに出した家が任務を終えて戻ったときにはなくなっているかもしれないと想定する」が不適切である。「家なくなりて行けば」とあるから、鷹飼いが防守に行くときに家はすでになくなっている。よって、「戻ったときにはなくなっているかもしれない」と想定するはずはない。

④が正解。Cは作者が鷹飼いにかわって詠んだものであるし、涙の「二筋」と琴の絃の数の「一筋」が対比されているという点も正しい。「思いがけない事態」とは、代々鷹飼いを生業としている男が、防守に任命されて千島へ行くことをいう。詠嘆の終助詞「かも」があることから、「感慨にひたる」という説明も適当であり、和歌の内容と矛盾した説明はない。

⑤は、詠み手を「鷹飼いが妻子になりかわって」としている点が不適切である。前述のように、これは作者が鷹飼いになりかわって詠んだ和歌である。誰が誰の心になりかわったのかという説明が間違っているのだから、「一家の主が」以下の心情説明も誤りである。

問6 文章の表現の特徴と内容についての説明問題 27 ③

表現に関する問題は、本試験では'08年と'11年に出題され、追試験でも'06年・'08年・'10年で出題されている。また、表現を問う問題は、あわせて本文の内容も問う場合が多い。このような問題では、表現の説明として明らかに間違っているものや、本文の内容と異なった説明になっているものを見極め、消去法で選択肢を選んでいくとよい。

①は、「井に住む鮒」「鳴る神につく獣」を「大げさで滑稽な比喩表現」としているのが不適切である。確かにこれらは鷹飼いの様子の比喩表現ではあるが、「井に住む鮒の大海に出でぬる」とは、「狭い井戸の中に住む鮒が大海に出た」ということで、世間知らずの鷹飼いが都に行ったことの比喩である。また「鳴る神につく獣の、雲におくれたる」とは、「落雷とともに地上に落ちてきた獣が、また雲に乗ろうとして雲に乗り遅れた」ということで、ここでは鷹飼いが都で書道を学ぶことができず、陸奥に帰らねばならないこと、すなわち思ったように物事が進まないことの比喩である。よって、これらが「大げさで滑稽な比喩表現」とまでは言い難い。その他にも本文中にあえて滑稽を狙った表現は特に見られないので、「笑いと涙が入り交じる」という説明も不適切である。

②は、「主人公の身分に変化が訪れたことが感じられる」が不適切である。まず、了陸と宮人が会話する場面で、「石井了陸は鷹飼いを『田舎人』として格下に見ている」という説明が間違っている。石井了陸は「田舎人」と発言しているが、それが格下に見ている表現だということの根拠が本文にはない。ここは、陸奥から上京した鷹飼いが都の事情もわからず、都での活動の手段をほとんど持たないということを述べているだけであって、了陸が鷹飼いを「格下に見ている」と思われる記述は本文にはどこにもないのである。したがって、宮人が鷹飼いに謙譲語を用いたとしても、それが直ちに鷹飼いへの扱いが、了陸と宮人で異なるということにはならない。ましてや、ここは一連の対話であり、了陸が鷹飼いについて紹介する発言も、宮人が鷹飼いに同情する発言も、同日の同じ場でなされたもので、その間に「主人公の身分に変化が訪れた」と考えることには無理がある。この後に鷹飼いが「立身出世」をとげたという内容の記述もないので、これも不適切な説明である。

③が正解である。鷹飼いが一念発起して書道を学び終えるまでのことは、第一・二段落に述べられており、そこでは鷹飼いの心の動きが細かく描かれている。一方、千島へ行かされる経緯については、本文17〜18行目の「こたみ公より……出で立たむとす」の部分で説明されているが、そこには鷹飼いの心情は記されていない。心情を記さないことで「かえって現実の厳しさが際立ち、人生の悲哀が伝わってくる」と考えることは可能なので、③に明らかな間違いはなく、これが正解となる。

④は、まず、「貴族社会に積極的に溶け込んでいく」とするところが不適切である。鷹飼いと貴族との関わりについては、本文には13〜14行目に「おほけなき御前わたりも御許し

ありて、入木といふ書法を御手づから伝へたまはせりなどしつつ」とあるのみだから、鷹飼いは書道を学んだだけで、貴族社会になじんで溶け込んだとは考えにくい。さらに、「鷹飼いが上京する経緯」と「防守に任命される経緯」が、「それぞれ簡潔に説明されている」について、防守に任命される経緯は14〜15行目で簡潔に説明されているが、鷹飼いが上京する経緯は1〜5行目で、鷹飼いの心情なども含めて比較的詳しく説明されているので、「それぞれ簡潔に説明されている」とするのは、やや無理があるだろう。

⑤は、「古代の文化にあこがれる陸奥の鷹飼いの性格が顕著に示され、時代の流れに逆行しようとする姿が印象的にとらえられている」が不適切である。鷹飼いは、本文2行目に「あがれる世の手ぶりを慕ひ」とあるから、古代の文化にあこがれていたと考えることはできる。もし、鷹飼い自身が、会話の中で万葉調の表現を使ったり、平安時代の伝承を話したりすることがあれば、古代の文化にあこがれる鷹飼いの性格が示されるとも言えるだろう。しかし、万葉調の表現も平安時代の伝承も、地の文で作者が書き記していることなのだから、鷹飼いの性格とは関係しない。また、鷹飼いは古代の文化にあこがれてはいても、「時代の流れに逆行しよう」としていたとは、本文には述べられていない。

第4問　漢文

【出典】

『西畲瑣録《せいよさろく》』一巻。孫宗鑑《そんそうかん》（一〇七七〜一一二三）の随筆集、逸話集。孫宗鑑は、南宋の人で、尉氏（現在の河南省尉氏県）の出身。字《あざな》は少魏、安隠道人と号した。

【本文解説】

讒言《ざんげん》によって流罪の憂き目を見た蘇東坡《そとうば》（蘇軾《そしょく》　一〇三六〜一一〇一）が、その後復権して都へ戻る途上、自分に流罪の裁定を下した裁判官に出会い、恥ずかしそうな表情を浮かべるその裁判官を、冥界の裁判の話を使ってからかい、皮肉を言った話である。

北宋の文人政治家蘇東坡は、元豊年間（一〇七八〜一〇八五）、讒言にあって捕らえられ、厳しい取り調べの末に黄州（現在の湖北省黄岡県）に流された。しかし、元祐年間（一〇八六〜一〇九四）に復権し、登州（現在の山東省蓬莱《ほうらい》市）の知事を務めた後、礼部員外郎に招聘《しょうへい》されて中央の官に返り咲いた。

都に戻る道中、蘇東坡は偶然にも自分を流罪に処した裁判官に出くわした。そこで、蘇東坡は恥じ入る裁判官をからかってやろうと、寓話を語って聞かせたのである。その寓話は、冥界の裁判譚《さいばんたん》であった。

「生前に人を殺《あや》めた蛇が、冥界の裁判官から死罪を申し渡されたのですよ。すると、その蛇、必死にこう弁解したのです。『私はたしかに人を殺しはしましたが、私の腹からとれる薬の黄で、数名の命も救ってやったのです。裁判官殿、これで情状酌量、ひとつ頑張って頂いて無罪放免というわけにはまいりませんか』とね。役人の調べで蛇の申し開きに嘘いつわりのないことが分かると、その蛇は無罪となったのです。

次にお裁きを受けたのは牛でした。この牛も生前に角でひと突きに人を殺めてしまったのですが、『私も肝からとれる薬の黄で、数名の命を救ってやりました』と、蛇と同様の弁解をしまして、無罪放免となったのです。

最後にお裁きを受けたのは人間でした。その者も生前に人を殺めておりますが、なんと運のよいことに死罪を免れていたのです。そこで、役人は『いったんお預けになっていた命を、おまえは返すべきだ』と主張しました。その者は慌てふためいて、命が惜しいばかりに『私にも黄がございます』と出まかせを申したものですから、裁判官はたいそうお怒りになり、『おまえは蛇でも牛でもない、人間なのだから、おまえの肝に黄があるはずはなかろう』と問い詰めたのです。役人に次々に問い詰められたその者は、とうとう白状したのです。『私には黄などございません。恥じらいと恐縮の念（＝慚惶）があるばかりでございます』とね。」

蘇東坡は、自分を苦境に陥れた裁判官をユーモアたっぷりに皮肉ったのである。蘇東坡の流刑地である「黄州」の「黄《くわう》」、「蛇黄・牛黄」の「黄《くわう》」、そして「慚惶」の「惶《くわう》」が語呂合わせになっているのである。この語呂合わせに気づくかどうかが、**問7**の解答のポイントになっている。

【書き下し文】

東坡《とうば》元豊《げんぽう》の間《かん》に御史《ぎよし》の獄《ごく》に繫《つな》がれ、黄州《くわうしう》に謫《たく》せらる。元祐《げんいう》の初《はじ》め、起《お》こされて登州《とうしう》に知《ち》たりて、未《いま》だ幾《いくばく》ならず、礼部員《れいぶゐん》外郎《ぐわいらう》を以《もつ》て召《め》さる。道中《だうちゆう》偶《たまたま》当時《たうじ》の獄官《ごくくわん》に遇《あ》ふに、甚《はなは》だ愧《は》づる色有《いろあ》り。東坡《とうば》之《これ》に戯《たはむ》れて曰《い》はく、「蛇有《へびあ》りて螫《か》みて人《ひと》を殺《ころ》し、冥官《めいくわん》の追議《ついぎ》する所《ところ》と為《な》り、法《はふ》は死《し》に当《あ》たる。蛇前《へびすす》み訴《うつた》へて曰《い》はく、『誠《まこと》に罪有《つみあ》り、然《しか》れども亦《ま》た功有《こうあ》り、以《もつ》て自《みづか》ら贖《あがな》ふべし』と。冥官曰《めいくわんい》はく、『何《なん》の功《こう》なるか』と。蛇曰《へびい》はく、『某《それがし》に黄有《くわうあ》り、病《やまひ》を治《なほ》すべし、活《い》かす所已《ところすで》に数人《すうにん》なり』と。吏考験《りかうけん》するに、固《もと》より誣《し》ひざれば、遂《つひ》に免《まぬか》るるを得《え》たり。良久《ややひさ》しくして、一牛《いちぎう》を牽《ひ》きて至《いた》る。獄吏曰《ごくりい》はく、『此《こ》の牛触《うしつ》きて人《ひと》を殺《ころ》す。亦《ま》た死《し》に当《あ》たる』と。牛曰《うしい》はく、『我《われ》も亦《ま》た黄有《くわうあ》り、以《もつ》て病《やまひ》を治《なほ》すべし、亦《ま》た数人《すうにん》を活《い》かす』と。良久《ややひさ》しくして、亦《ま》た免《まぬか》るるを得《え》たり。之《これ》を久《ひさ》しくして、獄吏一人《ごくりいちにん》を引《ひ》きて至《いた》る。曰《い》はく、『此《こ》の人生《ひとい》くるとき常《かつ》て人《ひと》を殺《ころ》すも、幸《さいは》ひにして死《し》を免《まぬか》る。今当《いままさ》に命《いのち》を還《かへ》すべし』と。其《そ》の人倉皇《ひとさうくわう》として妄《みだ》りに亦《ま》た黄有《くわうあ》りと言《い》ふ。冥官大《めいくわんおほ》いに怒《いか》り、之《これ》を詰《なじ》りて曰《い》はく、『蛇《だ》黄《くわう》・牛黄皆薬《ぎうくわうみなくすり》に入《い》ること、天下《てんか》の共《とも》に知《し》る所《ところ》なり。汝《なんぢ》は人《ひと》たり、何《なん》の黄《くわう》か之《こ》れ有《あ》らん』と。左《さ》右交訊《いうこもごもと》ふに、其《そ》の人窘《ひとくる》しむこと甚《はなは》だしくして曰《い》はく、『某《それがし》には別《べつ》に黄無《くわうな》し。但《た》だ些《いささ》かの慚《ざん》惶《くわう》有るのみ』」と。

【全文解釈】

（蘇）東坡は、元豊年間（一〇七八〜一〇八五）に御史の裁きによって獄につながれ、黄州に流された。（その後、）元祐年間（一〇八六～一〇九四）の初頭、流罪が解かれて登州の知事となり、まもなく、礼部員外郎の職に招聘《しょうへい》された。（蘇東坡は、都へ戻る）道中で偶然にも（自分に流罪の裁きを下した）当時の裁判官に出くわすと、（その裁判官は）たいそう恥ずかしそうな表情を浮かべた。（そこで、蘇）東坡は彼をからかって（こんな）話をした、「ある蛇が（生前に）人を嚙《か》み殺しましてね、冥界の裁判官に生前の罪を裁かれて、死罪の判決を受けたのです。（すると、）蛇は（冥界の裁判官の前に）進み出て訴えて言いました、『たしかに罪はあるのですが、私には功績もあって自分自身で罪を償うことができます』と。冥界の裁判官が（問いただして）言いました、『どのような功績か』と。蛇が（答えて）言いました、『私には（自分の腹からとれる薬である）黄がございまして、病気を治すことができるのです、（この黄で）命を救ってやった者が数人おります』と。（冥界の）下役人が取り調べてみたところ、全くいつわりを言ってはいなかったので、こうして（蛇は死罪を）免れることができたのです。しばらくして、（冥界の牢獄の管理の役人が、）一頭の牛を牽《ひ》いて（冥界の裁判官のところに）やって来ました。（冥界の）牢獄の管理の役人が言いました、『この牛は（生前に）人を突き殺しました。（先ほどの蛇と同じく）やはり死罪です』と。（すると、）牛が（訴えて）言いました、『私にもやはり（自分の肝からとれる薬である）黄がございまして、病気を治すことができるのです、（私も）やはり（この黄で）数人の命を救ってやりました』と。しばらくして、（牛も）やはり（死罪を）免れることができたのです。やがて、（冥界の）牢獄の管理の役人が一人（の人間）を引いて（冥界の裁判官のところに）やって来ました。（冥界の牢獄の管理の役人が）言いました、『この人は生前に人を殺しましたが、幸運にも死罪を免れました。今こそ（死罪を免れて生き延びた）命を返すべきです』と。その人はあわてて自分にもやはり（腹や肝からとれる薬である）黄があると出まかせを言いました。（すると、）冥界の裁判官はたいそう怒り、その人を問いつめて言いました、『蛇黄と牛黄がどちらも薬剤であることは、世の人々が皆知っていることである。（しかし、）おまえは人間である（のだから、）どうして黄を備えていようか（、いや、黄を備えているはずがない）』と。（冥界の裁判官の）側近の部下たちがかわるがわる問いつめると、その人はたいそう返答に窮して（白状して）言いました、『私は決して黄を備えておりません。ただ少しばかり慚惶を備えているだけでございます（＝恥じて恐れ入っている次第でございます）』」と。

【設問解説】

問１　語の意味の問題　28 ⑤　29 ②

(1)「未レ幾」は、「未《いま》だ幾《いくばく》ならず（して）」と読み、「まもなく」という意味である。**正解は⑤「まもなく」**である。重要語であるから、ぜひ習得しておきたい。「幾」を用いた語には、他に「無レ幾」もある。「幾《いくばく》も無《な》し」と読み、「ほんの少し」という意味である。あわせて覚えておこう。

また、本文に用いられている「良久《ややひさシクシテ》」「久レ之《ひさシクシテこれヲ》」は、いずれも「しばらくして」という意味であるが、「未レ幾《ナラ》」「良久《シクシテ》」「久《シクシテ》レ之《ヲ》」など、時間の推移を表す語は、ストーリーの展開上、重要な役割を果たしていることも少なくないので、注意して読み進めるようにしよう。

(2)「交」は、「交わる（まじはる）」「交える（まじふ）」「交わす（かはす）」など、動作を表す語として用いられることが多いが、選択肢をひと通り眺めてみれば分かるように、ここでは直後の「訊《とフ》」を修飾する語として副詞的に働いていることに注意したい。「こもごも」と読み、「かわるがわる」あるいは「どれもこれも」という意味があるが、「どれもこれも」の意味に当たる選択肢はない。したがって、**正解は②「かわるがわる」**である。

問2　訓読の問題　30　①

傍線部は三句から成っているが、二番目の句「為冥官所追議」に「為《なル》二Aノ一所《ところト》レB《（スル）》（AにBされる）」という形の受身形が用いられていることに注目する。つまり、「為冥官所追議」は、「為三冥官所二追議一」と返り点を付けて、「冥官の追議する所と為る」（冥界の裁判官に生前の罪を裁かれる）と読むのが適切である。したがって、**正解は①**である。②～⑤は、いずれも受身形の訓読を誤っている。

末尾の句「法当死」についても、確認しておこう。「当死」は、ここでは「当《あタル》レ死《しニ》（死に当たる）」と読み、「死罪に該当する」という意味である。しばしば用いられる表現であるから、しっかり覚えておきたい。「当《あタル》レ死《しニ》」の意味を踏まえ、さらに「為《リ》三冥官所《ノト》二追議《スル》一」とのつながりを考えれば、「法当死」は、「法律上は死罪に該当する」という意味に解釈して、「法《ハ》当《あタル》レ死《しニ》」と読むのが適切である。②・③・④のように「法《のつとル》レ当《タルニ》レ死《ニ》」（死罪に該当することに従う）と読んだのでは、文意が成り立たない。したがって、「法当死」の訓読については、①と⑤が正しい。

問3　解釈の問題　31　②

傍線部の蛇の発言は三句から成っているが、まず注目すべきは、最初の句と二番目の句の接続関係である。つまり、「誠《まことニ》有《あり》レ罪《つみ》、然《しかレドモ》……」（本当に罪はあるが、しかし……）と、逆接の関係に読んであることに留意する。したがって、「実際には罪がありますので」と順接に解釈している①、「もし罪があったとしても」と仮定の譲歩に解釈している④は、いずれも誤りである。

次に、末尾の句に用いられている「可《ベシ》二以《もつテ》――《（ス）》一」という表現に注意する。「可《ベシ》二以《もつテ》――《（ス）》一」は、可能（――できる）や許可（――してよい）を表す表現であるから、③「おのずと罪は埋め合わされるのです」と自発の意味に解釈したり、⑤「私の罪をお許しいただきたいのです」と願望の意味に解釈するのは、不適切である。よって、**正解は②**「たしかに罪はあるのですが、私には功績もあって自分自身で罪を償うことができます」である。傍線部の後の「某《それがしニ》有《リ》レ黄、可《シ》レ治《スヲ》レ病、所《いカス》レ活《ニ》已数人《ナリ》矣」（私には自分の腹からとれる薬である黄がございまして、病気を治すことができるのです、この黄で命を救ってやった者が数人おります）という蛇自身の弁解の内容とのつながりを考えても、②のように解釈すると、文脈として自然である。

問4　空欄補充と理由説明の問題　[32]　①　[33]　④

(i)　同じ語句の入る空欄が二箇所設けられているので、まず、一つ目の空欄について考えてみよう。空欄の直前に「遂《つひ》ニ」とあることに注目する。「遂ニ」は、前の内容を受けて話をまとめるときに用いられる語であり、「こうして・こういうわけで」「その結果」などの意味である。そこで、「遂 [X] 」の前の内容を確認してみると、「某《それがしニ》有《リ》レ黄、可《シ》レ治《ス》レ病《ヲ》、所レ活《いカス》已《ニ》数人《ナリ》矣」（私には自分の腹からとれる薬である黄がございまして、病気を治すことができるのです、この黄で命を救ってやった者が数人おります）と、死罪の裁きに対して蛇が弁明し、続いて「吏考験《スルニ》、固《ヨリ》不《レバ》レ誣《しヒ》」（下役人が取り調べてみたところ、全くいつわりを言ってはいなかったので）とあるから、空欄には①「得レ免」を入れるのが適切である。つまり、空欄を含む句は「遂に [免《まぬか》るるを得《え》たり] 」（こうして蛇は死罪を免れることができたのです）と訓読でき、文脈が成立する。

次に、二番目の空欄に「得《タリ》レ免《ルルヲ》」を補って内容を確認してみると、死罪を科されそうになった牛が、「我《モ》亦《タ》有《リ》レ黄、可《シ》二以《テ》治《ス》レ病《ヲ》、亦《タ》活《カス》二数人《ヲ》一矣」（私にもやはり自分の肝からとれる薬である黄がございまして、病気を治すことができるのです、私もやはりこの黄で数人の命を救ってやりました）と、蛇と同様の弁明をしており、「亦《タ》得《タリ》レ免《ルルヲ》」（牛もやはり死罪を免れることができたのです）と続くことになるので、文脈に矛盾は生じない。したがって、**正解は①**である。

(ii)　「冥官」（冥界の裁判官）が「得《タリ》レ免《ルルヲ》」という判決を下したのは、すでに(i)の解説で確認したように、蛇と牛の「自分の腹や肝からとれる薬である黄で数人の人間の命を救ってきた」という弁明を認めたからに他ならない。この内容に合致し、かつ「無罪」としている選択肢を選べばよい。

①「死罪とする」、②「罪を償わせることとする」、③「罪を償わせることとする」は、いずれも判決の内容が誤りであるうえ、①は「死後も『黄』によって人を病気から救うことができるとでたらめを言って」が、②は「今後『黄』によって人を救う可能性はあっても」が、③は「体内の『黄』で将来は人の命を救う可能性は残っている」という説明が、それぞれ本文の内容と矛盾する説明である。

⑤は、「無罪とする」という判決の内容は正しいが、「人を殺してきたというのは誤解」が本文の内容と矛盾するうえ、「大勢の人」も本文の「数人」という記述と完全には一致しない。

本文の内容と完全に合致した説明になっているのは、④だけである。**正解は④**である。

問5　理由説明の問題　[34]　⑤

まず、傍線部の前の内容を確認してみよう。「獄吏」（冥界の牢獄の管理の役人）が一人の人を「冥官」の前に連れてきて、「此《ノ》人生《クルトキ》常《かつテ》殺《スモ》レ人《ヲ》、幸《ヒニシテ》免《ル》レ死《ヲ》。今当《ニ》《シ》レ還《ス》レ命《ヲ》」（この人は生前に人を殺しましたが、幸運にも死罪を免れました。今こそ死罪を免れて生き延びた命を返すべきです）と述べて、死罪を要求すると、「倉皇《さうくわうトシテ》妄《みだリニ》言《フ》ニ亦《タ》有《リト》レ黄」（あわてて自分にもやはり腹や肝からとれる薬である黄があると出まかせを言いました）とあるように、「其人」は命が惜しいばかりにでたらめの弁明をしている。その場しのぎのこの弁明に対して、傍線部のように、「冥官」は大いに怒り、「蛇黄・牛黄皆入《ルコト》レ薬《ニ》、天下《ノ》所《ナリ》ニ共《ニ》知《ル》一。汝《ハ》為《リ》レ人、何《ノ》黄《カ》之《レ》有《ラン》」（蛇黄と牛黄がどちらも薬剤であることは、世の人々が皆知っていることである。おまえは人間であるのだから、黄を備えているはずがない）と問いつめている。（傍線部**D**「汝為レ人、何黄之有」については、**問6**の解説を参照。）つまり、「冥官」は、「其人」に対して、「蛇や牛のように、人間の腹や肝から薬となる黄がとれるはずもないのに、おまえは助かろうとして出まかせを言っているのだ」と激怒しているのである。この内容に照らして、選択肢を検討すればよい。

①は、「人にも『黄』がある」および「獄吏の言葉が論破されそうになったことにいらだちを感じた」が本文の内容と矛盾する。「冥官」は自ら「人に黄があるはずがない」と述べ、「其人」の弁明が出まかせであることを見抜いている。

②は、まず「人も……体内に『黄』がある」が、①と同様に誤りである。

③は、「冥界に連れてこられてからは自分にも蛇や牛のように体内に『黄』が欲しいと、獄吏にわがままばかりを言う」が誤りである。「其人」は、「自分にも『黄』がある」と出まかせの弁明をしたのであり、「自分にも『黄』が欲しい」と獄吏にごねたのではない。

④は、「その人は『黄』の用い方を知らずに」が誤った説明であるうえ、「殺してばかりいる」も不適切な説明である。「其人」が複数の人間を殺したとは、本文からは読み取れない。

したがって、本文の内容と矛盾する箇所のない**⑤が正解**である。

問6　訓読の問題　35　③

後半の句「何黄之有」に「何《なんノ》□《カ》之《こレ》有《あラン》」（どんな□があろうか・どうして□があろうか）という反語形が用いられていることに注目する。この反語形を正しく訓読しているのは③「何《なん》の黄か之《こ》れ有らん（何《ノ》黄《カ》之《レ》有《ラン》）」だけである。他の選択肢はいずれも反語形の訓読を誤っている。よって、**正解は③**である。

前半の句「汝為レ人」についても確認しておこう。「為レ人」が「人柄・人格」の意味を表すときには、①のように「為《なり》レ人《ひとト》」と読むが、ここでは、直前の文「蛇黄・牛黄皆入《ルコト》レ薬《ニ》、天下《ノ》所《ナリ》ニ共《ニ》知《ル》一」（蛇黄と牛黄がどちらも薬剤であることは、世の人々が皆知っていることである）とのつながりを考えて判断しなければならない。要するに、「蛇の腹や牛の肝からとれる蛇黄や牛黄が薬となることは周知の事実であるが、人間の腹や肝から、蛇黄、牛黄ならぬ人黄がとれるはずがない」と解釈すべきところであるから、「為レ人」を「汝」＝

「其人」の人柄や人格を言い表している語と解しては、文脈が成り立たない。「おまえは人間である（のだから）」と解釈して、③のように「汝は人為《た》り（汝《ハ》為《たり》ㇾ人）」と訓読するのが適切である。漢文の読解では、まず、語順や形に留意することが大切であるが、文意や文脈を無視することは禁物である。話の流れや論理の展開に十分注意して柔軟に考えるようにしよう。

問7　内容説明と表現上の特色の問題　36　④

設問の指示には、「蘇東坡が獄官に語った話の内容と表現上の特色に関する説明として最も適当なもの」とあるが、要するに、それぞれの選択肢の説明の正誤判断を要求している問題であるから、本文の該当箇所と照らしつつ、選択肢の説明を丁寧に検討すればよい。

まず注意したいのは、都へ戻る道中にあった蘇東坡が、奇《く》しくもかつて自分を黄州に流罪にした張本人の獄官に出くわし、その獄官を「からかって言った（戯《レテ》ㇾ之《ニ》曰《ハク》）」話だという点である。このことを踏まえれば、①「獄官の罪を執拗《しつよう》に追及する気迫がこもった表現」、②「自己の恨みの気持ちが完全に消えたことを獄官の心に深く印象づける表現」、⑤「獄官を恥じ入らせる辛辣《しんらつ》な表現」という説明は、明らかに誤りであると判断できる。「からかって言う」とは、意味の方向の異なった説明であるからである。

残った③と④の正誤判断は少し難しいので、慎重に検討したい。蘇東坡の語った寓話の要旨を確認してみよう。罪を責められた「其人」は、体内の「黄」で人を救ったと弁明して罪を免れた蛇や牛のまねをして、自分にも「黄」があると嘘をつき、何とか罪を免れようとした。獄官がその嘘を見抜いてとがめると、「其人」は「某《ハ》別《ニ》無《シ》ㇾ黄。但《ダ》有《ルノミ》㆓些《カノ》慚惶㆒」（私は決して黄を備えておりません。ただ少しばかり慚惶を備えているだけでございます）と白状している。つまり、「黄」と「慚惶」の「惶」が語呂合わせになっており、それを寓話の結末にしていることを踏まえれば、③よりも④の方が正解として適切であると分かるであろう。したがって、**正解は④**である。さらに、「黄州」の「黄《くわう》」、「蛇黄《くわう》・牛黄《くわう》」の「黄《くわう》」、「慚惶《くわう》」の「惶《くわう》」という語呂合わせに気づけば、④が正解であるといっそう確実に判断できるはずである。

正誤判断を要求する問題では、正解の選択肢以外には、「本文の記述・内容と明らかに矛盾する箇所」が必ず含まれている。③の「この『当』という重々しい裁判用語を蛇と牛の滑稽《こっけい》な寓話《ぐうわ》の中に効果的に用いる」という説明や⑤の「『当（たう）』という語と近い音の『功（こう）』という語を笑い話のキーワードにする」という説明は、たしかに正誤判断を下しにくいが、不明瞭な点にこだわるのではなく、「本文には明らかに記述されていない内容」と「本文の記述・内容と明らかに矛盾する箇所」を見過ごさないように注意深く検討すれば、正解に至ることができるはずである。

MEMO

MEMO

MEMO

MEMO

MEMO

河合出版ホームページ
http://www.kawai-publishing.jp/
E-mail
kp@kawaijuku.jp

表紙デザイン　河野宗平

2022大学入学共通テスト
過去問レビュー
国　語

定　価　**本体980円＋税**
発　行　2021年5月20日

編　者　河合出版編集部

発行者　両角恭洋

発行所　**株式会社　河合出版**
［東　京］東京都渋谷区代々木1－21－10
〒151-0053　tel (03)5354-8241
fax(03)5354-8781
［名古屋］名古屋市東区葵3－24－2
〒461-0004　tel (052)930-6310
fax(052)936-6335

印刷所　名鉄局印刷株式会社

製本所　望月製本所

ISBN 978-4-7772-2439-5

河合塾
SERIES

2022 大学入学

共通テスト
過去問レビュー

国語

●問題編●

河合出版

▼問題編▲

2021
第1日程

国　語

（2021年1月実施）

80分　200点

国語

（解答番号 1 ～ 38 ）

第１問　次の文章は、香川雅信《かがわまさのぶ》『江戸の妖怪革命』の序章の一部である。本文中でいう「本書」とはこの著作を指し、「近世」とは江戸時代にあたる。これを読んで、後の問い（問１〜５）に答えよ。なお、設問の都合で本文の段落に［1］〜［18］の番号を付してある。（配点　50）

［1］　フィクションとしての妖怪、とりわけ娯楽の対象としての妖怪は、いかなる歴史的背景のもとで生まれてきたのか。

［2］　確かに、鬼や天狗《てんぐ》など、古典的な妖怪を題材にした絵画や芸能は古くから存在した。しかし、妖怪が明らかにフィクションの世界に属する存在としてとらえられ、そのことによってかえっておびただしい数の妖怪画や妖怪を題材とした文芸作品、大衆芸能が創作されていくのは、近世も中期に入ってからのことなのである。つまり、フィクションとしての妖怪という領域自体が歴史性を帯びたものなのである。

［3］　妖怪はそもそも、日常的理解を超えた不可思議な現象に意味を与えようとするミン(ア)ゾク的な心意から生まれたものであった。人間はつねに、経験に裏打ちされた日常的な原因—結果の了解に基づいて目の前に生起する現象を認識し、未来を予見し、さまざまな行動を決定している。ところが時たま、そうした日常的な因果了解では説明のつかない現象に遭遇する。それは通常の認識や予見を無効化するため、人間の心に不安と恐怖を(イ)カンキする。このような言わば意味論的な危機に対して、それをなんとか意味の体系のなかに回収するために生み出された文化的装置が「妖怪」だった。それは人間が秩序ある意味世界のなかで生きていくうえでの必要性から生み出されたものであり、それゆえに切実なリアリティをともなっていた。**A**民間伝承としての妖怪とは、そうした存在だったのである。

［4］　妖怪が意味論的な危機から生み出されるものであるかぎり、そしてそれゆえにリアリティを帯びた存在であるかぎり、それをフィクションとして楽しもうという感性は生まれえない。フィクションとしての妖怪という領域が成立するには、妖怪に対する認識が根本的に変容することが必要なのである。

5 妖怪に対する認識がどのように変容したのか。そしてそれは、いかなる歴史的背景から生じたのか。本書ではそのような問いに対する答えを、「妖怪娯楽」の具体的な事例を通して探っていこうと思う。

6 妖怪に対する認識の変容を記述し分析するうえで、本書ではフランスの哲学者ミシェル・フーコーの「アルケオロジー」の手法を(ウ)エンヨウすることにしたい。

7 アルケオロジーとは、通常「考古学」と訳される言葉であるが、フーコーの言うアルケオロジーは、思考や認識を可能にしている知の枠組み――「エピステーメー」(ギリシャ語で「知」の意味)の変容として歴史を描き出す試みのことである。人間が事物のあいだにある秩序を認識し、それにしたがって思考する際に、われわれは決して認識に先立って「客観的に」存在する事物の秩序そのものに触れているわけではない。事物のあいだになんらかの関係性をうち立てるある一つの枠組みを通して、はじめて事物の秩序を認識することができるのである。この枠組みがエピステーメーであり、しかもこれは時代とともに変容する。事物に対する認識や思考が、時間を(エ)ヘダてることで大きく変貌してしまうのだ。

8 フーコーは、十六世紀から近代にいたる西欧の「知」の変容について論じた『言葉と物』という著作において、このエピステーメーの変貌を、「物」「言葉」「記号」そして「人間」の関係性の再編成として描き出している。これらは人間が世界を認識するうえで重要な役割を果たす諸要素であるが、そのあいだにどのような関係性がうち立てられるかによって、「知」のあり方は大きく様変わりする。

9 本書では、このアルケオロジーという方法を踏まえて、日本の妖怪観の変容について記述することにしたい。それは妖怪観の変容を「物」「言葉」「記号」「人間」の布置の再編成として記述する試みである。この方法は、同時代に存在する一見関係のないさまざまな文化事象を、同じ世界認識の平面上にあるものとしてとらえることを可能にする。これによって日本の妖怪観の変容を、大きな文化史的変動のなかで考えることができるだろう。

10 では、ここで本書の議論を先取りして、Bアルケオロジー的方法によって再構成した日本の妖怪観の変容について簡単に述べておこう。

11 中世において、妖怪の出現は多くの場合「凶兆」として解釈された。それらは神仏をはじめとする神秘的存在からの「警告」であった。すなわち、妖怪は神霊からの「言葉」を伝えるものという意味で、一種の「記号」だったのである。これは妖怪にかぎったことではなく、あらゆる自然物がなんらかの意味を帯びた「記号」として存在していた。つまり、「物」は物そのものと言うよりも「記号」であったのである。これらの「記号」は所与のものとして存在しており、人間にできるのはその「記号」を「読み取る」こと、そしてその結果にしたがって神霊への働きかけをおこなうことだけだった。

12 「物」が同時に「言葉」を伝える「記号」である世界。こうした認識は、しかし近世において大きく変容する。「物」にまとわりついた「言葉」や「記号」としての性質が剝ぎ取られ、はじめて「物」そのものとして人間の目の前にあらわれるようになるのである。ここに近世の自然認識や、西洋の博物学に相当する本草学《ほんぞうがく》(注)という学問が成立する。そして妖怪もまた博物学的な思考、あるいは嗜好《しこう》の対象となっていくのである。

13 この結果、「記号」の位置づけも変わってくる。かつて「記号」は所与のものとして存在し、人間はそれを「読み取る」ことしかできなかった。しかし、近世においては、「記号」は人間が約束事のなかで作り出すことができるものとなった。これは、「記号」が神霊の支配を逃れて、人間の完全なコントロール下に入ったことを意味する。こうした「記号」を、本書では「表象」と呼んでいる。人工的な記号、人間の支配下にあることがはっきりと刻印された記号、それが「表象」である。

14 「表象」は、意味を伝えるものであるよりも、むしろその形象性、視覚的側面が重要な役割を果たす「記号」である。妖怪は、伝承や説話といった「言葉」の世界、意味の世界から切り離され、名前や視覚的形象によって弁別される「表象」となっていった。それはまさに、現代で言うところの「キャラクター」であった。そしてキャラクターとなった妖怪は完全にリアリティを喪失し、フィクショナルな存在として人間の娯楽の題材へと化していった。妖怪は「表象」という人工物へと作り変えられたことによって、人間の手で自由自在にコントロールされるものとなったのである。こうしたC妖怪の「表象」化は、人間の支配力が世界のあらゆる局面、あらゆる「物」に及ぶようになったことの帰結である。かつて神霊が占めていたその位置を、いまや人間が占めるようになったのである。

15 ここまでが、近世後期――より具体的には十八世紀後半以降の都市における妖怪観である。だが、近代になると、こうした近世の妖怪観はふたたび編成しなおされることになる。「表象」として、リアリティの領域から切り離されてあった妖怪が、以前とは異なる形でリアリティのなかに回帰するのである。これは、近世は妖怪をリアルなものとして恐怖していた迷信の時代、近代はそれを合理的思考によって否定し去った啓蒙《けいもう》の時代、という一般的な認識とはまったく逆の形である。

16 「表象」という人工的な記号を成立させていたのは、「万物の霊長」とされた人間の力の絶対性であった。ところが近代になると、この「人間」そのものに根本的な懐疑が突きつけられるようになる。人間は「神経」の作用、「催眠術」の効果、「心霊」の感応によって容易に妖怪を「見てしまう」不安定な存在、「内面」というコントロール不可能な部分を抱えた存在として認識されるようになったのだ。かつて「表象」としてフィクショナルな領域に囲い込まれていた妖怪たちは、今度は「人間」そのものの内部に棲《す》みつくようになったのである。

17 そして、こうした認識とともに生み出されたのが、「私」という近代に特有の思想であった。謎めいた「内面」を抱え込んでしまったことで、「私」は私にとって「不気味なもの」となり、いっぽうで未知なる可能性を秘めた神秘的な存在となった。妖怪は、まさにこのような「私」を(オ)トウエイした存在としてあらわれるようになるのである。

18 以上がアルケオロジー的方法によって描き出した、妖怪観の変容のストーリーである。

(注) 本草学――もとは薬用になる動植物などを研究する中国由来の学問で、江戸時代に盛んとなり、薬物にとどまらず広く自然物を対象とするようになった。

問1　傍線部(ア)〜(オ)に相当する漢字を含むものを、次の各群の①〜④のうちから、それぞれ一つずつ選べ。解答番号は［1］〜［5］。

(ア)　ミンゾク［1］
①　楽団にショゾクする
②　カイゾク版を根絶する
③　公序リョウゾクに反する
④　事業をケイゾクする

(イ)　カンキ［2］
①　証人としてショウカンされる
②　優勝旗をヘンカンする
③　勝利のエイカンに輝く
④　意見をコウカンする

(ウ)　エンヨウ［3］
①　鉄道のエンセンに住む
②　キュウエン活動を行う
③　雨で試合がジュンエンする
④　エンジュクした技を披露する

(エ)　ヘダてる［4］
①　敵をイカクする
②　施設のカクジュウをはかる
③　外界とカクゼツする
④　海底のチカクが変動する

(オ)　トウエイ［5］
①　意気トウゴウする
②　トウチ法を用いる
③　電気ケイトウが故障する
④　強敵を相手にフントウする

問2　傍線部A「民間伝承としての妖怪」とは、どのような存在か。その説明として最も適当なものを、次の①～⑤のうちから一つ選べ。解答番号は 6 。

① 人間の理解を超えた不可思議な現象に意味を与え日常世界のなかに導き入れる存在。

② 通常の認識や予見が無効となる現象をフィクションの領域においてとらえなおす存在。

③ 目の前の出来事から予測される未来への不安を意味の体系のなかで認識させる存在。

④ 日常的な因果関係にもとづく意味の体系のリアリティを改めて人間に気づかせる存在。

⑤ 通常の因果関係の理解では説明のできない意味論的な危機を人間の心に生み出す存在。

問３　傍線部Ｂ「アルケオロジー的方法」とは、どのような方法か。その説明として最も適当なものを、次の①～⑤のうちから一つ選べ。解答番号は 7 。

① ある時代の文化事象のあいだにある関係性を理解し、その理解にもとづいて考古学の方法に倣い、その時代の事物の客観的な秩序を復元して描き出す方法。

② 事物のあいだにある秩序を認識し思考することを可能にしている知の枠組みをとらえ、その枠組みが時代とともに変容するさまを記述する方法。

③ さまざまな文化事象を「物」「言葉」「記号」「人間」という要素ごとに分類して整理し直すことで、知の枠組みの変容を描き出す方法。

④ 通常区別されているさまざまな文化事象を同じ認識の平面上でとらえることで、ある時代の文化的特徴を社会的な背景を踏まえて分析し記述する方法。

⑤ 一見関係のないさまざまな歴史的事象を「物」「言葉」「記号」そして「人間」の関係性に即して接合し、大きな世界史的変動として描き出す方法。

問4　傍線部C「妖怪の『表象』化」とは、どういうことか。その説明として最も適当なものを、次の①～⑤のうちから一つ選べ。解答番号は 8 。

① 妖怪が、人工的に作り出されるようになり、神霊による警告を伝える役割を失って、人間が人間を戒めるための道具になったということ。

② 妖怪が、神霊の働きを告げる記号から、人間が約束事のなかで作り出す記号になり、架空の存在として楽しむ対象になったということ。

③ 妖怪が、伝承や説話といった言葉の世界の存在ではなく視覚的な形象になったことによって、人間世界に実在するかのように感じられるようになったということ。

④ 妖怪が、人間の手で自由自在に作り出されるものになり、人間の力が世界のあらゆる局面や物に及ぶきっかけになったということ。

⑤ 妖怪が、神霊からの警告を伝える記号から人間がコントロールする人工的な記号になり、人間の性質を戯画的に形象した娯楽の題材になったということ。

問5 この文章を授業で読んだNさんは、内容をよく理解するために【ノート1】～【ノート3】を作成した。本文の内容とNさんの学習の過程を踏まえて、(i)～(iii)の問いに答えよ。

(i) Nさんは、本文の[1]～[18]を【ノート1】のように見出しをつけて整理した。空欄[Ⅰ]・[Ⅱ]に入る語句の組合せとして最も適当なものを、後の①～④のうちから一つ選べ。解答番号は[9]。

【ノート1】

● 問題設定（[1]～[5]）
　[2]～[3] [Ⅰ]
　[4]～[5] [Ⅱ]
● 方法論（[6]～[9]）
　[7]～[9] アルケオロジーの説明
● 日本の妖怪観の変容（[10]～[18]）
　[11] 中世の妖怪
　[12]～[14] 近世の妖怪
　[15]～[17] 近代の妖怪

① Ⅰ 妖怪はいかなる歴史的背景のもとで娯楽の対象になったのかという問い
　Ⅱ 意味論的な危機から生み出される妖怪
② Ⅰ 妖怪はいかなる歴史的背景のもとで娯楽の対象になったのかという問い
　Ⅱ 妖怪娯楽の具体的事例の紹介
③ Ⅰ 娯楽の対象となった妖怪の説明
　Ⅱ いかなる歴史的背景のもとで、どのように妖怪認識が変容したのかという問い
④ Ⅰ 妖怪に対する認識の歴史性
　Ⅱ いかなる歴史的背景のもとで、どのように妖怪認識が変容したのかという問い

(ii) Nさんは、本文で述べられている近世から近代への変化を【ノート2】のようにまとめた。空欄 Ⅲ ・ Ⅳ に入る語句として最も適当なものを、後の各群の①～④のうちから、それぞれ一つずつ選べ。解答番号は 10 ・ 11 。

> 【ノート2】
>
> 近世と近代の妖怪観の違いの背景には、「表象」と「人間」との関係の変容があった。
>
> 近世には、人間によって作り出された、 Ⅲ が現れた。しかし、近代へ入ると Ⅳ が認識されるようになったことで、近代の妖怪は近世の妖怪にはなかったリアリティを持った存在として現れるようになった。

Ⅲ に入る語句 10

① 恐怖を感じさせる形象としての妖怪
② 神霊からの言葉を伝える記号としての妖怪
③ 視覚的なキャラクターとしての妖怪
④ 人を化かすフィクショナルな存在としての妖怪

Ⅳ に入る語句 11

① 合理的な思考をする人間
② 「私」という自立した人間
③ 万物の霊長としての人間
④ 不可解な内面をもつ人間

(iii)　【ノート2】を作成したNさんは、近代の妖怪観の背景に興味をもった。そこで出典の『江戸の妖怪革命』を読み、【ノート3】を作成した。空欄 V に入る最も適当なものを、後の ①～⑤ のうちから一つ選べ。解答番号は 12 。

【ノート3】

本文の 17 には、近代において「私」が私にとって「不気味なもの」となったということが書かれていた。このことに関係して、本書第四章には、欧米でも日本でも近代になってドッペルゲンガーや自己分裂を主題とした小説が数多く発表されたとあり、芥川龍之介の小説「歯車」(一九二七年発表)の次の一節が例として引用されていた。

第二の僕、――独逸《どいつ》人の所謂《いわゆる》 Doppelgaenger は仕合《しあわ》せにも僕自身に見えたことはなかった。しかし亜米利加《あめりか》の映画俳優になったK君の夫人は第二の僕を帝劇の廊下に見かけていた。(僕は突然K君の夫人に「先達《せんだって》はつい御挨拶もしませんで」と言われ、当惑したことを覚えている。)それからもう故人になったある隻脚《かたあし》の翻訳家もやはり銀座のある煙草《たばこ》屋に第二の僕を見かけていた。死はあるいは僕よりも第二の僕に来るのかも知れなかった。

考察　ドッペルゲンガー(Doppelgaenger)とは、ドイツ語で「二重に行く者」、すなわち「分身」の意味であり、もう一人の自分を「見てしまう」怪異のことである。また、「ドッペルゲンガーを見た者は死ぬと言い伝えられている」と説明されていた。

17 に書かれていた『私』という近代に特有の思想」とは、こうした自己意識を踏まえた指摘だったことがわかった。

V

①「歯車」の僕は、自分の知らないところで別の僕が行動していることを知った。僕はまだ自分でドッペルゲンガーを見たわけではないと安心し、別の僕の行動によって自分が周囲から承認されているのだと悟った。これは、「私」が他人の認識のなかで生かされているという神秘的な存在であることの例にあたる。

②「歯車」の僕は、自分には心当たりがない場所で別の僕が目撃されていたと知った。僕は自分でドッペルゲンガーを見たわけではないのでひとまずは安心しながらも、もう一人の自分に死が訪れるのではないかと考えていた。これは、「私」が自分自身を統御できない不安定な存在であることの例にあたる。

③「歯車」の僕は、身に覚えのないうちに、会いたいと思っていた人の前に別の僕が姿を現していたと知った。僕は自分でドッペルゲンガーを見たわけではないが、別の僕が自分に代わって思いをかなえてくれたことに驚いた。これは、「私」が未知なる可能性を秘めた存在であることの例にあたる。

④「歯車」の僕は、自分がいたはずのない場所に別の僕がいたことを知った。僕は自分でドッペルゲンガーを見たわけではないと自分を落ち着かせながらも、自分が分身に乗っ取られるかもしれないという不安を感じた。これは、「私」が「私」という分身にコントロールされてしまう不気味な存在であることの例にあたる。

⑤「歯車」の僕は、自分がいるはずのない時と場所で僕を見かけたと言われた。僕は今のところ自分でドッペルゲンガーを見たわけではないので死ぬことはないと安心しているが、他人にうわさされることに困惑していた。これは、「私」が自分で自分を制御できない部分を抱えた存在であることの例にあたる。

第2問

次の文章は、加能作次郎《かのうさくじろう》「羽織と時計」(一九一八年発表)の一節である。「私」と同じ出版社で働くW君は、妻子と従妹《いとこ》と暮らしていたが生活は苦しかった。そのW君が病で休職している期間、「私」は何度か彼を訪れ、同僚から集めた見舞金を届けたことがある。以下はそれに続く場面である。これを読んで、後の問い(問1〜6)に答えよ。なお、設問の都合で本文の上に行数を付してある。(配点　50)

春になって、陽気がだんだん暖かになると、W君の病気も次第に快《よ》くなって、五月の末には、再び出勤することが出来るようになった。

『君の家の紋(注1)は何かね?』

彼が久し振りに出勤した最初の日に、W君は突然私に尋ねた。私は不審に思いながら答えた。

『円《まる》に横モッコ(注2)です。平凡なありふれた紋です。何ですか?』

『いや、実はね。僕も長い間休んで居て、君に少《すく》からぬ世話になったから、ほんのお礼の印に羽二重《はぶたえ》(注3)を一反《いったん》(注4)お上げしようと思っているんだが、同じことなら羽織にでもなるように紋を抜いた(注5)方がよいと思ってね。どうだね、其方《そのほう》がよかろうね。』とW君は言った。

W君の郷里は羽二重の産地で、彼の親類に織元《おりもと》があるので、そこから安く、実費で分けて貰《もら》うので、外にも序《ついで》があるから、そこから直接に京都へ染めにやることにしてあるとのことであった。

『染《そめ》は京都でなくちゃ駄目だからね。』とW君は独りで首肯《うなず》いて、『じゃ早速言ってやろう。』

私は辞退する(ア)術《すべ》もなかった。

一ケ月あまり経《た》って、染め上《あが》って来た。W君は自分でそれを持って私の下宿を訪れて呉《く》れた。私は早速W君と連れだって、呉服屋へ行って裏地を買って羽織に縫って貰った。

貧乏な私は其時《そのとき》まで礼服というものを一枚も持たなかった。羽二重の紋付《もんつき》の羽織というものを、その時始めて着たのであるが、今でもそれが私の持物《もちもの》の中で最も貴重なものの一つとなって居る。

『ほんとにいい羽織ですこと、あなたの様な貧乏人が、こんな羽織をもって居なさるのが不思議な位ですわね。』

妻は、私がその羽織を着る機会のある毎《ごと》にそう言った。私はW君から貰ったのだということを、妙な羽目からつい(イ)言いはぐれて了《しま》って、今だに妻に打ち明けてないのであった。妻が私が結婚の折に特に拵《こしら》えたものと信じて居るのだ。下に着る着物でも袴《はかま》でも、その羽織とは全く不調和な粗末なものばかりしか私は持って居ないので、

『よくそれでも羽織だけ飛び離れていいものをお拵えになりましたわね。』と妻は言うのであった。

『そりゃ礼服だからな。これ一枚あれば下にどんなものを着て居ても、兎《と》に角《かく》礼服として何処《どこ》へでも出られるからな。』私は

A 擽《くす》ぐられるような思《おもい》をしながら、そんなことを言って誤魔化《ごまか》して居た。

『これで袴だけ仙台平《せんだいひら》(注6)か何かのがあれば揃《そろ》うのですけれどね。どうにかして袴だけいいのをお拵えなさいよ。これじゃ羽織が泣きますわ。こんなぼとぼとした(注7)セルの袴じゃ、折角《せっかく》のいい羽織がちっとも引き立たないじゃありませんか。』

妻はいかにも惜しそうにそう言い言いした。

私もそうは思わないではないが、今だにその余裕がないのであった。私はこの羽織を着る毎にW君のことを思い出さずに居なかった。

その後、社に改革があって、私が雑誌を一人でやることになり、W君は書籍の出版の方に廻《まわ》ることになった。そして翌年の春、私は他にいい口があったので、その方へ転ずることになった。

W君は私の将来を祝し、送別会をする代《かわ》りだといって、自ら奔走して社の同人(注8)達《たち》から二十円ばかり醵金《きょきん》(注9)をして、私に記念品を贈ることにして呉れた。私は時計を持って居なかったので、自分から望んで懐中時計を買って貰った。

『贈××君。××社同人。』

こう銀側の蓋の裏に小さく刻まれてあった。

この処置について、社の同人の中には、内々不平を抱いたものもあったそうだ。まだ二年足らずしか居ないものに、記念品を

贈るなどということは曾《かつ》て例のないことで、これはW君が、自分の病気の際に私が奔走して見舞金を贈ったので、その時の私の厚意に酬《むく》いようとする個人的の感情から企てたことだといってW君を非難するものもあったそうだ。また中には、『あれはW君が自分が罷《や》める時にも、そんな風なことをして貰いたいからだよ。』と卑しい邪推をして皮肉を言ったものもあったそうだ。

私は後でそんなことを耳にして非常に不快を感じた。そしてW君に対して気の毒でならなかった。そういう非難を受けてまでも(それはW君自身予想しなかったことであろうが)私の為《ため》に奔走して呉れたW君の厚い情誼《じょうぎ》(注10)を思いやると、私は涙ぐましいほど感謝の念に打たれるのであった。それと同時に、その一種の恩恵に対して、常に或《あ》る重い圧迫を感ぜざるを得なかった。

羽織と時計——。私の身についたものの中で最も高価なものが、二つともW君から贈られたものだ。この意識が、今でも私の心に、感謝の念と共に、**B**何だかやましいような気恥《きはずか》しいような、訳のわからぬ一種の重苦しい感情を起《おこ》させるのである。

××社を出てから以後、私は一度もW君と会わなかった。W君は、その後一年あまりして、病気が再発して、遂《つい》に社を辞し、いくらかの金を融通して来て、電車通りに小さなパン菓子屋を始めたこと、自分は寝たきりで、店は主に従妹が支配して居て、それでやっと生活して居るということなどを、私は或る日途中で××社の人に遇《あ》った時に聞いた。私は××社を辞した後、或る文学雑誌の編輯《へんしゅう》に携《たずさわ》って、文壇の方と接触する様になり、交友の範囲もおのずから違って行き、仕事も忙しかったので、一度見舞旁々《みまいかたがた》訪《おとな》わねばならぬと思いながら、自然と遠ざかって了った。その中《うち》私も結婚をしたり、子が出来たりして、境遇も次第に前と異《こと》って来て、一層(ウ)足が遠くなった。偶々《たまたま》思い出しても、久しく無沙汰をして居ただけそれだけ、そしてそれに対して一種の自責を感ずれば感ずるほど、妙に改まった気持《きもち》になって、つい億劫《おっくう》になるのであった。

羽織と時計——併《しか》し本当を言えば、この二つが、W君と私とを遠ざけたようなものであった。これがなかったなら、私はもっと素直な自由な気持になって、時々W君を訪れることが出来たであろうと、今になって思われる。何故《なぜ》というに、私はこの二個の物品を持って居るので、常にW君から恩恵的債務を負うて居るように感ぜられたからである。この債務に対する自意識は、私

18

をして不思議にW君の家の敷居を高く思わせた。而《しか》も不思議なことに、C私はW君よりも、彼の妻君《さいくん》の眼を恐れた。私が時計を帯にはさんで行くとする、『あの時計は、良人《うち》（注11）が世話して進《あ》げたのだ。』斯《こ》う妻君の眼が言う。私が羽織を着て行く、『ああの羽織は、良人が進げたのだ。』斯う妻君の眼が言う。もし二つとも身につけて行かないならば、『あの人は羽織や時計をどうしただろう。』斯う妻君の眼が言うように空想されるのであった。どうしてそんな考《かんがえ》が起《おこ》るのか分《わか》らない。或《あるい》は私自身の中に、そういう卑しい邪推深い性情がある為であろう。が、いつでもW君を訪れようと思いつく毎に、妙にその厭《いや》な考が私を引き止めるのであった。そればかりではない、こうして無沙汰を続ければ続けるほど、私はW君の妻君に対して更に恐れを抱くのであった。

『○○さんて方は随分薄情な方ね、あれきり一度も来なさらない。こうして貴郎《あなた》が病気で寝て居らっしゃるのを知らないんでしょうか、見舞に一度も来て下さらない。』

斯う彼女が彼女の良人《おっと》に向《むか》って私を責めて居そうである。その言葉には、あんなに、羽織や時計などを進げたりして、こちらでは尽《つく》すだけのことは尽してあるのに、という意味を、彼女は含めて居るのである。

そんなことを思うと迚《とて》も行く気にはなれなかった。こちらから出て行って、妻君のそういう考をなくする様に努めるよりも、私は逃げよう逃げようとした。私は何か偶然の機会で妻君なり従妹なりと、途中ででも遇わんことを願った。そうしたら、

『W君はお変《かわ》りありませんか、相変らず元気で××社へ行っていらっしゃいますか？』としらばくれて尋ねる、すると、疾《と》うに社をやめ、病気で寝て居ると、相手の人は答えるに違いない。

『おやおや！ 一寸《ちっと》も知りませんでした。それはいけませんね。どうぞよろしく言って下さい。近いうちに御《お》見舞に上りますから。』

こう言って分れよう。そしてそれから二三日置いて、何か手土産を、そうだ、かなり立派なものを持って見舞に行こう、そうするとそれから後は、心易《こころやす》く往来出来るだろう――。

そんなことを思いながら、三年四年と月日が流れるように経って行った。今年の新緑の頃、子供を連れて郊外へ散歩に行った時に、D私は少し遠廻りして、W君の家の前を通り、原っぱで子供に食べさせるのだからと妻に命じて、態《わざ》と其《そ》の店に餡《あん》パン

を買わせたが、実はその折陰ながら家の様子を窺《うかが》い、うまく行けば、全く偶然の様に、妻君なり従妹なりに遇おうという微《かす》かな期待をもって居た為《た》めであった。私は電車の線路を挟んで向側《むかいがわ》の人道に立って店の様子をそれとなく注視して居たが、出て来た人は、妻君でも従妹でもなく、全く見知らぬ、下女《げじょ》(注12)の様な女だった。私は若《も》しや家が間違っては居ないか、または代《だい》が変ってでも居るのではないかと、屋根看板をよく注意して見たが、以前××社の人から聞いたと同じく、××堂W――とあった。たしかにW君の店に相違なかった。それ以来、私はまだ一度も其店の前を通ったこともなかった。

(注)
1　紋――家、氏族のしるしとして定まっている図柄。
2　円に横モッコ――紋の図案の一つ。
3　羽二重――上質な絹織物。つやがあり、肌ざわりがいい。
4　一反――布類の長さの単位。長さ一〇メートル幅三六センチ以上が一反の規格で、成人一人分の着物となる。
5　紋を抜いた――「紋の図柄を染め抜いた」という意味。
6　仙台平――袴に用いる高級絹織物の一種。
7　セル――和服用の毛織物の一種。
8　同人――仲間。
9　醵金――何かをするために金銭を出し合うこと。
10　情誼――人とつきあう上での人情や情愛。
11　良人――夫。
12　下女――雑事をさせるために雇った女性のこと。当時の呼称。

問1　傍線部(ア)～(ウ)の本文中における意味として最も適当なものを、次の各群の①～⑤のうちから、それぞれ一つずつ選べ。解答番号は 13 ～ 15 。

(ア)　術もなかった　13
① 理由もなかった
② 手立てもなかった
③ 義理もなかった
④ 気持ちもなかった
⑤ はずもなかった

(イ)　言いはぐれて　14
① 言う必要を感じないで
② 言う機会を逃して
③ 言うのを忘れて
④ 言う気になれなくて
⑤ 言うべきでないと思って

(ウ)　足が遠くなった　15
① 訪れることがなくなった
② 時間がかかるようになった
③ 会う理由がなくなった
④ 行き来が不便になった
⑤ 思い出さなくなった

問２　傍線部Ａ「擽ぐられるような思」とあるが、それはどのような気持ちか。その説明として最も適当なものを、次の①～⑤のうちから一つ選べ。解答番号は 16 。

① 自分たちの結婚に際して羽織を新調したと思い込んで発言している妻に対する、笑い出したいような気持ち。

② 上等な羽織を持っていることを自慢に思いつつ、妻に事実を知られた場合を想像して、不安になっている気持ち。

③ 妻に羽織をほめられたうれしさと、本当のことを告げていない後ろめたさとが入り混じった、落ち着かない気持ち。

④ 妻が自分の服装に関心を寄せてくれることをうれしく感じつつも、羽織だけほめることを物足りなく思う気持ち。

⑤ 羽織はＷ君からもらったものだと妻に打ち明けてみたい衝動と、自分を侮っている妻への不満とがせめぎ合う気持ち。

問3　傍線部B「何だかやましいような気恥しいような、訳のわからぬ一種の重苦しい感情」とあるが、それはどういうことか。その説明として最も適当なものを、次の①～⑤のうちから一つ選べ。解答番号は 17 。

① W君が手を尽くして贈ってくれた品物は、いずれも自分には到底釣り合わないほど立派なものに思え、自分を厚遇しようとするW君の熱意を過剰なものに感じてとまどっている。

② W君の見繕ってくれた羽織はもちろん、自ら希望した時計にも実はさしたる必要を感じていなかったのに、W君がその贈り物をするために評判を落としたことを、申し訳なくももったいなくも感じている。

③ W君が羽織を贈ってくれたことに味をしめ、続いて時計までも希望し、高価な品々をやすやすと手に入れてしまった欲の深さを恥じており、W君へ向けられた批判をそのまま自分にも向けられたものと受け取っている。

④ 立派な羽織と時計とによって一人前の体裁を取り繕うことができたものの、それらを自分の力では手に入れられなかったことを情けなく感じており、W君の厚意にも自分へ向けられた哀れみを感じ取っている。

⑤ 頼んだわけでもないのに自分のために奔走してくれるW君に対する周囲の批判を耳にするたびに、W君に対する申し訳なさを感じたが、同時にその厚意には見返りを期待する底意をも察知している。

問4　傍線部C「私はW君よりも、彼の妻君の眼を恐れた」とあるが、「私」が「妻君の眼」を気にするのはなぜか。その説明として最も適当なものを、次の①～⑤のうちから一つ選べ。解答番号は［18］。

①　「私」に厚意をもって接してくれたW君が退社後に寝たきりで生活苦に陥っていることを考えると、見舞に駆けつけなくてはいけないと思う一方で、「私」の転職後はW君と久しく疎遠になってしまい、その間看病を続けた妻君に自分の冷たさを責められるのではないかと悩んでいるから。

②　W君が退社した後慣れないパン菓子屋を始めるほど家計が苦しくなったことを知り、「私」が彼の恩義に酬いる番だと思う一方で、転職後にさほど家計も潤わずW君を経済的に助けられないことを考えると、W君を家庭で支える妻君には申し訳ないことをしていると感じているから。

③　退職後に病で苦労しているW君のことを思うと、「私」に対するW君の恩義は一生忘れてはいけないと思う一方で、忙しい日常生活にかまけてW君のことをつい忘れてしまうふがいなさを感じたまま見舞に出かけると、妻君に偽善的な態度を指摘されるのではないかという怖さを感じているから。

④　自分を友人として信頼し苦しい状況にあって頼りにもしているだろうW君のことを想像すると、見舞に行きたいという気持ちが募る一方で、かつてW君の示した厚意に酬いていないことを内心やましく思わざるを得ず、妻君の前では卑屈にへりくだらねばならないことを疎ましくも感じているから。

⑤　W君が「私」を立派な人間と評価してくれたことに感謝の気持ちを持っているため、W君の窮状を救いたいという思いが募る一方で、自分だけが幸せになっているのにW君を訪れなかったことを反省すればするほど、苦労する妻君には顔を合わせられないと悩んでいるから。

問5　傍線部**D**「私は少し遠廻りして、W君の家の前を通り、原っぱで子供に食べさせるのだからと妻に命じて、態と其の店に餡パンを買わせた」とあるが、この「私」の行動の説明として最も適当なものを、次の①～⑤のうちから一つ選べ。解答番号は［19］。

① W君の家族に対する罪悪感を募らせるあまり、自分たち家族の暮らし向きが好転したさまを見せることがためらわれて、かつてのような質素な生活を演出しようと作為的な振る舞いに及んでいる。

② W君と疎遠になってしまった後悔にさいなまれてはいるものの、それを妻に率直に打ち明け相談することも今更できず、逆にその悩みを悟られまいとして妻にまで虚勢を張るはめになっている。

③ 家族を犠牲にしてまで自分を厚遇してくれたW君に酬いるためのふさわしい方法がわからず、せめて店で買い物をすることによって、かつての厚意に少しでも応えることができればと考えている。

④ W君の家族との間柄がこじれてしまったことが気がかりでならず、どうにかしてその誤解を解こうとして稚拙な振る舞いに及ぶばかりか、身勝手な思いに事情を知らない自分の家族まで付き合わせている。

⑤ 偶然を装わなければW君と会えないとまで思っていたが、これまで事情を誤魔化してきたために、今更妻に本当のことを打ち明けることもできず、回りくどいやり方で様子を窺う機会を作ろうとしている。

問6　次に示す【資料】は、この文章（加能作次郎「羽織と時計」）が発表された当時、新聞紙上に掲載された批評（評者は宮島新三郎、原文の仮名遣いを改めてある）の一部である。これを踏まえた上で、後の(i)・(ii)の問いに答えよ。

【資料】

今までの氏は生活の種々相を様々な方面から多角的に描破(注1)して、其処《そこ》から或るものを浮き上《あが》らせようとした点があったし、又そうすることに依《よ》って作品の効果を強大にするという長所を示していたように思う。見た儘《まま》、有りの儘を刻明に描写する――其処に氏の有する大きな強味がある。由来(注2)氏はライフの一点だけを覘《ねら》って作をするというような所謂《いわゆる》『小話《こばなし》』作家の面影は有《も》っていなかった。

それが『羽織と時計』になると、作者が本当の泣き笑いの悲痛な人生を描こうとしたものか、それとも単に羽織と時計に伴う思い出を中心にして、ある一つの興味ある覘いを、否一つのおちを物語ってでもやろうとしたのか分《わか》らない程謂《い》う所の小話臭味の多過ぎた嫌いがある。若《も》し此《この》作品から小話臭味を取《と》去ったら、即《すなわ》ち羽織と時計とに作者が関心し過ぎなかったら、そして飽くまでも『私』の見たW君の生活、W君の病気、それに伴う陰鬱な、悲惨な境遇を如実に描いたなら、一層感銘の深い作品になったろうと思われる。羽織と時計とに執し過ぎた(注3)ことは、この作品をユーモラスなものにする助けとはなったが、作品の効果を増す力にはなって居ない。私は寧《むし》ろ忠実なる生活の再現者としての加能氏に多くの尊敬を払っている。

宮島新三郎「師走文壇の一瞥《いちべつ》」（『時事新報』一九一八年一二月七日）

（注）1　描破――あまさず描きつくすこと。

2　由来――元来、もともと。

3　執し過ぎた――「執着し過ぎた」という意味。

(i) 【資料】の二重傍線部に「羽織と時計とに執し過ぎたことは、この作品をユーモラスなものにする助けとはなったが、作品の効果を増す力にはなって居ない。」とあるが、それはどのようなことか。評者の意見の説明として最も適当なものを、次の①～④のうちから一つ選べ。解答番号は 20 。

① 多くの挿話からW君の姿を浮かび上がらせようとして、W君の描き方に予期せぬぶれが生じている。

② 実際の出来事を忠実に再現しようと意識しすぎた結果、W君の悲痛な思いに寄り添えていない。

③ 強い印象を残した思い出の品への愛着が強かったために、W君の一面だけを取り上げ美化している。

④ 挿話の巧みなまとまりにこだわったため、W君の生活や境遇の描き方が断片的なものになっている。

(ii) 【資料】の評者が着目する「羽織と時計」は、表題に用いられるほかに、「羽織と時計――」という表現として本文中にも用いられている(43行目、53行目)。この繰り返しに注目し、評者とは異なる見解を提示した内容として最も適当なものを、次の①～④のうちから一つ選べ。解答番号は 21 。

① 「羽織と時計――」という表現がそれぞれ異なる状況において自問自答のように繰り返されることで、かつてのようにはW君を信頼できなくなっていく「私」の動揺が描かれることを重視すべきだ。

② 複雑な人間関係に耐えられず生活の破綻を招いてしまったW君のつたなさが、「羽織と時計――」という余韻を含んだ表現で哀惜の思いをこめて回顧されていることを重視すべきだ。

③ 「私」の境遇の変化にかかわらず繰り返し用いられる「羽織と時計――」という表現が、好意をもって接していた「私」に必死で応えようとするW君の思いの純粋さを想起させることを重視すべきだ。

④ 「羽織と時計――」という表現の繰り返しによって、W君の厚意が皮肉にも自分をかえって遠ざけることになった経緯について、「私」が切ない心中を吐露していることを重視すべきだ。

第3問

次の文章は、『栄花物語』の一節である。藤原長家（本文では「中納言殿」）の妻が亡くなり、親族らが亡骸《なきがら》をゆかりの寺（法住寺《ほうじゅうじ》）に移す場面から始まっている。これを読んで、後の問い（問1～5）に答えよ。（配点　50）

大北の方も、この殿ばら（注1）も、またおしかへし臥《ふ》しまろばせたまふ。これをだに悲しくゆゆしきことにいはでは、また何ごとをかはと見えたり。さて御車の後《しり》（注2）に、大納言殿（注3）、中納言殿、さるべき人々は歩ませたまふ。いへばおろかにて、(ア)えまねびやらず。北の方（注4）の御車や、女房たちの車などひき続けたり。御供の人々など数知らず多かり。法住寺には、常の御渡りにも似ぬ御車などのさまに、僧都《そうづ》の君（注5）、御目もくれて、え見たてまつりたまはず。さて御車かきおろして、つぎて人々おりぬ。

さてこの御忌《いみ》のほどは、誰《たれ》もそこにおはしますべきなりけり。山の方をながめやらせたまふにつけても、わざとならず色々にすこしうつろひたり。鹿の鳴く音《ね》に御目もさめて、今すこし心細さまさりたまふ。宮々（注6）よりも思《おぼ》し慰むべき御消息《せうそこ》たびたびあれど、ただ今はただ夢を見たらんやうにのみ思されて過ぐしたまふ。月のいみじう明《あか》きにも、思し残させたまふことなし。内裏《うち》わたりの女房も、さまざま御消息聞こゆれども、よろしきほどは、A「今みづから」とばかり書かせたまふ。進内侍《じんのないし》と聞こゆる人、聞こえたり。

　　契りけん千代は涙の水底《みなそこ》に枕ばかりや浮きて見ゆらん

中納言殿の御返し、

　　起き臥しの契りはたえて尽きせねば枕を浮くる涙なりけり

また東宮の若宮の御乳母《めのと》の小弁《こべん》、

X　悲しさをかつは思ひも慰めよ誰もつひにはとまるべき世か

御返し、

Y　慰むる方しなければ世の中の常なきことも知られざりけり

かやうに思しのたまはせても、いでや、もののおぼゆるにこそあめれ、まして月ごろ、年ごろにもならば、思ひ忘るるやうもやあらんと、われながら心憂く思さる。何ごとにもいかでかくと(イ)めやすくおはせしものを、顔かたちよりはじめ、心ざま、手うち書き、絵などの心に入り、さいつころまで御心に入りて、うつ伏しうつ伏して描《か》きたまひしものを、この夏の絵を、枇杷《びは》殿《どの》にもてまゐりたりしかば、いみじう興じめでさせたまひて、納めたまひし、**B**よくぞもてまゐりにけるなど、思し残すことなきままに、よろづにつけて恋しくのみ思ひ出できこえさせたまふ。年ごろ書き集《つ》めさせたまひける絵物語など、(注7)みな焼けにし後《のち》、去年《こぞ》、今年のほどにし集めさせたまへるもいみじう多かりし、(ウ)里に出でなば、とり出でつつ見て慰めむと思されけり。

（注）1　この殿ばら――故人と縁故のあった人々。
2　御車――亡骸を運ぶ車。
3　大納言殿――藤原斉信。長家の妻の父。
4　北の方――「大北の方」と同一人物。
5　僧都の君――斉信の弟で、法住寺の僧。
6　宮々――長家の姉たち。彰子や妍子（枇杷殿）ら。
7　みな焼けにし後――数年前の火事ですべて燃えてしまった後。

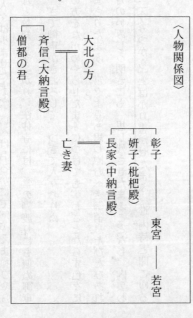

〈人物関係図〉

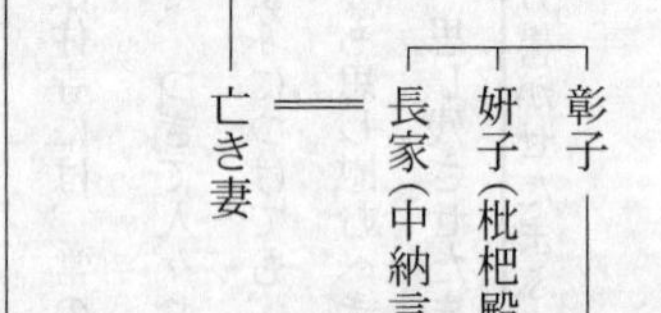

問１　傍線部(ア)～(ウ)の解釈として最も適当なものを、次の各群の①～⑤のうちから、それぞれ一つずつ選べ。解答番号は 22 ～ 24 。

(ア)　えまねびやらず 22

① 信じてあげることができない
② かつて経験したことがない
③ とても真似《まね》のしようがない
④ 表現しつくすことはできない
⑤ 決して忘れることはできない

(イ)　めやすくおはせしものを 23

① すばらしい人柄だったのになあ
② すこやかに過ごしていらしたのになあ
③ 感じのよい人でいらっしゃったのになあ
④ 見た目のすぐれた人であったのになあ
⑤ 上手におできになったのになあ

(ウ)　里に出でなば 24

① 自邸に戻ったときには
② 旧都に引っ越した日には
③ 山里に隠棲《いんせい》するつもりなので
④ 妻の実家から立ち去るので
⑤ 故郷に帰るとすぐに

問2　傍線部A「『今みづから』とばかり書かせたまふ」とあるが、長家がそのような対応をしたのはなぜか。その理由の説明として最も適当なものを、次の①～⑤のうちから一つ選べ。解答番号は 25 。

① 並一通りの関わりしかない人からのおくやみの手紙に対してまで、丁寧な返事をする心の余裕がなかったから。
② 妻と仲のよかった女房たちには、この悲しみが自然と薄れるまでは返事を待ってほしいと伝えたかったから。
③ 心のこもったおくやみの手紙に対しては、表現を十分練って返事をする必要があり、少し待ってほしかったから。
④ 見舞客の対応で忙しかったが、いくらか時間ができた時には、ほんの一言ならば返事を書くことができたから。
⑤ 大切な相手からのおくやみの手紙に対しては、すぐに自らお礼の挨拶にうかがわなければならないと考えたから。

問３　傍線部Ｂ「よくぞもてまゐりにけるなど、思し残すことなきままに、よろづにつけて恋しくのみ思ひ出できこえさせたまふ」の語句や表現に関する説明として最も適当なものを、次の①～⑤のうちから一つ選べ。解答番号は 26 。

① 「よくぞ……ける」は、妻の描いた絵を枇杷殿へ献上していたことを振り返って、そうしておいてよかったと、長家がしみじみと感じていることを表している。

② 「思し残すことなき」は、妻とともに過ごした日々に後悔はないという長家の気持ちを表している。

③ 「ままに」は「それでもやはり」という意味で、長家が妻の死を受け入れたつもりでも、なお悲しみを払拭することができずに苦悩していることを表している。

④ 「よろづにつけて」は、妻の描いた絵物語のすべてが焼失してしまったことに対する長家の悲しみを強調している。

⑤ 「思ひ出できこえさせたまふ」の「させ」は使役の意味で、ともに亡き妻のことを懐かしんでほしいと、長家が枇杷殿に強く訴えていることを表している。

問4　この文章の登場人物についての説明として最も適当なものを、次の①～⑤のうちから一つ選べ。解答番号は 27 。

①　親族たちが悲しみのあまりに取り乱している中で、「大北の方」だけは冷静さを保って人々に指示を与えていた。

②　「僧都の君」は涙があふれて長家の妻の亡骸を直視できないほどであったが、気丈に振る舞い亡骸を車から降ろした。

③　長家は秋の終わりの寂しい風景を目にするたびに、妻を亡くしたことが夢であってくれればよいと思っていた。

④　「進内侍」は長家の妻が亡くなったことを深く悲しみ、自分も枕が浮くほど涙を流していると嘆く歌を贈った。

⑤　長家の亡き妻は容貌もすばらしく、字が上手なことに加え、絵にもたいそう関心が深く生前は熱心に描いていた。

問５　次に示す【文章】を読み、その内容を踏まえて、X・Y・Zの三首の和歌についての説明として適当なものを、後の①〜⑥のうちから二つ選べ。ただし、解答の順序は問わない。解答番号は 28 ・ 29 。

【文章】

『栄花物語』の和歌Xと同じ歌は、『千載和歌集』にも記されている。妻を失って悲しむ長家のもとへ届けられたという状況も同一である。しかし、『千載和歌集』では、それに対する長家の返歌は、

Z　誰もみなとまるべきにはあらねども後《おく》るるほどはなほぞ悲しき

となっており、同じ和歌Xに対する返歌の表現や内容が、『千載和歌集』の和歌Zと『栄花物語』の和歌Yとでは異なる。『栄花物語』では、和歌X・Yのやりとりを経て、長家が内省を深めてゆく様子が描かれている。

① 和歌Xは、妻を失った長家の悲しみを深くは理解していない、ありきたりなおくやみの歌であり、「悲しみをきっぱり忘れなさい」と安易に言ってしまっている部分に、その誠意のなさが露呈してしまっている。

② 和歌Xが、世の中は無常で誰しも永遠に生きることはできないということを詠んでいるのに対して、和歌Zはその内容をあえて肯定することで、妻に先立たれてしまった悲しみをなんとか慰めようとしている。

③ 和歌Xが、誰でもいつかは必ず死ぬ身なのだからと言って長家を慰めようとしているのに対して、和歌Zはひとまずそれに同意を示したうえで、それでも妻を亡くした今は悲しくてならないと訴えている。

④ 和歌Zが、「誰も」「とまるべき」「悲し」など和歌Xと同じ言葉を用いることで、悲しみを癒《い》やしてくれたことへの感謝を表現しているのに対して、和歌Yはそれらを用いないことで、和歌Xの励ましを拒む姿勢を表明している。

⑤ 和歌Yは、長家を励まそうとした和歌Xに対して私の心を癒やすことのできる人などいないと反発した歌であり、長家が他人の干渉をわずらわしく思い、亡き妻との思い出の世界に閉じこもってゆくという文脈につながっている。

⑥ 和歌Yは、世の無常のことなど今は考えられないと詠んだ歌だが、そう詠んだことでかえってこの世の無常を意識してしまった長家が、いつかは妻への思いも薄れてゆくのではないかと恐れ、妻を深く追慕してゆく契機となっている。

第4問

次の【問題文Ⅰ】の詩と【問題文Ⅱ】の文章は、いずれも馬車を操縦する「御術《ぎょじゅつ》」について書かれたものである。これらを読んで、後の問い（問1～6）に答えよ。なお、設問の都合で返り点・送り仮名を省いたところがある。（配点　50）

【問題文Ⅰ】

吾ニ有リ二千里ノ馬一　毛骨(注1)(1)何蕭《せう》森(注2)タル

疾《はや》ク馳《は》スレバ如ク二奔風ノ一　白日ニ無シレ留ムルレ陰ヲ

徐《おもむろ》ニ駆《か》クレバ当タリ二大道ニ一　歩《ほ》驟《しう》(注3)ハ中《あ》タル二五音ニ一(注4)

A　馬ニ雖モレ有リト二四足一　遅速ハ在リ二吾ガ X 一

六《りく》轡《ひ》(注5)ハ応ジ二吾ガ手ニ一　調和スルコト如シ二瑟《しつ》琴(注6)ノ一

東西ト与二南北一　高二下ス山ト与ヲレ林一

B　惟意所欲適　九州(注7)可シ二(2)周尋ヌ一

(3)至レル哉人ト与レ馬　両楽不二相侵サ一

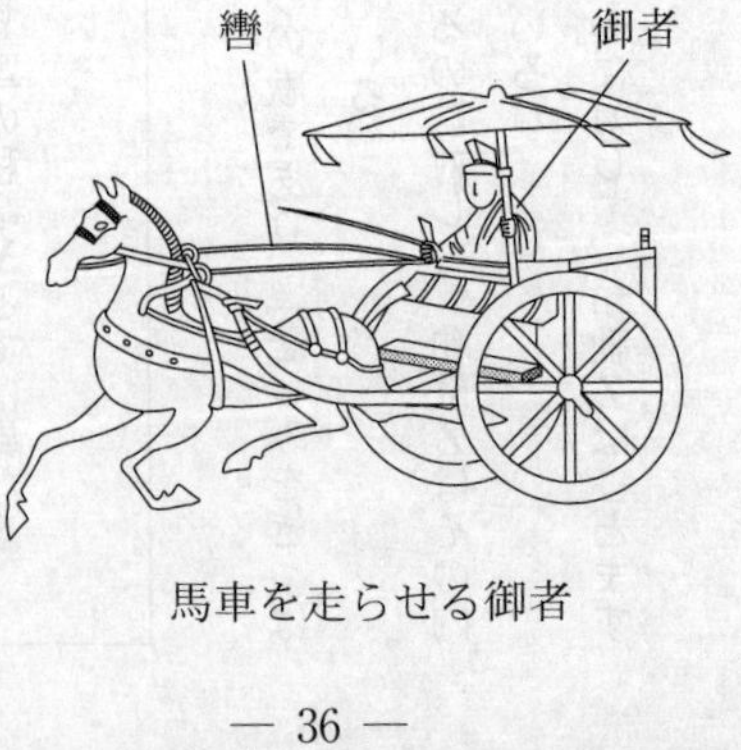

馬車を走らせる御者

（注）
1　毛骨――馬の毛なみと骨格。
2　蕭森――ひきしまって美しい。
3　歩驟――馬が駆ける音。
4　五音――中国の伝統的な音階。
5　六轡――馬車を操る手綱。
6　瑟琴――大きな琴と小さな琴。

伯（注8）楽ハ識《し》ルモ二其ノ外ヲ一　（ア）徒知ル二価ノ千金ナルヲ一

王良ハ得タリ二其ノ性ヲ一　此ノ術（イ）固已ニ深シ

良馬ハ須《ま》ツ二善（注9）馭《ぎよ》ヲ一　吾ガ言可シレ為スレ箴《しん》ト（注10）

7　九州――中国全土。
8　伯楽――良馬を見抜く名人。
9　善馭――すぐれた御者（前ページの図を参照）。
　馭は御に同じ。
10　箴――いましめ。

（欧陽脩《おうようしゅう》『欧陽文忠公集《おうようぶんちゅうこうしゅう》』による）

【問題文Ⅱ】

王良は趙《ちょう》国の襄主《じょうしゅ》に仕える臣であり、「御術」における師でもある。ある日、襄主が王良に馬車の駆け競《くら》べを挑み、三回競走して三回とも勝てなかった。くやしがる襄主が、まだ「御術」のすべてを教えていないのではないかと詰め寄ると、王良は次のように答えた。

凡ソ御之所ハレ貴ブ、馬体（a）安ンジ二于車ニ一、人心（b）調《かな》ヒ二于馬ニ一、而ル後ニ可シ二以テ進ムコト速《すみ》ヤカニシテ（c）致スレ遠キヲ。C今君後則欲レ逮レ臣、先則恐レ逮二于臣一。夫レ誘《すす》メテレ道ニ争フハレ遠キヲ、非ザレバレ先ンズルニ則チ後ルル也。而シテ先（d）後ノ心ハ在リ二于臣ニ（e）一。尚ホ何ヲ以テ調ハン二於馬ニ一。此レ君之所二以後ルル一也。

（『韓非子《かんぴし》』による）

問1　波線部(ア)「徒」・(イ)「固」のここでの意味と、最も近い意味を持つ漢字はどれか。次の各群の①～⑤のうちから、それぞれ一つずつ選べ。解答番号は［30］・［31］。

(ア)「徒」［30］
① 只
② 復
③ 当
④ 好
⑤ 猶

(イ)「固」［31］
① 強
② 難
③ 必
④ 絶
⑤ 本

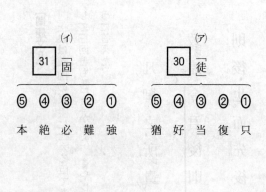

問2　波線部(1)「何」・(2)「周」・(3)「至　哉」のここでの解釈として最も適当なものを、次の各群の①～⑤のうちから、それぞれ一つずつ選べ。解答番号は 32 ～ 34 。

(1)「何」 32
① どこが
② いつから
③ どのように
④ どうして
⑤ なんと

(2)「周」 33
① 手あたり次第に
② 何度も繰り返して
③ あらゆるところに
④ きちんと準備して
⑤ はるか遠くより

(3)「至　哉」 34
① あのような遠くまで行くことができるものなのか
② こんなにも人の気持ちが理解できるものなのか
③ あのような高い山まで登ることができようか
④ このような境地にまで到達できるものなのか
⑤ こんなにも速く走ることができるだろうか

問3　**【問題文Ⅰ】**の傍線部A「馬雖レ有二四足一遅速在二吾 **X** 一」は「御術」の要点を述べている。**【問題文Ⅰ】**と**【問題文Ⅱ】**を踏まえれば、**【問題文Ⅰ】**の空欄 **X** には**【問題文Ⅱ】**の二重傍線部(a)～(e)のいずれかが入る。空欄 **X** に入る語として最も適当なものを、次の①～⑤のうちから一つ選べ。解答番号は **35** 。

① (a)　体

② (b)　心

③ (c)　進

④ (d)　先

⑤ (e)　臣

問4　傍線部**B**「惟 意 所 欲 適」の返り点の付け方と書き下し文との組合せとして最も適当なものを、次の①～⑤のうちから一つ選べ。解答番号は **36** 。

① 惟 意 所㆓欲 適㆒　　惟《た》だ意の欲して適《かな》ふ所にして

② 惟 意 所 欲㆑適　　惟だ意《おも》ふ所に適《かな》はんと欲して

③ 惟 意㆑所㆑欲 適　　惟だ欲する所を意《おも》ひ適《ゆ》きて

④ 惟 意 所㆑欲㆑適　　惟だ意の適《ゆ》かんと欲する所にして

⑤ 惟 意㆑所㆓欲 適㆒　　惟だ欲して適《ゆ》く所を意《おも》ひて

問5 傍線部C「今君後則欲レ逮レ臣、先則恐レ逮ニ于臣一。」の解釈として最も適当なものを、次の①～⑤のうちから一つ選べ。解答番号は 37 。

① あなたは私に後ろにつかれると馬車の操縦に集中するのに、私が前に出るとすぐにやる気を失ってしまいました。
② あなたは今回後れても追いつこうとしましたが、以前は私に及ばないのではないかと不安にかられるだけでした。
③ あなたはいつも馬車のことを後回しにして、どの馬も私の馬より劣っているのではないかと憂えるばかりでした。
④ あなたは後から追い抜くことを考えていましたが、私は最初から追いつかれないように気をつけていました。
⑤ あなたは私に後れると追いつくことだけを考え、前に出るといつ追いつかれるかと心配ばかりしていました。

問6 【問題文Ⅰ】と【問題文Ⅱ】を踏まえた「御術」と御者の説明として最も適当なものを、次の①～⑤のうちから一つ選べ。
解答番号は 38 。

① 「御術」においては、馬を手厚く養うだけでなく、よい馬車を選ぶことも大切である。王良のように車の手入れを入念にしなければ、馬を快適に走らせることのできる御者にはなれない。

② 「御術」においては、馬の心のうちをくみとり、馬車を遠くまで走らせることが大切である。王良のように馬の体調を考えながら鍛えなければ、千里の馬を育てる御者にはなれない。

③ 「御術」においては、すぐれた馬を選ぶだけでなく、馬と一体となって走ることも大切である。襄主のように他のことに気をとられていては、馬を自在に走らせる御者にはなれない。

④ 「御術」においては、馬を厳しく育て、巧みな駆け引きを会得することが大切である。王良のように常に勝負の場を意識しながら馬を育てなければ、競走に勝つことのできる御者にはなれない。

⑤ 「御術」においては、訓練場だけでなく、山と林を駆けまわって手綱さばきを磨くことも大切である。襄主のように型通りの練習をおこなうだけでは、素晴らしい御者にはなれない。

MEMO

2020
本試験

国　語

（2020年 1 月実施）

80分　200点

国語

（解答番号 1 ～ 35 ）

第1問　次の文章は、近年さまざまな分野で応用されるようになった「レジリエンス」という概念を紹介し、その現代的意義を論じたものである。これを読んで、後の問い（問1～6）に答えよ。なお、設問の都合で本文の段落に 1 ～ 14 の番号を付してある。（配点　50）

1 環境システムの専門家であるウォーカーは、以下のような興味深い比喩を持ち出している。

2 あなたは、港に停泊しているヨットのなかでコップ一杯の水を運んでいるとしよう。そして、同じことを荒れた海を航海しているときに行ったとしよう。港に停泊しているときにコップの水を運ぶのは簡単である。この場合は、できるだけ早く、しかし早すぎないように運べばよいのであって、その最適解は求めやすい。しかし、波風が激しい大洋を航海しているときには、早く運べるかどうかなど二の次で、不意に大きく揺れる床の上で転ばないでいることの方が重要になる。あなたは、膝を緩め、突然やってくる船の揺れを吸収し、バランスをとらねばならない。海の上での解は、妨害要因を吸収する能力を向上させることをあなたに求める。すなわち、波に対するあなたのレジリエンスを向上させることを求めるのである。

3 この引用で言う「レジリエンス（resilience）」とは、近年、さまざまな領域で言及されるようになった注目すべき概念である。この言葉は、「撹乱《かくらん》を吸収し、基本的な機能と構造を保持し続けるシステムの能力」(注1)を意味する。

4 レジリエンスの概念をもう少し詳しく説明しよう。レジリエンスは、もともとは物性科学のなかで物質が元の形状に戻る「弾性」のことを意味する。六〇年代になると生態学や自然保護運動の文脈で用いられるようになった。そこでは、生態系が変動と変化に対して自己を維持する過程という意味で使われた。しかし、ここで言う「自己の維持」とは単なる物理的な弾力のことではなく、環境の変化に対して動的に応じていく適応能力のことである。

5 レジリエンスは、回復力（復元力）、あるいは、サステナビリティ(注2)と類似の意味合いをもつが、Ａそこにある微妙な意味の違いに注目しなければならない。たとえば、回復とはあるベースラインや基準に戻ることを意味するが、レジリエンスでは、かならずしも固定的な原型が想定されていない。絶えず変化する環境に合わせて流動的に自らの姿を変更しつつ、それでも目的を達成するのがレジリエンスである。レジリエンスは、均衡状態に到達するための性質ではなく、発展成長する動的過程を(ア)ソクシンするための性質である。

6 また、サステナビリティに関しても、たとえば、「サステナブルな自然」といったときには、唯一の均衡点が生態系のなかにあるかのように期待されている。しかしこれは自然のシステムの本来の姿とは合わない。レジリエンスで目指されているのは、ケン(イ)コウなダイナミズム(注3)である。レジリエンスには、適度な失敗が最初から包含されている。たとえば、小規模の森林火災は、その生態系にとって資源の一部を再構築し、栄養を再配分することで自らを更新する機会となる。こうした小規模の火災まで防いでしまうと、森林は燃えやすい要素をため込み、些細《ささい》な発火で破滅的な大火災にまで発展してしまう。

7 さらに八〇年代になると、レジリエンスは、心理学や精神医学、ソーシャルワーク(注4)の分野で使われるようになった。そこでは、ストレスや災難、困難に対処して自分自身を維持する抵抗力や、病気や変化、不運から立ち直る個人の心理的な回復力として解釈される。

8 たとえば、フレイザー(注5)は、ソーシャルワークと教育の分野におけるレジリエンスの概念の重要性を主張する。従来は、患者の問題を専門家がどう除去するかという医学中心主義的な視点でソーシャルワークが行われていた。患者の問題の原因は患者自身にあるとされ、患者を治療する専門家にケアの方針を決定する(ウ)ケンゲンが渡された。こうして患者は医師に依存させられてきた。これに対して、レジリエンスに注目するソーシャルワークでは、患者の自発性や潜在能力に着目し、患者に中心をおいた援助や支援を行う。

9 フレイザーのソーシャルワークの特徴は、人間と社会環境のどちらかではなく、その間の相互作用に働きかけることにある。クライエント(注6)の支援は、本人の持つレジリエンスが活《い》かせる環境を構築することに焦点が置かれる。たとえば、発達障害のある子どもに対して、特定の作業所で務められるような仕事をどの子どもにも同じように教えることは妥当ではない。そうすると身につけられる能力が(エ)カタヨって特定の作業所に依存してしまい、学校から作業所へという流れの外に出ることができなくなる。それでは一種の隔離になる。子どもの潜在性に着目して、職場や環境が変わっても続けられる仕事につながるような能力を開発すべきである。

10　**B** ここでレジリエンスにとって重要な意味をもつのが、「脆弱性《ぜいじゃく》(vulnerability)」である。通常、脆弱性はレジリエンスとは正反対の意味を持つと考えられている。レジリエンスは、ある種の(オ)ガンケンさを意味し、脆弱性とは回復力の不十分さを意味するからである。しかし見方を変えるなら、脆弱性は、レジリエンスを保つための積極的な価値となる。なぜなら、脆弱性とは、変化や刺激に対する敏感さを意味しており、このようなセンサーをもったシステムは、環境の不規則な変化や撹乱、悪化にいち早く気づけるからである。たとえば、災害に対して対応力に富む施設・建築物を作り出したいのなら、障害者や高齢者、妊娠中の女性にとって避難しやすい作りにすることが最善の策となる。

11　さらに、近年のエンジニアリング(注7)の分野においては、レジリエンスは、安全に関する新しい発想法として登場した。レジリエンス・エンジニアリングとは、複雑性を持つ現実世界に対処できるように、適度な冗長性(注8)を持ち、柔軟性に富んだ組織の能力を高める方法を見いだすものである。エンジニアリングの分野では、レジリエンスは、環境の変化に対して自らを変化させて対応する柔軟性にきわめて近い性能として解釈される。

12　以上のように、レジリエンスという概念に特徴的なことは、それが自己と環境の動的な調整に関わることである。回復力とは、システムどうしが相互作用する一連の過程から生じるものであり、システムが有している内在的性質ではない。レジリエンスの獲得には、当人や当該システムの能力の開発のみならず、その能力に見合うように環境を選択したり、現在の環境を改変したりすることも求められる。レジリエンスは、複雑なシステムが、変化する環境のなかで自己を維持するために、環境との相互作用を連続的に変化させながら、環境に柔軟に適応していく過程のことである。

13　レジリエンスがこうした意味での回復力を意味するのであれば、**C** それをミニマルな福祉の基準として提案できる。すなわち、ある人が変転する世界を生きていくには、変化に適切に応じる能力が必要であって、そうした柔軟な適応力を持てるようにすることが、福祉の目的である。福祉とは、その人のニーズを充足することである。ニーズとは人間的な生活を送る上で必要とされるものである。ニーズを充足するには他者から与えられるものを受け取るばかりではなく、自分自身でそのニーズを能動的に充足する力を持つ必要がある。そうでなければ、自律的な生活を継続的に送れないからである。

14 レジリエンスとは、自己のニーズを充足し、生活の基本的条件を維持するために、個人が持たねばならない最低限の回復力である。人間は静物ではなく、生きている。したがって、傷ついて、病を得て、あるいは、脆弱となって自己のニーズを満たせなくなった個人に対してケアする側がなすべきは、物を修復するような行為ではないし、単に補償のための金銭を付与することでもない。物を復元することと、生命あるものが自己を維持することとはまったく異なる。生命の自己維持活動は自発的であり、生命自身の能動性や自律性が要求される。したがって、ケアする者がなすべきは、さまざまに変化する環境に対応しながら自分のニーズを満たせる力を獲得してもらうように、本人を支援することである。

（河野《こうの》哲也《てつや》『境界の現象学』による）

（注）
1 物性科学——物質の性質を解明する学問。
2 サステナビリティ——持続可能性。「サステイナビリティ」と表記されることも多い。後出の「サステナブルな」は「持続可能な」の意。
3 ダイナミズム——動きのあること。
4 ソーシャルワーク——社会福祉事業。それに従事する専門家が「ソーシャルワーカー」。
5 フレイザー——マーク・W・フレイザー（一九四六— ）。ソーシャルワークの研究者でレジリエンスの提唱者。
6 クライエント——相談者、依頼人。「クライアント」ともいう。
7 エンジニアリング——工学。
8 冗長性——ここでは、余裕を持たせておくこと。

問1　傍線部(ア)〜(オ)に相当する漢字を含むものを、次の各群の①〜⑤のうちから、それぞれ一つずつ選べ。解答番号は 1 〜 5 。

(ア) ソクシン 1
① 組織のケッソクを固める
② 距離のモクソクを誤る
③ 消費の動向をホソクする
④ 自給ジソクの生活を送る
⑤ 返事をサイソクする

(イ) ケンコウ 2
① ショウコウ状態を保つ
② 賞のコウホに挙げられる
③ 大臣をコウテツする
④ コウオツつけがたい
⑤ ギコウを凝らした細工

(ウ) ケンゲン 3
① マラソンを途中でキケンする
② ケンゴな意志を持つ
③ ケンギを晴らす
④ 実験の結果をケンショウする
⑤ セイリョクケンを広げる

(エ) カタヨって 4
① 雑誌をヘンシュウする
② 世界の国々をヘンレキする
③ 図書をヘンキャクする
④ 国語のヘンサチが上がった
⑤ 体にヘンチョウをきたす

(オ) ガンケン 5
① タイガンまで泳ぐ
② 環境保全にシュガンを置く
③ ドリルでガンバンを掘る
④ 勝利をキガンする
⑤ ガンキョウに主張する

問2　傍線部A「そこにある微妙な意味の違い」とあるが、どのような違いか。その説明として最も適当なものを、次の①～⑤のうちから一つ選べ。解答番号は［6］。

① 回復力やサステナビリティには基準となるベースラインが存在しないが、レジリエンスは弾性の法則によって本来の形状に戻るという違い。

② 回復力やサステナビリティは戻るべき基準や均衡状態を期待するが、レジリエンスは環境の変化に応じて自らの姿を変えていくことを目指すという違い。

③ 回復力やサステナビリティは環境の変動に応じて自己を更新し続けるが、レジリエンスは適度な失敗を繰り返すことで自らの姿を変えていくという違い。

④ 回復力やサステナビリティは生態系の中で均衡を維持する自然を想定するが、レジリエンスは均衡を調整する動的過程として自然を捉えるという違い。

⑤ 回復力やサステナビリティは原型復帰や均衡状態を目指すが、レジリエンスは自己を動的な状態に置いておくこと自体を目的とするという違い。

問3　傍線部B「ここでレジリエンスにとって重要な意味をもつのが、『脆弱性(vulnerability)』である。」とあるが、それはどういうことか。その説明として最も適当なものを、次の①～⑤のうちから一つ選べ。解答番号は 7 。

① 近年のソーシャルワークでは、人の自発性や潜在能力に着目して支援を行う。そのとき脆弱性は、被支援者が支援者にどれだけ依存しているかを測る尺度となるため、特定の人物に過度の依存が起こらない仕組みを作るにあたって重要な役割を果たすということ。

② 近年のソーシャルワークでは、環境に対する抵抗力の弱い人々を支援する。そのとき脆弱性は、変化の起こりにくい環境に変化を起こす刺激として働くため、障害者や高齢者といった人々が周囲の環境の変化に順応していく際に重要な役割を果たすということ。

③ 近年のソーシャルワークでは、被支援者の適応力を活かせるような環境を構築する。そのとき脆弱性は、環境の変化に対していち早く反応するセンサーとして働くため、非常時に高い対応力を発揮する施設や設備を作る際などに重要な役割を果たすということ。

④ 近年のソーシャルワークでは、人間と環境の相互作用に焦点を置いて働きかける。そのとき脆弱性は、周囲の変化に対する敏感なセンサーとして働くため、人間と環境の双方に対応をうながし、均衡状態へと戻るための重要な役割を果たすということ。

⑤ 近年のソーシャルワークでは、人と環境の復元力を保てるように支援を行う。そのとき脆弱性は、人の回復力が不十分な状態にあることを示す尺度となるため、障害者や高齢者などを支援し日常的な生活を取り戻す際などに重要な役割を果たすということ。

問4　傍線部C「それをミニマルな福祉の基準として提案できる」とあるが、それはどういうことか。その説明として最も適当なものを、次の①～⑤のうちから一つ選べ。解答番号は 8 。

① 個人が複雑な現実世界へ主体的に対応できるシステムを、福祉における最小の基準とすることができる。これに基づいて、支援者には被支援者が主体的に対応できるよう必要な社会体制を整備することが求められるということ。

② 個人がさまざまな環境に応じて自己の要求を充足してゆく能力を、福祉における最小の基準とすることができる。これに基づいて、支援者には被支援者がその能力を身につけるために補助することが求められるということ。

③ 個人が環境の変化の影響を受けずに自己のニーズを満たせることを、福祉における最小の基準とすることができる。これに基づいて、支援者には被支援者が自己のニーズを満たすための手助けをすることが求められるということ。

④ 個人が環境の変化の中で感じたニーズを満たすことを、福祉における最小の基準とすることができる。これに基づいて、支援者には被支援者のニーズに応えて満足してもらえるよう尽力することが求められるということ。

⑤ 個人が生活を維持するための経済力を持つことを、福祉における最小の基準とすることができる。これに基づいて、支援者には被支援者に対する金銭的補償にとどまらず、多様な形で援助することが求められるということ。

問5　次に示すのは、本文を読んだ後に、三人の生徒が話し合っている場面である。本文の趣旨を踏まえ、空欄に入る発言として最も適当なものを、後の①～⑤のうちから一つ選べ。解答番号は［9］。

教　師――この文章の主題はレジリエンスでしたね。ずいぶん専門的な事例がたくさん挙げられていましたが、ここで説明されていることを、皆さん自身の問題として具体的に考えてみることはできないか、グループで話し合ってみましょう。

生徒A――最初に出てくるヨットのたとえ話は比較的イメージしやすかったな。ここで説明されていることを、もう少し身近な場面に置きかえてみればいいのかな。

生徒B――海の様子しだいで船の中の状況も全然違ってくるという話だったよね。環境の変化という問題は私たちにとっても切実だよ。［4］段落に「自己の維持」と書かれているけど、このごろは、高校を卒業して新しい環境に入っても、今までのように規則正しい生活習慣をしっかり保ち続けられるかどうか、心配していたところなんだ。

生徒C――そういうことだろうか。この文章では、さまざまに変化する環境の中でどんなふうに目的に向かっていくか、ということが論じられていたんじゃないかな。［5］段落には「発展成長する動的過程」ともあるよ。こういう表現は何だか私たちのような高校生に向けられているみたいだね。

生徒A――たしかにね。［　　　　　　　　］

生徒B――なるほど。「動的」ってそういうことなのか。少し誤解してたけど、よくわかった気がするよ。

① 発展とか成長の過程というのは、私は部活のことを考えると納得したな。まったく経験のない競技を始めたけど、休まず練習を積み重ねたからこそ、最後には地区大会で優勝できたんだよ。

② 私が部活で部長を引き継いだとき、以前のやり方を踏襲したのにうまくいかなかったんだ。でも、新チームで話し合って現状に合うように工夫したら、目標に向けてまとまりが出てきたよ。

③ 授業の時間でも生活の場面でも、あくまで私たちの自由な発想を活かしていくことが大切なんだね。そうすることで、ひとりひとりの個性が伸ばされていくということなんじゃないかな。

④ 私たちが勉強する内容も時代に対応して変化しているんだよね。だからこそ、決まったことを学ぶだけでなく、将来のニーズを今から予想していろんなことを学んでおくのが重要なんだよ。

⑤ 環境の変化に適応する能力は大事だと思うんだ。同じ教室でも先生が授業している時と休み時間に友達どうしでおしゃべりしている時とは違うのだから、オンとオフは切り替えなきゃ。

問6　この文章の表現と構成について、次の(i)・(ii)の問いに答えよ。

(i)　この文章の表現に関する説明として最も適当なものを、次の①～④のうちから一つ選べ。解答番号は 10 。

① 2 段落の最初の文と第2文は「としよう」で終わっているが、どちらの文も仮定の状況を提示することで、読者にその状況を具体的に想像させる働きがある。

② 4 段落の最後の文の「ここで言う」は、直後の語句が他の分野で使われている意味ではなく、筆者が独自に規定した意味で用いていることに注意をうながす働きがある。

③ 6 段落の最初の文の「といったときには」は、直前の表現は本来好ましくないが、あえて使用しているという筆者の態度を示す働きがある。

④ 8 段落の第3文の「あるとされ」は、筆者から患者に対する敬意を示すことで、患者に対しても配慮のある丁寧な文章にする働きがある。

(ii) この文章の構成に関する説明として**適当でないもの**を、次の①～④のうちから一つ選べ。解答番号は 11 。

① 2 段落では、レジリエンスについて他者の言葉で読者にイメージをつかませ、3 段落では、筆者の言葉で意味を明確にしてこの概念を導入している。

② 5 段落と 6 段落では、3 段落までに導入したレジリエンスという概念と、類似する他の概念との違いを詳しく説明し、レジリエンスについての説明を補足している。

③ 4 段落、7 段落、11 段落では、時系列順にそれぞれの時代でどのようにレジリエンスという概念が拡大してきたかを紹介している。

④ 13 段落では、これまでの議論を踏まえ、レジリエンスという概念について一般的な理解を取り上げた後、筆者の立場から反論している。

第2問　次の文章は、原民喜《はらたみき》「翳《かげ》」（一九四八年発表）の一節である。これを読んで、後の問い（問1～6）に答えよ。なお、設問の都合で本文の上に行数を付してある。（配点　50）

私は一九四四年の秋に妻を喪《うしな》ったが、ごく少数の知己へ送った死亡通知のほかに、満洲《まんしゅう》にいる魚芳《うおよし》へも端書《はがき》を差出《さしだ》しておいた。妻を喪った私は悔《くや》み状が来るたびに、丁寧に読み返し仏壇のほとりに供えておいた。紋切型の悔み状であっても、それにはそれでまた喪にいるものの心を鎮めてくれるものがあった。本土空襲も漸《ようや》く切迫しかかった頃のことで、出した死亡通知に何の返事も来ないものもあった。出した筈《はず》の通知にまだ返信が来ないという些細《ささい》なことも、私にとっては時折気に掛《かか》るのであったが、妻の死を知って、ほんとうに悲しみを頒《わか》ってくれるだろうとおもえた川瀬成吉からもどうしたものか、何の返事もなかった。

私は妻の遺骨を郷里の墓地に納めると、再び棲《す》みなれた千葉の借家に立帰《たちかえ》り、そこで四十九日を迎えた。輸送船の船長をしていた妻の義兄が台湾沖で沈んだということをきいたのもその頃である。サイレンはもう頻々と鳴り唸《うな》っていた。**A**そうした、暗い、望みのない明け暮れにも、私は凝《じっ》と蹲《うずくま》ったまま、妻と一緒にすごした月日を回想することが多かった。その年も暮れようとする、底冷えの重苦しい、曇った朝、一通の封書が私のところに舞込《まいこ》んだ。差出人は新潟県××郡××村×川瀬丈吉となっている。一目見て、魚芳の父親らしいことが分《わか》ったが、何気なく封を切ると、内味《なかみ》まで父親の筆跡で、息子の死を通知して来たものであった。私が満洲にいるとばかり思っていた川瀬成吉は、私の妻より五ヵ月前に既にこの世を去っていたのである。

私がはじめて魚芳を見たのは十二年前のことで、私達が千葉の借家へ移った時のことである。私たちがそこへ越した、その日、（注1）彼は早速顔をのぞけ、それからは殆《ほとん》ど毎日註文《ちゅうもん》を取りに立寄《たちよ》った。大概朝のうち註文を取ってまわり、夕方自転車で魚を配達するのであったが、どうかすると何かの都合で、日に二三度顔を現わすこともあった。そういう時も彼は気軽に一里（注2）あまりの路《みち》を自転車で何度も往復した。私の妻は毎日顔を逢《あ》わせているので、時々、彼のことを私に語るのであったが、まだ私は何の興味も関心も持たなかったし、殆ど碌《ろく》に顔も知っていなかった。

私がほんとうに魚芳の小僧を見たのは、それから一年後のことと云《い》っていい。ある日、私達は隣家の細君と一緒にブラブラと千葉海岸の方へ散歩していた。すると、向《むこう》の青々とした草原の径《みち》をゴムの長靴をひきずり、自転車を脇に押しやりながら、ぶらぶらやって来る青年があった。私達の姿を認めると、いかにも懐《なつか》しげに帽子をとって、挨拶をした。

「魚芳さんはこの辺までやって来るの」と隣家の細君は訊《たず》ねた。

「ハア」と彼はこの一寸《ちょっと》した逢遭《ほうそう》(注3)を、いかにも愉《たの》しげにニコニコしているのであった。やがて、彼の姿が遠ざかって行くと、隣家の細君は、

「ほんとに、あの人は顔だけ見たら、まるで良家のお坊ちゃんのようですね」と嘆じた。その頃から私はかすかに魚芳に興味を持つようになっていた。

その頃――と云っても隣家の細君が魚芳をほめた時から、もう一年は隔《へだた》っていたが、――私の家に宿なし犬が居ついて、表の露次(注4)でいつも寝そべっていた。褐色の毛並《けなみ》をした、その懶惰《らんだ》な雌犬は魚芳のゴム靴の音をきくと、のそのそと立上《たちあが》って、鼻さきを持上《もちあ》げながら自転車の後について歩く。何となく魚芳はその犬に対しても愛嬌《あいきょう》を示すような身振《みぶり》であった。彼がやって来ると、この露次は急に賑《にぎ》やかになり、細君や子供たちが一頻《ひとしき》り陽気に騒ぐのであったが、ふと、その騒ぎも少し鎮まった頃、窓の方から向を見ると、魚芳は木箱の中から魚の頭を取出《とりだ》して犬に与えているのであった。そこへ、もう一人雑魚売りの爺《じい》さんが天《てん》秤棒《びんぼう》を担いでやって来る。魚芳のおとなしい物腰に対して、この爺さんの方は威勢のいい商人であった。そうするとまた露次は賑やかになり、爺さんの忙しげな庖丁《ほうちょう》の音や、魚芳の滑らかな声が暫《しばら》くつづくのであった。――こうした、のんびりした情景はほとんど毎日繰返《くりかえ》されていたし、ずっと続いてゆくもののようにおもわれた。だが、日華事変(注5)の頃から少しずつ変《かわ》って行くのであった。

私の家は露次の方から三尺幅(注6)の空地を廻《まわ》ると、台所に行かれるようになっていたが、そして、台所の前にもやはり三尺幅の空地があったが、そこへ毎日、八百屋、魚芳をはじめ、いろんな御用聞《ごようきき》(注7)がやって来る。台所の障子一重を隔てた六畳が私の書斎に

なっていたので、御用聞と妻との話すことは手にとるように聞《きこ》える。私はぼんやりと彼等《かれら》の会話に耳をかたむけることがあった。ある日も、それは南風が吹き荒《すさ》んでものを考えるには明るすぎる、散漫な午後であったが、米屋の小僧と魚芳と妻との三人が台所で賑やかに談笑していた。そのうちに彼等の話題は教練(注8)のことに移って行った。二人とも青年訓練所へ通っているらしく、その台所前の狭い空地で、魚芳たちは「になえつつ」(注9)の姿勢を実演して(ア)興じ合っているのであった。二人とも来年入営(注10)する筈であったので、兵隊の姿勢を身につけようとして陽気に騒ぎ合っているのだ。その恰好《かっこう》がおかしいので私の妻は笑いこけていた。だが、**B**何か笑いきれないものが、目に見えないところに残されているようでもあった。台所へ姿を現していた御用聞のうちでは、八百屋がまず召集され、つづいて雑貨屋の小僧が、これは海軍志願兵になって行ってしまった。それから、豆腐屋の若衆がある日、赤襷《あかだすき》(注11)をして、台所に立寄り忙しげに別れを告げて行った。

目に見えない憂鬱の影はだんだん濃くなっていたようだ。が、魚芳は相変らず元気で小豆《こまめ》に立働《たちはたら》いた。妻が私の着古しのシャツなどを与えると、大喜びで彼はそんなものも早速身に着けるのであった。朝は暗いうちから市場へ行き、夜は皆が寝静まる時まで板場で働く、そんな内幕も妻に語るようになった。料理の骨《こつ》が憶《おぼ》えたくて堪《たま》らないので、教えを乞うと、親方は庖丁を使いながら彼の方を見やり、「黙って見ていろ」と、ただ、そう呟《つぶや》くのだそうだ。鞠躬如《きっきゅうじょ》(注12)として勤勉に立働く魚芳は、もしかすると、そこの家の養子にされるのではあるまいか、と私の妻は臆測もした。ある時も魚芳は私の妻に、――あなたとそっくりの写真がありますよ。それが主人のかみさんの妹なのですが、と大発見をしたように告げるのであった。

冬になると、魚芳は鶸《ひよどり》を持って来て呉《く》れた。彼の店の裏に畑があって、そこへ毎朝沢山小鳥が集まるので、釣《つり》針に蚯蚓《みみず》を附《つ》けたものを木の枝に吊《つる》しておくと、小鳥は簡単に獲《と》れる。餌は前の晩しつらえておくと、霜の朝、小鳥は木の枝に動かなくなっている――この手柄話を妻はひどく面白がったし、私も好きな小鳥が食べられるので喜んだ。すると、魚芳は殆ど毎日小鳥を獲ってはせっせと私のところへ持って来る。夕方になると台所に彼の弾んだ声がきこえるのだった。――この頃が彼にとっては一番愉しかった時代かもしれない。その後戦地へ赴いた彼に妻が思い出を書いてやると、「帰って来たら又幾羽でも鶸鳥《ひよどり》を獲って差上げます」と何かまだ弾む気持をつたえるような返事であった。

翌年春、魚芳は入営し、やがて満洲の方から便りを寄越すようになった。その年の秋から私の妻は発病し療養生活を送るようになったが、妻は枕頭《ちんとう》(注13)で女中を指図して慰問の小包を作らせ魚芳に送ったりした。温かそうな毛の帽子を着た軍服姿の写真(注14)が満洲から送って来た。きっと魚芳はみんなに可愛《かわい》がられているに違いない。炊事も出来るし、あの気性では誰からも(イ)重宝がられるだろう、と妻は時折噂《うわさ》(注16)をした。妻の病気は二年三年と長びいていたが、そのうちに、魚芳は北支(注15)から便りを寄越すようになった。もう程なく除隊になるから帰ったらよろしくお願いする、とあった。魚芳はまた帰って来て魚屋が出来ると思っているのかしら……と病妻は心細げに嘆息した。一しきり台所を賑わしていた御用聞きたちの和やかな声ももう聞かれなかったし、世の中はいよいよ兇悪《きょうあく》な貌《かお》を露出している頃であった。千葉名産の蛤《はまぐり》の缶詰を送ってやると、大喜びで、千葉へ帰って来る日をたのしみにしている礼状が来た。年の暮、新潟の方から梨の箱が届いた。差出人は川瀬成吉とあった。それから間もなく除隊になった挨拶状が届いた。魚芳が千葉へ訪れて来たのは、その翌年であった。

その頃女中を傭《やと》えなかったので、妻は寝たり起きたりの身体で台所をやっていたが、ある日、台所の裏口へ軍服姿の川瀬成吉がふらりと現れたのだった。彼はきちんと立ったまま、ニコニコしていた。久振《ひさしぶ》りではあるし、私も頻《しき》りに上《あが》ってゆっくりして行けとすすめたのだが、C彼はかしこまったまま、台所のところの閾《しきい》から一歩も内へ這入《はい》ろうとしないのであった。「何になったの」と、軍隊のことはよく分らない私達が訊ねると、「兵長になりました」と嬉《うれ》しげに応え、これからまた魚芳へ行くのだからと、倉皇(注17)として立去《たちさ》ったのである。

そして、それきり彼は訪ねて来なかった。あれほど千葉へ帰る日をたのしみにしていた彼はそれから間もなく満洲の方へ行ってしまった。だが、私は彼が千葉を立去る前に街の歯医者でちらとその姿を見たのであった。恰度《ちょうど》私がそこで順番を待っていると、後から入って来た軍服の青年が歯医者に挨拶をした。「ほう、立派になったね」と老人の医者は懐しげに肯《うなず》いた。やがて、私が治療室の方へ行きそこの椅子に腰を下《おろ》すと、間もなく、後からやって来たその青年も助手の方の椅子に腰を下した。「これは仮りにこうしておきますから、また郷里の方でゆっくりお治しなさい」その青年の手当はすぐ終《おわ》ったらしく、助手は「川瀬成吉さんでしたね」と、机のところのカードに彼の名を記入する様子であった。それまで何となく重苦しい気分に沈んでいた私はその名をきいて、はっとしたが、その時にはもう彼は階段を降りてゆくところだった。

それから二三ヵ月して、新京(注18)の方から便りが来た。川瀬成吉は満洲の吏員(注19)に就職したらしかった。あれほど内地を恋しがっていた魚芳も、一度帰ってみて、すっかり失望してしまったのであろう。私の妻は日々に募ってゆく生活難を書いてやった。すると満洲から返事が来た。「大根一本が五十銭、内地の暮しは何のことやらわかりません。おそろしいことですね」——こんな一節があった。しかしこれが最後の消息であった。その後私の妻の病気は悪化し、もう手紙を認《したた》めることも出来なかったが、満洲の方からも音沙汰なかった。

その文面によれば、彼は死ぬる一週間前に郷里に辿《たど》りついているのである。「兼て彼《か》の地に於《おい》て病を得、五月一日帰郷、五月八日、永眠仕候《つかまつりそうろう》」と、その手紙は悲痛を押《おし》つぶすような調子ではあるが、それだけに、侘《わび》しいものの姿が、一そう大きく浮《うか》び上って来る。

あんな気性では皆から可愛がられるだろうと、よく妻は云っていたが、善良なだけに、彼は周囲から過重な仕事を押つけられ、悪い環境や機構の中を堪え忍んで行ったのではあるまいか。親方から庖丁の使い方は教えて貰えなくても、辛棒《しんぼう》した魚芳、久振りに訪ねて来ても、台所の閾から奥へは遠慮して這入ろうともしない魚芳。郷里から軍服を着て千葉を訪れ、(ウ)晴れがましく顧客の歯医者で手当してもらう青年。そして、遂に病軀《びょうく》をかかえ、とぼとぼと遠国から帰って来る男。……ぎりぎりのところまで堪えて、郷里に死にに還った男。私は何となしに、また魯迅《ろじん》(注20)の作品の暗い翳を思い浮べるのであった。

終戦後、私は郷里にただ死にに帰って行くらしい疲れはてた青年の姿を再三、汽車の中で見かけることがあった。……

（注）

1 彼は早速顔をのぞけ――「彼は早速顔をのぞかせ」の意。

2 一里――里は長さの単位。一里は約三・九キロメートル。

3 逢遭――出会い。

4 露次――ここでは、家と家との間の細い通路。「露地」「路地」なども表記される。

5 日華事変――日中戦争。当時の日本での呼称。

6 三尺――尺は長さの単位。一尺は約三〇・三センチメートル。

7 御用聞――得意先を回って注文を聞く人。

8 教練――軍事上の訓練。

9 になえつつ――銃を肩にかけること。また、その姿勢をさせるためにかけた号令でもあった。

10 入営――兵務につくため、軍の宿舎に入ること。

11 赤襷――ここでは、召集令状を受けて軍隊に行く人がかけた赤いたすき。

12 鞠躬如として――身をかがめてかしこまって。

13 女中――ここでは、一般家庭に雇われて家事をする女性。当時の呼称。

14 写真が満洲から送って来た。――「写真が満洲から送られて来た。」の意。

15 北支――中国北部。当時の日本での呼称。

16 除隊――現役兵が服務解除とともに予備役（必要に応じて召集される兵役）に編入されて帰郷すること。

17 倉皇として――急いで。

18 新京――現在の中国吉林省長春市。いわゆる「満洲国」の首都とされた。

19 吏員――役所の職員。

20 魯迅――中国の作家（一八八一―一九三六）。本文より前の部分で魯迅の作品に関する言及がある。

問1　傍線部(ア)～(ウ)の本文中における意味として最も適当なものを、次の各群の①～⑤のうちから、それぞれ一つずつ選べ。解答番号は 12 ～ 14 。

(ア) 興じ合っている 12
① 互いに面白がっている
② 負けまいと競っている
③ それぞれが興奮している
④ わけもなくふざけている
⑤ 相手とともに練習している

(イ) 重宝がられる 13
① 頼みやすく思われ使われる
② 親しみを込めて扱われる
③ 一目置かれて尊ばれる
④ 思いのままに利用される
⑤ 価値が低いと見なされる

(ウ) 晴れがましく 14
① 何の疑いもなく
② 人目を気にしつつ
③ 心の底から喜んで
④ 誇らしく堂々と
⑤ すがすがしい表情で

問2　傍線部A「そうした、暗い、望みのない明け暮れにも、私は凝と蹲ったまま、妻と一緒にすごした月日を回想することが多かった。」とあるが、それはどういうことか。その説明として最も適当なものを、次の①～⑤のうちから一つ選べ。解答番号は 15 。

① 生命の危機を感じさせる事態が続けざまに起こり恐怖にかられた「私」は、妻との思い出に逃避し安息を感じていた。
② 身近な人々の相次ぐ死に打ちのめされた「私」は、やがて妻との生活も思い出せなくなるのではないかとおびえていた。
③ 世の中の成り行きに閉塞感を覚えていた「私」は、妻と暮らした記憶によって生活への意欲を取り戻そうとしていた。
④ 戦局の悪化に伴って災いが次々に降りかかる状況を顧みず、「私」は亡き妻への思いにとらわれ続けていた。
⑤ 思うような連絡すら望めない状況にあっても、「私」は妻を思い出させるかつての交友関係にこだわり続けていた。

問3　傍線部B「何か笑いきれないものが、目に見えないところに残されているようでもあった」とあるが、「私」がこのとき推測した妻の心情はどのようなものか。その説明として最も適当なものを、次の①～⑤のうちから一つ選べ。解答番号は 16 。

① 魚芳たちが「になえつつ」を練習する様子に気のはやりがあらわで、そうした態度で軍務につくならば、彼らは生きて帰れないのではと不安がっている。

② 皆で明るく振る舞ってはいても、魚芳たちは「になえつつ」の練習をしているのであり、以前の平穏な日々が終わりつつあることを実感している。

③ 「になえつつ」の練習をしあう様子に、魚芳たちがいだく期待を感じ取りつつも、商売人として一人前になれなかった境遇にあわれみを覚えている。

④ 魚芳たちは熱心に練習してはいるものの、「になえつつ」の姿勢すらうまくできていないため、軍務についたら苦労するのではと懸念している。

⑤ 魚芳たちは将来の不安を紛らそうとして、騒ぎながら「になえつつ」の練習をしているのだが、そのふざけ方がやや度を越していると感じている。

問4　傍線部C「彼はかしこまったまま、台所のところの閾から一歩も内へ這入ろうとしないのであった」とあるが、魚芳は「私達」に対してどのような態度で接しようとしているか。その説明として最も適当なものを、次の①～⑤のうちから一つ選べ。解答番号は 17 。

① 戦時色が強まりつつある時期に、連絡せずに「私達」の家を訪問するのは兵長にふさわしくない行動だと気づき、改めて礼儀を重んじようとしている。

② 再び魚屋で仕事ができると思ってかつての勤め先に向かう途中に立ち寄ったので、台所から上がれという「私達」の勧めを丁重に断ろうとしている。

③ 「私達」に千葉に戻るのを楽しみだと言いつつ、除隊後新潟に帰郷したまま連絡を怠り、すぐに訪れなかったことに対する後ろめたさを隠そうとしている。

④ 「私達」と手紙で近況を報告しあっていたが、予想以上に病状が悪化している「妻」の姿を目の当たりにして驚き、これ以上迷惑をかけないようにしている。

⑤ 除隊後に軍服姿で「私達」を訪ね、姿勢を正して笑顔で対面しているが、かつて御用聞きと得意先であった間柄を今でもわきまえようとしている。

問5　本文中には「私」や「妻」あての手紙がいくつか登場する。それぞれの手紙を読むことをきっかけとして、「私」の感情はどのように動いていったか。その説明として最も適当なものを、次の①～⑤のうちから一つ選べ。解答番号は 18 。

① 妻の死亡通知に対する悔み状(2行目)を読んで、紋切型の文面からごく少数の知己とでさえ妻の死の悲しみを共有しえないことを知った。その後、満洲にいる魚芳から返信が来ないという些細なことが気掛かりになる。やがて魚芳とも悲しみを分かち合えないのではないかと悲観的な気持ちが強まった。

② 川瀬丈吉からの封書(10行目、84行目)を読んで、川瀬成吉が帰郷の一週間後に死亡していたことを知った。生前の魚芳との交流や彼の人柄を思い浮かべ、彼の死にやりきれなさを覚えていく。終戦後、汽車でしばしば見かけた疲弊して帰郷する青年の姿に、短い人生を終えた魚芳が重なって見えた。

③ 満洲から届いた便り(57行目)を読んで、魚芳が入営したことを知った。妻が送った防寒用の毛の帽子をかぶる魚芳の写真が届き(58行目)、新たな環境になじんだ様子を知る。だが、すぐに赴任先が変わったので、周囲に溶け込めず立場が悪くなったのではないかと心配になった。

④ 北支から届いた便り(60行目)を読んで、魚芳がもうすぐ除隊になることを知った。そこには千葉に戻って魚屋で働くことを楽しみにしているから帰ったらよろしくお願いするとあった。この言葉から、時局を顧みない楽天的な傾向が魚芳たちの世代に浸透しているような感覚にとらわれていった。

⑤ 新京から届いた便り(78行目)を読んで、川瀬成吉が満洲の吏員に就職したらしいことを知った。妻が内地での生活難を訴えると、それに対してまるで他人事のように語る返事が届いた。あれほど内地を恋しがっていたのに、役所に勤めた途端に内地への失望感を高めたことに不満を覚えた。

問6　この文章の表現に関する説明として**適当でないもの**を、次の①～⑥のうちから二つ選べ。ただし、解答の順序は問わない。解答番号は 19 ・ 20 。

① 1行目「魚芳」は川瀬成吉を指し、18行目の「魚芳」は魚屋の名前であることから、川瀬成吉が、彼の働いている店の名前で呼ばれている状況が推定できるように書かれている。

② 1行目「私は一九四四年の秋に妻を喪った」、13行目「私がはじめて魚芳を見たのは十二年前のことで」のように、要所で時を示し、いくつかの時点を行き来しつつ記述していることがわかるようにしている。

③ 18行目「ブラブラと」、22行目「ニコニコ」、27行目「のそのそと」、90行目「とぼとぼと」と、擬態語を用いて、人物や動物の様子をユーモラスに描いている。

④ 28～30行目に記された宿なし犬との関わりや51～56行目の鴨をめぐるエピソードを提示することで、魚芳の人柄を浮き彫りにしている。

⑤ 38行目「南風が吹き荒んでものを考えるには明るすぎる」という部分は、「午後」を修飾し、思索に適さない様子を印象的に描写している。

⑥ 57行目「私の妻は発病し」、60行目「妻の病気は二年三年と長びいていたが」、62行目「病妻」というように、妻の状況を断片的に示し、「私」の生活が次第に厳しくなっていったことを表している。

第3問　次の文章は『小夜衣《さよごろも》』の一節である。寂しい山里に祖母の尼上と暮らす姫君の噂《うわさ》を耳にした宮は、そこに通う宰相という女房に、姫君との仲を取り持ってほしいと訴えていた。本文は、偶然その山里を通りかかった宮が、ある庵《いおり》に目をとめた場面から始まる。これを読んで、後の問い（問1〜6）に答えよ。（配点　50）

「ここはいづくぞ」と、御供の人々に問ひ給《たま》へば、「雲林院《うりんゐん》(注1)と申す所に侍《はべ》る」と申すに、御耳とどまりて、宰相が通ふ所にやと、このほどはここにとこそ聞きしか、いづくならんと、(ア)ゆかしくおぼしめして、御車をとどめて見出《みい》だし給へるに、いづくもおなじ卯《う》の花とはいひながら、垣根続きも玉川(注2)の心地して、ほととぎすの初音も心尽くさぬあたりにやと、ゆかしくおぼしめされて、夕暮れのほどなれば、(イ)やをら葦垣《あしがき》の隙《ひま》より、格子《かうし》などの見ゆるをのぞき給へば、こなたは仏の御前と見えて、閼伽棚《あかだな》(注3)ささやかにて、妻戸・格子(注4)なども押しやりて、樒《しきみ》(注5)の花青やかに散りて、花奉るとて、からからと鳴るほども、このかたのいとなみも、この世にてもつれづれならず、後《のち》の世はまたいと頼もしきぞかし。このかたは心にとどまることなれば、Aうらやましく見給へり。あぢきなき世に、かくても住まほしく、御目とまりて見え給へるに、童《わらは》べの姿もあまた見ゆる中に、かの宰相のもとなる童べもあるは、ここにや、とおぼしめせば、御供なる兵衛督《ひやうゑのかみ》といふを召し給ひて、「宰相の君はこれにて侍るにや」と、対面すべきよし聞こえ給へり。驚きて、「いかがし侍るべき。宮の、これまで尋ね入《い》らせ給へるにこそ。かたじけなく侍り」とて、いそぎ出でたり。仏のかたはらの南面に、おましなどひきつくろひて、入れ**a**奉る。

うち笑み給ひて、「このほど尋ね聞こゆれば、このわたりにものし**b**給ふなど聞きて、これまで分け入り侍る心ざし、おぼし知れ」など仰せらるれば、「げに、かたじけなく尋ね入らせ給へる御心ざしこそ、かたはらいたく侍れ。老い人(注6)の、限りにわづらひ**c**侍るほどに、見果て侍らんとて、籠《こ》もりて」など申すに、「さやうにおはしますらん、不便《ふびん》に侍り。その御心地もうけたまはらんとて、わざと参りぬるを」など仰せらるれば、内へ入りて、「かうかうの仰せ言こそ侍れ」と**d**聞こえ給へば、「さる者ありと御耳に入りて、老いの果てに、かかるめでたき御恵みをうけたまはるこそ、ながらへ侍る命も、今はうれしく、この世の面目とおぼえ侍れ。Bつてならでこそ申すべく侍るに、かく弱々しき心地に」など、たえだえ聞こえたるも、いとあらまほしと聞き給へり。

人々、のぞきて見奉るに、はなやかにさし出でたる夕月夜に、うちふるまひ給へるけはひ、似るものなくめでたし。山の端より月の光のかかやき出でたるやうなる御有様、目もおよばず。艶《つや》も色もこぼるばかりなる御衣《ぞ》に、直衣《なほし》はかなく(ウ)重なれるあはひも、いづくに加はれるきよらにかあらん、この世の人の染め出だしたるとも見えず、常の色とも見えぬさま、文目《あやめ》もげにめづらかなり。わろきだに見ならはぬ心地なるに、「世にはかかる人もおはしましけり」と、めでまどひあへり。げに、姫君に並べまほしく、C笑みゐたり。宮は、所の有様など御覧ずるに、ほかにはさまかはりて見ゆ。人少なくしめじめとして、ここにもの思はしからん人の住みたらん心細さなど、あはれにおぼしめされて、そぞろにものがなしく、御袖もうちしほたれ給ひつつ、宰相にも、「かまへて、かひあるさまに聞こえなし給へ」など語らひて帰り給ふを、人々も名残多くおぼゆ。

(注) 1 雲林院――都の郊外にあった寺。姫君は尼上とともにこの寺の一角にある寂しい庵で暮らしている。
2 玉川の心地して――卯の花の名所である玉川を見るような心地がして。
3 閼伽棚――仏前に供える水や花などを置くための棚。
4 妻戸――出入り口に付ける両開きの板戸。
5 樒――仏前に供えられることの多い植物。
6 老い人――ここでは、尼上を指す。

問1　傍線部(ア)〜(ウ)の解釈として最も適当なものを、次の各群の①〜⑤のうちから、それぞれ一つずつ選べ。解答番号は 21 〜 23 。

(ア)　ゆかしくおぼしめして 21
① いぶかしくお思いになって
② もどかしくお思い申し上げて
③ 知りたくお思いになって
④ 縁起が悪いとお思いになって
⑤ 会いたいとお思い申し上げて

(イ)　やをら 22
① 急いで
② 静かに
③ かろうじて
④ まじまじと
⑤ そのまま

(ウ)　重なれるあはひ 23
① 重なる様子
② 重ねた風情
③ 重なった瞬間
④ 重なっている色合い
⑤ 重ねている着こなし

問2　波線部a～dの敬語は、それぞれ誰に対する敬意を示しているか。その組合せとして正しいものを、次の①～⑤のうちから一つ選べ。解答番号は 24 。

① a 宮　b 宰相　c 宮　d 老い人
② a 宮　b 宰相　c 老い人　d 宮
③ a 宮　b 宮　c 宮　d 老い人
④ a 宰相　b 宮　c 老い人　d 宮
⑤ a 宰相　b 宰相　c 老い人　d 老い人

問3　傍線部A「うらやましく見給へり」とあるが、宮は何に対してうらやましく思っているか。その説明として最も適当なものを、次の①～⑤のうちから一つ選べ。解答番号は 25 。

① 味気ない俗世から離れ、極楽浄土のように楽しく暮らすことのできるこの山里の日常をうらやましく思っている。
② 姫君と来世までも添い遂げようと心に決めているので、いつも姫君のそばにいる人たちをうらやましく思っている。
③ 仏事にいそしむことで現世でも充実感があり来世にも希望が持てる、この庵での生活をうらやましく思っている。
④ 鳥の鳴き声や美しい花に囲まれた庵で、来世のことを考えずに暮らすことのできる姫君をうらやましく思っている。
⑤ 自由に行動できない身分である自分と異なり、いつでも山里を訪れることのできる宰相をうらやましく思っている。

問4 傍線部B「つてならでこそ申すべく侍るに」とあるが、尼上はどのような思いからこのように述べたのか。その説明として最も適当なものを、次の①～⑤のうちから一つ選べ。解答番号は 26 。

① 病気のためにかなわないが、本来であれば直接自分が姫君と宮との仲を取り持って、二人をお引き合わせ申し上げるべきだ、という思い。

② 長生きしたおかげで、幸いにも高貴な宮の来訪を受ける機会に恵まれたので、この折に姫君のことを直接ご相談申し上げたい、という思い。

③ 老いの身で宮から多大な援助をいただけることはもったいないことなので、宰相を介さず直接お受け取り申し上げるべきだ、という思い。

④ 今のような弱々しい状態ではなく、元気なうちに宮にお目にかかって、仏道について直接お教え申し上げたかった、という思い。

⑤ 宮が自分のような者を気にとめて見舞いに来られたことは実に畏《おそ》れ多いことであり、直接ご挨拶申し上げるべきだ、という思い。

問5　傍線部C「笑みゐたり」とあるが、この時の女房たちの心情についての説明として最も適当なものを、次の①～⑤のうちから一つ選べ。解答番号は 27 。

① 普段から上質な衣装は見慣れているが宮の衣装の美しさには感心し、姫君の衣装と比べてみたいと興奮している。

② 月光に照らされた宮の美しさを目の当たりにし、姫君と宮が結婚したらどんなにすばらしいだろうと期待している。

③ 宮が噂以上の美しさであったことに圧倒され、姫君が宮を見たらきっと驚くだろうと想像して心おどらせている。

④ 山里の生活を宮に見せることで仏道に導き、姫君とそろって出家するように仕向けることができたと喜んでいる。

⑤ これまで平凡な男とさえ縁談がなかった姫君と、このようなすばらしい宮が釣り合うはずがないとあきれている。

問6　この文章の内容に関する説明として最も適当なものを、次の①～⑤のうちから一つ選べ。解答番号は 28 。

① 宮は山里の庵を訪ねた折、葦垣のすきまから仏事にいそしむ美しい女性の姿を見た。この人こそ噂に聞いていた姫君に違いないと確信した宮は、すぐに対面の場を設けるよう宰相に依頼した。

② 宮の突然の来訪に驚いた宰相は、兵衛督を呼んで、どのように対応すればよいか尋ねた。そして大急ぎで出迎えて、宮に失礼のないように席などを整え、尼上と姫君がいる南向きの部屋に案内した。

③ 重篤の身である尼上は、宰相を通じて自分の亡き後のことを宮に頼んだ。姫君についても大切に後見するよう懇願された宮は、姫君との関係が自らの望む方向に進んでいきそうな予感を覚えた。

④ 宮の美しさはあたかも山里を照らす月のようで、周囲の女房たちは、これまでに見たことがないほどだと驚嘆した。一方宮はこの静かな山里で出家し、姫君とともに暮らしたいと思うようになった。

⑤ 宮は山里を去るにあたり、このような寂しい場所で暮らしている姫君に同情し、必ず姫君に引き合わせてほしいと宰相に言い残した。女房たちは宮のすばらしさを思い、その余韻にひたっていた。

第4問　次に挙げるのは、六朝時代の詩人謝霊運《しゃれいうん》の五言詩である。名門貴族の出身でありながら、都で志を果たせなかった彼は、疲れた心身を癒やすため故郷に帰り、自分が暮らす住居を建てた。これはその住居の様子を詠んだ詩である。これを読んで、後の問い（問1～6）に答えよ。なお、設問の都合で返り点・送り仮名を省いたところがある。（配点　50）

(注1)樵《せう》隠(ア)倶在ルモレ山ニ　A (注2)由来事不同

不同非一事　(注3)養《やまひ》フモレ痾《やまひ》ヲ亦タ園(注4)中

園中屏《しりぞ》ケ二氛《ふん》(注5)雑ヲ一　清《せい》(注6)曠《くわう》招ク二遠風ヲ一

B (注7)卜《ぼく》シテレ室ヲ倚《よ》リ二北阜《をか》ニ一　啓《ひら》キテレ扉ヲ面ス二南江《かは》ニ一

激《せきと》メテレ澗《たにがは》ヲ代ヘレ汲《く》ムニレ井ニ　挿《う》ヱテレ槿《むくげ》ヲ当ツレ列《つらな》ルニレ墉《かき》ニ

群木既ニ羅《つらな》リレ戸ニ　衆山亦タ対スレ【C】

D (注8)靡《び》迤《い》トシテ趨《おもむ》キ二下田ニ一　(注9)迢《てう》遞《てい》トシテ瞰《み》ル二高峰ヲ一

(イ)寡レ欲ヲ不レ期セレ労ヲ　即シテレ事ニ(注10)罕《まれ》ナリ二人ノ功一

E

唯ダ開キ二(注11)蔣《しやう》生《せい》ノ径《みち》ヲ一　永ク懐《おも》フ二(注12)求《きう》羊《やう》ノ蹤《あと》ヲ一

(注13)賞心不レ可レカラ忘ル　(注14)妙善冀《こひねが》ハクハ能《よ》ク同《とも》ニセンコトヲ

(『文選《もんぜん》』による)

(注)
1　樵隠――木こりと隠者。
2　由来――理由。
3　養レ痾――都の生活で疲れた心身を癒やす。
4　園中――庭園のある住居。
5　氛雑――俗世のわずらわしさ。
6　清曠――清らかで広々とした空間。
7　卜レ室――土地の吉凶を占って住居を建てる場所を決めること。
8　靡迤――うねうねと連なり続くさま。
9　迢逓――はるか遠いさま。
10　罕ニ人功一――人の手をかけ過ぎない。
11　蔣生――漢の蔣詡《く》のこと。自宅の庭に小道を作って友人たちを招いた。
12　求羊――求仲と羊仲のこと。二人は蔣詡の親友であった。
13　賞心――美しい風景をめでる心。
14　妙善――この上ない幸福。

問1　波線部(ア)「倶」・(イ)「寡」のここでの読み方として最も適当なものを、次の各群の①～⑤のうちから、それぞれ一つずつ選べ。解答番号は 29 ・ 30 。

(ア)「倶」 29
① たまたま
② つぶさに
③ すでに
④ そぞろに
⑤ ともに

(イ)「寡」 30
① いつはりて
② つのりて
③ すくなくして
④ がへんじて
⑤ あづけて

問2　傍線部A「由来事不同、不同非一事」について、(a)返り点の付け方と、(b)書き下し文との組合せとして最も適当なものを、次の①～⑤のうちから一つ選べ。解答番号は［31］。

① (a) 由来事不㆑同、不㆑同㆑非㆓一事㆒　(b) 由来事は同じからず、一事を非とするを同じうせず

② (a) 由来事不㆑同、不㆑同非㆓一事㆒　(b) 由来事は同じからず、同じからざるは一事に非ず

③ (a) 由来事不㆑同、不㆑同㆓非㆑一事㆒　(b) 由来事は同じうせず、一に非ざる事を同じうせず

④ (a) 由来事不㆑同、不㆑同㆑非一㆑事　(b) 由来事は同じうせず、非を同じうせずんば事を一にす

⑤ (a) 由来事不㆑同、不㆑同㆓非一事㆒　(b) 由来事は同じうせず、非とするは一事に同じからず

問3　傍線部B「トレ室倚ニ北皐一、啓レ扉面ニ南江一、激レ澗代レ汲レ井、挿レ槿当レ列レ墉」を模式的に示したとき、住居の設備と周辺の景物の配置として最も適当なものを、次の①～④のうちから一つ選べ。解答番号は 32 。

①

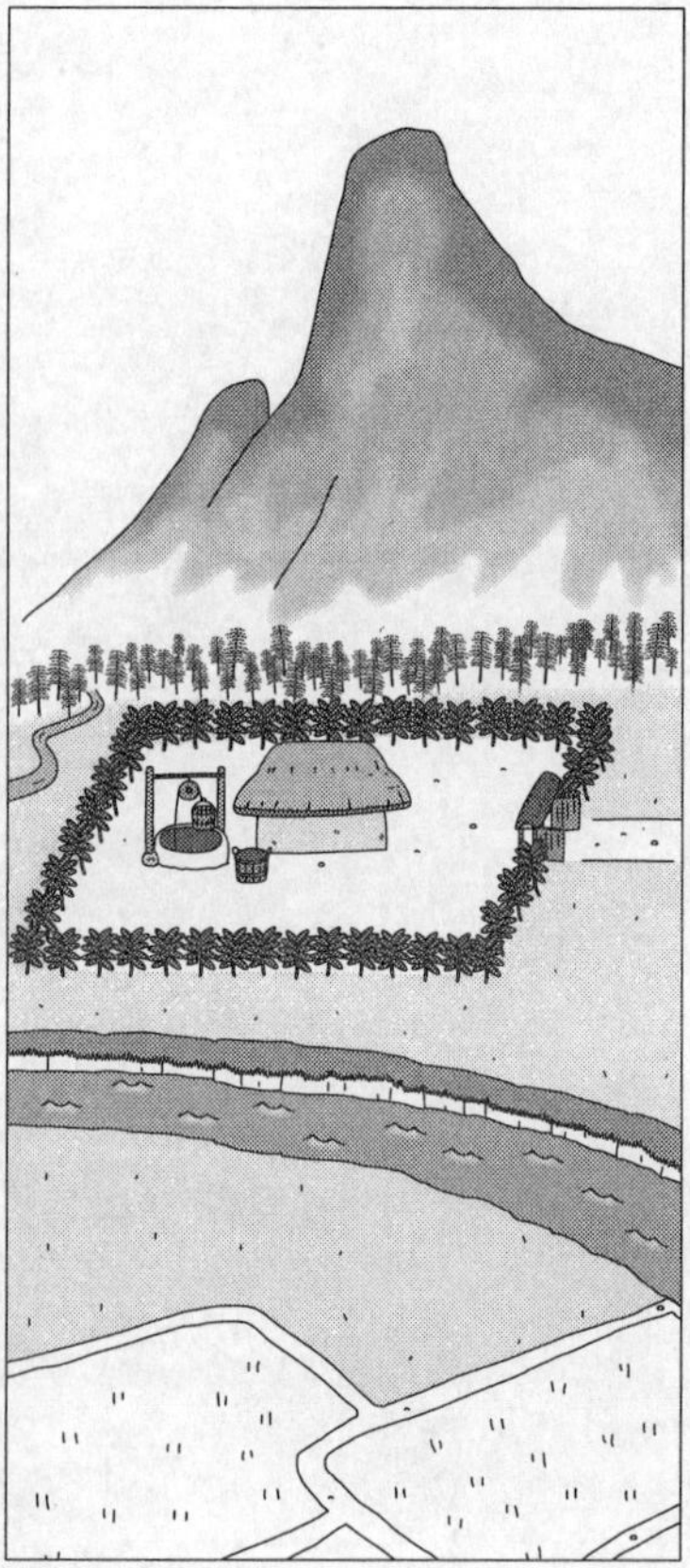

②

④

③

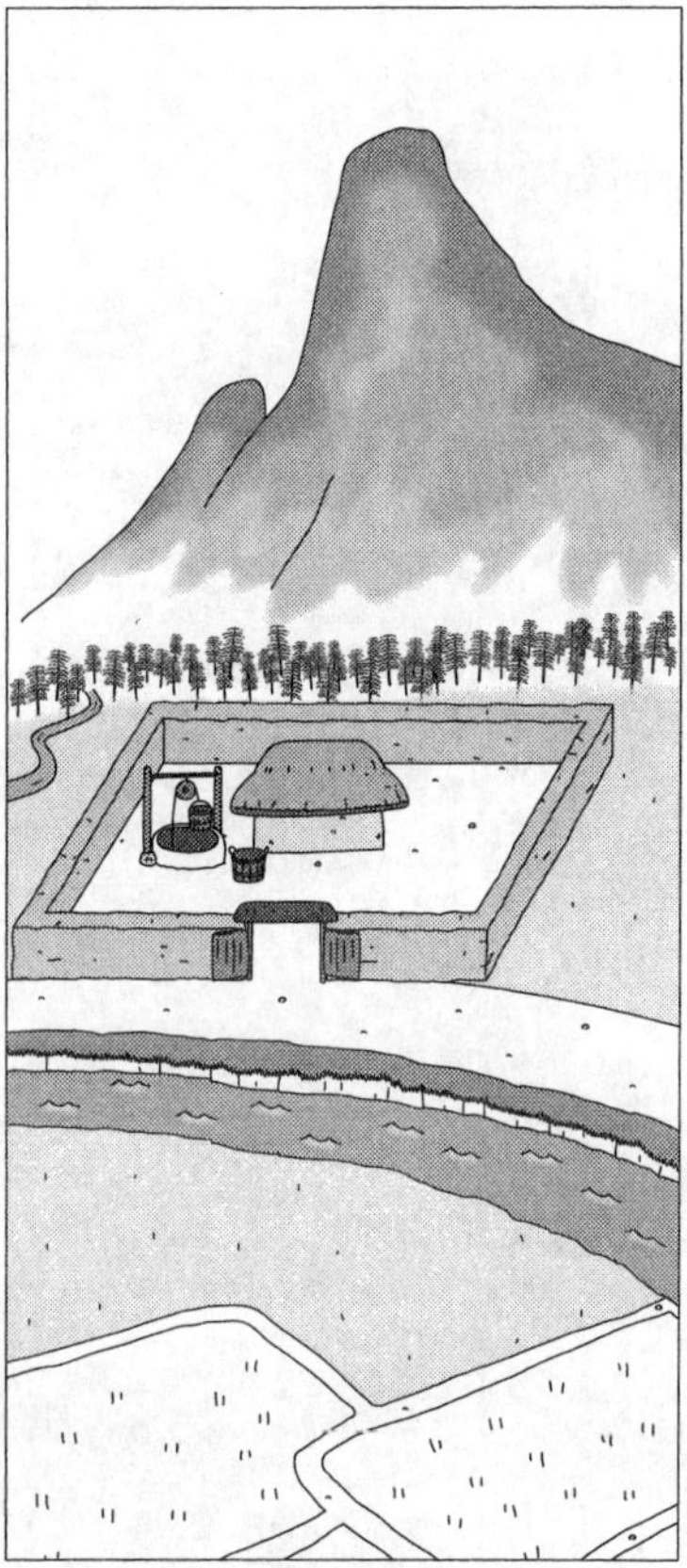

問4　空欄 C に入る文字として最も適当なものを、次の①～⑤のうちから一つ選べ。解答番号は 33 。

① 窓
② 空
③ 虹
④ 門
⑤ 月

問5　傍線部D「靡迤趨二下田一、迢遰瞰二高峰一」の表現に関する説明として**適当でないもの**を、次の①～⑤のうちから一つ選べ。解答番号は 34 。

① 「靡迤《びい》」という音の響きの近い語の連続が、「下田に趨《おもむ》く」という動作とつながることによって、山のふもとの田園風景がどこまでも続いていることが強調されている。

② 「靡迤として」続いている田園風景と「迢遰《てうてい》として」はるか遠くに見える山々とが対句として構成されることによって、住居の周辺が俗世を離れた清らかな場所であることが表現されている。

③ 「迢遰」という音の響きの近い語の連続が、「高峰を瞰《み》る」という動作とつながることによって、山々がはるか遠くのすがすがしい存在であることが強調されている。

④ 山のふもとに広がる「下田」とはるか遠くの「高峰」とが対句として構成されることによって、この詩の風景が、垂直方向だけでなく水平方向にものびやかに表現されている。

⑤ 「趨く」と「瞰る」という二つの動詞が対句として構成されることによって、田畑を耕作する世俗のいとなみが、作者にとって高い山々をながめやるように遠いものとなったことが強調されている。

問6　傍線部E「賞心不レ可レ忘、妙善冀能同」とあるが、作者がこの詩の結びに込めた心情はどのようなものか。その説明として最も適当なものを、次の①～⑤のうちから一つ選べ。解答番号は 35 。

① 美しい風景も、漢の蔣生と求仲・羊仲のように、親しい仲間と一緒にながめると、さまざまな見方を教わることがあるので、立派な人格者である我が友人たちよ、どうか遠慮なく何でも言ってください。

② 美しい風景は、漢の蔣生と求仲・羊仲のように、親しい仲間と一緒にながめても、その評価は決して一致しないので、立派な人格者である我が友人たちよ、どうか私のことはそっとしておいてください。

③ 美しい風景は、漢の蔣生と求仲・羊仲のように、親しい仲間と一緒にながめてこそ、その苦心が報われるものなので、立派な人格者である我が友人たちよ、どうか我が家のことを皆に伝えてください。

④ 美しい風景は、漢の蔣生と求仲・羊仲のように、親しい仲間と一緒にながめてこそ、その楽しさがしみじみと味わえるものなので、立派な人格者である我が友人たちよ、どうか我が家においでください。

⑤ 美しい風景も、漢の蔣生と求仲・羊仲のように、親しい仲間と一緒にながめないと、永遠に称賛されることはないので、立派な人格者である我が友人たちよ、どうか我が家を時々思い出してください。

国　語

（2020年 1 月実施）

80分　200点

追試験
2020

国語

（解答番号 1 ～ 35 ）

第1問

次の文章を読んで、後の問い（問1～6）に答えよ。なお、設問の都合で本文の段落に[1]～[13]の番号を付してある。

（配点　50）

[1] そもそも、ロボットはヒューマノイド（注1）であるべきかどうか、という問いは、われわれヒューマノイドロボット研究者に、常に投げかけられていると言っていい。確かに、労働の代替としての性能を突き詰めると、人間としての形より、性能に特化した形のほうが有利である。たとえば、食器洗いをするだけの目的であれば、ヒューマノイドロボットによって、一枚一枚お皿を洗うよりも、大型の食洗器を使うほうが効率的である。人間のように複雑な構造をしていれば、当然壊れやすく、故障も多い。もっとも典型的なのが身体の移動で、移動速度や、エネルギー効率を考えると、二足歩行よりは、車輪移動のほうがはるかに優れている。その意味で、人間っぽいロボットの必要性はない、と考えることもできるだろう。では、ヒューマノイドロボットを研究する必然性は何だろう。

[2] 人間が入れないような災害現場にロボットが入る場合、状況はあらかじめ想定できない。ロボットは未知の現場に行き、そこで作業をしなければならない。ある特定の作業に特化して設計されたロボットの場合、災害現場のような環境では、あらかじめ想定された作業がそのままできる場合はよいが、想定されない状況になったときに、それに適当に対応できるかどうかは、まったく予想できない。あらかじめ、状況をできるだけたくさん想定し、対応するハードウエアとプログラムをつくっておけばいいじゃないか、と考えるかもしれないが、あらかじめ想定できる状況は限られており、想定外のことは常に起こりうるということを考えれば、根本的な解決にはなりそうにない。ロボットを外部から遠隔操作することによって状況の変化に対処することも考えられるが、ロボットを操作するオペレーターが、あらかじめ作業に特化して設計されたようなロボットを、上手に使うことができるかどうかもわからない。

[3] 一方で、ロボットが人間らしい形をしていれば、ひょっとすると、オペレーターが実際にその現場に行った気分になって（実際にバーチャルリアリティー（仮想現実感）の技術を使えば、それを実現することは可能である）、自分がどのように対処す

るかというノウハウを、直接ロボットに投影することができるかもしれない。状況をあらかじめ想定する代わりに、オペレーターの適応能力に(ア)マカせてしまおう、という考え方である。ロボットとオペレーターが同じ構造をしていれば、オペレーターは、あたかも自分の身体を使うように操作できることが期待される。たとえば、腕をどんな(イ)カクドにして壁を押せば大きな力が出るか、あるいはできるだけ手先を早く動かすことができるかは、自分の経験から想像した結果を、ほぼ信用することができる。一方で、ロボットの身体構造がオペレーターと大きく違う場合には、たとえば、できるだけ大きな力を出したいと思っても、どのような姿勢をとればよいかが直感的にわからず、うまく使いこなすには時間がかかるだろう。とくに、オペレーターがロボットについて、技術的にあまりくわしくない場合、どうやればうまく力を出すことができるかを、すぐに体得するのは難しい。ロボットが自律的に動く場合でも、災害現場がビルなどの人工物であった場合、その環境はもともと人間にとって使いやすいものであった可能性が高いため、人間の形をすることが有利に働く場合もあるだろう。

4 労働は、必ずしも物理的な仕事だけではない。人間そっくりの外観をしたアンドロイド(注2)が肩代わりする労働は、接客や応対である。人間の代わりに、人間に対するサービスを提供するのであるから、代替という意味で、ヒューマノイドロボットと定義することは自然である。しかし実際に、人間そっくりのフウ(ウ)ボウを持つアンドロイドをつくることは、本当に必要なのだろうか。たとえば、モニターにアバター(仮想的なキャラクター)を映し出すほうが、コストは低いし、変更などの使い勝手もよい。おそらく、そのときにもっとも問題となるのは、ロボット、あるいはアバターの、人間としての存在感ではないだろうか。しかし、人間としての存在感が、実体のどの部分にもっとも(エ)ケンチョに表れるかがわからないとすると、人間全体を複製してしまう、という方向で正解なのだろう。**A**ヒューマノイドとしての人間っぽさは、実は、未知の環境(ここでは、災害現場やコミュニケーション相手の人)への適応性と強い関係があるのではないだろうか、と考えることができる。

5 外観が人間そっくりのアンドロイドには、このような接触や応対といった労働の代替という意味のほかに、非常に重要な役割がある。外見がとてもよく似ていても、アンドロイドは人間とは違う。では、その違いがどのくらいあれば、コミュニケーション相手の人間にとって違和感があり、どこまで同じであれば、違和感がないのだろうか。外見が同じならいいのだろうか、それとも動きが重要なのだろうか。外見が酷似していると、かえってちょっとした違いから、大きな違和感を覚えるという心理的な効果は「不気味の谷」と呼ばれている。この谷の深さは、アンドロイドの外見や、運動をコントロールすることによって測ることができるかもしれない。このように、人間を調べるためのツールとしてヒューマノイドロボットを使うという考え方は、労働の代替とは違う、新しい考え方である。

6 人間に限らず、生物が、どうしてある行動を取るかのからくりを調べるために、その生物そっくりのロボットをつくり、その内部構造を考えることによって、生物の情報処理あるいは知能を知ろうという研究がある。このような研究を、生物の「構成論的研究」という。

7 スイス・チューリッヒ大学のロルフ・ファイファー教授とレディガー・ヴェナー教授がつくったB砂漠アリのモデルロボット「サハボット」は、その一例である。両教授は、砂漠に住むアリが自分の巣穴から出て餌を探し、まっすぐに巣穴に戻ることができる能力が、どのようにアリの内部にプログラムされているかを研究していた。このように、自分自身の場所を知り、目的の場所まで移動することを「ナビゲーション」と呼ぶが、砂漠でのナビゲーションは、木や草、石ころがある環境でのそれに比べて、目印が少ないという意味で、はるかに難しい。もし、アリの周りに、モク(オ)ヒョウとなるものがいろいろあれば、それらの場所を頼りに、自分の巣に帰ることができそうだが、砂漠の場合、周りに目立ったものがほとんどない。アリが、自分の通った道筋に目印になるフェロモン(注3)を残し、それをたどってナビゲーションする、ということも知られているが、砂漠アリの場合、フェロモンを地面に残そうとしても、砂が風に飛ばされて、あっというまにわからなくなる。

8 生物学者の研究によると、砂漠アリには、太陽の偏光(注4)を感じるセンサーがあり、これをもとに巣穴に対する自分の位置を知ると言われている。砂漠の中では太陽光には事欠かないので、この仮説は正しいように思われるし、実際に偏光を観測することができるセンサーがアリにあることも観察されている。そこで、偏光を用いたアリのナビゲーションのメカニズムをくわしく知るために、両教授がつくったのが、砂漠アリの観測システムをまねたサハボットである。

9 サハボットには、車輪の回転量を測るセンサー、周りを見渡すことができる全方位センサーと、いくつかの偏光センサーが取り付けられており、それぞれアリの持っているセンサーを模擬している。このロボットが、実際に砂漠で自分の位置を知り、目的の場所に移動する「プログラム」を実現するために、教授たちは、アリの脳内に見つかっている神経を模擬した、ニューラルネットワーク（神経回路）を使った。そして、いくつかの異なった偏光方向を持つ偏光センサーの値を、このネットワークに入力し、実際にロボットが、どの方向を向いているか知ることができるかを試した。

10 その結果、もともとアリで見つかっていたネットワークだけでは、どうやってもロボットの方向を完全に決めることができないということと、あるニューロン(注5)を加えることでそれが解決できるということがわかった。実際、後日のアリの解剖研究によって、それまでは知られていなかったこのニューロンが、存在することがわかったのである。

11 人間の場合も、この砂漠アリの構成論的研究のように、ロボットをつくることによって、人間の知能が、どのように実現されるかを知ることができる可能性がある。これが人間の構成論的研究であり、そのために使われるロボットは、人間の知能的な行動を再現することができるヒューマノイドである。人間のある機能を備えたヒューマノイドをつくり、それを人間と同じ環境に置いて、さまざまな振る舞いをつくり込む。つくり込む過程で、当初は考えていなかった、人間が持つ環境に関するある特徴を利用しないとその振る舞いが実現できないことがわかれば、ロボットをつくることを通して人間の振る舞いの原理を知ることになる。あるいは、人間と同じ環境内で学習するようなヒューマノイドロボットの場合、どのような学習過程を経るかを観察することによって、人間の学習についての新しい知見が得られるかもしれない。行動をつくり込んだり、学習させたりした結果と、人間で観測されている事実を突き合わせて、人間の知能に関する新しい知見を得ることができる。

12 ここで、環境とはもちろん、コミュニケーションする相手も含んでいる。環境の一部に人間を含んでいるようなシステムの場合、ロボットにどのような外見をつくり込めば、ロボットを人間らしく感じるのだろうか。あるいは、どのくらい内部のプログラムをつくり込めば、それを見た人間が、ロボットを人間と錯覚してしまうのだろうか。このように、構成論的な研究に用いられるロボットは、これまでのロボットのように、人間の代わりに労働するだけでなく、人間を知るための道具として用いられることになる。

13 これまで開発されてきた産業用ロボットは、人間の使う道具の延長に過ぎず、制御される対象でしかなかった。設計者がロボットに役に立つ行動をプログラムし、あらかじめ理論でわかっていることを物理的に実現して、労働を代行する、その対象でしかなかった。しかし、構成論的研究のために用いられるヒューマノイドロボットは、人間を知るための科学的なツールとしての役割を果たす。その意味で、C構成論的研究に用いられるロボットは、ロボットの新しい方向性であると考えることができる。

（細田《ほそだ》耕《こう》『柔らかヒューマノイド』による）

（注）1 ヒューマノイド――人間の形をしたもの、あるいは人間の形をした、の意。

2 アンドロイド――人間の形をしたロボット。

3 フェロモン――動物の体内でつくられ、体外に放出されて同種の他の個体の行動や発育に影響を与える物質。

4 偏光――特定の方向にのみ振動している光。

5 ニューロン――神経細胞。神経系の構成単位。

問1　傍線部(ア)〜(オ)に相当する漢字を含むものを、次の各群の①〜⑤のうちから、それぞれ一つずつ選べ。解答番号は［1］〜［5］。

(ア)　マカせて［1］
①　海外にフニンする
②　ニンタイの限界に達する
③　第一子をニンシンする
④　占いでニンソウを見る
⑤　資格をニンテイする

(イ)　カクド［2］
①　教育制度をカイカクする
②　トウカクを現す
③　農作物をシュウカクする
④　カクギで政策を決定する
⑤　製品のキカクを統一する

(ウ)　フウボウ［3］
①　ムボウな計画を立てる
②　将棋の王座をボウエイする
③　都市の景観がヘンボウする
④　裁判をボウチョウする
⑤　資源がケツボウする

(エ)　ケンチョ［4］
①　国民の期待をソウケンに担う
②　ケンギョウ農家が増える
③　鉄棒でケンスイをする
④　自己ケンジ欲が強い
⑤　ケンキョに反省する

(オ)　モクヒョウ［5］
①　道路ヒョウシキを設置する
②　シャツをヒョウハクする
③　転んだヒョウシにけがをする
④　サービスにテイヒョウがある
⑤　ジヒョウを提出する

問2　傍線部A「ヒューマノイドとしての人間っぽさは、実は、未知の環境(ここでは、災害現場やコミュニケーション相手の人)への適応性と強い関係があるのではないだろうか」とあるが、筆者がそのように考えるのはなぜか。その理由として**適当でないもの**を、次の①～⑤のうちから一つ選べ。解答番号は［6］。

① 災害現場において、特定の作業に特化したロボットでは想定外の出来事に対応できないが、人間と同じ構造にすればロボット自身が自律的に状況に適応できるはずだから。

② 人間とロボットの形が近ければ、あらゆる状況を想定したハードウエアとプログラムを準備できなくても、様子のわからない現場での対応をオペレーターに委ねることが可能だから。

③ ロボットの腕などの形がオペレーターと同じ構造になっていれば、オペレーターは未知の状況でも自分の身体を動かす経験に基づいて直感的に操作できることが期待できるから。

④ ロボットが自律して動く場合、現場が人工物であればその環境は人間に合わせて設計されている可能性が高いため、ヒューマノイドロボットが有利に行動できるであろうから。

⑤ 接客に携わるロボットには人間としての存在感を持つことが求められるが、それがどこに表れるのかわからないため、人間全体を複製すればどこかに存在感が示されると思われるから。

問3　傍線部B「砂漠アリのモデルロボット『サハボット』は、その一例である」とあるが、サハボットを用いた実験の成果についての説明として最も適当なものを、次の①～⑤のうちから一つ選べ。解答番号は 7 。

① サハボットの実験により、生物学者が想定していた以上にアリのナビゲーションシステムは独特だとわかり、アリにしか存在しないニューロンが関与していることが確認された。ロボットの研究がアリの知能の理解に貢献したといえる。

② サハボットの実験により、ロボットの電子的なネットワークだけではアリの行動を再現できず、生物学者の研究が示唆する偏光センサーが必要であるとわかった。アリについての生物学的研究がロボットの観測システムの高度化に貢献したといえる。

③ サハボットの実験により、ロボットの動きをアリにできるだけ近づけるためには、アリが脳内に持つニューロンの多様な機能を可能な限り分類することが必要だとわかった。ロボットの研究がアリの内部構造の理解に貢献したといえる。

④ サハボットの実験により、従来のロボットのナビゲーションシステムには欠陥があったが、アリの観測システムを模倣することでより精度の高いものへと改善できるとわかった。アリの生物学的研究がロボットの情報処理の高度化に貢献したといえる。

⑤ サハボットの実験により、アリの脳内にある既知の神経を模したネットワークではうまくロボットをナビゲーションできないとわかり、未知の細胞がアリから発見されることにつながった。ロボットの研究がアリの情報処理の理解に貢献したといえる。

問4　傍線部C「構成論的研究に用いられるロボットは、ロボットの新しい方向性であると考えることができる」とあるが、それはなぜか。その説明として最も適当なものを、次の①～⑤のうちから一つ選べ。解答番号は 8 。

① これまでのロボットは、プログラムどおりに行動するものでしかなかった。これに対し、構成論的研究に用いられるロボットは、対象の振る舞いを模倣するようにプログラムや外見をつくり込むことで、ロボットについての新しい知識を得るツールであるから。

② これまでのロボットは、人間の道具の延長となり、労働を代行するものでしかなかった。これに対し、構成論的研究に用いられるロボットは、模倣対象の動きや知能を再現し分析することによって、その対象についての新しい知見を得るツールであるから。

③ これまでのロボットは、人間に制御される対象としてのみ見られてきた。これに対し、構成論的研究に用いられるロボットは、ロボットが自律的に学習して動くプログラムを制作することによって、人間をサポートする新しい知性を開発するツールであるから。

④ これまでのロボットは、人間の労働を代替する存在としてのみ捉えられてきた。これに対し、構成論的研究に用いられるロボットは、人間と同じ環境にロボットを置き、人間とロボットが協働することによって両者の新しい関係性を研究するツールであるから。

⑤ これまでのロボットは、形状よりも効率を重視して開発されるだけであった。これに対し、構成論的研究に用いられるロボットは、対象の構造やメカニズムを検証することで、未知の環境にも柔軟に適応できるような新しい形状を探究するツールであるから。

問5　次に示すのは、本文を読んだ後に、五人の生徒が話し合っている場面である。本文の趣旨と**異なる発言**を、次の①～⑤のうちから一つ選べ。解答番号は 9 。

① 生徒A――筆者は、人間に似たヒューマノイドロボットを研究する必要性を問題にしていたね。ロボットの外見が人間に似てくると、ちょっとした違いから不気味に感じられることがあるというのはよくわかるし、そういう違和感は、外見だけでなく、動きにもかかわっているよ。

② 生徒B――でも、人間そっくりではなくても、モニター上のアバターに人間らしさを感じることがあるよ。その理由はどこにあるのだろう。人間らしい動きが重要なのかな。ヒューマノイドロボットをつくるのは技術的に高度で、お金がかかるけど、モニターに映し出すアバターなら費用もかからないし、簡単につくり直すこともできるしね。

③ 生徒C――人間らしさということでいえば、外見や動きの問題だけではなく、知能の問題にも関わるよね。人間と同じ環境で、人間のように振る舞うヒューマノイドロボットをつくるとしたら、人間の知能的な行動を再現して試すことになるわけだから。

④ 生徒D――知能のことを考える場合、ロボットが人間とどれくらい自然にコミュニケーションできるようになるかがポイントになるよね。人間を相手にコミュニケーションを繰り返すことで、ロボットが人間の知能をよりよく模倣できるようになるんじゃないかな。

⑤ 生徒E――たしかに、コミュニケーションも含めて、実際の人間と同じような環境でロボットを行動させたり学習させたりすることに触れていたね。ロボットがどのような外見になれば不気味に見えなくなるかや、どのように振る舞えば人間に近づくかがわかるとすれば、それらもこれからのロボット研究が持つ可能性ということになりそうだね。

問6 この文章の表現と構成について、次の(i)・(ii)の問いに答えよ。

(i) この文章の表現に関する説明として最も適当なものを、次の①～④のうちから一つ選べ。解答番号は 10 。

① 1 段落の冒頭の「そもそも」は、後に続く問いについて、果たして真剣に考える意義があるのだろうか、と疑いを示すことで読者の気持ちを代弁している。

② 4 段落の第6文の「人間としての存在感ではないだろうか」は、「問題となるのは人間としての存在感ではない」という筆者の主張を控えめに主張している。

③ 8 段落の第2文の「正しいように思われる」は、第1文で紹介した仮説は正しいと判断しているが、断言することは留保した表現である。

④ 12 段落の第3文の「あるいは」は、ここでは前後の「のだろうか」で終わる二つの疑問について、どちらがより重要か読者に考えさせる働きがある。

(ii) この文章の構成に関する説明として最も適当なものを、次の①～④のうちから一つ選べ。解答番号は 11 。

① ヒューマノイドロボットの意義について、2、3段落で例が紹介された後、4段落でそれらとは大きく異なる観点が導入される。7段落からは実験が紹介され、11段落以降で1段落の問題意識に対して批判を行いながら回答している。

② ヒューマノイドロボットの意義について、2、3、4段落で例が紹介された後、5段落でそれらとは大きく異なる観点が導入される。7段落からは実験が紹介され、11段落以降で1段落の問題意識に対して批判を行いながら回答している。

③ ヒューマノイドロボットの意義について、2、3段落で例が紹介された後、4段落でそれらとは大きく異なる観点が導入される。7段落からは実験が紹介され、11段落以降で1段落の問題意識に対して例を示しながら回答している。

④ ヒューマノイドロボットの意義について、2、3、4段落で例が紹介された後、5段落でそれらとは大きく異なる観点が導入される。7段落からは実験が紹介され、11段落以降で1段落の問題意識に対して例を示しながら回答している。

第2問　次の文章は、稲葉真弓《いなばまゆみ》「水の中のザクロ」(一九九九年発表)の一節である。「私」は、東京都内にある二十四時間営業の入浴・娯楽施設「ケンコウランド」に通っている。ある日、そこに客として寝泊まりし、常連客から〝大阪のおばあちゃん〟と呼ばれて親しまれている老女が、施設内でずっと使っているロッカーの前に座り込んで紙袋の中を探っているのを見かける。以下はそれに続く場面である。これを読んで、後の問い(**問1〜6**)に答えよ。なお、設問の都合で本文の上に行数を付してある。(配点　50)

「何、捜しているの、おばあちゃん」声をかけてもうつむいたままで、返事がなかった。捜しものは袋の中にあるのではなく、複雑に絡み合った記憶の糸の奥にあるようでもあった。紙袋の中につっこまれた手はあてもなく、ただ、内側を掻《か》きむしっているだけだ。それでもようやく顔を上げると、おばあちゃんは言った。

「なくてもええようなもんなんやけど……どないしたんかいなあ、女学校のときから持ち歩いとった花のしおりなんやけど」

言いながら、おばあちゃんの顔には、自分でもそれが確かなのかどうか疑っているらしい、影のようなものが差している。

開きっぱなしのロッカーの中には、びっしりと物が詰まっていた。畳まれた白い下着は下の段に、パイプを渡した中段のハンガーには、折り畳んだ地味な色の着物を、四方洗濯バサミで留めて、皺《しわ》ひとつなくかけてあった。上の段には何が入っているのか、デパートの紙袋が押し込まれていた。ロッカーの扉の裏面は、まるでピンナップボード(注1)だった。紐《ひも》でつるしたノートのようなもの、小さなネジ類や突起物にひっかけた老眼鏡やハンカチ、薬を入れた袋もぶらさがっていた。マグネットで留めたメモもある。扉についている小さな鏡の下には、数本のヘアピンと、若い頃の自分の顔写真がセロハンテープで貼りつけてあった。合理的で無駄のない生活が、そのまま見える見事な内部だった。

「昔なあ」おばあちゃんは床に座り込んだまま、だれに言うでもなく言った。

「五つか六つの頃やったか、震災があってな、東京は燃えてしもたけど、関西はどういうこともなかってな、みんな東京の子供に送ったろいうて、たくさん花のしおりを作ったもんやで。慰問袋(注2)や衣類の間に入れてな、そうそう、布団を送る会というのもあったいう話や。そのしおりなんや。あんまりきれいやから、うちもお守りがほしい言うて、母親に手伝ってもらって作ったんを、ずっとバッグの中にいれてなぁ、持っとったんやけど」

　大正十二年の関東大震災の時に五つか六つということは、おばあちゃんは八十歳を過ぎていることになる。五つか六つの子供に花のしおりが作れるものかどうか、それを七十数年もの間持ち歩いていたという話にしても(ア)首をかしげる気分はあったが、おばあちゃんの記憶の混乱はいつものことだ。震災、震災と言うので、先ごろの阪神大震災(注3)のことかと思って聞いていたら、じつは関東大震災の話が混在していて、それが突然、また阪神大震災の話につながっていくので、聞いているうちにわけがわからなくなったと笑っていた女もいた。

　ときに薄明かりが差すように、おばあちゃんの記憶は遠い過去に戻る。今と昔とが何の違和感もなく混じり合う瞬間もあるらしく、薄明かりは差し込んだり、ふいに消えたり、その運動の帰結はわからないまま、おばあちゃんの中を行き来していた。A脈絡も、つじつまの有無も頓着せずに話しているおばあちゃんを見るたびに、私の脳裏には決まって母のことが浮かんでくる。母にもそういう瞬間が何度かあったからだ。

　晩年病んで、田舎に住むことを諦めた母は、上京してからほとんどの荷物を開かなかった。記憶の混乱がわかっていたからか、見たくはないものがあったからなのか、いつまでも積み上げたままだった。私の住むマンションには、納戸めいた小部屋があった。そこに荷物を入れて、当座必要なものだけを開けたのだが、開けて出したもののすべてを小さな箱に仕分けをし、さらに段ボール紙で仕切りを作って整理するという念の入れようだった。ことに母が丹念に整理したのが、たくさんの薬類だった。自分で作った箱の仕切りのひとつひとつに、まるでお雛《ひな》様のように並べては、「これは高血圧の薬、こっちは風邪薬、これは催眠剤、この黄色いのは抗鬱剤、白いカプセルは胃腸薬」。便秘薬も利尿剤もあった。しかも、何という名前の錠剤でどんな効用があるのか、細かいメモを添えてあった。あれは、薬の名前と効用を記憶するためのものではなく、老いてからの病歴をそれとなく私に知らせるための行為だったのかもしれない。年月の中で衰えていった器官の、順序の確認の作業のようでもあった。

　母は結局病院で、意識が混濁した状態で最期を迎えたが、死ぬときまで荷物の扱いは変わらなかった。段ボール箱を開くこともなかったし、整理を促しても「開かなくても分かっているから」とそっけなかった。

田舎を離れたときの自分の気持ちが、娘の部屋でぬるぬると出てくる、それに耐えられなかったのか、田舎をひきずるのがいやだったのか、それとも整理しきれないであろう時間の残りをそれとなく覚悟していたのか。

一緒に母と暮らすことを決めたのは、病んでからの田舎の日々が(イ)のっぴきならないものになっていたからだった。一度転んでアキレス腱《けん》をいためてから、身の回りのことがほとんどできなくなった。そのときすでに母は発病していたはずだが、私にも縁者にも言わなかった。病気を知られたくないというよりも、口に出すのが恐《こわ》かったのだろう。

部屋の中に放心したまま座りこみ、食事は昼と夜の二度、町の福祉課のサービスを頼っていた。ガスは危険なので、湯はポットで沸かす。家の中の行き来は台所とトイレだけ。人に体を触れられるのがいやだと言って、福祉サービスの人が入浴の支度に来ても、断わることが何度もあったという。

東京に来てからも母の日常は変わらなかった。体を動かすのがおっくうだと、たいていキッチンの椅子に座り込みテレビを見るか、ベッドに横になってうとうとと眠る。母が病んだのは脳だったが、それは急激なダメージを受けるものではなく、ひどく緩慢に、ほとんど目に見えない速度で細胞を破壊していた。

老いと病の中で、自分の体が破壊されていくのを待つだけの母でも、最後のあがきはあった。どこにそんな力が残っていたのか、二度、マンションの近辺で行方不明になった。足腰が不自由なうえろくに地理もわからないのに、ささいなきっかけで心が動き出し、ふらりと外に出てあとは混乱状態になる。一度目は、上京した翌年の夏のことで、マンションから歩いて十分ほどの民家の庭に入りこみ、朝顔の花をむしっているところを発見された。駆けつけたとき、母の手も顔も服も朝顔の汁でまだらに染まっていた。きれいだったから、欲しくなった。これで色水を作るのよと母は言った。

もう一度は入院する前に、これもマンションに近いマーケットの化粧品売り場で、陳列してある化粧品の蓋を手当り次第に開けているところを保護された。オイルや香水で濡れた手を無邪気に眺めながら、母は昔使っていた〝ベルベット〟というお白粉《しろい》を探していたと言った。ベルベット、いや、ドルフィン……ドルックスだったかね。母の記憶はたえず変容する。思い出しかけて言葉につまり、苦く寂しい顔になった。

ためこむことが安心を誘うところがあったのだろう、昔から次々と生命保険に入り、郵便局や銀行や信用金庫に通帳を作り、株を買うのが好きだった。その株のことも、ついに晩年口にしなかったし、唯一の趣味といえる古裂《こぎれ》(注4)や骨董《こっとう》についても忘れたふりをしていた。箱を開けば執着が生まれるという自戒が働いたのか、「もういいよ。みんなあんたにあげる」と言った。

東京に来てから、母はほとんど愚痴めいたことを言わなかったが、たったひとつだけ、具合が悪くなってから、田舎でよく見たという話をした。**B**それはいつも同じ夢で、いつも同じ終わり方をするのだった。

だれかがじっと布団の傍らに座って私を見ている。畳から少し浮いているときもある。だれだろうと思ってじっと覗《のぞ》き見るのだが、着物に見覚えがあってもどうしても顔だけが見えない。妙なことに自分も一緒に浮いているようでもある。そのうちにはっと気付いて「あれは……」と人の名前を口にしかけると、決まって目が覚める。けれどもその夢は少しも恐くはない。むしろ懐かしいような、温かいような、腹の底が膨らんでくる感覚で身がよじれそうになる。ああ見た、また見たと誰かに報告したいぬくもりの中で目が覚めてみると、妙にあとは白々としている。思いだしかけた名前もさっぱり思いだせない。

そんなふうに母は説明した。

慣れない場所と空間のせいだろう、母の気分は今日はこちらに、別の日には別のものに(ウ)とりとめもなく動き続けた。私の部屋で使うさして高価ではないティーカップの、金とブルーの花模様を「ああ、きれいだ、こんなきれいなカップは見たことがない。田舎にはこういうものはないよ」としつこく誉《ほ》めるので、「新しいのを買ってあげる。ブルーがいいの。それとも花柄?」と尋ねると、途端に興味をなくしたように首を振る。

自分の結婚式のときに作った丸帯のことを執拗《しつよう》に口にする日もあった。「あれをあんたに仕立て直してみたらどうだろうね。いい帯になるよ」以前目にしたことのある記念の帯は、何ヵ所か虫に食われ、仕立て直しも難しい状態になっていたはずだが、まだ大切に持ち歩いているのだろう。東京で仕事に明け暮れるうちに四十代になり、結婚する気もない一人娘に、母はまだ晴れ着を着せることを夢見ているらしかった。

何が母の意識を刺激するのか、その時になってみないとわからない。旅行雑誌、ＰＲ誌、雑貨類を集めた若い女性向けのムック(注5)などを、年に何冊か定期的に引き受けている私のかたわらにきて、積み上げてある資料や写真、観光案内書などを手に取ることもあった。ここはどこ？　ここに行ったのかい？　石の町だね。この町は今もあるんだろうか？と話しかけたり、ひなびた山間の村の写真を見つけたときは、突然ひきつれた声で泣き出した。村がダムの底に沈んだと知ったからだが、写真に写っている村の家々の屋根をいつまでも撫《な》でながら、捨てたらいかん、捨てたらいかん。梁《はり》も屋根もダイコクさん(大黒柱のことを母はいつもそう呼んでいた)もオクドさん(注6)も、お井戸さんもみんなみんな、かわいそうになあ、とつぶやくのだ。

東京で娘と暮らすために人に預けた田舎の家が、幻の声となって母を呼んでいるのが見えるようだった。捨ててはいかんと泣く母は、自分もまた家を捨てたことを思いだし、身悶《みもだ》える。そんな母のかたわらで、私は食事を作り、眠る前の薬を飲ませ、入れ歯をブラシで洗ってやる。

石の町にもダムのある村にも私は行かなかった。岩山が崩れる音や、石切り場に響く鋭い金属音、あるいは藁葺《わらぶき》屋根にそよぐペンペン草やタンポポなどに心ひかれることがあっても、ついに東京を離れることができなかった。そうして六年が過ぎ、母は病院で死んだ。〝大阪のおばあちゃん〟を見ていると、母が田舎から東京に持ってきた、箱詰めの荷物のことを思う。C開くことがなかったのは、開かなくても見えていたからだった。あとは私の部屋で見聞きするものだけに、心の浮き沈みを託していた。石の町に庭の石を重ね、ダム底に沈んだという村に自分と家との年月を重ね、母は泣いた。恨みとか諦めとかではなかったような気がする。母が泣いたのは、捨てたものの中にまだ命が流れているのを知っていたからではなかっただろうか。田舎での一人暮らしを支えたものは、雑草だらけの庭であり、古びた家だった。庭で野菜を作り、蘭《らん》を育て、サツキを植え、冬になれば障子を張り替え、夏になれば井戸に必ず消毒剤を放りこみ、正月前には大黒柱を丹念に拭いた。

見知らぬ他人の中に身を沈めるには、いったいどれほどのものを捨てればいいのだろう。幅二十センチのロッカーに収まるだけの記憶の量がいったいどれほどの重みなのか、私には咄嗟《とっさ》に想像できない。けれども、七十年以上も前の花のしおりと震災が、今もおばあちゃんの中に浮き沈みし、ロッカーを開けさせる。母がわずかな荷物に昔を託したように、幅二十センチのロッカーの中にも人には見えないものがぎっしりと詰まっているような気がする。

私はにこにこと笑いながら廊下を歩いていくおばあちゃんの、花柄ガウンの裾を見ている。D肩に力を入れて背筋を立て、立ち止まり、意識的に歩こうとしている姿を目にすると、朝顔や化粧品に向かってやみくもに歩き出した母の晩年の歩行が、いやでも思い出された。

（注）
1 ピンナップボード――写真などをピンで留めて貼るための板。
2 慰問袋――被災者を見舞うために日用品や娯楽品を入れて送る袋。
3 阪神大震災――一九九五年の兵庫県南部地震によって引き起こされた阪神・淡路大震災。
4 古裂――古く中国などから入ってきた装飾的な布地。
5 ムック――雑誌と書籍の中間的な体裁の出版物。「私」は雑誌やこうした出版物の記事執筆や編集に関わる仕事をしている。
6 オクドさん――「くど」のこと。火をたいて煮たきをするための設備。かまど。

問1　傍線部(ア)〜(ウ)の本文中における意味として最も適当なものを、次の各群の①〜⑤のうちから、それぞれ一つずつ選べ。解答番号は 12 〜 14 。

(ア) 首をかしげる気分 12
① 話の詳細がわからずとまどう気持ち
② その行為に共感しにくいという気持ち
③ 本当かどうか疑わしいと思う気持ち
④ 嘘に違いないと否定する気持ち
⑤ 自慢気な話を不快に感じる気持ち

(イ) のっぴきならない 13
① 放っておくとどうにもならない
② どうしても避けることのできない
③ 煩わしく思えてならない
④ 本人の思うとおりにならない
⑤ 人並みの生活を維持できない

(ウ) とりとめもなく 14
① 昼も夜もとどまることなく
② 他人にはわからない理由で
③ 目的や方向性が定まらないまま
④ 自分の気持ちを抑えることなく
⑤ 平常心を失って見苦しく

問2　傍線部A「脈絡も、つじつまの有無も頓着せずに話しているおばあちゃん」とあるが、「私」には、この〝大阪のおばあちゃん〟がどのように見えているか。その説明として最も適当なものを、次の①～⑤のうちから一つ選べ。解答番号は 15 。

① ロッカーの中にぎっちりと物を詰め込んでおり、その一つ一つに関して、にせの記憶が混ざった筋道の怪しい物語を創作し、ケンコウランドで親しく交流する客たちに話して回っている。

② 現在の生活に必要な物はきちんと整理をして暮らしているものの、過去の体験を順序だてて記憶しているわけではなく、他の客たちとの対話を手がかりとして、子ども時代の記憶をよみがえらせようと懸命に試みている。

③ 母親に手伝ってもらって花のしおりを作った少女時代の幸福な記憶を追想するために、一人で紙袋の中を捜していたが、「私」や他の客にもその美しさを見てほしくて、しおりの由来を無邪気に話している。

④ ときどき自分でも記憶の確かさに軽い疑いをもつようで、交流のあるケンコウランドの客たちを当惑させながらも、話の一貫性や整合性をあまり気にかけることなく、折々の心の動きをそのまま口にしている。

⑤ 関東大震災と阪神大震災の記憶が入り混じることは自分でも承知しているが、自分自身にとってはどちらも大切な記憶なのだと開き直って、恐れることなく自分の感じるままの物語を人々に話して聞かせている。

問3　傍線部B「それはいつも同じ夢で、いつも同じ終わり方をするのだった。」とあるが、この夢は母にとってどのようなものであったか。その説明として最も適当なものを、次の①～⑤のうちから一つ選べ。解答番号は 16 。

① 夢は母の記憶と想像の交錯を表し、母に記憶を整理する煩わしさを感じさせた。一方で孤独が慰められたことを母は誰かに訴えたいと思うが、目覚めるとそう思ったことが苦々しくなるようなものであった。

② 夢は母の過去と現在の断絶を表し、母に失われた記憶を確認する苦痛や幸福だった過去への執着を感じさせた。母は夢の内容を誰かに語りたいと思うが、目覚めるとそう思ったことがばかばかしくなるようなものであった。

③ 夢は母の記憶の部分的な欠如を表し、母に記憶を取り戻せないもどかしさや懐旧の情を覚えさせた。母は繰り返し見る夢について誰かに話したいと思うが、目覚めるとそうした気持ちもさめてしまうようなものであった。

④ 夢は母の不安定な心理状態を表し、母に過去を思い出すことへの抵抗を感じさせた。また宙に浮くという不思議な体験を母は誰かに教えたいと思うが、目覚めるとそうした気持ちも興ざめしてしまうようなものであった。

⑤ 夢は母の記憶の日常的な混濁を表し、母に記憶が曖昧なことへの不安や望郷の念を覚えさせた。母は何度も同じ夢を見たことを誰かに知らせたいと思うが、目覚めるとそう思ったことも忘れてしまうようなものであった。

問4　傍線部C「開くことがなかったのは、開かなくても見えていたからだった。あとは私の部屋で見聞きするものだけに、心の浮き沈みを託していた。」とあるが、「私」は母の状況や心情をどのように考えているか。その説明として最も適当なものを、次の①～⑤のうちから一つ選べ。解答番号は 17 。

① 母には、箱の中身よりも、それらにまつわる記憶が大事だった。東京の生活ではあえて箱の中を見ずに、日々見聞きするものによって、華やいだ気分になったり昔を思い出して動揺したりする。さらに、長い間一人暮らしを支えてくれた家も庭もまだ生きているのに、それらを捨てて東京に来たことにひどく心を痛めてもいた。

② 母は、箱の中を見なくても、自分の持ち物をすべて把握していた。箱を開けずに中身を想像することで、幸せだった昔に思いをはせたり記憶のつじつまを合わせようと苦労したりする。だが、娘の持ち物によって田舎の家や庭を思い出し、それらが自分の記憶の中で生きていることを確認して慰められてもいた。

③ 母は、荷物を見ると執着が生まれることを知っていたので、箱を開けなかった。東京に来てからは慣れ親しんだ家や庭の存在を忘れていたのに、娘の部屋でそれらを連想するものを見聞きして、温かい気持ちになったり田舎に帰りたくなったりする。同時に、病の悪化を理由に田舎から逃げ出したことを後ろめたく思ってもいた。

④ 母には、箱の中の物に関する思い出ではなく、娘と過ごす時間や新しい記憶が必要だった。娘と暮らすうちに、身の回りの世話をしてくれる娘の優しさに触れて喜んだり、自分を病人扱いする何気ない娘の言動に傷ついたりする。一方で、長年ともに過ごした家や庭にも命があって、それらが娘を選んだ自分を責めていると感じていた。

⑤ 母は、箱を開くと記憶が混乱することがわかっていたので、箱の中を見ようとしなかった。娘との生活でさまざまなものを見聞きし、自分の老いや病を認めざるをえず苦しんだり、娘の存在に安心したりする。また、田舎での一人暮らしを思い出し、住み慣れた家や庭が恋しくなって、娘に説得されて東京に来たことを後悔していた。

問5　傍線部**D**「肩に力を入れて背筋を立て、立ち止まり、意識的に歩こうとしている姿を目にすると、朝顔や化粧品に向かってやみくもに歩き出した母の晩年の歩行が、いやでも思い出された。」とある。「私」は〝大阪のおばあちゃん〟を見かけるたびに亡き母を想起させられているが、「私」には二人の姿がどのように感じられているのか。文章全体を踏まえて、その説明として最も適当なものを、次の①～⑤のうちから一つ選べ。解答番号は 18 。

① 幅二十センチのロッカーの中には入っているはずもない遠い昔の花のしおりを捜している〝大阪のおばあちゃん〟と、娘の家に持ち込んだ荷物を開けないことで田舎の家や骨董品を忘れないように努めていた母とは、記憶の混線をものともせず過去を現在に再生させる点で、重なり合っているように感じられている。

② 記憶の混乱によって周囲を驚かせる点で二人は重なり合うものの、思い出のすべてをロッカーの中に管理してこれ以上混乱しないように気を張って生きている〝大阪のおばあちゃん〟と、老いや病のために田舎の家や昔懐かしいものへの欲望を抑えきれずに発作的な行動をとることがあった母とは、対照的な老年の姿だと感じられている。

③ ケンコウランドの不特定多数の客に愛されて元気に暮らす〝大阪のおばあちゃん〟と、足腰が不自由なうえに脳を病んで田舎の夢を繰り返し見続けた母とは対照的であるが、花のしおりやティーカップ、山間の村の写真などの、過去の幸福な記憶につながるささやかで美しい物によって晩年の生活を楽しむ点で、二人は重なり合うと感じられている。

④ 記憶が混乱しているという周囲の噂を強気に振り払いながら縁者のいないケンコウランドで悠々と生きている〝大阪のおばあちゃん〟と、身内である娘の家に移ってからも田舎の家や庭を捨てたことを後悔し続けて、田舎から持参した箱を開けないことで過去の記憶を守ろうとした母とは、同年代の女性でありながら対照的だと感じられている。

⑤ ケンコウランドで他人と交わって暮らす〝大阪のおばあちゃん〟と、娘の家に引きこもった母とは対照的な晩年であるにもかかわらず、物が詰まったロッカーや開かれないままの段ボール箱に象徴されるような遠い過去の記憶が何かのはずみに浮かび上がり、ときに周囲をとまどわせる言動を見せる点で、二人が重なり合って感じられている。

問6　この文章の表現に関する説明として適当なものを、次の①～⑥のうちから二つ選べ。ただし、解答の順序は問わない。解答番号は 19 ・ 20 。

① 5行目「影のようなものが」、8行目「紐でつるしたノートのようなもの」、18行目「作れるものかどうか」の「もの」は、視覚でとらえられるものを指している。

② 32行目「あれは」の「あれ」は、生前の母がいくつもの薬を丁寧に整理し並べていたことを指す。「これ」や「それ」ではなく「あれ」を使うことで、「私」の記憶がかなり薄れ、ぼんやりとしか思い出せないことが表されている。

③ 36行目にある「ぬるぬると」という擬態語は、一般的には物の表面が粘液でおおわれて滑りやすい様子を表す。ここでは、田舎を離れたときの記憶が生々しく呼び覚まされていくことに対する不快な気持ちが表されている。

④ 40行目「恐かったのだろう」や56行目「あったのだろう」の「のだろう」は、事柄の事情や理由を推し量る表現である。どちらも、直前の文で描写される母の言動の理由を推し量ったものになっている。

⑤ 82行目の「そんな」で始まる文では、「私」が母に対して行った動作について、「飲ませ」という使役の表現や「洗ってやる」という恩恵を施す意味の表現が使われている。これらの表現は、当時の「私」が母を煩わしく思い、冷淡で高圧的な態度で世話していたことを示している。

⑥ 90行目の「庭で野菜を作り」で始まる文では、「作り」「育て」など動詞の連用形がいくつも重ねられ、「拭いた」と結ばれている。これは、母の日常生活の様子を具体的に示すことで、母の「田舎での一人暮らしを支えた」ものが「庭」と「家」であったことを強調したものである。

第3問

次の文章は『桃の園生《そのふ》』の一節である。謹慎中の弁（「頭弁《とうのべん》」「男君」）は恋人の左京（「女」）に手紙を何通も送ったが、何者かのいたずらで、手紙は左京にほとんど届かず、弁に届けられた返信も多くは偽物であった。本文は弁の謹慎が解け、このいたずらを知らない二人が対面するところから始まる。これを読んで、後の問い（問1～6）に答えよ。（配点　50）

頭弁は思《おぼ》しやる方《かた》あまたあれど、まづ左京が許《もと》に行きて気色《けしき》見給《たま》ふに、ありしに変はることなく、（注1）また人になれける中の衣（注2）ともなく、うらなければ、心おちゐて思ふものから、日頃の文《ふみ》の心得がたかりしも、絶え間も恨めしう思ひけるなめりとおぼえて、(ア)いとどらうたく、こまやかにうち語らひ **a** 給ふ。女は、「（注3）影踏むばかりのほども、逢坂《あふさか》こそかたからめ、文をさへ通はし給はぬ勿来《なこそ》の関の恨めしう」と、にくからぬさまにうちかすめ（注4）、怨《ゑん》じ聞こゆるに、弁、「そは我こそ恨みをも聞こえめ。さしもおぼつかなからず、日ごとにものしつるを、あさはかにも思しなして、いつもあやしげにかこちなし給ひ、あひ思さざりつるが、かひなくのみ思《おも》ひしものを」と、まめだち給へば、女、「**A** いとまがまがしうも」とて、

「**I**　徒《いたづ》らに文も通はぬ中檜垣《なかひがき》隔つる君が心とぞ見し

移《うつ》し心《ごころ》はげに、色ことなりけり」と言ふに、弁、「(イ)あやなくおぼめき給ひけりな。さらば賜《たま》ひつる文あまた所狭《ところせ》げにてあるを、今見せ奉らん」とのたまふに、女もいぶかしう、「さらに知らず。僅《はつ》かに二度《ふたたび》三度《みたび》ばかり」など言ひて、弁の文取り出《い》でたり。ここら書き尽くし給ふは、ゆめなくて、三つばかりのみなり。いとあやしう、いかなることぞと胸うち騒ぎて思ひめぐらすに、論無《ろんな》う使ひの心をさなく、もてたがへつるなめり、さても何方《いつかた》にかものせしと、いとどやすからずおぼゆれど、すべなければ、明日その主殿司《とのもづかさ》に問ひてこそ、まことそらごとあきらめめとて、言ひさしつつ、「我はつゆ忘るることもなかりしを」と**B** うち泣きて、

「**II**　君を思ひ日《け》長くなりぬ夢にだに見ずてここだも恋ひし渡れば（注5）

常《つね》忘られず」などあはれなるさまに聞こえなし給ふ。女、

「**III**　幾夜《いくよ》かも涙の床《とこ》をはらひ侘《わ》びしをれし衣かへしてぞ寝し（注6）

月立つまでに」と言ふも、心苦しければ、「今はな思しそ。さらに途絶えあるまじう、目離《か》れず見え b 奉らんとこそ思へ」と慰め
て、男君、
「Ⅳ (注7)さきくありてあひ見そめてし若草の妻(注8)はしきやし離《か》れず通はん
(注9)その長浜に」と聞こえ給ふ。
またの日《ひ》、ありつる文使ひの主殿司、密《みそ》かなる所に呼びて問ひ c 給ふに、聞こえやらん方なくてゐたり。さすがに公達《きんだち》のし
給ふことなどは、えも言ひやらず、この君のけはひもわづらはしう、まめやかに侘びあへり。弁、あらはにも言はねど、やうや
う公達のしわざなりと心得給ひ、頭中将《とうのちゆうじやう》こそかかるをこの振る舞ひはせめ、異人《ことひと》は(ウ)所置くやうもありなんと、推し当てに
思ひ寄るに、妬《ねた》きこと限りなし。やがて頭中将の方に、文書き給ふ。
「Ⅴ 秋風の日に日に通ふ雁《かり》(注10)が音《ね》を君が使ひと我が思はなくに
いと世づかぬ御心なん珍しう」とあり。頭中将いぶかしう見給ひけるが、やがて C 心得給ひ、侍従・少将などの、さかしら(注11)にせ
しことをほの知りて、我に思ひ寄りつるなめりと、をかしきものから、わづらはしうて、
「Ⅵ おぼつかな夕霧わたるみそらには通はん雁の声も絶えつる
いとあやしう、さらにいかなることとも思ひ給へ寄られ d 侍らずなん」と聞こえ給ふ。

（注）
1　また人――他の人。
2　中の衣――ここでは、打ち解けない心の意。
3　影踏むばかりのほども、逢坂こそかたからめ、文をさへ通はし給はぬ勿来の関の恨めしう――訪れることは難しいだろうが、手紙すらくださらないのは恨めしくの意。
4　うちかすめ――それとなく言い。
5　ここだも――たくさん。
6　衣かへしてぞ寝し――衣を裏返しにして寝ると恋人の夢が見られるという俗信を踏まえた表現。
7　さきくありて――幸せなことに。
8　はしきやし――いとおしいなあ。
9　その長浜に――ここでは、これからずっとの意。
10　雁が音――ここでは、手紙を指す。
11　さかしらに――ここでは、悪ふざけでの意。

問1　傍線部(ア)〜(ウ)の解釈として最も適当なものを、次の各群の①〜⑤のうちから、それぞれ一つずつ選べ。解答番号は［21］〜［23］。

(ア)　いとどらうたく　［21］

① とても安心して
② たいそう申し訳なく
③ ひどく不安で
④ いっそういとおしく
⑤ ますます本心を知りたくて

(イ)　あやなくおぼめき給ひけりな　［22］

① 無礼にも私のせいになさったよ
② 理不尽にもとぼけなさったよ
③ あやうく信じそうになりましたよ
④ ふがいないと思わないでくださいよ
⑤ 苦し紛れにいいわけなさったよ

(ウ)　所置くやうもありなん　［23］

① 場所がらをわきまえた判断もあってほしい
② もっと気をつかう余裕もあってほしい
③ きっと遠慮することもあるだろう
④ 適切な行動をする配慮もあっただろう
⑤ 気詰まりなところもあるに違いない

問2　波線部a～dの敬語は、それぞれ誰に対する敬意を示しているか。その組合せとして正しいものを、次の①～⑤のうちから一つ選べ。解答番号は 24 。

① a 弁　b 左京　c 主殿司　d 弁
② a 弁　b 左京　c 弁　d 弁
③ a 弁　b 弁　c 弁　d 頭中将
④ a 左京　b 弁　c 主殿司　d 頭中将
⑤ a 左京　b 弁　c 左京　d 弁

問3　傍線部A「いとまがまがしうも」とあるが、このときの左京の心情についての説明として最も適当なものを、次の①～⑤のうちから一つ選べ。解答番号は 25 。

① 弁の方こそ心が離れているのにそのことを認めず、逆に私を責める恨み言まで言うのをにくらしいと思っている。
② 私のことなどもう気にかけていないはずなのに、弁が口先だけで愛情を訴えてくることを気味が悪いと思っている。
③ 手紙が来ないので弁への思いは断ち切っていたのに、今になって言い寄ってきたことをわずらわしいと思っている。
④ 私がこれほど弁を愛しているのに、謹慎明けの弁が遠慮から本心を明かさないのをもどかしいと思っている。
⑤ 会えなかった間のつらさを訴えているのに、弁がまったく聞く耳を持ってくれないのを悲しいと思っている。

問4　傍線部B「うち泣きて」とあるが、このときの弁の心中はどのようなものであったか。その説明として最も適当なものを、次の①～⑤のうちから一つ選べ。解答番号は 26 。

① 左京との間に生じていた誤解はすべて手紙の行き違いによるものであったと判明したことで、安心している。

② 以前よりも愛情が薄れたことを左京に見抜かれそうになり、動揺を隠しながらうまいいわけを考えている。

③ 主殿司に尋ねても手紙が紛失した原因はわからないだろうと思い、真相を明らかにすることを断念している。

④ 手紙が届かなかった理由は知りたいが、それよりも左京に愛情を伝えたいという思いの方が強くなっている。

⑤ 左京の心がすでに離れてしまっていたことを知って傷つき、なんとか愛情を取り戻そうと必死になっている。

問5　傍線部C「心得給ひ」とあるが、頭中将は何を心得たのか。その説明として最も適当なものを、次の①～⑤のうちから一つ選べ。解答番号は 27 。

① 頭中将が手紙に関するいたずらの首謀者であると、侍従や少将が弁に白状したということ。
② 頭中将が左京と深い仲だということを、侍従や少将が弁に教えてしまったということ。
③ 侍従や少将からいたずらが過ぎると思われている頭中将に、弁が同情しているということ。
④ 手紙に関するいたずらの真相を頭中将に解明してほしいと、弁が期待しているということ。
⑤ 手紙に関するいたずらは頭中将のしわざであると、弁が思い込んでいるということ。

問6　Ⅰ〜Ⅵの和歌のやりとりに関する説明として最も適当なものを、次の①〜⑤のうちから一つ選べ。解答番号は 28 。

① Ⅰで手紙が来ないのはあなたの心が離れたからなのではないかと左京が弁を非難したのに対し、Ⅱで弁は手紙が届いていないとは夢にも思っていなかったと弁明した。

② Ⅰで左京が弁に心変わりを伝えたのに対し、Ⅱで弁はあなたのことをこれからも愛し続けると訴えたが、Ⅲで左京はこれ以上悲しい思いをさせられるのはつらいと拒絶した。

③ Ⅱで弁は会えない間に左京の愛情が薄れたのではないかと疑ったが、Ⅲで左京はせめて夢の中だけでも会いたいと願っていたのにと反論したため、Ⅳで弁は愛情を伝えて慰めた。

④ Ⅲであなたのことが恋しくて幾夜も泣いて過ごしたと左京が弁に思いを伝えたのに対し、Ⅳで弁はあなたのもとにずっと通い続けると訴えて左京を安心させようとした。

⑤ Ⅴで左京のもとに手紙が届かなかった理由を知らないかと弁が頭中将に尋ねたのに対し、Ⅵで頭中将は自分も気になってはいるが全く心当たりがないと返事をした。

第4問

次の文章は清の章学誠《しょうがくせい》が読書について述べたものである。これを読んで、後の問い（問1〜6）に答えよ。なお、設問の都合で返り点・送り仮名を省いたところがある。（配点　50）

A

読ム二其ノ書ヲ一者ハ、天下ニ(注1)比比タリ矣。知ル二其ノ言ヲ一者ハ、千ニ不レ得レ百ヲ焉。知ル二其ノ言ヲ一者ハ、天下ニ寥《れう》寥《れう》タリ矣。知ル三其ノ所二以ヲ為スヲ一レ言者ハ、百ニ不レ得レ一ヲ焉。然レドモ而天下皆曰ハク、我□読其書、知其所以為言矣。此レ知ルノ之難キ也。

B

人知ル三(注2)『易』ノ為ルヲ二(注3)卜筮《ぼくぜい》之書一ヲ矣。(注4)夫子読ミテレ之ヲ、而知ル三作者ノ有ルヲ二憂患一、是レ(ア)聖人之知ル二聖人ヲ一也。(イ)人知ル三(注5)「離騒」ノ為ルヲ二(注6)詞賦之祖一ヲ矣。(1)司馬遷読ミテレ之ヲ、而悲シム二其ノ志ヲ一、是レ(ウ)賢人之知ル二賢人ヲ一也。(エ)夫レ不シテレ具《そなへ》二司馬遷之志一ヲ、而欲シ二知ラント二(注8)屈原之志一ヲ、不シテレ具ヘ二夫子之憂一ヒヲ、而欲スレバレ知ラント二(注9)文王之憂一ヒヲ、則チ(2)幾ニ乎罔《くらキ》ニ一矣。

然ラバ則チ古之人、有レドモ三其ノ憂ヒト与二其ノ志一、不幸ニシテ不シテレ得丁後之人ノ有ルヲ丙能ク憂ヒトシ二其ノ憂ヒヲ一、志トスル乙其ノ志ヲ甲、而因リテ以テ C(注10)湮《いん》没《ぼつ》シテ不ルレ彰《あき》ラカナラ者ハ、蓋シ不ランレ少ナカラ矣。

（章学誠『文史《ぶんし》通義《つうぎ》』による）

（注）
1　比比――いたるところに存在するさま。
2　『易』――『易経』のこと。儒家の経典である五経の一つ。
3　卜筮――占い。
4　夫子――孔子を指す。
5　「離騒」――屈原が讒言《ざんげん》にあい、追放されて作ったとされる韻文の文学作品。
6　詞賦――韻文の一形式。
7　司馬遷――前漢の歴史家。『史記』を著し、その中で屈原の伝記を書いた。
8　屈原――戦国時代の政治家。憂国の詩人としても知られる。
9　文王――周王朝の基礎を築いた人物。かつて殷《いん》の紂《ちゅう》王に幽閉され、その苦境の中で『易経』の制作に関わったとされる。
10　湮没――埋没する。

問1　波線部(1)「祖」・(2)「幾」のここでの意味として最も適当なものを、次の各群の①～⑤のうちから、それぞれ一つずつ選べ。解答番号は 29 ・ 30 。

(1)「祖」 29
① 傑作
② 遺物
③ 起源
④ 流派
⑤ 後継

(2)「幾」 30
① 尽きる
② 兆す
③ 危うい
④ 願う
⑤ 近い

問2　傍線部A「読二其書一者、天下比比矣。知二其言一者、千不レ得レ百焉。知二其言一者、天下寥寥矣。知三其所二以為一レ言者、百不レ得レ一焉」の表現や構成に関する説明として**適当でないもの**を次の①～⑤のうちから一つ選べ。解答番号は［31］。

① 同じ字を重ねた「寥寥」という語は、「比比」と対応しており、数量が少ないことを形容している。

② 「百不レ得レ一焉」という表現は、「千不レ得レ百焉」を受けて、そのような人がほとんどいないことを示している。

③ 「知二其言一者」についての記述を繰り返すことによって、「知二其言一」が最も重要であると強調している。

④ 「千不レ得レ百焉」までとそれ以下とが、対句的に構成されている。

⑤ 「読二其書一」「知二其言一」「知三其所二以為一レ言」という三つの段階を設けて分析している。

問3　傍線部B「我□読其書、知其所以為言矣」について、(a)空欄に入る語と、(b)書き下し文との組合せとして最も適当なものを、次の①～⑤のうちから一つ選べ。解答番号は 32 。

① (a) 何　―― (b) 我何ぞ其の書を読み、其の言を為す所以を知らんやと
② (a) 雖　―― (b) 我其の書を読むと雖も、其の言を為す所以を知ると
③ (a) 猶　―― (b) 我猶ほ其の書を読み、其の言を為す所以を知るがごとしと
④ (a) 能　―― (b) 我能く其の書を読み、其の言を為す所以を知ると
⑤ (a) 未　―― (b) 我未だ其の書を読み、其の言を為す所以を知らずと

問4　二重傍線部(ア)「聖人」・(イ)「聖人」・(ウ)「賢人」・(エ)「賢人」が指すものはそれぞれ誰か。その組合せとして最も適当なものを、次の①～④のうちから一つ選べ。解答番号は 33 。

① (ア) 夫子　(イ) 文王　(ウ) 司馬遷　(エ) 屈原

② (ア) 文王　(イ) 夫子　(ウ) 屈原　(エ) 司馬遷

③ (ア) 夫子　(イ) 文王　(ウ) 屈原　(エ) 司馬遷

④ (ア) 文王　(イ) 夫子　(ウ) 司馬遷　(エ) 屈原

問5　傍線部C「湮没不レ彰者、蓋不レ少矣」とあるが、筆者がそのように述べる理由の説明として最も適当なものを、次の①～⑤のうちから一つ選べ。解答番号は 34 。

① 時代が下ると、古人の憂いや志を理解しようとする人が少なくなるのは当然であるため。
② 自分の中に古人に通じる憂いや志を持たなければ、古人に共感することはできないため。
③ 後世の人は聖人や賢人を敬わないので、その憂いや志を知ることは難しいため。
④ 古人の憂いや志に共感できる人が後世に現れるかどうかは、すべて偶然に左右されるため。
⑤ 尋常ではない不幸な思いを味わわない限り、古人の憂いや志を知ることはできないため。

問6　本文の内容と最もよく合致するものを、次の①～⑤のうちから一つ選べ。解答番号は 35 。

① 作品を理解するには、作者と同じ資質をそなえる必要があるが、聖人や賢人の著作を読むに当たってはそれが困難であるので、できるだけ多くの経験を積み、読解の助けとする努力を惜しむべきではない。

② 読書は、聖人や賢人の著作を対象とすべきであるが、単に内容を理解するだけではなく、作品に共感し感動を得ることが重要であり、そのためには前提となる知識を多く身に付けることが必要となる。

③ すでに評価の定まった聖人や賢人の著作の他にも優れた韻文の文学作品は多くあるので、埋もれた作品を発掘してその価値を見出していくことにこそ読書の意義がある。

④ 書かれた内容の理解や知識の獲得だけを目的として読書をするのではなく、聖人や賢人にならって、作品が生み出された動機など表面には現れていない部分まで理解することが大切である。

⑤ 多くの本を読んでその数を誇る人が多いが、読書は質の高いものを読んでこそ意味があるので、聖人や賢人によって価値を認められた作品を選んで読むことを心がけなければならない。

MEMO

2019
本試験

国　語

（2019年１月実施）

80分　200点

国語

（解答番号 1 ～ 36）

第1問　次の文章を読んで、後の問い（問1～6）に答えよ。なお、設問の都合で本文の段落に 1 ～ 15 の番号を付してある。（配点　50）

1 僕は普段からあまり一貫した思想とか定見を持たない、いい加減な人間なので、翻訳について考える場合にも、そのときの気分によって二つの対極的な考え方の間を揺れ動くことになる。楽天的な気分のときは、翻訳なんて簡単さ、たいていのものは翻訳できる、と思うのだが、悲観的な気分に落ち込んだりすると、翻訳なんてものは原理的に不可能なのだ、何かを翻訳できると考えることじたい、言語とか文学の本質を弁《わきま》えていない愚かな人間の迷妄ではないか、といった考えに傾いてしまう。

2 まず楽天的な考え方についてだが、翻訳書が溢《あふ》れかえっている世の中を見渡すだけでいい。現実にはたいていのものが——それこそ、翻訳などとうてい不可能のように思えるフランソワ・ラブレー(注1)からジェイムズ・ジョイス(注2)に至るまで——見事に翻訳されていて、日本語でおおよそのところは読み取れるという現実がある。質についてうるさいことを言いさえしなければ、確かにたいていのものは翻訳されている、という確固とした現実がある。

3 しかし、それは本当に翻訳されていると言えるのだろうか。フランス語でラブレーを読むのと、渡辺一夫(注3)訳でラブレーを読むのとでは——渡辺訳が大変な名訳であることは、言うまでもないが——はたして、同じ体験と言えるのだろうか。いや、そもそもそこで「同じ」などという指標を出すことが間違いなのかも知れない。翻訳とはもともと近似的なものでしかなく、その前提を甘受したうえで始めて成り立つ作業ではないのだろうか。などと考え始めると、やはりどうしても悲観的な翻訳観のほうに向かわざるを得なくなる。

4 しかし、こう考えたらどうだろうか。まったく違った文化的背景の中で、まったく違った言語によって書かれた文学作品を、別の言語に訳して、それがまがりなりにも理解されるということじたい、よく考えてみると、何か奇跡のようなことではないのか、と。翻訳をするということ、いや翻訳を試みるということは、この奇跡を目指して、奇跡と不可能性の間で揺れ動くことだと思う。もちろん、心の中のどこかで奇跡を信じているような楽天家でなければ、奇跡を目指すことなどできないだ

4

ろう。「翻訳家という楽天家たち」とは、(注4)青山南さんの名著のタイトルだが、A翻訳家とはみなその意味では楽天家なのだ。

5 もちろん、個別の文章や単語を(ア)タンネンに検討していけば、「翻訳不可能」だと思われるような例はいくらでも挙げられる。例えばある言語文化に固有の慣用句。昔、アメリカの大学に留学していたときに、こんなことを実際に目撃した記憶がある。中年過ぎの英文学者が生まれて始めてアメリカに留学にやって来た。本はよく読めるけれども、会話は苦手、という典型的な日本の外国文学者である。彼は英文科の秘書のところに挨拶に顔を出し、しばらくたどたどしい英語で自己紹介をしていたのだが、最後に辞去する段になって、「よろしくお願いします」と言おうと思って、それが自分の和文英訳力ではどうしても英訳できないことにはたと気づき、秘書の前に突っ立ったまま絶句してしまったのだ。

6 「よろしくお願いします」というのは、日本語としてはごく平凡な慣用句だが、これにぴったり対応するような表現は、少なくとも英語やロシア語には存在しない。もっと具体的に「私はこれからここで、これこれの研究をするつもりだが、そのためにはこういうサーヴィスが必要なので、秘書であるあなたの助力をお願いしたい」といった言い方ならもちろん英語でもあり得るが、具体的な事情もなくごく(イ)バクゼンと「よろしくお願いします」というのは、もしも無理に「直訳」したら非常に奇妙に(ウ)ヒビくはずである。秘書にしても、もしも突然やってきた外国人に藪《やぶ》から棒にそんなことを言われたら、付き合ったこともない男からいきなり「私のことをよろしく好きになってください」と言われたような感覚を覚えるのではないだろうか。

7 このような意味で訳せない慣用句は、いくらでもある。しかし、日常言語で書かれた小説は、じつはそういった慣用句の塊のようなものだ。それを楽天的な翻訳家はどう処理するのか。戦略は大きく分けて、二つあると思う。一つは、律儀な学者的翻訳によくあるタイプで、一応「直訳」してから、注をつけるといったやり方。例えば、英語で"Good morning!"という表現が出てきたら、とりあえず「いい朝！」と訳してから、その後に（訳注　英語では朝の挨拶として「いい朝」という表現を用いる。もともとは「あなたにいい朝があることを願う」の意味）といった説明を加え、訳者に学のあるところを示すことになる。しかし、小説などにこの種の注が(エ)ヒンシュツするとどうも興ざめなもので、最近特にこういったやり方はさすがに日本でも評判が悪い(ちなみに、この種の注は、欧米では古典の学術的な翻訳は別として、現代小説ではまずお目にかからない)。

8 では、どうするか。そこでもう一つの戦略になるわけだが、これは近似的な「言い換え」である。つまり、同じような状況のもとで、日本人ならどう言うのがいちばん自然か、考えるということだ。ここで肝心なのは「自然」ということである。翻訳といえども、日本語である以上は、日本語として自然なものでなければならない。いかにも翻訳調の「生硬」な日本語は、最近では評価されない。むしろ、いかに「こなれた」訳文にするかが、翻訳家の腕の見せ所になる。というわけで、イギリス人が「よい朝」と言うところは、日本人なら当然「おはよう」となるし、恋する男が女に向かって熱烈に浴びせる「私はあなたを愛する」という言葉は、例えば、「あのう、花子さん、月がきれいですね」に化けたりする。

9 僕は最近の一〇代の男女の実際の言葉づかいをよく知らないのだが、英語の I love you. に直接対応するような表現は、日本語ではまだ定着していないのではないだろうか。そういうことは、あまりはっきりと言わないのがやはり日本語的なのであって、本当は言わないことをそれらしく言い換えなければならないのだから、翻訳家はつらい。ともかく、そのように言い換えが上手に行われている訳を世間は「こなれている」として高く評価するのだが、厳密に言ってこれは本当に翻訳なのだろうか。**B** 翻訳というよりは、これはむしろ翻訳を回避する技術なのかも知れないのだが、まあ、あまり固いことは言わないでおこう。

10 あまり褒められたことではないのだが、ここで少し長い自己引用をさせていただく。

11 『屋根の上のバイリンガル』という奇妙なタイトルを冠した、僕の最初の本からだ。一九八八年に出て、あまり売れなかった本だから、知っている読者はほとんどいないだろう。

12 「……まだ物心つくかつかないかという頃読んだ外国文学の翻訳で、娘が父親に『私はあなたを愛しているわ』などと言う箇所があったことを、今でも鮮明に覚えている。子供心にも、ああガイジンというのはさすがに言うことが違うなあ、と妙な感心こそしたものの、決して下手くそな翻訳とは思わなかった。子供にしても純真過ぎたのだろうか、翻訳をするのは偉い先生に決まっているのだから、下手な翻訳、まして誤訳などするわけがない、と思い込んでいたのか。それとも、外国人が日本人でない以上、日本人とは違った風にしゃべるのも当然のこととして受け止めていたのか。今となっては、もう自分でも分からないことだし、まあ、そんな詮索はある意味ではどうでもいいのだが、それから二〇年後の自分が翻訳にたずさわり、そういった表現をいかに自然な日本語に変えるかで（自然というのがここでは虚構に過ぎないにしても）四苦八苦することになるだろうと聞かされたら、あの時の少年は一体どんなことを考えただろうか。自分の読んでいる翻訳書がいいものと悪いものに分かれるなどとは夢にも思わず、全てが不分明な薄明のような世界に浸りながら至福の読書体験を送ったかつての少年が後に専門として選んだのはたまたまロシア語とかポーランド語といった『特殊言語』(注5)であったため、当然、翻訳の秘密を手取り足取り教えてくれるようなアンチョコ(注6)に出会うこともなく、始めはまったく手探りで、それこそ『アイ・ラヴ・ユー』に相当するごく単純な表現が出て来るたびに、二時間も三時間も考え込むという日々が続いていたのだった……」

13 大学で現代ロシア文学を翻訳で読むというゼミをやっていたときのこと。ある日、一年生のまだ初々しい女子学生が寄ってきて、こう言った。「センセイ、この翻訳って、とってもこなれてますね。『ぼくはあの娘にぞっこんなんだ』だなんて。まるでロシア文学じゃないみたい」。それは確か、わが尊敬する先輩で、翻訳のうまいことで定評がある、浦雅春さん(注7)の訳だったと思う。そのときすぐにロシア語の原文を確認したわけではないので、単なる推量で言うのだが、それは人によっては「私は彼女を深く愛しているのである」などと四角四面に訳してもおかしくないような箇所だったのではないかと思う。

14 「ぼくはあの娘にぞっこんなんだ」と「私は彼女を深く愛しているのである」では、全然違う。話し言葉としてアットウ(オ)的に自然なのは前者であって（ただし「ぞっこん」などという言い方じたい、ちょっと古くさいが）、実際の会話で後者のような言い方をする人は日本人ではまずいないだろう。しかし、それでは後者が間違いかと言うと、もちろんそう決めつけるわけにもいかない。ある意味では後者のほうが原文の構造に忠実なだけに正しいとさえ言えるのかも知れないのだから。しかし、C 正しいか、正しくないか、ということは、厳密に言えば、そもそも正確な翻訳とは何かという言語哲学の問題に行き着くのであり、普通の読者はもちろん言語哲学について考えるために、翻訳小説を読むわけではない。多少不正確であっても、自然であればその方がいい、というのが一般的な受け止め方ではないか。

15 確かに不自然な訳文は損をする。例えば英語の小説を日本語に訳す場合、原文に英語として非標準的な、要するに変な表現が出てくれば、当然、同じくらい変な日本語に訳すのが「正確」な翻訳だということになるだろう。しかし、最近の「こなれた訳」に慣れた読者はたいていの場合、その変な日本語を訳者のせいにするから、訳者としては――うまい訳者であればあるほど――自分の腕前を疑われたくないばかりに、変な原文をいい日本語に直してしまう傾向がある。

（沼野充義《ぬまのみつよし》「翻訳をめぐる七つの非実践的な断章」による）

（注）
1　フランソワ・ラブレー――フランスの作家（一四九四－一五五三頃）。
2　ジェイムズ・ジョイス――アイルランドの作家（一八八二－一九四一）。
3　渡辺一夫――フランス文学者（一九〇一－一九七五）。特にラブレーの研究や翻訳に業績がある。
4　青山南――翻訳家、アメリカ文学者、文芸評論家（一九四二－　）。
5　『特殊言語』――ここでは当時の日本でこれらの言語の学習者が英語などに比べて少なかったことを表現している。
6　アンチョコ――教科書などの要点が簡潔にまとめられた、手軽な学習参考書。
7　浦雅春――ロシア文学者（一九四八－　）。

問1　傍線部(ア)～(オ)に相当する漢字を含むものを、次の各群の①～⑤のうちから、それぞれ一つずつ選べ。解答番号は［1］～［5］。

(ア)　タンネン［1］
① イッタン休止する
② タンレンを積む
③ タンセイを込める
④ タンカで運ぶ
⑤ 計画がハタンする

(イ)　バクゼン［2］
① バクガからビールが作られる
② サバクの景色を見る
③ ジュバクから解き放たれる
④ 観客がバクショウする
⑤ バクマツの歴史を学ぶ

(ウ)　ヒビく［3］
① 物資をキョウキュウする
② ギャッキョウに耐える
③ 他国とキョウテイを結ぶ
④ エイキョウを受ける
⑤ ホドウキョウを渡る

(エ)　ヒンシュツ［4］
① ヒンシツを管理する
② カイヒン公園で水遊びをする
③ ヒンパンに訪れる
④ ライヒンを迎える
⑤ 根拠がヒンジャクである

(オ)　アットウ［5］
① 現実からトウヒする
② ジャズ音楽にケイトウする
③ トウトツな発言をする
④ シュウトウに準備する
⑤ 食事のトウブンを抑える

問2　傍線部A「翻訳家とはみなその意味では楽天家なのだ」とあるが、どういうことか。その説明として最も適当なものを、次の①～⑤のうちから一つ選べ。解答番号は 6 。

① 難しい文学作品を数多く翻訳することによって、いつかは誰でも優れた翻訳家になれると信じているということ。
② どんな言葉で書かれた文学作品であっても、たいていのものはたやすく翻訳できると信じているということ。
③ どんなに翻訳が難しい文学作品でも、質を問わなければおおよそのところは翻訳できると信じているということ。
④ 言語や文化的背景がどれほど異なる文学作品でも、読者に何とか理解される翻訳が可能だと信じているということ。
⑤ 文学作品を原語で読んだとしても翻訳で読んだとしても、ほぼ同じ読書体験が可能だと信じているということ。

問3　傍線部B「翻訳というよりは、これはむしろ翻訳を回避する技術なのかも知れない」とあるが、筆者がそのように考える理由として最も適当なものを、次の①～⑤のうちから一つ選べ。解答番号は 7 。

①　慣用句のような翻訳しにくい表現に対しては、日本語のあいまいさを利用して意味をはっきり確定せずに訳すのが望ましい。だが、それでは原文の意味が伝わらないこともありえ、言葉の厳密な意味を伝達するという翻訳本来の役割から離れてしまうから。

②　慣用句のような翻訳しにくい表現でも、近似的に言い換えることによってこなれた翻訳が可能になる。だが、それは日本語としての自然さを重視するあまり、よりふさわしい訳文を探し求めることの困難に向き合わずに済ませることになるから。

③　慣用句のような翻訳しにくい表現でも、直訳に注を付す方法や言い換えによって翻訳が可能になる。だが、それでは生硬な表現か近似的な言い方となってしまうため、文化の違いにかかわらず忠実に原文を再現するという翻訳の理想から離れたものになるから。

④　慣用句のような翻訳しにくい表現に対して、不自然な表現だとしてもそのまま直訳的に翻訳しておくことで、それが翻訳不可能であることを伝える効果を生む。だが、一方でそのやり方は日本語として自然な翻訳を追求する努力から逃げることになるから。

⑤　慣用句のような翻訳しにくい表現でも、文学作品の名訳や先輩翻訳者の成功例などを参考にすることで、こなれた翻訳が可能になることもある。だが、それでは適切な言い換え表現を自ら探求するという翻訳家の責務をまぬがれることになるから。

問4　傍線部C「正しいか、正しくないか、ということは、厳密に言えば、そもそも正確な翻訳とは何かという言語哲学の問題に行き着く」とあるが、ここから翻訳についての筆者のどのような考え方がうかがえるか。その説明として最も適当なものを、次の①〜⑤のうちから一つ選べ。解答番号は 8 。

① 翻訳の正しさとは、原文の表現が他言語に置き換えられた時に、意味的にも構造的にも一対一で対応すべきという学問的な原則に関わるものである。そのため、このような翻訳家が理想とする厳密な翻訳と、一般の読者が理想とする自然な日本語らしい翻訳とは必然的に相反するものになるという考え方。

② 翻訳の正しさとは、原文の表現を他言語に置き換えるとはどういうことか、あるいはどうあるべきか、という原理的な問いに関わるものである。そのため、原文を自然な日本語に訳すべきか、原文の意味や構造に忠実に訳すべきかという翻訳家の向き合う問題は、容易に解決しがたいものになるという考え方。

③ 翻訳の正しさとは、標準的な原文も非標準的な原文もいかに自然な日本語に見せることができるかという翻訳家の技術の問題に関わるものである。そのため、結果としてなされた翻訳が言語哲学的な定義に則して正確であるかそうでないかは、あまり本質的な問題ではないという考え方。

④ 翻訳の正しさとは、結局は原文を近似的な言葉に置き換えることしかできないという翻訳の抱える限界に関わるものである。とはいえ、翻訳家は自然な日本語に訳すことと原文の意味や構造を崩すことなく訳すことを両立させ、時代を超えて通用する表現を目指すべきであるという考え方。

⑤ 翻訳の正しさとは、原文の意味を自然な日本語で効率的に伝えることと、原文の構造に則して忠実に伝達することという二方向の目的に対する翻訳家の選択に関わるものである。とはいえ、正確であるとはどういうことかは学問的に定義して決定していくべきであるという考え方。

問5　次に示すのは、本文を読んだ後に、五人の生徒が翻訳の仕事について話し合っている場面である。本文の趣旨と異なる発言を、次の①～⑤のうちから一つ選べ。解答番号は 9 。

① 生徒A――私たちは英語の授業などでI love you.は「私はあなたを愛する」と訳すのだと教わったけど、たしかに実際に日本語でそのように言う人はあまりいないよね。筆者は、翻訳先の言語の中に原文とぴったり対応する表現がなくてもそれらしく言い換えなくてはならないことを、翻訳の仕事の難しさだと考えているよ。

② 生徒B――そうだね、原文をそのまま訳すとどうしても違和感が出てしまう場合があるよね。でも、「あのう、花子さん、月がきれいですね」では、愛を告白するという意図が現代の私たちには伝わらないよ。やはり筆者がいうように、時代や文化の違いをなるべく意識させずに読者に理解させることが翻訳の仕事の基本なんだろうね。

③ 生徒C――筆者は子供の頃、外国の小説で「私はあなたを愛しているわ」と娘が父親に言う場面を読んで、翻訳の良し悪しを意識せずにいかにも外国人らしいと感心したけど、翻訳家としての経験を積んだ今ではなぜそんなに感心したのかと思っている。考えてみれば私たちは父親にそんな言い方をしないし、結局そこにも文化の差があるってことかな。

④ 生徒D――ロシア語からの翻訳の話でいえば「ぼくはあの娘にぞっこんなんだ」は少し古いけど、「私は彼女を深く愛しているのである」と比べたら会話としては自然だね。でも、筆者がいうように後者も正しくないとは言い切れない。こうしたことが起こるのも、ある言葉に対応する表現が別の言語文化の中に必ずあるとは限らないからだね。

⑤ 生徒E――でも、普通の読者はそこまで考えないから、自然な印象ならそれでいいってことになる。それで最近の翻訳では、ある言語文化の中で標準的でない表現がわざと用いられている文章まで、こなれた表現に訳す傾向がある。しかし、それではもとの表現がもつ独特のニュアンスが消えてしまう。そこにも筆者の考える翻訳の難しさがあるね。

問6　この文章の表現と構成について、次の(i)・(ii)の問いに答えよ。

(i)　この文章の表現に関する説明として**適当でないもの**を、次の①～④のうちから一つ選べ。解答番号は 10 。

①　第 4 段落の「しかし、こう考えたらどうだろうか。」は、「こう」の指示内容がわからない段階で提案を投げかけ、読者の注意を引きつける働きをしている。

②　第 4 段落の「翻訳をするということ、いや翻訳を試みるということ」は、「翻訳」に対する筆者の捉え方を、「する」を打ち消して「試みる」に言い換えることによって強調して表している。

③　第 12 段落の「ガイジン」は、現在では「外国人」という語のほうが一般的であるが、筆者はあえて子供時代の感覚を再現するために、カタカナ表記で使用している。

④　第 12 段落の「あの時の少年は一体どんなことを考えただろうか」は、過去の自分が考えたことを回想し、当時を懐かしむ感情を表している。

(ii) この文章は、空白行によって四つの部分に分けられている。構成に関する説明として最も適当なものを、次の①～④のうちから一つ選べ。解答番号は 11 。

① はじめの部分（1～4段落）は、この文章のテーマである「翻訳」について、対極的な二つの考え方を示して問題提起し、支持する立場を一方に確定させている。

② 2番目の部分（5～9段落）は、「翻訳不可能」な具体例を示して翻訳にまつわる問題点を明確にし、「言い換え」という別の手法を示して論を広げている。

③ 3番目の部分（10～12段落）は、過去のエピソードを引用しながら、筆者が現在の職業に就くことになったきっかけを紹介し、論を補強している。

④ 4番目の部分（13～15段落）は、翻訳の正しさについて検討し、筆者の考える正しさを示しながらも、結論を読者の判断に委ねている。

第2問　次の文章は、上林暁《かんばやしあかつき》「花の精」の一節である。妻が病で入院し長期間不在の「私」の家には、三人の子と、夫に先立たれ途方に暮れている妹がいる。「私」にとって庭の月見草は心を慰めてくれる存在だったが、ある日、庭師が月見草を雑草だと思ってすべて抜いてしまった。「私」は空虚な気持ちで楽しめない日々を過ごしていた。以下はそれに続く場面である。これを読んで、後の問い（問1～6）に答えよ。なお、設問の都合で本文の上に行数を付してある。（配点　50）

私が朝晩庭に下りて、草花の世話をして、心を紛らわせているのを見ると、或《ある》日妹が言った。

「空地利用しようか！」

「なにを植えるんだ。」

「茄子《なす》やトマトなんかを。」

「前にも作ったことがあったが、ここは湿気が多いのと、隣の家の風呂の煙のために、駄目なんだ。糸瓜《へちま》と茄子と紫蘇《しそ》を植えて、一番好《よ》かったのは紫蘇だけだった。糸瓜は糸瓜水を一合ばかり採ったが、茄子は一つもならなかった。——とにかく、作るなら作って見よ。」

妹は市場へ行った序《つい》でに、茄子とチシャ菜の苗を買って来た。

「茄子は、一人に一本ずつで、十分間に合うそうだから。」

と言うわけで、茄子は五本買って来た。そんな言葉を言っているのを聞くと、いかにも百姓(注1)が妹の身に染みている感じがするのだった。妹は郷里では百姓をしていたのである。養蚕や田作りや葉煙草《たばこ》の栽培が、仕事であった。妹は(ア)お手のもので、鍬《くわ》を持つと、庭の空いてる西隅に鍵の手に畝を切った。畝には、泥溝《どぶ》からあげた泥や、腐敗した落葉《おちば》などを集めて来て埋めた。それが実に手際が好いのである。そして一定の間隔をおいて、五本の茄子を植えた。チシャ菜は、黄色い落葉を散らしたように、一面に植えた。二三日すると、今度はトマトを三本買ってきた。私は、草花を植えるために、縁先の陽《ひ》あたりの好いところは全部占領していたけれど、A自分だけ好いところを占領するのは気がひけたので、そこの一部を割いて、トマトを植えさせた。

小さな菜園だが、作りはじめると、妹は急に生き生きとして来た。故郷で身についた親しい生活を、小規模ながらも味わえるのが、楽しいのであろう。それからまた、私が花の世話をするのと同じく、菜園の世話をしていれば、途方にくれた思いも、一《ひ》と時忘れることが出来、心が慰まるからにちがいない。妹も朝晩バケツに水を汲《く》み、柄杓《ひしゃく》で茄子やチシャ菜の根にかけた。米の研ぎ汁は、養分の多いことに思いついて、擬宝珠《ぎぼうし》(注2)にまで撒《ま》くことになったのである。小さな庭のなかに、兄が花畠《はなばたけ》をつくり、妹が菜園をつくるのも、皆それぞれ、遣《や》り場のない思いを、慰め、紛らそうがためにほかならないのだ。とすれば、擬宝珠と並んで、花畠のなかの双璧であった月見草を喪《うしな》った私の失望落胆は察してもらえるにちがいない。

然《しか》るに、その月見草を喪ってから十日と経《た》たぬうちに、私の家の庭には、ふたたび新しい月見草が還《かえ》って来て、私の精神の秩序も回復されることとなるのである。

それは、六月の中旬。友人のO君が来たとき、どっか山の見えるところへ行きたいと私が言うと、多摩川べりの是政《これまさ》というところへ行けば、すぐ川のむこうへ山が迫っているという。O君は是政へ鮠《はや》を釣りに行くから、一緒に行ってもいいということだった。山を見たいとは言ったものの、それだけでは腰をあげる気のしなかった私は、そのあとでまた、月見草のことをO君に訴えたのである。すると、是政へ行けば、月見草なんか川原に一杯咲いているという。私は忽《たちま》ち腰をあげる気持《きもち》になった。O君が釣《つり》をしている間じゅう、私は川原で寝そべったり、山を見たりして遊び、かえりには月見草を引いて来ることに、(イ)肚《はら》を決めたのである。

その日の午後、私達《たち》は省線(注3)武蔵境駅からガソリン・カア(注4)に乗った。是政行《ゆき》は二時間おきにしか出ないので、仕方なく北多磨行に乗った。そこから多摩川まで歩くのである。私は古洋服に、去年の麦藁《むぎわら》帽子をかぶり、ステッキをついていた。O君は色眼鏡をかけ、水に入る用意にズックの靴をはき、レイン・コオトを纏《まと》って、普段のO君とまるでちがい、天《あ》っ晴《ば》れ釣師の風態《ふうてい》であった。ガソリン・カアは動揺激しく、草に埋《うも》れたレエルを手繰り寄せるように走って行った。風が起《おこ》って、両側の土手の青草が、サアサアと音を立てながら靡《なび》くのが聞《きこ》えた。私達は運転手の横、最前頭部の腰掛《こしかけ》に坐《すわ》っていた。

「富士山が近く見えるよ。」とO君が指さすのを見ると、成る程雪がよく見える。

多磨墓地前で停車。あたりは、石塔を刻む槌《つち》の音ばかりである。次が北多磨。そこで降りて、私達は線路伝いに、多摩川へ向《むか》って行った。麦が熟れ、苗代の苗が伸びていた。線路は時々溝や小川の上を跨《また》がっていて、私達は枕木伝いに渡らねばならなかった。

「もう、ここらから月見草が、いっぱいだよ。」とO君が、釣竿《ざお》で指すのを見ると、線路のふちに、月見草が一杯並んでいる。昨夜の花は萎え凋《しぼ》み、葉は暑さのためにうなだれている。一体に痩せた感じで、葉色も悪く、うちにあったのが盛んであったさまを思い、私は少し物足りなかった。しかし私は安心した。そこいらいっぱいの月見草を見ると、もう大丈夫だという感じだった。

「月見草には二種類あるんだね。匂いのするのと、しないのと。」

そう言えば、私のうちの庭にあったのは、葉が密生していて、匂いのしないのであった。

線路に別れると、除虫菊の咲いた畠の裾を歩いたり、桑の切株《きりかぶ》のならんだ砂畠を通ったりして、荒地野菊の間を分け、私達は多摩川の土手にあがって行った。眼《め》のまえは、多摩川の広い川原である。旱天《かんてん》つづきで、川筋は細々と流れている。川のむこうは直《す》ぐ山で、緑が眼に沁《し》みた。南武電車の鉄橋を、二輛《りょう》連結の電車が渡って行った。

川原に降りると、また月見草がいっぱいだった。

「かえりには、もう咲いてるだろうな。」

「咲いてるとも。いいのを見つくろって、引いてゆくといいよ。」

O君は瀬の中へ入って、毛針を流しはじめた。私は上衣《うわぎ》を脱いで、川原に坐った。帽子が風に吹き飛ばされるので、脱いで、石を載せておいた。O君が流れを下ると、それにつれて、私は魚籠《びく》を提《さ》げて、川原を下った。時々靴をぬいで、水を渉《わた》らねばならなかった。川原に坐って流れを見ていると、眼先が揺れはじめ、眼を上げて見ると、山も揺れるのであった。緑の濃い夏山のたたずまいは、ふと私に故郷の山を思い出させた。山を見るのも何年ぶりであろう。時々千鳥が啼《な》いた。魚がかかると、O君は腰を一寸《ちょっと》うしろに引き、釣針を上げた。すると私は魚籠を差し出した。O君が中流に出るため魚籠を腰につけると、私は閑《ひま》になったので、砂利を採ったあとの凹《くぼ》みに入って寝ころがった。人差指《ひとさし》ほどの鮠を八匹、それがO君の獲物であった。

夕翳《ゆうかげ》が出て、川風が冷えて来た。

「もうあと十分やるから、君は月見草を引いててくれない？」

私はO君を残し、川原で手頃な月見草を物色した。匂いのあるのを二本と、匂いのないのを二本、新聞紙にくるんだ。蕾《つぼみ》はまだ綻《ほころ》びていない。振りかえってみると、O君はまだ寒そうな恰好《かっこう》をして瀬の中に立っている。川原の路《みち》を、夜釣の人が自転車を飛ばしてゆく。

私は仮橋を渡り、番小屋の前に立って橋賃を払いながら、橋番（注5）の老人と話をしていた。私の家が杉並天沼だというと、天沼に親戚があると言った。

そこへ、O君が月見草の大きな株を手いっぱいに持って、あがって来た。**B**それは、なんだかよろこばしい図であった。それを見ると、私も思い切って大きなやつを引けばよかったと思った。

「あれから、どうだった？」

「駄目々々。」

「今日は曇っているから、魚があがって来ないんだよ。」と橋番の老人が言った。

「これ、一緒に包んでくれない？」

私は、O君の月見草を、自分のと一緒に新聞紙に包み、O君が首に巻いていた手拭《てぬぐい》で、それを結《ゆわ》えた。そして小脇に抱えた。

「みんな、それを引いてくんだがね、なかなかつかないんだよ。種を播《ま》いとく方がいいよ。」とまた橋番の老人が言った。そう言いながらも、老人の眼は絶えず、橋行く人に注がれている。

是政の駅は、川原から近く、寂しい野の駅だった。古びた建物には、駅員のいる室だけに電燈《とう》が点《つ》いていて、待合室は暗かった。私達は、そこの、暗いベンチに腰をおろした。疲れていた。寒かった。おなかが空いていた。カアが来るまでにはまだ一時間ある。七時五十五分が終発なのだ。

「寒いことはない?」

「いや。」そう言ったが、水からあがったばかりのO君は脛《すね》まで濡《ぬ》れ、寒そうに腕組みしていた。

二時間に一度しか汽動車の入って来ない閑散な駅なので、駅員はゆっくりと新聞を読んでいた。その新聞には、ドイツ軍の巴《ぱ》里《り》肉薄が載っているはずであった。駅員は七時になると徐《おもむ》ろに立ち上《あが》って待合室の電燈をつけた。

私はベンチを離れ、待合室の入口《いりぐち》に立って、村の方を見ていた。村は暗く、寂しい。畑のむこう、林を背にして、サナトリウム(注6)の建物が見えた。私が待合室の入口に立った時には、どの部屋にもまだ灯がついていなかったので、暗い窓をもった建物は、窩《あな》をもった骸骨のように見え、人の棲《す》まぬ家かと思われた。そのうちにポツリ、ポツリと、部屋々々に灯がつきはじめ、建物が生きて来た。それを見ていると、C 突然私は病院にいる妻のことを思い出した。今日家を出てから、妻のことを思い出すのは初めてである。妻は今ごろどうしているだろうか。もう疾《と》っくに晩飯をすませ、独り窓のそばに坐っているだろうか。廊下にでも出て立っているだろうか。それとも、もう電燈を消して、寝床に入っているだろうか。

寂しさがこみあげて来た。私はO君を一人残して、サナトリウムの方へ歩いて行った。恰《あたか》も自分の妻もこのサナトリウムに住んでいるかの如《ごと》き気持で、私はその建物に向って突き進んで行った。部屋々々には、もう明るく灯がともり、蚊帳の影も見える。炊事室らしく、裏手の方からは皿や茶碗《ちゃわん》を洗う音が聞えた。二階の娯楽室らしい広間には、岐阜提燈《ちょうちん》に灯が入り、水色の光のなかを、あちこち動いている患者の姿も見えた。私は、それらの光景を、ゆっくりと眼や耳に留めながら、サナトリウムの前を通り過ぎた。通りすぎながら、またしても、妻が直ぐそこの病室にいるかの如き気持になって、妻よ、安らかなれ、とよそながら、胸のなかで、物言うのであった。私は感傷的で、涙が溢《あふ》れそうであった。

ほとんど涙を湛《たた》えたような気持で、サナトリウムを後に、乾いた砂路をポクポク歩いていると、ふと私は吸いつけられたように足を停《と》めた。眼の前一面に、月見草の群落なのである。涙など一遍に引っ込んでしまった。薄闇の中、砂原の上に、今開いたばかりの月見草が、私を迎えるように頭を並べて咲き揃《そろ》っているのである。右にも左にも、群れ咲いている。遠いのは、闇の中に姿が薄れていて、そのため却《かえ》って、その先一面どこまでも咲きつづいているような感じを与えるのであった。私は暫《しばら》く佇《たたず》んで(ウ)目を見張っていたが、いつまで見ていても果てしがない。O君のことも思い出したので、急ぎ足にそこを立ち去った。

七時五十五分、最終のガソリン・カアで、私たちは是政の寒駅を立った。乗客は、若い娘が一人、やはり釣がえりの若者が二人、それにO君と私とだった。自転車も何も一緒に積み込まれた。月見草の束は網棚の上に載せ、私達はまた、運転手の横の腰掛に掛けた。線路の中で咲いた月見草を摘んでいた女車掌が車内に乗り込むと、さっき新聞を読んでいた駅員が駅長の赤い帽子を冠《かぶ》り、ホームに出て来て、手を挙げ、ベルを鳴らした。

ガソリン・カアはまた激しく揺れた。私は最前頭部にあって、吹き入る夜風を浴びながら、ヘッドライトの照《てら》し出す線路の前方を見詰めていた。是政の駅からして、月見草の駅かと思うほど、構内まで月見草が入り込んでいたが、驚いたことには、今ガソリン・カアが走ってゆく前方は、すべて一面、月見草の原なのである。右からも左からも、前方からも、三方から月見草の花が顔を出したかと思うと、火に入る虫のように、ヘッドライトの光に吸われて、後へ消えてゆくのである。それがあとからあとからひっきりなしにつづくのだ。私は息を呑《の》んだ。Dそれはまるで花の天国のようであった。毎夜毎夜、この花のなかを運転しながら、運転手は何を考えるだろうか？　うっかり気を取られていると、花のなかへ脱線し兼ねないだろう。

花の幻が消えてしまうと、ガソリン・カアは闇の野原を走って、武蔵境の駅に着いた。是政からかえると、明るく、花やかで、眩《まぶ》しいほどだった。網棚の上から月見草の束を取り下ろそうとすると、是政を出るときには、まだ蕾を閉じていた花々が、早やぽっかりと開いていた。取り下ろす拍子に、ぷんとかぐわしい香りがした。私は開いた花を大事にして、月見草の束を小脇に抱え、陸橋を渡った。

（注）
1　百姓――ここでは農作業をすること。
2　擬宝珠――夏に白色、淡紫色などの花を咲かせるユリ科の植物の名称。
3　省線――この文章が発表された一九四〇年当時、鉄道省が管理していた大都市周辺の鉄道路線。
4　ガソリン・カア――ガソリンエンジンで走行する鉄道車両。
5　橋番――橋の通行の取り締まりや清掃などの仕事をする人。
6　サナトリウム――郊外や高原で新鮮な空気や日光などを利用して長期に療養するための施設。

問1　傍線部(ア)～(ウ)の本文中における意味として最も適当なものを、次の各群の①～⑤のうちから、それぞれ一つずつ選べ。解答番号は 12 ～ 14 。

(ア)　お手のもので 12
① 見通しをつけていて
② 腕がよくて
③ 得意としていて
④ ぬかりがなくて
⑤ 容易にできそうで

(イ)　肚《はら》を決めた 13
① 気持ちを固めた
② 段取りを整えた
③ 勇気を出した
④ 覚悟を示した
⑤ 気力をふりしぼった

(ウ)　目を見張っていた 14
① 間違いではないかと見つめていた
② 感動して目を見開いていた
③ 動揺しつつも見入っていた
④ 集中して目を凝らしていた
⑤ まわりを見わたしていた

問2　傍線部A「自分だけ好いところを占領するのは気がひけたので、そこの一部を割いて、トマトを植えさせた」とあるが、この場面からわかる、妹に対する「私」の気持ちや向き合い方はどのようなものであるか。その説明として最も適当なものを、次の①～⑤のうちから一つ選べ。解答番号は 15 。

① 自分だけが庭の日なたの部分を使い花を育てていることに後ろめたい気持ちになり、これからは一緒にたくさんの野菜を育てることで落ち込んでいた妹を励まそうとしている。

② 活力を取り戻して庭に野菜畑を作るために次々と行動する妹に接し、気後れしていたが、家族である妹との関わりは失った月見草に代わる新しい慰めになるのではないかと思い始めている。

③ 野菜を植える手慣れた様子に妹の回復の兆しを感じ、慰めを求めているのは自分だけではないのだから園芸に適した場所を独占するのは悪いと思い、妹にもそこを使わせる気遣いをしている。

④ 自分が庭を一人占めしていることを妹から指摘されたような気持ちになり、再出発した妹に対する居心地の悪さを解消するために、栽培に好都合な場所を妹と共用しようとしている。

⑤ 何もない土地に畝を作り、落ち葉を埋める妹の姿に将来の希望を見出したような思いになり、前向きになっている妹の気持ちを傷つけないように、その望みをできるだけ受け入れようとしている。

問3 傍線部**B**「それは、なんだかよろこばしい図であった。」とあるが、そう感じたのはなぜか。その説明として最も適当なものを、次の①～⑤のうちから一つ選べ。解答番号は 16 。

① いつの間にか月見草に関心をもっていたO君と、大きな月見草の株とが一緒になった光景は目新しく、月見草を失った自分の憂いが解消してしまうような爽快なものだったから。

② 月見草を傷つけまいと少ししか月見草をとらなかった自分と対照的に、たくさんの月見草の株をとってきたO君の姿は、落胆する自分の気持ちを慰めてくれるかのような力強いものだったから。

③ 釣りをしていたはずのO君が、短い時間で手際よくたくさんの月見草の株を手にして戻ってきた光景は驚くべきもので、その行動の大胆さは自分を鼓舞するような痛快なものだったから。

④ 匂いがするかしないかを考えて月見草をとってきた自分とは異なり、その違いを考慮せずに無造作に持ってきたO君の姿は、いかにも月見草に興味がない人の行為のようなほほえましいものだったから。

⑤ 月見草に関心がなく、釣りに夢中だと思っていたO君が月見草の大きな株を手にしていた光景は意外で、月見草への自分の思いをO君が理解してくれていたと思わせるようなうれしいものだったから。

問4　傍線部C「突然私は病院にいる妻のことを思い出した」とあるが、この前後の「私」の心情はどのようなものか。その説明として最も適当なものを、次の①～⑤のうちから一つ選べ。解答番号は 17 。

① 暗く寂しい村の中に建つサナトリウムの建物を見ているうちに、忘れようと努めていた妻の不在がふと思い出されて絶望的な思いになった。しかし、今の自分にできることは気持ちだけでも妻に寄り添うようにすることだと思い直し、妻の病状をひたすら案ずるようになっている。

② サナトリウムの建物に灯がともり始めたのを見て、離れた地で入院中の妻のことが急に頭に浮かび、その不在を感じた。妻がすぐそこにいるような思いにかられて建物に近づき、人々の生活の気配を感じるうちに妻のことを改めて意識して、その平穏を願い胸がいっぱいになっている。

③ 生気のなかったサナトリウムの建物が次第に活気づいてきたと思っているうちに、他の施設に入院している妻もまた健やかに生活しているような錯覚にとらわれ出した。しかし、あまり思わしくない妻の病状を考え、現実との落差に対する失望感から泣き出しそうな思いになっている。

④ サナトリウムの建物の内部が生き生きとしてきたことがきっかけとなって、入院している妻が今どのように過ごしているかを想像し始めた。朝から月見草をめぐる自分の心の空虚さにこだわり、妻の病を忘れていたことに罪悪感を覚え、妻への申し訳なさで頭がいっぱいになっている。

⑤ サナトリウムの建物が骸骨のように見えたことで、療養中の妻のことをにわかに意識するようになった。その感情が是政駅で感じた寒さや疲労と結びついて、妻がいつまでも退院できないのではないかという不安がふくらみ、妻の回復を祈るしかないと感じている。

問5　傍線部D「それはまるで花の天国のようであった。」とあるが、ここに至るまでの月見草に関わる「私」の心の動きはどのようなものか。その説明として最も適当なものを、次の①～⑤のうちから一つ選べ。解答番号は 18 。

① 是政の駅に戻る途中で目にした、今咲いたばかりの月見草の群れは、どこまでも果てしなく広がるようで、自分の感傷を吹き飛ばすほどのものだった。さらに武蔵境へ向かう車中で見た、三方から光の中に現れては闇に消えていく一面の月見草の花によって、憂いや心労に満ちた日常から自分が解放されるように感じた。

② 月見草を求めて出かけたが、多摩川へ向かう途中の月見草が痩せていて生気のないことや橋番の悲観的な言葉などによって、持ち帰っても根付かないかもしれないと心配になった。しかし、是政の駅を出て目にした、ヘッドライトに照らされた月見草は、自分の心を癒やしてくれ、庭に月見草が復活するという確信を得た。

③ サナトリウムを見たときは妻を思って涙ぐんだが、一面に広がる月見草の群落が自分を迎えてくれるように感じられ、現実の寂しさを忘れることができた。さらに帰りの車中で目にした月見草の原は、この世のものとも思えない世界に入り込んだような安らかさを感じさせ、妻の病も回復に向かうだろうという希望をもった。

④ 月見草を手に入れた後に乗ったガソリン・カアの前方には月見草の原が広がり、驚いて息を呑むばかりだった。サナトリウムの暗い窓を思わせる闇から、次々に現れては消える月見草に死後の世界のイメージを感じ取り、毎夜このような光景を見ている運転手は死に魅入られてしまうのではないかと想像した。

⑤ O君のおかげで多摩川へ行く途中にたくさんの月見草を見ることができたうえに、匂いのする新しい月見草まで手に入った。気がかりなのは妻のことだったが、是政から武蔵境に行く途中に見た、闇の中から現れ光の果てに消えていく月見草の幻想的な光景は、自分と妻の将来に明るい幸福を予感させてくれた。

問6　この文章の表現に関する説明として適当なものを、次の①～⑥のうちから二つ選べ。ただし、解答の順序は問わない。解答番号は 19 ・ 20 。

① 2行目「空地利用しようか！」では「！」を使用し、また4行目「茄子やトマトなんかを。」では述語を省略することで、菜園を始める際の会話部分をテンポよく描き、妹の快活な性格を表現している。

② 25行目「それは、六月の中旬。」、37行目「多磨墓地前で停車。」、「次が北多磨。」などの体言止めの繰り返しによって、O君と一緒に是政に行く旅が、「私」にとって印象深い記憶であったことを強調している。

③ 35行目「サアサアと音を立てながら」、83行目「ポツリ、ポツリと、部屋々々に灯がつきはじめ」、93行目「ポクポク歩いていると」など、カタカナ表記の擬音語・擬態語を使うことで、それぞれの場面の緊迫感を高めている。

④ 44・45行目や、60行目における月見草の匂いの有無に関する叙述は、110行目の、「私」が網棚から月見草を下ろすときに「ぷんとかぐわしい香りがした」という嗅覚体験を際立たせる表現となっている。

⑤ 75行目「疲れていた。寒かった。おなかが空いていた。」という部分は、短い文を畳みかけるように繰り返すことで、「私」の状況が次第に悪化していく過程を強調する表現になっている。

⑥ 82行目「建物は、窩をもった骸骨のように見え」、95行目「私を迎えるように頭を並べて咲き揃っている」のように、比喩を用いることによって、「私」の心理を間接的に表現している。

第3問　次の文章は『玉水物語《たまみず》』の一節である。高柳《たかやなぎ》の宰相には十四、五歳になる美しい姫君とその乳母子《めのとご》の月冴《つきさえ》を一匹の狐《きつね》が目にしたところから始まる。これを読んで、後の問い（問1～6）に答えよ。（配点　50）

折節この花園に狐一つ侍《はべ》りしが、姫君を見奉り、「あな美しの御姿や。せめて時々もかかる御有様《ありさま》を、よそにても見奉らばや」と思ひて、木陰に立ち隠れて、(ア)しづ心なく思ひ奉りけるこそあさましけれ。姫君帰らせ給《たま》ひぬれば、狐も、かくてあるべきことならずと思ひて、我が塚へぞ帰りける。つくづくと座禅して身の有様を観ずるに、「我、前《さき》の世いかなる罪の報いにて、かかるけだものと生まれけむ。美しき人を見そめ奉りて、およばぬ恋路に身をやつし、Aいたづらに消え失せなむこそうらめしけれ」とうち案じ、さめざめとうち泣きて臥《ふ》し思ひけるほどに、よきに化けてこの姫君に逢ひ奉らばやと思ひけるが、またうち返し思ふやう、「我、姫君に逢ひ奉らば、必ず御身いたづらになり給ひぬべし。父母の御嘆きといひ、世にたぐひなき御有様なるを、いたづらになし奉らむこと御いたはしく」、とやかくやと思ひ乱れて明かし暮らしけるほどに、餌食《ゑじき》をも服《ぶく》せねば、身も疲れてぞ臥し暮らしける。もしや見a奉るとかの花園によろぼひ出《い》づれば、人に見られ、あるは飛礫《つぶて》を負ひ、あるは神頭《じんどう》(注1)を射かけられ、いとど心を焦がしけるこそあはれなれ。

なかなかに露霜とも消えやらぬ命、もの憂く思ひけるが、(イ)いかにして御そば近く参りて朝夕見奉り心を慰めばやと思ひめぐらして、ある在家(注2)のもとに、男ばかりあまたありて女子を持たで、多き子どもの中にひとり女ならましかばと朝夕嘆くをたよりにて、年十四、五の容貌《かたち》あざやかなる女に化けて、かの家に行き、「我は西の京の辺にありし者なり。無縁の身となり、頼む方なきままに、足にまかせてこれまで迷ひ出でぬれど、行くべき方もおぼえねば頼み奉らむ」と言ふ。主《あるじ》の女房うち見て、「いたはしや。徒人《ただびと》ならぬ御姿にて、いかにしてこれまで迷ひ出でけむ。同じくは我を親と思ひ給へ。男はあまた候《さぶら》へども女子を持たねば、朝夕欲しきに」と言ふ。「さやうのことこそ嬉《うれ》しけれ。いづこを指して行くべき方も侍らず」と言へば、なのめならず喜びていとほしみ置き奉る。いかにしてさもあらむ人に見せ奉らばやといとなみける。されど、Bこの娘、つやつやうちとくる気色もなく、折々はうち泣きなどし給ふゆゑ、「もし見給ふ君などb候はば、我に隠さず語り給へ」と慰めければ、「ゆめゆめさやうのことは侍らず。憂き身のめざましくおぼえてかく(注3)結ぼれたるさまなれば、人に見ゆることなどは思ひもよらず。ただ美しからむ姫君などの御そばに侍りて、御宮仕へ申したく c侍るなり」と言へば、「よき所へありつけ奉らばやとこそ常に申せども、さも思《おぼ》し召さば、ともかくも御心には違《たが》ひ候ふまじ。高柳殿の姫君こそ優にやさしくおはしませば、わらはが妹、この御所に御(注4)非上《ひじやう》にて候へば、聞きてこそ申さめ。何事も心やすく、思されむことは語り給へ。違へ奉らじ」と言へば、いと嬉しと思ひたり。

かく語らふところに、かの者来たりければ、この由を語れば、「そのやうをこそ申さめ」とて、立ち帰り御乳母にうかがへば、「さらばただやがて参らせよ」とのたまふ。喜びてひきつくろひ参りぬ。見様《みざま》、容貌、美しかりければ、姫君も喜ばせ給ひて、名をば玉水の前とつけ給ふ。何かにつけても優にやさしき風情して、姫君の御遊び、御そばに朝夕なれ仕うまつり、御手水《てうづ》参らせ(注5)供御《ぐご》 d参らせ、月冴と同じく御衣《きぬ》の下に臥し、立ち去ることなく候ひける。御庭に犬など参りければ、この人、顔の色違ひ、身の毛一つ立《だ》ちになるやうにて、物も食ひ得ず、けしからぬ風情なれば、御心苦しく思されて、御所中に犬を置かせ給はず。「あまりけしからぬ物怖《お》ぢかな」「(ウ)この人の御おぼえのほどの御うらやましさよ」など、かたはらにはねたむ人もあるべし。

かくて過ぎ行くほどに、五月半ばの頃、ことさら月も隈《くま》なき夜、姫君、御簾《みす》の際近くゐざらせ給ひて、うちながめ給ひけるに、ほととぎすおとづれて過ぎければ、

　ほととぎす雲居のよそに音をぞ鳴く

と仰せければ、玉水とりあへず、

　深き思ひのたぐひなるらむ

やがて「わが心の内」と(注6)ぐちぐち申しければ、「何事にかあらむ、心の中こそゆかしけれ。恋とやらむか、また人に恨むる心などか。あやしくこそ」とて、

　五月雨のほどは雲居のほととぎす
　　誰《た》がおもひねの色をしるらむ

（注）
1　神頭——鏃《やじり》の一種。
2　在家——ここでは民家のこと。
3　結ぼれたるさま——気分がふさいで憂鬱なさま。
4　非上——貴人の家などで働く女性。
5　供御——飲食物。
6　ぐぢぐぢ——ぼそぼそと。口ごもるように言うさま。

問1　傍線部(ア)〜(ウ)の解釈として最も適当なものを、次の各群の①〜⑤のうちから、それぞれ一つずつ選べ。解答番号は 21 〜 23 。

(ア)　しづ心なく思ひ奉りけるこそあさましけれ 21

① 身のほどを知らず恋い焦がれたのは嘆かわしいことだ
② 気持ちが静まらずお慕いしたのは驚きあきれたことだ
③ 見境なく恋心をお伝えになったのはあさはかなことだ
④ 冷静な心を欠いたまま判断なさったのは情けないことだ
⑤ 理性を失い好意をお寄せ申し上げるのは恐ろしいことだ

(イ)　いかにして 22

① 思い直して
② どのようにして
③ どういうわけで
④ なんとかして
⑤ いずれにしても

(ウ)　この人の御おぼえのほど 23

① この人のご自覚の強さ
② この人と姫君のお似合いの様子
③ この人に対するご評判の高さ
④ この人のご記憶の確かさ
⑤ この人の受けるご寵愛《ちょうあい》の深さ

問2　波線部a～dの敬語は、それぞれ誰に対する敬意を示しているか。その組合せとして正しいものを、次の①～⑤のうちから一つ選べ。解答番号は 24 。

① a 狐　b 見給ふ君　c 娘　d 玉水の前
② a 狐　b 娘　c 主の女房　d 姫君
③ a 姫君　b 見給ふ君　c 娘　d 姫君
④ a 姫君　b 娘　c 主の女房　d 姫君
⑤ a 姫君　b 娘　c 娘　d 玉水の前

問3　傍線部A「いたづらに消え失せなむこそうらめしけれ」とあるが、このときの狐の心情はどのようなものか。その説明として最も適当なものを、次の①～⑤のうちから一つ選べ。解答番号は 25 。

① 人間に恋をしたことにより、罪の報いを受けて死んでしまうことを無念に思う気持ち。
② 姫君に何度も近づいたことで疎まれ、はやく消えてしまいたいと悲しく思う気持ち。
③ 姫君に思いを伝えないまま、なんとなく姿を消してしまうのも悔しいと思う気持ち。
④ 人間に化けるという悪行を犯して、のたれ死にしてしまうことを情けなく思う気持ち。
⑤ かなわぬ恋に身も心も疲れきって、むなしく死んでしまうことを残念に思う気持ち。

問4　傍線部B「この娘、つやつやうちとくる気色もなく、折々はうち泣きなどし給ふ」とあるが、娘はどのような思いからこのような態度を示したのか。その説明として最も適当なものを、次の①～⑤のうちから一つ選べ。解答番号は 26 。

① 思い悩んでいるふりをして、意中の人との縁談を提案してくれるように養母を誘導したいという思惑。
② 自分の娘の可愛らしい姿を人前で見せびらかしたいと思っている養母に対して、逆らえないという不満。
③ 縁談を喜ばず沈んだ様子を見せれば、自分の願いを養母に伝えるきっかけが得られるだろうという期待。
④ 養女としての立場ゆえの疎外感や他に頼る者のいない心細さを、はっきりと養母に伝えたいという願望。
⑤ 養母をだましていることからくる罪悪感によって、養母の善意を素直に受け入れられないという苦悩。

問5　狐が娘に化けた理由として最も適当なものを、次の①～⑤のうちから一つ選べ。解答番号は 27 。

① 男に化けて姫君と結ばれれば姫君の身を不幸にし、両親を悲しませることにもなると思い、せめて宮仕えのできそうな美しい女に姿を変えてそばにいられるようにしようと考えたから。

② 男子しかいない家に美しい娘の姿で引き取ってもらえれば、養い親から大事に育てられるし、そのうえ縁談でも持ち上がれば、高柳家との縁もできるのではないかと考えたから。

③ 姫君に気に入ってもらえるようにするには、男の姿よりも天性の優美さをいかした女の姿の方がよく、そばに仕えられるようになってから思いの丈を打ち明けようと考えたから。

④ 人間に化けて姫君に近づけば愛《いと》しい人をだますことになるが、望まない縁談を迫られている姫君を守るためには、男の姿より、近くで仕えられる女の姿の方が都合がよいと考えたから。

⑤ 高柳家の姫君が自分と年近い侍女を探しているという噂《うわさ》を聞きつけ、つてを作るために、同情をひきやすい、年若く薄幸な女の姿で在家の主に引き取ってもらおうと考えたから。

問6　この文章では、姫君との関係において、玉水のどのような姿が描かれているか。その説明として最も適当なものを、次の①～⑤のうちから一つ選べ。解答番号は 28 。

① 犬をおそれる玉水のために邸内に犬を置かせないようにするなど、月冴が嫉妬を覚えるほど、姫君は玉水を厚遇した。最愛の姫君と歌を詠み合うことに熱中するあまりに、周囲の不満に気づけない玉水の姿が描かれている。

② 玉水の秘めた思いを察した姫君は、それが自身への恋心であるとは思いもよらず、胸中を知りたいと戯れる。打ち明けられない思いを姫君本人から問われてしまうという、せつない状況に置かれた玉水の姿が描かれている。

③ 「ほととぎす雲居のよそに音をぞ鳴く」の句から、玉水は姫君が密《ひそ》かに心を寄せる殿上人の存在を感じ取ってしまう。自らの恋心を隠しながら下の句を付け、姫君の恋を応援しようとする、けなげな玉水の姿が描かれている。

④ 思わず口をついて出た「わが心の内」という玉水の言葉に反応し、姫君はその内実をしつこく問い詰める。その姫君に対し、私の思いをわかってもらえるはずもないと、冷たい応対をせざるを得ない玉水の姿が描かれている。

⑤ 念願かなって姫君の寵愛を受けられるようになった玉水だが、そのことで周囲から嫉妬され、涙にくれるような状況にある。苦しい立場を理解してくれない姫君に対して、胸の内を歌で訴えている玉水の姿が描かれている。

第4問 次の文章は、唐代の詩人杜甫《とほ》が、叔母の死を悼んだ文章である。杜甫は幼少期に、この叔母に育ててもらっていた。これを読んで、後の問い（問1〜7）に答えよ。なお、設問の都合で返り点・送り仮名を省いたところがある。（配点 50）

嗚《あ》呼《あ》哀哉《かな》。有兄子曰甫、(注1)制(注2)服於斯、紀《しる》徳於斯《ここ》、刻《きざ》(注3)石於斯。

或《あるひと》曰、「豈(注4)孝童之猶子与《か》、奚《なん》孝義之勤若此。」A 甫泣而対(ア)曰、「非B

敢当是也、亦為報也。甫昔臥《ふ》病於我諸《しょ》姑《ここ》、(注5)姑之子又病。問

女《ぢょ》巫《ふ》(注6)、巫曰、C『処楹之東南隅者吉。』姑遂易《か》子之地以安我。D 我

用《もっ》是存、而姑之子卒《しゅっ》。後乃(イ)知之於走使(注7)。甫嘗《かつ》有説於人、客

将《まさ》出涕《なみだ》、感者久之、相与定諡《おくりな》(注8)曰「義」。

君子以為魯《ろ》(注9)義姑者、遇暴客於郊、(注10)抱其所携、棄其所抱、

以割《た》私愛。E 県君(注11)有焉《これ》。

是《ここ》以挙茲《こ》一隅、昭《あき》彼《か》百行(注12)。F 銘(注13)而不韻、蓋情至無文。其詞《ことば》

曰ハク「嗚呼、有唐(注14)ノ義姑、京兆(注15)杜氏之墓。」

(『杜詩《とし》詳註《しょうちゅう》』による)

(注)
1 甫——杜甫自身のこと。
2 制㆓服於斯㆒——喪に服する。
3 刻㆓石於斯㆒——墓誌(死者の経歴などを記した文章)を石に刻む。
4 豈孝童之猶子与——あの孝童さんの甥《おい》ですよね、の意。杜甫の叔父杜并《とへい》は親孝行として有名で、「孝童」と呼ばれていた。「猶子」は甥。
5 諸姑——叔母。後に出てくる「姑」も同じ。
6 女巫——女性の祈禱師《きとうし》。後に出てくる「巫」も同じ。
7 走使——使用人。
8 諡——生前の事績を評価して与える呼び名。
9 魯義姑——漢の劉向《りゅうきょう》の『列女伝』に登場する魯の国の女性。自分の子を抱き、兄の子の手を引いていた際に、「暴客」(注10)と遭遇した。
10 暴客——暴徒。ここでは魯の国に攻めてきた斉《せい》の国の軍隊を指す。
11 県君——婦人の称号。ここでは叔母を指す。
12 百行——あらゆる行い。
13 銘而不㆑韻——銘文を作るが韻は踏まない。「銘」は銘文を指し、死者への哀悼を述べたもの。通常は修辞として韻を踏む。
14 有唐——唐王朝を指す。
15 京兆——唐の都である長安(いまの陝西省西安市)を指す。

問1　二重傍線部(ア)「対」・(イ)「乃」のここでの意味として最も適当なものを、次の各群の①～⑤のうちから、それぞれ一つずつ選べ。解答番号は 29 ・ 30 。

(ア) 対　29
① こらえて
② そむいて
③ こたえて
④ そろって
⑤ さけんで

(イ) 乃　30
① すぐに
② いつも
③ ことごとく
④ やっと
⑤ くわしく

問2　傍線部A「奚 孝 義 之 勤 若レ此」から読み取れる杜甫の状況を説明したものとして最も適当なものを、次の①～⑤のうちから一つ選べ。解答番号は 31 。

① 杜甫は若いにもかかわらず、叔母に孝行を尽くしている。
② 杜甫は実の母でもない叔母に対し、孝行を尽くしている。
③ 若い杜甫は仕事が忙しく、叔母に対して孝行を尽くせていない。
④ 杜甫は実の母でもない叔母には、それほど孝行を尽くしていない。
⑤ 杜甫は正義感が強いので、困窮した叔母に孝行を尽くしている。

問3　傍線部B「非ニ敢 当レ是 也」は、「とんでもないことです」という恐れ多い気持ちを示す表現である。なぜ杜甫がこのように語るのか、その理由として最も適当なものを、次の①～⑤のうちから一つ選べ。解答番号は 32 。

① 杜甫は孝行を尽くしたという自負は持っていたが、より謙虚でありたいと願ったから。
② 杜甫は他者に優しくありたいと望んではいたが、まだその段階にまで達していないと意識しているから。
③ 杜甫は生前の叔母の世話をしていたが、今は喪に服することでしか彼女に恩返しできないから。
④ 杜甫は叔父だけでなく叔母も亡くしてしまい、孝行する機会を永遠に失ってしまったから。
⑤ 杜甫は自分を養育してくれた叔母に感謝し、その善意に応えているだけだと思っているから。

問4 傍線部C「処 楹 之 東 南 隅 者 吉」の書き下し文とその解釈として最も適当なものを、次の①〜⑤のうちから一つ選べ。解答番号は 33 。

① [書き下し文] 楹《はしら》の東南隅を処《しよ》する者は吉なり
[解釈] 東南側の柱を処分すると、運気が良くなります

② [書き下し文] 楹に処《を》りて東南隅に之《ゆ》く者は吉なり
[解釈] 柱から東南側へ向かってゆくと、運気が良くなります

③ [書き下し文] 楹の東南隅に処る者は吉なり
[解釈] 柱の東南側にいると、運気が良くなります

④ [書き下し文] 楹を之《こ》の東南隅に処する者は吉なり
[解釈] 柱を家の東南側に立てると、運気が良くなります

⑤ [書き下し文] 楹を処し東南隅に之く者は吉なり
[解釈] 柱に手を加えて東南側へ移すと、運気が良くなります

問5　傍線部D「我用ㇾ是存、而姑之子卒」の説明として最も適当なものを、次の①～⑤のうちから一つ選べ。解答番号は 34 。

① 杜甫は女巫のお祓《はら》いを受けたことで元気を取り戻したが、叔母の子は命を落とした。
② 杜甫は叔母がすぐに寝場所を替えてくれたので命拾いしたが、叔母の子は重病となった。
③ 杜甫は叔母のおかげで気持ちが落ち着いたので助かり、叔母の子の病気も治った。
④ 杜甫は叔母が優しく看病してくれたので病気が治り、叔母の子も回復した。
⑤ 杜甫は叔母が寝場所を移してくれたので生きているが、叔母の子は犠牲になった。

問6　傍線部E「県君有ㇾ焉」の説明として最も適当なものを、次の①～⑤のうちから一つ選べ。解答番号は 35 。

① 叔母は魯の義姑のように、一族の跡継ぎを重んじる考え方に反発していたので、義と呼べるということ。
② 叔母は魯の義姑のように、私情を断ち切って甥の杜甫を救ったので、義と呼べるということ。
③ 叔母は魯の義姑のように、いつも甥の杜甫を実子と同様に愛したので、義と呼べるということ。
④ 叔母は魯の義姑のように、愛する実子を失ったことを甥の杜甫に黙っていたので、義と呼べるということ。
⑤ 叔母は魯の義姑のように、暴徒をも恐れぬ気概を持っていたので、義と呼べるということ。

問7　傍線部F「銘而不韻、蓋情至無文」についての説明として最も適当なものを、次の①～⑤のうちから一つ選べ。解答番号は 36 。

① 杜甫は慎み深かった叔母のために、韻を踏まない銘を記した。それは実子以上に自分をかわいがってくれた叔母への感謝を思いのままに述べては、人知れず善行を積んでいた叔母の心情に背くと考えたためである。

② 杜甫は毅然《きぜん》としていた叔母のために、韻を踏まない銘を記した。それは取り乱しがちな自分の感情を覆い隠し、飾り気のない文に仕立て上げてこそ、叔母の人柄を表現するのにふさわしいと思ったためである。

③ 杜甫は徳の高かった叔母のために、韻を踏まない銘を記した。それは自分を大切に養育してくれた叔母の死を偲《しの》び、うわべを飾るのではなく、真心のこもったことばを捧げようとしたためである。

④ 杜甫は恩人であった叔母のために、韻を踏まない銘を記した。それは恩返しできなかった後悔の念ゆえ、「嗚呼」と詠嘆するぐらいしかことばが見つからず、巧みな韻文に整えられなかったためである。

⑤ 杜甫はたくさんの善行をのこした叔母のために、韻を踏まない銘を記した。それはあらゆる美点を書きつらねては長文になるので、韻は割愛してできるだけ短くしたためである。

国 語

（2019年１月実施）

80分　200点

追試験
2019

国語

（解答番号 1 ～ 36）

第1問

次の文章は、一九五八年に刊行された文化論の一節である。これを読んで、後の問い(問1～6)に答えよ。なお、設問の都合で本文の段落に 1 ～ 18 の番号を付してある。(配点 50)

1 「日本人はどんなに狭い空間をも住みよく設《しつら》えることがとても上手だ」と、ブルノー・タウト(注1)はいった。彼はまたこうもいった。「若い僧侶の書斎を覗《のぞ》いてみる。空虚な部屋、畳の上に座蒲団《ざぶとん》が一つ、それに低い机とその傍に数冊の書」と。タウトはこうした簡素とセイ(ア)ケツさを寺院や古い大きな家だけで見ていたのではない。こんなこともいった。「ヨーロッパの中流住宅になら小さな細工物や何やらが山のようにあるのに、日本では労働者の住宅にさえ何一つとして転がっていない」。

2 日本の家屋というと、すぐ畳と障子(注2)がおもいおこされるが、これはほとんどあらゆる外国人にとって驚異らしい。畳と障子で囲まれている日本人の居間は、茶ぶだいをおけば食堂になり、蒲団《ふとん》をしけば寝室になる。その自由自在さにヨーロッパ人はまず驚いている。

3 空《あ》いている処《ところ》をふさぐ、ふさいでいたものをとりはらう。Aこの取り換えの敏捷《びんしょう》さは、まさに日本人独特の才能であろう。空きのあること、透《す》きのあること、いつでもそこへ物がもち込める可能性! その意味での虚《きょ》、日本人はこれをうまくつかう。

4 昔ある日本人は「実なるものは小さく、虚なるものは大きい」というすばらしい言葉を吐いた。こうしたとき、日本人にとって大きいとか小さいとかは、測って知れるヴォリュームの大小ではないので、そこへ物が容《い》れられることの豊かさの工合《ぐあい》をいっているのである。昔の日本人は「実」というサブスタンス(注3)のものを説明するとき、「実とはふさぐもの」のことだというように解した。虚と実を心得ていたのは昔の剣客(注4)だけではない。石工も大工も畳屋もみんな虚と実とを心得ている。

5 私は建築設計家の山口文象《ぶんぞう》氏からつぎのような話をきいた。神社の鳥居はときに大きな花崗岩《かこうがん》でできているが、あの鳥居の礎石には、角《かど》のとれた丸みのある大きな石が下につかってあるそうだ。ゆっくりと、或《あ》る程度は揺らぐことははじめから予定されてあるらしい。コンクリートで固める、そういうやり方の反対なのである。そういえば、日本の名物である五重の塔の基礎のありさまは、タイ(イ)テイの人が知っている。ヨーロッパ人にとっては下地《したじ》が、つまりサブスタンシャルなものががっちりでき、そのうえにいっさいの建造物はつくられねばならない。ひとり建築だけでなくて、人間の造るものはなんでもそうであることになっている。ヨーロッパでは都市がつくられる、建物がつくられる、学問ができあがる、そうしたとき、必ず基礎に実質的なものが前提されている。

6　日本では、石は基礎に横たえられたり積まれたりするものではなく、まず置かれてあるもの、見られるもの、楽しまれるものなのである。一般に日本人にとっては実は虚のためのものとなっている。といってしかし実は虚を支えているものではない。そうとるのは西欧的なのだ。ほんらい日本人にとっては、実はただ虚のできるはずみになっているだけである。

7　日本人にとってはむしろ実は虚の成立の機会となっている。

8　能の或る古典に、下地ということがいわれている。芸のうえで力は充《み》ちていても、まだ生《なま》であるものは「下地荒くこわい」ものだときびしくいましめられている。芸に基礎《したじ》があることがいけないのではなく、それが荒くてこわい(強い)のがいけないというのである。鳥居にだって或る基礎はある。しかし、そこのところは虚でなくてはならない。「下地は静か」でなくてはならない。虚であってはじめて実なのである。

9　ヨーロッパの古代語にはストーという語がある。現代語にはこれにつながるいくつかの字がある。それは、しっかりと立てられている、設けられていることを言い表わす今日の外国語のいろいろの言葉にあらわれている。「立てる」とか「立ちむかう」ということは、西洋文明の本質を示す大切なもののように私はおもう。ところが、昔の日本人では、不動に立てるのでなく、「置く」ことが大切であった。いや、置くにしても一個所《いっかしょ》に置きつづけられることも、すでにいいことではなかった。一般に止《と》まるということは避けられねばならなかった。

10　沢庵《たくあん》(注5)は「仏法にては、この止まりて物に心の残ることを嫌ひ申し候。故に止まるを煩悩と申し候」といった。だから、置いた物が止まりつづけるのはよくない。今日でも日本人は固定的なところのない人物や言行を飄々《ひょうひょう》としているとよくいう。おそらく禅語であろうが、水のうえで瓢簞《ひょうたん》を押すように(注6)(水上打胡盧子《ころし》)少しも止まらない、その意味で虚であること、空《くう》であることを貴重がった。だから、B心だって「置いて」はいけない。そういったふうに日本人はすべてのわざを教えた。茶でも、禅の行《ぎよう》でも、剣でも、虚であることをつねに狙っていた。

11 「空」や「無」や「虚」がその思想のうちにひそんでいるのは、日本人においてだけでなく、その根源は古代インド人の仏教的な世界観や中国の老荘(注7)の世界観からきていて、もちろん東洋的特色である。Cこの特色はギリシア的・ローマ的な知性のはたらき方とはまさに対蹠《たいせき》的である。ヨーロッパ人において標本的である知性なるものは、考える力でもって抽象をつくるはたらきに外ならない。抽象してできたもの（たとえば「花」というひとつの抽象）は、できた以上、気分や感じなどとはちがって、消えていかないで固定してくれている。この抽象的固定性は知性の第一の特長である。しかし、固定はまさに東洋人の嫌った止まりの最もなるものである。古代のインド人がまず先《さ》きにこの止まりを恐れた。彼らはこの固定性の悪さを取りのけようとした。取り除くにはもちろんさらに知性を必要としたでもあろうが、とにかく取り除こうとした。このための(ウ)ショウジン努力とその結実が実に仏陀《ぶつだ》の教理だったといえる。だから、こういうことになる。インド人のやり方は、古代諸民族がせっかく鍛えあげた知性の抽象力を、知性が働くとたんにむしりとるのである。人間の心のうちに止まるもの何ものもないようにする。仏教の離《り》とか空とかは、このことに外ならないであろう。知性の灯が生活の薄闇のなかにともったとたんに、これを吹き消すまた別の、つまり念入りにも、もうひとつの知性が働く。これを古代インド人がまず考案したのである。東洋の歴史の流れのうちで老荘の無為の思想が横からこの仏教の空思想を助長したことは、容易に察(注8)しられる。

12 こんな哲学が経文とともに日本に入ったからといって、それだけでは日本人はうけつけなかったろう。ここで、注意してみると誰にもうなずけるのは、寺院の建て方、仏像の造り方、器具のつかい方などの東洋的特長である。これらがすべて軽くしておく、空けておく、透かしておく、もし固く立てることが必要なら要所だけにしぼっておく。こうした技術上の日本的なものは庶民のいっさいの生活様式に染みこんでいる。日本人は仏教の哲学からではなく、生活の仕方から離や空や虚を体得したのだ。もちろん、西欧ほどではないにしても、日本にはこれらを哲学にしあげた思想家も出たし、絵や彫刻や詩や演劇のなかで生かしたそれぞれの芸術家も出た。その実例については私が語るまでもない。

13 さて、虚という生活《せいかつ》(注9)仕方《しかた》とその思想は、今日の日本の文化ではもう消えているのだろうか。これが私たちには問題である。

14 私はもう何度か指摘したことだが、西田哲学の西田さん(注10)には、あの人の思索の生涯を通じて、「形なきものの形を見、声なきものの声を聞くといった様なもの」を、求めてやまないものがあったのではないか。よいかわるいかとにかく、西田哲学の特色はここにあったのではないか。こんなのは特に目だっているものをあげたのだが、日本人のつくった文化の全体をよくたずねてみると、実例にはこと欠かないであろう。

15 理論物理学者の湯川(秀樹)(注11)さんが荘子や老子が好きなのは、私の注意をひく。「これから先の理論物理学には、どんな考えが役立つかわかりません。科学は西洋の専売特許だときめてしまう必要はないのであります」という湯川さんも、西田さんに通じるところがある。湯川さんが荘子のなかから持ちだしている混沌《こんとん》の話は面白い。むかし、国がとなり合って三つあった。真中《まんなか》の国の王様の名が混沌、その両側のとなりの国の王様がシュクとコツというのだった。あるときシュクとコツとが混沌の国の(エ)リョウチで出会ったそうだ。二人は混沌にもてなされた。そこで二人は喜んで恩返しをしようとおもった。ところが、混沌をみると、ずんべらぼう(注12)で顔には何もない。そこで、目鼻をつけてあげようということになり、やりかけているうちに混沌は死んでしまった、という話である。湯川さんはこの話を大変に面白がっているが、私たちだって面白い。

16 目鼻をつけるというのは、いってみれば自然科学者が、とてつもない大自然の法則をみつけだし、このわからぬものをなんとかわからせようとしているようなものである。湯川さんも理論物理学者として目鼻をつけようとしているひとりである。自然科学者はとにかく混沌に、ある秩序(たとえば、ニュートンがいったように、わずかばかりの)をつけようというものである。

17 さて、私にとって関心となるのは、こうしたたとえ話のところで湯川さんがいっていることである。「結局どういうことになるかといいますと、法則の成立《なりた》たない、何かもう少し広いハイ(オ)ケイを考え、その中で法則の成立つ場合を取出《とりだ》すということをしなければならないわけであります。そういうぎりぎりのところまでいかなければならないと思います」。さあこうしたとき、法則の成り立たないのを、うっかりひとつの世界だと区切り、しかもサブスタンシャルなものときめてしまったりすると、下手に西洋的になる。湯川さんは、そうはせず、「最後に行きつくところは秩序と混沌のさかい目である」というようにとりあつかっている。私たち(注13)考えてみるに、さかい目というものは、厳として作用しているものではあっても、物としては無いものであろう。境界は、やかましいことをいうと、幅のある線であってもいけないものであろう。こうしたとりあつかいは私はおもしろいとおもう。東洋人には東洋人でなかなかやり方のあるものだ。

18 では、ヨーロッパではこんな処理はないかというと、そうでもないので、さしあたりディアレクティーク（弁証法）があるが、この論理は一般につたわり方が賑《にぎ》やかであるが、しかし真意はそれほどつたわっていないようである。とにかく日本においていいものは、何かのかたちでまた他民族のなかにもひそんでいるもののようである。それでこそはじめて「日本的」なのであると私はおもう。

（三枝博音《さいぐさひろと》「西欧化日本の研究」による）

（注）
1　ブルノー・タウト――ドイツの近代建築家（一八八〇―一九三八）。日本に亡命し、日本の古典建築の美を見いだした。「ブルーノ・タウト」と表記されることが多い。
2　茶ぶだい――「卓袱台《ちゃぶだい》」「ちゃぶ台」などと表記されることが多い。
3　サブスタンス――実体、本質、基体。「サブスタンシャル」はその形容詞形。
4　山口文象――建築家（一九〇二―一九七八）。
5　沢庵――臨済宗の僧（一五七三―一六四五）。
6　水上打胡盧子――「水上に胡盧子を打つ」。沢庵の著作『不動智神妙録』の中のことば。「胡盧子」は瓢箪のこと。
7　老荘――古代中国の思想家、老子と荘子。
8　察しられる――「察せられる」に同じ。
9　生活仕方――原文のとおりの表記である。
10　西田哲学の西田――哲学者の西田幾多郎（一八七〇―一九四五）。日本的な「無」の哲学を主張した。
11　湯川（秀樹）――物理学者（一九〇七―一九八一）。日本最初のノーベル物理学賞の受賞者。
12　ずんべらぼう――のっぺらぼうのこと。でこぼこがなく、のっぺりしていること。
13　私たち考えてみるに――原文のとおりの表記である。

問1　傍線部(ア)〜(オ)に相当する漢字を含むものを、次の各群の①〜⑤のうちから、それぞれ一つずつ選べ。解答番号は [1] 〜 [5]。

(ア) セイケツ [1]
① シンケツを注ぐ
② ケッサクを発表する
③ 車両をレンケツする
④ 身のケッパクを主張する
⑤ 飛行機がケッコウする

(イ) タイテイ [2]
① ホウテイで証言する
② 空気テイコウを減らす
③ 誤りをテイセイする
④ 食堂でテイショクを食べる
⑤ 花束をゾウテイする

(ウ) ショウジン [3]
① 事態をセイカンする
② 日程をチョウセイする
③ セイミツな機械を作る
④ 選手センセイをする
⑤ セイエンを送る

(エ) リョウチ [4]
① リョウヨウ生活を送る
② ドウリョウと話し合う
③ 仕事をヨウリョウよくこなす
④ 自動車をリョウサンする
⑤ 今月のキュウリョウを受け取る

(オ) ハイケイ [5]
① 業務をテイケイする
② 伝統をケイショウする
③ 神社にサンケイする
④ 踊りのケイコをする
⑤ 日本のケイキが上向く

問2　傍線部A「この取り換えの敏捷さ」とあるが、これは具体的に部屋のどのような使い方を指しているか。その説明として最も適当なものを、次の①～⑤のうちから一つ選べ。解答番号は 6 。

① 部屋を物で満たさず、その都度出し入れすることで、すぐに空間を様々に活用できるような使い方。
② 部屋の空間をいつでも広く空けておくことで、より多くの家財を手早く持ち込めるような使い方。
③ 障子の取り外しや机の出し入れによって、使える空間の広さを瞬時に変えられるような使い方。
④ 部屋をふさがないようにしておくことで、素早く並行して複数の目的に利用できるような使い方。
⑤ 狭い部屋の空いた場所やすき間を活用して、より多くの家財をすみやかに収納できるような使い方。

問3 傍線部B「心だって『置いて』はいけない」とあるが、それはどういうことか。その説明として最も適当なものを、次の①～⑤のうちから一つ選べ。解答番号は 7 。

① 日本の文化では、技術から生活様式に至るまで下地を設えてできる固定性を退けてきた。同様に、心のあり方についても、虚や空の体得をめざすことによって西洋的な思想を遠ざけたこと。

② 日本の文化では、建築でも思想でも不動性を忌避してきた。同様に、心のあり方についても、飄々としている状態に反するような様を心がすさみ硬直したものとして遠ざけたこと。

③ 日本の文化では、確かな実体よりも虚や空なるものを重視してきた。同様に、心のあり方についても、一個所にとらわれつづけることを望ましくない執着として遠ざけたこと。

④ 日本の文化では、実に束縛されることを嫌って虚や空を価値づけてきた。同様に、心のあり方についても、一つの事柄に固執して物に情が移ることを行や道の妨げであると遠ざけたこと。

⑤ 日本の文化では、物作りでも芸でも自在で柔軟なわざを称揚し貴んできた。同様に、心のあり方についても、一個所に止まっている段階を未熟で生なわざであると遠ざけたこと。

問4　傍線部C「この特色はギリシア的・ローマ的な知性のはたらき方とはまさに対蹠的である。」とあるが、なぜ「対蹠的」といえるのか。その理由の説明として最も適当なものを、次の ① ～ ⑤ のうちから一つ選べ。解答番号は 8 。

① 虚を重んじ、それをさまざまな思想や心の下地に置こうとした東洋的特色は、実を重視し、それを人の作ったあらゆるものの上位に位置づけたギリシア的・ローマ的な知性のはたらき方と比べると、正反対であるから。

② 止まることを嫌い、固定的なものを避けようとしてきた東洋的思想の特色は、基礎を固めた上でものごとをがっちりと築き上げようとしたギリシア的・ローマ的な知性のはたらき方と比べると、正反対であるから。

③ 抽象的な法則から具体的な問題を捉えようとした東洋的思想の特色は、気分や感じなどという具体的な事例から「花」という一つの抽象をつくろうとしたギリシア的・ローマ的な知性のはたらき方と比べると、正反対であるから。

④ 止まりを恐れ、固定性の悪さを取りのけようとした東洋的思想の特色は、消えることなく固定化されている具体的な物事を知性の標本と考えたギリシア的・ローマ的な知性のはたらき方と比べると、正反対であるから。

⑤ 虚に代表される世界観を確立することを優先しようとした東洋的思想の特色は、都市や建物といった実体を伴ったものをつくることを第一としたギリシア的・ローマ的な知性のはたらき方と比べると、正反対であるから。

問5　次に示すのは、この文章を読んだ五人の生徒が、先生の問いかけを受けて、第13段落以降の内容について話し合っている場面である。本文の趣旨と**異なるもの**を、次の①～⑤のうちから一つ選べ。解答番号は 9 。

先生――第13段落で、虚という考え方が、この文章の書かれた当時の日本の文化ではもう消えてしまっているのかと問題提起されているけれど、筆者はそれについてどのように考えているだろうか。みなさんで話し合ってください。

① 生徒A――第14段落で筆者は、哲学者の西田幾多郎を例にあげているね。西洋の思想に学び論理を追求した西田哲学の中にも、「形なきものの形」や「声なきものの声」として東洋的な虚の思想が生きているということだと思うよ。理論物理学者の湯川秀樹にも、筆者は共通の考え方を見ているのかな。

② 生徒B――筆者は自然科学者を、混沌とした大自然の中に法則を見つけだそうとする人と捉えている。けれども、混沌が目鼻をつけられているうちに死んでしまう話を湯川が面白がっていることに着目してもいるね。つまり、筆者は自然科学においても秩序づけるだけでは十分でないと考えているんじゃないかな。

③ 生徒C――わからないものに秩序を与えることでわかるようにするのが西洋的な思考ということだね。それに対して、第17段落で「最後に行きつくところは秩序と混沌のさかい目である」という言葉を紹介していることに表れているように、筆者は湯川の考え方に伝統的な虚の思想を見ているのだと思うよ。

先生――第5段落で紹介されている五重の塔の基礎は、現代の高層建築の耐震構造と共通することが知られていますね。

④ 生徒D――だとすれば、現代日本の私たちの身の回りにも虚の思想が生きていると言えるかもしれないな。そしてそれは実体として現れているのではなく、見えないところで作用しているんだね。筆者は第18段落で、日本にとってよいものは何かのかたちでまた他の民族にもひそんでいると言っているよ。

⑤ 生徒E――西洋においても東洋的な虚の考え方が次第に広まってきているということじゃないかな。ただし筆者は法則が成り立たない世界を明確に区別してしまうと、かえって西洋的になるとも言っている。虚とは法則がないということではなく、法則の有無を分けるさかい目そのもののことなんだね。

問6　この文章の表現と構成について、次の(i)・(ii)の問いに答えよ。

(i)　この文章の表現に関する説明として**適当でないもの**を、次の①～④のうちから一つ選べ。解答番号は 10 。

① 第 3 段落の「いつでもそこへ物がもち込める可能性！」は、第 2 段落の「外国人にとって驚異」「ヨーロッパ人はまず驚いている」と対応して、外国人から見た日本文化への驚きを共有して表現している。

② 第 5 段落の「都市がつくられる、建物がつくられる、学問ができあがる、そうしたとき」は、終止形でリズムよく並べることで、読者に複数の例を示し、筆者の主張を強める効果がある。

③ 第 8 段落の「基礎《したじ》」は、ふりがなによって「下地《したじ》」と同じ読み方を示し、建築の「基礎」という用語がもともとは能の用語であったことを示している。

④ 第 11 段落の「知性なるもの」は、知性一般のことではなく、あくまでもヨーロッパ人が考える知性のことであるという、相対化を示す表現である。

(ii) この文章の第[1]～[12]段落の構成に関する説明として最も適当なものを、次の①～④のうちから一つ選べ。解答番号は[11]。

① 第[3]段落は、第[1]、[2]段落で挙げた具体例から推論した結果を示し、この文章の中心的な話題である「虚」について提示している。

② 第[4]～[6]段落では、空間的な「実」と「虚」の捉え方について日本と西欧とを比較し、第[7]段落では新しい観点に切り替えている。

③ 第[8]～[10]段落は、「虚」について空間的な例からさらに話題を拡張し、古典の言葉などを引用しながら論を展開している。

④ 第[11]、[12]段落では、前段落までで述べた日本的な特徴と、東洋の哲学の思想とを対立させることで論点を深めている。

第2問

次の文章は、耕治人《こうはると》「一条の光」の一節である。「私」とひろ子は結婚してしばらく住んでいた「シャレた家」から八畳ひと間のアパートに移った。しかし四年後、そこが「軍需工場の寮」になるため、また引っ越さねばならなくなった。そんな時、ひろ子の姪《めい》・フジ子を養子として引き取るという話が持ち上がった。以下はそれに続く場面である。これを読んで、後の問い(問1～6)に答えよ。なお、設問の都合で本文の上に行数を付してある。(配点　50)

私は渋った。しかし、ものを書くという仕事に私は自信がないから、それを持ち出すことはできなかった。八畳ひと間じゃフジ子が可哀想《かわいそう》だ、もっと広いところへ移ったら考えよう。私は問題を引き延ばした。ひろ子は私の言葉に従った。

軍需工場の寮にならなかったら、引っ越さなかったのだ。その時分、貸し家、貸し間は払底していた。引っ越しの期限を一ヵ月過ぎて、繁華街の裏通りに、やっとアパートを見つけた。それは偶然だった。四畳半と三畳。高いなどと言っていられなかった。部屋が明るくないことも気になったが——引っ越しの期限はとうに過ぎていたし、一度見ただけで決めたのであった。

貸し家、貸し間は少なかった。入手困難だった。しかし金を出せば、広い家、明るい、太陽の光が射《さ》す贅沢《ぜいたく》なアパートは手に入ったのだ。

私が探す程度のアパート、貸し間は入手が困難だったのだ。

四畳半と三畳に移ったとき、フジ子のことは私の頭から消えていた。

「あなたは四畳半で書きものするでしょう。三畳にフジ子を置きましょう。ね、いいでしょう」というわけだ。私はドキッとした。私がひろ子と結婚した翌年、あのシャレた家を戸締まりして、東北の、その小さな町に行ったことがあった。短い滞在だったが、ひろ子とフジ子の気持《きもち》の交流は、充分(ア)呑《の》みこめた。傍目《はため》にも美しかった。私はそれを思い出した。

「三畳じゃ気の毒だよ。一軒の家に移ったとき、フジ子にその気があるなら、来てもらおうじゃないか」

「それはいつのことだか、わからないわ。フジ子は来年春から女学校にあがるのよ。だから、呼ぶなら、いまがちょうどいいのよ」

「ここから女学校に通うのか」

「そうよ。入学の準備があるから、いま呼ばなくちゃ、間に合わないわ」

「しかし試験があるだろ。通るかね」

「通る女学校を探すわ」

「フジ子に話したのか」

「そうよ」

A私はダマされた気がし、腹が立った。

「なぜ、オレに相談しなかったんだ。フジ子が来ても、オレはいまの生活状態を変えないぞ」

私は喚《わめ》いた。

「そりゃあ、そうですわ。あなたはいまのままでいいのよ。あなた、好きなことしていいのよ。あなたに迷惑かけないわ」

偏窟《へんくつ》な私もひろ子に負けた。そういうわけで、三畳はフジ子の勉強部屋になった。月謝、学用品、小遣い——私の身のまわりを切りつめた。煙草《たばこ》はもとからのまなかったが、酒はやめた。着物は着たきり。靴のカカトは磨《す》り減ったが、修繕費が惜しかった。

フジ子が女学校に、ひろ子が勤めに出たあと、机に向かい、好きなことを書く。書きたいことを書く。それだけが生き甲斐《がい》だ。ハイヤーでヤマナカ湖に行ったり、三浦半島へ行った面影はない。そんな生活をしたことが過去にあったとは、人に話しても信じないだろう。慎《つつ》ましい、坊さんみたいな生活だった。

書いたものを発表することは考えなかった。発表したくても雑誌の数は少なかったし、時局向きのものでないと発表は不可能だった。大家なら時局向きでないものでも通用したろうが、無名の新人には許されなかった。時局向きなものを書いても、発表できるとは限らなかった。だから、はじめから発表は考えない方がよかった。自分がほんとうに書きたいことが時局向きだったら、それもよい。書きたいことと、時局向きが自然に一致したらよいが。自分の本心を忠実に、原稿紙に写したかったのだ。私はもう時間がない、と焦ることもあった。そうかと思うと、当分は大丈夫と、のんびり構えることもあった。

昼近くなると、一人でありあわせのもので飯を食う。それから身仕度して、私が嘱託(注1)をやっている出版社に行く。企画の相談をすることもあり、執筆者に依頼に行くこともあった。その出版社の執筆陣は、医者、教師、役人が多かった。文学書は出していない。ときには割り付け、校正などの仕事をもらってくることもあった。行かない日は、四畳半でやるのだ。つまり、原稿紙の代わりに、午後はゲラ刷りなどが机の上に置かれるというわけだ。

フジ子は勉強家だった。いい子供だった。ひろ子に似て、きれい好きだった。日曜など、ハタキや箒《ほうき》を使い、ひろ子と一緒に掃除した、冗談など言いながら。知らない人が見たら、ほんとうの親子と思うだろう。

窓は、四畳半と三畳についている。四畳半の方は、塀に向かっていた。三畳の方は廊下だ。明かり取りのため両方とも大きかった。縁側も床の間もない。炊事場はあるが、人間一人やっと入れるほどで——息苦しくて、長くいられなかった。掃除のあいだ廊下に出ているのだ。毎朝そうだ。日曜は、時間が遅いだけだ。それとフジ子が手伝ってくれることだ。週日はフジ子は忙しい。だからフジ子が出かけたあと、ひろ子が掃除をした。廊下に立っている私は、なんとなく幸福な気持になる。入り口に掃き出したゴミを始末するため、フジ子は廊下用の箒と、蓋つきの大きなチリ取りを取りに行く。それは向こうの廊下の隅のゴミ箱に立てかけてあった。そんなフジ子を見ると、もう長いあいだアパートで生活しているような感じだ。そんなある日、ゴミをすくいながら、「出るにゃあ」と国言葉で言ったことがあった。たくさんゴミが出るという意味だ。

「ほんとうに毎朝掃除するのにねえ」

私も驚くのだ、驚かないわけにゆかないのだ。ほんとにどこから出るのか。鼠《ねずみ》色の、こんもりしたゴミの山。白い紙きれや、御飯粒など混じっていることがある。赤い糸クズや布地のキレッパシもある。

米機の空襲がはじまらなかったら、親子三人、平穏な生活を楽しんだろう。私ははじめ、フジ子を引き取ることに対して気がすすまなかった。それを忘れたわけではない。だが、引き取ってからは予期しなかった幸福があった。しかし、そのために戦争を忘れたわけではない。

B太平洋戦争がはじまったのは、フジ子が東京にやってきた年だった。防火演習がはじまったのは、それから一年ばかりしてからではなかろうか。

バケツや火ばたきなど持って、アパートの前の空き地に集まるのだ。班長は管理人だった。バケツリレーなどの訓練をやった。バケツのなかには水が入っていた。米機の空襲があった場合、火事が起きるかもしれない。それをバケツの水で消す練習をやるのだ。

その演習は月に二、三回あった。ひろ子が不在のときは私が演習に出たが、米機が来るにしても遠い先だ、と思った。戦局が重大化してゆくのは知っていた。しかし、なんとなく痛切でなかった。その矛盾した感じはフジ子のため生じたらしい。

フジ子は無口な方だが、ひょっこり面白いことを言って、笑わせた。四畳半と三畳に春風みたいなものが漂うようになったのは、フジ子のせいだった。

だから米機が来襲し、警報が不気味に鳴りわたったとき、真剣に疎開を考えねばならないと思ったのだ。

フジ子が通っている女学校で、生徒に疎開をすすめていた。フジ子のクラスにも疎開した人がいたそうだ。食い物も着る物も不自由になってきた。

フジ子の故郷である東北の日本海に面した町は、食い物が豊富だった。軍事施設はないそうだから、米機の目標になることもないだろう。

私は(イ)醒《さ》めた思いだった。ひろ子と彼女の姉とのあいだに何度か手紙のやりとりがあって、フジ子は生家へ疎開することになった。戦争が終わるまでの辛抱だ。

私はそうフジ子に言ったが、再び会えないかもしれない気持が一方にあった。自分の娘のような気持になることがあったから、手放すのが淋《さび》しくもあり、惜しくもあった。

しかし、感情に甘えていられる時局ではなかった。フジ子は一人、旅立ったのであった。その日、私とひろ子は、上野駅まで送っていった。お母さんもなるべく早くおいでよ、という意味のことを、フジ子は汽車の窓から、ひろ子に言った。フジ子はうれしそうな顔をしていた。しっかりしているとはいえ、女学校二年生だ。実家に戻れる喜びは隠しきれないのだ。

C 私はそのフジ子を見て、二十年ばかり前、一人で東京にやってきた自分を浮かべたのであった。私の郷里は、九州の八代海に面した小さな町だ。父母は死んだから、実家はない。フジ子をもらってから、私は死んだ父母のことをよく思うようになった。父だったら、こんな場合どうするだろう、フジ子に対し、どんな態度をとるだろう、と思ってみることがあったのだ。

フジ子が去って、私とひろ子だけの生活に戻った。

そのアパートからも、出征する人や徴用される人があった。何号室の、だれそれさんが出征されます、×日×時×分、万歳を三唱してお送りしたいと思います、アパートの前にお集まりください——そんな紙が入り口の掲示板に貼られたのも二度や三度ではなかった。

(注2)はじめの方で書いた、昭和十八年〇月〇日、ゴミを見て、コレダ！　と思ったことを、いよいよ説明する運びになった——やっと段取りがついた、というわけだ。

フジ子が去ってから三月ばかり経《た》った。二人きりになった当座は妙に寒々としていた。顔をつき合わせるのが辛《つら》かった。私はフジ子を忘れるためにも、せっせと書いた。空想で書いたものもあれば、自分の経験をもとに書いたものもあった。思いつくまま、手あたり次第に書いてきたのであった。十枚二十枚のものもあれば百枚のものもあった。

午前中書いた。それはフジ子がいるときもいなくなってからも変わらなかった。六時から八時ころまで、アパートはざわざわする。

九時になると、ひっそりとなる。訪ねてくる人は滅多《めった》にない。コトコト廊下に足音がすると、赤ガミ(注3)を持ってきた人ではなかろうかと、ハッとすることがある。区役所の人や町会の人が持ってくるそうだ。夢中で書いていて、突然足音が耳に入る——そんなときだ、いよいよ来たんじゃないかと思うのは。私は父母のことを書いていた。思い出を辿《たど》ってゆくうち、当然、兄や妹のことも書くようになった。兄も妹も死んだのだ。私がそれを書きはじめたのは五日ばかり前だった。ひろ子がいつものように勤めに出てから、私は机に向かい、続きを書き出した。三十分経ったか一時間経ったか、わからない。私は時間の観念を失った。そんなことが、ときどきあるのだ。夢中で書いていた私は、ペンを置いた。なぜペンを置いたかわからない。疲れたからか、思索が途切れたからか、それは忘れたが、机から眼《め》を離し、何気なく畳に視線を移したとき、ゴミが飛びこんできたのだ。ゴミはじっとしていた。四畳半の真ん中あたりで動かない。しかし、飛びこんできたような気がしたのだ。

私は眼をパチパチやったのを覚えている。ひろ子がきれいに掃除したのだ。掃除してから二時間ばかりにしかならないのだ。

私は三畳の方へ眼をやった。フジ子がいたときは机や本箱などで足の踏み場もなかったが、いまはがらんとした感じだ。四畳半と三畳には、そのゴミのほかにはチリひとつない。**D**小指の先ほどの鼠色のそのゴミは、生まれたような気がした。見つめていると、生きているように感じられた。不思議なことが起きた。そのゴミを起点として、一条の光が闇のなかを走った。私は闇のなかに、いつのまにか、いた。一条の光は私の過去であり、現在だ。それは父母であり、兄妹であり、私の出身校であり、勤め先だった。結婚でもあった。要するに私の生涯だった。生涯を一条の光が貫いたのだ。それは太くもあれば細くもあった。私はワナワナ震えた。身動きができなかった。コレダ！　と思ったのだ。それまでも自分のことを書いたが、自信はなかった。そのとき必然性が生まれたのであった。

少し時間が経ってから、これはうっかり人に言えないぞ、と思った。誤解を恐れたのではない。喋《しゃべ》ったら光が褪《あ》せる気がしたのだ。ひろ子にも黙っていようと思った。ひろ子はいまの生活が満足でないかもしれないが、不平は言わない。あきらめているのかもしれないが、元気で勤めに通っている。説明してもわかってくれるかどうか。私もこれ以上の説明はできないのだ。

(ウ)雲を摑《つか》むような話、と思うかもしれない。

私にとっては感動の瞬間だった。ゴミを見つめていると、自然と微笑が浮かんだ。私は、ゴミをそっとつまんだ。ごく普通のゴミだった。

しかし、私の心のなかに起きたことは消えなかった。日が経つにつれ、ずっしりと重さを増した。

それから五日して、飛行機工場に徴用された。その工場は、電車で一時間ばかりのところにあった。ペンの代わりにスパナやドライバーを握った。私の工員服は石油のにおいが染みた。私は機械組み立て工だ。原稿は書けなくなった。机にも向かえなくなった。しかし、胸のなかのずっしりしたものは、ますます根を張ったのであった。

（注）1　嘱託——正式の社員ではなく、特定の業務にたずさわる人。

2　はじめの方で書いた——作品の冒頭で、「人間だれだって、これだ！　ということにぶっつかるのではないか。」と述べ、それは「私の場合、ゴミと関係がある。」としていることを指す。

3　赤ガミ——赤紙。旧日本軍の召集令状の俗称。

問1 傍線部(ア)〜(ウ)の本文中における意味として最も適当なものを、次の各群の①〜⑤のうちから、それぞれ一つずつ選べ。解答番号は 12 〜 14 。

(ア) 呑《の》みこめた 12
① 予見できた
② 歓迎できた
③ 共感できた
④ 理解できた
⑤ 容認できた

(イ) 醒《さ》めた 13
① 状況を冷静に判断できる
② 状況を正確に把握できる
③ 状況を正常に認識できる
④ 状況を冷淡に観察できる
⑤ 状況を平静に傍観できる

(ウ) 雲を摑《つか》むような 14
① 不明瞭で、とらえどころのない
② 不安定で、頼りにならない
③ 非常識で、気恥ずかしい
④ 非現実的で、ありそうにない
⑤ 非合理的で、ばかばかしい

問2　傍線部A「私はダマされた気がし、腹が立った。」とあるが、それはなぜか。その理由として最も適当なものを、次の①～⑤のうちから一つ選べ。解答番号は 15 。

① フジ子を女学校に入学させると、物書きとしてのわずかばかりの自負をつなぎ止めていた「私」の執筆活動を抑制せざるをえないと察していながら、ひろ子が入学準備を着々と推し進めてしまっていたから。

② 三畳にフジ子を置くのは気の毒なため、一軒家に引っ越すまでフジ子との同居はすべきではないと主張してきたのに、そうした「私」の気遣いを全く無視してひろ子がフジ子を呼び寄せようとしていたから。

③ 物書きを中心とする生活を変える必要はないというひろ子の言い分には無理があったが、それに言及せず寛容な態度で接していたところ、ひろ子がそれに乗じてフジ子との同居を勝手に決めてしまっていたから。

④ フジ子の女学校選びは慎重に行いたいという思いがあったので、フジ子を呼び寄せる時期は先延ばしすべきだと考えていたのに、ひろ子がフジ子の上京の計画を「私」に黙って進めていたことが判明したから。

⑤ 作家としての仕事に自信がないので、創作活動に支障が出るとは言えずにあれこれ言い訳して先送りにしてきたフジ子との同居の件について、「私」に断りなくひろ子がフジ子に持ちかけてしまっていたから。

問3 傍線部**B**「太平洋戦争がはじまったのは、フジ子が東京にやってきた年だった。防火演習がはじまったのは、それから一年ばかりしてからではなかろうか。」とあるが、その頃の「私」の心境はどのようなものか。その説明として最も適当なものを、次の①～⑤のうちから一つ選べ。解答番号は 16 。

① 戦局の展開は常に気になってはいるが、フジ子を家族の一員に加えた生活が張り合いのあるものとなったため、今後の状況が悪化し世の中が不安定になってもしばらくは我慢して乗り切ろうという思いが生じ始めている。

② 防火演習がはじまると空襲という日々の現実に脅かされるようになったが、ふとした瞬間に場を和ませてくれるフジ子が家族の一員に加わったことに希望を感じ、現実から目を背けてやり過ごそうとしている。

③ 戦局が目に見えて悪化していくなか、家族の一員に迎えたフジ子をしばしば実の子のように感じるようになっていたため、フジ子の生命の安全を最優先に考えて行動しなければならないと覚悟を決めている。

④ 開戦とその後の戦局の悪化を意識しながらも、家族の一員にフジ子が加わったことで心おだやかな日々を送ることができるようになり、世間で起きている事態を深刻なものとして受け止めきれないでいる。

⑤ バケツリレーなどの訓練が開始されると戦局を切実に考えざるをえなくなったが、家族の一員に加わったフジ子が執筆活動に励みを与えてくれる存在であることに安らぎを感じ、静かな家庭生活に満足している。

問4　傍線部C「私はそのフジ子を見て、二十年ばかり前、一人で東京にやってきた自分を浮かべたのであった。」とあるが、それはなぜか。その理由として最も適当なものを、次の①～⑤のうちから一つ選べ。解答番号は 17 。

① 父母や兄妹も死んで実家がなくなって以来、故郷のことは長い間意識に上ることもなかったが、実家に戻るうれしそうなフジ子の様子を見ているうちに、故郷と自分とのつながりの強さをあらためて自覚したから。

② 自分たち夫婦に見送られ、うきうきと明るく東京を離れるフジ子の様子を見ているうちに、それとは対比的に、ひとりぼっちで故郷を離れた二十年ほど前の自分の姿が記憶の底からよみがえってきたから。

③ フジ子との暮らしの中で父親のような立場に自分を置くうちに、自分の父母のことをしきりに思い出すようにもなっており、東京を離れて実家に戻るフジ子の姿が上京した頃の自分と重なったから。

④ 気苦労もないわけではなかった養父母との生活を終えて、生まれ故郷の暮らしに戻れる喜びを素直に表す初々しいフジ子の姿から、故郷の束縛を脱し、これから始まる東京暮らしに胸躍らせる若き日の自分の姿が想起されたから。

⑤ 自分の父親の気持ちを想像しながらフジ子のことを思いやるうちに、二十年ほど前に自分が上京した時、父はどんな思いで息子の門出を見送っただろうかと、亡き父のことが感慨深く思い出されたから。

問5　傍線部D「小指の先ほどの鼠色のそのゴミは、生まれたような気がした。見つめていると、生きているように感じられた。」とあるが、このとき「私」の内面でどのようなことが起こったのか。その説明として最も適当なものを、次の①～⑤のうちから一つ選べ。解答番号は 18 。

① すっかり掃除を済ませた後でもどこからともなく出現するゴミは、不思議な生命感があり、光となって私を闇に包み込んだ。いつ戦場に送り込まれるかという不安や文学への自信のなさに悩んでいた私は、その生き生きとした力によって、悩み揺れ動く現在の人生そのものを書くように命じられたと直感した。

② 三人家族となってからの生活の思い出の象徴といえるのが、今目の前に突然出現したゴミだった。なかなか作家として生きてゆく自信が持てず闇の中でさまよっているような私を貫いた光は、私に書くことを促し励ますひろ子とフジ子、さらには記憶によみがえりつつあった故郷の一族の存在の重みを深く認識させた。

③ 目の前のゴミは、思いがけなくもフジ子と共にした幸福な生活の結晶のようなものだった。そこから発せられた光の、誰かに話せば一瞬にして失ってしまうかも知れない闇の中の輝きを、これから大切に守ってゆくことが私の使命であり、同時に作家としての自信を保つためのかけがえのない手立てであると悟った。

④ フジ子が来てからの節約を強いられた貧しい暮らしを思い出させるゴミだが、それはまた、生き生きとした時間が失われてしまったことを確認させるものでもあった。闇の中を走る光は、変化に乏しかった夫婦生活の中の輝かしい思い出であり、私はその光によって今こそ自分の人生を完結したものとして書けるのだと納得させられた。

⑤ がらんとした部屋の真ん中に出現したゴミは、フジ子の不在を私に思い出させるとともに、彼女をきっかけにして私の心が過去に向かって目覚めつつあることを暗示しているようでもあった。闇の中でゴミから発せられた光が、私の過去と現在を一筋に貫き、今なすべきことは自分を書くことであるという確信を与えてくれた。

問6　この文章の表現に関する説明として**適当でないもの**を、次の①～⑥のうちから二つ選べ。ただし、解答の順序は問わない。解答番号は 19 ・ 20 。

① 4行目の「四畳半と三畳」はアパートの間取りの説明だが、9行目の「四畳半と三畳」は引っ越し先をその間取りによって示している。後者は例えば「鉄の心を持つ人」や「暗黒の時代」などの表現と同じく隠喩であり、新居に対する「私」の思いを間接的に表している。

② 13行目で「私」は「フジ子にその気があるなら、来てもらおうじゃないか」と言い、14行目でひろ子は「呼ぶなら、いまがちょうどいいのよ」と言う。「来てもらおう」や「呼ぶ」という言葉に、「私」もひろ子も同じように、フジ子に対して何の遠慮もしていないことがあらわれている。

③ 26行目「そういうわけで、三畳はフジ子の勉強部屋になった。」は、アパートを見つけてから、直前に描かれている「私」とひろ子との会話を経て、フジ子を引き取ることになったことを、そうとは明示せずに伝える文である。

④ 74行目「戦争が終わるまでの辛抱だ。」は、その後に続く段落から「私」がフジ子に発した言葉だと分かる。本文では、「　」を使わずに発話の内容を示して、「私」とフジ子との間に実際にどのような会話があったかは略し、物語の展開と「私」の心情を端的に述べている。

⑤ 本文にはダッシュ（——）が複数使われているが、そのうち85行目と95行目では、ダッシュの前の部分が、その後の指示語が指す内容に該当している。この二つのダッシュは同じ機能を持っている。

⑥ 103行目の「私は眼をパチパチやったのを覚えている。」という文は、「私」が過去を回想して語っていることを改めて明確にするとともに、直前で語っている出来事が確かな体験に基づくものであることを示している。

第3問

次の文章は江戸時代に書かれた『恨《うらみ》の介《すけ》』の一節である。主人公葛《くず》の恨の介は、清水寺《きよみずでら》で見初めた雪の前という近衛家の養女へ恋文を送ったが、その返事には恨の介が理解できない和歌表現があった。以下はそれに続く場面である。なお、庄司（庄司が後家）と菖蒲《あやめ》殿（菖蒲の前）は二人を仲介する人物である。これを読んで、後の問い（問1～6）に答えよ。（配点　50）

さてさて御文の中《うち》、いづれも聞こえぬれども、A「上の五つの文字」「真葛《さねかづら》」「月の最中《もなか》」に当たらず。されば、ここに細川玄旨《げんし》（注1）に使はれし宗庵と申せし人、恨の介と一段知る人なれば、この宿へ行きて、歌物語を余所《よそ》のやうに語り出《いだ》し、(ア)この心を聞きければ、この宗庵、和歌の道、達者にてありければ、やがて心得、「『なき世なりせば（注2）の、上の五つの文字なくは』とは、そなたの心に偽りなくといふ心なるべし。古き言葉に、『偽りのなき世なりせばいかばかり人の言葉のうれしからまし』とあり。さぞやはこの心なるべし。『真葛』『月の最中』といふ事は、三条右大臣（注3）の歌に、『名aにし負ふ逢坂山《あふさかやま》の真葛人に知られでくるよしもがな』とあり。さて『月の最中』といふ事は、『水の面《おも》に照る月なみを数《かぞ》ふれば今宵ぞ秋の最中なりける』といふ『朗詠』（注4）の歌に見えしは、八月十五夜の事とおぼえたり」。

この由を恨の介聞きて、「かほどの事を知らずして、雲の上人《うへびと》へ一筆を参らせし事、勿体《もつたい》なき奴め」と、身の程を不憫《ふびん》と我が心に て恥ぢbにけり。「いやいや思ひ忘れたり。昔、鳥羽の院の御内《うち》なる佐藤兵衛憲清《ひやうゑのりきよ》（注5）は阿漕《あこぎ》（注6）のいはれを知らずして、頭陀《づだ》（注7）の縁笈《おひ》、肩に懸け、北国修行と聞こえける。その隠れなかりし西行法師と申せし人、今の世までも聞こえたる歌人さへ、阿漕を知らぬ例《ためし》あり。Bいはむや我ら如きの者、知らぬこそ道理なれ」と思ひける。

その後、八月十五夜を肥後の阿闍梨《あじやり》（注8）の弥勒《みろく》の出世を待つ如く、万年を送る程に待ちければ、つながぬ月日重なりて、やうやく今夜は十五夜cにもなりければ、恨の介、庄司がもとに行きて、「御文に見え参らせ候ふまま、これまで参り候ふぞや。この上はともかくも、恨の介が事をば、そもじ（注9）様にまかせ奉る」と言ひければ、後家、聞いて、「げにも今夜は月見の管絃《くわんげん》にておはします。人に紛れて自《みづか》らと、いざやお出《い》で候へ」とて、(イ)やがてこしらへて、かの恨の介を女房に出で立たせ、薄衣《うすぎぬ》を引き被《かつ》かせ、折しも月に隈《くま》もなく、照る月をも恨めしやと厭《いと》ひ、恨の介を連れて近衛殿へ参り、恨の介をば紅葉の門に隠し置き、深く忍ばせ給ひ、「それにてお待ちあれ」とて、庄司が後家は内に入り、まこと、この後家が心ざし、生々世々《しやうじやうせぜ》に至るまで忘れ難くぞ見えにける。

かくて後家、菖蒲殿をとある木陰に引き回し、「かの恨の介連れ立ち、紅葉の門は自然、人の知る事もあらむと思ひ、花の局《つぼね》に隠し置き申してあり。かの姫の御隙《すき》をうかがひ、よきやうに」と申して、姫にも見え参らせず、我が宿に帰りけり。

その後、恨の介耳をそばめ、御内の体《てい》を聞くに、管絃の音しきりにて、琴の音は四本懸り《しほんがかり》(注10)の松風におとづれける。これも思ふ人のあるらむと、Ⅰはや心もそぞろにて、門の内にて足音すると思へば、少し声ほのか d に聞こゆる。Ⅱさればこそと思ひ、急ぎ立ち寄れば、門の内にて歌によそへて仰せけるは、「誰《た》そやこの花の局に音するは」とのたまへば、恨の介、Ⅲあつと思ひ、「人待つ程のうたたねの床《とこ》」と申しければ、内より片戸《かたど》をきりきりと細目に開け、さもいつくしき御手にて、恨の介が衣の袖を取り、門の内へ引き入れ給ふ。

上臈《じやうらふ》の御姿を見る e に、いつぞや清水にて見申せし姫にてはなし。さて、いづれおろかならむ。丈に余れる髪《かん》ざしをば、ばつと乱し給へば、折節、月に雲かかり、おぼろに見ゆる御風情、不思議に思ひけるところに、上臈の仰せけるは、「我をば誰《たれ》とか思し召す。庄司が後家に頼まれし菖蒲の前とは自らなり。(ウ)心に節な置かれそ」とこなたへ入らせ給へとて、詰まり詰まりの灯火《ともしび》を、紅に月出したる扇にて、さつさつとあふぎ消し、九重の幔《まん》(注11)、八重の几帳《きちやう》を通り過ぎ、雪の前の御局にぞ入れ給ふ。

かかりけるところに、かの姫、さも恥づかしき風情にて仰せけるは、

葛(注12)の葉のうらみといふは誰やらむ

とありければ、恨の介もやがて御返事とおぼしくて、

君の情のなき身なりせば

と申しければ、かの姫、恨の介が側《そば》へ寄らせ給ひ、恨の介が手をいたいけしたる御手にて取らせ給ひ、菖蒲の前ともろともに御帳台(注13)に入らせ給ふ。

（注）
1　細川玄旨――細川幽斎。安土桃山時代の武将、歌人。
2　『なき世なりせばの、上の五つの文字なくは』――雪の前の手紙には「なき世なりせばいかばかりの、上の五つの文字なくは」とあった。
3　三条右大臣――藤原定方《さだかた》。平安時代前期の歌人。
4　『朗詠』――『和漢朗詠集』。平安時代中期の和歌・漢詩文集。
5　佐藤兵衛憲清――西行法師。平安時代末期の歌人。
6　阿漕――有名な古歌に用いられている語。
7　頭陀の縁笈――修行のときに山伏や僧が背負う箱の一種。
8　肥後の阿闍梨の弥勒の出世を待つ如く――非常に待ち遠しいことのたとえ。
9　そもじ様――あなた様。
10　四本懸り――蹴鞠《けまり》を行う庭に植えてある四種の木。
11　幔――空間を仕切る幕。
12　葛の葉のうらみ――「うらみ」は「裏見」と「恨み」の掛詞《かけことば》。
13　帳台――居間・寝室。

問１　傍線部(ア)～(ウ)の解釈として最も適当なものを、次の各群の①～⑤のうちから、それぞれ一つずつ選べ。解答番号は［21］～［23］。

(ア)　この心を聞きければ　［21］
① 自分自身の気持ちを申し上げたので
② 和歌が上達する方法を質問したところ
③ 歌物語の本質をうかがってみると
④ 今後の心がけについて相談すると
⑤ 言葉に託された真意を尋ねたところ

(イ)　やがてこしらへて　［22］
① すぐに支度をして
② こっそり誘い出して
③ しばらくして準備して
④ そのまま身を隠して
⑤ さっそく返事をして

(ウ)　心に節な置かれそ　［23］
① 分別をお持ちください
② お見知りおきください
③ 先走らないでください
④ 遠慮しないでください
⑤ 節操をお捨てください

問2　波線部a〜eの文法的説明の組合せとして正しいものを、次の①〜⑤のうちから一つ選べ。解答番号は 24 。

① a 副助詞の一部　b 断定の助動詞　c 格助詞　d 格助詞　e 格助詞
② a 副助詞の一部　b 完了の助動詞　c 格助詞　d 断定の助動詞　e 接続助詞
③ a 格助詞　b 完了の助動詞　c 格助詞　d 形容動詞の一部　e 接続助詞
④ a 格助詞　b 完了の助動詞　c 断定の助動詞　d 形容動詞の一部　e 格助詞
⑤ a 格助詞　b 断定の助動詞　c 断定の助動詞　d 断定の助動詞　e 格助詞

問3　傍線部A「『上の五つの文字』『真葛』『月の最中』に当たらず」とあるが、根の介は雪の前の返事に記されていたこの三つの謎の言葉を、宗庵の力を借りてどう読み解いたか。その説明として最も適当なものを、次の①〜⑤のうちから一つ選べ。
解答番号は 25 。

① あなたの手紙はうれしいが、十五夜の明るい月のようにはっきりと私たちの噂《うわさ》が立ってしまうことを恐れています。
② 私のあなたに対する気持ちにうそがない証拠に、月の明るい八月十五夜にあなたのもとへ忍んで行きましょう。
③ あなたが誠実で、秋が来ても私に飽きなければ、逢坂山を越えるように困難を乗り越えて会いに来てほしいのです。
④ あなたの私への心に偽りがないのならば、八月十五夜に人に見つからないように私のもとを訪れてください。
⑤ あなたの思いが死んでもよいほど強いものならば、逢坂山の名にちなんで中秋の名月の夜に会いたいのです。

問4　傍線部B「いはむや我ら如きの者、知らぬこそ道理なれ」とあるが、この考えにいたるまでの根の介の心の動きに関する説明として最も適当なものを、次の①～⑤のうちから一つ選べ。解答番号は 26 。

① 謎めいた手紙を送ってきた雪の前に対して一度は憤りを覚えたが、和歌に通じた高貴な女性が、自分のように古歌を知らない男がいるなど想像することさえできないのも当然だと、雪の前の気持ちを思いやっている。

② 意味のよく分からない手紙をもらって途方に暮れていたが、実は雪の前が同情から好意的な返事をくれたことを宗庵の説明ではじめて理解し、その心遣いに気づかなかった我が身を故事に当てはめて恥じ入っている。

③ 古歌の知識がないまま手紙を送ったことを情けなく思っていたが、宗庵の謎解きによって身にあまる雪の前の好意を理解し、自分たちのような者はかえって和歌を知らない方がよいのだと思い直して自らを慰めている。

④ 相手の素性を知らずに近づいたことを一度は恥じたが、西行でさえ分からないことがあったのだと思い至り、雪の前が高貴な女性であることを自分のような身分の者が知らなかったのも当然であると開き直っている。

⑤ 和歌の素養も十分にないまま手紙を送ったのは畏れ多いことだと一度は恥じたが、高名な歌人の西行でさえ知らないこともあるのだから、自分が古歌について知らなくても仕方のないことだと自らを納得させている。

問5　傍線部Ⅰ「はや心もそぞろにて」、傍線部Ⅱ「さればこそと思ひ」、傍線部Ⅲ「あつと思ひ」とあるが、それぞれの傍線部における恨の介の心の動きの説明として最も適当なものを、次の①～⑤のうちから一つ選べ。解答番号は 27 。

① Ⅰで恋敵がいるのではと心が落ち着かず、Ⅱでその不安が的中したと思ったが、Ⅲでなんとか妙案を思いついた。

② Ⅰで琴の音に哀れをもよおし、Ⅱでほのかな声から他に人がいると気づき、Ⅲで美しい歌声に驚きを隠せなかった。

③ Ⅰで人の気配を感じて緊張し、Ⅱで逃げ去れば楽になれるのにと弱気になり、Ⅲで見つかったことに困惑した。

④ Ⅰで期待から心が浮き立ち、Ⅱで聞こえてきた声を雪の前のものだと確信し、Ⅲでついに声をかけられたと思った。

⑤ Ⅰで雪の前を思い浮かべて気が緩み、Ⅱで想像通りの声に満足したものの、Ⅲで声色が変わったことに動揺した。

問6　最後に恨の介は雪の前との対面をはたすが、雪の前に「葛の葉のうらみといふは誰やらむ」と上の句を詠みかけられ、その対応を試される。二人のやりとりの説明として最も適当なものを、次の①～⑤のうちから一つ選べ。解答番号は 28 。

① 恨の介の名をからかいながら尋ねた雪の前に対し、恨の介は、あなたの情けを得られるはずのない身分ゆえ恨めしい思いを抱いておりますと、自分の名の由来を答えている。

② 私を恨んでいるというのは誰ですかと問う雪の前に対し、恨の介は、あなたからこのままひどい扱いをされ続けては、私は身を滅ぼすことでしょうと落胆してみせている。

③ 世の中が恨めしいと言い続けているのはあなたですかと問う雪の前に対し、恨の介は、あなたが私を愛してくれなかったせいですと、人間不信に陥った責任を押しつけている。

④ 葛の葉は恨みを表すものだと言い出したのは誰だったでしょうと、和歌の素養を問う雪の前に対し、恨の介は、なかなか意地悪なお方ですねと戯れて返答している。

⑤ 葛の恨の介とはあなたのことですかと尋ねる雪の前に対し、恨の介は、あなたから愛情をいただけなければ名前のとおり恨んでしまうでしょうと、恋心を訴えている。

第4問

次の文章は、北宋の王安石が、「賢人」として慕う二人の友人、子固《しこ》（曾鞏《そうきょう》）と正之《せいし》（孫侔《そんぼう》）について述べたものである。これを読んで、後の問い（問1〜6）に答えよ。なお、設問の都合で返り点・送り仮名を省いたところがある。（配点　50）

二賢人者《は》、足ハ未ダル二嘗《かつ》テ相ヒ過(ア)一也。口ハ未ダル二嘗テ相ヒ語ラ一也。辞(注1)幣ハ未ダル二嘗テ相ヒ接セ一也。其ノ師若シクハ友ハ、豈ニ尽《こと ごと》ク同ジカラン哉。予《われ》考フルニ二其ノ言行ヲ一、A其ノ不ル二相ヒ似一者《こと》何ゾ其レ少ナキ也。曰ハク「学ブ二聖人ニ一而已《のみ》矣ト」。学ベバ二聖人ニ一、則チ其ノ師若シクハ友ハ、必ズ学ブ二聖人ニ一者ナリ。聖人之言行ハ、豈ニ有ラン レ二哉。B其ノ相ヒ似ル也適(注2)然タリ。予在リテ二淮《わい》(注3)南《なん》ニ一、為ニ二正之ノ一道《いへ》バ二子固ヲ一、正之ハ不ル二予ヲ疑ハ一也。還《かへ》リテ(注4)二江南ニ一、為ニ二子固ノ一道ヘバ二正之ヲ一、子固モ亦タ以テ為ス レ然リト。C予又知ル二所謂賢人ナル者ハ、既ニ相ヒ似テ、又相ヒ信ジテ不ルヲ レ疑ハ也。

子固作リテ二「懐《おも》(注5)フ レ友ヲ」一首ヲ(イ)一遺 レ予ニ。其ノ大略ハD欲相振(注6)以至乎中(注7)庸而後已。正之モ蓋シ亦タ常ニ云フ レ爾《しか》。夫レE安(注8)駆徐行シ、轥ヘテ(注9)二中庸之庭ヲ一、而造《いた》ルハ(注10)二於其ノ堂ニ一、舎《おい》テ二二賢人ナル者ヲ一而誰《たれ》ゾ哉。予昔ヨリ非ズ二敢ヘテ自ラ必ズ其ノ有ラントスルニ レ至ルコト也、亦タ願フ三従三事センコトヲ於左右ニ二焉爾《のみ》。輔《たす》ケテ而進マバレ之ニ、其レ可也。

（王安石『王文公文集《おうぶんこうぶんしゅう》』による）

（注）
1　辞幣――あいさつの手紙や贈り物。
2　適然――当然であること。
3　淮南――淮河の南、当時正之が居住していた地域。
4　江南――長江の南、当時子固が居住していた地域。
5　「懐レ友」一首――子固の書いた文章。
6　扳――引っ張り上げて助ける。
7　中庸――かたよらず中正であること。儒教における最も重要な徳目の一つ。
8　安駆徐行――馬車をゆっくりと走らせる。目標へ向かって着実に進むことをいう。
9　轥――馬車に乗って通過する。
10　造於其堂――奥座敷に到達する。学問や人徳が高い境地に達することをいう。

問1　波線部(ア)「過」・(イ)「遺」のここでの意味として最も適当なものを、次の各群の①〜⑤のうちから、それぞれ一つずつ選べ。解答番号は 29 ・ 30 。

(ア)「過」 29
① 踏み外す
② 迷　う
③ 立ち寄る
④ すれ違う
⑤ 追い越す

(イ)「遺」 30
① 預ける
② 戒めとする
③ 返答する
④ 贈　る
⑤ 慰める

問2　傍線部A「其不ニ相似一者何其少也」から読み取れる筆者の心情を説明したものとして最も適当なものを、次の①～⑤のうちから一つ選べ。解答番号は 31 。

① 面識のない二人とはいえ、似ている点がもう少しあってもよいのにと疑念を抱いている。
② お互いに交流のない二人であるにもかかわらず、多くの点において似ていることに感嘆している。
③ 共通の先生や友人を持つ二人ならば、多くの点において似るのは間違いないと確信している。
④ 以前から会いたいと思っていた二人だからこそ、多くの点において似ているのだと感心している。
⑤ 別々の場所に住む二人なのに、多くの点において似ているのはなぜだろうかと疑問を持っている。

問3　傍線部B「其相似也適然」について、筆者がそのように判断する理由として最も適当なものを、次の①～⑤のうちから一つ選べ。解答番号は 32 。

① 聖人の教えを学ぶ人々は、「学ニ聖人一而已矣」という筆者の言葉に忠実に従うから。
② 聖人の教えを学ぶ人々は、共通の先生や友人から同じように影響を受けるから。
③ 聖人の教えを学ぶ人々は、一人の聖人だけを理想として学問を積み重ねるから。
④ 聖人の教えを学ぶ人々は、聖人の多岐にわたる言行から正しいものを選びとるから。
⑤ 聖人の教えを学ぶ人々は、一つの道にのっとった聖人の言行を模範とするから。

問4　傍線部C「予 又 知ニ所 謂 賢 人 者、既 相 似、又 相 信 不レ疑 也」とあるが、筆者がそのように述べる理由として最も適当なものを、次の①～⑤のうちから一つ選べ。解答番号は 33 。

① 筆者が賢人と慕う正之と子固が、同一の聖人を理想とする点で似通うだけでなく、その聖人を信じ切っている点でも類似していたから。

② これまで面識のなかった正之と子固が、聖人の教えを学ぶ者として似通うだけでなく、筆者の語る互いの人物像をそのまま受け入れたから。

③ 別々の場所に住む正之と子固が、実は同じ先生や友人と交流していたために似通うだけでなく、三人でともに学び合うべきだとする筆者の提案に賛同したから。

④ 互いに交流のなかった正之と子固が、聖人の言行の学び方で似通うだけでなく、ともにその正しさに強固な確信を持っていることを筆者に告げたから。

⑤ 聖人の言行を模範とする正之と子固が、親しい友人である筆者と言行が似通うだけでなく、聖人観についても筆者と一致していたから。

問5　傍線部**D**「欲相扳以至乎中庸而後已」について、(i)書き下し文・(ii)その解釈として最も適当なものを、次の各群の①～⑤のうちから、それぞれ一つずつ選べ。 34 ・ 35 。

(i)　書き下し文　34

①　欲は相ひ扳《ひ》きて以て中庸に至れば後《おく》るるのみ
②　相ひ扳かんと欲し中庸に至るを以て後《のち》に已《や》む
③　相ひ扳きて以て中庸に至らんと欲すれども後るるのみ
④　相ひ扳きて以て中庸に至りて後に已まんと欲す
⑤　欲は相ひ扳きて中庸に至るを以て後に已む

(ii)　解釈　35

①　ともに助け合って、中庸の徳を身につけようと願い、それが達成できたことで満足した。
②　人の欲望は、ともに助け合って中庸の徳を身につけさえすれば減らせるものである。
③　ともに助け合って、中庸の徳を身につけるまで止まることのないようにしようと願う。
④　人の欲望は、ともに助け合って中庸の徳を身につけてこそ抑えられるものである。
⑤　ともに助け合って、中庸の徳を身につけようと願いながら、追いつけないでいる。

問6 傍線部**E**「予昔非二敢自必其有レ至也、亦願三従二事於左右一焉爾。輔而進レ之、其可也」とあるが、ここでの筆者の考えの説明として最も適当なものを、次の①～⑤のうちから一つ選べ。解答番号は 36 。

① 筆者は、中庸の徳を身につけて欲望を抑えることは難しいと考えてきたが、聖人の教えをそのままに実践する子固と正之との交流を通して、彼らを見習って中庸の徳を身につけることが重要であると実感している。

② 筆者は、自分だけでは中庸の徳を身につけるのは難しいと考えてきたが、聖人の教えを深く学ぶ子固と正之の姿を見て、彼らとともに学んでゆくことで中庸の徳を身につけられるだろうと期待している。

③ 筆者は、自分だけが中庸の徳を身につけられないのではないかと不安に思ってきたが、子固と正之も自分以上に不安を感じていたことを知って、彼らの助けを借りて学んでゆけばきっと身につけられると確信している。

④ 筆者は、子固と正之のやり方で中庸の徳を身につけられるのか疑念を抱いていたが、確信を持って聖人の教えを学ぶ二人に接して、彼らを信じて学び続けることが正しいのかも知れないと思い始めている。

⑤ 筆者は、中庸の徳を身につけられないはずはないと自負してきたが、それぞれの先生や友人と学び合う子固と正之に出会って、彼らに従って学んでこそ身につけられるのではないかと考え直している。

2018
本試験

国　語

（2018年１月実施）

80分　200点

国語

（解答番号 1 ～ 36 ）

第1問　次の文章を読んで、後の問い（問1～6）に答えよ。なお、設問の都合で本文の段落に 1 ～ 19 の番号を付してある。
（配点　50）

1 「これから話す内容をどの程度理解できたか、後でテストをする」

2 授業の冒頭でこう宣言されたら、受講者のほとんどは授業内容の暗記をこころがけるだろう。後でテストされるのだ、内容をちゃんと憶《おぼ》えられたか否かで成績が評価されるのである。こうした事態に対応して、私たちは憶えやすく整理してノートを取る、用語を頭の中で繰り返し唱える、など、暗記に向けた聴き方へと、授業の聴き方を違える。これは学習や教育の場のデザインのひとつの素朴な例である。

3 講義とは何か。大きな四角い部屋の空気のふるえである。または教室の前に立った、そしてたまにうろつく教師のモノローグ（注1）である。またはごくたまには、目前の問題解決のヒントとなる知恵である。講義の語りの部分にだけ注目してみても、以上のような多様な捉え方が可能である。世界は多義的でその意味と価値はたくさんの解釈に開かれている。世界の意味と価値は一意に定まらない。**A**講義というような、学生には日常的なものでさえ、素朴に不変な実在とは言いにくい。考えごとをしているものにとっては空気のふるえにすぎず、また誰かにとっては暗記の対象となるだろう。

4 冒頭の授業者の宣言は授業の意味を変える。すなわち授業のもつ多義性をしぼり込む。空気のふるえや、教師のモノローグを、学生にとっての「記憶すべき一連の知識」として設定する作用をもつ。授業者の教授上の意図的な工夫、または意図せぬ文脈の設定で、その場のひとやモノや課題の間の関係は変化する。ひとのふるまいが変化することもある。呼応した価値を共有する受講者、つまりこの講義の単位を取りたいと思っている者は、聞き流したり興味のある箇所だけノートしたりするのでなく、後の評価に対応するためまんべんなく記憶することにつとめるだろう。

5 本書（注2）ではこれまで、さまざまなフィールドのデザインについて言及してきた。ここで、本書で用いてきたデザインという語についてまとめてみよう。一般にデザインということばは、ある目的を持って(ア)イショウ・考案・立案すること、つまり意

4

図的に形づくること、と、その形づくられた構造を意味する。これまで私たちはこのことばを拡張した意味に用いてきた。ものの形ではなく、ひとのふるまいと世界のあらわれについて用いてきた。

6 こうした意味でのデザインをどう定義するか。デザインを人工物とひとのふるまいの関係として表した新しい古典、ノーマン(注3)の『誰のためのデザイン』の中を探してみても、特に定義は見つからない。ここではその説明を試みることで、私たちがデザインという概念をどう捉えようとしているのかを示そうと思う。

7 辞書によれば「デザイン」のラテン語の語源は〝de signare〟つまり〝to mark〟、印を刻むことだという。人間は与えられた環境をそのまま生きることをしなかった。自分たちが生きやすいように自然環境に印を刻み込み、自然を少しずつ文明に近づけていったと考えられる。それは大地に並べた石で土地を区分することや、太陽の高さで時間の流れを区分することなど、広く捉えれば今ある現実に「人間が手を加えること」だと考えられる。

8 私たちはこうした自分たちの活動のための環境の改変を、人間の何よりの特徴だと考える。そしてこうした環境の加工を、デザインということばで表そうと思う。デザインすることはまわりの世界を「人工物化」することだと言いかえてみたい。自然を人工物化したり、そうした人工物を再人工物化したりということを、私たちは繰り返してきたのだ。英語の辞書にはこのことを表すのに適切だと思われる〝artificialize〟という単語を見つけることができる。アーティフィシャルな、つまりひとの手の加わったものにするという意味である。

9 デザインすることは今ある秩序（または無秩序）を変化させる。現行の秩序を別の秩序に変え、異なる意味や価値を与える。例えば本にページ番号をふることで、本には新しい秩序が生まれる。それは任意の位置にアクセス可能である、という、ページ番号をふる以前にはなかった秩序である。この小さな工夫が本という人工物の性質を大きく変える。他にも、一日の時の流れを二四分割すること、地名をつけて地図を作り番地をふること、などがこの例である。こうした工夫によって現実は人工物化／再人工物化され、これまでとは異なった秩序として私たちに知覚されるようになる。冒頭の例では、講義というものの意味が再編成され、「記憶すべき知識群」という新しい秩序をもつことになったのである。

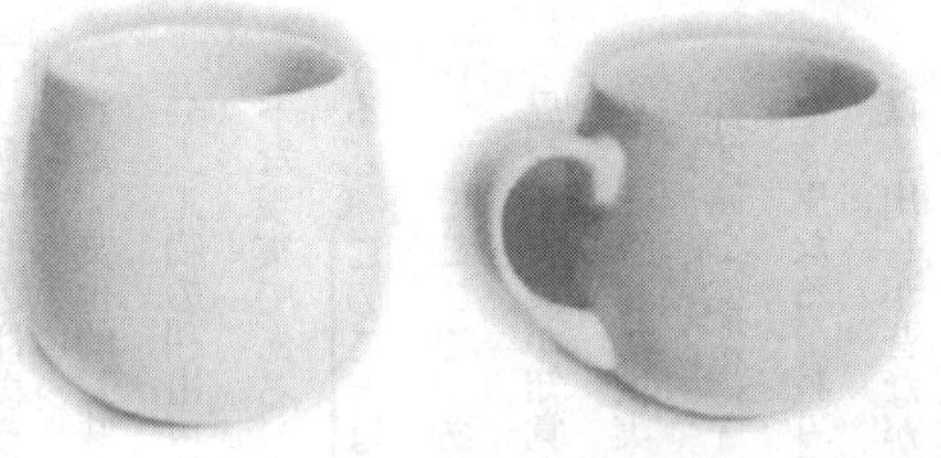

図１　持ち手をつけたことでのアフォーダンスの変化

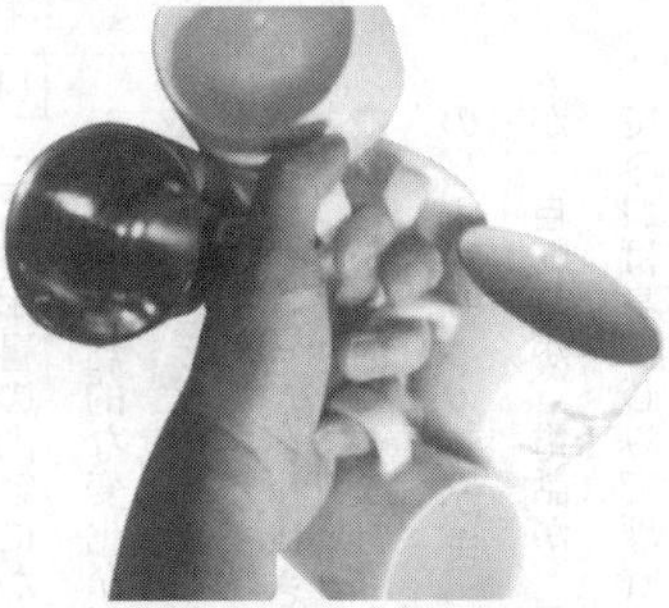

図２　アフォーダンスの変化による行為の可能性の変化

10 今とは異なるデザインを共有するものは、今ある現実の別のバージョンを知覚することになる。あるモノ・コトに手を加え、新たに人工物化し直すこと、つまりデザインすることで、世界の意味は違って見える。例えば、B図1のように、湯飲み茶碗《ちゃわん》に持ち手をつけると珈琲《コーヒー》カップになり、指に引っ掛けて持つことができるようになる。このことでモノから見て取れるモノの扱い方の可能性、つまりアフォーダンスの情報が変化する。

11 モノはその物理的なたたずまいの中に、モノ自身の扱い方の情報を含んでいる、というのがアフォーダンスの考え方である。鉛筆なら「つまむ」という情報が、バットなら「にぎる」という情報が、モノ自身から使用者に供される(アフォードされる)。バットをつまむのは、バットの形と大きさを一見するだけで無理だろう。鉛筆をにぎったら、突き刺すのには向くが書く用途には向かなくなってしまう。

12 こうしたモノの物理的な形状の変化はひとのふるまいの変化につながる。持ち手がついたことで、両手の指に一個ずつ引っ掛けるといっぺんに十個のカップを運べる。

13 ふるまいの変化はこころの変化につながる。たくさんあるカップを片手にひとつずつ、ひと時に二個ずつ片付けているウェイターを見たら、雇い主はいらいらするに違いない。持ち手をつけることで、カップの可搬性が変化する。ウェイターにとってのカップの可搬性は、持ち手をつける前と後では異なる。もっとたくさんひと時に運べるそのことは、ウェイターだけでなく雇い主にも同時に知覚可能な現実である。ただ単に可搬性にだけ変化があっただけではない。これらの「容器に関してひとびとが知覚可能な現実」そのものが変化しているのである。

14 ここで本書の内容にかなったデザインの定義を試みると、デザインとは「対象に異なる秩序を与えること」と言える。ンには、物理的な変化が、ふるまいの変化が、こころの変化が、現実の変化が伴う。(注4)例えば私たちのはき物をデザインしてきた。裸足《はだし》では、ガレ場、熱い砂、ガラスの破片がちらばった床、は怪我《けが》をアフォードする危険地帯で(イ)フみ込めない。はき物はその知覚可能な現実を変える。私たち現代人の足の裏は、炎天下の浜辺の(ウ)カワいた砂の温度に耐えられない。これは人間というハードウェアの性能の限界であり、いわばどうしようもない運命である。その運命を百円のビーチサンダルがまったく変える。自然の(エ)セツリが創り上げた運命をこんな簡単な工夫が乗り越えてしまう。はき物が、自転車が、電話が、電子メールが、私たちの知覚可能な現実を変化させ続けていることは、その当たり前の便利さを失ってみれば身にしみて理解されることである。そしてまたその現実が、相互反映的にまた異なる人工物を日々生み出していることも。

15 私たちの住まう現実は、価値中立的な環境ではない。文化から生み出され歴史的に(オ)センレンされてきた人工物に媒介された、文化的意味と価値に満ちた世界を生きている。それは意味や価値が一意に定まったレディメイドな世界ではない。文化や人工物の利用可能性や、文化的実践によって変化する、自分たちの身の丈に合わせてあつらえられた私たちのオーダーメイドな現実である。人間の文化と歴史を眺めてみれば、人間はいわば人間が「デザインした現実」を知覚し、生きてきたといえる。C このことは人間を記述し理解していく上で、大変重要なことだと思われる。

16 さてここで、あるモノ・コトのデザインによって変化した行為を「行為(こういダッシュ)」と呼ぶこととする。これまでとは異なる現実が知覚されているのである。もはやそこは、このデザイン以前と同じくふるまえるような同じ現実ではないのである。そうした現実に対応した行為にはダッシュをふってみよう。例えば、前後の内容を読んで、本の中から読みかけの箇所を探す時の「記憶」・「想起」と、ページ番号を憶えていて探し出す時の「記憶」とでは、その行いの結果は同じだがプロセスはまったく異なる。読み手から見た作業の内容、掛かる時間や手間はページ番号の有無でまったく異なる。読みさしの場所の素朴な探し出しが昔ながらの「記憶」活動ならば、ページ番号という人工物に助けられた活動は「記憶(きおくダッシュ)」活動ということだ。台所でコップを割ってしまったが、台所ブーツをはいているので破片を恐れずに歩くのは、もうそれまでの歩行とは違う「歩行′」。「今日話す内容をテストする」、と言われた時の受講者の記憶は「記憶′」。人工物化された(アーティフィシァライズされた)新たな環境にふるまう時、私たちのふるまいはもはや単なるふるまいではなく、「デザインされた現実」へのふるまいである。

17 買い物の際の暗算、小学生の百マス計算での足し算、そろばんを使った足し算、表計算ソフトでの集計、これらは同じ計算でありながらも行為者から見た課題のありさまが違う。それは「足し算′」だったり「足し算″」だったり「足し算‴」……する。ただし、これはどこかに無印(むじるし)の行為、つまりもともとの原行為とでも呼べる行為があることを意味しない。原行為も、文化歴史的に設《しつら》えられてきたデフォルト(注5)の環境デザインに対応した、やはり「行為′」であったのだと考える。ページ番号がふれていない本にしても、それ以前のテキストの形態である巻き物から比べれば、読みさしの箇所の特定はたやすいだろう。人間になまの現実はなく、すべて自分たちでつくったと考えれば、すべての人間の行為は人工物とセットになった「行為′」だといえるだろう。

18 人間は環境を徹底的にデザインし続け、これからもし続けるだろう。動物にとっての環境とは決定的に異なる「環境′(かんきょうダッシュ)」を生きている。それが人間の基本的条件だと考える。ちなみに、心理学が批判されてきた／されているポイントは主にこのことの無自覚だと思われる。心理学実験室での「記憶′(きおくダッシュ)」を人間の本来の「記憶(むじるしきおく)」と定めた無自覚さが批判されているのである。

19 D「心理′学(しんりダッシュがく)」の必要性を指摘しておきたい。人間の、現実をデザインするという特質が、人間にとって本質的で基本的な条件だと思われるからである。人間性は、社会文化と不可分のセットで成り立っており、ヴィゴツキー(注6)が主張する通り私たちの精神は道具に媒介されているのである。したがって、「原心理」なるものは想定できず、これまで心理学が対象としてきた私たちのこころの現象は、文化歴史的条件と不可分の一体である「心理′学」として再記述されていくであろう。この「心理′学」は、つまり「文化心理学」のことである。文化心理学では、人間を文化と深く入り交じった集合体の一部であると捉える。この人間の基本的条件が理解された後、やがて「、」は記載の必要がなくなるものだと思われる。

（有元典文《ありもとのりふみ》・岡部大介《おかべだいすけ》『デザインド・リアリティ――集合的達成の心理学』による）

（注）1　モノローグ――独り言。一人芝居。

2　本書ではこれまで、さまざまなフィールドのデザインについて言及してきた。――本文より前のところで、コスプレや同人誌など現代日本のサブカルチャーが事例としてあげられていたことを受けている。

3　ノーマン――ドナルド・ノーマン（一九三五～　）。アメリカの認知科学者。

4　ガレ場――岩石がごろごろ転がっている急斜面。

5　デフォルト――もともとそうなっていること。初期設定。

6　ヴィゴツキー――レフ・ヴィゴツキー（一八九六～一九三四）。旧ソ連の心理学者。

問1　傍線部(ア)〜(オ)に相当する漢字を含むものを、次の各群の①〜⑤のうちから、それぞれ一つずつ選べ。解答番号は 1 〜 5 。

(ア) イショウ 1
① コウショウな趣味を持つ
② 演劇界のキョショウに会う
③ 出演料のコウショウをする
④ 課長にショウカクする
⑤ 戸籍ショウホンを取り寄せる

(イ) フみ 2
① 株価がキュウトウする
② 役所で不動産をトウキする
③ 前例をトウシュウする
④ ろくろでトウキをつくる
⑤ 飛行機にトウジョウする

(ウ) カワいた 3
① 渋滞をカンワする
② 新入生をカンゲイする
③ 難題にカカンに挑む
④ 浅瀬をカンタクする
⑤ カンデンチを買う

(エ) セツリ 4
① 電線をセツダンする
② 予算のセッショウをする
③ セットウの罪に問われる
④ セツジョクをはたす
⑤ 栄養をセッシュする

(オ) センレン 5
① センリツにのせて歌う
② センジョウして汚れを落とす
③ 利益をドクセンする
④ 言葉のヘンセンを調べる
⑤ センスイカンに乗る

問2 傍線部A「講義というような、学生には日常的なものでさえ、素朴に不変な実在とは言いにくい。」とあるが、それはなぜか。その理由の説明として最も適当なものを、次の①～⑤のうちから一つ選べ。解答番号は 6 。

① ありふれた講義形式の授業でも、授業者の冒頭の宣言によって学生が授業内容の暗記をこころがけていくように、学習の場における受講者の目的意識と態度は、授業者の働きかけによって容易に変化していくものであるから。

② ありふれた講義形式の授業でも、授業者の冒頭の宣言がなければ学生にとっての授業の捉え方がさまざまに異なるように、私たちの理解する世界は、その解釈が多様な可能性をもっており、一つに固定されたものではないから。

③ ありふれた講義形式の授業でも、授業者の冒頭の宣言がなければ学生の授業の聴き方は一人ひとり異なるように、授業者の教授上の意図的な工夫は、学生の学習効果に大きな影響を与えていくものであるから。

④ ありふれた講義形式の授業でも、授業者の冒頭の宣言がなければ学生にとって授業の目的が明確には意識されないように、私たちを取り巻く環境は、多義性を絞り込まれることによって初めて有益な存在となるものであるから。

⑤ ありふれた講義形式の授業でも、授業者の冒頭の宣言によって学生のふるまいが大きく変わってしまうように、特定の場におけるひとやモノや課題の間の関係は、常に変化していき、再現できるものではないから。

問3 傍線部**B**「図1のように」とあるが、次に示すのは、四人の生徒が本文を読んだ後に図1と図2について話している場面である。本文の内容をふまえて、空欄に入る最も適当なものを、後の①～⑤のうちから一つ選べ。解答番号は［7］。

生徒A——たしかに湯飲み茶碗に図1のように持ち手をつければ、珈琲カップとして使うことができるようになるね。

生徒B——それだけじゃなく、湯飲み茶碗では運ぶときに重ねるしかないけど、持ち手があれば図2みたいに指を引っ掛けて持つことができるから、一度にたくさん運べるよ。

生徒C——それに、湯飲み茶碗は両手で支えて持ち運ぶけど、持ち手があれば片手でも運べるね。

生徒D——でも、湯飲み茶碗を片手で持つこともできるし、一度にたくさん運ぶ必要がなければ珈琲カップを両手で支えて持つことだってできるじゃない。

生徒B——なるほど。指で引っ掛けて運べるようになったからといって、たとえウェイターであっても、常に図2のような運び方をするとは限らないね。

生徒A——では、デザインを変えたら、変える前と違った扱いをしなきゃいけないわけではないってことか。

生徒C——それじゃ、デザインを変えたら扱い方を必ず変えなければならないということではなくて、［　　］ということになるのかな。

生徒D——そうか、それが、「今とは異なるデザインを共有する」ことによって、「今ある現実の別のバージョンを知覚することになる」ってことなんだ。

生徒C——まさにそのとおりだね。

① どう扱うかは各自の判断に任されていることがわかる
② デザインが変わると無数の扱い方が生まれることを知る
③ ものの見方やとらえ方を変えることの必要性を実感する
④ 立場によって異なる世界が存在することを意識していく
⑤ 形を変える以前とは異なる扱い方ができることに気づく

問4　傍線部C「このことは人間を記述し理解していく上で、大変重要なことだと思われる。」とあるが、どうしてそのように考えられるのか。その理由として最も適当なものを、次の①～⑤のうちから一つ選べ。解答番号は 8 。

① 現実は、人間にとって常に工夫される前の状態、もしくはこれから加工すべき状態とみなされる。そのため、人間を記述し理解する際には、デザインされる以前の自然状態を加工し改変し続けるという人間の性質をふまえることが重要になってくるから。

② 現実は、どうしようもないと思われた運命や限界を乗り越えてきた、人間の工夫の跡をとどめている。そのため、人間を記述し理解する際には、自然のもたらす形状の変化に適合し、新たな習慣を創出してきた人間の歴史をふまえることが重要になってくるから。

③ 現実は、自分たちが生きやすいように既存の秩序を改変してきた、人間の文化的実践によって生み出された場である。そのため、人間を記述し理解する際には、自分たちの生きる環境に手を加え続けてきた人間の営為をふまえることが重要になってくるから。

④ 現実は、特定の集団が困難や支障を取り除いていく中で形づくられた場である。そのため、人間を記述し理解する際には、環境が万人にとって価値中立的なものではなく、あつらえられた世界でしか人間は生きられないという事実をふまえることが重要になってくるから。

⑤ 現実は、人工物を身の丈に合うようにデザインし続ける人間の文化的実践と、必然的に対応している。そのため、人間を記述し理解する際には、デザインによって人工物を次から次へと生み続ける、人間の創造する力をふまえることが重要になってくるから。

問5　傍線部D「『心理′学（しんりダッシュがく）』の必要性」とあるが、それはどういうことか。その説明として最も適当なものを、次の①～⑤のうちから一つ選べ。解答番号は［9］。

①　人間が文化歴史的条件と分離不可能であることに自覚的ではない心理学は、私たちのこころの現象を捉えるには不十分であり、自らがデザインした環境の影響を受け続ける人間の心理を基本的条件とし、そのような文化と心理とを一体として考える「心理′学」が必要であるということ。

②　人工物に媒介されない行為を無印の行為とみなし、それをもともとの原行為と想定して私たちのこころの現象を捉えるこれまでの心理学に代わって、人工物化された新たな環境に直面した際に明らかになる人間の心理を捕捉して深く検討する「心理′学」が今後必要であるということ。

③　価値中立的な環境に生きる動物と文化的意味や価値に満ちた環境に生きる人間との決定的な隔たりに対して、従来の心理学は無関心であったため、心理学実験室での人間の「記憶′」を動物実験で得られた動物の「記憶」とは異なるものとして認知し研究する「心理′学」が必要であるということ。

④　私たちのこころの現象を文化歴史的条件と切り離した現象として把握し、それを主要な研究対象としてきた既存の心理学よりも、環境をデザインし続ける特質を有する人間の心性を、文化歴史的に整備されたデフォルトの環境デザインに対応させて記述する「心理′学」の方が必要であるということ。

⑤　ある行い（「行為」）の結果と別の行い（「行為′」）の結果とが同じ場合には両者の差異はないものとして処理する心理学の欠点を正し、環境をデザインし続ける人間の心性と人間の文化的実践によって変化する現実とを集合体として考えていく「心理′学」が必要であるということ。

問6 この文章の表現と構成について、次の(i)・(ii)の問いに答えよ。

(i) この文章の第 1 ～ 8 段落の表現に関する説明として**適当でないもの**を、次の①～④のうちから一つ選べ。解答番号は 10 。

① 第 1 段落の「これから話す内容をどの程度理解できたか、後でテストをする」は、会話文から文章を始めることで読者を話題に誘導し、後から状況説明を加えて読者の理解を図っている。

② 第 3 段落の「講義とは何か。大きな四角い部屋の空気のふるえである。」は、講義の語りの部分について、教室の中で授業者の口から発せられた音声の物理的な現象面に着目して表現している。

③ 第 6 段落の「新しい古典」は、紹介されている著作について、発表後それほどの時間を経過していないが、その分野で広く参照され、今後も読み継がれていくような書物であることを表している。

④ 第 8 段落の「私たちはこうした～考える。」と、「～、私たちは繰り返してきたのだ。」の「私たち」は、両方とも、筆者と読者とを一体化して扱い、筆者の主張に読者を巻き込む効果がある。

(ii) この文章の構成に関する説明として最も適当なものを、次の①～④のうちから一つ選べ。解答番号は 11 。

① この文章は、冒頭で具体例による問題提起を行い、次に抽象化によって主題を展開し、最後に該当例を挙げて統括を行っている。

② この文章は、個別の具体例を複数列挙して共通点を見出し、そこから一般化して抽出した結論をまとめ、主張として提示している。

③ この文章は、導入部で具体例の報告を行い、展開部で筆者の主張と論拠を述べ、結論部で反対意見への反論と統括とを行っている。

④ この文章は、個別の例を提示して具体的に述べることと、抽象度を高めてその例を捉え直すことを繰り返して論点を広げている。

第2問　次の文章は、井上荒野《いのうえあれの》の小説「キュウリいろいろ」の一節である。郁子は三十五年前に息子を亡くし、以来夫婦ふたり暮らしだったが、昨年夫が亡くなった。以下は、郁子がはじめてひとりでお盆を迎える場面から始まる。これを読んで、後の問い（問1～6）に答えよ。なお、設問の都合で本文の上に行数を付してある。（配点　50）

おいしいビールを飲みながら、郁子は楊枝《ようじ》をキュウリに刺して、二頭の馬を作った。(注1)本棚に並べた息子と夫の写真の前に置く。

キュウリで作るのは馬、茄子《なす》で作るのは牛の見立てだという。郁子は田舎の生まれだから、実家の立派な仏壇にも、お盆の頃には提灯《ちょうちん》と一緒にそれらが飾られていた。足の速い馬は仏様がこちらへ来るときに、足の遅い牛は仏様が向こうへ戻るときに乗っていただくのだという。

実家を出てからも、郁子は毎年それを作ってきた。三十五年間——息子の草《そう》が亡くなってからずっと。

馬に乗って帰ってきてほしかったし、一緒に連れていってほしかった。あるときそれを夫に打ち明けてしまったことがある。キュウリの馬を作っていたら、君はほんとにそういうことを細々と熱心にやるねと、からかう口調で言われて、なんだか妙に腹が立ったのだ。あの子と一緒に乗っていけるように、立派な馬を作ってるのよ。言った瞬間に後悔したが、遅かった。俊介は何も言い返さなかった。ただ、それまでの無邪気な微笑《ほほえ》みがすっと消えて、暗い、寂しい顔になった。

後悔はしたのだ、いつも。だがなぜか再び舌が勝手に動いて、憎まれ口が飛び出す。そういうことが幾度もあった。俊介はたまったものではなかっただろう。いつも黙り込むだけだったが、いちどだけ(ア)腹に据えかねたのか「別れようか」と言われたことがあった。

別れようか。俺と一緒にいることが、そんなにつらいのなら……。

いやよ。郁子は即座にそう答えた。とうとう夫がその言葉を言ったということに(イ)戦《おのの》きながら、でもその衝撃を悟られまいと虚勢を張って。

あなたは逃げるつもりなのね？　そんなの許さない。わたしは絶対に別れない。

震える声を抑えながら、そう言った。それは本心でもあった。息子の死、息子の記憶に、ひとりでなんかとうてい耐えきれるはずがなかった。だから昨年、俊介が死んでしまったときは、怒りがあった。とうとう逃げたのね、と感じた。怒りは悲しみよりも大きいようで、どうしていいかわからなかった。

郁子はビールを飲み干すと、息子の写真を見、それから夫の写真を見た。キュウリの馬は、それぞれにちゃんと一頭ずつ作ったのだった。帰りの牛がないけれど、べつに帰らなくたっていいわよねえ、と思う。馬に乗ってきて、そのままずっとわたしのそばにいればいい。

A写真の俊介が苦笑したように見えた。亡くなる少し前、友人夫婦と山へ行ったときのスナップ（注2）。会話しながら笑っている顔。いかにも愉《たの》しげなゆったりとした表情をしているが、あとから友人にあれはあなたと喋《しゃべ》っているときよと教えられた。嘘《うそ》だわと思い、本当かしらとも思った。

数日前の同級生からの用件は、俊介の写真を借りたい、というものだった。名簿は一ページを四人で分割する形にして、本人が書いた簡単なプロフィールとともに、高校時代のスナップと、現在の写真を並べて載せたいのだという。この写真を貸すことはできるが、そうしたら返ってくるまでの間、書棚の額の片方が空になってしまう。

そのことが目下の懸案事項なのだった。写真を探さなければならない、と郁子は思った——じつのところ、この数日ずっとそう思っていた。夫と暮らした約四十年間の間に撮ったり、撮られたりして溜《た》まったスナップ写真は、押し入れの下段の布張りの箱に収まっている。箱の上には俊介が整理したアルバムも三冊ある。あれを取り出してみなければ。郁子はそう考え、なんだかもうずっと前、三十年も四十年も前から、そのことばかり考え続けていたような気がした。

お盆にしては空《す》いてるわね、と思った電車は乗り継ぐほどに混んできた。郁子が向かう先は都下とはいっても西の端の山間部だから、帰省する人もいるだろうし遊びに行く人もいるのだろう。

リュックを背負った中高年の一団に押し込まれるように車内の奥に移動すると、B少し離れた場所に座っていた若い女性がぱっと立ち上がり、わざわざ郁子を呼びに来て、席を譲ってくれた。どうもありがとう。やや面食らいながらお礼を言って、ありがたく腰を下ろした。

女性は、彼女の前に立っていた男性と二人連れらしかった。郁子が座ると、気を遣わせまいとしてか二人は離れた場所へ移動していった。恋人同士か、夫婦になったばかりの二人だろう。

三十数年前、ちょうど今の女性くらいの年の頃、同じこの電車に乗って同じ場所を目指していたことがあった。時間もちょうど同じくらい――午前九時頃。あのときも郁子は席を譲られたのだった。譲ってくれたのは年配の男性だった。男性の妻が郁子の隣に座っていたので、男性はそのままそこにいた。二人の女性が座り、向き合って二人の男性が立っているというかたちになって、四人でいくらかの言葉を交わした。何ヶ月くらいですか？と男性の妻が郁子に訊《たず》ね、四ヶ月ですと郁子は答えた。よくおわかりになりましたね、と俊介が単純に不思議がっている口調で言った。郁子のお腹《なか》はまだほとんど目立たない頃だったから。経験者ですから、と男性の妻は笑い、奥さんじゃなくてご主人の様子を見ていればわかります、と男性が笑ったのだった。

山の名前の駅に着き、リュックサックの人たちが降りると、車内はずいぶん見通しがよくなった。気のせいかもしれないが温度も幾分下がったように感じられる。郁子は膝の上のトートバッグから封筒を取り出した。封筒の中には俊介の写真が十数枚入っている。

結局、本棚の上の遺影はそのままにしておくことにして、名簿用にはこの十数枚の中のどれかを使ってもらうつもりだった。もっとも十数枚を持ってきたのは、今日これから会う約束をしている俊介の元・同級生に見せるためというよりは、自分のためかもしれない。じつのところ、押し入れから箱を取り出しその蓋をとうとう開けてからというもの、写真を眺めるのは毎晩の日課のようになっていた。写真なんて見たくない、見ることなんてできない、とずっと意固地になっていたのに、ひとたびその(ウ)枷《かせ》が外れると、幾度繰り返し見ても足りなかった。

持ってきた写真は、結婚したばかりの若い頃のから、亡くなった年のものまでに渡っている（なるべく最近の写真を、というのが電話してきた同級生の希望だったのだから、彼のためではないことはやはりあきらかだ)。食事をしている俊介、海の俊介、山の俊介、草を抱く俊介、寺院の前の俊介、草原の俊介、温泉旅館の浴衣を着た俊介。どの俊介もカメラに向かって照れくさそうに微笑み、そうでないときは——本人に気づかれずに誰かが撮影したのだろう——いかにも愉しげに笑ったり、あるいはどこか子供みたいな熱心な顔で、何かを注視したり、誰かの言葉に耳を傾けたりしている。

郁子にとっては驚きだった。もちろん喧嘩《けんか》の最中や、不機嫌な顔をしているときにわざわざ写真を撮ったりはしないものだが、それにしてもこんなに幸福そうな俊介の写真が、これほどたくさんあるなんて。しかもそういう写真は、草がいた頃だけでなく、そのあとも撮られているのだった。

たしかに草が亡くなってしばらくは二人とも家にじっと閉じこもり、写真を撮ることにも撮られることにも無縁だった。それでもいつしか外に出て行くようになり、そうして笑うようにもなっていったのだ。植物が伸びるように人間は生きていく以上は笑おうとするものだ。そんなことはわかっている、と思っていたが、そのことをあらためて写真の中にたしかめると、それはやはり強い驚きになった。当然のこととして何枚かの写真には郁子自身も写っていた。やはり笑って。俊介と顔を見合わせて微笑み合っている一枚すらある。C郁子はまるで見知らぬ誰かを見るようにそれらを眺め、それが紛れもない自分と夫であることを何度でもたしかめた。

「鹿島さん?　でしょ?」

俊介の元・同級生の石井《いしい》さんに、改札口を出たら電話をかけることになっていたが、公衆電話を探そうとしているところに声をかけられた。石井さんは、見事な白髪の上品そうな男性だった。

「今時携帯電話を持ってないなんて、いかにも俊介の奥さんらしいですから」

すぐわかりましたよ、と石井さんは笑った。

「お盆休みにお呼びだてしてごめんなさい」

石井さんの感じの良さにほっとしながら、郁子は謝った。

「いやいや、お呼びだてしたのはこちらですよ。わざわざ写真を持ってきていただいたんですから。それにもう毎日が休みみたいなものだから、盆休みといったってとりたてて予定もありませんしね。お申し出に、大喜びで参上しました」

写真は自分でそちらへ持っていきたい、そのついでに、俊介が若い日を過ごしたあちこちを訪ねて歩きたいのだ、と郁子は石井さんに言ったのだった。石井さんに写真を渡したら自分ひとりでぶらぶら歩くつもりでいたのだが、石井さんは案内する気満々でやってきたようだった。

「第一、こんな炎天下に歩きまわったら倒れますよ」

駅舎の外に駐《と》めてあった自転車に跨《また》がった石井さんは、「どうぞ」と当たり前のようにうしろの荷台を示した。郁子はちょっとびっくりしたけれど、乗せてもらうことにした。

「まず僕らの母校へ行ってから、名所旧跡を通って駅のほうへ帰ってきましょう。なに、あっという間ですよ」

トートバッグを前のカゴに入れてもらい、郁子は荷台に横座りした(さすがに初対面の男性の腰に腕を巻きつけることはできなくて、遠慮がちにサドルの端を摑《つか》んだ)。自転車は風を切って走り出した。たしかに炎天ではあったが、石井さんは上手に日陰を選んで走ったので、さほど暑さは感じなかった。アスファルトより土が多い町だから、気温が都心よりも低いということもあるのかもしれない。

「この町ははじめてですか?」

「いいえ……彼と一緒になったばかりの頃に一度だけ」

それ以後、一度も来訪することはなかったのだった。広い庭がある古い木造の家に当時ひとり暮らしだった義母は、それから数年後に俊介の兄夫婦と同居することになり、家と土地は売却されたから。そのたった一度の機会も、郁子が妊娠中だったこともあり駅から俊介の実家へ行く以外の道は通らなかった。それでも今、自転車のスピードに合わせて行き過ぎる風景のところどころに、懐かしさや既視感を覚えて郁子ははっと目を見開いた。

十分も走らないうちに学校に着いた(それでも自分の足で歩いたら三十分はかかっただろうから、郁子は石井さんの好意にあらためて感謝した)。ケヤキや銀杏《いちょう》の大木がうっそうと繁《しげ》る向こうに、広々した校庭と、すっきりした鉄筋の建物が見える。校庭では女生徒たちがハードルの練習をしている。二十年くらい前に共学になって、校舎も建て替えたんですよね、と石井さんが言った。

しばらく外から眺めてから、正門から正面の校舎まで続くケヤキ並木を通り、屋根の下をくぐり抜けて裏門へ出た。守衛さんに事情を話せば校内の見学もできるだろうと石井さんは言ったが、**D**<u>その必要はありませんと郁子は答えた</u>。何かを探しに来たわけではなかったし、もしそうだとしても、もうそれを見つけたような感覚があった。

見事なケヤキの並木のことは、かつて俊介から聞いていた。高校時代俊介はラグビー部だったことや、女子校の生徒と交換日記をつけていたことも。何かの拍子にそういう話を聞かされるたびに、その時代の俊介に会ってみたい、と思ったものだった。そして頭の中に思い描いていた男子校の風景が、今、自分の心の中から取り出されて、眼前にあらわれたのだという気がした。それが、ずっと長い間――夫を憎んだり責めたりしている間も――自分の中に保存されていたということに郁子は呆然《ぼうぜん》とした。呆然としながら、詰め襟の学生服を着た十六歳の俊介が、ハードルを跳ぶ女子学生たちを横目に見ながら校庭を横切っていく幻を眺めた。

(注)　1　馬――お盆の時に、キュウリを使って、死者の霊が乗る馬に見立てて作るもの。

2　スナップ――スナップ写真のこと。人物などの瞬間的な動作や表情を撮った写真。

問1 傍線部(ア)〜(ウ)の本文中における意味として最も適当なものを、次の各群の①〜⑤のうちから、それぞれ一つずつ選べ。解答番号は 12 〜 14 。

(ア) 腹に据えかねた 12
① 本心を隠しきれなかった
② 我慢ができなかった
③ 合点がいかなかった
④ 気配りが足りなかった
⑤ 気持ちが静まらなかった

(イ) 戦《おのの》きながら 13
① 勇んで奮い立ちながら
② 驚いてうろたえながら
③ 慌てて取り繕いながら
④ あきれて戸惑いながら
⑤ ひるんでおびえながら

(ウ) 枷《かせ》が外れる 14
① 問題が解決する
② 苦しみが消える
③ 困難を乗り越える
④ いらだちが収まる
⑤ 制約がなくなる

問2　傍線部A「写真の俊介が苦笑したように見えた。」とあるが、そのように郁子に見えたのはなぜか。その理由として最も適当なものを、次の①～⑤のうちから一つ選べ。解答番号は 15 。

① キュウリで馬を作る自分に共感しなかった夫を今も憎らしく思っているが、そんな自分のことを、夫は嫌な気持ちを抑えて笑って許してくれるだろうと想像しているから。

② 自分が憎まれ口を利いても、たいていはただ黙り込むだけだったことに、夫は後ろめたさを感じながら今も笑って聞き流そうとしているだろうと想像しているから。

③ かつては息子の元へ行きたいと言い、今は息子も夫も自分のそばにいてほしいと言う、身勝手な自分のことを、夫はあきれつつ受け入れて笑ってくれるだろうと想像しているから。

④ 亡くなった息子だけでなく夫の分までキュウリで馬を作っている自分のことを、以前からかったときと同じように、夫は今も皮肉交じりに笑っているだろうと想像しているから。

⑤ ゆったりとした表情を浮かべた夫の写真を見て、夫に甘え続けていたことに今さら気づいた自分の頼りなさを、夫は困ったように笑っているだろうと想像しているから。

問3 傍線部**B**「少し離れた場所に座っていた若い女性がぱっと立ち上がり、わざわざ郁子を呼びに来て、席を譲ってくれた」とあるが、この出来事をきっかけにした郁子の心の動きはどのようなものか。その説明として最も適当なものを、次の①～⑤のうちから一つ選べ。解答番号は 16 。

① 三十数年前にも年配の夫婦が席を譲ってくれたことを思い起こし、他人にもわかるほど妊娠中の妻を気遣っていた夫とその気遣いを受けていたあの頃の自分に思いをはせている。

② 席を譲ってくれた年配の夫婦と気兼ねなく話した出来事を回想し、いま席を譲ってくれた女性が気を遣わせまいとわざわざ離れた場所に移動したことに感謝しつつも、物足りなく思っている。

③ まだ席を譲られる年齢でもないと思っていたのに譲られたことに戸惑いを感じつつ、以前同じように席を譲ってくれた年配の男性の優しさを思い起こし、若くて頼りなかった夫のことを懐かしんでいる。

④ 席を譲ってくれた女性と同じくらいの年齢のときにも、同じくらいの時間帯に同じ場所を目指して、夫と電車に乗っていて席を譲られたことを思い出し、その不思議な巡り合わせを新鮮に感じている。

⑤ 若い女性が自分に席を譲ってくれた配慮が思いもかけないことだったので、いささか慌てるとともに、同じようなことが夫と同行していた三十数年前にもあったのを思い出し、時の流れを実感している。

問4　傍線部C「郁子はまるで見知らぬ誰かを見るようにそれらを眺め、それが紛れもない自分と夫であることを何度でもたしかめた。」とあるが、その時の郁子の心情はどのようなものか。その説明として最も適当なものを、次の①～⑤のうちから一つ選べ。解答番号は 17 。

① 息子を亡くした後、二人は悲しみに押しつぶされ、つらい生活を送ってきた。しかし、写真の二人からはそのような心の葛藤は少しも見いだすことができず、そこにはどこかの幸せな夫婦が写っているとしか思われなかった。

② 息子を亡くした悲しみに耐えて明るく振る舞っていた夫から、距離をとりつつ自分は生きてきたと思っていた。しかし、案外自分も同様に振る舞い、夫に同調していたことを、写真の中に写った自分たちの姿から思い知った。

③ 息子の死後も明るさを失わない夫に不満といらだちを抱いていたが、そんな自分も時には夫のたくましさに助けられ、夫とともに明るく生きていた。写真に写った自分たちのそのような様子は容易には受け入れがたく思われた。

④ 息子の死にとらわれ、悲しみのうちに閉じこもるようにして夫と生きてきたと思っていたが、自分も夫も知らず知らず幸福に向かって生きようとしていた。写真に写るそんな自分たちの笑顔は思いがけないものだった。

⑤ 息子の死に打ちのめされた二人は、ともに深い悲しみに閉ざされた生活を送ってきた。互いに傷つけ合った記憶があざやかであるだけに、写真に残されていた幸福そうな姿が自分たちのものとは信じることができなかった。

問5 傍線部**D**「その必要はありませんと郁子は答えた」とあるが、このように答えたのはなぜか。その説明として最も適当なものを、次の①～⑤のうちから一つ選べ。解答番号は 18 。

① 夫の実家のある町並みを経て、彼が通った高校まで来てみると、校内を見るまでもなく若々しい夫の姿がありありと見えてきた。今まで夫を憎んでいると思い込んでいたが、その幻のあまりのあざやかさから、夫をいとおしむ心の強さをあらためて確認することができたから。

② 自分の心が過去に向けられ、たった一度来たきりで忘れたものと思っていた目の前の風景にも懐かしさや既視感を覚えるほどだった。高校時代から亡くなるまでの夫の姿が今や生き生きとよみがえり、大切なことは記憶の中にあるのだと認識することができたから。

③ 夫が若い頃過ごした町並みや高校を訪ねるうちに、いさかいの多かった暮らしの中でも、夫のなにげない思いや記憶を受け止め、夫の若々しい姿が自分の中に刻まれていたことに気がついた。そのような自分たち夫婦の時間の積み重なりを実感することができたから。

④ 長年夫を憎んだり責めたりしていたが、夫が若い日々を過ごした町並みを確認してゆくうちに、ようやく許す心境に達し、夫への理解も深まった。目の前にあらわれた若い夫の姿に、夫への感謝の念と、自分の新しい人生の始まりを予感することができたから。

⑤ 長く苦しめながら頼りにもしてきた夫が、学生服姿の少年として眼前にあらわれ、今は彼のことをいたわってあげたいという穏やかな心境になった。自分と夫は重苦しい夫婦生活からようやく解放されたのだということを、若き夫の幻によって確信することができたから。

問6　この文章の表現に関する説明として**適当でないもの**を、次の①～⑥のうちから二つ選べ。ただし、解答の順序は問わない。解答番号は［19］・［20］。

①　1行目から69行目は12行目の俊介の言葉を除いて「　」がないが、71行目から92行目は郁子と石井の会話に「　」が使われ、93行目以降また使われなくなる。「　」のない部分は郁子の思考の流れに沿って文章が展開している。

②　22行目「馬に乗ってきて、そのままずっとわたしのそばにいればいい。」は、郁子の心情が「郁子は～と思った」などの語句を用いずに「わたし」という一人称で直接述べられている。これは郁子のその場での率直な思いであることを印象づける表現である。

③　56行目、87行目、97行目では郁子の心情が（　）の中に記されている。ここでは、（　）の中に入れることによって、その内容が他人に隠したい郁子の本音であることが示されている。

④　57行目「食事をしている俊介、海の俊介、山の俊介、草を抱く俊介、寺院の前の俊介、草原の俊介、温泉旅館の浴衣を着た俊介。」の一文には一枚一枚の写真の中の俊介の様子が「～俊介」の反復によって羅列されている。これによって、夫のさまざまな姿に郁子が気づいたということが表現されている。

⑤　「名所旧跡」という語は、本来、有名な場所や歴史的事件にゆかりのある場所を表すが、86行目の「名所旧跡」は、俊介という個人に関わりのある場所として用いられている。この傍点は、石井が、あえて本来の意味を離れ、冗談めかしてこの語を使ったことを示している。

⑥　93行目「一度も来訪することはなかったのだった」の「のだった」や、105行目「その時代の俊介に会ってみたい、と思ったものだった」の「ものだった」は、回想において改めて思い至ったことを確認する文末表現である。前者には郁子の悔やんでいる気持ちがあらわれており、後者には懐かしむ気持ちがあらわれている。

第3問 次の文章は『石上私淑言《いそのかみのささめごと》』の一節で、本居宣長《もとおりのりなが》が和歌についての自身の見解を問答体の形式で述べたものである。これを読んで、後の問い(問1～6)に答えよ。(配点 50)

問ひて云《い》はく、A恋の歌の世に多きはいかに。

答へて云はく、まづ『古事記』『日本紀』に見えたるいと上《かみ》つ代《よ》の歌どもをはじめて、代々《よよ》の集どもにも、恋の歌のみことに多かる中にも、『万葉集』には相聞《さうもん》(注1)とあるが恋にて、すべての歌を雑歌《ざふか》、相聞、挽歌《ばんか》(注2)と三つに分かち、八の巻、十の巻などには四季の雑歌、四季の相聞と分かてり。かやうに他をばすべて雑といへるにて、歌は恋をむねとすることを知るべし。そもいかなればかくあるぞといふに、恋はよろづのあはれにすぐれて深く人の心にしみて、いみじく堪《た》へがたきわざなるゆゑなり。されば、すぐれてあはれなるすぢは常に恋の歌に多かることなり。

問ひて云はく、おほかた世の人ごとに常に深く願ひ忍ぶことは、色を思ふよりも、身の栄えを願ひ財宝《たから》を求むる心などこそは、(ア)あながちにわりなく見ゆめるに、などてさるさまのことは歌に詠まぬぞ。

答へて云はく、B情と欲とのわきまへあり。まづすべて人の心にさまざま思ふ思ひは、みな情なり。その思ひの中にも、とあらまほしかくあらまほしと求むる思ひは欲といふものなり。されば、この二つはあひ離れぬものにて、なべては欲も情の中の一種《ひとくさ》なれども、またとりわきては、人をあはれと思ひ、かなしと思ひ、あるはうしともつらしとも思ふやうの類をなむ情とはいひける。さるはその情より出《い》で欲にもわたり、また欲より出でて情にもわたりて、一様《ひとやう》ならずとりどりなるが、(イ)いかにもあれ、歌は情の方より出で来るものなり。これ、情の方の思ひは物にも感じやすく、あはれなることこよなう深きゆゑなり。欲の方の思ひはひとすぢに願ひ求むる心のみにて、さのみ身にしむばかり細やかにはあらねばにや、はかなき花鳥の色音《いろね》にも涙のこぼるるばかりは深からず。かの財宝をむさぼるやうの思ひは、この欲といふものにて、物のあはれなるすぢにはうときゆゑに歌は出で来ぬなるべし。色を思ふも本は欲より出づれども、ことに情の方に深くかかる思ひにて、生きとし生けるもののまぬかれぬところなり。まして人はすぐれて物のあはれを知るものにしあれば、ことに深く心に染《そ》みて、あはれに堪へぬはこの思ひなり。その他もとにかくにつけて物のあはれなることには、歌は出で来るものと知るべし。

さはあれども、情の方は前にいへるやうに、(注3)心弱きを恥づる後の世のならはしにつつみ忍ぶこと多きゆゑに、かへりて欲より浅くも見ゆるなめり。されど、この歌のみは上つ代の心ばへを失はず。人の心のまことのさまをありのままに詠みて、めめしう心弱き方をもさらに恥づることなければ、後の世に至りて優になまめかしく詠まむとするには、いよいよ物のあはれなる方をのみむねとして、かの欲のすぢはひたすらにうとみはてて、詠まむものとも思ひたらず。

まれまれにもかの『万葉集』の三の巻に「酒を讃《ほ》めたる歌」(注4)の類よ、詩(注5)には常のことにて、かかる類のみ多かれど、歌にはいと心づきなく憎くさへ思はれて、(ウ)さらになつかしからず。何の見所も無しかし。これ、欲はきたなき思ひにて、あはれならざるゆゑなり。しかるを人の国には、あはれなる情をば恥ぢ隠して、きたなき欲をしもいみじきものにいひ合へるはいかなることぞや。

（注）
1　『日本紀』――『日本書紀』のこと。
2　挽歌――死者を哀悼《あいとう》する歌のこと。
3　情の方は前にいへるやうに――この本文より前に「情」に関する言及がある。
4　酒を讃めたる歌――大伴旅人《おおとものたびと》が酒を詠んだ一連の歌のこと。
5　詩――漢詩のこと。

問1 傍線部(ア)〜(ウ)の解釈として最も適当なものを、次の各群の①〜⑤のうちから、それぞれ一つずつ選べ。解答番号は 21 〜 23 。

(ア) あながちにわりなく 21
① ひたむきで抑えがたく
② かえって理不尽に
③ なんとなく不合理に
④ ややありきたりに
⑤ どうしようもなく無粋に

(イ) いかにもあれ 22
① 言うまでもなく
② そうではあるが
③ どのようであっても
④ どういうわけか
⑤ どうにかしてでも

(ウ) さらになつかしからず 23
① あまり共感できない
② どうにも思い出せない
③ なんとなく親しみがわかない
④ ますます興味がわかない
⑤ 全く心ひかれない

問2　波線部「身にしむばかり細やかにはあらねばにや」についての文法的な説明として**適当でないもの**を、次の①〜⑤のうちから一つ選べ。解答番号は 24 。

① 打消の助動詞「ず」が一度用いられている。
② 断定の助動詞「なり」が一度用いられている。
③ 仮定条件を表す接続助詞「ば」が一度用いられている。
④ 疑問を表す係助詞「や」が一度用いられている。
⑤ 格助詞「に」が一度用いられている。

問3　傍線部A「恋の歌の世に多きはいかに」とあるが、この問いに対して、本文ではどのように答えているか。最も適当なものを、次の①～⑤のうちから一つ選べ。解答番号は 25 。

① 恋の歌が多い『万葉集』の影響力が強かったため、『万葉集』以後の歌集でも恋の歌は連綿と詠まれ続けてきた。
② 人の抱くいろいろな感慨の中でも特に恋は切実なものなので、恋の歌が上代から中心的な題材として詠まれている。
③ 相手への思いをそのまま言葉にしても、気持ちは伝わりにくいので、昔から恋心は歌に託して詠まれてきた。
④ 恋の歌は相聞歌のみならず四季の歌の中にもあるため、歌集内の分類による見かけの数以上に多く詠まれている。
⑤ 自分の歌が粗雑であると評価されることを避けるあまり、優雅な題材である恋を詠むことが多く行われてきた。

問4　傍線部**B**「情と欲とのわきまへ」と恋との関係について、本文ではどのように述べているか。最も適当なものを、次の①～⑤のうちから一つ選べ。解答番号は 26 。

① 「情」と「欲」はいずれも恋に関わる感情であり、人に深い感慨を生じさせる。ただし、悲しい、つらいといった、自分自身についての思いを生じさせるものが「情」であるのに対し、哀れだ、いとしいといった、恋の相手についての思いを生じさせるものが「欲」である。恋において「情」と「欲」は対照的な関係にあると言える。

② 「情」は「欲」を包含する感情であるが、両者を強いて区別すれば、「情」は何かから感受する受動的なものである。これに対して「欲」は何かに向かう能動的な感情であり、その何かを我がものにしたいという行為を伴う。したがって、恋は「情」からはじまり、やがて「欲」へと変化する。

③ 人の心に生まれるすべての思いは「情」であるが、特には、誰かをいとしく思ったり鳥の鳴き声に涙したりするなど、身にしみる細やかな思いを指す。一方、我が身の繁栄や財宝を望むなど、何かを願い求める思いは「欲」にあたる。恋は「欲」と「情」の双方に関わる感情だが、「欲」よりも「情」に密接に関わっている。

④ 人の心に生じる様々な感情はすべて「情」である。一方、「欲」は何かを願い求める感情のことであり、「情」の中の一つに過ぎない。もともと恋は誰かと一緒にいたいという「欲」に分類される感情だが、恋を成就させるには「欲」だけではなく様々な感情が必要なので、「情」にも通じるべきである。

⑤ 「情」は自然を賛美する心とつながるものであり、たいへん繊細な感情である。しかし、「欲」は自然よりも人間の作った価値観に重きを置くので、経済的に裕福になることをひたすら願うことになる。恋は花や鳥を愛するような心から生まれるものであって、「欲」を源にすることはない。

問5 「情」と「欲」の、時代による違いと歌との関係について、本文ではどのように述べているか。最も適当なものを、次の①～⑤のうちから一つ選べ。解答番号は 27 。

① 人の「情」のあり方は上代から変わっていないが、「欲」のあり方は変わった。恋の歌は「情」と「欲」の両者に支えられているため、後世の恋の歌は、上代の恋の歌とは性質を異にしている。

② 「情」は「欲」に比べると弱々しい感情なので、時代が経《た》つにつれて人々の心から消えていった。しかし、歌の世界においては伝統的に「情」が重んじられてきたので、今でも歌の中にだけは「情」が息づいている。

③ 人は恋の歌を詠むときに自らの「情」と向き合うため、恋の歌が盛んだった時代には、人々の「情」も豊かにはぐくまれた。後世、恋の歌が衰退してくると、人々の「情」は後退し、「欲」が肥大してしまった。

④ 「情」は「欲」より浅いものと見られがちであるが、これは後世において「情」を心弱いものと恥じて、表に出さないようになったからである。しかし、歌の世界においては上代から一貫して「情」を恥じることがなかった。

⑤ 『万葉集』に酒を詠んだ歌があるように、歌はもともとは「欲」にもとづいて詠まれていた。しかし、しだいに「情」を中心に据えて優美な世界を詠まねばならないことになり、『万葉集』の歌が振り返られることはなくなった。

問6　歌や詩は「物のあはれ」とどのように関わっているのか。本文での説明として最も適当なものを、次の①～⑤のうちから一つ選べ。解答番号は 28 。

① 歌は「物のあはれ」を動機として詠まれ、詩は「欲」を動機として詠まれる。しかし、何を「あはれ」の対象とし、何を「欲」の対象とするかは国によって異なるので、歌と詩が同じ対象を詠むこともあり得る。

② 上代から今に至るまで、人は優美な歌を詠もうとするときに「物のあはれ」を重視してきたが、一方で、詩の影響を受けるあまり、「欲」を断ち切れずに歌を詠むこともあった。

③ 歌は「物のあはれ」に関わる気持ちしか表すことができない。そこで、一途《いちず》に願い求める気持ちを表すときは、歌に代わって詩が詠まれるようになった。

④ 「情」は生きている物すべてが有するものだが、とりわけ人は「物のあはれ」を知る存在である。歌は「物のあはれ」から生まれるものであって、「欲」を重視する詩とは大きな隔たりがある。

⑤ 歌も詩も「物のあはれ」を知ることから詠まれるが、詩では、「物のあはれ」が直接表現されることを恥じて避ける傾向があるため、簡単には「物のあはれ」を感受できない。

第4問
次の文章を読んで、後の問い（問1〜6）に答えよ。なお、設問の都合で返り点・送り仮名を省いたところがある。（配点 50）

嘉祐《かいうハ》（注1）禹偁《うしょうノ》（注2）子也。嘉祐《ハ》平時《ハ》若《キモ》二愚騃《ぐがいノ》（注3）一、独《リ》寇準《こうじゅんノミ》（注4）知《ル》レ之。準知《ル》二開（注5）封府《ニ》一、一日、問《ヒテ》二嘉祐《ニ》一曰《ハク》、「外間（注6）議《スルコト》レ準《ヲ》云何《いかんト》。」嘉祐曰《ハク》、「外人皆云《フ》二丈（注7）人旦夕（注8）入《リテ》相《タラント》（注9）一。」準曰《ハク》、「於《おイテハ》二吾子《ごしニ》（注10）一意《おもフコト》何如《いかんト》。」嘉祐曰《ハク》、「以《テ》レ愚《ヲ》（注11）観《みルニ》レ之《ヲ》、丈人不若未為相。為相則誉望損矣。」準曰《ハク》、「何《ノ》故《ゾト》。」嘉祐曰《ハク》、「自《より》レ古《いにしへ》賢相《ノ》所《ハ》下以《ノ》能《ク》建《テ》二功業《ヲ》一沢（注12）中生民《ヲ》上者、其《ノ》君臣相《ヒ》得《ルコト》皆如《ケレバナリ》（注13）二魚之有《ルガ》一レ水。故《ニ》言聴《カレ》計従《ハレ》、而《シテ》功名倶《ともニ》美《ナリ》。今丈人負《ヒ》二天下《ノ》重望《ヲ》一、相《タレバ》則中外以《テ》二太平《ヲ》一責《もとメン》焉。丈人之於《おケルヤ》（注14）二明主《ニ》一、能《ク》若《キ》二魚之有《ルガ》一レ水乎《か》。嘉祐《ノ》所《ハ》三以恐《ルル》二誉望之損《ナハレンコトヲ》一也《ト》。」準喜《ビ》、起《たチテ》執《とリテ》二其《ノ》手《ヲ》一曰《ハク》、「元之《げんしハ》（注15）雖《モ》三文章《ハ》冠《タリト》二天下《ニ》一、至《リテハ》二

於深識遠慮ニ、D殆《ほとんド》不ルレ能ハレ勝ルニ吾子ニ一也ト。」

（李燾《りとう》『続資治通鑑長編《ぞくしじつがんちょうへん》』による）

（注）
1　嘉祐――王嘉祐。北宋の人。
2　禹偁――王禹偁。王嘉祐の父で、北宋の著名な文人。
3　愚騃――愚かなこと。
4　寇準――北宋の著名な政治家。
5　開封府――現在の河南省開封市。北宋の都であった。
6　外間――世間。
7　丈人――あなた。年長者への敬称。
8　旦夕――すぐに、間もなく。
9　入――朝廷に入って役職に就く。
10　吾子――あなた。相手への親しみをこめた言い方。
11　愚――私。自らを卑下する謙譲表現。
12　生民――人々。
13　如ニ魚之有一レ水――魚に水が必要であるようなものだ。君臣の関係が極めて良好であるさま。
14　明主――皇帝を指す。
15　元之――王禹偁の字《あざな》。

問1 二重傍線部X「議」、Y「沢」の意味の組合せとして最も適当なものを、次の①～⑤のうちから一つ選べ。解答番号は 29 。

① X 相談する　Y 水を用意する
② X 非難する　Y 田畑を与える
③ X 論評する　Y 恩恵を施す
④ X 礼賛する　Y 物資を供給する
⑤ X 批判する　Y 愛情を注ぐ

問2　波線部Ⅰ「知レ之」・Ⅱ「知二開封府一」の解釈として最も適当なものを、次の各群の①～⑤のうちから、それぞれ一つずつ選べ。解答番号は 30 ・ 31 。

Ⅰ「知レ之」 30

① 王嘉祐が決して愚かな人物ではないことを知っていた
② 王嘉祐が乱世には非凡な才能を見せることを知っていた
③ 王嘉祐が世間の評判通り愚かであるということを知っていた
④ 王嘉祐が王禹偁の子にしては愚かなことを知っていた
⑤ 王嘉祐が王禹偁の文才を受け継いでいることを知っていた

Ⅱ「知二開封府一」 31

① 開封府の長官の知遇を得た
② 開封府には知人が多くいた
③ 開封府の知事を務めていた
④ 開封府から通知を受けた
⑤ 開封府で王嘉祐と知りあった

問3 傍線部**A**「丈人不若未為相。為相則誉望損矣」について、(i)書き下し文・(ii)その解釈として最も適当なものを、次の各群の①～⑤のうちから、それぞれ一つずつ選べ。解答番号は 32 ・ 33 。

(i) 書き下し文 32

① 丈人に若《し》かずんば未だ相と為《な》らず。相と為れば則ち誉望損なはれんと

② 丈人未だ相の為《ため》にせざるに若かず。相の為にすれば則ち誉望損なはれんと

③ 丈人若《なんぢ》の未だ相と為らずんば不《あら》ず。相と為れば則ち誉望損なはれんと

④ 丈人未だ相と為らざるに若かず。相と為れば則ち誉望損なはれんと

⑤ 丈人に若かずんば未だ相の為にせず。相の為にすれば則ち誉望損なはれんと

(ii)　解釈　33

① 誰もあなたに及ばないとしたら宰相を補佐する人はいません。ただ、もし補佐する人が現れたら、あなたの名声は損なわれるでしょう。

② あなたはまだ宰相を補佐しないほうがよろしいでしょう。もし、あなたが宰相を補佐すれば、あなたの名声は損なわれるでしょう。

③ あなたはまだ宰相とならないほうがよろしいでしょう。もし、あなたが宰相となれば、あなたの名声は損なわれるでしょう。

④ あなたは今や宰相とならないわけにはいきません。ただ、あなたが宰相となれば、あなたの名声は損なわれるでしょう。

⑤ 誰もあなたに及ばないとしたら宰相となる人はいません。ただ、もし宰相となる人が現れたら、あなたの名声は損なわれるでしょう。

問4 傍線部B「言聴計従」とあるが、(i)誰の「言」「計」が、(ii)誰によって「聴かれ」「従はれ」るのか。(i)と(ii)との組合せとして最も適当なものを、次の①～⑤のうちから一つ選べ。解答番号は 34 。

① (i) 丈人　(ii) 相
② (i) 君　(ii) 生民
③ (i) 賢相　(ii) 君
④ (i) 明主　(ii) 賢相
⑤ (i) 生民　(ii) 明主

問5　傍線部C「嘉祐所ヨ以恐二誉望之損一也」とあるが、王嘉祐がそのように述べるのはなぜか。その理由として最も適当なものを、次の①～⑤のうちから一つ選べ。解答番号は 35 。

① 宰相は寇準に対して天下を太平にしてほしいと期待するだろうが、もし寇準が昔の偉大な臣下より劣るとすれば太平は実現されず、宰相の期待は失われてしまうから。

② 人々は寇準に対して天下を太平にしてほしいと期待するだろうが、もし寇準が皇帝と親密な状態になれなければ太平は実現されず、彼らの期待は失われてしまうから。

③ 皇帝は寇準に対して天下を太平にしてほしいと期待するだろうが、もし寇準の政策が古代の宰相よりも優れていなければ太平は実現されず、皇帝の期待は失われてしまうから。

④ 人々は寇準に対して天下を太平にしてほしいと期待するだろうが、もし寇準が皇帝の意向に従ってしまえば太平は実現されず、彼らの期待は失われてしまうから。

⑤ 宰相は寇準に対して天下を太平にしてほしいと期待するだろうが、もし寇準が皇帝の信用を得られなければ太平は実現されず、宰相の期待は失われてしまうから。

問6　傍線部D「殆不レ能レ勝ニ吾子一也」とあるが、その説明として最も適当なものを、次の①～⑤のうちから一つ選べ。解答番号は 36 。

① 王嘉祐は宰相が政治を行う時、どのように人々と向き合うべきかを深く知っている。したがって政治家としての思考の適切さという点では、父の王禹偁もおそらく王嘉祐にはかなわない。

② 王嘉祐は寇準の政治的立場に深く配慮し、世間の意見の大勢にはっきりと反対している。したがって意志の強さという点では、父の王禹偁もおそらく王嘉祐にはかなわない。

③ 王嘉祐は今の政治を分析するにあたり、古代の宰相の功績を参考にしている。したがって歴史についての知識の深さという点では、父の王禹偁もおそらく王嘉祐にはかなわない。

④ 王嘉祐は皇帝と宰相の政治的関係を深く理解し、寇準の今後の進退について的確に進言している。したがって見識の高さという点では、父の王禹偁もおそらく王嘉祐にはかなわない。

⑤ 王嘉祐は理想的君臣関係について深く考えてはいるものの、寇準に問われてはじめて自らの政治的見解を述べている。したがって言動の慎重さという点では、父の王禹偁もおそらく王嘉祐にはかなわない。

国　語

（2018年１月実施）

80分　200点

追試験
2018

国語

（解答番号 1 ～ 36）

第1問

次の文章は、日本の「近代」社会と「近代」以降の「ポスト近代」社会を動かした要因(駆動因)を分析した上で、新たな社会としての「ロスト近代」社会について論じている。これを読んで、後の問い(問1～6)に答えよ。なお、設問の都合で本文の段落に 1 ～ 13 の番号を付してある。(配点　50)

1 現代の社会、あるいはここで「ロスト近代」と呼ぶ時代は、九〇年代の中頃から出現してきた時代の新たなモード(注1)である。バブル経済が崩壊して以降、日本の経済社会は「失われた一〇年」とか「失われた二〇年」などと言われている。もはや高度経済成長を望むことができず、停滞したシステムのなかで、経済のミニ・バブルの波に翻弄されているというのが、私たちの社会の実情であるだろう。日本経済はこれから、どんな政策によって再生することができるのか。さまざまな議論が(ア)フンシュツするなかで、経済の低迷がつづいている。

2 もはや欲望消費(注2)の増大によっては、大きな経済成長は望めそうにない。かといって、人々が勤勉に働けば経済が成長するのかというと、そうでもなさそうである。現代の資本主義社会は、「近代」の駆動因によっても、A「ポスト近代」の駆動因によっても、いずれによってもうまく発展しそうにない。私たちの社会は、新たに別の駆動因をもたなければ、大きな発展を見込むことができないようにみえる。

3 「ロスト近代」とは、さしあたって「近代」と「ポスト近代」を駆り立てていたそれぞれの要因が、いずれもその役目を果たし終えた(あるいは相対的に重要度を失った)時代であるだろう。むろん正確に言えば、近代の駆動因である物象化(注3)も、ポスト近代の駆動因である欲望消費も、いずれも存在している。その意味で、私たちの時代は重層的な原理で動いている。けれどもこれらの要素は、時代を動かすための動因としては、いずれもあまり見込みがない。そのような「失速感」こそが、私たちの時代を規定しているのではないだろうか。

4 とりわけ一九九〇年代中盤以降の現実として、「護送船団方式」(注4)と呼ばれる官主導の社会運営が機能しなくなってきた。社会があまりにも複雑になり、官主導の経済政策は、思ったほどの成果をあげることができなくなってきた。そこで政府は、さまざまな規制緩和(注5)政策を打ち出して、いわゆる「勝ち組」(注6)と呼ばれる新たな富裕層に、経済成長の牽引《けんいん》力を期待するようになった。ときはちょうど、グローバリゼーションが話題となった時代とも重なり、「勝ち組／負け組」という格差が問題化した時期でもあった。

5 ところが自由競争のもとで、日本社会は思わぬ事態に陥った。負け組と呼ばれる低所得層の人びとは、もはやいっしょうけんめいに働いても、「努力が報われない」と感じるようになる。人びとは、「ワンランク上」を目指して努力するよりも、欲求水準そのものをクール・ダウンするようになっていく。「勤勉」に働くことが報われず、「欲望」消費の快楽を期待できないような社会になる。するともはや、富裕層による消費の拡大は、経済全体を牽引することができなくなる。自分よりもワンランク上の「勝ち組」の欲望を模倣(エミュレーション)するためには、一定の所得が必要である。ところがそのような所得が見込めないところでは、人びとはさしあたって、**B**<u>各私化された欲望を抱くようになる</u>。欲望のエネルギーは、「勝ち組の欲望を真似《まね》する」のではなく、「自分がしたいことをする」という水準にまで、収縮してしまう。けれどもいったい「自分がしたいこと」とは、何であろうか。セレブな生活に羨望を抱かず、「自分がしたいこと」をして満足できるためには、まず自分を好きになる必要がある。「自己への愛」でもって満足する必要がある。だが自分とは、何なのか。それが分からなければ、「自分探し」の旅に出なければならない。けれども旅に出るだけの余裕がなければ、人々はさしあたって、ネット上に「自己の快楽」を求める主体へと向かうのではないだろうか。

6 実際、人びとは、ネットを通じた情報消費によって、蛸壺《たこつぼ》化した選好を抱くようになっていった。インターネットやスマートホンなどに、一か月の定額基本通信料を支払ってしまえば、私たちは自身の欲望を、さらなる資本の論理と結びつける必要がない。基本料金を支払ってしまえば、あとは無料でさまざまなコンテンツを楽しむことができる。動画、音楽、ラジオ、ゲーム、等々、私たちは無料の情報を(イ)キョウジュするだけで、人生を楽しむようになってきた。欲望を肥大化させて「勝ち組」のライフ・スタイルを手に入れなくても、自己愛消費によって生活する術《すべ》を学べば、人生を楽しむことができるようになってきた。

7 他方では、近代的な勤勉精神の喪失（ロスト）、および、ポスト近代的な欲望の喪失（ロスト）、というこのC二つの「ロスト」は、それぞれの時代における「対抗運動」の意義も失効させてしまった。「近代」においては、物象化や疎外(注7)に対抗するコミューン(注8)運動が、抵抗のライフ・スタイルを導いてきた。また「ポスト近代」においては、逸脱的な欲望の表現が、抵抗の政治表現を提供してきた。ところが「ロスト近代」になると、こうした抵抗の戦略は、もはや時代に対抗するための(ウ)ショウチョウ的意義を失っていく。これまでのような抵抗の表現は、時代の支配的な駆動因に対抗する機能を発揮できないためである。

8 「ロスト近代」の社会においては、その支配的なモードに抵抗する活動は、時代の本質的な駆動因に迫るものでなければならない。ではそれは、いったい何であろうか。それを見定めるためにも、私たちはこの時代の駆動因を分析しなければならない。

9 そこでまず、「ロスト近代」の背景をなす諸条件について考えてみたい。ロスト近代は、人びとがしだいに、欲望消費のバカバカしさに気づきはじめたところから生まれている。宣伝に踊らされ、欲望をかきたてられ、欲しいと思ったブランド商品を買っても飽き足らない。そんな生活のむなしさ、あるいは欲望の飽き足らなさから逃れたいと感じ始めた人々は、しだいに欲望消費に巻き込まれず、自然で本来的な経験を求めるようになってきた。例えば、中高年層の登山ブーム、若者たちの古着志向、ロハスと呼ばれる自然なライフ・スタイルの探究、ユニクロや無印良品で楽しむシンプル・ライフ、もはや自動車に関心を向けず、ランニング・シューズや自転車を(エ)コウニュウする若年層、フェアトレード(注9)への関心、職場や学校に自前のお弁当を持参する草食系男子の出現、等々。こうした新しい生活の現象を、一つの言葉でくくることは難しい。だがそこには、共通する一つの志向、すなわち、「自然の本来的価値」への志向があるといえないだろうか。

10 私は以前、拙著『自由に生きるとはどのようなことか』のなかで、「創造階級（クリエイティブ・クラス）」と呼ばれる新しい支配階級の台頭について論じたことがある。創造階級とは、情報産業の新たな担い手たちである。彼・彼女らは、自分の欲望を満たすよりも、自分の潜在能力をできるかぎり引き出すことに、関心を示している。創造階級の人びとは、欲望消費には踊らされない。むしろ、クリエイティブな作品や商品を生み出すために、発想の源泉として、豊かな体験をすること、あるいは創造的な環境に身を置くことに、大きな関心を寄せている。創造階級の人びとが求めているのは、創造の源泉である。その源泉を手に入れるために、自然の本来的な価値に触れたり、自然の多産性を身につけたりすることに、関心をもっている。

11 創造階級は、必ずしも高所得をかせぐことに成功した人たちではない。経済的に成功しなくても、クリエイティブに生きることには、十分な意義があるとみなされる。たとえば私たちは、できることなら環境にやさしい生活をしたいと思うことがある。賢く消費して、自然と融和したい。そのようなエコロジーへの関心は、高い給料を(オ)カセぐ生活よりも、むしろ想像力（イマジネーション）を豊かに発揮して、自然と調和するような生活を求めるだろう。エコロジーへの関心は、真に創造的な生活と、さまざまな点で一致する。いずれも、イマジネーションを活用してはじめて実現できるような生活なのである。

12 では、真にエコロジカルな生活とは、どんなものであろうか。それはたんに、リサイクルをしたり、有機野菜を食べたりするというのではなく、もっと自然の神秘に迫るような、脱日常的な経験を必要としているのではないだろうか。自然の神秘をつかみ取るためには、日常生活においては隠されている「自然の多産な真理」に触れなければならない。多産な自然の神秘をつかみとったときに、私たちはエコロジーの担い手として、精神的にも豊かに生活していくことができるのではないか。

13 自然の多産性を、自分の生き方の原理とする。そのような生き方は、創造階級だけでなく、「真の豊かさとは何か」について関心をもつすべての人々に、魅力的な理想を提供している。私たちの社会は、エコロジカルな融和のために、クリエイティブな仕方で環境と向き合うことを、一つの理想としている。D そのような営みへの関心は、資本主義の原理を、新たに動かす駆動因となりうるのではないだろうか。

（橋本努《はしもとつとむ》『ロスト近代——資本主義の新たな駆動因』による）

（注）　1　モード――様式、形式。この文章では時代のありようのこと。

2　欲望消費――筆者の造語。人々が、必要の有無にかかわらずブランド商品や自動車などを次々に求めるように、飽き足らない欲望を満たそうとする消費活動。

3　物象化――人間の能力や人間関係が商品とみなされたり、貨幣で測られたりして物のように扱われる事態。この文章ではさらに、人びとがその扱いに応じて機械のように勤勉に働き、社会に富を蓄積する現象までを含む。

4　護送船団方式――行政が特定の産業を保護し、業界全体の収益力を高める産業政策。

5　規制緩和――行政が行う許認可制度を見直して民間の経済活動を活性化しようとする動き。

6　勝ち組――経済的に新たに二極化した社会的階層の上位層。その下位層が「負け組」とされる。

7　疎外――この文章では、貨幣経済の中で、人間が自分の活動の産物によって支配され、人間らしさを失う状況を指す。物象化と並行して発生する。

8　コミューン運動――共通の思想や文化を持つ人びとの生活共同体が、資本主義社会の問題に対抗するために行う社会的運動。

9　フェアトレード――開発途上国の原料や製品を公正な価格で買い入れる仕組み。

52

問1 傍線部(ア)～(オ)に相当する漢字を含むものを、次の各群の①～⑤のうちから、それぞれ一つずつ選べ。解答番号は 1 ～ 5 。

(ア) フンシュツ 1
① ギフンにかられる
② 国境でフンソウが起きる
③ 消毒液をフンムする
④ コウフンして眠れない
⑤ フンショク決算を指摘する

(イ) キョウジュ 2
① 歯並びをキョウセイする
② 国王にキョウジュンの意を示す
③ キョウイ的な記録を残す
④ キョウラク的な人生を送る
⑤ 敵のキョウイにさらされる

(ウ) ショウチョウ 3
① 助走をつけてチョウヤクする
② 税金をチョウシュウする
③ 時代をチョウエツする
④ チョウカイ処分を受ける
⑤ 美術館でチョウコクを見る

(エ) コウニュウ 4
① 雑誌を定期コウドクする
② 売り上げにコウケンする
③ コウキを粛正する
④ ゲンコウ用紙を配る
⑤ コウカを鋳造する

(オ) カセぐ 5
① 責任をテンカする
② カクウの話をする
③ 機械がカドウする
④ もめごとのカチュウに入る
⑤ 競争がカレツを極める

問2　傍線部A『ポスト近代』とあるが、本文中の「ポスト近代」の説明として最も適当なものを、次の①〜⑤のうちから一つ選べ。解答番号は 6 。

① 停滞した経済システムの中でも勤労精神を失わなかった人びとに突発的に訪れた小規模な好景気が、経済全体を牽引した時代。

② 勤勉に働くことが日本経済のめざましい成長につながると信じた人びとによる勤労所得の著しい増大が、経済全体を牽引した時代。

③ 複雑化した社会に対する国家主導の経済政策が十全に機能しなくなり、代わりに市場に任せる規制緩和政策の効果が、経済全体を牽引した時代。

④ 産業構造の変化と発展に伴い、広告などの情報に操られた人びとによる快楽に満ちた旺盛な消費欲の肥大が、経済全体を牽引した時代。

⑤ 人びとの中産階級意識は薄れつつも、「勝ち組」と呼ばれる一部の富裕層の消費行動を模倣した個人消費が、経済全体を牽引した時代。

問3　傍線部B「各私化された欲望を抱くようになる」とあるが、それはどういうことか。その説明として最も適当なものを、次の①～⑤のうちから一つ選べ。解答番号は 7 。

① グローバリゼーションの急速な拡大から、個人が目前の社会や他者との関わりを放棄して、潜在的な欲望を充足させる情報の消費によって人生を楽しむ術を身につけはじめるようになること。

② 経済成長の停滞の下で、労働による生活の上昇にも消費の欲望にも幻滅を覚え、自分が本来したいことは何かという水準にまで欲望のエネルギーを縮小させ、自己の探究へと向かうようになること。

③ 日本経済の低迷に伴って、自分のできることは何かという先行きへの不安が広がり、競争原理に巻き込まれまいとして自分探しに力を入れ、結局自己中心的な消費にはまり込むようになること。

④ 欲望に流されがちな個人のあり方への反省から、自分の創造的な力を引き出し、日常において隠されていた自然につながる生活を追い求め、多種多様な行動に自由にいそしむようになること。

⑤ 情報技術が高度に進化して個々人がネットに接続できるようになり、現実ではなくメディアが提供する無料コンテンツの中に快楽を求めて、自己の欲望を満たしはじめるようになること。

問4　傍線部C「二つの『ロスト』」とあるが、次に示されているのは、この文章を読んだ五人の生徒が「ロスト」の内容について話し合っている場面である。本文の趣旨に最も近い発言を次の①～⑤のうちから一つ選べ。解答番号は［8］。

① 生徒A――こつこつと真面目に働いても所得が変わらないために、勤勉に働けば自分が幸せになれるということを信じられなくなってきた。それに、自分よりワンランク上の人たちを真似したいという欲望もなくなってきている。そういう人が目立ってきたことがこの文章の「二つの『ロスト』」ってことなんだよね。

② 生徒B――勤勉の方はそのとおりだと思うけど、欲望の方は、物象化に抵抗して人間性を保ちつづけたいという欲望のことなんじゃないかな。そういう欲望が薄れてきていることと、勤勉に働くことを重要だと思わなくなってきたことを併せて「二つの『ロスト』」っていっているんじゃないの。

③ 生徒C――いや、［4］段落で官主導の経済政策が成果をあげられなくなったことに触れているでしょ、だから、政府のために努力しても仕方がないし、昇進して高い地位を得たいとも思わなくなってきた。そういう人が多くなって、経済の低迷がつづいていることを、ここで「二つの『ロスト』」と呼んでいるんじゃないかな。

④ 生徒D――そうかなぁ。むしろ規制緩和政策の中で勤勉な富裕層に経済を牽引することを期待したけど効果が出ないし、人びとの欲望を刺激しても消費が伸びていかない。そういうふうに、政策的にも経済的にも見込みがなくなっていることが「二つの『ロスト』」だと思うよ。

⑤ 生徒E――たしかに、欲望のままに消費するのはバカバカしいし、それに、勤勉に働いても報われない。そんなふうに考える人が多くなっているので、欲望と勤勉さのどっちも経済を成長させる重要な要因でなくなった。そんな状況をここでは「二つの『ロスト』」と表現しているんだと思うな。

問5　傍線部D「そのような営みへの関心は、資本主義の原理を、新たに動かす駆動因となりうるのではないだろうか。」とあるが、どうしてそのように考えられるのか。その理由として最も適当なものを、次の①～⑤のうちから一つ選べ。解答番号は 9 。

① 「ロスト近代」の人びとは、際限のない消費を捨て自然との融和を志向する創造階級として社会で台頭したいという階層意識をもっている。エコロジーに関心を持つそのような大衆の出現は、新たな消費活動を生むとともに生産の拡大をもたらし、この時代の経済を動かしていく要因になるから。

② 「ロスト近代」の人びとは、クリエイティブな仕方で環境と向き合うことを自分の生き方の原理にし、経済的に成功して高所得をかせぐことを拒否して自然と調和した生活環境を求める中で、これまでと異なる新たな消費を生みつつある。その動きがこの時代の経済を動かしていく要因になるから。

③ 「ロスト近代」の人びとは、宣伝に踊らされるのではなく自身の可能性を高めるための本来的な経験を求め、日常の中でイマジネーションを活用して自然と調和することに価値を置く傾向がある。その価値観に基づく新たな消費活動の広がりが、これからの経済を動かしていく要因になるから。

④ 「ロスト近代」の人びとは、真にエコロジカルな生活とはリサイクルをしたり有機野菜を食べたりすることだと考えており、そのような自然との融和によって精神的に豊かな生活を送る機会を増やしつつある。その流行が新たな消費を生み、これからの経済を動かしていく要因になるから。

⑤ 「ロスト近代」の人びとは、情報産業の担い手としてクリエイティブに生きることに意義を見いだす創造階級にあこがれ、自分も同じような生き方をすることを目指している。その強いあこがれは、新たな欲望と消費を生むきっかけとなり、この時代の経済を動かしていく要因になるから。

問6　この文章の構成・展開の説明として**適当でないもの**を、次の①～⑥のうちから二つ選べ。ただし、解答の順序は問わない。解答番号は 10 ・ 11 。

① 第 1 ～ 3 段落の範囲では、この文章の論点について、概要を説明しつつ提示している。
② 第 1 ～ 3 段落の範囲では、この文章の論点と、それに対する文章全体の主張を提示している。
③ 第 5 ～ 8 段落の範囲では、この文章の論点について、具体例の提示や別の角度からの考察により詳述している。
④ 第 5 ～ 8 段落の範囲では、この文章の論点について説明を加えた上で、この文章全体の問題提起を行っている。
⑤ 第 9 ～ 13 段落の範囲では、具体例を考察してこの文章の主張を抽出し、その主張の妥当性について論じている。
⑥ 第 9 ～ 13 段落の範囲では、具体例に言及した上で前著での主張を引用し、この文章の主張と対比して論じている。

第2問 次の文章は、中野孝次《なかのこうじ》「鳥屋《とや》の日々」（一九七七年発表）の一節で、昭和初期の千葉県市川市が舞台である。義務教育終了間近の小学校六年生のクラスは、進学をめぐって険悪な雰囲気が生まれていた。成績優秀だった「ぼく」は進学を希望していたが、父に話せずにいたところ、担任の林田先生が家を訪ねてきた。以下はその後の場面である。これを読んで、後の問い（問1〜6）に答えよ。なお、設問の都合で本文の上に行数を付してある。（配点 50）

やがておそるおそる路地から家をのぞくと、林田先生の姿はもうなくて、母が何やら気落ちしたふうで後片付けをしていた。妹や弟たちも戻ってきていた。母はぼくを見ても何も言わなかった。父は長火鉢の前で帳付けしていた。「もう帰ったの。」「ああ、いまお帰りになったよ」と、母の答《こたえ》も上の空だ。それから父が咳《せき》ばらいして立ち上《あが》って近付いた。ぼくが何か言われるなと身構えていると、父はだまって縁側から草履に足をおろし、履いて歩きだしながら、「中学（注1）なんか、やるわけにいかねえぞ」と、ぼくの顔も見ずに言いわたした。

わが家では、親子の対話どころか、親と子が面と向《むか》って何かを話しあうという習慣さえなかった。言葉であれこれと検討したり言いあうことを面倒がる職人気質《かたぎ》からか、ともかく一番大事な決定は、出て行きがしらに短く一方的に宣告されるだけだった。ただしこの一度言われたことは絶対的で、間違っていても何でも変更されることがなかったが。母なぞはだから父に言われるとどんなに不満であっても黙って服従した。ぼくはそれを知っていたが、このときは、今をはずしたらだめだと必死の思いで、「なぜだよ、なぜだめなんだよ」と叫んだ。叫ぶというその行為だけで、父の背中に浴びせた声はもう半分涙声になっていた。

父は一瞬立ち止《どま》ったが、向《むこ》うをむいたまま、「だめだったらだめだ」と断定的に言い放って、そのまま仕事場にいってしまった。

「先生もね」と母がとりなし顔に言った。「おまえを中学にやるようにって、言いに来てくれたんだけどね。」

「じゃ、なぜウンって言ってくれなかったんだよ。やだ、ぼくだけ中学にいけないなんて、やだっ。」

「父ちゃんはね、職人の子に教育なんかいらないって言うんだよ。それで先生と言いあいみたいになっちゃって、先生にも悪いことしちゃったけど、なまじ学問があると生意気になっていけねえって、それ一本槍《やり》で。父ちゃんはあのとおり一刻者で、言いだしたらきかないんだから。」

「やだっ、じゃ貧乏人の子は一生貧乏でいろっていうのか、うそだ、そんなことはうそだっ。」

「無理言うんじゃないよ。上の兄ちゃんだって一番だったのに、高等科(注2)でおえてるんだからね。おまえだけ中学にやったら兄ちゃんが可哀相《かわいそう》じゃないか。それくらいの理窟はおまえだってわかるだろ。」

「中学にいけないんなら死んだほうがました。」

「じゃ勝手におし。これだけ言ってもわかんないんなら、母ちゃんだって知らないよ。よそへいくなりなんなり、どこへでもいって自分で好きにやるがいい。」

母にまでこう(ア)すげなく見離されては、どこといって頼るところのあるわけがない。妹や弟が脅《おび》えたふうに見守る前で、最初の一粒がはつれ落ちると、涙はあとからあとからきりもなく溢《あふ》れ出た。ぼくは蹌踉《そうろう》(注3)と家をはなれ、どこにいっても知った顔があるので、また江戸川の土手まで来ていた。よく晴れた日だった。斜面にしゃがみこんで、なにが「分相応」だ、なにが「高のぞみ」だと、父と母の言葉を思いうかべて二人を呪った。こんなつらい目にあうくらいならいっそ生《うま》れてこなければよかった、なんでこんな家に生れて来たんだろう。土手の枯草《かれくさ》にしゃがみこんで、そんなことを思いながら(イ)うちひしがれた目をみひらいていると、前をオワイ船(注4)の列を従えたポンポン蒸気がまたゆっくりゆっくり河《かわ》を下ってゆく。江戸川はいつもと少しも変りなく、下から下から水を盛りあげながら、不透明な灰緑色に流れている。向う岸のひろい葦《あし》の原は風がくるたびに大きくうねりながらうごいていた。それはぼくが生れて以来見つづけてきたあきあきするほどなれ親しんだ景色だった。だが今は、自分の腹の底にすぽっと穴でもあいたような具合で、力が抜けて、Aその親しい眺めと自分との関係さえ断ち切れてしまったような気がする。須藤や級長の大木やの顔も思い出され、かれらと自分のあいだにいまはっきりとどうしようもない線が引かれてしまったのをぼくは感じていた。

B ぼくは本当は父が好きだったんだと思う。(注5)五つの子が三キロも離れた仕事場まで一人で歩いていったなんて、その子の放浪癖や家嫌いを考慮に入れても、父への愛着ぬきには考えられない。父は傲慢で無教養で暴力的だったが、十歳のぼくは、その父と田舎へ行くのが嬉《うれ》しかった。彼が人間関係におけるある種の無器用さから、口数乏しくただ生身の自分をそこにつっ立たしておく、おれが何者かはおれの仕事を見て言ってくれというように、傲然とつっ立っているのを見るのが、ぼくは好きだった。そういう父を持ったことが自慢だった。しかし彼が家長である家に生きるということは、彼が好きか嫌いかということとまったく別の問題だった。まっとうに立派な仕事だけしていれば、あとはすべて昔からの仕来りどおりに運んでいけばいいんだと父は頑《かたく》なに信じて疑わぬ人だった。新興住宅地のさまざまな新しい問題をかかえた家族にたいし、父の生れた在所のやり方でおし通そうというのは、ほとんど無謀なまでに向う見ずなことだった。子供の教育一つとってみても、彼の考えは一生涯昔の明治農村の常識をこえることができなかった。兄は、気の弱い従順な孝行息子だったから、それですんだが、ぼくが自分を生かそうと自己主張したとき、それは初めて本格的な父と子の闘争にならずにすまなかった。しかもそれ以後一生涯双方の関係を不幸な歪《ゆが》んだものにしてしまったほどの。

それまで楽天的な、おっちょこちょいのはしゃぎやだった少年が、教室でも急に陰鬱な生徒に変った。須藤はぼくが父に進学を断られた話をすると、「へええ、わからずやの親父《おやじ》さんだな、ぼくが頼んでやろうか」と言ったが、呑気《のんき》坊主の須藤も事態の深刻さがわかってくると、この世には進学したくても出来ない子のあることがのみこめたらしい。「がっかりするなよ、きみはできるんだもの、なんとかなるさ」と、へんな慰め方をした。だが、彼がぼくの絶望の深刻さを知ったのは、このときでなく、やがてある暴力事件が自分の身に起《おこ》ったときだったに違いない。それは長いあいだ、記憶の底にあいた暗い穴として、思いだすたびにいても立ってもいられないような気持《きもち》にさせた出来事なのだが。というのは、ぼくがほかならぬその須藤をいきなり殴りつけたのだ。

冬に近いある日の午後、掃除当番をおえてもう進学組とともに居残らずに外に出てくると、校庭の真中《まんなか》に立つプラタナスの巨木のそばに須藤が一人で立っているのが目に入った。御真影奉安所（注6）に背をむけて、色白のひろい額をまっすぐ鉄棒にむけて、なにか緊張した面持ちで砂場に立っていた。彼一人きりだった。須藤はクラスでただ一人大車輪をやってのける生徒だったから、いま進学組として掃除の終《おわ》るのを待つあいだその練習をしていたらしいことが、すぐわかった。須藤は呑気坊主だが、あることに熱中すると、端正な面長の顔にきりっとした気配が流れて、そういうときの彼は実にいい顔をしていた。いまも彼はそういう表情をみせて、人気のない雨天体操場の暗くしずまったガラス戸の前に立っている。そういう彼を見ているうち、突然なにか狂暴な、わけのわからぬものがうちに衝《つ》きあげてきて、ぼくは(ウ)やみくもに須藤めがけてつっかかっていった。突進していった全身の力で須藤をつき倒し、のしかかり、殴りつけた。自分でもどうしてそんなことをしたのかわからずに、ただ、いま自分はなにか非常に卑怯《ひきょう》な、浅ましいことをしているのだと自覚しながら、泣きながら須藤を殴りつづけた。彼は何が起ったのかわからず手をあげて防戦一方だったが、相手がほかならぬぼくだと知ると、一瞬ぎょっとしたような顔になって、それから「こいつ」と叫び、ふだんおとなしい彼に似ぬはげしさで反撃してきた。そこには裏切られた少年の本当の怒りがあった。ぼくはたちまち逆に組み伏せられ、砂まみれになって殴ったり殴られたりしつづけた。須藤はしかしひとしきり殴りつづけると、急にやめ、立ちあがって、なんともいえぬ表情をしてこっちを見て、むこうへ歩いていった。ぼくは泣きじゃくりながら起きあがり、砂まみれの顔を袖でぬぐいぬぐい、彼と反対の裏門のほうへのろのろ歩きだした。自分のしたことがどんなに理不尽なひどい行為かは自分でもよくわかっていた。それだけに、なおかつそんなことをせずにいられなかった自分がみじめで、やりきれなかった。二人は絵でも作文でも小説好きの点でも、いつも同じことをしてきた。分身といってもいい仲間だった。C須藤を殴るのはまるで自分を殴るのと同じことだったのだ。それだけに、ああこれで何も彼《か》も終りだと思い、ぼくはいっそう暗い気持に沈んだ。

昭和十一年秋、父は須和田に初めて自分の家を建てることができた。木下家が屋敷を建てた当時は農家と地元の酒屋・雑貨屋・自転車屋ぐらいしかなかった、田舎いなかしていた辺《あたり》が、数年のあいだに急に新興住宅地に変りかけていた。新しい家は裏に一面の麦畑をひかえ、明るく、せいせいしていて、国府台街道下の西日のすぐかげる暗い長屋から来た目をたのしませた。麦の穂の出るころには、風に乗って麦のにおいが家の中まで漂ってきた。近所の人の顔ぶれも職業も変った。ほとんどが朝ごとに子供を抱いた妻に見送られて駅へ急ぐサラリーマン家庭で、ここでは細君たちはたがいに「奥さん」と呼びあっていた。根本の家のころは「おかみさん」と呼ばれていた母までが急に「奥さん」に変り、髪の手入れをしたり、身なりに気をつけだして、白いエプロン姿に変ったのが、くすぐったいようだった。

父は四十代なかばで、生涯の一番いい時期にさしかかっていた。新しい家の仕事場には切れ目なしに新材が積み上げられ、いつも数人の職人が通いで働いていた。引越《ひっこ》した翌年七月に蘆溝橋《ろこうきょう》事件が起った。職人たちは連日新聞が伝える皇軍(注7)の進撃ぶりを茶のみ話にして、かれらの威勢のいい無責任な話までがうちの景気の伴奏をしているようだった。父は機嫌がよかった。軍需景気という言葉が当時あったかどうか、ともかく戦争にともなうサラリーマン層の増大が、彼をながいあいだの貧困から救いだす結果になったのは間違いない。近くに次から次へ貸家が新築され、それは建つそばからすぐふさがっていった。裏の麦畑も一年後には新しい住宅群に蚕食されていった。

ぼくは元の小学校の高等科に通いだしていた。校長室に向いあった二階の北側の教室に集められた男女生徒四十人ばかりは、商家や職人や農家の子弟がほとんどで、仕方なしにここへ来ているという諦めと一種の人懐っこさが共通していた。教室で一番熱心に教えられるのはソロバンで、来る日も来る日も「ゴハサンデネガイマシテハ」の声だけが真剣にくりかえされた。一年後には、ぼくをふくめて、クラスの大半が珠算の二級試験に合格したのだから、かなり程度の高い実業教育だったと言っていい。そこへ、毎朝職人がくるころ弁当を入れたカバンを肩にさげて、真間川を渡り、吹きっさらしの田圃《たんぼ》道を越え、真間の黒板塀と松林の三業地(注8)をぬけて通った。夕方うす暗くなって帰るころは、打水《うちみず》した料亭の門先に塩が三つまみ盛りあげられていて、抜きえもん(注9)して襟首を白く浮き立たせた芸者が黒いお座敷着のつまを持ちあげて入ってゆく姿が見られた。学校への行き帰りにもぼくは表通りを避け、裏通りを選んで通っていた。ああ、おれは一番したいことをしないでいる、という思いがいつもあった。意識の底にたえずしこりのようにそんな思いがあって、将来自分が何をしたいのかはわからないけれども、四つ玉ソロバンに夢中で指を走らせているあいだもこれは自分が本当にしたいことじゃないと感じながら、先生がしまいには声をからして読みあげる数字を指で追っていた。きみたちが世の中に出るには、ソロバンをしっかり身につけなければだめだ、と越川先生はいつも言っていた。こわい顔をした長身の先生は、須和田の家の奥のほうに最近越してきた人で、先生が中学にいけなかった生徒たちに社会有用の技術を身につけさせようとしている熱意は、無気力な生徒全員の心にしみた。ソロバンを中心にしてクラスには肌をよせあう敗残兵のような空気があり、**D**ぼくは生ぬるい湯につかるようにその空気になじんでいった。

（注）1　中学——当時の学校制度で小学校の義務教育を終えた男子が進学する学校。上級学校への進学を主目的とするエリート養成機関という側面があった。

2　高等科——当時の学校制度で小学校の上に設置され、義務教育終了後に引き続き初等教育を施した学校のこと。その進学者は、将来の進路が中学進学者と大きく異なった。

3　蹌踉と——よろめくように。ふらふらとしながら。

4　オワイ船の列を従えたポンポン蒸気——オワイ船は糞《ふん》尿などを積んで運ぶ船。ポンポン蒸気は、ぽんぽんとエンジン音をたてて走る小さな船。

5　五つの子が三キロも離れた仕事場まで一人で歩いていった——「ぼく」の幼少期の記憶として、父の仕事場（73行目に出てくる木下家の建築現場）に一人で歩いて行ったことが、本文より前の場面に記されている。

6　御真影奉安所——天皇・皇后の写真（御真影）を安置してある場所。当時、ほぼすべての学校に存在した。

7　皇軍——当時の日本の軍隊を指す呼称の一つ。

8　三業地——かつて、料理屋などの営業が許可された場所。

9　抜きえもん——和服の着方の一つ。胸元の合わせ目（衣紋《えもん》）を押し上げて後ろ襟を引き下げ、首筋がのぞくようにしたもの。

問1　傍線部(ア)〜(ウ)の本文中における意味として最も適当なものを、次の各群の①〜⑤のうちから、それぞれ一つずつ選べ。解答番号は 12 〜 14 。

(ア)　すげなく 12
① 冷淡に
② なすすべなく
③ 一方的に
④ 思いがけなく
⑤ 嫌味っぽく

(イ)　うちひしがれた 13
① 不満が収まらず恨むような
② 疲れ切ってしょぼくれた
③ 気が動転してうろたえた
④ 気力を失ってうつろな
⑤ しょげ返って涙にうるんだ

(ウ)　やみくもに 14
① 不意をついて
② 敵意をあらわに
③ やむにやまれず
④ 前後の見境なく
⑤ 目標を見据えて

問2　傍線部Ａ「その親しい眺めと自分との関係さえ断ち切れてしまったような気がする」とあるが、それはどういうことか。その説明として最も適当なものを、次の①～⑤のうちから一つ選べ。解答番号は 15 。

① 中学校への進学が許されず、父ばかりではなく母にも理解を得られなかったことによって、深くなじんだ当たり前の世界とのつながりまでが失われてしまったように感じているということ。

② 中学校への進学が許されず、死を意識するほど悲しんでいるのに、自分に寄り添ってくれると思っていた風景までもがいつもと変わらないでいることにうらめしさを感じているということ。

③ 中学校への進学が許されず、誰かの力を借りることも望めなくなったために、いつも元気づけてくれていた景色までがもはや自分を見離してしまっているかのように感じているということ。

④ 中学校への進学が許されず、親にも理解されない自分の生い立ちのみじめさを悲観しているため、生まれた時からそこにある光景への慕わしさそのものまで疎ましく感じているということ。

⑤ 中学校への進学が許されず、自分の希望を受け入れてもらえない境遇に絶望したことにより、自分を取り巻いてきた環境への親近感や甘えの気持ちまで捨て去ろうと感じているということ。

問3　傍線部B「ぼくは本当は父が好きだったんだと思う。」とあるが、この一文にあらわれた「ぼく」の心情はどのようなものか。その説明として最も適当なものを、次の①～⑤のうちから一つ選べ。解答番号は 16 。

① 暴力的で融通が利かない父に対し不満な気持ちを抱いてきた。しかし、その背後に打ち消しきれない好意があったことにも気づいており、ようやくその感情に素直になることができている。

② ひそかに自慢に思っていた職人気質の父と本当は理解し合いたいと思ってきた。しかし、自分の希望に耳を貸さなかったことが忘れられず、今でも父への愛情を手放しに認められずにいる。

③ 先生の話も聞かず自分の進学を認めなかった父をいまだに許容できずにいた。しかし、少年時より職人としての父へのあこがれもあり、今もなお捨てきれない親愛の情をもてあましている。

④ 自分の希望を理解しようともしない父に強い反発心を抱いてきた。しかし、その底には職人気質の父を誇りに思う心情が潜んでおり、そのことをためらいながらもあらためて確認している。

⑤ 進学についての意見の相違によって父との対立は修復できないものになったと感じてきた。しかし、無邪気に愛情を示していた頃を思い出し、もう和解すべきだと自分に言い聞かせている。

問4　傍線部C「須藤を殴るのはまるで自分を殴るのと同じことだったのだ。」とあるが、それはどういうことか。その説明として最も適当なものを、次の①～⑤のうちから一つ選べ。解答番号は 17 。

① のびのびと鉄棒の練習をしていた須藤の姿は、快活だった過去の自分を思い出させるものだった。須藤を殴る行為は、暗い性格に変わった自分が今後沈んだ気持ちのまま生きていくことを決定的にしてしまう行為だったということ。

② 真剣な様子で鉄棒の練習をしていた須藤の姿は、自分と重なる存在だった彼との距離を強く意識させるものだった。須藤を殴る行為は、大切な二人の関係を修復できなくすることで、自分を孤独に追い込む行為だったということ。

③ 一人きりで鉄棒の練習をしていた須藤の姿は、自分がなりたかった存在を痛切に感じさせるものだった。須藤を殴る行為は、理想に到達できなくなったという絶望感がひきおこした、自分自身を激しく否定する行為だったということ。

④ 目立つ場所で鉄棒の練習をしていた須藤の姿は、苦労なく進学できる呑気さのあらわれに思えるものだった。須藤を殴る行為は、彼への反発とともに、状況を変えられないいら立ちから出た自分を傷つける行為でもあったということ。

⑤ 掃除もせずに鉄棒の練習をしていた須藤の姿は、「ぼく」の心情を考慮しない、自分への裏切りといえる無神経なものだった。須藤を殴る行為は、彼を心から信頼していた自分自身への怒りのあらわれとしての行為だったということ。

問5 傍線部**D**「ぼくは生ぬるい湯につかるようにその空気になじんでいった」とあるが、それはどういうことか。その説明として最も適当なものを、次の①～⑤のうちから一つ選べ。解答番号は 18 。

① くりかえされるソロバンの授業は、世に出るための質の高い実業教育だということを生徒も感じ始めていた。かつては中学への進学に対して強い情熱を持っていた「ぼく」も、二級試験に合格するくらいソロバンに習熟し、そこに将来の可能性を漠然とながら感じ始めていったということ。

② 中学に行けなかったという傷を抱えた生徒たちは、抜け殻のようになれ合いの生活を送っていた。かつては中学への進学に対して強い情熱を持っていた「ぼく」も、現実社会と向き合えずに、自分は将来何になれるかなどを中途半端な気持ちのまま空想することが増えていったということ。

③ 熱意あるソロバンの授業は、進学を諦めた生徒が希望を喪失することをかろうじて防ぎ、なぐさめ合うような連帯感を生んでいた。かつては中学への進学に対して強い情熱を持っていた「ぼく」も、進学を断念したときの思いが薄れ、充実感に乏しい現状となれ合うようになっていったということ。

④ 進学の道が閉ざされてむなしく過ごす生徒たちは、社会で活躍する将来を思い描けない中途半端な生活を送っていた。かつては中学への進学に対して強い情熱を持っていた「ぼく」は、志望を変更して高等科に通っているという羞恥心から、人目を避けるような生活が日常になっていったということ。

⑤ 質の高いソロバンの授業に影響されて、中学に行けなかった生徒たちは希望を見出し始めていた。かつては中学への進学に対して強い情熱を持っていた「ぼく」も、軍需景気で活気づく社会に鼓舞されるように、実業教育を中心にした毎日の生活に居心地の良さを覚え始めていったということ。

問6　この文章の表現に関する説明として**適当でないもの**を、次の①〜⑥のうちから二つ選べ。ただし、解答の順序は問わない。解答番号は 19 ・ 20 。

① 2行目「妹や弟たちも戻ってきていた。母はぼくを見ても何も言わなかった。父は長火鉢の前で帳付けしていた。」は、短い文の連続によって「ぼく」の意識が妹弟、母、父へと移っていることを示し、その場の状況をうかがう「ぼく」の様子を伝えている。

② 37行目から72行目までは、具体的な会話や風景描写の少ない説明的な文章が続いた後、須藤に対する暴力事件のことが具体的な描写や心情の記述を伴って詳しく描かれる。このような記述は、事件が「ぼく」にとって特別な出来事であったことを示している。

③ 46行目「しかもそれ以後一生涯双方の関係を不幸な歪《ゆが》んだものにしてしまったほどの。」は、文を途中で中止して後を省略することによって、父との関係を振り返る「ぼく」の思いを、余韻を残しながら印象づけている。

④ 48行目「それまで楽天的な、おっちょこちょいのはしゃぎやだった少年が、教室でも急に陰鬱な生徒に変った。」は、自らのことを「少年」「生徒」という言葉で示すことによって当時の自分を対象化し、陰鬱となった理由を分析しようとしている表現である。

⑤ 84行目「裏の麦畑も一年後には新しい住宅群に蚕食されていった。」では、住宅建設で近所の自然が徐々に破壊されていくことへの「ぼく」の危機感が、蚕が桑の葉を端から少しずつむしばんでいく視覚イメージによってたとえられている。

⑥ 88行目でカタカナ書きされた「ゴハサンデネガイマシテハ」は、「ぼく」がこの声を、その意味を意識するよりも単なる音の連続として捉えていることを示しており、日々くりかえされる授業の単調さを印象づける効果を持っている。

第3問 次の文章は『鳥部山物語《とりべやま》』の一節である。主人公の民部《みんぶ》は上京中、弁君《べんのきみ》という美しい若者と想い合う仲になるが、東国に戻り離ればなれとなる。都に残された弁君は恋しさのあまり、病に臥《ふ》せってしまう。本文は、民部が弁君の育て役であるめのとの訪問を受け、弁君の危篤を知らされる場面から始まる。これを読んで、後の問い（**問1～6**）に答えよ。（配点 50）

民部に対面《たいめ》して、「かうかうのこと侍《はべ》るをば、いかにあはれとはおぼえ給《たま》はずや」と言ふより、まづ涙にむせびければ、聞く心地ものもおぼえず。しばらくありて聞こゆるやう、「さればよ。（注1）さること侍りしを、よろづ世の中のつつましさに(ア)しるく言ひ出《い》づることのかなはでうち過ぐし、そこにさへ知らせ侍らざりしを、今かうたづね来たり **a** 給ふことの面《おもて》伏《ぶ》せさよ。我も都を出でしより片時忘れ **b** 参らすることは侍らねど、誰も心に任せぬ渡らひにて、いたづらに今日までは過ぐしつ。切《せち》なる思ひのよし、聞くもいとたへがたく侍り。いかにもしてあひ見侍らむ」とて、やがて立ち出でて、昔なやめるころ、いとまめやかになぐさめける（注2）同朋《どうぼう》のもとに行きてたばかるやう、「年ごろ心づくしに思ひ置きつるゆかりの者、このほど都近きところまで上《のぼ》り侍るが、はからざるに病にをかされて世の中も頼み少なになりゆくままに、そと聞こえあはすべきことのあれば命のあらむほど今一度《ひとたび》と、とみに告げこし **c** 侍り。あはれ、そこのはからひにて三十日《みそか》あまりのいとま賜りて、ただ一目見もし、見えばや」と嘆くを、いかで難かるべきとて、やがて和尚へ聞こえ奉りければ、ことわりなればとて **A** 御いとま賜りぬ。

二人の者いとうれしき事に思ひて、時しも（注3）秋風の涙もよほすおとづれに、虫も数々鳴きそへて、草の袂《たもと》も露深く、月押し分くる武蔵野を、まだ（注4）東雲《しののめ》に思ひ立ちぬ。やうやう行けば、富士の高嶺《たかね》に降る雪も、積もる思ひに寄《よ》そへられつつ、

X 消えがたき富士のみ雪にたぐへてもなほ長かれと思ふ命ぞ

など、胸よりあまることども口ずさみつつもてゆくほどに、（注5）清見関《きよみがせき》の磯枕、涙かたしく袖の上は、とけてもさすが寝られぬを、（注6）海士《あま》の磯屋に旅寝して波のよるひるといへるも、我が身の上に思ひ知られて、大方ならぬ悲しさ、また何にかは似るべき。

Y なかなかに心づくしに先立ちて我さへ波のあはで消えなむ

わりなさのあまりなるべし。

日もやうやう重なるままに土山《つちやま》（注7）といふ駅《むまや》に着きぬ。明くる空は都へと心ざし、よろこびあへる中にも(イ)いとど心やましきに、都よりとて文持て来たり。あはやいかにと胸うち騒ぎて、とく開き見れば、

なやめる人、日にそひ弱りゆきて、昨日の暮れかかるほどになむ絶え入り侍りぬる。

とあるを、見るに目くれ心まどひて、これやいかにと夢のわたりの浮き橋をたどる心地なむしける。民部、涙のひまなきにも、「今一度の頼みにこそはるばるたどり来しに、一日二日《ひとひふたひ》を待たで消えにし露のはかなさよ。かからむとてのあらましにや、同じ（注8）限りのとは嘆き給ひにけむ。されば、我ゆゑむなしくなりし人を、今はの際にさへ一目見d給はぬ、そこの心の内推しはかるもうたておぼゆ。むつき（注9）の中より見そなはし給ふ人なれば、(ウ)いかばかりかあへなしと思ひ給はむ。我もこれまで立ち越えし上は、いそぎ都へ上りて、頼りなく嘆き給はむ父母の御心をもなぐさめ、また亡き人の後のわざをもいとなみ侍らばや」と聞こえければ、「ありがたき御心にこそ。かくまでものし給ふ上はB何の恨みか侍らむ。ただ亡き人の命のもろさこそ、とにもかくにもせむ方なけれ」とて、また泣き沈みける気色、いとわりなしともわりなし。民部もたえだえ鼻うちかみて、「後れ先立つはかなさは大方の世のさがなれど、かかるためしこそ聞きもならはね」とうち嘆きつつ、明くる日の暮れかかるほどに都になむ着きぬる。

（注）
1　さること――自分と弁君とが深い仲にあったこと。
2　同朋――仲間。民部と「同朋」はともに「和尚」に仕える身である。
3　秋風の涙もよほすおとづれに――「秋風や涙もよほすつまならむおとづれしより袖のかはかぬ」（『千載和歌集』）を踏まえる。
4　東雲――夜明け方を表す表現。
5　清見関の磯枕――「清見関」は静岡県静岡市興津《おきつ》にあった関所。「磯枕」は海辺に旅寝することをいう。
6　海士の磯屋に旅寝して波のよるひる――「藻塩《もしほ》焼くあまの苫屋《とまや》に旅寝して波のよるひる人ぞ恋しき」（『堀河百首』）を踏まえる。
7　土山――滋賀県甲賀《こうか》市の地名。
8　同じ限りの――弁君は別れの際、「同じ限りの命ならずは」と、死んでも離れたくない思いを民部に訴え、「命」に言及していた。
9　むつきの中より――幼いころから。

問1　傍線部(ア)～(ウ)の解釈として最も適当なものを、次の各群の①～⑤のうちから、それぞれ一つずつ選べ。解答番号は 21 ～ 23 。

(ア)　しるく言ひ出づることのかなはで 21

①　大胆に告白することを我慢して
②　はっきり言い出すことができないで
③　すすんで口に出すことがはばかられて
④　懸命にお願いしたかいもなく
⑤　うまく言葉で伝えるのが難しくて

(イ)　いとど心やましきに 22

①　とても気がゆるんでいるところに
②　ますます気が高ぶっているところに
③　たいそう心もとないところに
④　いっそう気をもんでいるところに
⑤　たいへん後ろめたいところに

(ウ)　いかばかりかあへなしと思ひ給はむ 23

①　どんなにかあっけないとお思いでしょう
②　どんなに気落ちしているかと拝察いたします
③　どんなにつまらないとお思いになるでしょう
④　本当にどうしようもないとお思いでしょうか
⑤　どれくらい無念にお思いなのでしょうか

問2　波線部a～dの敬語について、それぞれの敬意の対象は誰か。その組合せとして正しいものを、次の①～⑤のうちから一つ選べ。解答番号は 24 。

① a 民部　b めのと　c ゆかりの者　d 弁君
② a 民部　b めのと　c 同朋　d 民部
③ a めのと　b 民部　c ゆかりの者　d めのと
④ a めのと　b 弁君　c 同朋　d 弁君
⑤ a めのと　b 弁君　c 同朋　d めのと

問3　傍線部A「御いとま賜りぬ」とあるが、民部はどのようにして「いとま」を得たのか。その説明として最も適当なものを、次の①～⑤のうちから一つ選べ。解答番号は 25 。

① 以前なやんでいた同朋の相談に乗った、その見返りとして、同朋にひと月の休みを譲ってくれと民部は交渉した。
② 同朋と和尚に、都に残してきた愛する人が危篤に陥ったことを告げ、死ぬ前にもう一度会いたいと民部は懇願した。
③ 病気の知人に会いたいと同朋に嘆いてみせ、和尚をあざむくために協力してもらえないかと民部は依頼した。
④ 知人が旅の途中で思いがけず病気になったので、都を一目見るための手助けをしたいと、民部は同朋に訴えた。
⑤ 病気で命も危うい知人が、死ぬ前にもう一度自分に会いたがっていると、民部は同朋を通して和尚に伝えた。

問4　和歌X・Yについての説明として最も適当なものを、次の①～⑤のうちから一つ選べ。解答番号は 26 。

① Xでは、富士の雪の消えがたさに託して、弁君の延命を願う気持ちが表現されている。Yでは、中途半端に弁君の身を心配するくらいなら自分が身代わりに死んでしまいたい、という願いが波にたとえて表現されている。

② Xでは、富士の雪になぞらえつつ、弁君の命が消えないでほしいと願う気持ちが表現されている。Yでは、弁君の身を心配するあまり再会前に自分の命が消えてしまいそうだ、という思いが波に託して表現されている。

③ Xでは、消えることのない富士の雪の深さになぞらえて、弁君の身を思う心情が表現されている。Yでは、弁君の身を案ずる苦しさに堪えかね、再会をはたす前にいっそ死んだ方がましだ、という思いが波に託して表現されている。

④ Xでは、雪の残る清らかな富士の地に弁君を連れてきて、ゆっくり養生させたいと思う気持ちが表現されている。Yでは、弁君の容態を心配し続ける気苦労を消し去ってほしい、という願いが波の泡にたとえて表現されている。

⑤ Xでは、弁君の長命を願う思いの深さが、富士に積もった雪になぞらえて表現されている。Yでは、それがかなわぬ願いならば再会のあかつきにはいっそ二人で死んでしまいたい、という思いが波にたとえて表現されている。

問5　傍線部B「何の恨みか侍らむ」とあるが、めのとはなぜそのように考えるのか。その理由として最も適当なものを、次の①～⑤のうちから一つ選べ。解答番号は 27 。

① 弁君の死に接し、民部は悔恨の念に堪えられず、嘆く両親のために養子となって弁君の後を継ぐことを承諾する。そのことに育て役として気の晴れる思いがしたから。

② 民部は自らの悲しみに堪えてめのとを気遣い、その上、急ぎ上京して、弁君の葬儀のとりしきりや傷心の両親を慰めることを申し出る。そのことに誠意を感じたから。

③ 民部は自分のせいで弁君が亡くなったと泣いて悔いる一方で、幼いころから世話してきためのとより、自分の方が弁君への愛情が深かったとほのめかす。そのことを哀れに感じたから。

④ 東国での民部は弁君への想いを断ち切ったはずだったが、都への道中では、弁君への想いやその身を案ずる気持ちが次第に強まっていく。その態度に民部の真情を見た思いがしたから。

⑤ 民部は弁君を亡くして深く悲しんでいるようにふるまうものの、和歌の名所をめぐるために同朋とともに和尚をだますなど、罪の意識が希薄である。その態度に不快感を覚えたから。

問6　この文章の内容・表現の説明として**適当でないもの**を、次の①～⑤のうちから一つ選べ。解答番号は 28 。

① 民部は、はるばる東国まで訪ねてきためのとから、弁君の病状やその切実な思いを知らされる。弁君との関係を伝えていなかったためのとに面目なさを感じつつ、弁君との再会をはたすべく、すぐに上京できるよう画策する。

② 民部とめのとが都を目指す場面の一部は、五音・七音を基調としたリズムある文章でつづられている。これによって、文章の調子に変化が与えられ、秋の風情と民部たちの哀感がより印象的に描き出されている。

③ 「富士の高嶺に降る雪」から「積もる思ひ」が導かれ、「波のよるひる」には「寄る干る」と「夜昼」が掛けられ、夜も昼も弁君の身を案ずる気持ちが表される。民部とめのとの道中は、その景物が二人の心境に重なる表現で描かれている。

④ 民部は、都から届いた悲報を受け、弁君がのこした別れ際の言葉を思い出す。「同じ限りの命」という言葉を受けとめ、自らも後を追うことで、夢の浮き橋を渡って弁君のもとにたどり着きたいと思い始める。

⑤ 弁君がはかなく逝ってしまい、明日にも対面できると思っていためのとは涙に沈み、人との別れは運命だと頭ではわかっていてもなかなか受け入れがたいと民部も嘆く。二人は悲嘆の思いを抱きつつ、ようやく都に到着する。

第4問　次の文章は、「生日」（誕生日）について述べたものである。これを読んで、後の問い（問1〜6）に答えよ。なお、設問の都合で返り点・送り仮名を省いたところがある。（配点　50）

生日之礼、(ア)古人所無。『顔氏家訓』(注1)曰、「江南(注2)風俗、児生一期(注3)、為制新衣、盥《くわん》(注4)浴《よく》装飾。男則用弓矢紙筆、女則刀尺鍼《しん》(注5)縷、並加飲食之物、及珍宝服玩(注6)、置之児前。観其発意所取、以験《ためす》貪廉智《ち》愚《ぐ》。A名之為試児(注7)。親表聚《しゅう》集《しふ》、因成宴会。自《より》茲《これ》以後、二親若在、毎至此日、常有飲食之事。無教之徒(注8)、雖已孤露(注9)、其日皆為供頓(注10)、B酣《かん》暢《ちやう》(注11)声楽、不知有所感傷。梁《りやう》孝元(注12)年少之時、毎八月六日、載誕(注13)之辰、嘗《つねニ》設斎講(注14)。自阮《げん》(注15)脩《しう》容《よう》薨《みまかリテ》後、C此事亦《また》絶。」是此礼起於斉《せい》梁《りやう》之間。

逮《およビ》唐宋以後、D自天子至於庶人、無不崇(注16)飾此日、開筵《えん》(注17)召

客ヲ、賦シレ詩ヲ(イ)称レ寿。E 而ルニ於《おイテ》二昔人ノ反《かへリ》レ本《もとニ》楽シムレ生ヲ之意一ニ、去ルコトレ之ヲ遠シ矣。

(顧炎武《こえんぶ》『日知録《にっちろく》』による)

(注)
1 『顔氏家訓』――中国南北朝時代の顔之推《がんしすい》が著した書物。
2 江南――長江下流の地域を指す。中国南北朝時代には、本文中に出てくる斉や梁などの王朝が支配した。
3 一期――一年。
4 盥浴装飾――体を洗ってやり着飾らせる。
5 刀尺鍼縷――ハサミ、物差し、針、糸。裁縫に使う道具。
6 服玩――装飾品やおもちゃ。
7 親表聚集――親戚が集まる。
8 無教之徒――教養のない連中。
9 孤露――親を亡くしてしまう。
10 為二供頓一――酒を出して客をもてなす。
11 酣暢声楽――酒を飲んでくつろぎ、歌や楽器の演奏に興じる。
12 梁孝元――梁の第四代皇帝である孝元帝。
13 載誕之辰――誕生日。
14 斎講――僧侶を招いて仏法を説いてもらう行事。そこには多くの聴衆が集まり、にぎやかな場となった。
15 阮脩容薨――孝元帝の生母・阮脩容が亡くなる。
16 崇飾――立派に飾り立てる。
17 開筵――宴席を設ける。

問1　波線部(ア)「礼」・(イ)「称レ寿」のここでの意味として最も適当なものを、次の各群の①～⑤のうちから、それぞれ一つずつ選べ。解答番号は 29 ・ 30 。

(ア)「礼」 29
① 両親に対する感謝
② お祝いの儀式
③ 成長を喜ぶ贈り物
④ 子供への説教
⑤ 盛大な宴席

(イ)「称レ寿」 30
① 寿の字を使い詩を作る
② 結婚の喜びをうたう
③ 年齢を言い当てる
④ 久しい交友関係を願う
⑤ 長生きをお祝いする

問2　傍線部A「名ㇾ之為㆓試児㆒」とあるが、「試児」という名称になったのはなぜか。その理由として最も適当なものを、次の①～⑤のうちから一つ選べ。解答番号は 31 。

① 様々な物を子供の前に並べ、それらをどう扱うかによって、親が彼らの成長の度合いを測るから。

② 様々な物を子供の前に並べ、興味を示す物を予想して、親が自分の子供を理解しているか確かめるから。

③ 様々な物を子供の前に並べ、何を手にするかに応じて、親が彼らの持つ素質や志向を調べるから。

④ 様々な物を子供の前に並べ、つかもうとする物に合わせて、親が自分の教育方針を決めるから。

⑤ 様々な物を子供の前に並べ、どれに喜びを表すかを見て、親が彼らに合った誕生日の贈り物を選ぶから。

問3　傍線部B「不知有所感傷」について、(i)書き下し文・(ii)その解釈として最も適当なものを、次の各群の①～⑤のうちから、それぞれ一つずつ選べ。解答番号は 32 ・ 33 。

(i) 書き下し文 32

① 感ずる所有るを知らざるは傷なり
② 知らざるに感じて傷《いた》む所有り
③ 所有るを知らずして感じ傷まん
④ 知らずして感ずる所の傷有り
⑤ 感じて傷む所有るを知らず

(ii) 解釈 33

① 亡き親は、子供が悲しみに浸るべき場面を心得ていないことに傷付くだろう。
② 気が付かないうちに、亡き親への思いに伴う心の傷が生じてしまうのだ。
③ 亡き親への思いからくる悲しみに浸ることなど、考えもしない。
④ 子供の本心が理解してもらえないことに、悲しみの感情が湧いてきてしまう。
⑤ 亡き親への思いというものを理解できないのは、嘆かわしいことだ。

問4　傍線部C「此事亦絶」とあるが、これはどういうことか。その説明として最も適当なものを、次の①〜⑤のうちから一つ選べ。解答番号は 34 。

① 梁の孝元帝は、母親が亡くなってしまってからも誕生日に斎講を行わないことだけは拒んだということ。
② 梁の孝元帝は、母親が亡くなってしまってからは誕生日以外にも斎講を催さなくなったということ。
③ 梁の孝元帝は、母親が亡くなってしまってからは誕生日の斎講で宴会を開かなくなったということ。
④ 梁の孝元帝は、母親が亡くなってしまってからは誕生日に斎講を催す習慣をやめたということ。
⑤ 梁の孝元帝は、母親が亡くなってしまってからも誕生日の斎講では悲しまなかったということ。

問5　傍線部**D**「自二天子一至二於庶人一」という表現に関する説明として最も適当なものを、次の①～⑤のうちから一つ選べ。解答番号は **35** 。

① 天子(皇帝)を起点とし庶人(庶民)を終点とすることで、上位者と下位者を提示し、両者の間にある身分差をはっきりさせている。

② 天子と庶人を並列させることで、両者の関係が密接であることを表現し、理想的な政治が行われていることを示唆している。

③ 天子を起点とし庶人を終点とすることで、身分階層の上下の範囲を指定し、その間に位置するあらゆる人々を指している。

④ 天子と庶人を並列させることで、先に『顔氏家訓』の文章では、両者に関する習慣が紹介されていたことを確認している。

⑤ 天子を起点とし庶人を終点とすることで、梁の天子による斎講の習慣が、唐宋の時代になると庶人にまで及んだことを表している。

問6　傍線部E「而於⼆昔人⼀反⼂本楽⼂生之意⼀去⼂之遠矣」とあるが、ここでの筆者の主張として最も適当なものを、次の①～⑤のうちから一つ選べ。解答番号は 36 。

① 唐や宋より後の時代になると、人々は誕生日を盛んに祝い、宴会を開き楽しむばかりとなった。これでは、自分を生んだ両親に思いをはせ、そのおかげで生きていられることに感謝するという、昔の人が考えた誕生日の意義からはかけ離れてしまっている。

② 唐や宋より後の時代になると、庶民は子供の好みを最優先に、誕生日の贈り物を選ぶようになった。昔の親は、子供が将来楽をできるよう、誕生日には子供の成長に見合った物を贈ったが、今の親は甘やかすばかりで、子供は親の期待から大きく外れて成長してしまっている。

③ 唐や宋より後の時代になると、誕生日は友人ばかりで集まることが習慣となった。昔の人は、誕生日には決まって両親の家に帰って二人が健在であることを喜び、彼らの健康を願ったというが、今の人は両親の家からすっかり足が遠のいてしまっている。

④ 唐や宋より後の時代になると、庶民までもが誕生日に両親のための大規模な斎講を催し始めた。斎講とは、元来は皇帝が母親を供養すると同時に自らの誕生日を祝うという、特別な階級だけに許された行事であったのに、彼らの特権がどんどん失われてしまっている。

⑤ 唐や宋より後の時代になると、詩人たちは誕生日に詩を作って遊ぶことに夢中で、勉強を怠るようになった。昔の親は、学問に励んでほしいと願って誕生日には男児に紙や筆を贈ったが、後の世の詩人たちはその意図をまったく理解できなくなってしまっている。

2017
本試験

国　語

（2017年１月実施）

80分　200点

国語

（解答番号 1 ～ 36 ）

第1問　次の文章は、二〇〇二年に刊行された科学論の一節である。これを読んで、後の問い（問1～6）に答えよ。なお、設問の都合で本文の段落に[1]～[13]の番号を付してある。また、表記を一部改めている。（配点　50）

[1] 現代社会は科学技術に依存した社会である。近代科学の成立期とされる十六世紀、十七世紀においては、そもそも「科学」という名称で認知されるような知的活動は存在せず、伝統的な自然哲学の一環としての、一部の好事家による楽しみの側面が強かった。しかし、十九世紀になると、科学研究は「科学者」という職業的専門家によって各種高等教育機関で営まれる知識生産へと変容し始める。既存の知識の改訂と拡大のみを生業とする集団を社会に組み込むことになったのである。さらに二十世紀になり、国民国家の競争の時代になると、科学は技術的な威力と結びつくことによって、この競争の重要な戦力としての力を発揮し始める。二度にわたる世界大戦が科学－技術の社会における位置づけを決定的にしていったのである。

[2] 第二次世界大戦以後、科学技術という営みの存在は膨張を続ける。プライス(注1)によれば、科学技術という営みは十七世紀以来、十五年で(ア)バイゾウするという速度で膨張してきており、二十世紀後半の科学技術の存在はGNP(注2)の二パーセント強の投資を要求するまでになってきているのである。現代の科学技術は、かつてのような思弁的、宇宙論的伝統に基づく自然哲学的性格を失い、**A**先進国の社会体制を維持する重要な装置となってきている。

[3] 十九世紀から二十世紀前半にかけては科学という営みの規模は小さく、にもかかわらず技術と結びつき始めた科学－技術は社会の諸問題を解決する能力を持っていた。「もっと科学を」というスローガンが説得力を持ち得た所以《ゆえん》である。しかし二十世紀後半の科学－技術は両面価値的存在になり始める。現代の科学－技術では、自然の仕組みを解明し、宇宙を説明するという営みの比重が下がり、実験室の中に天然では生じない条件を作り出し、そのもとでさまざまな人工物を作り出すなど、自然に介入し、操作する能力の開発に重点が移動している。その結果、永らく人類を脅かし苦しめてきた病や災害といった自然の脅威を制御できるようになってきたが、同時に、科学－技術の作り出した人工物が人類にさまざまな災いをもたらし始めてもいるのである。科学－技術が恐るべき速度で生み出す新知識が、われわれの日々の生活に商品や製品として放出されてくる。い

わゆる「環境ホルモン」(注3)や地球環境問題、先端医療、情報技術などがその例である。**B** こうして「もっと科学を」というスローガンの説得力は低下し始め、「科学が問題ではないか」という新たな意識が社会に生まれ始めているのである。

4 しかし、科学者は依然として「もっと科学を」という発想になじんでおり、このような「科学が問題ではないか」という問いかけを、科学に対する無知や誤解から生まれた情緒的反発とみなしがちである。ここからは、素人の一般市民への科学教育の充実や、科学啓蒙《けいもう》プログラムの展開という発想しか生まれないのである。

5 このような状況に一石を投じたのが科学社会学者のコリンズとピンチ(注4)の『ゴレム』である。ゴレムとはユダヤの神話に登場する怪物である。人間が水と土から創り出した怪物で、魔術的力を備え、日々その力を増加させつつ成長する。人間の命令に従い、人間の代わりに仕事をし、外敵から守ってくれる。しかしこの怪物は不器用で危険な存在でもあり、適切に制御しなければ主人を破壊する威力を持っている。コリンズとピンチは、現代では、科学が、全面的に善なる存在か全面的に悪なる存在かのどちらかのイメージに引き裂かれているという。そして、このような分裂したイメージを生んだ理由は、科学が実在と直結した無謬《むびゅう》の知識という神のイメージで捉えられてきており、科学が自らを実態以上に美化することによって過大な約束をし、それが必ずしも実現しないことが幻滅を生み出したからだという。つまり、全面的に善なる存在というイメージが科学者から振りまかれ、他方、チェルノブイリ事故(注5)や狂牛病(注6)に象徴されるような事件によって科学への幻滅が生じ、一転して全面的に悪なる存在というイメージに変わったというのである。

6 コリンズとピンチの処方箋は、科学者が振りまいた当初の「実在と直結した無謬の知識という神のイメージ」を科学の実態に即した「不確実で失敗しがちな向こう見ずでへまをする巨人のイメージ」、つまり **C** ゴレムのイメージに取りかえることを主張したのである。そして、科学史から七つの具体的な実験をめぐる論争を取り上げ、近年の科学社会学研究に基づくケーススタディーを提示し、科学上の論争の終結がおよそ科学哲学者が想定するような論理的、方法論的決着ではなく、さまざまなヨウ(イ)インが絡んで生じていることを明らかにしたのである。

7 彼らが扱ったケーススタディーの一例を挙げよう。一九六九年にウェーバー(注7)が、十二年の歳月をかけて開発した実験装置を用いて、重力波（注8）の測定に成功したと発表した。これをきっかけに、追試をする研究者があらわれ、重力波の存在をめぐって論争となったのである。この論争において、実験はどのような役割を果たしていたかという点が興味深い。追試実験から、ウェーバーの結果を否定するようなデータを手に入れた科学者は、それを発表するかいなかという選択の際に(ウ)ヤッカイな問題を抱え込むのである。否定的な結果を発表することは、ウェーバーの実験が誤りであり、このような大きな値の重力波は存在しないという主張をすることになる。しかし、実は批判者の追試実験の方に不備があり、本当はウェーバーの検出した重力波が存在するということが明らかになれば、この追試実験の結果によって彼は自らの実験能力の低さを公表することになる。

8　学生実験の場合には、実験をする前におおよそどのような結果になるかがわかっており、それと食い違えば実験の失敗が(エ)センコクされる。しかし現実の科学では必ずしもそうはことが進まない。重力波の場合、どのような結果になれば実験は成功といえるかがわからないのである。重力波が検出されれば、実験は成功なのか、それとも重力波が検出されなければ、実験は成功なのか。しかしまさに争点は、重力波が存在するかどうかであり、そのための実験なのである。何が実験の成功といえる結果なのかを、前もって知ることはできない。重力波が存在するかどうかを知るために、「優れた検出装置を作らなければならない。しかし、その装置を使って適切な結果を手に入れなければ、装置が優れたものであったかどうかはわからない。しかし、優れた装置がなければ、何が適切な結果かということはわからない……」。コリンズとピンチはこのような循環を「実験家の悪循環」と呼んでいる。

9　重力波の論争に関しては、このような悪循環が生じ、その存在を完全に否定する実験的研究は不可能であるにもかかわらず（存在、非存在の可能性がある）、結局、有力科学者の否定的発言をきっかけにして、科学者の意見が雪崩を打って否定論に傾き、それ以後、重力波（注9）の存在は明確に否定されたのであった。つまり、論理的には重力波の存在もしくは非存在を実験によって決着をつけられていなかったが、科学者共同体の判断は、非存在の方向で収束したということである。

10　コリンズとピンチは、このようなケーススタディーをもとに、「もっと科学を」路線を批判するのである。民主主義国家の一般市民は確かに、原子力発電所の建設をめぐって、あるいは遺伝子組み換え食品の是非についてなどさまざまな問題に対して意思表明をし、決定を下さねばならない。そしてそのためには、一般市民に科学に「ついての」知識ではなく、科学知識そのものを身につけさせるようにすべきだ、と主張される。しかしこのような論争を伴う問題の場合には、どちらの側にも科学者や技術者といった専門家がついているではないか。そしてこの種の論争が、専門家の間でさえ、ケーススタディーが明らかにしたように、よりよい実験やさらなる知識、理論の発展あるいはより明晰《めいせき》な思考などによっては必ずしも短期間に解決できないのであり、それを一般市民に期待するなどというのはばかげていると主張するのである。彼らはいう。一般市民に科学をもっと伝えるべきであるという点では、異論はないが、伝えるべきことは、科学の内容ではなく、専門家と政治家やメディア、そしてわれわれとの関係についてなのだ、と。

11 科学を「実在と直結した無謬の知識という神のイメージ」から「ゴレムのイメージ」(=「ほんとうの」姿)でとらえなおそうという主張は、科学を一枚岩とみなす発想を掘り崩す効果をもっている。そもそも、高エネルギー物理学、ヒトゲノム計画、古生物学、工業化学などといった一見して明らかに異なる領域をひとしなみに「科学」となぜ呼べるのであろうか、という問いかけをわれわれは真剣に考慮する時期にきている。

12 **D**にもかかわらず、この議論の仕方には問題がある。コリンズとピンチは、一般市民の科学観が「実在と直結した無謬の知識という神のイメージ」であり、それを「ゴレム」に取り替えよ、それが科学の「ほんとうの」姿であり、これを認識すれば、科学至上主義の裏返しの反科学主義という病理は(オ)イやされるという。しかし、「ゴレム」という科学イメージはなにも科学社会学者が初めて発見したものではない。歴史的にはポピュラーなイメージといってもよいであろう。メアリー・シェリーが『フランケンシュタインあるいは現代のプロメテウス』を出版したのは一八一八年のことなのである。その後も、スティーブンソンの『ジキル博士とハイド氏』、H・G・ウェルズの『モロー博士の島』さらにはオルダス・ハクスリーの『すばらしき新世界』など、科学を怪物にたとえ、その暴走を危惧するような小説は多数書かれており、ある程度人口に膾炙《かいしゃ》していたといえるからである。

13 結局のところ、コリンズとピンチは科学者の一枚岩という「神話」を掘り崩すのに成功はしたが、その作業のために、「一枚岩の」一般市民という描像を前提にしてしまっている。一般市民は一枚岩的に「科学は一枚岩」だと信じている、と彼らは認定しているのである。言いかえれば、科学者はもちろんのこと、一般市民も科学の「ほんとうの」姿を知らないという前提である。では誰が知っているのか。科学社会学者という答えにならざるを得ない。科学を正当に語る資格があるのは誰か、という問いに対して、コリンズとピンチは「科学社会学者である」と答える構造の議論をしてしまっているのである。

（小《こ》林《ばやし》傳《ただ》司《し》「科学コミュニケーション」による）

（注）
1 プライス――デレク・プライス（一九二二～一九八三）。物理学者・科学史家。
2 ＧＮＰ――国民総生産（Gross National Product）。ＧＮＩ（国民総所得　Gross National Income）に同じ。
3 環境ホルモン――環境中の化学物質で、生体内でホルモンのように作用して内分泌系をかく乱するとされるものの通称。その作用については未解明の部分が多い。
4 コリンズとピンチ――ハリー・コリンズ（一九四三～　）とトレヴァー・ピンチ（一九五二～　）のこと。『ゴレム』は、一九九三年に刊行された共著である。
5 チェルノブイリ事故――一九八六年四月二十六日、旧ソ連にあったチェルノブイリ原子力発電所の四号炉で起きた溶解、爆発事故のこと。
6 狂牛病――ＢＳＥ（Bovine Spongiform Encephalopathy　ウシ海綿状脳症）。牛の病気。脳がスポンジ状になって起立不能に陥り、二週間から半年で死に至る。病原体に感染した家畜の肉や骨から製造された人工飼料（肉骨粉）によって発症・感染した可能性が指摘されている。一九八六年、イギリスで最初の感染牛が確認された。
7 ウェーバー――ジョセフ・ウェーバー（一九一九～二〇〇〇）。物理学者。
8 重力波――時空のゆがみが波となって光速で伝わる現象。一九一六年にアインシュタインがその存在を予言していた。
9 重力波の存在は明確に否定された――ウェーバーによる検出の事実は証明されなかったが、二〇一六年、アメリカの研究チームが直接検出に成功したと発表した。

問1 傍線部(ア)〜(オ)に相当する漢字を含むものを、次の各群の①〜⑤のうちから、それぞれ一つずつ選べ。解答番号は 1 〜 5 。

(ア) バイゾウ 1
① 細菌バイヨウの実験
② 印刷バイタイ
③ 裁判におけるバイシン制
④ 事故のバイショウ問題
⑤ 旧にバイしたご愛顧

(イ) ヨウイン 2
① 観客をドウインする
② ゴウインな勧誘に困惑する
③ コンイン関係を結ぶ
④ インボウに巻き込まれる
⑤ 不注意にキインした事故を防ぐ

(ウ) ヤッカイ 3
① ごリヤクがある
② ツウヤクの資格を取得する
③ ヤクドシを乗り切る
④ ヤッキになって反対する
⑤ ヤッコウがある野草を探す

(エ) センコク 4
① 上級裁判所へのジョウコク
② コクメイな描写
③ コクビャクのつけにくい議論
④ コクソウ地帯
⑤ 筆跡がコクジした署名

(オ) イやされる 5
① 物資をクウユする
② ヒユを頻用する
③ ユエツの心地を味わう
④ ユチャクを断ち切る
⑤ キョウユとして着任する

問2　傍線部A「先進国の社会体制を維持する重要な装置となってきている」とあるが、それはどういうことか。その説明として最も適当なものを、次の①～⑤のうちから一つ選べ。解答番号は 6 。

① 現代の科学は、伝統的な自然哲学の一環としての知的な楽しみという性格を失い、先進国としての威信を保ち対外的に国力を顕示する手段となることで、国家の莫大《ばくだい》な経済的投資を要求する主要な分野へと変化しているということ。

② 現代の科学は、自然の仕組みを解明して宇宙を説明するという本来の目的から離れて、人々の暮らしを自然災害や疾病から守り、生活に必要な製品を生み出すことで、国家に奉仕し続ける任務を担うものへと変化しているということ。

③ 現代の科学は、「科学者」という職業的専門家による小規模な知識生産ではなくなり、為政者の厳重な管理下に置かれる国家的な事業へと拡大することで、先進国間の競争の時代を継続させる戦略の柱へと変化しているということ。

④ 現代の科学は、「もっと科学を」というスローガンが説得力を持っていた頃の地位を離れ、世界大戦の勝敗を決する戦力を生み出す技術となったことで、経済大国が国力を向上させるために重視する存在へと変化しているということ。

⑤ 現代の科学は、人間の知的活動という側面を薄れさせ、自然に介入しそれを操作する技術により実利的成果をもたらすことで、国家間の競争の中で先進国の体系的な仕組みを持続的に支える不可欠な要素へと変化しているということ。

問3　傍線部B「こうして『もっと科学を』というスローガンの説得力は低下し始め、『科学が問題ではないか』という新たな意識が社会に生まれ始めているのである。」とあるが、それはどういうことか。その説明として最も適当なものを、次の①～⑤のうちから一つ選べ。解答番号は 7 。

① 二十世紀前半までの科学は、自然の仕組みを知的に解明するとともに自然の脅威と向き合う手段を提供したが、現代における技術と結びついた科学は、自然に介入しそれを操作する能力の開発があまりにも急激で予測不可能となり、その前途に対する明白な警戒感が生じつつあるということ。

② 二十世紀前半までの科学は、自然哲学的な営みから発展して社会の諸問題を解決する能力を獲得したが、現代における技術と結びついた科学は、研究成果を新商品や新製品として社会へ一方的に放出する営利的な傾向が強まり、その傾向に対する顕著な失望感が示されつつあるということ。

③ 二十世紀前半までの科学は、日常の延長上で自然の仕組みを解明することによって社会における必要度を高めたが、現代における技術と結びついた科学は、実験室の中で天然では生じない条件の下に人工物を作り出すようになり、その方法に対する端的な違和感が高まりつつあるということ。

④ 二十世紀前半までの科学は、その理論を応用する技術と強く結びついて日常生活に役立つものを数多く作り出したが、現代における技術と結びついた科学は、その作り出した人工物が各種の予想外の災いをもたらすこともあり、その成果に対する全的な信頼感が揺らぎつつあるということ。

⑤ 二十世紀前半までの科学は、一般市民へ多くの実際的な成果を示すことによって次の段階へと貪欲に進展したが、現代における技術と結びついた科学は、その新知識が市民の日常的な生活感覚から次第に乖離《かいり》するようになり、その現状に対する漠然とした不安感が広がりつつあるということ。

問4　傍線部C「ゴレムのイメージに取りかえることを主張したのである」とあるが、それはどういうことか。その説明として最も適当なものを、次の①～⑤のうちから一つ選べ。解答番号は 8 。

① 全面的に善なる存在という科学に対する認識を、超人的な力を増加させつつ成長するがやがて人間に従属させることが困難になる怪物ゴレムのイメージで捉えなおすことで、現実の科学は人間の能力の限界を超えて発展し続け将来は人類を窮地に陥れる脅威となり得る存在であると主張したということ。

② 全面的に善なる存在という科学に対する認識を、水と土から産み出された有益な人造物であるが不器用な面を持ちあわせている怪物ゴレムのイメージで捉えなおすことで、現実の科学は自然に介入し操作できる能力を獲得しながらもその成果を応用することが容易でない存在であると主張したということ。

③ 全面的に善なる存在という科学に対する認識を、魔術的力とともに日々成長して人間の役に立つが欠陥が多く危険な面も備える怪物ゴレムのイメージで捉えなおすことで、現実の科学は新知識の探求を通じて人類に寄与する一方で制御困難な問題も引き起こす存在であると主張したということ。

④ 全面的に善なる存在という科学に対する認識を、人間の手で創り出されて万能であるが時に人間に危害を加えて失望させる面を持つ怪物ゴレムのイメージで捉えなおすことで、現実の科学は神聖なものとして美化されるだけでなく時には幻滅の対象にもなり得る存在であると主張したということ。

⑤ 全面的に善なる存在という科学に対する認識を、主人である人間を守りもするがその人間を破壊する威力も持つ怪物ゴレムのイメージで捉えなおすことで、現実の科学は適切な制御なしにはチェルノブイリ事故や狂牛病に象徴される事件を招き人類に災いをもたらす存在であると主張したということ。

問5 傍線部**D**「にもかかわらず、この議論の仕方には問題がある。」とあるが、それはなぜか。その理由として最も適当なものを、次の①～⑤のうちから一つ選べ。解答番号は 9 。

① コリンズとピンチは、「ゴレム」という科学イメージを利用することによって、初めて科学の「ほんとうの」姿を提示し科学至上主義も反科学主義も共に否定できたとするが、それ以前の多くの小説家も同様のイメージを描き出すことで、一枚の岩のように堅固な一般市民の科学観をたびたび問題にしてきたという事実を、彼らは見落としているから。

② コリンズとピンチは、さまざまな問題に対して一般市民自らが決定を下せるように、市民に科学をもっと伝えるべきだと主張してきたが、原子力発電所建設の是非など、実際の問題の多くは「科学者」という職業的専門家の間でも簡単に解決できないものであり、単に科学に関する知識を伝えるだけでは、市民が適切に決定を下すには十分でないから。

③ コリンズとピンチは、科学を裂け目のない一枚の岩のように堅固なものと見なしてきたそれまでの科学者を批判し、古生物学、工業化学などといった異なる領域を一括《ひとくく》りに「科学」と呼ぶ態度を疑問視しているが、多くの市民の生活感覚からすれば科学はあくまでも科学であって、実際には専門家の示す科学的知見に疑問を差しはさむ余地などないから。

④ コリンズとピンチは、歴史的にポピュラーな「ゴレム」という科学イメージを使って科学は無謬の知識だという発想を批判したが、科学者と政治家やメディア、そして一般市民との関係について人々に伝えるべきだという二人の主張も、一般市民は科学の「ほんとうの」姿を知らない存在だと決めつける点において、科学者と似た見方であるから。

⑤ コリンズとピンチは、これまでの科学者が振りまいた一枚の岩のように堅固な科学イメージを突き崩すのに成功したが、彼らのような科学社会学者は、科学に「ついての」知識の重要性を強調するばかりで、科学知識そのものを十分に身につけていないため、科学を正当に語る立場に基づいて一般市民を啓蒙していくことなどできないから。

問6　この文章の表現と構成・展開について、次の(i)・(ii)の問いに答えよ。

(i)　この文章の第1～8段落の表現に関する説明として**適当でないもの**を、次の①～④のうちから一つ選べ。解答番号は［10］。

①　第1段落の「『科学者』という職業的専門家」という表現は、「科学者」が二十世紀より前の時代では一般的な概念ではなかったということを、かぎ括弧をつけ、「という」を用いて言いかえることによって示している。

②　第5段落の「このような状況に一石を投じた」という表現は、コリンズとピンチの共著『ゴレム』の主張が当時の状況に問題を投げかけ、反響を呼んだものとして筆者が位置づけているということを、慣用句によって示している。

③　第6段落の「コリンズとピンチの処方箋」という表現は、筆者が当時の状況を病理と捉えたうえで、二人の主張が極端な対症療法であると見なされていたということを、医療に関わる用語を用いたたとえによって示している。

④　第8段落の「優れた検出装置を～。しかし～わからない。しかし～わからない……」という表現は、思考が循環してしまっているということを、逆接の言葉の繰り返しと末尾の記号によって示している。

(ii) この文章の構成・展開に関する説明として**適当でないもの**を、次の①～④のうちから一つ選べ。解答番号は 11 。

① 第1～3段落では十六世紀から二十世紀にかけての科学に関する諸状況を時系列的に述べ、第4段落ではその諸状況が科学者の高慢な認識を招いたと結論づけてここまでを総括している。

② 第5～6段落ではコリンズとピンチの共著『ゴレム』の趣旨と主張をこの文章の論点として提示し、第7～9段落で彼らの取り上げたケーススタディーの一例を紹介している。

③ 第10段落ではコリンズとピンチの説明を追いながら彼らの主張を確認し、第11段落では現代の科学における多様な領域の存在を踏まえつつ、彼らの主張の意義を確認している。

④ 第12段落ではコリンズとピンチの議論の仕方に問題のあることを指摘した後に具体的な事例を述べ、第13段落ではコリンズとピンチの主張の実質を確認して、筆者の見解を述べている。

第2問

次の文章は、野上弥生子《のがみやえこ》の小説「秋の一日」（一九一二年発表）の一節である。一昨年の秋、夫が旅行の土産にあけびの蔓《つる》で編んだ手提げ籠を買ってきた。直子は病床からそれを眺め、快復したらその中に好きな物を入れてピクニックに出掛けることを楽しみにしていた。本文はその続きの部分である。これを読んで、後の問い（問1～6）に答えよ。なお、設問の都合で本文の上に行数を付してある。また、表記を一部改めている。（配点　50）

「此《この》秋になったら坊やも少しはあんよして行けるだろ、小《ちい》さい靴を穿《は》かして一緒に連れて行こう。」

とこんな事を楽しんだ。けれどもその秋も籠は一度も用いらるる事なく戸棚に吊《つ》られてあった。直子は秋になると屹度《きっと》何かしら病気をするのであった。その癖一年のうちに秋は彼女の最も好きな季節で、その自然の風物は一枚の木の葉でも一粒の露でも、涙の出るような涼《すずし》い感銘を催させる場合が多いけれども、彼女は大抵それを病床から眺めねばならぬのである。ところが今年の秋は如何《どう》したせいか大変健《すこや》かで、虫歯一つ痛まずぴんぴんして暮らした。直子は明け暮れ軽快な心持ちで、もう赤ん坊を脱して一《い》ッぱしいたずら小僧の資格を備えて来た子供を相手に遊び暮らしながら、毎年よそに見はずした秋の遊び場のそこ此処《ここ》を思いやったが、そうなると又特別に行き度《た》いと思う処《ところ》もなかった。

その内文部省(注1)の絵の展覧会が始まって、世の中は一しきりその取沙汰《とりざた》で賑《にぎ》やかであった。直子の家では主人が絵ずきなので早々見に行って来て、気に入った四五枚の絵の調子や構図の模様などをあらまし話してくれた。二三の知った画家の出した絵の様子なども聞いた。直子は去年も一昨年も見なかったので、今年は早く行って見ようと思った。けれども長い間の望みの如《ごと》く、彼《あ》のあけび細工の籠に好きな食べものを入れてぶらぶら遊びながらと云《い》う事を思いついたのは、其《その》前日の全く偶然な出来心であった。直子は夕方の明るく暮れ行く西の空に、明日の晴れやかな秋日和を想像して左様《そう》しようと思った。

「それが可《よ》い。展覧会は込むだろうから朝早くに出掛けて、すんだら上野から何処《どこ》か静かな田舎に行く事にしよう。」

とそう思うと、A誠に物珍《めずら》しい楽しい事が急に湧いたような気がして、直子は遠足を待つ小学生のような心で明日を待った。

あけの日は何時《いつ》もより早目に起きて、海苔《のり》を巻いたり焼き結飯《むすび》を拵《つく》ったり女中(注2)を相手に忙しく立ち働いた。支度が出来ていよいよ籠に詰め終《おわ》った時には、直子はただ訳もなく嬉《うれ》しく満足であった。菓子も入れた。無くてはならぬものと思った柿も、きざ(注3)柿の見事なのを四つ五つ入れた。提げて見ると随分重かった。

「それをみんな食べて来る気かい。」

と云って家の人々は笑った。

上野の山は可《か》なり久しぶりであった。直子は新《あた》らしい帽子、新らしい前掛けに可愛《かわい》らしく装われた子供の手を引いて、人気の稀《ま》れな朝の公園の並木道を竹の台の方へ歩いて行った。小路《こみち》に這入《はい》ると落葉《おちば》が多かった。灰色、茶色、鈍《に》びた朱色、種々な木の葉の稍《やや》焦げた芝の縁や古い木の根方などに乾《から》びつつ集まっているのが、歩みの下にさくさくと鳴るのも秋の公園の路《みち》らしかった。其処《そこ》此処の立ち木も大抵葉少なあらわな姿になって、園内は遠くの向《むこ》うまで明るく広々と見渡された。その葉のない淋《さび》しい木の枝に大きな鴉《からす》が来て、ぽっつりと黒く留まってるのが、町中の屋根の端なぞにたまたま見るものなどよりもずっと大きく、ずっと黒く、異様な鳥のように直子の目に映った。その鴉が枝からかァかァかァと鳴いて立つと、子供も

「かァかァかァ。」

と云って口真似《まね》をした。女中もその度に子供と一緒にかァかァかァと真似をした。両大師前の路を古びた寺の土塀に添うて左に廻《まわ》ると、急に賑やかな楽器の音が聞《きこ》えて並木一つ越した音楽堂の前に大勢の人だかりが見えた。何処か小学校の運動会と見えて赤い旗などをくも手に引き廻した中に、沢山な子供の群れがいた。近づいて見ると本郷区何々と染めぬいた大きい赤旗が立って、長方形に取り囲まれた見物人の人垣の中に今小さい一群れの子供が遊戯を始めているところであった。赤旗の下にある一張りの白いテントの内からは、ピアノ音がはずみ立って響いた。くたびれて女中に負《おぶ》さった子供は、初めて見る此珍らしい踊りの群れを、(ア)呆《あ》っけに取られた顔をして熱心に眺めた。直子も何年ぶりかでこんな光景を見たので、子供に劣らぬもの珍らしい心を以《もっ》て立ち留まって眺めていたが、五分許《ばか》りも見ている間に、ふと訳もない涙が上瞼《うわまぶた》の内から熱くにじみ出して来た。訳も

ない涙。直子はこの涙が久しく癖になった。何に出る涙か知らぬ。何に感じたと気のつく前に、ただ流れ出る涙であった。なんでもない朝夕の立ち居の間にも不図《ふと》この涙におそわれる事があった。子供に乳房を与えながら、その清らかなまじめな瞳を見詰めている内に溢《あふ》るる涙のとどめられなくなる時もあった。可愛いと云うのか、悲しいと云うのか、美しいからか、清らかな故にか、なんにも知らぬ。今目の前に踊る小さい子供の群れ、秋晴《あきばれ》の空の真下に、透明な黄色い光線の中をただ小鳥のように魚のように、手を動かしたり足をあげたりしている、ただその有様《ありさま》が胸に沁《し》むのである。直子はそんな心持《こころもち》から女中の肩を乗り出して眺め入ってる自分の子供を顧みると、我知らず微笑《ほほえ》まれたが、**B**この微笑の底にはいつでも涙に変《かわ》る或物《あるもの》が沢山隠れているような気がした。

此涙の後に浮《うか》ぶ、いつもの甘い悲しみを引いた安らかな心は、落ち着いて絵を見て歩《あ》りくのに丁度《ちょうど》適した心持ちであった。こう云うと一っぱし見る目のついた人のようだけれども、直子は本統《ほんとう》は画《え》の事などは何にも知らぬのである。ただ好きと云う事以外には、家で画の話を聞く機会が多いと云う事以外には、画の具の名さえ委《くわ》しくは知らぬ素人である。(注4)陳列替えになった三越《みつこし》を見に行くのと余り大した違いのない見物人の一人である。家を出る時、子供連れで初めから一枚一枚丁寧に見て行っては大変だから、余り疲れぬ内に西洋画の方に行けと云いつかっていたから、直子は其言葉に従って最初の日本画の右左に美しい彩色の中を通りぬけて奥の西洋画の室《へや》に急いで行こうとした。其間にも非常に画の好きな此二つの自分の子供が、朝夕家の人々から書いて貰《もら》う、鳩《はと》の画、犬の画、猫の画、汽車の画などの粗い鉛筆画に引き代えて、こうした赤や青や黄や紫やいろいろな画の具を塗った美しい大きな画を、どんな顔をして眺めるだろうか、と云う事に注目する事は怠らなかった。子供は女中の背中からさもさも真面目な顔つきをして左右の絵の壁を眺め廻した。そしてたまたま自分の知った動物とか鳥とか花とかの形を見出した時には、非常に満足な笑い方をしたが、彫刻の並んだ明るい広い室に這入った時に、女の裸体像を見つけては、

「おっぱい、おっぱい。」

とさも懐《なつか》しそうに指《ゆびさ》しをするのには直子も女中も一緒に笑い出した。まだ朝なのでこうした戯れも誰の邪魔にもならぬ位《くら》い入場者のかげは乏しかったのである。どの室もひっそりとして寂しく、高い磨《す》りガラスの天井、白い柱、棕梠《しゅろ》の樹《き》の暗緑色の葉、こ

う云うものの間に漂う真珠色の柔らかい燻《いぶ》したような光線の中に、絵画も彫刻も、暫時うるさい「品定め」から免れた悦《よろこ》びを歌いながら、安らかに休息してるかのように見えた。「瓦焼き」の前に来た時、直子は此画に対して聞かされた、当て気のない清らかな感情の溢れている、円満な真率な矢張り作者の顔の窺《のぞ》いてる画、と云う様な批評の声を再び思い起《おこ》して見た。而《しか》して彼の碧《あお》い海から、二つの瓦釜(注5)から、左側の草屋根から、其前に働く男から、路ばたの子供から、花畑の紅《あか》い花、白い花から、これらすべての上に漲《みなぎ》る明るい暖かそうな日光から、その声を探って見て決して失望はしなかった。けれども三十分程前会場の前の小さい踊りの群れを見た時のような奇《あや》しい胸のせまりはなかった。ただ安らかに気持ちよく見られた。そして不図先日仏蘭西《フランス》から帰った画家が持って来て主人の書斎の壁にピンで止めたシャヴァンヌ(注6)の「芸術と自然の中間」とか云う銅版画を思い出した。「幸ある(注7)朝」の前に立った時には、直子はいろいろ取り集めたような動揺した感情の許《もと》にあった。けれどもそれは其画とは全く関係のない事で、ただ其画家と其義妹《いもうと》にあたる直子の古い学校友達との間につながる無邪気な昔話であった。其友達は淑子さんと云って直子などよりも二級上にいた姉さん分であったけれども、同じ道筋の通学生で、親しいお仲間であった。数学の飛び抜けて旨《うま》い人だったので、直子などの二三人の出来ない連中は、少し面倒な宿題でも出ると、もう考えるより先に淑子さんに頼んで解いて貰っては、それをめいめいのノートに写して行った。少し頑固な点のある位(イ)生《き》一本なので、時とすると衝突して喧嘩《けんか》をした。そんな時にはむきになってまっ青な顔をして怒る人であった。それでも正直な無邪気な方なので直《す》ぐ仲直りは出来た。

話は或《あ》る暑中休暇の事であった。そう云う風な三四人の友達がよって、午前丈《だ》けいろいろな学科の復習をしたり、編み物をしたり、又新らしい書物を読んだりする小さい会のようなものを拵って、二週間許り有益な楽しい日を作り度いと云う相談が出来た。勿論《もちろん》淑子さんも其お仲間の積《つも》りでいると、

「私は駄目よ。」

と云う意外な申出《もうしい》でに皆《み》んな当てが外れた。

「淑子さんが這入って下さらなくちゃ何にも出来なくなるわ。避暑にでも入《い》らっしゃるの。」

と聞くと、

「左様じゃないんですけども、この夏は午前だけ是非用事があるんですもの。」

と云ってどうしても聞き入れないので、

「初《はな》ッからそんな方が出ては屹度長続きはしないから、いっそ止めましょうよ。」

とおしまいにはこんな(ウ)あてつけがましいお転婆を云って止めてしまった。その日一緒につれ立って帰る時、淑子さんは直子に向《むか》って、

「私全く困ったわ。みんな怒ったでしょうねえ。でもこれからお休みになると毎日義兄《あに》の家に通わなくちゃならない事があるんですもの。」

「まさか。」

と云った。義兄と云うのはこの画家の事であった。直子は油画でも始めるのかと(注8)もって尋ねて見ると、

とにやにやして、

「今に秋になれば分《わか》る事。」

と謎のような言葉を残して別れた。暑中休暇がすんで秋になって、おいおい画の季節が来た時白馬会(注9)が開《ひ》らけた。直子の友達仲間は例になって毎年淑子さんから貰う招待券でみんなして行って見ると驚いた。淑子さんが画になっているのであった。確か「造花」とか云う題であったと思う。大きな模様の浴衣を着た淑子さんが椅子に腰かけて、何か桃色の花を拵ってる処の画なのであった。みんな会話の時などを思い当《あた》った。そして出し抜かれたような、珍らしい賑やかな心持ちになって淑子さんを探すと、今まで傍《そば》にいた人が遠くの向うの室に逃げて此方《こちら》を見てにこにこ笑って立っていた。

「直子は今「幸ある朝」の前に立って丁度その頃の事がいろいろ思い出されたのであった。淑子さんはそれから卒業すると間もなくお嫁に行って、そして間もなく亡くなられた。今はもうこの世にない人である。彼《あの》「造花」の画のカンヴァスから此《こ》のカンヴァスの間にはかれこれ十年近くの長い日が挟まっているのだけれども、ちっともそんな気はしない。ほんの昨日の出来事で、今にもあの快活な紅い頰をしたお転婆な遊び友達の群れが、どやどやと此室に流れ込んで来そうな気がする。そして其中に交じる白

分は、ひとり画の前に立つ此自分ではなくって全く違った別の人のような気がする。直子はその親しい影の他人を正面に見据えて見て、笑い度いような冷やかしたいような且《かつ》憫《あわれ》み度いような気がした。而してふり返る度にうつる過去の姿の、如何《いか》にも価なく見すぼらしいのを悲しんだ。直子はCこうした雲のような追懐に封じられてる内に、突然けたたましい子供の泣き声が耳に入った。驚いて夢から覚めたように声の方に行くと向うの室の棕梠の蔭《かげ》に女中に抱かれて子供は大声をあげて泣いている。如何したのかと思ったら、

「あの虎が恐《こわ》いってお泣きになりましたので。」

と女中は不折《ふせつ》(注10)の大きな画を見ながら云って、

「もう虎はおりません。あちらに逃げて仕舞いました。」

となだめすかした。直子は急に堪《たま》らなく可笑《おか》しくなったが子供は矢張り、

「とや、とや。」

と云って泣くので、

「じゃもう出ましょう。虎ううが居ちゃ大変だからね。」

と大急ぎで出口に廻った。

（注）

1　文部省の絵の展覧会――一九〇七年に始まった文部省美術展覧会のこと。日本画・洋画・彫刻の三部構成で行われた。

2　女中――ここでは一般の家に雇われて家事手伝いなどをする女性。当時の呼び名。

3　きざ柿――木についたまま熟し、甘くなる柿。

4　陳列替えになった三越――百貨店の三越は、豪華な商品をショーケースに陳列し、定期的に展示品を替えていた。

5　瓦釜――瓦窯。瓦を焼くためのかまど。

6　シャヴァンヌ――ピュヴィス・ド・シャヴァンヌ（一八二四～一八九八）。フランスの画家。

7　「幸ある朝」――絵の題名。藤島武二（一八六七～一九四三）に同名の作品がある。この後に出てくる「造花」も同じ。

8　もって――「思って」に同じ。

9　白馬会が開らけた――白馬会は明治期の洋画の美術団体。その展覧会が始まったということ。

10　不折――中村不折（一八六六～一九四三）。日本の画家・書家。

22

問1 傍線部(ア)〜(ウ)の本文中における意味として最も適当なものを、次の各群の①〜⑤のうちから、それぞれ一つずつ選べ。解答番号は 12 〜 14 。

(ア) 呆《あ》っけに取られた 12
① 驚いて目を奪われたような
② 意外さにとまどったような
③ 真剣に意識を集中させたような
④ 急に眠気を覚まされたような
⑤ 突然のことにうれしそうな

(イ) 生《き》一本 13
① 短気
② 純粋
③ 勝手
④ 活発
⑤ 強情

(ウ) あてつけがましい 14
① いかにも皮肉を感じさせるような
② 遠回しに敵意をほのめかすような
③ 暗にふざけてからかうような
④ あたかも憎悪をにじませるような
⑤ かえって失礼で慎みがないような

問2　傍線部A「誠に物珍《めず》らしい楽しい事が急に湧いたような気がして」とあるが、それはどういうことか。その説明として最も適当なものを、次の①～⑤のうちから一つ選べ。解答番号は 15 。

① この秋はそれまでの数年間と違って体調がよく、籠を持ってどこかへ出掛けたいと考えていたところ、絵の鑑賞を夫から勧められてにわかに興味を覚え、子供と一緒に絵を見ることが待ち遠しくなったということ。

② 長い間患っていた病気が治り、子供も自分で歩けるほど成長しているので一緒に外出したいと思っていたところ、翌日は秋晴れのようだから、全快を実感できる絶好の日になるとふと思いついて、心が弾んだということ。

③ 珍しく秋に体調がよく、子供とどこかへ出掛けたいのに行き先がないと悩んでいたところ、夫の話から久しぶりに絵の展覧会に行こうとはたと思いつき、手頃な目的地が決まって楽しみになったということ。

④ 籠を持って子供と出掛けたいと思いながら、適当な行き先が思い当たらずにいたところ、翌日は秋晴れになりそうだから、展覧会の絵を見た後に郊外へ出掛ければいいとふいに気がついて、うれしくなったということ。

⑤ 展覧会の絵を早く見に行きたかったが、子供は退屈するのではないかとためらっていたところ、絵を見た後にどこか静かな田舎へ行けば子供も喜ぶだろうと突然気づいて、晴れやかな気持ちになったということ。

問3 傍線部**B**「この微笑の底にはいつでも涙に変《かわ》る或物《あるもの》が沢山隠れているような気がした」とあるが、それはどういうことか。その説明として最も適当なものを、次の①～⑤のうちから一つ選べ。解答番号は 16 。

① 思わずもらした微笑は、身を乗り出して運動会を見ている子供の様子に反応したものだが、そこには病弱な自分がいつも心弱さから流す涙と表裏一体のものがあると感じたということ。

② 思わずもらした微笑は、小学生たちの踊る姿に驚く子供の様子に反応したものだが、そこには無邪気な子供の将来を思う不安から流す涙につながるものがあると感じたということ。

③ 思わずもらした微笑は、子供の振る舞いのかわいらしさに反応したものだが、そこには純真さをいつまでも保ってほしいと願うあまりに流れる涙に結びつくものがあると感じたということ。

④ 思わずもらした微笑は、幸せそうな子供の様子に反応したものだが、そこにはこれまで自分がさまざまな苦労をして流した涙の記憶と切り離せないものがあると感じたということ。

⑤ 思わずもらした微笑は、子供が運動会を見つめる姿に反応したものだが、そこには純粋なものに心を動かされてひとりでにあふれ出す涙に通じるものがあると感じたということ。

問4　傍線部C「こうした雲のような追懐に封じられてる」とあるが、それはどういうことか。その説明として最も適当なものを、次の①～⑤のうちから一つ選べ。解答番号は 17 。

① 絵を見たことをきっかけに、淑子さんや友人たちと同じように無邪気で活発だった自分が、ささいなことにも心を動かされていたことを思い出した。それに引きかえ、長い間の病気が自分の快活な気質をくもらせてしまったことに気づき、沈んだ気持ちに陥っている。

② 絵を見たことをきっかけに、淑子さんをはじめ女学校時代の友人たちとの思い出が次から次へと湧き上がってきた。当時のことは鮮やかに思い出されるのに淑子さんはすでに亡く、自分自身も変化していることに気づかされて、もの思いから抜け出すことができずにいる。

③ 絵を見たことをきっかけに、親しい友人であった淑子さんと自分たちとの感情がすれ違ってしまった出来事を思い出した。淑子さんと二度と会うことができなくなった今となっては、慕わしさが次々と湧き起こるとともに当時の未熟さが情けなく思われて、後悔の念に胸がふさがれている。

④ 絵を見たことをきっかけに、女学校の頃の出来事や友人たちの姿がとりとめもなく次々に浮かんできた。しかし、すでに十年近い時間が過ぎてしまい、もうこの世にいない淑子さんの姿がかすんでしまっていることに気づいて、懸命に思い出そうと努めている。

⑤ 絵を見たことをきっかけに、淑子さんが自分たちに仕掛けたかわいらしい謎によって引き起こされた、さまざまな感情がよみがえり、ふくれ上がってきた。それをたどり直すことで、ささやかな日常を楽しむことができた女学生の頃の感覚を懐かしみ、取り戻したいという思いにとらわれている。

問5　本文には、自分の子供の様子を見守る直子の心情が随所に描かれている。それぞれの場面の説明として最も適当なものを、次の①～⑤のうちから一つ選べ。解答番号は 18 。

① 子供が歩き出すことを直子が想像したり、成長していたずらもするようになったことが示されたりする場面には、子供を見守り続ける直子の心情が描かれている。そこでは、念願だった秋のピクニックを計画する余裕もないほどに、子育てに熱中する直子の母としての自覚が印象づけられている。

② 「かァかァかァ。」と鴉の口まねをするなど、目にしたものに子供が無邪気に反応する場面には、子供とは異なる思いでそれらを眺める直子の心の動きが描かれている。そこでは、長い間病床についていたために、ささいなことにも暗い影を見てしまう直子の不安な感情が暗示されている。

③ 運動会の小学生たちを子供が眺める場面には、その様子を注意深く見守ろうとする直子の心情が描かれている。そこでは、直子には見慣れたものである秋の風物が、子供の新鮮な心の動きによって目新しいものになっている様が表されている。

④ 初めて接する美術品を子供が眺めている場面には、その反応を見守ろうとする直子の心情が描かれている。そこでは、美術品の中に自分の知っているものを見つけた子供が無邪気な反応を示す様を、周囲への気兼ねなく楽しむ直子ののびやかな気分が表されている。

⑤ 「とや、とや。」と言って子供が急に泣き出した場面には、自分の思いよりも子供のことを優先する直子の心の動きが描かれている。そこでは、突然現実に引き戻された直子が、娘時代はもはや遠くなってしまったと嘆く様が表されている。

問6　この文章の表現に関する説明として**適当でないもの**を、次の①～⑥のうちから二つ選べ。ただし、解答の順序は問わない。解答番号は 19 ・ 20 。

① 語句に付された傍点には、共通してその語を目立たせる働きがあるが、1行目「あんよ」、24行目「あらわ」のように、その前後の連続するひらがな表記から、その語を識別しやすくする効果もある。

② 22行目以降の落葉や46行目以降の日本画の描写には、さまざまな色彩語が用いられている。前者については、さらに擬音語が加えられ、視覚・聴覚の両面から表現されている。

③ 38行目「透明な黄色い光線」、55行目「真珠色の柔らかい燻《いぶ》したような光線」のように、秋晴れの様子が室内外に差す光の色を通して表現されている。

④ 43行目「直子は本統《ほんとう》は画《え》の事などは何にも知らぬのである」、44行目「画の具の名さえ委《くわ》しくは知らぬ素人である」は、直子の無知を指摘し、突き放そうとする表現である。

⑤ 55行目「暫時うるさい『品定め』から免れた悦《よろこ》びを歌いながら、安らかに休息してるかのように見えた」は、絵画や彫刻にかたどられた人たちの、穏やかな中にも生き生きとした姿を表現したものである。

⑥ 直子が、亡くなった淑子のことを回想する68行目以降の場面では、女学生時代の会話が再現されている。これによって、彼女とのやり取りが昨日のことのように思い出されたことが表現されている。

第3問　次の文章は『木草物語《きくさ》』の一節で、主人公の菊君（本文では「君」）が側近の蔵人《くろうど》（本文では「主《あるじ》」）の屋敷を訪れた場面である。これを読んで、後の問い（問1～6）に答えよ。（配点　50）

にはかのことなれば、主は「御まうけ（注1）もしあへず、いとかたじけなき御座《おまし》なりや」と、こゆるぎのいそぎ（注2）、さかな求めて、御供の人々もてなし騒ぐに、君は「涼しきかたに」とて端近う寄り臥《ふ》し、うち乱れ給《たま》へる御様、所柄はまいてたぐひなう見え給ふ。

隣といふもいと近う、はかなき透垣《すいがい》（注3）などしわたしたるに、夕顔の花の所せう咲きかかりたる、目馴《な》れ給は**a**ぬものから、をかしと見給ふ。やや暮れかかる露の光もまがふ色なきを、おりたちてこの花一房とり給へるに、透垣の少し空きたるよりさしのぞき給へば、尼のすみかと見えて、閼伽棚《あかだな》（注4）にはかなき草の花など摘み散らしたるを、五十《いそぢ》ばかりの尼の出《い》できて、水すすぎなどす。花皿（注5）に数珠《ずず》の引きやられて、さらさらと鳴りたるもいとあはれなるに、また奥の方よりほのかにゐざり出づる人あり。年のほど、二十《はたち》ばかりと見えて、いと白うささやかなるが、髪のすそ、居丈《ゐたけ》ばかりにこちたく広ごりたるは、これも尼**b**にやあらむ、たそかれ時のそらめに、よくも見わき給はず。片手に経《きやう》持てるが、何ごとやらむ、この老尼《おいあま》にささやきてうち笑《ゑ》みたるも、かかる葎《むぐら》（注6）の中には(ア)<u>にげなきまで</u>、あてにらうたげなり。いと若きに、何ばかりの心をおこしてかくはそむき**c**ぬらむと、はかなきことに御心とまる癖なれば、いとあはれと見捨てがたう思《おぼ》す。

主、御果物などさるべきさまに持て出でて、「これをだに」と、経営《けいめい》（注7）し騒ぐに、入らせ給うても見入れ給はず。いとあはれなる人を見つるかな、尼ならずは、見ではえやむまじき**A**<u>御心地</u>して、人なきひまに御前にさぶらふ童《わらは》に問ひ給ふ。「この隣なる人はいかなるものぞ。知りたりや」とのたまへば、「主のはらからの尼となむ申し侍《はべ》りしが、月頃山里に住み侍るを、この頃あからさまにここに出でものして、君のかくにはかに渡らせ給ひたる、折悪《をりあ》しとて、主はいみじうむつかり侍る」と聞こゆ。「その尼は、年はいくつばかりにか」と、なほ問ひ給へば、「五十あまりにもやなり侍らむ。娘のいと若きも、同じさまに世をそむきて、とうけたまはりしは、まことにや侍らむ。身のほどよりはいやしげなくて、こよなう思ひ上がりたる人ゆゑ、おほくは世をも倦《う》んじ果て侍るとかや。げに仏に仕ふる心高さはいみじく侍る」とてうち笑ふ。「あはれのことや。さばかり思ひとりしあたりに、常なき世の物語も(イ)聞こえまほしき心地するを、うちつけなるそぞろごとも罪深かるべけれど、いかがいふぞ、こころみに消《せう》息《そこ》伝へてむや」とて、御畳紙《たたうがみ》(注8)に、

X「露かかる心もはかなたそかれにほの見し宿の花の夕顔」

童は心も得ず、あるやうあらむと思ひて、懐《ふところ》に入れて行きぬ。

なごりもうちながめておはするに、人々、御前に参り、主も「つれづれにおはしまさむ」とて、さまざま御物語など聞こゆるほど、夜もいたく更け行けば、君はかの御返しのいとゆかしきに、あやにくなる人しげさをわびしう思せば、B眠たげにもてない給うて寄り臥し給へば、人々、御前に「いざ、とく臥し給ひdね」とて、主もすべり入りぬ。

からうじて童の帰り参りたれば、「いかにぞ」と問ひ給ふに、「『すべてかかる御消息伝へうけたまはるべき人も侍らず。所違《ところたが》へにや』と、かの老尼なむ、ことの外に聞こえし」とて、

Y「『世をそむく葎の宿のあやしきに見しやいかなる花の夕顔

かく申させ給へ』と、おぼめき侍りしかばなむ、帰り参りたる」と聞こゆるに、かひなきものから、ことわりと思し返すに、寝られ給はず。(ウ)あやしう、らうたかりし面影の、夢ならeぬ御枕上《まくらがみ》につと添ひたる御心地して、「(注9)間近けれども」とひとりごち給ふ。

（注）
1　御まうけもしあへず、いとかたじけなき御座なりや――十分なもてなしができずに、蔵人が恐縮していることを表す。
2　こゆるぎのいそぎ――急いで。「こゆるぎのいそ」は神奈川県大磯あたりの海浜。「いそぎ」は「磯」と「急ぎ」の掛詞《かけことば》。
3　透垣――竹や板などで間を透かして作った垣。
4　閼伽棚――仏に供えるための水や花を置く棚。
5　花皿――花を入れる器。
6　葎――蔓《つる》状の雑草のことで、手入れのされていない住みかのたとえ。ここでは、隣家が質素な様子であることを表す。
7　経営――世話や準備などをすること。
8　畳紙――折りたたんで懐に入れておく紙。
9　間近けれども――「人知れぬ思ひやなぞと葦垣《あしがき》の間近けれども逢《あ》ふよしのなき」という古歌を踏まえ、恋しい人の近くにいながら、逢えないつらさをいう。

問1　傍線部(ア)～(ウ)の解釈として最も適当なものを、次の各群の①～⑤のうちから、それぞれ一つずつ選べ。解答番号は 21 ～ 23 。

(ア) にげなきまで 21
① 別人に見えるほど
② 目立ち過ぎるほど
③ 不釣り合いなほど
④ 信じられないほど
⑤ 並ぶ者がないほど

(イ) 聞こえまほしき 22
① うかがいたい
② 聞いてほしい
③ 申し上げたい
④ 話してほしい
⑤ 話し合いたい

(ウ) あやしう 23
① いやしいことに
② 非常識なことに
③ 疑わしいことに
④ 不思議なことに
⑤ 畏れ多いことに

問2 波線部a～eの助動詞を、意味によって三つに分けると、どのようになるか。その組合せとして最も適当なものを、次の①～⑤のうちから一つ選べ。解答番号は 24 。

① 〔a〕と〔bce〕と〔d〕
② 〔a〕と〔be〕と〔cd〕
③ 〔ace〕と〔b〕と〔d〕
④ 〔ad〕と〔b〕と〔ce〕
⑤ 〔ae〕と〔b〕と〔cd〕

問3 傍線部A「御心地」とあるが、その説明として最も適当なものを、次の①～⑤のうちから一つ選べ。解答番号は 25 。

① うらさびしい家にいる二人の尼の姿を見て、どういう事情で出家したのか確かめずにはいられない菊君の好奇心。
② 隣家にいる二十歳くらいの女性の姿を垣間《かいま》見て、尼であるらしいとは思いながらも湧き上がってくる菊君の恋心。
③ 突然やって来た菊君にとまどいながらも、うまく接待をして、良い身分に取り立ててもらおうとする蔵人の野心。
④ 菊君の来訪を喜びつつも、隣家にいる身内の女たちに菊君が言い寄りはしないか心配でたまらない蔵人の警戒心。
⑤ 菊君の姿を目にして、娘にとっては尼として生きるより彼と結婚する方が幸せではないかと思案する老尼の親心。

問4　傍線部B「眠たげにもてない給うて」とあるが、その説明として最も適当なものを、次の①～⑤のうちから一つ選べ。

解答番号は 26 。

① 菊君は、老尼の娘と恋文を交わそうとしていたが、蔵人たちがそうした菊君の行動を警戒してそばから離れないので、わざと眠そうなふりをして彼らを油断させようとした。

② 菊君は、童を隣家へ遣わして、その帰りをひそかに待っていたが、蔵人たちがなかなか自分のそばから離れようとしないので、人々を遠ざけるために眠そうなそぶりを見せた。

③ 菊君は、老尼の娘からの返事が待ちきれず、こっそり蔵人の屋敷を抜け出して娘のもとに忍び込もうと考えたため、いかにも眠そうなふりをして周囲の人を退かせようとした。

④ 菊君は、忙しく立ち働く蔵人の様子を見て、突然やって来た自分を接待するために一所懸命なのだろうと察し、早く解放してあげようと気を利かせて、眠くなったふりをした。

⑤ 菊君は、慣れない他人の家にいることで気疲れをしていたので、夜遅くになってもまだ歓迎の宴会を続けようとする蔵人に、早く眠りにつきたいということを伝えようとした。

問5　X・Yの和歌に関する説明として最も適当なものを、次の①～⑤のうちから一つ選べ。解答番号は 27 。

① Xの歌の「露」は、菊君の恋がはかないものであることを表している。Yの歌は、そんな頼りない気持ちであるならば、一時の感傷に過ぎないのだろう、と切り返している。

② Xの歌の「心」は、老尼の娘に恋する菊君の心情を指している。Yの歌は、恋は仏道修行の妨げになるので、残念ながらあなたの気持ちには応えられない、と切り返している。

③ Xの歌の「たそかれ」は、菊君が老尼の娘を見初めた夕暮れ時を指している。Yの歌は、夕暮れ時は怪しいことが起こるので、何かに惑わされたのだろう、と切り返している。

④ Xの歌の「宿」は、菊君が垣間見た女性のいる家を指している。Yの歌は、ここは尼の住む粗末な家であり、あなたの恋の相手となるような女性はいない、と切り返している。

⑤ Xの歌の「夕顔」は、菊君が垣間見た女性を表している。Yの歌は、この家に若い女性は何人かいるので、いったい誰のことを指しているのか分からない、と切り返している。

問6　この文章の登場人物に関する説明として最も適当なものを、次の①～⑤のうちから一つ選べ。解答番号は 28 。

① 童は、菊君から隣家にいる女性たちの素性を問われ、蔵人のきょうだいの老尼とその娘であることを伝えつつ、娘は気位が高いので出家したのだろうとも言った。菊君から使いに行くように頼まれた時も、その真意をはかりかねたが、何かわけがあるのだろうと察して、引き受けた。

② 菊君は、夕暮れ時に隣家の母娘の姿を垣間見、まだ二十歳くらいの娘までも出家姿であることに驚いて興味を持ち、恋心を抱いた。出家した女性を恋い慕うことに対して罪の意識を強く感じたが、本心からの恋であるならそれも許されるだろうと考えて、娘に手紙を送ることにした。

③ 蔵人は、来訪した菊君に対して精一杯のもてなしをしようとつとめながらも、連絡もなくやって来たことには不満を感じていた。わざわざ用意した食事に手も付けない菊君の態度を目にしてますます不快に思ったが、他人の気持ちを汲《く》み取ることができない菊君をあわれだと思った。

④ 老尼は、ふだんは山里に住んでいるが、娘を連れて久しぶりにきょうだいの蔵人をたずね、そのまま蔵人の隣家に滞在して仏に花をささげるなどしていた。その折、ちょっとした用事で蔵人のところにやって来た菊君に娘の姿を見られてしまったので、蔵人に間の悪さを責められた。

⑤ 老尼の娘は、二十歳くらいとたいそう年は若いが、高貴な身分から落ちぶれたことによってすっかりこの世を厭《いと》い、母の老尼と同様にすでに出家も果たしている。その後、仏に仕える日々を蔵人の屋敷で静かに送っていたが、菊君から歌を贈られたことで心を乱し、眠れなくなった。

第4問 次の文章を読んで、後の問い（問1～6）に答えよ。なお、設問の都合で返り点・送り仮名を省いたところがある。（配点 50）

A 聴《ケバ》雷《らい》（注1）霆《ていヲ》於百里之外《ニ》者、如《ク》鼓《スルガ》（注2）盆《ヲ》、望《メバ》江河《ヲ》於千里之間《ニ》者、如《キハ》縈《まとフガ》帯《ヲ》、以《テ》其《ノ》相《ヒ》去《ル》之遠《キヲ》也。故《ニ》居《リテ》于千載之下《ニ》、而求《ムルニ》之《ヲ》于千(1)載之上《ニ》、以《テ》相《ヒ》去《ル》之遠《キヲ》、而不《レバ》知《ラ》有《ルヲ》其《ノ》変《ヲ》、則《チ》猶《ホ》刻《ミテ》（注3）舟《ニ》求《ムルガ》剣《ヲ》。今之所《ハ》求《ムル》、非《ザルモ》往者《ノ》所《ニ》失《フ》、而謂《おもへリ》其《ノ》刻《ミシ》在《リ》此《ニ》、是《レ》所《ニ》従《リテ》墜《おツルト》也。B 豈《ニ》不《ヒナラや》惑乎。

今夫《レ》江戸者《は》、世之所《ノ》称《スル》名都大邑《だいいふ》（注4）、冠蓋（注5）之所《ノ》集《マル》(2)、C 舟車之所《ニシテ》湊《あつマル》、実《ニ》為《たル》天下之大都会也。而《レドモ》其地之為《ニ》名、訪之於古、未之聞。豈《ニ》非《ズ》古今相《ヒ》去《ルコト》日《ひびニ》遠《ク》、而事物之変《モ》亦《まタ》在《ルニ》于其《ノ》間《ニ》耶《や》(ア)。蓋知《ル》、後之於《おケルモ》今《ニ》、世之相《ヒ》去《ルコト》(イ)愈遠《ク》、事之相《ヒ》変《ズルコト》愈多《ク》、求《ムルモ》其《ノ》所《ヲ》欲《スル》聞《カント》而不《ルコト》可《カラ》得、亦《タ》猶《ホ》今之於《ケルガ》古《ニ》也。

吾窃《ひそかニ》有リレ感ズルレ焉《これニ》。D『遺聞』（注6）之書、所二由《よリテ》作ル一也。

（新井白石『白石先生遺文』による）

（注）
1　雷霆——雷鳴。
2　鼓レ盆——盆は酒などを入れる容器。それを太鼓のように叩《たた》くこと。
3　刻レ舟求レ剣——船で川を渡る途中、水中に剣を落とした人が、すぐ船べりに傷をつけ、船が停泊してからそれを目印に剣を探した故事。
4　大邑——大きな都市。
5　冠蓋——身分の高い人。
6　『遺聞』——筆者の著書『江関遺聞』を指す。

問1　波線部(ア)「蓋」、(イ)「愈」のここでの読み方として最も適当なものを、次の各群の①～⑤のうちから、それぞれ一つずつ選べ。解答番号は 29 ・ 30 。

(ア) 29 「蓋」
① なんぞ
② はたして
③ まさに
④ すなはち
⑤ けだし

(イ) 30 「愈」
① しばしば
② いよいよ
③ かへつて
④ はなはだ
⑤ すこぶる

問2 傍線部(1)「千 載 之 上」・(2)「舟 車 之 所レ湊」のここでの意味として最も適当なものを、次の各群の①～⑤のうちから、それぞれ一つずつ選べ。解答番号は 31 ・ 32 。

(1) 「千 載 之 上」 31

① 高い地位
② 遠い過去
③ 重たい積み荷
④ 多くの書籍
⑤ はるかな未来

(2) 「舟 車 之 所レ湊」 32

① 軍勢が集まる拠点
② 荷物を積みおろしする港
③ 水陸の交通の要衝
④ 事故が多い交通の難所
⑤ 船頭や車夫の居住区

問3 傍線部**A**「聴二雷霆於百里之外一者、如レ鼓レ盆、望二江河於千里之間一者、如レ縈レ帯、以二其相去之遠一也」とあるが、それはどういうことか。その説明として最も適当なものを、次の①～⑤のうちから一つ選べ。解答番号は 33 。

① 聴覚と視覚とは別の感覚なので、「雷霆」は「百里」離れると小さく感じられるようになるが、「江河」は「千里」離れないとそうならないということ。

② 「百里」や「千里」ほども遠くから見聞きしているために、「雷霆」や「江河」のように本来は大きなものも、小さく感じられるということ。

③ 「百里」離れているか「千里」離れているかによって、「雷霆」や「江河」をどのくらい小さく感じるかの程度が違ってくるということ。

④ 「百里」や「千里」くらい遠い所にいるおかげで、「雷霆」や「江河」のように危険なものも、小さく感じられて怖くなくなるということ。

⑤ 空の高さと陸の広さとは違うので、「雷霆」は「百里」離れるとかすかにしか聞こえないが、「江河」は「千里」でもまだ少しは見えるということ。

問4　傍線部B「豈不レ惑乎」とあるが、筆者がそのように述べる理由は何か。「刻レ舟求レ剣」の故事に即した説明として最も適当なものを、次の①～⑤のうちから一つ選べ。解答番号は［34］。

① 剣は水中でどんどん錆《さ》びていくのに、落とした時のままの剣を見つけ出せると決めてかかっているから。
② 船がどれくらいの距離を移動したかを調べもせずに、目印を頼りに剣を探し出せると思い込んでいるから。
③ 大切なのは剣を見つけることなのに、目印のつけ方が正しいかどうかばかりを議論しているから。
④ 目印にすっかり安心して、船が今停泊している場所と、剣を落とした場所との違いに気づいていないから。
⑤ 船が動いて場所が変われば、それに応じて新しい目印をつけるべきなのに、怠けてそれをしなかったから。

問5 傍線部C「其地之為名、訪之於古、未之聞」の返り点の付け方と書き下し文との組合せとして最も適当なものを、次の①～⑤のうちから一つ選べ。解答番号は 35 。

① 其地之為レ名、訪レ之於レ古、未二之聞一
其の地の名を為《な》すに、之を訪ぬるに古《いにしへ》に於《お》いてするは、未だ之《ゆ》くを聞かず

② 其地之為レ名、訪二之於古一、未二之聞一
其の地の名為《た》る、之を古に訪ぬるも、未だ之を聞かず

③ 其地之為レ名、訪二之於レ古、未レ之聞
其の地の名を為すに、之きて古に於いて訪ぬるも、未だ之かざるを聞く

④ 其地之為レ名、訪二之於レ古、未二之聞一
其の地の名の為《ため》に、之きて古に於いて訪ぬるも、未だ之を聞かず

⑤ 其地之為レ名、訪二之於古一、未レ之聞
其の地の名為る、之を古に訪ぬるも、未だ之かざるを聞く

問6　傍線部D「『遺聞』之書、所㆓由作㆒也」とあるが、『江関遺聞』が書かれた理由として最も適当なものを、次の①～⑤のうちから一つ選べ。解答番号は 36 。

① 江戸は大都市だが、昔から繁栄していたわけではなく、同様に、未来の江戸も今とは全く違った姿になっているはずなので、後世の人がそうした違いを越えて、事実を理解するための手助けをしたいと考えたから。

② 江戸は政治的・経済的な中心となっているが、今後も発展を続ける保証はないし、逆にさびれてしまうおそれさえあるので、これからの変化に備えて、今の江戸がどれほど繁栄しているかを記録に残したいと考えたから。

③ 江戸は経済面だけでなく、政治的にも重要な都市となったが、かつてはそうではなかったので、江戸の今と昔とを対比することで、江戸が大都市へと発展してきた過程をよりはっきり示したいと考えたから。

④ 江戸は大都市のうえに変化が激しく、古い情報しか持たずに遠方からやってきた人は、行きたい場所を見つけるにも苦労するので、変化に対応した最新の江戸の情報を提供し、人々の役に立ちたいと考えたから。

⑤ 江戸は大きく発展したが、その一方で昔の江戸の風情が失われてきており、しかもこの傾向は今後いっそう強まりそうなので、昔の江戸の様子を書き記すことで、古い風情を後世まで守り伝えたいと考えたから。

MEMO

国　語

（2017年１月実施）

80分　200点

追試験
2017

国語

（解答番号 1 〜 36）

第1問　次の文章を読んで、後の問い（問1～6）に答えよ。なお、設問の都合で本文の段落に 1 ～ 16 の番号を付してある。

（配点　50）

1　複数の人間の間の社会的関係については、昔から慣習、道徳、あるいは宗教的戒律や法的強制などに基づく多くの規制が行われてきた。またそれについての学問的といえる議論も古くから存在した。しかしこのような「べし、べからず」の規範的論理を主とする議論は、客観的認識とはいえない。社会的現象を正邪、善悪の判断から切り離して、客観的にそれ自体として観察し、その中にある論理や法則性を発見しようとする努力から、社会科学が生まれた。

2　社会科学は人々の社会の中での行動によって、個人個人の意図や目的とは直接結びつかない、あるいはそれとは離れた結果が生み出されることを認識し、それを客観的な形式によって表現することによって生まれた。その意図から離れた結果を生ずることについては、個人の責任や倫理を追求することはできないからである。アダム・スミス（注1）は、人々が市場においてそれぞれ自分の利益を追求することから社会的利益が生まれることを証明したが、それはまさにこのことを示している。それを彼は「見えざる手」と表現したが、それは社会の客観的法則性といっても同じことである。マルクス（注2）は資本家による労働者の(ア)サクシュを厳しく批判したが、同時にそれは資本家が邪悪であることによるのではなく、資本家は単に資本の論理に従って行動せざるを得ないだけであると論じた。

3　**A**このような社会科学的認識の前提として二つの要素が必要とされる。一つはその社会を構成する人々の行動様式についての仮定であり、もう一つは個人の行動が統合される社会的な場についての仮定である。社会科学において、しばしば原子論（注3）的アプローチと、全体論的アプローチとの対立が問題とされるが、それは個人の行動を重視する立場と、社会における統合を重視する立場の相違ということができる。

4　社会が単なる個人の集合にすぎないものであるか、それとも個人を越えた何らかの実体と考えるべきかということは、近代社会科学にとって大きな問題であった。

5　ここでこの問題と、社会現象を考察する際のすべてを、それを構成する個人個人の行動にまで還元して考察すべきか、あるいは社会全体を一つの対象として考察すべきかということとは、本来別の問題であることに注意しよう。前者は実体の問題であり、後者は方法の問題だからである。しかしこの二つの問題はとかく混同されがちであった。つまり社会は個人の集合以上の何ものでもないと考える人々は、社会現象はすべてそれを構成する人々の行動にまで還元して説明しなければならないと主張し、逆に個人の行動はその人の置かれている社会の状態によって大きく影響されるのでまず社会を全体として考えなければならないと考える人は、それゆえ社会全体はそれを構成する個人の集合以上の何ものかであり、いわばより高い存在であると論ずる傾向があった。前者の考え方は還元論、あるいは原子論と呼ばれ、後者は全体論、あるいは有機体説と呼ばれた。さらにこのような考え方の違いは直接には価値判断や倫理的命題と必然的に結びつくものではないはずであるが、実際には前者は個人の立場を強調する個人主義に、後者は国家や社会の観点を優先する全体主義に結びつきやすい傾向を持っていた。

6　実はこれと同様な問題は生物に関して起こっていた。生物の体も、すべて原子の結合した分子から構成されているものであるから、生物の性質はすべてそれを構成している原子・分子の性質、つまり物理・化学の法則に還元できるものであるのか、それとも生物には物理・化学の法則に還元できない何か別のものがあって、それが生きている生物を特徴づけているのかということが議論されたのである。二〇世紀の前半まで、生物には無生物にはない特別な「生命力」(anima)というものがあるという説すなわちいわゆる生気論(注4)も有力であった。しかし生物体をどのように分析してもそのようなものを見出《みいだ》すことは不可能であったのに対し、生物の形質を伝える遺伝情報がＤＮＡという形で実際に突き止められるようになって、何か生物を特徴づける超物理・化学的な実体が存在するという考え方は、科学者の間では信じられなくなった。

7　社会についても、国家や民族を、それを構成する一人一人の国民や、言語や文化を共有する人々の集合という以上の意味を持つ実体と考えて、それを特に価値あるものと考える国家主義や民族主義は二〇世紀前半までは多くの国々や地域で大きな力を持っていた。

8　第二次世界大戦におけるドイツ、日本、イタリアなどの全体主義国の敗退の後、国家主義は勢力を失ったが、しかし民族主義は今でも過去のものとなっていないことは明らかである。

9　しかしながら B 理念としての国家主義や民族主義に問題があることは、方法としての還元主義が正しいことを意味するものではない。生気論が否定されたとしても、生物の個体が単なる分子の集合以上のものであることを否定する生物学者はいない。生物は生きている限り、その身体を構成する分子は絶えず入れ替わっているにもかかわらず、一個の統一性を持った個体としての存在を維持しているのである。しかもそれを分解してみれば生物体は細胞の集合であり、細胞は分子の集合であって、生物の機能はすなわち細胞の機能の集積にほかならず、そして細胞の機能はそれを構成する分子の物理・化学的作用以外の何ものでもないのであって、そこに分子の物理・化学的性質以上の何か神秘的なものを想定する必要はないのである。それにもかかわらず生きた生物が単なる分子の集合と区別されるのは、そこに一定の構造が存在し、そしてその構造がそれを構成している要素が替わっても維持されているといえるからなのである。そのような構造は一つのシステムと呼んでもよいが、それはそれを構成する物質的要素と、それらの間の関係の構造からなっているのであり、その構造が維持されている限り、それは全体として一個の存在であると見なされる。

10　同じことが国家や社会についてもいい得るのであって、それはすべて個人の集合であり、それを越えた何ものかがそこに存在するわけではなく、また国家や社会の機能といってもそれらはすべて個人の行動にほかならないのであるが、しかしその中で人と人との関係が一定の構造を持ち、それが維持されている限りは、人々の行動は逆にその構造に制約されているのであって、そのような意味では国家や社会が個人に先立って存在しているといってもよいのである。

11　ここでこのような構造がなぜ成立したかということと、それがどのようにして維持され、あるいは生物の生殖作用のように複製されるかということとは別の問題であることに注意する必要がある。二〇世紀半ば以降「情報」という概念が科学の中で人間の意識から独立したものとして認識されるようになったが、情報とは構造を維持し、あるいは再生するものであると定義することができる。そうしてそのことはそのような構造が物理・化学的な因果論のみによっては維持され、再生されるものではないことを意味しているのである。おそらく最初にそのような構造が作り出されたのは、極めて偶然的な条件の下で行われたことに違いない。しかしその構造がいったん成立すれば、それはそれ自体として自己を維持する性質を持ち、また何らかの情報システムを通して自己を保全、再生、あるいは複製するようになっているのである。DNAの発見の意義はまさに生物体を再生させる情報の担い手となる物質とそのコードを固定することにより、自然界に確かに情報システムと呼んでよいようなものが、客観的に存在していることを実証した点にあった。

[12] C社会もそのような意味で一つのシステムであることは自明であろう。つまりそこには特定の性質や性向を持った構成要素、つまり個人が存在すると同様、個人個人の相互間に安定した構造が存在しているのである。その意味では原子論も全体論もそれだけでは正しくない。

[13] 原子論的アプローチにおいても、ただ個人のばらばらな行動を追っただけでは社会を認識することはできない。この点はある意味で原子論的アプローチの代表者とされるアダム・スミスの前記の「見えざる手」の議論においても明らかである。逆に社会なるものを、それを構成する個人から離れてそれ以上の一つの「実体」と考えたのでは、客観的に認識することは不可能になる。国家を一つの実体と考えた「国家有機体説」は、結局一種の神秘主義的な国家論に(イ)オチイらざるを得なかったのである。

[14] 社会科学、特にその中でも「科学的」であることを最も強く標榜《ひょうぼう》している経済学に対する批判は、それが前提としている個人行動の原理について向けられることが多い。合理的利己主義者としての「経済人」(注5)(homo oeconomicus)の想定に対する批判は、アダム・スミスがその論理を提出して以来絶えることがない。しかし社会科学が科学として成立するためには、人間行動についての何らかの(ウ)セイゴウセイの仮定が不可欠となる。それは自然科学にとって、自然の(エ)キンイツセイという仮定が必要であるのと同じである。そして経済学に関する限り、人間を合理的利己主義者と規定することは、それを一つの仮説として扱うならば、特に不都合なことはないはずである。

[15] 問題はそれを仮説としてではなく、実質的な内容を持つ命題としてヨウ(オ)セイし、しかもその内容を無限定に拡張することから生ずる。そうなると社会を構成する合理的利己主義者は一定の社会的ルール、あるいは倫理的規範に従って行動するも

のと考えるのではなく、社会的規範そのものが効用最大の命題から導かれなければならないということになる。それは最近一部の社会科学者の間では流行しているが、明らかにアダム・スミスの考えではない。

16 もう一つの問題点は、社会を個人から離れて実体化することは誤りであるとしても、社会の論理、その組織は個人から離れて存在するということである。個人間の契約によって社会が成立したと説く社会契約説の立場にしても、それは一つの抽象的な観念として考えるだけであって、具体的に一人一人の個人が、主体的な自由意志を持って、自覚的に契約を結んで社会に参加すると考えるわけではない。人々が社会を作るのではなく、人々は社会の中に生まれるのであり、そして社会によって作られるものであることは自明である。

（竹内啓《たけうちけい》『科学技術・地球システム・人間』による）

（注）　1　アダム・スミス――イギリスの経済学者（一七二三～一七九〇）。『諸国民の富（国富論）』の中で、各人が自由な経済活動をおこなえば、神の「見えざる手」によって富が増え、社会の調和が生まれると説いた。

2　マルクス――カール・マルクス（一八一八～一八八三）。ドイツの思想家。『資本論』などの著書で資本主義のメカニズムを理論的に考察した。

3　原子論――全体を、それ以上分割できない構成要素である原子に還元して理解・説明しようとする考え方。

4　生気論――生物の形態の理由や発生の由来は、物理・化学的な素材や力学的作用だけでは説明できないとし、その背後に生命力の存在を想定する考え方。

5　経済人――経済的な合理性に基づいて個人主義的に行動すると想定された人間のモデルのこと。

問1　傍線部(ア)〜(オ)に相当する漢字を含むものを、次の各群の①〜⑤のうちから、それぞれ一つずつ選べ。解答番号は［1］〜［5］。

(ア)　サクシュ　［1］
① 牧場でサクニュウを手伝う
② 実験でサクサンの溶液を用いる
③ 期待と不安がコウサクする
④ クッサクの作業が終了する
⑤ 観光情報をケンサクする

(イ)　オチイる　［2］
① ケッカンを指摘する
② カンタン相照らす
③ カンゲンにつられる
④ カンドコロをおさえる
⑤ 問題点をカンカする

(ウ)　セイゴウセイ　［3］
① セイコウウドクの生活
② シセイの人びと
③ メールのイッセイ送信
④ 運動会に向けたセイレツの練習
⑤ 一服のセイリョウザイ

(エ)　キンイツセイ　［4］
① キンセンに触れる言葉
② 勝負にキンサで競り勝つ
③ 小学校時代のカイキン賞
④ キョウキンをひらいて語る
⑤ 試合のキンコウを破る得点

(オ)　ヨウセイ　［5］
① 自然のイキオいに任せる
② 花ザカりを迎える
③ 将来をチカい合う
④ 道路工事をウけおう
⑤ 我が身をカエリみる

問2　傍線部A「このような社会科学的認識の前提として二つの要素が必要とされる。」とあるが、それはどういうことか。その説明として最も適当なものを、次の①～⑤のうちから一つ選べ。解答番号は 6 。

① 個人の意図や目的を越えた社会的現象を客観的に把握しようとする際の認識の条件として、個人の行動様式自体を理解する観点と、社会的な場における人間関係を理解する観点とが必要とされるということ。

② 社会的現象に伴う個人の責任や倫理を客観的に分析しようとする認識の基礎として、個人的な判断を重視して記述することと、客観的な形式によって記述することとが必要とされるということ。

③ 社会の規範的論理や法則性に関する客観的な認識を導き出すための推論において、個人の意志に基づく行動を認める立場と、国家や社会の観点を尊重する立場とが必要とされるということ。

④ 社会的現象の中にある論理や法則性を客観的に捉えようとする認識の基礎として、個人個人の行動様式に着目することと、社会全体を一つの対象として考察することとが必要とされるということ。

⑤ 人間同士の社会的関係における規制を客観的に理解しようとする際の認識の条件として、個人の利益を重視する観点と、個人が統合される社会の利益を重視する観点とが必要とされるということ。

問3　傍線部B「理念としての国家主義や民族主義に問題があることは、方法としての還元主義が正しいことを意味するものではない」とあるが、なぜそういえるのか。その理由の説明として最も適当なものを、次の①～⑤のうちから一つ選べ。

解答番号は 7 。

① 国家や社会の観点を優先する全体主義の理念が問題を含むとしても、生物の場合に、生気論の登場で生物の性質を物理・化学の法則に単純に還元する立場の限界が示されたように、社会現象を考察する際にも、社会を個人の行動のみに還元して説明する還元主義の方法自体が限界を提示しているから。

② 国家や社会の観点を優先する全体主義の理念が問題を含むとしても、生物の場合に、生気論以降に生物の形質を伝える遺伝情報がDNAという形で確認されたように、社会現象を考察する際にも、社会を単なる個人の集合以上のより高等な形態と捉える全体論の方法自体は有効性が確認されるから。

③ 国家や社会の観点を優先する全体主義の理念が問題を含むとしても、生物の場合に、生気論の衰退によっても生物の個体が全体として統一性を持つ存在であることは否定されなかったように、社会現象を考察する際にも、社会全体を一つの対象と捉えて考察する全体論の方法自体は否定されないから。

④ 国家や社会の観点を優先する全体主義の理念が問題を含むとしても、生物の場合に、生気論に反対して生物の細胞が備える単なる分子の集合以上のものを否定した論が妥当でなかったように、社会現象を考察する際にも、個人の集合以上の構造を分析できない還元主義の方法自体が妥当性を欠いているから。

⑤ 国家や社会の観点を優先する全体主義の理念が問題を含むとしても、生物の場合に、生気論の延長上で生物の機能に神秘的システムを想定する説が支持されてきたように、社会現象を考察する際にも、国家や社会を個人に先立つ神聖な存在として説明する全体論の方法自体は支持されるものであるから。

問4　傍線部C「社会もそのような意味で一つのシステムである」とあるが、それはどういうことか。その説明として最も適当なものを、次の①～⑤のうちから一つ選べ。解答番号は 8 。

① 生物の体が、神秘的なものを想定せずとも、一個の生命体としての統一性を維持する性質を持つと考えられるように、社会においても、個人の集合体が必要な機能や規範を作り上げ、同時にこれらのことが個人の行動などを制約し、全体性を形成する構造が構築されているということ。

② 生物の体が、その細胞を構成する分子を生きている限り絶えず入れ替えるにもかかわらず、生物としての機能を維持するように、社会においても、個人と個人の関係があり、その離合集散から特定の機能が分化することで、国家の機能を維持し発達させる構造が構築されているということ。

③ 生物の体が、物理・化学の法則への還元や超物理・化学的な実体の仮定からは性質を特徴づけられないように、社会においても、構成要素としての個人が集団や民族、国民や国家という段階を経て、それぞれの役割に応じた機能を確立することで、発展的に統合する構造が存在するということ。

④ 生物の体が、個体の形質を伝える遺伝情報による自己保全、再生、複製の機能によって一個の生命体としての統一性を保つように、社会においても、特定の性質や性向を持ったばらばらな個人を社会の内部で相互に結びつけ、同時に制約するような一定の構造が存在するということ。

⑤ 生物の体が、自然界のなかで育まれた情報システムを通じて生命を保持することが実証的に突き止められたように、社会においても、個人の集合体というだけではなく、個人個人の行動が積み重ねられることでおのずと形成される機能によって、安定的な構造が存在するということ。

問5　次に示すのは、この文章を読んだ五人の生徒が、社会科学の方法を話題にしている場面である。本文の趣旨に最も近い発言を、次の①～⑤のうちから一つ選べ。解答番号は 9 。

① 生徒A――自然科学なら実験や観測を通して客観的な現象を確認できるけど、社会を対象とする科学って、考えてみると難しいよね。社会的な現象を客観的に認識するためには、社会をばらばらな個人の集合と考えるんじゃなくて、個人を越えた何らかの実体のあるものとした上で、社会全体を一つの対象として考えていく必要があるんだろうね。

② 生徒B――社会についてそんなふうに考えたら、全体主義的な価値観になってしまうんじゃないの。社会は個人の集合であり国家や社会のはたらきは基本的には個人の行動の集積なんだから、社会現象を考察するときにはそれを構成している個人個人の行動にまで還元して考察することが社会科学では重要だって、この文章にも書いてあるよ。

③ 生徒C――社会については、個人と個人の間に存在する関係の構造をシステムとして考える必要があるんじゃないかと思うよ。たとえば、経済学の場合には、そういう認識に基づいて、人間を合理的利己主義者って規定しているんでしょ。ただ、その規定はあくまで仮説であって、命題じゃないってことを忘れちゃいけないんだよね。

④ 生徒D――社会をそんなふうに捉えた上で人間を合理的利己主義者としたのは確かだけど、経済学はそういう人間のモデルを使って社会的な規範まで導き出したんだよ。だからこそ、社会科学の中でも経済学が特別に「科学的」だといわれるわけだけど、こういう経済学は、アダム・スミスが提出した論理に基づいて大きく進歩したんだよね。

⑤ 生徒E――社会をシステムとして考えるのなら、社会の論理と組織そのものは個人から離れて存在するってことに注意しなきゃいけないよ。合理的利己主義者としての個人は意識的に行動することで、社会との間に新たな関係を作り出していくんだよね。人が社会の中に生まれ、社会によって作られるって、そういうことでしょ。

問6　この文章の表現と構成・展開について、次の(i)・(ii)の問いに答えよ。

(i)　この文章の第1～8段落の表現に関する説明として**適当でないもの**を、次の①～④のうちから一つ選べ。解答番号は 10 。

① 第1段落の「『べし、べからず』の規範的論理を主とする議論」という表現は、「規範的論理を主とする議論」という語句で表される内容を助動詞が表す意味を利用して伝えている。

② 第6段落の「実はこれと同様な問題は～起こっていた。」という表現は、それまで述べてきた問題が社会科学に固有のものではないことを打ち明けておくという書き手の態度も伝えている。

③ 第6段落の「『生命力』(anima)」という表現は、「anima」という語によって表される内容をこの文章では「生命力」という語で表しているという断りを伝えている。

④ 第8段落の「国家主義は～、しかし民族主義は～」という表現は、民族主義の状況が国家主義の状況とは異なっているということを語句の呼応を利用して伝えている。

(ii) この文章の構成・展開に関する説明として**適当でないもの**を、次の①～④のうちから一つ選べ。解答番号は 11 。

① 第2段落では、社会科学の概要を述べて第1段落で起こした論を引き継ぎ、第3段落では、社会科学に潜む前提を指摘して論の転換を図り、第4段落では、それまでの論述をまとめている。

② 第10段落では、第9段落の内容を踏まえて「国家や社会」と「個人」の関係についてのまとめが行われ、第11段落では、そのまとめについての補足説明がなされている。

③ 第12段落では、それまでの議論を集約して結論を端的に述べるが、第13段落では、第12段落で述べた結論が必ずしも十分ではないことを反例とともに述べて、その結論について補足をしている。

④ 第14段落では、経済学に話題を絞って論を進め、第15段落では、経済学の問題の一つを述べて論を引き継ぎ、第16段落では、さらに問題点を述べつつ、全体の内容を踏まえて「個人」と「社会」の関係にも言及している。

第2問　次の文章は、浅原六朗《あさはらろくろう》の小説「青ざめた行列」（一九二七年発表）の全文である。これを読んで、後の問い（問1～6）に答えよ。なお、設問の都合で本文の上に行数を付してある。（配点　50）

その郊外は私にとって、全然未知な郊外のようにも想《おも》われなかった。

丘を一直線に走る高速度電車には記憶がなかったが、線路のかなたの黒い森や、草原《くさはら》には、何処《どこ》となく、古い記憶が喚《よ》びさまされる感情がのこっていた。

いつのことであろうか。

私は立って、白い空を背景にしたデザアト（注1）な風景をながめていた。

風もなく、重い空気が草原の繊細な草の葉さきさえも動かさない日である。人が通らない。音がない。(ア)凝然と森が黒く、地殻を突き破った魔のごとく空の一部にもり上《あが》っている。

私はステッキを地にさしたままながめていた。歯にはさまったものを舌でとろうとするような、もどかしい、はっきりと浮《うか》びあがらない記憶におそわれながら。

誰《だ》れにでもあることであろう。突然ある風景を眼《め》の前にした時、あるいはある場所である友人、又はある女と話している場合、ああ前にこんなことがあった、これとそっくりな……と云《い》った風なこと、曇りガラスをとおしてシリウエット（注2）を見るような感情に襲われる。現実性を帯びたファンタジアと説明するのが妥当か、夢幻的現実と云うか、兎《と》に角《かく》その不思議な空気のなかで、ぼんやりと私は死にはてた記憶がめざめてくるのを待っていた。

高速度電車が、重い空気を極度に掻《か》き乱しながら裂声をあげて走りすぎた。

私はA夢魔からさめて歩きだした。

踏切をこえて森の右手にでた時、私は人の群《むれ》がながく森わきの路《みち》を歩んでいるのを見出《いだ》した。

静かな行列が、音もなく、歩んでいるのである。人々はすべて顔を地にむけて歩んでいる。二町（注3）ほどの距離に立つ私もそれははっきりと知ることができた。

間もなく私にはそれが、悲しみの群であることが解《わか》った。しかもこの葬列は、もっとも愛する者を失った人々の一団であることも理解された。寂として、足音さえも悼《いた》みはてた感慨のなかに沈んでいたからである。

私は最近知人の死にさえ逢《あ》ったことがないので、この葬列も私の心のなかにまでは入ってこなかった。私は異常な風景としてのみ、この青ざめた葬列を見送っていた。

けれどこの葬列は私に一つの連想をあたえていた。

(注4)ゴーグの描いた「囚人」のシーンである。四方とも固い石と煉瓦《れんが》にかこまれた牢獄《ろうごく》の狭い中庭を、運動のため環《わ》を描いて歩ませられている囚人の図である。両手を縛《ばく》せられ、囚人たちのある者は顔をあげ、ある者は傲然《ごうぜん》と唇を歪《ゆが》め、ある者は頭をたれ……私はこの絵の頁《ページ》を開けた瞬間から、烈《はげ》しい魅力を、感ぜずには居られなかった。

光《ひか》りを遮断された煉瓦のなかで、なんのためにこの囚人たちは運動させられているのであろう。絶望と、憂鬱と、反逆と、憎悪と、いや彼等《ら》はおそらくそれらの感情にさえも、慣れてしまっているのではなかろうか、囚人たちは固い靴を石畳に曳《ひ》きずりながら歩いている。

石畳にひびく靴の音!

B私に希望のめぐまれない日は、その絵を見ることによって慰められた。理由もなく私はある日、このはてしなく歩む囚人の環を見つめているのである。終《おわ》りには、私の網膜のなかでさえ、囚人の環が歩むようになっていた。また頭脳の芯には腕にきしむ鎖の音が響いていた。その環は苦い渦をなして廻《まわ》りだしていた。

輪環は悲哀の象徴である。単調と反覆と、倦怠《けんたい》のみがこめられている。そこには変化と流動がない。固定された反覆、それは輪環によってのみ象徴される。

私は空想児であった。しかも生きるためにはリアリティのなかに生活しなければならなかった。空想児が、このすさまじい生存競争のリアリティのなかに於《お》いて破産しないで居られようか。

私が自分の両手に重い鎖を感じだしたのも、ただにゴーグの絵によってのみではなかった。けれどゴーグの絵によって慰められたことは事実なのである。何故《なぜ》ならば、空想児としての私の人生もゴーグの囚人以上であろうかと考えたから。だから私がこの青ざめた葬列の歩みに、囚人たちの輪環を連想したことも自然なことであった。

私が丘をくだったとき、消えさったように葬列は道からすぎていた。ほこりの多い路には、黄色の花が、一輪、葩《はなびら》をふみにじられて落ちていた。

私は葬列のあとを追って、路を右に行く気にはなれなかった。私は歩みを左にかえした。私は森を突《つき》抜けようとして、いつか蔦《つた》に覆われた古い石の門の前にでていた。

その時、一瞬にして私は古い記憶をとりもどしていた。

「Kだ、Kの家の前にきたのだ」

十年も過去のことであろうか。私はしたしい友人であるKをこの郊外の家に訪ねたことがあるのである。其《その》後の十年、私はKについて記憶を失《うし》なっていた。Kが暫《しばら》く外国に行って居《お》ったこともその理由の一つではあるが。

私は石段をあがり玄関に立ってベルを押した。ベルには弾力がとれていた。私の指が、ほこりで斑点をつけられたほど、永年使われたものでないことが解った。

私は軽い躊躇《ちゅうちょ》ののち、ドアをコツコツと叩《たた》いてみた。いらえ（注5）がない。私は聴覚を鋭敏にして立っていた。

私はKの記憶を描きつづけていた。Kの記憶は私の感情をしずかにかろくなでてくれた。私は入口《いりぐち》からはなれて庭に廻ってみた。

窓のカアテンは閉ざされたままで、やはり人かげは見えなかった。

莨《たばこ》に火をつけてぼんやり空を見上げた。光りを宿しつつ、しかも青色を失なった白い空である。影のない影が降って地上のすべてのものを包んでいる。

庭の芝生は乱れた髪の毛のように伸びきって、多数の者に踏みにじられた痕《あと》がある。

私は口笛をふきだしていた。空気が重いためか、口笛はかえって響き多く、細かな旋律までもつたえていた。

誰れかが呼んでいる。

私は口笛をやめて周囲を見まわした。庭も家ももとのままで、窓はひらかれていない。けれど私は体の何処かで、呼んだ声をきいていた。

雨にさらされた窓わく、地図のようにはげ落ちたペンキ、私の注意はそれらの点にまで走っていた。が、呼んだ人は見あたらない。

C私の脈搏《みゃくはく》は速くなっていた。

私は歩をかえそうとした。何《な》んとなく、この建物が、ある生物の抜殻《ぬけがら》のように寂しく想われたからである。

Kはもういないのだろう。あの男は表札をだしていない男だった。そして今もでていない。けれどKはもうこの家にいないのだ。

寂然とした感情が私の背にながれて行った。

莨をすてて庭口をでようとして、私の視覚は思わず二階の窓に立つ老人の姿を見ていた。私は体を硬直させて二階の老人を見つめた。

老人が窓を叩いたのである。

老人は親しみ深い顔で私をながめながら、手招きをしていた。

老人の顔は私に何んのこだわりも感じさせなかった。見知らない顔である。見知らない顔ながら私は老人に対して素直な感情がもてた。

私は何んの躊躇もなく、ドアを開けて、客間を通り老人の居る二階の室《へや》にあがって行った。

老人は弱い微笑をもって私をむかえ、無言のまま古びたアーム・チェアを指さした。

私と老人は前からの知り合いでもあるかのように、一脈のしたしさをもってむかい合った。

窓かけの色調も加わって、この室は深い海底のように静かである。

「私はあなたを覚えていません」

私は安易に唇をひらいていた。

「いや、俺《わし》もあなたを知らない」

二人は自然に微笑し合った。

私は老人の微笑のうちに益々《ますます》深い親しみを感じて行った。老人の微笑には過去に行われた無数の歴史と経験が美しくふくまれていた。また眼光に現《あら》われている高い智性《ちせい》が、私に彼を尊敬させた。(イ)霊性を示している鼻の形が、この老人が過去にもったであろう威厳を印象さした。

「何か御話《おはなし》をして下さい」

私は小学生のように謙虚になっていた。

「永い路を御通りになってきたと想います。その路には何があったでしょうか」

老人は微笑したまま私から眼を放さないでいる。

「何か話して下さい」

「どんな話がおすきですか」

老人はようやく唇をひらいていた。

「どんな話でも」

老人は骨ばった指をポキポキと鳴らした。

老人は眉をあげて、また瞳をふせた。その唇は、重い扉のように開かれようとして、また固くしめられてしまった。

私は呼吸さえも硬くしていた。

私は理想の達せられないこの人生を、老人の前で歎《なげ》きたかった。火のような熱情もやがて褪《あ》せてゆく悲しみを慰めてもらいたかった。

「自由は何処にあるのでしょうか？」

私はそうも訊《き》きたかった。

「何処に行くのでしょうか？」

そうも訊きたかった。

私は沈黙のこの老人を前にして、不思議にもプリミチイブ(注6)な青年期の煩悶《はんもん》に還《かえ》らされていた。けれどこの煩悶は私にとって、プリミチイブな形式をとりながら、その根本に於て不変の疑惑であったからでもあろう。人間は一段上の者に逢うとみんな小さくなる。

私は(ウ)つつましく老人を見つめていた。

老人は唇をひらこうとして、突然ほがらかに笑いだしていた。

「話すことは沢山あったでしょう。だが、みんな忘れてしまいました」

私には解らなかった。

「一人私を知っていて呉《く》れる者がありました。革命も事業も……恋も……みんな知っていてくれました。若い二人がこの地上にお伽《とぎ》話の国を造ろうと思ったことがあったのです。その人は立派な熱情と理解をもって奮闘しました。一生を捧《ささ》げて努力したのです」

「……………」

老人は眼をとじていた。

「私の妻です。私の妻です」

老人の言葉は簡単ではあったが、私は、強い感情が底をながれているのを知ることができた。私の連想は、この老人によって語られた夫人を、この地上の殉教者としてまとめあげていた。この老人にさえ敬愛されるその夫人はどんな人であろうか。

「奥さんにもおめにかかることは出来ませんでしょうか」

「俺《わし》の妻に……」

老人の指が枯枝《かれえだ》のような音をさした。

「あなたはここにくる途中長い葬列に逢いはしませんでしたか……」

老人はこう云ったまま、首《こうべ》をふって、右手を機械のように空中でうごかした。

（注）1　デザアトな——砂漠のような。寂しい。

2　シリウエット——シルエット。影。影絵。

3　二町——約二二〇メートル。

4　ゴーグ——オランダの画家ヴィンセント・ヴァン・ゴッホ（一八五三〜一八九〇）のこと。

5　いらえ——返事。

6　プリミチイブな——根源的な。素朴な。

問1　傍線部(ア)～(ウ)の本文中における意味として最も適当なものを、次の各群の①～⑤のうちから、それぞれ一つずつ選べ。解答番号は 12 ～ 14 。

(ア)　凝然と 12

① ぐったりと横たわって
② ひっそりと音もせず
③ じっと動きもなく
④ こんもりと生い茂り
⑤ ぼんやりとおぼろげに

(イ)　霊性 13

① 精神の崇高さ
② 気性の激しさ
③ 存在の不気味さ
④ 感覚の鋭敏さ
⑤ 心の清らかさ

(ウ)　つつましく 14

① 本音を隠して丁寧に
② 心ひかれてひたむきに
③ 気を引きしめて真剣に
④ 敬意をもって控えめに
⑤ 慈しみを込めて穏やかに

問2　傍線部A「夢魔からさめて」とあるが、「夢魔」とは私のどのような状態を表しているか。その説明として最も適当なものを、次の①～⑤のうちから一つ選べ。解答番号は 15 。

① 風がなく、重い空気が草原の中に漂っており、大きな黒い森が不吉なもののように空を覆い隠している風景について、ぼんやりとした不安を感じている状態。

② 暗い森が線路の向こうに見える、風も人も音もない郊外の風景について、記憶との結びつきがあるような気はするもののはっきりせず、はがゆさを感じている状態。

③ 無風で黒い森と白い空ばかりが目の前に広がる殺風景な郊外の風景について、かつてここに来たことがあるかないか、なかなか思い出せず、あせりを感じている状態。

④ 大きく盛り上がった黒い森が際立ち、風も人も音も存在しない郊外の風景について、これが夢なのか現実なのか判断することができず、心細さを感じている状態。

⑤ 風もなく、人通りもなく、静まりかえった草原の中をまっすぐ通り過ぎる高速度電車や、白い空を覆い尽くす暗い森について、居心地の悪さを感じている状態。

問3　傍線部B「私に希望のめぐまれない日は、その絵を見ることによって慰められた。」とあるが、それはなぜか。その説明として最も適当なものを、次の①～⑤のうちから一つ選べ。解答番号は 16 。

① 牢獄の中庭を歩いている囚人たちはそれぞれ異なった表情と動作で描かれており、私の網膜や頭脳に焼き付くほどに優れた絵画の表現となっているから。

② 獄中で両手を縛られて歩く囚人たちを描いた絵画は、鎖の音や靴の音までリアルに映し出しており、束縛されつつも現実に生きている自分の姿を私に気づかせるから。

③ 私は厳しい生存競争のリアリティの中で生きることができない空想児であり、囚人たちが描かれた絵画は、現実から逃避する私を受け入れてくれるから。

④ 絵画に描かれている囚人たちの様子は、悲哀や単調、反復、倦怠の象徴であり、それが現実に押しつぶされそうになっている私の感情に形を与えてくれるから。

⑤ 牢獄の中での絶望や憂鬱、反逆、憎悪といった感情に慣れてしまった囚人たちを描いている絵画は、自分がどう生きるべきかについての認識を深めてくれるから。

問4 傍線部C「私の脈搏《みゃくはく》は速くなっていた。」とあるが、Kの家にたどり着いてからここに至るまでの私の心情や様子の説明として最も適当なものを、次の①～⑤のうちから一つ選べ。解答番号は 17 。

① 親友であったKの家の前にたまたまやって来た。Kの家にたどり着くまで私はKのことを思い出すこともなかったが、この家に着くとKの記憶が少しずつよみがえってきた。そして、誰かが自分のことを呼んでいるように思い、かすかな期待感をもつようにもなった。

② 親しかったKの家の前にいつの間にか立っていた。Kの姿は見えなかったが、重苦しさを和らげてくれるKの記憶に私が浸っていると、誰かが呼んでいる声が聞こえてきた。しかし、その姿も見えず、Kの家に不気味さと空虚さとを感じるようにもなった。

③ 記憶をたぐり寄せて旧友のKの家にやって来たが、Kは家を留守にしていた。期待外れに終わって途方に暮れていると、誰かが自分のことを呼んでいる声がした。私は白い空の中にKの影を思い浮かべ、誰もいないKの家に寂しさと不吉さとを感じるようにもなった。

④ Kの家にやって来たが、Kは外国に行っているらしく留守であった。弾力のとれたベルや閉ざされたカーテンは、私をもの寂しい気持ちにさせた。私はKとの記憶を取り戻し、あたかもKが自分のことを呼んでいるのではないかと感じるようにもなった。

⑤ Kとの懐かしい思い出に浸りながら、荒れ果てたKの家の周りを当てもなく歩いていた。Kを呼ぶように口笛をふいてみると、誰かが自分のことを呼ぶ声が聞こえてきた。その声がKのものでなく見知らぬ老人のものであると分かり、張り詰めた気持ちにもなった。

問5　老人との会話における私の心情や様子の説明として最も適当なものを、次の①～⑤のうちから一つ選べ。解答番号は 18 。

① 私は、見知らぬ顔の老人に対して前からの知り合いのように向かい合った。沈黙する老人から不思議にもゴーグの絵の囚人たちのような苦悩を感じていたところ、ようやく聞けた彼の言葉の底に夫人への強い思いを感じて、理想の達せられない人生の意味を問われている。

② 私は、見知らぬ老人になんのためらいもなく話しかけ、微笑し合った。老人の風貌に高い知性や威厳を感じて、何か話を聞きたいと言ったものの老人ははぐらかしてなかなか話してくれず、青年期の悩みに煩悶するばかりの私は、人生の絶望を突きつけられている。

③ 私は、老人の微笑の奥に豊かな人生経験を感じ取っていた。老人を前に私は青年期からずっと持ち続けている自分の苦しさのことを考えていたが、老人の良き同志として共に理想の世界を造ろうとした夫人の話を聞いて、自分の人生にも可能性があることを示唆されている。

④ 私は、弱い微笑と無言で迎え入れてくれた老人に対して、一段上の者と会ったように緊張して息を詰まらせた。自分の不遇な人生を振り返り、青年期の煩悶について老人を問い詰めたところ、老人の理解者であった夫人が亡くなったことを聞かされ、人生の悲哀を感じさせられている。

⑤ 私は、親しみ深く威厳ある顔をした老人と向かい合い、謙虚な気持ちを抱いた。老人に、理想の達せられない自分の悲しみを慰めてもらいたくなったが、たまたま目にした葬列が老人の敬愛していた夫人のものであったことをほのめかされ、人生の厳しさに向き合わされている。

問6　この文章の表現や構成に関する説明として**適当でないもの**を、次の①～⑥のうちから二つ選べ。ただし、解答の順序は問わない。解答番号は 19 ・ 20 。

① 14行目「高速度電車が、重い空気を極度に掻《か》き乱しながら裂声をあげて走りすぎた。」の一文は、それまでの「人が通らない。」、「音がない。」といった静寂の描写と対照的であり、「裂声」は私が「夢魔からさめ」るきっかけとして印象の強いものとなっている。

② 21行目「私の心のなかにまでは入ってこなかった」、「異常な風景としてのみ、この青ざめた葬列を見送っていた」のように、始めは私にとってひとごとのように描かれていた葬列が、結末の場面で老人に関係するものだと示され、意外性をもたらしている。

③ 24行目以降の「囚人」の絵の説明は、「環《わ》を描いて歩ませられている」、「両手を縛《ばく》せられ、囚人たちのある者は顔をあげ、ある者は傲然《ごうぜん》と唇を歪《ゆが》め、ある者は頭をたれ……」など具体的であり、この絵に私が引き込まれている様子が表現されている。

④ 36行目「空想児が、このすさまじい生存競争のリアリティのなかに於《おい》て破産しないで居られようか。」や、39行目「空想児としての私の人生もゴーグの囚人以上であろうか」には、反語表現が使われており、私の生きることへの情熱が表されている。

⑤ 私と老人との対話の場面では改行が多用されている。これにより、現実に絶望していた私が老人とのやりとりを通じて苦しみから解放されていく様子が、効果的に描かれている。

⑥ この文章は、どこなのか分からない場所に突然立っていたり、Kの家のはずなのに見知らぬ老人がいたり、老人と私とが何の疑問もなく打ち解けたりするなど、現実感の希薄さを感じさせる展開となっている。

第3問 次の文章は『海人《あま》の刈藻《かるも》』という物語の一節である。主人公の大納言は出家を決意し、斎宮《さいぐう》（大宮の娘）、大宮（大納言を育てた人物）、大将（大納言の兄）の三人宛てに手紙を書き残して一条院（大宮の邸）から姿を消した。本文は、一条院に仕える女房がその手紙を見つける場面から始まる。これを読んで、後の問い（問1〜6）に答えよ。（配点 50）

あやしくて見れば、A御笛に添ひたる文は「斎宮へ」とあり。「大宮」「大将殿」とあり。あやしく、胸うち騒ぎて、斎宮にこのよし啓して、文奉れば、おどろかせ給《たま》ひて引き開け御覧ずれど、目も霧《き》りふたがるに、女別当《にょべつたう》(注1)・宣旨《せんじ》など見聞こゆれば、

　よべ聞こえまほしかりつるを、大宮など諫《いさ》めさせ給はむ、かたじけなさに、え啓し侍《はべ》らずなむ。今しばらくも(ア)あらまほしけれど、命絶ゆべきことを仏の定かに知らせ給ふこと侍れば、しばしがほどもつとめ侍らむとてなむ。大宮をはじめ奉り、思《おぼ》し嘆かむこと、罪避《さ》り所なく、さりとて、御目の前にて亡き身と御覧ぜられむよりはと思ひ侍り。幼き者(注2)は、生ひ立たむままに、山の座主《ざす》(注3)に奉り給へ。法師のこころざし深く侍り。この笛は、故院(注4)、大将の今ひとつも大人《おとな》しくて、欲しがり申されしに、「これは思ふことあり」とて、我に賜はせたり。こころざしかたじけなくて、五つの年より身を放ち侍らぬなり。法師なりとも、形見に賜はせよ。

など、こまごまと書きて、

　伝へてしうきねをしのべ笛竹のこの別れこそ世にたぐひなき(注5)

見給ふ御心ども、夢とも分き難《がた》し。大宮は文を御顔に押しあてて、うつぶし臥《ふ》し給ふ。「御厩《むまや》の馬も、随身《ずいじん》も侍らず」など申すに、あさましともおろかなり。

大宮の御文には、

　深くは思し嘆くまじきことなり。おくれ先立つ習ひ、つねのことにこそ。御目の前の悲しびを御覧ぜられむなむいみじきと思し召して、慰ませ給ふべく。

などとて、

かりそめのうき世の夢のさめぬ間を嘆かでも見よ後《のち》の光を

大将殿へも「かく」と聞こえ給へば、おどろきて文見給へば、

よべ(注6)御あらましを聞きさし侍りしも、かかるこころざしになむ。ゆめゆめ**B**我が心より起こり侍らず。仏のたびたび諫めさせ給ひしかばなむ。**C**目の前の別れよりは、などかと思しなせ。大宮の嘆かせ給はむ、慰め奉り給へ。

とて、

後の世も隔てはあらじ蓮葉《はちすば》のつゆも変はらぬ身ぞと思へば

殿(注7)も聞きおどろかせ給ひて、大将もろともに一条院へ参り給ふ。

昼つかた、御馬(注8)の引き返して参りけり。「いかにや」と尋ね給へば、「年頃(注9)の聖《ひじり》の坊におはしまして、かねて契り給へるにや、さうなく(注10)御髪《みぐし》下ろして、御衣《ころも》・袈裟《けさ》などかけさせ奉り侍り。『なりつぎ(注11)も帰り参れ』とのたまはせけれど、みづから頭《かしら》下ろして、かれも候ふ。あはれにかたじけなかりしかば、『御ともに』と申し侍りしかど、『都に騒がせ給はむもかたじけなし。帰り参りて、ありさま申せ』と侍りし」とて泣くさま、かの車匿舎人《さのくとねり》(注12)が帰りけむ人の朝廷《みかど》まで推し量られて、あはれなり。

「(イ)さてあるべきかは」とて、殿も大将も山へ登らせ給ふ。権大夫《ごんのだいぶ》も参り給ふ。内裏《うち》よりの御使《つかひ》に源中納言、春宮《とうぐう》の御使に三位の中将登り給ふ。

聖の室《むろ》にさし入らせ給へば、大納言はおはせず。「さて、いかに」と尋ね給へば、「京より人多く登り続かせ給ふよし、下法師《しもぼふし》の申し侍りしかば、『今さら(ウ)見え奉りても』とて、いづ方へかおはしましぬらむ、知らず」と言ふに、あまりの心憂さに、「などか、一条院(注13)・大殿などにも、かくは伺ひ給はで、かくはなし聞こえ給へるならむ。世の有職《いうそく》にておはしましを」とのたまへば、「いさや。出家を留むるをば、三世十方《さんぜじつぱう》(注14)の仏たち憎み給ふことなれば、こなたよりだに勧め申すべきことを、めでたく御みづから思し寄りたる、ありがたく覚え侍りてなむ。それひがことならば、ともかくも計らひ給へ。昔より出家の身は、国王・大臣といふことをば知らずかし」とて、数珠《ずず》うち繰りて居たり。憎しとも世のつねなり。世のことわりも忘れて、罪得まじくは、「懲りぬや、懲りぬや」とも言はせまほしきさまなり。みな文書き置きて、泣く泣く帰り給ふ。

（注）

1　女別当・宣旨――一条院に仕える女房たち。

2　幼き者――若君。大納言の息子。大宮と斎宮のもとで養育されている。

3　山の座主――比叡山延暦寺の最高位にある僧。

4　故院――大宮の亡き夫。

5　たぐひなき――「たぐひなけれ」とあるべきだが、文意は同じ。

6　御あらまし――まだ正妻がいない大納言に縁談を持ってきたことを指す。

7　殿――関白。大宮の弟。

8　御馬の引き返して参りけり――大納言の馬を随身が連れ帰ったことをいう。

9　年頃の聖――大納言が長年親しくしている僧。

10　さうなく――ためらうことなく。

11　なりつぎ――大納言の従者。

12　車匿舎人が帰りけむ人の朝廷――釈迦《しゃか》についてのインドの故事。王子であった釈迦の突然の出家を、従者の車匿舎人が見届け、宮廷に帰って報告した。

13　一条院・大殿――「一条院」とはここでは大宮のことであり、「大殿」とは大宮・関白の父親のこと。

14　三世十方――仏教でいうあらゆる時間と空間。全世界。

〔主要人物関係図〕

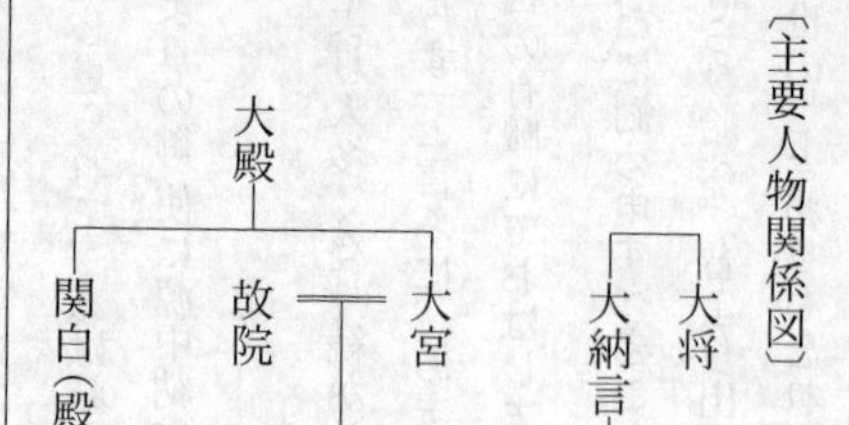

問1　傍線部(ア)～(ウ)の解釈として最も適当なものを、次の各群の①～⑤のうちから、それぞれ一つずつ選べ。解答番号は 21 ～ 23 。

(ア) あらまほしけれど 21
① 理想の人でいたいが
② 帰って来てほしいが
③ 長生きしてほしいが
④ 一緒にいてもよいが
⑤ このままでいたいが

(イ) さてあるべきかは 22
① そんな馬鹿げたことはあるはずがない
② 本当にそうなのか確かめねばならない
③ これからどうしたらよいか分からない
④ そのうち彼の気も変わるにちがいない
⑤ そのままにしておいてよいわけがない

(ウ) 見え奉りても 23
① 拝見したとしてもつまらない
② いらっしゃっても面白くない
③ 来ていただいても興味がない
④ お目にかかっても仕方がない
⑤ 御覧になっても申しわけない

問2　波線部「かくはなし聞こえ給へるならむ」についての文法的な説明として、適当でないものを、次の①～⑤のうちから一つ選べ。解答番号は 24 。

① 品詞分解をすると八語に分かれる。
② 助詞は一語だけ用いられている。
③ 大納言への敬意を示す謙譲語が用いられている。
④ 一条院・大殿への敬意を示す尊敬語が用いられている。
⑤ 推量の助動詞「む」の連体形が用いられている。

問3　傍線部A「御笛に添ひたる文は『斎宮へ』とあり」とあるが、大納言が斎宮に笛を残して行ったのはなぜか。その理由として最も適当なものを、次の①～⑤のうちから一つ選べ。解答番号は 25 。

① 故院が特別に私に授けてくれた笛だが、兄の大将も欲しがっていたので、大将に譲ってほしい、と思ったから。
② 私をしのぶよすがとして、幼いときから肌身離さず持っていた大切な笛を若君に渡してほしい、と思ったから。
③ 故院の形見の笛だが、出家する私には必要ないので、故院の娘である斎宮に持っていてほしい、と思ったから。
④ 大宮は私を養育してくれた恩人なので、五歳から大事にしていた笛をお礼として届けてほしい、と思ったから。
⑤ 若君が将来出家する際の布施として、故院から授かった貴重な笛を山の座主に献上してほしい、と思ったから。

問4　傍線部B「我が心より起こり侍らず」とあるが、ここで大納言が言いたかったのはどういうことか。その説明として最も適当なものを、次の①～⑤のうちから一つ選べ。解答番号は 26 。

① 私が人々との関わりを断ち切って出家するのは、残り少ない人生を仏道修行に費やすよう仏に諭されたからである、ということ。

② 私が無断で家を出たのは、親しい人々に打ち明けて引きとめられると出家の決意が揺らぐ恐れがあったためである、ということ。

③ 私が皆を嘆かせると知りつつ出家するのは、他に例のない別れ方をすることで私を忘れずにいてもらうためである、ということ。

④ 私が大将の持ってきた縁談に耳を傾けなかったのは、結婚をすると大宮が寂しがるに違いないと思ったからである、ということ。

⑤ 私が大将の世話してくれた縁談を断ったのは、妻帯してはならないという仏の度重なるお告げに従ったからである、ということ。

問5 傍線部C「目の前の別れよりは、などかと思しなせ」とあるが、ここで大納言が大将に伝えたかったのはどういうことか。その説明として最も適当なものを、次の①～⑤のうちから一つ選べ。解答番号は 27 。

① 面と向かって別れを告げられるより、手紙を通して知る方が、あなたは冷静に受け止められるだろう、ということ。

② 私が大宮に会って別れを告げるより、あなたから伝えてくれた方が、大宮の寂しさもやわらぐはずだ、ということ。

③ 私が出家をしないまま死ぬより、僧侶の身となって成仏する方が、あなたのためにもよいことなのだ、ということ。

④ 私の死を目の当たりにするより、俗世を捨てた私と会えなくなる方が、あなたの悲しみは浅いはずだ、ということ。

⑤ 弟である私との別れより、幼くして両親に先立たれたことの方が、あなたにとってつらい経験だろう、ということ。

問6　本文の内容に合致しないものを、次の①～⑤のうちから一つ選べ。解答番号は 28 。

① 大納言は、大宮に対しては深く嘆くことはないという和歌を、大将に対しては来世でも私たちは少しも変わらず親しい間柄のままだろうという和歌を贈った。

② 関白は、大納言が突然いなくなったことを聞いて驚き、大将と共に一条院へ行った。そこで大納言の随身から大納言が聖のもとで出家したことを知らされた。

③ なりつぎは、大納言が姿を隠した際に同行し、出家を遂げた大納言から帰るように言われた。しかしそれには従わず、出家して大納言のもとにとどまった。

④ 大将たちは、優れた人物である大納言が世を捨ててしまうことに賛同できず、出家の世話をした聖を責めた。しかし、聖は大納言の決意を讃《たた》えて反論した。

⑤ 聖は、出家を遂げた大納言を連れて帰ろうとする大将たちの無理解に腹を立て、もし罪にならないのならば、人に命じて気が済むまで懲らしめたいと思った。

第4問

次の文章は、明の書家で当時すでに著名であった董其昌《とうきしょう》にまつわる出来事を記したものである。これを読んで、後の問い（問1～7）に答えよ。なお、設問の都合で返り点・送り仮名を省いたところがある。（配点 50）

新安（注1）ノ一賈人《こじん》欲シテレ得ントニ文敏（注2）ノ書一ヲ、而懼《おそ》ルルニ其ノ贋《にせ》ナルヲ一也、謀ルニ諸《これ》ヲ文敏之客一ニ。客令（ア）ム下具ニ厚幣（注3）ヲ、介（注4）モテ入リテ謁セ上。備ヘニ賓主（注5）ノ礼一ヲ、命ジテレ童ニ磨《す》ラシメ（注6）レ墨ヲ、墨濃クナレバ、文敏乃チ起《た》チテ揮《ふる》ヒテレ毫《ふで》ヲ授クレ賈ニ。賈大イニ喜ビ、拝謝シ、持チ帰リテ懸クニ堂中一ニ。過客（注7）見テレ之ヲ、［ X ］嘆絶。

明年、賈復タ至ルニ松《しょう》江《かう》（注8）一ニ。偶《たまたま》過ギテニ府署（注9）ノ前一ヲ、見ルニ肩《けん》輿《よ》（注10）セラレテ而入ル者一ヲ。人曰ハク、「董（注11）宗伯也」ト。賈望メバニ其ノ容一ヲ、A絶不類去年為己書者。俟《ま》チテニ其ノ出ヅルヲ一、審《つまび》ラカニ視《み》ルニレ之ヲ、相ヒ異ナルコト真ニ遠ク甚ダシケレバ、B不レ禁ゼニ大声モテ呼《さけ》ブヲ（注12）レ屈ヲ。文敏停《とど》メテレ輿ヲ問（イ）ヘバレ故ヲ、賈涕《てい》泣《きふ》シテ述ブニ始末一ヲ。文敏笑ヒテ曰ハク、「C君為ルニ人ノ所トレ紿《あざむ》ク矣。D憐ニ君之誠、今可ニ同往為レ汝書」。賈大イニ喜ビ再拝シ、始メテ得レバニ真筆一ヲ、帰リテ以テ誇ルレ人ニ。而レドモ識者往往ニシテ謂《おも》ヘラク、前書較《やや》工《たくみ》ナリト也。此レ又タ可シレ見ル、名家随意酬応之筆常ニ有ルヲ下反《かへ》ツテ出ヅルニ贋《がん》本《ぼん》ノ下一ニ者上。

E

可ケン㆔遽にはカニ定ム㆓真偽ヲ于工拙ノ間ニ㆒乎や。

（葉廷琯『鷗《おう》陂《ひ》漁《ぎょ》話《わ》』による）

（注）
1 新安一賈人――「新安」は現在の安徽《あんき》省南部から江西省北部にかけての一帯。「賈人」は商人で、後に見える「賈」も同じ。
2 文敏――董其昌のこと。
3 厚幣――手厚い贈り物。
4 介入謁――訪問先の使用人に案内されて身分の高い人物と面会すること。
5 賓主礼――訪問者と主人とが会う際の儀礼。
6 童――未成年の男子の召使い。
7 過客――立ち寄った者。
8 松江――現在の上海市にある地名で、董其昌が住んでいた。
9 府署――役所。
10 肩輿――前後二人で担ぐ乗り物に人を載せること。乗り物自体も肩輿と呼び、後に見える「輿」もこれと同じ。
11 董宗伯――董其昌のこと。
12 呼㆑屈――不当な扱いを受けたと言い立てること。

問1　波線部(ア)「具」・(イ)「故」の意味として最も適当なものを、次の各群の①～⑤のうちから、それぞれ一つずつ選べ。解答番号は 29 ・ 30 。

(ア)「具」 29
① 詳しく見る
② 用意する
③ 探し求める
④ 一つにまとめる
⑤ 言及する

(イ)「故」 30
① 罪状
② 意図
③ 故郷
④ 理由
⑤ 事件

問2　「**X**嘆絶」は「みな感嘆した」という意味になる。空欄**X**に入る二字として最も適当なものを、次の①～⑤のうちから一つ選べ。解答番号は31。

① 可以
② 何如
③ 不若
④ 無不
⑤ 未必

問3 傍線部A「絶不類去年為己書者」の返り点の付け方と書き下し文との組合せとして最も適当なものを、次の①～⑤のうちから一つ選べ。解答番号は 32 。

① 絶不レ類下去年為二己書一者上
絶えて去年己の書を為《な》す者に類せず

② 絶不レ類二去年為レ己書者一
絶えて去年己の為《ため》に書する者に類せず

③ 絶レ不レ類下去年為二己書一者上
去年己の書を為す者に類せざるを絶つ

④ 絶レ不レ類二去年為レ己書者一
去年己の為に書する者に類せざるを絶つ

⑤ 絶不レ類二去年一為二己書一者
絶えて去年に類せずして己の書を為す者なり

問4　傍線部B「不レ禁二大声呼一レ屈」について、どうしてそうなったのか。その説明として最も適当なものを、次の①～⑤のうちから一つ選べ。解答番号は 33 。

① 以前に会ったことがある董其昌と再会したにもかかわらず、彼に無視されてしまったから。
② 長々と待たせた末に、なお肩輿の上に座り続ける董其昌の尊大な態度を無礼に思ったから。
③ 董其昌に会ったと思い込んでいたが、実はそれが計略に引っかかったものとわかったから。
④ 董其昌に紹介してくれた人とまた会ったのに、彼が贈り物について礼を言わなかったから。
⑤ 再び松江に行くことで、実際は紹介者がいなくても董其昌に会うのは簡単だと知ったから。

問5　傍線部C「君為二人所一レ給」には、どのような意味を表す句形が用いられているか。最も適当なものを、次の①～⑤のうちから一つ選べ。解答番号は 34 。

① 反語
② 使役
③ 受身
④ 禁止
⑤ 疑問

問6　傍線部**D**「憐二君之誠一、今可二同往為レ汝書二」の説明として最も適当なものを、次の①～⑤のうちから一つ選べ。
解答番号は 35 。

① 賈人の熱意に感心したので、一緒に行って賈人のために文字を書いてやろうとしている。
② 賈人の熱意に感心したので、文字を贈り物と一緒にして賈人に送ってやろうとしている。
③ 賈人の熱意に感心したので、今回もやはり賈人のために文字を書いてやろうとしている。
④ 董其昌の熱意には感心したが、それは今回もやはり賈人に文字を書いてやるからである。
⑤ 董其昌の熱意には感心したが、それは賈人と一緒に文字を書きに行ってやるからである。

問7　傍線部E「可㆔遽定㆓真偽于工拙間㆒乎」の解釈とその結論に至る筆者の見解として最も適当なものを、次の①～⑤のうちから一つ選べ。解答番号は 36 。

① この文は「本物か偽物かは上手か下手かという点からただちに決められるだろうか」という意味で、その前提には名人が求められるまま気軽に書いた文字でも努めて入手するべきだという筆者の見解がある。

② この文は「本物か偽物かは上手か下手かという点からただちに決められるはずだ」という意味で、その前提には名人が求められるまま気軽に書いた文字は概して偽物に劣るものだという筆者の見解がある。

③ この文は「本物か偽物かは上手か下手かという点からただちに決められるだろうか」という意味で、その前提には名人が求められるまま気軽に書いた文字を入手しても意味がないという筆者の見解がある。

④ この文は「本物か偽物かは上手か下手かという点からただちに決められるはずだ」という意味で、その前提には名人が求められるまま気軽に書いた文字でもやはり偽物に勝るものだという筆者の見解がある。

⑤ この文は「本物か偽物かは上手か下手かという点からただちに決められるだろうか」という意味で、その前提には名人が求められるまま気軽に書いた文字は概して偽物に劣るものだという筆者の見解がある。

MEMO

2016
本試験

国　語

（2016年１月実施）

80分　200点

国語

（解答番号 1 ～ 36 ）

第1問

次の文章を読んで、後の問い（問1〜6）に答えよ。なお、設問の都合で本文の段落に[1]〜[15]の番号を付してある。（配点　50）

[1] 着せ替え人形のリカちゃん(注1)は、一九六七年の初代から現在の四代目に至るまで、世代を超えて人気のある国民的キャラクターです。その累計出荷数は五千万体を超えるそうですから、まさに世代を越えた国民的アイドルといえるでしょう。しかし、時代の推移とともに、そこには変化も見受けられるようです。かつてのリカちゃんは、子どもたちにとって憧れの生活スタイルを演じてくれるイメージ・キャラクターでした。彼女の父親や母親の職業、兄弟姉妹の有無など、その家庭環境についても発売元のタカラトミーが情報を提供し、設定されたその物語の枠組《わくぐみ》のなかで、子どもたちは「ごっこ遊び」を楽しんだものでした。

[2] しかし、平成に入ってからのリカちゃんは、その物語の枠組から徐々に解放され、現在はミニーマウス(注2)やポストペット(注3)などの別キャラクターを演じるようにもなっています。自身がキャラクターであるはずのリカちゃんが、まったく別のキャラクターになりきるのです。これは、評論家の伊藤剛(注4)さんによる整理にしたがうなら、特定の物語を背後に背負ったキャラクターから、その略語としての意味から脱却して、どんな物語にも転用可能なプロトタイプ(注5)を示す言葉となったキャラへと、Aリカちゃんの捉えられ方が変容していることを示しています。

[3] 物語から独立して存在するキャラは、「やおい」(注6)などの二次創作と呼ばれる諸作品のなかにも多く見受けられます。その作者たちは、一次作品からキャラクターだけを取り出して、当初の作品のストーリーとはかけ離れた独自の文脈のなかで自由に操ってみせます。しかし、どんなストーリーのなかに置かれても、あらかじめそのキャラに備わった特徴は変わりません。たとえば、いくらミニーマウスに変身しても、リカちゃんはリカちゃんであるのと同じことです。

[4] このような現象は、物語の主人公がその枠組に縛られていたキャラクターの時代には想像できなかったことです。物語を破壊してしまう行為だからです。こうしてみると、キャラクターのキャラ化は、B人びとに共通の枠組を提供していた「大きな

物語」が失われ、価値観の多元化によって流動化した人間関係のなかで、それぞれの対人場面に適合した外キャラを意図的に演じ、複雑になった関係を乗り切っていこうとする現代人の心性を暗示しているようにも思われます。

5 振り返ってみれば、「大きな物語」という揺籃《ようらん》(注7)のなかでアイデンティティの確立が目指されていた時代に、このようにふるまうことは困難だったはずです。付きあう相手や場の空気に応じて表面的な態度を取り(ア)ツクロうことは、自己欺瞞《ぎまん》と感じられて後ろめたさを覚えるものだったからです。アイデンティティとは、外面的な要素も内面的な要素もそのまま併存させておくのではなく、揺らぎをはらみながらも一貫した文脈へとそれらを(イ)シュウソクさせていこうとするものでした。

6 それに対して、今日の若い世代は、アイデンティティという言葉で表《あら》わされるような一貫したものとしてではなく、キャラという言葉で示されるような断片的な要素を寄せ集めたものとして、自らの人格をイメージするようになっています。アイデンティティは、いくども揺らぎを繰り返しながら、社会生活のなかで徐々に構築されていくものですが、キャラは、対人関係に応じて意図的に演じられる外キャラにしても、生まれもった人格特性を示す内キャラにしても、あらかじめ出来上がっている固定的なものです。したがって、その輪郭が揺らぐことはありません。状況に応じて切り替えられはしても、それ自体は変化しないソリッド(注8)なものなのです。

7 では、自分の本心を隠したまま、所属するグループのなかで期待される外キャラを演じ続けることは、人間として不誠実であり、いい加減な態度なのでしょうか。現在の日本では、とくに若い世代では、どれほど正しく見える意見であろうと、別の観点から捉え直された途端に、その正当性がたちまち揺らいでしまいかねないような価値観の多元化が進んでいます。自己評価においてだけでなく、対人関係においても、一貫した指針を与えてくれる物差しを失っています。

8 現在の人間関係では、ある場面において価値を認められても、その評価はその場面だけで通じるものでしかなく、別の場面に移った途端に否定されるか、あるいは無意味化されてしまうことが多くなっています。人びとのあいだで価値の物差しが共有されなくなり、その個人差が大きくなっているために、たとえ同じ人間関係のなかにいても、その時々の状況ごとに、平たくいえばその場の気分しだいで、評価が大きく変動するようになっているのです。

9 私たちの日々の生活を(ウ)カエリみても、ある場面にいる自分と別の場面にいる自分とが、それぞれ異なった自分のように感じられることが多くなり、そこに一貫性を見出すことは難しくなっています。それらがまったく正反対の性質のものであることも少なくありません。最近の若い人たちは、このようなふるまい方を「キャラリング」とか「場面で動く」などと表現しますが、一貫したアイデンティティの持ち主では、むしろ生きづらい錯綜《さくそう》した世の中になっているのです。

10 しかし、ハローキティやミッフィーなどのキャラを思い起こせばすぐに気づくように、最小限の線で描かれた単純な造形は、私たちに強い印象を与え、また把握もしやすいものです。生身のキャラの場合も同様であって、あえて人格の多面性を削《そ》ぎ落とし、限定的な最小限の要素で描き出された人物像は、錯綜した不透明な人間関係を単純化し、透明化してくれるのです。

11 また、きわめて単純化された人物像は、どんなに場面が変化しようと臨機応変に対応することができます。日本発のハローキティやオランダ発のミッフィーが、いまや特定の文化を離れて万国で受け入れられているように、特定の状況を前提条件としなくても成り立つからです。C生身のキャラにも、単純明快でくっきりとした輪郭が求められるのはそのためでしょう。

12 二〇〇八年には、ついにコンビニエンス・ストアの売上高が百貨店のそれを超えました。外食産業でもファーストフード化が進んでいます。百貨店やレストランの店員には丁寧な接客態度が期待されますが、コンビニやファーストフードの店員にはそれが期待されません。感情を前面に押し出して個別的に接してくれるよりも、感情を背後に押し殺して定形的に接してくれたほうが、むしろ気をつかわなくて楽だと客の側も感じ始めているのではないでしょうか。店員に求められているのは、一人の人間として多面的に接してくれることではなく、その店のキャラを一面的に演じてくれることなのです。近年のメイド・カフェ(注9)の流行も、その外見に反して、じつはこの心性の延長線上にあるといえます。そのほうが、対面下での感情の負荷を下げられるからです。

13 こうしてみると、人間関係における外キャラの呈示は、それぞれの価値観を根底から異にしてしまった人間どうしが、予想もつかないほど多様に変化し続ける対人環境のなかで、しかし互いの関係をけっして決裂させることなく、コミュニケーションを成立させていくための技法の一つといえるのではないでしょうか。深部まで互いに分かりあって等しい地平に立つことを目指すのではなく、むしろ互いの違いを的確に伝えあってうまく共生することを目指す技法の一つといえるのではないでしょうか。彼らは、複雑化した人間関係の破綻を(エ)カイヒし、そこに明瞭性と安定性を与えるために、相互に協力しあってキャラを演じあっているのです。複雑さを（オ）シュクゲンすることで、人間関係の見通しを良くしようとしているのです。

14 したがって、外キャラを演じることは、けっして自己欺瞞ではありませんし、相手を騙《だま》すことでもありません。たとえば、ケータイの着メロの選択や、あるいはカラオケの選曲の仕方で、その人のキャラが決まってしまうこともあるように、キャラとはきわめて単純化されたものに違いはありません。しかし、ある側面だけを切り取って強調した自分らしさの表現であり、その意味では個性の一部なのです。うそ偽りの仮面や、強制された役割とは基本的に違うものです。

15 キャラは、人間関係を構成するジグソーパズルのピースのようなものです。一つ一つの輪郭は単純明快ですが、同時にそれぞれが異なってもいるため、他のピースとは取り替えができません。また、それらのピースの一つでも欠けると、予定調和の関係は成立しません。その意味では、自分をキャラ化して呈示することは、他者に対して誠実な態度といえなくもないでしょう。D価値観が多元化した相対性の時代には、誠実さの基準も変わっていかざるをえないのです。

（土井《どい》隆義《たかよし》『キャラ化する／される子どもたち』による）

（注）
1　リカちゃん――少女の姿形をモチーフにした着せ替え人形。
2　ミニーマウス――企業が生み出したキャラクター商品で、ネズミの姿形をモチーフにしている。「ハローキティ」「ミッフィー」も同様のキャラクター商品として知られており、それぞれネコ、ウサギの姿形をモチーフにしている。
3　ポストペット――コンピューターの画面上で、電子メールを送受信し、管理するためのアプリケーション・ソフトウェアの一つ。内蔵されたキャラクター（主に動物）が、メールの配達などを行う。
4　伊藤剛――マンガ評論家（一九六七〜　）。著書に『テヅカ・イズ・デッド――ひらかれたマンガ表現論へ』などがある。
5　プロトタイプ――原型、基本型。
6　「やおい」などの二次創作――既存の作品を原作として派生的な物語を作り出すことを「二次創作」と呼ぶ。原作における男性同士の絆《きずな》に注目し、その関係性を読みかえたり置きかえたりしたものなどを「やおい」と呼ぶことがある。
7　揺籃――ゆりかご。ここでは、比喩的に用いられている。
8　ソリッドなもの――定まった形をもったもの。
9　メイド・カフェ――メイドになりきった店員が、客を「主人」に見立て給仕などのサービスを行う喫茶空間。

8

問1　傍線部(ア)～(オ)に相当する漢字を含むものを、次の各群の①～⑤のうちから、それぞれ一つずつ選べ。解答番号は [1] ～ [5]。

(ア)　ツクロう [1]
① 収益のゼンゾウを期待する
② 事件のゼンヨウを解明する
③ 建物のエイゼン係を任命する
④ 学生ゼンとしたよそおい
⑤ ゼン問答のようなやりとり

(イ)　シュウソク [2]
① 度重なるハンソクによる退場
② 健康をソクシンする環境整備
③ ヘイソクした空気の打破
④ 両者イッショクソクハツの状態
⑤ ソクバクから逃れる手段

(ウ)　カエリみても [3]
① コイか過失かという争点
② コシキゆかしき伝統行事
③ 一同をコブする言葉
④ コドクで華麗な生涯
⑤ コリョの末の優しい言葉

(エ)　カイヒ [4]
① 海外のタイカイに出場する
② タイカイに飛び込み泳ぐ
③ 方針を一八〇度テンカイする
④ 天使がゲカイに舞い降りる
⑤ 個人の考えをカイチンする

(オ)　シュクゲン [5]
① 前途をシュクして乾杯する
② シュクシュクと仕事を進めた
③ シュクテキを倒す日が来た
④ 紳士シュクジョが集う
⑤ キンシュク財政を守る

問2　傍線部A「リカちゃんの捉えられ方が変容している」とあるが、それはどういうことか。その説明として最も適当なものを、次の①～⑤のうちから一つ選べ。解答番号は 6 。

① かつては、憧れの生活スタイルを具現するキャラクターであったリカちゃんが、設定された枠組から解放され、その場その場の物語に応じた役割を担うものへと変わっているということ。

② 発売当初は、特定の物語をもっていたリカちゃんが、多くの子どもたちの「ごっこ遊び」に使われることで、世代ごとに異なる物語空間を作るものへと変わっているということ。

③ 一九六七年以来、多くの子どもたちに親しまれたリカちゃんが、平成になってからは人気のある遊び道具としての意味を逸脱して、国民的アイドルといえるものへと変わっているということ。

④ 以前は、子どもたちが憧れる典型的な物語の主人公であったリカちゃんが、それまでの枠組に縛られず、より身近な生活スタイルを感じさせるものへと変わっているということ。

⑤ もともとは、着せ替え人形として開発されたリカちゃんが、人びとに親しまれるにつれて、自由な想像力を育むイメージ・キャラクターとして評価されるものへと変わっているということ。

問3　傍線部B「人びとに共通の枠組を提供していた『大きな物語』」とあるが、この場合の「人びと」と「大きな物語」の関係はどのようなものか。その説明として最も適当なものを、次の①～⑤のうちから一つ選べ。解答番号は 7 。

① 「人びと」は、社会のなかの価値基準を支える「大きな物語」を共有することで、自己の外面的な要素と内面的な要素とを比べながら、臨機応変に複数の人格のイメージを使い分けようとしていた。

② 「人びと」は、社会のなかの価値基準を支える「大きな物語」を共有することで、自己の外面的な要素と内面的な要素との隔たりに悩みながらも、矛盾のない人格のイメージを追求していた。

③ 「人びと」は、社会のなかの価値基準を支える「大きな物語」を共有することで、自己の外面的な要素と内面的な要素とのずれを意識しながらも、社会的に自立した人格のイメージを手に入れようとしていた。

④ 「人びと」は、社会のなかの価値基準を支える「大きな物語」を共有することで、自己の外面的な要素と内面的な要素とを重ねあわせながら、生まれもった人格のイメージを守ろうとしていた。

⑤ 「人びと」は、社会のなかの価値基準を支える「大きな物語」を共有することで、自己の外面的な要素と内面的な要素とを合致させながら、個別的で偽りのない人格のイメージを形成しようとしていた。

問4　傍線部C「生身のキャラにも、単純明快でくっきりとした輪郭が求められる」とあるが、それはなぜか。その説明として最も適当なものを、次の①～⑤のうちから一つ選べ。解答番号は 8 。

① ハローキティやミッフィーなどは、最小限の線で造形されることで、国や文化の違いを超越して認識される存在になったが、人間の場合も、人物像が単純で一貫性をもっているほうが、他人と自分との違いが明確になり、互いの異なる価値観も認識されやすくなるから。

② ハローキティやミッフィーなどは、最小限の線で造形されることで、その個性を人びとが把握しやすくなったが、人間の場合も、人物像の個性がはっきりして際だっているほうが、他人と交際するときに自分の性格や行動パターンを把握されやすくなるから。

③ ハローキティやミッフィーなどは、最小限の線で造形されることで、特定の文化を離れて世界中で人気を得るようになったが、人間の場合も、人物像の多面性を削ることで個性を堅固にしたほうが、文化の異なる様々な国での活躍が評価されるようになるから。

④ ハローキティやミッフィーなどは、最小限の線で造形されることで、その特徴が人びとに広く受容されたが、人間の場合も、人物像の構成要素が限定的で少ないほうが、人間関係が明瞭になり、様々な場面の変化にも対応できる存在として広く受け入れられるから。

⑤ ハローキティやミッフィーなどは、最小限の線で造形されることで、様々な社会で人びとから親しまれるようになったが、人間の場合も、人物像が特定の状況に固執せずに素朴であるほうが、現代に生きづらさを感じる若者たちに親しまれるようになるから。

問5　次に示すのは、この文章を読んだ五人の生徒が、「誠実さ」を話題にしている場面である。傍線部D「価値観が多元化した相対性の時代には、誠実さの基準も変わっていかざるをえないのです。」という本文の趣旨に最も近い発言を、次の①～⑤のうちから一つ選べ。解答番号は 9 。

① 生徒A――現代では、様々な価値観が認められていて、絶対的に正しいとされる考え方なんて存在しないよね。でも、そんな時代だからこそ、自分の中に確固とした信念をもたなくてはいけないはず。他者に対して誠実であろうとするときには、自分が信じる正しさを貫き通さないと、って思う。

② 生徒B――えっ、そう？　今の時代、自分の信念を貫き通せる人なんて、そんなにいないんじゃないかな。何が正しいか、よく分からない時代だし。状況に応じて態度やふるまいが変わるのも仕方がないよ。そういう意味で、キャラを演じ分けることも一つの誠実さだと思うんだけど。

③ 生徒C――たしかに、キャラを演じ分けることは大切になってくるだろうね。でも、いろんなキャラを演じているうちに、自分を見失ってしまう危険がある。だから、どんなときでも自分らしさを忘れないように意識すべきだと思う。他者よりも、まずは自分に対して誠実でなくっちゃ。

④ 生徒D――うーん、自分らしさって本当に必要なのかな？　外キャラの呈示が当たり前になっている現代では、自分の意見や感情を前面に出すのは、むしろ不誠実なことだと見なされているよ。自分らしさを抑えて、キャラになりきることのほうが重要なのでは？

⑤ 生徒E――自分らしさにこだわるのも、こだわらないのも自由。それが「相対性の時代」ってことでしょ。キャラを演じてもいいし、演じなくてもいい。相手が何を考えているかなんて、誰にも分からないんだから、他者に対する誠実さそのものが成り立たない時代に来ているんだよ。

問6 この文章の表現と構成・展開について、次の(i)・(ii)の問いに答えよ。

(i) この文章の第1～5段落の表現に関する説明として**適当でないもの**を、次の①～④のうちから一つ選べ。解答番号は 10 。

① 第1段落の第4文の「生活スタイルを演じてくれる」という表現は、「～を演じる」と表現する場合とは異なって、演じる側から行為をうける側に向かう敬意を示している。

② 第2段落の第3文の「評論家の～整理にしたがうなら」という表現は、論述の際には他人の考えと自分の考えを区別するというルールを筆者が踏まえていることを示している。

③ 第4段落の第3文の「～しているようにも思われます」という表現は、「～しています」と表現する場合とは異なって、断定を控えた論述が行われていることを示している。

④ 第5段落の第3文の「揺らぎをはらみながらも」という表現は、「揺らぎ」というものが、外側からは見えにくいが確かに存在するものであることを暗示している。

(ii) この文章の第7段落以降の構成・展開に関する説明として**適当でないもの**を、次の①～④のうちから一つ選べ。解答番号は 11 。

① 第7段落では、まず前段落までの内容を踏まえながら新たな問いを提示して論述の展開を図り、続けて、その問いを考えるための論点を提出している。

② 第10段落では、具体的なキャラクターを例に挙げて第9段落の内容をとらえ直し、第11段落では、第10段落と同一のキャラクターについて別の観点を提示している。

③ 第12段落では、百貨店やコンビニエンス・ストアなどの店員による接客といった具体例を挙げて、それまでとはやや異質な問題を提示し、論述方針の変更を図っている。

④ 第13段落では、「～ないでしょうか」と表現を重ねることで慎重に意見を示し、第14段落では、日常での具体例を挙げながら、第13段落の意見から導き出される結論を提示している。

第2問

次の文章は、佐多稲子《さたいねこ》の小説「三等車」の全文である。この小説が発表された一九五〇年代当時、鉄道の客車には一等から三等までの等級が存在した。「私」は料金の最も安い三等車に乗り込み、そこで見た光景について語っている。これを読んで、後の問い（問1～6）に答えよ。なお、設問の都合で本文の上に行数を付してある。（配点 50）

鹿児島ゆきの急行列車はもういっぱい乗客が詰まっていた。小さな鞄《かばん》ひとつ下げた私は、階段を駆け登ってきて、それでもいくらか空《す》いた車をとおもって、人の顔ののぞく窓を見渡しながら、せかせかと先《さ》きへ歩いていた。人の間をすり抜けてきた若い男が、

「お客さん一人？」

と、斜めに肩を突き出すようにして言った。

「え、ひとり」

「たった、ひとつだけ坐席《ざせき》があるよ」

「いくら？」

「二百円」(注1)

「どこ？」

「ちょっと待ってね」

坐席を闇(注2)で買うのは初めてだった。が話は聞いていたので、私はその男との応対も心得たふうに言って、内心ほっとしていた。名古屋で乗りかえるのだったが、今朝まで仕事をして、今夕先方へ着けばすぐ用事があった。

坐席屋の男はすぐ戻ってきて、私をひとつの車に連れ込んだ。通路ももう窮屈になっている間を割り込んで行き、ひとつの窓ぎわの席にいた男に(ア)目くばせした。

「この席」

「ありがとう」

私はそっと、二百円を手渡して、坐席にいた男の立ってくるのと入れかわった。私は周囲に対して少し照れながら再びほっとした。

長距離の三等車の中は、小さな所帯(注3)をいっぱい詰め込んだように、荷物などもごたごたして、窓から射《さ》し込む朝陽《あさひ》の中に、ほこり立っていた。

前の坐席にいた、五十年配の婦人が、私に顔を差し出して、

「あなたも坐席をお買いになったんですか」

「ええ」

「いくらでした」

「二百円でした」

「ああ、じゃおんなじですよ」

先方も、私も、安心したようになって、そして先方はつづけた。

「つい、遠くへ行くんじゃアね。二百円でも出してしまいますよ」

「そうですね」

発車までには二十分ぐらいはある筈《はず》だった。乗客はまだ乗り込んでいた。もう通路に立つばっかりだった。十二月も半ばになって帰省する学生もいたし、何かと慌ただしい往来もあるのだろう。どうせ遠くまで行くのだろうけれど、諦めたように立ったままの人もあり、通路に自分の坐《すわ》り場所を作る人もある。その中をまた通ってくる乗客は自分の身の置き場を僅か見つけると、そこへ立って荷物を脚の下においたりした。丁度私たちの坐席のそばにきて、そこで足をとめたのも、まあ乗り込んだだけで仕方がない、というように混雑に負けた顔をして、網棚を見上げるでもなく、(イ)無造作に袋や包みを下においた。工員ふうの若い夫婦で、三つ位の男の子を連れ、妻の方はねんねこ(注4)袢纏《ばんてん》で赤ん坊を負ぶっていた。痩せて頭から顔のほっそりした男の子

は、傍らの父親によく似ていた。普段着のままの格好だ。両親に連れ込まれた、汽車の中はこういうものだとでもおもうように、おとなしく周囲を見て突っ立っている。が母親に負ぶわれた赤ん坊は、人混みにのぼせたように泣き出しはじめた。はだけたねんねこの襟の下に赤い色のセーターを見せた母親は、丸い唇を尖《と》がらせたようにして、ゆすり上げたが、(注5)誕生をむかえた位の赤ん坊はいよいよのけ反って、混雑した車内のざわめきをかき立てるように泣く。

妻と対《むか》い合って立っている父親は、舌打ちをし、

「ほら、ほら」

と、妻の肩の上の赤ん坊をあやしながら眉をしかめている。袋の中から一枚のビスケットを取り出して、赤ん坊の口にくわえさせようとするのだが、赤ん坊がのけ反るので、まるで、押し込むような手つきになる。赤ん坊は却《かえ》って泣き立てる。

「何とか泣きやまさせないか」

夫は苛々《いらいら》するように細いかん高い声で言った。妻の方は夫が赤ん坊の口にビスケットをねじり込むようにするときも、視線をはずしたようにしていたが、

「おなかが空いてるのよ」

当てつけるように言って、身体をゆすった。

夫婦の会話は、汽車に乗り込むまでに、もう二人の神経が昂《たかぶ》って、言い合いでもしてきた調子である。男の子はその間のび上《あが》るようにして窓から外を見ている。出がけの忙しかったごたごたを感じさせるように若い妻のパーマネントの髪はぱさぱさして、口紅がはずれてついている。それがつんとしているので、妙に肉感的だ。夫は、妻の口調で一層煽《あお》られたように、

「じゃア、俺アもう行くよ」

と言った。妻は黙って視線をはずしている。

夫婦連れかとおもったが、夫は見送りだけだった。黙っている妻を残して、夫は車を出て行った。出ていったまま窓の外にも顔を出さない。妻もまたそれを当てにするふうでもなく、夫が出てしまうと、彼女はひとりになった覚悟をつけたように、手さ

げ籠の中から何か取り出して、男の子に言った。

「ケイちゃん、ここで待ってなさいね。どこにも行くんじゃないよ。母ちゃん、すぐ帰ってくるからね」

父親の出てゆくときも放り出されていた男の子は、ウン、と、不安げな返事をした。

「ここにいらっしゃい」

私は男の子を呼び、若い母にむかってうなずいた。

「あずかってて上げますわ」

「そうですか、お願いします」

彼女はねんねこ袢纏の身体で、人を分けて出ていったが、そのあとを見て、男の子は低い声で、

「母ちゃん」

と、言った。遠慮がちに心細さをつい声に出したというような、ひとり言のような声だ。

「すぐ、母ちゃん来るわ」

と私が言うと、男の子は窓近くなった興味で、不安をまぎらしたように、ガラスに顔をつけて母を追うのを忘れた。

やがて発車のベルが鳴り出した。母親はどこへ行ったのかまだ帰って来ない。が、それまで姿の見えなかった、若い父親が、ホーム側の窓からのぞき込んで、男の子を呼んだ。

「ケイちゃん、ケイちゃん、じゃ行っておいでね」

その声で男の子は、するすると人の間をホーム側の窓へ渡っていくと、黙って、その窓に小さい足をかけて父親の方へ出ようとした。はき古したズック(注6)の黒い靴が窓ぶちにかかるのを、

「駄目、駄目、おとなしくしてるんだよ」

窓の外からその足を中へおろして、

「握手、ね」

と、父親は子どもの手を握って振った。ベルが止《や》んで汽車が動き出した。

「さよなら」

父の言葉にも、子どもは始終黙っていた。父親の汽車を離れてのぞく姿が見え、すぐそれも見えなくなると、子どもはちゃんと承知したように、反対側の私のそばに戻って、動いてゆく窓の外をのぞいた。母親はどうしたのだろう、と私の方が不安になった頃、彼女はお茶のびんを抱えて戻ってきた。もう私の他に周囲の人もこの親子に注意をひかれている。

「ケイちゃん、おとなしくしてたの」

母親に呼ばれて、男の子はそれで殊更に安心した素ぶりを見せるでもなく、ただ身体を車内に向けた。

彼女は、言い合いのまま車を出ていった夫が、やっぱり発車までホームに残っていたということを知らずにいるのだ。**A**何か私の方が残念な気がして言い出す。

「汽車が出るとき、子どもさんはお父さんと握手しましたよ」

すると、彼女は伏目《ふしめ》に弱く笑って、

「そうですか」

そしてしゃがんで、手さげ籠の中をごそごそかきまわした。毎日八百屋の買物《かいもの》に下げていたらしい古びた籠である。何かごたごたと入っている。もうひとつの布の袋からも口からはみ出すようにして、おしめなどのぞいている。その二つが彼女の持物《もちもの》だ。

「大変ですね」

と言うと、鼻をすすり上げるようにして、

「父ちゃんがもう少し気を利かしてくれるといいんですけどねえ」

そう言って、ミルクの缶や、小さな薬缶《やかん》や牛乳びんなどを取り出した。彼女は買ってきたお茶で、赤ん坊の乳を作るのだ。私のとなりの坐席にいた会社員らしい若い男も、席を詰めて、彼女の乳作りの道具をおく場所をあけてやった。彼女はうっとうしい表情のまま粉乳をお茶でといた。背中の赤ん坊が、ウン、ウン、と言ってはね上る。私は彼女の背中から赤ん坊をおろさせて、抱いた。

「どこまでいらっしゃるんですか」

「鹿児島まで行くんです」

「赤ちゃんのお乳を作るんじゃ大変ですね」

「え、でも、東京へ来るときは、もっと大変だったんですよ。赤ん坊も、上の子もまだ小さいし、それでもやっぱり私、ひとりで連れてきたんですよ」

やがて彼女は三人掛けの端《は》しに腰をおろして、赤ん坊に乳をのませた。

乳をのませながら、彼女は胸につかえているものを吐き出すように言い出した。

「男って、勝手ですねえ。封建的ですわ」

三人がけのそばの会社員の男は、おとなしそうな人で、彼女の、封建的ですわ、という言葉で、好意的に薄笑《うすわらい》をした。

「去年、お父ちゃんが東京で働いているので、鹿児島から出てきたんですけど、東京は暮《くら》しにくいですわねえ。物価が騰《たか》くて、どうしてもやってゆけないんですよ。お父ちゃんが、暫《しばら》く田舎に帰っておれ、というので帰るんですけど」

私の前の中年の婦人も身体を差し出してうなずいている。男の子は母親から貰《もら》ったビスケットを食べていたが、いつか震動の継続に誘われて私の膝で居ねむりを始めた。

「すみませんねえ」

と言いながら母親は話しつづけて、

「何しろ、子どもが小さいから、私が働きに出るわけにもゆかないし、しょうがないんですよ。正月も近くなるでしょう。田舎に帰れば、うちが農家だから、お餅ぐらい食べられますからねえ」

彼女は気が善いとみえ、(ウ)見栄《みえ》もなくぼそぼそと話す。三等車の中では、聞《きこ》えるほどのものは同感して聞いているし、すぐその向《むこ》うではまたその周囲の別の世界を作って、関《かかわ》りがない。**B**彼女は二人の子どもを連れ、明日までの汽車の中にようやく腰をおろしたふうだ。

ホームで妻子にあのような別れ方をした夫の方は、あれからどうしただろう。男の子とそっくりの、痩せて、顔も頭もほっそりした男だった。今日の気分の故か癇性《かんしょう》(注7)な男に見えた。彼は外套《がいとう》(注8)のポケットに両手を突っ込んで、今日一日、行き場を失ったように歩きまわるのかもしれない。彼は気持《きもち》の持ってゆき場もなくて、無性に腹が立っているかも知れない。彼は映画館に入るだろうか。焼酎をのみにはいるだろうか。部屋へ帰れば、この朝、慌ただしく妻子の出て行ったあとがまだそのまま残って、男の子のメンコ(注9)などが散らばっているかもしれない。彼はそれを片づけながら、ちょっと泣きたくなるかもしれない。口紅がずれてついていた妻の、つんと口を尖がらして横を向いていた顔が、苛々と目の前に出てくるだろうか。彼はひとりでふとんを引きずり出して転がり込む。ふとんの襟に妻子の臭いも残っている。彼は、彼の方に出ようとして、汽車の窓に片足をかけた小さい息子のズックをおもい出すだろうか。その時もうこの汽車は、山陽線のどこかを走っている。彼はもうすっかりひとりになった実感におそわれて、ふとんの襟をやけに頭の上にずり上げるだろうか。

私は闇の坐席を買った罪ほろぼしのようにせめて男の子を膝に抱いている。男の子のこっくりこっくりしていた頭を、私の胸にもたせかけておいた。が、子どもの眠りもやはり浅かったとみえ、少し経《た》つと彼は頭を上げた。眠りから覚めても、この男の子は何も言わず、母親の居るのを安心したように外を眺める。この男の子のおとなしさは、まるでこの頃からの我が家の空気を感じ取って、気兼ねをしていたようだ。

「ケイちゃん、おむすび食べる？」

母親は片手に赤ん坊を抱いている身体を曲げて、片方の手だけで籠の中からおむすびを探し出した。母親に声をかけられると、男の子はにやっと笑って、それを受け取った。そして、丁度海の見えている窓に立ったまま、そのむすびを食べていた。

列車の箱の中全体が、少し疲れてきて、あまり話し声もしなくなっていた。汽車の音も単調に慣れて私には見なれた東海道沿岸の風景が過ぎてゆく。

ふと男の子の何か歌うように言っているのが耳に入ってきた。小さな声でひとり言のつぶやきのように、それを歌うように言っている。汽車の音響に混じって、それは次のように聞えてきた。

「C父ちゃん来い、父ちゃん来い」

しかし視線は、走り去る風景が珍《めず》らしいというように、みかんの木を追い、畑の鶏を見たりしているのだ。可憐《かれん》に弱々しく、無心なつぶやきだけで、男の子は、その言葉を歌っていた。

(注) 1 二百円――当時、駅で売られていた一般的な弁当が百円程度、お茶が十五円程度だった。これらのことから、私が運賃とは別に男に支払った二百円は現在の二千円から三千円にあたると考えられる。
2 闇――闇取引の略。正規の方法によらずに商品を売買したり、本来は売買の対象ではないものを取り引きしたりすること。
3 所帯――住居や生計をともにする者の集まり。
4 ねんねこ袢纏――子どもを背負うときに上から羽織る、綿入れの防寒着。
5 誕生――ここでは生後満一年のことを指す。
6 ズック――厚地で丈夫な布で作ったゴム底の靴。
7 癇性――激しやすく怒りっぽい性質。神経質な性格を指すこともある。
8 外套――防寒、防雨用に着るコート類。
9 メンコ――厚紙でできた円形または長方形の玩具。相手のものに打ち当てて裏返らせるなどして遊ぶ。

問1 傍線部(ア)～(ウ)の本文中における意味として最も適当なものを、次の各群の①～⑤のうちから、それぞれ一つずつ選べ。解答番号は 12 ～ 14 。

(ア) 目くばせした 12
① 目つきですごんだ
② 目つきで制した
③ 目つきで頼み込んだ
④ 目つきで気遣った
⑤ 目つきで合図した

(イ) 無造作に 13
① 先の見通しを持たずに
② いらだたしげに荒っぽく
③ 慎重にやらず投げやりに
④ 先を越されないように素早く
⑤ 周囲の人たちを見下して

(ウ) 見栄《みえ》もなく 14
① 相手に対して偉ぶることもなく
② 自分を飾って見せようともせず
③ はっきりした態度も取らず
④ 人前での礼儀も欠いて
⑤ 気後れすることもなく

問2　本文1行目から30行目までで、闇で買った座席に着くまでの私の様子が描かれているが、そのときの心情の説明として最も適当なものを、次の①～⑤のうちから一つ選べ。解答番号は 15 。

① 闇で座席を買ったことをうしろめたく思いながらも、その座席が他の乗客と同じ金額であったことや、混雑した車中で座っていられることに安堵《あんど》している。

② 見知らぬ男に声をかけられてためらいながらも、座席を売ってもらったことや、前に座っているのが年配の女性であることに安心している。

③ 闇で座席を買わされたことを耐えがたく思いながらも、座席を買えたことや、自分と同じ方法で座席を買った人が他にもいることで気が楽になっている。

④ 闇で座席を買ってしまったことに罪の意識を感じながらも、前に座っている女性と親しくなって、長い道中を共に過ごせることに満足している。

⑤ 闇で座席を買ったことを恥ずかしく思いながらも、満員の急行列車の中で座っていられることや、次の仕事の準備ができることにほっとしている。

問3　傍線部A「何か私の方が残念な気がして言い出す。」とあるが、このときの私の心情はどのようなものか。その説明として最も適当なものを、次の①～⑤のうちから一つ選べ。解答番号は 16 。

① 座席を買えずに子どもや荷物を抱えて汽車に乗る母親の苦労が思いやられたので、夫婦が険悪な雰囲気のまま別れることに耐えられなくなり、父親の示した優しさを彼女に伝えて二人を和解させたいと思った。

② 車内でいさかいを起こすような他人と私とは無関係なのに、父親と男の子が別れを惜しむ場面に共感してしまい、家族に対する夫の無理解を嘆くばかりの彼女にも、単身で東京に残る夫のことを思いやってほしいと訴えたくなった。

③ 自分が座っていられる立場にある以上、座席を買う余裕もなく赤ん坊の世話に追われる夫婦のいざこざを放っておいてはいけないように思え、せめて男の子が父親と別れたときのけなげな姿を母親に伝えたいと思った。

④ 偶然乗り合わせただけの関係なのに、その家族のやりとりを見ているうちに同情心が芽生え、妻子を放り出して行ったように見えた夫にも、男の子を見送ろうとする父親らしさがあることを、彼女にも知らせたいと思った。

⑤ 父親と別れて落ち着かない男の子を預かっているうちに、家族の様子が他人事とは思えなくなり、おとなしくするように言うばかりの母親に、周囲の物珍しさで寂しさを紛らわそうとする男の子の心情を理解してほしくなった。

問4　傍線部B「彼女は二人の子どもを連れ、明日までの汽車の中にようやく腰をおろしたふうだ。」とあるが、私の推察している彼女の心情はどのようなものか。その説明として最も適当なものを、次の①～⑤のうちから一つ選べ。解答番号は 17 。

① 子育てに理解を示さない夫のぶっきらぼうな言い方にいらだちを募らせていたが、周囲の乗客に励まされたことで冷静になることができた。今は、日ごろからいさかいを繰り返している夫のことを忘れ、鹿児島での生活に気持ちを向けている。

② 混雑する三等車で座席を確保する余裕もなく、日ごろから子育てを一人で担っていることへの不満も募っていたが、赤ん坊の世話をしていると席を空けてもらえた。偶然乗り合わせたに過ぎない周囲の人たちの優しさと気遣いに感激している。

③ 夫の無理解に対する不満を口にしてしまったが、その思いを周囲の乗客が同調するように聞いてくれたことでいらだちが多少和らいだ。今は、二人の小さな子どもを抱えて長い距離を移動する気苦労を受け入れるくらいに、落ち着きを取り戻している。

④ 出発前の慌ただしい時間の中で、赤ん坊のミルクを作るためのお茶を買いに列車の外へ出たが、発車の直前に何とか車内へ戻ることができた。乗り込むのさえ困難な三等車に乗り遅れることもなく母子三人で故郷に帰れることにほっとしている。

⑤ 周囲の人たちの協力もあり、むずかっていた赤ん坊にミルクを飲ませ、じっとしていられない男の子も眠り始めたので、やっと一息つくことができた。今は、鹿児島に戻らなければならない事情や夫婦間の不満をまくし立てるほど、周囲に気を許している。

問5　傍線部C「父ちゃん来い、父ちゃん来い」とあるが、この男の子の様子や声をめぐって私はどのようなことを考えているか。本文全体もふまえた説明として最も適当なものを、次の①～⑤のうちから一つ選べ。解答番号は 18 。

① 男の子は父親がいなくなった寂しさを抱えながらも、車内の騒がしさに圧倒されておとなしくしていた。次第に静まった車内で聞こえてきた歌声には、その寂しさが込められているかのようだ。私は、男の子の素直な言葉に、この家族が幸せになってほしいという願いを重ね合わせている。

② 男の子はまだ幼いので、両親や周囲の大人に対して気持ちをうまく言葉にできないでいる。窓の外の風景に気を取られながら発した弱々しい声は、父親に自分のそばにいてほしいという願望を表しているかのようだ。私は、男の子の様子をいじらしく感じて、この家族のことを気がかりに思っている。

③ 男の子は父親の怒りっぽい性格のために家族がしばしば険悪な雰囲気になることを感じ、車外の風景でその悲しみを慰めている。男の子の弱々しいつぶやきは、父親に対する恋しさを伝えようとしているかのようだ。私は、男の子の様子や声を通じて、この家族の悲哀を感じている。

④ 男の子は両親の不和に対してやるせない思いを抱えているが、珍しい風景を眺めることでそれを紛らわしている。男の子の弱々しい声には、父親に家族と一緒にいてほしいという思いが表れているかのようだ。私は、かわいそうな男の子の様子を見かねて、家族に対する父親の態度が改まることを願っている。

⑤ 男の子は父親のことだけは信頼しているようだが、まだ三歳くらいなので自分のその思いをはっきりと伝えられるわけではない。男の子のつぶやきは、そうした父親と男の子との絆《きずな》を表しているかのようだ。私は、無邪気にはしゃぐ男の子の姿を通じて、父親が家族に愛情を注ぐことを祈っている。

問6　この文章の表現に関する説明として**適当でないもの**を、次の①～⑥のうちから二つ選べ。ただし、解答の順序は問わない。解答番号は［19］・［20］。

① 三等車内の描かれ方を見ると、20行目「小さな所帯をいっぱい詰め込んだように」では車内全体が庶民的な一体感に包まれていることが表されているが、135行目「列車の箱の中全体が、少し疲れてきて」では、そのような一体感が徐々に壊れ始めていることが表されている。

② 汽車に乗り込んできた家族について、37行目「普段着のままの格好」、73行目「はき古したズックの黒い靴」、89行目「毎日八百屋の買物に下げていたらしい古びた籠」のようにその身なりや持ち物を具体的に描くことは、この家族の生活の状態やその暮らしぶりが私とは異なることを読者に推測させる効果を持っている。

③ 夫婦が車内で一緒にいる場面では、「人混みにのぼせたように泣き出しはじめた」「いよいよのけ反って、混雑した車内のざわめきをかき立てるように泣く」など、赤ん坊の泣く様子が詳細に描かれている。これによって、出発前の慌ただしく落ち着かない様子や夫婦の険悪な雰囲気が、より強調されている。

④ 99行目から115行目にかけての母親のセリフでは、昨年からの東京暮らしに対する我慢できないいらだちが語られている。ここでは短いセリフと長いセリフを交互に配したり、読点を多用したりすることによって、母親が話をするにつれ次第に気持ちを高ぶらせていく様子が表されている。

⑤ 母子と別れた後の父親を私が想像する部分には、「～かもしれない」「～かも知れない」「～だろうか」といった文末表現が立て続けに繰り返されている。これによって、家族を思う父親の心情や状況に私が思いをめぐらせる様子が、効果的に表されている。

⑥ 母子と別れた後の父親を私が想像する部分には、「男の子とそっくりの、痩せて、顔も頭もほっそりした男」「口紅がずれてついていた妻」「汽車の窓に片足をかけた小さい息子のズック」という、この部分以前に言及されていた情報がある。これらは私の想像が実際の観察をもとにしていることを表している。

第3問

次の文章は、『今昔物語集』の一節である。京で暮らす男が、ある夜、知人の家を訪れた帰りに鬼の行列を見つけ、橋の下に隠れたものの、鬼に気づかれて恐れおののく場面から始まる。これを読んで、後の問い（問1～6）に答えよ。（配点　50）

男、「今は限りなりけり」と思ひてある程に、一人の鬼、走り来たりて、男をひかへてゐて上げぬ。鬼どもの言はく、「この男、重き咎《とが》あるべき者にもあらず。許してよ」と言ひて、鬼、四五人ばかりして男に唾《つはき》を吐きかけつつ皆過ぎぬ。その後、男、殺されずなりぬることを喜びて、心地違《たが》ひ頭《かしら》痛けれども、(ア)念じて、「とく家に行きて、ありつる様をも妻《め》に語らむ」と思ひて、急ぎ行きて家に入《い》りたるに、妻も子も皆、男を見れども物も言ひかけず。また、男、物言ひかくれども、妻子、答へもせず。しかれば、男、「あさまし」と思ひて近く寄りたれども、傍らに人あれどもありとも思はず。その時に、男、心得るやう、「早《はや》う、鬼ども a の我に唾を吐きかけつるによりて、我が身の隠れにけるにこそありけれ」と思ふに、A 悲しきこと限りなし。我は人見ること元のごとし。また、人の言ふことをも障りなく聞く。人は我が形をも見ず、声をも聞かず。しかれば、人の置きたる物を取りて食へども、人これを知らず。かやうにて夜も明けぬれば、妻子は、我を、「夜前《やぜん》、人に殺されにけるなんめり」と言ひて、嘆き合ひたること限りなし。

さて、日ごろを経るに、せむ方なし。しかれば、男、六角堂(注1)に参り籠《こ》もりて、「観音、我を助け給《たま》へ。年ごろ頼みをかけ奉りて参り候《さぶら》ひつる験《しるし》には、元のごとく我が身を顕《あらは》し給へ」と祈念して、籠もりたる人の食ふ物や金鼓《こんぐ》(注2)の米《よね》などを取り食ひてあれども、傍らなる人、知ることなし。かくて二七日(注3)ばかりにもなりぬるに、夜寝たるに、暁方の夢に、御帳《みちやう》(注4)の辺《ほとり》、尊げなる僧出《い》でて、男 b の傍らに立ちて、告げてのたまはく、「汝《なんぢ》、すみやかに、朝ここより罷《まか》り出でむに、初めて会へらむ者の言はむことに従ふべし」と。かく見る程に夢覚めぬ。

夜明けぬれば、罷り出づるに、門のもとに牛飼《うしかひ》(注5)の童《わらは》 c のいと恐ろしげなる、大きなる牛を引きて会ひたり。男を見て言はく、「いざ、かの主《ぬし》、我が供に」と。男、これを聞くに、「我が身は顕れにけり」と思ふに、うれしくて、B 喜びながら夢を頼みて童の供に行くに、西ざまに十町ばかり行きて、大きなる棟門《むねもん》(注6)あり。門閉ぢて開かねば、牛飼、牛をば門に結びて、扉の迫《はさま》dの人通るべくもなきより入るとて、男を引きて、「汝もともに入れ」と言へば、男、(イ)「いかでかこの迫《はさま》よりは入《い》らむ」と言ふを、童、「ただ入れ」とて男eの手を取りて引き入るれば、男もともに入りぬ。見れば、家の内大きにて、人、極めて多かり。

童、男を具して板敷き(注7)に上りて、内へただ入りに入るに、(ウ)いかにと言ふ人あへてなし。はるかに奥の方に入りて見れば、姫君、病に悩み煩ひて臥《ふ》したり。跡《あと》(注8)・枕に女房たち居並《ゐな》みてこれをあつかふ。童、そこに男をゐて行きて、小さき槌《つち》を取らせて、この煩ふ姫君の傍らに据ゑて、頭を打たせ腰を打たす。その時に、姫君、頭を立てて病みまどふこと限りなし。しかれば、父母、「この病、今は限りなんめり」と言ひて泣き合ひたり。見れば、誦経《ずきやう》を行ひ、また、やむごとなき験者《げんざ》(注9)を請《しやう》じに遣はすめり。しばしばかりありて、験者来たり。病者の傍らに近く居て、心経《しんぎやう》(注10)を読みて祈るに、この男、尊きこと限りなし。身の毛いよたちて、そぞろ寒きやうにおぼゆ。

しかる間、この牛飼の童、この僧をうち見るままに、ただ逃げに逃げて外《ほか》ざまに去りぬ。僧は不動の火界の呪《しゆ》(注11)を読みて、病者を加持する時に、男の着る物に火付きぬ。ただ焼けに焼くれば、男、声を上げて叫ぶ。しかれば、男、真顕《まあらは》になりぬ。その時に、家の人、姫君の父母より始めて女房ども見れば、いといやしげなる男、病者の傍らに居たり。あさましくて、まづ男を捕へて引き出だしつ。「こはいかなることぞ」と問へば、男、事のあり様をありのままに初めより語る。人皆これを聞きて、「希有《けう》なり」と思ふ。しかる間、男、顕れぬれば、病者、搔《か》きのごふやうに癒《い》えぬ。しかれば、一家、喜び合へること限りなし。

その時に、験者の言はく、「この男、咎あるべき者にもあらず。六角堂の観音の利益《りやく》を蒙《かうぶ》れる者なり。しかれば、すみやかに許さるべし」と言ひければ、追ひ逃がしてけり。しかれば、男、家に行きて、C事のあり様を語りければ、妻、「あさまし」と思ひながら喜びけり。

かの牛飼は神の眷属《けんぞく》(注12)にてなむありける。人の語らひ(注13)によりてこの姫君に憑《つ》きて悩ましけるなりけり。

（注）
1　六角堂――京にある、観音信仰で有名な寺。
2　金鼓の米――寺に寄付された米。
3　二七日――十四日間。
4　御帳――観音像の周りに垂らしてある布。
5　牛飼の童――牛車《ぎっしゃ》の牛を引いたり、その牛の世話をしたりする者。「童」とあるが、必ずしも子どもとは限らない。
6　棟門――門の一種。身分の高い人の屋敷に設けられることが多い。
7　板敷き――建物の外側にある板張りの場所。
8　跡・枕――姫君の足元と枕元。
9　験者――加持祈禱《かじきとう》を行う僧。
10　心経――『般若心経《はんにゃしんぎょう》』という経典のこと。
11　不動の火界の呪――不動明王の力によって災厄をはらう呪文。
12　眷属――従者。
13　人の語らひ――誰かの頼み。

問1　傍線部(ア)～(ウ)の解釈として最も適当なものを、次の各群の①～⑤のうちから、それぞれ一つずつ選べ。解答番号は 21 ～ 23 。

(ア) 念じて 21
① 後悔して
② 祈願して
③ 我慢して
④ 用心して
⑤ 感謝して

(イ) いかでかこの迫《はさま》よりは入《い》らむ 22
① こんな隙間からは入《はい》りたくない
② この隙間からなら入《はい》れるだろう
③ なんとかこの隙間から入《はい》りたい
④ いつからこの隙間に入《はい》れるのか
⑤ この隙間からは入《はい》れないだろう

(ウ) いかにと言ふ人あへてなし 23
① 見とがめる人は誰もいない
② 面識のある人は誰もいない
③ どの家人とも会えていない
④ 案内してくれる人はいない
⑤ 喜んで出迎える人はいない

問2　波線部a〜eの「の」を、意味・用法によって三つに分けると、どのようになるか。その組合せとして最も適当なものを、次の①〜⑤のうちから一つ選べ。解答番号は 24 。

①〔a〕と〔be〕と〔cd〕
②〔ab〕と〔cd〕と〔e〕
③〔a〕と〔bc〕と〔de〕
④〔ad〕と〔be〕と〔c〕
⑤〔a〕と〔bd〕と〔ce〕

問3　傍線部A「悲しきこと限りなし」とあるが、男がそのように感じた理由として最も適当なものを、次の①〜⑤のうちから一つ選べ。解答番号は 25 。

① とくに悪いことをした覚えもないのに、鬼に捕まって唾をかけられるという屈辱を味わったから。
② 鬼に捕まって唾をかけられた後でひどく頭が痛くなり、このままでは死んでしまうと思ったから。
③ 鬼から逃げ帰ったところ妻子の様子が変わり、誰が近くに寄っても返事をしなくなっているから。
④ 自分の姿が、鬼に唾をかけられたことで周りの人々には見えなくなっていることに気づいたから。
⑤ 夜が明けても戻らなかったため、自分が昨夜誰かに殺されてしまったと妻子が誤解しているから。

問4 傍線部**B**「喜びながら夢を頼みて童の供に行く」とあるが、この時の男の行為の説明として最も適当なものを、次の①～⑤のうちから一つ選べ。解答番号は 26 。

① 夢の中に現れた僧に、朝六角堂から出てきた人について行くように言われ、六角堂の門の前で待っていると、牛飼が出てきたため、夢のお告げの内容を話して一緒に連れて行ってくれるように頼んでみたところ、牛飼が快く引き受けてくれたので、喜んでついて行った。

② 夢の中に現れた僧に、朝六角堂を出て最初に出会った者に元の姿に戻る方法を尋ねるように言われたため、六角堂を出た時に出会った牛飼に夢のお告げをあてにして相談したところ、すぐれた験者のもとに連れて行ってやろうと言われたので、喜びながらついて行った。

③ 夢の中に現れた僧に、朝六角堂を出て最初に出会った者の言うことに従うように告げられて外に出ると、現れたのが怪しげな牛飼だったために不安を抱いたが、姿が見えないはずの自分に声をかけてきたことを喜び、半信半疑ながらも牛飼の言葉に従ってついて行った。

④ 夢の中に現れた僧に、朝六角堂を出て最初に出会った者の言うことに従うように告げられ、六角堂を出たところ、門のあたりにいた牛飼が声をかけてきたので、自分の姿が見えるようになったと思って喜び、夢のお告げを信じて、牛飼の言うことに従ってついて行った。

⑤ 夢の中に現れた僧に、朝六角堂を出て牛飼に出会ったらついて行くように告げられたところ、その通りに牛飼に出会ったので、夢のお告げが信用できることを確信して、この牛飼について行けば、きっと妻子と再会することができるだろうと喜び勇んでついて行った。

問5　傍線部C「事のあり様を語りければ」とあるが、その内容として**適当でないもの**を、次の①～⑤のうちから一つ選べ。
解答番号は 27 。

① 鬼に唾をかけられた後、男の姿が周囲の者には見えなくなり、男が言葉をかけても相手には聞こえなくなった。
② 元の姿に戻れなくなった男は、六角堂の観音に対して、長年参詣して帰依していることを訴えて助けを求めた。
③ 男が牛飼に連れられて屋敷に入ると、病気で苦しむ姫君が寝ていて、女房たちが並んで座って看病をしていた。
④ すぐれた験者が読経をしたことによって男は尊い存在となり、姫君の傍らに姿を現すと、姫君の病気が治った。
⑤ 姫君の家の者は男を捕らえたが、験者は男が六角堂の観音の加護を受けた者だと見抜いて、許すように言った。

問6　この文章の内容に関する説明として最も適当なものを、次の①～⑥のうちから一つ選べ。解答番号は 28 。

① 験者は、病に苦しむ姫君を助けるために呪文を唱え、姫君に取り憑《つ》いていた牛飼の正体を暴いて退散させ、さらに男を牛飼から解き放してやった。

② 験者は、読経を聞いて寒がっている男の気配を察して、助けてやろうと不動の火界の呪を唱えたが、加減ができずに男の着物を燃やしてしまった。

③ 六角堂の観音は、男の祈りに応えて、男を姫君に取り憑いていた牛飼と出会わせて、姫君を加持する験者の呪文を聞くことができるように導いた。

④ 六角堂の観音は、牛飼を信頼して男を預けたが、牛飼が男を救わず悪事に利用しただけだったため、験者の姿となって現れ、牛飼を追いはらった。

⑤ 牛飼は、取り憑いて苦しめていた姫君のもとに男を連れて行き、元の姿に戻すことと引き替えに、姫君の病気を悪化させることを男に手伝わせた。

⑥ 牛飼は、指示を受けてやむなく姫君を苦しめていたが、内心では姫君を助けたく思っていたので、験者が来てくれたのを機に屋敷から立ち去った。

第4問　次の文章は、盧《ろ》文《ぶん》弨《しょう》のもとに張《ちょう》荷《か》宇《う》が持ってきた一枚の絵について書かれたものである。これを読んで、後の問い（問1〜7）に答えよ。なお、設問の都合で返り点・送り仮名を省いたところがある。（配点　50）

荷宇《ハ》生《マレテ》十月《ニシテ》而喪《うしなフ》二其《ノ》母《ヲ》一。(1)及《ビ》レ有《ルニ》レ知、即《チ》A時時念《おもヒテ》レ母《ヲ》不レ置《カ》、弥《いよいよ》久《シクシテ》弥篤《あつシ》。B哀其身不能一日事乎母也。哀《かなシム》二母之言語動作《モ》亦《まタ》未《ダ》《ルヲ》レ能《ハ》レ識《しル》也。

荷宇《ハ》香《かう》(注1)河《がノ》人《ナリ》。嘗《かつテ》南《ニ》(2)遊《ビテ》而反《かへルニ》、至《ル》二乎銭《せん》(注2)唐《たうニ》一。夢《ミ》二母《ノ》来(注3)前《スルヲ》一、夢中《ニ》(ア)即《チ》知《ル》二其《ノ》為《ルヲ》レ母也。既《ニ》覚《メ》、(イ)乃《チ》噭《けう》(注4)然《ぜん》《トシテ》以《テ》哭《こくシテ》曰《ハク》、「此《レ》真《ニ》吾《ガ》母也。C母《ヨ》、胡《なん》為《すレゾ》乎使《ムル》下我《ヲシテ》至《リテ》二今日《ニ》一乃《チ》得上見《ルヲ》也。母《ヨ》、又《タ》何《ゾ》去《ルコト》レ我《ヲ》之速《ヤカナル》也。母《ヨ》、其《レ》可《ケン》レ使《ム》二我《ヲシテ》継《ギテ》レ此《ヲ》而得《レ》見《ルヲ》也《ト》」。於《イテ》レ是《ニ》即《シテ》二夢《ニ》所《ニ》レ見《ル》為《つくル》二之《ガ》図《ヲ》一。D此《ノ》図《ハ》吾不《ル》二之《ヲ》見一也。E今之図《ハ》吾見《ルニ》レ之《ヲ》、則《チ》其《ノ》夢《ミル》レ母《ヲ》之境《ナル》而已。

F余因《リテ》語《リテ》レ之《ニ》曰《ハク》、「夫《レ》人《ノ》精誠《ノ》所《ニ》レ感《ズル》、無《キハ》二幽(注5)明死生之隔《テ》一、此《レ》理之

可《ク》レ信《ズ》不《ル》レ誣《しひ》(注6)者《ナリ》。況《ンヤ》子之於《ケル》レ親《ニ》、其《ノ》喘《ぜん》(注7)息《そく》呼吸《モ》相《ヒ》通《ジ》、本《ヨリ》無《キヲ》レ有《ル》ニ間《へだツル》レ之《ヲ》

者一乎《ト》。」

(盧文弨『抱経堂《ほうけいどう》文集』による)

(注) 1 香河——県名。今の北京の東にあった。

2 銭唐——県名。今の杭州。香河からは千キロメートルあまり離れる。

3 来前——目の前にやってくる。

4 噭然——大声をあげるさま。

5 幽明死生——あの世とこの世、生と死。

6 誣——いつわる。ゆがめる。

7 喘息呼吸——息づかい。

問1　波線部(1)「有レ知」・(2)「遊」のここでの意味として最も適当なものを、次の各群の①～⑤のうちから、それぞれ一つずつ選べ。解答番号は 29 ・ 30 。

(1)「有レ知」 29

① 世に知られる
② 教育を受ける
③ うわさを聞く
④ 知り合いができる
⑤ ものごころがつく

(2)「遊」 30

① 仕事もせずにぶらぶらして
② 気ままで派手な生活を送って
③ 世を避けて独り隠れ暮らして
④ 故郷を離れ遠方の地を訪ねて
⑤ 低い地位にしばらく甘んじて

問2　二重傍線部(ア)「即」・(イ)「乃」はここではそれぞれどのような意味か。その組合せとして最も適当なものを、次の①～⑤のうちから一つ選べ。解答番号は 31 。

① (ア)　すぐに　　(イ)　そこで
② (ア)　意外にも　(イ)　まさしく
③ (ア)　そこで　　(イ)　すぐに
④ (ア)　すぐに　　(イ)　まさしく
⑤ (ア)　意外にも　(イ)　そこで

問3　傍線部A「時　時　念レ母　不レ置」の解釈として最も適当なものを、次の①～⑤のうちから一つ選べ。解答番号は 32 。

① いつも母のことを思い続けてやむことがなく
② 繰り返し母のことを思っては自らの心を慰め
③ 時折母のことを思うといたたまれなくなり
④ ある日母のことを思ってもの思いにふけり
⑤ ずっと母のことを思いながらも人には言わず

問4　傍線部B「哀其身不能一日事乎母也」の返り点の付け方と書き下し文との組合せとして最も適当なものを、次の①〜⑤のうちから一つ選べ。解答番号は 33 。

① 哀㆓其身㆒不㆑能㆓一日事乎母㆒也　　其の身を哀《かな》しみ一日の事を母に能《よ》くせざるなり

② 哀㆓其身㆒不㆑能㆔一日事㆓乎母㆒也　　其の身を哀しみ一日として母に事《つか》ふる能《あた》はざるなり

③ 哀㆓其身不㆒㆑能㆓一日事乎母㆒也　　其の身の一日の事を母に能くせざるを哀しむなり

④ 哀㆓其身不㆒㆑能㆔一日事㆓乎母㆒也　　其の身の一日として母に事ふる能はざるを哀しむなり

⑤ 哀㆘其身不㆑能㆓一日事㆒乎母㆖也　　其の身の一日として事ふる能はざるを母に哀しむなり

問5　傍線部C「母、胡為乎使㆘我至㆓今日㆒乃得㆖㆑見也」の解釈として最も適当なものを、次の①〜⑤のうちから一つ選べ。解答番号は 34 。

① お母様、なぜ今日になって私がここにいるとわかったのですか。

② お母様、なぜ今日になって私をここに来させたのですか。

③ お母様、なぜ今日になって私を思い出してくださったのですか。

④ お母様、なぜ今日になって私に会ってくださったのですか。

⑤ お母様、なぜ今日になって私の夢を理解してくださったのですか。

問6　傍線部D「此図」と、実際に見たE「今之図」とは、どのように異なっているか。その説明として最も適当なものを、次の①～⑤のうちから一つ選べ。解答番号は 35 。

① Dは荷宇が母の夢を見る場面の描かれた絵であるが、Eは荷宇が夢を見た土地の風景が描かれた絵である。
② Dは荷宇が母の夢を見る場面の描かれた絵であるが、Eは荷宇の夢に現れた母の姿が描かれた絵である。
③ Dは荷宇の夢に現れた母の姿が描かれた絵であるが、Eは荷宇が母の夢を見る場面の描かれた絵である。
④ Dは荷宇の夢に現れた母の姿が描かれた絵であるが、Eは荷宇が夢を見た土地の風景が描かれた絵である。
⑤ Dは荷宇が夢を見た土地の風景が描かれた絵であるが、Eは荷宇の夢に現れた母の姿が描かれた絵である。

問7　傍線部**F**「余因語レ之曰」以下についての説明として最も適当なものを、次の①〜⑤のうちから一つ選べ。解答番号は［36］。

① 「まことの心は生死をも超えて相手に通じるものであり、まして親が我が子を見捨てるはずはない。」と言って、そうであれば荷宇の母が夢に現れたのは事実だと、夢の神秘を分析し納得している。

② 「まことの心は生死をも超えて相手に通じるとはいえ、やはり子が親と離れるのはつらいことだ。」と言って、まったくあなたが夢でしか母に会えないとは痛ましいと、荷宇の境遇に同情し悲しんでいる。

③ 「まことの心は生死をも超えて相手に通じるものであり、まして親が我が子から離れることはない。」と言って、やはり子に対する母の思いにまさるものはないと、母の愛情を評価したたえている。

④ 「まことの心は生死をも超えて相手に通じるとはいえ、やはり子は親と固く結ばれるべきだ。」と言って、それなのに荷宇が幼くして母を失ったのはむごいことだと、運命の非情を嘆きつつ憤っている。

⑤ 「まことの心は生死をも超えて相手に通じるものであり、まして子は親と固く結ばれている。」と言って、だから母に対するあなたの思いは届いたのだと、荷宇の心情に寄り添いつつ力づけている。

MEMO

2015

本試験

国　語

（2015年１月実施）

80分　200点

国語

（解答番号 1 ～ 37）

第1問

次の文章を読んで、後の問い（問1～6）に答えよ。なお、設問の都合で本文の段落に 1 ～ 11 の番号を付してある。

（配点　50）

1　ネット上で教えを(ア)タれる人たちは、特にある程度有名な方々は、他者に対して啓蒙《けいもう》的な態度を取るということに、一種の義務感を持ってやってらっしゃる場合もあるのだろうと思います。僕も啓蒙は必要だと思うのですが、どうも良くないと思うのは、ともするとネット上では、啓蒙のベクトルが、どんどん落ちていくことです。これはしばしば見られる現象です。たとえば掲示板やブログに「○○について教えてください」などという書き込みをしている「教えて君」みたいな人がよくいますが、そこには必ず「教えてあげる君」が現れる。自分で調べてもすぐにわかりそうなのに、どういうわけか他人に質問し、そして誰かが答える。そして両者が一緒になって、川が下流に流れ落ちるように、よりものを知らない人へ知らない人へと向かってしまうという現象があり、これはナンセンスではないかと思います。ツイッター(注1)でも、ちょっとしたつぶやきに対して「これこれはご存知《ぞんじ》ですか？」というリプライを飛ばしてくる人がいますが、つぶやいた人は「教えてあげる君」に教えられるまでもなく、それは知っていて、その上でつぶやいたのかもしれない。だから僕はA「教えて君」よりも「教えてあげる君」の方が、場合によっては問題だと思います。自分より知識や情報を持っていない方に向かうよりも、自分が知らないことを新たに知ることができる方向に向かっていった方がいいに決まっている。啓蒙するよりも啓蒙される側に回った方が、自分にとっては利があると思うのです。

2　ところで、ではどうして自分が考えたことをすでに考えた誰かが必ずといっていいほど存在するのか。それは要するに、過去があるから、大袈裟《おおげさ》に言えば、人類がそれなりに長い歴史を持っているから、です。もちろん今だって新しい発想や知見が生まれているわけですが、いろいろな分野において、過去のストックが、ある程度まで溜《た》まってしまった。だから何らかの事柄にかんして考えてみようとすると、タイ(イ)ガイは過去のどこかに参照点がある。しかしわれわれは過去のすべてを知っているわけではない。だからオリジナルだと思ってリヴァイバルをしてしまうことがある。それゆえに生じてくる問題にいかに対すればいいのか。

3 単純な答えですが、順番はともかくとして、自力で考えてみることと、過去を参照することを、ワンセットでやるのがいいのだと思います。先ほども(注2)言ったように、知っていることとわかっていることは別物なのだから、独力で理解できた方が、他者の言説を丸呑《まるの》みするよりもましに決まっています。しかしその一方で、人類はそれなりに長い歴史を持っているので、過去には思考のための(ウ)ジュンタクな資産がある。それを使わない手はない。だから自分が考えつつあることと、他人が考えたことを、どこかのタイミングで突き合わせてみればいい。そうすることによって、現在よりも先に進むことができる。

4 (注3)「君の考えたことはとっくに誰かが考えた問題」と、ちょっと似ていますが、盗作、(注4)パクリをめぐる問題というものがあります。これは多くのひとが気付いていると思うのですが、ある時期以後、たとえば音楽においても、メロディラインが非常に似通った曲が頻出し、しかもそれがヒットしてしまったりするという現象が起こってきました。僕は意図的な盗作よりも、むしろ盗作するつもりなど全然なくて、つまりオリジナルを知らないのにもかかわらず、なぜかよく似てしまう、そのことの方がむしろ問題だと思います。

5 人類がそれなりに長い歴史を持っているということは、当然ながら人類は、これまでに沢山の曲を作ってきたわけです。メロディも沢山書いてきた。だから誰かがふと思いついたメロディが過去に前例があるということは、確率論的にも起き易《やす》くなっていることであって、ある意味で不可避だと言ってもいい。新しいメロディが、なかなか出てこないということは、それだけ過去に素晴らしいメロディが数多く紡ぎ出されたということです。それは別に悪いことではない。もちろん**B**メロディを書こうとする音楽家にとっては、これはなかなか厳しい問題かもしれません。でも、「君の考えたことはとっくに誰かが考えた問題」と同じように、自分で考えたということは自分にとっては意味のあることだけれど、それでも何かに似てしまうということはあり得る、という(エ)タンテキな事実を認めるしかない。自分の口ずさんだメロディが、見知らぬ過去の誰かによって(オ)カナでられていたとしても、めげる必要はない。でも、それを認めることは必要です。知らなかったんだから何が悪い、誰が何と言おうとこれは自分のものだ、ということではない。知らないより知っていた方がいい、でも知らなかったこと自体は罪ではない、ということです。

6 意識せずして過去の何かに似てしまっているものに、誰かが気付いて「これって○○だよね」という指摘をする。それを自分自身の独創だと思っていた者は、驚き、戸惑う。しかしその一方では、意識的な盗作をわからない人たちもいるわけです。明らかに意識的にパクッているのだけれども、受け取る側のリテラシー（注5）の低さゆえに、オリジナルとして流通してしまう、ということもしばしば起こっている。それが盗作側の利益になっていたりするならば、やはり一定のリテラシーが担保されなければならないとも思います。けれども、無意識的に何かに似てしまうというのは、これはもうしょうがないことだと思います。人類はそれなりに長い歴史を持っているのだから。

7 以上のような問題はいずれも、累積された過去と呼ばれる時間の中で、さまざまなことが行《おこ》なわれてきてしまった、すなわち「多様性」が、ある閾値《いきち》（注6）を超えてしまったということから生じています。何かをしようとした時、何事かを考えはじめようとした時に、目の前に立ちはだかってくるもの、あるいは視線の向こう側に見えてくるものが、あまりにも多過ぎて、どうにもげんなりしてしまう。しかしそれを無視することはできないし、だったら知らなければいいということでもない。しかしだからといって、それらは今、突然、一気に現れたわけではありません。これまでに短くはない時間が流れてきたがゆえに、つまり人類がそれなりに長い歴史を持っているがゆえに、それだけ多くのコト／モノが積み重なったということに過ぎない。しかし、われわれが「多様性」を、何らかの意味でネガティヴに受け取ってしまうのは、時間の流れとは別に、それがひと塊のマッス（量）として、いきなり自分の前に現れたかのように思えるからではないでしょうか。それはナンセンスなことだと思うのです。

8 われわれは、ある事象の背後に「歴史」と呼ばれる時間があると考えるわけですが、特にネット以後、そういった「歴史」を圧縮したり編集したりすることが、昔よりもずっとやり易くなりました。というよりも、そういう圧縮や編集が、どんどん勝手に起きてしまうようになった。何事かの歴史を辿《たど》る際に、どこかに起点を設定して、そこから現在に連なっていく、あるいは現在から遡行していって、はじまりに至る、ということではなくて、むしろ時間軸を抜きにして、それを一個の「塊＝マッス」として、丸ごと捉えることが可能になった。そういう作業において、ネットは極めて有効なツールだと思います。

9 ただ、そのことによって、たとえば「体系的」という言葉の意味が、決定的に変わってしまった。フランス語で「歴史＝histoire」が「物語＝histoire」という意味でもあるということは、もはや使い古されたクリシェ(注7)ですが、しかし「物語」としての「歴史」の記述／把握という営みは、少なからず行なわれてきたし、今も行なわれている。もちろん実証的な観点から、そういうアプローチに対する批判もある。事実の連鎖は物語的な整合性やドラマツルギー(注8)とは必ずしも合致しないからです。しかしそれでも「歴史」を「物語」的に綴《つづ》る／読むことはできてしまう。なぜならば、そこには「時間」が介在しているからです。過去から現在を経て未来へと流れてゆく「時間」というものが、そのあり方からして「物語」を要求してくる。「物語」とは因果性の別名です。だからひとは「歴史」を書くつもりで、ついつい「物語」を書いてしまう。

10 しかしネット以後、このような一種の系譜学的な知よりも、「歴史」全体を「塊」のように捉える、いわばホーリスティック(注9)な考え方がメインになってきたのではないかと思うのです。これはある意味ではC「歴史」の崩壊でもあります。まず「現在」という「扉」があって、そこを開けると「塊」としての「歴史」がある。その「歴史」を大摑《おおづか》みに摑んでしまって、それから隙間を少しずつモザイク状に埋めていくことが、「歴史」の把握の仕方としては、今やリアルなのではないかと思うのです。

11 先ほど「リテラシー」という言葉を出しましたが、リテラシーが機能していないと、何かをわかってもらおうとしても空回りしてしまうことがあるので、最低限のリテラシーを形成するための啓蒙の必要性が、とりわけゼロ年代(注10)になってからよく語られるようになってきました。たとえば芸術にかんしても、ある作家や作品に対する価値判断に一定の正当性を持たせるためには、どうしても啓蒙という作業が必要になってくるという意見があります。時間軸に拘束されない、崩壊した「歴史」の捉え方が、九〇年代以後、少しずつメインになってきて、僕はそれは基本的に良いことだと思っていたのですが、ゼロ年代になってくると、その弊害も起こってきた。そのひとつの例が「意図的なパクリ」だったりします。だから、ここまでくると、啓蒙も必要なのかもしれないという気持ちが、僕にも多少は芽生えてきました。けれども、やはり僕自身は、できれば啓蒙は他の人に任せておきたいのです。啓蒙を得意とする、啓蒙という行為に何らかの責任の意識を持っている人たちがなさってくれればよくて、僕はそれとは異なる次元にある、未知なるものへの好奇心／関心／興味を刺激することの方をやはりしたい。けれどもそれも今や受け手のリテラシーをある程度推し量りながらする必要がある。そこが難しい所であるわけですが。

（佐々木《ささき》敦《あつし》『未知との遭遇』による）

（注）1　ツイッター――インターネットにおいて「ツイート」や「つぶやき」と呼ばれる短文を投稿・閲覧できるサービス。なお、閲覧したツイートに反応して投稿することを「リプライを飛ばす」などという。

2　先ほども言ったように――本文より前のところで、類似の事柄に関する言及があったことを受けている。

3　「君の考えたことはとっくに誰かが考えた問題」――本文より前のところで言及があった、インターネットにおいて顕著に見られる問題を指している。

4　パクリ――盗作を意味する俗語。「パクる」という動詞の名詞形。

5　リテラシー――読み書き能力。転じて、ある分野に関する知識を活用する基礎的な能力。

6　閾値――限界値。「しきいち」とも読む。

7　クリシェ――決まり文句。

8　ドラマツルギー――作劇術、作劇法。

9　ホーリスティック――全体的、包括的。

10　ゼロ年代――西暦二〇〇〇年以降の最初の十年間。

8

問1　傍線部(ア)～(オ)に相当する漢字を含むものを、次の各群の①～⑤のうちから、それぞれ一つずつ選べ。解答番号は [1] ～ [5]。

(ア)　タれる　[1]

① ベートーヴェンにシンスイする
② 寝不足でスイマにおそわれる
③ ブスイなふるまいに閉口する
④ 親元を離れてジスイする
⑤ 鉄棒でケンスイをする

(イ)　タイガイ　[2]

① ガイハクな知識を持つ
② 不正を行った者をダンガイする
③ 制度がケイガイと化す
④ 故郷を思いカンガイにふける
⑤ 会議のガイヨウをまとめる

(ウ)　ジュンタク　[3]

① 水をジュンカンさせる装置
② 温暖でシツジュンな気候
③ ジュンキョウシャの碑
④ 夜間にジュンカイする警備員
⑤ ジュンドの高い金属

(エ)　タンテキ　[4]

① タンセイして育てた盆栽
② コタンの境地を描いた小説
③ ダイタンな意見の表明
④ 一連の事件のホッタン
⑤ 真相のあくなきタンキュウ

(オ)　カナで　[5]

① 事件のソウサが続く
② ソウガンキョウで鳥を観察する
③ 在庫をイッソウする
④ 国王に意見をソウジョウする
⑤ 工場がソウギョウを再開する

問2　傍線部A「『教えて君』よりも『教えてあげる君』の方が、場合によっては問題だと思います」とあるが、それはなぜか。その理由の説明として最も適当なものを、次の①～⑤のうちから一つ選べ。解答番号は 6 。

① 「教えてあげる君」は「教えて君」に対して無責任な回答をすることによって、質問をただ繰り返すばかりの「教えて君」の態度の安直さを許容してしまっているため、「教えて君」の知的レベルを著しく低下させる弊害をもたらすことにもなるから。

② 「教えてあげる君」は「教えて君」に知識を押しつけるばかりで、その時点での相手の知的レベルに応じた回答をしているわけではないため、「教えて君」をいたずらに困惑させてしまい、自らの教える行為を無意味なものにしてしまうことにもなるから。

③ 「教えてあげる君」は自身の知識を増やそうとすることがなく、「教えて君」の知的好奇心を新たに引き出すこともないため、「教えて君」もまた「教えてあげる君」と同様の状況に陥り、社会全体の知的レベルが向上していかないことにもなるから。

④ 「教えてあげる君」は社会全体の知的レベルを向上させなければならないという義務感にとらわれており、「教えて君」の向学心に直接働きかけようとして教えているわけではないため、自分自身の知的レベルが向上していかないことにもなるから。

⑤ 「教えてあげる君」は「教えて君」を導くことで得られる自己満足を目的として教えているに過ぎず、「教えて君」の知的レベルを向上させることには関心がないため、「教えて君」と「教えてあげる君」との応答がむだに続いてしまうことにもなるから。

問3 傍線部**B**「メロディを書こうとする音楽家にとっては、これはなかなか厳しい問題かもしれません」とあるが、それはなぜか。その説明として最も適当なものを、次の①～⑤のうちから一つ選べ。解答番号は 7 。

① 音楽家は、新しいメロディを作り出そうとして、豊富な音楽の知識を活用するが、逆にその知識が自由な発想を妨げてしまうため、誰もが口ずさめるような躍動感のあるメロディを生み出せなくなってきているから。

② 音楽家は、新しい曲を作ることを期待されているが、多くの曲が作られてきたことで、自分が考え出したメロディに前例がある可能性が高くなるため、オリジナルな曲を作ることが困難になってきているから。

③ 音楽家は、新しい曲を発表することで社会的な認知を得ていくために、たえず新しい曲を発表しなければならず、過去のメロディを自作の一部として取り込むことが避けられなくなってきているから。

④ 音楽家は、新しい曲を発表しても、社会に多くの曲が出回っているために曲のオリジナリティを正当に評価されることが難しく、才能がある音楽家ほど不満を抱くことが多くなってきているから。

⑤ 音楽家は、新しいメロディを思いついた時には、過去に作られたメロディとの違いを確認する必要が出てくるため、過去の膨大な曲を確認する時間と労力が大きな負担になってきているから。

問4　傍線部C「『歴史』の崩壊」とあるが、それはどういうことか。その説明として最も適当なものを、次の①～⑤のうちから一つ選べ。解答番号は 8 。

① インターネットによる情報収集の普及にともない、過去の出来事と現在の出来事との類似性を探し出すことが簡便にできるようになったため、両者の本質的な違いに着目することによって得られる解釈を歴史と捉える理解の仕方が成り立たなくなってしまったということ。

② インターネットによる情報収集の普及にともない、累積された過去に内在する多様性を尊重することが要求されるようになったため、多くの出来事を因果関係から説明し、それらから構成された物語を歴史と捉える理解の仕方が人々に共有されなくなってしまったということ。

③ インターネットによる情報収集の普及にともない、過去の出来事を重要度の違いによって分類することができるようになったため、重要であるか否かを問題にすることなく等価なものとして拾い出された過去の出来事の集合体を歴史と捉える理解の仕方が根底から覆ってしまったということ。

④ インターネットによる情報収集の普及にともない、過去の個々の出来事を時間的な前後関係から離れて自由に結びつけられるようになったため、出来事を時間の流れに即してつなぐことで見いだされる因果関係を歴史と捉える理解の仕方が権威を失ってしまったということ。

⑤ インターネットによる情報収集の普及にともない、累積された膨大な情報を時間の流れに即して圧縮したり編集したりすることが容易になったため、時間的な前後関係や因果関係を超えて結びつく過去と現在とのつながりを歴史と捉える理解の仕方が通用しなくなってしまったということ。

問5　この文章全体を踏まえ、「啓蒙」という行為に対する筆者の考えをまとめたものとして最も適当なものを、次の①～⑤のうちから一つ選べ。解答番号は　9　。

① 個々の事象の背後にある知の意味が変質し、累積された過去の知見が軽視される傾向にある現代では、教養を他者に分け与え価値判断の基準を整える啓蒙という行為の重要性は高まり続けている、と筆者は思っている。そのため、単に他者を啓蒙するだけにとどまらず、有効な啓蒙の方法を模索することも必要だと考えている。

② 膨大な情報に取り囲まれ、物事の判断基準が見失われた現代では、正当な価値判断を行うためのリテラシーを形成する啓蒙という行為の必要性は高まり続けている、と筆者は思っている。しかし、みずからその作業を率先して担うよりは、好奇心を呼び起こすことで人が自力で新たな表現を生み出すよう促す側に身を置き続けたいと考えている。

③ 知識を求める者と与える者との関係が容易に成立するようになり、自力で考えることの意義が低下した現代では、他者に知識を分け与える啓蒙という行為についての責任を特定の誰かが負う必要はなくなった、と筆者は思っている。しかし、新たな発想が生まれることを促すために、あえて他者を啓蒙する場にとどまり続けたいと考えている。

④ 過去に関する情報を容易に圧縮したり編集したりできるようになった結果、外部から影響されることなく独創的な芸術表現を行うことが困難になった現代では、故意による盗作行為を抑止する営みとしての啓蒙は不可欠である、と筆者は思っている。そのため、啓蒙という行為に積極的に関わることで人々の倫理意識を高めたいと考えている。

⑤ 長い歴史の中で累積された知見を自在に参照できるようになり、過去を振り返ることが求められつつある現代では、歴史を正しく把握する態度の大切さを人々に教える啓蒙という行為の意義は高まる一方である、と筆者は思っている。しかし、あえて啓蒙の意義を否定し、歴史の束縛から解放されることによって現状を打破すべきだと考えている。

問6　この文章の表現に関する説明として**適当でないもの**を、次の①～⑧のうちから二つ選べ。ただし、解答の順序は問わない。解答番号は 10 ・ 11 。

① 第1段落に出てくる「教えて君」「教えてあげる君」のような「君」付けの呼称は、それらの人たちに対する親しみではなく、軽いからかいの気持ちを示している。

② 第3段落の前半にある丁寧の助動詞「ます」がその段落の後半に出てこなくなるのは、読み手に対する直接的な気配りよりも内容そのものの説明に重点が移っているからである。

③ 第4段落の末尾の文中にある「そのこと」という指示表現は、それを用いず「なぜかよく似てしまうことの方が～」と続けた場合に比べて、次の段落への接続をより滑らかにする働きをしている。

④ 第5段落の後半になって「～ない」という打消し表現が目立つようになるのは、同じ話題に関する議論を深めるために、肯定の立場から否定の立場に転じて論じているからである。

⑤ 第7段落の第4文「しかしだからといって、～ありません。」は、第3文と同じく「しかし」という接続詞で始まっているが、どちらの「しかし」も第2文に対して逆接関係にあることを示している。

⑥ 第8段落の第1文になって初めて「歴史」という語をカギカッコ付きで表示するようになったのは、従来の捉え方による歴史であることを際立たせるためである。

⑦ 第10段落の第2文「これはある意味では～あります。」の「ある意味では」という表現は、何か特定の内容を示すためではなく、一文全体を婉曲《えんきょく》な言い回しにするという働きをしている。

⑧ 第11段落の第7文「啓蒙を得意とする、～したい。」の中の「なさって」という尊敬表現によって示される敬意には、その対象となる人たちに対して距離を置こうとする働きが含まれている。

第2問 次の文章は、小池昌代《こいけまさよ》の小説「石を愛《め》でる人」の全文である。これを読んで、後の問い(問1〜6)に答えよ。なお、設問の都合で本文の上に行数を付してある。(配点 50)

趣味といってもいろいろあるが、山形さんの場合は、「石」であった。「石」を愛でることであった。そのようなひとを、一般に「愛石家」と呼ぶらしい。愛猫家とか愛妻家とか、考えてみれば、世の中には何かを愛して一家を構えるほどの人が結構いる。しかしアイセキカと聞いて、即座に石を愛するひととは、ちょっと思い浮かばなかった。

山形さんから「アイセキカ」友の会に入会しましたよ、と聞いたときは、えっ? 愛惜? と聞き返してしまった。山形さんは、そのころ奥さんを、病気でなくしたばかりのころだったから。山形さんが、石を愛するようになったのが、奥さんをなくしたことと関係があるのかないのかは、よくわからない。

わざわざ表明したことはないが、実はわたしも石が好きである。どこかへ行くと、自分の思い出にと、石を持ち帰ることが今までにもよくあった。

子供のころも、海や川へ行くたびに、小石を拾っては家に持ち帰ったが、当時は石よりも、石を持ち帰るという行為そのもののほうに、特別の意味があったようだ。部屋に持ち込まれた石はきまって急速に魅力を失い、がらくたの一つになってしまった。そもそも水辺にある小石は、川や海の水に濡《ぬ》れているときは妙に魅力があるのに、乾いてしまうと、ただの石だ。濡れている色と乾いた色って、同じ石でも随分違う。水辺の石の魅力をつくっているものが、実は、石そのものでなく、水の力であったということなのか。

今、わたしの机の上には、イタリアのアッシジで拾ってきた、大理石のかけらが四つある。イタリアの明るい陽《ひ》に、きらきらと微妙な色の差を見せてくれた、薄紅、薄紫、ミルク色、薄茶の四つの石は、これは日本に持ち帰っても、不思議なことに色あせることがなかった。

一人でいる夜、疲れて心がざらついているようなとき、その石をてのひらのなかでころがしてみる。石とわたしは、どこまでも混ざりあわない。あくまでも石は石。わたしはわたしである。石のなかへわたしは入れず、石もわたしに、侵入してこない。その無機質で冷たい関係が、かえってわたしに、不思議な安らぎをあたえてくれる。

人間関係の疲労とは、行き交う言葉をめぐる疲労である。だから、A言葉を持たない石のような冷《ひや》やかさが、その冷たいあたたかさが、とりわけ身にしみる日々があるのだ。こうしてみると、わたしだって、充分、アイセキカの一人ではないか。

そういえば、生まれて初めて雑誌に投稿した詩が、「石ころ」というタイトルだった。夜の公園に残された石ころが、まるで、なにかをつかみそこねた、握りこぶしのように見えた。それだけのことを書いた幼稚な詩だったが。

子供のときは、道に石があれば、とりあえずは、足で蹴ってみた。武器として、なにものかに向かって投げつけたり、水のなかに意味もなく、ぽちゃっと落としてみたり、拾って、それに絵を描いてみたり、積み上げたり、地面に印のかわりに、置いてみたり……。石ころとは、随分、多方面に渡って、つきあってきたものだ。

ひとと石との、こうしたあらゆる関係の先に、石をただ見つめるという、アイセキカたちの、(ア)透明な行為がひろがっているのだろう。

さて、そのアイセキカ、山形さんは、普段も石のように無口なひとである。ある地方テレビ局の制作部門に勤務している。おいくつですか、と尋ねたことはないが、五十歳はとうに過ぎているはずだ。

山形さんの担当するインタビュー番組に、わたしが出演させてもらったのが知り合うきっかけだった。実はわたしは、テレビのない生活をして、十年くらいになる。見たい番組というのが、ほとんどないし、たまに、人の家でテレビがついていると、テレビとは、こんなに騒がしいものであったかとびっくりする(特にコマーシャルが、ひどい)。

わたし、テレビ持ってませんから。——しかしそれは出演を断る理由にはならなかった。

わたしはこんな仕事をしてますが、テレビを持ってないのは、今では普通のことです、と山形さんは言った。しかし、見るのと出るのでは、また違う。まあ、一度くらい、遊びにいらっしゃってはいかがです？

結局、その十五分番組に、わたしは出ることを決めた。オペラ歌手と評論家のインタビュアーを相手に、とても緊張しつつ、一生懸命になって、詩のことをしゃべり、朗読までして、収録を終えたのだ。

終わったあと、暗い夜道を一人で帰りながら、テレビとは、恐ろしく、自分を消費するものだと思った。インタビュアーたちとの関係も、あまりにも希薄で一時的・図式的なものであり、そんなことは彼らにとって、仕事のひとつなのだから当たり前のことなのに、その当たり前のことに傷ついてしまった。

そのうえ、自分の言ったことが、終わったあとも、わんわんと自分のなかで反響している。詩人という肩書きで得意になってしゃべった自分——これは一種の詐欺であると思った。そのことを自覚したうえで、玄人としてりっぱに騙《だま》せたのならそれでもいいが、わたしは半分素人の様な顔をして、詩とは……とか、詩との出会いは……なんて遠慮がちに、そのくせ内心、(イ)とくとくとしゃべっていたのだから、なんだか、タチが悪いような気がした。

わたしのそんな落ち込みを、山形さんは、まあ、テレビに初めて出た人間はそんなもんですよ、と石のように表情のない顔で、のんびりとなぐさめてくれた。ここを通過するとね、もう怖くはありません。気をつけてくださいよ、テレビに出ることには、けっこう魅力があるようですからねえ。みんな、そう言いますよ。こいけさんもそのうちね——と山形さんは言った。——ぜったいテレビにどんどん出たくなりますよ。そう、自信を持って決めつけるのだった。

その山形さんから、「石を出品しましたので、ぜひごらんください」という、薄いぺらぺらのはがきの案内状が届いたのは、東京に梅雨入り宣言が出された日のことだった。さらに(ウ)追い討ちをかけて電話までかかってきて、石はいいですよ、ぜひ、見にきてくださいよ、何日と何日なら、わたしも行ってますから、と。

その、動かぬ大山のような山形さんの言い方には、断《こと》わられることなど、おのれの辞書にはないというようなずうずうしさがあった。

「わかりました、じゃあ行きますよ(行けばいいんでしょ)。わかりましたよ(まったくもう)」

このわたしの返答も、充分すぎるほど失礼な言い方ではあったが、山形さんは、ともかくもわたしが行くと答えると、うむ、と満足げにうなずいて日取りを決め、それじゃあ、と言って電話を切った。

B 当日は雨だった。しかし石を見に行くのにはいい日のように思われた。傘というものがわたしは好きだ。ひとりひとりの頭のうえに開き、ひとりひとりを囲んでいる傘が。そういえば、寂しい、独りきりの傘のなかを、華やかな世界と表現した女性の詩人がいたなあ。彼女もまた、雨の日と、傘が、好きだったのだろう。五十を過ぎて、彼女は突然自殺してしまった。顔に刻まれた深い皺《しわ》が、とりわけ素敵な美しいひとだった。

そんなことを思い出しながら、会場についた。表参道の小さなアトリエである。傘の露をふりはらって、ドアを開けた。

期待したとおり、ずらっと小石どもが並んでいる。それぞれの石の前には、産地の名前と、出品者の名前が毛筆で書いてある。産地というのは、平たく言えば、石を拾った場所、出品者というのは、拾ったひとの名前だろう。そう考えると、石を愛するという趣味は、実にシンプルでいいものだと思った。拾った、拾われた、その一瞬にすべてをかけて展示しているのであるから、ここにあるのは、どれもが人生の瞬間芸のようなものだと言える。

入り口のところには、パンフレットがあって、そのなかに「水石の魅力」という短い文章が書かれてあった。ただの石だと思っていたが、こういうのを、水石《すいせき》というらしい。始めて知った言葉である。

ここは、まるで、河原のようなところだ。石ばかりでなく、言葉も拾うのだ。

さっそく、パンフレットを読んでみた。

「水石は、趣味のなかでも、もっとも深淵《しんえん》で奥の深いものだといわれています。盆栽などとあわせて鑑賞されることも多いのです。

庭石のような大きなものでなく、片手で持てるような小さな鑑賞石をいいます。あなたも、水石の世界に、どうぞひととき、お遊びください」

アトリエは薄暗く、それぞれの石に、柔らかいスポットライトが当てられている。ひとの姿も二、三、ある。どのひとも、みな、一人ぽっちである。石が好きなのだろうか。彼らもまた、アトリエ内に、飛び石のように、存在している。

そこへドアが開いて、山形さんが入ってきた。

(ああ、山形さんだ)

とわたしは思った。思っただけで、声にはならなかった。

(山形さん、わたし、来ましたよ)

これもまた、声にならず、表情だけで、山形さんに訴えることになった。まるで石が、あらゆる声を吸いとってしまったようである。

山形さんも、わたしにすぐに気がついてくれたが、山形さんも、声を出さない。目を細くして、

(ああ、よく来てくれました、むし暑いのに、悪かったですね。ゆっくり見ていってくださいよ、あとでお茶でもいかがですか)

そんなことを言う。違うかもしれない。でも、そのときは、きっとそんな気がしたのである。

沈黙の空気を味わいながら、わたしは、いつしか、山形さんが出品した石の前にいた。

まるまるとした真っ黒な楕円形《だえんけい》。滋賀県瀬田川・山形寛。そんな文字がプレートに書いてある。じっと見ていると、背後から、

「よく来てくれましたね、暑いのに」

と声がした。山形さんだ。なんだかすでに聞いたような言葉をしゃべっている。

その、確かに実在する男の声は、不思議な浸透力を持ってわたしの身体に入ってきた。久しぶりにひとの声を聞いたと思った。まるで、ついさっきまで、わたしは石であり、その声によって、ようやく人間に戻ったというような、どこかほっとする、あたたかい声だった。

山形さんの顔は、日に焼けて、真っ黒だ。おまけに、何をしていたのか、汗だらけの顔である。目があった。出品された石

と、良く似た漆黒の瞳である。雨が降っているせいか、しっとりとしている。こんな目を山形さんは持っていたのだろうか。決して強い目というのではない。疲れはてていて、むしろ気弱な目だ。こんな目を山形さんはしていたのだろうか。石に惹《ひ》かれている山形さんが、そのとき少しだけ、わかったような気がした。

自分でもにわかには信じられないことだが、わたしもそのとき、山形さんに、心を惹かれていたのかもしれない。C何かが何かを少しずつひっぱっている、その日は、そんな感じの日であった。

それから、ドアを押して外に出た。雨はまだ降っている。

「この先のビルの二階に、できたばかりの洋風の居酒屋があるんです。石を見たあとの一杯もいいですよ」

何も答えないでいると、

(じゃあ、いきましょう)

と、山形さんが言った(ように思った)。

言葉を使わないと、わたしたちもまた、石のようなものだ。何を考えているか、わからない。互いにころがっていくほかはない。石もひとも。ころがり、ぶつかりあって、わかりあうしかない。そう考えながら歩いていくと、

「ここですよ」

と山形さんが立ち止まる。古いビルディングの前である。それからくるっと背中を見せ、細く暗い階段をのぼっていった。わたしも彼の後に続いた。

足元がようやく確かめられるほどの、ぼんやりとした光線がふりそそいでいる。いま、この階段をのぼっていることを、覚えておこうとわたしは思った。やがて山形さんが、店のドアを押す。中から、サックスとピアノの音が、あふれるように、外へ流れ出た。

問1 傍線部(ア)〜(ウ)の本文中における意味として最も適当なものを、次の各群の①〜⑤のうちから、それぞれ一つずつ選べ。解答番号は 12 〜 14 。

(ア) 透明な 12
① ぬくもりのない
② 悪意のない
③ まじり気のない
④ 形のない
⑤ 暗さのない

(イ) とくとくと 13
① 意欲満々で
② 充分満足して
③ 利害を考えながら
④ 始めから順番どおりに
⑤ いかにも得意そうに

(ウ) 追い討ちをかけて 14
① 無理に付きまとって
② 強く責め立てて
③ しつこく働きかけて
④ 時間の見境なく
⑤ わざわざ調べて

問２　傍線部Ａ「言葉を持たない石のような冷《ひや》やかさが、その冷たいあたたかさが、とりわけ身にしみる」とあるが、それはどういうことか。その説明として最も適当なものを、次の①～⑤のうちから一つ選べ。解答番号は 15 。

① 周囲の人の慰めや励ましより、物言わぬ石がもたらす緊張感の方が、自分が確かな存在であることを実感させ、それが人としての自信を取り戻させてくれるということ。

② 石と互いに干渉せずに向き合うことは、言葉を交わす人間関係の煩わしさに疲れていらだった心を癒やし、ほっとするような孤独を感じさせてくれるということ。

③ 物言わぬ石の持つきびしい拒絶感に触れることで、今では失ってしまった、周囲の人との心の通い合いの大切さがかえって切実に思えてくるということ。

④ 現実の生活では時に嘘《うそ》をつき自分を偽ることがあるのに対し、物言わぬ石と感覚を同化させていく時は、虚飾のない本当の自分を強く実感できるということ。

⑤ 乾いて色あせてしまった水辺の石でも、距離を置いて見つめ直してみることによって、他人の言葉に傷ついたわたしを静かに慰めてくれるように思えてくるということ。

問3　わたしの山形さんへの見方は、この文章全体を通してみると変わっていくが、29行目から57行目までに描かれた山形さんの人物像はどのようなものか。その説明として最も適当なものを、次の①～⑤のうちから一つ選べ。解答番号は　16　。

① 初めてのテレビ収録で傷つき落ち込んでいるわたしを励まし、テレビ業界の魅力を説くことで希望を与えてくれる明るさを持つ一方で、繊細な内面に図々しく入り込んでくる人物。

② 初めてのテレビ収録で傷つき落ち込んでいるわたしにテレビ出演の楽しさを説いて自信を持たせようとする度量の大きさを持つ反面、自分の要求はすべて通さずにはいられない人物。

③ 初めてのテレビ収録で傷つき落ち込んでいるわたしを無表情なままに慰めてくれる不思議な優しさを持ちながら、揺るぎない態度でわたしの心情や行動を決めてかかる強引な人物。

④ テレビの仕事で自己嫌悪に陥ったわたしの心を気遣うふりをして、自身の趣味である石の魅力に引き込もうとする自信家であり、わたしの戸惑いをくみ取ろうとしない無神経な人物。

⑤ テレビの仕事で自己嫌悪に陥ったわたしの心を見通したうえで話題をそらしてごまかし、当初のインタビューとは関係のない個人的な趣味の世界に引き込もうとする無責任な人物。

問4　傍線部B「当日は雨だった。しかし石を見に行くのにはいい日のように思われた。」とあるが、それはなぜか。その説明として最も適当なものを、次の①～⑤のうちから一つ選べ。解答番号は 17 。

① わたしは今までにも水辺の石を持ち帰ったりすることがあった。この日は雨が降っており、様々な状況によって魅力を増す石を観賞したくなる雰囲気だと感じられ、しかも、傘が石と同じように自分だけの世界を心地よいものにしてくれるように思われたから。

② わたしにとって、石と傘は見方によって様々に姿を変えるため、これまでも気分を高揚させる鑑賞対象だった。そのうえ、河原のようなアトリエにも水石の世界があることを知ってからは、石の魅力を味わううえで、雨が思わぬ演出効果をもたらすと気づいたから。

③ わたしが以前から好きだった女性詩人の顔の皺《しわ》には精神的な陰影が刻まれ、水や光によって微妙に表情を変える石に似た魅力があった。この日は雨が降っていたので、五十を過ぎて自殺した彼女も傘を愛していたことを思い出し、孤独な詩人としての共感を覚えたから。

④ わたしは日頃から、じめじめした人間関係の悩みを忘れさせてくれる乾いた石に愛着を覚えていた。しかし、テレビに出演して自己嫌悪に陥ってからは、濡《ぬ》れた石や雨が自分の心を慰め、傘もまた一人一人の孤独な空間を守ってくれるように感じられたから。

⑤ わたしは亡くなった女性詩人と同じように、昔から誰にも邪魔されない孤独を愛していたため、傘に囲まれた空間に安らぎを感じている。そのため、雨の日はかえって外出の億劫《おつくう》さが和らぎ、他人の目を気にせず石を見に行くことができると気づいたから。

問5　傍線部C「何かが何かを少しずつひっぱっている、その日は、そんな感じの日であった。」とあるが、わたしはどのようなことを感じはじめているのか。わたしの中で起こった変化を踏まえた説明として最も適当なものを、次の①～⑤のうちから一つ選べ。解答番号は 18 。

① 強引で何事にも動じない山形さんが、一方では疲れて自信のない人物でもあったことにわたしは意外さを覚えている。強さと弱さが同居した山形さんの人間としての奥行きを垣間見《かいまみ》たわたしが、自分にもそうした両面があることを発見し、石との出会いを契機として似たもの同士の孤独な二人が惹《ひ》かれ合っていることを感じはじめている。

② 冷たい石と向き合う沈黙のひとときに安らぎを感じていたわたしが、山形さんの声は違和感なく受け入れられたことに意外な安堵《あんど》を覚えている。山形さんのしっとりとした瞳の中に弱さを発見したわたしは、山形さんとの人間らしい相互関係を自覚し、石を媒介として二人の心の距離が近付きつつあることを感じはじめている。

③ 石が水の湿り気を得て輝きを増すように、山形さんの生身の声がわたしの身体に浸透し、人間関係に疲れ切ったわたしを生き生きとさせたことに驚いている。寡黙な山形さんに石の世界のおもしろさを教えられ、彼の見識の高さに感動したわたしは、自分も同じように石を出品してみたいと感じはじめている。

④ 山形さんの落ち着いた人柄に惹かれ、石ではなく生身の人間である山形さんに愛情が芽生えはじめたことにわたしは驚いている。山形さんが石を愛するようになったことで孤独から脱するきっかけを得たように、山形さんとの接触が、わたしを今までの自分とは違う人間に変えるかもしれないと感じはじめている。

⑤ 言葉を介した人間関係に困難を感じていたからこそ保たれていた石との関係が、穏やかな山形さんと関わるうちに少しずつ壊れてきていることにわたしは気づいている。静まりかえったアトリエの中で生身の人間との言葉による心の交流が成立した結果、孤独な詩人であることから脱しつつあることを感じはじめている。

問6　この文章の表現に関する説明として適当なものを、次の①～⑥のうちから二つ選べ。ただし、解答の順序は問わない。解答番号は 19 ・ 20 。

① 「愛石家」という語は、3行目から29行目まで一貫して「アイセキカ」とカタカナ表記である。3行目と4行目の「アイセキカ」はわたしが意味を取れずに音だけ理解したことを示しており、これ以後の「アイセキカ」は漢字表記の「愛石家」の意味に限定されないことを表している。

② 山形さんについては一貫して「山形さん」という表記がなされ、わたしの名前については48行目で「こいけさん」というひらがな表記がなされている。48行目の「こいけさん」は、ここでの山形さんの語りかけが、わたしの後悔を他人事として突き放すような、投げやりなものであることを表している。

③ 63行目の「小石ども」の「ども」は、通常、名詞の後ろに付いてそれを見下す気持ちを表す。この場面で「小石」に「ども」を使用しているのは、わたしが子供の頃、石を好き勝手に扱ったことを受けており、他人が拾った「小石」を軽んじる気持ちが生じたことを表している。

④ 98行目には「こんな目を山形さんは持っていたのだろうか」、99行目には「こんな目を山形さんはしていたのだろうか」と、類似の表現が連続して出てくる。これはわたしが山形さんに徐々に惹かれていくにつれて、石からは次第に心が離れつつあることを表している。

⑤ 77行目以降最後まで、山形さんとわたしが発する言葉には、カッコで示されるものとカギカッコで示されるものがある。カッコを使うものはわたしの思念や、わたしが山形さんの思念を推測したものを表しているが、カギカッコを使うものはわたしにはっきり届いた声であることを表している。

⑥ 114行目の「サックスとピアノの音が、あふれるように、外へ流れ出た」に使われている「あふれる」「流れ出る」という動詞は、通常「サックスとピアノの音」のような主語には使われないものである。ここではこれらの動詞を「音」に対して使うことによって、詩人であるわたしの表現技巧が以前と比べて洗練されたことを表している。

第3問　次の文章は『夢の通ひ路物語』の一節である。男君と女君は、人目を忍んで逢《あ》う仲であった。やがて、女君は男君の子を身ごもったが、帝に召されて女御となり、男児を出産した。生まれた子は皇子（本文では「御子《みこ》」）として披露され、女君は秘密を抱えておののきつつも、男君のことを思い続けている。その子を自分の子と確信する男君は人知れず苦悩しながら宮仕えし、二人の仲介役である清さだと右近も心を痛めている。以下の文章は、それに続くものである。これを読んで、後の問い（問1～6）に答えよ。（配点　50）

かたみに恋しう思《おぼ》し添ふことさまざまなれど、夢ならで通ひぬべき身ならねば、現《うつつ》の頼め絶えぬる心憂さのみ思しつづけ、大空をのみうち眺めつつ、もの心細く思しわたりけり。男の御心には、まして恨めしう、(ア)あぢきなき嘆きに添へて、御子《みこ》の御気配もいとつつましう、鏡（注1）の影もをさをさ覚ゆれば、いよいよ「(イ)あきらめてしがな」と思しわたれど、ありしやうに語らひ（注2）人さへ聞こえねば、「人わろく、今さらかかづらひ、をこなるものに思ひまどはれむか」と心置かれて、清さだ（注3）にだにも御心とけてものたまはず、いとどしき御物思ひをぞし給《たま》ひける。

こなたにも御心に絶えず思し嘆けど、何かは漏らし給はむ。御宿直《とのゐ》（注4）などうちしきり、おのづから御前がちにて、(ウ)御こころざしのになきさまになりまさるも、よに心憂く、恐ろしう、人知れず悩ましう思して、いささか御局《つぼね》に下り給へり。人少なう、しめやかにながめ給へる夕暮れに、右近、御側《そば》に参りて、御かしらなど参るついで、かの御事をほのかに聞こえ奉る。

「この程見奉りしに、御方々《かたがた》（注5）思しわづらふもむべに **a** 侍《はべ》り。げに痩せ痩せとならせ給ひ、こよなく御色のさ青《を》に見奉り候《さぶら》ひぬ。清さだも、久しううちおこたり侍りしを、（注6）いかに思しとぢめけむと、日頃いぶかしう、恐ろしう思ひ給へられしに、なほ忍びはて給はぬにや、昨日文おこせし中《うち》に、かかるものなむ侍りける。『まことに、うち悩み給ふこと、日数へて言ふ甲斐《かひ》なく、見奉るも心苦しう。東宮（注7）のいとかなしうまつはさせ給へば、とけても籠らせ **b** 給はぬを、この頃こそ、えうちつづきても参り給はで、ひとへに悩みまさらせ給へ』と侍りし」

とて、御消息取《と》う出《で》たれど、なかなか心憂く、そら恐ろしきに、

「いかで、かくは言ふにかあらむ」

とて、泣き給ひぬ。

「こたびは、とぢめにも侍らむ。御覧ぜざらむは、罪深きことにこそ思ほさめ」

とて、うち泣きて、

「昔ながらの御ありさまならましかば、かくひき違《たが》ひ、いづこにも苦しき御心の添ふべきや」

と、忍びても聞こゆれば、**X**いと恥づかしう、げに悲しくて、振り捨てやらで御覧ず。

A「さりともと頼めし甲斐もなきあとに世のつねならぬながめだにせよ

雲居(注8)のよそに見奉り、さるもの(注9)の音《ね》調べし夕べより、心地も乱れ、悩ましう思ひ**c**給へしに、ほどなく魂の憂き身を捨てて、君があたり迷ひ出《い》でなば、結びとめ給へかし。惜しけくあらぬ命も、まだ絶えはてねば」

など、あはれに、つねよりはいとど見所ありて書きすさみ給ふを御覧ずるに、来《き》し方行く先みなかきくれて、御袖いたう濡《ぬ》らし給ふ。うち臥《ふ》し給へるを、見奉るもいとほしう、「いかなりし世の御契りにや」と、思ひ嘆くめり。

「人目なき程に、あはれ、御返しを」

と聞こゆれば、御心も慌《あわたた》しくて、

B「思はずも隔てしほどを嘆きてはもろともにこそ消えもはてなめ

遅るべうは」

とばかり、書かせ給ひても、え引き結び給はで、深く思し惑ひて泣き入り給ふ。「かやうにこと少なく、節《ふし》なきものから、いとどあはれにもいとほしうも御覧ぜむ」と、**Y**方々《かたがた》思ひやるにも、悲しう見奉りぬ。

（注）
1　鏡の影もをさをさ覚ゆれば――鏡に映った男君自身の顔も御子の顔にそっくりなので、ということ。
2　語らひ人――相談相手となる人。ここでは女君の侍女の右近を指す。
3　清さだ――男君の腹心の従者。右近とはきょうだい。
4　御宿直などうちしきり――女君が帝の寝所にたびたび召されて、ということ。
5　御方々――男君の両親。
6　いかに思しとぢめけむ――どのようにあきらめなさったのだろうか、ということ。
7　東宮――帝の子。
8　雲居のよそに見奉り――女君が入内して男君の手の届かないところに行ってしまって、ということ。
9　さるものの音調べし夕べ――男君はかつて帝と女君の御前で、御簾《みす》を隔てて笛を披露したことがあった。そのときのことを指す。

人物関係図（------は表向きの親子関係）

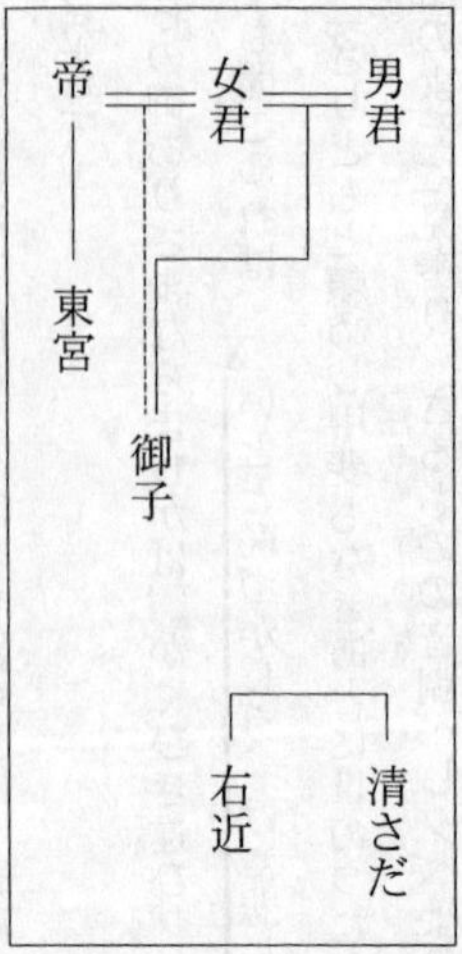

問1　傍線部(ア)～(ウ)の解釈として最も適当なものを、次の各群の①～⑤のうちから、それぞれ一つずつ選べ。解答番号は 21 ～ 23 。

(ア)　あぢきなき嘆き 21
① 頼りない仲介役二人への落胆
② 御子に対する限りない憐《あわ》れみ
③ 帝に対する押さえがたい憎しみ
④ 女君へのどうにもならない恋の苦悩
⑤ ふがいない自分自身へのいらだち

(イ)　あきらめてしがな 22
① 宮仕えを辞めてしまいたい
② 真実をはっきりさせたい
③ 思いを断ち切りたい
④ 胸の内を聞いてほしい
⑤ 私のことを忘れてほしい

(ウ)　御こころざしのになきさまになりまさる 23
① 帝のご愛情がこの上なく深くなっていく
② 帝のご寵愛《ちょうあい》がいっそう分不相応になっていく
③ 帝のお気持ちがいよいよ負担になっていく
④ 帝のお気遣いがますます細やかになっていく
⑤ 帝のお疑いが今まで以上に強くなっていく

問2　波線部a〜cの敬語の説明の組合せとして正しいものを、次の①〜⑤のうちから一つ選べ。解答番号は 24 。

①
a……右近から女君への敬意を示す丁寧語
b……御方々から男君への敬意を示す尊敬語
c……男君から女君への敬意を示す謙譲語

②
a……右近から女君への敬意を示す丁寧語
b……御方々から男君への敬意を示す尊敬語
c……男君から女君への敬意を示す尊敬語

③
a……右近から男君への敬意を示す謙譲語
b……御方々から男君への敬意を示す尊敬語
c……男君から女君への敬意を示す謙譲語

④
a……右近から男君への敬意を示す謙譲語
b……清さだから男君への敬意を示す尊敬語
c……男君から女君への敬意を示す尊敬語

⑤
a……右近から女君への敬意を示す丁寧語
b……清さだから男君への敬意を示す尊敬語
c……男君から女君への敬意を示す謙譲語

問3　傍線部X「いとど恥づかしう、げに悲しくて」とあるが、このときの女君の心情の説明として最も適当なものを、次の①～⑤のうちから一つ選べ。解答番号は 25 。

① 右近に、男君の病状が悪くなったのは自分のせいだと責められて恥ずかしくなり、また、男君が自分への気持ちをあきらめきれずに手紙をよこしたと告げられて、悲しく感じている。

② 右近に、仲介役とはいえ世に秘めた二人の仲を詳しく知られて恥ずかしくなり、また、右近が声をひそめて話すことから二人の仲が公にできないと思い知らされて、悲しく感じている。

③ 右近に、男君からの手紙を見ないのは罪作りなことだと諭されて恥ずかしくなり、また、昔の間柄のままであったら二人とも苦しまなかっただろうと言われて、悲しく感じている。

④ 右近に、死を目前にした男君が送ってきた罪深い内容の手紙を渡されて恥ずかしくなり、また、男君の姿が元気だった頃とは一変したので心苦しいと嘆かれて、悲しく感じている。

⑤ 右近に、子どもの面倒を見ないのは罪深いことだと説かれて恥ずかしくなり、また、子どもさえなければ帝も男君もここまで苦しまなかっただろうと咎《とが》められて、悲しく感じている。

問4　本文中の手紙A（男君の手紙）、手紙B（女君の手紙）の内容の説明として最も適当なものを、次の①～⑤のうちから一つ選べ。解答番号は 26 。

① 男君は、私が生きる甲斐《かい》もなく死んだら悲しんでほしいと思うが、迷い出そうな魂もあなたのことを考えるとこの身にとどまって死にきれない、と言っている。それに対して、女君は、あなたと離れてしまったことが苦しく、あなたに遅れず私もこの嘆きとともに消えてしまいたい、と応えている。

② 男君は、あなたに逢えずに死んだらせめて心を痛めることだけでもしてほしいが、死にきれないので私を受け入れてはくれないものか、と言っている。それに対して、女君は、もはやあなたを愛することはできないが、前世からの因縁と思えばつらく、一緒に死んでしまいたい、と応えている。

③ 男君は、私は逢瀬《おうせ》の期待もむなしく死ぬだろうが、それまでに魂がこの身から離れてあなたのもとにさまよい出たときは引き留めてほしい、と言っている。それに対して、女君は、心ならずも離ればなれになってしまったことが悲しく、あなたが死んだら私も死に遅れはしない、と応えている。

④ 男君は、あなたを恨みながら死ぬだろうが、そのときには魂を引き留めて、誰のせいでこうなったのか悩んでほしい、と言っている。それに対して、女君は、意に反してあなたと距離ができてしまったことが情けなく、あなたが死んだら私も遅れずに死ぬから待っていてほしい、と応えている。

⑤ 男君は、私がこのまま死んだら、私のことを思って空を眺めてほしい、そうすれば魂はあなたのもとに行くので、そばに置いてほしい、と言っている。それに対して、女君は、今逢えないことでさえももどかしく、あなたが死んだら魂の訪れなど待たずに私も消えてしまいたい、と応えている。

問5　傍線部Y「方々《かたがた》思ひやるにも、悲しう見奉りぬ」とあるが、このときの右近の心情の説明として最も適当なものを、次の①～⑤のうちから一つ選べ。解答番号は 27 。

① 女君は立場上、簡単な手紙しか書けないが、気持ちは男君にきっと伝わるだろうと、離ればなれになった二人を思っては、悲しく感じている。

② 病のせいで言葉少ない男君の手紙を見て、女君はいっそう気の毒に思っているだろうと、二人のやりとりを振り返っては、悲しく感じている。

③ 言葉足らずの女君の手紙を見て、男君は女君をいとしく思いつつもいよいよ落胆するだろうと、二人の別れを予感しては、悲しく感じている。

④ 短く書くことしかできない女君の手紙を見て、男君はさらに女君への思いを募らせるだろうと、二人の気持ちを考えては、悲しく感じている。

⑤ 控えめな人柄がうかがえる女君の手紙を見れば、男君は女君への愛をますます深めるだろうと、二人の将来を危ぶんでは、悲しく感じている。

問6　この文章の内容の説明として最も適当なものを、次の①～⑤のうちから一つ選べ。解答番号は 28 。

① 男君は、女君のことを恋しく思い続けているが、未練がましく言い寄っても女君が不快に思うのではと恐れて、誰にも本心を打ち明けられず、悩みを深めていた。

② 女君は、男君への思いを隠したまま、帝と過ごす時間が長くなっていくことに堪えられず、ついには人目を忍んで男君への手紙を右近に取り次がせようとした。

③ 清さだは、右近から手紙が来ないことを不審に思い、帝が真相に気づいたのではないかと心配になり、事情を知らせるようにと、急いで右近に手紙を送った。

④ 男君は、女君への思いに加えて、東宮のもとに無理に出仕をしたため病気が重くなり、男君の様子を清さだから聞いた女君は、男君は死ぬに違いないと思った。

⑤ 女君は、男君の手紙を見せられて恐ろしく感じ、手紙を取り次いだ右近を前に当惑して泣いたが、無視もできずに手紙を読んだところ、絶望的な気持ちになった。

第4問　次の文章を読んで、後の問い（問1～7）に答えよ。なお、設問の都合で送り仮名を省いたところがある。（配点　50）

家《ニ》蓄《やしなフ》二一老貍《り》(注1)奴《どヲ》一。(ア)将レ誕《うマント》レ子《ヲ》(a)矣。一女童誤《リテ》触《レ》レ之《ニ》、而《シテ》堕《ス》。日夕嗚《を》(注2)嗚《を》然《ぜんタリ》。会《たまたま》有《リ》下餽《おくル》二両小貍奴《ヲ》一者上。其《ノ》始《メ》、蓋《シ》漠(注3)然《トシテ》不《ル》二相《ヒ》能《よクセ》一也。老貍奴《ナル》者、従《ヒテ》而撫《ぶシ》レ之《ヲ》、彷《はう》(注4)徨《くわう》焉《えんタリ》、躑《てき》躅《ちよく》焉《えんタリ》。臥《ぐわスレバ》則《チ》擁《シ》レ之《ヲ》、行《ケバ》則《チ》翊《たすク》レ之《ヲ》。舐《なメテ》二其《ノ》氄《じようヲ》(注5)一而譲《ルニ》二之《ニ》食《ヲ》一。両小貍奴《ナル》者、亦《まタ》久《シクシテ》而相《ヒ》忘《ルル》也。稍《やうやク》即《つキ》レ之《ニ》、遂《ニ》(1)承《ク》二其《ノ》乳《ヲ》一焉。(イ)自《レ》レ是欣《きん》(注6)然《ぜんトシテ》以《テ》為《ス》二良《まことニ》己之母《ナリト》一。老貍奴《ナル》者、亦《タ》居(注7)然《トシテ》以《テ》為《ス》二良《ニ》己《ガ》出《ダスト》一(b)也。A 吁《ああ》、亦異《ナル》哉《かな》。

昔、漢《ノ》明(注8)徳馬后《ニ》無《シ》レ子。顕(注9)宗取《リ》二他人《じんノ》子《ヲ》一、命《ジテ》養《ハシメテ》レ之《ヲ》曰《ハク》、「B 人子何必親生。但《ダ》恨《ム》二愛之不《ルヲ》レ至《ラ》(c)耳《ト》」。后遂《ニ》尽《クシテ》レ心《ヲ》撫育《シ》、而《シテ》章帝亦《タ》恩性(注10)天至《タリ》。母子《ノ》慈孝、始終無《シ》二繊《せん》(注11)芥《かい》之間一。貍奴之事、(2)適有《リ》レ契《かなフ》(d)焉。然《しかラバ》

C

則チ世之為ニ人親与レ子、而有ニ不慈不孝者一、豈独愧ニ于古人一。亦タ愧《はツル》ニ此ノ異類ニ(e)已。

（程敏政《ていびんせい》『篁墩文集《こうとんぶんしゅう》』による）

（注）
1　貍奴——猫。
2　嗚嗚然——嘆き悲しんで鳴くさま。
3　漠然——無関心なさま。
4　徬徨焉、躑躅焉——うろうろしたり足踏みをしたりして、落ち着かないさま。
5　毼——うぶ毛。
6　欣然——よろこぶさま。
7　居然——やすらかなさま。
8　明徳馬后——後漢の第二代明帝（顕宗）の皇后。第三代章帝の養母。
9　顕宗取ニ他人子一、命養レ之——顕宗が他の妃《きさき》の子を引き取って、明徳馬后に養育を託したことをいう。
10　恩性天至——親に対する愛情が、自然にそなわっていること。
11　無ニ纎芥之間一——わずかな隔たりさえないこと。

問1　傍線部(1)「承」・(2)「適」の意味として最も適当なものを、次の各群の①～⑤のうちから、それぞれ一つずつ選べ。解答番号は 29 ・ 30 。

(1) 29 「承」
① 授けた
② 認識した
③ 納得した
④ 差し出した
⑤ 受け入れた

(2) 30 「適」
① ゆくゆく
② わずかに
③ ちょうど
④ ほとんど
⑤ かならず

問2　二重傍線部(ア)「将」・(イ)「自」と同じ読み方をするものを、次の各群の①～⑤のうちから、それぞれ一つずつ選べ。解答番号は 31 ・ 32 。

(ア)「将」 31
① 当
② 盍
③ 応
④ 且
⑤ 須

(イ)「自」 32
① 如
② 以
③ 毎
④ 従
⑤ 雖

問3　波線部(a)「矣」・(b)「也」・(c)「耳」・(d)「焉」・(e)「已」の説明の組合せとして最も適当なものを、次の①～⑤のうちから一つ選べ。解答番号は 33 。

① (a)「矣」は「かな」と読み、詠嘆の意味を添え、(b)「也」は「なり」と読み、断定の意味を添える。
② (a)「矣」は「かな」と読み、感動の意味を添え、(e)「已」は「のみ」と読み、限定の意味を添える。
③ (b)「也」は「なり」と読み、伝聞の意味を添え、(c)「耳」は「のみ」と読み、限定の意味を添える。
④ (c)「耳」は「のみ」と読み、限定の意味を添え、(d)「焉」は文末の置き字で、断定の意味を添える。
⑤ (d)「焉」は文末の置き字で、意志の意味を添え、(e)「已」は「のみ」と読み、限定の意味を添える。

問4　傍線部A「吁、亦異哉」とあるが、筆者がそのように述べる理由の説明として最も適当なものを、次の①～⑤のうちから一つ選べ。解答番号は 34 。

① 子猫たちと出会った時は「嗚嗚然」としていた老猫が、「欣然」と子猫たちと戯れる姿を見せるようになったため。
② 互いに「漠然」として親子であることを忘れていた猫たちが、最後には「居然」と本来の関係をとりもどしたため。
③ 老猫と出会った初めは「漠然」としていた子猫たちが、ついには「欣然」と老猫のことを慕うようになったため。
④ 子猫たちが「居然」として老猫になつき、老猫も「嗚嗚然」たる深い悲しみを乗り越えることができたため。
⑤ 子猫たちが「欣然」と戯れる一方で、老猫は「居然」たるさまを装いながらも深い悲しみを隠しきれずにいるため。

問5　傍線部B「人子何必親生」の解釈として最も適当なものを、次の①～⑤のうちから一つ選べ。解答番号は 35 。

① 子というものは、いつまでも親元にいるべきではない。
② 子というものは、必ずしも親の思い通りにはならない。
③ 子というものは、どのようにして育ててゆけば良いのか。
④ 子というものは、自分で産んだかどうかが大事なのではない。
⑤ 子というものは、いつまでも親の気を引きたいものだ。

問6　傍線部C「世之為二人親与一レ子、而有二不慈不孝者一、豈独愧二于古人一」の書き下し文として最も適当なものを、次の①～⑤のうちから一つ選べ。解答番号は 36 。

① 世の人親《じんしん》と子との為にして、不慈不孝なる者有るは、豈に独り古人のみを愧《は》づかしめんや
② 世の人親の子に与ふと為すも、不慈不孝なる者有るは、豈に独り古人に愧づるのみならんや
③ 世の人親の子に与ふるが為に、不慈不孝なる者有るは、豈に独り古人のみを愧づかしめんや
④ 世の人親と子との為にするも、不慈不孝なる者有るは、豈に独り古人のみを愧づかしめんや
⑤ 世の人親と子と為りて、不慈不孝なる者有るは、豈に独り古人に愧づるのみならんや

問7　この文章全体から読み取れる筆者の考えの説明として最も適当なものを、次の①～⑤のうちから一つ選べ。解答番号は 37 。

① 猫の親子でも家族の危機を乗り越え、たくましく生きている。悲嘆のあまり人間本来の姿を見失った親子も、古人が言うように互いの愛情によって立ち直ると信じたいものだ。

② 血のつながらない猫同士でさえ実の親子ほどに強く結ばれることがある。人でありながら互いに愛情を抱きあえない親子がいることは、古人はおろか猫の例にも及ばないほど嘆かわしいものだ。

③ 子猫たちとの心あたたまる交流によっても、ついに老猫の悲しみは癒やされることはなかった。我が子を思う親の愛情は、古人が示したように何にもたとえようがないほど深いものだ。

④ 老猫は子猫たちを憐《あわ》れんで献身的に養育し、子猫たちも心から老猫になつく。その一方で、古人のように素直になれず、愛情がすれ違う昨今の親子を見ると、誠にいたたまれなくなるものだ。

⑤ もらわれてきた子猫でさえ老猫に対して孝心を抱く。これに反して、成長しても肉親の愛情に恩義を感じない子がいることは、古人に顔向けできないほど恥ずかしいものだ。

MEMO

2014
本試験

国　語

（2014年１月実施）

80分　200点

国語

（解答番号 1 ～ 36）

第1問

以下は、十八世紀末から十九世紀にかけて、幕府の教学制度が整備され、さらにこれをモデルとした学問奨励策が各藩に普及していくことに伴って、漢文を読み書きする行為が士族階級を主な担い手として日本全国に広まったことを述べた後に続く文章である。これを読んで、後の問い（**問1～6**）に答えよ。（設問の都合で本文の段落に 1 ～ 20 の番号を付してある。）

（配点　50）

1 漢文学習の入り口は素読《そどく》です。初学者はまず『論語』や『孝経《こうきょう》』(注1)などを訓点に従ってただ(ア)ボウヨみする素読を叩《たた》きこまれました。漢籍を訓読するというのは、一種の翻訳、つまり解釈することですから、解釈の標準が定まっていないと、訓読もまちまちになってしまいます。そうすると、読み方、つまり素読を統一することはできなくなります。「素読吟味」という試験は素読の正確さを問うものでしたから、素読、すなわち訓読はおおまかにせよ統一されていることが前提となりましたし、さらにその前提として、解釈の統一が必要でした。つまり、解釈の統一は、カリキュラムとしての素読の普及と一体のものであったと言えるのです。やや極端な言い方ですが、異学の禁(注2)があればこそ、素読の声は全国津々浦々に響くことになったのです。

2 このように歴史の流れを理解すれば、十九世紀以降の日本において、漢文が公的に認知された素養であったということも、納得しやすいのではないでしょうか。

3 さて、こうした歴史的な環境の中で、漢文は広く学ばれるようになったのですが、多くの人々は儒者(注3)になるために経書《けいしょ》を学んだのではありませんし、漢詩人になるために漢籍をひもといたのではありませんでした。そうした専門家になるためではなく、いわば基礎学問としての漢学を修めたのです。もちろん、体制を支える教学として、身分秩序を重んじる朱子学が用いられたという側面を無視することはできません。しかし、現実に即して見れば、漢学は知的世界への入り口として機能しました。訓読を叩きこまれ、大量の漢籍に親しむことで、彼らは自身の知的世界を形成していったのです。

4 となると、その過程で、ある特定の思考や感覚の型が形成されていったことにも、注意を向ける必要があります。といっても、忠や孝に代表される儒教道徳が漢文学習によって身についたと言いたいのではありません。そうした側面がないとは言え

4

ないのですが、通俗的な道徳を説く書物なら、漢籍を待たずとも、巷《ちまた》に溢《あふ》れていました。何も漢文を学ばなければ身につかないものでもなかったのです。

5 <u>Aもう少し広く考えてみましょう。</u>

6 そもそも中国古典文は、特定の地域の特定の階層の人々によって担われた書きことばとして始まりました。逆に言えば、その書きことばによって構成される世界に参入することが、すなわちその階層に属することになるわけです。どんなことばについてもそうですが、<u>B人がことばを得、ことばが人を得て、その世界は拡大します。</u>前漢から魏晋《ぎしん》にかけて、その書きことばの世界は古典世界としてのシステムを整えていき、高度なリテラシー(読み書き能力)によって社会に地位を(イ)<u>シめる</u>階層が、その世界を支えました。それが、士人もしくは士大夫と呼ばれる人々です。

7 『論語』一つを取ってみても、そこで語られるのは人としての生き方であるように見えて、士としての生き方です。「学んで時に習う…」と始められるように、それは「学ぶ」階層のために書かれています。儒家ばかりではありません。無為自然(注4)を説く道家にしても、知の世界の住人であればこそ、無為自然を説くのです。乱暴な言い方ですが、農民や商人に向かって隠逸(注5)を説くのではないのです。

8 思想でなく文学にしても、同じことが言えます。たしかに、中国最古の詩集である『詩経《しきょう》』(注6)には民歌に類するものが含まれていますが、その注釈や編纂《へんさん》が士人の手になるものである以上、統治のために民情を知るという視線はすでに定まっています。まして、魏晋以降、士人が自らの志や情を託しうるものとして詩を捉《とら》え、ついには詩作が彼らの生を構成するほとんど不可欠の要素になったことを見れば、唐代以降の科挙による詩作の制度化を待たずとも、古典詩はすでに士人のものだったことは、あきらかです。

9 こういう観点からすれば、古典詩文の能力を問う科挙は、士大夫を制度的に再生産するシステムであったのみならず、士大夫の思考や感覚の型——とりあえずこれをエトスと呼ぶことにします——の継承をも保証するシステムだったことになります。

10 日本の近世社会における漢文の普及もまた、士人的エトスもしくは士人意識——その中身については後で述べます——への志向を用意しました。漢文をうまく読み、うまく書くには、字面だけを追って真似《まね》ても限界があります。その士人としての意識に同化してこそ、まるで唐代の名文家韓愈《かんゆ》が乗り移ったかのような文章が書けるというわけです。あるいは、彼らの詩文を真似て書いているうちに、心の構えがそうなってしまうと言ってもよいでしょう。文体はたんに文体に止《とど》まるものではないのです。

11 そういうふうにして、古典文の世界に自らを馴染《なじ》ませていくこと自体は、中国でも日本でもそれほどの違いがあるわけではありません。ただ、誰《だれ》がどのようにして、というところには注意が必要です。もう一度、近世日本に戻って考えてみましょう。

12 繰り返しになりますが、日本における近世後期の漢文学習の担い手は士族階級でした。となると、中国の士大夫と日本の武士が漢文を介してどのように繋《つな》がるのか、見ておく必要があります。

13 グン(ウ)コウを競う中世までの武士とは異なり、近世幕藩体制下における士族はすでに統治を維持するための吏僚(注7)であって、中国の士大夫階級と類似したポジションにありました。その意味では、士人意識には同化しやすいところがあります。一方、中国の士大夫があくまで文によって立つことでアイデンティティを確保していたのに対し、武士は武から外れることは許されません。抜かなくても刀は要るのが太平の武士です。文と武、それは越えがたい対立のように見えます。

14 しかしそれも、武を文に対立するものとしてでなく、忠の現れと見なしていくことで、平時における自己確認もヨウ(エ)イになります。C刀は、武勇でなく忠義の象徴となるのです。これは、武への価値づけの転換であると同時に、そうした武に支えられてこその文であるという意識が生まれる(オ)ケイキにもなります。

15 やや誇張して言えば、近世後期の武士にとっての文武両道なるものは、行政能力が文、忠義の心が武ということなのです。武芸の鍛錬も、総じて精神修養に眼目があります。水戸《みと》藩の藩校弘道館《こうどうかん》を始め、全国各地の藩校が文武両道を標榜《ひょうぼう》したことは、こうした脈絡の中で捉えてこそ意味があるでしょう。たとえば、幕末の儒者佐藤一斎《さとういっさい》(注8)の『言志晩録』にはこんな一節があります。

刀槊之技、懐怯心者衄、頼勇気者敗。必也泯勇怯於一静、忘勝負於一動、［…］如是者勝矣。心学亦不外於此。
（刀槊《とうさく》の技［剣術］は、怯心《きょうしん》［臆病《おくびょう》な心］を懐《いだ》く者は衄《じく》し［負け］、勇気に頼る者は敗《やぶ》る。必ずや勇怯を一静に泯《びん》し［消し］、
勝負を一動に忘れ、［…］是《か》くの如《ごと》き者は勝つ。心学も亦《ま》た此《こ》れに外ならず。）

16 臆病も勇猛も勝負も超越してこそ、勝つことができる。武芸はすでに技術でなく精神が左右するものになっています。だからこそ、精神修養の学である「心学」が、武芸の鍛錬になぞらえられているのです。注意したいのは、武芸を心学に喩《たと》えているのではないことです。その逆です。心学を武芸の鍛錬によって喩えるほどに、武芸は精神の領域に属する行為となっていたというわけです。

17 そして寛政以降の教化政策によって、学問は士族が身を立てるために必須の要件となりました。政治との通路は武芸ではなく学問によって開かれたのです。もちろん「学問吟味」という名で始まった試験は、中国の科挙制度のような大規模かつ組織的な登用試験とは明らかに異なっていますし、正直に言えば、ままごとのようなものかもしれません。けれども、「学問吟味」や「素読吟味」では褒美が下され、それは幕吏(注9)として任用されるさいの履歴に記すことができました。武勲ならぬ文勲です。そう考えれば、むしろあからさまな官吏登用試験(注10)でないほうが、武士たちの感覚にはよく適合したとも言えるのです。

18 もう一つ、教化のための儒学はまず修身に始まるわけですが、それが治国・平天下に連なっていることも、確認しておきましょう。つまり、統治への意識ということです。士大夫の自己認識の重要な側面がここにあることは、言うまでもありません。武将とその家来たちもまた、その意識を分かちもつことで、士となったのです。経世(注11)の志と言い換えることもできるでしょう。「修身・斉家・治国・平天下」とは、四書の一つ『大学』の八条目《はちじょうもく》のうち、後半の四つです。『大学』は朱子学入門のテキストとして重んじられ、倫理の基本でもありました。

19 細かく言えば、八条目の前半、「格物・致知・誠意・正心」(注12)との思想的連関はどうなのか、とか、昌平黌《しょうへいこう》や藩校でのむやみな政談はご法度《はっと》だったのではないか、とか、いくらでも議論や検証を行う余地はあります。単純に統治意識の一語ですませられないところがあるのは事実です。近世の思想史をていねいに見ようとすれば、右の捉え方は、ややおおづかみに過ぎるかもしれません。

20 しかし当の学生たちにとってみれば、漢文で読み書きするという世界がまず目の前にあり、そこには日常の言語とは異なる文脈があったことこそが重要なのです。そしてそれは、道理と天下を語ることばとしてあったのです。D漢文で読み書きすることは、道理と天下を背負ってしまうことでもあったのです。

(齋藤希史《さいとうまれし》『漢文脈と近代日本』による)

(注) 1 孝経——儒教の基本文献の一つ。

2 異学の禁——「寛政異学の禁」のこと。寛政の改革の一環として、一七九〇(寛政二)年以降実施された、幕府の教学政策。儒教の学説の一つである朱子学を正統の学問とし、それ以外の学説を幕府の儒者が講じることを禁じた。中国に範をとって「学問吟味」と「素読吟味」という試験制度が設けられ、幕府直轄の学問所(昌平坂《しょうへいざか》学問所＝昌平黌《しょうへいこう》)も正式に定められた。

3 儒者——儒学を学び、修めた人。また儒学を講じる人。儒家。

4 無為自然を説く道家——「無為自然」は、『老子』『荘子』の教えの基本理念で、人為を排し、自然の理法に従って生きること。「道家」は『老子』『荘子』の学説を奉じる人。

5 隠逸——無為自然の理念のもと、俗世を離れて暮らすこと。

6 詩経——経書の一つ。古代中国の殷《いん》・西周から春秋時代にかけての詩三〇五編を収める。

7 吏僚——役人、官吏。

8 佐藤一斎——一七七二年~一八五九年。大学者として知られ、一八四一年には昌平黌の教授となった。

9 幕吏——江戸幕府の役人。

8

10　修身――代表的な経書である『大学』で説かれている八つの項目の一つ。自分の行いを律し、我が身を正しく保つこと。人を治める（斉家・治国・平天下）にあたっての根本に位置づけられる。なお、「斉家」は家を正しくととのえること、「治国」は国を正しく治めること、「平天下」は天下すなわち世の中を平穏に保つこと。

11　経世――世の中を治めること。

12　格物・致知・誠意・正心――「修身」に先立つとされる、物事の理解や心構え。

問1　傍線部(ア)～(オ)に相当する漢字を含むものを、次の各群の①～⑤のうちから、それぞれ一つずつ選べ。解答番号は 1 ～ 5 。

(ア) ボウヨみ 1
① 生活がキュウボウする
② お調子者にツウボウを食らわす
③ 人口のボウチョウを抑える政策
④ ムボウな計画を批判する
⑤ 国家のソンボウにかかわる

(イ) シめる 2
① センパクな言動に閉口する
② 新人選手がセンプウを巻き起こす
③ 建物が違法にセンキョされる
④ 法廷で刑がセンコクされる
⑤ センザイ的な需要を掘り起こす

(ウ) グンコウ 3
① つまらないことにコウデイする
② 彼の意見にはシュコウできない
③ 出来のコウセツは問わない
④ コウザイ相半ばする
⑤ ごつごつしてセイコウな文章

(エ) ヨウイ 4
① 事のケイイを説明する
② カンイな手続きで済ませる
③ イサンを相続する
④ イダイな人物の伝記
⑤ イサイは面談で伝える

(オ) ケイキ 5
① ケイコウとなるも牛後となるなかれ
② リサイクル活動をケイハツする
③ これまでのケイヤクを見直す
④ 豊かな自然のオンケイを受ける
⑤ 経済の動向にケイショウを鳴らす

問2 傍線部A「もう少し広く考えてみましょう。」とあるが、それはなぜか。その説明として最も適当なものを、次の①～⑤のうちから一つ選べ。解答番号は 6 。

① 中国に目を転じて時代をさかのぼり、中国古典文に見られる思想と文学の共通点を考慮に入れることで、近世後期の日本において漢籍が知的世界の基礎になった根拠が把握できるから。

② 中国に目を転じて時代をさかのぼり、科挙を例に学問の制度化の歴史的起源に関する議論を展開することで、近世後期の日本において漢学が素養として公的に認知された理由が把握できるから。

③ 中国に目を転じて時代をさかのぼり、儒家だけでなく道家の思想も士大夫階級に受け入れられた状況を踏まえることで、近世後期の日本において漢文学習により知的世界が多様化した前提が把握できるから。

④ 中国に目を転じて時代をさかのぼり、中国古典文と士大夫階級の意識との関係を考察することで、近世後期の日本において漢文学習を通して思考や感覚の型が形成された過程が把握できるから。

⑤ 中国に目を転じて時代をさかのぼり、中国古典文に示された民情への視線を分析することで、近世後期の日本において漢学の専門家以外にも漢文学習が広まった背景が把握できるから。

問3　傍線部B「人がことばを得、ことばが人を得て、その世界は拡大します」とあるが、中国では具体的にどのような展開があったのか。その説明として最も適当なものを、次の①～⑤のうちから一つ選べ。解答番号は［7］。

① 無為自然を説く道家のことばに導かれ、上昇志向を捨てた人々がいる一方で、身分秩序を説く中国古典文が社会規範として広く支持されるにつれて、リテラシーの程度によって階層を明確に区分する社会体制が浸透していった。

② 中国古典文の素養が士大夫にとって不可欠になると、リテラシーの獲得に対する人々の意欲が高まるとともに、中国古典文が書きことばの規範となり、やがてその規範に基づく科挙制度を通して統治システムが行き渡っていった。

③ 高度な教養を持つ士大夫がそのリテラシーによって中国古典文の世界を支えるようになると、その世界で重視された儒家の教えが社会規範として流布し、結果的に伝統的な身分秩序を固定化する体制が各地に形成されていった。

④ 中国古典文のリテラシーを獲得した人々が自由に自らの志や情を詩にするようになると、支配階層である士人が編む経書の中にも民情を取り入れたものが出現し、科挙制度のもとで確立した身分秩序が流動化していった。

⑤ 中国古典文のリテラシーを重視する科挙が導入され、古典詩文への関心が共有されるようになると、士大夫が堅持してきた書きことばの規範が大衆化し、人々を統治するシステム全体の変容につながっていった。

問4　傍線部C「刀は、武勇でなく忠義の象徴となる」とあるが、それによって近世後期の武士はどういうことが可能になったのか。その説明として最も適当なものを、次の①～⑤のうちから一つ選べ。解答番号は 8 。

① 近世後期の武士は、刀が持つ武芸の力を忠義の精神の現れと価値づけることで、理想とする中国の士大夫階級の単なる模倣ではない、日本独自の文と武に関する理念を打ち出すことができるようになった。

② 近世後期の武士は、単なる武芸の道具であった刀を、漢文学習によって得られた吏僚としての資格と、武士に必須な忠義心とを象徴するものと見なすことで、学問への励みにすることができるようになった。

③ 近世後期の武士は、刀を持つことが本来意味していた忠義の精神の中に、武芸を支える胆力と、漢文学習によって獲得した知力とを加えることで、吏僚としての武士の新たな価値を発見できるようになった。

④ 近世後期の武士は、武芸の典型としての刀を忠義の精神の現れと見なし、その精神を吏僚として要求される行政能力の土台と位置づけることで、学問につとめる自らの生き方を正当化できるようになった。

⑤ 近世後期の武士は、常に刀を携えることで、統治のためには忠義で結ばれた関係が最も重要であることを自覚し、出世のための学問を重んじる風潮に流されず、精神の修養に専念できるようになった。

問5　傍線部D「漢文で読み書きすることは、道理と天下を背負ってしまうことでもあった」とあるが、それはどういうことか。本文全体の内容に照らして最も適当なものを、次の①～⑤のうちから一つ選べ。解答番号は 9 。

① 武士の子弟たちは、漢文を学ぶことを通して、幕府の教化政策を推進する者に求められる技能を会得するとともに、中国の科挙制度が形成した士人意識と同様のエリートとしての内面性を備えるようになったということ。

② 武士の子弟たちは、漢文を学ぶことを通して、行政能力としての文と忠義の心としての武とを個々の内面において調和させるとともに、幕吏として登用されるために不可欠な資格を獲得するようになったということ。

③ 武士の子弟たちは、漢文を学ぶことを通して、身を立てるのに必要な知識を獲得するとともに、士人としての思考や心の構えをおのずから身に付け、幕藩体制下の統治者としてのあり方を体得するようになったということ。

④ 武士の子弟たちは、漢文を学ぶことを通して、幕府の教化政策の根幹に据えられている修身を実践するとともに、士人としての生き方を超えた、人としての生き方にかなう経世の志を明確に自覚するようになったということ。

⑤ 武士の子弟たちは、漢文を学ぶことを通して、中国の士人が継承してきた伝統的な思考法に感化されるとともに、それに基づき国家を統治するという役割を天命として引き受ける気になったということ。

問6　この文章の表現と構成について、次の(i)・(ii)の問いに答えよ。

(i)　この文章の表現に関する説明として最も適当なものを、次の①～④のうちから一つ選べ。解答番号は 10 。

① ある程度の長さの段落と段落の間に、第2、第5、第9段落のように、読み手に問いかけるような、一文のみから成る短い段落をはさむことにより、論理の展開に緩急のリズムが付き、読み進めやすくなっている。

② 「やや極端な言い方ですが」（第1段落）、「逆に言えば」（第6段落）、「正直に言えば」（第17段落）などの表現により、それぞれの前の部分と、それに続く部分との関係があらかじめ示され、内容が読み取りやすくなっている。

③ 第1、第3、第4、第7段落などにおいて、その最後の文が「～のです」という文末表現で終わることにより、それぞれそこまでの内容についての確認・念押しが行われ、次の話題に移ることが明らかになっている。

④ 「です・ます」という優しい調子の書き方の中に、「漢籍を待たずとも」（第4段落）、「文武両道なるものは」（第15段落）などの学術的な言い回しも交えることにより、内容に見合う観念的なスタイルが確保されている。

(ii)　この文章の構成に関する説明として最も適当なものを、次の①～④のうちから一つ選べ。解答番号は 11 。

① 第1段落～第4段落に示された全体の骨子について、第5段落～第10段落と、第11段落～第20段落との二つの部分が、それぞれの観点から具体的に説明するという構成になっている。

② 第1段落～第2段落が前置き部分に相当し、第3段落～第16段落が中心部分となり、それに対して、第17段落～第20段落が補足部分という構成になっている。

③ 第1段落～第10段落と、第11段落～第20段落という、大きく二つの部分に分けられ、同一の話題に対して、前半が概略的な説明部分、後半が詳細な説明部分という構成になっている。

④ 第1段落～第2段落、第3段落～第11段落、第12段落～第19段落、そして第20段落という四つの部分が、起承転結という関係で結び付く構成になっている。

第2問

次の文章は、岡本かの子の小説「快走」の全文である。これを読んで、後の問い(問1〜6)に答えよ。なお、本文の上の数字は行数を示す。(配点 50)

中《なか》の間《ま》で道子は弟の準二の正月着物を縫い終《おわ》って、今度は兄の陸郎の分を縫いかけていた。

「それおやじのかい」

離れから廊下を歩いて来た陸郎は、通りすがりにちらと横目に見て訊《き》いた。

「兄さんのよ。これから兄さんも会社以外はなるべく和服で済ますのよ」

道子は顔も上げないで、忙《いそ》がしそうに縫い進みながら言った。

「国策(注1)の線に添ってというのだね」

「だから、着物の縫い直しや新調にこの頃《ごろ》は一日中大変よ」

「はははははは、一人で忙がしがってら、だがね、断って置くが、銀ぶら(注2)なぞに出かけるとき、俺《おれ》は和服なんか着ないよ」

そう言ってさっさと廊下を歩いて行く兄の後姿《うしろすがた》を、道子は顔を上げてじっと見ていたが、Aほーっと吐息をついて縫い物を畳の上に置いた。すると急に屈托《くったく》(注3)して来て、大きな脊伸《せ》びをした。肩が凝って、坐《すわ》り続けた両腿《りょうもも》がだるく張った感じだった。

道子は立上《たちあが》って廊下を歩き出した。そのまま玄関で下駄《げた》を履くと、冬晴れの午後の戸外へ出てみた。陽《ひ》は既に西に遠退《とおの》いて、西の空を薄桃色に燃え立たせ、眼《め》の前のまばらに立つ住宅は影絵のように黝《くろ》ずんで見えていた。道子は光《ひか》りを求めて進むように、住宅街を突っ切って空の開けた多摩川(注4)脇《わき》の草原に出た。一面に燃えた雑草の中に立って、思い切り手を振った。

冬の陽はみるみるうちに西に沈んで、桃色の西の端《はず》れに、藍色《あいいろ》の山脈の峰を浮き上《あが》らせた。秩父《ちちぶ》(注5)の連山だ! 道子はこういう夕景色をゆっくり眺めたのは今春女学校(注6)を卒業してから一度もなかったような気がした。あわただしい、始終追いつめられて、縮こまった生活ばかりして来たという感じが道子を不満にした。

ほーっと大きな吐息をまたついて、彼女は堤防の方に向《むか》って歩き出した。冷たい風が吹き始めた。彼女は勢い足に力を入れて草を踏みにじって進んだ。道子が堤防の上に立ったときは、輝いていた西の空は白く濁って、西の川上から川霧と一緒に夕靄《ゆうもや》が迫って来た。東の空には満月に近い月が青白い光りを(ア)刻々に増して来て、幅三尺(注7)の堤防の上を真白な坦道《たんどう》(注8)のように目立たせた。道子は急に総毛立ったので、身体をぶるぶる震わせながら堤防の上を歩き出した。途中、振り返っていると住宅街の窓々には小さく電灯がともって、人の影も定かではなかった。ましてその向《むこ》うの表通りはただ一列の明《あか》りの線となって、川下の橋に連なっている。

誰《だれ》も見る人がない……よし……思い切り手足を動かしてやろう……道子は心の中で呟《つぶや》いた。膝《ひざ》を高く折り曲げて足踏みをしながら両腕を前後に大きく振った。それから下駄を脱いで駆《か》け出してみた。女学校在学中ランニングの選手だった当時の意気込みが全身に湧《わ》き上って来た。道子は着物の裾《すそ》を端折《はしょ》って堤防の上を駆けた。髪はほどけて肩に振りかかった。ともすれば堤防の上から足を踏み外しはしないかと思うほどまっしぐらに駆けた。もとの下駄を脱いだところへ駆け戻って来ると、さすがに身体全体に汗が流れ息が切れた。胸の中では心臓が激しく衝《う》ち続けた。その心臓の鼓動と一緒に全身の筋肉がぴくぴくとふるえた。——ほんとうに溌剌《はつらつ》と活《い》きている感じがする。女学校にいた頃はこれほど感じなかったのに。毎日窮屈な仕事に圧《おさ》えつけられて暮《くら》していると、こんな駆足《かけあし》ぐらいでもこうまで活きている感じが珍《めず》らしく感じられるものか。いっそ毎日やったら——

道子は髪を束ねながら急ぎ足で家に帰って来た。彼女はこの計画を家の者に話さなかった。両親はきっと差止《さしと》めるように思われたし、兄弟は親し過ぎて揶揄《からか》うぐらいのものであろうから。いやそれよりも彼女は月明の中に疾駆する興奮した気持ちを自分独りで内密に味わいたかったから。

翌日道子はアンダーシャツ(注9)にパンツを穿《は》き、その上に着物を着て隠し、汚れ足袋《たび》も新聞紙にくるんで家を出ようとした。

「どこへ行くんです、この忙がしいのに。それに夕飯時じゃありませんか」

母親の声は鋭かった。道子は(イ)腰を折られて引返《ひきかえ》した。夕食を兄弟と一緒に済ました後でも、道子は昨晩の駆足の快感が忘れられなかった。外出する口実はないかと頻《しき》りに考えていた。

「ちょっと銭湯に行って来ます」

道子の思いつきは至極当然のことのように家の者に聞き流された。道子は急いで石鹼《せっけん》と手拭《てぬぐい》(注10)と湯銭を持って表へ出た。彼女は着物の裾を蹴《け》って一散に堤防へ駆けて行った。冷たい風が耳に痛かった。堤防の上で、さっと着物を脱ぐと手拭でうしろ鉢巻《はちまき》をした。凛々《りり》しい女流選手の姿だった。足袋を履くのももどかしげに足踏みの稽古《けいこ》から駈足のスタートにかかった。爪先立《つまさきだ》って身をかがめると、冷たいコンクリートの上に手を触れた。(注11)オン・ユアー・マーク、(注12)ゲットセッ、道子は弾条仕掛《ばねじかけ》のように飛び出した。昨日の如《ごと》く青白い月光に照らし出された堤防の上を、遥《はる》かに下を多摩川が銀色に光って淙々《そうそう》と音を立てて流れている。

次第に脚の疲れを覚えて速力を緩めたとき、道子は月の光りのためか一種悲壮な気分に衝たれた——自分はいま潑剌と生きてはいるが、違った世界に生きているという感じがした。人類とは離れた、淋《さび》しいがしかも厳粛な世界に生きているという感じだった。

道子は着物を着て小走りに表通りのお湯屋へ来た。湯につかって汗を流すとき、初めてまたもとの人間界に立ち戻った気がした。道子は自分独特の生き方を発見した興奮に B わくわくして肌を強くこすった。

家に帰って茶の間に行くと、母親が不審そうな顔をして「お湯から何処《どこ》へまわったの」と訊いた。道子は

「お湯にゆっくり入ってたの。肩の凝りをほごす(注13)ために」

傍《そば》で新聞を読んでいた兄の陸郎はこれを聞いて「おばあさんのようなことをいう」と言って笑った。道子は黙って中の間へ去った。

道子はその翌晩から出来るだけ素早くランニングを済まし、お湯屋に駆けつけて汗もざっと流しただけで帰ることにした。だ

が母親は娘の長湯を気にしていた。ある晩、道子がお湯に出かけた直後

「陸郎さん、お前、直《す》ぐ道子の後をつけてみて呉《く》れない。それから出来たら待ってて帰るところもね」

と母親は頼んだ。陸郎は妹の後をつけるということが親し過ぎるだけに妙に照れくさかった。「こんな寒い晩にかい」彼は別な言葉で言い現しながら、母親のせき立てるのもかまわず、ゆっくりマントを着て帽子をかぶって出て行った。陸郎はなかなか帰って来なかった。母親はじりじりして待っていた。そのうちに道子が帰って来てしまった。

「また例の通り長湯ですね。そんなに叮嚀《ていねい》に洗うなら一日置きだってもいいでしょう」

「でもお湯に行くと足がほてって、よく眠れますもの」

兎《と》も角《かく》、眠れることは事実だったので、道子は真剣になって言えた。母親は

「明日は日曜でお父様も家においでですから、昼間私と一緒に行きなさい」

と言った。道子は何て親というものはうるさいものだろうと弱って

「なぜそう私の長湯が気になるの。眠る前に行く方がいいけれど、それじゃ明日は昼間行きましょう」

道子は一日ぐらいは我慢しようと諦《あきら》めた。それが丁度翌日は雨降りになった。道子は降り続く雨を眺めて――この天気、天祐《てんゆう》(注14)っていうもんかしら………少《すく》くとも私の悲観を慰めて呉れたんだから………そう思うと何だか可笑《おか》しくなって独りくすくす笑った。

お昼過ぎに母親と傘をさして済《すま》した顔でお湯に行った。

「そんなに長くお湯につかってるんじゃありませんよ」

母親が呆《あき》れて叱《しか》ったけれど、道子は自分の長湯を信用させるために顔を真赤《まっか》にしてまで堪《こら》えて、長くお湯につかっていた。

やがて洗《なが》し場《ば》に出て洗い桶《おけ》を持って来るときは、お湯に逆上《のぼ》せてふらふらしたが、額を冷水で冷《ひや》したり、もじもじしているうちに癒《なお》った。

「いい加減に出ませんか」

母親は道子のそばへ寄って来て小声で急《せ》き立てるので、やっと身体を拭《ふ》いて着物を着たが、家へ帰るとまた可笑しくなって奥座敷へ行って独りくすくす笑った。

「道子はこの頃変ですよ。毎晩お湯に行きたがって、行ったが最後一時間半もかかるんですからね。あんまり変ですから今日は私昼間連れて行ってみました」

母親は茶の間で日記を書き込んでいた道子の父親に相談しかけた。

「そしたら」

父親も不審そうな顔を上げて訊いた。

「随分長くいたつもりでしたが四十分しかかかりませんもの」

「そりゃお湯のほかに何処かへ廻《まわ》るんじゃないかい」

「ですからゆうべは陸郎に後をつけさせたんですよ。そしたらお湯に入ったというんですがねえ、その陸郎が当てになりませんのよ。様子を見に行ったついでに、友達の家へ寄って十二時近くまで遊んで来るのですから」

「ふーん」

父親はじっと考え込んでしまった。

雨のために響きの悪い玄関のベルがちりと鳴って止《や》むと、受信箱の中に手紙が落《おと》された音がした。母親は早速立って行って手紙を持って来たが

「道子宛《あ》ての手紙だけですよ。お友達からですがねえ、この頃の道子の様子では手紙まで気になります。これを一つ中を調べて見ましょうか」

「そうだね、上手に開けられたらね」

父親も賛成の顔付きだった。母親は長火鉢(注15)にかかった鉄瓶(注16)の湯気の上に封じ目をかざした。

「すっかり濡《ぬ》れてしまいましたけれど、どうやら開きました」

母親は四つに折った書簡箋《しょかんせん》(注17)をそっと抜き出して拡《ひろ》げた。

「声を出して読みなさい」

父親は表情を緊張させた。

勇ましいおたより、学生時代に帰った思いがしました。毎晩パンツ姿も凛々しく月光を浴びて多摩川の堤防の上を疾駆するあなたを考えただけでも胸が躍ります。一度出かけて見たいと思います。それに引きかえこの頃の私はどうでしょう。風邪ばかり引いて、とてもそんな元気が出ません……

「へえ、そりゃほんとうかい」

父親はいつもの慎重な態度も忘れて、頓狂《とんきょう》な声を出してしまった。

「まあ、あの娘《こ》が、何ていう乱暴なことをしてるんでしょう。呼び寄せて叱ってやりましょうか」

母親は手紙を持ったまま少し厳しい目付きで立上りかけた。

「まあ待ちなさい。あれとしてはこの寒い冬の晩に、人の目のないところでランニングをするなんて、よくよく屈托したからなんだろう。俺だって毎日遅くまで会社の年末整理に忙殺されてると、何か突飛なことがしたくなるからね。それより俺は、娘の友達が言ってるように、自分の娘が月光の中で走るところを見たくなったよ……俺の分身がね、そんなところで走ってるのをね」

「まあ、あんたまで変に好奇心を持ってしまって。でも万一のことでもあったらどうします」

「そこだよ、場合によったら弟の準二を連れて行かせたら」

「そりゃ準二が可哀《かわい》そうですわ」

「兎も角、明日月夜だったら道子の様子を見に行く」

「呆れた方ね、そいじゃ私も一緒に行きますわ」

「お前もか」

C 二人は真剣な顔をつき合《あわ》せて言い合っていたが、急に可笑しくなって、はははははと笑い出してしまった。二人は明日の月夜が待たれた。

道子には友達からの手紙は手渡されなかったし、両親の相談など知るよしもなかった。ただいつも晩飯前に帰らない父親が今日は早目に帰って来て自分等《ら》の食卓に加わったのが気になった。今晩お湯に行きたいなぞといえば母親が一緒に行くと言うかも知れぬ。弱った。今日は午前中に雨が上って、月もやがて出るであろう。この好夜、一晩休んで肉体が待ち兼ねたようにうずいているのに。段々遅くなって来ると道子はいらいらして来て遂々《とうとう》母親に言った。

「お湯へやって下さい。頭が痛いんですから」

母親は別に気にも止めない振りで答えた。

「いいとも、ゆっくり行ってらっしゃい」

道子は(ウ)われ知らず顔をほころばした。こんなことってあるかしらん――道子は夢のような気がした。夢なら醒《さ》めないうちにと手早く身支度をし終って表へ出た。寒風の中を一散に堤防目がけて走った。――今夜は二日分、往復四回駆けてやる――

道子は堤防の上に駆け上って着物を脱いだ。青白い月の光が彼女の白いアンダー・シャツを銀色に光らせ、腰から下は黒のパンツに切れて宙に浮《うか》んだ空想の胸像の如く見えた。彼女は先《ま》ず腕を自由に振り動かし、足を踏んで体ならしを済ました。それからスタートの準備もせずに、いきなり弾丸のように川上へ向って疾走した。やがて遥かの向うでターンしてまた元のところへ駆け戻って来た。そこで狭い堤防上でまたくるりとターンすると再び川上へ向って駆けて行った。

このとき後から追っかけて来た父親は草原の中に立って遥かに堤防の上を白い塊が飛ぶのを望んだ。

「あれだ、あれだ」

父親は指さしながら後を振り返って、ずっと後れて駈けて来る妻をもどかしがった。妻は、はあはあ言いながら

「あなたったら、まるで青年のように走るんですもの、追いつけやしませんわ」

妻のこの言葉に夫は得意になり

「それにしてもお前の遅いことったら」

妻は息をついで

「これでも一生懸命だもんで、家からここまで一度も休まずに駈けて来たんですからね」

「俺達は案外まだ若いんだね」

「おほほほほほほほほ」

「あはははははははは」

二人は月光の下を寒風を切って走ったことが近来にない喜びだった。**D**二人は娘のことも忘れて、声を立てて笑い合った。

（注）　1　国策——国家の政策。この小説が発表された昭和一三（一九三八）年前後の日本では、国家総動員法が制定されるなど国民生活に様々な統制が加えられた。

2　銀ぶら——東京の繁華街銀座通りをぶらぶら散歩すること。

3　屈托——「屈託」に同じ。

4　多摩川——山梨県に発し、南東へ流れて東京湾に注ぐ川。

5　秩父の連山——東京、埼玉、群馬、山梨、長野の都県境にまたがる山地。秩父は埼玉県西部の地名。

6　女学校——旧制の高等女学校の略。

7　幅三尺——一尺は約三〇・三センチメートル。

8　坦道——平坦な道。

9 パンツ――運動用のズボン。
10 湯銭――入浴代のお金。
11 オン・ユアー・マーク、ゲットセッ――競走のスタートの際のかけ声。
12 淙々――よどみなく水の流れるさま。
13 ほごす――「ほぐす」に同じ。
14 天祐――天のたすけ。
15 長火鉢――長方形の箱火鉢。火鉢は、手先を暖めたり湯を沸かしたりするために炭火を入れる調度。
16 鉄瓶――湯を沸かす鉄製の容器。
17 書簡箋――手紙を書く用紙。便箋。

問1　傍線部(ア)〜(ウ)の本文中における意味として最も適当なものを、次の各群の①〜⑤のうちから、それぞれ一つずつ選べ。解答番号は 12 〜 14 。

(ア) 刻々に 12
① 突然に
② あっという間に
③ 順番通りに
④ ときどきに
⑤ 次第次第に

(イ) 腰を折られて 13
① 下手《したて》に出られて
② 思わぬことに驚いて
③ やる気を失って
④ 途中で妨げられて
⑤ 屈辱を感じて

(ウ) われ知らず 14
① 自分では意識しないで
② あれこれと迷うことなく
③ 人には気づかれないように
④ 本当の思いとは逆に
⑤ 他人の視線を意識して

問2 傍線部A「ほーっと吐息をついて縫い物を畳の上に置いた」とあるが、このときの道子の心情はどのようなものか。その説明として最も適当なものを、次の①〜⑤のうちから一つ選べ。解答番号は 15 。

① 家族のための仕事をひたすらこなすよう強いられているにもかかわらず、兄にその辛い状況を理解してもらえず、孤独を感じている。

② 家族のための仕事を精一杯こなしていたつもりが、その仕事の使命感に酔っていると兄に指摘され、恥ずかしさにいたたまれなくなっている。

③ 家族のための仕事に精一杯取り組んできたのに、その苦心が兄には真剣に受け止められていないことに気づき、張りつめた気持ちが緩んでいる。

④ 家族のための仕事は正しいものであると信じてきたので、その重要性を理解しようとしない兄に対して、憤りを抑えがたくなっている。

⑤ 家族のための仕事が自分には楽しいものとは思えないうえ、兄に冷やかされながらその仕事を続けなければならないので、投げやりな気分になっている。

問3　傍線部B「わくわくして肌を強くこすった」とあるが、この様子からうかがえる道子の内面の動きはどのようなものか。その説明として最も適当なものを、次の①～⑤のうちから一つ選べ。解答番号は 16 。

① 月光に照らされて厳かな雰囲気の中を「走る」うちに、身が引き締まるような思いを抱くとともに自分の行為の正しさを再認識し、その自信を得たことで胸の高鳴りを抑えきれずにいる。

② 月光に照らされた堤防を人目につかないように「走る」うちに、非常時では世間から非難されるかもしれないことに密《ひそ》かな喜びを感じ始め、その興奮を自分一人のものとしてかみしめようとしている。

③ 月光に照らされて「走る」という行為によって、まるで女学校時代に戻ったような気持ちになり、窮屈に感じていた生活が変わるかもしれないという明るい予感を繰り返し味わっている。

④ 月光の下を一人で「走る」という行為によって、社会や家族の一員としての役割意識から逃れた別の世界を見つけられたことに胸を躍らせ、その発見をあらためて実感しようとしている。

⑤ 月光の下を一人で「走る」という行為によって、他者とかかわりを持てないことの寂しさを強く実感しつつも、社会や家庭の中で役割を持つ自分の存在を感覚的に確かめようとしている。

問4　本文90行目までで、陸郎と道子とはお互いをどのように意識し合う関係として描かれているか。その説明として最も適当なものを、次の①～⑤のうちから一つ選べ。解答番号は 17 。

①　陸郎は誠実な道子の性格をいとおしく感じており、その妹の後をつけてほしいという母親に反発を覚えている。一方、道子は自分の発見した喜びを兄に伝えても、照れ隠しから冗談めかして受け流されるだろうと予感している。二人は表には出さないが心の底では信頼し合っている。

②　陸郎は道子を妹として大切に思ってはいるが照れ隠しから突き放すような接し方になり、妹の面倒を見てほしいと母親に頼まれても素直に従えない。一方、道子も奔放な陸郎への憧れを率直に表現できず、共感してもらえそうな話題も伝えないでいる。二人は年ごろの兄妹らしい恥じらいと戸惑いを感じている。

③　陸郎はきまじめな道子を気安く冷やかしたりもするが、その妹の後をつけてほしいという母親の指図には素直に応じる気にはならない。一方、道子も走ることで感じる喜びを親し過ぎる兄に伝えてからかわれるより、その興奮を自分だけで味わおうとしている。二人は近しさゆえにかえって一定の距離を保っている。

④　陸郎は内心では道子が融通の利かない性格だと思っているので、母親の言うように妹の後をつけたところで何の意味もないと感じている。一方、道子は陸郎の奔放な性格をうらやましく感じるが、自分の発見した喜びを伝えて興奮を共有したいとは思えないでいる。二人はそれぞれの性格を熟知しているためにかえってぎこちなくなっている。

⑤　陸郎は道子の大人びた振る舞いを兄として信頼しており、心の中では妹の面倒を見てほしいという母親の頼みは的外れだと感じている。一方、道子はこだわりのない兄の態度に親しみを感じており、あえて自分の発見を伝えなくても兄には理解してもらえると思っている。二人は言葉にしなくても共感し合える強い絆《きずな》で結ばれている。

問5　傍線部C「二人は真剣な顔をつき合せて言い合っていたが、急に可笑しくなって、はははははと笑い出してしまった。」と、傍線部D「二人は娘のことも忘れて、声を立てて笑い合った。」の、それぞれの笑いの説明として最も適当なものを、次の①～⑤のうちから一つ選べ。解答番号は 18 。

① 傍線部Cでは、隠し事をする娘の様子を心配し監視しようとしていたはずの二人が、娘の走る姿を見に出かけるという行為に魅力を感じ始めたことにおかしさを抑えきれないでいる。傍線部Dでは、娘を保護すべき親としての立場を離れ、夜道を全力で走ったことによる充実感を彼ら自身の喜びとして感じ笑い合っている。

② 傍線部Cでは、娘が自分たちにうそをついていることを二人で心配していたが、たかだかランニング程度にあまりに深刻になっていたと気がつきおかしさをこらえられないでいる。傍線部Dでは、日頃から世間の批判ばかり気にして、無理に縮こまった生活を送っていた自分たちの勇気のなさを互いに笑い飛ばそうとしている。

③ 傍線部Cでは、娘への不信感から手紙を盗み見るという行為にまで及んだ二人が、余計な取り越し苦労をしたことに気がつき苦笑し合っている。傍線部Dでは、夜の堤防の上を疾走する娘を心配のあまり追うことさえしたが、そこまで娘を心配した互いの必死さにあきれてそれを笑い飛ばそうとしている。

④ 傍線部Cでは、いつまでも娘や息子を子ども扱いしている自分たちに気がつき、保護者としての互いの思い入れの強さに苦笑し合っている。傍線部Dでは、自分たち自身が道子と同じように夜道を全力で走ったことではじめて娘の気持ちが理解できたことを喜び、それを互いに確かめ合うように笑い合っている。

⑤ 傍線部Cでは、本音では娘の行動に興味をそそられながら、それを隠そうとして娘を諭す親としての建て前を互いに言い募っていたことにおかしさを抑えられないでいる。傍線部Dでは、家で仕事に追われている様子とは違って生き生きした娘の姿から、暗い世相の中に明るい未来を予感し笑い合っている。

問6　この文章は、第一場面（1行～47行）、第二場面（49行～55行）、第三場面（57行～119行）、第四場面（121行～145行）の四つに分けられる。四つの場面の表現に関する説明として適当なものを、次の①～⑥のうちから二つ選べ。ただし、解答の順序は問わない。解答番号は［19］・［20］。

① 第一場面では、母親の心情が37行目の「母親の声は鋭かった。」のように外部の視点から説明されているが、道子の心情は24行目の「よし……思い切り手足を動かしてやろう」のように、心内のつぶやきのみで説明されている。

② 第二場面では、母親の問いかけに対し、道子が倒置法の返答をしている。この不自然な返答とその直後の兄の誇張した言い回しが母親の不審を呼び、第三場面以降の話が急展開する。

③ 第三場面後半の父親と母親の会話には「まあ」という言葉が三回出てくる。この三つの「まあ」はその直後の読点の有無に違いがあり、読点のあるものは驚きの気持ちを表し、読点のないものはあきれた気持ちを表している。

④ 第一場面終わりと第四場面半ばの道子が堤防を走るシーンは、勢いよく走り出す様子を描くのに直喩《ちょくゆ》を用いたり、情景を描くのに色彩表現を用いたりして、イメージ豊かに表現されている。

⑤ 5行目までの兄との会話に見られるように、道子の台詞《せりふ》は、四つの場面を通じて、家族からの問いへの応答から始まっている。これは家族とかかわり合いを持つことについて、道子が消極的であることを表している。

⑥ 第一場面から道子に焦点を当てて描かれていた話が、第三場面途中から夫婦に焦点を当てて描かれ始める。このことは、第四場面終わりで、両親を示す表現が「父親」「母親」から「夫」「妻」へ変化することではっきり示されている。

第3問

次の文章は『源氏物語』（夕霧の巻）の一節である。三条殿（通称「雲居雁《くもいのかり》」）の夫である大将殿（通称「夕霧」）は、妻子を愛する実直な人物で知られていたが、別の女性（通称「落葉宮《おちばのみや》」）に心奪われ、その女性の意に反して、深い仲となってしまった。以下は、これまでにない夫の振る舞いに衝撃を受けた三条殿が、子どもたちのうち、姫君たちと幼い弟妹たちを連れて、実家へ帰る場面から始まる。これを読んで、後の問い（問1～6）に答えよ。（配点　50）

三条殿、「限り a なめり」と、「『さしもやは』とこそ、かつは頼みつれ、『まめ人の心変はるは名残なくなむ』と聞きしは、まことなりけり」と、世を試みつる心地して、「(ア)いかさまにしてこのなめげさを見じ」と思《おぼ》しければ、大殿(注1)へ方違《かたたが》へむ」とて渡り給《たま》ひにけるを、女御(注2)の里におはするほどなどに対面し給うて、少しもの思ひ晴《は》るけどころに思されて、例のやうにも急ぎ渡り給はず。

大将殿も聞き給ひて、「さればよ、いと急にものし給ふ本性《ほんじやう》なり。このおとど(注3)も、はた、おとなおとなしうのどめたるところさすがになく、いとひききり(注4)に、はなやい(注5)給へる人々にて、『めざまし、見じ、聞かじ』など、ひがひがしきことどもし出で《い》給うつべき」と、驚か b れ給うて、三条殿(注6)に渡り給へれば、君たち(注7)も片《かた》へはとまり給へれば、姫君たち、さてはいと幼きとをぞ率《ゐ》ておはしにける、見つけて喜び睦《むつ》れ、あるは上(注8)を恋ひ奉りて愁へ泣き給ふを、X「心苦し」と思す。

消息たびたび聞こえて、迎へに奉れ給へど、御返りだになし。「かくかたくなしう軽々しの世や」と、ものしうおぼえ給へど、おとどの見聞き給はむところもあれば、暮らしてみづから参り給へり。「寝殿(注9)になむおはする」とて、例の渡り給ふ方(注10)は、御達《ごたち》(注11)のみさぶらふ。若君たちぞ乳母《めのと》に添ひておはしける。

A　「今さらに若々しの御まじらひや。かかる人を、ここかしこに落とし置き給ひて、など寝殿の御まじらひは。ふさはしからぬ御心の筋とは年ごろ見知りたれど、さるべきにや、昔より心に離れがたう思ひ聞こえて、今はかくくだくだしき人の数々あはれなるを、『かたみに見棄《す》つべきにやは』と頼み聞こえける。はかなき一ふしに、かうはもてなし給ふべくや」と、いみじうあはめ恨み申し給へば、

B「何ごとも、『今は』と見飽き給ひにける身なれば、今、はた、直《なほ》るべきにもあらぬを、『何かは』とて。あやしき人々は、思し棄てずは嬉《うれ》しうこそはあらめ」

と聞こえ給へり。

C「なだらかの御答《いら》へや。言ひもていけば、誰《た》が名か惜しき」

とて、強《し》ひて「渡り給へ」ともなくて、その夜は独り臥《ふ》し給へり。

「あやしう中空《なかぞら》(注12)なるころかな」と思ひつつ、君たちを前に臥せ給ひて、かしこに、また、いかに思し乱るらんさま思ひやり聞こえ、やすからぬ心づくしなれば、「いかなる人、かうやうなること、をかしうおぼゆらん」など、**Y**もの懲《ご》りしぬべうおぼえ給ふ。

明けぬれば、「人の見聞かむも若々しきを、『限り』とのたまひは**c**では、さて試みむ。(注13)かしこなる人々も、(イ)らうたげに恋ひ聞こゆめりしを、選《え》り残し給へる、『様《やう》あらむ』とは見ながら、思ひ棄てがたきを、ともかくももてなし侍《はべ》りなむ」と、威《おど》し聞こえ給へば、「すがすがしき御心にて、この君たちをさへや、知らぬ所に率て渡し給はん」と、あやふし。

姫君を、「(ウ)いざ、給へかし。見奉りにかく参り来ることもはしたなければ、常にも参り来じ。かしこにも人々のらうたきを、同じ所にてだに見奉らん」と聞こえ給ふ。まだいとはけなくをかしげにておはす、「いとあはれ」と見奉り給ひて、「母君の御教へにな叶《かな》ひ給うそ。いと心憂く、思ひとる方なき心あるは、いと悪《あ》しきわざなり」と、言ひ知ら**d**せ奉り給ふ。

（注）
1 大殿――三条殿の父（本文では「おとど」）の邸宅。
2 女御――三条殿の姉妹。入内《じゆだい》して宮中に住むが、このとき、里下がりして実家（大殿）にいた。
3 おとど――三条殿の父。
4 いとひききりに――ひどくせっかちで。
5 はなやい給へる人々――派手にふるまって事を荒立てなさる人たち。「はなやい」は「はなやぎ」のイ音便。

6　三条殿――ここでは大将殿夫妻の邸宅を指す。
7　君たち――大将殿と三条殿の子どもたち。
8　上――三条殿。
9　寝殿――寝殿造りの中央の建物。女御の部屋がある。
10　例の渡り給ふ方――三条殿が実家でいつも使っている部屋。
11　御達――女房たち。
12　中空なる――落葉宮には疎まれ、妻には家出されるという、身の置き所のない様。
13　かしこなる人々――大将殿夫妻の邸宅(三条殿)に残された年長の息子たち。

人物関係図　主要登場人物は□で囲んだ。(　)内は通称。

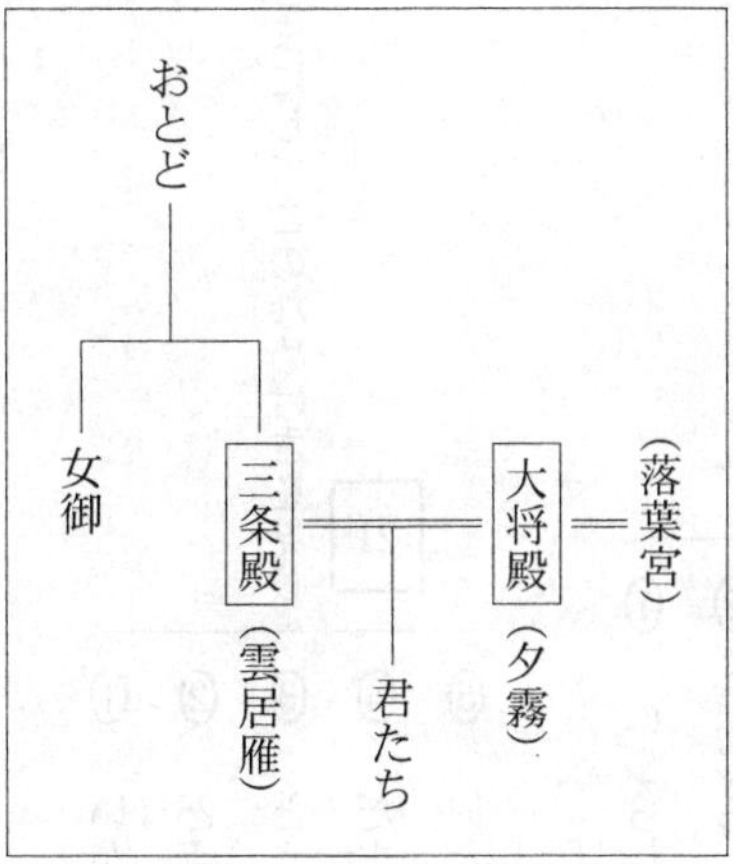

問1 傍線部(ア)～(ウ)の解釈として最も適当なものを、次の各群の①～⑤のうちから、それぞれ一つずつ選べ。解答番号は 21 ～ 23 。

(ア) いかさまにしてこのなめげさを見じ 21

① いかなる手段を用いても私はみじめな目に会うまい
② どうすれば私への失礼な態度を見ずにすむだろう
③ どうしてこの冷淡な振る舞いを見ていられよう
④ だましてでも夫にひどい目を見せずにおくまい
⑤ 何としても夫の無礼なしうちを目にするまい

(イ) らうたげに恋ひ聞こゆめりしを 22

① いじらしい様子でお慕い申し上げているようだったが
② いじらしげに恋い焦がれているらしいと聞いていたが
③ かわいらしげに慕う人の様子を聞いていたようだが
④ かわいらしいことに恋しいと申し上げていたようだが
⑤ かわいそうなことに恋しくお思い申し上げているようだったが

(ウ) いざ、給へかし 23

① まあ、あれをご覧なさいよ
② まあ、そこにおすわりなさいよ
③ まあ、あなたの好きになさいよ
④ さあ、こちらへおいでなさいな
⑤ さあ、わたしにお渡しなさいな

問2　波線部a～dの文法的説明の組合せとして正しいものを、次の①～⑤のうちから一つ選べ。解答番号は 24 。

① a 断定の助動詞　b 受身の助動詞　c 完了の助動詞　d 使役の助動詞

② a 形容動詞の活用語尾　b 受身の助動詞　c 完了の助動詞　d 尊敬の助動詞

③ a 断定の助動詞　b 自発の助動詞　c 完了の助動詞　d 使役の助動詞

④ a 形容動詞の活用語尾　b 自発の助動詞　c 動詞の活用語尾　d 尊敬の助動詞

⑤ a 断定の助動詞　b 自発の助動詞　c 動詞の活用語尾　d 使役の助動詞

問3　傍線部X「『心苦し』と思す」とあるが、誰《だれ》が、どのように思っているのか。その説明として最も適当なものを、次の①～⑤のうちから一つ選べ。解答番号は 25 。

① 三条殿が、姫君と幼い子どもたちを実家に連れてきたものの、両親の不和に動揺する子どもたちを目にして、愚かなことをしたと思っている。

② 三条殿が、我が子を家に置いて出てきてしまったものの、子どもたちが母を恋い慕って泣いていると耳にして、すまないことをしたと思っている。

③ 大将殿が、三条殿にとり残されてしまった我が子の、父の姿を見つけて喜んだり母を求めて泣いたりする様子に心を痛め、かわいそうだと思っている。

④ 大将殿が、置き去りにされた子の、母に連れて行かれた姉妹や弟をうらやんで泣く姿を見て、我が子の扱いに差をつける三条殿をひどいと思っている。

⑤ 姫君たちが、父母の仲たがいをどうすることもできないまま、母三条殿の実家に連れてこられ、父のもとに残された兄弟たちを気の毒だと思っている。

問4　傍線部Y「もの懲りしぬべうおぼえ給ふ」とあるが、このときの大将殿の心情の説明として最も適当なものを、次の①〜⑤のうちから一つ選べ。解答番号は 26 。

① 三条殿をずっと実家に居座らせるわけにもいかず、一方でおとなしく自邸に戻りそうにもないので、どうしてこんな女を良いと思ったのかと、三条殿をいまいましく思っている。

② 三条殿には出て行かれ、落葉宮は落葉宮で傷ついているだろうと想像されて、心労ばかりがまさるため、恋のやりとりを楽しいと思っている人間の気が知れないと、嫌気がさしかけている。

③ 眠っている我が子の愛らしさに、この子を残して家を出て行った三条殿の苦悩を思いやって心が痛み、自分はつくづく恋愛には向いていないのだと悟り、自分の行動を反省している。

④ 落葉宮と深い仲になったものの、不思議と落葉宮と三条殿との間で心が揺れ、三条殿の乱れる心の内を思うと気持ちが落ち着かず、自分の行動を後悔して、死にそうなほど苦悩している。

⑤ 落葉宮を愛していても、三条殿がいる限り先が見えず、落葉宮も現状に悩んでいるかと思うと心穏やかでなく、世間の目も気になって、三条殿との生活が嫌になり、別れたいと望んでいる。

問5　本文中の会話文A～Cに関する説明として最も適当なものを、次の①～⑤のうちから一つ選べ。解答番号は 27 。

① Aは大将殿の言葉で、三条殿の年がいのなさを責め、多くの子をなすほど深い仲なのに、少しの出来心ぐらいで実家に帰るなんてと非難している。Bは三条殿の言葉で、大将殿のお心が離れた自分は変わりようもなく、何をしようと勝手だ、子どもたちのことは後はよろしくと言っている。

② Aは大将殿の言葉で、子どもたちをほったらかして女御のもとに入り浸っている軽率さをたしなめ、子育ての苦労ぐらいで実家に帰る無責任さを非難している。Bは三条殿の言葉で、浮気者との間の子を育てるのに今は飽き飽きしており、子どもたちはそちらで世話してくださいと言い返している。

③ Aは三条殿の言葉で、年がいもなく恋にうつつを抜かして子どもたちのことを忘れていると大将殿をなじり、親のくせに無責任ではないかと非難している。Bは大将殿の言葉で、私の気持ちはもはやもとに戻りそうにないが、子どもたちだけは見捨てずにいてくれれば嬉《うれ》しいと応じている。

④ Bは三条殿の言葉で、大将殿に愛想を尽かされた自分であるし、今さら性格を直すつもりもない、私のことはともかく、子どもたちだけは面倒を見てほしいと言っている。Cは大将殿の言葉で、三条殿の言い分に理解を示して機嫌をとりつつも、最後には、私の名誉も考えてほしいと頼んでいる。

⑤ Bは三条殿の言葉で、私に飽きたあなたのお気持ちがもはやもとに戻るはずもなく、お好きになさればよいが、子どもたちへの責任は負っていただきたいと言っている。Cは大将殿の言葉で、穏やかなお返事ですねと皮肉をにじませつつ、このままでは、あなたの名折れになるだけだと反論している。

問6　この文章の内容に関する説明として最も適当なものを、次の①～⑤のうちから一つ選べ。解答番号は 28 。

① 三条殿は、心変わりしてしまった大将殿に絶望して実家に戻り、おとどと語ることで、やっと「少しもの思ひ晴るけどころ」を見つけ、もはや大将殿とは暮らせないと、このまま別れる決心をした。

② おとどは、三条殿のことを心配して、大将殿に「消息たびたび聞こえ」たが、大将殿は全く返事をしないので、「かたくなしう軽々しの世や」と、大将という立場にそぐわない軽薄さを不愉快に思った。

③ 大将殿は、三条殿の家出を知り、三条殿父娘の短気で派手な性格を考えると、「ひがひがしきこと」をしでかしかねないと驚いて、「暮らしてみづから参り給へり」と、すぐさま大殿へ迎えに行った。

④ 三条殿は、強気に帰宅を拒みながらも、思い切りのよい「すがすがしき御心」の大将殿ならば、ここにいる子どもたちまでも自分の手の届かない場所に連れて行ってしまいかねず、「あやふし」と危惧《きぐ》した。

⑤ 大将殿は、説得に耳を貸さない頑固な三条殿の手もとで育つことになる姫君の将来を心配して、「母君の御教へにな叶ひ給うそ」などと、せめて教訓を言い聞かせることで、父の役割を果たそうとした。

第4問 次の文章を読んで、後の問い（問1～7）に答えよ。（設問の都合で返り点・送り仮名を省いたところがある。）（配点 50）

江(注1)南ニ多シレ竹。其ノ人(1)習二於食ラフヲレ筍《たけのこ》ヲ。毎《ごと》ニレ方《あ》タル二春ノ時ニ一、苞《はう》(注2)甲《かふ》出デレ土ヨリ、頭(注3)角繭《けん》栗《りつ》、率《おほむ》ネ以テ供ス二採食ニ一。或イハ蒸《じよう》(注4)瀹《やく》シテ以テ為シレ湯ト、茹《じよ》(注5)介《かい》茶《ちや》荈《せん》以テ充《あ》ツレ饋《き》ニ。」㋐ A好事者目以清(注6)嗜不斬方長。故ニ雖《いへど》モ二園(注7)林豊美、複《ふく》垣《ゑん》重《ちよう》扃《けい》ニシテ、主人居《きよ》(注8)嘗《しやう》愛護スト一、及ブ三其ノ甘シトスルニ二於食ラフニレ之ヲ也《や》、剪《せん》伐《ばつ》シテ不レ顧ミ。」㋑ 独リ其ノ味苦クシテ而不ルレ入ラ二食品ニ一者ノミ、筍常ニ全《まつた》シ。」㋒ 毎《つね》ニ当タリテ三渓谷巌《がん》(注9)陸《りく》之間ニ一、散三漫シテ於地ニ一而不ルレ収メラレ者ハ、必ズ棄《す》テラルル二於 Ⅰ 一者也。而ルニ Ⅱ 者ハ至ル三取リテレ之ヲ或イハ尽クスニ二其ノ類ヲ一。然ラバ Ⅲ 者ハ近シ二自ラ戕《そこな》フニ一。而ルニ Ⅳ 者ハ雖モレ棄テラルト、B猶レ免ル二於剪伐ヲ一。」㋓ 夫レ物類ハ(2)尚レ甘キヲ、而苦キ者ハ得タリレ全キヲ。」㋔

C 世莫不貴取賤棄也。然レドモ亦《また》知ル三取ラルル者之不シテレ幸ヒナラ、而偶《たまたま》幸ヒナルヲ二於棄テラルル者一ニ。

D 豈荘子所謂以無用為用者比耶。

（陸樹声《りくじゅせい》『陸文定公集《りくぶんていこうしゅう》』による）

（注）
1　江南――長江下流の地域。
2　苞甲――タケノコの身を包む一番外側の皮。
3　頭角繭栗――子牛の生えたばかりの角のような形をしたタケノコの若芽。「繭栗」は「まゆ・くり」のような小さな形をいう。
4　蒸瀹以為レ湯――蒸したり煮たりして、スープにすること。
5　茹介茶荈以充レ饋――「茹介」はタケノコの穂先の柔らかい皮、「茶荈」は茶。それらを食卓にならべることをいう。「饋」は食事のこと。
6　清嗜――清雅なものへの嗜好《しこう》。
7　園林豊美、複垣重扃――幾重もの垣根や門扉をしつらえた美しい庭園。
8　居嘗――平常。
9　巌陸――山の中。

問1 傍線部(1)「習」・(2)「尚」の意味として最も適当なものを、次の各群の①～⑤のうちから、それぞれ一つずつ選べ。解答番号は 29 ・ 30 。

(1) 「習」 29
① 学習する
② 弊習としている
③ 習得する
④ 習慣としている
⑤ 習練する

(2) 「尚」 30
① 誇示する
② 思慕する
③ 尊重する
④ 保全する
⑤ 崇拝する

問2　傍線部A「好事者目以清嗜不斬方長」の返り点の付け方とその読み方として最も適当なものを、次の①～⑤のうちから一つ選べ。解答番号は 31 。

① 好レ事者目ニ以清嗜一不レ斬レ方レ長
事を好む者以て清嗜《せいし》なるを目し長きに方《なら》ぶを斬《と》らず

② 好レ事者目以清嗜不レ斬ニ方長一
事を好む者目して以て清嗜なるも方《まさ》に長ずるを斬らず

③ 好レ事者目下以ニ清嗜一不上斬ニ方長一
事を好む者清嗜を以て方に長ずるを斬らずと目す

④ 好レ事者目以ニ清嗜一不レ斬レ方レ長
事を好む者目は清嗜を以てし長きに方ぶを斬らず

⑤ 好レ事者目以ニ清嗜一不レ斬ニ方長一
事を好む者目するに清嗜を以てし方に長ずるを斬らず

問3 空欄 Ⅰ・Ⅱ・Ⅲ・Ⅳ に入る語の組合せとして最も適当なものを、次の①～⑤のうちから一つ選べ。解答番号は 32 。

① Ⅰ 苦キニ　Ⅱ 甘キ　Ⅲ 甘キ　Ⅳ 苦キ

② Ⅰ 甘キニ　Ⅱ 苦キ　Ⅲ 苦キ　Ⅳ 甘キ

③ Ⅰ 苦キニ　Ⅱ 苦キ　Ⅲ 甘キ　Ⅳ 苦キ

④ Ⅰ 苦キニ　Ⅱ 甘キ　Ⅲ 苦キ　Ⅳ 甘キ

⑤ Ⅰ 甘キニ　Ⅱ 甘キ　Ⅲ 苦キ　Ⅳ 甘キ

問4　傍線部B「猶レ免二於剪伐一」の解釈として最も適当なものを、次の①～⑤のうちから一つ選べ。解答番号は 33 。

① きっと切り取られるのを避けるにちがいない
② 依然として切り取られることには変わりない
③ 切り取られることから逃れようとするだろう
④ まだ切り取られずにすんだわけではないのだ
⑤ 切り取られずにすんだのと同じようなことだ

問5　傍線部C「世莫不貴取賤棄也」の書き下し文として最も適当なものを、次の①～⑤のうちから一つ選べ。解答番号は 34 。

① 世に取るを貴び棄《す》つるを賤《いや》しまざるは莫《な》し
② 世の貴を取り賤《せん》を棄てざること莫かれ
③ 世に貴は取られ賤は棄てられざるは莫し
④ 世の貴を取らず賤を棄つること莫かれ
⑤ 世に貴は取られず賤は棄てらるること莫し

問6　本文を論旨の展開上、三つの部分に分けるならば、㋐〜㋔のどこで切れるか。最も適当なものを、次の①〜⑤のうちから一つ選べ。解答番号は 35 。

① ㋐と㋓
② ㋐と㋔
③ ㋑と㋓
④ ㋑と㋔
⑤ ㋒と㋔

問7　傍線部D「豈荘子所謂以無用為用者比耶」の読み方と筆者の主張の説明として最も適当なものを、次の①～⑤のうちから一つ選べ。解答番号は 36 。

① この文は、「豈に荘子の所謂以て無用の用を為す者をば比《たと》へんや」と訓読し、「これがどうして『荘子』のいわゆる『無用ノ用ヲ為ス』ことに喩《たと》えることができようか」と述べる筆者は、この苦いタケノコがたどった運命は、無用のはたらきかけを戒める『荘子』の考え方と正反対のものであったと指摘している。

② この文は、「豈に荘子の所謂無用の用たる者を以て比《たと》ふるか」と訓読し、「これこそ『荘子』のいわゆる『無用ノ用タル』ことによって喩えたものであることよ」と述べる筆者は、この苦いタケノコが、役に立たないことを自覚してこそ世間の役に立つという『荘子』の考え方を体現したものだとたたえている。

③ この文は、「豈に荘子の所謂以て無用の用を為す者の比《たぐ》ひなるか」と訓読し、「これがどうして『荘子』のいわゆる『以テ無用ノ用ヲ為ス』もののたぐいであるだろうか」と述べる筆者は、この事例を根拠に、無用のものを摂取しないことが天寿をまっとうする秘訣《ひけつ》だという『荘子』の考え方に反論している。

④ この文は、「豈に荘子の所謂無用を以て用を為す者をば比《くら》べんや」と訓読し、「これがどうして『荘子』のいわゆる『無用ヲ以テ用ヲ為ス』ものに比較することができようか」と述べる筆者は、この事例から、無用のようにみえるものこそ役に立つという『荘子』の考え方が見失われがちなことを嘆いている。

⑤ この文は、「豈に荘子の所謂無用を以て用と為す者の比《たぐ》ひなるか」と訓読し、「これこそ『荘子』のいわゆる『無用ヲ以テ用ト為ス』もののたぐいではなかろうか」と述べる筆者は、この苦いタケノコのなかに、世間で無用とされるものこそ天寿をまっとうするのだという『荘子』の考え方を見いだしている。

MEMO

2013
本試験

国　語

（2013年１月実施）

80分　200点

国語

（解答番号 1 ～ 37）

第1問　次の文章を読んで、後の問い（問1～6）に答えよ。（配点　50）

鐔《つば》（注1）というものを、ふとした機会から注意して見始めたのは、ここ数年来の事だから、未《いま》だ合点《がてん》のいかぬ節もあり、鐔に関する本を読んでみても、人の話を聞いてみても、いろいろ説があり、不明な点が多いのだが。

鐔の歴史は、無論、刀剣とともに古いわけだが、普通、私達《たち》が鐔を見て、好き嫌いを言っているのは、室町時代以後の製作品である。何《な》んと言っても、応仁《おうにん》の大乱というものは、史上の大事件なのであり、これを境として、A日本人の鐔というものの見方も考え方も、まるで変《かわ》って了《しま》った。所謂《いわゆる》鐔なるものは、この大乱の産物と言ってよいのである。私は鐔を弄《いじ》ってみて、初めて、この事実に、はっきり気附《きづ》いた。政令は無きに等しく、上下貴賤《きせん》の差別なく、(ア)ドウリョウ親族とても油断が出来ず、毎日が、ただ強い者勝ちの刃傷《にんじよう》沙汰《ざた》に明け暮れるというような時世が到来すれば、主人も従者に太刀《たち》を持たせて安心しているわけにもいくまい。いや、太刀を帯取《おびとり》（注2）にさげ佩《は》いているようでは、急場の間には合わぬという事になる。やかましい太刀の拵《こしらえ》などは、もはや問題ではない。乱世が、太刀を打刀《うちがたな》（注3）に変えた。打刀という言葉が曖昧《あいまい》なら、特権階級の標格《ひようかく》（注4）たる太刀が、実用本位の兇器《きようき》に変じたと言っていい。こんな次第になる以前、鐔は太刀の拵全体のうちの、ほんの一部に過ぎなかったのだが、拵無用の打刀となってみても、実用上、鐔という拵だけは省けない。当然、実用本位の堅牢《けんろう》な鉄鐔の製作が要求され、先《ま》ず刀匠や甲冑師《かつちゆうし》（注5）が、この要求を満《みた》すのである。彼等《ら》が打った粗朴《そぼく》な板鐔は、荒地にばらまかれた種のようなものだ。

誰《だれ》も、乱世を進んで求めはしない。誰も、身に降りかかる乱世に、乱心を以て処する事は出来ない。人間は、どう在ろうとも、どんな処《ところ》にでも、どんな形ででも、平常心を、秩序を、文化を捜さなければ生きて行けぬ。そういう止《や》むに止まれぬ人心の動きが、兇器の一部分品を、少しずつ、少しずつ、鐔に仕立てて行くのである。やがて、専門の鐔工《たんこう》が現れ、そのうちに名工と言われるものが現れ、という風に鐔の姿を追って行くと、私の耳は、乱世というドラマの底で、不断に静かに鳴っているもう一

4

つの音を聞くようである。

(注6)信家《のぶいえ》作と言われる或《あ》る鐔に、こんな文句が彫られている。「あら楽《らく》や人をも人と思はねば我をも人は人とおもはぬ」。X現代人が、言葉だけを辿《たど》って、思わせぶりな文句だとか、拙劣な歌だとか、と言ってみても意味がないのである。これは文句ではない。鉄鐔の表情なので、眺めていれば、鍛えた人の顔も、使った人の顔も見えて来る。観念は消えて了うのだ。感じられて来るものは、まるで、それは、荒地に芽を出した植物が、やがて一見妙な花をつけ、実を結んだ、その花や実の尤《もっと》もな心根のようなものである。

鐔好きの間で、古いところでは信家、金家《かねいえ》と相場が決《きま》っている。相場が決っているという事は、何んとなく面白くない事で、私も、初めは、鐔は信家、金家が気に食わなかったが、だんだん見て行くうちに、どうも致し方がないと思うようになった。花は桜に限らないという批評の力は、花は桜という平凡な文句に容易に敵し難いようなものであろうか。信家、金家については、はっきりした事は何も解《わか》っていないようだ。銘の切り方から、信家、金家には何代かが、何人かがあったと考えられるから、室町末期頃《ごろ》、先ず甲府で信家風の鐔が作られ、伏見《ふしみ》で金家風の鐔が作られ始めたというくらいの事しか言えないらしい。それに夥《おびただ》しい贋物《にせもの》が交《まじ》って市場を流通するから、厄介と言えば厄介な事だが、まあ私などは、好き嫌いを言っていれば、それで済む世界にいるのだから、手元にあるものを写して(注7)貰《もら》った。

(注8)井戸茶碗《いどぢゃわん》の身元は不詳だが、茶碗は井戸という言葉はある。同じ意味合いで、信家のこれはと思うものは、鐔は信家といい度《た》げな顔をしている。井戸もそうだが、信家も、これほど何でもないものが何故、こんなに人を惹《ひ》きつけるか、と質問して止まないようである。それは、確定した形というより、むしろ轆轤《ろくろ》や槌《つち》や鑿《のみ》の運動の節奏(注9)のようなものだ。信家は、武田信玄の鐔師で、信という字は信玄から貰った、と言われている。多分、伝説だろう。Yだが、事実ではあるまいと言ったところで面白くもない事だ。伝説は、何時《いつ》頃生《うま》れたのだろう。「甲陽軍鑑《こうようぐんかん》」(注10)の大流行につられて生れたのかも知れない。「甲陽軍鑑」を偽書と断じ

たところで、幾つでも偽書が現れるほど、武田信玄や高坂弾正《こうさかだんじょう》(注11)の思い出という本物は、生き生きとして、当時の人々の心に在った事を想《おも》えば、別段面白くもない話である。何時の間にか伝説を生み出していた鐔の魅力と伝説であって事実ではないという実証とは、何んの関係もない。こんな解り切った事に、歴史家は、案外迂闊《うかつ》なものなのだ。魅力に共感する私達の沈黙とは、発言の期を待っている伝説に外《ほか》なるまい。

信家の鐔にぶら下《さが》っているのは、瓢箪《ひょうたん》で、金家の方の図柄は「野晒《のざら》し」(注12)で、大変異《ことな》ったもののようだが、両方に共通した何か一種明るい感じがあるのが面白い。髑髏《どくろ》は鉢巻をした蛸《たこ》のようで、「あら楽や」と歌っても、別段構わぬような風がある。

この時代の鐔の模様には、されこうべの他に五輪塔《ごりんとう》(注13)やら経文《きょうもん》やらが多く見られるが、これを仏教思想の影響というような簡単な言葉で片附けてみても、**B**どうも知識の遊戯に過ぎまいという不安を覚える。戦国武士達には、仏教は高い宗教思想でもなければ、難《むず》かしい形而上学《けいじじょうがく》(注14)でもなかったであろう。仏教は葬式の為《ため》にあるもの、と思っている今日の私達には、彼等の日常生活に糧《かて》を与えていた仏教など考え難い。又、考えている限り、クウ(イ)バクたる問題だろう。だが、彼等の日用品にほどこされた、仏教的主題を持った装飾の姿を見ていると、私達は、何時の間にか、そういう彼等の感受性のなかに居るのである。

何時だったか、田辺尚雄《たなべひさお》氏(注15)に会って、平家琵琶《へいけびわ》(注16)の話になった時、平家琵琶ではないが、一つ非常に古い琵琶を聞かせてあげよう、と言われた。今でも、九州の或る処には、説教琵琶というものが遺《のこ》っているそうで、地鎮の祭などで、琵琶を弾じながら、経文を誦《じゅ》する、それを、氏の音楽講座で、何日何時に放送するから、聞きなさい、と言われた。私は、伊豆《いず》の或る宿屋で、夜、ひとり、放送を聞いた。琵琶は数分で終《おわ》って了ったが、非常な感動を受けた。文句は解らないが、経文の単調なバス(注17)の主調に、絶えず琵琶の(ウ)バンソウが鳴っているのだが、それは、勇壮と言ってもいいほど、男らしく明るく気持ちのよいものであった。これなら解る、と私は感じた。こういう音楽に乗って仏教思想は、学問などに用はない戦国の一般武士達の間に滲透《しんとう》したに違いない、と感じた。仏教を宗教だとか思想だとか呼んでいたのでは、容易に解って来ないものがある。室町期は時宗《じしゅう》(注18)の最盛期であった。不明なところが多すぎるが、時宗は民衆の芸能と深い関係があった。乱世が来て、庶民的な宗教集団は、庶民とともに最も早く離散せざるを得なかったであろうが、沢山の遊行《ゆぎょう》僧（注19）は、従軍僧として戦場に入り込んでいたであろう。彼等は戦うものの最期を見届け、これをその生国の人々に伝え、お札などを売りつけて、生計を立てていたかも知れない。そういう時に、あのような琵琶の音がしたかも知れない。金家の「野晒し」にも、そんな音が聞《きこ》えるようである。

鉄鐔は、所謂「下剋上《げこくじょう》」の産物だが、長い伝統的文化の一時の中断なのだから、この新工芸の成長の速度は速かった。平和が来て、刀が腰の飾りになると、鐔は、金工家《きんこうか》が腕を競う場所になった。そうなった鐔は、もう私の興味を惹かない。鐔の面白さは、鐔という生地の顔が化粧し始め、やがて、見事に生地を生かして見せるごく僅《わず》かの期間にある。その間の経過は、いかにも自然だが、化粧から鐔へ行く道はない。

鉄の地金に、鏨で文様を抜いた鐔を透鐔《すかしつば》と言うが、この透というものが鐔の最初の化粧であり、彫《ほり》や象嵌《ぞうがん》（注20）が発達しても、鐔の基本的な装飾たる事を止めない。刀匠や甲冑師は、ただ地金を丸く薄く固く鍛えれば足りたのだが、いつの間にか、星だとか花だとか或《あるい》は鎌だとか斧《おの》だとか、日常、誰にでも親しい物の形が、文様となって現れて来た。地鉄《じがね》（注21）を鍛えている人が、そんな形を抜きたくなったのか、客の註文《ちゅうもん》に答えたのか、そんな事は、決して解る筈《はず》がないという処が面白い。Cもし鉄に生があるなら、水をやれば、文様透は芽を出したであろう。装飾は、実用と手を握っている。透の美しさは、鐔の堅牢と軽快とを語り、これを保証しているところにある。様々な流派が出来て文様透がだんだん巧緻《こうち》になっても、この基本の性質は失われない。又、この性質は、彫や象嵌の世界ででも、消極的にだが守られているのであり、彫でも象嵌でも、美しいと感ずるものは、必ず地金という素材の確かさを保証しているように思われる。戦がなくなり、地金の鍛えもどうでもよくなって来れば、鐔の装飾は、大地を奪われ、クウ(エ)ソな自由に転落する。名人芸も、これを救うに足りぬ。

先日、伊那《いな》にいる知人から、高遠城址《たかとおじょうし》の桜を見に来ないかと誘われた。実は、この原稿を書き始めると約束の日が来て了ったので出掛けたのである。高遠には、茅野《ちの》から杖突《つえつき》峠を越えて行く道がある。峠の下に諏訪《すわ》神社の上社がある。雪を残した八ケ《やつが》岳《たけ》の方から、冷たい強い風が吹いて、神社はシン(オ)カンとしていた。境内の満開の桜も見る人はなかった。私は、高遠の桜の事や、あそこでは信玄の子供が討死《うちじに》したから、信玄の事など考えていたが、ふと神殿の後《うしろ》の森を見上げた。若芽を点々と出した大木の梢《こずえ》が、青空に網の目のように拡《ひろが》っていた。その上を、白い鳥の群れが舞っていたが、枝には、近附いて見れば大壺《おおつぼ》ほどもあるかと思われる鳥の巣が、幾つも幾つもあるのに気附いた。なるほど、これは桜より余程《よほど》見事だ、と見上げていたが、私には何の鳥やらわからない。社務所に、巫女《みこ》姿の娘さんが顔を出したので、聞いてみたら、白鷺《しらさぎ》と五位鷺《ごいさぎ》だと答えた。樹《き》は何の樹だと訊《たず》ねたら、あれはただの樹だ、と言って大笑いした。私は飽《あ》かず眺めた。そのうちに、白鷺だか五位鷺だか知らないが、一羽が、かなり低く下りて来て、頭上を舞った。両翼は強く張られて、風を捕《とら》え、黒い二本の脚は、身体に吸われたように、整然と折れている。嘴《くちばし》は延びて、硬い空気の層を割る。D私は鶴丸透の発生に立会う想いがした。

（小林秀雄《こばやしひでお》「鍔」による）

（注）
1　鍔——日本刀で、柄《つか》と刀身の間にはさむ装具（次ページの図を参照）。
2　帯取にさげ佩いている——帯取（太刀を結び付けるひも）で腰からさげている。
3　打刀——相手に打ち当てて切りつける実戦用の刀。
4　標格——象徴（シンボル）。
5　甲冑師——かぶとやよろいなどの武具を作る職人。
6　信家——桃山時代の代表的な鐔工。金家も同じ。
7　写して貰った——この文章にはもともと写真が添えられていた。ただし、ここでは省略した。
8　井戸茶碗——朝鮮半島産の茶碗の一種。
9　節奏——リズム。

10 甲陽軍鑑――武田信玄・勝頼《かつより》二代の事績、軍法などを記した、江戸時代初期の書物。
11 高坂弾正――高坂昌信《まさのぶ》(一五二七～一五七八)。武田家の家臣。「甲陽軍鑑」の元となった文書を遺したとされる。
12 野晒し――風雨にさらされた白骨。特に、されこうべ(頭骨)。
13 五輪塔――方・円・三角・半月・団の五つの形から成る塔。平安中期頃から供養《くよう》塔・墓塔として用いた。
14 形而上学――物事の本質や存在の根本原理を探求する学問。
15 田辺尚雄――東洋音楽を研究した音楽学者(一八八三～一九八四)。
16 平家琵琶――「平家物語」を語るのに合わせて演奏する琵琶の音曲。
17 バス――低音の男声。
18 時宗――浄土教の一派。一遍《いっぺん》(一二三九～一二八九)を開祖とする。
19 遊行僧――諸国を旅して修行・教化した僧。
20 象嵌――金属などの地に貝殻など別の材料をはめ込んで模様を作る技法。
21 地鉄――鉄の地金のこと。

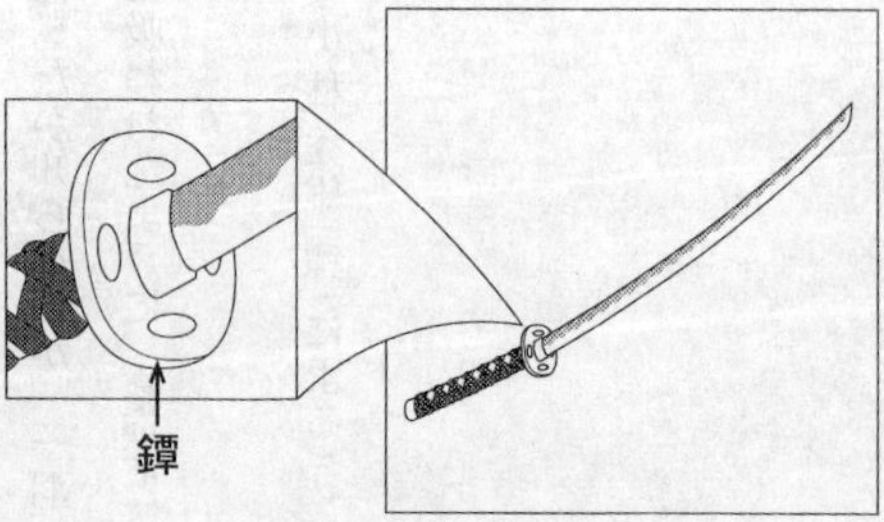

問1　傍線部(ア)〜(オ)の漢字と同じ漢字を含むものを、次の各群の①〜⑤のうちから、それぞれ一つずつ選べ。解答番号は［1］〜［5］。

(ア)　ドウリョウ［1］
① 若手のカンリョウ
② チリョウに専念する
③ 荷物をジュリョウする
④ なだらかなキュウリョウ
⑤ セイリョウな空気

(イ)　クウバク［2］
① 他人にソクバクされる
② 冗談にバクショウする
③ サバクを歩く
④ 江戸にバクフを開く
⑤ バクガトウを分解する

(ウ)　バンソウ［3］
① 家族ドウハンで旅をする
② ハンカガイを歩く
③ 資材をハンニュウする
④ 見本品をハンプする
⑤ 著書がジュウハンされる

(エ)　クウソ［4］
① ソエンな間柄になる
② ソゼイ制度を見直す
③ 緊急のソチをとる
④ 被害の拡大をソシする
⑤ 美術館でソゾウを見る

(オ)　シンカン［5］
① 証人をカンモンする
② 規制をカンワする
③ ユウカンな行為をたたえる
④ 勝利にカンキする
⑤ 広場はカンサンとしている

問2　傍線部A「日本人の鐔というものの見方も考え方も、まるで変って了った」とあるが、それはどういうことか。その説明として最も適当なものを、次の①～⑤のうちから一つ選べ。解答番号は 6 。

① 鐔は応仁の大乱以前には富や権力を象徴する刀剣の拵の一部だったが、それ以後は命をかけた実戦のための有用性と、乱世においても自分を見失わずしたたかに生き抜くための精神性とが求められるようになったということ。

② 鐔は応仁の大乱以前には特権階級の富や権力を象徴する日用品としての美しさが重視されていたが、それ以後は身分を問わず使用されるようになり、平俗な装飾品としての手ごろさが求められるようになったということ。

③ 鐔は応仁の大乱以前には実際に使われる可能性の少ない刀剣の一部としてあったが、それ以後は刀剣が乱世を生き抜くために必要な武器となったことで、手軽で生産性の高い簡素な形が鐔に求められるようになったということ。

④ 鐔は応仁の大乱以前には権威と品格とを表現する装具であったが、それ以後、専門の鐔工の登場によって強度が向上してくると、乱世において生命の安全を保証してくれるかのような安心感が求められるようになったということ。

⑤ 鐔は応仁の大乱以前には刀剣の拵の一部に過ぎないと軽視されていたが、乱世においては武器全体の評価を決定づけるものとして注目され、戦いの場で士気を鼓舞するような丈夫で力強い作りが求められるようになったということ。

問3　傍線部**B**「どうも知識の遊戯に過ぎまいという不安を覚える」とあるが、そこには筆者のどのような考えがあるか。最も適当なものを、次の①～⑤のうちから一つ選べ。解答番号は 7 。

① 仏教を戦国武士達の日常生活の糧となっていた思想と見なすのは軽率というほかなく、彼等と仏教との関係を現代人が正しく理解するには、説教琵琶のような、当時滲透していた芸能に携わるのが最も良い手段であるという考え。

② この時代の鐔にほどこされた五輪塔や経文の意匠は、戦国武士達にとっての仏教が、ふだん現代人の感じているような暗く堅苦しいものではなく、むしろ知的な遊びに富むものであることを示すのではないかという考え。

③ 戦国武士達に仏教がどのように滲透していたかを正しく理解するには、文献から仏教思想を学ぶことに加えて、例えば説教琵琶を分析して当時の人々の感性を明らかにするような方法を重視すべきだという考え。

④ この時代の鐔の文様に五輪塔や経文が多く用いられているからといって、鐔工や戦国武士達が仏教思想を理解していたとするのは、例えば仏教を葬式のためにあると決めつけるのと同じくらい浅はかな見方ではないかという考え。

⑤ 戦国武士達の日用品と仏教との関係を現代人がとらえるには、それを観念的に理解するのではなく、説教琵琶のような、当時の生活を反映した文化にじかに触れることで、その頃の人々の心を実感することが必要だという考え。

問4　傍線部C「もし鉄に生があるなら、水をやれば、文様透は芽を出したであろう。」とあるが、それはどういうことをたとえているか。最も適当なものを、次の①～⑤のうちから一つ選べ。解答番号は 8 。

① 実用的な鐔を作るためには鉄が最も確かな素材であったので、いくつもの流派が出現することによって文様透の形状は様々に変化していっても、常に鉄のみがその地金であり続けたことをたとえている。

② 刀剣を実戦で使用できるようにするために鐔の強度と軽さとを追求していく過程で、鉄という素材の質に見合った透がおのずと生み出され、日常的な物をかたどる美しい文様が出現したことをたとえている。

③ 乱世において武器として活用することができる刀剣の一部として鉄を鍛えていくうちに、長い伝統を反映して必然的に自然の美を表現するようになり、それが美しい文様の始原となったことをたとえている。

④ 「下剋上」の時代において地金を鍛える技術が進歩し、鐔の素材に巧緻な装飾をほどこすことができるようになったため、生命力をより力強く表現した文様が彫られるようになっていったことをたとえている。

⑤ 鐔が実用品として多く生産されるようになるにしたがって、刀匠や甲冑師といった人々の技量も上がり、日常的な物の形を写実的な文様として硬い地金に彫り抜くことが可能になったことをたとえている。

問5　傍線部**D**「私は鶴丸透の発生に立会う想いがした。」とあるが、それはなぜか。その理由として最も適当なものを、次の①～⑤のうちから一つ選べ。解答番号は 9 。

① 戦乱の悲劇が繰り返された土地の雰囲気を色濃くとどめる神社で、巣を守り続けてきた鳥の姿に、この世の無常を感じ、繊細な鶴をかたどった鶴丸透が当時の人々の心を象徴する文様として生まれたことが想像できたから。

② 桜が咲きほこる神社の大樹に棲《す》む鳥がいくつも巣をかけているさまを見て、武士達も太刀で身を守るだけでなく、鐔に鶴の文様を抜いた鶴丸透を彫るなどの工夫をこらし、優雅な文化を作ろうとしていたと感じられたから。

③ 神社の森で巣を守る鳥が警戒しながら飛びまわる姿を見ているうちに、生命を守ろうとしている生き物の本能に触発された金工家達が、翼を広げた鶴の対称的な形象の文様を彫る鶴丸透の構想を得たことに思い及んだから。

④ 参拝者もない神社に満開の桜が咲く華やかな時期に、大樹を根城とする一羽の鳥が巣を堅く守る様子を見て、討死した信玄の子供の不幸な境遇が連想され、鶴をかたどる鶴丸透に込められた親の強い願いに思い至ったから。

⑤ 満開の桜を見る者もいない神社でひたむきに巣を守って舞う鳥に出会い、生きるために常に緊張し続けるその姿態が力感ある美を体現していることに感銘を受け、鶴の文様を抜いた鶴丸透の出現を重ね見る思いがしたから。

問6　この文章の表現と構成について、次の(i)・(ii)の問いに答えよ。

(i)　波線部X「現代人が、言葉だけを辿って、思わせぶりな文句だとか、拙劣な歌だとか、と言ってみても意味がないのである。」と、波線部Y「だが、事実ではあるまいと言ったところで面白くもない事だ。」とに共通する表現上の特徴について最も適当なものを、次の①～④のうちから一つ選べ。解答番号は 10 。

① 「言葉だけ」の「だけ」や「面白くも」の「も」のように、限定や強調の助詞により、問題点が何かを明確にして論じようとするところに表現上の特徴がある。

② 「と言ってみても」や「と言ったところで」のように、議論しても仕方がないと、はぐらかしたうえで、自説を展開しようとするところに表現上の特徴がある。

③ 「意味がない」や「面白くもない」のように、一般的にありがちな見方を最初に打ち消してから、書き手独自の主張を推し進めるところに表現上の特徴がある。

④ 「思わせぶりな」や「拙劣な」、「事実ではあるまい」のように、消極的な評価表現によって、読み手に不安を抱かせようとするところに表現上の特徴がある。

(ii)　この文章は、空白行によって四つの部分に分けられているが、その全体の構成のとらえ方として最も適当なものを、次の①～④のうちから一つ選べ。解答番号は 11 。

① この文章は、最初の部分が全体の主旨を表し、残りの三つの部分がそれに関する具体的な話題による説明という構成になっている。

② この文章は、四つの部分が順に起承転結という関係で結び付き、結論となる内容が最後の部分で示されるという構成になっている。

③ この文章は、それぞれの部分の最後に、その部分の要点が示されていて、全体としてはそれらが並立するという構成になっている。

④ この文章は、人間と文化に関する一般的な命題を、四つの部分のそれぞれ異なる個別例によって論証するという構成になっている。

第2問

次の文章は、牧野《まきの》信一《しんいち》の小説「地球儀」の全文である。これを読んで、後の問い（問1〜6）に答えよ。なお、本文の上の数字は行数を示す。（配点　50）

祖父の十七年の法要があるから帰れ――という母からの手紙で、私は二タ月《ふたつき》振りぐらいで小田原（注1）の家へ帰った。

「この頃《ごろ》はどうなの？」

私は父のことを尋ねた。

「だんだん悪くなるばかり……。」

母は押入《おしいれ》を片附《かたづ》けながら云《い》った。続けて、そんな気分を振り棄《す》てるように、

「此方《こっち》の家はほんとに狭くてこんな時には全く困って了《しま》う。第一何処《どこ》に何がしまってあるんだか少しも分らない。」などと呟《つぶや》いていた。

「僕の事をおこっていますか？」

「カンカン！」

母は面倒くさそうに云った。

「ふふん！」

「これからもうお金なんて一文もやるんじゃないッて――私まで大変おこられた。」

「チェッ！」と私はセセラ笑った。屹度《きっと》そうくるだろうとは思っていたものの、明らかに云われて見るとドキッとした。セセラ笑って見たところで、私自身も母も、私自身の無能とカラ元気とを却《かえ》って醜く感ずるばかりだ。

「もうお父さんの事はあてにならないよ。あの年になっての事だもの……。」

これは父の放蕩《ほうとう》を意味するのだった。

「勝手にするがいいさ。」

私はおこったような口調で呟くと、A如何《いか》にも腹には確然とした或《あ》る自信があるような顔をした。こんなものの云い方やこんな態度は、私がこの頃になって初めて発見した母に対する一種のコケトリイ(注2)だった。だが、私が用《つか》うのはいつもこの手段の他はなく、そうしてその場限りで何の効もないので、今ではもう母の方で、もう聞き飽きたよという顔をするのだった。

「もう家もお仕舞いだ。私は覚悟している。」と母は云った。

私は、母が云うこの種の言葉は凡《すべ》て母が感情に走って云うのだ、という風にばかり殊更に解釈しようと努めた。

「だけど、まアどうにかなるでしょうね。」

私は何の意味もなく、ただ自分を慰めるように易々《やすやす》と見せかけた。こんな私の楽天的な態度にもすっかり母は(ア)愛想を尽かしていた。

母は、ちょっと笑いを浮べたまま黙って、煙草盆《たばこぼん》を箱から出しては一つ一つ拭《ふ》いていた。

私も、話だけでも、父の事に触れるのは厭《いや》になった。

「明日は叔父さん達《たち》も皆《み》な来るでしょう。」

「皆な来ると云って寄こした。」

また父の事が口に出そうになった。

「躑躅《つつじ》が好《よ》く咲いてる。」と私は云った。

「お前でも花などに気がつく事があるの。」

「そりゃ、ありますとも。」と私は笑った。母も笑った。

「ただでさえ狭いのにこれ邪魔で仕様がない。まさか棄てるわけにもゆかず。」

母は押入の隅に嵩張《かさば》っている三尺程(注3)も高さのある地球儀の箱を指差した。――私は、ちょっと胸を突かれた思いがして、辛うじて苦笑いを堪《こら》えた。そうして、

「邪魔らしいですね。」と慌てて云った。何故《なぜ》なら私はこの間その地球儀を思い出して一つの短篇《たんぺん》を書きかけたからだった。

それはこんな風に極めて感傷的に書き出した。――『祖父は泉水(注4)の隅の燈籠《とうろう》に灯を入れて来ると再び自分独りの黒く塗った膳《ぜん》の前に胡坐《あぐら》をかいて独酌を続けた。同じ部屋の丸い窓の下で、虫の穴が処々《ところどころ》にあいている机に向《むか》って彼は母からナショナル読(注5)本を習っていた。

(注6)「シイゼエボオイ・エンドゼエガアル」と。母は静かに朗読した。竹筒の置ランプが母の横顔を赤く照らした。

「スピンアトップ・スピンアトップ・スピンスピンスピン――回れよ独楽《こま》よ、回れよ回れ。」と彼の母は続けた。

「勉強が済んだら此方へ来ないか、大分暗くなった。」と祖父が云った。母はランプを祖父の膳の傍《そば》に運んだ。彼は縁側へ出て汽車を走らせていた。

「純一や、御部屋へ行って地球玉を持ってきて呉《く》れないか。」と祖父が云った。彼は両手で捧《ささ》げて持って来た。祖父は膳を片附けさせて地球儀を膝《ひざ》の前に据えた。祖母も母も呼ばれてそれを囲んだ。彼は母の背中に凭《よ》り掛って肩越しに球を覗《のぞ》いた。

「どうしても俺《おれ》にはこの世が丸いなどとは思われないが……不思議だなア！」祖父はいつもの通りそんなことを云いながら二三遍グルグルと撫《な》で回した。「ええと、何処だったかね、もう分らなくなってしまった、おい、ちょっと探して呉れ。」

こう云われると、母は得意げな手附《てつき》で軽く球を回して直《す》ぐに指でおさえた。

「フエーヤー？　フエーヤー……チョッ！　幾度聞いても駄目だ、直ぐに忘れる。」

(注7)「ヘーヤーヘブン。」と母は立所《たちどころ》に云った。

それは彼の父（祖父の長男）が行っている処の名前だった。彼は写真以外の父の顔を知らなかった。

「日本は赤いから直ぐ解《わか》る。」

祖父は両方の人差指で北米の一点と日本の一点とをおさえて、

「どうしても俺には、ほんとうだと思われない。」と云った。

祖父が地球儀を買って来てから毎晩のようにこんな団欒《だんらん》が醸された。地球が円いということ、米国が日本の反対の側にあること、長男が海を越えた地球上の一点に呼吸していること――それらの意識を幾分でも具体的にするために、それを祖父は買って来たのだった。

「何処までも穴を掘って行ったら仕舞にはアメリカへ突き抜けてしまうわけだね。」

こんなことを云って祖父は、皆なを笑わせたり自分もさびしげに笑ったりした。

「純一は少しは英語を覚えたのかね。」

「覚えたよ。」と彼は自慢した。

「大学校を出たらお前もアメリカへ行くのかね。」

「行くさ。」

「若《も》しお父さんが帰って来てしまったら？」

「それでも行くよ。」

そんな気はしなかったが、(イ)間が悪かったので彼はそう云った。彼はこの年の春から尋常(注8)一年生になる筈《はず》だった。

「いよいよ小田原にも電話が引けることになった。」

或る晩祖父はこんなことを云って一同を驚かせた。「そうすれば東京の義郎とも話が出来るんだ。」

「アメリカとは？」彼は聞いた。

「海があっては駄目だろうね。」

祖父は真面目《まじめ》な顔で彼の母を顧みた。

彼は誰《だれ》も居ない処でよく地球儀を弄《もてあそ》んだ。グルグルと出来るだけ早く回転さすのが面白かった。そして夢中になって、「早く廻《まわ》れ早く廻れ、スピンスピンスピン。」などと口走ったりした。するといつの間にか彼の心持は「早く帰れ早く帰れ。」という風になって来るのだった。』

そこまで書いて私は退屈になって止《や》めたのだった。いつか心持に余裕の出来た時にお伽噺《とぎばなし》(注9)にでも書き直そうなどと思っているが、それも今まで忘れていたのだった。球だけ取り脱《はず》して、よく江川(注10)の玉乗りの真似《まね》などして、

「そんなことをすると罰が当《あた》るぞ。」などと祖父から叱《しか》られたりした事を思い出した。

「古い地球儀ですね。」

「引越しの時から邪魔だった。」

それからまた父の事がうっかり話題になってしまった。

「私はもうお父さんのことはあきらめたよ。家は私ひとりでやって行くよ。」と母は堅く決心したらしくきっぱりと云った。私はたあいもなく胸が一杯になった。そうして口惜《くや》しさの余り、

「その方がいいとも、帰らなくったっていいや、……帰るな、帰るなだ。」と常規(注11)を脱した妙な声で口走ったが、丁度『お伽噺』の事を思い出した処だったので、**B**突然テレ臭くなって慌てて母の傍を離れた。

翌日の午《ひる》には、遠い親類の人達まで皆な集った。

「せめて純一がもう少し家のことを……」

「そういう事なら親父《おやじ》でも何でも遣《や》り込めるぐらいな(ウ)気概がなければ……」

「ほんとにカゲ弁慶で――その癖この頃はお酒を飲むと無茶なことを喋《しゃべ》って却って怒らせてしまうんですよ。」

「酒！　けしからん。やっぱり系統かしら。」

叔父と母とがそんなことを云っているのを私は襖《ふすま》越しで従兄妹《いとこ》達と陽気な話をしていながら耳にした。私のことを話しているので――。

「この間も酷《ひど》く酔って……外国へ行ってしまうなんて云い出して……」

「純一が！　馬鹿《ばか》な。」

「無論、あの臆病《おくびょう》にそんなことが出来る筈はありませんがね。」と母は笑った。

「気の小さい処だけは親父と違うんだね。」

客が皆な席に整《そろ》うと、私は父の代りとして末席に坐《すわ》らせられた。坐っただけでもう顔が赤くなった気がした。

「今日はわざわざ御遠路の処をお運び下さいまして……(ええと?)実は……その誠に恐縮なことで……その実は父が四五日前から止むを得ない自分自身(オッといけねエ)……ええ、止むを得ない自分用で、実はその関西の方へ出かけまして、今日は帰る筈なのでございますが未《ま》だ……それで私が……(チョッ、弱ったな)……どうぞ御ゆるり……。」

私はこれだけの挨拶《あいさつ》をした。括弧の中は胸での呟き言だった。ちゃんと母から教わった挨拶でもっと長く喋らなければならなかったのだが、これだけ云うのに三つも四つもペコペコとお辞儀ばかりしてごまかしてしまった。そしてこの挨拶のしどろもどろを取り直すつもりで、胸を張って出来るだけ尤《もっと》もらしい顔付をして端坐《たんざ》した。だが脇《わき》の下にはほんとうに汗が滲《にじ》んでいた。

「これが本家の長男の純一です。」

父方の叔父が、未だ私を知らない新しい親類の人に私を紹介した。そして私の喋り足りないところを叔父が代って述べたてた。

大分酒が廻って来て、祖父の話が皆なの口に盛んにのぼっていた時、私は隣りに坐っている叔父に、

「僕の親父は何故あんなに長く外国などへ行っていたんでしょうね。」と聞いた。今更尋ねる程の事もなかったのに——。

「やっぱりその……つまりこのお祖父《じい》さんとだね、いろいろな衝突もあったし……」

——やっぱり——と云った叔父の言葉に私はこだわった。

「何ぼ衝突したと云ったって……」

「今これでお前が外国へ行けば丁度親父の二代目になるわけさ。ハッハッハッ……」

C「ハッハッハ……。まさか——」と私も叔父に合《あわ》せて笑ったが、笑いが消えないうちに陰鬱《いんうつ》な気に閉された。

翌日、道具を片附ける時になると母はまた押入の前で地球儀の箱を邪魔にし始めた。

「見る度に焦《じ》れったくなる。」

「そんな事を云ったって、仕様がないじゃありませんか。」と私は云った。「どうすることも出来ない。」

「大して邪魔と云う程でもない。」

「だってこんなもの、こうして置いたって何にもなりはしない、いっそ……」

母は顔を顰《しか》めて小言を云っていた。

D ——今に英一が玩具《おもちゃ》にするかも知れない——私はも少し(注12)でそう云うところだったが、突然またあの「お伽噺」を思い出すと、自分で自分を擽《くすぐ》るような思いがして、そのまま言葉を呑《の》み込んでしまった。

英一というのは去年の春生れた私の長男である。

(注) 1 小田原——現在の神奈川県小田原市。

2 コケトリイ——コケットリー。媚《こび》を含んだ振る舞い。

3 三尺——約九〇センチメートル。

4 泉水——庭園につくった池。

5 ナショナル読本——明治時代の英語教科書の一つ。

6 シイゼエボオイ・エンドゼエガアル——「その少年と少女を見よ」の意味。

7 ヘーヤーヘブン——アメリカ合衆国マサチューセッツ州にある地名。

8 尋常一年生——現在の小学校に当たる旧制の初等学校の一年生。

9 お伽噺——当時は、昔話や伝説だけではなく、子ども向け物語の総称としても使われた。

10 江川の玉乗り——明治時代、東京で人気を集めた江川作蔵《えがわさくぞう》一座の曲芸、あるいはその芸人。

11 常規——常識。ものごとの標準。

12 も少し——「もう少し」に同じ。

問1　傍線部(ア)～(ウ)の本文中における意味として最も適当なものを、次の各群の①～⑤のうちから、それぞれ一つずつ選べ。解答番号は 12 ～ 14 。

(ア) 愛想を尽かしていた 12
① 嫌になってとりあわないでいた
② すみずみまで十分に理解していた
③ 体裁を取り繕うことができないでいた
④ いらだちを抑えられないでいた
⑤ 意味をはかりかねて戸惑っていた

(イ) 間が悪かった 13
① 気持ちが揺らいでしまった
② 相手にするのが煩わしかった
③ 言外の意味を理解できなかった
④ 深く考える余裕がなかった
⑤ 正直に言うのが気まずかった

(ウ) 気概 14
① 大局的にものを見る精神
② 相手を上回る周到さ
③ 物事への思慮深さ
④ くじけない強い意志
⑤ 揺るぎない確かな知性

問2　傍線部A「如何にも腹には確然とした或る自信があるような顔をした」のはなぜか。その理由の説明として最も適当なものを、次の①～⑤のうちから一つ選べ。解答番号は 15 。

① 父の高圧的な言動をあえて意に介さない態度を示して、母の期待に応えるふりをしたかったから。
② 父の支えなど必要としないかのように強がってみせて、母の言葉に調子を合わせたかったから。
③ 父を懲らしめる手段があるかのようなふりをして、母の機嫌を取って話をそらしたかったから。
④ 父が家に戻ってくるという確信があるかのようにふるまって、母の悩みを打ち消してやりたかったから。
⑤ 父を家に戻す良案を持っているかのようなそぶりを見せて、母の関心をそちらに向けたかったから。

問3　傍線部B「突然テレ臭くなって慌てて母の傍を離れた」のはなぜか。その理由の説明として最も適当なものを、次の①～⑤のうちから一つ選べ。解答番号は 16 。

① 父には頼らない生活を始めるという母の決意を頼もしく受け止めたが、今後も父親からの金銭的援助をあてにしている自分を思い出し、母の決意とかけ離れている自分を恥ずかしく感じたから。

② 父との決別による困窮を覚悟する母に同調せざるを得なかったが、短篇の執筆にかまけるなど母に頼るばかりの自分の生活を改めて意識し、経済的に自立できていない自分を恥ずかしく感じたから。

③ 新たな生活をしようとする母を支えていくと宣言したが、夢想がちであった子ども時代の思い出に浸り続けていたことを思い返し、過去にばかりとらわれ現実を直視できない自分を恥ずかしく感じたから。

④ ひとりで家を支えていくという母の覚悟に心を大きく動かされたが、短篇の中に不在の父を思う温かな家族の姿を描いたことを改めて意識し、感情に流されやすく態度の定まらない自分を恥ずかしく感じたから。

⑤ 母を苦しめる父を拙《つたな》い言葉を用いてののしったが、大人に褒められたいとばかり考えていた幼い自分を短篇の中に描いたことを思い出し、いつまでも周囲に媚《こ》びる癖の抜けない自分を恥ずかしく感じたから。

問4 傍線部C『ハッハッハ……。まさか——』と私も叔父に合せて笑ったが、笑いが消えないうちに陰鬱な気に閉された。」とあるが、このときの私の心情の説明として最も適当なものを、次の①～⑤のうちから一つ選べ。解答番号は 17 。

① 父が家族を顧みることなく長く外国に行っていた理由を本心から知りたかったのに、父と祖父との衝突をほのめかすだけで自分を「二代目」と呼んで話題をそらした叔父に失望し、その叔父以上に父のことを見下している母にも落胆している。

② 父の不在を半ばあきらめつつも受けいれ難く感じてその理由をあえて尋ねたのに、母と調子を合わせるように父と自分とを嘲笑《ちょうしょう》する叔父に失望したが、叔父の言葉には自分を省みざるを得ない面もありあいまいな返事しかできなかったことに自己嫌悪をも感じている。

③ 家族を顧みない父をかばうために母に命じられた苦手な役割も懸命につとめたことを評価してほしかったのに、結局父と同じような失敗をして恥をかくはめになった自分の不出来に失望し、父と私とが果たすべき役割にまで出しゃばってくる叔父が母の共感を得ていることにも嫉妬《しっと》を隠せないでいる。

④ 父が不在がちのまま育った不満を叔父に理解してほしくて思い切って質問をしたのに、母に同調しながら父と自分とを揶揄《やゆ》する叔父の軽薄さに失望したが、かといって祖父の悲しみを思えば正面切って叔父に反発することもできず無力感に浸っている。

⑤ 家を長く不在にしてきた父のことを叔父と共に責めようと思って話を切り出したのに、父に代わって本家の務めを果たそうとする努力を認めてくれない叔父に失望し、その叔父に頼りきっている母もまた自分の立場を守ってはくれないだろうと悲観的になっている。

問5　傍線部D「自分で自分を操るような思いがして、そのまま言葉を呑み込んでしまった」とあるが、このときの私の心情の説明として最も適当なものを、次の①～⑤のうちから一つ選べ。解答番号は 18 。

① 父の放蕩を思い出させるものとして母が目障りに思う地球儀が、私にとっては父への愛憎半ばする複雑な思いの象徴であることを思い返し、それを遊び道具として引き継ぐかもしれない息子がふがいない自分をどこかで慕ってくれるのではないかと身勝手な想像をして気恥ずかしさを感じている。

② 父の放蕩を思い出させるものとして母が目障りに思う地球儀が、私にとっては短篇に描いた家族との絆《きずな》を象徴するものであったことを思い出し、それを玩具として使うであろう息子の成長を見守り父親としてその人生を支えていこうと過剰に気負い立つ自分に気づいてきまりが悪い思いをしている。

③ 父の放蕩を思い出させるものとして母が目障りに思う地球儀が、私にとってはまだ幸福に包まれていた家族の記憶の象徴であったことを思い出し、息子にも幸せな家庭を築いてほしいとの思いから地球儀を彼に引き継ぎたいと主張した自分の思い入れの強さに苦笑したい気持ちになっている。

④ 父の放蕩を思い出させるものとして母が目障りに思う地球儀を、そうした事情を知らない息子が玩具として無邪気に使うかも知れないと想像し、家庭的に恵まれなかったことを理由に少年時代を過剰な感傷とともに振り返ろうとしがちな自分を照れくさく思っている。

⑤ 父の放蕩を思い出させるものとして母が目障りに思う地球儀を、私にとっては自分の目指すべき世界を指し示し続けるものとして短篇に描いたことを思い出し、自分もまた息子にとっての目標となりえるのではないかという自負に満ちた期待がよぎったことに意外な驚きを覚えている。

問6　この文章の表現に関する説明として適当なものを、次の①～⑥のうちから二つ選べ。ただし、解答の順序は問わない。解答番号は 19 ・ 20 。

① この文章は、祖父の法要の前後三日間と私が書きかけた短篇に描かれる家族の団欒との二つの場面に大きく分けられるが、どちらの場面も一人称を使って語られることによって、祖父や父母に対する私の思いや感情が詳細に描き出されている。

② この文章は、登場人物同士の会話が軸の一つとなって展開しており、私の発言には、「です・ます」調の丁寧な言い方とそうでない言い方との両方が用いられたり、場面によっては（ ）が挿入されたりする。それによって、話し相手や話題にその場しのぎの態度で応じがちな私の性格が表されている。

③ この文章では、記号「――」と「……」が多用されている。地の文では、場面や人物の状況・状態を説明するために「――」を用い、会話の中では、余韻や間を表すために「……」を用いることで、それぞれの役割に応じた使い分けがなされている。

④ 38行目から75行目の部分では、地球儀にまつわる私の過去を題材にした短篇を引用している。この引用によって、短篇に幼い「純一」の姿や家族への思いを描いた私の心の動きが読者に印象づけられ、それが私という人物を重層的に描き出す効果を生んでいる。

⑤ 41行目の「シイゼエボオイ・エンドゼエガアル」や42行目の「スピンアトップ・スピンアトップ・スピンスピンスピン」に見られるように、カタカナを用いて母の英語のぎこちなさを表現することで、初歩的な英語すら満足に話せない母をアメリカで生活する父と対比し、両者に生じている隔たりを比喩《ひゆ》的に表している。

⑥ この文章の地の文は、文末に「た」を用いた表現になっているが、124行目の「英一というのは去年の春生れた私の長男である。」という最後の一文だけに現在形が用いられている。これにより、祖父の法要での前後三日間と挿入された短篇中の時間との区別を曖昧《あいまい》にしている。

第3問　次の文章は『松陰中納言物語』の一節である。東国に下った右衛門督《うえもんのかみ》は下総守《しもうさのかみ》の家に滞在中、浦風に乗って聞こえてきた琴の音を頼りに守の娘のもとを訪れ、一夜を過ごした。以下の文章は、それに続くものである。これを読んで、後の問い(問1～6)に答えよ。(配点　50)

つとめて、御文やらせ給《たま》はんも、せん方のおはしまさねば、(ア)いと心もとなくて過ぐし給ひけるに、主人《あるじ》のまゐり給うて、「昨日の浦風は、御身には染《し》ませ給は**a**ぬにや。いと心もとなくて」と啓し(注1)給へば、琴の音**b**にやあるらんと思《おぼ》して、「めづらしき色香にこそ候ひつれ。唐琴にや、ゆかしくこそ」とのたまはすれば、思はずながら、取り寄せつ。調べさせ給ひて、「波の音に立ちまさりけるも、むべ**c**にこそあなれ」とて、箱に入れさせ給ふとて、御文を緒《を》に結びつけさせて、「これ、ありつる方へ」とて、差し置かせ給へば、持《も》て入りぬ。女君は、琴を召しけるを、あやしと思して、開けて見させ給へば、(イ)飽かざりし名残をあそばして、

「**A**　あひみての後こそ物はかなしけれ人目をつつむ心ならひに
　　今宵《こよひ》は、いととく人をしづめて」

とありけれども、いかにせんとも思ひわき給はず。幼き弟君の、「客人《まらうと》(注2)の方へまゐらんに、扇を昨日、海へ落とし侍り。賜《たま》はらむ」とのたまひにおはす。何の、よきことと思して、端《つま》に小さう書き給ひて、「この絵は、おもしろう書きなしたれば、殿に見せさせ給へ。さもあらば、小さき犬をこそ、賜ひ**d**ぬべけれ」とうち笑ませ給へば、よろこぼひて、母君の方へまゐらせ給ひて、「扇をこそ、賜はりつれ」とて、見せさせ給へば、歌を見つけ給うて、あやしきことに思す。なほ、気色を見ばやと、後《しり》に立ちて、屏風《びやうぶ》の隠れより覗《のぞ》き給へり。「この扇の絵を見させ給へ。姉君の、かくこそ」とのたまへれば、まことに(ウ)いみじくこそ書きなしつれとて、見給へれば、

　　B　かなしさも忍ばんことも思ほえず別れしままの心まどひに

今朝の琴の返しならむと思して、「この扇は、我に賜ひなん。犬をこそ、まゐらすべかめれ。京にあまたありつれば、取り寄

せてこそ、そのほどに」とて、黄金にて造りし犬の香箱を賜はせて、「姉君に見せ給へかし」とのたまへれば、持て入り給へるを、母君、いとどあやしと思して、「我にも見せよかし」とて、取りて見給へるに、X さればよ、昨日の琴の音をしるべにこそし給ふらめと思せど、気色を見えじと、もて隠し給へり。姉君の方へおはして見せ給ひつれば、「我がものにせん」とて、取らせ給ひて、「この犬をこそ」とのたまはすれば、「我が言葉(注3)は違《たが》ふまじければ」とて、蓋《ふた》を取りて見給ひければ、内の方に、

C　別れつる今朝は心のまどふとも今宵と言ひしことを忘るな

惜しくは思せど、人もこそ見めとて、掻《か》い消《け》ち給へり。

母君は、忍びますらんも心苦しからむとて、右近(注4)を召して、「今宵、殿の渡り給はんぞ。よくしつらひ給へ。行く末、頼もしきことにてあるなれば」とのたまはすれば、さればよ、今朝よりの御ありさまも、昨日の楽を弾き替へ給ひしも(注5)、心もとなかりつればとて、かくとも言はで、几帳《きちやう》かけ渡し、隈々《くまぐま》まで塵《ちり》を払へば、「蓬生《よもぎふ》の露を分くらむ人もなきを、さもせずともありなん」とのたまへれば、「Y 蓬の露は払はずとも、御胸の露は今宵晴れなんものを」とうち笑へば、いと恥づかしと思す。

(注) 1　啓し給へば——「啓す」は、ここでは右衛門督に敬意を表すために使用している。
2　客人——右衛門督のこと。「殿」とも呼ばれている。
3　我が言葉——扇を渡すときの「小さき犬をこそ、賜ひぬべけれ」という言葉を指す。
4　右近——女君に仕える侍女。
5　楽を弾き替へ給ひしも——女君が唐琴で弾く「太平楽」に合わせて右衛門督が笛を吹き鳴らしたあと、右衛門督が吹く「想夫恋」(女性が男性を恋い慕うという楽曲)に、女君が弾き合わせたことをいう。

問1　傍線部(ア)～(ウ)の解釈として最も適当なものを、次の各群の①～⑤のうちから、それぞれ一つずつ選べ。解答番号は［21］～［23］。

(ア)　いと心もとなくて過ぐし給ひける　［21］
①　そんなに気にも留めずに見過ごしていらっしゃった
②　たいそう気をもんで時を過ごしていらっしゃった
③　ひどく不安に思ってそのままにしていらっしゃった
④　それほど楽しくもないまま過ごしていらっしゃった
⑤　たいへんぼんやりと日を送っていらっしゃった

(イ)　飽かざりし名残をあそばして　［22］
①　語りつくせなかったつらさを琴の音にこめられて
②　物足りなかった逢瀬《おうせ》の悲しみを何度も思い返されて
③　見飽きることのない面影を胸に思い浮かべなさって
④　満ち足りないままに別れた思いをお書きになって
⑤　聞き飽きることのない琴の余韻に浸っておいでになって

(ウ)　いみじくこそ書きなしつれ　［23］
①　いつもより丁寧に書き込んである
②　ひどく悲しげに書き入れてある
③　ことさらに美しく書き上げてある
④　とりわけ得意げに書き加えてある
⑤　いかにも愛情深く書き表してある

問2　波線部 **a**〜**d** の文法的説明の組合せとして正しいものを、次の①〜⑤のうちから一つ選べ。解答番号は 24 。

① **a** 打消の助動詞　**b** 断定の助動詞　**c** 形容動詞の活用語尾　**d** 完了(強意)の助動詞
② **a** 完了(強意)の助動詞　**b** 格助詞　**c** 断定の助動詞　**d** 動詞の活用語尾
③ **a** 打消の助動詞　**b** 形容動詞の活用語尾　**c** 格助詞　**d** 打消の助動詞
④ **a** 完了(強意)の助動詞　**b** 格助詞　**c** 形容動詞の活用語尾　**d** 打消の助動詞
⑤ **a** 打消の助動詞　**b** 断定の助動詞　**c** 格助詞　**d** 完了(強意)の助動詞

問3　傍線部X「さればよ」とあるが、誰《だれ》が、どのようなことを思ったのか。その説明として最も適当なものを、次の①〜⑤のうちから一つ選べ。解答番号は 25 。

① 女君が、琴の音色にひかれて訪れた右衛門督と心を通わせたのも、弟君を介して母君に知られないように文のやりとりができたのも、何かの縁があったからだと悟り、不思議な運命に導かれていると思った。

② 女君が、弟君を介した右衛門督との密かなやりとりを母君に見破られ、二人の仲を怪しまれたことに気づき、やはり隠し通せなかったとあきらめながらも、気まずい気持ちを母君に悟られたくないと思った。

③ 母君が、右衛門督と女君の間でやりとりが交わされているのに気づき、ぎこちない様子を歯がゆく感じながらも、口をはさんで二人の仲が表ざたになってしまうと困るので、見て見ぬふりをしようと思った。

④ 母君が、沈み込んでいた娘の様子を見て心配していた通り、案の定、女君が右衛門督の洗練された様子に心を奪われて、何も手につかなくなっているのだとわかり、大変なことになってしまったと思った。

⑤ 母君が、弟君の持っていた扇に書き添えてあった和歌を読んで不審に思っていた通り、右衛門督と女君がすでに心を通わせていて、今夜再び会おうとしていることがわかり、喜ばしいことだと思った。

問4 傍線部**Y**「蓬の露は払はずとも、御胸の露は今宵晴れなんものを」とあるが、この言葉には右近のどのような気持ちがこめられているか。その説明として最も適当なものを、次の①～⑤のうちから一つ選べ。解答番号は 26 。

① 訪ねてくるかわからない人を思って掃除までしなくてもよいと言う女君に対して、部屋の塵は払えなくても心配事は払うことができると明るく励ます気持ち。

② 踏み分けられないほど蓬が茂った庭を恥ずかしがる女君に対して、庭の手入れまで手が回らなくても、きちんと部屋を掃除しているから大丈夫と慰める気持ち。

③ 訪ねてくる人もいないのになぜ掃除するのかと不思議がっている女君に対して、今夜はお客さまの右衛門督が訪れるから必要なのだと安心させる気持ち。

④ 誰も来るはずはないから掃除の必要はないのにと言う女君に対して、右衛門督の訪れをひそかに待っている女君の心はわかっているとからかう気持ち。

⑤ 露に濡《ぬ》れた蓬を分けて訪れる人もないのにとすねる女君に対して、右衛門督を思って沈んでいる女君の胸の内を晴れやかにするための掃除なのにと反発する気持ち。

問5　A～Cの和歌に関する説明として最も適当なものを、次の①～⑤のうちから一つ選べ。解答番号は 27 。

① Aは右衛門督の歌で、つねに人目を気にせずにはいられないために、思うように会いに行けず、会う前よりも募る恋の苦しみを詠んでいる。Bは女君の歌で、別れた後は悲嘆にくれて分別がつかなくなってしまい、右衛門督のもとに忍んで行く手段も思いつかないと訴えている。

② Aは右衛門督の歌で、会って愛情は深まったのに人目を気にするために昼間は会いに行けず、恋が成就した今になって、さらに募る恋情を詠んでいる。Bは女君の歌で、別れた後の心の乱れのために、右衛門督とは違って悲しみに浸ったり人目を気にしたりする心の余裕がないと訴えている。

③ Aは右衛門督の歌で、ともに演奏を楽しんだのに一向に進展しない二人の仲を悲しく思い、人目を気にしがちな女君への不満を詠んでいる。Cも同じく右衛門督の歌で、別れた直後の今朝、冷静さを失って思わず書いた今夜の再会の約束を、真剣に受け止めるよう念を押している。

④ Bは女君の歌で、別れた後の乱れてしまった心のまま、右衛門督を恋い慕う感情と、恋心を抑えねばならないという理性が入り乱れた状態だと訴えている。Cは右衛門督の歌で、どれほど思い乱れているとしても、二人で交わした今夜の再会の約束は忘れないでほしいと念を押している。

⑤ Bは女君の歌で、別れる際に心をかき乱されたつらさに加えて、会えない悲しみに堪え続けることの苦しさをも訴えている。Cは右衛門督の歌で、別れた直後の今朝はどれほど心がかき乱されていたとしても、自分が今夜訪れると言った言葉を忘れずに待っていてほしいと念を押している。

問6　この文章の表現と内容に関する説明として最も適当なものを、次の①～⑤のうちから一つ選べ。解答番号は 28 。

①　「浦風」「海」とあるように都から遠く離れた場所が舞台となり、「波の音」などの聴覚に訴える表現や「蓬」などの自然の描写によって東国のひなびた情趣が表される一方で、「琴の音」を響かせる女君のみやびな風情が対比的に描かれ、都人である右衛門督が女君に心ひかれるいきさつが明らかになっている。

②　敬語を重ねて高い敬意を表す「染ませ給はぬにや」「調べさせ給ひて」「入れさせ給ふとて」のような表現が都人の右衛門督に対してのみ用いられ、東国暮らしの女君には用いられていないことから、二人の身分の差がはっきりわかるようになっており、身分違いの恋に試練が待ち受けていることを予感させている。

③　「人目」「人をしづめ」「人もこそ見め」など、他人を意識する右衛門督と女君の様子が繰り返し描かれることと、そのやりとりの合間に母君や右近の察しの良い反応が差し挟まれることによって、周囲の「人」に認めてもらうことを恋の成就の重要な条件と考える右衛門督たちの心が読み取れるようになっている。

④　女君と右衛門督とが、「唐琴」「小犬」「香箱」に添えて贈り合う歌の言葉が、Aの「あひみて」「かなしけれ」「心ならひ」からBの「別れ」「かなしさ」「心まどひ」へとつながり、さらにCの「別れ」「心のまどふ」へと受け継がれており、互いの歌の言葉に応《こた》えながら少しずつ心を通わせていく二人の心情の変化が描かれている。

⑤　女君と右衛門督のやりとりに敏感に反応し行動する母君や右近の様子とは対照的に、右衛門督に求められて「思はずながら」琴を取り寄せてしまう下総守や、「小さき犬をこそ、賜ひぬべけれ」「犬をこそ、まゐらすべかめれ」などの言葉に喜んで知らないうちに文の使いをさせられている弟君の様子が、巧みに描かれている。

第4問　次の文章を読んで、後の問い（問1～8）に答えよ。（設問の都合で返り点・送り仮名を省いたところがある。）

（配点　50）

始メ余以テ二丙《へい》(注1)子《し》ノ秋ヲ一、寓《ぐう》二居《きよ》ス宛《えん》(注2)丘《きう》南門ノ霊(注3)通禅《ぜん》刹《さつ》之西堂ニ一。是ノ歳ノ季冬、(1)手植ウ二両海《かい》(注4)棠《だう》ヲ于堂下ニ一。至リ二丁《てい》(注5)丑《ちう》之春ニ一、A時(注6)沢屢《しばしば》至リ、棠茂(注7)悦スル也。仲春、且ニレ華サカント矣。余約シ下常ニ所ノ二与ニ飲ム一者ト上、且ツ(2)致ニ二美酒ヲ一、将ニ三一二酔セント于樹間ニ一。是ノ月ノ六日、予被リ二謫《たく》(注8)書《しよ》ヲ一、治(注9)行シテ之ク二黄(注10)州ニ一。俗(注11)事紛然トシ、余モ亦タ遷《うつ》シレ居ヲ、因リテB不二復省レ花。到リテレ黄ニ且ニ二周歳ナラント一矣。C寺僧ノ書来タリテ、言フ二花ノ自(注12)如タルヲ一也。余因リテ思フニ、茲《こ》ノ棠之所ハレ植エシ、去ルコト二余ノ寝ヲ一無ク二十歩一ト、D欲与隣里親戚一飲而楽之、宜シク可キ二必ズ得一レ無キヲレ難キコト也。然レドモ垂《なんなん》トシテレ至ルニ而失フレ之ヲ。E事之不ルコトレ可カラレ知ル如シレ此クノ。今去ルコトレ棠ヲ且ニ二千里ナラント一、又タ身ハ在リテ二罪籍ニ一、其ノ行(注13)止ハ未ダレバレ能ハ二自ラ期スルコト一、其ノ于《お》イテハレ棠ニ未ダル二遽《には》カニハ得レ見ルヲ也。然レドモ均シク于レイテハ不レルニ可レカラ知ル、則チ亦タ F 安知四此花不三忽然在二吾目前一乎。

（張耒《ちょうらい》『張耒集』による）

（注）
1 丙子——十干十二支による年の呼び方。北宋の紹聖三年（一〇九六）。
2 宛丘——現在の河南省にあった地名。
3 霊通禅刹——霊通は寺の名。禅刹は禅宗の寺院。
4 海棠——バラ科の花樹。春に紅色の花を咲かせる。
5 丁丑——十干十二支による年の呼び方。北宋の紹聖四年（一〇九七）。
6 時沢——時宜を得て降る雨。
7 茂悦——盛んにしげり成長していること。
8 謫書——左遷を命じる文書。
9 治行——旅支度をする。
10 黄州——現在の湖北省にあった地名。
11 俗事紛然——世の中が騒がしいこと。ここでは、当時の政変で多くの人物が処罰されたことを指す。
12 自如——もとのまま。ここでは、以前と同じように花を咲かせたことをいう。
13 行止——出処進退。

問1　傍線部(1)「手」・(2)「致」と同じ意味の「手」「致」を含む熟語として最も適当なものを、次の各群の①～⑤のうちからそれぞれ一つずつ選べ。解答番号は 29 ・ 30 。

(1) 「手」 29
① 名手
② 挙手
③ 手記
④ 手腕
⑤ 手法

(2) 「致」 30
① 筆致
② 招致
③ 極致
④ 風致
⑤ 一致

問2　傍線部A「時 沢 屢 至、棠 茂 悦 也」から読み取れる筆者の心情として最も適当なものを、次の①～⑤のうちから一つ選べ。解答番号は 31 。

① 恵みの雨を得て海棠が喜んでいるように、筆者自身も寺院での心静かな生活に満足を感じている。
② 春の雨が海棠を茂らせることに今年の豊作を予感し、人々が幸福に暮らせることを期待している。
③ 恵みの雨を得て茂る海棠の成長を喜びつつも、宛丘での変化のない生活に退屈を覚え始めている。
④ 春の雨に筆者は閉口しているが、海棠には恵みの雨であると思い直して花見を楽しみにしている。
⑤ 恵みの雨を得て茂る海棠を喜びながらも、雨天の続く毎日に筆者は前途への不安を募らせている。

問3　傍線部B「不ニ復省レ花」から読み取れる筆者の状況を説明したものとして最も適当なものを、次の①～⑤のうちから一つ選べ。解答番号は 32 。

① 筆者は政変に際して黄州に左遷され、ふたたび海棠を人に委《ゆだ》ねることになった。
② 筆者は政変に際して黄州に左遷され、もう一度海棠を移し替えることができなかった。
③ 筆者は政変に際して黄州に左遷され、それきり海棠の花を見ることがなかった。
④ 筆者は政変に際して黄州に左遷され、またも海棠の花見の宴を開く約束を果たせなかった。
⑤ 筆者は政変に際して黄州に左遷され、二度と海棠の花を咲かせることはできなかった。

問4　傍線部C「寺 僧 書 来」について、このことがあったのはいつか。最も適当なものを、次の①～⑤のうちから一つ選べ。解答番号は 33 。

① 筆者が左遷された年の春。
② 筆者が左遷された年の歳末。
③ 筆者が左遷された翌年の春。
④ 筆者が左遷された翌年の歳末。
⑤ 筆者が左遷された二年後の春。

問5　傍線部D「欲 与 隣 里 親 戚 一 飲 而 楽 之」について、返り点のつけ方と書き下し文との組合せとして最も適当なものを、次の①～⑤のうちから一つ選べ。解答番号は 34 。

① 欲㆘与㆓隣里親戚㆒一飲㆖而楽㆑之　隣里親戚と一飲せんと欲して之を楽しむは
② 欲㆘与㆓隣里親戚㆒一飲而楽㆖之　隣里親戚と一飲して之を楽しまんと欲せば
③ 欲㆑与㆓隣里親戚一飲㆒而楽㆑之　隣里親戚の一飲に与《あづか》らんと欲して之を楽しむは
④ 欲㆑与㆓隣里親戚㆒一飲而楽㆑之　隣里親戚に与らんと欲して一飲して之を楽しむは
⑤ 欲㆘与㆓隣里親戚㆒一飲而楽㆖之　隣里親戚に与へて一飲して之を楽しません欲せば

問6　傍線部E「事之不可知如此」の解釈として最も適当なものを、次の①～⑤のうちから一つ選べ。解答番号は 35 。

① この地で知人を見つけられない事のいきさつは、このようである。
② 事の善悪を自分勝手に判断してはいけないのは、このようである。
③ 自分の事が他人に理解されるはずもないのは、このようである。
④ これから先に起こる事を予測できないのは、このようである。
⑤ 努力しても事が成就するとは限らないのは、このようである。

問7　傍線部F「安知㆕此花不㆔忽然在㆓吾目前㆒乎」について、書き下し文と解釈との組合せとして最も適当なものを、次の①～⑤のうちから一つ選べ。解答番号は 36 。

①［書き下し文］安くにか此《こ》の花の忽然として吾が目前に在らざるを知るあらんか
　［解　釈］どこにこの花が思いがけず私の目の前に存在することがないと分かる人がいるのか。

②［書き下し文］安くんぞ此《ここ》に花の忽然として吾が目前に在らざるを知らんか
　［解　釈］どうしてここで花が私の目の前から存在しなくなるとぼんやりとでも分かるのか。

③［書き下し文］安くんぞ此の花の忽然として吾が目前に在らざるを知らんや
　［解　釈］どうしてこの花が思いがけず私の目の前に存在することがないと分かるだろうか。

④［書き下し文］安くにか此の花の忽然として吾が目前に在らざるを知るあらんや
　［解　釈］どこにこの花が私の目の前に存在しないとぼんやりとでも分かる人がいるだろうか。

⑤［書き下し文］安くんぞ此に花の忽然として吾が目前に在らざるを知らんや
　［解　釈］どうしてここで花が私の目の前から不意に存在しなくなると分かるだろうか。

問8　この文章全体から読み取れる筆者の心境を説明したものとして最も適当なものを、次の①～⑤のうちから一つ選べ。
解答番号は 37 。

① 不遇な状況にある自分だが、しばらく過ごしただけの寺の僧からの手紙を受け取って、宗教的修行を積んだ人間への敬意を深め、ひいては人間という存在を信頼しようと思い直している。

② 我が身の不遇はともかく、主のいなくなった海棠の行く末を心配しながらも、無心の存在である海棠と対照的に花への執着を捨てられない自分を嫌悪し、将来に対して悲観的になっている。

③ 不遇な状況に陥るやいなや人々から交際を絶たれるという体験を通して人を信じられなくなったが、これまでと変わることなく咲いた海棠の花によって心がいやされ、安らぎを感じている。

④ 自分の不遇な状況には変化がないのに、海棠の花は以前と同じく華やかに咲いたという手紙を受け取って、現状から早く脱出したいと思いながらも何もできないと、焦燥感に駆られている。

⑤ 今は不遇な状況にある自分だが、いつの日か罪を許されて再び海棠の花を愛《め》でるときが来るかもしれないと、悲しみに没入することなく運命を大局的にとらえ、乗り越えようとしている。

国　語

（2012年１月実施）

80分　200点

国語

（解答番号 1 〜 36）

第1問　次の文章を読んで、後の問い（問1～6）に答えよ。（配点　50）

人間だけでなくすべての生きものは、その環境との境界面で、環境との最適な接触を維持することによって生命を保持している。子孫を残すために配偶者を見いだして生殖や子育ての行動を行い、寒暑や風雨を避けるために住居を確保したり居住地を変えたりし、敵から逃避したり競争相手を(ア)クチクしたりするのも、生物一般の生命維持の目的に沿ったものである。しかしなんといっても生きものがその環境から栄養を(イ)セッシュする食行動が、環境との境界における生命維持のもっとも基本的な営為であることは、異論のないところだろう。

生きものがその生命維持の行動を遂行するのは、いうまでもなく個々の個体としてである。各個体はそれぞれ固有の環境との接点で、ときには同種他個体との協力によって、またときには同種他個体や異種個体との競合関係のなかで、自己自身の生存を求めて行動する。その場合、Aある個体と関係をもつ他の個体たちもやはり当の個体の環境を構成する要件となることはいうまでもないし、さらには当の個体自身の諸条件——たとえば空腹や疲労の程度、性的欲求、運動や感覚の能力など——も「内部環境」という意味で環境側の要件に加わってくる。そう考えると、個体と環境の接点あるいは境界というのがなにを指しているのかを一義的に確定するのはかなり困難なことになる。なによりもまず、個体自身を構成している諸条件がすべて環境ともみなされることになるなら、「個体」とはそもそもなにを指しているのだろう。ここでいわれる境界の「向こう側」にあるのが環境であるのはよいとして、同じこの境界の「こちら側」にはいったいなにがあるのだろう。そこに単純に個体あるいはその有機体をおくことはできそうもない。

複数の個体の場合はどうか。話を簡単にするために、互いに協力関係にある二人の人間、たとえば夫婦の場合を考えてみる。夫婦であっても、それぞれが自分自身の固有の世界を生きている独立の個人どうしであることに変わりはない。私は私の子ども時代以来の経験と記憶が集積したいまの現在を生きているし、私の妻も同じことだ。これを単純に同化したり、いわんや交換したりすることはできない。しかしどんな夫婦でも結婚以来の、これまた他の夫婦とは根本的に違った、二人だけの共同の歴史をもっている。そしてそれによって、何かの事態に対して、とくに口に出して相談しなくても、無意識のうちにひとつのまとまった行動をとるシュウ(ウ)カンがついている。そのかぎりでは、夫婦をひとまとめにして一個の「個体」とみなしても差し支えない。それと同じことが家族全体とか、長年つきあっている友だちのあいだとか、共通の利害関係で結ばれたグループとかについてもいえるだろう。人間以外の動物の場合、たとえば魚や鳥の群、整然とした社会を作っている昆虫などについては、群全体がひとつの個体のように行動するというこの傾向がいっそうはっきりしている。

つまりこのような集団の場合でも、それがまとまった行動をとるのはやはり個体に準じて考えられる集団全体の存続という目的がそこにあるので、個体が生存を維持しようとする場合と同じように、環境との境界面で最適の接触を求めているといってよい。そしてここでもやはり、この境界の「こちら側」に単純に集団全体というようなものをおくことはできない。第一、個体の場合と違って集団には環境とのあいだの物理的な境界線などというものがすでに存在しないのだし、集団を構成している複数の個体のそれぞれが集団全体にとっての重要な内部環境になっていることを考えてみても、ことはけっして簡単でないことがわかるだろう。集団を構成している各個体の行動は、けっして集団全体の行動に同化しつくされることなく、個体それぞれの個別的な欲求に対応してもいる。それぞれの個体がそれぞれの環境との境界面で独自の生命維持行動を営みながら、しかも全体としては集団の統一的な行動が保たれている。個別行動が全体の統制を破壊するような事態は、まず起こらない。

生物の個体とか、個体に準じて考えられる集団とかについて、それと環境との境界面における生命維持の営みがB思いもかけぬ複雑な構造をもっていることは右に見たとおりなのだが、これがそれぞれに確固とした自己意識を持っている人間集団の場合となると、その複雑さも飛躍的に増大する。たとえば家族の場合、外部環境との接触面では比較的まとまった行動を示す家族でも、家族の内部では個人個人の自己意識と自己主張が動物の場合とは比較にならぬほど強く表面に出る。個人の個別的な行動が家族全体のまとまりを破壊するような場合もけっして稀《まれ》ではない。ここでは、人間以外の生物には出てこないような「私」と私以外の「他者たち」との対決が、集団としての家族のまとまりよりも明らかに優位に立っている。それと同じことが家族以外でも人間集団のあらゆる場面で見られることについては、いちいち例を挙げるまでもないだろう。

自己意識がどのような経緯で人間に備わったものなのか、それにはさまざまな仮説が可能だろう。しかしいずれにしても、それが「進化」のひとつの産物であることは間違いない。進化の産物だということは、生存の目的にかなっているということである。自己意識を身につけることによって、人間は環境とのセッ(エ)ショウの中で新たな戦略を手に入れた。ところが、元来は生存に有利であるはずの自己意識が、同じく生存を目的としているはずの集団行動と、ときには真っ向から対立することになる。ここにC生物としての人間の、最大の悲劇が潜んでいるのだろう。自己意識という人間の尊厳に、それ本来の意味を取り戻させるためにはどうすればよいのか。

「私」の自己意識は単なる個体の個別性の意識ではない。個体のそれぞれが自分は他の個体と別個の存在だということを認知する程度の意識なら、おそらく他の多くの動物にも備わっているだろう。明確な個体識別能力を持っている動物は少なくないし、他個体の個体識別と自己認知とは同じ一つの認知機能の両面である。それとは違って、人間は自分自身をほかならぬ「私」として意識し、この一人称代名詞で言表(注1)される存在に、他のすべての個体とは絶対的に別次元の——他のもろもろの個体間の差異とは絶対的に異質の特異な差異でもって他者から区別される——唯一無二の存在という特権的な意味を与えている。「私」というのは、いわば等質空間内の任意の一点ではなく、むしろ円の中心にたとえられるような、それ以外の一切の点と質的に異なった特異点である。

このような「私」としての自己と他者たちとのあいだにも、精神分析のいう「自我境界」という形での境界線を考えることはできる。ふつうにいわれる「自他関係」とは、この境界線上でかわされる心理的な関係ということだろう。そこではやはり境界をはさんだ二つの領域が想定されていて、他者は外部世界に、自己は内部世界におかれることになる。Dしかしそのようなイメージは、特異点としての「私」という自己を考える場合には適切でない。「私」が円の中心だとするならば、私以外のすべての他者は中心の外にいることになる。「私」自身ですら、これを意識したとたんに中心から外へ押し出される。しかし中心には内部というものがない。あるいは中心それ自身を「内部」と見るなら、中心は「内」と「外」の境界それ自身だということになる。「私」と他者との関係もそれと同じで、「私」は「内」でありながら「内」と「外」の境界それ自身でもあるという非合理な位置を占めている。「私」とは、実は「自我境界」そのもののことだといっていい。

等質空間に引かれた境界線と違って、生命空間における個体と環境の境界は、その「こちら側」にあるはずの「内部」をもたない。同じことを別の言い方でいうなら、生きものそれ自身とそれ自身でないものとの境界そのものとして、この境界を生きている。この自己と他者の「境界」を、生きるだけでなくはっきり意識するところに、人間的な自己意識が生まれる。そしてこのことは個々の個体だけでなく、集団全体についても同じように言える。人間の場合、「私」だけでなく「われわれ」もやはり他者との境界を生き、そしてそれを意識している。

生命の営みは、これを物理空間に投影してみると、すべて境界という形をとるのではないか。逆に言って、われわれの周りの世界にあるすべての境界には——空間的な境界も時間的な境界も含めて——そこにつねに定かならぬ生命の気配が感じられるといっていい。この気配こそ、境界というものを合理的に説明し(オ)ツくせない不思議な場所にしているものなのだろう。境界とはまだ形をとらない生命の——ニーチェ(注2)の言葉を借りれば「力への意志」の——住みかなのではないか。

(木《き》村敏《むらびん》「境界としての自己」による)

(注) 1 言表——言語によってなされた表現。

2 ニーチェ——フリードリヒ・ニーチェ。ドイツの哲学者(一八四四〜一九〇〇)。

問1　傍線部(ア)～(オ)の漢字と同じ漢字を含むものを、次の各群の①～⑤のうちから、それぞれ一つずつ選べ。解答番号は 1 ～ 5 。

(ア) クチク 1
① 資料をチクセキする
② ボクチク業を始める
③ 経過をチクジ報告する
④ 彼とはチクバの友だ
⑤ 独自の理論をコウチクする

(イ) セッシュ 2
① セツレツな文章
② 自然のセツリに従う
③ 試合に勝ってセツジョクを果たす
④ 訪問者にオウセツする
⑤ クッセツした思いをいだく

(ウ) シュウカン 3
① 勝利にカンキする
② 国境線をカンシする
③ けが人をカンゴする
④ 血液のジュンカン
⑤ 今までのカンレイに従う

(エ) セッショウ 4
① 依頼をショウダクする
② 事実をショウサイに調べる
③ 意見がショウトツする
④ 外国とコウショウする
⑤ 作業工程のショウリョク化をはかる

(オ) ツくせない 5
① ジンソクに対処する
② テキジンに攻め入る
③ 損害はジンダイだ
④ ジンジョウな方法では解決しない
⑤ 地域の発展にジンリョクする

問2　傍線部A「ある個体と関係をもつ他の個体たちもやはり当の個体の環境を構成する要件となる」とあるが、それはどういうことか。その説明として最も適当なものを、次の①～⑤のうちから一つ選べ。解答番号は 6 。

① ある個体にとって、種の存続を担う子孫のような存在に加え、配偶者をめぐって競い合う他の個体もまた環境の一部となること。

② ある個体にとって、食物をめぐる争いの相手に加え、協調して生活をしていく異種の個体もまた環境の一部となること。

③ ある個体にとって、空腹や疲労のような生理現象に加え、生息圏に生い茂るさまざまな植物などもまた環境の一部となること。

④ ある個体にとって、気象のような自然現象に加え、食行動などの場面で交わる他の個体もまた環境の一部となること。

⑤ ある個体にとって、自らの生命維持に必要な自然の空間に加え、他の個体と暮らすための空間などもまた環境の一部となること。

問3 傍線部B「思いもかけぬ複雑な構造をもっている」とあるが、それはどういうことか。その説明として最も適当なものを、次の①～⑤のうちから一つ選べ。解答番号は 7 。

① 外部環境に対して一個体のように見える集団であっても、その内部環境を構成する各個体は集団からの自立をはかることで個体としての存在を保っている。それゆえ、内部環境は緊張関係を常にはらんでいるということ。

② 外部環境に対して一個体のように見える集団であっても、生命維持の具体的な局面においては内部の個体相互の利害関係が表面化しやすい。そのため、実際には集団行動の統一性の内実が常に変容しているということ。

③ 外部環境に対して一個体のように見える集団であっても、その内部環境を構成する各個体はそれぞれ自由に行動している。ただしそこでは、集団として常に最適な結果を生み出す調整がはかられるということ。

④ 外部環境に対して一個体のように見える集団であっても、統制の破壊行動を起こす個体が内部に生じることもありうる。しかしながら、各集団の生命維持行動においておのずとその可能性は封じ込められるということ。

⑤ 外部環境に対して一個体のように見える集団であっても、その内部環境を構成する各個体は個々の欲求に基づいて活動している。それにもかかわらず、生命維持に必要な集団のまとまりは失われないということ。

問4　傍線部C「生物としての人間の、最大の悲劇」とあるが、それはどういうことか。その説明として最も適当なものを、次の①〜⑤のうちから一つ選べ。解答番号は 8 。

① 人間は自己意識を備えることで、より環境に適した接触が可能になったが、場合によっては個体の意識と集団の目的とのあいだに矛盾が生じ、集団を崩壊に導くような事態や個体の存続を脅かす現実さえ招くようになるということ。

② 人間は自己意識を備えることで、他の生物には見られない強固な集団維持という目的を共有する社会を形成したが、場合によっては集団全体の統制を優先して、個体の欲求を抑圧する状況が生み出されるようになるということ。

③ 人間は自己意識を備えることで、より環境との調和をはかるようになったが、場合によっては生存競争において他の生物との対決能力が弱まり、種の存続が危ぶまれる可能性をも抱えるようになるということ。

④ 人間は自己意識を備えることで、他の生物から戦略的に身を守れるようになったが、場合によっては集団を防御する意識が過剰になり、集団間の利害をめぐって他の生物には見られない形の闘争が起こるようになるということ。

⑤ 人間は自己意識を備えることで、より有利な環境との接点を獲得したが、場合によっては環境に大きな変化をもたらし、自らの集団維持行動が脅かされるほどの深刻な事態に陥るようになるということ。

問5　傍線部D「しかしそのようなイメージは、特異点としての『私』という自己を考える場合には適切でない。」とあるが、筆者はどのような考えから適切でないと判断しているのか。その説明として最も適当なものを、次の①～⑤のうちから一つ選べ。解答番号は 9 。

① 人間の認知機能を他個体と自己とを識別するものととらえる見方は、自己と他者とのあいだに引かれた絶対的な境界線の存在を前提にしているが、自己を円の中心のような存在であるとみなす場合、「私」の内部世界の意味が変わり境界は相対的なものになってしまうという考え。

② 世界の中での特異な自己の位置を定める精神分析的な「私」のとらえ方は、境界線を等質空間に設定することで安定的に成立するが、自己意識としての「私」は境界線上に位置しているので、必然的に他者に対して自らを特権化しすぎてしまうという考え。

③ 他者の属する外部世界との対立関係で自己をとらえる見方は、境界に隔てられた空間的な内部世界を想定しているが、絶対的な異質性をもつ「私」の自己意識は内部空間をもたない円の中心のようなものであり、むしろ他者との境界そのものにほかならないという考え。

④ 個体の外部に境界を設定して自己の絶対的な異質性を確立する「私」の世界のとらえ方は、特権的な一人称代名詞のはたらきによって強く支えられているが、他者も同様な言語のはたらきによって内部世界をとらえているとすると、境界は共有されることになってしまうという考え。

⑤ すべての他者を外部世界に置き自己を内部世界に押し込めるような「私」のとらえ方は、認知機能上の絶対的な境界線を想定するものであるが、当の内部世界にある自己意識は自らが空間的中心にあることを合理的に証明できないので、「私」はむしろ境界線上にあるといわざるをえないという考え。

問6　この文章の論の展開に関する説明として最も適当なものを、次の①～⑤のうちから一つ選べ。解答番号は 10 。

① まず、環境との境界面における生命維持の営みについて、個々の個体の場合と複数の個体の場合との異なりを明らかにしている。つぎに、問題は集団と自己との関係性にあるとの指摘に及ぶ。最後に、人間の自己意識が自己と他者の境界にしか生まれえないとの結論づけを、生命の営みを物理空間に投影する方法によって立証している。

② まず、環境との境界面における生命維持の営みについて、群全体や家族全体という集団の場合を対象として考察している。つぎに、個の集団に対する関係がその複雑さを増大させている、との指摘に及ぶ。最後に、個々の個体だけでなく集団全体においてもともに他者との境界を生き、それを自己が意識している、との結論を検証している。

③ まず、すべての生きものが、その環境との境界面で、環境との最適な接触を維持することによって生命を保持している、との結論を明示している。つぎに、冒頭の結論を個体と集団との場合にあてはめて検証する。最後に、個体と環境との境界における生命の営みの観察を説明することから冒頭の結論へと再び立ち戻っている。

④ まず、環境との境界面における生命維持の営みについて、個体と集団それぞれの場合を対象として考察している。つぎに、他の生物に比して人間の場合は、自己意識の存在が集団と個体との関係を難しくしている、と指摘する。最後に、人間の自己意識は境界を意識するところに生まれ、そこに生命の営みがある、という結論に導いている。

⑤ まず、環境との境界面における生命維持の営みについて、その境界には何があるのかという問題を提示している。つぎに、その問題を一般化するために自己意識の存在に着目する。最後に、「私」をはじめ「われわれ」人間、さらにすべての生きものにおける生命の営みは、境界といわれる場でしか十全な形にはなりえない、と結論づけている。

第2問　次の文章は、井伏鱒二《いぶせますじ》の小説「たま虫を見る」の全文である。これを読んで、後の問い（問1〜6）に答えよ。なお、本文の上の数字は行数を示す。（配点　50）

おそらく私ほど幾度も悲しいときにだけ、たま虫(注1)を見たことのある人はあるまいと思う。よその標本室に行ってみて、そこの部屋で私達《たち》はおびただしい昆虫に出会《でくわ》すであろうが、たま虫ほど美しい昆虫を発見することは出来ないのである。私達はこの昆虫の死骸《しがい》の前に立ち止《どま》って、或《ある》いは感動の瞳《ひとみ》をむけながら囁《ささや》くであろう。

「めったに見たことのない虫だが、これは未《ま》だ生きているのではないかね？」

「死んじまっても羽根の色は変《かわ》らないらしいんだよ。」

「この色は幸福のシンボルだそうだよ。書物にそういって書いてあるんだ。」

「何《ど》ういって鳴く虫だろう？」

「まるで生きているようじゃないか！」

——ところが私の見たのは標本室のではなくて、生きているやつなのである。

私が十歳の時、私の兄と私とは、叔母につれられて温泉場へ行った。叔母は私の母よりも以上に口やかましい人で、私があまり度々お湯へ入ることを厳禁して、その代《かわ》りに算術の復習を命じた。そのため私は殆《ほと》んど終日、尺(注2)を里・町・間になおしたり、坪(注3)を町・段《たん》・畝になおしたりした。

或《あ》る日、私は便所の壁に（村杉正一郎のバカ）というらくがきを発見した。村杉正一郎は私の兄と同級で級長をしていたので、兄は正一郎を羨《うらや》んだものに違いなかった。けれど温泉場は私達の学校から幾十哩《まいる》(注4)も隔ったところにあったので、村杉正一郎や彼の知人が、便所のらくがきを見る筈《はず》はなかったのである。私は兄の(ア)浅慮を全く嘲笑《ちょうしょう》した。

「叔母さんに言いつけてやろう。」

「言ったらなぐるぞ！」

兄は実際に私の頬《ほお》をなぐった。私は木立ちの中に駆け込んで、このことは何うしても叔母に言いつけなくてはならないと考えながら大声に泣いた。この悲しい時、私の頬をくっつけている木の幹に、私は一匹の美しい虫を見つけたのである。私は蝉《せみ》を捕える時と同様に、忍び寄ってそれを捕えた。そしてこの虫は何ういって鳴くのであろうかと、唖蟬《おしぜみ》(注5)をこころみるときと同様にその虫を耳もとでふってみた。

美しい虫であった。羽根は光っていた。私はこの虫を兄にも見せてやろうと思ったが、兄の意地悪に気がついた。叔母は私が算術を怠けたといって叱《しか》るにちがいなかった。誰《だれ》にこの美しい虫を見せてよいかわからなかった。A私はもとの悲しさに返って、泣くことをつづけたのである。

「何故《なぜ》この虫は折角《せっかく》こんなに美しくっても、私が面白い時に飛んで来なかったのだろう」

それから十幾年もたって、私は再びこの昆虫を見つけたのである。

すでに私は大学生になっていて、恋人さえ持っていた。恋人は美しく且つ可憐《かれん》で、彼女は私と一しょに散歩することを最も好んだ。

郊外の畑地は全く耕されていなかったので、彼女が田舎へ出発してしまう前の日にも、私達はその畑地を野原とみなした。積み重ねた煉瓦《れんが》と材木とは、私達の密会をどの家の二階からも電車の窓からも見えなくした。

「きっと、お手紙下されば、私はほんとに幸福ですわ……空があんなに青く晴れているんですもの。」

彼女は日常は極めて快活であったが、恋愛を語ろうとする時だけは、少なからず(イ)通俗的でまた感傷的であった。そして物事をすべて厳密に約束する癖があった。

「明日は午後二時三十分にあそこで待っていますわ。」

「僕等《ら》は三時まで学校があります。」

「では三時三十分頃《ころ》、そしてきっとお待ちしていますわ。」

私は決心して彼女の肩の上に手を置いた。そのとき、急にはその名前を思い出せないほどの美しい一ぴきの昆虫が、私のレインコートの胸にとまっていたのである。彼女はすばやく指先でその昆虫をはじき落《おと》してしまったので、私は周章《あわ》てて叫んだ。

「たま虫ですよ！」

しかし最早たま虫はその羽根を撃ちくだかれて、腹を見せながら死んでいた。私はそれを拾いとろうとしたが、彼女はそれよりも早く草履でふみにじった。

「このレインコートの色ね。」

そして彼女は私の胸に視線をうつしたのであるが、私は彼女の肩に再び手を置く機会を失ってしまった。私達はお互《たがい》に暫《しばら》く黙っていた後で、私は言った。

「あなたは、このレインコートの色は嫌いだったのですね！」

「あら、ちっともそんなことありませんわ。たま虫って美しい虫ですもの。」

「でも、あなたはそれをふみつぶしちゃいました。」

「だってあなたの胸のところに虫がついていたんですもの。」

B 私達はお互に深い吐息をついたり、相手をとがめるような瞳をむけあったりしたのである。

牛込《うしごめ》警察署は、私を注意人物とみなした。私が学生でもなく勤め人でもなく、そして誰よりも貧困であったからなのであろう。

呼び出しのあった日に、私の友人は顔を剃《そ》ったり風呂《ふろ》に入ったりしてから、私の代りに警察署へ出頭してくれた。そして彼の報告によれば、私が街で立ちどまっているところを写したキャビネ型(注6)写真を示されたというのである。私は何時《いつ》の間に写されたかそれを知らない。写真では私が冬の(注7)インバネスを着て夏の(注8)ハンチングを冠《かぶ》って(これは最近の私の服装である)(注9)エハガキ屋の飾り看板を顔をしかめながら眺め入っているところだそうだ。そうして写真の横のところには朱でもって──危険思想抱懐せるものの疑いあり──と記入されていたという。

私はインバネスを着て外に出た。私は牛込署へ出頭するのではなくて、エハガキ屋の店先へ行ったのである。そして飾り看板を見上げながら顔をしかめてみた。飾り看板の硝子《がらす》の中には、数枚の裸体画と(注10)活動女優の絵葉書とが入れてあった。たしかに私はこの姿勢でもってこの表情で……

「ここに虫がいる！」

たま虫が、硝子の破れ目に一本の脚をかけてぶら下《さが》っている。私は手をのばしてそれを捕えようとした。けれど今も私の直《す》ぐ後ろで警察の人達がカメラをもって私をねらっているかもわからない。私は昆虫を摑《つか》まえようとして手をのばしたところを、絵葉書を盗もうとしている姿勢に写すかもしれない。私は随分ながいあいだたま虫を眺めながら、顔をしかめる表情を続けてみた。C硝子にうつる私の顔は、泣き顔に見えた。

「この昆虫はどうして斯《こ》んなに私が不機嫌なときに見つかるのだろう？」

就職口が見つかったので、叔母にそのことを報告してやると、彼女から祝いの手紙が来た。彼女はかつて私達を毎年温泉場へつれて行ってくれたところの叔母であって、今は修道院に入っている。彼女の手紙は実にくどくて、手紙の終《おわ》りには必ず数行の格言が書いてあったのだ。今度は次のように書いてあった。

「貧しくとも正しく働け。悩むとも、聖霊とともにそれが如何《いか》に正しき悩みなるかを知れよ。絶望はいびつなる悩みであることを知れ。」

私は叔母のこの平凡な文章を嘲笑したのではなく、寧《むし》ろ彼女の(ウ)さしでがましさによって力づけられ慰められるのを知ったのである。しかし私の勤めぶりは上等ではなかった。

（旧古書林校正係）（注11）

自分のこの肩書きを私は自慢にしていたわけではなかったのだが、勤めてから幾らもたたない時、編輯員《へんしゅういん》の松本清太郎は私の頭をなぐった。私が生意気で校正が下手だというのだ。私は自分が喧嘩《けんか》に弱いと信じていたので、彼に対して反抗しなかった。

「…………」

俺《おれ》は弱いな？　そういうことを思いながら彼になぐられたのである。こんな場合には、なぐられた者の方が必ずつまらなく不愉快になるに相違なかった。私は幾度もそれとは反対の考えを持とうと努力したのであるが、それは駄目であった。

私は髪床屋へ行った。そこを出て、冷たい手で頤《あご》を撫《な》ぜてみた時、私は電信柱の根元に一匹のたま虫が死んでいるのを発見したのである。

「いまに蟻《あり》が群《むらが》るだろう。」

私はその昆虫を拾いあげて、それを電信柱にとまらせてみた。けれど動かなくなった彼の脚は、木肌のどの窪《くぼ》みにも摑《つかま》ることをしなかった。私は彼を今度は木肌の割れ目にぶらさがらせようとした。ところが私はあまりデリケイトに彼を取扱《とりあつか》わなかったので、枯渇した彼の前脚を折ってしまった。私はゲラ刷り（注12）の綴針《とじばり》をぬきとって、彼を標本みたいに電信柱にとめつけた。

「何うだ、生きているように見えないかね？」

そうして私は、生きているように見えるたま虫を袖《そで》のなかにしまって、停留場（注13）の安全地帯に入った。人々は電車の来る度毎《ごと》に私を後ろにおしのけ、電車で行ってしまうと私を前にゆずった。**D**私は人を押しのけはしないのだと心のなかで思いながら、実は少しばかり人を押しのけながら割り込む必要を覚えた。

数日たって或る夜更けに私はすでに寝床に入っていたのであるが、袖のなかのたま虫を見てみることにした。その夜、

18

私は宝焼酎《たからしょうちゅう》(注14)をのんだので、幾ら水をのんでも咽《のど》のかわく夢をみて眠れなかったからである。

私はたま虫のことを忘れてしまっていたのだ——たま虫が着物の袖のなかで少量の醜悪な粉末となっているのを発見して、私はその粉末を窓の外にふきとばした。私は夢ではなしに事実、冷水《おひや》をのみながら考えた。

「今度たま虫を見ることがあるとすれば、それはどんな時だろう——私の不幸の濃度を一ぴきずつの昆虫が計ってみせてくれる。」

再び夢で水をのむとき、私は水をのみながらオルガンを上手にひいていた。最近私は、若《も》し失職したならば叔母に依頼して、牧師になるように手続きしてもらおうと思っていたのである。

(注) 1 たま虫——光沢を持つ甲虫の一種。金緑色に赤紫色の二本の縦線がある。また、光線の具合によって色が変わって見える染め色・織り色をたま虫色という。
2 尺——長さの単位。「里」「町」「間」も同じ。
3 坪——面積の単位。「町」「段」「畝」も同じ。
4 哩——距離の単位。一哩は、約一・六キロメートル。
5 唖蟬——鳴かない蟬、雌の蟬。
6 キャビネ型——写真の大きさの一つ。
7 インバネス——和服用に流行した袖なしのオーバーコート。
8 ハンチング——前にひさしのついた平たい帽子。
9 エハガキ屋——絵葉書を売る店。二〇世紀初頭に流行した。
10 活動——「活動写真」の略称で、映画の旧称。
11 校正係——印刷の工程で、文字の誤りや不備などを正す仕事。
12 ゲラ刷りの綴針——「ゲラ刷り」は校正用に印刷物の試し刷りをしたもの。「綴針」はそれを綴《と》じるための針。
13 停留場の安全地帯——路面電車に乗り降りするための場所。
14 宝焼酎——焼酎の銘柄の一つ。

問1　傍線部(ア)～(ウ)の本文中における意味として最も適当なものを、次の各群の①～⑤のうちから、それぞれ一つずつ選べ。解答番号は 11 ～ 13 。

(ア) 浅慮を全く嘲笑した 11
① 短絡的な考えに対して心の底から見下した
② 卑怯《ひきょう》なもくろみに対してためらわず軽蔑《けいべつ》した
③ 粗暴な行動に対して極めて冷淡な態度をとった
④ 大人げない計略に対して容赦なく非難した
⑤ 軽率な思いつきに対してひたすら無視した

(イ) 通俗的 12
① 野卑で品位を欠いているさま
② 素朴で面白みがないさま
③ 気弱で見た目を気にするさま
④ 平凡でありきたりなさま
⑤ 謙虚でひかえ目なさま

(ウ) さしでがましさ 13
① 人の気持ちを酌んで自分の主張を変えること
② 人のことを思い通りに操ろうとすること
③ 人の事情に踏み込んで無遠慮に意見したがること
④ 人の意向よりも自分の都合を優先したがること
⑤ 人の境遇を自分のことのように思いやること

問2 傍線部**A**「私はもとの悲しさに返って、泣くことをつづけたのである。」とあるが、その時の心情の説明として最も適当なものを、次の①～⑤のうちから一つ選べ。解答番号は 14 。

① 兄になぐられて木立ちの中に駆け込んだ時の悔しさが思い出され、誰とも打ち解けられずひとりでやり過ごすしかない寂しさをかみしめている。

② 抵抗もできずに兄から逃げ出した時の臆病《おくびょう》さを思い返し、ひとりで隠れていても兄や叔母にいつ見つかるかわからないという恐怖におののいている。

③ 兄に歯向かうことができなかった情けなさを改めて自覚し、自分の切実な望みが兄や叔母によって妨げられることへの憤りを感じている。

④ 兄の粗暴な振る舞いに対する怒りに再びつき動かされ、仕返しをしようとしても叔母への告げ口しか思いつかない無力感に苦しんでいる。

⑤ 兄の過ちを正面から諭さなかったことを後悔し、自分の行動の意図が兄はもちろん叔母にも理解されないだろうという失望感に襲われている。

問3　傍線部B「私達はお互に深い吐息をついたり、相手をとがめるような瞳をむけあったりしたのである。」に至るまでの二人のやりとりの説明として最も適当なものを、次の①～⑤のうちから一つ選べ。解答番号は 15 。

① 私は、幼い時から好んでいるたま虫が邪険にされたことを悲しみ、恋人の優しさに疑いを抱いて発言しているが、恋人は、自分よりもたま虫を大切に扱うかのような私の態度に驚き悲しんでおり、互いに不信感を持ち、うらめしいような気持ちになっている。

② 私は、悲しい体験を思い出させるたま虫が恋人との密会時に現れたことにとまどい、過去の経験にとらわれているが、恋人は、たま虫を私のコートにとまった虫としてはじき落としたのにその配慮に気づかない私に失望し、互いに相手を理解できない気持ちになっている。

③ 私は、肩に置いた手をたま虫を口実にして恋人に振り払われたと考え、ショックを受けているが、恋人は、その私をなだめようとしたのに私がよそよそしい態度をとり続けているので意外に思い、互いに相手の態度にとまどい、責めるような気持ちになっている。

④ 私は、幸福のシンボルとしてのたま虫が恋人との密会時に現れたので気持ちを高ぶらせ、それを恋人に伝えようとしているが、恋人は、私がいったん肩に手を置きながらたま虫に気をとられたことに傷ついており、互いの言葉が通じないことに苛立《いらだ》つ気持ちになっている。

⑤ 私は、突然現れた美しいたま虫を無慈悲に扱われたことに驚き、恋人を責めるような発言をしているが、恋人は、大切な二人の時間を邪魔したたま虫をはじき落としたのに相手が理解してくれないと思い、互いに落胆し、非難するような気持ちになっている。

問4　傍線部C「硝子にうつる私の顔は、泣き顔に見えた。」とあるが、なぜそう見えたのか。その理由として最も適当なものを、次の①〜⑤のうちから一つ選べ。解答番号は 16 。

① 飾り看板を眺め入っていただけのところを写真に撮られて、警察に疑いをかけられてしまった自分の立場を意識するあまり、思いがけず見つけたたま虫を摑まえることまでためらってしまう自分に情けなさを感じているから。

② 美しいたま虫を見つけたにもかかわらず、貧乏で社会的にも不安定な立場にあるとの理由で警察に疑いをかけられてしまう可能性があるため、たま虫を摑まえたいという長年の希望をかなえられない自分に悔しさを感じているから。

③ たま虫を摑まえようとしていたために警察に誤解されたのだと気がついたが、今おかれている立場ではそれを説明しても誤解は解けないと予想して、たま虫に手をのばすことができない自分に無力さを感じているから。

④ 自分が写真に撮られた理由を確認するという目的があって来たのにもかかわらず、警察に疑われている立場を忘れて突然現れたたま虫の美しさに心を奪われ、ながいあいだたま虫を眺めている自分にふがいなさを感じているから。

⑤ 警察に注意人物とみなされ出頭を命じられるという困難な状況に追い込まれている立場を意識するあまり、以前から好きだったたま虫を偶然に発見しても、その美しさを感じる余裕を持てない自分に寂しさを感じているから。

問5　傍線部D「私は人を押しのけはしないのだと心のなかで思いながら、実は少しばかり人を押しのけながら割り込む必要を覚えた。」とあるが、この時の私の考えはどのようなものか。その説明として最も適当なものを、次の①～⑤のうちから一つ選べ。解答番号は 17 。

① 自分と他人の幸福を比較しても仕方がないと知っているので、他人以上に幸せになろうとしたり、他人の幸福を妨げたりはするまいと思いながら、世の中で自分の幸せを見つけるためには、何か行動を起こして他人とぶつかる必要もあると気づきはじめている。

② 自分の出世のために他人を踏み台にしてもどうしようもないと知っているので、自分に有利な状況を作るようなことはしたくないと思いながら、自分の態度をわずかながら変化させることで、周囲とのより良い関係を保てるという可能性に気づきはじめている。

③ 自分自身は弱い人間だと知っているので、反抗せずに負けて不愉快な状況になるのは仕方がないとあきらめ、人に対して強く自己主張はするまいと思いながら、社会の中で生きていくためには、自分の立場も守らなければならないことに気づきはじめている。

④ 自分は正当な助言や指導を与えられれば素直に従う性格だと知っているので、他人の言葉を受け入れて自らの行動を決めようと思いながら、他人の言葉の裏には自分を支配したい欲求もあるのだから、時にはそれをはねのけた方がよいとも気づきはじめている。

⑤ 自分よりも強い相手には逆らわないようにするのが無難だと知っているので、あらかじめ自分の限界を決めて新しいことには踏みきるまいと思いながら、人々と共に生きるためには相手の気持ちに配慮しつつ、自分の望む形を通すことも大切であると気づきはじめている。

問6　この文章における表現の特徴の説明として適当なものを、次の①～⑥のうちから二つ選べ。ただし、解答の順序は問わない。解答番号は 18 ・ 19 。

① 過去の回想として描かれた各部分の内部は、まず語り手が出来事の概略を述べ、次に登場人物の私に寄り添ってその視点からそれぞれの出来事を主観的に語るという手法をとっている。

② 11行目以降は、小学生時代、大学生時代、無職時代、校正係時代における私の「悲しいとき」の状況を、羽根の色が幸福のシンボルとされるたま虫との関わりを通して描くという構成になっている。

③ 88行目の「私はゲラ刷りの綴針をぬきとって、彼を標本みたいに電信柱にとめつけた」という描写には比喩《ひゆ》表現が用いられていて、たま虫に自分自身の境遇を投影する私の心境が効果的に描き出されている。

④ 89行目と90行目で「生きているように」と繰り返すことで、死んだように生きていると感じている私と比べ、より生き生きとして見えるたま虫の様子を明示的に表している。

⑤ 94行目からの最終場面で四回繰り返して述べられている「水をのむ」ことは、たま虫が粉末になったことと対比されていて、たま虫の乾いた死を引き合いに出して、みずみずしさを保っている私の生を強調している。

⑥ 幸福についての私の考え方の変化を、96行目からの「たま虫のことを忘れて」「醜悪な粉末となっているのを発見し」「その粉末を窓の外にふきとばした」という一連の描写を通して象徴的に表現している。

第3問

次の文章を読んで、後の問い（問1〜6）に答えよ。（配点　50）

(注1)この国の都なすあたりのかたはらなる、中田といふ所に住む人ありけり。代々鷹《たか》飼ふことをわざとしつつ、身はいやしながら、志ありて、あがれる世の手ぶりを慕ひ、何くれと学《まね》ばまく欲《ほ》りするなかに、手書くことをなん、たてては好めりし。されど、(注2)摺巻《すりまき》に伝はれる書のほか、師とする人もなき山ふところに、あやなく思ひをくらさんよりは、(注3)山城の大都に上りて、(ア)高き手ぶりをも見あきらめばやと、ゆくりなく思ひおこして、岩根黒土踏みさくみて、(注4)文化四年といふ年の弥生《やよひ》ばかり、まゐのぼれりしに、世のわき知らぬ山がつのおしはかりとはたがひて、高き宮のうちには、かくと言ひよらんたづきもなく、至れるいやしき身には、御伝へも下らずと聞きて、はやりかなりし心もしなへうらぶれつつ、X行く先をようもたどらでおほけなく思ひ立ちぬることを思へば、井に住む鮒《ふな》の大海に出《い》でぬるに似たり。かくのみにて空《むな》しく帰らんことを思へば、(注5)鳴る神につく獣《けだもの》の、雲におくれたるに似たり。(イ)いとはしたなりと思ひ屈しつつ、名所など見めぐりて籠《こも》りをりき。

さるは、石井了陸といふ人のもとにぞ宿れりし。この家に、おぼえずおぼえず持明院《ぢみやうゐん》の宮の宮人《みやびと》(注6)来あひて、酒飲み、物語などするに、「この田舎人は、かかる志の侍《はべ》りて、はるばるにまゐのぼり来しを、その志遂げずして帰らんことを、いたく思ひ嘆き侍るなり」と、あるじの語り出でたるを、かの宮人つぶさに聞きて、「Yいと不便なりつることかな。おしなべては叶《かな》ひがたきことなれど、志の深さには、高きいやしきけぢめもなきものぞ。我よくこととり申さん」と、うけがは**a**れたるに、うれしきことたとへんものなし。この人のはからひによりて、おほけなき御前わたりも御許しありて、(注7)入木《じゆぼく》といふ書法を御手づから伝へたまはせりなどしつつ、(ウ)本意《ほい》にもこえて事なりぬれば、身に余りてうれしと思ひて、道の奥に下るきざみ、先の宮人、この人の二なき志をめで給《たま》ひて、琴を送られしが、絃《げん》一筋ある琴**b**なりき。これに歌そへよとあるに、

A　一筋に思ふ心は玉琴の緒《を》によそへつつひきや伝へむ

家なども、もとよりは広く清らに作りなして、めぐりに松子植ゑわたし、移り行く月日にそへてめではやしを、こたみ公《おほやけ》よ

26　り蝦夷《えぞ》が千島《ちしま》に防守《さきもり》を置かるることありて、この国よりもまづ出ださるるによりて、その数に指《さ》されて、出で立たむとす。「行き帰るまで、さる広き家に女子のみ置きては守りがたし」とて、家をば売り、女子は人のもとに預けて行く。その心にかはりて、

B　家出でて行くかひありと思ひしに家なくなりて行けばかひなし

C　二筋に落つる涙も一筋の玉の小琴にかけ **c**〰 にけるかも

その琴は、むかし行平《ゆきひら》(注8)の中納言、流されて須磨《すま》におはせし時、庇《ひさし》の杉を風の吹きおとしたるが、その形面白かりければ、くしげ(注9)の箱なる元結(注10)を一筋ひきかけて、調べ給へ **d**〰 るよりはじまりて、今も伝はれるなりとぞ。

(『真葛《まくず》がはら』による)

(注)
1　この国――陸奥《みちのく》。今の東北地方。
2　摺巻――印刷本。
3　山城の大都――京都。
4　文化四年――一八〇七年。
5　鳴る神につく獣――想像上の怪獣。落雷とともに地上に落ちてくると伝えられていた。
6　宮人――貴人に仕える人。
7　入木といふ書法――ここでは、中世末から宮廷貴族の書風として継承されていた持明院流の書道をいう。
8　行平の中納言――在原行平《ありわらのゆきひら》。平安時代の歌人。
9　くしげの箱――髪を結うための道具などを入れておく箱。
10　元結――髪をたばねて結うための細い糸。

問１　傍線部(ア)～(ウ)の解釈として最も適当なものを、次の各群の①～⑤のうちから、それぞれ一つずつ選べ。解答番号は 20 ～ 22 。

(ア) 高き手ぶりをも見あきらめばや 20
① 高度な書法をも自分の目で見つけたいものだ
② 高貴な書風をも気のすむまで見られるだろう
③ 高名な筆さばきをも正しく見分けられるだろうか
④ 高尚な筆運びをもまねてから見切りをつけよう
⑤ 高雅な筆づかいをもはっきりと見きわめたい

(イ) いとはしたなりと思ひ屈しつつ 21
① 本当に愚かだったと悔やみながら
② まことに体裁が悪いといらだちながら
③ とても終わらないとあきらめながら
④ 実にきまりが悪いと気落ちしながら
⑤ まったく中途半端だと腹を立てながら

(ウ) 本意にもこえて事なりぬれば 22
① 前もって想像していた以上に書道の基礎ができていたので
② かねて願っていた以上に成果を上げることができたので
③ あらかじめ考えていた以上に強く熱意を伝えることができたので
④ これまで思いついた以上の手法を編み出すことができたので
⑤ はじめに思っていた以上にたやすく書法を伝えることができたので

問2　波線部a～dの文法的説明の組合せとして正しいものを、次の①～⑤のうちから一つ選べ。解答番号は 23 。

① a 受身の助動詞　b 断定の助動詞　c 完了の助動詞　d 動詞の活用語尾
② a 尊敬の助動詞　b 伝聞の助動詞　c 格助詞　d 動詞の活用語尾
③ a 受身の助動詞　b 伝聞の助動詞　c 断定の助動詞　d 完了の助動詞
④ a 尊敬の助動詞　b 断定の助動詞　c 格助詞　d 動詞の活用語尾
⑤ a 尊敬の助動詞　b 断定の助動詞　c 完了の助動詞　d 完了の助動詞

問3　傍線部X「行く先をようもたどらで」とあるが、この部分から陸奥の鷹飼いのどのような一面が読み取れるか。その説明として最も適当なものを、次の①～⑤のうちから一つ選べ。解答番号は 24 。

① 京都のしきたりを知らない自分をかえりみずに、いきなり高貴な宮家に押しかけてしまうような、身の程知らずなところがあるということ。

② 自分の夢をかなえるための現実的な手段をあらかじめ検討せずに、突然思い切った行動を取ってしまうような、無鉄砲なところがあるということ。

③ 一度挫折《ざせつ》した程度で長年持ち続けた夢をあきらめ、あてもなく都見物に興じて自分をごまかすような、現実逃避に走るところがあるということ。

④ 夢を実現するためにわざわざ陸奥からやって来たのに、いざとなると高貴な宮家の門をたたくことに怖《お》じ気《け》づいてしまうような、弱気なところがあるということ。

⑤ 京都で挫折を味わった後も自分の夢に見切りをつけられず、すぐには帰郷できないような、あきらめの悪いところがあるということ。

問4　傍線部Y「いと不便なりつることかな」とあるが、この言葉には宮人のどのような気持ちがこめられているか。その説明として最も適当なものを、次の①～⑤のうちから一つ選べ。解答番号は 25 。

① 陸奥の鷹飼いがどれほど強い向上心を持っていようとも、身分が低すぎるために教えを受けることができず、結局は何の成果もないまま帰郷しなければならないという話を聞いて、その境遇に同情する気持ち。

② 身分の違いを理由に入門を断られた陸奥の鷹飼いが、ただ嘆き悲しむばかりで何も手立てを講じず、名所見物によって心を慰めているという話を聞いて、初心を忘れたかのような態度をもどかしく思う気持ち。

③ 身分の差を乗り越えて高貴な宮から教えを受けるために陸奥から上京したにもかかわらず、その夢に挫折しそうになっているという鷹飼いの話を聞いて、難しい相談事を持ちかけられたと当惑する気持ち。

④ はるばる陸奥から上京した鷹飼いから、京都のしきたりが分からないため芸道を学ぶ夢をあきらめるしかないと打ち明けられたが、身分の違いがある以上どうすることもできないものだとあわれに思う気持ち。

⑤ 石井了陸から聞かされた陸奥の鷹飼いの話をきっかけに、身分の差によって入門を許される者と許されない者がいるという芸道のあり方の古めかしさに気づかされ、その不自由さを煩わしく思う気持ち。

問5　A～Cの和歌に関する説明として最も適当なものを、次の①～⑤のうちから一つ選べ。解答番号は 26 。

① Aは、持明院の宮の宮人が詠んだものであり、紘の数を意味する「一筋」を、ひたむきで一途《いちず》だという意味でも用いることにより、自分が陸奥の鷹飼いに寄せてきた一途な思いやりを忘れないではしいと願っている。

② Aは、陸奥の鷹飼いが詠んだものであり、「ひき」という語に琴を演奏する意の「弾き」だけでなく、引き立てて優遇する意の「引き」を掛けることで、琴の送り主である宮人からの引き立てに感謝する気持ちをこめている。

③ Bは、作者が陸奥の鷹飼いになりかわって詠んだものであり、上の句と下の句を対照させて、売りに出した家が任務を終えて戻ったときにはなくなっているかもしれないと想定することで、世の無常のさまを際立たせている。

④ Cは、作者が陸奥の鷹飼いになりかわって詠んだものであり、両目から流れ落ちる涙の「二筋」と、Aの琴の紘の数である「一筋」とを対比しつつ、思いがけない事態が発生したことへの感慨にひたる内容になっている。

⑤ BとCは、陸奥の鷹飼いが妻子になりかわって詠んだものであり、一家の主《あるじ》が立派な仕事を任されたことの誇らしさと、あとに残されることになった身の頼りなさとの間で揺れる心の動きをとらえた連作となっている。

問6　この文章の表現の特徴と内容についての説明として最も適当なものを、次の①～⑤のうちから一つ選べ。解答番号は 27 。

① 陸奥の鷹飼いが帰郷後に家を手放すことになるという結末が用意されているにもかかわらず、そこに至るまでに、「井に住む鮒」「鳴る神につく獣」などを引き合いに出す大げさで滑稽《こっけい》な比喩《ひゆ》表現が用いられているため、文章全体が暗い印象に包まれることなく、笑いと涙が入り交じる人生の機微が伝わるようになっている。

② 都の人々が陸奥の鷹飼いの志を話題にする場面で、石井了陸は鷹飼いを「田舎人」として格下に見ているが、宮人は鷹飼いに対して「こととり申さん」と謙譲語を用いて敬意を表しているため、主人公の身分に変化が訪れたことが感じられるようになっており、立身出世をとげていく物語の伏線が張られている。

③ 陸奥の鷹飼いが一念発起して書道を学び終えるまでの心の動きが、「ゆくりなく思ひおこして」「しなへうらぶれつつ」「うれし」などとつぶさに描かれた後に、一転して、幕府の方針で辺境に行かされる経緯が心情表現を伴わず淡々と記されることで、かえって現実の厳しさが際立ち、人生の悲哀が伝わってくる。

④ 前半部では陸奥の鷹飼いが上京する経緯が、後半部では防守に任命される経緯が、それぞれ簡潔に説明されているが、鷹飼いが都の人と交流する中盤の場面では「この田舎人は……」などの具体的な会話が見られ、貴族社会に積極的に溶け込んでいく様子が示されることで、物語の展開が起伏に富んだものになっている。

⑤ 「学ばまく欲りする」「踏みさくみて」などの万葉調の表現が使われたり、「むかし行平の中納言、流されて須磨におはせし時」といった平安時代の伝承が取り入れられたりすることで、古代の文化にあこがれる陸奥の鷹飼いの性格が顕著に示され、時代の流れに逆行しようとする姿が印象的にとらえられている。

第4問

北宋の文人政治家蘇《そ》東《とう》坡《ば》（蘇《そ》軾《しょく》）は、かつて讒言《ざんげん》にあって捕らえられ、厳しい取り調べを受け黄州に流されたが、その後復権した。次の文章は、東坡が都に戻る道中での話である。これを読んで、後の問い（問1～7）に答えよ。（設問の都合で返り点・送り仮名を省いたところがある。）（配点　50）

東坡元《げん》豊《ぽう》(注1)ノ間ニ繋《つな》ガレ二御《ぎょ》史(注2)ノ獄ニ一、謫《たく》セラル二黄《くわう》州《しう》ニ一。元《げん》祐《いう》(注3)ノ初メ、起コサレテ知《ち》タリテ二登《とう》州(注4)ニ一、(1)未レ幾、
以テ二礼(注5)部員外郎ヲ一召サル。道中偶《たまたま》遇フ二当時ノ獄官ニ一。甚ダ有リ二愧《は》ヅル色一。東坡戯レテレ
之ニ曰ハク、「A有蛇螫殺人、為冥《めい》官《くわん》(注6)所追議(注7)、法当死。蛇前《すす》ミ訴ヘテ曰ハク、『B誠ニ有リレ
罪、然レドモ亦タ有リレ功、可シ二以テ自ラ贖《あがな》フ一。』冥官曰ハク、『何ノ功ナル也カト。』蛇曰ハク、『某《それがし》ニ有リレ黄、可シレ治スレ
病ヲ、所レ活カス已ニ数人ナリト矣。』吏考験(注8)スルニ、固ヨリ不レバレ誣《し》ヒ(注9)、遂ニ X 。良《やや》久シクシテ、牽《ひ》キテ二一牛ヲ一至ル。獄
吏曰ハク、『此ノ牛触《つ》キテ殺スレ人ヲ。亦タ当タルレ死ニ。』牛曰ハク、『我モ亦タ有リレ黄、可シ二以テ治スレ病ヲ、亦タ活カスト二
数人ヲ一矣。』良久シクシテ、亦タ X 。久シクシテレ之ヲ、獄吏引キテ二一人ヲ一至ル。曰ハク、『此ノ人生クルトキ常《かつ》テ殺スモレ人ヲ、
幸ヒニシテ免ルレ死ヲ。今当ニシトレ還スレ命ヲ。』其ノ人倉《さう》皇《くわう》(注10)トシテ妄《みだ》リニ言フ二亦タ有リトレ黄。C冥官大イニ怒リ、詰《なじ》リテレ之ヲ

曰《ハク》、『蛇(注11)黄・牛黄皆入《ルコト》レ薬《ニ》、天下《ノ》所《ナリ》二共《ニ》知《ル》一。D 汝為レ人、何黄之有。』左右

(2)交訊《とフニ》、其《ノ》人窘《くるシムコト》甚《ダシクシテ》曰《ハク》、『某《ニハ》別《ニ》無《シ》レ黄。但《ダ》有《ルノミト》二些《いささカノ》一慚《ざん》(注12)惶《くわう》。』

(孫宗鑑《そんそうかん》『西畬瑣録《せいよさろく》』による)

(注)
1 元豊——年号。
2 御史——官吏の不正を取り調べる役人。
3 元祐——年号。
4 知二登州一——登州の知事となる。
5 礼部員外郎——官職の名。
6 冥官——冥界の裁判官。古来中国では、死後の世界にも役所があり、冥官が死者の生前の行いによって死後の処遇を決すると考えられていた。
7 追議——死後、生前の罪を裁くこと。
8 考験——取り調べること。
9 誣——欺く。いつわって言う。
10 倉皇——あわてて。
11 蛇黄・牛黄——ともに薬の名。蛇の腹や牛の肝からとるとされる。
12 慚惶——恥じて恐れ入ること。

問1　傍線部(1)「未レ幾」・(2)「交」の意味として最も適当なものを、次の各群の①～⑤のうちから、それぞれ一つずつ選べ。解答番号は 28 ・ 29 。

(1)「未レ幾」 28

① 突然に
② 思いがけず
③ おもむろに
④ たえず
⑤ まもなく

(2)「交」 29

① 向かいあって
② かわるがわる
③ 立て続けに
④ 手を替え品を替え
⑤ あべこべに

問2 傍線部**A**「有蛇螫殺人、為冥官所追議、法当死」の返り点の付け方と書き下し文との組合せとして最も適当なものを、次の①～⑤のうちから一つ選べ。解答番号は 30 。

① 有レ蛇螫殺レ人、為三冥官所二追議一、法当レ死
蛇有りて螫《か》みて人を殺し、冥官の追議する所と為《な》り、法は死に当たる

② 有レ蛇螫殺レ人、為二冥官所追議一、法レ当レ死
蛇有りて螫みて人を殺さんとし、冥官の所に追議を為すは、死に当たるに法《のっと》る

③ 有レ蛇螫殺人、為二冥官一所二追議一、法レ当レ死
蛇有りて螫まれ殺されし人、冥官と為りて追議する所は、死に当たるに法る

④ 有二蛇螫一殺人、為三冥官所二追議一、法レ当レ死
蛇の螫むこと有らば殺す人、冥官の追議する所の為《ため》に、死に当たるに法る

⑤ 有レ蛇螫殺人、為冥官所二追議一、法当レ死
蛇有りて螫まれ殺されし人、為に冥官の追議する所にして、法は死に当たる

問3　傍線部**B**「誠有レ罪、然亦有レ功、可二以自贖一」の解釈として最も適当なものを、次の①〜⑤のうちから一つ選べ。解答番号は 31 。

① 実際には罪がありますので、またすぐれた仕事をして自分で罪を帳消しにすべきなのです。
② たしかに罪はあるのですが、私には功績もあって自分自身で罪を償うことができます。
③ 結局は罪があるのですが、仕事の腕前によっておのずと罪は埋め合わされるのです。
④ もし罪があったとしても、当然私の功名によって自然と罪が許されるようになるはずです。
⑤ 本当は罪があるのですが、それでもあなたの功徳によって私の罪をお許しいただきたいのです。

問4　本文中の二箇所の空欄 **X** にはどちらも同じ語句が入る。その語句を(i)の ①～⑤ のうちから一つ選べ。また、(i)の解答をふまえて、本文から読み取れる蛇と牛に対する冥官の判決理由を説明したものとして最も適当なものを、(ii)の ①～⑤ のうちから一つ選べ。解答番号は 32 ・ 33 。

(i)　空欄に入る語句　32

① 得レ免
② 不レ還
③ 有レ功
④ 得レ死
⑤ 治レ病

(ii)　判決理由の説明　33

① 蛇も牛も、生前人を殺した上に、死後も「黄」によって人を病気から救うことができるとでたらめを言って、反省していない。よって、死罪とする。

② 蛇も牛も、人を殺してきた罪は許しがたい。よって、今後「黄」によって人を救う可能性はあっても、冥界に留め置き罪を償わせることとする。

③ 蛇も牛も、人を殺してきたが、体内の「黄」で将来は人の命を救う可能性は残っている。よって、人の病気を治すことで罪を償わせることとする。

④ 蛇も牛も、人を殺すという重大な罪を犯したが、自らの「黄」によって人を病気から救ってもきた。よって、生前の罪を許すこととする。

⑤ 蛇も牛も、人を殺してきたというのは誤解で、むしろ大勢の人を「黄」によって病から救うという善行を積んできた。よって、無罪とする。

問5　傍線部C「冥官大怒」とあるが、その理由として最も適当なものを、次の①～⑤のうちから一つ選べ。解答番号は 34 。

① 蛇や牛と同様に人にも「黄」があるので人を殺した罪は許されるはずであると、その人に理路整然と説明され、獄吏の言葉が論破されそうになったことにいらだちを感じたから。

② 蛇も牛も人もみな生前は人を殺していたのに、体内に「黄」があるのを良いことに言い逃ればかりし、全く反省の色が見られないその人の不謹慎な態度が気に障ったから。

③ 生前に人を殺した上に、冥界に連れてこられてからは自分にも蛇や牛のように体内に「黄」が欲しいと、獄吏にわがままばかりを言うその人の態度に我慢がならなかったから。

④ 蛇や牛は体内の「黄」で人を救っているのに、その人は「黄」の用い方を知らずにあいまいなことを言って、人を救わずに殺してばかりいることに憤りを感じたから。

⑤ 生前に人を殺したにもかかわらず、自分の罪を逃れるために、蛇や牛のまねをして自分の体内に「黄」があると、その場しのぎのいい加減なことを言うその人の態度に腹を立てたから。

問6　傍線部D「汝 為レ人、何 黄 之 有」の書き下し文として最も適当なものを、次の①～⑤のうちから一つ選べ。解答番号は 35 。

① 汝の人と為《な》り、何《いづ》れの黄の有るや
② 汝は人の為《ため》に、何《なん》ぞ黄の之《こ》れ有らん
③ 汝は人為《た》り、何《なん》の黄か之《こ》れ有らん
④ 汝は人を為《つく》りて、何《なに》をか黄の有るや
⑤ 汝の人を為《をさ》むるや、何《いづ》れに黄の之《ゆ》く有るか

問7　蘇東坡が獄官に語った話の内容と表現上の特色に関する説明として最も適当なものを、次の①～⑤のうちから一つ選べ。解答番号は 36 。

① 相手が獄官であることから冥界での裁きの冗談を語って戯れ、黄州に流されたことを踏まえて「黄」を用いた話にしている。また、この「黄(くわう)」とこれに近い音の「当(たう)」を繰り返し用いることで、獄官の罪を執拗《しつよう》に追及する気迫がこもった表現になっている。

② 相手が獄官であることから冥界での裁きの冗談を語って戯れ、黄州に流されたことを踏まえて「黄」を用いた話にしている。また、この「黄」という明るい色彩の語を多用することで、自己の恨みの気持ちが完全に消えたことを獄官の心に深く印象づける表現になっている。

③ 相手が獄官であることから冥界での裁きの冗談を語って戯れ、判決の際に使われた「当」という語を多用した話にしている。また、この「当」という重々しい裁判用語を蛇と牛の滑稽《こっけい》な寓話《ぐうわ》の中に効果的に用いることで、自分を苦しめた獄官の行為を風刺する表現になっている。

④ 相手が獄官であることから冥界での裁きの冗談を語って戯れ、黄州に流されたことを踏まえて「黄」を用いた話にしている。また、この「黄(くわう)」と同じ音の語を含む「慚惶」を話の結末に効果的に用いることで、皮肉の中にもユーモアを込めた表現になっている。

⑤ 相手が獄官であることから冥界での裁きの冗談を語って戯れ、判決の際に使われた「当」という語を多用した話にしている。また、「当(たう)」という語と近い音の「功(こう)」という語を笑い話のキーワードにすることで、獄官を恥じ入らせる辛辣《しんらつ》な表現になっている。

MEMO

2022大学入学共通テスト過去問レビュー

――どこよりも詳しく丁寧な解説――

書名			掲載年度										数学Ⅰ・Ⅱ, 地歴A				掲載回数
			21	20	19	18	17	16	15	14	13	12	21	20	19	18	
英語		本試	●	●	●	●	●	●	●	●	●	●	リスニング				10年15回
		追試		●	●	●	●										
数学Ⅰ・A Ⅱ・B	Ⅰ・A	本試	●	●	●	●	●	●	●	●	●	●	●				10年30回
		追試		●	●	●	●										
	Ⅱ・B	本試	●	●	●	●	●	●	●	●	●	●	●				
		追試		●	●	●	●										
国語		本試	●	●	●	●	●	●	●	●	●	●					10年14回
		追試		●	●	●	●										
物理基礎・物理	物理基礎	本試	●	●	●	●	●	●	●								10年25回
		追試		●	●	●	●										
	物理	本試	●	●	●	●	●	●	●	●	●	●					
		追試		●	●	●	●										
化学基礎・化学	化学基礎	本試	●	●	●	●	●	●	●								10年25回
		追試		●	●	●	●										
	化学	本試	●	●	●	●	●	●	●	●	●	●					
		追試		●	●	●	●										
生物基礎・生物	生物基礎	本試	●	●	●	●	●	●	●								10年25回
		追試		●	●	●	●										
	生物	本試	●	●	●	●	●	●	●	●	●	●					
		追試		●	●	●	●										
地学基礎・地学	地学基礎	本試	●	●	●	●	●	●	●								10年25回
		追試		●	●	●	●										
	地学	本試	●	●	●	●	●	●	●	●	●	●					
		追試		●	●	●	●										
日本史B		本試	●	●	●	●	●	●	●	●	●	●	●	●	●	●	10年14回
		追試															
世界史B		本試	●	●	●	●	●	●	●	●	●	●	●	●	●	●	10年14回
		追試															
地理B		本試	●	●	●	●	●	●	●	●	●	●	●	●	●	●	10年14回
		追試															
現代社会		本試	●	●	●	●	●	●	●								7年7回
		追試															
倫理, 政治・経済	倫理	本試	●	●	●	●	●	●	●								7年21回
		追試															
	政治・経済	本試	●	●	●	●	●	●	●								
		追試															
	倫理, 政治・経済	本試	●	●	●	●	●	●	●								
		追試															

・2021年度本試は第1日程を収録。[英語（リーディング, リスニング）][数学Ⅰ・A, Ⅱ・B][国語] については第2日程の問題と解答も収録。

・[英語（リスニング）] は音声CDおよび無料音声ダウンロード付き。